W9-DCW-175

This student code gives you access to the **Vistas 4e** Supersite.
A code can only be used once. It is not transferable and cannot be resold after it is used.
If your code card is missing or scratched off, visit **vistahigherlearning.com/store** to purchase a new code.

1349911

VISTAS

INTRODUCCIÓN A LA LENGUA ESPAÑOLA

FOURTH EDITION

José A. Blanco

Philip Redwine Donley, Late
Austin Community College

Boston, Massachusetts

The **VISTAS, Fourth Edition** cover features the work of award winning photographer, Jean-Dominique Dallet. Famous for its beloved literary hero, Don Quijote, the landscape depicted here from the **Castilla La Mancha** region of Spain, is one of the many locations in the Spanish-speaking world that you will learn about in **VISTAS**.

Publisher: José A. Blanco
Executive Editors: Deborah Coffey, María Eugenia Corbo
Managing Editor: Paola Ríos Schaaf (Technology)
Editors: Darío González (Technology), Lauren Krolick, Adriana Lavergne
Production and Design Director: Marta Kimball
Design Manager: Susan Prentiss
Design and Production Team: María Eugenia Castaño, Oscar Díez, Mauricio Henao, Jhoany Jiménez, Andrés F. Vanegas García, Nick Ventullo

© 2012 by Vista Higher Learning
All rights reserved.

No part of this work may be reproduced or distributed in any form or by any means, electronic or mechanical, including photocopying and recording, or by any information storage or retrieval system without prior written permission from Vista Higher Learning, 31 St. James Avenue, Suite 1005, Boston, MA 02116-4104.

Student Text ISBN: 978-1-60576-881-6
Instructor's Annotated Edition ISBN: 978-1-60576-888-5

Library of Congress Control Number: 2010934550

5 6 7 8 9 RJ 16 15 14 13 12

TO THE STUDENT

To Vista Higher Learning's great pride, **VISTAS** became the best-selling new introductory college Spanish program in more than a decade in its first edition, and its success has only grown over time. It is now our pleasure to welcome you to **VISTAS, Fourth Edition,** your gateway to the Spanish language and to the vibrant cultures of the Spanish-speaking world.

A direct result of extensive reviews and ongoing input from students and instructors, **VISTAS 4/e** includes both the highly successful, ground-breaking features of the original program, plus many exciting new elements designed to keep **VISTAS** the most student-friendly program available. Here are just some of the features you will encounter:

Original, hallmark features

- A unique, easy-to-navigate design built around color-coded sections that appear either completely on one page or on spreads of two facing pages
- Integration of an appealing video, up-front in each lesson of the student text
- Practical, high-frequency vocabulary in meaningful contexts
- Clear, comprehensive grammar explanations with high-impact graphics and other special features that make structures easier to learn and use
- Ample guided practice to make you comfortable with the vocabulary and grammar you are learning and to give you a solid foundation for communication
- An emphasis on communicative interactions with a classmate, small groups, the full class, and your instructor
- A process approach to the development of reading, writing, and listening skills
- Coverage of the entire Spanish-speaking world and integration of everyday culture
- Unprecedented learning support through on-the-spot student sidebars and on-page correlations to the print and technology ancillaries for each lesson section
- A complete set of print and technology ancillaries to help you learn Spanish

NEW! to the Fourth Edition

- A dynamic new **Fotonovela** video that presents language and culture in an engaging context
- In-text integration of the enormously successful **Flash cultura**
- An improved **En pantalla** section, featuring new TV clips as well as authentic short films
- **VText**, an online virtual interactive student edition
- New content and features on the **VISTAS** Supersite, including flashcards with audio, more grammar diagnostics, audio record-submit activities, a powerful bilingual dictionary, and much more, all designed to help you learn

VISTAS 4/e has eighteen lessons, each of which is organized exactly the same way. To familiarize yourself with the organization of the text, as well as its original and new features, turn to page xiv and take the **at-a-glance** tour.

table of contents

	contextos	fotonovela
Lección 1 Hola, ¿qué tal?	Greetings and leave-takings . . . . 2 Identifying yourself and others . 2 Expressions of courtesy 2	**Bienvenida, Marissa** . . . . . 6 **Pronunciación** The Spanish alphabet 9
Lección 2 En la universidad	The classroom and academic life . . . . . 40 Fields of study and academic subjects . . . . . 40 Days of the week . . . . . 42 Class schedules 43	**¿Qué estudias?** . . . . . 44 **Pronunciación** Spanish vowels 47
Lección 3 La familia	The family . . . . . 78 Identifying people . . . . . 78 Professions and occupations . . 78	**Un domingo en familia** . . . . . 82 **Pronunciación** Diphthongs and linking 85
Lección 4 Los pasatiempos	Pastimes . . . . . .116 Sports . . . . . .116 Places in the city 118	**Fútbol, cenotes y mole** . . . . . 120 **Pronunciación** Word stress and accent marks 123

cultura	estructura	adelante

En detalle: Saludos y besos en los países hispanos. 10
Perfil: La plaza principal 11

1.1 Nouns and articles 12
1.2 Numbers 0–30 16
1.3 Present tense of **ser** 19
1.4 Telling time 24
Recapitulación 28

Lectura: Tira cómica de Quino . . 30
Escritura 32
Escuchar 33
En pantalla 34
Flash cultura 35
Panorama: Estados Unidos y Canadá 36

En detalle: La elección de una carrera universitaria 48
Perfil: La Universidad de Salamanca 49

2.1 Present tense of **-ar** verbs 50
2.2 Forming questions in Spanish 55
2.3 Present tense of **estar** 59
2.4 Numbers 31 and higher . . 63
Recapitulación 66

Lectura: *¡Español en Madrid!*. . 68
Escritura 70
Escuchar 71
En pantalla 72
Flash cultura. 73
Panorama: España. 74

En detalle: ¿Cómo te llamas?. . 86
Perfil: La familia real española 87

3.1 Descriptive adjectives . . . 88
3.2 Possessive adjectives 93
3.3 Present tense of **-er** and **-ir** verbs 96
3.4 Present tense of **tener** and **venir** 100
Recapitulación 104

Lectura: *Gente... Las familias*. . 106
Escritura 108
Escuchar 109
En pantalla 110
Flash cultura 111
Panorama: Ecuador 112

En detalle: Real Madrid y Barça: rivalidad total 124
Perfiles: Lionel Messi y Lorena Ochoa 125

4.1 Present tense of **ir**. 126
4.2 Stem-changing verbs: **e→ie, o→ue** 129
4.3 Stem-changing verbs: **e→i** 133
4.4 Verbs with irregular **yo** forms. 136
Recapitulación 140

Lectura: *No sólo el fútbol* 142
Escritura 144
Escuchar 145
En pantalla 146
Flash cultura 147
Panorama: México. 148

table of contents

Lección 5

Las vacaciones

contextos

Travel and vacation 152
Months of the year 154
Seasons and weather 154
Ordinal numbers 155

fotonovela

¡Vamos a la playa! 158
Pronunciación
Spanish **b** and **v** 161

Lección 6

¡De compras!

Clothing and shopping 190
Negotiating a price and buying 190
Colors 192
More adjectives 192

En el mercado 194
Pronunciación
The consonants **d** and **t** 197

Lección 7

La rutina diaria

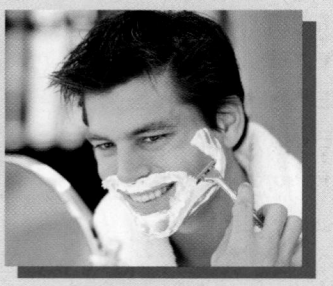

Daily routine 226
Personal hygiene 226
Time expressions 226

¡Necesito arreglarme! 230
Pronunciación
The consonant **r** 233

Lección 8

La comida

Food 262
Food descriptions 262
Meals 264

Una cena... romántica 268
Pronunciación
ll, ñ, c, and **z** 271

cultura	estructura	adelante

En detalle: Las cataratas del Iguazú 162
Perfil: Punta del Este 163

5.1 **Estar** with conditions and emotions 164
5.2 The present progressive 166
5.3 **Ser** and **estar** 170
5.4 Direct object nouns and pronouns 174
Recapitulación 178

Lectura: *Turismo ecológico en Puerto Rico*. 180
Escritura 182
Escuchar 183
En pantalla 184
Flash cultura 185
Panorama: Puerto Rico 186

En detalle: Los mercados al aire libre 198
Perfil: Carolina Herrera 199

6.1 **Saber** and **conocer** 200
6.2 Indirect object pronouns 202
6.3 Preterite tense of regular verbs 206
6.4 Demonstrative adjectives and pronouns 210
Recapitulación 214

Lectura: *¡Real Liquidación en Corona!* 216
Escritura 218
Escuchar 219
En pantalla 220
Flash cultura 221
Panorama: Cuba. 222

En detalle: La siesta 234
Perfil: El mate 235

7.1 Reflexive verbs 236
7.2 Indefinite and negative words 240
7.3 Preterite of **ser** and **ir** . . . 244
7.4 Verbs like **gustar** 246
Recapitulación 250

Lectura: *¡Qué día!* 252
Escritura 254
Escuchar 255
En pantalla 256
Flash cultura 257
Panorama: Perú 258

En detalle: Frutas y verduras de América 272
Perfil: Ferrán Adrià: arte en la cocina 273

8.1 Preterite of stem-changing verbs 274
8.2 Double object pronouns . 277
8.3 Comparisons 281
8.4 Superlatives 286
Recapitulación 288

Lectura: *Gastronomía* 290
Escritura 292
Escuchar 293
En pantalla 294
Flash cultura 295
Panorama: Guatemala. 296

table of contents

	contextos	fotonovela
Lección 9 **Las fiestas**	Parties and celebrations . . . . . 300 Personal relationships. . . . . 301 Stages of life 302	**El Día de Muertos** . . . . . 304 **Pronunciación** The letters **h, j,** and **g** 307
Lección 10 **En el consultorio**	Health and medical terms . . . 332 Parts of the body . . . . . 332 Symptoms and medical conditions . . . . . 332 Health professions. 332	**¡Qué dolor!** . . . . . 336 **Ortografía** El acento y las sílabas fuertes 339
Lección 11 **La tecnología**	Home electronics . . . . . 368 Computers and the Internet . . 368 The car and its accessories . . 370	**En el taller** . . . . . 372 **Ortografía** La acentuación de palabras similares 375
Lección 12 **La vivienda**	Parts of a house . . . . . 404 Household chores . . . . . 404 Table settings. 406	**Los quehaceres** . . . . . 408 **Ortografía** Mayúsculas y minúsculas . . 411

cultura	estructura	adelante
En detalle: Semana Santa: vacaciones y tradición . . . . . 308 **Perfil:** Festival de Viña del Mar 309	**9.1** Irregular preterites . . . . . 310 **9.2** Verbs that change meaning in the preterite 314 **9.3** **¿Qué?** and **¿cuál?** . . . . . 316 **9.4** Pronouns after prepositions . . . . . 318 **Recapitulación** 320	**Lectura:** *Vida social* . . . . . 322 **Escritura** . . . . . 324 **Escuchar** . . . . . 325 **En pantalla** . . . . . 326 **Flash cultura** . . . . . 327 **Panorama:** Chile 328
En detalle: Servicios de salud . . . . . 340 **Perfiles:** Curanderos y chamanes 341	**10.1** The imperfect tense . . . . 342 **10.2** The preterite and the imperfect . . . . . 346 **10.3** Constructions with **se** . . 350 **10.4** Adverbs . . . . . 354 **Recapitulación** 356	**Lectura:** *Libro de la semana* . . 358 **Escritura** . . . . . 360 **Escuchar** . . . . . 361 **En pantalla** . . . . . 362 **Flash cultura** . . . . . 363 **Panorama:** Costa Rica 364
En detalle: El teléfono celular . . . . . 376 **Perfil:** Los mensajes de texto . . 377	**11.1** Familiar commands . . . . 378 **11.2** **Por** and **para** . . . . . 382 **11.3** Reciprocal reflexives . . . . 386 **11.4** Stressed possessive adjectives and pronouns. . 388 **Recapitulación** 392	**Lectura:** *El celular* por Tute . . . 394 **Escritura** . . . . . 396 **Escuchar** . . . . . 397 **En pantalla** . . . . . 398 **Flash cultura** . . . . . 399 **Panorama:** Argentina 400
En detalle: El patio central . . . 412 **Perfil:** Las islas flotantes del lago Titicaca 413	**12.1** Relative pronouns . . . . . 414 **12.2** Formal (**usted/ustedes**) commands . . . . . 418 **12.3** The present subjunctive . . 422 **12.4** Subjunctive with verbs of will and influence . . . . 426 **Recapitulación** 430	**Lectura:** *Bienvenidos al Palacio de Las Garzas* . . . . . 432 **Escritura** . . . . . 434 **Escuchar** . . . . . 435 **En pantalla** . . . . . 436 **Flash cultura** . . . . . 437 **Panorama:** Panamá 438

table of contents

Lección 13

La naturaleza

contextos

Nature 442
The environment 442
Recycling and conservation 444

fotonovela

Aventuras en la naturaleza 446
Ortografía
Los signos de puntuación . . 449

Lección 14

En la ciudad

contextos

City life 476
Daily chores 476
Money and banking 476
At a post office 478

fotonovela

Corriendo por la ciudad 480
Ortografía
Las abreviaturas 483

Lección 15

El bienestar

contextos

Health and well-being 508
Exercise and physical activity 508
Nutrition 510

fotonovela

Chichén Itzá 512
Ortografía
Las letras **b** y **v** 515

Lección 16

El mundo del trabajo

contextos

Professions and occupations . 542
The workplace 542
Job interviews 544

fotonovela

La entrevista de trabajo 546
Ortografía
Las letras **y, ll** y **h** 549

cultura	estructura	adelante
En detalle: ¡Los Andes se mueven! . . . . . 450 **Perfil:** La Sierra Nevada de Santa Marta 451	**13.1** The subjunctive with verbs of emotion . . . . . 452 **13.2** The subjunctive with doubt, disbelief, and denial . . . . 456 **13.3** The subjunctive with conjunctions . . . . . 460 **Recapitulación** 464	**Lectura:** Dos fábulas . . . . . 466 **Escritura** . . . . . 468 **Escuchar** . . . . . 469 **En pantalla** . . . . . 470 **Flash cultura** . . . . . 471 **Panorama:** Colombia 472
En detalle: Paseando en metro . . . . . 484 **Perfil:** Luis Barragán: arquitectura y emoción 485	**14.1** The subjunctive in adjective clauses . . . . . 486 **14.2** **Nosotros/as** commands . 490 **14.3** Past participles used as adjectives . . . . . 493 **Recapitulación** 496	**Lectura:** *Esquina peligrosa* por Marco Denevi . . . . . 498 **Escritura** . . . . . 500 **Escuchar** . . . . . 501 **En pantalla** . . . . . 502 **Flash cultura** . . . . . 503 **Panorama:** Venezuela 504
En detalle: Spas naturales . . . 516 **Perfil:** Las frutas y la salud . . . 517	**15.1** The present perfect . . . . . 518 **15.2** The past perfect . . . . . 522 **15.3** The present perfect subjunctive . . . . . 525 **Recapitulación** 528	**Lectura:** *Un día de éstos* por Gabriel García Márquez . . . . 530 **Escritura** . . . . . 532 **Escuchar** . . . . . 533 **En pantalla** . . . . . 534 **Flash cultura** . . . . . 537 **Panorama:** Bolivia 538
En detalle: Beneficios en los empleos . . . . . 550 **Perfil:** César Chávez 551	**16.1** The future . . . . . 552 **16.2** The future perfect . . . . . 556 **16.3** The past subjunctive . . . . 558 **Recapitulación** 562	**Lectura:** *A Julia de Burgos* por Julia de Burgos . . . . . 564 **Escritura** . . . . . 566 **Escuchar** . . . . . 567 **En pantalla** . . . . . 568 **Flash cultura** . . . . . 571 **Panorama:** Nicaragua y la República Dominicana . . 572

table of contents

Lección 17

Un festival de arte

contextos

The arts 578
Movies 580
Television 580

fotonovela

Una sorpresa para Maru 582
Ortografía
Las trampas ortográficas . . . 585

Lección 18

Las actualidades

Current events and politics. . . 612
The media 612
Natural disasters 612

Hasta pronto, Marissa 617
Ortografía
Neologismos y anglicismos 619

Consulta (*Reference*)

Apéndice A
Plan de escritura. A-2
Apéndice B
Spanish Terms for Direction Lines and Classroom Use A-3
Apéndice C
Glossary of Grammatical Terms A-5
Apéndice D
Verb Conjugation Tables A-9

cultura

En detalle: Museo de Arte Contemporáneo de Caracas 586
Perfil: Fernando Botero: un estilo único 587

estructura

17.1 The conditional 588
17.2 The conditional perfect. . 592
17.3 The past perfect subjunctive. 595
Recapitulación 598

adelante

Lectura: Tres poemas de Federico García Lorca 600
Escritura 602
Escuchar 603
En pantalla 604
Flash cultura. 605
Panorama: El Salvador y Honduras 606

En detalle: Protestas sociales . . 620
Perfiles: Dos nuevos líderes en Latinoamérica 621

18.1 Si clauses 622
18.2 Summary of the uses of the subjunctive 626
Recapitulación 630

Lectura: *Don Quijote de la Mancha* por Miguel de Cervantes . . . 632
Escritura 634
Escuchar 635
En pantalla 636
Flash cultura. 637
Panorama: Paraguay y Uruguay 638

Vocabulario
Spanish–English A-19
English–Spanish A-35
Índice A-51
Credits A-56
Bios
About the Authors A-58
About the Illustrators. A-58
Maps. A-59

Lesson Openers
outline the content and features of each lesson.

La familia

3

Communicative Goals

You will learn how to:

- **Talk about your family and friends**
- **Describe people and things**
- **Express possession**

contextos

pages 78–81
- The family
- Identifying people
- Professions and occupations

fotonovela

pages 82–85

The Díaz family spends Sunday afternoon in Xochimilco. Marissa meets the extended family and answers questions about her own family. The group has a picnic and takes a boat ride through the canals.

cultura

pages 86–87
- Surnames and families in the Spanish-speaking world
- Spain's Royal Family

estructura

pages 88–105
- Descriptive adjectives
- Possessive adjectives
- Present tense of **-er** and **-ir** verbs
- Present tense of **tener** and **venir**
- **Recapitulación**

adelante

pages 106–113

Lectura: A brief article about families
Escritura: A letter to a friend
Escuchar: A conversation between friends
En pantalla
Flash cultura
Panorama: Ecuador

A PRIMERA VISTA
- **¿Cuántos chicos hay en la foto?**
- **¿Hay una mujer a la izquierda? ¿Y a la derecha?**
- **¿Hay una cosa en la mano de la mujer?**
- **¿Conversan ellos? ¿Trabajan? ¿Viajan?**
- **¿Están lejos de su casa?**

A primera vista activities jump-start the lessons, allowing you to use the Spanish you know to talk about the photos.

Communicative goals highlight the real-life tasks you will be able to carry out in Spanish by the end of each lesson.

Contextos
presents vocabulary in meaningful contexts.

3 contextos — Talking Picture, Tutorials & Games; Audio: Activities — setenta y nueve 79

La familia

Más vocabulario

los abuelos	*grandparents*
el/la bisabuelo/a	*great-grandfather/ great-grandmother*
el/la gemelo/a	*twin*
el/la hermanastro/a	*stepbrother/stepsister*
el/la hijastro/a	*stepson/stepdaughter*
la madrastra	*stepmother*
el medio hermano/ la media hermana	*half-brother/ half-sister*
el padrastro	*stepfather*
los padres	*parents*
los parientes	*relatives*
el/la cuñado/a	*brother-in-law/ sister-in-law*
la nuera	*daughter-in-law*
el/la suegro/a	*father-in-law/ mother-in-law*
el yerno	*son-in-law*
el/la amigo/a	*friend*
el apellido	*last name; surname*
la gente	*people*
el/la muchacho/a	*boy/girl*
el/la niño/a	*child*
el/la novio/a	*boyfriend/girlfriend*
la persona	*person*
el/la artista	*artist*
el/la ingeniero/a	*engineer*
el/la doctor(a), el/la médico/a	*doctor; physician*
el/la periodista	*journalist*
el/la programador(a)	*computer programmer*

Variación léxica

madre ⟷ mamá, mami (*colloquial*)
padre ⟷ papá, papi (*colloquial*)
muchacho/a ⟷ chico/a

recursos

WB	LM	vistas.vhlcentral.com
pp. 23–24	p. 13	Lección 3

La familia de José Miguel Pérez Santoro

Juan Santoro Sánchez — mi abuelo (*my grandfather*)
Socorro González de Santoro — mi abuela (*my grandmother*)
Ernesto Santoro González — mi tío (*uncle*) hijo (*son*) de Juan y Socorro
Marina Gutiérrez de Santoro — mi tía (*aunt*) esposa (*wife*) de Ernesto
Mirta Santoro de Pérez — mi madre (*mother*) hija de Juan y Socorro
Rubén Ernesto Pérez Gómez — mi padre (*father*) esposo de mi madre
Silvia Socorro Santoro Gutiérrez — mi prima (*cousin*) hija (*daughter*) de Ernesto y Marina
Héctor Manuel Santoro Gutiérrez — mi primo (*cousin*) nieto (*grandson*) de Juan y Socorro
Carmen Santoro Gutiérrez — mi prima hija de Ernesto y Marina
José Miguel Pérez Santoro — hijo de Rubén y de Mirta
Beatriz Alicia Pérez de Morales — mi hermana (*sister*)
Felipe Morales Zapata — esposo (*husband*) de Beatriz Alicia
Víctor Miguel Morales Pérez — mi sobrino (*nephew*) hermano (*brother*) de Anita
Anita Morales Pérez — mi sobrina (*niece*) nieta (*granddaughter*) de mis padres
los hijos (*children*) de Beatriz Alicia y de Felipe

¡LENGUA VIVA! In Spanish-speaking countries, it is common for people to go by both their first name and middle name, such as **José Miguel** or **Juan Carlos.** You will learn more about names and naming conventions on p. 86.

Práctica

1 Escuchar Listen to each statement made by José Miguel Pérez Santoro, then indicate whether it is **cierto** or **falso**, based on his family tree.

	Cierto	Falso		Cierto	Falso
1.	❍	❍	6.	❍	❍
2.	❍	❍	7.	❍	❍
3.	❍	❍	8.	❍	❍
4.	❍	❍	9.	❍	❍
5.	❍	❍	10.	❍	❍

2 Personas Indicate each word that you hear mentioned in the narration.

1. _____ cuñado
2. _____ tía
3. _____ periodista
4. _____ niño
5. _____ esposo
6. _____ abuelos
7. _____ ingeniera
8. _____ primo

3 Emparejar Provide the letter of the phrase that matches each description. Two items will not be used.

1. Mi hermano programa las computadoras.
2. Son los padres de mi esposo.
3. Son los hijos de mis (*my*) tíos.
4. Mi tía trabaja en un hospital.
5. Es el hijo de mi madrastra y el hijastro de mi padre.
6. Es el esposo de mi hija.
7. Es el hijo de mi hermana.
8. Mi primo dibuja y pinta mucho.
9. Mi hermanastra enseña en la universidad.
10. Mi padre trabaja con planos (*blueprints*).

a. Es médica.
b. Es mi hermanastro.
c. Es programador.
d. Es ingeniero.
e. Son mis suegros.
f. Es mi novio.
g. Es mi padrastro.
h. Son mis primos.
i. Es artista.
j. Es profesora.
k. Es mi sobrino.
l. Es mi yerno.

4 Definiciones Define these family terms in Spanish.

modelo
hijastro *Es el hijo de mi esposo/a, pero no es mi hijo.*

1. abuela
2. bisabuelo
3. tío
4. primas
5. suegra
6. cuñado
7. nietos
8. medio hermano

Más vocabulario boxes call out other important theme-related vocabulary in easy-to-reference Spanish-English lists.

Illustrations High-frequency vocabulary is introduced through expansive, full-color illustrations.

Práctica This section always begins with two listening exercises and continues with activities that practice the new vocabulary in meaningful contexts.

Variación léxica presents alternate words and expressions used throughout the Spanish-speaking world.

Recursos The icons in the **Recursos** boxes let you know exactly which print and technology ancillaries you can use to reinforce and expand on every section of every lesson.

Comunicación activities allow you to use the vocabulary creatively in interactions with a partner, a small group, or the entire class.

Fotonovela
follows the adventures of a group of students living and traveling in Mexico.

3 fotonovela

ochenta y tres 83

Un domingo en familia

Marissa pasa el día en Xochimilco con la familia Díaz.

PERSONAJES FELIPE TÍA NAYELI

Video: *Fotonovela* Record and Compare

JIMENA Hola, tía Nayeli.
TÍA NAYELI Hola, Jimena. ¿Cómo estás?
JIMENA Bien, gracias. ¿Dónde están mis primas?
TÍA NAYELI No sé. ¿Dónde están mis hijas? ¡Ah!

MARISSA ¡Qué bonitas son tus hijas, tía Nayeli!, y ¡qué simpáticas!

MARISSA La verdad, mi familia es pequeña.
SRA. DÍAZ ¿Pequeña? ¡Yo soy hija única! Y qué más, ¿tienes novio?
MARISSA No. Tengo mala suerte con los novios.

FELIPE Soy delgado y guapo.
JIMENA Ay, ¡por favor! Eres gordo, antipático y feo.

TÍO RAMÓN ¿Tienes una familia grande, Marissa?
MARISSA Tengo dos hermanos mayores, Zack y Jennifer. Y un hermano menor, Adam...

MARISSA Tía Nayeli, ¿cuántos años tienen tus hijas?
TÍA NAYELI Marta tiene ocho años y Valentina doce.

JIMENA MARTA VALENTINA SRA. DÍAZ TÍO RAMÓN SR. DÍAZ MARISSA

SRA. DÍAZ Chicas, ¿compartimos una trajinera?
MARISSA ¡Claro que sí! ¡Qué bonitas son!
SRA. DÍAZ ¿Vienes, Jimena?
JIMENA No, gracias. Tengo que leer.

MARISSA Me gusta mucho este sitio. Tengo muchas ganas de visitar otros lugares en México.
SRA. DÍAZ ¡Debes viajar a Mérida!
TÍA NAYELI ¡Sí, con tus amigos! Debes visitar a Ana María, la hermana de Ramón y Roberto.

(*La Sra. Díaz habla por teléfono con la tía Ana María.*)
SRA. DÍAZ Qué bien. Excelente. Sí, la próxima semana. Muchísimas gracias.

MARISSA ¡Gracias, Sra. Díaz!
SRA. DÍAZ Tía Ana María.
MARISSA Tía Ana María.
SRA. DÍAZ ¡Un beso, chau!
MARISSA *Bye!*

recursos
VM pp. 217–218
vistas.vhlcentral.com Lección 3

Expresiones útiles

Talking about your family
¿Tienes una familia grande? *Do you have a big family?*
Tengo dos hermanos mayores y un hermano menor. *I have two older siblings and a younger brother.*
La verdad, mi familia es pequeña. *The truth is, my family is small.*
¿Pequeña? ¡Yo soy hija única! *Small? I'm an only child!*

Describing people
¡Qué bonitas son tus hijas! Y ¡qué simpáticas! *Your daughters are so pretty! And so nice!*
Soy delgado y guapo. *I am slim and handsome.*
¡Por favor! Eres gordo, antipático y feo. *Please! You're fat, unpleasant, and ugly.*

Talking about plans
¿Compartimos una trajinera? *Shall we share a* trajinera*?*
¡Claro que sí! ¡Qué bonitas son! *Of course! They are so pretty!*
¿Vienes, Jimena? *Are you coming Jimena?*
No, gracias. Tengo que leer. *No, thanks. I have to read.*

Saying how old people are
¿Cuántos años tienen tus hijas? *How old are your daughters?*
Marta tiene ocho años y Valentina doce. *Marta is eight and Valentina twelve.*

Additional vocabulary
ensayo *essay*
pobrecito/a *poor thing*
próxima *next*
sitio *place*
todavía *still*
trajinera *type of barge*

Personajes The photo-based conversations take place among a cast of recurring characters—a Mexican family with two college-age children, and their group of friends.

Fotonovela Video Updated for the Fourth Edition, the **NEW!** video episodes that correspond to this section are available for viewing online. For more information on the **Fotonovela** Video, turn to page xxviii.

Conversations Taken from the **NEW! Fotonovela** Video, the conversations reinforce vocabulary from **Contextos**. They also preview structures from the upcoming **Estructura** section in context *and* in a comprehensible way.

Icons signal activities by type (pair, group, audio, info gap) and let you know which activities can be completed online. For a legend explaining all icons used in the student text, see page xxxi.

Expresiones útiles These expressions organize new, active structures by language function so you can focus on using them for real-life, practical purposes.

Pronunciación & Ortografía present the rules of Spanish pronunciation and spelling.

¡De compras! ciento noventa y siete 197

Pronunciación

Audio: Concepts, Activities Record & Compare

The consonants **d** and **t**

¿Dónde? **vender** **nadar** **verdad**

Like **b** and **v**, the Spanish **d** can also have a hard sound or a soft sound, depending on which letters appear next to it.

Don **dinero** **tienda** **falda**

At the beginning of a phrase and after **n** or **l**, the letter **d** is pronounced with a hard sound. This sound is similar to the English *d* in *dog*, but a little softer and duller. The tongue should touch the back of the upper teeth, not the roof of the mouth.

medias **verde** **vestido** **huésped**

In all other positions, **d** has a soft sound. It is similar to the English *th* in *there*, but a little softer.

Don Diego no tiene el diccionario.

When **d** begins a word, its pronunciation depends on the previous word. At the beginning of a phrase or after a word that ends in **n** or **l**, it is pronounced as a hard **d**.

Doña Dolores es de la capital.

Words that begin with **d** are pronounced with a soft **d** if they appear immediately after a word that ends in a vowel or any consonant other than **n** or **l**.

traje **pantalones** **tarjeta** **tienda**

When pronouncing the Spanish **t**, the tongue should touch the back of the upper teeth, not the roof of the mouth. Unlike the English *t*, no air is expelled from the mouth.

Práctica Read these phrases aloud to practice the **d** and the **t**.

1. Hasta pronto.
2. De nada.
3. Mucho gusto.
4. Lo siento.
5. No hay de qué.
6. ¿De dónde es usted?
7. ¡Todos a bordo!
8. No puedo.
9. Es estupendo.
10. No tengo computado
11. ¿Cuándo vienen?
12. Son las tres y media

Oraciones Read these sentences aloud to practice the **d** and the **t**.

1. Don Teodoro tiene una tienda en un almacén en La Habana.
2. Don Teodoro vende muchos trajes, vestidos y zapatos todos los días.
3. Un día un turista, Federico Machado, entra en la tienda para comprar un par de t
4. Federico regatea con don Teodoro y compra las botas y también un par de sanda

Refranes Read these sayings aloud to practice the **d** and the **t**.

En la variedad está el gusto.[1]

Aunque la mona se vista de seda, mona se queda.[2]

1 Variety is the spice of life.
2 You can't make a silk purse out of a sow's ear.

recursos LM p. 32

En el consultorio trescientos treinta y nueve 339

Ortografía

Concepts

El acento y las sílabas fuertes

In Spanish, written accent marks are used on many words. Here is a review of some of the principles governing word stress and the use of written accents.

as-pi-ri-na **gri-pe** **to-man** **an-tes**

In Spanish, when a word ends in a vowel, **-n**, or **-s**, the spoken stress usually falls on the next-to-last syllable. Words of this type are very common and do not need a written accent.

a-sí **in-glés** **in-fec-ción** **hé-ro-e**

When a word ends in a vowel, **-n**, or **-s**, and the spoken stress does *not* fall on the next-to-last syllable, then a written accent is needed.

hos-pi-tal **na-riz** **re-ce-tar** **to-ser**

When a word ends in any consonant *other* than **-n** or **-s**, the spoken stress usually falls on the last syllable. Words of this type are very common and do not need a written accent.

lá-piz **fút-bol** **hués-ped** **sué-ter**

When a word ends in any consonant *other* than **-n** or **-s** and the spoken stress does *not* fall on the last syllable, then a written accent is needed.

far-ma-cia **bio-lo-gí-a** **su-cio** **frí-o**

Diphthongs (two weak vowels or a strong and weak vowel together) are normally pronounced as a single syllable. A written accent is needed when a diphthong is broken into two syllables.

sol **pan** **mar** **tos**

Spanish words of only one syllable do not usually carry a written accent (unless it is to distinguish meaning: **se** and **sé**.)

CONSULTA

In Spanish, **a**, **e**, and **o** are considered strong vowels while **i** and **u** are weak vowels. To review this concept, see **Lección 3, Pronunciación**, p. 85.

Práctica Busca las palabras que necesitan acento escrito y escribe su forma correcta.

1. sal-mon
2. ins-pec-tor
3. nu-me-ro
4. fa-cil
5. ju-go
6. a-bri-go
7. ra-pi-do
8. sa-ba-do
9. vez
10. me-nu
11. o-pe-ra-cion
12. im-per-me-a-ble
13. a-de-mas
14. re-ga-te-ar
15. an-ti-pa-ti-co
16. far-ma-cia
17. es-qui
18. pen-sion
19. pa-is
20. per-don

El ahorcado Juega al ahorcado (*hangman*) para adivinar las palabras.

1. _ l _ _ _ _ a	Vas allí cuando estás enfermo.
2. _ _ _ _ e _ _ c _ _ n	Se usa para poner una vacuna (*vaccination*).
3. _ _ _ d _ _ o _ _ _ _ _ _ a	Permite ver los huesos.
4. _ _ _ _ i _ _ o	Trabaja en un hospital.
5. a _ _ _ _ b _ _ _ _ _ _	Es una medicina.

recursos LM p. 56 vistas.vhlcentral.com Lección 10

Pronunciación explains the sounds and pronunciation of Spanish in Lessons 1–9.

Supersite icon An icon indicates which additional resources are available on the **VISTAS** Supersite (**vistas.vhlcentral.com**). For more information, see page xxvii.

Ortografía focuses on topics related to Spanish spelling in Lessons 10–18.

VISTAS at-a-glance

Cultura
exposes you to different aspects of Hispanic culture tied to the lesson theme.

3 cultura

ochenta y siete 87

EN DETALLE

Additional Reading

¿Cómo te llamas?

In the Spanish-speaking world, it is common to have two last names: one paternal and one maternal. In some cases, the conjunctions **de** or **y** are used to connect the two. For example, in the name **Juan Martínez de Velasco,** *Martínez* is the paternal surname (**el apellido paterno**), and *Velasco* is the maternal surname (**el apellido materno**); **de** simply links the two. This convention of using two last names (**doble apellido**) is a European tradition that Spaniards brought to the Americas. It continues to be practiced in many countries, including Chile, Colombia, Mexico, Peru, and Venezuela. There are exceptions, however. In Argentina, the prevailing custom is for children to inherit only the father's last name.

When a woman marries in a country where two last names are used, legally she retains her two maiden surnames. However, socially she may take her husband's paternal surname in place of her inherited maternal surname. For example, **Mercedes Barcha Pardo,** wife of Colombian writer **Gabriel García Márquez,** might use the names **Mercedes Barcha García** or **Mercedes Barcha de García** in social situations (although officially her name remains **Mercedes Barcha Pardo**). Adopting a husband's last name for social purposes, though widespread, is only legally recognized in Ecuador and Peru.

Most parents do not break tradition upon naming their children; regardless of the surnames the mother uses, they use the father's first surname followed by the mother's first surname, as in the name **Rodrigo García Barcha.** However, one should note that both surnames come from the grandfathers, and therefore all **apellidos** are effectively paternal.

Gabriel García Márquez

Mercedes Barcha Pardo

Rodrigo García Barcha

Hijos en la casa

In Spanish-speaking countries, family and society place very little pressure on young adults to live on their own (**independizarse**), and children often live with their parents well into their thirties. For example, about 60% of Spaniards under 34 years of age live at home with their parents. This delay in moving out is both cultural and economic—lack of job security or low wages coupled with a high cost of living may make it impractical for young adults to live independently before they marry.

ACTIVIDADES

1 **¿Cierto o falso?** Indicate whether these statements are **cierto** or **falso**. Correct the false statements.

1. Most Spanish-speaking people have three last names.
2. Hispanic last names generally consist of the paternal last name followed by the maternal last name.
3. It is common to see **de** or **y** used in a Hispanic last name.
4. Someone from Argentina would most likely have two last names.
5. Generally, married women legally retain two maiden surnames.
6. In social situations, a married woman often uses her husband's last name in place of her inherited paternal surname.
7. Adopting a husband's surname is only legally recognized in Peru and Ecuador.
8. Hispanic last names are effectively a combination of the maternal surnames from the previous generation.

ASÍ SE DICE

Familia y amigos

el/la bisnieto/a	*great-grandson/daughter*
el/la chamaco/a (Méx.); el/la chamo/a (Ven.); el/la chaval(a) (Esp.); el/la pibe/a (Arg.)	**el/la muchacho/a**
mi colega (Esp.); mi cuate (Méx.); mi parcero/a (Col.); mi pana (Ven., P. Rico, Rep. Dom.)	*my pal; my buddy*
la madrina	*godmother*
el padrino	*godfather*
el/la tatarabuelo/a	*great-great-grandfather/ great-great-grandmother*

EL MUNDO HISPANO

Las familias

Although worldwide population trends show a decrease in average family size, households in many Spanish-speaking countries are still larger than their U.S. counterparts.

- **México** 4,0 personas
- **Colombia** 3,9 personas
- **Argentina** 3,6 personas
- **Uruguay** 3,0 personas
- **España** 2,9 personas
- **Estados Unidos** 2,6 personas

PERFIL

La familia real española

Undoubtedly, Spain's most famous family is **la familia real** (*Royal*). In 1962, then prince **Juan Carlos de Borbón**, living in exile in Italy, married Princess **Sofía** of Greece. Then, in the late 1970s, **el Rey** (*King*) **Juan Carlos** and **la Reina** (*Queen*) **Sofía** returned to Spain and helped transition the country to democracy after a forty-year dictatorship. The royal couple, who enjoys immense public support, has three children: las **infantas** (*Princesses*) **Elena** and **Cristina**, and a son, **el príncipe** (*Prince*) **Felipe**, whose official title is **el Príncipe de Asturias**. In 2004, Felipe married **Letizia Ortiz Rocasolano** (now **la Princesa de Asturias**), a journalist and TV presenter. The future king and queen have two daughters, **las infantas Leonor** (born in 2005) and **Sofía** (born in 2007).

Conexión Internet

What role do padrinos and madrinas have in today's Hispanic family?

Go to **vistas.vhlcentral.com** to find more cultural information related to this **Cultura** section.

ACTIVIDADES

2 **Comprensión** Complete these sentences.

1. Spain's royals were responsible for guiding in _____
2. In Spanish, your godmother is called _____
3. Princess Leonor is the _____ of Queen Sofía.
4. Uruguay's average household has _____ people.
5. If a Venezuelan calls you **mi pana**, you are that person's _____

3 **Una familia famosa** Create a genealogical tree of a famous family, using photos or drawings labeled with names and ages. Present the family tree to a classmate and explain who the people are and their relationships to each other.

Practice more at **vistas.vhlcentral.com.**

En detalle & Perfil(es) Two articles on the lesson theme focus on a specific place, custom, person, group, or tradition in the Spanish-speaking world. In Spanish starting in Lesson 7, these features also provide reading practice.

Activities check your understanding of the material and lead you to further exploration. A mouse icon indicates that activities are available on the **VISTAS** Supersite (**vistas.vhlcentral.com**).

Así se dice & El mundo hispano Lexical and comparative features expand cultural coverage to people, traditions, customs, trends, and vocabulary throughout the Spanish-speaking world.

Coverage While the **Panorama** section takes a regional approach to cultural coverage, **Cultura** is theme-driven, covering several Spanish-speaking regions in every lesson.

Conexión Internet A mouse icon leads you to research a topic related to the lesson theme on the **VISTAS** Supersite (**vistas.vhlcentral.com**).

Estructura
presents Spanish grammar in a graphic-intensive format.

7 estructura

doscientos treinta y siete 237

7.1 Reflexive verbs (Tutorial)

ANTE TODO A reflexive verb is used to indicate that the subject does something to or for himself or herself. In other words, it "reflects" the action of the verb back to the subject. Reflexive verbs always use reflexive pronouns.

SUBJECT	REFLEXIVE VERB
Joaquín	**se ducha** por la mañana.

The verb lavarse (*to wash oneself*)

SINGULAR FORMS	yo	**me lavo**	*I wash (myself)*
	tú	**te lavas**	*you wash (yourself)*
	Ud.	**se lava**	*you wash (yourself)*
	él/ella	**se lava**	*he/she washes (himself/herself)*
PLURAL FORMS	nosotros/as	**nos lavamos**	*we wash (ourselves)*
	vosotros/as	**os laváis**	*you wash (yourselves)*
	Uds.	**se lavan**	*you wash (yourselves)*
	ellos/ellas	**se lavan**	*they wash (themselves)*

▶ The pronoun **se** attached to an infinitive identifies the verb as reflexive: **lavarse.**

▶ When a reflexive verb is conjugated, the reflexive pronoun agrees with the subject.

Me afeito. **Te despiertas** a las siete.

▶ Like object pronouns, reflexive pronouns generally appear before a conjugated verb. With infinitives and present participles, they may be placed before the conjugated verb or attached to the infinitive or present participle.

Ellos **se** van a vestir.
Ellos van a vestir**se**.
They are going to get dressed.

Nos estamos lavando las manos.
Estamos lavándo**nos** las manos.
We are washing our hands.

▶ **¡Atención!** When a reflexive pronoun is attached to a present participle, an accent mark is added to maintain the original stress.

bañando → bañándose durmiendo → durmiéndose

AYUDA
Except for **se**, reflexive pronouns have the same forms as direct and indirect object pronouns.
• • •
Se is used for both singular and plural subjects—there is no individual plural form:
Pablo **se** lava.
Ellos **se** lavan.

AYUDA
You have already learned several adjectives that can be used with **ponerse** when it means *to become*:
alegre, cómodo/a, contento/a, elegante, guapo/a, nervioso/a, rojo/a, and **triste**.

Common reflexive verbs

acordarse (de) (o:ue)	*to remember*	**llamarse**	*to be called; to be named*
acostarse (o:ue)	*to go to bed*	**maquillarse**	*to put on makeup*
afeitarse	*to shave*	**peinarse**	*to comb one's hair*
bañarse	*to bathe; to take a bath*	**ponerse**	*to put on*
cepillarse	*to brush*	**ponerse (+ *adj.*)**	*to become (+ adj.)*
despedirse (de) (e:i)	*to say goodbye (to)*	**preocuparse (por)**	*to worry (about)*
despertarse (e:ie)	*to wake up*	**probarse** (o:ue)	*to try on*
dormirse (o:ue)	*to go to sleep; to fall asleep*	**quedarse**	*to stay; to remain*
ducharse	*to shower; to take a shower*	**quitarse**	*to take off*
		secarse	*to dry (oneself)*
enojarse (con)	*to get angry (with)*	**sentarse** (e:ie)	*to sit down*
irse	*to go away; to leave*	**sentirse** (e:ie)	*to feel*
lavarse	*to wash (oneself)*	**vestirse** (e:i)	*to get dressed*
levantarse	*to get up*		

COMPARE & CONTRAST

Unlike English, a number of verbs in Spanish can be reflexive or non-reflexive. If the verb acts upon the subject, the reflexive form is used. If the verb acts upon something other than the subject, the non-reflexive form is used. Compare these sentences.

Lola **lava** los platos.

Lola **se lava** la cara.

As the preceding sentences show, reflexive verbs sometimes have different meanings than their non-reflexive counterparts. For example, **lavar** means *to wash*, while **lavarse** means *to wash oneself, to wash up.*

▶ **¡Atención!** Parts of the body or clothing are generally not referred to with possessives, but with articles.

La niña se quitó **un** zapato. Necesito cepillarme **los** dientes.

recursos
WB pp. 75–76
LM p. 30
vistas vhlcentral.com Lección 7

¡INTÉNTALO! Indica el presente de estos verbos reflexivos.

despertarse
1. Mis hermanos *se despiertan* tarde.
2. Tú _____ tarde.
3. Nosotros _____ tarde.
4. Benito _____ tarde.
5. Yo _____ tarde.

ponerse
1. Él *se pone* una chaqueta.
2. Yo _____ una chaqueta.
3. Usted _____ una chaqueta.
4. Nosotras _____ una chaqueta.
5. Las niñas _____ una chaqueta.

Ante todo This introduction eases you into the grammar with definitions of grammatical terms, reminders about what you already know of English grammar, and Spanish grammar you have learned in earlier lessons.

Compare & Contrast This feature focuses on aspects of grammar that native speakers of English may find difficult, clarifying similarities and differences between Spanish and English.

Diagrams To clarify concepts, clear and easy-to-grasp grammar explanations are reinforced by diagrams that colorfully present sample words, phrases, and sentences.

Charts To help you learn, colorful, easy-to-use charts call out key grammatical structures and forms, as well as important related vocabulary.

Student sidebars provide you with on-the-spot linguistic, cultural, or language-learning information directly related to the materials in front of you.

¡Inténtalo! offers an easy first step into each grammar point. A mouse icon indicates these activities are available with auto-grading on the **VISTAS** Supersite (**vistas.vhlcentral.com**).

VISTAS at-a-glance

Estructura
provides directed and communicative practice.

La familia — noventa y uno — 91

Práctica

1 **Emparejar** Find the words in column B that are the opposite of the words in column A. One word in B will not be used.

A	B
1. guapo	a. delgado
2. moreno	b. pequeño
3. alto	c. malo
4. gordo	d. feo
5. joven	e. viejo
6. grande	f. rubio
7. simpático	g. antipático
	h. bajo

Marcos
Jorge

2 **Completar** Indicate the nationalities of these people by selecting the correct adjectives and changing their forms when necessary.

NOTA CULTURAL
Carlos Fuentes (1928–) is one of Mexico's best-known writers. His novel, ***La muerte*** (*death*) ***de Artemio Cruz***, explores the psyche of a Mexican revolutionary.

1. Penélope Cruz es _____.
2. ▶ Carlos Fuentes es un gran escritor (*writer*) de México; es _____.
3. Ellen Page y Avril Lavigne son _____.
4. Giorgio Armani es un diseñador de modas (*fashion designer*) _____.
5. Daisy Fuentes es de La Habana, Cuba; ella es _____.
6. Emma Watson y Daniel Radcliffe son actores _____.
7. Heidi Klum y Boris Becker son _____.
8. Apolo Anton Ohno y Shaun White son _____.

3 **Describir** Look at the drawing and describe each family member using as many adjectives as possible.

1. Susana Romero Barcos es _____.
2. Tomás Romero Barcos es _____.
3. Los dos hermanos son _____.
4. Josefina Barcos de Romero es _____.
5. Carlos Romero Sandoval es _____.
6. Alberto Romero Pereda es _____.
7. Tomás y su (*his*) padre son _____.
8. Susana y su (*her*) madre son _____.

Practice more at **vistas.vhlcentral.com.**

La familia — noventa y nueve — 99

Comunicación

4 **Entrevista** In pairs, use these questions to interview each other. Be prepared to report the results of your interviews to the class.

1. ¿Dónde comes al mediodía? ¿Comes mucho?
2. ¿Cuándo asistes a tus clases?
3. ¿Cuál es tu clase favorita? ¿Por qué?
4. ¿Dónde vives?
5. ¿Con quién vives?
6. ¿Qué cursos debes tomar el próximo (*next*) semestre?
7. ¿Lees el periódico (*newspaper*)? ¿Qué periódico lees y cuándo?
8. ¿Recibes muchos mensajes de texto (*text messages*)? ¿De quién(es)?
9. ¿Escribes poemas?
10. ¿Crees en fantasmas (*ghosts*)?

5 **¿Acción o descripción?** In small groups, take turns choosing a verb from the list. Then choose to act out the verb or give a description. The other members of the group will say what you are doing. Be creative!

abrir (un libro, una puerta, una mochila)
aprender (a bailar, a hablar francés, a dibujar)
asistir (a una clase de yoga, a un concierto de rock, a una clase interesante)
beber (agua, Coca-Cola)
comer (pasta, un sándwich, pizza)
compartir (un libro, un sándwich)
correr (en el parque, en un maratón)
escribir (una composición, un mensaje de texto [*text message*], con lápiz)
leer (una carta [*letter*] de amor, un mensaje electrónico [*e-mail message*], un periódico [*newspaper*])
recibir un regalo (*gift*)
¿?

modelo
Estudiante 1: (*pantomimes typing a keyboard*)
Estudiante 2: ¿Escribes un mensaje electrónico?
Estudiante 1: Sí.

modelo
Estudiante 1: Soy estudiante y tomo muchas clases. Vivo en Roma.
Estudiante 2: ¿Comes pasta?
Estudiante 1: No, no como pasta.
Estudiante 3: ¿Aprendes a hablar italiano?
Estudiante 1: ¡Sí!

Síntesis

6 **Horario** Your instructor will give you and a partner incomplete versions of Alicia's schedule. Fill in the missing information on the schedule by talking to your partner. Be prepared to reconstruct Alicia's complete schedule with the class.

Práctica A wide range of guided, yet meaningful exercises weave current and previously learned vocabulary together with the current grammar point.

Comunicación Opportunities for creative expression use the lesson's grammar and vocabulary. These activities take place with a partner, in small groups, or with the whole class.

Síntesis activities integrate the current grammar point with previously learned points, providing built-in, consistent review and recycling as you progress through the text.

Information Gap activities engage you and a partner in problem-solving and other situations based on handouts your instructor gives you. However, you and your partner each have only half of the information you need, so you must work together to accomplish the task at hand.

Sidebars The **Notas culturales** expand coverage of the cultures of Spanish-speaking peoples and countries, while **Ayuda** sidebars provide on-the-spot language support.

NEW! **Additional activities** New to the Fourth Edition, the Activity Pack provides additional communicative and discrete practice for every grammar point. Your instructor will distribute these handouts for review and extra practice.

Estructura

Recapitulación reviews the grammar of each lesson and provides a short quiz, available with auto-grading on the Supersite.

104 ciento cuatro Lección 3

SUBJECT CONJUGATED FORM

Recapitulación

Concepts Diagnostics

Review the grammar concepts you have learned in this lesson by completing these activities.

1 Adjetivos Complete each phrase with the appropriate adjective from the list. Make all necessary changes. 6 pts.

antipático	interesante	mexicano
difícil	joven	moreno

1. Mi tía es _____. Vive en Guadalajara.
2. Mi primo no es rubio, es _____.
3. Mi novio cree que la clase no es fácil; es _____.
4. Los libros son _____; me gustan mucho.
5. Mis hermanos son _____; no tienen muchos amigos.
6. Las gemelas tienen quince años. Son _____.

2 Completar For each set of sentences, provide the appropriate form of the verb **tener** and the possessive adjective. Follow the model. 12 pts.

modelo
Él tiene un libro. Es su libro.

1. Esteban y Julio _____ una tía. Es _____ tía.
2. Yo _____ muchos amigos. Son _____ amigos.
3. Tú _____ tres primas. Son _____ primas.
4. María y tú _____ un hermano. Es _____ hermano.
5. Nosotras _____ unas mochilas. Son _____ mochilas.
6. Usted _____ dos sobrinos. Son _____ sobrinos.

3 Oraciones Arrange the words in the correct order to form complete logical sentences. **¡Ojo!** Don't forget to conjugate the verbs. 10 pts.

1. libros / unos / tener / interesantes / tú / muy
_____
2. dos / leer / fáciles / compañera / tu / lecciones
_____
3. mi / francés / ser / amigo / buen / Hugo
_____
4. ser / simpáticas / dos / personas / nosotras
_____
5. a / clases / menores / mismas / sus / asisitir / hermanos / las
_____

RESUMEN GRAMATICAL

3.1 Descriptive adjectives *pp. 88–90*

Forms and agreement of adjectives

Masculine		Feminine	
Singular	Plural	Singular	Plural
alto	altos	alta	altas
inteligente	inteligentes	inteligente	inteligentes
trabajador	trabajadores	trabajadora	trabajadoras

- Descriptive adjectives follow the noun: **el chico rubio**
- Adjectives of nationality also follow the noun: **la mujer española**
- Adjectives of quantity precede the noun: **muchos libros, dos turistas**
- When placed before a singular masculine noun, these adjectives are shortened.
  bueno → buen **malo → mal**
- When placed before a singular noun, **grande** is shortened to **gran**.

3.2 Possessive adjectives *p. 93*

Singular		Plural	
mi	nuestro/a	mis	nuestros/as
tu	vuestro/a	tus	vuestros/as
su	su	sus	sus

3.3 Present tense of -er and -ir verbs *pp. 96–97*

comer		escribir	
como	comemos	escribo	escribimos
comes	coméis	escribes	escribís
come	comen	escribe	escriben

3.4 Present tense of tener and venir *pp. 100–101*

tener		venir	
tengo	tenemos	vengo	venimos
tienes	tenéis	vienes	venís
tiene	tienen	viene	vienen

La familia ciento cinco 105

4 Carta Complete this letter with the appropriate forms of the verbs in the word list. Not all verbs will be used. 10 pts.

abrir	correr	recibir
asistir	creer	tener
compartir	escribir	venir
comprender	leer	vivir

Hola, Ángel:
¿Qué tal? (Yo) (1) _____ esta carta (this letter) en la biblioteca. Todos los días (2) _____ aquí y (3) _____ un buen libro. Yo (4) _____ que es importante leer por diversión. Mi compañero de apartamento no (5) _____ por qué me gusta leer. Él sólo (6) _____ los libros de texto. Pero nosotros (7) _____ unos intereses. Por ejemplo, los dos somos atléticos; por las mañanas nosotros (8) _____. También nos gustan las ciencias; por las tardes (9) _____ a nuestra clase de biología. Y tú, ¿cómo estás? ¿(Tú) (10) _____ mucho trabajo (work)?

5 Su familia Write a brief description of a friend's family. Describe the family members using vocabulary and structures from this lesson. Write at least five sentences. 12 pts.

modelo
La familia de mi amiga Gabriela es grande. Ella tiene tres hermanos y una hermana. Su hermana mayor es periodista...

6 Proverbio Complete this proverb with the correct forms of the verbs in parentheses. 2 EXTRA points!

"Dos andares° _____ (tener) el dinero°,
_____ (venir) despacio°
y se va° ligero°."

andares *speeds* dinero *money* despacio *slowly*
se va *it leaves* ligero *quickly*

Practice more at **vistas.vhlcentral.com.**

Resumen gramatical This review panel provides you with an easy-to-study summary of the basic concepts of the lesson's grammar, with page references to the full explanations.

Activities A series of activities, moving from directed to open-ended, systematically test your mastery of the lesson's grammar. The section ends with a riddle or puzzle using the grammar from the lesson.

Points Each activity is assigned a point value to help you track your progress. All **Recapitulación** sections add up to fifty points, plus two additional points for successfully completing the bonus activity.

Supersite icon An icon lets you know that **Recapitulación** can be completed online with diagnostics to help you identify where you are strong or where you might need review.

NEW! Extra practice An icon indicates when there is extra practice available online. In this case, after you finish **Recapitulación**, you can complete a set of follow-up activities to compare your results!

VISTAS at-a-glance

Adelante

Lectura develops reading skills in the context of the lesson theme.

14 adelante — Audio: Reading Additional Reading — cuatrocientos noventa y nueve 499

Lectura

Antes de leer

Estrategia
Identifying point of view

You can understand a narrative more completely if you identify the point of view of the narrator. You can do this by simply asking yourself from whose perspective the story is being told. Some stories are narrated in the first person. That is, the narrator is a character in the story, and everything you read is filtered through that person's thoughts, emotions, and opinions. Other stories have an omniscient narrator who is not one of the story's characters and who reports the thoughts and actions of all the characters.

Examinar el texto
Lee brevemente este cuento escrito por Marco Denevi. ¿Crees que se narra en primera persona o tiene un narrador omnisciente? ¿Cómo lo sabes?

_____

_____

Punto de vista
Éstos son fragmentos de *Esquina peligrosa* en los que se cambió el punto de vista° a primera persona. Completa cada oración de manera lógica.

1. Le _____ a mi chofer que me condujese hasta aquel barrio...
2. Al doblar la esquina _____ el almacén, el mismo viejo y sombrío almacén donde _____ había trabajado como dependiente...
3. El recuerdo de _____ niñez me puso nostálgico. Se _____ humedecieron los ojos.
4. Yo _____ la canasta de mimbre, _____ llenándola con paquetes [...] y _____ a hacer el reparto.

punto de vista *point of view*

Practice more at **vistas.vhlcentral.com.**

Marco Denevi (1922–1998) fue un escritor y dramaturgo argentino. Estudió derecho y más tarde se convirtió en escritor. Algunas de sus obras, como *Rosaura a las diez*, han sido° llevadas al cine. Denevi se caracteriza por su gran creatividad e ingenio, que jamás dejan de sorprender al lector°.

han sido *have been* lector *reader* finanzas *finance* humilde *humble, modest* asfaltados *paved with asphalt* antaño *yesteryear* torres de departamentos *apartment buildings* sombrío *somber* anticuada caja registradora *old-fashioned cash register* balanza de pesas *scale* mudo asedio *silent siege* aserrín *sawdust* acaroína *pesticide* penumbra del fondo *half-light from the back* reparto *delivery* lodazal *bog*

Esquina peligrosa

Marco Denevi

El señor Epidídimus, el magnate de las finanzas°, uno de los hombres más ricos del mundo, sintió un día el vehemente deseo de visitar el barrio donde había vivido cuando era niño y trabajaba como dependiente de almacén.

Le ordenó a su chofer que lo condujese hasta aquel barrio humilde° y remoto. Pero el barrio estaba tan cambiado que el señor Epidídimus no lo reconoció. En lugar de calles de tierra había bulevares asfaltados°, y las míseras casitas de antaño° habían sido reemplazadas por torres de departamentos°.

Al doblar una esquina vio el almacén, el mismo viejo y sombrío° almacén donde él había trabajado como dependiente cuando tenía doce años.

—Deténgase aquí—le dijo al chofer. Descendió del automóvil y entró en el almacén. Todo se conservaba igual que en la época de su infancia: las estanterías, la anticuada caja registradora°, la balanza de pesas° y, alrededor, el mudo asedio° de la mercadería.

El señor Epidídimus percibió el mismo olor de sesenta años atrás: un olor picante y agridulce a jabón amarillo, a aserrín° húmedo, a vinagre, a aceitunas, a acaroína°. El recuerdo de su niñez lo puso nostálgico. Se le humedecieron los ojos. Le pareció que retrocedía en el tiempo.

Desde la penumbra del fondo° le llegó la voz ruda del patrón:

—¿Estas son horas de venir? Te quedaste dormido, como siempre.

El señor Epidídimus tomó la canasta de mimbre, fue llenándola con paquetes de azúcar, de yerba y de fideos, y salió a hacer el reparto°.

La noche anterior había llovido y las calles de tierra estaban convertidas en un lodazal°.

(1974)

Después de leer

Comprensión
Indica si las oraciones son **ciertas** o **falsas**. Corrige las falsas.

Cierto	Falso	
____	____	1. El señor Epidídimus tiene una tienda con la que gana poco dinero.
____	____	2. Epidídimus vivía en un barrio humilde cuando era pequeño.
____	____	3. Epidídimus le ordenó al chofer que lo llevara a un barrio de gente con poco dinero.
____	____	4. Cuando Epidídimus entró al almacén se acordó de experiencias pasadas.
____	____	5. Epidídimus les dio órdenes a los empleados del almacén.

Interpretación
Responde a estas preguntas con oraciones completas.

1. ¿Es rico o pobre Epidídimus? ¿Cómo lo sabes?
2. ¿Por qué Epidídimus va al almacén?
3. ¿De quién es la voz "ruda" que Epidídimus escucha? ¿Qué orden crees que le dio a Epidídimus?
4. ¿Qué hace Epidídimus al final?

Coméntalo
En parejas, hablen de sus impresiones y conclusiones. Tomen como guía estas preguntas.

- ¿Te sorprendió el final de este cuento? ¿Por qué?
- ¿Qué va a hacer Epidídimus el resto del día?
- ¿Crees que Epidídimus niño estaba soñando o Epidídimus adulto estaba recordando?
- ¿Por qué crees que el cuento se llama *Esquina peligrosa*?

Antes de leer Valuable reading strategies and pre-reading activities strengthen your reading abilities in Spanish.

Readings Selections related to the lesson theme recycle vocabulary and grammar you have learned. The selections in Lessons 1–12 are cultural texts, while those in Lessons 13–18 are literary pieces.

Después de leer Activities include post-reading exercises that review and check your comprehension of the reading as well as expansion activities.

NEW! Selections Three readings are new to this edition. Lessons 1 and 11 now offer authentic comics by Quino and Tute, while lesson 14 now has a short story by Marco Denevi.

Adelante

Escritura develops writing skills while *Escuchar* practices listening skills in the context of the lesson theme.

Escritura

Estrategia

Using idea maps

How do you organize ideas for a first draft? Often, the organization of ideas represents the most challenging part of the process. Idea maps are useful for organizing pertinent information. Here is an example of an idea map you can use:

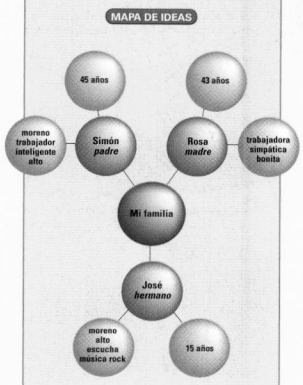

Tema

Escribir un mensaje electrónico

A friend you met in a chat room for Spanish speakers wants to know about your family. Using some of the verbs and adjectives you have learned in this lesson, write a brief e-mail describing your family or an imaginary family, including:

- Names and relationships
- Physical characteristics
- Hobbies and interests

Here are some useful expressions for writing an e-mail or letter in Spanish:

Salutations

Estimado/a Julio/Julia:	*Dear Julio/Julia,*
Querido/a Miguel/Ana María:	*Dear Miguel/Ana María,*

Closings

Un abrazo,	*A hug,*
Abrazos,	*Hugs,*
Cariños,	*Much love,*
¡Hasta pronto!	*See you soon!*
¡Hasta la próxima semana!	*See you next week!*

Escuchar

Audio: Activities

Estrategia

Asking for repetition/ Replaying the recording

Sometimes it is difficult to understand what people say, especially in a noisy environment. During a conversation, you can ask someone to repeat by saying **¿Cómo?** (*What?*) or **¿Perdón?** (*Pardon me?*). In class, you can ask your teacher to repeat by saying **Repita, por favor** (*Repeat, please*). If you don't understand a recorded activity, you can simply replay it.

To help you practice this strategy, you will listen to a short paragraph. Ask your professor to repeat it or replay the recording, and then summarize what you heard.

Preparación

Based on the photograph, where do you think Cristina and Laura are? What do you think Laura is saying to Cristina?

Ahora escucha

Now you are going to hear Laura and Cristina's conversation. Use **R** to indicate which adjectives describe Cristina's boyfriend, Rafael. Use **E** for adjectives that describe Laura's boyfriend, Esteban. Some adjectives will not be used.

___ **rubio**	___ **interesante**
___ **feo**	___ **antipático**
___ **alto**	___ **inteligente**
___ **trabajador**	___ **moreno**
___ **un poco gordo**	___ **viejo**

Practice more at **vistas.vhlcentral.com.**

Comprensión

Identificar

Which person would make each statement: Cristina or Laura?

	Cristina	Laura
1. Mi novio habla sólo de fútbol y de béisbol.	❍	❍
2. Tengo un novio muy interesante y simpático.	❍	❍
3. Mi novio es alto y moreno.	❍	❍
4. Mi novio trabaja mucho.	❍	❍
5. Mi amiga no tiene buena suerte con los muchachos.	❍	❍
6. El novio de mi amiga es un poco gordo, pero guapo.	❍	❍

¿Cierto o falso?

Indicate whether each sentence is **cierto** or **falso**, then correct the false statements.

	Cierto	Falso
1. Esteban es un chico interesante y simpático.	❍	❍
2. Laura tiene mala suerte con los chicos.	❍	❍
3. Rafael es muy interesante.	❍	❍
4. Laura y su novio hablan de muchas cosas.	❍	❍

Estrategia Strategies help you prepare for the writing and listening tasks to come.

Escuchar A recorded conversation or narration develops your listening skills in Spanish. **Preparación** prepares you for listening to the recorded passage.

Escritura The **Tema** describes the writing topic and includes suggestions for approaching it.

Ahora escucha walks you through the passage, and **Comprensión** checks your listening comprehension.

VISTAS at-a-glance

Adelante

En pantalla and *Flash cultura* present additional video tied to the lesson theme.

110 ciento diez Lección 3

En pantalla

In the Spanish-speaking world, grandparents play an important role in the nuclear family structure. Even in the U.S., where retirement communities and nursing homes abound, in Latino families it is often expected that members of the older generation will live with their adult children and grandchildren. This living situation usually brings benefits—financial, emotional, and logistical—that improve the quality of life for everyone involved, and it facilitates the passing on of family history and culture.

Vocabulario útil

la canción	*song*
cocinar	*to cook*
el espíritu	*spirit*
los frijoles	*beans*
la lágrima	*tear*
el milagro	*miracle*
romántico/a	*romantic*
se aparece en	*appears in*
supersticioso/a	*superstitious*

Preparación
Have you or anyone in your family ever experienced a situation that seemed supernatural? What happened?

Preguntas
Choose the correct answer for each question.
1. ¿Qué hace (*is she doing*) la abuela?
   a. Prepara tortillas. b. Come tortillas.
2. ¿Quién escucha una canción?
   a. la abuela b. el nieto
3. ¿Quién se aparece en la tortilla?
   a. el nieto b. el abuelo
4. ¿Qué tiene el nieto?
   a. sed b. hambre

Los personajes
Choose one of the characters and write a description of him or her. Use as many adjectives as you can and mention the person's likes and dislikes. Be creative! Then, in pairs, read your description to a partner.

¿me llamaste? *you called me?*

Tears & Tortillas

Ay, Carlos. Nuestra canción.

¡Beto!... ¡Beto!...

Abuelita... ¿me llamaste?°

Tears & Tortillas forms part of a growing U.S. market for Latino cinema. Director Xóchitl Dorsey's narrative and documentary films have appeared on Showtime and PBS, as well as in various film festivals.

Video: Short Film

Practice more at **vistas.vhlcentral.com.**

La familia ciento once 111

Flash CULTURA

If a Spanish-speaking friend told you he was going to a **reunión familiar,** what type of event would you picture? Most likely, your friend would not be referring to an annual event reuniting family members from far-flung cities. In Hispanic culture, family gatherings are much more frequent and relaxed, and thus do not require intensive planning or juggling of schedules. Some families gather every Sunday afternoon to enjoy a leisurely meal; others may prefer to hold get-togethers on a Saturday evening, with food, music, and dancing. In any case, gatherings tend to be laid-back events in which family members spend hours chatting, sharing stories, and telling jokes.

Vocabulario útil

el Día de la Madre	*Mother's Day*
estamos celebrando	*we are celebrating*
familia grande y feliz	*a big, happy family*
familia numerosa	*a large family*
hacer (algo) juntos	*to do (something) together*
el patio interior	*courtyard*
pelear	*to fight*
reuniones familiares	*family gatherings, reunions*

Preparación
What is a "typical family" like where you live? Is there such a thing? What members of a family usually live together?

Completar
Complete this paragraph with the correct options.
Los Valdivieso y los Bolaños son dos ejemplos de familias en Ecuador. Los Valdivieso son una familia (1) _____ (difícil/numerosa). Viven en una casa (2) _____ (grande/buena). En el patio, hacen (*they do*) muchas reuniones (3) _____ (familiares/con amigos). Los Bolaños son una familia pequeña. Ellos comen (4) _____ (separados/juntos) y preparan canelazo, una bebida (*drink*) típica ecuatoriana.

tan *so*

La familia

—Érica, ¿y cómo se llaman tus padres?
—Mi mamá, Lorena y mi papá, Miguel.

¡Qué familia tan° grande tiene!

Te presento a la familia Bolaños.

Video: *Flash cultura*

Practice more at **vistas.vhlcentral.com.**

recursos
LM pp. 295–296
vistas.vhlcentral.com Lección 3

En pantalla TV clips, many **NEW!** to this edition, give you additional exposure to authentic language. The clips include commercials, newscasts, short films, and TV shows that feature the language, vocabulary, and theme of the lesson.

Presentation Cultural notes, video stills with captions, and vocabulary support all prepare you to view the clips. Activities check your comprehension and expand on the ideas presented.

NEW! Cortometraje The **En pantalla** sections for lessons 3, 15, and 16 now feature authentic short films from the U.S., Mexico, and Spain. Pre-and post-viewing support is increased in lessons 15 and 16.

Supersite icon Icons lead you to the Supersite (**vistas.vhlcentral.com**), where you can view the videos and get further practice.

Flash cultura An icon lets you know that the enormously successful **Flash cultura** Video offers specially-shot content tied to the lesson theme.

NEW! Activities Due to the overwhelming popularity of the **Flash cultura** Video, previewing support and comprehension activities are now integrated into the student text. To learn more about the video, turn to page xxx.

Panorama
presents the nations of the Spanish-speaking world.

3 panorama

Video: *Panorama cultural*
Interactive map

ciento trece 113

Ecuador

El país en cifras

- **Área:** 283.560 km² (109.483 millas²), *incluyendo las islas Galápagos, aproximadamente el área de Colorado*
- **Población:** 14.596.000
- **Capital:** Quito — 2.035.000
- **Ciudades° principales:** Guayaquil — 2.941.000, Cuenca, Machala, Portoviejo

SOURCE: Population Division, UN Secretariat

- **Moneda:** dólar estadounidense
- **Idiomas:** español (oficial), quichua

La lengua oficial de Ecuador es el español, pero también se hablan° otras° lenguas en el país. Aproximadamente unos 4.000.000 de ecuatorianos hablan lenguas indígenas; la mayoría° de ellos habla quichua. El quichua es el dialecto ecuatoriano del quechua, la lengua de los incas.

Muchos indígenas de Ecuador hablan quichua.

Bandera de Ecuador

Ecuatorianos célebres

- **Francisco Eugenio De Santa Cruz y Espejo**, médico, periodista y patriota (1747–1795)
- **Juan León Mera**, novelista (1832–1894)
- **Eduardo Kingman**, pintor° (1913–1998)
- **Rosalía Arteaga**, abogada°, política y ex vicepresidenta (1956–)

Ciudades *cities* se hablan *are spoken* otras *other* mayoría *majority* pintor *painter* abogada *lawyer* sur *south* mundo *world* pies *feet* dos veces más alto que *twice as tall as*

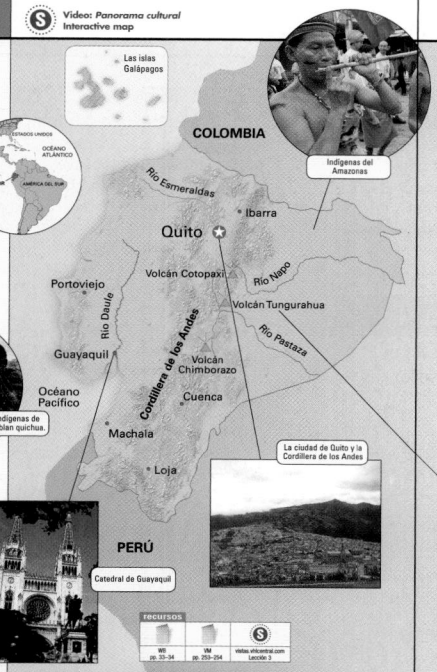

recursos

WB	VM	vistas.vhlcentral.com
pp. 33–34	pp. 253–254	Lección 3

¡Increíble pero cierto!
El volcán Cotopaxi, situado a unos 60 kilómetros al sur° de Quito, es considerado el volcán activo más alto del mundo°. Tiene una altura de 5.897 metros (19.340 pies°). Es dos veces más alto que° el monte Santa Elena (2.550 metros o 9.215 pies) en el estado de Washington.

Lugares • Las islas Galápagos
Muchas personas vienen de lejos a visitar las islas Galápagos porque son un verdadero tesoro° ecológico. Aquí Charles Darwin estudió° las especies que inspiraron° sus ideas sobre la evolución. Como las Galápagos están lejos del continente, sus plantas y animales son únicos. Las islas son famosas por sus tortugas° gigantes.

Artes • Oswaldo Guayasamín
Oswaldo Guayasamín fue° uno de los artistas latinoamericanos más famosos del mundo. Fue escultor° y muralista. Su expresivo estilo viene del cubismo y sus temas preferidos son la injusticia y la pobreza° sufridas° por los indígenas de su país.

Madre y niño en azul, 1986, Oswaldo Guayasamín

Deportes • El *trekking*
El sistema montañoso de los Andes cruza° y divide Ecuador en varias regiones. La Sierra, que tiene volcanes, grandes valles y una variedad increíble de plantas y animales, es perfecta para el *trekking*. Muchos turistas visitan Ecuador cada° año para hacer° *trekking* y escalar montañas°.

Lugares • Latitud 0
Hay un monumento en Ecuador, a unos 22 kilómetros (14 millas) de Quito, donde los visitantes están en el hemisferio norte y el hemisferio sur a la vez°. Este monumento se llama la Mitad del Mundo° y es un destino turístico muy popular.

Explosión del volcán Tungurahua en 1999

¿Qué aprendiste? Completa las oraciones con la información correcta.

1. La ciudad más grande (*biggest*) de Ecuador es _____.
2. La capital de Ecuador es _____.
3. Unos 4.000.000 de ecuatorianos hablan _____.
4. Darwin estudió el proceso de la evolución en _____.
5. Dos temas del arte de _____ son la pobreza y la _____.
6. Un monumento muy popular es _____.
7. La Sierra es un lugar perfecto para el _____.
8. El volcán _____ es el volcán activo más alto del mundo.

Conexión Internet Investiga estos temas en **vistas.vhlcentral.com.**

1. Busca información sobre una ciudad de Ecuador. ¿Te gustaría (*Would you like*) visitar la ciudad? ¿Por qué?
2. Haz una lista de tres animales o plantas que viven sólo en las islas Galápagos. ¿Dónde hay animales o plantas similares?

Practice more at vistas.vhlcentral.com.

verdadero tesoro *true treasure* estudió *studied* inspiraron *inspired* tortugas *tortoises* fue *was* escultor *sculptor* pobreza *poverty* sufridas *suffered* cruza *crosses* cada *every* hacer *to do* escalar montañas *to climb mountains* a la vez *at the same time* Mitad del Mundo *Equatorial Line Monument (lit. Midpoint of the World)*

El país en cifras presents interesting key facts about the featured country.

Maps point out major cities, rivers, and geographical features and situate the country in the context of its immediate surroundings and the world.

Readings A series of brief paragraphs explores facets of the country's culture such as history, places, fine arts, literature, and aspects of everyday life.

¡Increíble pero cierto! highlights an intriguing fact about the country or its people.

Conexión Internet offers Internet activities on the **VISTAS** Supersite (**vistas.vhlcentral.com**) for additional avenues of discovery.

***Panorama cultural* Video** This video's authentic footage takes you to the featured Spanish-speaking country, letting you experience the sights and sounds of an aspect of its culture. To learn more about the video, turn to page xxx.

Vocabulario summarizes all the active vocabulary of the lesson.

3 **vocabulario** 114 ciento catorce

La familia

el/la abuelo/a	*grandfather/ grandmother*
los abuelos	*grandparents*
el apellido	*last name; surname*
el/la bisabuelo/a	*great-grandfather/ great-grandmother*
el/la cuñado/a	*brother-in-law/ sister-in-law*
el/la esposo/a	*husband; wife; spouse*
la familia	*family*
el/la gemelo/a	*twin*
el/la hermanastro/a	*stepbrother/ stepsister*
el/la hermano/a	*brother/sister*
el/la hijastro/a	*stepson/ stepdaughter*
el/la hijo/a	*son/daughter*
los hijos	*children*
la madrastra	*stepmother*
la madre	*mother*
el/la medio/a hermano/a	*half-brother/ half-sister*
el/la nieto/a	*grandson/ granddaughter*
la nuera	*daughter-in-law*
el padrastro	*stepfather*
el padre	*father*
los padres	*parents*
los parientes	*relatives*
el/la primo/a	*cousin*
el/la sobrino/a	*nephew/niece*
el/la suegro/a	*father-in-law/ mother-in-law*
el/la tío/a	*uncle/aunt*
el yerno	*son-in-law*

Otras personas

el/la amigo/a	*friend*
la gente	*people*
el/la muchacho/a	*boy/girl*
el/la niño/a	*child*
el/la novio/a	*boyfriend/girlfriend*
la persona	*person*

Profesiones

el/la artista	*artist*
el/la doctor(a), el/la médico/a	*doctor; physician*
el/la ingeniero/a	*engineer*
el/la periodista	*journalist*
el/la programador(a)	*computer programmer*

Nacionalidades

alemán, alemana	*German*
argentino/a	*Argentine*
canadiense	*Canadian*
chino/a	*Chinese*
costarricense	*Costa Rican*
cubano/a	*Cuban*
ecuatoriano/a	*Ecuadorian*
español(a)	*Spanish*
estadounidense	*from the U.S.*
francés, francesa	*French*
inglés, inglesa	*English*
italiano/a	*Italian*
japonés, japonesa	*Japanese*
mexicano/a	*Mexican*
norteamericano/a	*(North) American*
puertorriqueño/a	*Puerto Rican*
ruso/a	*Russian*

Adjetivos

alto/a	*tall*
antipático/a	*unpleasant*
bajo/a	*short (in height)*
bonito/a	*pretty*
buen, bueno/a	*good*
delgado/a	*thin; slender*
difícil	*difficult; hard*
fácil	*easy*
feo/a	*ugly*
gordo/a	*fat*
gran, grande	*big; large*
guapo/a	*handsome; good-looking*
importante	*important*
inteligente	*intelligent*
interesante	*interesting*
joven (sing.), jóvenes (pl.)	*young*
mal, malo/a	*bad*
mismo/a	*same*
moreno/a	*brunet(te)*
mucho/a	*much; many; a lot of*
pelirrojo/a	*red-haired*
pequeño/a	*small*
rubio/a	*blond(e)*
simpático/a	*nice; likeable*
tonto/a	*silly; foolish*
trabajador(a)	*hard-working*
viejo/a	*old*

Verbos

abrir	*to open*
aprender (a + *inf.*)	*to learn*
asistir (a)	*to attend*
beber	*to drink*
comer	*to eat*
compartir	*to share*
comprender	*to understand*
correr	*to run*
creer (en)	*to believe (in)*
deber (+ *inf.*)	*should; must; ought to*
decidir (+ *inf.*)	*to decide*
describir	*to describe*
escribir	*to write*
leer	*to read*
recibir	*to receive*
tener	*to have*
venir	*to come*
vivir	*to live*

Possessive adjectives	*See page 93.*
Expressions with *tener*	*See page 101.*
Expresiones útiles	*See page 83.*

recursos

LM p. 18	vistas.vhlcentral.com Lección 3

Recorded vocabulary The headset icon, the Supersite icon, and **Recursos** boxes highlight that the active lesson vocabulary is recorded for convenient study on the **VISTAS** Supersite (**vistas.vhlcentral.com**).

Supersite

The **VISTAS** Supersite provides a wealth of resources for both students and instructors. Icons indicate exactly which resources are available on the Supersite for each strand of every lesson.

For Students

Student resources, available through a Supersite code, are provided free-of-charge with the purchase of a new student text. Here is an example of what you will find at **vistas.vhlcentral.com:**

- Activities from the student text, with auto-grading
- Additional practice for each and every textbook section Practice more at **vistas.vhlcentral.com.**
- Record and submit oral assessment activities
- Four video programs—**Fotonovela, Flash cultura**, **En pantalla,** and **Panorama cultural**—in streaming video
- MP3 files for the complete **VISTAS** Textbook, Lab, and Testing Programs
- **NEW!** Oxford Spanish Mini Dictionary OXFORD UNIVERSITY PRESS
- **NEW!** Flashcards with audio
- **NEW!** Wimba Voice Board

For Instructors

Instructors have access to the entire student site, as well as these key resources:

- The entire instructor ancillary package, in downloadable and printable formats
- A robust course management system
- Voice Board capabilities for you to create additional activities
- And much, much more…

Supersiteplus

In addition to the resources already listed, Supersite Plus offers:

- **WebSAM** The online, interactive Student Activities Manual includes audio record and submit activities, auto-grading for select activities, and a single gradebook for Supersite and WebSAM activities.
- **Wimba Pronto** Extend communication beyond the classroom with this powerful tool that features synchronous chat, online tutoring, online office hour capabilities, and more.

FOTONOVELA VIDEO PROGRAM

The cast NEW!

Here are the main characters you will meet in the **Fotonovela** Video:

From Mexico,
Jimena Díaz Velázquez

From Argentina,
Juan Carlos Rossi

From Mexico,
Felipe Díaz Velázquez

From the U.S.,
Marissa Wagner

From Mexico,
María Eugenia (Maru)
Castaño Ricaurte

From Spain,
Miguel Ángel
Lagasca Martínez

Brand-new and fully integrated with your text, the **VISTAS 4/e Fotonovela** Video is a dynamic and contemporary window into the Spanish language. The new video centers around the Díaz family, whose household includes two college-aged children and a visiting student from the U.S. Over the course of an academic year, Jimena, Felipe, Marissa, and their friends explore **el D.F.** and other parts of Mexico as they make plans for their futures. Their adventures take them through some of the greatest natural and cultural treasures of the Spanish-speaking world, as well as the highs and lows of everyday life.

The **Fotonovela** section in each textbook lesson is actually an abbreviated version of the dramatic episode featured in the video. Therefore, each **Fotonovela** section can be done before you see the corresponding video episode, after it, or as a section that stands alone.

In each dramatic segment, the characters interact using the vocabulary and grammar you are studying. As the storyline unfolds, the episodes combine new vocabulary and grammar with previously taught language, exposing you to a variety of authentic accents along the way. At the end of each episode, the **Resumen** section highlights the grammar and vocabulary you are studying.

We hope you find the new **Fotonovela** Video to be an engaging and useful tool for learning Spanish!

EN PANTALLA VIDEO PROGRAM

The **VISTAS** Supersite features an authentic video clip for each lesson. Clip formats include commercials, news stories, and even short films. These clips, many **NEW!** to the Fourth Edition, have been carefully chosen to be comprehensible for students learning Spanish, and are accompanied by activities and vocabulary lists to facilitate understanding. More importantly, though, these clips are a fun and motivating way to improve your Spanish!

Here are the countries represented in each lesson in **En pantalla:**

Lesson 1 U.S.	Lesson 7 Argentina	Lesson 13 Argentina
Lesson 2 Chile	Lesson 8 Peru	Lesson 14 Argentina
Lesson 3 U.S.	Lesson 9 Chile	Lesson 15 Mexico
Lesson 4 Peru	Lesson 10 Argentina	Lesson 16 Spain
Lesson 5 Mexico	Lesson 11 Colombia	Lesson 17 Mexico
Lesson 6 Mexico	Lesson 12 Argentina	Lesson 18 Mexico

FLASH CULTURA VIDEO PROGRAM

In the dynamic **Flash cultura** Video, young people from all over the Spanish-speaking world share aspects of life in their countries with you. The similarities and differences among Spanish-speaking countries that come up through their adventures will challenge you to think about your own cultural practices and values. The segments provide valuable cultural insights as well as linguistic input; the episodes will introduce you to a variety of accents and vocabulary as they gradually move into Spanish.

PANORAMA CULTURAL VIDEO PROGRAM

The **Panorama cultural** Video is integrated with the **Panorama** section in each lesson. Each segment is 2–3 minutes long and consists of documentary footage from each of the countries featured. The images were specially chosen for interest level and visual appeal, while the all-Spanish narrations were carefully written to reflect the vocabulary and grammar covered in the textbook.

ICONS AND *RECURSOS* BOXES

Icons

Familiarize yourself with these icons that appear throughout **VISTAS, Fourth Edition**.

Icons legend	
Listening activity/section	Hoja de actividades
Pair activity	Textbook activity available online
Group activity	Content on the Supersite available for this section
Information Gap activity	

- The Information Gap activities and those involving **Hojas de actividades** (*activity sheets*) require handouts that your instructor will give you.
- You will see the listening icon in each lesson's **Contextos**, **Pronunciación**, **Escuchar,** and **Vocabulario** sections.
- A note next to the Supersite icon will let you know exactly what type of content is available online. See p. xxvii for a list of available resources.
- Additional practice on the Supersite, not included in the textbook, is indicated with this icon:

Practice more at **vistas.vhlcentral.com.**

Recursos

Recursos boxes let you know exactly what print and technology ancillaries you can use to reinforce and expand on every section of the lessons in your textbook. They even include page numbers when applicable. See the next page for a description of the ancillaries.

Recursos boxes legend	
WB pp. 37–38 Workbook	VM pp. 219–220 Video Manual
LM p. 19 Lab Manual	VISTAS Supersite

STUDENT ANCILLARIES

▶ **Supersite**
Student access to the Supersite (**vhlcentral.com**) is free with the purchase of a new student text. The Student Supersite provides:
- Textbook and extra-practice activities
- All **VISTAS 4/e** video programs
- Textbook Audio Program MP3s (audio recordings for the listening based textbook activities and recordings of the active vocabulary for each lesson of the student text)
- Lab Audio Program MP3s
- Study resources (online dictionary, tutorials, flashcards)

See page xxvii for a complete list of resources.

▶ **Supersite Plus**
The Student Supersite Plus provides:
- The **VISTAS 4/e** Supersite.
- **WebSAM**, the entire Workbook, Video Manual, and Lab Manual online, as well as a robust learning management system that completely integrates with the **VISTAS 4/e** Supersite.
- Instructor-enabled Wimba Pronto.

▶ NEW! **VText**
The online virtual interactive student edition provides students with:
- Note-taking and highlighting capabilities
- Easy browsing via table of contents or page number
- Links to textbook mouse-icon activities
- Assignments and grades on the **VText** page
- Direct access to all Supersite resources

▶ **Workbook/Video Manual**
The Workbook/Video Manual contains the workbook activities for each textbook lesson, activities for the **Fotonovela** Video, and pre-, while-, and post-viewing activities for the **Flash cultura** and **Panorama cultural** Videos.

▶ **Lab Manual**
The Lab Manual contains lab activities for each textbook lesson for use with the Lab Audio Program.

▶ ***Fotonovela* Video DVD**
The **Fotonovela** DVD provides the complete **Fotonovela** Video Program with subtitles in English and Spanish.

▶ **En línea 3.0**
The ground-breaking online version of **VISTAS 4/e, En línea 3.0** allows students to interact with the textbook, do practice activities, complete tests, and communicate with their instructors and e-partners online. For instructors, it also has complete classroom management tools.

INSTRUCTOR ANCILLARIES

▶ **Instructor's Annotated Edition (IAE)**
The IAE contains a wealth of teaching information. The expanded trim size and enhanced design of **VISTAS 4/e** make the annotations and facsimile student pages easy to read and reference in the classroom.

▶ NEW! **Activity Pack**
The **VISTAS** Activity Pack offers discrete and communicative practice for individuals, pairs, and groups. Formats include surveys, multiple choice questions, information gap activities, role-plays, board games, and more.

▶ **Supersite**
The password-protected Instructor Supersite allows instructors to assign and track student progress through its course management system. Instructors have full access to the Student Supersite, and seamless integration with the **VISTAS 4/e WebSAM** and **VText**. Instructor Resources for easy access and download include:
- Classroom handouts for the textbook
- Answers to directed activities in the textbook
- Audioscripts
- Video program transcripts and translations
- Workbook/Lab Manual/Video Manual Answer Keys
- Overhead Transparencies
- Grammar *PowerPoints*

▶ **Supersite Plus**
Supersite Plus offers:
- The complete **VISTAS 4/e** Supersite
- The **WebSAM** online Workbook/Lab Manual/Video Manual, with auto-graded and instructor-graded activities, and oral record-submit activities
- NEW! **Wimba Pronto**, with instant messaging, video calling, whiteboard for online collaboration and demonstration, application sharing, and online office hours

▶ **Instructor's DVD Set**
Three video DVDs (**Fotonovela, Flash cultura,** and **Panorama cultural**) available with subtitles in English and Spanish.

▶ **Testing Program**
The Testing Program is provided in three formats: within a powerful Test Generator, in customizable .rtf files, and as PDFs.
- NEW! Volume I of the Testing Program contains quizzes for each **Contextos** presentation and each **Estructura** grammar point. There are two versions of each quiz.
- NEW! Volume II of the Testing Program contains two additional versions (**Prueba E** and **Prueba F**) of the tests for each textbook lesson.
- In addition to the six versions of tests for each textbook lesson, Volume II also contains quarter exams, semester exams, listening scripts, answer keys for the tests, and optional test items for culture, video, and reading sections.

acknowledgments

On behalf of its authors and editors, Vista Higher Learning expresses its sincere appreciation to the many instructors and college professors across the U.S. and Canada who contributed their ideas and suggestions. Their insights and detailed comments were invaluable to us as we created the Fourth Edition.

VISTAS, Fourth Edition, is the direct result of extensive reviews and ongoing input from both students and instructors using the Third Edition. Accordingly, we gratefully acknowledge those who shared their suggestions, recommendations, and ideas as we prepared this Fourth Edition.

We express our sincere appreciation to over 150 instructors using the Third Edition who completed our online review. Their comments and suggestions were instrumental in shaping the entire **VISTAS 4/e** program.

Finally, we thank those instructors who also served as editors and writers, including Martín Gaspar of Harvard University, Ronna Feit of Nassau Community College, and Mercedes Hussey Pailos of Brevard Community College.

Reviewers

Joseph Alonso
The Evergreen State College, WA

Aleta Anderson
Grand Rapids Community College, MI

Blanca Anderson
Loyola University, LA

Patricia Antunez
Choate Rosemary Hall, CT

Damian Bacich
San Jose State University, CA

Vicki Baggia
Phillips Exeter Academy, NH

Christine Bain
Drake University, IA

Catherine R. Baranello
SUNY Cortland, NY

Cindy Barnett
Murray State University, KY

Kevin Beard
Richland College, TX

Leon Bensadon
University of Washington, WA

Leela Bingham
San Diego Mesa College, CA

Joelle Bonamy
Nicholls State University, LA

Josephine Books
Inver Hills Community College, MN

Genevieve Breedon
Darton College, GA

Amy Brevik
Concordia College, MN

Carol Brinks
Interlochen Arts Academy, MI

Froylan Cabuto
Cerritos College, CA

Ramiro F. Canto-Lugo
Yuba College, CA

Ezequiel Cardenas
Cuyamaca College, CA

Beth Cardon
Georgia Perimeter College, GA

Monica Casco
Queens College, NY

Kirby Chadwick
Scottsdale Community College, AZ

Donald R. Clymer
Eastern Mennonite University, VA

Vilma Concha-Chiaraviglio
Meredith College, NC

Mary Condon
Park Center International Baccalaureate School, MN

Lisa Contreras
Transylvania University, KY

Raymond D. Cornelius III
Daytona State College/DeLand Campus, FL

Dominic Corraro
Notre Dame High School, CT

Antonio Crespo
Grossmont College, CA

Miryam Criado
Hanover College, IN

José Cruz
Fayetteville Technical Community College, NC

William R. Cummins
Ashland University, OH

Debra Currere
Rock Valley College, IL

Deborah Cutler
Pima Community College, AZ

acknowledgments

Patricia S. Davis
Darton College, GA

Callie K. DeBellis
Meredith College, NC

Alberto Descalzo de Blas
Franciscan University of Steubenville, OH

Rejane Dias
Lake Land College, IL

Lucia Dzikowski
Seminole Community College, FL

Teresa Dombrowski
John Tyler Community College, VA

Hayden D. Duncan
Gustavus Adolphus College, MN

Deborah Edson
Tidewater Community College, VA

Steven Egland
Husson University, ME

Kristen Elley
Kennesaw State University, GA

Carol Faber
Grand Valley State University, MI

Joseph Fallis
John Tyler Community College, VA

Mary Farsaci
North Yarmouth Academy, ME

Linda Fix
Minnesota School of Business, MN

Ruston Ford
Indian Hills Community College, IA

Flor Frau
Knox College, IL

Sarah Fritz
Madison Area Technical College, WI

Dianne Fruit
Cascadia Community College, WA

Prospero N. Garcia
University of Massachusetts, Amherst, MA

LeeAnn Gilroy
Solon High School, IA

Guillermo Giron
San Joaquin Delta College, CA

Angela M. Gonzales
University of Kentucky, KY

Lucila Gonzalez-Cirre
Cerro Coso Community College, CA

Kate Grovergrys
Madison Area Technical College, WI

Marta C. Gumpert
Southeastern Louisiana University, LA

John Hall
Minnesota State University, Moorhead, MN

Richard Heath
Kirkwood Community College, IA

Claudio Hidalgo
Kirkwood Community College, IA

Carmen M. Hernández
Grossmont College, CA

Karla Hernández
Cuyamaca College, CA

Maria Eugenia Hernandez-Hall
Scottsdale College, AZ

Nan Hussey
Houghton College, NY

Stewart James-Lejarcegui
Iowa Wesleyan College, IA

Hilda M. Kachmar
College of St. Catherine, MN

Richard Keenan
Corpus Christi College, BC

Ruthanne Keenan Orihuela
University of Idaho, ID

Darcie Khanukayev
Cerro Coso Community College, CA

Telma Koch
Oakwood Friends, NY

Ruth F. Konopka
Grossmont College, CA

Marcela Labounty
College of Southern Nevada, NV

Stephanie Langston
Georgia Perimeter College, GA

Louis Lanni
Edison State College, Collier Campus, FL

Jean LeLoup
SUNY Cortland, NY

Raul de Leon
San Diego Mesa College, CA

Patricia M. Lestrade
Mississippi State University, MS

Carla Ligo
Grove City College, PA

Pamela Llorens
Miami Dade College, FL

Debora Maldonado-DeOliveira
Meredith College, NC

Jodie Marion
Mt. Hood Community College, WA

Nereyda Maroot
Fresno City College, CA

Patricia Martin
Calvary Christian School, KY

Laura Martinez
Centralia College, WA

María Inés Martínez
University of Manitoba, Canada

Fernando Mayoral
Edison State College, FL

Leticia McGrath
Georgia Southern University, GA

Michael McGrath
Georgia Southern University, GA

MaryYetta McKelva
Grayson County College, TX

Albert Meggers
Cosby High School, VA

Luis Millan
Minnesota School of Business, MN

David Miller
St. Andrew's School of Delaware, DE

Jerome Miner
Knox College, IL

Deborah Mistron
Middle Tennessee State University, TN

Clayton Mitchell
Drake University, IA

Laura Lee Moore
Pearl River Community College, MS

Iani Moreno
Suffolk University, MA

Gabriel Mucino
Concordia University, WI

Jose A. Narbona
Rice University, TX

Kelly Negaard
Minnesota School of Business, MN

Sherry Pachman
St. Michael's College, VT

Joseph Palumbo
College of Southern Nevada, NV

Elizabeth Parr
Darton College, GA

Maria C. Perez
Iowa Western Community College, IA

Maria Elena Perez
Lubbock Christian University, TX

Martha Perez-Bendorf
Kirkwood Commuity College, IA

Jennifer Perry
East Carolina University, NC

Melissa Pilkington
Georgia Institute of Technology, GA

Lori Piotrowski
College of Southern Nevada, NV

Thomas R. Porter
Southern Virginia University, VA

Antonio Prado
Knox College, IL

Kay Queen
Lon Morris College, TX

Robin Ragan
Knox College, IL

Aida Ramos-Sellman
Goucher College, MD

Jacqueline M. Ramsey
Concordia University Wisconsin, WI

Kenneth Randall
Cincinnati Country Day School, OH

Caterina Reitano
University of Manitoba, Canada

Jose Manuel Reyes
Hanover College, KY

Nelly Rios-Freund
University of Saint Thomas, MN

Monica Rivas
Mission College, FL

Wallace J. Robertson
Ivy Tech Community College, IN

Patricia Robitaille
Cincinnati Country Day School, OH

Monica Rodriguez
Lyon College, AR

Amie Russell
Mississippi State University, MS

Virginia Sánchez-Bernardy
San Diego Mesa College, CA

Eduardo Santa Cruz
Hanover College, IN

Jeffrey Schmidt
Crafton Hill College, CA

Dora Schoenbrun-Fernandez
San Diego Mesa College, CA

Elizabeth Schwartz
San Joaquin Delta College, CA

Amber Schwegman
Northwest Nazarene University, ID

Linda Q. Sites
Piedmont Virginia Community College, VA

Anita Smith
Pitt Community College, NC

Nancy Smith
Allegheny College, PA

Kathleen Spinnenweber
Franciscan University, OH

Carol Stuardo
Cuyamaca College, CA

Cristina Szterensus
Rock Valley College, IL

Roy Tanner
Truman State University, MO

Ron Tapia
Ivy Tech Community College, IN

Alison Tatum-Davis
Goucher College, MD

John Nicholas Tavernakis
College of San Mateo, CA

Robert Taylor
Grand Rapids Community College, MI

Rachel Tease
National-Louis University, WI

Daniel G. Tight
University of St. Thomas, MN

Linda Tracy
Santa Rosa Junior College, CA

Jorge Trinchet
Murray State University, KY

James R. Wilson
Madison Area Technical College, WI

Wendy Valenteen
Mercersburg Academy, PA

María Villagomez
Napa Valley College, CA

María Villalobos-Buehner
Grand Valley State University, MI

Hilde Votaw
University of Oklahoma, OK

Virginia Young
Grossmont College, CA

Hola, ¿qué tal?

1

Communicative Goals

You will learn how to:

- **Greet people in Spanish**
- **Say goodbye**
- **Identify yourself and others**
- **Talk about the time of day**

contextos

pages 2–5
- Greetings and goodbyes
- Identifying yourself and others
- Courtesy expressions

fotonovela

pages 6–9
Marissa arrives from the US for a year abroad in Mexico City. She meets her Mexican hosts, the Díaz family, survives a practical joke, and settles in to unpack.

cultura

pages 10–11
- Greetings in the Spanish-speaking world
- The **plaza principal**

estructura

pages 12–29
- Nouns and articles
- Numbers 0–30
- Present tense of **ser**
- Telling time
- **Recapitulación**

adelante

pages 30–37
Lectura: A comic strip
Escritura: Address list in Spanish
Escuchar: Conversation in a bus station
En pantalla
Flash cultura
Panorama: Estados Unidos y Canadá

A PRIMERA VISTA

- **Guess what the people on the photo are saying:**
  a. Adiós. b. Hola. c. salsa
- **Most likely they would also say:**
  a. Gracias. b. fiesta c. Buenos días.
- **The women are:**
  a. amigas b. chicos c. señores

Talking Picture, Tutorials & Games
Audio: Activities

Hola, ¿qué tal?

Más vocabulario

Buenos días.	*Good morning.*
Buenas noches.	*Good evening; Good night.*
Hasta la vista.	*See you later.*
Hasta pronto.	*See you soon.*
¿Cómo se llama usted?	*What's your name? (form.)*
Le presento a...	*I would like to introduce you to (name). (form.)*
Te presento a...	*I would like to introduce you to (name). (fam.)*
el nombre	*name*
¿Cómo estás?	*How are you? (fam.)*
No muy bien.	*Not very well.*
¿Qué pasa?	*What's happening?; What's going on?*
por favor	*please*
De nada.	*You're welcome.*
No hay de qué.	*You're welcome.*
Lo siento.	*I'm sorry.*
Gracias.	*Thank you; Thanks.*
Muchas gracias.	*Thank you very much; Thanks a lot.*

Variación léxica

Items are presented for recognition purposes only.

Buenos días. ⟷ Buenas.
De nada. ⟷ A la orden.
Lo siento. ⟷ Perdón.
¿Qué tal? ⟷ ¿Qué hubo? (*Col.*)
Chau. ⟷ Ciao; Chao.

recursos

WB	LM	vistas.vhlcentral.com
pp. 1–2	p. 1	Lección 1

1

ELENA Patricia, éste es el señor Perales.
PATRICIA Encantada.
SEÑOR PERALES Igualmente. ¿De dónde es usted, señorita?
PATRICIA Soy de México. ¿Y usted?
SEÑOR PERALES De Puerto Rico.

2

TOMÁS ¿Qué tal, Alberto?
ALBERTO Regular. ¿Y tú?
TOMÁS Bien. ¿Qué hay de nuevo?
ALBERTO Nada.

3

SEÑOR VARGAS Buenas tardes, señora Wong. ¿Cómo está usted?
SEÑORA WONG Muy bien, gracias. ¿Y usted, señor Vargas?
SEÑOR VARGAS Bien, gracias.
SEÑORA WONG Hasta mañana, señor Vargas. Saludos a la señora Vargas.
SEÑOR VARGAS Adiós.

AYUDA

In Spanish, people can be addressed either formally or informally. Dialogues 1 and 3 are formal exchanges and use **usted** (*you*) forms. Dialogues 2, 4, and 5 are informal and use the familiar **tú** (*you*) form or other informal expressions. You will learn more about this in **Estructura 1.3.**

4

BERTA Hasta luego, Tere.
TERESA Chau, Berta. Nos vemos mañana.

5

CARMEN Buenas tardes. Me llamo Carmen. ¿Cómo te llamas tú?
ANTONIO Buenas tardes. Me llamo Antonio. Mucho gusto.
CARMEN El gusto es mío. ¿De dónde eres?
ANTONIO Soy de los Estados Unidos, de California.

Práctica

1

Escuchar Listen to each question or statement, then choose the correct response.

1. a. Muy bien, gracias. b. Me llamo Graciela.
2. a. Lo siento. b. Mucho gusto.
3. a. Soy de Puerto Rico. b. No muy bien.
4. a. No hay de qué. b. Regular.
5. a. Mucho gusto. b. Hasta pronto.
6. a. Nada. b. Igualmente.
7. a. Me llamo Guillermo Montero. b. Muy bien, gracias.
8. a. Buenas tardes. ¿Cómo estás? b. El gusto es mío.
9. a. Saludos a la Sra. Ramírez. b. Encantada.
10. a. Adiós. b. Regular.

2

Identificar You will hear a series of expressions. Identify the expression (**a**, **b**, **c**, or **d**) that does not belong in each series.

1. ____ 3. ____
2. ____ 4. ____

3

Escoger For each expression, write another word or phrase that expresses a similar idea.

modelo

¿Cómo estás? *¿Qué tal?*

1. De nada.
2. Encantado.
3. Adiós.
4. Te presento a Antonio.
5. Hasta la vista.
6. Mucho gusto.

4

Ordenar Work with a partner to put this scrambled conversation in order. Then act it out.

—Muy bien, gracias. Soy Rosabel.
—Soy de México. ¿Y tú?
—Mucho gusto, Rosabel.
—Hola. Me llamo Carlos. ¿Cómo estás?
—Soy de Argentina.
—Igualmente. ¿De dónde eres, Carlos?

CARLOS _____
ROSABEL _____
CARLOS _____
ROSABEL _____
CARLOS _____
ROSABEL _____

5 **Completar** Work with a partner to complete these dialogues.

modelo

Estudiante 1: ¿Cómo estás?
Estudiante 2: Muy bien, gracias.

1. **Estudiante 1:** _____
   Estudiante 2: Buenos días. ¿Qué tal?
2. **Estudiante 1:** _____
   Estudiante 2: Me llamo Carmen Sánchez.
3. **Estudiante 1:** _____
   Estudiante 2: De Canadá.
4. **Estudiante 1:** Te presento a Marisol.
   Estudiante 2: _____
5. **Estudiante 1:** Gracias.
   Estudiante 2: _____
6. **Estudiante 1:** _____
   Estudiante 2: Regular.
7. **Estudiante 1:** _____
   Estudiante 2: Nada.
8. **Estudiante 1:** ¡Hasta la vista!
   Estudiante 2: _____

6 **Cambiar** Work with a partner and correct the second part of each conversation to make it logical.

modelo

Estudiante 1: ¿Qué tal?
Estudiante 2: ~~No hay de qué.~~ Bien. ¿Y tú?

1. **Estudiante 1:** Hasta mañana, señora Ramírez. Saludos al señor Ramírez.
   Estudiante 2: *Muy bien, gracias.*
2. **Estudiante 1:** ¿Qué hay de nuevo, Alberto?
   Estudiante 2: *Sí, me llamo Alberto. ¿Cómo te llamas tú?*
3. **Estudiante 1:** Gracias, Tomás.
   Estudiante 2: *Regular. ¿Y tú?*
4. **Estudiante 1:** Miguel, ésta es la señorita Perales.
   Estudiante 2: *No hay de qué, señorita.*
5. **Estudiante 1:** ¿De dónde eres, Antonio?
   Estudiante 2: *Muy bien, gracias. ¿Y tú?*
6. **Estudiante 1:** ¿Cómo se llama usted?
   Estudiante 2: *El gusto es mío.*
7. **Estudiante 1:** ¿Qué pasa?
   Estudiante 2: *Hasta luego, Alicia.*
8. **Estudiante 1:** Buenas tardes, señor. ¿Cómo está usted?
   Estudiante 2: *Soy de Puerto Rico.*

¡LENGUA VIVA!

The titles **señor, señora,** and **señorita** are abbreviated **Sr., Sra.,** and **Srta.** Note that these abbreviations are capitalized, while the titles themselves are not.

• • •

There is no Spanish equivalent for the English title *Ms.*; women are addressed as **señora** or **señorita**.

Practice more at **vistas.vhlcentral.com.**

Comunicación

7 **Diálogos** With a partner, complete and act out these conversations.

Conversación 1

—Hola. Me llamo Teresa. ¿Cómo te llamas tú?

—_____

—Soy de Puerto Rico. ¿Y tú?

—_____

Conversación 2

—_____

—Muy bien, gracias. ¿Y usted, señora López?

—_____

—Hasta luego, señora. Saludos al señor López.

—_____

Conversación 3

—_____

—Regular. ¿Y tú?

—_____

—Nada.

8 **Conversaciones** This is the first day of class. Write four short conversations based on what the people in this scene would say.

9 **Situaciones** In groups of three, write and act out these situations.

1. On your way out of class on the first day of school, you strike up a conversation with the two students who were sitting next to you. You find out each student's name and where he or she is from before you say goodbye and go to your next class.
2. At the next class you meet up with a friend and find out how he or she is doing. As you are talking, your friend Elena enters. Introduce her to your friend.
3. As you're leaving the bookstore, you meet your parents' friends Mrs. Sánchez and Mr. Rodríguez. You greet them and ask how each person is. As you say goodbye, you send greetings to Mrs. Rodríguez.
4. Make up and act out a real-life situation that you and your classmates can role-play with the language you've learned.

Bienvenida, Marissa

Marissa llega a México para pasar un año con la familia Díaz.

PERSONAJES  **MARISSA**  **SRA. DÍAZ**

Video: *Fotonovela*
Record and Compare

MARISSA ¿Usted es de Cuba?

SRA. DÍAZ Sí, de La Habana. Y Roberto es de Mérida. Tú eres de Wisconsin, ¿verdad?

MARISSA Sí, de Appleton, Wisconsin.

MARISSA ¿Quiénes son los dos chicos de las fotos? ¿Jimena y Felipe?

SRA. DÍAZ Sí. Ellos son estudiantes.

DON DIEGO Buenas tardes, señora. Señorita, bienvenida a la Ciudad de México.

MARISSA ¡Muchas gracias!

MARISSA ¿Cómo se llama usted?

DON DIEGO Yo soy Diego. Mucho gusto.

MARISSA El gusto es mío, don Diego.

DON DIEGO ¿Cómo está usted hoy, señora Carolina?

SRA. DÍAZ Muy bien, gracias. ¿Y usted?

DON DIEGO Bien, gracias.

SRA. DÍAZ Ahí hay dos maletas. Son de Marissa.

DON DIEGO Con permiso.

DON DIEGO

SR. DÍAZ

FELIPE

JIMENA

SR. DÍAZ ¿Qué hora es?

FELIPE Son las cuatro y veinticinco.

SRA. DÍAZ Marissa, te presento a Roberto, mi esposo.

SR. DÍAZ Bienvenida, Marissa.

MARISSA Gracias, señor Díaz.

JIMENA ¿Qué hay en esta cosa?

MARISSA Bueno, a ver, hay tres cuadernos, un mapa... ¡Y un diccionario!

JIMENA ¿Cómo se dice mediodía en inglés?

FELIPE *"Noon"*.

FELIPE Estás en México, ¿verdad?

MARISSA ¿Sí?

FELIPE Nosotros somos tu diccionario.

recursos

VM pp. 213–214	vistas.vhlcentral.com Lección 1

Expresiones útiles

Identifying yourself and others

¿Cómo se llama usted?
What's your name?
Yo soy Diego, el portero. Mucho gusto.
I'm Diego, the doorman. Nice to meet you.
¿Cómo te llamas?
What's your name?
Me llamo Marissa.
My name is Marissa.
¿Quién es...? / ¿Quiénes son...?
Who is...? / Who are...?
Es mi esposo.
He's my husband.
Tú eres..., ¿verdad?/¿cierto?/¿no?
You are..., right?

Identifying objects

¿Qué hay en esta cosa?
What's in this thing?
Bueno, a ver, aquí hay tres cuadernos...
Well, let's see, here are three notebooks...
Oye/Oiga, ¿cómo se dice *suitcase* en español?
Hey, how do you say suitcase *in Spanish?*
Se dice *maleta*.
You say maleta.

Saying what time it is

¿Qué hora es?
What time is it?
Es la una. / Son las dos.
It's one o'clock. / It's two o'clock.
Son las cuatro y veinticinco.
It's four twenty-five.

Polite expressions

Con permiso.
Pardon me; Excuse me. (to request permission)
Perdón.
Pardon me; Excuse me. (to get someone's attention or excuse yourself)
¡Bienvenido/a! *Welcome!*

¿Qué pasó?

1 **¿Cierto o falso?** Indicate if each statement is **cierto** or **falso**. Then correct the false statements.

	Cierto	Falso
1. La Sra. Díaz es de Caracas.	❍	❍
2. El Sr. Díaz es de Mérida.	❍	❍
3. Marissa es de Los Ángeles, California.	❍	❍
4. Jimena y Felipe son profesores.	❍	❍
5. Las dos maletas son de Jimena.	❍	❍
6. El Sr. Díaz pregunta "¿qué hora es?".	❍	❍
7. Hay un diccionario en la mochila (*backpack*) de Marissa.	❍	❍

2 **Identificar** Indicate which person would make each statement. One name will be used twice.

1. Son las cuatro y veinticinco, papá.
2. Roberto es mi esposo.
3. Yo soy de Wisconsin, ¿de dónde es usted?
4. ¿Qué hay de nuevo, doña Carolina?
5. Yo soy de Cuba.
6. ¿Qué hay en la mochila, Marissa?

¡LENGUA VIVA!

In Spanish-speaking countries, **don** and **doña** are used with first names to show respect: **don Diego, doña Carolina.** Note that these titles, like **señor** and **señora**, are not capitalized.

3 **Completar** Complete the conversation between Don Diego and Marissa.

DON DIEGO Hola, (1)_____.
MARISSA Hola, señor. ¿Cómo se (2)_____ usted?
DON DIEGO Yo me llamo Diego, ¿y (3)_____?
MARISSA Yo me llamo Marissa. (4)_____.
DON DIEGO (5)_____, señorita Marissa.
MARISSA Nos (6)_____, don Diego.
DON DIEGO Hasta (7)_____, señorita Marissa.

4 **Conversar** Imagine that you are chatting with a traveler you just met at the airport. With a partner, prepare a conversation using these cues.

Estudiante 1	Estudiante 2
Say "good afternoon" to your partner and ask for his or her name.	Say hello and what your name is. Then ask what your partner's name is.
Say what your name is and that you are glad to meet your partner.	Say that the pleasure is yours.
Ask how your partner is.	Say that you're doing well, thank you.
Ask where your partner is from.	Say where you're from.
Say it's one o'clock and say goodbye.	Say goodbye.

Practice more at **vistas.vhlcentral.com.**

Pronunciación

Audio: Concepts, Activities
Record & Compare

The Spanish alphabet

The Spanish and English alphabets are almost identical, with a few exceptions. For example, the Spanish letter **ñ (eñe)** doesn't occur in the English alphabet. Furthermore, the letters **k (ka)** and **w (doble ve)** are used only in words of foreign origin. Examine the chart below to find other differences.

¡LENGUA VIVA!

Note that **ch** and **ll** are digraphs, or two letters that together produce one sound. Conventionally they are considered part of the alphabet, but **ch** and **ll** do not have their own entries when placing words in alphabetical order, as in a glossary.

Letra	Nombre(s)	Ejemplos
a	a	**a**diós
b	be	**b**ien, pro**b**lema
c	ce	**c**osa, **c**ero
ch	che	**ch**ico
d	de	**d**iario, na**d**a
e	e	**e**studiante
f	efe	**f**oto
g	ge	**g**racias, **G**erardo, re**g**ular
h	hache	**h**ola
i	i	**i**gualmente
j	jota	**J**avier
k	ka, ca	**k**ilómetro
l	ele	**l**ápiz
ll	elle	**ll**ave
m	eme	**m**apa
n	ene	**n**acionalidad
ñ	eñe	ma**ñ**ana
o	o	**o**nce
p	pe	**p**rofesor
q	cu	**q**ué
r	ere	**r**egular, seño**r**a
s	ese	**s**eñor
t	te	**t**ú
u	u	**u**sted
v	ve	**v**ista, nue**v**o
w	doble ve	***w**alkman*
x	equis	e**x**istir, Mé**x**ico
y	i griega, ye	**y**o
z	zeta, ceta	**z**ona

AYUDA

The letter combination **rr** produces a strong trilled sound which does not have an English equivalent. English speakers commonly make this sound when imitating the sound of a motor. This sound occurs with the **rr** between vowels and with the **r** at the beginning of a word: **puertorriqueño**, **terrible**, **Roberto**, etc. See **Lección 7**, p. 233 for more information.

El alfabeto Repeat the Spanish alphabet and example words after your instructor.

Práctica Spell these words aloud in Spanish.

1. nada
2. maleta
3. quince
4. muy
5. hombre
6. por favor
7. San Fernando
8. Estados Unidos
9. Puerto Rico
10. España
11. Javier
12. Ecuador
13. Maite
14. gracias
15. Nueva York

Refranes Read these sayings aloud.

1 Seeing is believing.
2 Silence is golden.

recursos

LM	vistas.vhlcentral.com
p. 2	Lección 1

EN DETALLE

Additional Reading

Saludos y besos en los países hispanos

Greeting someone with a **beso** varies according to gender and region. Men generally greet each other with a hug or warm handshake, with the exception of Argentina, where male friends and relatives lightly kiss on the cheek. Greetings between men and women, and between women, generally include kissing, but can differ depending on the country and context. In Spain, it is customary to give **dos besos**, starting with the right cheek first. In Latin American countries, including Mexico, Costa Rica, Colombia, and Chile, a greeting consists of a single "air kiss" on the right cheek. Peruvians also "air kiss," but strangers will simply shake hands. In Colombia, female acquaintances tend to simply pat each other on the right forearm or shoulder.

In Spanish-speaking countries, kissing on the cheek is a customary way to greet friends and family members. Even when people are introduced for the first time, it is common for them to kiss, particularly in non-business settings. Whereas North Americans maintain considerable personal space when greeting, Spaniards and Latin Americans tend to decrease their personal space and give one or two kisses (**besos**) on the cheek, sometimes accompanied by a handshake or a hug. In formal business settings, where associates do not know one another on a personal level, a simple handshake is appropriate.

Tendencias

País	Beso	País	Beso
Argentina	💋	España	💋💋
Bolivia	🌍	México	💋
Chile	💋	Paraguay	💋💋
Colombia	💋	Puerto Rico	💋
El Salvador	💋	Venezuela	💋/💋💋

ACTIVIDADES

1 **¿Cierto o falso?** Indicate whether these statements are true (**cierto**) or false (**falso**). Correct the false statements.

1. Hispanic people use less personal space when greeting than in the U.S.
2. Men never greet with a kiss in Spanish-speaking countries.
3. Shaking hands is not appropriate for a business setting in Latin America.
4. Spaniards greet with one kiss on the right cheek.
5. In Mexico, people greet with an "air kiss."
6. Gender can play a role in the type of greeting given.
7. If two women acquaintances meet in Colombia, they should exchange two kisses on the cheek.
8. In Peru, a man and a woman meeting for the first time would probably greet each other with an "air kiss."

ASÍ SE DICE

Saludos y despedidas

¿Cómo te/le va?	*How are things going (for you)?*
¡Cuánto tiempo!	*It's been a long time!*
Hasta ahora.	*See you soon.*
¿Qué hay?	*What's new?*
¿Qué onda? (Méx., Arg., Chi.); ¿Qué más? (Ven., Col.)	*What's going on?*

EL MUNDO HISPANO

Parejas y amigos famosos

Here are some famous couples and friends from the Spanish-speaking world.

- **Jennifer López** y **Marc Anthony** (Estados Unidos/ Puerto Rico) Both singers, the couple married in 2004, and often perform together. They both starred in the **2007** film ***El Cantante.***

- **Gael García Bernal** (México) y **Diego Luna** (México) These lifelong friends became famous when they starred in the 2001 Mexican film ***Y tu mamá también***. They continue to work together on projects, such as the 2008 film, ***Rudo y Cursi***.
- **Salma Hayek** (México) y **Penélope Cruz** (España) These two close friends developed their acting skills in their countries of origin before meeting in Hollywood.

PERFIL

La plaza principal

In the Spanish-speaking world, public space is treasured. Small city and town life revolves around the **plaza principal.** Often surrounded by cathedrals or municipal buildings like the **ayuntamiento** (*city hall*), the pedestrian **plaza** is designated as a central meeting place for family and friends. During warmer months, when outdoor cafés usually line the **plaza**, it is a popular spot to have a leisurely cup of coffee, chat, and people watch. Many town festivals, or **ferias**, also take place in this space. One of the most famous town squares is the **Plaza Mayor** in the university town of Salamanca, Spain. Students gather underneath its famous clock tower to meet up with friends or simply take a coffee break.

La Plaza Mayor de Salamanca

La Plaza de Armas, Lima, Perú

Conexión Internet

What are the **plazas principales** in large cities such as Mexico City and Caracas?

Go to **vistas.vhlcentral.com** to find more cultural information related to this **Cultura** section.

ACTIVIDADES

2 **Comprensión** Answer these questions.

1. What are two types of buildings found on the **plaza principal**?
2. What two types of events or activities are common at a **plaza principal?**
3. How would Diego Luna greet his friends?
4. Would Salma Hayek and Jennifer López greet each other with one kiss or two?

3 **Saludos** Role-play these greetings with a partner. Include a verbal greeting as well as a kiss or handshake, as appropriate.

1. friends in Mexico
2. business associates at a conference in Chile
3. friends meeting in Madrid's Plaza Mayor
4. Peruvians meeting for the first time
5. relatives in Argentina

Practice more at **vistas.vhlcentral.com.**

1.1 Nouns and articles

Tutorial

Spanish nouns

ANTE TODO

A noun is a word used to identify people, animals, places, things, or ideas. Unlike English, all Spanish nouns, even those that refer to non-living things, have gender; that is, they are considered either masculine or feminine. As in English, nouns in Spanish also have number, meaning that they are either singular or plural.

Nouns that refer to living things

Masculine nouns		Feminine nouns	
el hombre	*the man*	**la mujer**	*the woman*
ending in *–o*		ending in *–a*	
el chico	*the boy*	**la chica**	*the girl*
el pasajero	*the (male) passenger*	**la pasajera**	*the (female) passenger*
ending in *–or*		ending in *–ora*	
el conductor	*the (male) driver*	**la conductora**	*the (female) driver*
el profesor	*the (male) teacher*	**la profesora**	*the (female) teacher*
ending in *–ista*		ending in *–ista*	
el turista	*the (male) tourist*	**la turista**	*the (female) tourist*

- Generally, nouns that refer to males, like **el hombre**, are masculine, while nouns that refer to females, like **la mujer**, are feminine.
- Many nouns that refer to male beings end in **–o** or **–or**. Their corresponding feminine forms end in **–a** and **–ora**, respectively.

el conductor

la profesora

- The masculine and feminine forms of nouns that end in **–ista**, like **turista**, are the same, so gender is indicated by the article **el** (masculine) or **la** (feminine). Some other nouns have identical masculine and feminine forms.

el joven
the youth; the young man

la joven
the youth; the young woman

el estudiante
the (male) student

la estudiante
the (female) student

¡LENGUA VIVA!

Profesor(a) and **turista** are *cognates*— words that share similar spellings and meanings in Spanish and English. Recognizing cognates will help you determine the meaning of many Spanish words.
Here are some other cognates:
la administración, el animal, el apartamento, el cálculo, el color, la decisión, la historia, la música, el restaurante, el/la secretario/a.

AYUDA

Cognates can certainly be very helpful in your study of Spanish. Beware, however, of "false" cognates, those that have similar spellings in Spanish and English, but different meanings:
la carpeta *folder*
el/la conductor(a) *driver*
el éxito *success*
la fábrica *factory*

Nouns that refer to non-living things

Masculine nouns		Feminine nouns	
ending in *–o*		**ending in *–a***	
el cuaderno	*the notebook*	**la computadora**	*the computer*
el diario	*the diary*	**la cosa**	*the thing*
el diccionario	*the dictionary*	**la escuela**	*the school*
el número	*the number*	**la maleta**	*the suitcase*
el video	*the video*	**la palabra**	*the word*
ending in *–ma*		**ending in *–ción***	
el problema	*the problem*	**la lección**	*the lesson*
el programa	*the program*	**la conversación**	*the conversation*
ending in *–s*		**ending in *–dad***	
el autobús	*the bus*	**la nacionalidad**	*the nationality*
el país	*the country*	**la comunidad**	*the community*

¡LENGUA VIVA!

The Spanish word for *video* can be pronounced with the stress on the **i** or the **e**. For that reason, you might see the word written with or without an accent: **video** or **vídeo**.

- As shown above, certain noun endings are strongly associated with a specific gender, so you can use them to determine if a noun is masculine or feminine.
- Because the gender of nouns that refer to non-living things cannot be determined by foolproof rules, you should memorize the gender of each noun you learn. It is helpful to learn each noun with its corresponding article, **el** for masculine and **la** for feminine.
- Another reason to memorize the gender of every noun is that there are common exceptions to the rules of gender. For example, **el mapa** (*map*) and **el día** (*day*) end in **–a**, but are masculine. **La mano** (*hand*) ends in **–o**, but is feminine.

Plural of nouns

- To form the plural, add **–s** to nouns that end in a vowel. For nouns that end in a consonant, add **–es**. For nouns that end in **z**, change the **z** to **c**, then add **–es**.

el chic**o** → los chic**os**

el diari**o** → los diari**os**

el problem**a** → los problem**as**

la nacionalid**ad** → las nacionalid**ades**

el pa**í**s → los pa**í**ses

el lá**pi**z (*pencil*) → los lá**pi**ces

CONSULTA

You will learn more about accent marks in **Lección 4, Pronunciación,** p. 123.

- In general, when a singular noun has an accent mark on the last syllable, the accent is dropped from the plural form.

la lecci**ón** → las lecci**ones**

el autob**ús** → los autob**uses**

- Use the masculine plural form to refer to a group that includes both males and females.

1 pasajer**o** + 2 pasajer**as** = 3 pasajer**os**

2 chic**os** + 2 chic**as** = 4 chic**os**

Spanish articles

ANTE TODO As you know, English often uses definite articles (*the*) and indefinite articles (*a, an*) before nouns. Spanish also has definite and indefinite articles. Unlike English, Spanish articles vary in form because they agree in gender and number with the nouns they modify.

Definite articles

▶ Spanish has four forms that are equivalent to the English definite article *the*. Use definite articles to refer to specific nouns.

Masculine		Feminine	
SINGULAR	PLURAL	SINGULAR	PLURAL

el diccionario *the dictionary*	**los** diccionarios *the dictionaries*	**la** computadora *the computer*	**las** computadoras *the computers*

¡LENGUA VIVA!

Feminine singular nouns that begin with **a-** or **ha-** require the masculine articles **el** and **un**. This is done in order to avoid repetition of the **a** sound. The plural forms still use the feminine articles.

el agua *water*
las aguas *waters*
un hacha *ax*
unas hachas *axes*

Indefinite articles

▶ Spanish has four forms that are equivalent to the English indefinite article, which according to context may mean *a*, *an*, or *some*. Use indefinite articles to refer to unspecified persons or things.

Masculine		Feminine	
SINGULAR	PLURAL	SINGULAR	PLURAL

un pasajero *a (one) passenger*	**unos** pasajeros *some passengers*	**una** fotografía *a (one) photograph*	**unas** fotografías *some photographs*

¡LENGUA VIVA!

Since **la fotografía** is feminine, so is its shortened form, **la foto**, even though it ends in **–o**.

¡INTÉNTALO! Provide a definite article for each noun in the first column and an indefinite article for each noun in the second column.

¿el, la, los o las?

1. la chica
2. _____ chico
3. _____ maleta
4. _____ cuadernos
5. _____ lápiz
6. _____ mujeres

¿un, una, unos o unas?

1. un autobús
2. _____ escuelas
3. _____ computadora
4. _____ hombres
5. _____ señora
6. _____ lápices

recursos

WB p. 3

LM p. 3

vistas. vhlcentral.com Lección 1

Práctica

1 **¿Singular o plural?** If the word is singular, make it plural. If it is plural, make it singular.

1. el número
2. un diario
3. la estudiante
4. el conductor
5. el país
6. las cosas
7. unos turistas
8. las nacionalidades
9. unas computadoras
10. los problemas
11. una fotografía
12. los profesores
13. unas señoritas
14. el hombre
15. la maleta
16. la señora

2 **Identificar** For each drawing, provide the noun with its corresponding definite and indefinite articles.

modelo

las maletas, unas maletas

1. _____

2. _____

3. _____

4. _____

5. _____

6. _____

7. _____

8. _____

Comunicación

3 **Charadas** In groups, play a game of charades. Individually, think of two nouns for each charade, for example, a boy using a computer (**un chico**; **una computadora**). The first person to guess correctly acts out the next charade.

Practice more at **vistas.vhlcentral.com.**

1.2 Numbers 0–30 Tutorial

Los números 0 a 30

0	cero				
1	uno	**11**	once	**21**	veintiuno
2	dos	**12**	doce	**22**	veintidós
3	tres	**13**	trece	**23**	veintitrés
4	cuatro	**14**	catorce	**24**	veinticuatro
5	cinco	**15**	quince	**25**	veinticinco
6	seis	**16**	dieciséis	**26**	veintiséis
7	siete	**17**	diecisiete	**27**	veintisiete
8	ocho	**18**	dieciocho	**28**	veintiocho
9	nueve	**19**	diecinueve	**29**	veintinueve
10	diez	**20**	veinte	**30**	treinta

AYUDA

Though it is less common, the numbers 16 through 29 (except 20) can also be written as three words: **diez y seis, diez y siete...**

- The number **uno** (*one*) and numbers ending in **–uno**, such as **veintiuno**, have more than one form. Before masculine nouns, **uno** shortens to **un**. Before feminine nouns, **uno** changes to **una**.

  un hombre → veinti**ún** hombres **una** mujer → veinti**una** mujeres

- **¡Atención!** The forms **uno** and **veintiuno** are used when counting (**uno, dos, tres... veinte, veintiuno, veintidós...**). They are also used when the number *follows* a noun, even if the noun is feminine: **la lección uno**.

- To ask *how many people* or *things* there are, use **cuántos** before masculine nouns and **cuántas** before feminine nouns.

- The Spanish equivalent of both *there is* and *there are* is **hay**. Use **¿Hay...?** to ask *Is there...?* or *Are there...?* Use **no hay** to express *there is not* or *there are not*.

—**¿Cuántos** estudiantes **hay**?
How many students are there?

—**Hay** seis estudiantes en la foto.
There are six students in the photo.

—**¿Hay** chicos en la fotografía?
Are there guys in the picture?

—**Hay** tres chicas y **no hay** chicos.
There are three girls, and there are no guys.

¡INTÉNTALO! Provide the Spanish words for these numbers.

1. **7** _____	5. **0** _____	9. **23** _____	13. **12** _____
2. **16** _____	6. **15** _____	10. **11** _____	14. **28** _____
3. **29** _____	7. **21** _____	11. **30** _____	15. **14** _____
4. **1** _____	8. **9** _____	12. **4** _____	16. **10** _____

recursos

WB p. 4

LM p. 4

vistas. vhlcentral.com Lección 1

Práctica

1

Contar Following the pattern, write out the missing numbers in Spanish.

1. 1, 3, 5, ..., 29
2. 2, 4, 6, ..., 30
3. 3, 6, 9, ..., 30
4. 30, 28, 26, ..., 0
5. 30, 25, 20, ..., 0
6. 28, 24, 20, ..., 0

2

Resolver Solve these math problems with a partner.

AYUDA

+ → **más**
– → **menos**
= → **son**

modelo

5 + 3 =

Estudiante 1: *cinco más tres son...*

Estudiante 2: *ocho*

1. **2 + 15 =**
2. **20 – 1 =**
3. **5 + 7 =**
4. **18 + 12 =**
5. **3 + 22 =**
6. **6 – 3 =**
7. **11 + 12 =**
8. **7 – 2 =**
9. **8 + 5 =**
10. **23 – 14 =**

3

¿Cuántos hay? How many persons or things are there in these drawings?

modelo

Hay tres maletas.

1. _____

2. _____

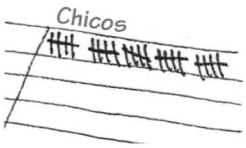

3. _____

4. _____

5. _____

6. _____

7. _____

8. _____

Comunicación

4 **En la clase** With a classmate, take turns asking and answering these questions about your classroom.

1. ¿Cuántos estudiantes hay?
2. ¿Cuántos profesores hay?
3. ¿Hay una computadora?
4. ¿Hay una maleta?
5. ¿Cuántos mapas hay?
6. ¿Cuántos lápices hay?
7. ¿Hay cuadernos?
8. ¿Cuántos diccionarios hay?
9. ¿Hay hombres?
10. ¿Cuántas mujeres hay?

5 **Preguntas** With a classmate, take turns asking and answering questions about the drawing. Talk about:

1. how many children there are
2. how many women there are
3. if there are some photographs
4. if there is a boy
5. how many notebooks there are
6. if there is a bus
7. if there are tourists
8. how many pencils there are
9. if there is a man
10. how many computers there are

Practice more at **vistas.vhlcentral.com.**

1.3 Present tense of ser

Subject pronouns

ANTE TODO

In order to use verbs, you will need to learn about subject pronouns. A subject pronoun replaces the name or title of a person or thing and acts as the subject of a verb. In both Spanish and English, subject pronouns are divided into three groups: first person, second person, and third person.

Subject pronouns

	SINGULAR		PLURAL	
FIRST PERSON	**yo**	*I*	**nosotros**	*we* (masculine)
			nosotras	*we* (feminine)
SECOND PERSON	**tú**	*you* (familiar)	**vosotros**	*you* (masc., fam.)
	usted (Ud.)	*you* (formal)	**vosotras**	*you* (fem., fam.)
			ustedes (Uds.)	*you* (form.)
THIRD PERSON	**él**	*he*	**ellos**	*they* (masc.)
	ella	*she*	**ellas**	*they* (fem.)

¡LENGUA VIVA!

In Latin America, **ustedes** is used as the plural for both **tú** and **usted**. In Spain, however, **vosotros** and **vosotras** are used as the plural of **tú**, and **ustedes** is used only as the plural of **usted**.

• • •

Usted and **ustedes** are abbreviated as **Ud.** and **Uds.**, or occasionally as **Vd.** and **Vds.**

- Spanish has two subject pronouns that mean *you* (singular). Use **tú** when addressing a friend, a family member, or a child you know well. Use **usted** to address a person with whom you have a formal or more distant relationship, such as a superior at work, a professor, or an older person.

  Tú eres de Canadá, ¿verdad, David?
  You are from Canada, right, David?

  ¿**Usted** es la profesora de español?
  Are you the Spanish professor?

- The masculine plural forms **nosotros**, **vosotros**, and **ellos** refer to a group of males or to a group of males and females. The feminine plural forms **nosotras**, **vosotras**, and **ellas** can refer only to groups made up exclusively of females.

nosotros, vosotros, ellos

nosotros, vosotros, ellos

nosotras, vosotras, ellas

- There is no Spanish equivalent of the English subject pronoun *it*. Generally *it* is not expressed in Spanish.

  Es un problema.
  It's a problem.

  Es una computadora.
  It's a computer.

The present tense of ser

ANTE TODO

In **Contextos** and **Fotonovela**, you have already used several present-tense forms of **ser** (*to be*) to identify yourself and others, and to talk about where you and others are from. **Ser** is an irregular verb; its forms do not follow the regular patterns that most verbs follow. You need to memorize the forms, which appear in this chart.

The verb ser (*to be*)

SINGULAR FORMS	yo	**soy**	*I am*
	tú	**eres**	*you are* (fam.)
	Ud./él/ella	**es**	*you are* (form.); *he/she is*
PLURAL FORMS	nosotros/as	**somos**	*we are*
	vosotros/as	**sois**	*you are* (fam.)
	Uds./ellos/ellas	**son**	*you are* (form.); *they are*

Uses of *ser*

▶ Use **ser** to identify people and things.

—¿Quién **es** él?
Who is he?

—**Es** Felipe Díaz Velázquez.
He's Felipe Díaz Velázquez.

—¿Qué **es**?
What is it?

—**Es** un mapa de España.
It's a map of Spain.

▶ **Ser** also expresses possession, with the preposition **de**. There is no Spanish equivalent of the English construction [*noun*] + 's (*Maru's*). In its place, Spanish uses [*noun*] + **de** + [*owner*].

—¿**De** quién **es**?
Whose is it?

—**Es** el diario **de** Maru.
It's Maru's diary.

—¿**De** quién **son**?
Whose are they?

—**Son** los lápices **de** la chica.
They are the girl's pencils.

▶ When **de** is followed by the article **el**, the two combine to form the contraction **del**. **De** does *not* contract with **la**, **las**, or **los**.

—**Es** la computadora **del** conductor.
It's the driver's computer.

—**Son** las maletas **del** chico.
They are the boy's suitcases.

¡LENGUA VIVA!

Some geographic locations can be referred to either with or without a definite article:

Soy de Estados Unidos./Soy de los Estados Unidos.

• • •

Sometimes a definite article is a part of a proper name, as in **El Salvador, El Paso,** and **Los Ángeles.** In these cases, **de** and **el** do not contract:

Soy de El Salvador.

▶ **Ser** also uses the preposition **de** to express origin.

—¿**De** dónde **es** Juan Carlos?
Where is Juan Carlos from?

—Es **de** Argentina.
He's from Argentina.

—¿**De** dónde **es** Maru?
Where is Maru from?

—**Es de** Costa Rica.
She's from Costa Rica.

▶ Use **ser** to express profession or occupation.

Don Francisco **es conductor**.
Don Francisco is a driver.

Yo **soy estudiante**.
I am a student.

CONSULTA

You will learn more about adjectives in **Estructura 3.1,** pp. 88–90.

▶ Unlike English, Spanish does not use the indefinite article (**un, una**) after **ser** when referring to professions, unless accompanied by an adjective or other description.

Marta **es** profesora.
Marta is a teacher.

Marta **es una** profesora excelente.
Marta is an excellent teacher.

NOTA CULTURAL

Created in 1999, LAN Perú is an affiliate of the Chilean-based LAN Airlines, one of the largest carriers in South America. LAN Perú operates out of Lima, offering domestic flights and international service to select major cities in the Americas and Spain.

recursos

WB pp. 5–6

LM p. 5

vistas.vhlcentral.com Lección 1

¡INTÉNTALO! Provide the correct subject pronouns and the present forms of **ser**.

1. Gabriel	*él*	*es*	5. las turistas		
2. Juan y yo			6. el chico		
3. Óscar y Flora			7. los conductores		
4. Adriana			8. los señores Ruiz		

Práctica

1 **Pronombres** What subject pronouns would you use to (a) talk *to* these people directly and (b) talk *about* them to others?

modelo
un joven tú, él

1. una chica
2. el presidente de México
3. tres chicas y un chico
4. un estudiante
5. la señora Ochoa
6. dos profesoras

2 **Identidad y origen** With a partner, take turns asking and answering these questions about the people indicated: **¿Quién es?/¿Quiénes son?** and **¿De dónde es?/¿De dónde son?**

modelo
Selena Gomez (Estados Unidos)
Estudiante 1: ¿Quién es?
Estudiante 2: Es Selena Gomez.
Estudiante 1: ¿De dónde es?
Estudiante 2: Es de los Estados Unidos.

1. Enrique Iglesias (España)
2. Robinson Canó (República Dominicana)
3. Rebecca Lobo y Martin Sheen (Estados Unidos)
4. Carlos Santana y Salma Hayek (México)
5. Shakira (Colombia)
6. Antonio Banderas y Penélope Cruz (España)
7. Taylor Swift y Demi Lovato (Estados Unidos)
8. Daisy Fuentes (Cuba)

3 **¿Qué es?** Ask your partner what each object is and to whom it belongs.

modelo
Estudiante 1: ¿Qué es?
Estudiante 2: Es un diccionario.
Estudiante 1: ¿De quién es?
Estudiante 2: Es del profesor Núñez.

1. 

2. 

3. 

4. 

Comunicación

4

Preguntas Using the items in the word bank, ask your partner questions about the ad. Be imaginative in your responses.

¿Cuántas?	¿De dónde?	¿Qué?
¿Cuántos?	¿De quién?	¿Quién?

SOMOS ECOTURISTA, S.A.

Los autobuses oficiales de la Ruta Maya

- 25 autobuses en total
- 30 conductores del área
- pasajeros internacionales
- mapas de la región

¡Todos a bordo!

5

¿Quién es? In small groups, take turns pretending to be a famous person from a Spanish-speaking country (such as Spain, Mexico, Puerto Rico, Cuba, or the United States). Use the list of professions to think of people from a variety of backgrounds. Your partners will ask you questions and try to guess who you are.

actor *actor*	cantante *singer*	escritor(a) *writer*
actriz *actress*	deportista *athlete*	músico/a *musician*

NOTA CULTURAL

John Leguizamo was born in Bogotá, Colombia. John is best known for his work as an actor and comedian. He has appeared in movies such as *Moulin Rouge* and *The Happening*. Here are some other Hispanic celebrities: Laura Esquivel (writer from Mexico), Andy García (actor from Cuba), and Don Omar (singer from Puerto Rico).

modelo

Estudiante 3: ¿Eres de Puerto Rico?
Estudiante 1: No. Soy de Colombia.
Estudiante 2: ¿Eres hombre?
Estudiante 1: Sí. Soy hombre.
Estudiante 3: ¿Eres escritor?
Estudiante 1: No. Soy actor.
Estudiante 2: ¿Eres John Leguizamo?
Estudiante 1: ¡Sí! ¡Sí!

1.4 Telling time

ANTE TODO In both English and Spanish, the verb *to be* (**ser**) and numbers are used to tell time.

- To ask what time it is, use **¿Qué hora es?** When telling time, use **es + la** with **una** and **son + las** with all other hours.

Es la una.

Son las dos.

Son las seis.

- As in English, you express time in Spanish from the hour to the half-hour by adding minutes.

Son las cuatro **y cinco.**

Son las once **y veinte.**

- You may use either **y cuarto** or **y quince** to express fifteen minutes or quarter past the hour. For thirty minutes or half past the hour, you may use either **y media** or **y treinta.**

Es la una **y cuarto.**

Son las nueve **y quince.**

Son las doce **y media.**

Son las siete **y treinta.**

- You express time from the half-hour to the hour in Spanish by subtracting minutes or a portion of an hour from the next hour.

Es la una **menos cuarto.**

Son las tres **menos quince.**

Son las ocho **menos veinte.**

Son las tres **menos diez.**

▶ To ask at what time a particular event takes place, use the phrase **¿A qué hora (...)?** To state at what time something takes place, use the construction **a la(s)** + *time*.

¿**A qué hora** es la clase de biología?
(At) what time is biology class?

La clase es **a las dos**.
The class is at two o'clock.

¿**A qué hora** es la fiesta?
(At) what time is the party?

A las ocho.
At eight.

¡LENGUA VIVA!

Other useful expressions for telling time:

Son las doce (del día).
It is twelve o'clock (p.m.).

Son las doce (de la noche).
It is twelve o'clock (a.m.).

▶ Here are some useful words and phrases associated with telling time.

Son las ocho **en punto**.
It's 8 o'clock on the dot/sharp.

Son las nueve **de la mañana**.
It's 9 a.m./in the morning.

Es **el mediodía**.
It's noon.

Son las cuatro y cuarto **de la tarde**.
It's 4:15 p.m./in the afternoon.

Es **la medianoche**.
It's midnight.

Son las diez y media **de la noche**.
It's 10:30 p.m./at night.

recursos

WB pp. 7–8

LM p. 6

vistas. vhlcentral.com Lección 1

¡INTÉNTALO! Practice telling time by completing these sentences.

1. (1:00 a.m.) Es la ___una___ de la mañana.
2. (2:50 a.m.) Son las tres _____ diez de la mañana.
3. (4:15 p.m.) Son las cuatro y _____ de la tarde.
4. (8:30 p.m.) Son las ocho y _____ de la noche.
5. (9:15 a.m.) Son las nueve y quince de la _____.
6. (12:00 p.m.) Es el _____.
7. (6:00 a.m.) Son las seis de la _____.
8. (4:05 p.m.) Son las cuatro y cinco de la _____.
9. (12:00 a.m.) Es la _____.
10. (3:45 a.m.) Son las cuatro menos _____ de la mañana.
11. (2:15 a.m.) Son las _____ y cuarto de la mañana.
12. (1:25 p.m.) Es la una y _____ de la tarde.
13. (6:50 a.m.) Son las _____ menos diez de la mañana.
14. (10:40 p.m.) Son las once menos veinte de la _____.

Práctica

1 **Ordenar** Put these times in order, from the earliest to the latest.

a. Son las dos de la tarde.
b. Son las once de la mañana.
c. Son las siete y media de la noche.
d. Son las seis menos cuarto de la tarde.
e. Son las dos menos diez de la tarde.
f. Son las ocho y veintidós de la mañana.

2 **¿Qué hora es?** Give the times shown on each clock or watch.

modelo

Son las cuatro y cuarto/quince de la tarde.

p.m.

p.m.

p.m.

a.m.

1. _____ 2. _____ 3. _____ 4. _____ 5. _____

a.m.

a.m.

p.m.

6. _____ 7. _____ 8. _____ 9. _____ 10. _____

3 **¿A qué hora?** Ask your partner at what time these events take place. Your partner will answer according to the cues provided.

modelo

la clase de matemáticas (2:30 p.m.)
Estudiante 1: *¿A qué hora es la clase de matemáticas?*
Estudiante 2: *Es a las dos y media de la tarde.*

1. el programa *Las cuatro amigas* (*11:30 a.m.*)
2. el drama *La casa de Bernarda Alba* (*7:00 p.m.*)
3. el programa *Las computadoras* (*8:30 a.m.*)
4. la clase de español (*10:30 a.m.*)
5. la clase de biología (*9:40 a.m.*)
6. la clase de historia (*10:50 a.m.*)
7. el partido (*game*) de béisbol (*5:15 p.m.*)
8. el partido de tenis (*12:45 p.m.*)
9. el partido de baloncesto (*basketball*) (*7:45 p.m.*)

NOTA CULTURAL

Many Spanish-speaking countries use both the 12-hour clock and the 24-hour clock (that is, military time). The 24-hour clock is commonly used in written form on signs and schedules. For example, 1 p.m. is **13h**, 2 p.m. is **14h** and so on. See the photo on p. 33 for a sample schedule.

NOTA CULTURAL

La casa de Bernarda Alba is a famous play by Spanish poet and playwright **Federico García Lorca** (1898–1936). Lorca was one of the most famous writers of the 20th century and a close friend of Spain's most talented artists, including the painter Salvador Dalí and the filmmaker Luis Buñuel.

Comunicación

4 **En la televisión** With a partner, take turns asking questions about these television listings.

modelo

Estudiante 1: ¿A qué hora es el documental *Las computadoras?*
Estudiante 2: Es a las nueve en punto de la noche.

NOTA CULTURAL

Telenovelas are the Latin American version of soap operas, but they differ from North American soaps in many ways. Many **telenovelas** are prime-time shows enjoyed by a large segment of the population. They seldom run for more than one season and they are sometimes based on famous novels.

TV Hoy – Programación

11:00 am	Telenovela: *La casa de la familia Díaz*
12:00 pm	Película: *El cóndor* (drama)
2:00 pm	Telenovela: *Dos mujeres y dos hombres*
3:00 pm	Programa juvenil: *Fiesta*
3:30 pm	Telenovela: *¡Sí, sí, sí!*
4:00 pm	Telenovela: *El diario de la Sra. González*
5:00 pm	Telenovela: *Tres mujeres*
6:00 pm	Noticias
7:00 pm	Especial musical: *Música folklórica de México*
7:30 pm	La naturaleza: *Jardín secreto*
8:00 pm	Noticiero: *Veinticuatro horas*
9:00 pm	Documental: *Las computadoras*

5 **Preguntas** With a partner, answer these questions based on your own knowledge.

1. Son las tres de la tarde en Nueva York. ¿Qué hora es en Los Ángeles?
2. Son las ocho y media en Chicago. ¿Qué hora es en Miami?
3. Son las dos menos cinco en San Francisco. ¿Qué hora es en San Antonio?
4. ¿A qué hora es el programa *Saturday Night Live?*; ¿A qué hora es el programa *American Idol?*

6 **Más preguntas** Using the questions in the previous activity as a model, make up four questions of your own. Then get together with a classmate and take turns asking and answering each other's questions.

Síntesis

7 **Situación** With a partner, play the roles of a journalism student interviewing a visiting literature professor (**profesor(a) de literatura**) from Venezuela. Be prepared to act out the conversation for your classmates.

Estudiante	Profesor(a) de literatura
Ask the professor his/her name.	→ Ask the student his/her name.
Ask the professor what time his/her literature class is.	→ Ask the student where he/she is from.
Ask how many students are in his/her class.	→ Ask to whom the notebook belongs.
Say thank you and goodbye.	→ Say thank you and you are pleased to meet him/her.

Recapitulación

Concepts Diagnostics

Review the grammar concepts you have learned in this lesson by completing these activities.

1 **Completar** Complete the charts according to the models. 14 pts.

Masculino	Femenino
el chico	la chica
	la profesora
	la amiga
el señor	
	la pasajera
el estudiante	
	la turista
el joven	

Singular	Plural
una cosa	unas cosas
un libro	
	unas clases
una lección	
un conductor	
	unos países
	unos lápices
un problema	

2 **En la clase** Complete each conversation with the correct word. 11 pts.

César   Beatriz

CÉSAR ¿(1) _____ (Cuántos/Cuántas) chicas hay en la (2) _____ (maleta/clase)?

BEATRIZ Hay (3) _____ (catorce/cuatro) [*14*] chicas.

CÉSAR Y, ¿(4) _____ (cuántos/cuántas) chicos hay?

BEATRIZ Hay (5) _____ (tres/trece) [*13*] chicos.

CÉSAR Entonces (*Then*), en total hay (6) _____ (veintiséis/veintisiete) (7) _____ (estudiantes/chicas) en la clase.

Ariana   Daniel

ARIANA ¿Tienes (*Do you have*) (8) _____ (un/una) diccionario?

DANIEL No, pero (*but*) aquí (9) _____ (es/hay) uno.

ARIANA ¿De quién (10) _____ (son/es)?

DANIEL (11) _____ (Son/Es) de Carlos.

RESUMEN GRAMATICAL

1.1 Nouns and articles *pp. 12–14*

Gender of nouns

Nouns that refer to living things

	Masculine		Feminine
-o	el chico	-a	la chica
-or	el profesor	-ora	la profesora
-ista	el turista	-ista	la turista

Nouns that refer to non-living things

	Masculine		Feminine
-o	el libro	-a	la cosa
-ma	el programa	-ción	la lección
-s	el autobús	-dad	la nacionalidad

Plural of nouns

- ending in vowel + *-s* — la chica → las chicas
- ending in consonant + *-es* — el señor → los señores
  (-z → -ces un lápiz → unos lápices)
- Definite articles: el, la, los, las
- Indefinite articles: un, una, unos, unas

1.2 Numbers 0–30 *p. 16*

0	cero	8	ocho	16	dieciséis
1	uno	9	nueve	17	diecisiete
2	dos	10	diez	18	dieciocho
3	tres	11	once	19	diecinueve
4	cuatro	12	doce	20	veinte
5	cinco	13	trece	21	veintiuno
6	seis	14	catorce	22	veintidós
7	siete	15	quince	30	treinta

1.3 Present tense of *ser* *pp. 19–21*

yo	soy	nosotros/as	somos
tú	eres	vosotros/as	sois
Ud./él/ella	es	Uds./ellos/ellas	son

1.4 Telling time *pp. 24–25*

Es la una.	*It's 1:00.*
Son las dos.	*It's 2:00.*
Son las tres y diez.	*It's 3:10.*
Es la una y cuarto/quince.	*It's 1:15.*
Son las siete y media/treinta.	*It's 7:30.*
Es la una menos cuarto/quince.	*It's 12:45.*
Son las once menos veinte.	*It's 10:40.*
Es el mediodía.	*It's noon.*
Es la medianoche.	*It's midnight.*

3 **Presentaciones** Complete this conversation with the correct form of the verb **ser**. 6 pts.

JUAN ¡Hola! Me llamo Juan. (1) _____ estudiante en la clase de español.

DANIELA ¡Hola! Mucho gusto. Yo (2) _____ Daniela y ella (3) _____ Mónica. ¿De dónde (4) _____ (tú), Juan?

JUAN De California. Y ustedes, ¿de dónde (5) _____ ?

MÓNICA Nosotras (6) _____ de Florida.

4 **¿Qué hora es?** Write out in words the following times, indicating whether it's morning, noon, afternoon, or night. 10 pts.

1. It's 12:00 p.m.

_____

2. It's 7:05 a.m.

_____

3. It's 9:35 p.m.

_____

4. It's 5:15 p.m.

_____

5. It's 1:30 p.m.

_____

5 **¡Hola!** Write five sentences introducing yourself and talking about your classes. You may want to include: your name, where you are from, who your Spanish teacher is, the time of your Spanish class, how many students are in the class, etc. 9 pts.

_____

_____

_____

_____

6 **Canción** Use the two appropriate words from the list to complete this children's song. 2 EXTRA points!

cinco cuántas cuatro media quiénes

"¿ _____ patas°
tiene un gato°?
Una, dos, tres y
_____."

patas *legs* tiene un gato *does a cat have*

Practice more at **vistas.vhlcentral.com.**

Audio: Reading
Additional Reading

Lectura

Antes de leer

Estrategia

Recognizing cognates

As you learned earlier in this lesson, cognates are words that share similar meanings and spellings in two or more languages. When reading in Spanish, it's helpful to look for cognates and use them to guess the meaning of what you're reading. But watch out for false cognates. For example, **librería** means *bookstore,* not *library,* and **embarazada** means *pregnant,* not *embarrassed*. Look at this list of Spanish words, paying special attention to prefixes and suffixes. Can you guess the meaning of each word?

importante	oportunidad
farmacia	cultura
inteligente	activo
dentista	sociología
decisión	espectacular
televisión	restaurante
médico	policía

Examinar el texto

Glance quickly at the reading selection and guess what type of document it is. Explain your answer.

Cognados

Read the document and make a list of the cognates you find. Guess their English equivalents, then compare your answers with those of a classmate.

Joaquín Salvador Lavado nació (*was born*) en Argentina en 1932 (mil novecientos treinta y dos). Su nombre profesional es **Quino**. Es muy popular en Latinoamérica, Europa y Canadá por sus tiras cómicas (*comic strips*). *Mafalda* es su serie más famosa. La protagonista, Mafalda, es una chica muy inteligente de seis años (*years*). La tira cómica ilustra las aventuras de ella y su grupo de amigos. Las anécdotas de Mafalda y los chicos también presentan temas (*themes*) importantes como la paz (*peace*) y los derechos humanos (*human rights*).

Después de leer

Preguntas

Answer these questions.

1. What is Joaquín Salvador Lavado's pen name?
2. What is Mafalda like?
3. Where is Mafalda in panel 1? What is she doing?
4. What happens to the sheep in panel 3? Why?
5. Why does Mafalda wake up?
6. What number corresponds to the sheep in panel 5?
7. In panel 6, what is Mafalda doing? How do you know?

Los animales

This comic strip uses a device called onomatopoeia: a word that represents the sound that it stands for. Did you know that many common instances of onomatopoeia are different from language to language? The noise a sheep makes in English is *baaaah*, but in Mafalda's language it is **béeeee**. Do you think you can match these animals with their Spanish sounds? First, practice saying aloud each animal sound in group B. Then, match each animal with its sound in Spanish. If you need help remembering the sounds the alphabet makes in Spanish, see p. 9.

A

1. ___ **gato**

2. ___ **perro**

3. ___ **vacas**

4. ___ **gallo**

5. ___ **rana**

6. ___ **pato**

7. ___ **cerdo**

B

a. kikirikí b. muuu c. croac d. guau
e. cuac cuac f. miau g. oinc

Escritura

Estrategia

Writing in Spanish

Why do we write? All writing has a purpose. For example, we may write an e-mail to share important information or compose an essay to persuade others to accept a point of view. Proficient writers are not born, however. Writing requires time, thought, effort, and a lot of practice. Here are some tips to help you write more effectively in Spanish.

DO

- Try to write your ideas in Spanish
- Use the grammar and vocabulary that you know
- Use your textbook for examples of style, format, and expression in Spanish
- Use your imagination and creativity
- Put yourself in your reader's place to determine if your writing is interesting

AVOID

- Translating your ideas from English to Spanish
- Simply repeating what is in the textbook or on a web page
- Using a dictionary until you have learned how to use foreign language dictionaries

Tema

Hacer una lista

Create a telephone/address list that includes important names, numbers, and websites that will be helpful to you in your study of Spanish. Make whatever entries you can in Spanish without using a dictionary. You might want to include this information:

- The names, phone numbers, and e-mail addresses of at least four classmates
- Your professor's name, e-mail address, and office hours
- Three phone numbers and e-mail addresses of campus offices or locations related to your study of Spanish
- Five electronic resources for students of Spanish, such as chat rooms and sites dedicated to the study of Spanish as a second language

Nombre Sally (la chica de Indiana)
Teléfono 655-8888
Dirección electrónica sally@uru.edu

Nombre Profesor José Ramón Casas
Teléfono 655-8090
Dirección electrónica jrcasas@uru.edu
Horas de oficina 12 a 12:30

Nombre Biblioteca 655-7000
Dirección electrónica library@uru.edu

Escuchar

Audio: Activities

Estrategia

Listening for words you know

You can get the gist of a conversation by listening for words and phrases you already know.

To help you practice this strategy, listen to the following sentence and make a list of the words you have already learned.

Preparación

Based on the photograph, what do you think Dr. Cavazos and Srta. Martínez are talking about? How would you get the gist of their conversation, based on what you know about Spanish?

Ahora escucha

Now you are going to hear Dr. Cavazos's conversation with Srta. Martínez. List the familiar words and phrases each person says.

Dr. Cavazos	Srta. Martínez
1. _____	9. _____
2. _____	10. _____
3. _____	11. _____
4. _____	12. _____
5. _____	13. _____
6. _____	14. _____
7. _____	15. _____
8. _____	16. _____

With a classmate, use your lists of familiar words as a guide to come up with a summary of what happened in the conversation.

Comprensión

Identificar

Who would say the following things, Dr. Cavazos or Srta. Martínez?

1. Me llamo...
2. De nada.
3. Gracias. Muchas gracias.
4. Aquí tiene usted los documentos de viaje (*trip*) señor.
5. Usted tiene tres maletas, ¿no?
6. Tengo dos maletas.
7. Hola, señor.
8. ¿Viaja usted a Buenos Aires?

Contestar

1. Does this scene take place in the morning, afternoon, or evening? How do you know?
2. How many suitcases does Dr. Cavazos have?
3. Using the words you already know to determine the context, what might the following words and expressions mean?
   - boleto
   - pasaporte
   - un viaje de ida y vuelta
   - ¡Buen viaje!

En pantalla

Latinos form the largest-growing minority group in the United States. This trend is expected to continue; the Census Bureau projects that by the year 2050, the Latino population will grow to 30 percent. Viewership of the two major Spanish-language TV stations, **Univisión** and **Telemundo**, has skyrocketed, at times surpassing that of the four major English-language networks. With Latino purchasing power estimated at 1.3 trillion dollars for 2015, many companies have responded by adapting successful marketing campaigns to target a Spanish-speaking audience. Turn on a Spanish-language channel any night of the week, and you'll see ads for the world's biggest consumer brands, from soft drinks to car makers; many of these advertisements are adaptations of their English-language counterparts. Bilingual ads, which use English and Spanish in a way that is accessible to all viewers, have become popular during events such as the Super Bowl, where advertisers want to appeal to a diverse market.

Vocabulario útil

carne en salsa	*beef with sauce*
copa de helado	*cup of ice cream*
no tiene precio	*priceless*
plato principal	*main course*
un domingo en familia	*Sunday with the family*

Emparejar

Match each item with its price according to the ad.
¡Ojo! (*Careful!*) One of the responses will not be used.

_____ 1. aperitivo	a. quince dólares
_____ 2. plato principal	b. ocho dólares
_____ 3. postre	c. treinta dólares
	d. seis dólares

Un comercial

With a partner, brainstorm and write a MasterCard-like TV ad about something you consider priceless. Then read it to the class. Use as much Spanish as you can.

Aperitivo *Appetizer* Postre *Dessert*

Anuncio de MasterCard

Aperitivo°...

Postre°...

Un domingo en familia...

Video: TV Clip

Practice more at **vistas.vhlcentral.com.**

The **Plaza de Mayo** in Buenos Aires, Argentina, is perhaps best known as a place of political protest. Aptly nicknamed **Plaza de Protestas** by the locals, it is the site of weekly demonstrations. Despite this reputation, for many it is also a traditional **plaza**, a spot to escape from the hustle of city life. In warmer months, office workers from neighboring buildings flock to the plaza during lunch hour. **Plaza de Mayo** is also a favorite spot for families, couples, and friends to gather, stroll, or simply sit and chat. Tourists come year-round to take in the iconic surroundings: **Plaza de Mayo** is flanked by the rose-colored presidential palace (**Casa Rosada**), city hall (**municipalidad**), a colonial-era museum (**Cabildo**), and a spectacular cathedral (**Catedral Metropolitana**).

Vocabulario útil

abrazo	*hug*
¡Cuánto tiempo!	*It's been a long time!*
encuentro	*encounter*
plaza	*city or town square*
¡Qué bueno verte!	*It's great to see you!*
¡Qué suerte verlos!	*How lucky to see you!*

Preparación

Where do you and your friends usually meet? Are there public places where you get together? What activities do you take part in there?

Identificar

Identify the person or people who make(s) each of these statements.

1. ¿Cómo están ustedes?
2. ¡Qué bueno verte!
3. Bien, ¿y vos?
4. Hola.
5. ¡Qué suerte verlos!

a. Gonzalo
b. Mariana
c. Mark
d. Silvina

Encuentros en la plaza

Today we are at the Plaza de Mayo.

People come to walk and get some fresh air...

And children come to play...

Video: *Flash cultura*

Practice more at **vistas.vhlcentral.com.**

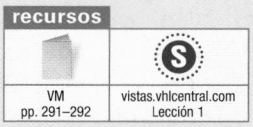

Video: *Panorama cultural*
Interactive map

Estados Unidos

El país en cifras°

- **Población° de los EE.UU.:** 310 millones
- **Población de origen hispano:** 49 millones
- **País de origen de hispanos en los EE.UU.:**

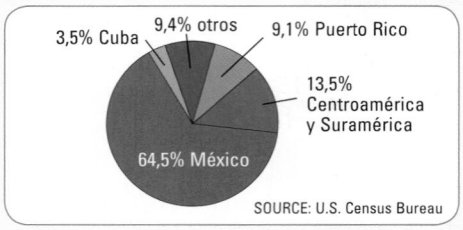

- **Estados con la mayor° población hispana:**

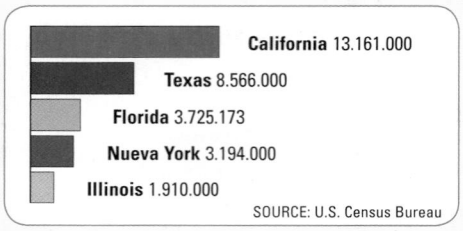

Canadá

El país en cifras

- **Población de Canadá:** 34 millones
- **Población de origen hispano:** 700.000
- **País de origen de hispanos en Canadá:**

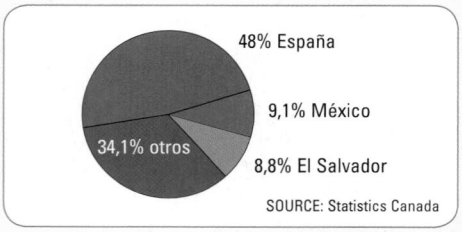

- **Ciudades° con la mayor población hispana:** Montreal, Toronto, Vancouver

en cifras *by the numbers* Población *Population* mayor *largest*
Ciudades *Cities* creció *grew* más *more* cada *every* niños *children*
Se estima *It is estimated* va a ser *it is going to be*

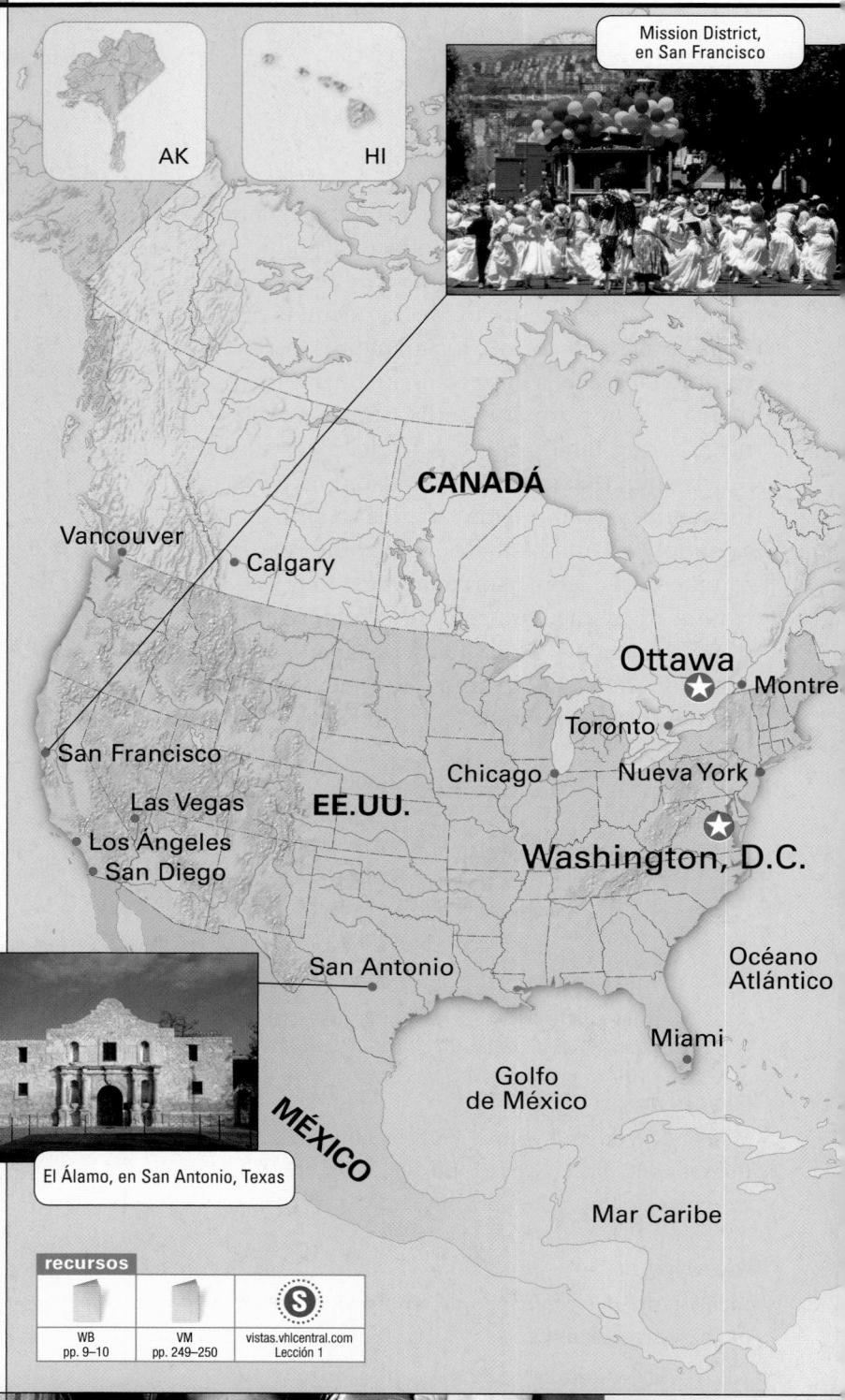

recursos

WB	VM	vistas.vhlcentral.com
pp. 9–10	pp. 249–250	Lección 1

¡Increíble pero cierto!

La población hispana en los EE.UU. creció° un 3,2% entre los años 2007 (dos mil siete) y 2008 (dos mil ocho) (1,5 millones de personas más°). Hoy, uno de cada° cinco niños° en los EE.UU. es de origen hispano. Se estima° que en el año 2021 va a ser° uno de cada tres.

SOURCE: U.S. Census Bureau and The Associated Press

Comida • La comida mexicana

La comida° mexicana es muy popular en los Estados Unidos. Los tacos, las enchiladas, las quesadillas y los frijoles frecuentemente forman parte de las comidas de muchos norteamericanos. También° son populares las variaciones de la comida mexicana en los Estados Unidos: el tex-mex y el cali-mex.

Lugares • La Pequeña Habana

La Pequeña Habana° es un barrio° de Miami, Florida, donde viven° muchos cubanoamericanos. Es un lugar° donde se encuentran° las costumbres° de la cultura cubana, los aromas y sabores° de su comida y la música salsa. La Pequeña Habana es una parte de Cuba en los Estados Unidos.

Costumbres • Desfile puertorriqueño

Cada junio, desde° 1951 (mil novecientos cincuenta y uno), los puertorriqueños celebran su cultura con un desfile° en Nueva York. Es un gran espectáculo con carrozas° y música salsa, merengue y hip-hop. Muchos espectadores llevan° la bandera° de Puerto Rico en su ropa° o pintada en la cara°.

Comunidad • Hispanos en Canadá

En Canadá viven° muchos hispanos. Toronto y Montreal son las ciudades° con mayor° población hispana. Muchos de ellos tienen estudios universitarios° y hablan° una de las lenguas° oficiales: inglés o francés°. Los hispanos participan activamente en la vida cotidiana° y profesional de Canadá.

¿Qué aprendiste? Completa las frases con la información adecuada (*appropriate*).

1. Hay _____ de personas de origen hispano en los Estados Unidos.
2. Los cuatro estados con las poblaciones hispanas más grandes son (en orden) _____, Texas, Florida y _____.
3. Toronto, Montreal y _____ son las ciudades con más población hispana de Canadá.
4. Las quesadillas y las enchiladas son platos (*dishes*) _____.
5. La Pequeña _____ es un barrio de Miami.
6. En Miami hay muchas personas de origen _____.
7. Cada junio se celebra en Nueva York un gran desfile para personas de origen _____.
8. Muchos hispanos en Canadá hablan _____ o francés.

Conexión Internet Investiga estos temas en **vistas.vhlcentral.com.**

Practice more at **vistas.vhlcentral.com.**

1. Haz (*Make*) una lista de seis hispanos célebres de los EE.UU. o Canadá. Explica (*Explain*) por qué (*why*) son célebres.
2. Escoge (*Choose*) seis lugares en los Estados Unidos con nombres hispanos e investiga sobre el origen y el significado (*meaning*) de cada nombre.

comida *food* También *Also* La Pequeña Habana *Little Havana* barrio *neighborhood* viven *live* lugar *place* se encuentran *are found* costumbres *customs* sabores *flavors* Cada junio desde *Each June since* desfile *parade* con carrozas *with floats* llevan *wear* bandera *flag* ropa *clothing* cara *face* viven *live* ciudades *cities* mayor *most* tienen estudios universitarios *have a degree* hablan *speak* lenguas *languages* inglés o francés *English or French* vida cotidiana *daily life*

Saludos

Hola.	*Hello; Hi.*
Buenos días.	*Good morning.*
Buenas tardes.	*Good afternoon.*
Buenas noches.	*Good evening; Good night.*

Despedidas

Adiós.	*Goodbye.*
Nos vemos.	*See you.*
Hasta luego.	*See you later.*
Hasta la vista.	*See you later.*
Hasta pronto.	*See you soon.*
Hasta mañana.	*See you tomorrow.*
Saludos a...	*Greetings to...*
Chau.	*Bye.*

¿Cómo está?

¿Cómo está usted?	*How are you?* (form.)
¿Cómo estás?	*How are you?* (fam.)
¿Qué hay de nuevo?	*What's new?*
¿Qué pasa?	*What's happening?; What's going on?*
¿Qué tal?	*How are you?; How is it going?*
(Muy) bien, gracias.	*(Very) well, thanks.*
Nada.	*Nothing.*
No muy bien.	*Not very well.*
Regular.	*So-so; OK.*

Expresiones de cortesía

Con permiso.	*Pardon me; Excuse me.*
De nada.	*You're welcome.*
Lo siento.	*I'm sorry.*
(Muchas) gracias.	*Thank you (very much); Thanks (a lot).*
No hay de qué.	*You're welcome.*
Perdón.	*Pardon me; Excuse me.*
por favor	*please*

Títulos

señor (Sr.); don	*Mr.; sir*
señora (Sra.); doña	*Mrs.; ma'am*
señorita (Srta.)	*Miss*

Presentaciones

¿Cómo se llama usted?	*What's your name?* (form.)
¿Cómo te llamas?	*What's your name?* (fam.)
Me llamo...	*My name is...*
¿Y usted?	*And you?* (form.)
¿Y tú?	*And you?* (fam.)
Mucho gusto.	*Pleased to meet you.*
El gusto es mío.	*The pleasure is mine.*
Encantado/a.	*Delighted; Pleased to meet you.*
Igualmente.	*Likewise.*
Éste/Ésta es...	*This is...*
Le presento a...	*I would like to introduce you to* (name). (form.)
Te presento a...	*I would like to introduce you to* (name). (fam.)
el nombre	*name*

¿De dónde es?

¿De dónde es usted?	*Where are you from?* (form.)
¿De dónde eres?	*Where are you from?* (fam.)
Soy de...	*I'm from...*

Palabras adicionales

¿cuánto(s)/a(s)?	*how much/many?*
¿de quién...?	*whose...?* (sing.)
¿de quiénes...?	*whose...?* (plural)
(no) hay	*there is (not); there are (not)*

Países

Argentina	*Argentina*
Costa Rica	*Costa Rica*
Cuba	*Cuba*
Ecuador	*Ecuador*
España	*Spain*
Estados Unidos (EE.UU.)	*United States*
México	*Mexico*
Puerto Rico	*Puerto Rico*

Sustantivo

el autobús	*bus*
la capital	*capital city*
el chico	*boy*
la chica	*girl*
la computadora	*computer*
la comunidad	*community*
el/la conductor(a)	*driver*
la conversación	*conversation*
la cosa	*thing*
el cuaderno	*notebook*
el día	*day*
el diario	*diary*
el diccionario	*dictionary*
la escuela	*school*
el/la estudiante	*student*
la foto(grafía)	*photograph*
el hombre	*man*
el/la joven	*youth; young person*
el lápiz	*pencil*
la lección	*lesson*
la maleta	*suitcase*
la mano	*hand*
el mapa	*map*
la mujer	*woman*
la nacionalidad	*nationality*
el número	*number*
el país	*country*
la palabra	*word*
el/la pasajero/a	*passenger*
el problema	*problem*
el/la profesor(a)	*teacher*
el programa	*program*
el/la turista	*tourist*
el video	*video*

Verbo

ser	*to be*

Numbers 0–30	*See page 16.*
Telling time	*See pages 24–25.*
Expresiones útiles	*See page 7.*

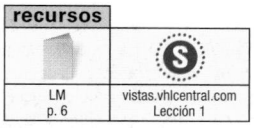

En la universidad 2

Communicative Goals

You will learn how to:

- **Talk about your classes and school life**
- **Discuss everyday activities**
- **Ask questions in Spanish**
- **Describe the location of people and things**

contextos

pages 40–43

- The classroom and academic life
- Days of the week
- Fields of study and academic subjects
- Class schedules

fotonovela

pages 44–47

Felipe takes Marissa around Mexico City. Along the way, they meet some friends and discuss the upcoming semester.

cultura

pages 48–49

- Universities and majors in the Spanish-speaking world
- The University of Salamanca

estructura

pages 50–67

- Present tense of **-ar** verbs
- Forming questions in Spanish
- Present tense of **estar**
- Numbers 31 and higher
- **Recapitulación**

adelante

pages 68–75

Lectura: A brochure for a summer course in Madrid
Escritura: A description of yourself
Escuchar: A conversation about courses
En pantalla
Flash cultura
Panorama: España

A PRIMERA VISTA

- **¿Hay dos chicos en la foto?**
- **¿Hay tres cuadernos o siete?**
- **¿Son turistas o estudiantes?**
- **¿Qué hora es, la una de la mañana o de la tarde?**

Talking Picture, Tutorials & Games
Audio: Activities

En la universidad

Más vocabulario

la biblioteca	*library*
la cafetería	*cafeteria*
la casa	*house; home*
el estadio	*stadium*
el laboratorio	*laboratory*
la librería	*bookstore*
la residencia estudiantil	*dormitory*
la universidad	*university; college*
el/la compañero/a de clase	*classmate*
el/la compañero/a de cuarto	*roommate*
la clase	*class*
el curso	*course*
la especialización	*major*
el examen	*test; exam*
el horario	*schedule*
la prueba	*test; quiz*
el semestre	*semester*
la tarea	*homework*
el trimestre	*trimester; quarter*
la administración de empresas	*business administration*
el arte	*art*
la biología	*biology*
las ciencias	*sciences*
la computación	*computer science*
la contabilidad	*accounting*
la economía	*economics*
el español	*Spanish*
la física	*physics*
la geografía	*geography*
la música	*music*

Variación léxica

pluma ⟷ bolígrafo
pizarra ⟷ tablero (*Col.*)

recursos

WB	LM	vistas.vhlcentral.com
pp. 11–12	p. 7	Lección 2

Práctica

1 **Escuchar** Listen to Professor Morales talk about her Spanish classroom, then check the items she mentions.

puerta	❍	tiza	❍	plumas	❍
ventanas	❍	escritorios	❍	mochilas	❍
pizarra	❍	sillas	❍	papel	❍
borrador	❍	libros	❍	reloj	❍

2 **Identificar** You will hear a series of words. Write each one in the appropriate category.

Personas	Lugares	Materias
_____	_____	_____
_____	_____	_____
_____	_____	_____

3 **Emparejar** Match each question with its most logical response. **¡Ojo!** (*Careful!*) One response will not be used.

1. ¿Qué clase es?
2. ¿Quiénes son?
3. ¿Quién es?
4. ¿De dónde es?
5. ¿A qué hora es la clase de inglés?
6. ¿Cuántos estudiantes hay?

a. Hay veinticinco.
b. Es un reloj.
c. Es de Perú.
d. Es la clase de química.
e. Es el señor Bastos.
f. Es a las nueve en punto.
g. Son los profesores.

4 **Identificar** Identify the word that does not belong in each group.

1. examen • casa • tarea • prueba
2. economía • matemáticas • biblioteca • contabilidad
3. pizarra • tiza • borrador • librería
4. lápiz • cafetería • papel • cuaderno
5. veinte • diez • pluma • treinta
6. conductor • laboratorio • autobús • pasajero

5 **¿Qué clase es?** Name the class associated with the subject matter.

modelo
los elementos, los átomos — *Es la clase de química.*

1. Abraham Lincoln, Winston Churchill
2. Picasso, Leonardo da Vinci
3. Freud, Jung
4. África, el océano Pacífico
5. la cultura de España, verbos
6. Hemingway, Shakespeare
7. geometría, calculadora

Los días de la semana

septiembre

lunes	martes	miércoles	jueves	viernes	sábado	domingo
	1	2	3	4	5	6
7	8	9	10			

¡LENGUA VIVA!

The days of the week are never capitalized in Spanish.

• • •

Monday is considered the first day of the week in Spanish-speaking countries.

CONSULTA

Note that September in Spanish is **septiembre**. For all of the months of the year, go to **Contextos, Lección 5,** p. 154.

6 **¿Qué día es hoy?** Complete each statement with the correct day of the week.

1. Hoy es martes. Mañana es _____. Ayer fue (*Yesterday was*) _____.
2. Ayer fue sábado. Mañana es _____. Hoy es _____.
3. Mañana es viernes. Hoy es _____. Ayer fue _____.
4. Ayer fue domingo. Hoy es _____. Mañana es _____.
5. Hoy es jueves. Ayer fue _____. Mañana es _____.
6. Mañana es lunes. Hoy es _____. Ayer fue _____.

7 **Analogías** Use these words to complete the analogies. Some words will not be used.

arte	día	martes	pizarra
biblioteca	domingo	matemáticas	profesor
catorce	estudiante	mujer	reloj

1. maleta ⟷ pasajero ⊜ mochila ⟷ _____
2. chico ⟷ chica ⊜ hombre ⟷ _____
3. pluma ⟷ papel ⊜ tiza ⟷ _____
4. inglés ⟷ lengua ⊜ miércoles ⟷ _____
5. papel ⟷ cuaderno ⊜ libro ⟷ _____
6. quince ⟷ dieciséis ⊜ lunes ⟷ _____
7. Cervantes ⟷ literatura ⊜ Dalí ⟷ _____
8. autobús ⟷ conductor ⊜ clase ⟷ _____
9. los EE.UU. ⟷ mapa ⊜ hora ⟷ _____
10. veinte ⟷ veintitrés ⊜ jueves ⟷ _____

Practice more at **vistas.vhlcentral.com.**

Comunicación

8 **Horario** Choose three courses from the chart to create your own class schedule, then discuss it with a classmate.

¡ATENCIÓN!

Use **el** + [*day of the week*] when an activity occurs on a specific day and **los** + [*day of the week*] when an activity occurs regularly.

El lunes tengo un examen.

On Monday *I have an exam.*

Los lunes y miércoles tomo biología.

On Mondays and Wednesdays *I take biology.*

• • •

Except for **sábados** and **domingos,** the singular and plural forms for days of the week are the same.

materia	horas	días	profesor(a)
historia	9–10	lunes, miércoles	Prof. Ordóñez
biología	12–1	lunes, jueves	Profa. Dávila
periodismo	2–3	martes, jueves	Profa. Quiñones
matemáticas	2–3	miércoles, jueves	Prof. Jiménez
arte	12–1:30	lunes, miércoles	Prof. Molina

modelo

Estudiante 1: *Tomo (I take) biología los lunes y jueves, de 12 a 1, con (with) la profesora Dávila.*

Estudiante 2: *¿Sí? Yo no tomo biología. Yo tomo arte los lunes y miércoles, de 12 a 1:30, con el profesor Molina.*

9 **Memoria** How well do you know your Spanish classroom? Take a good look around and then close your eyes. Your partner will ask you questions about the classroom, using these words and other vocabulary. Each person should answer six questions and switch roles every three questions.

escritorio	mapa	pizarra	reloj
estudiante	mesa	profesor(a)	ventana
libro	mochila	puerta	silla

modelo

Estudiante 1: *¿Cuántas ventanas hay?*

Estudiante 2: *Hay cuatro ventanas.*

10 **Nuevos amigos** During the first week of class, you meet a new student in the cafeteria. With a partner, prepare a conversation using these cues. Then act it out for the class.

Estudiante 1	Estudiante 2
Greet your new acquaintance.	Introduce yourself.
Find out about him or her.	Tell him or her about yourself.
Ask about your partner's class schedule.	Compare your schedule to your partner's.
Say nice to meet you and goodbye.	Say nice to meet you and goodbye.

¿Qué estudias?

Felipe, Marissa, Juan Carlos y Miguel visitan Chapultepec y hablan de las clases.

PERSONAJES

MARISSA

FELIPE

Video: *Fotonovela*
Record and Compare

1

FELIPE Dos boletos, por favor.

2

EMPLEADO Dos boletos son 64 pesos.

FELIPE Aquí están 100 pesos.

EMPLEADO 100 menos 64 son 36 pesos de cambio.

3

FELIPE Ésta es la Ciudad de México.

4

FELIPE Oye, Marissa, ¿cuántas clases tomas?

MARISSA Tomo cuatro clases: español, historia, literatura y también geografía. Me gusta mucho la cultura mexicana.

5

MIGUEL Marissa, hablas muy bien el español... ¿Y dónde está tu diccionario?

MARISSA En casa de los Díaz. Felipe necesita practicar inglés.

MIGUEL ¡Ay, Maru! Chicos, nos vemos más tarde.

6

FELIPE Juan Carlos, ¿quién enseña la clase de química este semestre?

JUAN CARLOS El profesor Morales. Ah, ¿por qué tomo química y computación?

FELIPE Porque te gusta la tarea.

JUAN CARLOS

MIGUEL

EMPLEADO

MARU

7

FELIPE Los lunes y los miércoles, economía a las 2:30. Tú tomas computación los martes en la tarde, y química, a ver... Los lunes, los miércoles y los viernes ¿a las 10? ¡Uf!

8

FELIPE Y Miguel, ¿cuándo regresa?

JUAN CARLOS Hoy estudia con Maru.

MARISSA ¿Quién es Maru?

9

MIGUEL ¿Hablas con tu mamá?

MARU Mamá habla. Yo escucho. Es la 1:30.

MIGUEL Ay, lo siento. Juan Carlos y Felipe...

MARU Ay, Felipe.

10

MARU Y ahora, ¿adónde? ¿A la biblioteca?

MIGUEL Sí, pero primero a la librería. Necesito comprar unos libros.

Expresiones útiles

Talking about classes

¿Cuántas clases tomas?
How many classes are you taking?
Tomo cuatro clases.
I'm taking four classes.
Mi especialización es en arqueología.
My major is archeology.
Este año, espero sacar buenas notas y, por supuesto, viajar por el país.
This year, I hope / I'm hoping to get good grades. And, of course, travel through the country.

Talking about likes/dislikes

Me gusta mucho la cultura mexicana.
I like Mexican culture a lot.
Me gustan las ciencias ambientales.
I like environmental science.
Me gusta dibujar.
I like to draw.
¿Te gusta este lugar?
Do you like this place?

Paying for tickets

Dos boletos, por favor.
Two tickets, please.
Dos boletos son sesenta y cuatro pesos.
Two tickets are sixty-four pesos.
Aquí están cien pesos.
Here's a hundred pesos.
Son treinta y seis pesos de cambio.
That's thirty-six pesos change.

Talking about location and direction

¿Dónde está tu diccionario?
Where is your dictionary?
Está en casa de los Díaz.
It's at the Díaz's house.
Y ahora, ¿adónde? ¿A la biblioteca?
And now, where to? To the library?
Sí, pero primero a la librería.
Está al lado.
Yes, but first to the bookstore.
It's next door.

recursos

VM	vistas.vhlcentral.com
pp. 215–216	Lección 2

¿Qué pasó?

1 **Escoger** Choose the answer that best completes each sentence.

1. Marissa toma (*is taking*) _____ en la universidad.
   a. español, psicología, economía y música b. historia, inglés, sociología y periodismo
   c. español, historia, literatura y geografía
2. El profesor Morales enseña (*teaches*) _____.
   a. química b. matemáticas c. historia
3. Juan Carlos toma química _____.
   a. los miércoles, jueves y viernes b. los lunes, miércoles y viernes
   c. los lunes, martes y jueves
4. Miguel necesita ir a (*needs to go to*) _____.
   a. la biblioteca b. la residencia estudiantil c. la librería

2 **Identificar** Indicate which person would make each statement. The names may be used more than once.

1. ¿Maru es compañera de ustedes? _____
2. Mi mamá habla mucho. _____
3. El profesor Morales enseña la clase de química este semestre. _____
4. Mi diccionario está en casa de Felipe y Jimena. _____
5. Necesito estudiar con Maru. _____
6. Yo tomo clase de computación los martes por la tarde. _____

NOTA CULTURAL

Maru is a shortened version of the name **María Eugenia**. Other popular "combination names" in Spanish are **Juanjo (Juan José)** and **Maite (María Teresa)**.

3 **Completar** These sentences are similar to things said in the **Fotonovela**. Complete each sentence with the correct word(s).

Castillo de Chapultepec	estudiar	miércoles
clase	inglés	tarea

1. Marissa, éste es el _____.
2. Felipe tiene (*has*) el diccionario porque (*because*) necesita practicar _____.
3. A Juan Carlos le gusta mucho la _____.
4. Hay clase de economía los lunes y _____.
5. Miguel está con Maru para _____.

NOTA CULTURAL

The **Castillo de Chapultepec** is one of Mexico City's most historic landmarks. Constructed in 1785, it was the residence of emperors and presidents. It has been open to the public since 1944 and now houses the National Museum of History.

4 **Preguntas personales** Interview a classmate about his/her university life.

1. ¿Qué clases tomas en la universidad?
2. ¿Qué clases tomas los martes?
3. ¿Qué clases tomas los viernes?
4. ¿En qué clase hay más chicos?
5. ¿En qué clase hay más chicas?
6. ¿Te gusta la clase de español?

Practice more at **vistas.vhlcentral.com.**

Pronunciación

Audio: Concepts, Activities
Record & Compare

Spanish vowels

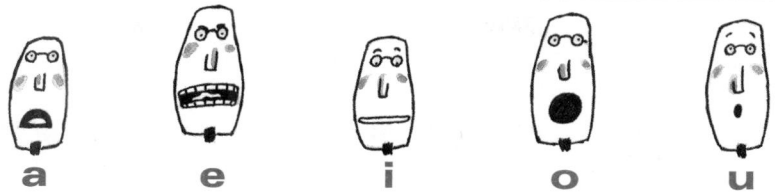

Spanish vowels are never silent; they are always pronounced in a short, crisp way without the glide sounds used in English.

Álex **clase** **nada** **encantada**

The letter **a** is pronounced like the *a* in *father*, but shorter.

el **ene** **mesa** **elefante**

The letter **e** is pronounced like the *e* in *they*, but shorter.

Inés **chica** **tiza** **señorita**

The letter **i** sounds like the *ee* in *beet*, but shorter.

hola **con** **libro** **don Francisco**

The letter **o** is pronounced like the *o* in *tone*, but shorter.

uno **regular** **saludos** **gusto**

The letter **u** sounds like the *oo* in *room*, but shorter.

Práctica Practice the vowels by saying the names of these places in Spain.

1. Madrid
2. Alicante
3. Tenerife
4. Toledo
5. Barcelona
6. Granada
7. Burgos
8. La Coruña

Oraciones Read the sentences aloud, focusing on the vowels.

1. Hola. Me llamo Ramiro Morgado.
2. Estudio arte en la Universidad de Salamanca.
3. Tomo también literatura y contabilidad.
4. Ay, tengo clase en cinco minutos. ¡Nos vemos!

Refranes Practice the vowels by reading these sayings aloud.

AYUDA

Although **hay** and **ay** are pronounced identically, they do not have the same meaning. As you learned in **Lección 1**, **hay** is a verb form that means *there is/are*. **Hay veinte libros**. (*There are twenty books.*) **¡Ay!** is an exclamation expressing pain, shock, or affliction: *Oh!; Oh, dear!*

1 Easier said than done.
2 To each his own.

recursos

LM p. 8	vistas.vhlcentral.com Lección 2

EN DETALLE

Additional Reading

La elección de una carrera universitaria

Since higher education in the Spanish-speaking world is heavily state-subsidized, tuition is almost free. As a result, public universities see large enrollments. Spanish and Latin American students generally choose their **carrera universitaria** (major) when they're eighteen—which is either the year they enter the university or the year before. In order to enroll, all students must complete a high school degree, known as the **bachillerato**. In countries like Bolivia, Mexico, and Peru, the last year of high school (**colegio***) tends to be specialized in an area of study, such as the arts or natural sciences.

Students then choose their major according to their area of specialization. Similarly, university-bound students in Argentina follow the **polimodal** track during the last three years of high school. **Polimodal** refers to exposure to various disciplines, such as business, social sciences, or design. Based on this coursework, Argentine students choose their **carrera**. Finally, in Spain, students choose their major according to the score they receive on the **prueba de aptitud** (skills test or entrance exam).

University graduates receive a **licenciatura**, or bachelor's degree. In Argentina and Chile, a **licenciatura** takes four to six years to complete, and may be considered equivalent to a master's degree. In Peru and Venezuela, a bachelor's degree is a five-year process. Spanish and Colombian **licenciaturas** take four to five years, although some fields, such as medicine, require six or more.

Universidad Central de Venezuela en Caracas

Estudiantes hispanos en los EE.UU.

In the 2004–05 academic year, over 13,000 Mexican students (2.3% of all international students) studied at U.S. universities. Colombians were the second-largest Spanish-speaking group, with over 7,000 students.

* ¡Ojo! **El colegio** is a false cognate. In most countries, it means *high school*, but in some regions it refers to an elementary school. All undergraduate study takes place at **la universidad**.

ACTIVIDADES

1 **¿Cierto o falso?** Indicate whether these statements are **cierto** or **falso**. Correct the false statements.

1. Students in Spanish-speaking countries must pay large amounts of money toward their college tuition.
2. **Carrera** refers to any undergraduate or graduate program that students enroll in to obtain a professional degree.
3. After studying at a **colegio**, students receive their **bachillerato**.
4. Undergraduates study at a **colegio** or an **universidad**.
5. In Latin America and Spain, students usually choose their majors in their second year at the university.
6. The **polimodal** system helps students choose their university major.
7. In Mexico, the **bachillerato** involves specialized study.
8. In Spain, majors depend on entrance exam scores.
9. Venezuelans complete a **licenciatura** in five years.
10. According to statistics, Colombians constitute the third-largest Latin American group studying at U.S. universities.

ASÍ SE DICE

Clases y exámenes

aprobar	*to pass*
la asignatura (Esp.)	**la clase, la materia**
la clase anual	*year-long course*
el examen parcial	*midterm exam*
la facultad	*department, school*
la investigación	*research*
el profesorado	*faculty*
reprobar; suspender (Esp.)	*to fail*
sacar buenas/ malas notas	*to get good/ bad grades*
tomar apuntes	*to take notes*

EL MUNDO HISPANO

Las universidades hispanas

It is not uncommon for universities in Spain and Latin America to have extremely large student body populations.

- **Universidad de Buenos Aires** (Argentina) 325.000 estudiantes
- **Universidad Autónoma de Santo Domingo** (República Dominicana) 180.000 estudiantes
- **Universidad Complutense de Madrid** (España) 86.200 estudiantes
- **Universidad Central de Venezuela** (Venezuela) 62.600 estudiantes

PERFIL

La Universidad de Salamanca

The University of Salamanca, established in 1218, is the oldest university in Spain. It is located in Salamanca, one of the most spectacular Renaissance cities in Europe. Salamanca is nicknamed **La Ciudad Dorada** (*The Golden City*) for the golden glow of its famous sandstone buildings, and it was declared a UNESCO World Heritage Site in 1968.

Salamanca is a true college town, as its prosperity and city life depend and revolve around the university population. Over 38,000 students from all over Spain, as well as abroad, come to study here each year. The school offers over 250 academic programs, as well as renowned Spanish courses for foreign students. To walk through the university's historic grounds is to follow the footsteps of immortal writers like Miguel de Cervantes and Miguel de Unamuno.

Conexión Internet

To which facultad does your major belong in Spain or Latin America?

Go to **vistas.vhlcentral.com** to find more cultural information related to this **Cultura** section.

ACTIVIDADES

2 **Comprensión** Complete these sentences.

1. The University of Salamanca was established in the year _____.
2. A _____ is a year-long course.
3. Salamanca is called _____.
4. Over 300,000 students attend the _____.
5. An _____ occurs about halfway through a course.

3 **La universidad en cifras** With a partner, research a Spanish or Latin American university online and find five statistics about that institution (for instance, the total enrollment, majors offered, year it was founded, etc.). Using the information you found, create a dialogue between a prospective student and a university representative. Present your dialogue to the class.

Practice more at **vistas.vhlcentral.com.**

2.1 Present tense of -ar verbs

ANTE TODO In order to talk about activities, you need to use verbs. Verbs express actions or states of being. In English and Spanish, the infinitive is the base form of the verb. In English, the infinitive is preceded by the word *to*: *to study*, *to be*. The infinitive in Spanish is a one-word form and can be recognized by its endings: **-ar**, **-er**, or **-ir**.

-ar verb		*-er* verb		*-ir* verb	
estudiar	*to study*	**comer**	*to eat*	**escribir**	*to write*

▶ In this lesson, you will learn the forms of regular **-ar** verbs.

The verb estudiar (*to study*)

SINGULAR FORMS	yo	estudi**o**	*I study*
	tú	estudi**as**	*you* (fam.) *study*
	Ud./él/ella	estudi**a**	*you* (form.) *study; he/she studies*
PLURAL FORMS	nosotros/as	estudi**amos**	*we study*
	vosotros/as	estudi**áis**	*you* (fam.) *study*
	Uds./ellos/ellas	estudi**an**	*you* (form.) *study; they study*

▶ To create the forms of most regular verbs in Spanish, drop the infinitive endings (**-ar**, **-er**, **-ir**). You then add to the stem the endings that correspond to the different subject pronouns. This diagram will help you visualize verb conjugation.

Conjugation of *-ar* verbs

INFINITIVE		VERB STEM		CONJUGATED FORM
estudi**ar**	▶	estudi-	▶	yo estudi**o**
bail**ar**		bail-		tú bail**as**
trabaj**ar**		trabaj-		nosotros trabaj**amos**

Common *-ar* verbs

bailar	*to dance*	**estudiar**	*to study*
buscar	*to look for*	**explicar**	*to explain*
caminar	*to walk*	**hablar**	*to talk; to speak*
cantar	*to sing*	**llegar**	*to arrive*
cenar	*to have dinner*	**llevar**	*to carry*
comprar	*to buy*	**mirar**	*to look (at); to watch*
contestar	*to answer*	**necesitar (+ *inf.*)**	*to need*
conversar	*to converse, to chat*	**practicar**	*to practice*
desayunar	*to have breakfast*	**preguntar**	*to ask (a question)*
descansar	*to rest*	**preparar**	*to prepare*
desear (+ *inf.*)	*to desire; to wish*	**regresar**	*to return*
dibujar	*to draw*	**terminar**	*to end; to finish*
enseñar	*to teach*	**tomar**	*to take; to drink*
escuchar	*to listen (to)*	**trabajar**	*to work*
esperar (+ *inf.*)	*to wait (for); to hope*	**viajar**	*to travel*

¡Atención! Unless referring to a person, the Spanish verbs **buscar**, **escuchar**, **esperar**, and **mirar** do not need to be followed by prepositions as they do in English.

Busco la tarea.
I'm looking for the homework.

Escucho la música.
I'm listening to the music.

Espero el autobús.
I'm waiting for the bus.

Miro la pizarra.
I'm looking at the blackboard.

COMPARE & CONTRAST

English uses three sets of forms to talk about the present: (1) the simple present (*Paco works*), (2) the present progressive (*Paco is working*), and (3) the emphatic present (*Paco does work*). In Spanish, the simple present can be used in all three cases.

Paco **trabaja** en la cafetería.

1. *Paco works in the cafeteria.*
2. *Paco is working in the cafeteria.*
3. *Paco does work in the cafeteria.*

In Spanish and English, the present tense is also sometimes used to express future action.

Marina **viaja** a Madrid mañana.

1. *Marina travels to Madrid tomorrow.*
2. *Marina will travel to Madrid tomorrow.*
3. *Marina is traveling to Madrid tomorrow.*

When two verbs are used together with no change of subject, the second verb is generally in the infinitive. To make a sentence negative in Spanish, the word **no** is placed before the conjugated verb. In this case, **no** means *not*.

Deseo hablar con el señor Díaz.
I want to speak with Mr. Díaz.

Alicia **no** desea bailar ahora.
Alicia doesn't want to dance now.

- Spanish speakers often omit subject pronouns because the verb endings indicate who the subject is. In Spanish, subject pronouns are used for emphasis, clarification, or contrast.

—¿Qué enseñan?
What do they teach?

—**Ella** enseña arte y **él** enseña física.
She teaches art, and he teaches physics.

—¿Quién desea trabajar hoy?
Who wants to work today?

—**Yo** no deseo trabajar hoy.
I don't want to work today.

The verb gustar

- To express your likes and dislikes, use the expression **(no) me gusta** + **el/la** + [*singular noun*] or **(no) me gustan** + **los/las** + [*plural noun*]. Note: You may use the phrase **a mí** for emphasis, but never the subject pronoun **yo**.

Me gusta la música clásica.
I like classical music.

Me gustan las clases de español y biología.
I like Spanish and biology classes.

A mí me gustan las artes.
I like the arts.

A mí no me gusta el programa.
I don't like the program.

- To talk about what you like and don't like to do, use **(no) me gusta** + [*infinitive(s)*]. Note that the singular **gusta** is always used, even with more than one infinitive.

No me gusta viajar en autobús.
I don't like to travel by bus.

Me gusta cantar y **bailar.**
I like to sing and dance.

- To ask a classmate about likes and dislikes, use the pronoun **te** instead of **me**. Note: You may use **a ti** for emphasis, but never the subject pronoun **tú**.

—¿Te gusta la geografía?
Do you like geography?

—Sí, me gusta. Y a ti, ¿te gusta el inglés?
Yes, I like it. And you, do you like English?

- You can use this same structure to talk about other people by using the pronouns **nos**, **le**, and **les**. Unless your instructor tells you otherwise, only the **me** and **te** forms will appear on test materials until **Lección 7**.

Nos gusta dibujar. (nosotros)
We like to draw.

Nos gustan las clases de español e inglés. (nosotros)
We like Spanish class and English class.

No le gusta trabajar. (usted, él, ella)
You don't like to work.
He/She doesn't like to work.

Les gusta el arte. (ustedes, ellos, ellas)
You like art.
They like art.

¡ATENCIÓN!

Note that **gustar** does not behave like other **-ar** verbs. You must study its use carefully and pay attention to prepositions, pronouns, and agreement.

AYUDA

Use the construction **a** + [*name/pronoun*] to clarify to whom you are referring. This construction is not always necessary.

A Gabriela le gusta bailar.
A Sara y a él les gustan los animales.
A mí me gusta viajar.
¿A ti te gustan las clases?

CONSULTA

For more on **gustar** and other verbs like it, see **Estructura 7.4**, pp. 246–247.

¡INTÉNTALO! Provide the present tense forms of these verbs. The first items have been done for you.

hablar

1. Yo hablo español.
2. Ellos _____ español.
3. Inés _____ español.
4. Nosotras _____ español.
5. Tú _____ español.

gustar

1. Me gusta el café. (a mí)
2. ¿_____ las clases? (a ti)
3. No _____ el café. (a ti)
4. No _____ las clases. (a mí)
5. No _____ el café. (a mí)

recursos

WB pp. 13–14
LM p. 9
vistas.vhlcentral.com Lección 2

Práctica

1 **Completar** Complete the conversation with the appropriate forms of the verbs in parentheses.

JUAN ¡Hola, Linda! ¿Qué tal las clases?

LINDA Bien. (1)_____ (Tomar) tres clases... química, biología y computación. Y tú, ¿cuántas clases (2)_____ (tomar)?

JUAN (3)_____ (Tomar) tres también... biología, arte y literatura. El doctor Cárdenas (4)_____ (enseñar) la clase de biología.

LINDA ¿Ah, sí? Lily, Alberto y yo (5)_____ (tomar) biología a las diez con la profesora Garza.

JUAN ¿(6)_____ (Estudiar) mucho ustedes?

LINDA Sí, porque hay muchos exámenes. Alberto y yo (7)_____ (necesitar) estudiar dos horas todos los días (*every day*).

2 **Oraciones** Form sentences using the words provided. Remember to conjugate the verbs and add any other necessary words.

1. ustedes / practicar / vocabulario
2. ¿preparar (tú) / tarea?
3. clase de español / terminar / once
4. ¿qué / buscar / ustedes?
5. (nosotros) buscar / pluma
6. (yo) comprar / calculadora

3 **Gustos** Read what these people do. Then use the information in parentheses to tell what they like.

modelo

Yo enseño en la universidad. (las clases) *Me gustan las clases.*

1. Tú deseas mirar cuadros (*paintings*) de Picasso. (el arte)
2. Soy estudiante de economía. (estudiar)
3. Tú estudias italiano y español. (las lenguas extranjeras)
4. No descansas los sábados. (cantar y bailar)
5. Busco una computadora. (la computación)

4 **Actividades** Get together with a classmate and take turns asking each other if you do these activities. Which activities does your partner like? Which do you both like?

modelo

tomar el autobús

Estudiante 1: *¿Tomas el autobús?*

Estudiante 2: *Sí, tomo el autobús, pero (but) no me gusta./ No, no tomo el autobús.*

bailar merengue	escuchar música rock	practicar el español
cantar bien	estudiar física	trabajar en la universidad
dibujar en clase	mirar la televisión	viajar a Europa

AYUDA

The Spanish **no** translates to both *no* and *not* in English. In negative answers to questions, you will need to use **no** twice:

¿Estudias geografía?

No, no estudio geografía.

Comunicación

5 **Describir** With a partner, describe what you see in the pictures using the given verbs. Also ask your partner whether or not he/she likes one of the activities.

modelo

enseñar

La profesora enseña química. ¿Te gusta la química?

1. caminar, hablar, llevar

2. buscar, descansar, estudiar

3. dibujar, cantar, escuchar

4. llevar, tomar, viajar

6 **Charadas** In groups of three, play a game of charades using the verbs in the word bank. For example, if someone is studying, you say "**Estudias**." The first person to guess correctly acts out the next charade.

bailar	cantar	descansar	enseñar	mirar
caminar	conversar	dibujar	escuchar	preguntar

Síntesis

7 **Conversación** Get together with a classmate and pretend that you are friends who have not seen each other on campus for a few days. Have a conversation in which you catch up on things. Mention how you're feeling, what classes you're taking, what days and times you have classes, and which classes you like and don't like.

2.2 Forming questions in Spanish

ANTE TODO There are three basic ways to ask questions in Spanish. Can you guess what they are by looking at the photos and photo captions on this page?

AYUDA

With a partner, take turns saying out loud the example statements and questions on this page. Your pitch indicates whether you are making a statement or asking a question. Then take turns making up statements of your own and turning them into questions, using all three methods.

▶ One way to form a question is to raise the pitch of your voice at the end of a declarative sentence. When writing any question in Spanish, be sure to use an upside down question mark (**¿**) at the beginning and a regular question mark (**?**) at the end of the sentence.

Statement	Question
Ustedes trabajan los sábados. *You work on Saturdays.*	¿Ustedes trabajan los sábados? *Do you work on Saturdays?*
Carlota busca un mapa. *Carlota is looking for a map.*	¿Carlota busca un mapa? *Is Carlota looking for a map?*

▶ You can also form a question by inverting the order of the subject and the verb of a declarative statement. The subject may even be placed at the end of the sentence.

Statement	Question
SUBJECT VERB **Ustedes trabajan** los sábados. *You work on Saturdays.*	VERB SUBJECT ¿**Trabajan ustedes** los sábados? *Do you work on Saturdays?*
SUBJECT VERB **Carlota regresa** a las seis. *Carlota returns at six.*	VERB SUBJECT ¿**Regresa** a las seis **Carlota**? *Does Carlota return at six?*

AYUDA

With negative statements, only the tag **¿verdad?** may be used.

Statement
Ustedes **no** trabajan los sábados.
You don't work on Saturdays.

Question
Ustedes **no** trabajan los sábados, **¿verdad?**
You don't work on Saturdays, right?

▶ Questions can also be formed by adding the tags **¿no?** or **¿verdad?** at the end of a statement.

Statement	Question
Ustedes trabajan los sábados. *You work on Saturdays.*	Ustedes trabajan los sábados, **¿no?** *You work on Saturdays, don't you?*
Carlota regresa a las seis. *Carlota returns at six.*	Carlota regresa a las seis, **¿verdad?** *Carlota returns at six, right?*

Question words

Interrogative words

¿Adónde?	*Where (to)?*	**¿De dónde?**	*From where?*
¿Cómo?	*How?*	**¿Dónde?**	*Where?*
¿Cuál?, ¿Cuáles?	*Which?; Which one(s)?*	**¿Por qué?**	*Why?*
¿Cuándo?	*When?*	**¿Qué?**	*What?; Which?*
¿Cuánto/a?	*How much?*	**¿Quién?**	*Who?*
¿Cuántos/as?	*How many?*	**¿Quiénes?**	*Who* (plural)?

- To ask a question that requires more than a *yes* or *no* answer, use an interrogative word.

¿**Cuál** de ellos estudia en la biblioteca?
Which of them studies in the library?

¿**Adónde** caminamos?
Where are we walking?

¿**Cuántos** estudiantes hablan español?
How many students speak Spanish?

¿**Por qué** necesitas hablar con ella?
Why do you need to talk to her?

¿**Dónde** trabaja Ricardo?
Where does Ricardo work?

¿**Quién** enseña la clase de arte?
Who teaches the art class?

¿**Qué** clases tomas?
What classes are you taking?

¿**Cuánta** tarea hay?
How much homework is there?

CONSULTA

You will learn more about the difference between **qué** and **cuál** in **Estructura 9.3**, p. 316.

- When pronouncing this type of question, the pitch of your voice falls at the end of the sentence.

¿**Cómo** llegas a clase?
How do you get to class?

¿**Por qué** necesitas estudiar?
Why do you need to study?

- Notice the difference between **¿por qué?**, which is written as two words and has an accent, and **porque**, which is written as one word without an accent.

¿**Por qué** estudias español?
Why do you study Spanish?

¡**Porque** es divertido!
Because it's fun!

- In Spanish **no** can mean both *no* and *not*. Therefore, when answering a yes/no question in the negative, you need to use **no** twice.

¿Caminan a la universidad?
Do you walk to the university?

No, no caminamos a la universidad.
No, we do not walk to the university.

¡INTÉNTALO! Make questions out of these statements. Use the intonation method in column 1 and the tag **¿no?** method in column 2.

Statement	Intonation	Tag questions
1. Hablas inglés.	¿Hablas inglés?	Hablas inglés, ¿no?
2. Trabajamos mañana.		
3. Ustedes desean bailar.		
4. Raúl estudia mucho.		
5. Enseño a las nueve.		
6. Luz mira la televisión.		

recursos

WB pp. 15–16

LM p. 10

vistas. vhlcentral.com Lección 2

Práctica

1 **Preguntas** Change these sentences into questions by inverting the word order.

modelo

Ernesto habla con su compañero de clase.
¿Habla Ernesto con su compañero de clase? /
¿Habla con su compañero de clase Ernesto?

1. La profesora Cruz prepara la prueba.
2. Sandra y yo necesitamos estudiar.
3. Los chicos practican el vocabulario.
4. Jaime termina la tarea.
5. Tú trabajas en la biblioteca.

2 **Completar** Irene and Manolo are chatting in the library. Complete their conversation with the appropriate questions.

IRENE Hola, Manolo. (1)_____
MANOLO Bien, gracias. (2)_____
IRENE Muy bien. (3)_____
MANOLO Son las nueve.
IRENE (4)_____
MANOLO Estudio historia.
IRENE (5)_____
MANOLO Porque hay un examen mañana.
IRENE (6)_____
MANOLO Sí, me gusta mucho la clase.
IRENE (7)_____
MANOLO El profesor Padilla enseña la clase.
IRENE (8)_____
MANOLO No, no tomo psicología este (*this*) semestre.
IRENE (9)_____
MANOLO Regreso a la residencia a las once.
IRENE (10)_____
MANOLO No, no deseo tomar una soda. ¡Deseo estudiar!

3 **Dos profesores** In pairs, create a dialogue, similar to the one in **Actividad 2**, between Professor Padilla and his colleague Professor Martínez. Use question words.

modelo

Prof. Padilla: *¿Qué enseñas este semestre?*
Prof. Martínez: *Enseño dos cursos de sociología.*

Comunicación

4 **Encuesta** Your instructor will give you a worksheet. Change the categories in the first column into questions, then use them to survey your classmates. Find at least one person for each category. Be prepared to report the results of your survey to the class.

5 **Un juego** In groups of four or five, play a game (**un juego**) of Jeopardy®. Each person has to write two clues. Then take turns reading the clues and guessing the questions. The person who guesses correctly reads the next clue.

Es algo que...	**Es un lugar donde...**	**Es una persona que...**
It's something that...	*It's a place where...*	*It's a person that...*

modelo

Estudiante 1: Es un lugar donde estudiamos.
Estudiante 2: ¿Qué es la biblioteca?

Estudiante 1: Es algo que escuchamos.
Estudiante 2: ¿Qué es la música?

Estudiante 1: Es un director de España.
Estudiante 2: ¿Quién es Pedro Almodóvar?

NOTA CULTURAL

Pedro Almodóvar is an award-winning film director from Spain. His films are full of both humor and melodrama, and their controversial subject matter has often sparked great debate. His film ***Hable con ella*** won the Oscar for Best Original Screenplay in 2002. His 2006 hit ***Volver*** was nominated for numerous awards, and won the Best Screenplay and Best Actress award for the entire female cast at the Cannes Film Festival.

6 **El nuevo estudiante** In pairs, imagine you are a transfer student and today is your first day of Spanish class. Ask your partner questions to find out all you can about the class, your classmates, and the university. Then switch roles.

modelo

Estudiante 1: Hola, me llamo Samuel. ¿Cómo te llamas?
Estudiante 2: Me llamo Laura.
Estudiante 1: ¿Quiénes son ellos?
Estudiante 2: Son Melanie y Lucas.
Estudiante 1: Y él, ¿de dónde es?
Estudiante 2: Es de California.
Estudiante 1: En la universidad hay cursos de ciencias, ¿verdad?
Estudiante 2: Sí, hay clases de biología, química y física.
Estudiante 1: ¿Cuántos exámenes hay en esta clase?
Estudiante 2: Hay dos.

Síntesis

7 **Entrevista** Imagine that you are a reporter for the school newspaper. Write five questions about student life at your school and use them to interview two classmates. Be prepared to report your findings to the class.

2.3 Present tense of estar

CONSULTA

To review the forms of **ser**, see **Estructura 1.3**, pp. 19–21.

ANTE TODO In **Lección 1**, you learned how to conjugate and use the verb **ser** *(to be)*. You will now learn a second verb which means *to be*, the verb **estar**. Although **estar** ends in **-ar**, it does not follow the pattern of regular **-ar** verbs. The **yo** form (**estoy**) is irregular. Also, all forms have an accented **á** except the **yo** and **nosotros/as** forms.

The verb estar (*to be*)

SINGULAR FORMS	yo	est**oy**	*I am*
	tú	est**ás**	*you* (fam.) *are*
	Ud./él/ella	est**á**	*you* (form.) *are; he/she is*
PLURAL FORMS	nosotros/as	est**amos**	*we are*
	vosotros/as	est**áis**	*you* (fam.) *are*
	Uds./ellos/ellas	est**án**	*you* (form.) *are; they are*

¡Estamos en Perú!

María está en la biblioteca.

COMPARE & CONTRAST

Compare the uses of the verb **estar** to those of the verb **ser**.

Uses of *estar*

Location
Estoy en casa.
I am at home.

Marissa **está** al lado de Felipe.
Marissa is next to Felipe.

Health
Juan Carlos **está** enfermo hoy.
Juan Carlos is sick today.

Well-being
—¿Cómo **estás**, Jimena?
How are you, Jimena?

—**Estoy** muy bien, gracias.
I'm very well, thank you.

Uses of *ser*

Identity
Hola, **soy** Maru.
Hello, I'm Maru.

Occupation
Soy estudiante.
I'm a student.

Origin
—¿**Eres** de México?
Are you from Mexico?

—Sí, **soy** de México.
Yes, I'm from Mexico.

Telling time
Son las cuatro.
It's four o'clock.

AYUDA

Use **la casa** to express *the house*, but **en casa** to express *at home*.

CONSULTA

To learn more about the difference between **ser** and **estar**, see **Estructura 5.3**, pp. 170–171.

▶ **Estar** is often used with certain prepositions to describe the location of a person or an object.

Prepositions often used with estar

al lado de	*next to; beside*	**delante de**	*in front of*
a la derecha de	*to the right of*	**detrás de**	*behind*
a la izquierda de	*to the left of*	**en**	*in; on*
allá	*over there*	**encima de**	*on top of*
allí	*there*	**entre**	*between; among*
cerca de	*near*	**lejos de**	*far from*
con	*with*	**sin**	*without*
debajo de	*below*	**sobre**	*on; over*

La tiza **está al lado de** la pluma.
The chalk is next to the pen.

Los libros **están encima del** escritorio.
The books are on top of the desk.

El laboratorio **está cerca de** la clase.
The lab is near the classroom.

Maribel **está delante de** José.
Maribel is in front of José.

La maleta **está allí**.
The suitcase is there.

El estadio no **está lejos de** la librería.
The stadium isn't far from the bookstore.

El mapa **está entre** la pizarra y la puerta.
The map is between the blackboard and the door.

Los estudiantes **están en** la clase.
The students are in class.

La calculadora **está sobre** la mesa.
The calculator is on the table.

Los turistas **están allá**.
The tourists are over there.

¡INTÉNTALO! Provide the present tense forms of **estar**.

1. Ustedes _están_ en la clase.
2. José _____ en la biblioteca.
3. Yo _____ bien, gracias.
4. Nosotras _____ en la cafetería.
5. Tú _____ en el laboratorio.
6. Elena _____ en la librería.
7. Ellas _____ en la clase.
8. Ana y yo _____ en la clase.
9. ¿Cómo _____ usted?
10. Javier y Maribel _____ en el estadio.
11. Nosotros _____ en la cafetería.
12. Yo _____ en el laboratorio.
13. Carmen y María _____ enfermas.
14. Tú _____ en la clase.

recursos

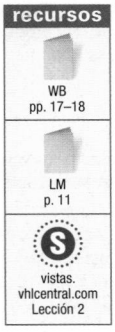

Práctica

1 **Completar** Daniela has just returned home from the library. Complete this conversation with the appropriate forms of **ser** or **estar**.

NOTA CULTURAL
In many Spanish-speaking countries, students attend college in their home city. Many tend to live at home instead of in a college dormitory. However, students from small towns without universities typically study away from home.

MAMÁ Hola, Daniela. ¿Cómo (1)_____?
DANIELA Hola, mamá. (2)_____ bien. ¿Dónde (3)_____ papá? ¡Ya (*Already*) (4)_____ las ocho de la noche!
MAMÁ No (5)_____ aquí. (6)_____ en la oficina.
DANIELA Y Andrés y Margarita, ¿dónde (7)_____ ellos?
MAMÁ (8)_____ en el restaurante La Palma con Martín.
DANIELA ¿Quién (9)_____ Martín?
MAMÁ (10)_____ un compañero de clase. (11)_____ de México.
DANIELA Ah. Y el restaurante La Palma, ¿dónde (12)_____?
MAMÁ (13)_____ cerca de la Plaza Mayor, en San Modesto.
DANIELA Gracias, mamá. Voy (*I'm going*) al restaurante. ¡Hasta pronto!

2 **Escoger** Choose the preposition that best completes each sentence.

1. La pluma está (encima de / detrás de) la mesa.
2. La ventana está (a la izquierda de / debajo de) la puerta.
3. La pizarra está (debajo de / delante de) los estudiantes.
4. Las sillas están (encima de / detrás de) los escritorios.
5. Los estudiantes llevan los libros (en / sobre) la mochila.
6. La biblioteca está (sobre / al lado de) la residencia estudiantil.
7. España está (cerca de / lejos de) Puerto Rico.
8. México está (cerca de / lejos de) los Estados Unidos.
9. Felipe trabaja (con / en) Ricardo en la cafetería.

3 **La librería** Imagine that you are in the school bookstore and can't find various items. Ask the clerk (your partner) the location of five items in the drawing. Then switch roles.

NOTA CULTURAL
Many universities in the Spanish-speaking world do not have a central campus bookstore. Students generally purchase their texts at designated commercial bookstores.

modelo
Estudiante 1: *¿Dónde están los diccionarios?*
Estudiante 2: *Los diccionarios están debajo de los libros de literatura.*

Practice more at **vistas.vhlcentral.com.**

Comunicación

4 **¿Dónde estás...?** Get together with a partner and take turns asking each other where you normally are at these times.

modelo

lunes / 10:00 a.m.
Estudiante 1: *¿Dónde estás los lunes a las diez de la mañana?*
Estudiante 2: *Estoy en la clase de español.*

1. sábados / 6:00 a.m.
2. miércoles / 9:15 a.m.
3. lunes / 11:10 a.m.
4. jueves / 12:30 a.m.
5. viernes / 2:25 p.m.
6. martes / 3:50 p.m.
7. jueves / 5:45 p.m.
8. miércoles / 8:20 p.m.

5 **La ciudad universitaria** You are an exchange student at a Spanish university. Tell a classmate which buildings you are looking for and ask for their location relative to where you are.

modelo

Estudiante 1: *¿Está lejos la Facultad de Medicina?*
Estudiante 2: *No, está cerca. Está a la izquierda de la Facultad de Administración de Empresas.*

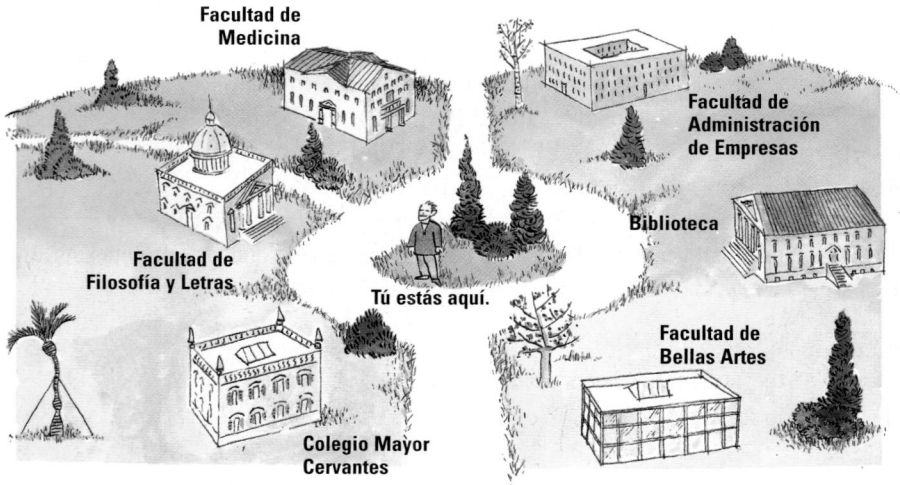

¡LENGUA VIVA!

La Facultad (*School*) de Filosofía y Letras includes departments such as language, literature, philosophy, history, and linguistics. Fine arts can be studied in **la Facultad de Bellas Artes**. In Spain, the business school is sometimes called **la Facultad de Administración de Empresas. Residencias estudiantiles** are referred to as **colegios mayores**.

Síntesis

6 **Entrevista** In groups of three, ask each other these questions.

1. ¿Cómo estás?
2. ¿Dónde tomas la clase de inglés/periodismo/física/computación?
3. ¿Dónde está tu (*your*) compañero/a de cuarto ahora?
4. ¿Cuántos estudiantes hay en tu clase de historia/literatura/química/matemáticas?
5. ¿Quién(es) no está(n) en la clase hoy?
6. ¿A qué hora terminan tus clases los lunes?
7. ¿Estudias mucho?
8. ¿Cuántas horas estudias para (*for*) una prueba?

2.4 Numbers 31 and higher

ANTE TODO You have already learned numbers 0–30. Now you will learn the rest of the numbers.

Numbers 31–100

- Numbers 31–99 follow the same basic pattern as 21–29.

Numbers 31–100

31	treinta y uno	**40**	cuarenta	**50**	cincuenta
32	treinta y dos	**41**	cuarenta y uno	**51**	cincuenta y uno
33	treinta y tres	**42**	cuarenta y dos	**52**	cincuenta y dos
34	treinta y cuatro	**43**	cuarenta y tres	**60**	sesenta
35	treinta y cinco	**44**	cuarenta y cuatro	**63**	sesenta y tres
36	treinta y seis	**45**	cuarenta y cinco	**64**	sesenta y cuatro
37	treinta y siete	**46**	cuarenta y seis	**70**	setenta
38	treinta y ocho	**47**	cuarenta y siete	**80**	ochenta
39	treinta y nueve	**48**	cuarenta y ocho	**90**	noventa
		49	cuarenta y nueve	**100**	cien, ciento

- **Y** is used in most numbers from **31** through **99**. Unlike numbers 21–29, these numbers must be written as three separate words.

Hay **noventa y dos** exámenes.
There are ninety-two exams.

Hay **cuarenta y dos** estudiantes.
There are forty-two students.

- With numbers that end in **uno** (31, 41, etc.), **uno** becomes **un** before a masculine noun and **una** before a feminine noun.

Hay **treinta y un** chicos.
There are thirty-one guys.

Hay **treinta y una** chicas.
There are thirty-one girls.

- **Cien** is used before nouns and in counting. The words **un, una**, and **uno** are never used before **cien** in Spanish. Use **cientos** to say *hundreds*.

Hay **cien** libros y **cien** sillas.
There are one hundred books and one hundred chairs.

¿Cuántos libros hay? **Cientos.**
How many books are there? Hundreds.

Numbers 101 and higher

- As shown in the chart, Spanish uses a period to indicate thousands and millions, rather than a comma, as is used in English.

Numbers 101 and higher

101	ciento uno	**1.000**	mil
200	doscientos/as	**1.100**	mil cien
300	trescientos/as	**2.000**	dos mil
400	cuatrocientos/as	**5.000**	cinco mil
500	quinientos/as	**100.000**	cien mil
600	seiscientos/as	**200.000**	doscientos/as mil
700	setecientos/as	**550.000**	quinientos/as cincuenta mil
800	ochocientos/as	**1.000.000**	un millón (de)
900	novecientos/as	**8.000.000**	ocho millones (de)

- Notice that you should use **ciento**, not **cien**, to count numbers over 100.

  110 = **ciento diez** 118 = **ciento dieciocho** 150 = **ciento cincuenta**

- The numbers 200 through 999 agree in gender with the nouns they modify.

  324 plum**as**
  trescient**as** veinticuatro plum**as**

  3.505 libr**os**
  tres mil quinient**os** cinco libr**os**

- The word **mil**, which can mean *a thousand* and *one thousand*, is not usually used in the plural form to refer to an exact number, but it can be used to express the idea of *a lot, many, or thousands*. **Cientos** can also be used to express *hundreds* in this manner.

  ¡Hay **miles** de personas en el estadio!
  There are thousands of people in the stadium!

  Hay **cientos** de libros en la biblioteca.
  There are hundreds of books in the library!

- To express a complex number (including years), string together all of its components.

  55.422 cincuenta y cinco mil cuatrocientos veintidós

¡VIVA LENGUA!

In Spanish, years are not expressed as pairs of two-digit numbers as they are in English (1979, *nineteen seventy-nine*): **1776, mil setecientos setenta y seis; 1945, mil novecientos cuarenta y cinco; 2012, dos mil doce.**

¡ATENCIÓN!

When **millón** or **millones** is used before a noun, the word **de** is placed between the two:
1.000.000 hombres = un millón de hombres
12.000.000 casas = doce millones de casas.

¡INTÉNTALO! Write out the Spanish equivalent of each number.

1. **102** ciento dos
2. **5.000.000** _____
3. **201** _____
4. **76** _____
5. **92** _____
6. **550.300** _____
7. **235** _____
8. **79** _____
9. **113** _____
10. **88** _____
11. **17.123** _____
12. **497** _____

recursos

WB pp. 19–20

LM p. 12

vistas. vhlcentral.com Lección 2

Práctica y Comunicación

1 **Baloncesto** Provide these basketball scores in Spanish.

1. Ohio State 76, Michigan 65
2. Florida 92, Florida State 104
3. Stanford 83, UCLA 89
4. Purdue 81, Indiana 78
5. Princeton 67, Harvard 55
6. Duke 115, Virginia 121

2 **Completar** Following the pattern, write out the missing numbers in Spanish.

1. 50, 150, 250 ... 1.050
2. 5.000, 20.000, 35.000 ... 95.000
3. 100.000, 200.000, 300.000 ... 1.000.000
4. 100.000.000, 90.000.000, 80.000.000 ... 0

3 **Resolver** In pairs, take turns reading the math problems aloud for your partner to solve.

AYUDA
+ → **más**
– → **menos**
= → **son**

modelo
200 + 300 =
Estudiante 1: *Doscientos más trescientos son...*
Estudiante 2: *...quinientos.*

1. 1.000 + 753 =
2. 1.000.000 – 30.000 =
3. 10.000 + 555 =
4. 15 + 150 =
5. 100.000 + 205.000 =
6. 29.000 – 10.000 =

4 **Entrevista** Find out the telephone numbers and e-mail addresses of four classmates.

AYUDA
arroba *at* (@)
punto *dot* (.)

modelo
Estudiante 1: *¿Cuál es tu (your) número de teléfono?*
Estudiante 2: *Es el 635-19-51.*
Estudiante 1: *¿Y tu dirección de correo electrónico?*
Estudiante 2: *Es a-Smith-arroba-pe-ele-punto-e-de-u. (asmith@pl.edu)*

Síntesis

5 **¿A qué distancia...?** Your instructor will give you and a partner incomplete charts that indicate the distances between Madrid and various locations. Fill in the missing information on your chart by asking your partner questions.

modelo
Estudiante 1: *¿A qué distancia está Arganda del Rey?*
Estudiante 2: *Está a veintisiete kilómetros de Madrid.*

Practice more at **vistas.vhlcentral.com.**

Recapitulación

Concepts Diagnostics

Review the grammar concepts you have learned in this lesson by completing these activities.

1 **Completar** Complete the chart with the correct verb forms. 12 pts.

yo	tú	nosotros	ellas
compro			
	deseas		
		miramos	
			preguntan

2 **Números** Write these numbers in Spanish. 8 pts.

modelo
645: *seiscientos cuarenta y cinco*

1. **49:** _____
2. **97:** _____
3. **113:** _____
4. **632:** _____
5. **1.781:** _____
6. **3.558:** _____
7. **1.006.015:** _____
8. **67.224.370:** _____

3 **Preguntas** Write questions for these answers. 12 pts.

1. —¿_____ Patricia?
   —Patricia es de Colombia.
2. —¿_____ él?
   —Él es mi amigo (*friend*).
3. —¿_____ (tú)?
   —Hablo dos idiomas (*languages*).
4. —¿_____ (ustedes)?
   —Deseamos tomar café.
5. —¿_____?
   —Tomo biología porque me gustan las ciencias.
6. —¿_____?
   —Camilo descansa por las mañanas.

RESUMEN GRAMATICAL

2.1 Present tense of *-ar* verbs *pp. 50–52*

estudiar	
estudio	estudiamos
estudias	estudiáis
estudia	estudian

The verb gustar

(no) me gusta + el/la + [*singular noun*]

(no) me gustan + los/las + [*plural noun*]

(no) me gusta + [*infinitive(s)*]

Note: You may use **a mí** for emphasis, but never **yo**.

To ask a classmate about likes and dislikes, use **te** instead of **me**, but never **tú**.

¿Te gusta la historia?

2.2 Forming questions in Spanish *pp. 55–56*

- ¿Ustedes trabajan los sábados?
- ¿Trabajan ustedes los sábados?
- Ustedes trabajan los sábados, ¿verdad?/¿no?

Interrogative words

¿Adónde?	¿Cuánto/a?	¿Por qué?
¿Cómo?	¿Cuántos/as?	¿Qué?
¿Cuál(es)?	¿De dónde?	¿Quién(es)?
¿Cuándo?	¿Dónde?	

2.3 Present tense of *estar* *pp. 59–60*

- **estar:** estoy, estás, está, estamos, estáis, están

2.4 Numbers 31 and higher *pp. 63–64*

31	treinta y uno	101	ciento uno
32	treinta y dos	200	doscientos/as
	(and so on)	500	quinientos/as
40	cuarenta	700	setecientos/as
50	cincuenta	900	novecientos/as
60	sesenta	1.000	mil
70	setenta	2.000	dos mil
80	ochenta	5.100	cinco mil cien
90	noventa	100.000	cien mil
100	cien, ciento	1.000.000	un millón (de)

4 **Al teléfono** Complete this telephone conversation with the correct forms of the verb **estar**. 8 pts.

MARÍA TERESA Hola, señora López. (1) ¿_____ Elisa en casa?

SRA. LÓPEZ Hola, ¿quién es?

MARÍA TERESA Soy María Teresa. Elisa y yo (2) _____ en la misma (*same*) clase de literatura.

SRA. LÓPEZ ¡Ah, María Teresa! ¿Cómo (3) _____?

MARÍA TERESA (4) _____ muy bien, gracias. Y usted, ¿cómo (5) _____?

SRA. LÓPEZ Bien, gracias. Pues, no, Elisa no (6) _____ en casa. Ella y su hermano (*her brother*) (7) _____ en la Biblioteca Cervantes.

MARÍA TERESA ¿Cervantes?

SRA. LÓPEZ Es la biblioteca que (8) _____ al lado del café Bambú.

MARÍA TERESA ¡Ah, sí! Gracias, señora López.

SRA. LÓPEZ Hasta luego, María Teresa.

5 **¿Qué te gusta?** Write a paragraph of at least five sentences stating what you like and don't like about your university. If possible, explain your likes and dislikes. 10 pts.

Me gusta la clase de música porque no hay muchos exámenes. No me gusta cenar en la cafetería...

6 **Canción** Use the appropriate forms of the verb **gustar** to complete the beginning of a popular song by Manu Chao. 2 EXTRA points!

"Me _____ los aviones°,
me gustas tú,
me _____ viajar,
me gustas tú,
me gusta la mañana,
me gustas tú."

aviones *airplanes*

Audio: Reading
Additional Reading

Lectura

Antes de leer

Estrategia

Predicting Content through Formats

Recognizing the format of a document can help you to predict its content. For instance, invitations, greeting cards, and classified ads follow an easily identifiable format, which usually gives you a general idea of the information they contain. Look at the text and identify it based on its format.

	lunes	martes	miércoles	jueves	viernes
8:30	biología		biología		biología
9:00		historia		historia	
9:30	inglés		inglés		inglés
10:00					
10:30					
11:00					
12:00					
12:30					
1:00					
2:00	arte		arte		arte

If you guessed that this is a page from a student's schedule, you are correct. You can now infer that the document contains information about a student's weekly schedule, including days, times, and activities.

Cognados

With a classmate, make a list of the cognates in the text and guess their English meanings. What do cognates reveal about the content of the document?

Examinar el texto

Look at the format of the document entitled ***¡Español en Madrid!*** What type of text is it? What information do you expect to find in this type of document?

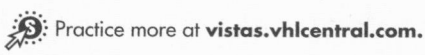

Practice more at **vistas.vhlcentral.com.**

Después de leer

Correspondencias

Provide the letter of each item in Column B that matches the words in Column A. Two items will not be used.

A	B
1. profesores	a. (34) 91 523 4500
2. vivienda	b. (34) 91 524 0210
3. Madrid	c. 23 junio–30 julio
4. número de teléfono	d. capital cultural de Europa
5. Español 2B	e. 16 junio–22 julio
6. número de fax	f. especializados en enseñar español como lengua extranjera
	g. (34) 91 523 4623
	h. familias españolas

Universidad Autónoma de Madrid

Madrid, la capital cultural de Europa, y la UAM te ofrecen cursos intensivos de verano° para aprender° español como nunca antes°.

¿Dónde?
En el campus de la UAM, edificio° de la Facultad de Filosofía y Letras.

¿Quiénes son los profesores?
Son todos hablantes nativos del español y catedráticos° de la UAM especializados en enseñar el español como lengua extranjera.

¿Qué niveles se ofrecen?
Se ofrecen tres niveles° básicos:
1. Español Elemental, A, B y C
2. Español Intermedio, A y B
3. Español Avanzado, A y B

Viviendas
Para estudiantes extranjeros se ofrece vivienda° con familias españolas.

¿Cuándo?
Este verano desde° el 16 de junio hasta el 10 de agosto. Los cursos tienen una duración de 6 semanas.

Cursos	Empieza°	Termina
Español 1A	16 junio	22 julio
Español 1B	23 junio	30 julio
Español 1C	30 junio	10 agosto
Español 2A	16 junio	22 julio
Español 2B	23 junio	30 julio
Español 3A	16 junio	22 julio
Español 3B	23 junio	30 julio

Información
Para mayor información, sirvan comunicarse con la siguiente° oficina:

Universidad Autónoma de Madrid
Programa de Español como Lengua Extranjera
Ctra. Colmenar Viejo, Km. 15, 28049 Madrid, España
Tel. (34) 91 523 4500, **Fax** (34) 91 523 4623
www.uam.es

verano *summer* aprender *to learn* nunca antes *never before* edificio *building* catedráticos *professors* niveles *levels* vivienda *housing* desde *from* Empieza *Begins* siguiente *following*

¿Cierto o falso?

Indicate whether each statement is **cierto** or **falso**. Then correct the false statements.

	Cierto	Falso
1. La Universidad Autónoma de Madrid ofrece (*offers*) cursos intensivos de italiano.	❍	❍
2. La lengua nativa de los profesores del programa es el inglés.	❍	❍
3. Los cursos de español son en la Facultad de Ciencias.	❍	❍
4. Los estudiantes pueden vivir (*can live*) con familias españolas.	❍	❍
5. La universidad que ofrece los cursos intensivos está en Salamanca.	❍	❍
6. Español 3B termina en agosto.	❍	❍
7. Si deseas información sobre (*about*) los cursos intensivos de español, es posible llamar al (34) 91 523 4500.	❍	❍
8. Español 1A empieza en julio.	❍	❍

Escritura

Estrategia

Brainstorming

How do you find ideas to write about? In the early stages of writing, brainstorming can help you generate ideas on a specific topic. You should spend ten to fifteen minutes brainstorming and jotting down any ideas about the topic. Whenever possible, try to write your ideas in Spanish. Express your ideas in single words or phrases, and jot them down in any order. While brainstorming, don't worry about whether your ideas are good or bad. Selecting and organizing ideas should be the second stage of your writing. Remember that the more ideas you write down while you're brainstorming, the more options you'll have to choose from later when you start to organize your ideas.

Me gusta

bailar
viajar
mirar la televisión
la clase de español
la clase de psicología

No me gusta

cantar
dibujar
trabajar
la clase de química
la clase de biología

Tema

Una descripción

Write a description of yourself to post in a chat room on a website in order to meet Spanish-speaking people. Include this information in your description:

- your name and where you are from, and a photo (optional) of yourself
- your major and where you go to school
- the courses you are taking
- where you work (if you have a job)
- some of your likes and dislikes

¡Hola! Me llamo Alicia Roberts. Estudio matemáticas en la Universidad de Toronto.

Escuchar

Audio: Activities

Estrategia

Listening for cognates

You already know that cognates are words that have similar spellings and meanings in two or more languages: for example, *group* and **grupo** or *stereo* and **estéreo**. Listen for cognates to increase your comprehension of spoken Spanish.

To help you practice this strategy, you will now listen to two sentences. Make a list of all the cognates you hear.

Preparación

Based on the photograph, who do you think Armando and Julia are? What do you think they are talking about?

Ahora escucha

Now you are going to hear Armando and Julia's conversation. Make a list of the cognates they use.

Armando	Julia
_____	_____
_____	_____
_____	_____
_____	_____

Based on your knowledge of cognates, decide whether the following statements are **cierto** or **falso**.

	Cierto	Falso
1. Armando y Julia hablan de la familia.	❍	❍
2. Armando y Julia toman una clase de matemáticas.	❍	❍
3. Julia toma clases de ciencias.	❍	❍
4. Armando estudia lenguas extranjeras.	❍	❍
5. Julia toma una clase de religión.	❍	❍

Practice more at **vistas.vhlcentral.com.**

Comprensión

Preguntas

Answer these questions about Armando and Julia's conversation.

1. ¿Qué clases toma Armando?
   _____
2. ¿Qué clases toma Julia?
   _____

Seleccionar

Choose the answer that best completes each sentence.

1. Armando toma _____ clases en la universidad.
   a. cuatro b. cinco c. seis
2. Julia toma dos clases de _____.
   a. matemáticas b. lengua c. ciencias
3. Armando toma italiano y _____.
   a. astronomía b. japonés c. geología
4. Armando y Julia estudian _____ los martes y jueves.
   a. filosofía b. matemáticas c. italiano

Preguntas personales

1. ¿Cuántas clases tomas tú este semestre?
2. ¿Qué clases tomas este semestre?
3. ¿Qué clases te gustan y qué clases no te gustan?

En pantalla

Christmas isn't always in winter. During the months of cold weather and snow in North America, the southern hemisphere enjoys warm weather and longer days. Since Chile's summer lasts from December to February, school vacation coincides with these months. In Chile, the school year starts in early March and finishes toward the end of December. All schools, from preschools to universities, observe this scholastic calendar, with only a few days' variation between institutions.

Vocabulario útil

quería	*I wanted*
pedirte	*to ask you*
te preocupa	*it worries you*
ahorrar	*to save (money)*
Navidad	*Christmas*
aprovecha	*take advantage of*
nuestras	*our*
ofertas	*offers, deals*
calidad	*quality*
no cuesta	*doesn't cost*

¿Qué hay?

For each item, write **sí** if it appears in the TV clip or **no** if it does not.

_____ 1. papelera
_____ 2. lápiz
_____ 3. mesa
_____ 4. computadora
_____ 5. diccionario
_____ 6. cuaderno
_____ 7. tiza
_____ 8. ventana

¿Qué quieres?

Write a list of things that you want for your next birthday. Then read it to the class so they know what to get you. Use as much Spanish as you can.

Lista de cumpleaños°

Quiero°...

cumpleaños *birthday* Quiero *I want* Viejito Pascuero *Santa Claus (Chile)*

Anuncio de Jumbo

Viejito Pascuero°...

¿Cómo se escribe *mountain bike*?

M... O...

Video: TV Clip

Practice more at **vistas.vhlcentral.com.**

Mexican author and diplomat Octavio Paz (March 31, 1914–April 19, 1998) studied both law and literature at the **Universidad Nacional Autónoma de México** (**UNAM**), but after graduating he immersed himself in the art of writing. An incredibly prolific writer of novels, poetry, and essays, Paz solidified his prestige as Mexico's preeminent author with his 1950 book ***El laberinto de la soledad***, a fundamental study of Mexican identity. Among the many awards he received in his lifetime are the **Premio Miguel de Cervantes** (1981) and Nobel Prize for Literature (1990). Paz foremost considered himself a poet and affirmed that poetry constitutes "**la religión secreta de la edad° moderna**".

Vocabulario útil

¿Cuál es tu materia favorita?	*What is your favorite subject?*
¿Cuántos años tienes?	*How old are you?*
¿Qué estudias?	*What do you study?*
el/la alumno/a	*student*
la carrera (de medicina)	*(medical) degree program, major*
derecho	*law*
reconocido	*well-known*

Preparación

What is the name of your school or university? What degree program are you in? What classes are you taking this semester?

Emparejar

Match the first part of the sentence in the left column with the appropriate ending in the right column.

1. En la UNAM no hay
2. México, D.F. es
3. La UNAM es
4. La UNAM ofrece

a. una universidad muy grande.
b. 74 carreras de estudio.
c. residencias estudiantiles.
d. la ciudad más grande (*biggest*) de Hispanoamérica.

edad *age* ¿Conoces a algún...? *Do you know any...?* que dé *that teaches*

Los estudios

—¿Qué estudias?
—Ciencias de la comunicación.

Estudio derecho en la UNAM.

¿Conoces a algún° profesor famoso que dé° clases... en la UNAM?

Video: ***Flash cultura***

Practice more at **vistas.vhlcentral.com.**

Video: *Panorama cultural*
Interactive map

España

El país en cifras

- **Área:** 504.750 km² (kilómetros cuadrados) o 194.884 millas cuadradas°, incluyendo las islas Baleares y las islas Canarias
- **Población:** 47.203.000
- **Capital:** Madrid—6.213.000
- **Ciudades° principales:** Barcelona—5.315.000, Valencia—832.000, Sevilla, Zaragoza

SOURCE: Population Division, UN Secretariat

- **Moneda°:** euro
- **Idiomas°:** español o castellano, catalán, gallego, valenciano, euskera

Bandera de España

Españoles célebres

- **Miguel de Cervantes,** escritor° (1547–1616)
- **Pedro Almodóvar,** director de cine° (1949–)
- **Rosa Montero,** escritora y periodista° (1951–)
- **Fernando Alonso,** corredor de autos° (1981–)
- **Paz Vega,** actriz° (1976–)

millas cuadradas *square miles* Ciudades *Cities* Moneda *Currency* Idiomas *Languages* escritor *writer* cine *film* periodista *reporter* corredor de autos *race car driver* actriz *actress* pueblo *town* Cada año *Every year* Durante todo un día *All day long* se tiran *throw at each other* varias toneladas *many tons*

Plaza Mayor en Madrid

La Sagrada Familia en Barcelona

El baile flamenco

OCÉANO ATLÁNTICO
EUROPA
ESPAÑA
ÁFRICA

Mar Cantábrico
FRANCIA
La Coruña
San Sebastián
ANDORRA
Pirineos
Zaragoza
Río Ebro
Barcelona
Salamanca
PORTUGAL
ESPAÑA
Madrid
Valencia
Menorca
Mallorca
Ibiza
Islas Baleares
Sierra Nevada
Sevilla
Mar Mediterráneo
Estrecho de Gibraltar
Ceuta
Melilla
MARRUECOS

Islas Canarias
La Palma
Tenerife
Gran Canaria
Lanzarote
Fuerteventura
Gomera
Hierro

recursos

WB pp. 21–22	VM pp. 251–252	vistas.vhlcentral.com Lección 2

¡Increíble pero cierto!

En Buñol, un pueblo° de Valencia, la producción de tomates es un recurso económico muy importante. Cada año° se celebra el festival de *La Tomatina*. Durante todo un día°, miles de personas se tiran° tomates. Llegan turistas de todo el país, y se usan varias toneladas° de tomates.

Gastronomía • José Andrés

José Andrés es un chef español famoso internacionalmente°. Le gusta combinar platos° tradicionales de España con las técnicas de cocina más innovadoras°. Andrés vive° en Washington, DC, es dueño° de varios restaurantes en los EE.UU. y presenta° un programa en PBS (foto, izquierda). También° ha estado° en *Late Show with David Letterman* y *Top Chef*.

Cultura • La diversidad

La riqueza° cultural y lingüística de España refleja la combinación de las diversas culturas que han habitado° en su territorio durante siglos°. El español es la lengua oficial del país, pero también° son oficiales el catalán, el gallego, el euskera y el valenciano.

Póster en catalán

Las meninas, Diego Velázquez, 1656

Artes • Velázquez y el Prado

El Prado, en Madrid, es uno de los museos más famosos del mundo°. En el Prado hay pinturas° importantes de Botticelli, de El Greco y de los españoles Goya y Velázquez. *Las meninas* es la obra° más conocida° de Diego Velázquez, pintor° oficial de la corte real° durante el siglo° XVII.

Comida • La paella

La paella es uno de los platos más típicos de España. Siempre se prepara° con arroz° y azafrán°, pero hay diferentes recetas°. La paella valenciana, por ejemplo, es de pollo° y conejo°, y la paella marinera es de mariscos°.

La costa de Ibiza

¿Qué aprendiste? Completa las oraciones con la información adecuada.

1. El chef español _____ es muy famoso.
2. El arroz y el azafrán son ingredientes básicos de la _____.
3. El Prado está en _____.
4. José Andrés vive en _____.
5. El chef José Andrés tiene un _____ de televisión en PBS.
6. El gallego es una de las lenguas oficiales de _____.

Conexión Internet Investiga estos temas en **vistas.vhlcentral.com.**

Practice more at **vistas.vhlcentral.com.**

1. Busca información sobre la Universidad de Salamanca u otra universidad española. ¿Qué cursos ofrece (*does it offer*)? ¿Ofrece tu universidad cursos similares?
2. Busca información sobre un español o una española célebre (por ejemplo, un[a] político/a, un actor, una actriz, un[a] artista). ¿De qué parte de España es y por qué es célebre?

internacionalmente *internationally* platos *dishes* más innovadoras *most innovative* vive *lives* dueño *owner* presenta *hosts* También *Also* ha estado *has been* riqueza *richness* han habitado *have lived* durante siglos *for centuries* mundo *world* pinturas *paintings* obra *work* más conocida *best-known* pintor *painter* corte real *royal court* siglo *century* Siempre se prepara *It is always prepared* arroz *rice* azafrán *saffron* recetas *recipes* pollo *chicken* conejo *rabbit* mariscos *seafood*

La clase y la universidad

el/la compañero/a de clase	*classmate*
el/la compañero/a de cuarto	*roommate*
el/la estudiante	*student*
el/la profesor(a)	*teacher*
el borrador	*eraser*
la calculadora	*calculator*
el escritorio	*desk*
el libro	*book*
el mapa	*map*
la mesa	*table*
la mochila	*backpack*
el papel	*paper*
la papelera	*wastebasket*
la pizarra	*blackboard*
la pluma	*pen*
la puerta	*door*
el reloj	*clock; watch*
la silla	*seat*
la tiza	*chalk*
la ventana	*window*
la biblioteca	*library*
la cafetería	*cafeteria*
la casa	*house; home*
el estadio	*stadium*
el laboratorio	*laboratory*
la librería	*bookstore*
la residencia estudiantil	*dormitory*
la universidad	*university; college*
la clase	*class*
el curso, la materia	*course*
la especialización	*major*
el examen	*test; exam*
el horario	*schedule*
la prueba	*test; quiz*
el semestre	*semester*
la tarea	*homework*
el trimestre	*trimester; quarter*

Las materias

la administración de empresas	*business administration*
la arqueología	*archeology*
el arte	*art*
la biología	*biology*
las ciencias	*sciences*
la computación	*computer science*
la contabilidad	*accounting*
la economía	*economics*
el español	*Spanish*
la física	*physics*
la geografía	*geography*
la historia	*history*
las humanidades	*humanities*
el inglés	*English*
las lenguas extranjeras	*foreign languages*
la literatura	*literature*
las matemáticas	*mathematics*
la música	*music*
el periodismo	*journalism*
la psicología	*psychology*
la química	*chemistry*
la sociología	*sociology*

Preposiciones

al lado de	*next to; beside*
a la derecha de	*to the right of*
a la izquierda de	*to the left of*
allá	*over there*
allí	*there*
cerca de	*near*
con	*with*
debajo de	*below; under*
delante de	*in front of*
detrás de	*behind*
en	*in; on*
encima de	*on top of*
entre	*between; among*
lejos de	*far from*
sin	*without*
sobre	*on; over*

Palabras adicionales

¿Adónde?	*Where (to)?*
ahora	*now*
¿Cuál?, ¿Cuáles?	*Which?; Which one(s)?*
¿Por qué?	*Why?*
porque	*because*

Verbos

bailar	*to dance*
buscar	*to look for*
caminar	*to walk*
cantar	*to sing*
cenar	*to have dinner*
comprar	*to buy*
contestar	*to answer*
conversar	*to converse, to chat*
desayunar	*to have breakfast*
descansar	*to rest*
desear	*to wish; to desire*
dibujar	*to draw*
enseñar	*to teach*
escuchar la radio/música	*to listen (to) the radio/music*
esperar (+ *inf.*)	*to wait (for); to hope*
estar	*to be*
estudiar	*to study*
explicar	*to explain*
gustar	*to like*
hablar	*to talk; to speak*
llegar	*to arrive*
llevar	*to carry*
mirar	*to look (at); to watch*
necesitar (+ *inf.*)	*to need*
practicar	*to practice*
preguntar	*to ask (a question)*
preparar	*to prepare*
regresar	*to return*
terminar	*to end; to finish*
tomar	*to take; to drink*
trabajar	*to work*
viajar	*to travel*

Los días de la semana

¿Cuándo?	*When?*
¿Qué día es hoy?	*What day is it?*
Hoy es...	*Today is...*
la semana	*week*
lunes	*Monday*
martes	*Tuesday*
miércoles	*Wednesday*
jueves	*Thursday*
viernes	*Friday*
sábado	*Saturday*
domingo	*Sunday*

Numbers 31 and higher	*See pages 63–64.*
Expresiones útiles	*See page 45.*

Audio: Vocabulary

La familia

3

Communicative Goals

You will learn how to:

- **Talk about your family and friends**
- **Describe people and things**
- **Express possession**

contextos

pages 78–81

- The family
- Identifying people
- Professions and occupations

fotonovela

pages 82–85

The Díaz family spends Sunday afternoon in Xochimilco. Marissa meets the extended family and answers questions about her own family. The group has a picnic and takes a boat ride through the canals.

cultura

pages 86–87

- Surnames and families in the Spanish-speaking world
- Spain's Royal Family

estructura

pages 88–105

- Descriptive adjectives
- Possessive adjectives
- Present tense of **-er** and **-ir** verbs
- Present tense of **tener** and **venir**
- **Recapitulación**

adelante

pages 106–113

Lectura: A brief article about families
Escritura: A letter to a friend
Escuchar: A conversation between friends
En pantalla
Flash cultura
Panorama: Ecuador

A PRIMERA VISTA

- **¿Cuántos chicos hay en la foto?**
- **¿Hay una mujer a la izquierda? ¿Y a la derecha?**
- **¿Hay una cosa en la mano de la mujer?**
- **¿Conversan ellos? ¿Trabajan? ¿Viajan?**
- **¿Están lejos de su casa?**

Talking Picture, Tutorials & Games
Audio: Activities

La familia

Más vocabulario

los abuelos	*grandparents*
el/la bisabuelo/a	*great-grandfather/ great-grandmother*
el/la gemelo/a	*twin*
el/la hermanastro/a	*stepbrother/stepsister*
el/la hijastro/a	*stepson/stepdaughter*
la madrastra	*stepmother*
el medio hermano/ la media hermana	*half-brother/ half-sister*
el padrastro	*stepfather*
los padres	*parents*
los parientes	*relatives*
el/la cuñado/a	*brother-in-law/ sister-in-law*
la nuera	*daughter-in-law*
el/la suegro/a	*father-in-law/ mother-in-law*
el yerno	*son-in-law*
el/la amigo/a	*friend*
el apellido	*last name; surname*
la gente	*people*
el/la muchacho/a	*boy/girl*
el/la niño/a	*child*
el/la novio/a	*boyfriend/girlfriend*
la persona	*person*
el/la artista	*artist*
el/la ingeniero/a	*engineer*
el/la doctor(a), el/la médico/a	*doctor; physician*
el/la periodista	*journalist*
el/la programador(a)	*computer programmer*

Variación léxica

madre ⟷ mamá, mami (*colloquial*)
padre ⟷ papá, papi (*colloquial*)
muchacho/a ⟷ chico/a

La familia de José Miguel Pérez Santoro

Juan Santoro Sánchez

mi abuelo (*my grandfather*)

Ernesto Santoro González

mi tío (*uncle*)
hijo (*son*) **de Juan y Socorro**

Marina Gutiérrez de Santoro

mi tía (*aunt*)
esposa (*wife*) **de Ernesto**

Silvia Socorro Santoro Gutiérrez

mi prima (*cousin*)
hija (*daughter*) **de Ernesto y Marina**

Héctor Manuel Santoro Gutiérrez

mi primo (*cousin*)
nieto (*grandson*) **de Juan y Socorro**

Carmen Santoro Gutiérrez

mi prima
hija de Ernesto y Marina

¡LENGUA VIVA!

In Spanish-speaking countries, it is common for people to go by both their first name and middle name, such as **José Miguel** or **Juan Carlos.** You will learn more about names and naming conventions on p. 86.

recursos

WB	LM	vistas.vhlcentral.com
pp. 23–24	p. 13	Lección 3

Práctica

1 **Escuchar** Listen to each statement made by José Miguel Pérez Santoro, then indicate whether it is **cierto** or **falso**, based on his family tree.

	Cierto	Falso		Cierto	Falso
1.	❍	❍	6.	❍	❍
2.	❍	❍	7.	❍	❍
3.	❍	❍	8.	❍	❍
4.	❍	❍	9.	❍	❍
5.	❍	❍	10.	❍	❍

2 **Personas** Indicate each word that you hear mentioned in the narration.

1. _____ cuñado
2. _____ tía
3. _____ periodista
4. _____ niño
5. _____ esposo
6. _____ abuelos
7. _____ ingeniera
8. _____ primo

3 **Emparejar** Provide the letter of the phrase that matches each description. Two items will not be used.

1. Mi hermano programa las computadoras.
2. Son los padres de mi esposo.
3. Son los hijos de mis (*my*) tíos.
4. Mi tía trabaja en un hospital.
5. Es el hijo de mi madrastra y el hijastro de mi padre.
6. Es el esposo de mi hija.
7. Es el hijo de mi hermana.
8. Mi primo dibuja y pinta mucho.
9. Mi hermanastra enseña en la universidad.
10. Mi padre trabaja con planos (*blueprints*).

a. Es médica.
b. Es mi hermanastro.
c. Es programador.
d. Es ingeniero.
e. Son mis suegros.
f. Es mi novio.
g. Es mi padrastro.
h. Son mis primos.
i. Es artista.
j. Es profesora.
k. Es mi sobrino.
l. Es mi yerno.

4 **Definiciones** Define these family terms in Spanish.

modelo
hijastro *Es el hijo de mi esposo/a, pero no es mi hijo.*

1. abuela
2. bisabuelo
3. tío
4. primas
5. suegra
6. cuñado
7. nietos
8. medio hermano

5 **Escoger** Complete the description of each photo using words you have learned in **Contextos**.

1. La _____ de Sara es grande.

2. Héctor y Lupita son _____.

3. Maira Díaz es _____.

4. Rubén habla con su _____.

5. Los dos _____ están en el parque.

6. Irene es _____.

7. Elena Vargas Soto es _____.

8. Don Manuel es el _____ de Martín.

Practice more at **vistas.vhlcentral.com.**

Comunicación

6 **Una familia** With a classmate, identify the members in the family tree by asking questions about how each family member is related to Graciela Vargas García.

modelo

Estudiante 1: ¿Quién es Beatriz Pardo de Vargas?
Estudiante 2: Es la abuela de Graciela.

CONSULTA

To see the cities where these family members live, look at the map in **Panorama** on p. 112.

Now take turns asking each other these questions. Then invent three original questions.

1. ¿Cómo se llama el primo de Graciela?
2. ¿Cómo se llama la hija de David y de Beatriz?
3. ¿De dónde es María Susana?
4. ¿De dónde son Ramón y Graciela?
5. ¿Cómo se llama el yerno de David y de Beatriz?
6. ¿De dónde es Carlos Antonio?
7. ¿De dónde es Ernesto?
8. ¿Cuáles son los apellidos del sobrino de Lupe?

7 **Preguntas personales** With a classmate, take turns asking each other these questions.

1. ¿Cuántas personas hay en tu familia?
2. ¿Cómo se llaman tus padres? ¿De dónde son? ¿Dónde trabajan?
3. ¿Cuántos hermanos tienes? ¿Cómo se llaman? ¿Dónde estudian o trabajan?
4. ¿Cuántos primos tienes? ¿Cuáles son los apellidos de ellos? ¿Cuántos son niños y cuántos son adultos? ¿Hay más chicos o más chicas en tu familia?
5. ¿Eres tío/a? ¿Cómo se llaman tus sobrinos/as? ¿Dónde estudian o trabajan?
6. ¿Quién es tu pariente favorito?
7. ¿Tienes novio/a? ¿Tienes esposo/a? ¿Cómo se llama?

AYUDA

tu *your* (sing.)
tus *your* (plural)
mi *my* (sing.)
mis *my* (plural)
tienes *you have*
tengo *I have*

Un domingo en familia

Marissa pasa el día en Xochimilco con la familia Díaz.

PERSONAJES

FELIPE

TÍA NAYELI

Video: *Fotonovela*
Record and Compare

JIMENA Hola, tía Nayeli.

TÍA NAYELI ¡Hola, Jimena! ¿Cómo estás?

JIMENA Bien, gracias. Y, ¿dónde están mis primas?

TÍA NAYELI No sé. ¿Dónde están mis hijas? ¡Ah!

MARISSA ¡Qué bonitas son tus hijas! Y ¡qué simpáticas!

MARISSA La verdad, mi familia es pequeña.

SRA. DÍAZ ¿Pequeña? Yo soy hija única. Bueno, y ¿qué más? ¿Tienes novio?

MARISSA No. Tengo mala suerte con los novios.

FELIPE Soy guapo y delgado.

JIMENA Ay, ¡por favor! Eres gordo, antipático y muy feo.

TÍO RAMÓN ¿Tienes una familia grande, Marissa?

MARISSA Tengo dos hermanos mayores, Zack y Jennifer, y un hermano menor, Adam.

MARISSA Tía Nayeli, ¿cuántos años tienen tus hijas?

TÍA NAYELI Marta tiene ocho años y Valentina doce.

JIMENA

MARTA

VALENTINA

SRA. DÍAZ

TÍO RAMÓN

SR. DÍAZ

MARISSA

SRA. DÍAZ Chicas, ¿compartimos una trajinera?

MARISSA ¡Claro que sí! ¡Qué bonitas son!

SRA. DÍAZ ¿Vienes, Jimena?

JIMENA No, gracias. Tengo que leer.

MARISSA Me gusta mucho este sitio. Tengo ganas de visitar otros lugares en México.

SRA. DÍAZ ¡Debes viajar a Mérida!

TÍA NAYELI ¡Sí, con tus amigos! Debes visitar a Ana María, la hermana de Roberto y de Ramón.

(*La Sra. Díaz habla por teléfono con la tía Ana María.*)

SRA. DÍAZ ¡Qué bien! Excelente. Sí, la próxima semana. Muchísimas gracias.

MARISSA ¡Gracias, Sra. Díaz!

SRA. DÍAZ Tía Ana María.

MARISSA Tía Ana María.

SRA. DÍAZ ¡Un beso, chau!

MARISSA *Bye!*

recursos

VM pp. 217–218	vistas.vhlcentral.com Lección 3

Expresiones útiles

Talking about your family

¿Tienes una familia grande?
Do you have a big family?
Tengo dos hermanos mayores y un hermano menor.
I have two older siblings and a younger brother.
La verdad, mi familia es pequeña.
The truth is, my family is small.
¿Pequeña? Yo soy hija única.
Small? I'm an only child.

Describing people

¡Qué bonitas son tus hijas! Y ¡qué simpáticas!
Your daughters are so pretty! And so nice!
Soy guapo y delgado.
I'm handsome and slim.
¡Por favor! Eres gordo, antipático y muy feo.
Please! You're fat, unpleasant, and very ugly.

Talking about plans

¿Compartimos una trajinera?
Shall we share a trajinera*?*
¡Claro que sí! ¡Qué bonitas son!
Of course! They're so pretty!
¿Vienes, Jimena?
Are you coming, Jimena?
No, gracias. Tengo que leer.
No, thanks. I have to read.

Saying how old people are

¿Cuántos años tienen tus hijas?
How old are your daughters?
Marta tiene ocho años y Valentina doce.
Marta is eight and Valentina twelve.

Additional vocabulary

ensayo *essay*
pobrecito/a *poor thing*
próxima *next*
sitio *place*
todavía *still*
trajinera *type of barge*

¿Qué pasó?

1 **¿Cierto o falso?** Indicate whether each sentence is **cierto** or **falso**. Correct the false statements.

	Cierto	Falso
1. Marissa dice que (*says that*) tiene una familia grande.	❍	❍
2. La Sra. Díaz tiene dos hermanos.	❍	❍
3. Marissa no tiene novio.	❍	❍
4. Valentina tiene veinte años.	❍	❍
5. Marissa comparte una trajinera con la Sra. Díaz y la tía Nayeli.	❍	❍
6. A Marissa le gusta mucho Xochimilco.	❍	❍

NOTA CULTURAL

Xochimilco is famous for its system of canals and **chinampas**, or artificial islands, which have been used for agricultural purposes since Pre-Hispanic times. In 1987, UNESCO declared **Xochimilco** a World Heritage Site.

2 **Identificar** Indicate which person would make each statement. The names may be used more than once. **¡Ojo!** One name will not be used.

1. Felipe es antipático y feo.
2. Mis hermanos se llaman Jennifer, Adam y Zack.
3. ¡Soy un joven muy guapo!
4. Mis hijas tienen ocho y doce años.
5. ¡Qué bonitas son las trajineras!
6. Ana María es la hermana de Ramón y Roberto.
7. No puedo (*I can't*) compartir una trajinera porque tengo que leer.
8. Tus hijas son bonitas y simpáticas, tía Nayeli.

SRA. DÍAZ

JIMENA

MARISSA

FELIPE

TÍA NAYELI

NOTA CULTURAL

Trajineras are large passenger barges that you can rent in **Xochimilco**. Each boat is named and decorated and has a table and chairs so passengers can picnic while they ride.

3 **Escribir** In pairs, choose Marissa, Sra. Díaz, or tía Nayeli and write a brief description of her family. Be creative!

MARISSA

Marissa es de los EE.UU.
¿Cómo es su familia?

SRA. DÍAZ

La Sra. Díaz es de Cuba.
¿Cómo es su familia?

TÍA NAYELI

La tía Nayeli es de México.
¿Cómo es su familia?

4 **Conversar** With a partner, use these questions to talk about your families.

1. ¿Cuántos años tienes?
2. ¿Tienes una familia grande?
3. ¿Tienes hermanos o hermanas?
4. ¿Cuántos años tiene tu abuelo (tu hermana, tu primo, etc.)?
5. ¿De dónde son tus padres?

AYUDA

Here are some expressions to help you talk about age.

Yo tengo... años.
I am... years old.

Mi abuelo tiene... años.
My grandfather is... years old.

Pronunciación

Audio: Concepts, Activities
Record & Compare

Diphthongs and linking

hermano **niña** **cuñado**

In Spanish, **a**, **e**, and **o** are considered strong vowels. The weak vowels are **i** and **u**.

ruido **parientes** **periodista**

A diphthong is a combination of two weak vowels or of a strong vowel and a weak vowel. Diphthongs are pronounced as a single syllable.

la abuela

mi hijo **una clase excelente**

Two identical vowel sounds that appear together are pronounced like one long vowel.

con Natalia **sus sobrinos** **las sillas**

Two identical consonants together sound like a single consonant.

es ingeniera **mis abuelos** **sus hijos**

A consonant at the end of a word is linked with the vowel at the beginning of the next word.

mi hermano **su esposa** **nuestro amigo**

A vowel at the end of a word is linked with the vowel at the beginning of the next word.

Práctica Say these words aloud, focusing on the diphthongs.

1. historia
2. nieto
3. parientes
4. novia
5. residencia
6. prueba
7. puerta
8. ciencias
9. lenguas
10. estudiar
11. izquierda
12. ecuatoriano

Oraciones Read these sentences aloud to practice diphthongs and linking words.

1. Hola. Me llamo Anita Amaral. Soy del Ecuador.
2. Somos seis en mi familia.
3. Tengo dos hermanos y una hermana.
4. Mi papá es del Ecuador y mi mamá es de España.

Refranes Read these sayings aloud to practice diphthongs and linking sounds.

1 When one door closes, another opens.
2 Speak of the devil and he will appear.

recursos

LM p. 14	vistas.vhlcentral.com Lección 3

EN DETALLE

Additional Reading

¿Cómo te llamas?

In the Spanish-speaking world, it is common to have two last names: one paternal and one maternal. In some cases, the conjunctions **de** or **y** are used to connect the two. For example, in the name **Juan Martínez de Velasco,** *Martínez* is the paternal surname (**el apellido paterno**), and *Velasco* is the maternal surname (**el apellido materno**); **de** simply links the two. This convention of using two last names (**doble apellido**) is a European tradition that Spaniards brought to the Americas. It continues to be practiced in many countries, including Chile, Colombia, Mexico, Peru, and Venezuela. There are exceptions, however. In Argentina, the prevailing custom is for children to inherit only the father's last name.

When a woman marries in a country where two last names are used, legally she retains her two maiden surnames. However, socially she may take her husband's paternal surname in place of her inherited maternal surname. For example, **Mercedes Barcha Pardo,** wife of Colombian writer **Gabriel García Márquez,** might use the names **Mercedes Barcha García** or **Mercedes Barcha de García** in social situations (although officially her name remains **Mercedes Barcha Pardo**). Adopting a husband's last name for social purposes, though widespread, is only legally recognized in Ecuador and Peru.

Most parents do not break tradition upon naming their children; regardless of the surnames the mother uses, they use the father's first surname followed by the mother's first surname, as in the name **Rodrigo García Barcha.** However, one should note that both surnames come from the grandfathers, and therefore all **apellidos** are effectively paternal.

Gabriel García Márquez

Mercedes Barcha Pardo

Rodrigo García Barcha

Hijos en la casa

In Spanish-speaking countries, family and society place very little pressure on young adults to live on their own (**independizarse**), and children often live with their parents well into their thirties. For example, about 60% of Spaniards under 34 years of age live at home with their parents. This delay in moving out is both cultural and economic—lack of job security or low wages coupled with a high cost of living may make it impractical for young adults to live independently before they marry.

ACTIVIDADES

1 **¿Cierto o falso?** Indicate whether these statements are **cierto** or **falso**. Correct the false statements.

1. Most Spanish-speaking people have three last names.
2. Hispanic last names generally consist of the paternal last name followed by the maternal last name.
3. It is common to see **de** or **y** used in a Hispanic last name.
4. Someone from Argentina would most likely have two last names.
5. Generally, married women legally retain two maiden surnames.
6. In social situations, a married woman often uses her husband's last name in place of her inherited paternal surname.
7. Adopting a husband's surname is only legally recognized in Peru and Ecuador.
8. Hispanic last names are effectively a combination of the maternal surnames from the previous generation.

ASÍ SE DICE

Familia y amigos

el/la bisnieto/a	*great-grandson/daughter*
el/la chamaco/a (Méx.); el/la chamo/a (Ven.); el/la chaval(a) (Esp.); el/la pibe/a (Arg.)	**el/la muchacho/a**
mi colega (Esp.); mi cuate (Méx.); mi parcero/a (Col.); mi pana (Ven., P. Rico, Rep. Dom.)	*my pal; my buddy*
la madrina	*godmother*
el padrino	*godfather*
el/la tatarabuelo/a	*great-great-grandfather/ great-great-grandmother*

EL MUNDO HISPANO

Las familias

Although worldwide population trends show a decrease in average family size, households in many Spanish-speaking countries are still larger than their U.S. counterparts.

- **México** 4,0 personas
- **Colombia** 3,9 personas
- **Argentina** 3,6 personas
- **Uruguay** 3,0 personas
- **España** 2,9 personas
- **Estados Unidos** 2,6 personas

PERFIL

La familia real española

Undoubtedly, Spain's most famous family is **la familia real** (*Royal*). In 1962, then prince **Juan Carlos de Borbón**, living in exile in Italy, married Princess **Sofía** of Greece. Then, in the late 1970s, **el Rey** (*King*) **Juan Carlos** and **la Reina** (*Queen*) **Sofía** returned to Spain and helped transition the country to democracy after a forty-year dictatorship. The royal couple, who enjoys immense public support, has three children: las **infantas** (*Princesses*) **Elena** and **Cristina**, and a son, **el príncipe** (*Prince*) **Felipe**, whose official title is **el Príncipe de Asturias**. In 2004, Felipe married **Letizia Ortiz Rocasolano** (now **la Princesa de Asturias**), a journalist and TV presenter. The future king and queen have two daughters, **las infantas Leonor** (born in 2005) and **Sofía** (born in 2007).

Conexión Internet

What role do padrinos and madrinas have in today's Hispanic family?

Go to **vistas.vhlcentral.com** to find more cultural information related to this **Cultura** section.

ACTIVIDADES

2 **Comprensión** Complete these sentences.

1. Spain's royals were responsible for guiding in _____.
2. In Spanish, your godmother is called _____.
3. Princess Leonor is the _____ of Queen Sofía.
4. Uruguay's average household has _____ people.
5. If a Venezuelan calls you **mi pana**, you are that person's _____.

3 **Una familia famosa** Create a genealogical tree of a famous family, using photos or drawings labeled with names and ages. Present the family tree to a classmate and explain who the people are and their relationships to each other.

3.1 Descriptive adjectives

ANTE TODO Adjectives are words that describe people, places, and things. In Spanish, descriptive adjectives are used with the verb **ser** to point out characteristics such as nationality, size, color, shape, personality, and appearance.

Forms and agreement of adjectives

COMPARE & CONTRAST

In English, the forms of descriptive adjectives do not change to reflect the gender (masculine/feminine) and number (singular/plural) of the noun or pronoun they describe.

*Juan is **nice**.* *Elena is **nice**.* *They are **nice**.*

In Spanish, the forms of descriptive adjectives agree in gender and/or number with the nouns or pronouns they describe.

Juan es simpátic**o**. Elena es simpátic**a**. Ellos son simpátic**os**.

- Adjectives that end in **-o** have four different forms. The feminine singular is formed by changing the **-o** to **-a**. The plural is formed by adding **-s** to the singular forms.

Masculine		Feminine	
SINGULAR	PLURAL	SINGULAR	PLURAL
el muchach**o** alt**o**	los muchach**os** alt**os**	la muchach**a** alt**a**	las muchach**as** alt**as**

- Adjectives that end in **-e** or a consonant have the same masculine and feminine forms.

Masculine		Feminine	
SINGULAR	PLURAL	SINGULAR	PLURAL
el chico inteligent**e** el examen difícil	los chicos inteligent**es** los exámenes difíci**les**	la chica inteligent**e** la clase difícil	las chicas inteligent**es** las clases difíci**les**

- Adjectives that end in **-or** are variable in both gender and number.

Masculine		Feminine	
SINGULAR	PLURAL	SINGULAR	PLURAL
el hombre trabajad**or**	los hombres trabajad**ores**	la mujer trabajad**ora**	las mujeres trabajad**oras**

AYUDA

Many adjectives are cognates, that is, words that share similar spellings and meanings in Spanish and English. A cognate can be a noun like **profesor** or a descriptive adjective like **interesante**.

¡ATENCIÓN!

Note that **joven** takes an accent in its plural form. **Los jóvenes estudian mucho.**

▶ Use the masculine plural form to refer to groups that include males and females.

Manuel es alt**o**. Lola es alt**a**. Manuel y Lola son alt**os**.

Common adjectives

alto/a	*tall*	**gordo/a**	*fat*	**moreno/a**	*brunet(te)*
antipático/a	*unpleasant*	**grande**	*big; large*	**mucho/a**	*much; many; a lot of*
bajo/a	*short (in height)*	**guapo/a**	*handsome; good-looking*	**pelirrojo/a**	*red-haired*
bonito/a	*pretty*	**importante**	*important*	**pequeño/a**	*small*
bueno/a	*good*	**inteligente**	*intelligent*	**rubio/a**	*blond(e)*
delgado/a	*thin; slender*	**interesante**	*interesting*	**simpático/a**	*nice; likeable*
difícil	*hard; difficult*	**joven**	*young*	**tonto/a**	*silly; foolish*
fácil	*easy*	**malo/a**	*bad*	**trabajador(a)**	*hard-working*
feo/a	*ugly*	**mismo/a**	*same*	**viejo/a**	*old*

Adjectives of nationality

▶ Unlike in English, Spanish adjectives of nationality are **not** capitalized. Proper names of countries, however, are capitalized.

Some adjectives of nationality

alemán, alemana	*German*	**francés, francesa**	*French*
argentino/a	*Argentine*	**inglés, inglesa**	*English*
canadiense	*Canadian*	**italiano/a**	*Italian*
chino/a	*Chinese*	**japonés, japonesa**	*Japanese*
costarricense	*Costa Rican*	**mexicano/a**	*Mexican*
cubano/a	*Cuban*	**norteamericano/a**	*(North) American*
ecuatoriano/a	*Ecuadorian*	**puertorriqueño**	*Puerto Rican*
español(a)	*Spanish*	**ruso/a**	*Russian*
estadounidense	*from the U.S.*		

▶ Adjectives of nationality are formed like other descriptive adjectives. Those that end in **-o** change to **-a** when forming the feminine.

chin**o** ⟶ chin**a** mexican**o** ⟶ mexican**a**

The plural is formed by adding an **-s** to the masculine or feminine form.

argentin**o** ⟶ argentin**os** cuban**a** ⟶ cuban**as**

¡ATENCIÓN!

Note that adjectives with an accent on the last syllable drop the accent in the feminine and plural forms.

inglés ⟶ inglesa
alemán ⟶ alemanes

▶ Adjectives of nationality that end in **-e** have only two forms, singular and plural.

canadiens**e** ⟶ canadiens**es** estadounidens**e** ⟶ estadounidens**es**

▶ To form the feminine of adjectives of nationality that end in a consonant, add **–a.**

alemán ⟶ alemana
japonés ⟶ japonesa
español ⟶ española
inglés ⟶ inglesa

Position of adjectives

▶ Descriptive adjectives and adjectives of nationality generally follow the nouns they modify.

El niño **rubio** es de España.
The blond boy is from Spain.

La mujer **española** habla inglés.
The Spanish woman speaks English.

▶ Unlike descriptive adjectives, adjectives of quantity precede the modified noun.

Hay **muchos** libros en la biblioteca.
There are many books in the library.

Hablo con **dos** turistas puertorriqueños.
I am talking with two Puerto Rican tourists.

▶ **Bueno/a** and **malo/a** can appear before or after a noun. When placed before a masculine singular noun, the forms are shortened: **bueno** → **buen; malo** → **mal**.

Joaquín es un **buen** amigo.
Joaquín es un amigo **bueno.** → *Joaquín is a good friend.*

Hoy es un **mal** día.
Hoy es un día **malo.** → *Today is a bad day.*

▶ When **grande** appears before a singular noun, it is shortened to **gran,** and the meaning of the word changes: **gran** = *great* and **grande** = *big, large.*

Don Francisco es un **gran** hombre.
Don Francisco is a great man.

La familia de Inés es **grande**.
Inés' family is large.

¡LENGUA VIVA!

Like **bueno** and **grande, santo** (*saint*) is also shortened before masculine nouns (unless they begin with **To-** or **Do-**): **San Francisco, San José,** (but: **Santo Tomás, Santo Domingo**). **Santa** is used with names of female saints: **Santa Bárbara, Santa Clara.**

¡INTÉNTALO! Provide the appropriate forms of the adjectives.

simpático

1. Mi hermano es simpático.
2. La profesora Martínez es _____.
3. Rosa y Teresa son _____.
4. Nosotros somos _____.

alemán

1. Hans es alemán.
2. Mis primas son _____.
3. Marcus y yo somos _____.
4. Mi tía es _____.

difícil

1. La química es difícil.
2. El curso es _____.
3. Las pruebas son _____.
4. Los libros son _____.

guapo

1. Su esposo es guapo.
2. Mis sobrinas son _____.
3. Los padres de ella son _____.
4. Marta es _____.

recursos

WB pp. 25–26

LM p. 15

vistas. vhlcentral.com Lección 3

Práctica

1 **Emparejar** Find the words in column B that are the opposite of the words in column A. One word in B will not be used.

A	B
1. guapo	a. delgado
2. moreno	b. pequeño
3. alto	c. malo
4. gordo	d. feo
5. joven	e. viejo
6. grande	f. rubio
7. simpático	g. antipático
	h. bajo

2 **Completar** Indicate the nationalities of these people by selecting the correct adjectives and changing their forms when necessary.

NOTA CULTURAL

Carlos Fuentes (1928–) is one of Mexico's best-known writers. His novel, ***La muerte*** (*death*) ***de Artemio Cruz***, explores the psyche of a Mexican revolutionary.

1. Penélope Cruz es _____.
2. ▶ Carlos Fuentes es un gran escritor (*writer*) de México; es _____.
3. Ellen Page y Avril Lavigne son _____.
4. Giorgio Armani es un diseñador de modas (*fashion designer*) _____.
5. Daisy Fuentes es de La Habana, Cuba; ella es _____.
6. Emma Watson y Daniel Radcliffe son actores _____.
7. Heidi Klum y Boris Becker son _____.
8. Apolo Anton Ohno y Shaun White son _____.

3 **Describir** Look at the drawing and describe each family member using as many adjectives as possible.

1. Susana Romero Barcos es _____.
2. Tomás Romero Barcos es _____.
3. Los dos hermanos son _____.
4. Josefina Barcos de Romero es _____.
5. Carlos Romero Sandoval es _____.
6. Alberto Romero Pereda es _____.
7. Tomás y su (*his*) padre son _____.
8. Susana y su (*her*) madre son _____.

Practice more at **vistas.vhlcentral.com.**

Comunicación

4 **¿Cómo es?** With a partner, take turns describing each item on the list. Tell your partner whether you agree (**Estoy de acuerdo**) or disagree (**No estoy de acuerdo**) with their descriptions.

modelo

San Francisco
Estudiante 1: San Francisco es una ciudad *(city)* muy bonita.
Estudiante 2: No estoy de acuerdo. Es muy fea.

1. Nueva York
2. Steve Carell
3. las canciones (*songs*) de Celine Dion
4. el presidente de los Estados Unidos
5. Steven Spielberg
6. la primera dama (*first lady*) de los Estados Unidos
7. el/la profesor(a) de español
8. las personas de Los Ángeles
9. las residencias de mi universidad
10. mi clase de español

AYUDA

Here are some tips to help you complete the descriptions:

- **Steve Carell es actor de cine y de televisión.**
- **Celine Dion es cantante.**
- **Steven Spielberg es director de cine.**

5 **Anuncio personal** Write a personal ad that describes yourself and your ideal boyfriend, girlfriend, or mate. Then compare your ad with a classmate's. How are you similar and how are you different? Are you looking for the same things in a romantic partner?

SOY ALTA, morena y bonita. Soy cubana, de Holguín. Estudio arte en la universidad. Busco un chico similar. Mi novio ideal es alto, moreno, inteligente y muy simpático.

AYUDA

casado/a	*married*
divorciado/a	*divorced*
soltero/a	*single; unmarried*

These words and others like them are presented in **Contextos, Lección 9**, p. 302.

Síntesis

6 **Diferencias** Your instructor will give you and a partner each a drawing of a family. Describe your version of the drawing to your partner in order to find at least five differences between your picture and your partner's.

modelo

Estudiante 1: Susana, la madre, es rubia.
Estudiante 2: No, la madre es morena.

3.2 Possessive adjectives

ANTE TODO Possessive adjectives, like descriptive adjectives, are words that are used to qualify people, places, or things. Possessive adjectives express the quality of ownership or possession.

Forms of possessive adjectives

SINGULAR FORMS	PLURAL FORMS	
mi	**mis**	*my*
tu	**tus**	*your* (fam.)
su	**sus**	*his, her, its, your* (form.)
nuestro/a	**nuestros/as**	*our*
vuestro/a	**vuestros/as**	*your* (fam.)
su	**sus**	*their, your* (form.)

COMPARE & CONTRAST

In English, possessive adjectives are invariable; that is, they do not agree in gender and number with the nouns they modify. Spanish possessive adjectives, however, do agree in number with the nouns they modify.

my cousin	*my cousins*	*my aunt*	*my aunts*
mi primo	**mis** primos	**mi** tía	**mis** tías

The forms **nuestro** and **vuestro** agree in both gender and number with the nouns they modify.

nuestr**o** primo	nuestr**os** primos	nuestr**a** tía	nuestr**as** tías

- Possessive adjectives are always placed before the nouns they modify.

—¿Está **tu novio** aquí?
Is your boyfriend here?

—No, **mi novio** está en la biblioteca.
No, my boyfriend is in the library.

- Because **su** and **sus** have multiple meanings (*your, his, her, their, its*), you can avoid confusion by using this construction instead: [*article*] + [*noun*] + **de** + [*subject pronoun*].

sus parientes ◀
- los parientes **de él/ella** — *his/her relatives*
- los parientes **de Ud./Uds.** — *your relatives*
- los parientes **de ellos/ellas** — *their relatives*

AYUDA
Look at the context, focusing on nouns and pronouns, to help you determine the meaning of **su(s)**.

¡INTÉNTALO! Provide the appropriate form of each possessive adjective.

1. Es mi (*my*) libro.
2. _____ (*My*) familia es ecuatoriana.
3. _____ (*Your,* fam.) esposo es italiano.
4. _____ (*Our*) profesor es español.
5. Es _____ (*her*) reloj.
6. Es _____ (*your,* fam.) mochila.
7. Es _____ (*your,* form.) maleta.
8. _____ (*Their*) sobrina es alemana.

1. Sus (*Her*) primos son franceses.
2. _____ (*Our*) primos son canadienses.
3. Son _____ (*their*) lápices.
4. _____ (*Their*) nietos son japoneses.
5. Son _____ (*our*) plumas.
6. Son _____ (*my*) papeles.
7. _____ (*My*) amigas son inglesas.
8. Son _____ (*his*) cuadernos.

recursos
- WB pp. 27–28
- LM p. 16
- vistas. vhlcentral.com Lección 3

Práctica

1 **La familia de Manolo** Complete each sentence with the correct possessive adjective from the options in parentheses. Use the subject of each sentence as a guide.

1. Me llamo Manolo, y _____ (nuestro, mi, sus) hermano es Federico.
2. _____ (Nuestra, Sus, Mis) madre Silvia es profesora y enseña química.
3. Ella admira a _____ (tu, nuestro, sus) estudiantes porque trabajan mucho.
4. Yo estudio en la misma universidad, pero no tomo clases con _____ (mi, nuestras, tus) madre.
5. Federico trabaja en una oficina con _____ (mis, tu, nuestro) padre.
6. _____ (Mi, Su, Tu) oficina está en el centro de la Ciudad de México.
7. Javier y Óscar son _____ (mis, mi, sus) tíos de Oaxaca.
8. ¿Y tú? ¿Cómo es _____ (mi, su, tu) familia?

AYUDA

Remember that possessive adjectives don't agree in number or gender with the owner of an item; they always agree with the item(s) being possessed.

2 **Clarificar** Clarify each sentence with a prepositional phrase. Follow the model.

modelo

Su hermana es muy bonita. (ella)
La hermana de ella es muy bonita.

1. Su casa es muy grande. (ellos) _____
2. ¿Cómo se llama su hermano? (ellas) _____
3. Sus padres trabajan en el centro. (ella) _____
4. Sus abuelos son muy simpáticos. (él) _____
5. Maribel es su prima. (ella) _____
6. Su primo lee los libros. (ellos) _____

3 **¿Dónde está?** With a partner, imagine that you can't remember where you put some of the belongings you see in the pictures. Your partner will help you by reminding you where your things are. Take turns playing each role.

CONSULTA

For a list of useful prepositions, refer to the table *Prepositions often used with* ***estar***, in **Estructura 2.3**, p. 60.

modelo

Estudiante 1: *¿Dónde está mi mochila?*
Estudiante 2: *Tu mochila está encima del escritorio.*

1. 
2. 
3. 
4. 
5. 
6. 

Comunicación

4 **Describir** With a partner, describe the people and places listed below. Make note of any similarities and be prepared to share them with the class.

modelo

la biblioteca de su universidad

La biblioteca de nuestra universidad es muy grande. Hay muchos libros en la biblioteca. Mis amigos y yo estudiamos en la biblioteca.

1. tu profesor favorito
2. tu profesora favorita
3. su clase de español
4. la librería de su universidad
5. tus padres
6. tus abuelos
7. tu mejor (*best*) amigo
8. tu mejor amiga
9. su universidad
10. tu país de origen

5 **Una familia famosa** Assume the identity of a member of a famous family, real or fictional (the Hiltons, Cyruses, Simpsons, Clintons, Beckhams, Jolie-Pitts, etc.) and write a description of "your" family. Be sure not to use any names! Then, in small groups, take turns reading the descriptions aloud. The other group members may ask follow-up questions to help them identify the famous person.

modelo

Estudiante 1: *Hay cuatro personas en mi familia. Mi padre es delgado y muy trabajador. Su trabajo (job) es importante; él viaja mucho. Mi madre es guapa e inteligente. Tengo una hermana mayor. Ella y yo estudiamos en una escuela privada. Nuestra casa está en la capital.*

Estudiante 2: *¿Son ustedes de la capital?*

Estudiante 1: *No, somos de Chicago.*

Estudiante 3: *¿Eres Sasha Obama?*

Estudiante 1: *Sí.*

Síntesis

6 **Describe a tu familia** Get together with two classmates and describe your family to them in several sentences (**Mi padre es alto y moreno. Mi madre es delgada y muy bonita. Mis hermanos son...**). They will work together to try to repeat your description (**Su padre es alto y moreno. Su madre...**). If they forget any details, they can ask you questions (**¿Es alto tu hermano?**). Alternate roles until all of you have described your families.

3.3 Present tense of -er and -ir verbs

ANTE TODO In **Lección 2,** you learned how to form the present tense of regular **-ar** verbs. You also learned about the importance of verb forms, which change to show who is performing the action. The chart below shows the forms from two other important groups, **-er** verbs and **-ir** verbs.

CONSULTA

To review the conjugation of **-ar** verbs, see **Estructura 2.1**, p. 50.

Present tense of -er and -ir verbs

		comer *(to eat)*	**escribir** *(to write)*
SINGULAR FORMS	yo	como	escribo
	tú	comes	escribes
	Ud./él/ella	come	escribe
PLURAL FORMS	nosotros/as	comemos	escribimos
	vosotros/as	coméis	escribís
	Uds./ellos/ellas	comen	escriben

▶ **-Er** and **-ir** verbs have very similar endings. Study the preceding chart to detect the patterns that make it easier for you to use them to communicate in Spanish.

AYUDA

Here are some tips on learning Spanish verbs:

1) Learn to identify the verb's stem, to which all endings attach.

2) Memorize the endings that go with each verb and verb tense.

3) As often as possible, practice using different forms of each verb in speech and writing.

4) Devote extra time to learning irregular verbs, such as **ser** and **estar**.

Felipe y su tío comen.

Jimena lee.

▶ Like **-ar** verbs, the **yo** forms of **-er** and **-ir** verbs end in **-o.**

Yo como. Yo escribo.

▶ Except for the **yo** form, all of the verb endings for **-er** verbs begin with **-e.**

-es **-emos** **-en**
-e **-éis**

▶ **-Er** and **-ir** verbs have the exact same endings, except in the **nosotros/as** and **vosotros/as** forms.

nosotros ◀ comemos, escribimos

vosotros ◀ coméis, escribís

Common -er and -ir verbs

-er verbs		-ir verbs	
aprender (a + *inf.*)	*to learn*	**abrir**	*to open*
beber	*to drink*	**asistir (a)**	*to attend*
comer	*to eat*	**compartir**	*to share*
comprender	*to understand*	**decidir (+ *inf.*)**	*to decide*
correr	*to run*	**describir**	*to describe*
creer (en)	*to believe (in)*	**escribir**	*to write*
deber (+ *inf.*)	*should; must; ought to*	**recibir**	*to receive*
leer	*to read*	**vivir**	*to live*

Ellos **corren** en el parque.

Él **escribe** una carta.

¡INTÉNTALO! Provide the appropriate present tense forms of these verbs.

correr

1. Graciela *corre*.
2. Tú _____.
3. Yo _____.
4. Sara y Ana _____.
5. Usted _____.
6. Ustedes _____.
7. La gente _____.
8. Marcos y yo _____.

abrir

1. Ellos *abren* la puerta.
2. Carolina _____ la maleta.
3. Yo _____ las ventanas.
4. Nosotras _____ los libros.
5. Usted _____ el cuaderno.
6. Tú _____ la ventana.
7. Ustedes _____ las maletas.
8. Los muchachos _____ los cuadernos.

aprender

1. Él *aprende* español.
2. Maribel y yo _____ inglés.
3. Tú _____ japonés.
4. Tú y tu hermanastra _____ francés.
5. Mi hijo _____ chino.
6. Yo _____ alemán.
7. Usted _____ inglés.
8. Nosotros _____ italiano.

recursos

WB pp. 29–30

LM p. 17

vistas. vhlcentral.com Lección 3

Práctica

1 **Completar** Complete Susana's sentences about her family with the correct forms of the verbs in parentheses. One of the verbs will remain in the infinitive.

1. Mi familia y yo _____ (vivir) en Mérida, Yucatán.
2. Tengo muchos libros. Me gusta _____ (leer).
3. Mi hermano Alfredo es muy inteligente. Alfredo _____ (asistir) a clases los lunes, miércoles y viernes.
4. Los martes y jueves Alfredo y yo _____ (correr) en el Parque del Centenario.
5. Mis padres _____ (comer) mucha lasaña los domingos y se quedan dormidos (*they fall asleep*).
6. Yo _____ (creer) que (*that*) mis padres deben comer menos (*less*).

2 **Oraciones** Juan is talking about what he and his friends do after school. Form complete sentences by adding any other necessary elements.

modelo

yo / correr / amigos / lunes y miércoles

Yo corro con mis amigos los lunes y miércoles.

1. Manuela / asistir / clase / yoga
2. Eugenio / abrir / correo electrónico (*e-mail*)
3. Isabel y yo / leer / biblioteca
4. Sofía y Roberto / aprender / hablar / inglés
5. tú / comer / cafetería / universidad
6. mi novia y yo / compartir / libro de historia

3 **Consejos** Mario and his family are spending a year abroad to learn Japanese. In pairs, use the words below to say what he and/or his family members are doing or should do to adjust to life in Japan. Then, create one more sentence using a verb not on the list.

modelo

recibir libros / deber practicar japonés

Estudiante 1: *Mario y su esposa reciben muchos libros en japonés.*

Estudiante 2: *Los hijos deben practicar japonés.*

aprender japonés	decidir explorar el país
asistir a clases	escribir listas de palabras en japonés
beber sake	leer novelas japonesas
deber comer cosas nuevas	vivir con una familia japonesa
¿?	¿?

Comunicación

4 **Entrevista** In pairs, use these questions to interview each other. Be prepared to report the results of your interviews to the class.

1. ¿Dónde comes al mediodía? ¿Comes mucho?
2. ¿Cuándo asistes a tus clases?
3. ¿Cuál es tu clase favorita? ¿Por qué?
4. ¿Dónde vives?
5. ¿Con quién vives?
6. ¿Qué cursos debes tomar el próximo (*next*) semestre?
7. ¿Lees el periódico (*newspaper*)? ¿Qué periódico lees y cuándo?
8. ¿Recibes muchos mensajes de texto (*text messages*)? ¿De quién(es)?
9. ¿Escribes poemas?
10. ¿Crees en fantasmas (*ghosts*)?

5 **¿Acción o descripción?** In small groups, take turns choosing a verb from the list. Then choose to act out the verb or give a description. The other members of the group will say what you are doing. Be creative!

abrir (un libro, una puerta, una mochila)
aprender (a bailar, a hablar francés, a dibujar)
asistir (a una clase de yoga, a un concierto de rock, a una clase interesante)
beber (agua, Coca-Cola)
comer (pasta, un sándwich, pizza)
compartir (un libro, un sándwich)
correr (en el parque, en un maratón)
escribir (una composición, un mensaje de texto [*text message*], con lápiz)
leer (una carta [*letter*] de amor, un mensaje electrónico [*e-mail message*], un periódico [*newspaper*])
recibir un regalo (*gift*)
¿?

modelo

Estudiante 1: (*pantomimes typing a keyboard*)
Estudiante 2: ¿Escribes un mensaje electrónico?
Estudiante 1: Sí.

modelo

Estudiante 1: Soy estudiante y tomo muchas clases. Vivo en Roma.
Estudiante 2: ¿Comes pasta?
Estudiante 1: No, no como pasta.
Estudiante 3: ¿Aprendes a hablar italiano?
Estudiante 1: ¡Sí!

Síntesis

6 **Horario** Your instructor will give you and a partner incomplete versions of Alicia's schedule. Fill in the missing information on the schedule by talking to your partner. Be prepared to reconstruct Alicia's complete schedule with the class.

3.4 Present tense of tener and venir

ANTE TODO The verbs **tener** (*to have*) and **venir** (*to come*) are among the most frequently used in Spanish. Because most of their forms are irregular, you will have to learn each one individually.

The verbs tener and venir

		tener	venir
SINGULAR FORMS	yo	ten**go**	ven**go**
	tú	tien**es**	vien**es**
	Ud./él/ella	tien**e**	vien**e**
PLURAL FORMS	nosotros/as	ten**emos**	ven**imos**
	vosotros/as	ten**éis**	ven**ís**
	Uds./ellos/ellas	tien**en**	vien**en**

- The endings are the same as those of regular **-er** and **-ir** verbs, except for the **yo** forms, which are irregular: **tengo, vengo.**
- In the **tú, Ud.,** and **Uds.** forms, the **e** of the stem changes to **ie,** as shown below.

INFINITIVE	VERB STEM	VERB FORM
tener →	ten- →	tú t**ie**nes
		Ud./él/ella t**ie**ne
		Uds./ellos/ellas t**ie**nen
venir →	ven- →	tú v**ie**nes
		Ud./él/ella v**ie**ne
		Uds./ellos/ellas v**ie**nen

AYUDA

Use what you already know about regular **-er** and **-ir** verbs to identify the irregularities in **tener** and **venir**.

1) Which verb forms use a regular stem? Which use an irregular stem?

2) Which verb forms use the regular endings? Which use irregular endings?

- Only the **nosotros** and **vosotros** forms are regular. Compare them to the forms of **comer** and **escribir** that you learned on page 96.

	tener	comer	venir	escribir
nosotros/as	ten**emos**	com**emos**	ven**imos**	escrib**imos**
vosotros/as	ten**éis**	com**éis**	ven**ís**	escrib**ís**

- In certain idiomatic or set expressions in Spanish, you use the construction **tener** + [*noun*] to express *to be* + [*adjective*]. This chart contains a list of the most common expressions with **tener**.

Expressions with tener

tener... años	*to be... years old*	**tener (mucha) prisa**	*to be in a (big) hurry*
tener (mucho) calor	*to be (very) hot*	**tener razón**	*to be right*
tener (mucho) cuidado	*to be (very) careful*	**no tener razón**	*to be wrong*
tener (mucho) frío	*to be (very) cold*	**tener (mucha) sed**	*to be (very) thirsty*
tener (mucha) hambre	*to be (very) hungry*	**tener (mucho) sueño**	*to be (very) sleepy*
tener (mucho) miedo (de)	*to be (very) afraid/ scared (of)*	**tener (mucha) suerte**	*to be (very) lucky*

—¿**Tienen** hambre ustedes?
Are you hungry?

—Sí, y **tenemos** sed también.
Yes, and we're thirsty, too.

- To express an obligation, use **tener que** (*to have to*) + [*infinitive*].

—¿Qué **tienes que** estudiar hoy?
What do you have to study today?

—**Tengo que** estudiar biología.
I have to study biology.

- To ask people if they feel like doing something, use **tener ganas de** (*to feel like*) + [*infinitive*].

—¿**Tienes ganas de** comer?
Do you feel like eating?

—No, **tengo ganas de** dormir.
No, I feel like sleeping.

¡INTÉNTALO! Provide the appropriate forms of **tener** and **venir**.

tener

1. Ellos tienen dos hermanos.
2. Yo _____ una hermana.
3. El artista _____ tres primos.
4. Nosotros _____ diez tíos.
5. Eva y Diana _____ un sobrino.
6. Usted _____ cinco nietos.
7. Tú _____ dos hermanastras.
8. Ustedes _____ cuatro hijos.
9. Ella _____ una hija.

venir

1. Mis padres vienen de México.
2. Tú _____ de España.
3. Nosotras _____ de Cuba.
4. Pepe _____ de Italia.
5. Yo _____ de Francia.
6. Ustedes _____ de Canadá.
7. Alfonso y yo _____ de Portugal.
8. Ellos _____ de Alemania.
9. Usted _____ de Venezuela.

recursos

WB pp. 31–32

LM p. 18

vistas. vhlcentral.com Lección 3

Práctica

1 **Emparejar** Find the expression in column B that best matches an item in column A. Then, come up with a new item that corresponds with the leftover expression in column B.

A	B
1. el Polo Norte	a. tener calor
2. una sauna	b. tener sed
3. la comida salada (*salty food*)	c. tener frío
4. una persona muy inteligente	d. tener razón
5. un abuelo	e. tener ganas de
6. una dieta	f. tener hambre
	g. tener 75 años

2 **Completar** Complete the sentences with the correct forms of **tener** or **venir**.

1. Hoy nosotros _____ una reunión familiar (*family reunion*).
2. Yo _____ en autobús de la Universidad de Quito.
3. Todos mis parientes _____, excepto mi tío Manolo y su esposa.
4. Ellos no _____ ganas de venir porque viven en Portoviejo.
5. Mi prima Susana y su novio no _____ hasta las ocho porque ella _____ que trabajar.
6. En las fiestas, mi hermana siempre (*always*) _____ muy tarde (*late*).
7. Nosotros _____ mucha suerte porque las reuniones son divertidas (*fun*).
8. Mi madre cree que mis sobrinos son muy simpáticos. Creo que ella _____ razón.

3 **Describir** Describe what these people are doing or feeling using an expression with **tener**.

1. _____

2. _____

3. _____

4. _____

5. _____

6. _____

Comunicación

4 **¿Sí o no?** Indicate whether these statements apply to you by checking either **Sí** or **No**.

	Sí	No
1. Mi padre tiene 50 años.	❍	❍
2. Mis amigos vienen a mi casa todos los días (*every day*).	❍	❍
3. Vengo a la universidad los martes.	❍	❍
4. Tengo hambre.	❍	❍
5. Tengo dos computadoras.	❍	❍
6. Tengo sed.	❍	❍
7. Tengo que estudiar los domingos.	❍	❍
8. Tengo una familia grande.	❍	❍

Now interview a classmate by transforming each statement into a question. Be prepared to report the results of your interview to the class.

modelo

Estudiante 1: ¿Tiene tu padre 50 años?
Estudiante 2: No, no tiene 50 años. Tiene 65.

5 **Preguntas** Get together with a classmate and ask each other these questions.

1. ¿Tienes que estudiar hoy?
2. ¿Cuántos años tienes? ¿Y tus hermanos/as?
3. ¿Cuándo vienes a la clase de español?
4. ¿Cuándo vienen tus amigos a tu casa, apartamento o residencia estudiantil?
5. ¿De qué tienes miedo? ¿Por qué?
6. ¿Qué tienes ganas de hacer esta noche (*tonight*)?

6 **Conversación** Use an expression with **tener** to hint at what's on your mind. Your partner will ask questions to find out why you feel that way. If your partner cannot guess what's on your mind after three attempts, tell him/her. Then switch roles.

modelo

Estudiante 1: Tengo miedo.
Estudiante 2: ¿Tienes que hablar en público?
Estudiante 1: No.
Estudiante 2: ¿Tienes un examen hoy?
Estudiante 1: Sí, y no tengo tiempo para estudiar.

Síntesis

7 **Minidrama** Act out this situation with a partner: you are introducing your boyfriend/girlfriend to your extended family. To avoid any surprises before you go, talk about who is coming and what each family member is like. Switch roles.

Recapitulación

Concepts Diagnostics

Review the grammar concepts you have learned in this lesson by completing these activities.

1 **Adjetivos** Complete each phrase with the appropriate adjective from the list. Make all necessary changes. **6 pts.**

antipático	interesante	mexicano
difícil	joven	moreno

1. Mi tía es _____. Vive en Guadalajara.
2. Mi primo no es rubio, es _____.
3. Mi novio cree que la clase no es fácil; es _____.
4. Los libros son _____; me gustan mucho.
5. Mis hermanos son _____; no tienen muchos amigos.
6. Las gemelas tienen quince años. Son _____.

2 **Completar** For each set of sentences, provide the appropriate form of the verb **tener** and the possessive adjective. Follow the model. **12 pts.**

modelo

Él *tiene* un libro. Es *su* libro.

1. Esteban y Julio _____ una tía. Es _____ tía.
2. Yo _____ muchos amigos. Son _____ amigos.
3. Tú _____ tres primas. Son _____ primas.
4. María y tú _____ un hermano. Es _____ hermano.
5. Nosotras _____ unas mochilas. Son _____ mochilas.
6. Usted _____ dos sobrinos. Son _____ sobrinos.

3 **Oraciones** Arrange the words in the correct order to form complete logical sentences. **¡Ojo!** Don't forget to conjugate the verbs. **10 pts.**

1. libros / unos / tener / interesantes / tú / muy
   _____
2. dos / leer / fáciles / compañera / tu / lecciones
   _____
3. mi / francés / ser / amigo / buen / Hugo
   _____
4. ser / simpáticas / dos / personas / nosotras
   _____
5. a / clases / menores / mismas / sus / asisitir / hermanos / las
   _____

RESUMEN GRAMATICAL

3.1 Descriptive adjectives *pp. 88–90*

Forms and agreement of adjectives

Masculine		Feminine	
Singular	Plural	Singular	Plural
alto	altos	alta	altas
inteligente	inteligentes	inteligente	inteligentes
trabajador	trabajadores	trabajadora	trabajadoras

- Descriptive adjectives follow the noun: **el chico rubio**
- Adjectives of nationality also follow the noun: **la mujer española**
- Adjectives of quantity precede the noun: **muchos libros, dos turistas**
- When placed before a singular masculine noun, these adjectives are shortened.

  bueno → buen **malo → mal**
- When placed before a singular noun, **grande** is shortened to **gran**.

3.2 Possessive adjectives *p. 93*

Singular		Plural	
mi	nuestro/a	mis	nuestros/as
tu	vuestro/a	tus	vuestros/as
su	su	sus	sus

3.3 Present tense of -er and -ir verbs *pp. 96–97*

comer		escribir	
como	comemos	escribo	escribimos
comes	coméis	escribes	escribís
come	comen	escribe	escriben

3.4 Present tense of tener and venir *pp. 100–101*

tener		venir	
tengo	tenemos	vengo	venimos
tienes	tenéis	vienes	venís
tiene	tienen	viene	vienen

4 **Carta** Complete this letter with the appropriate forms of the verbs in the word list. Not all verbs will be used. **10 pts.**

abrir	correr	recibir
asistir	creer	tener
compartir	escribir	venir
comprender	leer	vivir

Hola, Ángel:
¿Qué tal? (Yo) (1) _____ esta carta (this letter) en la biblioteca. Todos los días (2) _____ aquí y (3) _____ un buen libro. Yo (4) _____ que es importante leer por diversión. Mi compañero de apartamento no (5) _____ por qué me gusta leer. Él sólo (6) _____ los libros de texto. Pero nosotros (7) _____ unos intereses. Por ejemplo, los dos somos atléticos; por las mañanas nosotros (8) _____. También nos gustan las ciencias; por las tardes (9) _____ a nuestra clase de biología. Y tú, ¿cómo estás? ¿(Tú) (10) _____ mucho trabajo (work)?

5 **Su familia** Write a brief description of a friend's family. Describe the family members using vocabulary and structures from this lesson. Write at least five sentences. **12 pts.**

modelo

La familia de mi amiga Gabriela es grande. Ella tiene tres hermanos y una hermana. Su hermana mayor es periodista...

6 **Proverbio** Complete this proverb with the correct forms of the verbs in parentheses. **2 EXTRA points!**

"Dos andares° _____ (tener) el dinero°,
_____ (venir) despacio°
y se va° ligero°."

andares *speeds* dinero *money* despacio *slowly*
se va *it leaves* ligero *quickly*

Practice more at **vistas.vhlcentral.com.**

Lectura

Antes de leer

Estrategia

Guessing meaning from context

As you read in Spanish, you'll often come across words you haven't learned. You can guess what they mean by looking at the surrounding words and sentences. Look at the following text and guess what **tía abuela** means, based on the context.

¡Hola, Claudia!
¿Qué hay de nuevo?
¿Sabes qué? Ayer fui a ver a mi tía abuela, la hermana de mi abuela. Tiene 85 años, pero es muy independiente. Vive en un apartamento en Quito con su prima Lorena, quien también tiene 85 años.

If you guessed *great-aunt*, you are correct, and you can conclude from this word and the format clues that this is a letter about someone's visit with his or her great-aunt.

Examinar el texto

Quickly read through the paragraphs and find two or three words you don't know. Using the context as your guide, guess what these words mean. Then glance at the paragraphs where these words appear and try to predict what the paragraphs are about.

Examinar el formato

Look at the format of the reading. What clues do the captions, photos, and layout give you about its content?

Gente • • • Las familias

1. Me llamo Armando y tengo setenta años, pero no me considero viejo. Tengo seis nietas y un nieto. Vivo con mi hija y tengo la oportunidad de pasar mucho tiempo con ella y con mi nieto. Por las tardes salgo a pasear° por el parque con él y por la noche le leo cuentos°.

Armando. Tiene seis nietas y un nieto.

2. Mi prima Victoria y yo nos llevamos muy bien. Estudiamos juntas° en la universidad y compartimos un apartamento. Ella es muy inteligente y me ayuda° con los estudios. Además°, es muy simpática y generosa. Si necesito cualquier° cosa, ¡ella me la compra!

Diana. Vive con su prima.

3. Me llamo Ramona y soy paraguaya, aunque° ahora vivo en los Estados Unidos. Tengo tres hijos, uno de nueve años, uno de doce y el mayor de quince. Es difícil a veces, pero mi esposo y yo tratamos° de ayudarlos y comprenderlos siempre°.

Ramona. Sus hijos son muy importantes para ella.

4. Tengo mucha suerte. Aunque mis padres están divorciados, tengo una familia muy unida. Tengo dos hermanos y dos hermanas. Me gusta hablar y salir a fiestas con ellos. Ahora tengo novio en la universidad y él no conoce a mis hermanos. ¡Espero que se lleven bien!

Ana María. Su familia es muy unida.

5. Antes quería° tener hermanos, pero ya no° es tan importante. Ser hijo único tiene muchas ventajas°: no tengo que compartir mis cosas con hermanos, no hay discusiones° y, como soy nieto único también, ¡mis abuelos piensan° que soy perfecto!

Fernando. Es hijo único.

6. Como soy joven todavía°, no tengo ni esposa ni hijos. Pero tengo un sobrino, el hijo de mi hermano, que es muy especial para mí. Se llama Benjamín y tiene diez años. Es un muchacho muy simpático. Siempre tiene hambre y por lo tanto vamos° frecuentemente a comer hamburguesas. Nos gusta también ir al cine° a ver películas de acción. Hablamos de todo. ¡Creo que ser tío es mejor que ser padre!

Santiago. Cree que ser tío es divertido.

salgo a pasear *I go take a walk* cuentos *stories* juntas *together* me ayuda *she helps me* Además *Besides* cualquier *any* aunque *although* tratamos *we try* siempre *always* quería *I wanted* ya no *no longer* ventajas *advantages* discusiones *arguments* piensan *think* todavía *still* vamos *we go* ir al cine *to go to the movies*

Después de leer

Emparejar

Glance at the paragraphs and see how the words and phrases in column A are used in context. Then find their definitions in column B.

A	B
1. me la compra	a. the oldest
2. nos llevamos bien	b. movies
3. no conoce	c. the youngest
4. películas	d. buys it for me
5. mejor que	e. borrows it from me
6. el mayor	f. we see each other
	g. doesn't know
	h. we get along
	i. portraits
	j. better than

Seleccionar

Choose the sentence that best summarizes each paragraph.

1. Párrafo 1
   a. Me gusta mucho ser abuelo.
   b. No hablo mucho con mi nieto.
   c. No tengo nietos.
2. Párrafo 2
   a. Mi prima es antipática.
   b. Mi prima no es muy trabajadora.
   c. Mi prima y yo somos muy buenas amigas.
3. Párrafo 3
   a. Tener hijos es un gran sacrificio, pero es muy bonito también.
   b. No comprendo a mis hijos.
   c. Mi esposo y yo no tenemos hijos.
4. Párrafo 4
   a. No hablo mucho con mis hermanos.
   b. Comparto mis cosas con mis hermanos.
   c. Mis hermanos y yo somos como (*like*) amigos.
5. Párrafo 5
   a. Me gusta ser hijo único.
   b. Tengo hermanos y hermanas.
   c. Vivo con mis abuelos.
6. Párrafo 6
   a. Mi sobrino tiene diez años.
   b. Me gusta mucho ser tío.
   c. Mi esposa y yo no tenemos hijos.

Escritura

Estrategia

Using idea maps

How do you organize ideas for a first draft? Often, the organization of ideas represents the most challenging part of the process. Idea maps are useful for organizing pertinent information. Here is an example of an idea map you can use:

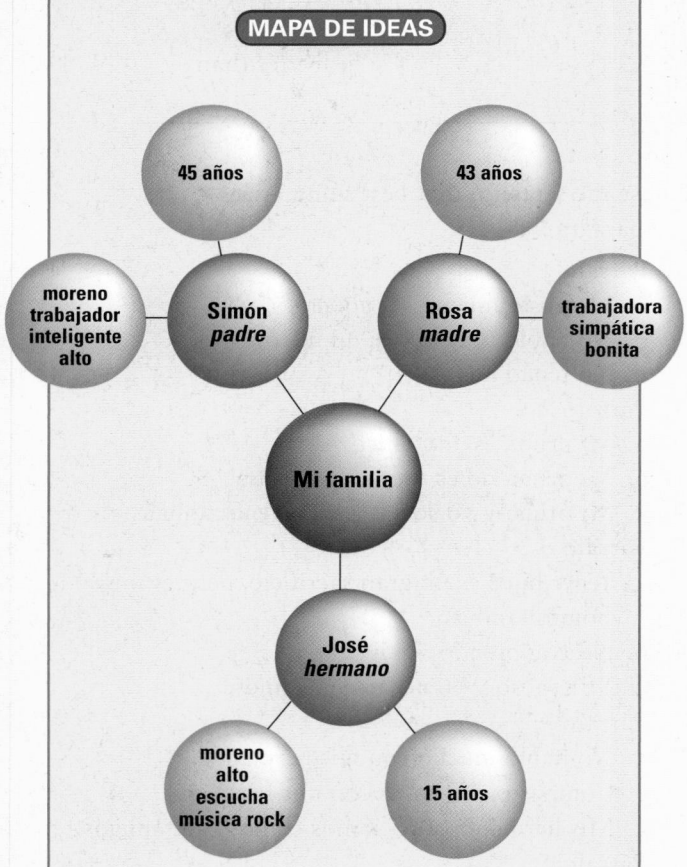

Tema

Escribir un mensaje electrónico

A friend you met in a chat room for Spanish speakers wants to know about your family. Using some of the verbs and adjectives you have learned in this lesson, write a brief e-mail describing your family or an imaginary family, including:

- Names and relationships
- Physical characteristics
- Hobbies and interests

Here are some useful expressions for writing an e-mail or letter in Spanish:

Salutations

Estimado/a Julio/Julia:	*Dear Julio/Julia,*
Querido/a Miguel/Ana María:	*Dear Miguel/Ana María,*

Closings

Un abrazo,	*A hug,*
Abrazos,	*Hugs,*
Cariños,	*Much love,*
¡Hasta pronto!	*See you soon!*
¡Hasta la próxima semana!	*See you next week!*

Escuchar

Audio: Activities

Estrategia

Asking for repetition/ Replaying the recording

Sometimes it is difficult to understand what people say, especially in a noisy environment. During a conversation, you can ask someone to repeat by saying **¿Cómo?** (*What?*) or **¿Perdón?** (*Pardon me?*). In class, you can ask your teacher to repeat by saying **Repita, por favor** (*Repeat, please*). If you don't understand a recorded activity, you can simply replay it.

To help you practice this strategy, you will listen to a short paragraph. Ask your professor to repeat it or replay the recording, and then summarize what you heard.

Preparación

Based on the photograph, where do you think Cristina and Laura are? What do you think Laura is saying to Cristina?

Ahora escucha

Now you are going to hear Laura and Cristina's conversation. Use **R** to indicate which adjectives describe Cristina's boyfriend, Rafael. Use **E** for adjectives that describe Laura's boyfriend, Esteban. Some adjectives will not be used.

____ **rubio**	____ **interesante**
____ **feo**	____ **antipático**
____ **alto**	____ **inteligente**
____ **trabajador**	____ **moreno**
____ **un poco gordo**	____ **viejo**

Comprensión

Identificar

Which person would make each statement: Cristina or Laura?

	Cristina	Laura
1. Mi novio habla sólo de fútbol y de béisbol.	❍	❍
2. Tengo un novio muy interesante y simpático.	❍	❍
3. Mi novio es alto y moreno.	❍	❍
4. Mi novio trabaja mucho.	❍	❍
5. Mi amiga no tiene buena suerte con los muchachos.	❍	❍
6. El novio de mi amiga es un poco gordo, pero guapo.	❍	❍

¿Cierto o falso?

Indicate whether each sentence is **cierto** or **falso**, then correct the false statements.

	Cierto	Falso
1. Esteban es un chico interesante y simpático.	❍	❍
2. Laura tiene mala suerte con los chicos.	❍	❍
3. Rafael es muy interesante.	❍	❍
4. Laura y su novio hablan de muchas cosas.	❍	❍

En pantalla

In the Spanish-speaking world, grandparents play an important role in the nuclear family structure. Even in the U.S., where retirement communities and nursing homes abound, in Latino families it is often expected that members of the older generation will live with their adult children and grandchildren. This living situation usually brings benefits—financial, emotional, and logistical—that improve the quality of life for everyone involved, and it facilitates the passing on of family history and culture.

Vocabulario útil

la canción	*song*
cocinar	*to cook*
el espíritu	*spirit*
los frijoles	*beans*
la lágrima	*tear*
el milagro	*miracle*
romántico/a	*romantic*
se aparece en	*appears in*
supersticioso/a	*superstitious*

Preparación

Have you or anyone in your family ever experienced a situation that seemed supernatural? What happened?

Preguntas

Choose the correct answer for each question.

1. ¿Qué hace (*is she doing*) la abuela?
   a. Prepara tortillas. b. Come tortillas.
2. ¿Quién escucha una canción?
   a. la abuela b. el nieto
3. ¿Quién se aparece en la tortilla?
   a. el nieto b. el abuelo
4. ¿Qué tiene el nieto?
   a. sed b. hambre

Los personajes

Choose one of the characters and write a description of him or her. Use as many adjectives as you can and mention the person's likes and dislikes. Be creative! Then, in pairs, read your description to a partner.

¿me llamaste? *you called me?*

Tears & Tortillas

Ay, Carlos. Nuestra canción.

¡Beto!... ¡Beto!...

Abuelita... ¿me llamaste?°

Tears & Tortillas forms part of a growing U.S. market for Latino cinema. Director Xóchitl Dorsey's narrative and documentary films have appeared on Showtime and PBS, as well as in various film festivals.

Video: Short Film

Practice more at **vistas.vhlcentral.com.**

If a Spanish-speaking friend told you he was going to a **reunión familiar,** what type of event would you picture? Most likely, your friend would not be referring to an annual event reuniting family members from far-flung cities. In Hispanic culture, family gatherings are much more frequent and relaxed, and thus do not require intensive planning or juggling of schedules. Some families gather every Sunday afternoon to enjoy a leisurely meal; others may prefer to hold get-togethers on a Saturday evening, with food, music, and dancing. In any case, gatherings tend to be laid-back events in which family members spend hours chatting, sharing stories, and telling jokes.

Vocabulario útil

el Día de la Madre	*Mother's Day*
estamos celebrando	*we are celebrating*
familia grande y feliz	*a big, happy family*
familia numerosa	*a large family*
hacer (algo) juntos	*to do (something) together*
el patio interior	*courtyard*
pelear	*to fight*
reuniones familiares	*family gatherings, reunions*

Preparación

What is a "typical family" like where you live? Is there such a thing? What members of a family usually live together?

Completar

Complete this paragraph with the correct options.

Los Valdivieso y los Bolaños son dos ejemplos de familias en Ecuador. Los Valdivieso son una familia (1) _____ (difícil/numerosa). Viven en una casa (2) _____ (grande/buena). En el patio, hacen (*they do*) muchas reuniones (3) _____ (familiares/con amigos). Los Bolaños son una familia pequeña. Ellos comen (4) _____ (separados/juntos) y preparan canelazo, una bebida (*drink*) típica ecuatoriana.

La familia

—Érica, ¿y cómo se llaman tus padres?
—Mi mamá, Lorena y mi papá, Miguel.

¡Qué familia tan° grande tiene!

Te presento a la familia Bolaños.

Video: *Flash cultura*

Practice more at **vistas.vhlcentral.com.**

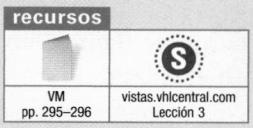

tan *so*

Video: *Panorama cultural*
Interactive map

Ecuador

El país en cifras

- **Área:** 283.560 km^2 (109.483 millas^2), *incluyendo las islas Galápagos, aproximadamente el área de Colorado*
- **Población:** 14.596.000
- **Capital:** Quito — 2.035.000
- **Ciudades° principales:** Guayaquil — 2.941.000, Cuenca, Machala, Portoviejo

SOURCE: Population Division, UN Secretariat

- **Moneda:** dólar estadounidense
- **Idiomas:** español (oficial), quichua

La lengua oficial de Ecuador es el español, pero también se hablan° otras° lenguas en el país. Aproximadamente unos 4.000.000 de ecuatorianos hablan lenguas indígenas; la mayoría° de ellos habla quichua. El quichua es el dialecto ecuatoriano del quechua, la lengua de los incas.

Muchos indígenas de Ecuador hablan quichua.

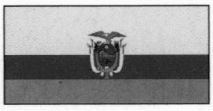
Bandera de Ecuador

Ecuatorianos célebres

- **Francisco Eugenio De Santa Cruz y Espejo,** médico, periodista y patriota (1747–1795)
- **Juan León Mera,** novelista (1832–1894)
- **Eduardo Kingman,** pintor° (1913–1998)
- **Rosalía Arteaga,** abogada°, política y ex vicepresidenta (1956–)

Ciudades *cities* se hablan *are spoken* otras *other* mayoría *majority* pintor *painter* abogada *lawyer* sur *south* mundo *world* pies *feet* dos veces más alto que *twice as tall as*

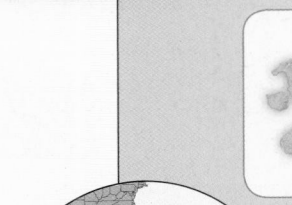

Indígenas del Amazonas

COLOMBIA
Río Esmeraldas
Ibarra
Quito
Volcán Cotopaxi
Río Napo
Portoviejo
Río Daule
Volcán Tungurahua
Río Pastaza
Cordillera de los Andes
Guayaquil
Volcán Chimborazo
Océano Pacífico
Cuenca
Machala
Loja
PERÚ

La ciudad de Quito y la Cordillera de los Andes

Catedral de Guayaquil

recursos

WB	VM	vistas.vhlcentral.com
pp. 33–34	pp. 253–254	Lección 3

¡Increíble pero cierto!

El volcán Cotopaxi, situado a unos 60 kilómetros al sur° de Quito, es considerado el volcán activo más alto del mundo°. Tiene una altura de 5.897 metros (19.340 pies°). Es dos veces más alto que° el monte Santa Elena (2.550 metros o 9.215 pies) en el estado de Washington.

Lugares • Las islas Galápagos

Muchas personas vienen de lejos a visitar las islas Galápagos porque son un verdadero tesoro° ecológico. Aquí Charles Darwin estudió° las especies que inspiraron° sus ideas sobre la evolución. Como las Galápagos están lejos del continente, sus plantas y animales son únicos. Las islas son famosas por sus tortugas° gigantes.

Artes • Oswaldo Guayasamín

Oswaldo Guayasamín fue° uno de los artistas latinoamericanos más famosos del mundo. Fue escultor° y muralista. Su expresivo estilo viene del cubismo y sus temas preferidos son la injusticia y la pobreza° sufridas° por los indígenas de su país.

Madre y niño en azul, 1986, Oswaldo Guayasamín

Deportes • El *trekking*

El sistema montañoso de los Andes cruza° y divide Ecuador en varias regiones. La Sierra, que tiene volcanes, grandes valles y una variedad increíble de plantas y animales, es perfecta para el *trekking*. Muchos turistas visitan Ecuador cada° año para hacer° *trekking* y escalar montañas°.

Lugares • Latitud 0

Hay un monumento en Ecuador, a unos 22 kilómetros (14 millas) de Quito, donde los visitantes están en el hemisferio norte y el hemisferio sur a la vez°. Este monumento se llama la Mitad del Mundo° y es un destino turístico muy popular.

Explosión del volcán Tungurahua en 1999

¿Qué aprendiste? Completa las oraciones con la información correcta.

1. La ciudad más grande (*biggest*) de Ecuador es _____.
2. La capital de Ecuador es _____.
3. Unos 4.000.000 de ecuatorianos hablan _____.
4. Darwin estudió el proceso de la evolución en _____.
5. Dos temas del arte de _____ son la pobreza y la _____.
6. Un monumento muy popular es _____.
7. La Sierra es un lugar perfecto para el _____.
8. El volcán _____ es el volcán activo más alto del mundo.

Conexión Internet Investiga estos temas en **vistas.vhlcentral.com.**

Practice more at **vistas.vhlcentral.com.**

1. Busca información sobre una ciudad de Ecuador. ¿Te gustaría (*Would you like*) visitar la ciudad? ¿Por qué?
2. Haz una lista de tres animales o plantas que viven sólo en las islas Galápagos. ¿Dónde hay animales o plantas similares?

verdadero tesoro *true treasure* estudió *studied* inspiraron *inspired* tortugas *tortoises* fue *was* escultor *sculptor* pobreza *poverty* sufridas *suffered* cruza *crosses* cada *every* hacer *to do* escalar montañas *to climb mountains* a la vez *at the same time* Mitad del Mundo *Equatorial Line Monument (lit. Midpoint of the World)*

La familia

el/la abuelo/a	*grandfather/ grandmother*
los abuelos	*grandparents*
el apellido	*last name; surname*
el/la bisabuelo/a	*great-grandfather/ great-grandmother*
el/la cuñado/a	*brother-in-law/ sister-in-law*
el/la esposo/a	*husband; wife; spouse*
la familia	*family*
el/la gemelo/a	*twin*
el/la hermanastro/a	*stepbrother/ stepsister*
el/la hermano/a	*brother/sister*
el/la hijastro/a	*stepson/ stepdaughter*
el/la hijo/a	*son/daughter*
los hijos	*children*
la madrastra	*stepmother*
la madre	*mother*
el/la medio/a hermano/a	*half-brother/ half-sister*
el/la nieto/a	*grandson/ granddaughter*
la nuera	*daughter-in-law*
el padrastro	*stepfather*
el padre	*father*
los padres	*parents*
los parientes	*relatives*
el/la primo/a	*cousin*
el/la sobrino/a	*nephew/niece*
el/la suegro/a	*father-in-law/ mother-in-law*
el/la tío/a	*uncle/aunt*
el yerno	*son-in-law*

Otras personas

el/la amigo/a	*friend*
la gente	*people*
el/la muchacho/a	*boy/girl*
el/la niño/a	*child*
el/la novio/a	*boyfriend/girlfriend*
la persona	*person*

Profesiones

el/la artista	*artist*
el/la doctor(a), el/la médico/a	*doctor; physician*
el/la ingeniero/a	*engineer*
el/la periodista	*journalist*
el/la programador(a)	*computer programmer*

Adjetivos

alto/a	*tall*
antipático/a	*unpleasant*
bajo/a	*short (in height)*
bonito/a	*pretty*
buen, bueno/a	*good*
delgado/a	*thin; slender*
difícil	*difficult; hard*
fácil	*easy*
feo/a	*ugly*
gordo/a	*fat*
gran, grande	*big; large*
guapo/a	*handsome; good-looking*
importante	*important*
inteligente	*intelligent*
interesante	*interesting*
joven (sing.), jóvenes (pl.)	*young*
mal, malo/a	*bad*
mismo/a	*same*
moreno/a	*brunet(te)*
mucho/a	*much; many; a lot of*
pelirrojo/a	*red-haired*
pequeño/a	*small*
rubio/a	*blond(e)*
simpático/a	*nice; likeable*
tonto/a	*silly; foolish*
trabajador(a)	*hard-working*
viejo/a	*old*

Nacionalidades

alemán, alemana	*German*
argentino/a	*Argentine*
canadiense	*Canadian*
chino/a	*Chinese*
costarricense	*Costa Rican*
cubano/a	*Cuban*
ecuatoriano/a	*Ecuadorian*
español(a)	*Spanish*
estadounidense	*from the U.S.*
francés, francesa	*French*
inglés, inglesa	*English*
italiano/a	*Italian*
japonés, japonesa	*Japanese*
mexicano/a	*Mexican*
norteamericano/a	*(North) American*
puertorriqueño/a	*Puerto Rican*
ruso/a	*Russian*

Verbos

abrir	*to open*
aprender (a + *inf.*)	*to learn*
asistir (a)	*to attend*
beber	*to drink*
comer	*to eat*
compartir	*to share*
comprender	*to understand*
correr	*to run*
creer (en)	*to believe (in)*
deber (+ *inf.*)	*should; must; ought to*
decidir (+ *inf.*)	*to decide*
describir	*to describe*
escribir	*to write*
leer	*to read*
recibir	*to receive*
tener	*to have*
venir	*to come*
vivir	*to live*

Possessive adjectives	*See page 93.*
Expressions with *tener*	*See page 101.*
Expresiones útiles	*See page 83.*

Audio: Vocabulary

recursos

LM p. 18	vistas.vhlcentral.com Lección 3

Los pasatiempos 4

Communicative Goals

You will learn how to:

- **Talk about pastimes, weekend activities, and sports**
- **Make plans and invitations**

contextos

pages 116–119
- Pastimes
- Sports
- Places in the city

fotonovela

pages 120–123
The friends spend the day exploring Mérida and the surrounding area. Maru, Jimena, and Miguel take Marissa to a **cenote**; Felipe and Juan Carlos join Felipe's cousins for soccer and lunch.

cultura

pages 124–125
- Soccer rivalries
- Lionel Messi and Lorena Ochoa

estructura

pages 126–141
- Present tense of **ir**
- Stem-changing verbs: **e→ie; o→ue**
- Stem-changing verbs: **e→i**
- Verbs with irregular **yo** forms
- **Recapitulación**

adelante

pages 142–149
Lectura: Popular sports in Latin America
Escritura: A pamphlet about activities in your area
Escuchar: A conversation about pastimes
En pantalla
Flash cultura
Panorama: México

A PRIMERA VISTA

- **¿Es esta persona un atleta o un artista?**
- **¿En qué tiene interés, en el ciclismo o en el tenis?**
- **¿Es viejo? ¿Es delgado?**
- **¿Tiene frío o calor?**

Talking Picture, Tutorials & Games
Audio: Activities

Los pasatiempos

Más vocabulario

el béisbol	*baseball*
el ciclismo	*cycling*
el esquí (acuático)	*(water) skiing*
el fútbol americano	*football*
el golf	*golf*
el hockey	*hockey*
la natación	*swimming*
el tenis	*tennis*
el vóleibol	*volleyball*
el equipo	*team*
el parque	*park*
el partido	*game; match*
la plaza	*city or town square*
andar en patineta	*to skateboard*
bucear	*to scuba dive*
escalar montañas (*f., pl.*)	*to climb mountains*
esquiar	*to ski*
ganar	*to win*
ir de excursión	*to go on a hike*
practicar deportes (*m., pl.*)	*to play sports*
escribir una carta/ un mensaje electrónico	*to write a letter/ an e-mail*
leer correo electrónico	*to read e-mail*
leer una revista	*to read a magazine*
deportivo/a	*sports-related*

Variación léxica

piscina ⟷ pileta (*Arg.*); alberca (*Méx.*)
baloncesto ⟷ básquetbol (*Amér. L.*)
béisbol ⟷ pelota (*P. Rico, Rep. Dom.*)

Lee el periódico. (leer)
la pelota
Pasea en bicicleta. (pasear)
el fútbol
la jugadora
Visitan el monumento. (visitar)
Pasean. (pasear)
Toma el sol. (tomar)
Nada. (nadar)
la piscina

recursos

WB pp. 37–38	LM p. 19	vistas.vhlcentral.com Lección 4

Práctica

1 **Escuchar** Indicate the letter of the activity in Column B that best corresponds to each statement you hear. Two items in Column B will not be used.

A	B
1. _____	a. leer correo electrónico
2. _____	b. tomar el sol
3. _____	c. pasear en bicicleta
4. _____	d. ir a un partido de fútbol americano
5. _____	e. escribir una carta
6. _____	f. practicar muchos deportes
	g. nadar
	h. ir de excursión

2 **Ordenar** Order these activities according to what you hear in the narration.

_____ a. pasear en bicicleta	_____ d. tomar el sol
_____ b. nadar	_____ e. practicar deportes
_____ c. leer una revista	_____ f. patinar en línea

3 **¿Cierto o falso?** Indicate whether each statement is **cierto** or **falso** based on the illustration.

	Cierto	Falso
1. Un hombre nada en la piscina.	❍	❍
2. Un hombre lee una revista.	❍	❍
3. Un chico pasea en bicicleta.	❍	❍
4. Dos muchachos esquían.	❍	❍
5. Una mujer y dos niños visitan un monumento.	❍	❍
6. Un hombre bucea.	❍	❍
7. Hay un equipo de hockey.	❍	❍
8. Una mujer toma el sol.	❍	❍

4 **Clasificar** Fill in the chart below with as many terms from **Contextos** as you can.

Actividades	Deportes	Personas
esquiar	béisbol	jugador
andar en patineta	baloncesto	jugadora
bucear	hockey	

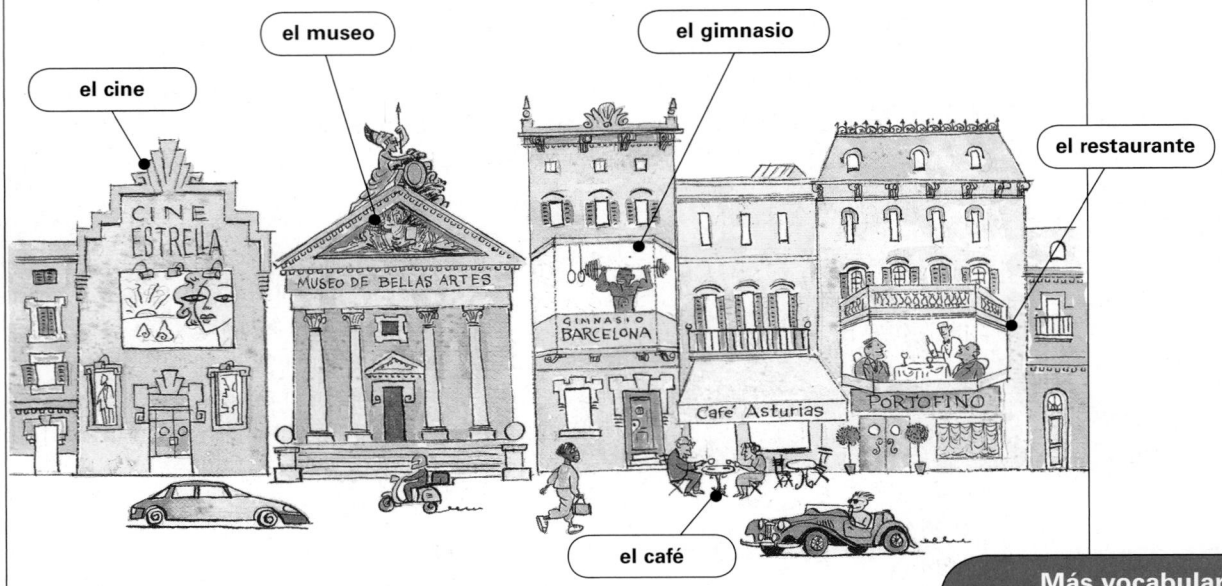

En el centro

Más vocabulario

la diversión	*fun activity; entertainment; recreation*
el fin de semana	*weekend*
el pasatiempo	*pastime; hobby*
los ratos libres	*spare (free) time*
el videojuego	*video game*
la iglesia	*church*
el lugar	*place*
ver películas (*f., pl.*)	*to watch movies*
favorito/a	*favorite*

5 **Identificar** Identify the place where these activities would take place.

modelo

Esquiamos. Es una montaña.

1. Tomamos una limonada.
2. Vemos una película.
3. Nadamos y tomamos el sol.
4. Hay muchos monumentos.
5. Comemos tacos y fajitas.
6. Miramos pinturas (*paintings*) de Diego Rivera y Frida Kahlo.
7. Hay mucho tráfico.
8. Practicamos deportes.

6 **Preguntar** Ask a classmate what he or she does in the places mentioned below. Your classmate will respond using verbs from the word bank.

modelo

una plaza
Estudiante 1: ¿Qué haces (*do you do*) cuando estás en una plaza?
Estudiante 2: Camino por la plaza y miro a las personas.

beber	escalar	mirar	practicar
caminar	escribir	nadar	tomar
correr	leer	patinar	visitar

1. una biblioteca
2. un estadio
3. una plaza
4. una piscina
5. las montañas
6. un parque
7. un café
8. un museo

Practice more at **vistas.vhlcentral.com.**

Comunicación

7 **Crucigrama** Your instructor will give you and your partner an incomplete crossword puzzle. Yours has the words your partner needs and vice versa. In order to complete the puzzle, take turns giving each other clues, using definitions, examples, and phrases.

modelo

2 horizontal: Es un deporte que practicamos en la piscina.
6 vertical: Es un mensaje que escribimos con lápiz o con pluma.

8 **Entrevista** In pairs, take turns asking and answering these questions.

1. ¿Hay un café cerca de la universidad? ¿Dónde está?
2. ¿Cuál es tu restaurante favorito?
3. ¿Te gusta viajar y visitar monumentos? ¿Por qué?
4. ¿Te gusta ir al cine los fines de semana?
5. ¿Cuáles son tus películas favoritas?
6. ¿Te gusta practicar deportes?
7. ¿Cuáles son tus deportes favoritos? ¿Por qué?
8. ¿Cuáles son tus pasatiempos favoritos?

CONSULTA
To review expressions with **gustar**, see **Estructura 2.1**, p. 52.

9 **Conversación** Using the words and expressions provided, work with a partner to prepare a short conversation about pastimes.

¿a qué hora?	¿con quién(es)?	¿dónde?
¿cómo?	¿cuándo?	¿qué?

modelo

Estudiante 1: ¿Cuándo patinas en línea?
Estudiante 2: Patino en línea los domingos. Y tú, ¿patinas en línea?
Estudiante 1: No, no me gusta patinar en línea. Me gusta practicar el béisbol.

10 **Pasatiempos** In pairs, tell each other what pastimes three of your friends and family members enjoy. Be prepared to share with the class any pastimes you noticed they have in common.

modelo

Estudiante 1: Mi hermana pasea mucho en bicicleta, pero mis padres practican la natación. Mi hermano no nada, pero visita muchos museos.
Estudiante 2: Mi primo lee muchas revistas, pero no practica muchos deportes. Mis tíos esquían y practican el golf...

Fútbol, cenotes y mole

PERSONAJES MIGUEL PABLO

Maru, Miguel, Jimena y Marissa visitan un cenote, mientras Felipe y Juan Carlos van a un partido de fútbol.

Video: *Fotonovela* Record and Compare

MIGUEL Buenos días a todos.

TÍA ANA MARÍA Hola Miguel. Maru, ¿qué van a hacer hoy?

MARU Miguel y yo vamos a llevar a Marissa a un cenote.

MARISSA ¿No vamos a nadar? ¿Qué es un cenote?

MIGUEL Sí, sí vamos a nadar. Un cenote... difícil de explicar. Es una piscina natural en un hueco profundo.

MARU ¡Ya vas a ver! Seguro que te va a gustar.

ANA MARÍA Marissa, ¿qué te gusta hacer? ¿Escalar montañas? ¿Ir de excursión?

MARISSA Sí, me gusta ir de excursión y practicar el esquí acuático. Y usted, ¿qué prefiere hacer en sus ratos libres?

PABLO Mi mamá tiene muchos pasatiempos y actividades.

EDUARDO Sí. Ella nada y juega al tenis y al golf.

PABLO Va al cine y a los museos.

ANA MARÍA Sí, salgo mucho los fines de semana.

(*unos minutos después*)

EDUARDO Hay un partido de fútbol en el parque. ¿Quieren ir conmigo?

PABLO Y conmigo. Si no consigo más jugadores, nuestro equipo va a perder.

FELIPE ¿Recuerdas el restaurante del mole?

EDUARDO ¿Qué restaurante?

JIMENA El mole de mi tía Ana María es mi favorito.

MARU Chicos, ya es hora. ¡Vamos!

ANA MARÍA

MARU

MARISSA

EDUARDO

FELIPE

JUAN CARLOS

JIMENA

DON GUILLERMO

(*más tarde, en el parque*)

PABLO No puede ser. ¡Cinco a uno!

FELIPE ¡Vamos a jugar! Si perdemos, compramos el almuerzo. Y si ganamos...

EDUARDO ¡Empezamos!

(*mientras tanto, en el cenote*)

MARISSA ¿Hay muchos cenotes en México?

MIGUEL Sólo en la península de Yucatán.

MARISSA ¡Vamos a nadar!

(*Los chicos visitan a don Guillermo, un vendedor de paletas heladas.*)

JUAN CARLOS Don Guillermo, ¿dónde podemos conseguir un buen mole?

FELIPE Eduardo y Pablo van a pagar el almuerzo. Y yo voy a pedir un montón de comida.

FELIPE Sí, éste es el restaurante. Recuerdo la comida.

EDUARDO Oye, Pablo... No tengo...

PABLO No te preocupes, hermanito.

FELIPE ¿Qué buscas? (*muestra la cartera de Pablo*) ¿Esto?

recursos

VM pp. 219–220	vistas.vhlcentral.com Lección 4

Expresiones útiles

Making invitations

Hay un partido de fútbol en el parque. ¿Quieren ir conmigo?
There's a soccer game in the park. Do you want to come with me?
¡Yo puedo jugar!
I can play!
Mmm... no quiero.
Hmm... I don't want to.
Lo siento, pero no puedo.
I'm sorry, but I can't.
¡Vamos a nadar!
Let's go swimming!
Sí, vamos.
Yes, let's go.

Making plans

¿Qué van a hacer hoy?
What are you going to do today?
Vamos a llevar a Marissa a un cenote.
We are taking Marissa to a cenote.
Vamos a comprar unas paletas heladas.
We're going to buy some popsicles.
Vamos a jugar. Si perdemos, compramos el almuerzo.
Let's play. If we lose, we'll buy lunch.

Talking about pastimes

¿Qué te gusta hacer? ¿Escalar montañas? ¿Ir de excursión?
What do you like to do? Mountain climbing? Hiking?
Sí, me gusta ir de excursión y practicar esquí acuático.
Yes, I like hiking and water skiing.
Y usted, ¿qué prefiere hacer en sus ratos libres?
And you, what do you like to do in your free time?
Salgo mucho los fines de semana.
I go out a lot on the weekends.
Voy al cine y a los museos.
I go to the movies and to museums.

Additional vocabulary

la cartera *wallet* **el hueco** *hole*
un montón de *a lot of*

¿Qué pasó?

1 **Escoger** Choose the answer that best completes each sentence.

1. Marissa, Maru y Miguel desean _____.
   a. nadar b. correr por el parque c. leer el periódico
2. A Marissa le gusta _____.
   a. el tenis b. el vóleibol c. ir de excursión y practicar esquí acuático
3. A la tía Ana María le gusta _____.
   a. jugar al hockey b. nadar y jugar al tenis y al golf c. hacer ciclismo
4. Pablo y Eduardo pierden el partido de _____.
   a. fútbol b. béisbol c. baloncesto
5. Juan Carlos y Felipe desean _____.
   a. patinar b. esquiar c. comer mole

NOTA CULTURAL

Mole is a typical sauce in Mexican cuisine. It is made from pumpkin seeds, chile, and chocolate, and it is usually served with chicken, beef, or pork. To learn more about **mole**, go to page 272.

2 **Identificar** Identify the person who would make each statement.

1. A mí me gusta nadar, pero no sé qué es un cenote. _____
2. Mamá va al cine y al museo en sus ratos libres. _____
3. Yo voy a pedir mucha comida. _____
4. ¿Quieren ir a jugar al fútbol con nosotros en el parque? _____
5. Me gusta salir los fines de semana. _____

NOTA CULTURAL

Cenotes are deep, freshwater sinkholes found in caves throughout the Yucatán peninsula. They were formed in prehistoric times by the erosion and collapse of cave walls. The Mayan civilization considered the **cenotes** sacred, and performed rituals there. Today, they are popular destinations for swimming and diving.

3 **Preguntas** Answer the questions using the information from the **Fotonovela.**

1. ¿Qué van a hacer Miguel y Maru?
2. ¿Adónde van Felipe y Juan Carlos mientras sus amigos van al cenote?
3. ¿Quién gana el partido de fútbol?
4. ¿Quiénes van al cenote con Maru y Miguel?

4 **Conversación** With a partner, prepare a conversation in which you talk about pastimes and invite each other to do some activity together. Use these expressions and also look at **Expresiones útiles** on the previous page.

¿A qué hora? *(At) What time?*	**¿Dónde?** *Where?*	**Nos vemos a las siete.** *See you at seven.*
contigo *with you*	**No puedo porque...** *I can't because...*	

- ¿Eres aficionado/a a...?
- ¿Te gusta...?
- ¿Por qué no...?
- ¿Quieres... conmigo?
- ¿Qué vas a hacer esta noche?

Pronunciación

Audio: Concepts, Activities
Record & Compare

Word stress and accent marks

pe-lí-cu-la **e-di-fi-cio** **ver** **yo**

Every Spanish syllable contains at least one vowel. When two vowels are joined in the same syllable they form a **diphthong***. A **monosyllable** is a word formed by a single syllable.

bi-blio-te-ca **vi-si-tar** **par-que** **fút-bol**

The syllable of a Spanish word that is pronounced most emphatically is the "stressed" syllable.

pe-lo-ta **pis-ci-na** **ra-tos** **ha-blan**

Words that end in **n, s,** or a **vowel** are usually stressed on the next to last syllable.

na-ta-ción **pa-pá** **in-glés** **Jo-sé**

If words that end in **n, s,** or a **vowel** are stressed on the last syllable, they must carry an accent mark on the stressed syllable.

bai-lar **es-pa-ñol** **u-ni-ver-si-dad** **tra-ba-ja-dor**

Words that do *not* end in **n, s,** or a **vowel** are usually stressed on the last syllable.

béis-bol **lá-piz** **ár-bol** **Gó-mez**

If words that do *not* end in **n, s,** or a **vowel** are stressed on the next to last syllable, they must carry an accent mark on the stressed syllable.

**The two vowels that form a diphthong are either both weak or one is weak and the other is strong.*

Práctica Pronounce each word, stressing the correct syllable. Then give the word stress rule for each word.

1. profesor
2. Puebla
3. ¿Cuántos?
4. Mazatlán
5. examen
6. ¿Cómo?
7. niños
8. Guadalajara
9. programador
10. México
11. están
12. geografía

Oraciones Read the conversation aloud to practice word stress.

MARINA Hola, Carlos. ¿Qué tal?
CARLOS Bien. Oye, ¿a qué hora es el partido de fútbol?
MARINA Creo que es a las siete.
CARLOS ¿Quieres ir?
MARINA Lo siento, pero no puedo. Tengo que estudiar biología.

Refranes Read these sayings aloud to practice word stress.

1 He who laughs last, laughs best.
2 United we stand.

recursos
LM p. 20
vistas.vhlcentral.com Lección 4

EN DETALLE

Additional Reading

Real Madrid y Barça: rivalidad total

Soccer in Spain is a force to be reckoned with, and no two teams draw more attention than **Real Madrid** and the **Fútbol Club Barcelona.** Whether the venue is Madrid's **Santiago Bernabéu** or Barcelona's **Camp Nou,** the two cities shut down for the showdown, paralyzed by **fútbol** fever. A ticket to the actual game is always the hottest ticket in town.

The rivalry between **Real Madrid** and **Barça** is about more than soccer. As the two biggest, most powerful cities in Spain, Barcelona and Madrid are constantly compared to one another and have a natural rivalry. There is also a political component to the dynamic. Barcelona, with its distinct language and culture, has long struggled for increased autonomy from Madrid's centralized government. Under Francisco Franco's rule (1939–1975), when repression of the Catalan identity was at its height, a game between **Real Madrid** and **FC Barcelona** was wrapped up with all the symbolism of the regime versus the resistance, even though both teams suffered casualties in Spain's civil war and the subsequent Franco dictatorship.

Although the dictatorship is far behind, the momentum of all those decades of competition still transforms both cities into a frenzied, tense panic leading up to the game. Once the final score is announced, one of those cities is transformed again, this time into the best party in the country.

Rivalidades del fútbol

Argentina: Boca Juniors vs River Plate
México: Águilas del América vs Chivas del Guadalajara
Chile: Colo Colo vs Universidad de Chile
Guatemala: Comunicaciones vs Municipal
Uruguay: Peñarol vs Nacional
Colombia: Millonarios vs Independiente Santa Fe

ACTIVIDADES

1 **¿Cierto o falso?** Indicate whether each statement is **cierto** or **falso**. Correct the false statements.

1. People from Spain don't like soccer.
2. Madrid and Barcelona are the most important cities in Spain.
3. Santiago Bernabéu is a stadium in Barcelona.
4. The rivalry between Real Madrid and FC Barcelona is not only in soccer.
5. Barcelona has resisted Madrid's centralized government.
6. Only the FC Barcelona team was affected by the civil war.
7. During Franco's regime, the Catalan culture thrived.
8. There are many famous rivalries between soccer teams in the Spanish-speaking world.
9. River Plate is a popular team from Argentina.
10. Comunicaciones and Peñarol are famous rivals in Guatemala.

ASÍ SE DICE

Los deportes

el/la árbitro/a	*referee*
el/la atleta	*athlete*
la bola; el balón	**la pelota**
el campeón/ la campeona	*champion*
la carrera	*race*
competir	*to compete*
empatar	*to draw; to tie*
la medalla	*medal*
el/la mejor	*the best*
mundial	*worldwide*
el torneo	*tournament*

EL MUNDO HISPANO

Atletas importantes

World-renowned Hispanic athletes:

- **Rafael Nadal** (España) is one of the best tennis players in the world. His medals include six Grand Slam singles titles and the 2008 Olympic gold medal in singles.
- **Dayron Robles** (Cuba), an Olympic champion hurdler, holds the world record in the 110-meter hurdles.
- **Carolina Ruiz Castillo** (España), an alpine skier, competed in the 2006 and 2010 Olympics.
- **Paola Milagros Espinosa Sánchez** (México) has made two Olympic appearances (2004, 2008) in diving. She and her partner, Tatiana Ortiz, took home the bronze medal in 2008.

PERFIL

Lionel Messi y Lorena Ochoa

Lionel Andrés Messi is considered one of the best soccer players of his generation. Born in 1987 in Argentina, Messi suffered a hormone deficiency that conflicted with his athletic dreams. He moved to Spain as a teenager and, at just 17, played his first game for the team **Fútbol Club Barcelona**. He is now the highest-paid player in the Spanish league.

Mexican golfer **Lorena Ochoa**, born in 1981, took up the sport at the age of five and won her first national event two years later. Winner of the LPGA Tour Player of the Year award every year from 2006-2009, Ochoa was ranked number one worldwide among female golfers when she retired in 2010.

Conexión Internet

¿Qué deportes son populares en los países hispanos?

Go to **vistas.vhlcentral.com** to find more cultural information related to this **Cultura** section.

ACTIVIDADES

2 **Comprensión** Write the name of the athlete described in each sentence.

1. Es un jugador de fútbol de Argentina. _____
2. Es una chica que practica el golf. _____
3. Es una chica española a la que le gusta esquiar. _____
4. Es una chica mexicana que practica un deporte en la piscina. _____

3 **¿Quién es?** Write a short paragraph describing an athlete that you like, but do not mention their name. What do they look like? What sport do they play? Where do they live? Read your description to the class to see if they can guess who they are.

4.1 Present tense of ir  Tutorial

ANTE TODO The verb **ir** (*to go*) is irregular in the present tense. Note that, except for the **yo** form (**voy**) and the lack of a written accent on the **vosotros** form (**vais**), the endings are the same as those for regular present tense **-ar** verbs.

The verb ir (*to go*)

Singular forms		Plural forms	
yo	**voy**	nosotros/as	**vamos**
tú	**vas**	vosotros/as	**vais**
Ud./él/ella	**va**	Uds./ellos/ellas	**van**

- **Ir** is often used with the preposition **a** (*to*). If **a** is followed by the definite article **el**, they combine to form the contraction **al**. If **a** is followed by the other definite articles (**la, las, los**), there is no contraction.

a + el = al

Voy **al** parque con Juan.
I'm going to the park with Juan.

Mis amigos van **a las** montañas.
My friends are going to the mountains.

- The construction **ir a** + [*infinitive*] is used to talk about actions that are going to happen in the future. It is equivalent to the English *to be going* + [*infinitive*].

Va a leer el periódico.
He is going to read the newspaper.

Van a pasear por el pueblo.
They are going to walk around town.

- **Vamos a** + [*infinitive*] can also express the idea of *let's* (*do something*).

Vamos a pasear.
Let's take a stroll.

¡**Vamos a** ver!
Let's see!

CONSULTA
To review the contraction **de** + **el**, see **Estructura 1.3**, pp. 20–21.

AYUDA
When asking a question that contains a form of the verb **ir**, remember to use **adónde**:
¿Adónde vas?
(To) Where are you going?

¡INTÉNTALO! Provide the present tense forms of **ir**.

1. Ellos ___van___.
2. Yo _____.
3. Tu novio _____.
4. Adela _____.
5. Mi prima y yo _____.
6. Tú _____.
7. Ustedes _____.
8. Nosotros _____.
9. Usted _____.
10. Nosotras _____.
11. Miguel _____.
12. Ellas _____.

recursos
WB pp. 39–40
LM p. 21
vistas.vhlcentral.com Lección 4

Práctica

Practice more at vistas.vhlcentral.com.

1 **¿Adónde van?** Everyone in your neighborhood is dashing off to various places. Say where they are going.

1. la señora Castillo / el centro
2. las hermanas Gómez / la piscina
3. tu tío y tu papá / el partido de fútbol
4. yo / el Museo de Arte Moderno
5. nosotros / el restaurante Miramar

2 **¿Qué van a hacer?** These sentences describe what several students in a college hiking club are doing today. Use **ir a** + [*infinitive*] to say that they are also going to do the same activities tomorrow.

modelo

Martín y Rodolfo nadan en la piscina.
Van a nadar en la piscina mañana también.

1. Sara lee una revista.
2. Yo practico deportes.
3. Ustedes van de excursión.
4. El presidente del club patina.
5. Tú tomas el sol.
6. Paseamos con nuestros amigos.

3 **Preguntas** With a partner, take turns asking and answering questions about where the people are going and what they are going to do there.

modelo

Estudiante 1: *¿Adónde va Estela?*
Estudiante 2: *Va a la Librería Sol.*
Estudiante 1: *Va a comprar un libro.*

Estela

1. Álex y Miguel

2. mi amigo

3. tú

4. los estudiantes

5. profesora Torres

6. ustedes

Comunicación

4 **Situaciones** Work with a partner and say where you and your friends go in these situations.

1. Cuando deseo descansar...
2. Cuando mi novio/a tiene que estudiar...
3. Si mis compañeros de clase necesitan practicar el español...
4. Si deseo hablar con mis amigos...
5. Cuando tengo dinero (*money*)...
6. Cuando mis amigos y yo tenemos hambre...
7. En mis ratos libres...
8. Cuando mis amigos desean esquiar...
9. Si estoy de vacaciones...
10. Si tengo ganas de leer...

5 **Encuesta** Your instructor will give you a worksheet. Walk around the class and ask your classmates if they are going to do these activities today. Find one person to answer **Sí** and one to answer **No** for each item and note their names on the worksheet in the appropriate column. Be prepared to report your findings to the class.

modelo

Tú: ¿Vas a leer el periódico hoy?
Ana: Sí, voy a leer el periódico hoy.
Luis: No, no voy a leer el periódico hoy.

Actividades	Sí	No
1. comer en un restaurante chino		
2. leer el periódico	Ana	Luis
3. escribir un mensaje electrónico		
4. correr 20 kilómetros		
5. ver una película de terror		
6. pasear en bicicleta		

6 **Entrevista** Talk to two classmates in order to find out where they are going and what they are going to do on their next vacation.

modelo

Estudiante 1: ¿Adónde vas de vacaciones (*on vacation*)?
Estudiante 2: Voy a Guadalajara con mis amigos.
Estudiante 3: ¿Y qué van a hacer (*to do*) ustedes en Guadalajara?
Estudiante 2: Vamos a visitar unos monumentos y museos. ¿Y tú?

Síntesis

7 **Planes** Make a schedule of your activities for the weekend. Then, share with a partner.

- For each day, list at least three things you have to do.
- For each day, list at least two things you will do for fun.
- Tell a classmate what your weekend schedule is like. He or she will write down what you say.
- Switch roles to see if you have any plans in common.
- Take turns asking each other to participate in some of the activities you listed.

4.2 Stem-changing verbs: e→ie, o→ue

Tutorial

ANTE TODO Stem-changing verbs deviate from the normal pattern of regular verbs. When stem-changing verbs are conjugated, they have a vowel change in the last syllable of the stem.

INFINITIVE	VERB STEM	STEM CHANGE	CONJUGATED FORM
empezar	empez-	emp**ie**z-	emp**ie**zo
volver	volv-	v**ue**lv-	v**ue**lvo

CONSULTA

To review the present tense of regular **-ar** verbs, see **Estructura 2.1**, p. 50.

• • •

To review the present tense of regular **-er** and **-ir** verbs, see **Estructura 3.3**, p. 96.

- In many verbs, such as **empezar** (*to begin*), the stem vowel changes from **e** to **ie**. Note that the **nosotros/as** and **vosotros/as** forms don't have a stem change.

The verb empezar (e:ie) (*to begin*)

Singular forms		Plural forms	
yo	emp**ie**zo	nosotros/as	empezamos
tú	emp**ie**zas	vosotros/as	empezáis
Ud./él/ella	emp**ie**za	Uds./ellos/ellas	emp**ie**zan

Los chicos empiezan a hablar de su visita al cenote.

Ellos vuelven a comer en el restaurante.

- In many other verbs, such as **volver** (*to return*), the stem vowel changes from **o** to **ue**. The **nosotros/as** and **vosotros/as** forms have no stem change.

The verb volver (o:ue) (*to return*)

Singular forms		Plural forms	
yo	v**ue**lvo	nosotros/as	volvemos
tú	v**ue**lves	vosotros/as	volvéis
Ud./él/ella	v**ue**lve	Uds./ellos/ellas	v**ue**lven

- To help you identify stem-changing verbs, they will appear as follows throughout the text:

empezar (e:ie), volver (o:ue)

Common stem-changing verbs

e:ie		o:ue	
cerrar	*to close*	**almorzar**	*to have lunch*
comenzar (a + *inf.*)	*to begin*	**contar**	*to count; to tell*
empezar (a + *inf.*)	*to begin*	**dormir**	*to sleep*
entender	*to understand*	**encontrar**	*to find*
pensar	*to think*	**mostrar**	*to show*
perder	*to lose; to miss*	**poder (+ *inf.*)**	*to be able to; can*
preferir (+ *inf.*)	*to prefer*	**recordar**	*to remember*
querer (+ *inf.*)	*to want; to love*	**volver**	*to return*

¡LENGUA VIVA!

The verb **perder** can mean *to lose* or *to miss*, in the sense of "to miss a train".

Siempre pierdo mis llaves.
I always lose my keys.

Es importante no perder el autobús.
It's important not to miss the bus.

- **Jugar** (*to play a sport or a game*) is the only Spanish verb that has a **u:ue** stem change. **Jugar** is followed by **a** + [*definite article*] when the name of a sport or game is mentioned.

- **Comenzar** and **empezar** require the preposition **a** when they are followed by an infinitive.

Comienzan a jugar a las siete.
They begin playing at seven.

Ana **empieza a** escribir una postal.
Ana is starting to write a postcard.

- **Pensar** + [*infinitive*] means *to plan* or *to intend to do something*. **Pensar en** means *to think about someone* or *something*.

¿**Piensan** ir al gimnasio?
Are you planning to go to the gym?

¿**En** qué **piensas**?
What are you thinking about?

¡INTÉNTALO! Provide the present tense forms of these verbs.

cerrar (e:ie)

1. Ustedes cierran.
2. Tú _____.
3. Nosotras _____.
4. Mi hermano _____.
5. Yo _____.
6. Usted _____.
7. Los chicos _____.
8. Ella _____.

dormir (o:ue)

1. Mi abuela no duerme.
2. Yo no _____.
3. Tú no _____.
4. Mis hijos no _____.
5. Usted no _____.
6. Nosotros no _____.
7. Él no _____.
8. Ustedes no _____.

recursos

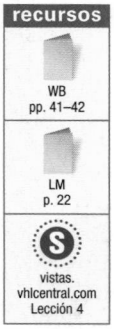

Práctica

1 **Completar** Complete this conversation with the appropriate forms of the verbs. Then act it out with a partner.

PABLO Óscar, voy al centro ahora.

ÓSCAR ¿A qué hora (1)_____ (pensar) volver? El partido de fútbol (2)_____ (empezar) a las dos.

PABLO (3)_____ (Volver) a la una. (4)_____ (Querer) ver el partido.

ÓSCAR (5)¿_____ (Recordar) que (*that*) nuestro equipo es muy bueno? (6)¡ _____ (Poder) ganar!

PABLO No, (7)_____ (pensar) que va a (8)_____ (perder). Los jugadores de Guadalajara son salvajes (*wild*) cuando (9)_____ (jugar).

2 **Preferencias** With a partner, take turns asking and answering questions about what these people want to do, using the cues provided.

NOTA CULTURAL

Dominó (*Dominoes*) is a popular pastime throughout Colombia, Venezuela, Central America, and the Spanish-speaking countries of the Caribbean. It's played both socially and competitively by people of all ages.

modelo

Guillermo: estudiar / pasear en bicicleta
Estudiante 1: *¿Quiere estudiar Guillermo?*
Estudiante 2: *No, prefiere pasear en bicicleta.*

1. tú: trabajar / dormir
2. ustedes: mirar la televisión / jugar al dominó
3. tus amigos: ir de excursión / descansar
4. tú: comer en la cafetería / ir a un restaurante
5. Elisa: ver una película / leer una revista
6. María y su hermana: tomar el sol / practicar el esquí acuático

3 **Describir** Use a verb from the list to describe what these people are doing.

almorzar cerrar contar dormir encontrar mostrar

1. las niñas

2. yo

3. nosotros

4. tú

5. Pedro

6. Teresa

Practice more at **vistas.vhlcentral.com.**

Comunicación

4 **Frecuencia** In pairs, take turns using the verbs from the list and other stem-changing verbs you know to tell your partner which activities you do daily (**todos los días**), which you do once a month (**una vez al mes**), and which you do once a year (**una vez al año**). Record your partner's responses in the chart so that you can report back to the class.

modelo

Estudiante 1: *Yo recuerdo a mi familia todos los días.*
Estudiante 2: *Yo pierdo uno de mis libros una vez al año.*

cerrar	perder
dormir	poder
empezar	preferir
encontrar	querer
jugar	recordar
¿?	¿?

todos los días		una vez al mes		una vez al año

5 **En la televisión** Read the television listings for Saturday. In pairs, write a conversation between two siblings arguing about what to watch. Be creative and be prepared to act out your conversation for the class.

modelo

Hermano: *Podemos ver la Copa Mundial.*
Hermana: *¡No, no quiero ver la Copa Mundial! Prefiero ver...*

	13:00	14:00	15:00	16:00	17:00	18:00	19:00	20:00	21:00	22:00	23:00
7	Copa Mundial (*World Cup*) de fútbol			República Deportiva		Campeonato (*Championship*) Mundial de Vóleibol: México-Argentina				Torneo de Natación	
8	Abierto (*Open*) Mexicano de Tenis: Santiago González (México) vs. Nicolás Almagro (España). Semifinales			Campeonato de baloncesto: Los Correcaminos de Tampico vs. los Santos de San Luis				Aficionados al buceo		Cozumel: Aventuras	
12	Yo soy Betty, la fea	Héroes		Hermanos y hermanas			Película: **Sin nombre**		Película: **El coronel no tiene quien le escriba**		
13	El padrastro		60 Minutos				El esquí acuático			Patinaje artístico	
17	Biografías: La artista Frida Kahlo			Música de la semana			Entrevista del día: Iker Casillas y su pasión por el fútbol			Cine de la noche: **Elsa y Fred**	

NOTA CULTURAL

Iker Casillas Fernández is a famous goalkeeper for **Real Madrid**. A native of Madrid, he is among the best goalkeepers of his generation.

Síntesis

6 **Situación** Your instructor will give you and your partner each a partially illustrated itinerary of a city tour. Complete the itineraries by asking each other questions using the verbs in the captions and vocabulary you have learned.

modelo

Estudiante 1: *Por la mañana, empiezan en el café.*
Estudiante 2: *Y luego...*

4.3 Stem-changing verbs: e→i

ANTE TODO You've already seen that many verbs in Spanish change their stem vowel when conjugated. There is a third kind of stem-vowel change in some verbs, such as **pedir** (*to ask for; to request*). In these verbs, the stressed vowel in the stem changes from **e** to **i**, as shown in the diagram.

INFINITIVE	VERB STEM	STEM CHANGE	CONJUGATED FORM
pedir	ped-	pid-	pido

- As with other stem-changing verbs you have learned, there is no stem change in the **nosotros/as** or **vosotros/as** forms in the present tense.

¡LENGUA VIVA!

As you learned in **Lección 2, preguntar** means *to ask a question.* **Pedir,** however, means *to ask for something:*

Ella me pregunta cuántos años tengo.
She asks me how old I am.

Él me pide ayuda.
He asks me for help.

The verb pedir (e:i) (*to ask for; to request*)

Singular forms		Plural forms	
yo	pido	nosotros/as	pedimos
tú	pides	vosotros/as	pedís
Ud./él/ella	pide	Uds./ellos/ellas	piden

- To help you identify verbs with the **e:i** stem change, they will appear as follows throughout the text:

pedir (e:i)

- These are the most common **e:i** stem-changing verbs:

conseguir	**decir**	**repetir**	**seguir**
to get; to obtain	*to say; to tell*	*to repeat*	*to follow; to continue; to keep (doing something)*

Pido favores cuando es necesario.
I ask for favors when it's necessary.

Javier **dice** la verdad.
Javier is telling the truth.

Sigue con su tarea.
He continues with his homework.

Consiguen ver buenas películas.
They get to see good movies.

- **¡Atención!** The verb **decir** is irregular in its **yo** form: **yo digo**.
- The **yo** forms of **seguir** and **conseguir** have a spelling change in addition to the stem change **e:i**.

Sigo su plan.
I'm following their plan.

Consigo novelas en la librería.
I get novels at the bookstore.

recursos

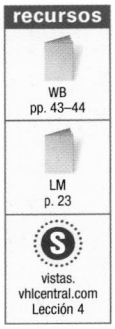

¡INTÉNTALO! Provide the correct forms of the verbs.

repetir (e:i)

1. Arturo y Eva repiten.
2. Yo _____.
3. Nosotros _____.
4. Julia _____.
5. Sofía y yo _____.

decir (e:i)

1. Yo digo.
2. Él _____.
3. Tú _____.
4. Usted _____.
5. Ellas _____.

seguir (e:i)

1. Yo sigo.
2. Nosotros _____.
3. Tú _____.
4. Los chicos _____.
5. Usted _____.

Práctica

1 **Completar** Complete these sentences with the correct form of the verb provided.

1. Cuando mi familia pasea por la ciudad, mi madre siempre (*always*) va a un café y _____ (pedir) una soda.
2. Pero mi padre _____ (decir) que perdemos mucho tiempo. Tiene prisa por llegar al Bosque de Chapultepec.
3. Mi padre tiene suerte, porque él siempre _____ (conseguir) lo que (*that which*) desea.
4. Cuando llegamos al parque, mis hermanos y yo _____ (seguir) conversando (*talking*) con nuestros padres.
5. Mis padres siempre _____ (repetir) la misma cosa: "Nosotros tomamos el sol aquí sin ustedes".
6. Yo siempre _____ (pedir) permiso para volver a casa un poco más tarde porque me gusta mucho el parque.

NOTA CULTURAL

A popular weekend destination for residents and tourists, **el Bosque de Chapultepec** is a beautiful park located in Mexico City. It occupies over 1.5 square miles and includes lakes, wooded areas, several museums, and a botanical garden. You may recognize this park from **Fotonovela, Lección 2.**

2 **Combinar** Combine words from the two columns to create sentences about yourself and people you know.

A	B
yo	(no) pedir muchos favores
mi compañero/a de cuarto	nunca (*never*) pedir perdón
mi mejor (*best*) amigo/a	nunca seguir las instrucciones
mi familia	siempre seguir las instrucciones
mis amigos/as	conseguir libros en Internet
mis amigos/as y yo	repetir el vocabulario
mis padres	poder hablar dos lenguas
mi hermano/a	dormir hasta el mediodía
mi profesor(a) de español	siempre perder sus libros

3 **Opiniones** In pairs, take turns guessing how your partner completed the sentences from **Actividad 2**. If you guess incorrectly, your partner must supply the correct answer.

CONSULTA

To review possessive adjectives, see **Estructura 3.2**, p. 93.

modelo

Estudiante 1: *Creo que tus padres consiguen libros en Internet.*
Estudiante 2: *¡No! Mi hermana consigue libros en Internet.*

4 **¿Quién?** Your instructor will give you a worksheet. Talk to your classmates until you find one person who does each of the activities. Use **e:ie**, **o:ue**, and **e:i** stem-changing verbs.

modelo

Tú: *¿Pides consejos con frecuencia?*
Maira: *No, no pido consejos con frecuencia.*
Tú: *¿Pides consejos con frecuencia?*
Lucas: *Sí, pido consejos con frecuencia.*

Comunicación

5 **Las películas** Use these questions to interview a classmate.

1. ¿Prefieres las películas románticas, las películas de acción o las películas de terror? ¿Por qué?
2. ¿Dónde consigues información sobre (*about*) cine y televisión?
3. ¿Dónde consigues las entradas (*tickets*) para ver una película?
4. Para decidir qué películas vas a ver, ¿sigues las recomendaciones de los críticos de cine? ¿Qué dicen los críticos en general?
5. ¿Qué cines en tu comunidad muestran las mejores (*best*) películas?
6. ¿Vas a ver una película esta semana? ¿A qué hora empieza la película?

Síntesis

6 **El cine** In pairs, first scan the ad and jot down all the stem-changing verbs. Then answer the questions. Be prepared to share your answers with the class.

1. ¿Qué palabras indican que *Avatar* es una película dramática?
2. ¿Cómo son los dos personajes (*characters*) del póster? ¿Qué relación tienen?
3. ¿Te gustan las películas como ésta (*this one*)? ¿Por qué?
4. Describe tu película favorita con los verbos de la **Lección 4**.

★★★★★

Ganadora de tres premios Óscar

Cuando todas las puertas se cierran, siempre hay una oportunidad para volver a empezar.

Del productor y director de
Titanic y Terminator

Un mundo lejano puede desaparecer, su salvación está en las manos de un hombre que también puede perderlo todo... Incluso el amor.
¿Cuentan con él?

4.4 Verbs with irregular yo forms

ANTE TODO In Spanish, several verbs have irregular **yo** forms in the present tense. You have already seen three verbs with the **-go** ending in the **yo** form: **decir → digo**, **tener → tengo**, and **venir → vengo**.

- Here are some common expressions with **decir**.

decir la verdad
to tell the truth

decir mentiras
to tell lies

decir que
to say that

decir la respuesta
to say the answer

- The verb **hacer** is often used to ask questions about what someone does. Note that when answering, **hacer** is frequently replaced with another, more specific action verb.

Verbs with irregular yo forms

	hacer *(to do; to make)*	**poner** *(to put; to place)*	**salir** *(to leave)*	**suponer** *(to suppose)*	**traer** *(to bring)*
SINGULAR FORMS	**hago**	**pongo**	**salgo**	**supongo**	**traigo**
	haces	pones	sales	supones	traes
	hace	pone	sale	supone	trae
PLURAL FORMS	hacemos	ponemos	salimos	suponemos	traemos
	hacéis	ponéis	salís	suponéis	traéis
	hacen	ponen	salen	suponen	traen

- **Poner** can also mean *to turn on* a household appliance.

Carlos **pone** la radio.
Carlos turns on the radio.

María **pone** la televisión.
María turns on the television.

- **Salir de** is used to indicate that someone is leaving a particular place.

Hoy **salgo del** hospital.
Today I leave the hospital.

Sale de la clase a las cuatro.
He leaves class at four.

- **Salir para** is used to indicate someone's destination.

  Mañana **salgo para** México.
  Tomorrow I leave for Mexico.

  Hoy **salen para** España.
  Today they leave for Spain.

- **Salir con** means *to leave with someone* or *something*, or *to date someone*.

  Alberto **sale con** su mochila.
  Alberto is leaving with his backpack.

  Margarita **sale con** Guillermo.
  Margarita is going out with Guillermo.

The verbs ver and oír

- The verb **ver** (*to see*) has an irregular **yo** form. The other forms of **ver** are regular.

The verb ver (*to see*)

Singular forms		Plural forms	
yo	**veo**	nosotros/as	vemos
tú	ves	vosotros/as	veis
Ud./él/ella	ve	Uds./ellos/ellas	ven

- The verb **oír** (*to hear*) has an irregular **yo** form and the spelling change **i**:**y** in the **tú**, **usted**, **él**, **ella**, **ustedes**, **ellos**, and **ellas** forms. The **nosotros/as** and **vosotros/as** forms have an accent mark.

The verb oír (*to hear*)

Singular forms		Plural forms	
yo	**oigo**	nosotros/as	oímos
tú	oyes	vosotros/as	oís
Ud./él/ella	oye	Uds./ellos/ellas	oyen

- While most commonly translated as *to hear*, **oír** is also used in contexts where the verb *to listen* would be used in English.

  Oigo a unas personas en la otra sala.
  I hear some people in the other room.

  ¿**Oyes** la radio por la mañana?
  Do you listen to the radio in the morning?

¡INTÉNTALO! Provide the appropriate forms of these verbs.

1. salir	Isabel sale.	Nosotros _____.	Yo _____.
2. ver	Yo _____.	Uds. _____.	Tú _____.
3. poner	Rita y yo _____.	Yo _____.	Los niños _____.
4. hacer	Yo _____.	Tú _____.	Ud. _____.
5. oír	Él _____.	Nosotros _____.	Yo _____.
6. traer	Ellas _____.	Yo _____.	Tú _____.
7. suponer	Yo _____.	Mi amigo _____.	Nosotras _____.

recursos
WB pp. 45–46
LM p. 24
vistas.vhlcentral.com Lección 4

Práctica

1 **Completar** Complete this conversation with the appropriate forms of the verbs. Then act it out with a partner.

ERNESTO David, ¿qué (1)_____ (hacer) hoy?

DAVID Ahora estudio biología, pero esta noche (2)_____ (salir) con Luisa. Vamos al cine. Los críticos (3)_____ (decir) que la nueva (*new*) película de Almodóvar es buena.

ERNESTO ¿Y Diana? ¿Qué (4)_____ (hacer) ella?

DAVID (5)_____ (Salir) a comer con sus padres.

ERNESTO ¿Qué (6)_____ (hacer) Andrés y Javier?

DAVID Tienen que (7)_____ (hacer) las maletas. (8)_____ (Salir) para Monterrey mañana.

ERNESTO Pues, ¿qué (9)_____ (hacer) yo?

DAVID Yo (10)_____ (suponer) que puedes estudiar o (11)_____ (ver) la televisión.

ERNESTO No quiero estudiar. Mejor (12)_____ (poner) la televisión. Mi programa favorito empieza en unos minutos.

2 **Oraciones** Form sentences using the cues provided and verbs from **Estructura 4.4**.

modelo

tú / _____ / cosas / en / su lugar / antes de (*before*) / salir

Tú pones las cosas en su lugar antes de salir.

1. mis amigos / _____ / conmigo / centro
2. tú / _____ / mentiras / pero / yo _____ / verdad
3. Alberto / _____ / música del café Pasatiempos
4. yo / no / _____ / muchas películas
5. domingo / nosotros / _____ / mucha / tarea
6. si / yo / _____ / que / yo / querer / ir / cine / mis amigos / ir / también

3 **Describir** Use the verbs from **Estructura 4.4** to describe what these people are doing.

1. Fernán

2. los aficionados

3. yo

4. nosotros

5. la señora Vargas

6. el estudiante

Comunicación

4 **Tu rutina** In pairs, take turns asking each other these questions.

1. ¿Qué traes a clase?
2. ¿Quiénes traen un diccionario a clase? ¿Por qué traen un diccionario?
3. ¿A qué hora sales de tu residencia estudiantil o de tu casa por la mañana? ¿A qué hora sale tu compañero/a de cuarto?
4. ¿Dónde pones tus libros cuando regresas de clase? ¿Siempre (*Always*) pones tus cosas en su lugar?
5. ¿Qué prefieres hacer, oír la radio o ver la televisión?
6. ¿Oyes música cuando estudias?
7. ¿Ves películas en casa o prefieres ir al cine?
8. ¿Haces mucha tarea los fines de semana?
9. ¿Sales con tus amigos los fines de semana? ¿A qué hora? ¿Qué hacen?
10. ¿Te gusta ver deportes en la televisión o prefieres ver otros programas? ¿Cuáles?

5 **Charadas** In groups, play a game of charades. Each person should think of two phrases containing the verbs **hacer, oír, poner, salir, traer,** or **ver**. The first person to guess correctly acts out the next charade.

6 **Entrevista** You are doing a market research report on lifestyles. Interview a classmate to find out when he or she goes out with these people and what they do for entertainment.

- los/las amigos/as
- el/la novio/a
- el/la esposo/a
- la familia

Síntesis

7 **Situación** Imagine that you are speaking with your roommate. With a partner, prepare a conversation using these cues.

Estudiante 1	Estudiante 2
Ask your partner what he or she is doing.	Tell your partner that you are watching TV.
Say what you suppose he or she is watching.	Say that you like the show _____. Ask if he or she wants to watch.
Say no, because you are going out with friends, and tell where you are going.	Say you think it's a good idea, and ask what your partner and his or her friends are doing there.
Say what you are going to do, and ask your partner whether he or she wants to come along.	Say no and tell your partner what you prefer to do.

Recapitulación

Concepts Diagnostics

Review the grammar concepts you have learned in this lesson by completing these activities.

1 **Completar** Complete the chart with the correct verb forms. 15 pts.

Infinitive	yo	nosotros/as	ellos/as
	vuelvo		
comenzar		comenzamos	
		hacemos	hacen
ir			
	juego		
repetir			repiten

2 **Un día típico** Complete the paragraph with the appropriate forms of the verbs in the word list. Not all verbs will be used. Some may be used more than once. 10 pts.

almorzar	ir	salir
cerrar	jugar	seguir
empezar	mostrar	ver
hacer	querer	volver

¡Hola! Me llamo Cecilia y vivo en Puerto Vallarta, México. ¿Cómo es un día típico en mi vida (*life*)? Por la mañana bebo café con mis padres y juntos (*together*) (1)_____ las noticias (*news*) en la televisión. A las siete y media, (yo) (2)_____ de mi casa y tomo el autobús. Me gusta llegar temprano (*early*) a la universidad porque siempre (*always*) (3)_____ a mis amigos en la cafetería. Tomamos café y planeamos lo que (4)_____ hacer cada (*each*) día. A las ocho y cuarto, mi amiga Sandra y yo (5)_____ al laboratorio de lenguas. La clase de francés (6)_____ a las ocho y media. ¡Es mi clase favorita! A las doce y media (yo) (7)_____ en la cafetería con mis amigos. Después (*Afterwards*), yo (8)_____ con mis clases. Por las tardes, mis amigos (9)_____ a sus casas, pero yo (10)_____ al vóleibol con mi amigo Tomás.

RESUMEN GRAMATICAL

4.1 Present tense of ir p. 126

yo	voy	nos.	vamos
tú	vas	vos.	vais
él	va	ellas	van

- **ir a** + [*infinitive*] = *to be going* + [*infinitive*]
- **a + el = al**
- **vamos a** + [*infinitive*] = *let's* (*do something*)

4.2 Stem-changing verbs e:ie, o:ue, u:ue pp. 129–130

	empezar	volver	jugar
yo	empiezo	vuelvo	juego
tú	empiezas	vuelves	juegas
él	empieza	vuelve	juega
nos.	empezamos	volvemos	jugamos
vos.	empezáis	volvéis	jugáis
ellas	empiezan	vuelven	juegan

- Other **e:ie** verbs: **cerrar, comenzar, entender, pensar, perder, preferir, querer**
- Other **o:ue** verbs: **almorzar, contar, dormir, encontrar, mostrar, poder, recordar**

4.3 Stem-changing verbs e:i p. 133

pedir			
yo	pido	nos.	pedimos
tú	pides	vos.	pedís
él	pide	ellas	piden

- Other **e:i** verbs: **conseguir, decir, repetir, seguir**

4.4 Verbs with irregular yo forms pp. 136–137

hacer	poner	salir	suponer	traer
hago	pongo	salgo	supongo	traigo

- **ver:** veo, ves, ve, vemos, veis, ven
- **oír:** oigo, oyes, oye, oímos, oís, oyen

3 **Oraciones** Arrange the cues provided in the correct order to form complete sentences. Make all necessary changes. **14 pts.**

1. tarea / los / hacer / sábados / nosotros / la

_____

2. en / pizza / Andrés / una / restaurante / el / pedir

_____

3. a / ? / museo / ir / ¿ / el / (tú)

_____

4. de / oír / amigos / bien / los / no / Elena

_____

5. libros / traer / yo / clase / mis / a

_____

6. película / ver / en / Jorge y Carlos / pensar / cine / una / el

_____

7. unos / escribir / Mariana / electrónicos / querer / mensajes

_____

4 **Escribir** Write a short paragraph about what you do on a typical day. Use at least six of the verbs you have learned in this lesson. You can use the paragraph on the opposite page (**Actividad 2**) as a model. **11 pts.**

Un día típico

Hola, me llamo Julia y vivo en Vancouver, Canadá. Por la mañana, yo...

5 **Rima** Complete the rhyme with the appropriate forms of the correct verbs from the list. **2 EXTRA points!**

contar	poder
oír	suponer

"Si no _____ dormir
y el sueño deseas,
lo vas a conseguir
si _____ ovejas°."

ovejas *sheep*

Practice more at **vistas.vhlcentral.com.**

Lectura

Antes de leer

Estrategia

Predicting content from visuals

When you are reading in Spanish, be sure to look for visual clues that will orient you as to the content and purpose of what you are reading. Photos and illustrations, for example, will often give you a good idea of the main points that the reading covers. You may also encounter very helpful visuals that are used to summarize large amounts of data in a way that is easy to comprehend; these include bar graphs, pie charts, flow charts, lists of percentages, and other sorts of diagrams.

Examinar el texto

Take a quick look at the visual elements of the magazine article in order to generate a list of ideas about its content. Then compare your list with a classmate's. Are they the same or are they different? Discuss your lists and make any changes needed to produce a final list of ideas.

Contestar

Read the list of ideas you wrote in **Examinar el texto**, and look again at the visual elements of the magazine article. Then answer these questions:

1. Who is the woman in the photo, and what is her role?
2. What is the article about?
3. What is the subject of the pie chart?
4. What is the subject of the bar graph?

por María Úrsula Echevarría

El fútbol es el deporte más popular en el mundo° hispano, según° una encuesta° reciente realizada entre jóvenes universitarios. Mucha gente practica este deporte y tiene un equipo de fútbol favorito. Cada cuatro años se realiza la Copa Mundial°. Argentina y Uruguay han ganado° este campeonato° más de una vez°. Los aficionados siguen los partidos de fútbol en casa por tele y en muchos otros lugares como bares, restaurantes, estadios y clubes deportivos. Los jóvenes juegan al fútbol con sus amigos en parques y gimnasios.

Países hispanos en campeonatos mundiales de fútbol (1930–2010)

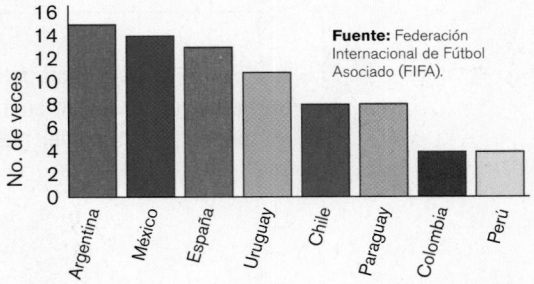

Pero, por supuesto°, en los países de habla hispana también hay otros deportes populares. ¿Qué deporte sigue al fútbol en estos países? Bueno, ¡depende del país y de otros factores!

Después de leer

Evaluación y predicción

Which of the following sporting events would be most popular among the college students surveyed? Rate them from one (most popular) to five (least popular). Which would be the most popular at your college or university?

_____ 1. la Copa Mundial de Fútbol
_____ 2. los Juegos Olímpicos
_____ 3. el Campeonato de Wimbledon
_____ 4. la Serie Mundial de Béisbol
_____ 5. el Tour de Francia

No sólo el fútbol

Donde el fútbol es más popular

En México, el béisbol es el segundo° deporte más popular después° del fútbol. Pero en Argentina, después del fútbol, el rugby tiene mucha importancia. En Perú a la gente le gusta mucho ver partidos de vóleibol. ¿Y en España? Muchas personas prefieren el baloncesto, el tenis y el ciclismo.

En Colombia, el béisbol también es muy popular después del fútbol, aunque° esto varía según la región del país. En la costa del norte de Colombia, el béisbol es una pasión. Y el ciclismo también es un deporte que los colombianos siguen con mucho interés.

Donde el béisbol es más popular

En los países del Caribe, el béisbol es el deporte predominante. Éste es el caso en Puerto Rico, Cuba y la República Dominicana. Los niños empiezan a jugar cuando son muy pequeños. En Puerto Rico y la República Dominicana, la gente también quiere participar en otros deportes, como el baloncesto, o ver los partidos en la tele. Y para los espectadores aficionados del Caribe, el boxeo es número dos.

Deportes más populares

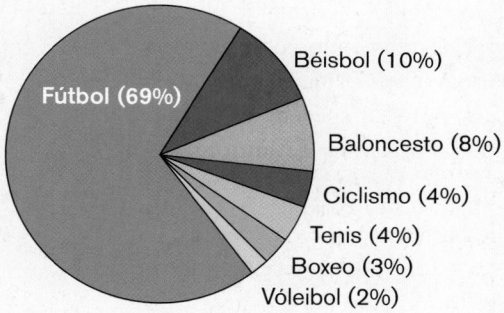

mundo *world* según *according to* encuesta *survey* se realiza la Copa Mundial *the World Cup is held* han ganado *have won* campeonato *championship* más de una vez *more than once* por supuesto *of course* segundo *second* después *after* aunque *although*

¿Cierto o falso?

Indicate whether each sentence is **cierto** or **falso**, then correct the false statements.

	Cierto	Falso
1. El vóleibol es el segundo deporte más popular en México.	❍	❍
2. En España a la gente le gustan varios deportes como el baloncesto y el ciclismo.	❍	❍
3. En la costa del norte de Colombia, el tenis es una pasión.	❍	❍
4. En el Caribe, el deporte más popular es el béisbol.	❍	❍

Preguntas

Answer these questions in Spanish.

1. ¿Dónde ven el fútbol los aficionados? Y tú, ¿cómo ves tus deportes favoritos?
2. ¿Te gusta el fútbol? ¿Por qué?
3. ¿Miras la Copa Mundial en la televisión?
4. ¿Qué deportes miras en la televisión?
5. En tu opinión, ¿cuáles son los tres deportes más populares en tu universidad? ¿En tu comunidad? ¿En tu país?
6. ¿Practicas deportes en tus ratos libres?

Escritura

Estrategia

Using a dictionary

A common mistake made by beginning language learners is to embrace the dictionary as the ultimate resource for reading, writing, and speaking. While it is true that the dictionary is a useful tool that can provide valuable information about vocabulary, using the dictionary correctly requires that you understand the elements of each entry.

If you glance at a Spanish-English dictionary, you will notice that its format is similar to that of an English dictionary. The word is listed first, usually followed by its pronunciation. Then come the definitions, organized by parts of speech. Sometimes the most frequently used definitions are listed first.

To find the best word for your needs, you should refer to the abbreviations and the explanatory notes that appear next to the entries. For example, imagine that you are writing about your pastimes. You want to write, "I want to buy a new racket for my match tomorrow," but you don't know the Spanish word for "racket." In the dictionary, you may find an entry like this:

racket *s* **1.** alboroto; **2.** raqueta (*dep.*)

The abbreviation key at the front of the dictionary says that *s* corresponds to **sustantivo** (*noun*). Then, the first word you see is **alboroto.** The definition of **alboroto** is *noise* or *racket,* so **alboroto** is probably not the word you're looking for. The second word is **raqueta**, followed by the abbreviation *dep.*, which stands for **deportes**. This indicates that the word **raqueta** is the best choice for your needs.

Tema

Escribir un folleto

Choose one topic to write a brochure.

1. You are the head of the Homecoming Committee at your school this year. Create a pamphlet that lists events for Friday night, Saturday, and Sunday. Include a brief description of each event and its time and location. Include activities for different age groups, since some alumni will bring their families.
2. You are on the Freshman Student Orientation Committee and are in charge of creating a pamphlet for new students that describes the sports offered at your school. Write the flyer and include activities for both men and women.
3. You work for the Chamber of Commerce in your community. It is your job to market your community to potential residents. Write a brief pamphlet that describes the recreational opportunities your community provides, the areas where the activities take place, and the costs, if any. Be sure to include activities that will appeal to singles as well as couples and families; you should include activities for all age groups and for both men and women.

Escuchar

Audio: Activities

Estrategia

Listening for the gist

Listening for the general idea, or gist, can help you follow what someone is saying even if you can't hear or understand some of the words. When you listen for the gist, you simply try to capture the essence of what you hear without focusing on individual words.

To help you practice this strategy, you will listen to a paragraph made up of three sentences. Jot down a brief summary of what you hear.

Preparación

Based on the photo, what do you think Anabela is like? Do you and Anabela have similar interests?

Ahora escucha

You will hear first José talking, then Anabela. As you listen, check off each person's favorite activities.

Pasatiempos favoritos de José

1. _____ leer el correo electrónico
2. _____ jugar al béisbol
3. _____ ver películas de acción
4. _____ ir al café
5. _____ ir a partidos de béisbol
6. _____ ver películas románticas
7. _____ dormir la siesta
8. _____ escribir mensajes electrónicos

Pasatiempos favoritos de Anabela

9. _____ esquiar
10. _____ nadar
11. _____ practicar el ciclismo
12. _____ jugar al golf
13. _____ jugar al baloncesto
14. _____ ir a ver partidos de tenis
15. _____ escalar montañas
16. _____ ver televisión

Practice more at **vistas.vhlcentral.com.**

Comprensión

Preguntas

Answer these questions about José's and Anabela's pastimes.

1. ¿Quién practica más deportes?
2. ¿Quién piensa que es importante descansar?
3. ¿A qué deporte es aficionado José?
4. ¿Por qué Anabela no practica el baloncesto?
5. ¿Qué películas le gustan a la novia de José?
6. ¿Cuál es el deporte favorito de Anabela?

Seleccionar

Which person do these statements best describe?

1. Le gusta practicar deportes.
2. Prefiere las películas de acción.
3. Le gustan las computadoras.
4. Le gusta nadar.
5. Siempre (*Always*) duerme una siesta por la tarde.
6. Quiere ir de vacaciones a las montañas.

En pantalla

In many Spanish-speaking countries, soccer isn't just a game; it's a way of life. Many countries have professional and amateur leagues, and soccer is even played in the streets. Every four years, during the World Cup, even those who aren't big fans of the sport find it impossible not to get swept up in "soccer fever." During the month-long Cup, passions only increase with each of the sixty-four matches played. Companies also get caught up in the soccer craze, running ad campaigns and offering promotions with prizes ranging from commemorative glasses to all-expenses-paid trips to the World Cup venue.

Vocabulario útil

cracks	*stars, aces (sports)*
lo tuvo a Pelé de hijo	*he was a better player than Pelé (coll. expr. Peru)*
Dios me hizo	*God made me*
patito feo	*ugly duckling*
plata	*money (S. America)*
jugando	*playing*

Comprensión

Indicate whether each statement is **cierto** or **falso**.

	Cierto	Falso
1. La familia juega al baloncesto.	❍	❍
2. No hay mujeres en el anuncio (*ad*).	❍	❍
3. La pareja tiene cinco hijos.	❍	❍
4. El hijo más joven es un mariachi.	❍	❍

Conversación

With a partner, discuss these questions in Spanish.

1. En el anuncio hay varios elementos culturales representativos de la cultura de los países hispanos. ¿Cuáles son?
2. ¿Qué otros elementos culturales de los países hispanos conocen (*do you know*)?

jugaba *used to play* cuna *crib* barriga *womb* Por eso *That's why* esperaban que yo fuera *they expected that I would be* el mejor de todos *the best of all*

Anuncio de Totofútbol

Mi hermano mayor jugaba° desde la cuna°.

Mi segundo hermano, desde la barriga°.

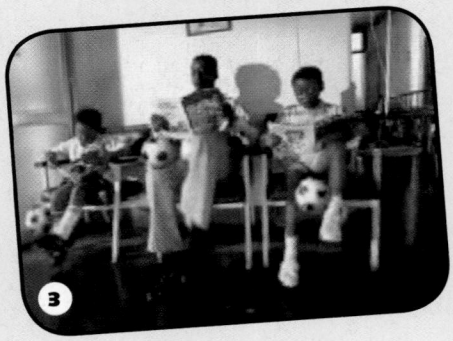

Por eso° esperaban que yo fuera° el mejor de todos°.

Video: TV Clip

Practice more at **vistas.vhlcentral.com.**

The rivalry between the teams **Real Madrid** and **F.C. Barcelona** is perhaps the fiercest in all of soccer—just imagine if they occupied the same city! Well, each team also has competing clubs within its respective city: Spain's capital has the **Club Atlético de Madrid**, and Barcelona is home to **Espanyol**. In fact, across the Spanish-speaking world, it is common for a city to have more than one professional team, often with strikingly dissimilar origins, identity, and fan base. For example, in Bogotá, the **Millonarios** were so named for the large sums spent on players, while the **Santa Fe** team is one of the most traditional in Colombian soccer. **River Plate** and **Boca Juniors**, who enjoy a famous rivalry, are just two of twenty-four clubs in Buenos Aires—the city with the most professional soccer teams in the world.

Vocabulario útil

afición	*fans*
celebran	*they celebrate*
preferido/a	*favorite*
rivalidad	*rivalry*
se junta con	*it's tied up with*

Preparación

What is the most popular sport at your school? What teams are your rivals? How do students celebrate a win?

Escoger

Select the correct answer.

1. Un partido entre el Barça y el Real Madrid es un _____ (deporte/evento) importante en toda España.
2. Ronaldinho fue (*was*) un futbolista estrella (*soccer star*) del _____ (Barça/Real Madrid).
3. Los aficionados _____ (miran/celebran) las victorias de sus equipos en las calles (*streets*).
4. La rivalidad entre el Real Madrid y el Barça está relacionada con la _____ (religión/política).

¡Fútbol en España!

(*Hay mucha afición al fútbol en España.*)

¿Y cuál es vuestro jugador favorito?

—¿Y quién va a ganar?
—El Real Madrid.

Video: *Flash cultura*

Practice more at **vistas.vhlcentral.com.**

Video: *Panorama cultural*
Interactive map

México

El país en cifras

Cabo San Lucas

- **Área:** 1.972.550 km^2 (761.603 millas^2), *casi° tres veces° el área de Texas*

La situación geográfica de México, al sur° de los Estados Unidos, ha influido en° la economía y la sociedad de los dos países. Una de las consecuencias es la emigración de la población mexicana al país vecino°. Hoy día, más de 30 millones de personas de ascendencia mexicana viven en los Estados Unidos.

- **Población:** 115.528.000
- **Capital:** México, D.F. (y su área metropolitana)—20.078.000
- **Ciudades principales:** Guadalajara —4.648.000, Monterrey—4.118.000, Puebla—2.460.000, Ciudad Juárez—1.470.000

SOURCE: Population Division, UN Secretariat

- **Moneda:** peso mexicano
- **Idiomas:** español (oficial), náhuatl, otras lenguas indígenas

Bandera de México

Mexicanos célebres

- **Benito Juárez,** héroe nacional (1806–1872)
- **Octavio Paz,** poeta (1914–1998)
- **Elena Poniatowska,** periodista y escritora (1933–)
- **Julio César Chávez,** boxeador (1962–)

casi *almost* veces *times* sur *south* ha influido en *has influenced* vecino *neighboring* se llenan de luz *get filled with light* flores *flowers* Muertos *Dead* se ríen *laugh* muerte *death* lo cual se refleja *which is reflected* calaveras de azúcar *sugar skulls* pan *bread* huesos *bones*

Autorretrato con mono (*Self-portrait with monkey*), 1938, Frida Kahlo

ESTADOS UNIDOS
Ciudad Juárez
Golfo de California
Baja California
Río Grande
Río Bravo del Norte
Sierra Madre Oriental
Sierra Madre Occidental
Monterrey
Ciudad de México
Puerto Vallarta
Guadalajara
Puebla
Acapulco
Océano Pacífico

Artesanías en Taxco, Guerrero

Pirámide de Kukulcán en Chichén Itzá

recursos

WB	VM	vistas.vhlcentral.com
pp. 47–48	pp. 255–256	Lección 4

¡Increíble pero cierto!

Cada dos de noviembre los cementerios de México se llenan de luz°, música y flores°. El Día de Muertos° no es un evento triste; es una fiesta en honor a las personas muertas. En ese día, los mexicanos se ríen° de la muerte°, lo cual se refleja° en detalles como las calaveras de azúcar° y el pan° de muerto —pan en forma de huesos°.

Ciudades • México, D.F.

La Ciudad de México, fundada° en 1525, también se llama el D.F. o Distrito Federal. Muchos turistas e inmigrantes vienen a la ciudad porque es el centro cultural y económico del país. El crecimiento° de la población es de los más altos° del mundo. El D.F. tiene una población mayor que las de Nueva York, Madrid o París.

Artes • Diego Rivera y Frida Kahlo

Frida Kahlo y Diego Rivera eran° artistas mexicanos muy famosos. Se casaron° en 1929. Los dos se interesaron° en las condiciones sociales de la gente indígena de su país. Puedes ver algunas° de sus obras° en el Museo de Arte Moderno de la Ciudad de México.

Historia • Los aztecas

Los aztecas dominaron° en México del siglo° XIV al siglo XVI. Sus canales, puentes° y pirámides con templos religiosos eran muy importantes.
El fin del imperio azteca comenzó° con la llegada° de los españoles en 1519, pero la presencia azteca sigue hoy. La Ciudad de México está situada en la capital azteca de Tenochtitlán, y muchos turistas van a visitar sus ruinas.

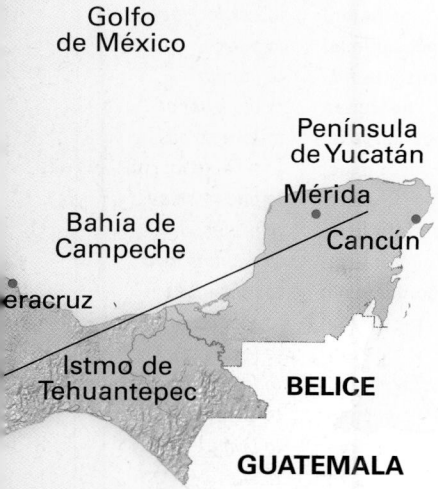

Economía • La plata

México es el mayor productor de plata° del mundo°. Estados como Zacatecas y Durango tienen ciudades fundadas cerca de los más grandes yacimientos° de plata del país. Estas ciudades fueron° en la época colonial unas de las más ricas e importantes. Hoy en día, aún° conservan mucho de su encanto° y esplendor.

¿Qué aprendiste? Responde a cada pregunta con una oración completa.

1. ¿Qué lenguas hablan los mexicanos?
2. ¿Cómo es la población del D.F. en comparación con la de otras ciudades?
3. ¿En qué se interesaron Frida Kahlo y Diego Rivera?
4. Nombra algunas de las estructuras de la arquitectura azteca.
5. ¿Dónde está situada la capital de México?
6. ¿Qué estados de México tienen los mayores yacimientos de plata?

Conexión Internet Investiga estos temas en **vistas.vhlcentral.com.**

Practice more at **vistas.vhlcentral.com.**

1. Busca información sobre dos lugares de México. ¿Te gustaría (*Would you like*) vivir allí? ¿Por qué?
2. Busca información sobre dos artistas mexicanos. ¿Cómo se llaman sus obras más famosas?

fundada *founded* crecimiento *growth* más altos *highest* eran *were* Se casaron *They got married* se interesaron *were interested in* algunas *some* obras *works* dominaron *dominated* siglo *century* puentes *bridges* comenzó *started* llegada *arrival* plata *silver* mundo *world* yacimientos *deposits* fueron *were* aún *still* encanto *charm*

Pasatiempos

andar en patineta	*to skateboard*
bucear	*to scuba dive*
escalar montañas (*f., pl.*)	*to climb mountains*
escribir una carta	*to write a letter*
escribir un mensaje electrónico	*to write an e-mail*
esquiar	*to ski*
ganar	*to win*
ir de excursión	*to go on a hike*
leer correo electrónico	*to read e-mail*
leer un periódico	*to read a newspaper*
leer una revista	*to read a magazine*
nadar	*to swim*
pasear	*to take a walk; to stroll*
pasear en bicicleta	*to ride a bicycle*
patinar (en línea)	*to (inline) skate*
practicar deportes (*m., pl.*)	*to play sports*
tomar el sol	*to sunbathe*
ver películas (*f., pl.*)	*to watch movies*
visitar monumentos (*m., pl.*)	*to visit monuments*
la diversión	*fun activity; entertainment; recreation*
el fin de semana	*weekend*
el pasatiempo	*pastime; hobby*
los ratos libres	*spare (free) time*
el videojuego	*video game*

Deportes

el baloncesto	*basketball*
el béisbol	*baseball*
el ciclismo	*cycling*
el equipo	*team*
el esquí (acuático)	*(water) skiing*
el fútbol	*soccer*
el fútbol americano	*football*
el golf	*golf*
el hockey	*hockey*
el/la jugador(a)	*player*
la natación	*swimming*
el partido	*game; match*
la pelota	*ball*
el tenis	*tennis*
el vóleibol	*volleyball*

Adjetivos

deportivo/a	*sports-related*
favorito/a	*favorite*

Lugares

el café	*café*
el centro	*downtown*
el cine	*movie theater*
el gimnasio	*gymnasium*
la iglesia	*church*
el lugar	*place*
el museo	*museum*
el parque	*park*
la piscina	*swimming pool*
la plaza	*city or town square*
el restaurante	*restaurant*

Verbos

almorzar (o:ue)	*to have lunch*
cerrar (e:ie)	*to close*
comenzar (e:ie)	*to begin*
conseguir (e:i)	*to get; to obtain*
contar (o:ue)	*to count; to tell*
decir (e:i)	*to say; to tell*
dormir (o:ue)	*to sleep*
empezar (e:ie)	*to begin*
encontrar (o:ue)	*to find*
entender (e:ie)	*to understand*
hacer	*to do; to make*
ir	*to go*
jugar (u:ue)	*to play (a sport or a game)*
mostrar (o:ue)	*to show*
oír	*to hear*
pedir (e:i)	*to ask for; to request*
pensar (e:ie)	*to think*
pensar (+ *inf.*)	*to intend*
pensar en	*to think about*
perder (e:ie)	*to lose; to miss*
poder (o:ue)	*to be able to; can*
poner	*to put; to place*
preferir (e:ie)	*to prefer*
querer (e:ie)	*to want; to love*
recordar (o:ue)	*to remember*
repetir (e:i)	*to repeat*
salir	*to leave*
seguir (e:i)	*to follow; to continue*
suponer	*to suppose*
traer	*to bring*
ver	*to see*
volver (o:ue)	*to return*

***Decir* expressions**	*See page 136.*
Expresiones útiles	*See page 121.*

recursos

LM p. 24	vistas.vhlcentral.com Lección 4

Audio: Vocabulary

Las vacaciones 5

Communicative Goals

You will learn how to:

- **Discuss and plan a vacation**
- **Describe a hotel**
- **Talk about how you feel**
- **Talk about the seasons and the weather**

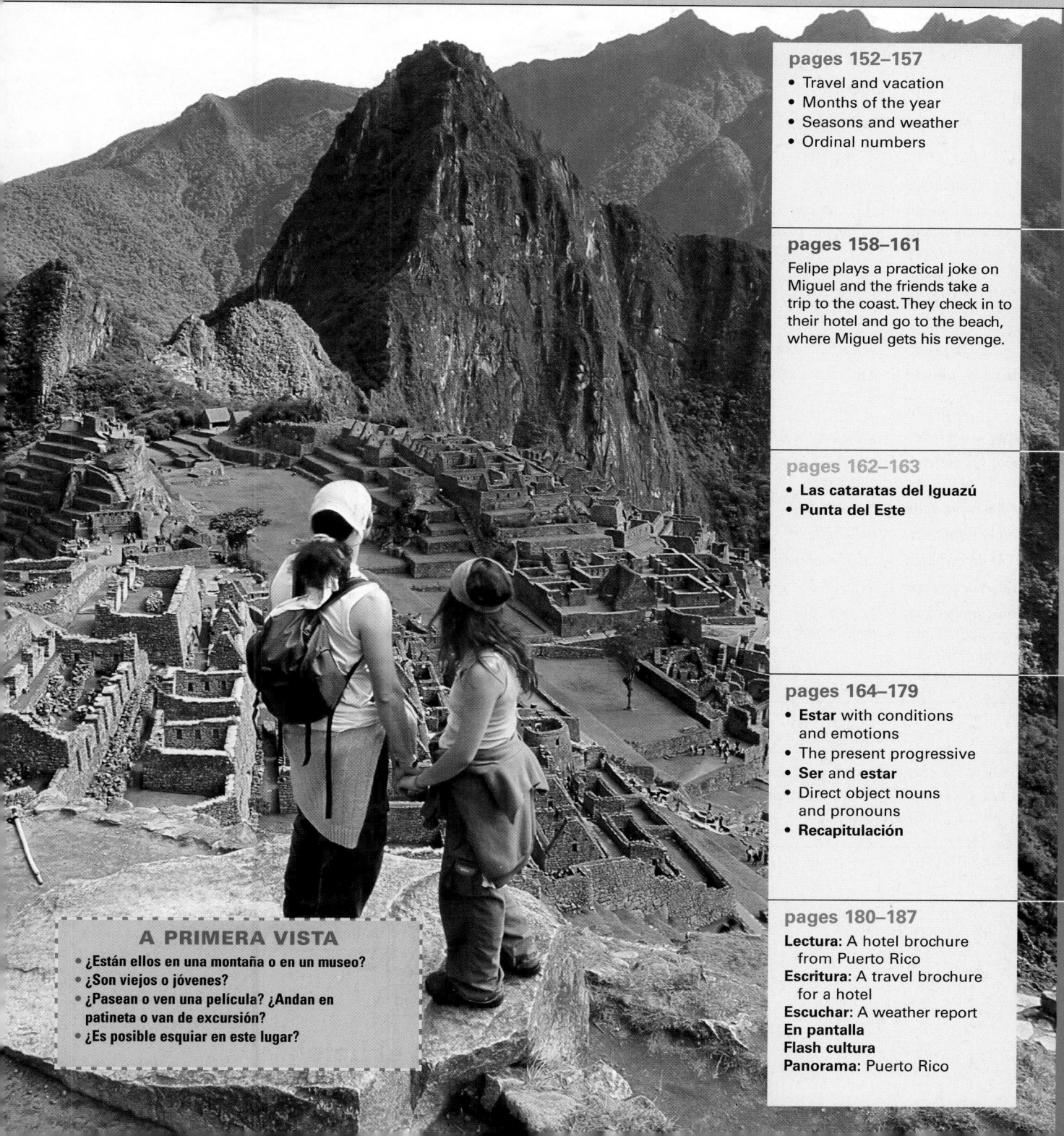

contextos

pages 152–157

- Travel and vacation
- Months of the year
- Seasons and weather
- Ordinal numbers

fotonovela

pages 158–161

Felipe plays a practical joke on Miguel and the friends take a trip to the coast. They check in to their hotel and go to the beach, where Miguel gets his revenge.

cultura

pages 162–163

- **Las cataratas del Iguazú**
- **Punta del Este**

estructura

pages 164–179

- **Estar** with conditions and emotions
- The present progressive
- **Ser** and **estar**
- Direct object nouns and pronouns
- **Recapitulación**

adelante

pages 180–187

Lectura: A hotel brochure from Puerto Rico
Escritura: A travel brochure for a hotel
Escuchar: A weather report
En pantalla
Flash cultura
Panorama: Puerto Rico

A PRIMERA VISTA

- **¿Están ellos en una montaña o en un museo?**
- **¿Son viejos o jóvenes?**
- **¿Pasean o ven una película? ¿Andan en patineta o van de excursión?**
- **¿Es posible esquiar en este lugar?**

Las vacaciones

Más vocabulario

la cama	*bed*
la habitación individual, doble	*single, double room*
el piso	*floor (of a building)*
la planta baja	*ground floor*
el campo	*countryside*
el paisaje	*landscape*
el equipaje	*luggage*
la estación de autobuses, del metro, de tren	*bus, subway, train station*
la llegada	*arrival*
el pasaje (de ida y vuelta)	*(round-trip) ticket*
la salida	*departure; exit*
la tabla de (wind)surf	*surfboard/sailboard*
acampar	*to camp*
estar de vacaciones	*to be on vacation*
hacer las maletas	*to pack (one's suitcases)*
hacer un viaje	*to take a trip*
hacer (wind)surf	*to (wind)surf*
ir de compras	*to go shopping*
ir de vacaciones	*to go on vacation*
ir en autobús (m.), auto(móvil) (m.), motocicleta (f.), taxi (m.)	*to go by bus, car, motorcycle, taxi*

Variación léxica

automóvil ⟷ coche (*Esp.*), carro (*Amér. L.*)
autobús ⟷ camión (*Méx.*), guagua (*Caribe*)
motocicleta ⟷ moto (*coloquial*)

En la agencia de viajes

En el hotel

recursos

WB	LM	vistas.vhlcentral.com
pp. 49–50	p. 25	Lección 5

En el aeropuerto

En la playa

Práctica

1 **Escuchar** Indicate who would probably make each statement you hear. Each answer is used twice.

a. el agente de viajes
b. la inspectora de aduanas
c. un empleado del hotel

1. _____ 4. _____
2. _____ 5. _____
3. _____ 6. _____

2 **¿Cierto o falso?** Mario and his wife, Natalia, are planning their next vacation with a travel agent. Indicate whether each statement is **cierto** or **falso** according to what you hear in the conversation.

	Cierto	Falso
1. Mario y Natalia están en Puerto Rico.	❍	❍
2. Ellos quieren hacer un viaje a Puerto Rico.	❍	❍
3. Natalia prefiere ir a la montaña.	❍	❍
4. Mario quiere pescar en Puerto Rico.	❍	❍
5. La agente de viajes va a confirmar la reservación.	❍	❍

3 **Escoger** Choose the best answer for each sentence.

1. Un huésped es una persona que _____.
   a. toma fotos b. está en un hotel c. pesca en el mar
2. Abrimos la puerta con _____.
   a. una llave b. un caballo c. una llegada
3. Enrique tiene _____ porque va a viajar a otro (*another*) país.
   a. un pasaporte b. una foto c. una llegada
4. Antes de (*Before*) ir de vacaciones, hay que _____.
   a. pescar b. ir en tren c. hacer las maletas
5. Nosotros vamos en _____ al aeropuerto.
   a. autobús b. pasaje c. viajero
6. Me gusta mucho ir al campo. El _____ es increíble.
   a. paisaje b. pasaje c. equipaje

4 **Analogías** Complete the analogies using the words below. Two words will not be used.

auto	huésped	mar	sacar
botones	llegada	pasaporte	tren

1. acampar → campo = pescar →
2. agencia de viajes → agente = hotel →
3. llave → habitación = pasaje →
4. estudiante → libro = turista →
5. aeropuerto → viajero = hotel →
6. maleta → hacer = foto →

Las estaciones y los meses del año

el invierno: **diciembre, enero, febrero**

la primavera: **marzo, abril, mayo**

el verano: **junio, julio, agosto**

el otoño: **septiembre, octubre, noviembre**

—¿Cuál es la fecha de hoy?	*What is today's date?*
—Es el primero de octubre.	*It's the first of October.*
—Es el dos de marzo.	*It's March 2nd.*
—Es el diez de noviembre.	*It's November 10th.*

El tiempo

—¿Qué tiempo hace?	*How's the weather?*
—Hace buen/mal tiempo.	*The weather is good/bad.*

Hace (mucho) calor.
It's (very) hot.

Hace (mucho) frío.
It's (very) cold.

Llueve. (llover o:ue)
It's raining.

Está lloviendo.
It's raining.

Nieva. (nevar e:ie)
It's snowing.

Está nevando.
It's snowing.

Más vocabulario

Está (muy) nublado.	*It's (very) cloudy.*
Hace fresco.	*It's cool.*
Hace (mucho) sol.	*It's (very) sunny.*
Hace (mucho) viento.	*It's (very) windy.*

5 **El Hotel Regis** Label the floors of the hotel.

Números ordinales

primer *(before a masculine singular noun)*, **primero/a**	*first*
segundo/a	*second*
tercer *(before a masculine singular noun)*, **tercero/a**	*third*
cuarto/a	*fourth*
quinto/a	*fifth*
sexto/a	*sixth*
séptimo/a	*seventh*
octavo/a	*eighth*
noveno/a	*ninth*
décimo/a	*tenth*

a. _____ piso
b. _____ piso
c. _____ piso
d. _____ piso
e. _____ piso
f. _____ piso
g. _____ piso
h. _____ baja

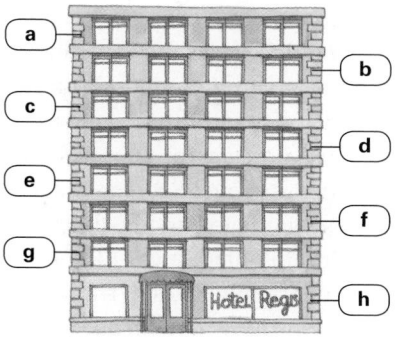

6 **Contestar** Look at the illustrations of the months and seasons on the previous page. In pairs, take turns asking each other these questions.

modelo

Estudiante 1: *¿Cuál es el primer mes de la primavera?*
Estudiante 2: *marzo*

1. ¿Cuál es el primer mes del invierno?
2. ¿Cuál es el segundo mes de la primavera?
3. ¿Cuál es el tercer mes del otoño?
4. ¿Cuál es el primer mes del año?
5. ¿Cuál es el quinto mes del año?
6. ¿Cuál es el octavo mes del año?
7. ¿Cuál es el décimo mes del año?
8. ¿Cuál es el segundo mes del verano?
9. ¿Cuál es el tercer mes del invierno?
10. ¿Cuál es el sexto mes del año?

7 **Las estaciones** Name the season that applies to the description.

1. Las clases terminan.
2. Vamos a la playa.
3. Acampamos.
4. Nieva mucho.
5. Las clases empiezan.
6. Hace mucho calor.
7. Llueve mucho.
8. Esquiamos.
9. el entrenamiento (*training*) de béisbol
10. el Día de Acción de Gracias (*Thanksgiving*)

8 **¿Cuál es la fecha?** Give the dates for these holidays.

modelo

el día de San Valentín *14 de febrero*

1. el día de San Patricio
2. el día de Halloween
3. el primer día de verano
4. el Año Nuevo
5. mi cumpleaños (*birthday*)
6. mi día de fiesta favorito

9 **Seleccionar** Paco is talking about his family and friends. Choose the word or phrase that best completes each sentence.

1. A mis padres les gusta ir a Yucatán porque (hace sol, nieva).
2. Mi primo de Kansas dice que durante (*during*) un tornado, hace mucho (sol, viento).
3. Mis amigos van a esquiar si (nieva, está nublado).
4. Tomo el sol cuando (hace calor, llueve).
5. Nosotros vamos a ver una película si hace (buen, mal) tiempo.
6. Mi hermana prefiere correr cuando (hace mucho calor, hace fresco).
7. Mis tíos van de excursión si hace (buen, mal) tiempo.
8. Mi padre no quiere jugar al golf si (hace fresco, llueve).
9. Cuando hace mucho (sol, frío) no salgo de casa y tomo chocolate caliente (*hot*).
10. Hoy mi sobrino va al parque porque (está lloviendo, hace buen tiempo).

10 **El clima** With a partner, take turns asking and answering questions about the weather and temperatures in these cities. Use the model as a guide.

modelo

Estudiante 1: ¿Qué tiempo hace hoy en Nueva York?
Estudiante 2: Hace frío y hace viento.
Estudiante 1: ¿Cuál es la temperatura máxima?
Estudiante 2: Treinta y un grados (*degrees*).
Estudiante 1: ¿Y la temperatura mínima?
Estudiante 2: Diez grados.

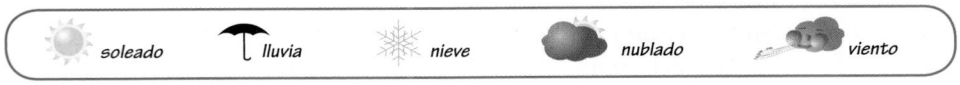

Nueva York	Miami	Chicago	París	Madrid	Tokio
Máx. 31°	Máx. 84°	Máx. 23°	Máx. 38°	Máx. 42°	Máx. 49°
Mín. 10°	Mín. 62°	Mín. 5°	Mín. 26°	Mín. 27°	Mín. 34°

Montreal	México D.F.	Cozumel	Caracas	Quito	Buenos Aires
Máx. 18°	Máx. 76°	Máx. 91°	Máx. 80°	Máx. 60°	Máx. 85°
Mín. 2°	Mín. 41°	Mín. 73°	Mín. 72°	Mín. 51°	Mín. 59°

NOTA CULTURAL

In most Spanish-speaking countries, temperatures are given in degrees Celsius. Use these formulas to convert between **grados centígrados** and **grados Fahrenheit**.

degrees C. × 9 ÷ 5 + 32 = degrees F.

degrees F. - 32 × 5 ÷ 9 = degrees C.

11 **Completar** Complete these sentences with your own ideas.

1. Cuando hace sol, yo...
2. Cuando llueve, mis amigos y yo...
3. Cuando hace calor, mi familia...
4. Cuando hace viento, la gente...
5. Cuando hace frío, yo...
6. Cuando hace mal tiempo, mis amigos...
7. Cuando nieva, muchas personas...
8. Cuando está nublado, mis amigos y yo...
9. Cuando hace fresco, mis padres...
10. Cuando hace buen tiempo, mis amigos...

Practice more at **vistas.vhlcentral.com.**

CONSULTA

Calor and **frío** can apply to both weather and people. Use **hacer** to describe weather conditions or climate.

(**Hace frío en Santiago.** *It's cold in Santiago.*)

Use **tener** to refer to people.

(**El viajero tiene frío.** *The traveler is cold.*)

See **Estructura 3.4** p. 101.

Comunicación

12 **Preguntas personales** In pairs, ask each other these questions.

1. ¿Cuál es la fecha de hoy? ¿Qué estación es?
2. ¿Te gusta esta estación? ¿Por qué?
3. ¿Qué estación prefieres? ¿Por qué?
4. ¿Prefieres el mar o las montañas? ¿La playa o el campo? ¿Por qué?
5. Cuando haces un viaje, ¿qué te gusta hacer y ver?
6. ¿Piensas ir de vacaciones este verano? ¿Adónde quieres ir? ¿Por qué?
7. ¿Qué deseas ver y qué lugares quieres visitar?
8. ¿Cómo te gusta viajar? ¿En avión? ¿En motocicleta...?

13 **Encuesta** Your instructor will give you a worksheet. How does the weather affect what you do? Walk around the class and ask your classmates what they prefer or like to do in the weather conditions given. Note their responses on your worksheet. Make sure to personalize your survey by adding a few original questions to the list. Be prepared to report your findings to the class.

14 **La reservación** In pairs, imagine that one of you is a receptionist at a hotel and the other is a tourist calling to make a reservation. Read only the information that pertains to you. Then role-play the situation.

Turista

Vas a viajar a Yucatán con un amigo. Llegan a Cancún el 23 de febrero y necesitan una habitación con baño privado para cuatro noches. Ustedes quieren descansar y prefieren una habitación con vista (*view*) al mar. Averigua (*Find out*) toda la información que necesitas (el costo, cuántas camas, etc.) y decide si quieres hacer la reservación o no.

Empleado/a

Trabajas en la recepción del Hotel Oceanía en Cancún. Para el mes de febrero, sólo quedan (*remain*) dos habitaciones: una individual ($ 168/noche) en el primer piso y una doble ($ 134/noche) en el quinto piso que tiene descuento porque no hay ascensor. Todas las habitaciones tienen baño privado y vista (*view*) a la piscina.

15 **Minidrama** With two or three classmates, prepare a skit about people who are on vacation or are planning a vacation. The skit should take place in one of these locations.

- una agencia de viajes
- una casa
- un aeropuerto, una estación de tren/autobuses
- un hotel
- el campo o la playa

Síntesis

16 **Un viaje** You are planning a trip to Mexico and have many questions about your itinerary on which your partner, a travel agent, will advise you. Your instructor will give you and your partner each a sheet with different instructions for acting out the roles.

¡Vamos a la playa!

Los seis amigos hacen un viaje a la playa.

PERSONAJES

FELIPE

JUAN CARLOS

Video: *Fotonovela*
Record and Compare

TÍA ANA MARÍA ¿Están listos para su viaje a la playa?

TODOS Sí.

TÍA ANA MARÍA Excelente... ¡A la estación de autobuses!

MARU ¿Dónde está Miguel?

FELIPE Yo lo traigo.

(*se escucha un grito de Miguel*)

FELIPE Ya está listo. Y tal vez enojado. Ahorita vamos.

FELIPE No está nada mal el hotel, ¿verdad? Limpio, cómodo... ¡Oye, Miguel! ¿Todavía estás enojado conmigo? (*a Juan Carlos*) Miguel está de mal humor. No me habla.

JUAN CARLOS ¿Todavía?

EMPLEADO Bienvenidas. ¿En qué puedo servirles?

MARU Hola. Tenemos una reservación para seis personas para esta noche.

EMPLEADO ¿A nombre de quién?

JIMENA ¿Díaz? ¿López? No estoy segura.

EMPLEADO No encuentro su nombre. Ah, no, ahora sí lo veo, aquí está. Díaz. Dos habitaciones en el primer piso para seis huéspedes.

EMPLEADO Aquí están las llaves de sus habitaciones.

MARU Gracias. Una cosa más. Mi novio y yo queremos hacer windsurf, pero no tenemos tablas.

EMPLEADO El botones las puede conseguir para ustedes.

MARISSA

JIMENA

MARU

MIGUEL

MAITE FUENTES

ANA MARÍA

EMPLEADO

7

JUAN CARLOS ¿Qué hace este libro aquí? ¿Estás estudiando en la playa?

JIMENA Sí, es que tengo un examen la próxima semana.

8

JUAN CARLOS Ay, Jimena. ¡No! ¿Vamos a nadar?

JIMENA Bueno, como estudiar es tan aburrido y el tiempo está tan bonito...

9

MARISSA Yo estoy un poco cansada. ¿Y tú? ¿Por qué no estás nadando?

FELIPE Es por causa de Miguel.

10

MARISSA Hmm, estoy confundida.

FELIPE Esta mañana. ¡Sigue enojado conmigo!

MARISSA No puede seguir enojado tanto tiempo.

recursos

VM pp. 221–222	vistas.vhlcentral.com Lección 5

Expresiones útiles

Talking with hotel personnel

¿En qué puedo servirles?
How can I help you?
Tenemos una reservación.
We have a reservation.
¿A nombre de quién?
In whose name?
¿Quizás López? ¿Tal vez Díaz?
Maybe López? Maybe Díaz?
Ahora lo veo, aquí está. Díaz.
Now I see it. Here it is. Díaz.
Dos habitaciones en el primer piso para seis huéspedes.
Two rooms on the first floor for six guests.
Aquí están las llaves.
Here are the keys.

Describing a hotel

No está nada mal el hotel.
The hotel isn't bad at all.
Todo está tan limpio y cómodo.
Everything is so clean and comfortable.
Es excelente/estupendo/fabuloso/fenomenal/increíble/magnífico/maravilloso/perfecto.
It's excellent/stupendous/fabulous/phenomenal/incredible/magnificent/marvelous/perfect.

Talking about how you feel

Yo estoy un poco cansado/a.
I am a little tired.
Estoy confundido/a. *I'm confused.*
Todavía estoy/Sigo enojado/a contigo.
I'm still angry with you.

Additional vocabulary

afuera *outside*
agradable *pleasant*
el balde *bucket*
la crema de afeitar *shaving cream*
entonces *so, then*
es igual *it's the same*
el frente (frío) *(cold) front*
el grito *scream*
la temporada *period of time*

¿Qué pasó?

1 **Completar** Complete these sentences with the correct term from the word bank.

aburrido	botones	la llave
el aeropuerto	la estación de autobuses	montar a caballo
amable	habitaciones	reservación

1. Los amigos van a _____ para ir a la playa.
2. La _____ del hotel está a nombre de los Díaz.
3. Los amigos tienen dos _____ para seis personas.
4. El _____ puede conseguir tablas de windsurf para Maru.
5. Jimena dice que estudiar en vacaciones es muy _____.

CONSULTA

The meaning of some adjectives, such as **aburrido,** changes depending on whether they are used with **ser** or **estar.** See **Estructura 5.3**, pp. 170–171.

2 **Identificar** Identify the person who would make each statement.

EMPLEADO

MARU

TÍA ANA MARÍA

FELIPE

JUAN CARLOS

1. No lo encuentro, ¿a nombre de quién está su reservación?
2. ¿Por qué estás estudiando en la playa? ¡Mejor vamos a nadar!
3. Nuestra reservación es para seis personas en dos habitaciones.
4. El hotel es limpio y cómodo, pero estoy triste porque Miguel no me habla.
5. Suban al autobús y ¡buen viaje a la playa!

3 **Ordenar** Place these events in the correct order.

_____ a. El empleado busca la reservación.
_____ b. Marissa dice que está confundida.
_____ c. Los amigos están listos para ir a la playa.
_____ d. El empleado da (*gives*) las llaves de las habitaciones a las chicas.
_____ e. Miguel grita (*screams*).

4 **Conversar** With a partner, use these cues to create a conversation between a hotel employee and a guest in Mexico.

Huésped	Empleado/a
Say hi to the employee and ask for your reservation.	Tell the guest that you can't find his/her reservation.
Tell the employee that the reservation is in your name.	Tell him/her that you found the reservation and that it's for a double room.
Tell the employee that the hotel is very clean and orderly.	Say that you agree with the guest, welcome him/her and give him/her the keys.
Ask the employee to call the bellhop to help you with your luggage.	Call the bellhop to help the guest with his/her luggage.

Practice more at **vistas.vhlcentral.com.**

Pronunciación

Audio: Concepts, Activities
Record & Compare

Spanish b and v

bueno **vóleibol** **biblioteca** **vivir**

There is no difference in pronunciation between the Spanish letters **b** and **v**. However, each letter can be pronounced two different ways, depending on which letters appear next to them.

bonito **viajar** **también** **investigar**

B and **v** are pronounced like the English hard *b* when they appear either as the first letter of a word, at the beginning of a phrase, or after **m** or **n**.

deber **novio** **abril** **cerveza**

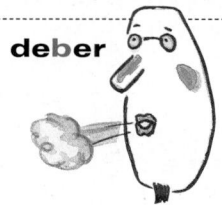

In all other positions, **b** and **v** have a softer pronunciation, which has no equivalent in English. Unlike the hard **b**, which is produced by tightly closing the lips and stopping the flow of air, the soft **b** is produced by keeping the lips slightly open.

bola **vela** **Caribe** **declive**

In both pronunciations, there is no difference in sound between **b** and **v**. The English *v* sound, produced by friction between the upper teeth and lower lip, does not exist in Spanish. Instead, the soft **b** comes from friction between the two lips.

Verónica y su esposo cantan boleros.

When **b** or **v** begins a word, its pronunciation depends on the previous word. At the beginning of a phrase or after a word that ends in **m** or **n**, it is pronounced as a hard **b**.

Benito es de Boquerón pero vive en Victoria.

Words that begin with **b** or **v** are pronounced with a soft **b** if they appear immediately after a word that ends in a vowel or any consonant other than **m** or **n**.

Práctica Read these words aloud to practice the **b** and the **v**.

1. hablamos
2. trabajar
3. botones
4. van
5. contabilidad
6. bien
7. doble
8. novia
9. béisbol
10. nublado
11. llave
12. invierno

No hay mal que por bien no venga.[1]

Hombre prevenido vale por dos.[2]

Oraciones Read these sentences aloud to practice the **b** and the **v**.

1. Vamos a Guaynabo en autobús.
2. Voy de vacaciones a la Isla Culebra.
3. Tengo una habitación individual en el octavo piso.
4. Víctor y Eva van en avión al Caribe.
5. La planta baja es bonita también.
6. ¿Qué vamos a ver en Bayamón?
7. Beatriz, la novia de Víctor, es de Arecibo, Puerto Rico.

Refranes Read these sayings aloud to practice the **b** and the **v**.

recursos	
LM p. 26	vistas.vhlcentral.com Lección 5

1 Every cloud has a silver lining.
2 An ounce of prevention equals a pound of cure.

EN DETALLE

Additional Reading

Las cataratas del Iguazú

Imagine the impressive and majestic Niagara Falls, the most powerful waterfall in North America. Now, if you can, imagine a waterfall four times as wide and almost twice as tall that caused Eleanor Roosevelt to exclaim "Poor Niagara!" upon seeing it for the first time. Welcome to **las cataratas del Iguazú!**

Iguazú is located in Iguazú National Park, an area of subtropical jungle where Argentina meets Brazil. Its name comes from the indigenous Guaraní word for "great water." A UNESCO World Heritage Site, **las cataratas del Iguazú** span three kilometers and are comprised of 275 cascades split into two main sections by the San Martín Island. Most of the falls are about 82 meters (270 feet) high. The horseshoe-shaped cataract **Garganta del Diablo** (Devil's Throat) has the greatest water flow and is considered to be the most impressive; it also marks the border between Argentina and Brazil.

Each country offers different views and tourist options. Most visitors opt to use the numerous catwalks that are available on both sides; however, from the Argentinean side, tourists can get very close to the falls, whereas Brazil provides more panoramic views. If you don't mind getting wet, a jet boat tour is a good choice; those looking for wildlife—such as toucans, ocelots, butterflies, and jaguars—should head for San Martín Island. Brazil boasts less conventional ways to view the falls, such as helicopter rides and rappelling, while Argentina focuses on sustainability with its **Tren Ecológico de la Selva** (*Ecological Jungle Train*), an environmentally friendly way to reach the walkways.

No matter which way you choose to enjoy the falls, you are certain to be captivated.

Más cascadas° en Latinoamérica

Nombre	País	Altura°	Datos
Salto Ángel	Venezuela	979 metros	la más alta° del mundo°
Catarata del Gocta	Perú	771 metros	descubierta° en 2006
Piedra Volada	México	453 metros	la más alta de México

cascadas *waterfalls* Altura *Height* más alta *tallest* mundo *world* descubierta *discovered*

ACTIVIDADES

1 **¿Cierto o falso?** Indicate whether these statements are **cierto** or **falso**. Correct the false statements.

1. Iguazú Falls is located on the border of Argentina and Brazil.
2. Niagara Falls is four times as wide as Iguazú Falls.
3. Iguazú Falls has a few cascades, each about 82 meters.
4. Tourists visiting Iguazú can see exotic wildlife.
5. *Iguazú* is the Guaraní word for "blue water."
6. You can access the walkways by taking the **Garganta del Diablo**.
7. It is possible for tourists to visit Iguazú Falls by air.
8. **Salto Ángel** is the tallest waterfall in the world.
9. There are no waterfalls in Mexico.
10. For the best views of Iguazú Falls, tourists should visit the Brazilian side.

ASÍ SE DICE

Viajes y turismo

el asiento del medio, del pasillo, de la ventanilla	*center, aisle, window seat*
el itinerario	*itinerary*
media pensión	*breakfast and one meal included*
el ómnibus (Perú)	**el autobús**
pensión completa	*all meals included*
el puente	*long weekend (lit., bridge)*

EL MUNDO HISPANO

Destinos populares

- **Las playas del Parque Nacional Manuel Antonio** (Costa Rica) ofrecen° la oportunidad de nadar y luego caminar por el bosque tropical°.
- **Teotihuacán** (México) Desde la época° de los aztecas, aquí se celebra el equinoccio de primavera en la Pirámide del Sol.
- **Puerto Chicama** (Perú), con sus olas° de cuatro kilómetros de largo°, es un destino para surfistas expertos.
- **Tikal** (Guatemala) Aquí puedes ver las maravillas de la selva° y ruinas de la civilización maya.
- **Las playas de Rincón** (Puerto Rico) Son ideales para descansar y observar ballenas°.

ofrecen *offer* bosque tropical *rainforest*
Desde la época *Since the time* olas *waves*
de largo *in length* selva *jungle* ballenas *whales*

PERFIL

Punta del Este

One of South America's largest and most fashionable beach resort towns is Uruguay's **Punta del Este**, a narrow strip of land containing twenty miles of pristine beaches. Its peninsular shape gives it two very different seascapes. **La Playa Mansa**, facing the bay and therefore the more protected side, has calm waters. Here, people practice water sports like swimming, water skiing, windsurfing, and diving. **La Playa Brava**, facing the east, receives the Atlantic Ocean's powerful, wave-producing winds, making it popular for surfing, body boarding, and kite surfing. Besides the beaches, posh shopping, and world-famous nightlife, **Punta** offers its 600,000 yearly visitors yacht and fishing clubs, golf courses, and excursions to observe sea lions at the **Isla de Lobos** nature reserve.

Conexión Internet

¿Cuáles son los sitios más populares para el turismo en Puerto Rico?

Go to **vistas.vhlcentral.com** to find more cultural information related to this **Cultura** section.

ACTIVIDADES

2 **Comprensión** Complete the sentences.

1. En las playas de Rincón puedes ver _____.
2. Cerca de 600.000 turistas visitan _____ cada año.
3. En el avión pides un _____ si te gusta ver el paisaje.
4. En Punta del Este, la gente prefiere nadar en la Playa _____.
5. El _____ es un medio de transporte en Perú.

3 **De vacaciones** Spring break is coming up, and you want to go on a short vacation with some friends. Working in a small group, decide which of the locations featured on these pages best suits the group's likes and interests. Come to an agreement about how you will get there, where you prefer to stay and for how long, and what each of you will do during free time. Present your trip to the class.

Practice more at **vistas.vhlcentral.com.**

5.1 Estar with conditions and emotions

ANTE TODO As you learned in **Lecciones 1** and **2**, the verb **estar** is used to talk about how you feel and to say where people, places, and things are located. **Estar** is also used with adjectives to talk about certain emotional and physical conditions.

CONSULTA

To review the present tense of **estar**, see **Estructura 2.3**, p. 59.

• • •

To review the present tense of **ser**, see **Estructura 1.3**, p. 20.

- Use **estar** with adjectives to describe the physical condition of places and things.

La habitación **está** sucia.
The room is dirty.

La puerta **está** cerrada.
The door is closed.

- Use **estar** with adjectives to describe how people feel, both mentally and physically.

¿Están listos para su viaje?

- **¡Atención!** Two important expressions with **estar** that you can use to talk about conditions and emotions are **estar de buen humor** (*to be in a good mood*) and **estar de mal humor** (*to be in a bad mood*).

Adjectives that describe emotions and conditions

abierto/a	*open*	**contento/a**	*happy; content*	**listo/a**	*ready*
aburrido/a	*bored*	**desordenado/a**	*disorderly*	**nervioso/a**	*nervous*
alegre	*happy; joyful*	**enamorado/a (de)**	*in love (with)*	**ocupado/a**	*busy*
avergonzado/a	*embarrassed*	**enojado/a**	*mad; angry*	**ordenado/a**	*orderly*
cansado/a	*tired*	**equivocado/a**	*wrong*	**preocupado/a (por)**	*worried (about)*
cerrado/a	*closed*	**feliz**	*happy*	**seguro/a**	*sure*
cómodo/a	*comfortable*	**limpio/a**	*clean*	**sucio/a**	*dirty*
confundido/a	*confused*			**triste**	*sad*

¡INTÉNTALO! Provide the present tense forms of **estar**, and choose which adjective best completes the sentence.

1. La biblioteca ___está___ (cerrada / nerviosa) los domingos por la noche. *cerrada*
2. Nosotros _____ muy (ocupados / equivocados) todos los lunes.
3. Ellas _____ (alegres / confundidas) porque tienen vacaciones.
4. Javier _____ (enamorado / ordenado) de Maribel.
5. Diana _____ (enojada / limpia) con su novio.
6. Yo _____ (nerviosa / abierta) por el viaje.
7. La habitación siempre _____ (ordenada / segura) cuando vienen sus padres.
8. Ustedes no comprenden; _____ (equivocados / tristes).

recursos

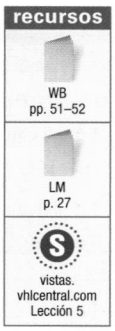

Práctica y Comunicación

1 **¿Cómo están?** Complete Martín's statements about how he and other people are feeling. In the first blank, fill in the correct form of **estar**. In the second blank, fill in the adjective that best fits the context.

AYUDA

Make sure that there is agreement between:
- Subjects and verbs in person and number
- Nouns and adjectives in gender and number

Ell**os** no est**án** enferm**os**.
They are not sick.

1. Yo _____ un poco _____ porque tengo un examen mañana.
2. Mi hermana Patricia _____ muy _____ porque mañana va a hacer una excursión al campo.
3. Mis hermanos Juan y José salen de la casa a las cinco de la mañana. Por la noche, siempre _____ muy _____.
4. Mi amigo Ramiro _____ _____; su novia se llama Adela.
5. Mi papá y sus colegas _____ muy _____ hoy. ¡Hay mucho trabajo!
6. Patricia y yo _____ un poco _____ por ellos porque trabajan mucho.
7. Mi amiga Mónica _____ un poco _____ porque su novio no puede salir esta noche.
8. Esta clase no es muy interesante. ¿Tú _____ _____ también?

2 **Describir** Describe these people and places.

1. Anabela

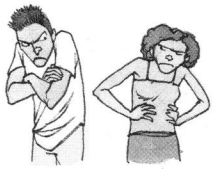

2. Juan y Luisa

3. la habitación de Teresa

4. la habitación de César

3 **Situaciones** With a partner, use **estar** to talk about how you feel in these situations.

1. Cuando hace sol...
2. Cuando tomas un examen...
3. Cuando viajas en avión...
4. Cuando estás en la clase de español...
5. Cuando ves una película con tu actor/actriz favorito/a...

4 **En la tele** In small groups, imagine that you are a family that stars on a reality TV show. You are vacationing together, but the trip isn't going well for everyone. Write the script of a scene from the show and then act it out. Use at least six adjectives from the previous page and be creative!

modelo

Papá: ¿Por qué estás enojada, María Rosa? El hotel es muy bonito y las habitaciones están limpias.

Mamá: ¡Pero mira, Roberto! Las maletas de Elisa están abiertas y, como siempre, sus cosas están muy desordenadas.

Practice more at **vistas.vhlcentral.com.**

5.2 The present progressive

ANTE TODO Both Spanish and English use the present progressive, which consists of the present tense of the verb *to be* and the present participle of another verb (the *-ing* form in English).

Las chicas están hablando con el empleado del hotel.

¿Estás estudiando en la playa?

- Form the present progressive with the present tense of **estar** and a present participle.

FORM OF ESTAR + PRESENT PARTICIPLE		FORM OF ESTAR + PRESENT PARTICIPLE	
Estoy	**pescando.**	**Estamos**	**comiendo.**
I am	*fishing.*	*We are*	*eating.*

- The present participle of regular **-ar**, **-er**, and **-ir** verbs is formed as follows:

INFINITIVE	STEM	ENDING	PRESENT PARTICIPLE
hablar	habl-	**-ando**	habl**ando**
comer	com-	**-iendo**	com**iendo**
escribir	escrib-	**-iendo**	escrib**iendo**

- **¡Atención!** When the stem of an **-er** or **-ir** verb ends in a vowel, the present participle ends in **-yendo**.

INFINITIVE	STEM	ENDING	PRESENT PARTICIPLE
leer	le-	**-yendo**	le**yendo**
oír	o-	**-yendo**	o**yendo**
traer	tra-	**-yendo**	tra**yendo**

- **Ir**, **poder**, and **venir** have irregular present participles (**yendo**, **pudiendo**, **viniendo**). Several other verbs have irregular present participles that you will need to learn.
- **-Ir** stem-changing verbs have a stem change in the present participle.

-ir stem-changing verbs

e:ie in the present tense		**e → i** in the present participle
preferir	→	pref**i**riendo
e:i in the present tense		**e → i** in the present participle
conseguir	→	cons**i**guiendo
o:ue in the present tense		**o → u** in the present participle
dormir	→	d**u**rmiendo

COMPARE & CONTRAST

The use of the present progressive is much more restricted in Spanish than in English. In Spanish, the present progressive is mainly used to emphasize that an action is in progress at the time of speaking.

Maru **está escuchando** música latina **ahora mismo**.
Maru is listening to Latin music right now.

Felipe y su amigo **todavía están jugando** al fútbol.
Felipe and his friend are still playing soccer.

In English, the present progressive is often used to talk about situations and actions that occur over an extended period of time or in the future. In Spanish, the simple present tense is often used instead.

Xavier **estudia** computación este semestre.
Xavier is studying computer science this semester.

Marissa **sale** mañana para los Estados Unidos.
Marissa is leaving tomorrow for the United States.

¡INTÉNTALO! Create complete sentences by putting the verbs in the present progressive.

1. mis amigos / descansar en la playa Mis amigos están descansando en la playa.
2. nosotros / practicar deportes _____
3. Carmen / comer en casa _____
4. nuestro equipo / ganar el partido _____
5. yo / leer el periódico _____
6. él / pensar comprar una bicicleta _____
7. ustedes / jugar a las cartas _____
8. José y Francisco / dormir _____
9. Marisa / leer correo electrónico _____
10. yo / preparar sándwiches _____
11. Carlos / tomar fotos _____
12. ¿dormir / tú? _____

recursos

WB p. 53

LM p. 28

vistas. vhlcentral.com Lección 5

Práctica

1 **Completar** Alfredo's Spanish class is preparing to travel to Puerto Rico. Use the present progressive of the verb in parentheses to complete Alfredo's description of what everyone is doing.

1. Yo _____ (investigar) la situación política de la isla (*island*).
2. La esposa del profesor _____ (hacer) las maletas.
3. Marta y José Luis _____ (buscar) información sobre San Juan en Internet.
4. Enrique y yo _____ (leer) un correo electrónico de nuestro amigo puertorriqueño.
5. Javier _____ (aprender) mucho sobre la cultura puertorriqueña.
6. Y tú _____ (practicar) el español, ¿verdad?

2 **¿Qué están haciendo?** María and her friends are vacationing at a resort in San Juan, Puerto Rico. Complete her description of what everyone is doing right now.

CONSULTA
For more information about Puerto Rico, see **Panorama**, pp. 186–187.

1. Yo

2. Javier

3. Alejandro y Rebeca

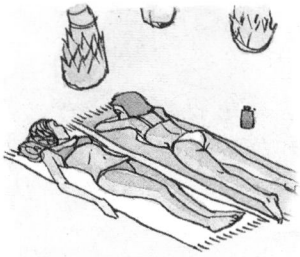
4. Celia y yo

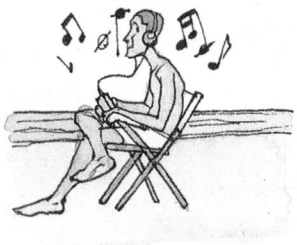
5. Samuel

6. Lorenzo

3 **Personajes famosos** Say what these celebrities are doing right now, using the cues provided.

modelo
Celine Dion
Celine Dion está cantando una canción ahora mismo.

AYUDA
Stephenie Meyer: **novelas**
Rachael Ray: **televisión, negocios** (*business*)
James Cameron: **cine**
Venus y Serena Williams: **tenis**
Jason Bay: **béisbol**
Nelly Furtado: **canciones**
Steve Nash: **baloncesto**
Las Rockettes de Nueva York: **baile**

A

Stephenie Meyer	Nelly Furtado
Rachael Ray	Steve Nash
James Cameron	Las Rockettes de Nueva York
Venus y Serena Williams	¿?
Jason Bay	¿?

B

bailar	hacer
cantar	jugar
correr	preparar
escribir	¿?
hablar	¿?

Practice more at **vistas.vhlcentral.com.**

Ser - T.O.P.I.C

Comunicación

4 **Preguntar** With a partner, take turns asking each other what you are doing at these times.

Time
Origin
(Profession
Possession)
Identity
Characteristic

modelo

8:00 a.m.
Estudiante 1: ¡Hola, Andrés! Son las ocho de la mañana. ¿Qué estás haciendo?
Estudiante 2: Estoy desayunando.

1. 5:00 a.m.
2. 9:30 a.m.
3. 11:00 a.m.
4. 12:00 p.m.
5. 2:00 p.m.
6. 5:00 p.m.
7. 9:00 p.m.
8. 11:30 p.m.

5 **Describir** Work with a partner and use the present progressive to describe what is going on in this Spanish beach scene.

NOTA CULTURAL

Nearly 60 million tourists travel to Spain every year, many of them drawn by the warm climate and beautiful coasts. Tourists wanting a beach vacation go mostly to the **Costa del Sol** or the Balearic Islands, in the Mediterranean.

6 **Conversar** Imagine that you and a classmate are each babysitting a group of children. With a partner, prepare a telephone conversation using these cues. Be creative and add further comments.

Estudiante 1	Estudiante 2
Say hello and ask what the kids are doing.	Say hello and tell your partner that two of your kids are doing their homework. Then ask what the kids at his/her house are doing.
Tell your partner that two of your kids are running and dancing in the house.	Tell your partner that one of the kids is reading.
Tell your partner that you are tired and that two of your kids are watching TV and eating pizza.	Tell your partner that one of the kids is sleeping.
Tell your partner you have to go; the kids are playing soccer in the house.	Say goodbye and good luck (**¡Buena suerte!**).

Síntesis

7 **¿Qué están haciendo?** A group of classmates is traveling to San Juan, Puerto Rico for a week-long Spanish immersion program. In order for the participants to be on time for their flight, you and your partner must locate them. Your instructor will give you each a handout to help you complete this task.

5.3 Ser and estar

ANTE TODO You have already learned that **ser** and **estar** both mean *to be* but are used for different purposes. These charts summarize the key differences in usage between **ser** and **estar**.

Uses of ser

1. Nationality and place of origin	Juan Carlos **es** argentino. **Es** de Buenos Aires.
2. Profession or occupation	Adela **es** agente de viajes. Francisco **es** médico.
3. Characteristics of people and things	José y Clara **son** simpáticos. El clima de Puerto Rico **es** agradable.
4. Generalizations	¡**Es** fabuloso viajar! **Es** difícil estudiar a la una de la mañana.
5. Possession	**Es** la pluma de Jimena. **Son** las llaves del señor Díaz.
6. What something is made of	La bicicleta **es** de metal. Los pasajes **son** de papel.
7. Time and date	Hoy **es** martes. **Son** las dos. Hoy **es** el primero de julio.
8. Where or when an event takes place	El partido **es** en el estadio Santa Fe. La conferencia **es** a las siete.

¡ATENCIÓN!

Ser de expresses not only origin (**Es de Buenos Aires.**) and possession (**Es la pluma de Maru.**), but also what material something is made of (**La bicicleta es de metal.**).

Uses of estar

1. Location or spatial relationships	El aeropuerto **está** lejos de la ciudad. Tu habitación **está** en el tercer piso.
2. Health	¿Cómo **estás**? **Estoy** bien, gracias.
3. Physical states and conditions	El profesor **está** ocupado. Las ventanas **están** abiertas.
4. Emotional states	Marissa **está** feliz hoy. **Estoy** muy enojado con Maru.
5. Certain weather expressions	**Está** lloviendo. **Está** nublado.
6. Ongoing actions (progressive tenses)	**Estamos** estudiando para un examen. Ana **está** leyendo una novela.

Ser and estar with adjectives

- With many descriptive adjectives, **ser** and **estar** can both be used, but the meaning will change.

Juan **es** delgado. *Juan is thin.*	Ana **es** nerviosa. *Ana is a nervous person.*
Juan **está** más delgado hoy. *Juan looks thinner today.*	Ana **está** nerviosa por el examen. *Ana is nervous because of the exam.*

- In the examples above, the statements with **ser** are general observations about the inherent qualities of Juan and Ana. The statements with **estar** describe conditions that are variable.

- Here are some adjectives that change in meaning when used with **ser** and **estar**.

With ser	With estar
El chico **es listo**. *The boy is **smart**.*	El chico **está listo**. *The boy is **ready**.*
La profesora **es mala**. *The professor is **bad**.*	La profesora **está mala**. *The professor is **sick**.*
Jaime **es aburrido**. *Jaime is **boring**.*	Jaime **está aburrido**. *Jaime is **bored**.*
Las peras **son verdes**. *Pears are **green**.*	Las peras **están verdes**. *The pears are **not ripe**.*
El gato **es muy vivo**. *The cat is very **lively**.*	El gato **está vivo**. *The cat is **alive**.*
Iván **es un hombre seguro**. *Iván is a **confident** man.*	Iván no **está seguro**. *Iván is not **sure**.*

¡ATENCIÓN!

When referring to objects, **ser seguro/a** means *to be safe.*

El puente es seguro.
The bridge is safe.

¡INTÉNTALO! Form complete sentences by using the correct form of **ser** or **estar** and making any other necessary changes.

1. Alejandra / cansado
   Alejandra está cansada.
2. ellos / pelirrojo
   _____
3. Carmen / alto
   _____
4. yo / la clase de español
   _____
5. película / a las once
   _____
6. hoy / viernes
   _____
7. nosotras / enojado
   _____
8. Antonio / médico
   _____
9. Romeo y Julieta / enamorado
   _____
10. libros / de Ana
    _____
11. Marisa y Juan / estudiando
    _____
12. partido de baloncesto / gimnasio
    _____

recursos

WB pp. 54–55

LM p. 29

vistas. vhlcentral.com Lección 5

Práctica

1 **¿Ser o estar?** Indicate whether each adjective takes **ser** or **estar**. **¡Ojo!** Three of them can take both verbs.

	ser	estar		ser	estar
1. delgada	❍	❍	5. seguro	❍	❍
2. canadiense	❍	❍	6. enojada	❍	❍
3. enamorado	❍	❍	7. importante	❍	❍
4. lista	❍	❍	8. avergonzada	❍	❍

2 **Completar** Complete this conversation with the appropriate forms of **ser** and **estar**.

EDUARDO ¡Hola, Ceci! ¿Cómo (1)__esta__?
CECILIA Hola, Eduardo. Bien, gracias. ¡Qué guapo (2)__estás__ hoy!
EDUARDO Gracias. (3)__eres__ muy amable. Oye, ¿qué (4)__estás__ haciendo? (5)¿__estás__ ocupada?
CECILIA No, sólo le (6)__estoy__ escribiendo una carta a mi prima Pilar.
EDUARDO ¿De dónde (7)__es__ ella?
CECILIA Pilar (8)__es__ de Ecuador. Su papá (9)__es__ médico en Quito. Pero ahora Pilar y su familia (10)__están__ de vacaciones en Ponce, Puerto Rico.
EDUARDO Y… ¿cómo (11)__es__ Pilar?
CECILIA (12)__Es__ muy lista. Y también (13)__Es__ alta, rubia y muy bonita.

3 **En el parque** With a partner, take turns describing the people in the drawing. Your descriptions should answer the questions provided.

1. ¿Quiénes son?
2. ¿Dónde están?
3. ¿Cómo son?
4. ¿Cómo están?
5. ¿Qué están haciendo?
6. ¿Qué estación es?
7. ¿Qué tiempo hace?
8. ¿Quiénes están de vacaciones?

Comunicación

4 **Describir** With a classmate, take turns describing these people. Mention where they are from, what they are like, how they are feeling, and what they are doing right now.

modelo

tu compañero/a de cuarto

Mi compañera de cuarto es de San Juan, Puerto Rico. Es muy inteligente. Está cansada pero está estudiando porque tiene un examen.

1. tu mejor (*best*) amigo/a
2. tu actor/actriz favorito/a
3. tu profesor(a) favorito/a
4. tu novio/a o esposo/a
5. tus abuelos
6. tus padres

5 **Adivinar** Get together with a partner and take turns describing a celebrity using these items as a guide. Don't mention the celebrity's name. Can your partner guess who you are describing?

- descripción física
- cómo está ahora
- origen
- dónde está ahora
- qué está haciendo ahora
- profesión u ocupación

6 **En el aeropuerto** In groups of three, take turns assuming the identity of a character from this drawing. Your partners will ask you questions using **ser** and **estar** until they figure out who you are.

modelo

Estudiante 3: ¿Dónde estás?
Estudiante 1: Estoy cerca de la puerta.
Estudiante 2: ¿Qué estás haciendo?
Estudiante 1: Estoy escuchando a otra persona.
Estudiante 3: ¿Eres uno de los pasajeros?
Estudiante 1: No, soy empleado del aeropuerto.
Estudiante 2: ¿Eres Camilo?

Síntesis

7 **Conversación** In pairs, imagine that you and your partner are two of the characters in the drawing in **Actividad 6**. After boarding, you are seated next to each other and strike up a conversation. Act out what you would say to your fellow passenger.

5.4 Direct object nouns and pronouns

SUBJECT	VERB	DIRECT OBJECT NOUN
Juan Carlos y Jimena	están tomando	fotos.
Juan Carlos and Jimena	*are taking*	*photos.*

- A direct object noun receives the action of the verb directly and generally follows the verb. In the example above, the direct object noun answers the question *What are Juan Carlos and Jimena taking?*

- When a direct object noun in Spanish is a person or a pet, it is preceded by the word **a**. This is called the personal **a**; there is no English equivalent for this construction.

  La señora Díaz visita **a** la doctora Salas.
  Mrs Díaz is visiting Dr. Salas.

  La señora Díaz visita el café Delicias.
  Mrs. Díaz is visiting the Delicias café.

- In the first sentence above, the personal **a** is required because the direct object is a person. In the second sentence, the personal **a** is not required because the direct object is a place, not a person.

- Direct object pronouns are words that replace direct object nouns. Like English, Spanish uses a direct object pronoun to avoid repeating a noun already mentioned.

	DIRECT OBJECT		DIRECT OBJECT PRONOUN		
Maribel hace	las maletas.	▶	Maribel	las	hace.
Felipe compra	el sombrero.		Felipe	lo	compra.
Vicky tiene	la llave.		Vicky	la	tiene.

Direct object pronouns

SINGULAR		PLURAL	
me	*me*	**nos**	*us*
te	*you* (fam.)	**os**	*you* (fam.)
lo	*you* (m., form.)	**los**	*you* (m., form.)
	him; it (m.)		*them* (m.)
la	*you* (f., form.)	**las**	*you* (f., form.)
	her; it (f.)		*them* (f.)

- In affirmative sentences, direct object pronouns generally appear before the conjugated verb. In negative sentences, the pronoun is placed between the word **no** and the verb.

Adela practica **el tenis**. Adela **lo** practica.	Gabriela no tiene **las llaves.** Gabriela **no las** tiene.
Carmen compra **los pasajes.** Carmen **los** compra.	Diego no hace **las maletas.** Diego **no las** hace.

- When the verb is an infinitive construction, such as **ir a** + [*infinitive*], the direct object pronoun can be placed before the conjugated form or attached to the infinitive.

Ellos van a escribir **unas postales**. → Ellos **las** van a escribir. / Ellos van a escribir**las**.

Lidia quiere ver **una película**. → Lidia **la** quiere ver. / Lidia quiere ver**la**.

- When the verb is in the present progressive, the direct object pronoun can be placed before the conjugated form or attached to the present participle. **¡Atención!** When a direct object pronoun is attached to the present participle, an accent mark is added to maintain the proper stress.

Gerardo está leyendo **la lección**. → Gerardo **la** está leyendo. / Gerardo está leyéndo**la**.

Toni está mirando **el partido**. → Toni **lo** está mirando. / Toni está mirándo**lo**.

CONSULTA

To learn more about accents, see **Lección 4, Pronunciación**, p. 123, **Lección 10, Ortografía**, p. 339, and **Lección 11, Ortografía**, p. 375.

¡INTÉNTALO! Choose the correct direct object pronoun for each sentence.

1. Tienes el libro de español. *c*
   a. La tienes. b. Los tienes. c. Lo tienes.
2. Voy a ver el partido de baloncesto.
   a. Voy a verlo. b. Voy a verte. c. Voy a vernos.
3. El artista quiere dibujar a Luisa y a su mamá.
   a. Quiere dibujarme. b. Quiere dibujarla. c. Quiere dibujarlas.
4. Marcos busca la llave.
   a. Me busca. b. La busca. c. Las busca.
5. Rita me lleva al aeropuerto y también lleva a Tomás.
   a. Nos lleva. b. Las lleva. c. Te lleva.
6. Puedo oír a Gerardo y a Miguel.
   a. Puedo oírte. b. Puedo oírlos. c. Puedo oírlo.
7. Quieren estudiar la gramática.
   a. Quieren estudiarnos. b. Quieren estudiarlo. c. Quieren estudiarla.
8. ¿Practicas los verbos irregulares?
   a. ¿Los practicas? b. ¿Las practicas? c. ¿Lo practicas?
9. Ignacio ve la película.
   a. La ve. b. Lo ve. c. Las ve.
10. Sandra va a invitar a Mario a la excursión. También me va a invitar a mí.
    a. Los va a invitar. b. Lo va a invitar. c. Nos va a invitar.

recursos

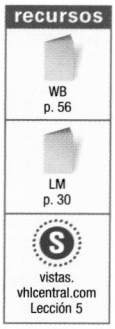

Práctica

1 **Simplificar** Professor Vega's class is planning a trip to Costa Rica. Describe their preparations by changing the direct object nouns into direct object pronouns.

modelo

La profesora Vega tiene su pasaporte.
La profesora Vega lo tiene.

1. Gustavo y Héctor confirman las reservaciones.
2. Nosotros leemos los folletos (*brochures*).
3. Ana María estudia el mapa.
4. Yo aprendo los nombres de los monumentos de San José.
5. Alicia escucha a la profesora.
6. Miguel escribe las direcciones para ir al hotel.
7. Esteban busca el pasaje.
8. Nosotros planeamos una excursión.

¡LENGUA VIVA!

There are many Spanish words that correspond to *ticket*. **Billete** and **pasaje** usually refer to a ticket for travel, such as an airplane ticket. **Entrada** refers to a ticket to an event, such as a concert or a movie. **Boleto** can be used in either case.

2 **Vacaciones** Ramón is going to San Juan, Puerto Rico with his friends, Javier and Marcos. Express his thoughts more succinctly using direct object pronouns.

modelo

Quiero hacer una excursión.
Quiero hacerla./La quiero hacer.

1. Voy a hacer mi maleta.
2. Necesitamos llevar los pasaportes.
3. Marcos está pidiendo el folleto turístico.
4. Javier debe llamar a sus padres.
5. Ellos desean visitar el Viejo San Juan.
6. Puedo llamar a Javier por la mañana.
7. Prefiero llevar mi cámara.
8. No queremos perder nuestras reservaciones de hotel.

NOTA CULTURAL

Puerto Rico is a U.S. territory, so people do not need travel documents when traveling to and from Puerto Rico from the U.S. mainland. However, everyone must meet all requirements for entering the U.S. when traveling directly to Puerto Rico from abroad.

3 **¿Quién?** The Garza family is preparing to go on a vacation to Puerto Rico. Based on the clues, answer the questions. Use direct object pronouns in your answers.

modelo

¿Quién hace las reservaciones para el hotel? (el Sr. Garza)
El Sr. Garza las hace.

1. ¿Quién compra los pasajes para el vuelo (*flight*)? (la Sra. Garza)
2. ¿Quién tiene que hacer las maletas de los niños? (María)
3. ¿Quiénes buscan los pasaportes? (Antonio y María)
4. ¿Quién va a confirmar las reservaciones de hotel? (la Sra. Garza)
5. ¿Quién busca la cámara? (María)
6. ¿Quién compra un mapa de Puerto Rico? (Antonio)

Practice more at **vistas.vhlcentral.com.**

Comunicación

4 **Entrevista** Take turns asking and answering these questions with a classmate. Be sure to use direct object pronouns in your responses.

1. ¿Ves mucho la televisión?
2. ¿Cuándo vas a ver tu programa favorito?
3. ¿Quién prepara la comida (*food*) en tu casa?
4. ¿Te visita mucho tu familia?
5. ¿Visitas mucho a tus abuelos?
6. ¿Nos entienden nuestros padres a nosotros?
7. ¿Cuándo ves a tus amigos/as?
8. ¿Cuándo te llaman tus amigos/as?

5 **Los pasajeros** Get together with a partner and take turns asking each other questions about the drawing. Use the word bank and direct object pronouns.

AYUDA
For travel-related vocabulary, see **Contextos**, pp. 152–153.

modelo
Estudiante 1: ¿Quién está leyendo el libro?
Estudiante 2: Susana lo está leyendo./Susana está leyéndolo.

buscar	confirmar	escribir	leer	tener	vender
comprar	encontrar	escuchar	llevar	traer	¿?

Síntesis

6 **Adivinanzas** In pairs, take turns describing a person, place, or thing for your partner to guess. Each of you should give at least five descriptions.

modelo
Estudiante 1: Lo uso para (*I use it to*) escribir en mi cuaderno. No es muy grande y tiene borrador. ¿Qué es?
Estudiante 2: ¿Es un lápiz?
Estudiante 1: ¡Sí!

Recapitulación

Concepts Diagnostics

Review the grammar concepts you have learned in this lesson by completing these activities.

1 **Completar** Complete the chart with the correct present participle of these verbs. 8 pts.

Infinitive	Present participle	Infinitive	Present participle
hacer		estar	
acampar		ser	
tener		vivir	
venir		estudiar	

2 **Vacaciones en París** Complete this paragraph about Julia's trip to Paris with the correct form of **ser** or **estar**. 12 pts.

Hoy (1) _____ (es/está) el 3 de julio y voy a París por tres semanas. (Yo) (2) _____ (Soy/Estoy) muy feliz porque voy a ver a mi mejor amiga. Ella (3) _____ (es/está) de Puerto Rico, pero ahora (4) _____ (es/está) viviendo en París. También (yo) (5) _____ (soy/estoy) un poco nerviosa porque (6) _____ (es/está) mi primer viaje a Francia. El vuelo (*flight*) (7) _____ (es/está) hoy por la tarde, pero ahora (8) _____ (es/está) lloviendo. Por eso (9) _____ (somos/estamos) preocupadas, porque probablemente el avión va a salir tarde. Mi equipaje ya (10) _____ (es/está) listo. (11) _____ (Es/Está) tarde y me tengo que ir. ¡Va a (12) _____ (ser/estar) un viaje fenomenal!

3 **¿Qué hacen?** Respond to these questions by indicating what people do with the items mentioned. Use direct object pronouns. 5 pts.

modelo

¿Qué hacen ellos con la película? (ver)
La ven.

1. ¿Qué haces tú con el libro de viajes? (leer) _____
2. ¿Qué hacen los turistas en la ciudad? (explorar) _____
3. ¿Qué hace el botones con el equipaje? (llevar) _____
4. ¿Qué hace la agente con las reservaciones? (confirmar) _____
5. ¿Qué hacen ustedes con los pasaportes? (mostrar) _____

RESUMEN GRAMATICAL

5.1 Estar with conditions and emotions *p. 164*

- Yo **estoy** aburrido/a, feliz, nervioso/a.
- El cuarto **está** desordenado, limpio, ordenado.
- Estos libros **están** abiertos, cerrados, sucios.

5.2 The present progressive *pp. 166–167*

- The present progressive is formed with the present tense of **estar** plus the present participle.

Forming the present participle

infinitive	stem	ending	present participle
hablar	habl-	-ando	hablando
comer	com-	-iendo	comiendo
escribir	escrib-	-iendo	escribiendo

-ir stem-changing verbs

	infinitive	present participle
e:ie	preferir	prefiriendo
e:i	conseguir	consiguiendo
o:ue	dormir	durmiendo

- Irregular present participles: **yendo (ir), pudiendo (poder), viniendo (venir)**

5.3 Ser and estar *pp. 170–171*

- Uses of **ser**: nationality, origin, profession or occupation, characteristics, generalizations, possession, what something is made of, time and date, time and place of events
- Uses of **estar**: location, health, physical states and conditions, emotional states, weather expressions, ongoing actions
- Many adjectives can be used with both **ser** and **estar**, but the meaning of the adjectives will change.

Juan **es** delgado.	Juan **está** más delgado hoy.
Juan is thin.	*Juan looks thinner today.*

5.4 Direct object nouns and pronouns *pp. 174–175*

Direct object pronouns

Singular		Plural	
me	lo	nos	los
te	la	os	las

In affirmative sentences:
Adela practica el tenis. → Adela lo practica.

In negative sentences: Adela **no** lo practica.

With an infinitive:
Adela lo va a practicar./Adela va a practicarlo.

With the present progressive:
Adela lo está practicando./Adela está practicándolo.

4 **Opuestos** Complete these sentences with the appropriate form of the verb **estar** and an antonym for the underlined adjective. 5 pts.

modelo

Mis respuestas están bien, pero las de Susana *están mal.*

1. Las tiendas están abiertas, pero la agencia de viajes _____ _____.
2. No me gustan las habitaciones desordenadas. Incluso (*Even*) mi habitación de hotel _____ _____.
3. Nosotras estamos tristes cuando trabajamos. Hoy comienzan las vacaciones y _____ _____.
4. En esta ciudad los autobuses están sucios, pero los taxis _____ _____.
5. —El avión sale a las 5:30, ¿verdad? —No, estás confundida. Yo _____ _____ de que el avión sale a las 5:00.

5 **En la playa** Describe what these people are doing. Complete the sentences using the present progressive tense. 8 pts.

1. El Sr. Camacho _____.
2. Felicia _____.
3. Leo _____.
4. Nosotros _____.

6 **Antes del viaje** Write a paragraph of at least six sentences describing the time right before you go on a trip. Say how you feel and what you are doing. You can use **Actividad 2** as a model. 12 pts.

modelo

Hoy *es viernes, 27 de octubre. Estoy en mi habitación...*

7 **Refrán** Complete this Spanish saying by filling in the missing present participles. Refer to the translation and the drawing. 2 EXTRA points!

"Se consigue más _____ que _____."

(You can accomplish more by doing than by saying.)

Practice more at **vistas.vhlcentral.com.**

Lectura

Antes de leer

Estrategia

Scanning

Scanning involves glancing over a document in search of specific information. For example, you can scan a document to identify its format, to find cognates, to locate visual clues about the document's content, or to find specific facts. Scanning allows you to learn a great deal about a text without having to read it word for word.

Examinar el texto

Scan the reading selection for cognates and write down a few of them.

1. _____ 4. _____
2. _____ 5. _____
3. _____ 6. _____

Based on the cognates you found, what do you think this document is about?

_____

Preguntas

Read these questions. Then scan the document again to look for answers.

1. What is the format of the reading selection?

   _____

2. Which place is the document about?

   _____

3. What are some of the visual cues this document provides? What do they tell you about the content of the document?

   _____

4. Who produced the document, and what do you think it is for?

   _____

Turismo ecológico en Puerto Rico

Hotel Vistahermosa

~ Lajas, Puerto Rico ~

- 40 habitaciones individuales
- 15 habitaciones dobles
- Teléfono/TV por cable/Internet
- Aire acondicionado
- Restaurante (Bar)
- Piscina
- Área de juegos
- Cajero automático°

El hotel está situado en Playa Grande, un pequeño pueblo de pescadores del mar Caribe. Es el lugar perfecto para el viajero que viene de vacaciones. Las playas son seguras y limpias, ideales para tomar el sol, descansar, tomar fotografías y nadar. Está abierto los 365 días del año. Hay una rebaja° especial para estudiantes universitarios.

DIRECCIÓN: Playa Grande 406, Lajas, PR 00667, cerca del Parque Nacional Foresta.

Cajero automático *ATM* **rebaja** *discount*

Atracciones cercanas

Playa Grande ¿Busca la playa perfecta? Playa Grande es la playa que está buscando. Usted puede pescar, sacar fotos, nadar y pasear en bicicleta. Playa Grande es un paraíso para el turista que quiere practicar deportes acuáticos. El lugar es bonito e interesante y usted va a tener muchas oportunidades para descansar y disfrutar en familia.

Valle Niebla Ir de excursión, tomar café, montar a caballo, caminar, hacer picnics. Más de cien lugares para acampar.

Bahía Fosforescente Sacar fotos, salidas de noche, excursión en barco. Una maravillosa experiencia llena de luz°.

Arrecifes de Coral Sacar fotos, bucear, explorar. Es un lugar único en el Caribe.

Playa Vieja Tomar el sol, pasear en bicicleta, jugar a las cartas, escuchar música. Ideal para la familia.

Parque Nacional Foresta Sacar fotos, visitar el Museo de Arte Nativo. Reserva Mundial de la Biosfera.

Santuario de las Aves Sacar fotos, observar aves°, seguir rutas de excursión.

llena de luz *full of light* aves *birds*

Después de leer

Listas

Which amenities of Hotel Vistahermosa would most interest these potential guests? Explain your choices.

1. dos padres con un hijo de seis años y una hija de ocho años

   _____

2. un hombre y una mujer en su luna de miel (*honeymoon*)

   _____

3. una persona en un viaje de negocios (*business trip*)

   _____

Conversaciones

With a partner, take turns asking each other these questions.

1. ¿Quieres visitar el Hotel Vistahermosa? ¿Por qué?
2. Tienes tiempo de visitar sólo tres de las atracciones turísticas que están cerca del hotel. ¿Cuáles vas a visitar? ¿Por qué?
3. ¿Qué prefieres hacer en Valle Niebla? ¿En Playa Vieja? ¿En el Parque Nacional Foresta?

Situaciones

You have just arrived at Hotel Vistahermosa. Your classmate is the concierge. Use the phrases below to express your interests and ask for suggestions about where to go.

1. montar a caballo
2. bucear
3. pasear en bicicleta
4. pescar
5. observar aves

Contestar

Answer these questions.

1. ¿Quieres visitar Puerto Rico? Explica tu respuesta.

   _____

2. ¿Adónde quieres ir de vacaciones el verano que viene? Explica tu respuesta.

   _____

Escritura

Estrategia

Making an outline

When we write to share information, an outline can serve to separate topics and subtopics, providing a framework for the presentation of data. Consider the following excerpt from an outline of the tourist brochure on pages 180–181.

IV. Descripción del sitio (con foto)
  A. Playa Grande
    1. Playas seguras y limpias
    2. Ideal para tomar el sol, descansar, tomar fotografías, nadar
  B. El hotel
    1. Abierto los 365 días del año
    2. Rebaja para estudiantes universitarios

Mapa de ideas

Idea maps can be used to create outlines. The major sections of an idea map correspond to the Roman numerals in an outline. The minor idea map sections correspond to the outline's capital letters, and so on. Examine the idea map that led to the outline above.

Tema

Escribir un folleto

Write a tourist brochure for a hotel or resort you have visited. If you wish, you may write about an imaginary location. You may want to include some of this information in your brochure:

- the name of the hotel or resort
- phone and fax numbers that tourists can use to make contact
- the hotel website that tourists can consult
- an e-mail address that tourists can use to request information
- a description of the exterior of the hotel or resort
- a description of the interior of the hotel or resort, including facilities and amenities
- a description of the surrounding area, including its climate
- a listing of nearby scenic natural attractions
- a listing of nearby cultural attractions
- a listing of recreational activities that tourists can pursue in the vicinity of the hotel or resort

Escuchar

Audio: Activities

Estrategia

Listening for key words

By listening for key words or phrases, you can identify the subject and main ideas of what you hear, as well as some of the details.

To practice this strategy, you will now listen to a short paragraph. As you listen, jot down the key words that help you identify the subject of the paragraph and its main ideas.

Preparación

Based on the illustration, who do you think Hernán Jiménez is, and what is he doing? What key words might you listen for to help you understand what he is saying?

Ahora escucha

Now you are going to listen to a weather report by Hernán Jiménez. Note which phrases are correct according to the key words and phrases you hear.

Santo Domingo

1. hace sol
2. va a hacer frío
3. una mañana de mal tiempo
4. va a estar nublado
5. buena tarde para tomar el sol
6. buena mañana para la playa

San Francisco de Macorís

1. hace frío
2. hace sol
3. va a nevar
4. va a llover
5. hace calor
6. mal día para excursiones

Comprensión

¿Cierto o falso?

Indicate whether each statement is **cierto** or **falso**, based on the weather report. Correct the false statements.

1. Según el meteorólogo, la temperatura en Santo Domingo es de 26 grados.

   _____

2. La temperatura máxima en Santo Domingo hoy va a ser de 30 grados.

   _____

3. Está lloviendo ahora en Santo Domingo.

   _____

4. En San Francisco de Macorís la temperatura mínima de hoy va a ser de 20 grados.

   _____

5. Va a llover mucho hoy en San Francisco de Macorís.

   _____

Preguntas

Answer these questions about the weather report.

1. ¿Hace viento en Santo Domingo ahora?
2. ¿Está nublado en Santo Domingo ahora?
3. ¿Está nevando ahora en San Francisco de Macorís?
4. ¿Qué tiempo hace en San Francisco de Macorís?

En pantalla

If you like adventure or extreme sports, Latin America might be a good destination for you. The area of Patagonia, located in Chile and Argentina, offers both breath-taking scenery and an adrenaline rush. Here, one can enjoy a variety of sports, including whitewater rafting, kayaking, trekking, and skiing. One weeklong itinerary in Argentina might include camping, hiking the granite rock of Mount Fitz Roy, and trekking across the deep blue Perito Moreno Glacier, a massive 18-mile-long sheet of ice and one of the world's few advancing glaciers.

Now, hold on to your helmets as we travel to Mexico to see what sort of adventure you can experience there.

Vocabulario útil

callejones	*alleyways, narrow streets*
calles	*streets*
carrera de bicicleta	*bicycle race*
descender (escaleras)	*to descend (stairs)*
reto, desafío	*challenge*

Preparación

Some areas attract tourists because of their unusual sports and activities. Do you know of any such destinations? Where?

Preguntas

Answer these questions in complete sentences.

1. ¿Por qué viajan ciclistas (*cyclists*) a Taxco?
2. ¿Es Taxco una ciudad turística moderna o colonial?
3. ¿Hay competidores de otros (*other*) países en la carrera de bicicleta?
4. ¿Cómo está el reportero (*reporter*) después (*after*) de descender las escaleras, aburrido o cansado?

Deportes extremos

In pairs, discuss these questions: **¿Cómo son las personas que hacen deportes extremos? ¿Por qué crees que los practican? ¿Viajarías (*Would you travel*) a algún destino para practicarlos?**

menor *least* lo más alto *the highest point* hasta *to* diseño *design*

Reportaje sobre Down Taxco

El reto es descender en el menor° tiempo posible...

... desde lo más alto° de la ciudad hasta° la plaza central.

El principal desafío es el diseño° de la ciudad...

Video: TV Clip

Practice more at **vistas.vhlcentral.com.**

Between 1438 and 1533, when the vast and powerful Incan Empire was at its height, the Incas built an elaborate network of **caminos** (*trails*) that traversed the Andes Mountains and converged on the empire's capital, Cuzco. Today, hundreds of thousands of tourists come to Peru annually to walk the surviving trails and enjoy the spectacular scenery. The most popular trail, **el Camino Inca**, leads from Cuzco to **Intipunku** (*Sun Gate*), the entrance to the ancient mountain city of Machu Picchu.

Vocabulario útil

ciudadela	*citadel*
de cultivo	*farming*
el/la guía	*guide*
maravilla	*wonder*
quechua	*Quechua (indigenous Peruvian)*
sector (urbano)	*(urban) sector*

Preparación

Have you ever visited an archeological or historic site? Where? Why did you go there?

Completar

Complete these sentences. Make the necessary changes.

1. Las ruinas de Machu Picchu son una antigua _____ inca.
2. La ciudadela estaba (*was*) dividida en tres sectores: _____, religioso y de cultivo.
3. Cada año los _____ reciben a cientos (*hundreds*) de turistas de diferentes países.
4. Hoy en día, la cultura _____ está presente en las comunidades andinas (*Andean*) de Perú.

¡Vacaciones en Perú!

Machu Picchu [...] se encuentra aislada sobre° esta montaña...

... siempre he querido° venir [...] Me encantan° las civilizaciones antiguas°.

Somos una familia francesa [...] Perú es un país muy, muy bonito de verdad.

se encuentra aislada sobre *it is isolated on* siempre he querido *I have always wanted* Me encantan *I love* antiguas *ancient*

Video: *Flash cultura*

Practice more at **vistas.vhlcentral.com.**

Video: *Panorama cultural*
Interactive map

Puerto Rico

El país en cifras

- **Área:** 8.959 km^2 (3.459 millas^2)
  menor° que el área de Connecticut
- **Población:** 4.074.000

Puerto Rico es una de las islas más densamente pobladas° del mundo. Más de la mitad de la población vive en San Juan, la capital.

- **Capital:** San Juan—2.763.000

SOURCE: Population Division, UN Secretariat

- **Ciudades principales:** Arecibo, Bayamón, Fajardo, Mayagüez, Ponce
- **Moneda:** dólar estadounidense
- **Idiomas:** español (oficial); inglés (oficial)

Aproximadamente la cuarta parte de la población puertorriqueña habla inglés, pero en las zonas turísticas este porcentaje es mucho más alto. El uso del inglés es obligatorio para documentos federales.

Bandera de Puerto Rico

Puertorriqueños célebres

- **Raúl Juliá,** actor (1940–1994)
- **Roberto Clemente,** beisbolista (1934–1972)
- **Julia de Burgos,** escritora (1914–1953)
- **Benicio del Toro,** actor y productor (1967–)
- **Rosie Pérez,** actriz y bailarina (1964–)

Faro en Arecibo

Playa en San Juan

Pescadores en Mayagüez

Iglesia en Ponce

recursos

WB	VM	vistas.vhlcentral.com
pp. 57–58	pp. 257–258	Lección 5

menor *less* pobladas *populated* río subterráneo *underground river* más largo *longest* cuevas *caves* bóveda *vault* fortaleza *fort* caber *fit*

¡Increíble pero cierto!

El río Camuy es el tercer río subterráneo° más largo° del mundo y tiene el sistema de cuevas° más grande del hemisferio occidental.
La Cueva de los Tres Pueblos es una gigantesca bóveda°, tan grande que toda la fortaleza° del Morro puede caber° en su interior.

Lugares • El Morro

El Morro es una fortaleza que se construyó para proteger° la bahía° de San Juan desde principios del siglo° XVI hasta principios del siglo XX. Hoy día muchos turistas visitan este lugar, convertido en un museo. Es el sitio más fotografiado de Puerto Rico. La arquitectura de la fortaleza es impresionante. Tiene misteriosos túneles, oscuras mazmorras° y vistas fabulosas de la bahía.

Artes • Salsa

La salsa, un estilo musical de origen puertorriqueño y cubano, nació° en el barrio latino de la ciudad de Nueva York. Dos de los músicos de salsa más famosos son Tito Puente y Willie Colón, los dos de Nueva York. Las estrellas° de la salsa en Puerto Rico son Felipe Rodríguez y Héctor Lavoe. Hoy en día, Puerto Rico es el centro internacional de este estilo musical. El Gran Combo de Puerto Rico es una de las orquestas de salsa más famosas del mundo°.

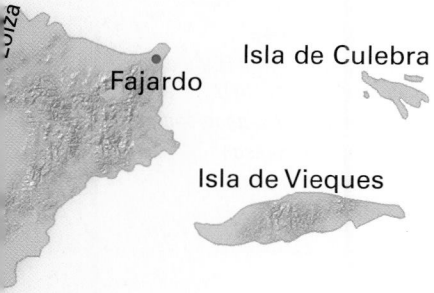

Ciencias • El Observatorio de Arecibo

El Observatorio de Arecibo tiene uno de los radiotelescopios más grandes del mundo. Gracias a este telescopio, los científicos° pueden estudiar las propiedades de la Tierra°, la Luna° y otros cuerpos celestes. También pueden analizar fenómenos celestiales como los quasares y pulsares, y detectar emisiones de radio de otras galaxias, en busca de inteligencia extraterrestre.

Historia • Relación con los Estados Unidos

Puerto Rico pasó a ser° parte de los Estados Unidos después de° la guerra° de 1898 y se hizo° un estado libre asociado en 1952. Los puertorriqueños, ciudadanos° estadounidenses desde° 1917, tienen representación política en el Congreso, pero no votan en las elecciones presidenciales y no pagan impuestos° federales. Hay un debate entre los puertorriqueños: ¿debe la isla seguir como estado libre asociado, hacerse un estado como los otros° o volverse° independiente?

¿Qué aprendiste? Responde a las preguntas con una oración completa.

1. ¿Cuál es la moneda de Puerto Rico?
2. ¿Qué idiomas se hablan (*are spoken*) en Puerto Rico?
3. ¿Cuál es el sitio más fotografiado de Puerto Rico?
4. ¿Qué es el Gran Combo?
5. ¿Qué hacen los científicos en el Observatorio de Arecibo?

Conexión Internet Investiga estos temas en **vistas.vhlcentral.com.**

Practice more at **vistas.vhlcentral.com.**

1. Describe a dos puertorriqueños famosos. ¿Cómo son? ¿Qué hacen? ¿Dónde viven? ¿Por qué son célebres?
2. Busca información sobre lugares en los que se puede hacer ecoturismo en Puerto Rico. Luego presenta un informe a la clase.

proteger *protect* bahía *bay* siglo *century* mazmorras *dungeons* nació *was born* estrellas *stars* mundo *world* científicos *scientists* Tierra *Earth* Luna *Moon* pasó a ser *became* después de *after* guerra *war* se hizo *became* ciudadanos *citizens* desde *since* pagan impuestos *pay taxes* otros *others* volverse *to become*

Los viajes y las vacaciones

acampar	*to camp*
confirmar una reservación	*to confirm a reservation*
estar de vacaciones (*f. pl.*)	*to be on vacation*
hacer las maletas	*to pack (one's suitcases)*
hacer un viaje	*to take a trip*
hacer (wind)surf	*to (wind)surf*
ir de compras (*f. pl.*)	*to go shopping*
ir de vacaciones	*to go on vacation*
ir en autobús (*m.*), auto(móvil) (*m.*), avión (*m.*), barco (*m.*), moto(cicleta) (*f.*), taxi (*m.*)	*to go by bus, car, plane, boat, motorcycle, taxi*
jugar a las cartas	*to play cards*
montar a caballo (*m.*)	*to ride a horse*
pescar	*to fish*
sacar/tomar fotos (*f. pl.*)	*to take photos*
el/la agente de viajes	*travel agent*
el/la inspector(a) de aduanas	*customs inspector*
el/la viajero/a	*traveler*
el aeropuerto	*airport*
la agencia de viajes	*travel agency*
el campo	*countryside*
el equipaje	*luggage*
la estación de autobuses, del metro, de tren	*bus, subway, train station*
la llegada	*arrival*
el mar	*sea*
el paisaje	*landscape*
el pasaje (de ida y vuelta)	*(round-trip) ticket*
el pasaporte	*passport*
la playa	*beach*
la salida	*departure; exit*
la tabla de (wind)surf	*surfboard/sailboard*

El hotel

el ascensor	*elevator*
el/la botones	*bellhop*
la cama	*bed*
el/la empleado/a	*employee*
la habitación individual, doble	*single, double room*
el hotel	*hotel*
el/la huésped	*guest*
la llave	*key*
el piso	*floor (of a building)*
la planta baja	*ground floor*

Adjetivos

abierto/a	*open*
aburrido/a	*bored; boring*
alegre	*happy; joyful*
amable	*nice; friendly*
avergonzado/a	*embarrassed*
cansado/a	*tired*
cerrado/a	*closed*
cómodo/a	*comfortable*
confundido/a	*confused*
contento/a	*happy; content*
desordenado/a	*disorderly*
enamorado/a (de)	*in love (with)*
enojado/a	*mad; angry*
equivocado/a	*wrong*
feliz	*happy*
limpio/a	*clean*
listo/a	*ready; smart*
nervioso/a	*nervous*
ocupado/a	*busy*
ordenado/a	*orderly*
preocupado/a (por)	*worried (about)*
seguro/a	*sure; safe; confident*
sucio/a	*dirty*
triste	*sad*

Los números ordinales

primer, primero/a	*first*
segundo/a	*second*
tercer, tercero/a	*third*
cuarto/a	*fourth*
quinto/a	*fifth*
sexto/a	*sixth*
séptimo/a	*seventh*
octavo/a	*eighth*
noveno/a	*ninth*
décimo/a	*tenth*

Palabras adicionales

ahora mismo	*right now*
el año	*year*
¿Cuál es la fecha (de hoy)?	*What is the date (today)?*
de buen/mal humor	*in a good/bad mood*
la estación	*season*
el mes	*month*
todavía	*yet; still*

Seasons, months, and dates	*See page 154.*
Weather expressions	*See page 154.*
Direct object pronouns	*See page 174.*
Expresiones útiles	*See page 159.*

Audio: Vocabulary

¡De compras!

6

Communicative Goals

You will learn how to:

- **Talk about and describe clothing**
- **Express preferences in a store**
- **Negotiate and pay for items you buy**

contextos

pages 190–193

- Clothing and shopping
- Negotiating a price and buying
- Colors
- More adjectives

fotonovela

pages 194–197

The friends are back in Mérida where they go to the market to do some shopping. Who will get the best deal?

cultura

pages 198–199

- Open-air markets
- Carolina Herrera

estructura

pages 200–215

- **Saber** and **conocer**
- Indirect object pronouns
- Preterite tense of regular verbs
- Demonstrative adjectives and pronouns
- **Recapitulación**

adelante

pages 216–223

Lectura: An advertisement for a store sale
Escritura: A report for the school newspaper
Escuchar: A conversation about clothes
En pantalla
Flash cultura
Panorama: Cuba

A PRIMERA VISTA

- **¿Está comprando algo la chica?**
- **¿Crees que busca una maleta o una blusa?**
- **¿Está contenta o enojada?**
- **¿Cómo es la chica?**

Talking Picture, Tutorials & Games
Audio: Activities

¡De compras!

Más vocabulario

el abrigo	*coat*
los calcetines (el calcetín)	*sock(s)*
el cinturón	*belt*
las gafas (de sol)	*(sun)glasses*
los guantes	*gloves*
el impermeable	*raincoat*
la ropa	*clothing; clothes*
la ropa interior	*underwear*
las sandalias	*sandals*
el traje	*suit*
el vestido	*dress*
los zapatos de tenis	*sneakers*
el regalo	*gift*
el almacén	*department store*
el centro comercial	*shopping mall*
el mercado (al aire libre)	*(open-air) market*
el precio (fijo)	*(fixed; set) price*
la rebaja	*sale*
la tienda	*shop; store*
costar (o:ue)	*to cost*
gastar	*to spend (money)*
pagar	*to pay*
regatear	*to bargain*
vender	*to sell*
hacer juego (con)	*to match (with)*
llevar	*to wear; to take*
usar	*to wear; to use*

Variación léxica

calcetines ⟷ medias (*Amér. L.*)
cinturón ⟷ correa (*Col., Venez.*)
gafas/lentes ⟷ espejuelos (*Cuba, P.R.*), anteojos (*Arg., Chile*)
zapatos de tenis ⟷ zapatillas de deporte (*Esp.*), zapatillas (*Arg., Perú*)

recursos

WB	LM	vistas.vhlcentral.com
pp. 59–60	p. 31	Lección 6

Práctica

1

Escuchar Listen to Juanita and Vicente talk about what they're packing for their vacations. Indicate who is packing each item. If both are packing an item, write both names. If neither is packing an item, write an **X**.

1. abrigo _____
2. zapatos de tenis _____
3. impermeable _____
4. chaqueta _____
5. sandalias _____
6. bluejeans _____
7. gafas de sol _____
8. camisetas _____
9. traje de baño _____
10. botas _____
11. pantalones cortos _____
12. suéter _____

2

¿Lógico o ilógico? Listen to Guillermo and Ana talk about vacation destinations. Indicate whether each statement is **lógico** or **ilógico**.

1. _____
2. _____
3. _____
4. _____

3

Completar Anita is talking about going shopping. Complete each sentence with the correct word(s), adding definite or indefinite articles when necessary.

caja	medias	tarjeta de crédito
centro comercial	par	traje de baño
dependientas	ropa	vendedores

1. Hoy voy a ir de compras al _____.
2. Voy a ir a la tienda de ropa para mujeres. Siempre hay muchas rebajas y las _____ son muy simpáticas.
3. Necesito comprar _____ de zapatos.
4. Y tengo que comprar _____ porque el sábado voy a la playa con mis amigos.
5. También voy a comprar unas _____ para mi mamá.
6. Voy a pagar todo (*everything*) en _____.
7. Pero hoy no tengo dinero. Voy a tener que usar mi _____.
8. Mañana voy al mercado al aire libre. Me gusta regatear con los _____.

4

Escoger Choose the item in each group that does not belong.

1. almacén • centro comercial • mercado • sombrero
2. camisa • camiseta • blusa • botas
3. jeans • bolsa • falda • pantalones
4. abrigo • suéter • corbata • chaqueta
5. mercado • tienda • almacén • cartera
6. pagar • llevar • hacer juego (con) • usar
7. botas • sandalias • zapatos • traje
8. vender • regatear • ropa interior • gastar

Los colores

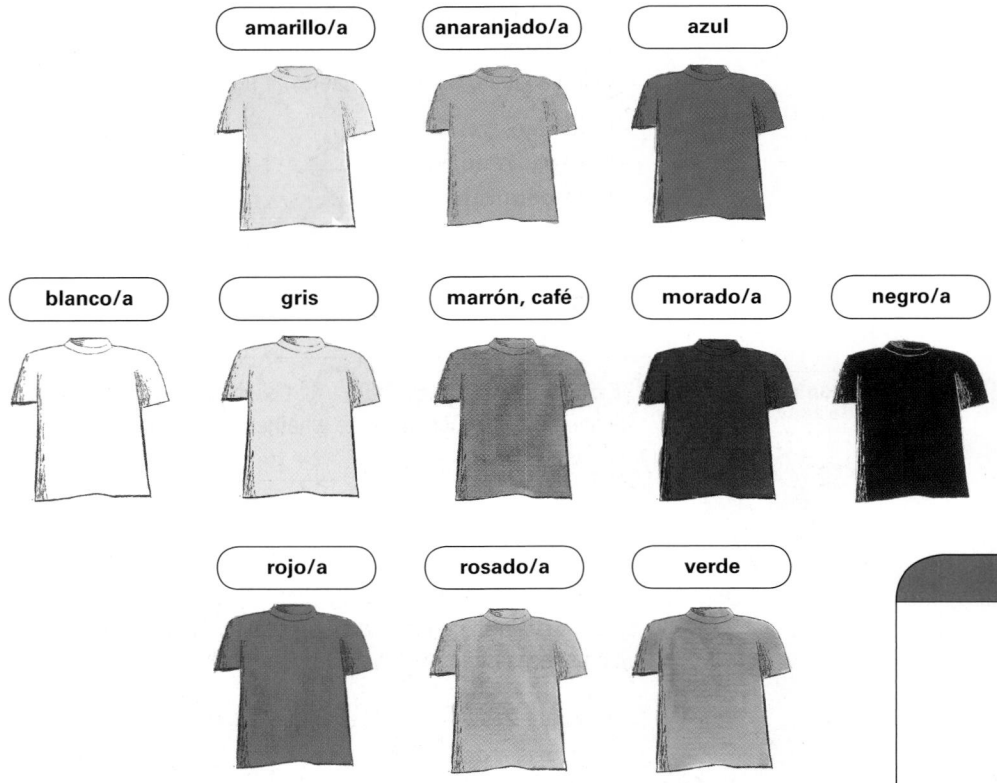

¡LENGUA VIVA!

The names of colors vary throughout the Spanish-speaking world. For example, in some countries, **anaranjado/a** may be referred to as **naranja, morado/a** as **púrpura,** and **rojo/a** as **colorado/a.**

Other terms that will prove helpful include **claro** (*light*) and **oscuro** (*dark*): **azul claro, azul oscuro.**

Adjetivos

barato/a	*cheap*
bueno/a	*good*
cada	*each*
caro/a	*expensive*
corto/a	*short (in length)*
elegante	*elegant*
hermoso/a	*beautiful*
largo/a	*long*
loco/a	*crazy*
nuevo/a	*new*
otro/a	*other; another*
pobre	*poor*
rico/a	*rich*

5 **Contrastes** Complete each phrase with the opposite of the underlined word.

1. una corbata <u>barata</u> • unas camisas...
2. unas vendedoras <u>malas</u> • unos dependientes...
3. un vestido <u>corto</u> • una falda...
4. un hombre muy <u>pobre</u> • una mujer muy...
5. una cartera <u>nueva</u> • un cinturón...
6. unos trajes <u>hermosos</u> • unos jeans...
7. un impermeable <u>caro</u> • unos suéteres...
8. unos calcetines <u>blancos</u> • unas medias...

CONSULTA

Like other adjectives you have seen, colors must agree in gender and number with the nouns they modify.
Ex: **las camisas verdes, el vestido amarillo.**
For a review of descriptive adjectives, see **Estructura 3.1,** pp. 88–89.

6 **Preguntas** Answer these questions with a classmate.

1. ¿De qué color es la rosa de Texas?
2. ¿De qué color es la bandera (*flag*) de Canadá?
3. ¿De qué color es la casa donde vive el presidente de los EE.UU.?
4. ¿De qué color es el océano Atlántico?
5. ¿De qué color es la nieve?
6. ¿De qué color es el café?
7. ¿De qué color es el dólar de los EE.UU.?
8. ¿De qué color es la cebra (*zebra*)?

Comunicación

7 **Las maletas** With a classmate, answer these questions about the drawings.

1. ¿Qué ropa hay al lado de la maleta de Carmela?
2. ¿Qué hay en la maleta?
3. ¿De qué color son las sandalias?
4. ¿Adónde va Carmela?
5. ¿Qué tiempo va a hacer?
6. ¿Qué hay al lado de la maleta de Pepe?
7. ¿Qué hay en la maleta?
8. ¿De qué color es el suéter?
9. ¿Qué va a hacer Pepe en Bariloche?
10. ¿Qué tiempo va a hacer?

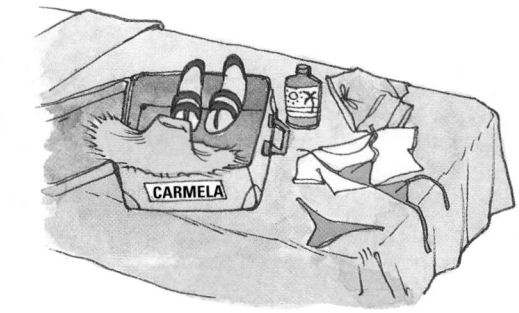

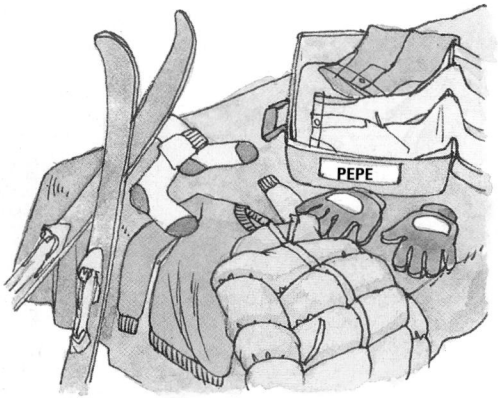

CONSULTA

To review weather, see **Lección 5, Contextos,** p. 154.

NOTA CULTURAL

Bariloche is a popular resort for skiing in South America. Located in Argentina's Patagonia region, the town is also known for its chocolate factories and its beautiful lakes, mountains, and forests.

8 **El viaje** Get together with two classmates and imagine that the three of you are going on vacation. Pick a destination and then draw three suitcases. Write in each one what clothing each person is taking. Present your drawings to the rest of the class, answering these questions.

- ¿Adónde van?
- ¿Qué tiempo va a hacer allí?
- ¿Qué van a hacer allí?
- ¿Qué hay en sus maletas?
- ¿De qué color es la ropa que llevan?

9 **Preferencias** Take turns asking and answering these questions with a classmate.

1. ¿Adónde vas a comprar ropa? ¿Por qué?
2. ¿Qué tipo de ropa prefieres? ¿Por qué?
3. ¿Cuáles son tus colores favoritos?
4. En tu opinión, ¿es importante comprar ropa nueva frecuentemente? ¿Por qué?
5. ¿Gastas mucho dinero en ropa cada mes? ¿Buscas rebajas?
6. ¿Regateas cuando compras ropa? ¿Usas tarjetas de crédito?

En el mercado

Los chicos van de compras al mercado. ¿Quién hizo la mejor compra?

PERSONAJES

FELIPE

JUAN CARLOS

Video: *Fotonovela*
Record and Compare

MARISSA Oigan, vamos al mercado.

JUAN CARLOS ¡Sí! Los chicos en un equipo y las chicas en otro.

FELIPE Tenemos dos horas para ir de compras.

MARU Y don Guillermo decide quién gana.

JIMENA Esta falda azul es muy elegante.

MARISSA ¡Sí! Además, este color está de moda.

MARU Éste rojo es de algodón.

MARISSA ¿Me das aquella blusa rosada? Me parece que hace juego con esta falda, ¿no? ¿No tienen otras tallas?

JIMENA Sí, aquí. ¿Qué talla usas?

MARISSA Uso talla 4.

JIMENA La encontré. ¡Qué ropa más bonita!

(*En otra parte del mercado*)

FELIPE Juan Carlos compró una camisa de muy buena calidad.

MIGUEL (*a la vendedora*) ¿Puedo ver ésos, por favor?

VENDEDORA Sí, señor. Le doy un muy buen precio.

(*Las chicas encuentran unas bolsas.*)

VENDEDOR Ésta de rayas cuesta 190 pesos, ésta 120 pesos y ésta 220 pesos.

VENDEDOR Son 530 por las tres bolsas. Pero como ustedes son tan bonitas, son 500 pesos.

MARU Señor, no somos turistas ricas. Somos estudiantes pobres.

VENDEDOR Bueno, son 480 pesos.

MARISSA

JIMENA

MARU

MIGUEL

DON GUILLERMO

VENDEDORA

VENDEDOR

JUAN CARLOS Miren, mi nueva camisa. Elegante, ¿verdad?

FELIPE A ver, Juan Carlos... te queda bien.

MARU ¿Qué compraste?

MIGUEL Sólo esto.

MARU ¡Qué bonitos aretes! Gracias, mi amor.

JUAN CARLOS Y ustedes, ¿qué compraron?

JIMENA Bolsas.

MARU Acabamos de comprar tres bolsas por sólo 480 pesos. ¡Una ganga!

FELIPE Don Guillermo, usted tiene que decidir quién gana. ¿Los chicos o las chicas?

DON GUILLERMO El ganador es... Miguel. ¡Porque no compró nada para él, sino para su novia!

Expresiones útiles

Talking about clothing

¡Qué ropa más bonita!
What nice clothing!
Esta falda azul es muy elegante.
This blue skirt is very elegant.
Está de moda.
It's in style.
Éste rojo es de algodón/lana.
This red one is cotton/wool.
Ésta de rayas/lunares/cuadros es de seda.
This striped / polka-dotted / plaid one is silk.
Es de muy buena calidad.
It's very good quality.
¿Qué talla usas/llevas?
What size do you wear?
Uso/Llevo talla 4.
I wear a size 4.
¿Qué número calza?
What size shoe do you wear?
Yo calzo siete.
I wear a size seven.

Negotiating a price

¿Cuánto cuesta?
How much does it cost?
Demasiado caro/a.
Too expensive.
Es una ganga.
It's a bargain.

Saying what you bought

¿Qué compraste?/¿Qué compró usted?
What did you buy?
Sólo compré esto.
I only bought this.
¡Qué bonitos aretes!
What beautiful earrings!
Y ustedes, ¿qué compraron?
And you guys, what did you buy?

Additional vocabulary

híjole *wow*

¿Qué pasó?

1 **¿Cierto o falso?** Indicate whether each sentence is **cierto** or **falso**. Correct the false statements.

	Cierto	Falso
1. Jimena dice que la falda azul no es elegante.	❍	❍
2. Juan Carlos compra una camisa.	❍	❍
3. Marissa dice que el azul es un color que está de moda.	❍	❍
4. Miguel compra unas sandalias para Maru.	❍	❍

NOTA CULTURAL

Las guayaberas are a popular men's shirt worn in hot climates. They are usually made of cotton, linen, or silk and decorated with pleats, pockets and sometimes embroidery. They can be worn instead of a jacket to formal occasions or as everyday clothing.

2 **Identificar** Provide the first initial of the person who would make each statement.

___ 1. ¿Te gusta cómo se me ven mis nuevos aretes?
___ 2. Juan Carlos compró una camisa de muy buena calidad.
___ 3. No podemos pagar 500, señor, eso es muy caro.
___ 4. Aquí tienen ropa de muchas tallas.
___ 5. Esta falda me gusta mucho, el color azul es muy elegante.
___ 6. Hay que darnos prisa, sólo tenemos dos horas para ir de compras.

MARU

FELIPE

JIMENA

3 **Completar** Answer the questions using the information in the **Fotonovela**.

1. ¿Qué talla es Marissa?
2. ¿Cuánto les pide el vendedor por las tres bolsas?
3. ¿Cuál es el precio que pagan las tres amigas por las bolsas?
4. ¿Qué dice Juan Carlos sobre su nueva camisa?
5. ¿Quién ganó al hacer las compras? ¿Por qué?

AYUDA

When discussing prices, it's important to keep in mind singular and plural forms of verbs.

La **camisa cuesta** diez dólares.

Las **botas cuestan** sesenta dólares.

El **precio** de las botas **es** sesenta dólares.

Los **precios** de la ropa **son** altos.

4 **Conversar** With a partner, role-play a conversation between a customer and a salesperson in an open-air market. Use these expressions and also look at **Expresiones útiles** on the previous page.

¿Qué desea?	Estoy buscando...	Prefiero el/la rojo/a.
What would you like?	*I'm looking for...*	*I prefer the red one.*

Cliente/a	Vendedor(a)
Say good afternoon.	Greet the customer and ask what he/she would like.
Explain that you are looking for a particular item of clothing.	Show him/her some items and ask what he/she prefers.
Discuss colors and sizes.	Discuss colors and sizes.
Ask for the price and begin bargaining.	Tell him/her a price. Negotiate a price.
Settle on a price and purchase the item.	Accept a price and say thank you.

Practice more at **vistas.vhlcentral.com.**

Pronunciación

Audio: Concepts, Activities
Record & Compare

The consonants **d** and **t**

¿Dónde? **vender** **nadar** **verdad**

Like **b** and **v**, the Spanish **d** can also have a hard sound or a soft sound, depending on which letters appear next to it.

Don **dinero** **tienda** **falda**

At the beginning of a phrase and after **n** or **l**, the letter **d** is pronounced with a hard sound. This sound is similar to the English *d* in *dog*, but a little softer and duller. The tongue should touch the back of the upper teeth, not the roof of the mouth.

medias **verde** **vestido** **huésped**

In all other positions, **d** has a soft sound. It is similar to the English *th* in *there*, but a little softer.

Don Diego no tiene el diccionario.

When **d** begins a word, its pronunciation depends on the previous word. At the beginning of a phrase or after a word that ends in **n** or **l**, it is pronounced as a hard **d**.

Doña Dolores es de la capital.

Words that begin with **d** are pronounced with a soft **d** if they appear immediately after a word that ends in a vowel or any consonant other than **n** or **l**.

traje **pantalones** **tarjeta** **tienda**

When pronouncing the Spanish **t**, the tongue should touch the back of the upper teeth, not the roof of the mouth. Unlike the English *t*, no air is expelled from the mouth.

Práctica Read these phrases aloud to practice the **d** and the **t**.

1. Hasta pronto.
2. De nada.
3. Mucho gusto.
4. Lo siento.
5. No hay de qué.
6. ¿De dónde es usted?
7. ¡Todos a bordo!
8. No puedo.
9. Es estupendo.
10. No tengo computadora.
11. ¿Cuándo vienen?
12. Son las tres y media.

Oraciones Read these sentences aloud to practice the **d** and the **t**.

1. Don Teodoro tiene una tienda en un almacén en La Habana.
2. Don Teodoro vende muchos trajes, vestidos y zapatos todos los días.
3. Un día un turista, Federico Machado, entra en la tienda para comprar un par de botas.
4. Federico regatea con don Teodoro y compra las botas y también un par de sandalias.

Refranes Read these sayings aloud to practice the **d** and the **t**.

1 Variety is the spice of life.
2 You can't make a silk purse out of a sow's ear.

recursos	
LM p. 32	vistas.vhlcentral.com Lección 6

EN DETALLE

Additional Reading

Los mercados al aire libre

Mercados al aire libre are an integral part of commerce and culture in the Spanish-speaking world. Whether they take place daily or weekly, these markets are an important forum where tourists, locals, and vendors interact. People come to the marketplace to shop, socialize, taste local foods, and watch street performers. Wandering from one **puesto** (*stand*) to the next, one can browse fresh fruits and vegetables, clothing, CDs and DVDs, and **artesanías** (*crafts*). Some markets offer a mix of products, while others specialize in food, fashion, or used merchandise, such as antiques and books.

When shoppers see an item they like, they can bargain with the vendor. Friendly bargaining is an expected ritual and may result in a significantly lower price. When selling food, vendors may give the customer a little extra of what they purchase; this free addition is known as **la ñapa**.

Many open-air markets are also tourist attractions. The market in Otavalo, Ecuador, is world-famous and has taken place every Saturday since pre-Incan times. This market is well-known for the colorful textiles woven by the **otavaleños**, the indigenous people of the area. One can also find leather goods and wood carvings from nearby towns. Another popular market is **El Rastro**, held every Sunday in Madrid, Spain. Sellers set up **puestos** along the streets to display their wares, which range from local artwork and antiques to inexpensive clothing and electronics.

Mercado de Otavalo

mariscos *seafood* pescado *fish* verduras *vegetables* flores *flowers*

Otros mercados famosos

Mercado	Lugar	Productos
Feria Artesanal de Recoleta	Buenos Aires, Argentina	artesanías
Mercado Central	Santiago, Chile	mariscos°, pescado°, frutas, verduras°
Tianguis Cultural del Chopo	Ciudad de México, México	ropa, música, revistas, libros, arte, artesanías
El mercado de Chichicastenango	Chichicastenango, Guatemala	frutas y verduras, flores°, cerámica, textiles

ACTIVIDADES

1 **¿Cierto o falso?** Indicate whether these statements are **cierto** or **falso**. Correct the false statements.

1. Generally, open-air markets specialize in one type of goods.
2. Bargaining is commonplace at outdoor markets.
3. Only new goods can be found at open-air markets.
4. A Spaniard in search of antiques could search at **El Rastro**.
5. If you are in Guatemala and want to buy ceramics, you can go to Chichicastenango.
6. A **ñapa** is a tax on open-air market goods.
7. The **otavaleños** weave colorful textiles to sell on Saturdays.
8. Santiago's **Mercado Central** is known for books and music.

ASÍ SE DICE

La ropa

la chamarra (Méx.)	**la chaqueta**
de manga corta/larga	*short/long-sleeved*
los mahones (P. Rico); el pantalón de mezclilla (Méx.); los tejanos (Esp.); los vaqueros (Arg., Cuba, Esp., Uru.)	**los bluejeans**
la marca	*brand*
la playera (Méx.); la remera (Arg.)	**la camiseta**

EL MUNDO HISPANO

Diseñadores de moda

- **Adolfo Domínguez** (España) Su ropa tiene un estilo minimalista y práctico. Usa telas° naturales y cómodas en sus diseños.
- **Silvia Tcherassi** (Colombia) Los colores vivos y las líneas asimétricas de sus vestidos y trajes muestran influencias tropicales.

- **Óscar de la Renta** (República Dominicana) Diseña ropa opulenta para la mujer clásica.
- **Narciso Rodríguez** (EE.UU.) En sus diseños delicados y finos predominan los colores blanco y negro. Hizo° el vestido de boda° de Carolyn Bessette Kennedy.

telas *fabrics* Hizo *He made* de boda *wedding*

PERFIL

Carolina Herrera

In 1980, at the urging of some friends, **Carolina Herrera** created a fashion collection as a "test." The Venezuelan designer received such a favorable response that within one year she moved her family from Caracas to New York City and created her own label, Carolina Herrera, Ltd.

"I love elegance and intricacy, but whether it is in a piece of clothing or a fragrance, the intricacy must appear as simplicity," Herrera once stated. She quickly found that many sophisticated women agreed; from the start, her sleek and glamorous designs have been in constant demand. Over the years, Herrera has grown her brand into a veritable fashion empire that encompasses her fashion and bridal collections, cosmetics, perfume, and accessories that are sold around the globe.

Conexión Internet

¿Qué marcas de ropa son populares en el mundo hispano?

Go to **vistas.vhlcentral.com** to find more cultural information related to this **Cultura** section.

ACTIVIDADES

2 **Comprensión** Complete these sentences.

1. Adolfo Domínguez usa telas _____ y _____ en su ropa.
2. Si hace fresco en el D.F., puedes llevar una _____.
3. La diseñadora _____ hace ropa, perfumes y más.
4. La ropa de _____ muestra influencias tropicales.
5. Los _____ son una ropa casual en Puerto Rico.

3 **Mi ropa favorita** Write a brief description of your favorite article of clothing. Mention what store it is from, the brand, colors, fabric, style, and any other information. Then get together with a small group, collect the descriptions, and take turns reading them aloud at random. Can the rest of the group guess whose favorite piece of clothing is being described?

Practice more at **vistas.vhlcentral.com.**

6.1 Saber and conocer

Tutorial

ANTE TODO Spanish has two verbs that mean *to know*: **saber** and **conocer**. They cannot be used interchangeably. Note the irregular **yo** forms.

The verbs saber and conocer

		saber *(to know)*	**conocer** *(to know)*
SINGULAR FORMS	yo	**sé**	**conozco**
	tú	**sabes**	**conoces**
	Ud./él/ella	**sabe**	**conoce**
PLURAL FORMS	nosotros/as	**sabemos**	**conocemos**
	vosotros/as	**sabéis**	**conocéis**
	Uds./ellos/ellas	**saben**	**conocen**

- **Saber** means *to know a fact or piece(s) of information* or *to know how to do something.*

  No **sé** tu número de teléfono.
  I don't know your telephone number.

  Mi hermana **sabe** hablar francés.
  My sister knows how to speak French.

- **Conocer** means *to know* or *be familiar/acquainted* with a person, place, or thing.

  ¿**Conoces** la ciudad de Nueva York?
  Do you know New York City?

  No **conozco** a tu amigo Esteban.
  I don't know your friend Esteban.

- When the direct object of **conocer** is a person or pet, the personal **a** is used.

  ¿Conoces La Habana? *but* ¿Conoces **a** Celia Cruz?
  Do you know Havana? *Do you know Celia Cruz?*

- **¡Atención! Parecer** (*to seem*) and **ofrecer** (*to offer*) are conjugated like **conocer**.

- **¡Atención! Conducir** (*to drive*) and **traducir** (*to translate*) also have an irregular **yo** form, but since they are **-ir** verbs, they are conjugated differently from **conocer**.

conducir ▶ **conduzco, conduces, conduce, conducimos, conducís, conducen**
traducir ▶ **traduzco, traduces, traduce, traducimos, traducís, traducen**

NOTA CULTURAL

Cuban singer **Celia Cruz** (1924–2003), known as the "Queen of Salsa," recorded many albums over her long career. Adored by her fans, she was famous for her colorful and lively on-stage performances.

¡INTÉNTALO! Provide the appropriate forms of these verbs.

saber

1. José no *sabe* la hora.
2. Sara y yo _____ jugar al tenis.
3. ¿Por qué no _____ tú estos verbos?
4. Mis padres _____ hablar japonés.
5. Yo _____ a qué hora es la clase.
6. Usted no _____ dónde vivo.
7. Mi hermano no _____ nadar.
8. Nosotros _____ muchas cosas.

conocer

1. Usted y yo *conocemos* bien Miami.
2. ¿Tú _____ a mi amigo Manuel?
3. Sergio y Taydé _____ mi pueblo.
4. Emiliano _____ a mis padres.
5. Yo _____ muy bien el centro.
6. ¿Ustedes _____ la tienda Gigante?
7. Nosotras _____ una playa hermosa.
8. ¿Usted _____ a mi profesora?

recursos

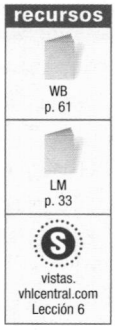

Práctica y Comunicación

1 **Completar** Indicate the correct verb for each sentence.

1. Mis hermanos (conocen/saben) conducir, pero yo no (sé/conozco).
2. —¿(Conocen/Saben) ustedes dónde está el estadio? —No, no lo (conocemos/sabemos).
3. —¿(Conoces/Sabes) a Lady Gaga? —Bueno, (sé/conozco) quién es, pero no la (conozco/sé).
4. Mi profesora (sabe/conoce) Cuba y también (conoce/sabe) bailar salsa.

2 **Combinar** Combine elements from each column to create sentences.

A	B	C
Shakira	(no) conocer	Conan O'Brien
los Yankees	(no) saber	cantar y bailar
el primer ministro de Canadá		La Habana Vieja
mis amigos y yo		muchas personas importantes
tú		hablar dos lenguas extranjeras
		jugar al béisbol

3 **Preguntas** In pairs, ask each other these questions. Answer with complete sentences.

1. ¿Conoces a un(a) cantante famoso/a? ¿Te gusta cómo canta?
2. En tu familia, ¿quién sabe cantar bien? ¿Tu opinión es objetiva?
3. Y tú, ¿conduces bien o mal? ¿Y tus amigos?
4. Si un(a) amigo/a no conduce muy bien, ¿le ofreces crítica constructiva?
5. ¿Cómo parece estar el/la profesor(a) hoy? ¿Y tus compañeros de clase?

4 **Entrevista** Jot down three things you know how to do, three people you know, and three places you are familiar with. Then, in a small group, find out what you have in common.

modelo

Estudiante 1: *¿Conocen ustedes a David Lomas?*
Estudiante 2: *Sí, conozco a David. Vivimos en la misma residencia estudiantil.*
Estudiante 3: *No, no lo conozco. ¿Cómo es?*

5 **Anuncio** In groups, read the ad and answer these questions.

1. Busquen ejemplos de los verbos **saber** y **conocer**.
2. ¿Qué saben del Centro Comercial Oviedo?
3. ¿Qué pueden hacer en el Centro Comercial Oviedo?
4. ¿Conocen otros centros comerciales similares? ¿Cómo se llaman? ¿Dónde están?
5. ¿Conocen un centro comercial en otro país? ¿Cómo es?...

Practice more at **vistas.vhlcentral.com.**

6.2 Indirect object pronouns

ANTE TODO In **Lección 5**, you learned that a direct object receives the action of the verb directly. In contrast, an indirect object receives the action of the verb indirectly.

SUBJECT	I.O. PRONOUN	VERB	DIRECT OBJECT	INDIRECT OBJECT
Roberto	**le**	presta	cien pesos	**a Luisa**.
Roberto		*lends*	*100 pesos*	*to Luisa.*

An indirect object is a noun or pronoun that answers the question *to whom* or *for whom* an action is done. In the preceding example, the indirect object answers this question: **¿A quién le presta Roberto cien pesos?** *To whom does Roberto lend 100 pesos?*

Indirect object pronouns

Singular forms		Plural forms	
me	(to, for) *me*	**nos**	(to, for) *us*
te	(to, for) *you* (fam.)	**os**	(to, for) *you* (fam.)
le	(to, for) *you* (form.) (to, for) *him; her*	**les**	(to, for) *you* (form.) (to, for) *them*

▶ **¡Atención!** The forms of indirect object pronouns for the first and second persons (**me, te, nos, os**) are the same as the direct object pronouns. Indirect object pronouns agree in number with the corresponding nouns, but not in gender.

Using indirect object pronouns

▶ Spanish speakers commonly use both an indirect object pronoun and the noun to which it refers in the same sentence. This is done to emphasize and clarify to whom the pronoun refers.

I.O. PRONOUN	INDIRECT OBJECT	I.O. PRONOUN	INDIRECT OBJECT
Ella **le** vende la ropa	**a Elena**.	**Les** prestamos el dinero	**a Inés y a Álex**.

▶ Indirect object pronouns are also used without the indirect object noun when the person for whom the action is being done is known.

Ana **le** presta la falda **a Elena**.
Ana lends her skirt to Elena.

También **le** presta unos jeans.
She also lends her a pair of jeans.

- Indirect object pronouns are usually placed before the conjugated form of the verb. In negative sentences the pronoun is placed between **no** and the conjugated verb.

Martín **me** compra un regalo. *Martín is buying me a gift.*	Eva **no me** escribe cartas. *Eva doesn't write me letters.*

CONSULTA

For more information on accents, see **Lección 4, Pronunciación**, p. 123, **Lección 10, Ortografía**, p. 339, and **Lección 11, Ortografía**, p. 375.

- When a conjugated verb is followed by an infinitive or the present progressive, the indirect object pronoun may be placed before the conjugated verb or attached to the infinitive or present participle. **¡Atención!** When an indirect object pronoun is attached to a present participle, an accent mark is added to maintain the proper stress.

Él no quiere **pagarte**./ Él no **te** quiere pagar. *He does not want to pay you.*	Él está **escribiéndole** una postal a ella./ Él **le** está escribiendo una postal a ella. *He is writing a postcard to her.*

- Because the indirect object pronouns **le** and **les** have multiple meanings, Spanish speakers often clarify to whom the pronouns refer with the preposition **a** + [*pronoun*] or **a** + [*noun*].

UNCLARIFIED STATEMENTS	CLARIFIED STATEMENTS
Yo **le** compro un abrigo.	Yo **le** compro un abrigo **a usted/él/ella**.
Ella **le** describe un libro.	Ella **le** describe un libro **a Juan**.

UNCLARIFIED STATEMENTS	CLARIFIED STATEMENTS
Él **les** vende unos sombreros.	Él **les** vende unos sombreros **a ustedes/ellos/ellas**.
Ellos **les** hablan muy claro.	Ellos **les** hablan muy claro **a los clientes**.

- The irregular verbs **dar** (*to give*) and **decir** (*to say; to tell*) are often used with indirect object pronouns.

The verbs dar and decir

Singular forms	dar	decir	Plural forms	dar	decir
yo	**doy**	**digo**	nosotros/as	**damos**	**decimos**
tú	**das**	**dices**	vosotros/as	**dais**	**decís**
Ud./él/ella	**da**	**dice**	Uds./ellos/ellas	**dan**	**dicen**

Me dan una fiesta cada año. *They give (throw) me a party every year.*	**Te digo** la verdad. *I'm telling you the truth.*
Voy a **darle** consejos. *I'm going to give her advice.*	No **les digo** mentiras a mis padres. *I don't tell lies to my parents.*

recursos

WB pp. 62–63

LM p. 34

vistas.vhlcentral.com Lección 6

¡INTÉNTALO! Use the cues in parentheses to provide the correct indirect object pronoun for each sentence.

1. Juan ___le___ quiere dar un regalo. (*to Elena*)
2. María _____ prepara un café. (*for us*)
3. Beatriz y Felipe _____ escriben desde (*from*) Cuba. (*to me*)
4. Marta y yo _____ compramos unos guantes. (*for them*)
5. Los vendedores _____ venden ropa. (*to you, fam. sing.*)
6. La dependienta _____ muestra los guantes. (*to us*)

Práctica

1 **Completar** Fill in the blanks with the correct pronouns to complete Mónica's description of her family's holiday shopping.

1. Juan y yo _____ damos una blusa a nuestra hermana Gisela.
2. Mi tía _____ da a nosotros una mesa para la casa.
3. Gisela _____ da dos corbatas a su novio.
4. A mi mamá yo _____ doy un par de guantes negros.
5. A mi profesora _____ doy dos libros de José Martí.
6. Juan _____ da un regalo a mis padres.
7. Mis padres _____ dan un traje nuevo a mí.
8. Y a ti, yo _____ doy un regalo también. ¿Quieres verlo?

NOTA CULTURAL

Cuban writer and patriot **José Martí** (1853–1895) was born in **La Habana Vieja**, the old colonial center of Havana. Founded by Spanish explorers in the early 1500s, Havana, along with San Juan, Puerto Rico, served as a major stopping point for Spaniards traveling to Mexico and South America.

2 **En La Habana** Describe what happens on Pascual's trip to Cuba based on the cues provided.

1. ellos / cantar / canción / (mí)

2. él / comprar / libros / (sus hijos) / Plaza de Armas

3. yo / preparar el almuerzo (*lunch*) / (ti)

4. él / explicar cómo llegar / (conductor)

5. mi novia / sacar / foto / (nosotros)

6. el guía (*guide*) / mostrar / catedral de San Cristóbal / (ustedes)

NOTA CULTURAL

La Habana Vieja, Cuba, is the site of another well-known outdoor market. Located in the **Plaza de la Catedral**, it is a place where Cuban painters, artists, and sculptors sell their work, and other vendors offer handmade crafts and clothing.

3 **Combinar** Use an item from each column and an indirect object pronoun to create logical sentences.

modelo

Mis padres les dan regalos a mis primos.

A	B	C	D
yo	comprar	mensajes electrónicos	mí
el dependiente	dar	corbata	ustedes
el profesor Arce	decir	dinero en efectivo	clienta
la vendedora	escribir	tarea	novia
mis padres	explicar	problemas	primos
tú	pagar	regalos	ti
nosotros/as	prestar	ropa	nosotros
¿?	vender	¿?	¿?

Practice more at **vistas.vhlcentral.com.**

Comunicación

4 **Entrevista** In pairs, take turns asking and answering for whom you do these activities. Use the model as a guide.

cantar canciones de amor (*love songs*)	escribir mensajes electrónicos
comprar ropa	mostrar fotos de un viaje
dar una fiesta	pedir dinero
decir mentiras	preparar comida (*food*) mexicana

modelo

escribir mensajes electrónicos

Estudiante 1: *¿A quién le escribes mensajes electrónicos?*

Estudiante 2: *Le escribo mensajes electrónicos a mi hermano.*

5 **¡Somos ricos!** You and your classmates chipped in on a lottery ticket and you won! Now you want to spend money on your loved ones. In groups of three, discuss what each person is buying for family and friends.

modelo

Estudiante 1: *Quiero comprarle un vestido de Carolina Herrera a mi madre.*

Estudiante 2: *Y yo voy a darles un automóvil nuevo a mis padres.*

Estudiante 3: *Voy a comprarles una casa a mis padres, pero a mis amigos no les voy a dar nada.*

6 **Entrevista** Use these questions to interview a classmate.

1. ¿Qué tiendas, almacenes o centros comerciales prefieres?
2. ¿A quién le compras regalos cuando hay rebajas?
3. ¿A quién le prestas dinero cuando lo necesita?
4. Quiero ir de compras. ¿Cuánto dinero me puedes prestar?
5. ¿Te dan tus padres su tarjeta de crédito cuando vas de compras?

Síntesis

7 **Minidrama** In groups of three, take turns playing the roles of two shoppers and a clerk in a clothing store. The shoppers should talk about the articles of clothing they are looking for and for whom they are buying the clothes. The clerk should recommend several items based on the shoppers' descriptions. Use these expressions and also look at **Expresiones útiles** on page 195.

Me queda grande/pequeño. *It's big/small on me.*	**¿Está en rebaja?** *Is it on sale?*
¿Tiene otro color? *Do you have another color?*	**También estoy buscando...** *I'm also looking for...*

6.3 Preterite tense of regular verbs

ANTE TODO In order to talk about events in the past, Spanish uses two simple tenses: the preterite and the imperfect. In this lesson, you will learn how to form the preterite tense, which is used to express actions or states completed in the past.

Preterite of regular -ar, -er, and -ir verbs

		-ar verbs **comprar**	-er verbs **vender**	-ir verbs **escribir**
SINGULAR FORMS	yo	compr**é** *I bought*	vend**í** *I sold*	escrib**í** *I wrote*
	tú	compr**aste**	vend**iste**	escrib**iste**
	Ud./él/ella	compr**ó**	vend**ió**	escrib**ió**
PLURAL FORMS	nosotros/as	compr**amos**	vend**imos**	escrib**imos**
	vosotros/as	compr**asteis**	vend**isteis**	escrib**isteis**
	Uds./ellos/ellas	compr**aron**	vend**ieron**	escrib**ieron**

- **¡Atención!** The **yo** and **Ud./él/ella** forms of all three conjugations have written accents on the last syllable to show that it is stressed.
- As the chart shows, the endings for regular **-er** and **-ir** verbs are identical in the preterite.

- Note that the **nosotros/as** forms of regular **-ar** and **-ir** verbs in the preterite are identical to the present tense forms. Context will help you determine which tense is being used.

En invierno **compramos** ropa.
In the winter, we buy clothing.

Anoche **compramos** unos zapatos.
Last night we bought some shoes.

- **-Ar** and **-er** verbs that have a stem change in the present tense are regular in the preterite. They do *not* have a stem change.

	PRESENT	PRETERITE
cerrar (e:ie)	La tienda **cierra** a las seis.	La tienda **cerró** a las seis.
volver (o:ue)	Carlitos **vuelve** tarde.	Carlitos **volvió** tarde.
jugar (u:ue)	Él **juega** al fútbol.	Él **jugó** al fútbol.

- **¡Atención!** **-Ir** verbs that have a stem change in the present tense also have a stem change in the preterite.

CONSULTA
There are a few high-frequency irregular verbs in the preterite. You will learn more about them in **Estructura 9.1**, p. 310.

CONSULTA
You will learn about stem-changing verbs in **Estructura 8.1**, p. 274.

- Verbs that end in **-car**, **-gar**, and **-zar** have a spelling change in the first person singular (**yo** form) in the preterite.

bus**car**	busc-	**qu-**	yo bus**qué**
lle**gar**	lleg-	**gu-**	yo lle**gué**
empe**zar**	empez-	**c-**	yo empe**cé**

- Except for the **yo** form, all other forms of **-car**, **-gar**, and **-zar** verbs are regular in the preterite.
- Three other verbs—**creer**, **leer**, and **oír**—have spelling changes in the preterite. The **i** of the verb endings of **creer**, **leer**, and **oír** carries an accent in the **yo**, **tú**, **nosotros/as**, and **vosotros/as** forms, and changes to **y** in the **Ud./él/ella** and **Uds./ellos/ellas** forms.

creer	cre-	creí, creíste, cre**y**ó, creímos, creísteis, cre**y**eron
leer	le-	leí, leíste, le**y**ó, leímos, leísteis, le**y**eron
oír	o-	oí, oíste, o**y**ó, oímos, oísteis, o**y**eron

- **Ver** is regular in the preterite, but none of its forms has an accent.

ver ⟶ vi, viste, vio, vimos, visteis, vieron

Words commonly used with the preterite

anoche	*last night*	**pasado/a (*adj.*)**	*last; past*
anteayer	*the day before yesterday*	**el año pasado**	*last year*
ayer	*yesterday*	**la semana pasada**	*last week*
de repente	*suddenly*	**una vez**	*once; one time*
desde... hasta...	*from... until...*	**dos veces**	*twice; two times*
		ya	*already*

Ayer llegué a Santiago de Cuba.
Yesterday I arrived in Santiago de Cuba.

Anoche oí un ruido extraño.
Last night I heard a strange noise.

- **Acabar de** + [*infinitive*] is used to say that something has just occurred. Note that **acabar** is in the present tense in this construction.

Acabo de comprar una falda.
I just bought a skirt.

Acabas de ir de compras.
You just went shopping.

recursos
WB pp. 65–66
LM p. 35
vistas.vhlcentral.com Lección 6

¡INTÉNTALO! Provide the appropriate preterite forms of the verbs.

	comer	salir	comenzar	leer
1. ellas	comieron	salieron	comenzaron	leyeron
2. tú	_____	_____	_____	_____
3. usted	_____	_____	_____	_____
4. nosotros	_____	_____	_____	_____
5. yo	_____	_____	_____	_____

Práctica

1 **Completar** Andrea is talking about what happened last weekend. Complete each sentence by choosing the correct verb and putting it in the preterite.

1. El viernes a las cuatro de la tarde, la profesora Mora _____ (asistir, costar, usar) a una reunión (*meeting*) de profesores.
2. A la una, yo _____ (llegar, bucear, llevar) a la tienda con mis amigos.
3. Mis amigos y yo _____ (comprar, regatear, gastar) dos o tres cosas.
4. Yo _____ (costar, comprar, escribir) unos pantalones negros y mi amigo Mateo _____ (gastar, pasear, comprar) una camisa azul.
5. Después, nosotros _____ (llevar, vivir, comer) cerca de un mercado.
6. A las tres, Pepe _____ (hablar, pasear, nadar) con su novia por teléfono.
7. El sábado por la tarde, mi mamá _____ (escribir, beber, vivir) una carta.
8. El domingo mi tía _____ (decidir, salir, escribir) comprarme un traje.
9. A las cuatro de la tarde, mi tía _____ (beber, salir, encontrar) el traje y después nosotras _____ (acabar, ver, salir) una película.

2 **Preguntas** Imagine that you have a pesky friend who keeps asking you questions. Respond that you already did or have just done what he/she asks. Make sure you and your partner take turns playing the role of the pesky friend and responding to his/her questions.

modelo

leer la lección
Estudiante 1: ¿Leíste la lección?
Estudiante 2: Sí, ya la leí./Sí, acabo de leerla.

1. escribir el mensaje electrónico
2. lavar (*to wash*) la ropa
3. oír las noticias (*news*)
4. comprar pantalones cortos
5. practicar los verbos
6. pagar la cuenta (*bill*)
7. empezar la composición
8. ver la película *Diarios de motocicleta*

NOTA CULTURAL

Based on Ernesto "Che" Guevara's diaries, ***Diarios de motocicleta*** (2004) traces the road trip of Che (played by Gael García Bernal) with his friend Alberto Granado (played by Rodrigo de la Serna) through Argentina, Chile, Peru, Colombia, and Venezuela.

3 **¿Cuándo?** Use the time expressions from the word bank to talk about when you and others did the activities listed.

anoche	anteayer	el mes pasado	una vez
ayer	la semana pasada	el año pasado	dos veces

1. mi compañero/a de cuarto: llegar tarde a clase
2. mi mejor (*best*) amigo/a: salir con un(a) chico/a guapo/a
3. mis padres: ver una película
4. yo: llevar un traje/vestido
5. el presidente/primer ministro de mi país: asistir a una conferencia internacional
6. mis amigos y yo: comer en un restaurante
7. ¿?: comprar algo (*something*) bueno, bonito y barato

Comunicación

4 **Ayer** Jot down at what time you did these activities yesterday. Then get together with a classmate and find out at what time he or she did these activities. Be prepared to share your findings with the class.

1. desayunar
2. empezar la primera clase
3. almorzar
4. ver a un(a) amigo/a
5. salir de clase
6. volver a la residencia/casa

5 **Las vacaciones** Imagine that you took these photos on a vacation with friends. Get together with a partner and use the pictures to tell him or her about your trip.

6 **El fin de semana** Your instructor will give you and your partner different incomplete charts about what four employees at **Almacén Gigante** did last weekend. After you fill out the chart based on each other's information, you will fill out the final column about your partner.

Síntesis

7 **Conversación** Get together with a partner and have a conversation about what you did last week using verbs from the word bank. Don't forget to include school activities, shopping, and pastimes.

acampar	comer	gastar	tomar
asistir	comprar	hablar	trabajar
bailar	correr	jugar	vender
beber	escribir	leer	ver
buscar	estudiar	oír	viajar

6.4 Demonstrative adjectives and pronouns

Demonstrative adjectives

ANTE TODO In Spanish, as in English, demonstrative adjectives are words that "demonstrate" or "point out" nouns. Demonstrative adjectives precede the nouns they modify and, like other Spanish adjectives you have studied, agree with them in gender and number. Observe these examples and then study the chart below.

esta camisa	**ese** vendedor	**aquellos** zapatos
this shirt	*that salesman*	*those shoes (over there)*

Demonstrative adjectives

Singular		Plural		
MASCULINE	FEMININE	MASCULINE	FEMININE	
este	**esta**	**estos**	**estas**	*this; these*
ese	**esa**	**esos**	**esas**	*that; those*
aquel	**aquella**	**aquellos**	**aquellas**	*that; those (over there)*

- There are three sets of demonstrative adjectives. To determine which one to use, you must establish the relationship between the speaker and the noun(s) being pointed out.
- The demonstrative adjectives **este**, **esta**, **estos**, and **estas** are used to point out nouns that are close to the speaker and the listener.

- The demonstrative adjectives **ese**, **esa**, **esos**, and **esas** are used to point out nouns that are not close in space and time to the speaker. They may, however, be close to the listener.

- The demonstrative adjectives **aquel**, **aquella**, **aquellos**, and **aquellas** are used to point out nouns that are far away from the speaker and the listener.

Demonstrative pronouns

- Demonstrative pronouns are identical to their corresponding demonstrative adjectives, with the exception that they traditionally carry an accent mark on the stressed vowel. The **Real Academia** now requires this accent only for clarification but it is still commonly used.

Demonstrative pronouns

Singular		Plural	
MASCULINE	FEMININE	MASCULINE	FEMININE
éste	**ésta**	**éstos**	**éstas**
ése	**ésa**	**ésos**	**ésas**
aquél	**aquélla**	**aquéllos**	**aquéllas**

—¿Quieres comprar **este suéter**?
Do you want to buy this sweater?

—No, no quiero **éste**. Quiero **ése**.
No, I don't want this one. I want that one.

—¿Vas a leer **estas revistas**?
Are you going to read these magazines?

—Sí, voy a leer **éstas**. También voy a leer **aquéllas**.
Yes, I'm going to read these. I'll also read those (over there).

- **¡Atención!** Like demonstrative adjectives, demonstrative pronouns agree in gender and number with the corresponding noun.

Este libro es de Pablito. **Éstos** son de Juana.

- There are three neuter demonstrative pronouns: **esto**, **eso**, and **aquello**. These forms refer to unidentified or unspecified nouns, situations, ideas, and concepts. They do not change in gender or number and never carry an accent mark.

—¿Qué es **esto**?
What's this?

—**Eso** es interesante.
That's interesting.

—**Aquello** es bonito.
That's pretty.

recursos
WB pp. 67–68
LM p. 36
vistas. vhlcentral.com Lección 6

¡INTÉNTALO! Provide the correct form of the demonstrative adjective for these nouns.

1. la falda / este esta falda
2. los estudiantes / este _____
3. los países / aquel _____
4. la ventana / ese _____
5. los periodistas / ese _____
6. el chico / aquel _____
7. las sandalias / este _____
8. las chicas / aquel _____

Práctica

1 **Cambiar** Make the singular sentences plural and the plural sentences singular.

modelo
Estas camisas son blancas.
Esta camisa es blanca.

1. Aquellos sombreros son muy elegantes.
2. Ese abrigo es muy caro.
3. Estos cinturones son hermosos.
4. Esos precios son muy buenos.
5. Estas faldas son muy cortas.
6. ¿Quieres ir a aquel almacén?
7. Esas blusas son baratas.
8. Esta corbata hace juego con mi traje.

2 **Completar** Here are some things people might say while shopping. Complete the sentences with the correct demonstrative pronouns.

1. No me gustan esos zapatos. Voy a comprar _____. (*these*)
2. ¿Vas a comprar ese traje o _____? (*this one*)
3. Esta guayabera es bonita, pero prefiero _____. (*that one*)
4. Estas corbatas rojas son muy bonitas, pero _____ son fabulosas. (*those*)
5. Estos cinturones cuestan demasiado. Prefiero _____. (*those over there*)
6. ¿Te gustan esas botas o _____? (*these*)
7. Esa bolsa roja es bonita, pero prefiero _____. (*that one over there*)
8. No voy a comprar estas botas; voy a comprar _____. (*those over there*)
9. ¿Prefieres estos pantalones o _____? (*those*)
10. Me gusta este vestido, pero voy a comprar _____. (*that one*)
11. Me gusta ese almacén, pero _____ es mejor (*better*). (*that one over there*)
12. Esa blusa es bonita, pero cuesta demasiado. Voy a comprar _____. (*this one*)

3 **Describir** With your partner, look for two items in the classroom that are one of these colors: **amarillo, azul, blanco, marrón, negro, verde, rojo.** Take turns pointing them out to each other, first using demonstrative adjectives, and then demonstrative pronouns.

modelo
azul
Estudiante 1: *Esta silla es azul. Aquella mochila es azul.*
Estudiante 2: *Ésta es azul. Aquélla es azul.*

Now use demonstrative adjectives and pronouns to discuss the colors of your classmates' clothing. One of you can ask a question about an article of clothing, using the wrong color. Your partner will correct you and point out that color somewhere else in the room.

modelo
Estudiante 1: *¿Esa camisa es negra?*
Estudiante 2: *No, ésa es azul. Aquélla es negra.*

Comunicación

4 **Conversación** With a classmate, use demonstrative adjectives and pronouns to ask each other questions about the people around you. Use expressions from the word bank and/or your own ideas.

¿A qué hora...?	¿Cuántos años tiene(n)...?
¿Cómo es/son...?	¿De dónde es/son...?
¿Cómo se llama...?	¿De quién es/son...?
¿Cuándo...?	¿Qué clases toma(n)...?

modelo

Estudiante 1: *¿Cómo se llama esa chica?*
Estudiante 2: *Se llama Rebeca.*
Estudiante 1: *¿A qué hora llegó aquel chico a la clase?*
Estudiante 2: *A las nueve.*

5 **En una tienda** Imagine that you and a classmate are in Madrid shopping at Zara. Study the floor plan, then have a conversation about your surroundings. Use demonstrative adjectives and pronouns.

NOTA CULTURAL

Zara is an international clothing company based in Spain. Its innovative processes take a product from the design room to the manufacturing shelves in less than a month. This means that the merchandise is constantly changing to keep up with the most current trends.

modelo

Estudiante 1: *Me gusta este suéter azul.*
Estudiante 2: *Yo prefiero aquella chaqueta.*

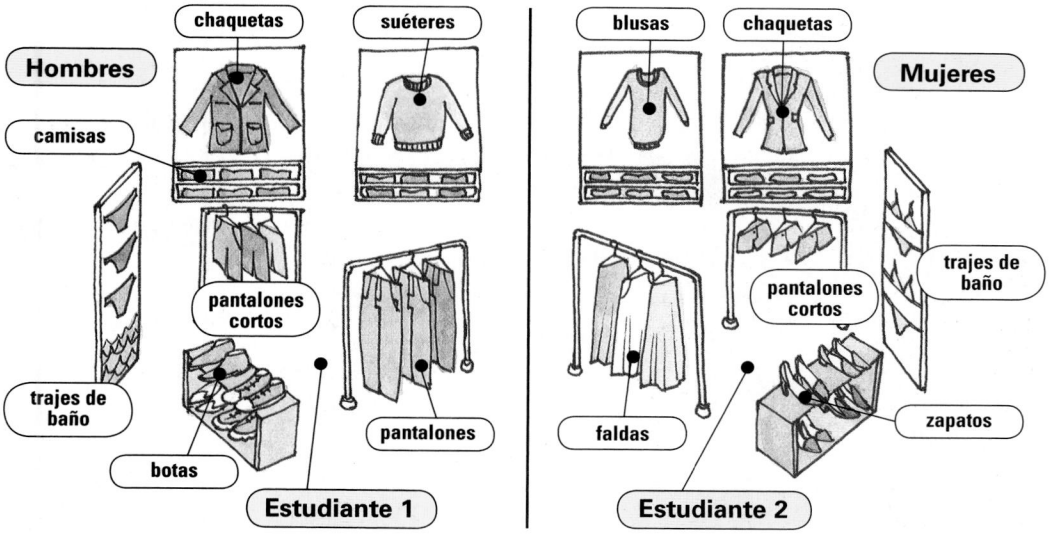

Síntesis

6 **Diferencias** Your instructor will give you and a partner each a drawing of a store. They are almost identical, but not quite. Use demonstrative adjectives and pronouns to find seven differences.

modelo

Estudiante 1: *Aquellas gafas de sol son feas, ¿verdad?*
Estudiante 2: *No. Aquellas gafas de sol son hermosas.*

Recapitulación

Concepts Diagnostics

Review the grammar concepts you have learned in this lesson by completing these activities.

1 **Completar** Complete the chart with the correct preterite or infinitive form of the verbs. 15 pts.

Infinitive	yo	ella	ellos
			tomaron
		abrió	
comprender			
	leí		
pagar			

2 **En la tienda** Look at the drawing and complete the conversation with demonstrative adjectives and pronouns. 7 pts.

CLIENTE Buenos días, señorita. Deseo comprar (1) _____ corbata.

VENDEDORA Muy bien, señor. ¿No le interesa mirar (2) _____ trajes que están allá? Hay unos que hacen juego con la corbata.

CLIENTE (3) _____ de allá son de lana, ¿no? Prefiero ver (4) _____ traje marrón que está detrás de usted.

VENDEDORA Estupendo. Como puede ver, es de seda. Cuesta seiscientos cincuenta dólares.

CLIENTE Ah... eh... no, creo que sólo voy a comprar la corbata, gracias.

VENDEDORA Bueno... si busca algo más económico, hay rebaja en (5) _____ sombreros. Cuestan sólo treinta dólares.

CLIENTE ¡Magnífico! Me gusta (6) _____, el blanco que está hasta arriba (*at the top*). Y quiero pagar todo con (7) _____ tarjeta.

VENDEDORA Sí, señor. Ahora mismo le traigo el sombrero.

RESUMEN GRAMATICAL

6.1 Saber and conocer *p. 200*

saber	conocer
sé	conozco
sabes	conoces
sabe	conoce
sabemos	conocemos
sabéis	conocéis
saben	conocen

- **saber** = to know facts/how to do something
- **conocer** = to know a person, place, or thing

6.2 Indirect object pronouns *pp. 202–203*

Indirect object pronouns

Singular	Plural
me	nos
te	os
le	les

- **dar** = doy, das, da, damos, dais, dan
- **decir (e:i)** = digo, dices, dice, decimos, decís, dicen

6.3 Preterite tense of regular verbs *pp. 206–207*

comprar	vender	escribir
compré	vendí	escribí
compraste	vendiste	escribiste
compró	vendió	escribió
compramos	vendimos	escribimos
comprasteis	vendisteis	escribisteis
compraron	vendieron	escribieron

Verbs with spelling changes in the preterite

- **-car:** buscar → yo busqué
- **-gar:** llegar → yo llegué
- **-zar:** empezar → yo empecé
- **creer:** creí, creíste, creyó, creímos, creísteis, creyeron
- **leer:** leí, leíste, leyó, leímos, leísteis, leyeron
- **oír:** oí, oíste, oyó, oímos, oísteis, oyeron
- **ver:** vi, viste, vio, vimos, visteis, vieron

3 **¿Saber o conocer?** Complete each dialogue with the correct form of **saber** or **conocer**. 10 pts.

1. —¿Qué _____ hacer tú?
   —(Yo) _____ jugar al fútbol.
2. —¿_____ tú esta tienda de ropa?
   —No, (yo) no la _____. ¿Es buena?
3. —¿Tus padres no _____ a tu novio?
   —No, ¡ellos no _____ que tengo novio!
4. —Mi compañero de cuarto todavía no me _____ bien.
   —Y tú, ¿lo quieres _____ a él?
5. —¿_____ ustedes dónde está el mercado?
   —No, nosotros no _____ bien esta ciudad.

4 **Oraciones** Form complete sentences using the information provided. Use indirect object pronouns and the present tense of the verbs. 10 pts.

1. Javier / prestar / el abrigo / a Maripili
   _____
2. nosotros / vender / ropa / a los clientes
   _____
3. el vendedor / traer / las camisetas / a mis amigos y a mí
   _____
4. yo / querer dar / consejos / a ti
   _____
5. ¿tú / ir a comprar / un regalo / a mí?
   _____

5 **Mi última compra** Write a short paragraph describing the last time you went shopping. Use at least four verbs in the preterite tense. 8 pts.

modelo

El viernes pasado, busqué unos zapatos en el centro comercial...

6 **Poema** Write the missing words to complete the excerpt from the poem ***Romance sonámbulo*** by Federico García Lorca. 2 EXTRA points!

"Verde que _____ quiero verde.
Verde viento. Verdes ramas°.
El barco sobre la mar
y el caballo en la montaña, [...]
Verde que te quiero _____ (*green*)."

ramas *branches*

6.4 Demonstrative adjectives and pronouns *pp. 210–211*

Demonstrative adjectives

Singular		Plural	
Masc.	Fem.	Masc.	Fem.
este	esta	estos	estas
ese	esa	esos	esas
aquel	aquella	aquellos	aquellas

Demonstrative pronouns

Singular		Plural	
Masc.	Fem.	Masc.	Fem.
éste	ésta	éstos	éstas
ése	ésa	ésos	ésas
aquél	aquélla	aquéllos	aquéllas

Audio: Reading
Additional Reading

Lectura

Antes de leer

Estrategia

Skimming

Skimming involves quickly reading through a document to absorb its general meaning. This allows you to understand the main ideas without having to read word for word. When you skim a text, you might want to look at its title and subtitles. You might also want to read the first sentence of each paragraph.

Examinar el texto

Look at the format of the reading selection. How is it organized? What does the organization of the document tell you about its content?

Buscar cognados

Scan the reading selection to locate at least five cognates. Based on the cognates, what do you think the reading selection is about?

1. _____
2. _____
3. _____
4. _____
5. _____

The reading selection is about _____.

Impresiones generales

Now skim the reading selection to understand its general meaning. Jot down your impressions. What new information did you learn about the document by skimming it? Based on all the information you now have, answer these questions in Spanish.

1. Who created this document?
2. What is its purpose?
3. Who is its intended audience?

¡Corona tiene las ofertas más locas del verano!

La tienda más elegante de la ciudad con precios increíbles

Carteras
ELEGANCIA
Colores anaranjado, blanco, rosado y amarillo
Ahora: 15.000 pesos
50% de rebaja

Sandalias de playa
GINO
Números del 35 al 38
A sólo 12.000 pesos
50% de descuento

Faldas largas
ROPA BONITA
Algodón. De distintos colores
Talla mediana
Precio especial: 8.000 pesos

Blusas de seda
BAMBÚ
De cuadros y de lunares
Ahora: 21.000 pesos
40% de rebaja

Vestido de algodón
PANAMÁ
Colores blanco, azul y verde
Ahora: 18.000 pesos
30% de rebaja

Accesorios
BELLEZA
Cinturones, gafas de sol, sombreros, medias
Diversos estilos
Todos con un 40% de rebaja

Lunes a sábado de 9 a 21 horas.
Domingo de 10 a 14 horas.

¡Grandes rebajas!

Real° Liquidación°

¡La rebaja está de moda en Corona!

y con la tarjeta de crédito más conveniente del mercado.

Chaquetas
CASINO
Microfibra. Colores negro, café y gris
Tallas: P, M, G, XG
Ahora: 22.500 pesos

Zapatos
COLOR
Italianos y franceses
Números del 40 al 45
A sólo 20.000 pesos

Pantalones
OCÉANO
Colores negro, gris y café
Ahora: 11.500 pesos
30% de rebaja

Ropa interior
ATLÁNTICO
Tallas: P, M, G
Colores blanco, negro y gris
40% de rebaja

Traje inglés
GALES
Modelos originales
Ahora: 105.000 pesos
30% de rebaja

Accesorios
GUAPO
Gafas de sol, corbatas, cinturones, calcetines
Diversos estilos
Todos con un 40% de rebaja

Real *Royal* Liquidación *Clearance sale* caballeros *gentlemen*

Por la compra de 40.000 pesos, puede llevar un regalo gratis.

- Un hermoso cinturón de señora
- Un par de calcetines
- Una corbata de seda
- Una bolsa para la playa
- Una mochila
- Unas medias

Después de leer

Completar

Complete this paragraph about the reading selection with the correct forms of the words from the word bank.

almacén	hacer juego	tarjeta de crédito
caro	increíble	tienda
dinero	pantalones	verano
falda	rebaja	zapato

En este anuncio de periódico, el _____ Corona anuncia la liquidación de _____ con grandes _____. Con muy poco _____ usted puede conseguir ropa fina y elegante. Si no tiene dinero en efectivo, puede utilizar su _____ y pagar luego. Para el caballero con gustos refinados, hay _____ importados de París y Roma. La señora elegante puede encontrar blusas de seda que _____ con todo tipo de _____ o _____. Los precios de esta liquidación son realmente _____.

¿Cierto o falso?

Indicate whether each statement is **cierto** or **falso**. Correct the false statements.

1. Hay sandalias de playa.
2. Las corbatas tienen una rebaja del 30%.
3. El almacén Corona tiene un departamento de zapatos.
4. Normalmente las sandalias cuestan 22.000 pesos.
5. Cuando gastas 30.000 pesos en la tienda, llevas un regalo gratis.
6. Tienen carteras amarillas.

Preguntas

In pairs, take turns asking and answering these questions.

1. Imagina que vas a ir a la tienda Corona. ¿Qué departamentos vas a visitar? ¿El departamento de ropa para señoras, el departamento de ropa para caballeros...?
2. ¿Qué vas a buscar en Corona?
3. ¿Hay tiendas similares a la tienda Corona en tu pueblo o ciudad? ¿Cómo se llaman? ¿Tienen muchas gangas?

Escritura

Estrategia

How to report an interview

There are several ways to prepare a written report about an interview. For example, you can transcribe the interview verbatim, you can simply summarize it, or you can summarize it but quote the speakers occasionally. In any event, the report should begin with an interesting title and a brief introduction, which may include the five Ws (*what, where, when, who, why*) and the H (*how*) of the interview. The report should end with an interesting conclusion. Note that when you transcribe dialogue in Spanish, you should pay careful attention to format and punctuation.

Writing dialogue in Spanish

- If you need to transcribe an interview verbatim, you can use speakers' names to indicate a change of speaker.

CARMELA ¿Qué compraste? ¿Encontraste muchas gangas?

ROBERTO Sí, muchas. Compré un suéter, una camisa y dos corbatas. Y tú, ¿qué compraste?

CARMELA Una blusa y una falda muy bonitas. ¿Cuánto costó tu camisa?

ROBERTO Sólo diez dólares. ¿Cuánto costó tu blusa?

CARMELA Veinte dólares.

- You can also use a dash (*raya*) to mark the beginning of each speaker's words.

—¿Qué compraste?
—Un suéter y una camisa muy bonitos. Y tú, ¿encontraste muchas gangas?
—Sí... compré dos blusas, tres camisetas y un par de zapatos.
—¡A ver!

Tema

Escribe un informe

Write a report for the school newspaper about an interview you conducted with a student about his or her shopping habits and clothing preferences. First, brainstorm a list of interview questions. Then conduct the interview using the questions below as a guide, but feel free to ask other questions as they occur to you.

Examples of questions:

- ¿Cuándo vas de compras?
- ¿Adónde vas de compras?
- ¿Con quién vas de compras?
- ¿Qué tiendas, almacenes o centros comerciales prefieres?
- ¿Compras ropa de catálogos o por Internet?
- ¿Prefieres comprar ropa cara o barata? ¿Por qué? ¿Te gusta buscar gangas?
- ¿Qué ropa llevas cuando vas a clase?
- ¿Qué ropa llevas cuando sales a bailar?
- ¿Qué ropa llevas cuando practicas un deporte?
- ¿Cuáles son tus colores favoritos? ¿Compras mucha ropa de esos colores?
- ¿Les das ropa a tu familia o a tus amigos/as?

Escuchar

Audio: Activities

Estrategia

Listening for linguistic cues

You can enhance your listening comprehension by listening for specific linguistic cues. For example, if you listen for the endings of conjugated verbs, or for familiar constructions, such as **acabar de** + [*infinitive*] or **ir a** + [*infinitive*], you can find out whether an event already took place, is taking place now, or will take place in the future. Verb endings also give clues about who is participating in the action.

To practice listening for linguistic cues, you will now listen to four sentences. As you listen, note whether each sentence refers to a past, present, or future action. Also jot down the subject of each sentence.

Preparación

Based on the photograph, what do you think Marisol has recently done? What do you think Marisol and Alicia are talking about? What else can you guess about their conversation from the visual clues in the photograph?

Ahora escucha

Now you are going to hear Marisol and Alicia's conversation. Make a list of the clothing items that each person mentions. Then put a check mark after the item if the person actually purchased it.

Marisol	Alicia
1. _____	1. _____
2. _____	2. _____
3. _____	3. _____
4. _____	4. _____

Practice more at **vistas.vhlcentral.com.**

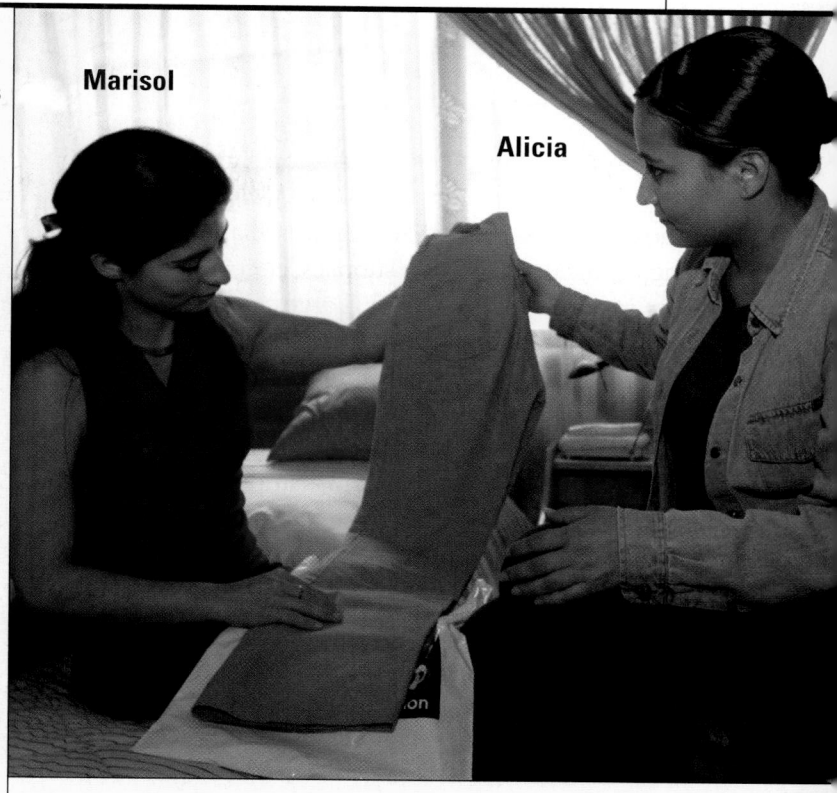

Comprensión

¿Cierto o falso?

Indicate whether each statement is **cierto** or **falso**. Then correct the false statements.

1. Marisol y Alicia acaban de ir de compras juntas (*together*).
2. Marisol va a comprar unos pantalones y una blusa mañana.
3. Marisol compró una blusa de cuadros.
4. Alicia compró unos zapatos nuevos hoy.
5. Alicia y Marisol van a ir al café.
6. Marisol gastó todo el dinero de la semana en ropa nueva.

Preguntas

Discuss the following questions with a classmate. Be sure to explain your answers.

1. ¿Crees que Alicia y Marisol son buenas amigas? ¿Por qué?
2. ¿Cuál de las dos estudiantes es más ahorradora (*frugal*)? ¿Por qué?
3. ¿Crees que a Alicia le gusta la ropa que Marisol compró?
4. ¿Crees que la moda es importante para Alicia? ¿Para Marisol? ¿Por qué?
5. ¿Es importante para ti estar a la moda? ¿Por qué?

En pantalla

Grocery stores in Mexico make one-stop shopping easy! Similar to the concept of a *Super-Walmart* in the U.S., most **supermercados**° in Mexico sell appliances, clothing, medicine, gardening supplies, electronics, and toys in addition to groceries. Large chains, like **Comercial Mexicana**, and smaller grocery stores alike typically sell a variety of products, allowing customers to satisfy all of their routine weekly shopping needs in one trip. Watch the **En pantalla** videoclip to see how one customer takes advantage of one-stop shopping at his local supermarket.

Vocabulario útil

con lo que ahorré	*with what I saved*
corazón	*sweetheart*
de peluche	*stuffed (toy)*
dragón	*dragon*
¿Me lo compras?	*Would you buy it for me?*

Comprensión

Indicate whether each statement is **cierto** or **falso**.

	Cierto	Falso
1. El niño quiere un elefante de peluche.	❍	❍
2. La señora usa un vestido rojo.	❍	❍
3. El niño sigue a la señora hasta la caja.	❍	❍
4. La señora no es la mamá del niño.	❍	❍

Conversar

With a partner, use these cues to create a conversation in Spanish between two friends at a clothing store.

Estudiante 1: Would you buy me a(n)...?
Estudiante 2: No, because it costs...
Estudiante 1: Please! I always (**siempre**) buy you...
Estudiante 2: OK, I will buy you this... How much does it cost?
Estudiante 1: It's on sale! It only costs....

supermercados *supermarkets*

Anuncio de Comercial Mexicana

¿Me lo compras?

No, corazón.

¿Me lo compras, me lo compras, me lo compras?

Video: TV Clip

Practice more at **vistas.vhlcentral.com.**

In the Spanish-speaking world, most city dwellers shop at large supermarkets and little stores that specialize in just one item, such as a butcher shop (**carnicería**), vegetable market (**verdulería**), perfume shop (**perfumería**), or hat shop (**sombrerería**). In small towns where supermarkets are less common, many people rely exclusively on specialty shops. This requires shopping more frequently—often every day or every other day for perishable items—but also means that the foods they consume are fresher and the goods are usually locally produced. Each neighborhood generally has its own shops, so people don't have to walk far to find fresh bread (at a **panadería**) for the midday meal.

Vocabulario útil

colones (pl.)	*currency from Costa Rica*
¿Cuánto vale?	**¿Cuánto cuesta?**
descuento	*discount*
disculpe	*excuse me*
¿Dónde queda...?	*Where is... located?*
los helados	*ice cream*
el regateo	*bargaining*

Preparación

Have you ever been to an open-air market? What did you buy? Have you ever negotiated a price? What did you say?

Comprensión

Select the option that best summarizes this episode.

a. Randy Cruz va al mercado al aire libre para comprar papayas. Luego va al Mercado Central. Él les pregunta a varios clientes qué compran, prueba (*tastes*) platos típicos y busca la heladería.

b. Randy Cruz va al mercado al aire libre para comprar papayas y pedir un descuento. Luego va al Mercado Central para preguntarles a los clientes qué compran en los mercados.

Comprar en los mercados

Trescientos colones.

... pero me hace un buen descuento.

¿Qué compran en el Mercado Central?

Video: ***Flash cultura***

Practice more at **vistas.vhlcentral.com.**

recursos	
VM pp. 301–302	vistas.vhlcentral.com Lección 6

Video: *Panorama cultural*
Interactive map

Cuba

El país en cifras

- **Área:** 110.860 km^2 (42.803 millas^2), *aproximadamente el área de Pensilvania*
- **Población:** 11.213.000
- **Capital:** La Habana—2.100.000

La Habana Vieja fue declarada° Patrimonio° Cultural de la Humanidad por la UNESCO en 1982. Este distrito es uno de los lugares más fascinantes de Cuba. En La Plaza de Armas, se puede visitar el majestuoso Palacio de Capitanes Generales, que ahora es un museo. En la calle° Obispo, frecuentada por el autor Ernest Hemingway, hay hermosos cafés, clubes nocturnos y tiendas elegantes.

- **Ciudades principales:** Santiago de Cuba; Camagüey; Holguín; Guantánamo

SOURCE: Population Division, UN Secretariat

- **Moneda:** peso cubano
- **Idiomas:** español (oficial)

Bandera de Cuba

Cubanos célebres

- **Carlos Finlay,** doctor y científico (1833–1915)
- **José Martí,** político y poeta (1853–1895)
- **Fidel Castro,** ex primer ministro, ex comandante en jefe° de las fuerzas armadas (1926–)
- **Zoé Valdés,** escritora (1959–)
- **Ibrahim Ferrer,** músico (1927–2005)

fue declarada *was declared* Patrimonio *Heritage* calle *street* comandante en jefe *commander in chief* liviano *light* colibrí abeja *bee hummingbird* ave *bird* mundo *world* miden *measure* pesan *weigh*

Plaza del Capitolio

Gran Teatro de La Habana

Golfo de México

ESTADOS UNIDOS

Océano Atlántico

Los coco taxis son un medio de transporte cubano muy popular.

La Habana

Cordillera de los Órganos

Isla de la Juventud

Mar Caribe

Camagüey

La música es parte esencial de la vida en Cuba.

recursos

WB	VM	vistas.vhlcentral.com
pp. 69–70	pp. 259–260	Lección 6

¡Increíble pero cierto!

Pequeño y liviano°, el colibrí abeja° de Cuba es una de las más de 320 especies de colibrí y es también el ave° más pequeña del mundo°. Menores que muchos insectos, estas aves minúsculas miden° 5 centímetros y pesan° sólo 1,95 gramos.

Baile • Ballet Nacional de Cuba

La bailarina Alicia Alonso fundó el Ballet Nacional de Cuba en 1948, después de° convertirse en una estrella° internacional en el Ballet de Nueva York y en Broadway. El Ballet Nacional de Cuba es famoso en todo el mundo por su creatividad y perfección técnica.

Economía • La caña de azúcar y el tabaco

La caña de azúcar° es el producto agrícola° que más se cultiva en la isla y su exportación es muy importante para la economía del país. El tabaco, que se usa para fabricar los famosos puros° cubanos, es otro cultivo° de mucha importancia.

Gente • Población

La población cubana tiene raíces° muy heterogéneas. La inmigración a la isla fue determinante° desde la colonia hasta mediados° del siglo° XX. Los cubanos de hoy son descendientes de africanos, europeos, chinos y antillanos, entre otros.

Música • Buena Vista Social Club

En 1997 nace° el fenómeno musical conocido como *Buena Vista Social Club*. Este proyecto reúne° a un grupo de importantes músicos de Cuba, la mayoría ya mayores, con una larga trayectoria interpretando canciones clásicas del son° cubano. Ese mismo año ganaron un *Grammy*. Hoy en día estos músicos son conocidos en todo el mundo, y personas de todas las edades bailan al ritmo° de su música.

¿Qué aprendiste? Responde a las preguntas con una oración completa.

1. ¿Qué autor está asociado con la Habana Vieja?
2. ¿Por qué es famoso el Ballet Nacional de Cuba?
3. ¿Cuáles son los dos cultivos más importantes para la economía cubana?
4. ¿Qué fabrican los cubanos con la planta del tabaco?
5. ¿De dónde son muchos de los inmigrantes que llegaron a Cuba?
6. ¿En qué año ganó un *Grammy* el disco *Buena Vista Social Club*?

Conexión Internet Investiga estos temas en **vistas.vhlcentral.com.**

Practice more at **vistas.vhlcentral.com.**

1. Busca información sobre un(a) cubano/a célebre. ¿Por qué es célebre? ¿Qué hace? ¿Todavía vive en Cuba?
2. Busca información sobre una de las ciudades principales de Cuba. ¿Qué atracciones hay en esta ciudad?

después de *after* estrella *star* caña de azúcar *sugar cane* agrícola *farming* puros *cigars* cultivo *crop* raíces *roots* determinante *deciding* mediados *halfway through* siglo *century* nace *is born* reúne *gets together* son *Cuban musical genre* ritmo *rhythm*

La ropa

el abrigo	*coat*
los (blue)jeans	*jeans*
la blusa	*blouse*
la bolsa	*purse; bag*
la bota	*boot*
los calcetines (el calcetín)	*sock(s)*
la camisa	*shirt*
la camiseta	*t-shirt*
la cartera	*wallet*
la chaqueta	*jacket*
el cinturón	*belt*
la corbata	*tie*
la falda	*skirt*
las gafas (de sol)	*(sun)glasses*
los guantes	*gloves*
el impermeable	*raincoat*
las medias	*pantyhose; stockings*
los pantalones	*pants*
los pantalones cortos	*shorts*
la ropa	*clothing; clothes*
la ropa interior	*underwear*
las sandalias	*sandals*
el sombrero	*hat*
el suéter	*sweater*
el traje	*suit*
el traje de baño	*bathing suit*
el vestido	*dress*
los zapatos de tenis	*sneakers*

Verbos

conducir	*to drive*
conocer	*to know; to be acquainted with*
ofrecer	*to offer*
parecer	*to seem*
saber	*to know; to know how*
traducir	*to translate*

Ir de compras

el almacén	*department store*
la caja	*cash register*
el centro comercial	*shopping mall*
el/la cliente/a	*customer*
el/la dependiente/a	*clerk*
el dinero	*money*
(en) efectivo	*cash*
el mercado (al aire libre)	*(open-air) market*
un par (de zapatos)	*a pair (of shoes)*
el precio (fijo)	*(fixed; set) price*
la rebaja	*sale*
el regalo	*gift*
la tarjeta de crédito	*credit card*
la tienda	*shop; store*
el/la vendedor(a)	*salesperson*
costar (o:ue)	*to cost*
gastar	*to spend (money)*
hacer juego (con)	*to match (with)*
llevar	*to wear; to take*
pagar	*to pay*
regatear	*to bargain*
usar	*to wear; to use*
vender	*to sell*

Adjetivos

barato/a	*cheap*
bueno/a	*good*
cada	*each*
caro/a	*expensive*
corto/a	*short (in length)*
elegante	*elegant*
hermoso/a	*beautiful*
largo/a	*long*
loco/a	*crazy*
nuevo/a	*new*
otro/a	*other; another*
pobre	*poor*
rico/a	*rich*

Los colores

el color	*color*
amarillo/a	*yellow*
anaranjado/a	*orange*
azul	*blue*
blanco/a	*white*
gris	*gray*
marrón, café	*brown*
morado/a	*purple*
negro/a	*black*
rojo/a	*red*
rosado/a	*pink*
verde	*green*

Palabras adicionales

acabar de (+ *inf.*)	*to have just done something*
anoche	*last night*
anteayer	*the day before yesterday*
ayer	*yesterday*
de repente	*suddenly*
desde	*from*
dos veces	*twice; two times*
hasta	*until*
pasado/a (*adj.*)	*last; past*
el año pasado	*last year*
la semana pasada	*last week*
prestar	*to lend; to loan*
una vez	*once; one time*
ya	*already*

Indirect object pronouns	*See page 202.*
Demonstrative adjectives and pronouns	*See page 210.*
Expresiones útiles	*See page 195.*

recursos

LM p. 36	vistas.vhlcentral.com Lección 6

Audio: Vocabulary

La rutina diaria

7

Communicative Goals

You will learn how to:

- **Describe your daily routine**
- **Talk about personal hygiene**
- **Reassure someone**

contextos

pages 226–229
- Daily routine
- Personal hygiene
- Time expressions

fotonovela

pages 230–233
Marissa, Felipe, and Jimena all compete for space in front of the mirror as they get ready to go out on Friday night.

cultura

pages 234–235
- **La siesta**
- **Ir de tapas**

estructura

pages 236–251
- Reflexive verbs
- Indefinite and negative words
- Preterite of **ser** and **ir**
- Verbs like **gustar**
- **Recapitulación**

adelante

pages 252–259
Lectura: An e-mail from Guillermo
Escritura: A daily routine
Escuchar: An interview with a famous actor
En pantalla
Flash cultura
Panorama: Perú

A PRIMERA VISTA

- **¿Está él en casa o en una tienda?**
- **¿Está contento o enojado?**
- **¿Cómo es él?**
- **¿Qué colores hay en la foto?**

La rutina diaria

Más vocabulario

el baño, el cuarto de baño	*bathroom*
el inodoro	*toilet*
el jabón	*soap*
el despertador	*alarm clock*
el maquillaje	*makeup*
la rutina diaria	*daily routine*
bañarse	*to bathe; to take a bath*
cepillarse el pelo	*to brush one's hair*
dormirse (o:ue)	*to go to sleep; to fall asleep*
lavarse la cara	*to wash one's face*
levantarse	*to get up*
maquillarse	*to put on makeup*
antes (de)	*before*
después	*afterwards; then*
después (de)	*after*
durante	*during*
entonces	*then*
luego	*then*
más tarde	*later*
por la mañana	*in the morning*
por la noche	*at night*
por la tarde	*in the afternoon; in the evening*
por último	*finally*

Variación léxica

afeitarse ⟷ rasurarse *(Méx., Amér. C.)*
ducha ⟷ regadera *(Col., Méx., Venez.)*
ducharse ⟷ bañarse *(Amér. L.)*
pantuflas ⟷ chancletas *(Méx., Col.)*; zapatillas *(Esp.)*

En la habitación por la mañana

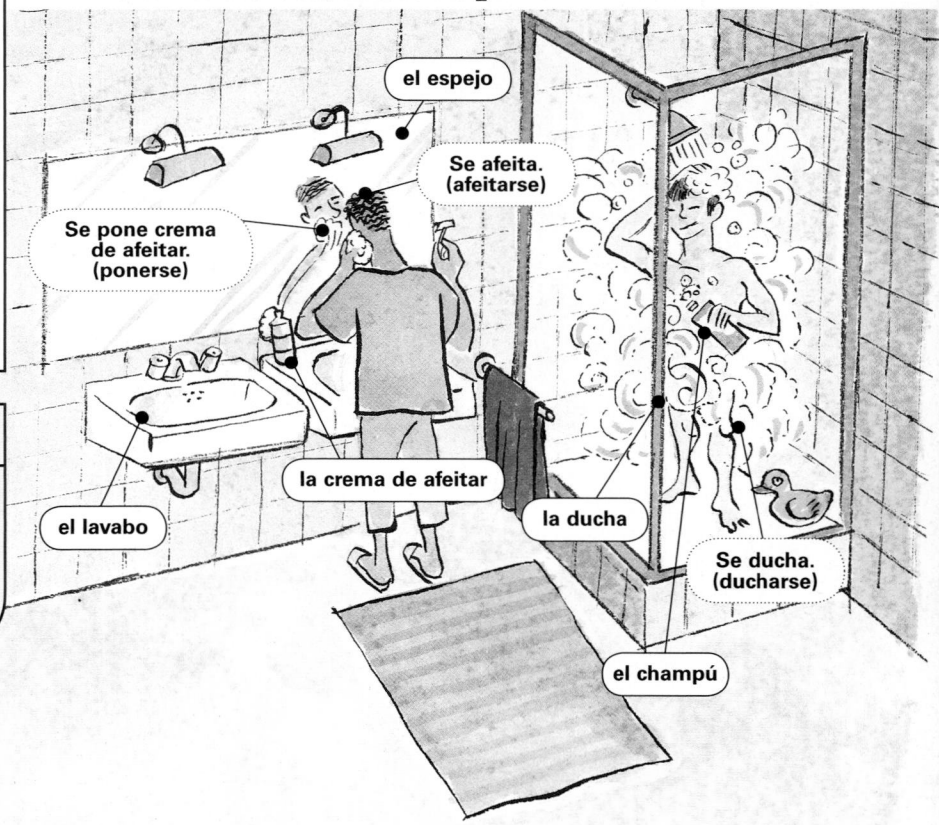

En el baño por la mañana

recursos

WB	LM	vistas.vhlcentral.com
pp. 73–74	p. 37	Lección 7

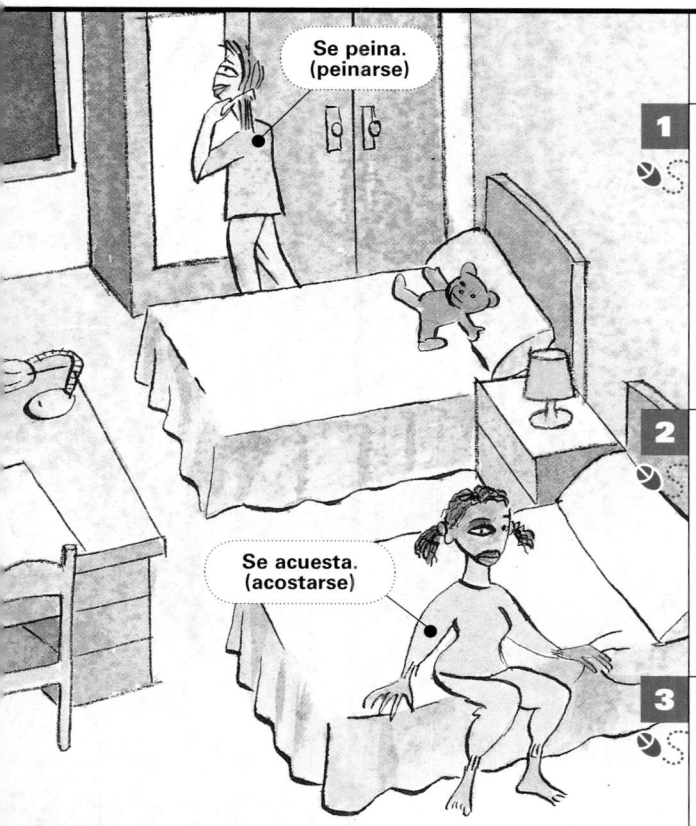

En la habitación por la noche

En el baño por la noche

Práctica

1 **Escuchar** Escucha las oraciones e indica si cada oración es **cierta** o **falsa**, según el dibujo.

1. _____
2. _____
3. _____
4. _____
5. _____
6. _____
7. _____
8. _____
9. _____
10. _____

2 **Ordenar** Escucha la rutina diaria de Marta. Después ordena los verbos según lo que escuchaste.

____ a. almorzar
____ b. ducharse
____ c. peinarse
____ d. ver la televisión
____ e. desayunar
____ f. dormirse
____ g. despertarse
____ h. estudiar en la biblioteca

3 **Seleccionar** Selecciona la palabra que no está relacionada con cada grupo.

1. lavabo • toalla • despertador • jabón _____
2. manos • antes de • después de • por último _____
3. acostarse • jabón • despertarse • dormirse _____
4. espejo • lavabo • despertador • entonces _____
5. dormirse • toalla • vestirse • levantarse _____
6. pelo • cara • manos • inodoro _____
7. espejo • champú • jabón • pasta de dientes _____
8. maquillarse • vestirse • peinarse • dientes _____
9. baño • dormirse • despertador • acostarse _____
10. ducharse • luego • bañarse • lavarse _____

4 **Identificar** Con un(a) compañero/a, identifica las cosas que cada persona necesita. Sigue el modelo.

modelo

Jorge / lavarse la cara
Estudiante 1: *¿Qué necesita Jorge para lavarse la cara?*
Estudiante 2: *Necesita jabón y una toalla.*

1. Mariana / maquillarse
2. Gerardo / despertarse
3. Celia / bañarse
4. Gabriel / ducharse
5. Roberto / afeitarse
6. Sonia / lavarse el pelo
7. Vanesa / lavarse las manos
8. Manuel / vestirse
9. Simón / acostarse
10. Daniela / cepillarse los dientes

5 **La rutina de Andrés** Ordena esta rutina de una manera lógica.

a. Se afeita después de cepillarse los dientes. _____
b. Se acuesta a las once y media de la noche. _____
c. Por último, se duerme. _____
d. Después de afeitarse, sale para las clases. _____
e. Asiste a todas sus clases y vuelve a su casa. _____
f. Andrés se despierta a las seis y media de la mañana. _____
g. Después de volver a casa, come un poco. Luego estudia en su habitación. _____
h. Se viste y entonces se cepilla los dientes. _____
i. Se cepilla los dientes antes de acostarse. _____
j. Se ducha antes de vestirse. _____

6 **La rutina diaria** Con un(a) compañero/a, mira los dibujos y describe lo que hacen Ángel y Lupe.

1.

2.

3.

4.

5.

6.

7.

8.

Comunicación

7 **La farmacia** Lee el anuncio y responde a las preguntas con un(a) compañero/a.

LA FARMACIA NUEVO SOL tiene todo lo que necesitas para la vida diaria.

Esta semana tenemos grandes rebajas.

Con poco dinero puedes comprar lo que necesitas para el cuarto de baño ideal.

Para los hombres ofrecemos...
Excelentes cremas de afeitar de Guapo y Máximo

Para las mujeres ofrecemos...
Nuevo maquillaje de Marisol y jabones de baño Ilusiones y Belleza

Y para todos tenemos los mejores jabones, pastas de dientes y cepillos de dientes.

¡Visita **LA FARMACIA NUEVO SOL!**
Tenemos los mejores precios. Visita nuestra tienda muy cerca de tu casa.

1. ¿Qué tipo de tienda es?
2. ¿Qué productos ofrecen para las mujeres?
3. ¿Qué productos ofrecen para los hombres?
4. Haz (*Make*) una lista de los verbos que asocias con los productos del anuncio.
5. ¿Dónde compras tus productos de higiene?
6. ¿Tienes una tienda favorita? ¿Cuál es?

8 **Rutinas diarias** Trabajen en parejas para describir la rutina diaria de dos o tres de estas personas. Pueden usar palabras de la lista.

antes (de)	entonces	primero
después (de)	luego	tarde
durante el día	por último	temprano

- un(a) profesor(a) de la universidad
- un(a) turista
- un hombre o una mujer de negocios (*businessman/woman*)
- un vigilante nocturno (*night watchman*)
- un(a) jubilado/a (*retired person*)
- el presidente/primer ministro de tu país
- un niño de cuatro años
- Daniel Espinosa

NOTA CULTURAL

Daniel Espinosa (México, 1961) es un famoso diseñador de joyería (*jewelry*). Su trabajo es vanguardista (*avant-garde*), arriesgado (*risky*) e innovador. Su material favorito es la plata (*silver*). Entre sus clientes están Nelly Furtado, Eva Longoria, Salma Hayek, Lindsay Lohan y Daisy Fuentes.

¡Necesito arreglarme!

PERSONAJES MARISSA JIMENA

Es viernes por la tarde y Marissa, Jimena y Felipe se preparan para salir.

Video: *Fotonovela* Record and Compare

1

MARISSA ¿Hola? ¿Está ocupado?

JIMENA Sí. Me estoy lavando la cara.

MARISSA Necesito usar el baño.

2

MARISSA Tengo que terminar de arreglarme. Voy al cine esta noche.

JIMENA Yo también tengo que salir. ¿Te importa si me maquillo primero? Me voy a encontrar con mi amiga Elena en una hora.

JIMENA No te preocupes, Marissa. Llegaste primero. Entonces, te arreglas el pelo y después me maquillo.

FELIPE ¿Y yo? Tengo crema de afeitar en la cara. No me voy a ir. Estoy aquí y aquí me quedo.

3

JIMENA ¡Felipe! ¿Qué estás haciendo?

FELIPE Me estoy afeitando. ¿Hay algún problema?

JIMENA ¡Siempre haces lo mismo!

FELIPE Pues, yo no vi a nadie aquí.

5

6

4

JIMENA ¿Por qué no te afeitaste por la mañana?

FELIPE Porque cada vez que quiero usar el baño, una de ustedes está aquí. O bañándose o maquillándose.

MARISSA Tú ganas. ¿Adónde vas a ir esta noche, Felipe?

FELIPE Juan Carlos y yo vamos a ir a un café en el centro. Siempre hay música en vivo. (*Se despide.*) Me siento guapísimo. Todavía me falta cambiarme la camisa.

FELIPE

MARISSA ¿Adónde vas esta noche?

JIMENA A la biblioteca.

MARISSA ¡Es viernes! ¡Nadie debe estudiar los viernes! Voy a ver una película de Pedro Almodóvar con unas amigas.

MARISSA ¿Por qué no vienen tú y Elena al cine con nosotras? Después, podemos ir a ese café y molestar a Felipe.

JIMENA No sé.

MARISSA ¿Cuándo fue la última vez que viste a Juan Carlos?

JIMENA Cuando fuimos a Mérida.

MARISSA A ti te gusta ese chico.

JIMENA No tengo idea de qué estás hablando. Si no te importa, nos vemos en el cine.

Expresiones útiles

Talking about getting ready

Necesito arreglarme.
I need to get ready.
Me estoy lavando la cara.
I'm washing my face.
¿Te importa si me maquillo primero?
Is it OK with you if I put on my makeup first?
Tú te arreglas el pelo y después yo me maquillo.
You fix your hair and then I'll put on my makeup.
Todavía me falta cambiarme la camisa.
I still have to change my shirt.

Reassuring someone

Tranquilo/a.
Relax.
No te preocupes.
Don't worry.

Talking about past actions

¿Cuándo fue la última vez que viste a Juan Carlos?
When was the last time you saw Juan Carlos?
Cuando fuimos a Mérida.
When we went to Mérida.

Talking about likes and dislikes

Me fascinan las películas de Almodóvar.
I love Almodóvar's movies.
Me encanta la música en vivo.
I love live music.
Me molesta compartir el baño.
It bothers me to share the bathroom.

Additional vocabulary

encontrarse con *to meet up with*
molestar *to bother*
nadie *no one*

recursos

VM pp. 225–226

vistas.vhlcentral.com Lección 7

¿Qué pasó?

1 **¿Cierto o falso?** Indica si lo que dicen estas oraciones es **cierto** o **falso.** Corrige las oraciones falsas.

1. Marissa va a ver una película de Pedro Almodóvar con unas amigas.
2. Jimena se va a encontrar con Elena en dos horas.
3. Felipe se siente muy feo después de afeitarse.
4. Jimena quiere maquillarse.
5. Marissa quiere ir al café para molestar a Juan Carlos.

2 **Identificar** Identifica quién puede decir estas oraciones. Puedes usar cada nombre más de una vez.

1. No puedo usar el baño porque siempre están aquí, o bañándose o maquillándose. _____
2. Quiero arreglarme el pelo porque voy al cine esta noche. _____
3. Hoy voy a ir a la biblioteca. _____
4. ¡Necesito arreglarme! _____
5. Te gusta Juan Carlos. _____
6. ¿Por qué quieres afeitarte cuando estamos en el baño? _____

MARISSA

FELIPE

JIMENA

3 **Ordenar** Ordena correctamente los planes que tiene Marissa.

____ a. Voy al café.
____ b. Me arreglo el pelo.
____ c. Molesto a Felipe.
____ d. Me encuentro con unas amigas.
____ e. Entro al baño.
____ f. Voy al cine.

4 **En el baño** Trabajen en parejas para representar los papeles de dos compañeros/as de cuarto que deben usar el baño al mismo tiempo para hacer su rutina diaria. Usen las instrucciones como guía.

Estudiante 1	Estudiante 2
Di (*Say*) que quieres arreglarte porque vas a ir al cine.	Di (*Say*) que necesitas arreglarte porque te vas a encontrar con tus amigos/as.
Pregunta si puedes secarte el pelo.	Responde que no porque necesitas lavarte la cara.
Di que puede lavarse la cara, pero que después necesitas secarte el pelo.	Di que puede secarse el pelo, pero que después necesitas peinarte.

Pronunciación

Audio: Concepts, Activities
Record & Compare

The consonant r

ropa **rutina** **rico** **Ramón**

In Spanish, **r** has a strong trilled sound at the beginning of a word. No English words have a trill, but English speakers often produce a trill when they imitate the sound of a motor.

gustar **durante** **primero** **crema**

In any other position, **r** has a weak sound similar to the English *tt* in *better* or the English *dd* in *ladder*. In contrast to English, the tongue touches the roof of the mouth behind the teeth.

pizarra **corro** **marrón** **aburrido**

The letter combination **rr**, which only appears between vowels, always has a strong trilled sound.

caro **carro** **pero** **perro**

Between vowels, the difference between the strong trilled **rr** and the weak **r** is very important, as a mispronunciation could lead to confusion between two different words.

Práctica Lee las palabras en voz alta, prestando (*paying*) atención a la pronunciación de la **r** y la **rr**.

1. Perú
2. Rosa
3. borrador
4. madre
5. comprar
6. favor
7. rubio
8. reloj
9. Arequipa
10. tarde
11. cerrar
12. despertador

Oraciones Lee las oraciones en voz alta, prestando atención a la pronunciación de la **r** y la **rr**.

1. Ramón Robles Ruiz es programador. Su esposa Rosaura es artista.
2. A Rosaura Robles le encanta regatear en el mercado.
3. Ramón nunca regatea... le aburre regatear.
4. Rosaura siempre compra cosas baratas.
5. Ramón no es rico, pero prefiere comprar cosas muy caras.
6. ¡El martes Ramón compró un carro nuevo!

Refranes Lee en voz alta los refranes, prestando atención a la **r** y a la **rr**.

1 A dog's bark is worse than its bite.
2 Rome wasn't built in a day.

recursos	
LM p. 38	vistas.vhlcentral.com Lección 7

EN DETALLE

Additional Reading

La siesta

¿Sientes cansancio° después de comer? ¿Te cuesta° volver al trabajo° o a clase después del almuerzo? Estas sensaciones son normales. A muchas personas les gusta relajarse° después de almorzar. Este momento de descanso es **la siesta**. La siesta es popular en los países hispanos y viene de una antigua costumbre° del área del Mediterráneo. La palabra *siesta* viene del latín, es una forma corta de decir "sexta hora". La sexta hora del día es después del mediodía, el momento de más calor. Debido al° calor y al cansancio, los habitantes de España, Italia, Grecia y Portugal tienen la costumbre de dormir la siesta desde hace° más de° dos mil años. Los españoles y los portugueses llevaron la costumbre a los países americanos.

Aunque hoy día esta costumbre está desapareciendo en las grandes ciudades, la siesta todavía es importante en la cultura hispana. En pueblos pequeños, por ejemplo, muchas oficinas° y tiendas tienen la costumbre de cerrar por dos o tres horas después del mediodía. Los empleados van a su casa, almuerzan con sus familias, duermen la siesta o hacen actividades, como ir al gimnasio, y luego regresan al trabajo entre las 2:30 y las 4:30 de la tarde.

Los estudios científicos explican que una siesta corta después de almorzar ayuda° a trabajar más y mejor° durante la tarde. Pero ¡cuidado! Esta siesta debe durar° sólo entre veinte y cuarenta minutos. Si dormimos más, entramos en la fase de sueño profundo y es difícil despertarse.

Hoy, algunas empresas° de los EE.UU., Canadá, Japón, Inglaterra y Alemania tienen salas° especiales donde los empleados pueden dormir la siesta.

¿Dónde duermen la siesta?

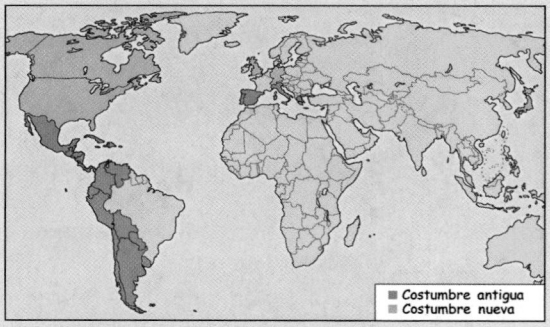

En los lugares donde la siesta es una costumbre antigua, las personas la duermen en su casa. En los países donde la siesta es una costumbre nueva, la gente duerme en sus lugares de trabajo o en centros de siesta.

Sientes cansancio *Do you feel tired* Te cuesta *Is it hard for you* trabajo *work* relajarse *to relax* antigua costumbre *old custom* Debido al *Because (of)* desde hace *for* más de *more than* aunque *although* está desapareciendo *is disappearing* oficinas *offices* ayuda *helps* mejor *better* durar *last* algunas empresas *some businesses* salas *rooms*

ACTIVIDADES

1 **¿Cierto o falso?** Indica si lo que dicen las oraciones es **cierto** o **falso**. Corrige la información falsa.

1. La costumbre de la siesta empezó en Asia.
2. La palabra *siesta* está relacionada con la sexta hora del día.
3. Los españoles y los portugueses llevaron la costumbre de la siesta a Latinoamérica.
4. La siesta ayuda a trabajar más y mejor durante la tarde.
5. Los horarios de trabajo de las grandes ciudades hispanas son los mismos que los pueblos pequeños.
6. Una siesta larga siempre es mejor que una siesta corta.
7. En los Estados Unidos, los empleados de algunas empresas pueden dormir la siesta en el trabajo.
8. Es fácil despertar de un sueño profundo.

ASÍ SE DICE

El cuidado personal

el aseo; el excusado; el servicio; el váter (Esp.)	**el baño**
el cortaúñas	*nail clippers*
el desodorante	*deodorant*
el enjuague bucal	*mouthwash*
el hilo dental/ la seda dental	*dental floss*
la máquina de afeitar/ de rasurar (Méx.)	*electric razor*

EL MUNDO HISPANO

Costumbres especiales

- **México y El Salvador** Los vendedores pasan por las calles anunciando a gritos° su mercancía°: tanques de gas y flores° en México; pan y tortillas en El Salvador.
- **Costa Rica** Para encontrar las direcciones°, los costarricenses usan referencias a anécdotas, lugares o características geográficas. Por ejemplo: *200 metros norte de la iglesia Católica, frente al°supermercado Mi Mega.*
- **Argentina** En Tigre, una ciudad junto al Río° de la Plata, la gente usa barcos particulares°, barcos colectivos° y barcos-taxi para ir de una isla a otra. Todas las mañanas, un barco colectivo recoge° a los niños y los lleva a la escuela.

gritos *shouts* mercancía *merchandise* flores *flowers* direcciones *addresses* frente al *opposite* río *river* particulares *private* barcos colectivos *collective boats* recoge *picks up*

PERFIL

El mate

El mate es una parte muy importante de la rutina diaria en muchos países. Es una bebida° muy similar al té que se consume en Argentina, Uruguay y Paraguay. Tradicionalmente se bebe caliente° con una *bombilla°* y en un recipiente° que también se llama *mate*. Por ser amarga, algunos le agregan° azúcar para suavizar su sabor°. El mate se puede tomar a cualquier° hora y en cualquier lugar, aunque en Argentina las personas prefieren sentarse en círculo e ir pasando el mate de mano en mano mientras° conversan. Los uruguayos, por otra parte, acostumbran llevar el agua° caliente para el mate en un termo° bajo el brazo° y lo beben mientras caminan. Si ves a una persona con un termo bajo el brazo y un mate en la mano, ¡es casi seguro que es de Uruguay!

bebida *drink* caliente *hot* bombilla *straw (in Argentina)* recipiente *container* amarga *bitter* le agregan *add* suavizar su sabor *soften its flavor* cualquier *any* mientras *while* agua *water* termo *thermos* bajo el brazo *under their arm*

Conexión Internet

¿Qué costumbres son populares en los países hispanos?

Go to **vistas.vhlcentral.com** to find more cultural information related to this **Cultura** section.

ACTIVIDADES

2 **Comprensión** Completa las oraciones.

1. Uso _____ para limpiar (*to clean*) entre los dientes.
2. En _____ las personas compran pan y tortillas a los vendedores que pasan por la calle.
3. El _____ es una bebida similar al té.
4. Los uruguayos beben mate mientras _____.

3 **¿Qué costumbres tienes?** Escribe cuatro oraciones sobre una costumbre que compartes con tus amigos o con tu familia (por ejemplo: ir al cine, ir a eventos deportivos, leer, comer juntos, etc.). Explica qué haces, cuándo lo haces y con quién.

Practice more at **vistas.vhlcentral.com.**

7.1 Reflexive verbs

ANTE TODO A reflexive verb is used to indicate that the subject does something to or for himself or herself. In other words, it "reflects" the action of the verb back to the subject. Reflexive verbs always use reflexive pronouns.

SUBJECT	REFLEXIVE VERB
Joaquín	**se ducha** por la mañana.

The verb lavarse (*to wash oneself*)

SINGULAR FORMS	yo	**me lavo**	*I wash (myself)*
	tú	**te lavas**	*you wash (yourself)*
	Ud.	**se lava**	*you wash (yourself)*
	él/ella	**se lava**	*he/she washes (himself/herself)*
PLURAL FORMS	nosotros/as	**nos lavamos**	*we wash (ourselves)*
	vosotros/as	**os laváis**	*you wash (yourselves)*
	Uds.	**se lavan**	*you wash (yourselves)*
	ellos/ellas	**se lavan**	*they wash (themselves)*

AYUDA

Except for **se**, reflexive pronouns have the same forms as direct and indirect object pronouns.

• • •

Se is used for both singular and plural subjects—there is no individual plural form:
Pablo **se** lava.
Ellos **se** lavan.

- The pronoun **se** attached to an infinitive identifies the verb as reflexive: **lavarse.**
- When a reflexive verb is conjugated, the reflexive pronoun agrees with the subject.

Me afeito.

Te despiertas a las siete.

- Like object pronouns, reflexive pronouns generally appear before a conjugated verb. With infinitives and present participles, they may be placed before the conjugated verb or attached to the infinitive or present participle.

Ellos **se** van a vestir.
Ellos van a vestir**se**.
They are going to get dressed.

Nos estamos lavando las manos.
Estamos lavándo**nos** las manos.
We are washing our hands.

- **¡Atención!** When a reflexive pronoun is attached to a present participle, an accent mark is added to maintain the original stress.

bañando ⟶ bañ**á**ndo**se**

durmiendo ⟶ durmi**é**ndo**se**

AYUDA

You have already learned several adjectives that can be used with **ponerse** when it means *to become*:

alegre, cómodo/a, contento/a, elegante, guapo/a, nervioso/a, rojo/a, and **triste**.

Common reflexive verbs

acordarse (de) (o:ue)	*to remember*	**llamarse**	*to be called; to be named*
acostarse (o:ue)	*to go to bed*	**maquillarse**	*to put on makeup*
afeitarse	*to shave*	**peinarse**	*to comb one's hair*
bañarse	*to bathe; to take a bath*	**ponerse**	*to put on*
cepillarse	*to brush*	**ponerse (+ *adj.*)**	*to become (+ adj.)*
despedirse (de) (e:i)	*to say goodbye (to)*	**preocuparse (por)**	*to worry (about)*
despertarse (e:ie)	*to wake up*	**probarse** (o:ue)	*to try on*
dormirse (o:ue)	*to go to sleep; to fall asleep*	**quedarse**	*to stay; to remain*
ducharse	*to shower; to take a shower*	**quitarse**	*to take off*
		secarse	*to dry (oneself)*
enojarse (con)	*to get angry (with)*	**sentarse** (e:ie)	*to sit down*
irse	*to go away; to leave*	**sentirse** (e:ie)	*to feel*
lavarse	*to wash (oneself)*	**vestirse** (e:i)	*to get dressed*
levantarse	*to get up*		

COMPARE & CONTRAST

Unlike English, a number of verbs in Spanish can be reflexive or non-reflexive. If the verb acts upon the subject, the reflexive form is used. If the verb acts upon something other than the subject, the non-reflexive form is used. Compare these sentences.

Lola **lava** los platos.

Lola **se lava** la cara.

As the preceding sentences show, reflexive verbs sometimes have different meanings than their non-reflexive counterparts. For example, **lavar** means *to wash,* while **lavarse** means *to wash oneself, to wash up.*

¡Atención! Parts of the body or clothing are generally not referred to with possessives, but with articles.

La niña se quitó **un** zapato.

Necesito cepillarme **los** dientes.

recursos

WB pp. 75–76

LM p. 39

vistas. vhlcentral.com Lección 7

¡INTÉNTALO! Indica el presente de estos verbos reflexivos.

despertarse

1. Mis hermanos *se despiertan* tarde.
2. Tú _____ tarde.
3. Nosotros _____ tarde.
4. Benito _____ tarde.
5. Yo _____ tarde.

ponerse

1. Él *se pone* una chaqueta.
2. Yo _____ una chaqueta.
3. Usted _____ una chaqueta.
4. Nosotras _____ una chaqueta.
5. Las niñas _____ una chaqueta.

Práctica

1 **Nuestra rutina** La familia de Blanca sigue la misma rutina todos los días. Según Blanca, ¿qué hacen ellos?

modelo

mamá / despertarse a las 5:00
Mamá se despierta a las cinco.

1. Roberto y yo / levantarse a las 7:00
2. papá / ducharse primero y / luego afeitarse
3. yo / lavarse la cara y / vestirse antes de tomar café
4. mamá / peinarse y / luego maquillarse
5. todos (nosotros) / sentarse a la mesa para comer
6. Roberto / cepillarse los dientes después de comer
7. yo / ponerse el abrigo antes de salir
8. nosotros / despedirse de mamá

NOTA CULTURAL

Como en los EE.UU., **tomar café** en el desayuno es muy común en los países hispanos.

En muchas familias, incluso los niños toman café con leche (*milk*) en el desayuno antes de ir a la escuela.

El café en los países hispanos generalmente es más fuerte que en los EE.UU., y el descafeinado no es muy popular.

2 **La fiesta elegante** Selecciona el verbo apropiado y completa las oraciones con la forma correcta.

1. Tú _____ (lavar / lavarse) el auto antes de ir a la fiesta.
2. Nosotros no _____ (acordar / acordarse) de comprar los regalos.
3. Para llegar a tiempo, Raúl y Marta _____ (acostar / acostarse) a los niños antes de salir.
4. Yo _____ (sentir / sentirse) cómoda en mi vestido nuevo.
5. Mis amigos siempre _____ (vestir / vestirse) con ropa muy elegante.
6. Los cocineros _____ (probar / probarse) la comida antes de servirla.
7. Usted _____ (preocupar / preocuparse) mucho por llegar antes que (*before*) los demás invitados, ¿no?
8. En general, _____ (afeitar / afeitarse) yo mismo, pero hoy es un día especial y el barbero (*barber*) me _____ (afeitar / afeitarse). ¡Será una fiesta inolvidable!

¡LENGUA VIVA!

In Spain a car is called **un coche**, while in many parts of Latin America it is known as **un carro**. Although you'll be understood using either of these terms, using **auto (automóvil)** will surely get you where you want to go.

3 **Describir** Mira los dibujos y describe lo que estas personas hacen.

1. el joven

2. Carmen

3. Juan

4. ellos

5. Estrella

6. Toni

Comunicación

4 **Preguntas personales** En parejas, túrnense para hacerse estas preguntas.

1. ¿A qué hora te levantas durante la semana?
2. ¿A qué hora te levantas los fines de semana?
3. ¿Prefieres levantarte tarde o temprano? ¿Por qué?
4. ¿Te enojas frecuentemente con tus amigos?
5. ¿Te preocupas fácilmente? ¿Qué te preocupa?
6. ¿Qué te pone contento/a?
7. ¿Qué haces cuando te sientes triste?
8. ¿Y cuando te sientes alegre?
9. ¿Te acuestas tarde o temprano durante la semana?
10. ¿A qué hora te acuestas los fines de semana?

5 **Charadas** En grupos, jueguen a las charadas. Cada persona debe pensar en dos oraciones con verbos reflexivos. La primera persona que adivina la charada dramatiza la siguiente.

6 **Debate** En grupos, discutan este tema: ¿Quiénes necesitan más tiempo para arreglarse (*to get ready*) antes de salir, los hombres o las mujeres? Hagan una lista de las razones (*reasons*) que tienen para defender sus ideas e informen a la clase.

7 **La coartada** Hoy se cometió un crimen entre las 7 y las 11 de la mañana. En parejas, imaginen que uno de ustedes es un sospechoso y el otro un policía investigador. El policía le pregunta al sospechoso qué hace habitualmente a esas horas y el sospechoso responde. Luego, el policía presenta las respuestas del sospechoso ante el jurado (la clase) y entre todos deciden si es culpable o no.

Síntesis

8 **La familia ocupada** Tú y tu compañero/a asisten a un programa de verano en Lima, Perú. Viven con la familia Ramos. Tu profesor(a) te va a dar la rutina incompleta que la familia sigue en las mañanas. Trabaja con tu compañero/a para completarla.

modelo

Estudiante 1: ¿Qué hace el señor Ramos a las seis y cuarto?
Estudiante 2: El señor Ramos se levanta.

7.2 Indefinite and negative words

ANTE TODO Indefinite words refer to people and things that are not specific, for example, *someone* or *something*. Negative words deny the existence of people and things or contradict statements, for instance, *no one* or *nothing*. Spanish indefinite words have corresponding negative words, which are opposite in meaning.

Indefinite and negative words

Indefinite words		Negative words	
algo	*something; anything*	**nada**	*nothing; not anything*
alguien	*someone; somebody; anyone*	**nadie**	*no one; nobody; not anyone*
alguno/a(s), algún	*some; any*	**ninguno/a, ningún**	*no; none; not any*
o... o	*either... or*	**ni... ni**	*neither... nor*
siempre	*always*	**nunca, jamás**	*never, not ever*
también	*also; too*	**tampoco**	*neither; not either*

▶ There are two ways to form negative sentences in Spanish. You can place the negative word before the verb, or you can place **no** before the verb and the negative word after.

Nadie se levanta temprano.
No one gets up early.

No se levanta nadie temprano.
No one gets up early.

Ellos **nunca gritan**.
They never shout.

Ellos **no gritan nunca**.
They never shout.

▶ Because they refer to people, **alguien** and **nadie** are often used with the personal **a**. The personal **a** is also used before **alguno/a, algunos/as,** and **ninguno/a** when these words refer to people and they are the direct object of the verb.

—Perdón, señor, ¿busca usted **a alguien**?
—No, gracias, señorita, no busco **a nadie**.

—Tomás, ¿buscas **a alguno** de tus hermanos?
—No, mamá, no busco **a ninguno**.

▶ **¡Atención!** Before a masculine, singular noun, **alguno** and **ninguno** are shortened to **algún** and **ningún**.

—¿Tienen ustedes **algún** amigo peruano?

—No, no tenemos **ningún** amigo peruano.

AYUDA

Alguno/a, algunos/as are not always used in the same way English uses *some* or *any*. Often, **algún** is used where *a* would be used in English.

¿Tienes algún libro que hable de los incas?
*Do you have **a** book that talks about the Incas?*

Note that **ninguno/a** is rarely used in the plural.

—¿Visitaste algunos museos?
—No, no visité ninguno.

COMPARE & CONTRAST

In English, it is incorrect to use more than one negative word in a sentence. In Spanish, however, sentences frequently contain two or more negative words. Compare these Spanish and English sentences.

Nunca le escribo a **nadie**.
I never write to anyone.

No me preocupo por **nada nunca**.
I do not ever worry about anything.

As the preceding sentences show, once an English sentence contains one negative word (for example, *not* or *never*), no other negative word may be used. Instead, indefinite (or affirmative) words are used. In Spanish, however, once a sentence is negative, no other affirmative (that is, indefinite) word may be used. Instead, all indefinite ideas must be expressed in the negative.

▶ **Pero** is used to mean *but*. The meaning of **sino** is *but rather* or *on the contrary*. It is used when the first part of the sentence is negative and the second part contradicts it.

Los estudiantes no se acuestan temprano **sino** tarde.
The students don't go to bed early, but rather late.

María no habla francés **sino** español.
María doesn't speak French, but rather Spanish.

Esas gafas son caras, **pero** bonitas.
Those glasses are expensive, but pretty.

José es inteligente, **pero** no saca buenas notas.
José is intelligent but doesn't get good grades.

¡INTÉNTALO! Cambia las oraciones para que sean negativas.

1. Siempre se viste bien.
   Nunca se viste bien.
   No se viste bien nunca.
2. Alguien se ducha.
   _____ se ducha.
   _____ se ducha _____.
3. Ellas van también.
   Ellas _____ van.
   Ellas _____ van _____.
4. Alguien se pone nervioso.
   _____ se pone nervioso.
   _____ se pone nervioso _____.
5. Tú siempre te lavas las manos.
   Tú _____ te lavas las manos.
   Tú ____ te lavas las manos _____.
6. Voy a traer algo.
   _____ voy a traer _____.
7. Juan se afeita también.
   Juan _____ se afeita.
   Juan _____ se afeita _____.
8. Mis amigos viven en una residencia o en casa.
   Mis amigos _____ viven _____ en una residencia _____ en casa.
9. La profesora hace algo en su escritorio.
   La profesora _____ hace _____ en su escritorio.
10. Tú y yo vamos al mercado.
    _____ tú _____ yo vamos al mercado.
11. Tienen un espejo en su casa.
    _____ tienen _____ espejo en su casa.
12. Algunos niños se ponen sus abrigos.
    _____ niño se pone su abrigo.

recursos

WB pp. 77–78

LM p. 40

vistas. vhlcentral.com Lección 7

Práctica

1 **¿Pero o sino?** Forma oraciones sobre estas personas usando **pero** o **sino**.

modelo

muchos estudiantes viven en residencias estudiantiles / muchos de ellos quieren vivir fuera del *(off)* campus

Muchos estudiantes viven en residencias estudiantiles, pero muchos de ellos quieren vivir fuera del campus.

1. Marcos nunca se despierta temprano / siempre llega puntual a clase
2. Lisa y Katarina no se acuestan temprano / muy tarde
3. Alfonso es inteligente / algunas veces es antipático
4. los directores de la residencia no son ecuatorianos / peruanos
5. no nos acordamos de comprar champú / compramos jabón
6. Emilia no es estudiante / profesora
7. no quiero levantarme / tengo que ir a clase
8. Miguel no se afeita por la mañana / por la noche

2 **Completar** Completa esta conversación. Usa expresiones negativas en tus respuestas. Luego, dramatiza la conversación con un(a) compañero/a.

AURELIO Ana María, ¿encontraste algún regalo para Eliana?

ANA MARÍA (1)_____

AURELIO ¿Viste a alguna amiga en el centro comercial?

ANA MARÍA (2)_____

AURELIO ¿Me llamó alguien?

ANA MARÍA (3)_____

AURELIO ¿Quieres ir al teatro o al cine esta noche?

ANA MARÍA (4)_____

AURELIO ¿No quieres salir a comer?

ANA MARÍA (5)_____

AURELIO ¿Hay algo interesante en la televisión esta noche?

ANA MARÍA (6)_____

AURELIO ¿Tienes algún problema?

ANA MARÍA (7)_____

Comunicación

3 **Opiniones** Completa estas oraciones de una manera lógica. Luego, compara tus respuestas con las de un(a) compañero/a.

1. Mi habitación es _____, pero _____.
2. Por la noche me gusta _____, pero _____.
3. Un(a) profesor(a) ideal no es _____, sino _____.
4. Mis amigos son _____, pero _____.

4 **En el campus** En parejas, háganse preguntas sobre qué hay en su universidad: residencias bonitas, departamento de ingeniería, cines, librerías baratas, estudiantes guapos/as, equipo de fútbol, playa, clases fáciles, museo, profesores/as estrictos/as. Sigan el modelo.

modelo

Estudiante 1: ¿Hay algunas residencias bonitas?
Estudiante 2: Sí, hay una/algunas. Está(n) detrás del estadio.
Estudiante 1: ¿Hay algún museo?
Estudiante 2: No, no hay ninguno.

5 **Quejas** En parejas, hagan una lista de cinco quejas (*complaints*) comunes que tienen los estudiantes. Usen expresiones negativas.

modelo

Nadie me entiende.

Ahora hagan una lista de cinco quejas que los padres tienen de sus hijos.

modelo

Nunca limpian sus habitaciones.

6 **Anuncios** En parejas, lean el anuncio y contesten las preguntas.

1. ¿Es el anuncio positivo o negativo? ¿Por qué?
2. ¿Qué palabras indefinidas hay?
3. Escriban el texto del anuncio cambiando todo por expresiones negativas.

Ahora preparen su propio (*own*) anuncio usando expresiones afirmativas y negativas.

Síntesis

7 **Encuesta** Tu profesor(a) te va a dar una hoja de actividades para hacer una encuesta. Circula por la clase y pídeles a tus compañeros que comparen las actividades que hacen durante la semana con las que hacen durante los fines de semana. Escribe las respuestas.

7.3 Preterite of ser and ir

Tutorial

ANTE TODO In **Lección 6**, you learned how to form the preterite tense of regular **-ar**, **-er**, and **-ir** verbs. The following chart contains the preterite forms of **ser** (*to be*) and **ir** (*to go*). Since these forms are irregular, you will need to memorize them.

Preterite of ser and ir

		ser *(to be)*	**ir** *(to go)*
SINGULAR FORMS	yo	**fui**	**fui**
	tú	**fuiste**	**fuiste**
	Ud./él/ella	**fue**	**fue**
PLURAL FORMS	nosotros/as	**fuimos**	**fuimos**
	vosotros/as	**fuisteis**	**fuisteis**
	Uds./ellos/ellas	**fueron**	**fueron**

AYUDA

Note that, whereas regular **-er** and **-ir** verbs have accent marks in the **yo** and **Ud./él/ella** forms of the preterite, **ser** and **ir** do not.

▶ Since the preterite forms of **ser** and **ir** are identical, context clarifies which of the two verbs is being used.

Él **fue** a comprar champú y jabón.
He went to buy shampoo and soap.

¿Cómo **fue** la película anoche?
How was the movie last night?

¡INTÉNTALO! Completa las oraciones usando el pretérito de **ser** e **ir**.

ir

1. Los viajeros ___fueron___ a Perú.
2. Patricia _____ a Cuzco.
3. Tú _____ a Iquitos.
4. Gregorio y yo _____ a Lima.
5. Yo _____ a Trujillo.
6. Ustedes _____ a Arequipa.
7. Mi padre _____ a Lima.
8. Nosotras _____ a Cuzco.
9. Él _____ a Machu Picchu.
10. Usted _____ a Nazca.

ser

1. Usted ___fue___ muy amable.
2. Yo _____ muy cordial.
3. Ellos _____ simpáticos.
4. Nosotros _____ muy tontos.
5. Ella _____ antipática.
6. Tú _____ muy generoso.
7. Ustedes _____ cordiales.
8. La gente _____ amable.
9. Tomás y yo _____ muy felices.
10. Los profesores _____ buenos.

recursos

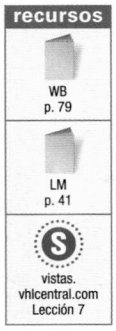

Práctica y Comunicación

1 **Completar** Completa estas conversaciones con la forma correcta del pretérito de **ser** o **ir**. Indica el infinitivo de cada forma verbal.

NOTA CULTURAL

La ciudad peruana de **El Callao**, fundada en 1537, fue por muchos años el puerto (*port*) más activo de la costa del Pacífico en Suramérica. En el siglo XVIII, se construyó (*was built*) una fortaleza allí para proteger (*protect*) la ciudad de los ataques de piratas y bucaneros.

Conversación 1

		ser	ir
RAÚL	¿Adónde (1)_____ ustedes de vacaciones?	❍	❍
PILAR	(2)_____ a Perú.	❍	❍
RAÚL	¿Cómo (3)_____ el viaje?	❍	❍
▶ PILAR	¡(4)_____ estupendo! Machu Picchu y El Callao son increíbles.	❍	❍
RAÚL	¿(5)_____ caro el viaje?	❍	❍
PILAR	No, el precio (6)_____ muy bajo. Sólo costó tres mil dólares.	❍	❍

Conversación 2

ISABEL	Tina y Vicente (7)_____ novios, ¿no?	❍	❍
LUCÍA	Sí, pero ahora no. Anoche Tina (8)_____ a comer con Gregorio	❍	❍
	y la semana pasada ellos (9)_____ al partido de fútbol.	❍	❍
ISABEL	¿Ah sí? Javier y yo (10)_____ al partido y no los vimos.	❍	❍

2 **Descripciones** Forma oraciones con estos elementos. Usa el pretérito.

A	B	C	D
yo	(no) ir	a un restaurante	ayer
tú	(no) ser	en autobús	anoche
mi compañero/a		estudiante	anteayer
nosotros		muy simpático/a	la semana pasada
mis amigos		a la playa	el año pasado
ustedes		dependiente/a en una tienda	

3 **Preguntas** En parejas, túrnense para hacerse estas preguntas.

1. ¿Cuándo fuiste al cine por última vez? ¿Con quién fuiste?
2. ¿Fuiste en auto, en autobús o en metro? ¿Cómo fue el viaje?
3. ¿Cómo fue la película?
4. ¿Fue una película de terror, de acción o un drama?
5. ¿Fue una de las mejores películas que viste? ¿Por qué?
6. ¿Fueron buenos los actores o no? ¿Cuál fue el mejor?
7. ¿Adónde fuiste/fueron después?
8. ¿Fue una buena idea ir al cine?
9. ¿Fuiste feliz ese día?

4 **El viaje** En parejas, escriban un diálogo de un(a) viajero/a hablando con el/la agente de viajes sobre un viaje que hizo recientemente. Usen el pretérito de **ser** e **ir**.

modelo

Agente: *¿Cómo fue el viaje?*
Viajero: *El viaje fue maravilloso/horrible...*

7.4 Verbs like gustar Tutorial

ANTE TODO In **Lección 2**, you learned how to express preferences with **gustar**. You will now learn more about the verb **gustar** and other similar verbs. Observe these examples.

Me gusta ese champú.

ENGLISH EQUIVALENT
I like that shampoo.
LITERAL MEANING
That shampoo is pleasing to me.

¿**Te gustaron** las clases?

ENGLISH EQUIVALENT
Did you like the classes?
LITERAL MEANING
Were the classes pleasing to you?

- As the examples show, constructions with **gustar** do not have a direct equivalent in English. The literal meaning of this construction is *to be pleasing to* (*someone*), and it requires the use of an indirect object pronoun.

INDIRECT OBJECT PRONOUN	VERB	SUBJECT	SUBJECT	VERB	DIRECT OBJECT
Me	**gusta**	ese champú.	*I*	*like*	*that shampoo.*

- In the diagram above, observe how in the Spanish sentence the object being liked **(ese champú)** is really the subject of the sentence. The person who likes the object, in turn, is an indirect object because it answers the question: *To whom is the shampoo pleasing?*

- Other verbs in Spanish are used in the same way as **gustar**. Here is a list of the most common ones.

Verbs like gustar

aburrir	*to bore*	**importar**	*to be important to; to matter*
encantar	*to like very much; to love* (inanimate objects)	**interesar**	*to be interesting to; to interest*
faltar	*to lack; to need*	**molestar**	*to bother; to annoy*
fascinar	*to fascinate; to like very much*	**quedar**	*to be left over; to fit* (clothing)

¡ATENCIÓN!

Faltar expresses what is lacking or missing.
Me falta una página. *I'm missing one page.*

Quedar expresses how much of something is left.
Nos quedan tres pesos. *We have three pesos left.*

• • •

Quedar also means *to fit.* It can be used to tell how something looks (on someone).
Estos zapatos me quedan bien. *These shoes fit me well.*
Esa camisa te queda muy bien. *That shirt looks good on you.*

- The most commonly used verb forms of **gustar** and similar verbs are the third person (singular and plural). When the object or person being liked is singular, the singular form (**gusta**) is used. When two or more objects or persons are being liked, the plural form (**gustan**) is used. Observe the following diagram:

- To express what someone likes or does not like to do, use an appropriate verb followed by an infinitive. The singular form is used even if there is more than one infinitive.

Nos molesta comer a las nueve.
It bothers us to eat at nine o'clock.

Les encanta bailar y **cantar** en las fiestas.
They love to dance and sing at parties.

AYUDA

Note that the **a** must be repeated if there is more than one person.
A Armando y **a Carmen** les molesta levantarse temprano.

- As you learned in **Lección 2**, the construction **a** + [*pronoun*] (**a mí, a ti, a usted, a él,** etc.) is used to clarify or to emphasize who is pleased, bored, etc. The construction **a** + [*noun*] can also be used before the indirect object pronoun to clarify or to emphasize who is pleased.

A los turistas les gustó mucho Machu Picchu.
The tourists liked Machu Picchu a lot.

A ti te gusta cenar en casa, pero **a mí** me aburre.
You like eating dinner at home, but I get bored.

- **¡Atención! Mí** (*me*) has an accent mark to distinguish it from the possessive adjective **mi** (*my*).

¡INTÉNTALO! Indica el pronombre de objeto indirecto y la forma del tiempo presente adecuados en cada oración.

fascinar

1. A él le fascina viajar.
2. A mí _____ bailar.
3. A nosotras _____ cantar.
4. A ustedes _____ leer.
5. A ti _____ correr y patinar.
6. A ellos _____ los aviones.
7. A mis padres _____ caminar.
8. A usted _____ jugar al tenis.
9. A mi esposo y a mí _____ dormir.
10. A Alberto _____ dibujar y pintar.
11. A todos _____ opinar.
12. A Pili _____ los sombreros.

aburrir

1. A ellos les aburren los deportes.
2. A ti _____ las películas.
3. A usted _____ los viajes.
4. A mí _____ las revistas.
5. A Jorge y a Luis _____ los perros.
6. A nosotros _____ las vacaciones.
7. A ustedes _____ el béisbol.
8. A Marcela _____ los libros.
9. A mis amigos _____ los museos.
10. A ella _____ el ciclismo.
11. A Omar _____ ir de compras.
12. A ti y a mí _____ el baile.

recursos

WB pp. 80–82

LM p. 42

vistas. vhlcentral.com Lección 7

Práctica

1 **Completar** Completa las oraciones con todos los elementos necesarios.

1. _____ Adela _____ (encantar) la música de Tito "El Bambino".
2. A _____ me _____ (interesar) la música de otros países.
3. A mis amigos _____ (encantar) las canciones (*songs*) de Calle 13.
4. A Juan y _____ Rafael no les _____ (molestar) la música alta (*loud*).
5. _____ nosotros _____ (fascinar) los grupos de pop latino.
6. _____ señor Ruiz _____ (interesar) más la música clásica.
7. A _____ me _____ (aburrir) la música clásica.
8. ¿A _____ te _____ (faltar) dinero para el concierto de Carlos Santana?
9. No. Ya compré el boleto y _____ (quedar) cinco dólares.
10. ¿Cuánto dinero te _____ (quedar) a _____?

NOTA CULTURAL

Hoy día, la música latina es popular en los EE.UU. gracias a artistas como **Shakira**, de nacionalidad colombiana, y **Tito "El Bambino"**, puertorriqueño. Otros artistas, como **Carlos Santana** y **Gloria Estefan**, difundieron (*spread*) la música latina en los años 60, 70, 80 y 90.

2 **Describir** Mira los dibujos y describe lo que está pasando. Usa los verbos de la lista.

aburrir	faltar	molestar
encantar	interesar	quedar

1. a Ramón

2. a nosotros

3. a ti

4. a Sara

3 **Gustos** Forma oraciones con los elementos de las columnas.

modelo

A ti te interesan las ruinas de Machu Picchu.

A	B	C
yo	aburrir	despertarse temprano
tú	encantar	mirarse en el espejo
mi mejor amigo/a	faltar	la música rock
mis amigos y yo	fascinar	las pantuflas rosadas
Bart y Homero Simpson	interesar	la pasta de dientes con menta (*mint*)
Shakira	molestar	las ruinas de Machu Picchu
Antonio Banderas		los zapatos caros

Comunicación

4

Preguntas En parejas, túrnense para hacer y contestar estas preguntas.

1. ¿Te gusta levantarte temprano o tarde? ¿Por qué? ¿Y a tu compañero/a de cuarto?
2. ¿Te gusta acostarte temprano o tarde? ¿Y a tu compañero/a de cuarto?
3. ¿Te gusta dormir la siesta?
4. ¿Te encanta acampar o prefieres quedarte en un hotel cuando estás de vacaciones?
5. ¿Qué te gusta hacer en el verano?
6. ¿Qué te fascina de esta universidad? ¿Qué te molesta?
7. ¿Te interesan más las ciencias o las humanidades? ¿Por qué?
8. ¿Qué cosas te aburren?

5

Completar Trabajen en parejas. Túrnense para completar estas frases de una manera lógica.

1. A mi novio/a le fascina(n)...
2. A mi mejor (*best*) amigo/a no le interesa(n)...
3. A mis padres les importa(n)...
4. A nosotros nos molesta(n)...
5. A mis hermanos les aburre(n)...
6. A mi compañero/a de cuarto le aburre(n)...
7. A los turistas les interesa(n)...
8. A los jugadores profesionales les encanta(n)...
9. A nuestro/a profesor(a) le molesta(n)...
10. A mí me importa(n)...

6

La residencia Tú y tu compañero/a de clase son los directores de una residencia estudiantil en Perú. Su profesor(a) les va a dar a cada uno de ustedes las descripciones de cinco estudiantes. Con la información tienen que escoger quiénes van a ser compañeros de cuarto. Después, completen la lista.

Síntesis

7

Situación Trabajen en parejas para representar los papeles de un(a) cliente/a y un(a) dependiente/a en una tienda de ropa. Usen las instrucciones como guía.

Dependiente/a	Cliente/a
Saluda al/a la cliente/a y pregúntale en qué le puedes servir.	Saluda al/a la dependiente/a y dile (*tell him/her*) qué quieres comprar y qué colores prefieres.
Pregúntale si le interesan los estilos modernos y empieza a mostrarle la ropa.	Explícale que los estilos modernos te interesan. Escoge las cosas que te interesan.
Habla de los gustos del/de la cliente/a.	Habla de la ropa (me queda(n) bien/mal, me encanta(n)...).
Da opiniones favorables al/a la cliente/a (las botas te quedan fantásticas...).	Decide cuáles son las cosas que te gustan y qué vas a comprar.

Recapitulación

Concepts Diagnostics

Completa estas actividades para repasar los conceptos de gramática que aprendiste en esta lección.

1 **Completar** Completa la tabla con la forma correcta de los verbos. 6 pts.

yo	tú	nosotros	ellas
me levanto			
	te afeitas		
		nos vestimos	
			se secan

2 **Hoy y ayer** Cambia los verbos del presente al pretérito. 5 pts.

1. Vamos de compras hoy. _____ de compras hoy.
2. Por último, voy a poner el despertador. Por último, _____ a poner el despertador.
3. Lalo es el primero en levantarse. Lalo _____ el primero en levantarse.
4. ¿Vas a tu habitación? ¿_____ a tu habitación?
5. Ustedes son profesores. Ustedes _____ profesores.

3 **Reflexivos** Completa cada conversación con la forma correcta de los verbos reflexivos. 11 pts.

TOMÁS Yo siempre (1) _____ (bañarse) antes de (2) _____ (acostarse). Esto me relaja porque no (3) _____ (dormirse) fácilmente. Y así puedo (4) _____ (levantarse) más tarde. Y tú, ¿cuándo (5) _____ (ducharse)?

LETI Pues por la mañana, para poder (6) _____ (despertarse).

DAVID ¿Cómo (7) _____ (sentirse) Pepa hoy?

MARÍA Todavía está enojada.

DAVID ¿De verdad? Ella nunca (8) _____ (enojarse) con nadie.

BETO ¿(Nosotros) (9) _____ (Irse) de esta tienda? Estoy cansado.

SARA Pero antes vamos a (10) _____ (probarse) estos sombreros. Si quieres, después (nosotros) (11) _____ (sentarse) un rato.

RESUMEN GRAMATICAL

7.1 Reflexive verbs *pp. 236–237*

lavarse	
me lavo	nos lavamos
te lavas	os laváis
se lava	se lavan

7.2 Indefinite and negative words *pp. 240–241*

Indefinite words	Negative words
algo	nada
alguien	nadie
alguno/a(s), algún	ninguno/a, ningún
o... o	ni... ni
siempre	nunca, jamás
también	tampoco

7.3 Preterite of ser and ir *p. 244*

► The preterite of **ser** and **ir** are identical. Context will determine the meaning.

ser and ir	
fui	fuimos
fuiste	fuisteis
fue	fueron

7.4 Verbs like gustar *pp. 246–247*

aburrir	importar
encantar	interesar
faltar	molestar
fascinar	quedar

me, te, le, nos, os, les

SINGULAR
encanta / interesó → la película / el concierto

PLURAL
importan / fascinaron → las vacaciones / los museos

► Use the construction **a** + [*noun/pronoun*] to clarify the person in question.

A mí me encanta ver películas, ¿y **a ti**?

4 **Conversaciones** Completa cada conversación de manera lógica con palabras de la lista. No tienes que usar todas las palabras. 8 pts.

algo	nada	ningún	siempre
alguien	nadie	nunca	también
algún	ni... ni	o... o	tampoco

1. —¿Tienes _____ plan para esta noche?
   —No, prefiero quedarme en casa. Hoy no quiero ver a _____.
   —Yo _____ me quedo. Estoy muy cansado.
2. —¿Puedo entrar? ¿Hay _____ en el cuarto de baño?
   —Sí. ¡Un momento! Ahora mismo salgo.
3. —¿Puedes prestarme _____ para peinarme? No encuentro _____ mi cepillo _____ mi peine.
   —Lo siento, yo _____ encuentro los míos (*mine*).
4. —¿Me prestas tu maquillaje?
   —Lo siento, no tengo. _____ me maquillo.

5 **Oraciones** Forma oraciones completas con los elementos dados (*given*). Usa el presente de los verbos. 8 pts.

1. David y Juan / molestar / levantarse temprano
2. Lucía / encantar / las películas de terror
3. todos (nosotros) / importar / la educación
4. tú / aburrir / ver / la televisión

6 **Rutinas** Escribe seis oraciones que describan las rutinas de dos personas que conoces. 12 pts.

modelo

Mi tía se despierta temprano, pero mi primo...

7 **Adivinanza** Completa la adivinanza con las palabras que faltan y adivina la respuesta. ¡2 puntos EXTRA!

"Cuanto más° _____ (*it dries you*),
más se moja°."
¿Qué es? _____

Cuanto más *The more* se moja *it gets wet*

Practice more at **vistas.vhlcentral.com.**

Lectura

Antes de leer

Estrategia

Predicting content from the title

Prediction is an invaluable strategy in reading for comprehension. For example, we can usually predict the content of a newspaper article from its headline. We often decide whether to read the article based on its headline. Predicting content from the title will help you increase your reading comprehension in Spanish.

Examinar el texto

Lee el título de la lectura y haz tres predicciones sobre el contenido. Escribe tus predicciones en una hoja de papel.

Compartir

Comparte tus ideas con un(a) compañero/a de clase.

Cognados

Haz una lista de seis cognados que encuentres en la lectura.

1. _____
2. _____
3. _____
4. _____
5. _____
6. _____

¿Qué te dicen los cognados sobre el tema de la lectura?

Anterior | Siguiente | Responder | Responder a todos

De: Guillermo Zamora

Para: Lupe; Marcos; Sandra; Jorge

Asunto: ¡Qué día!

Hola, chicos:

La semana pasada me di cuenta° de que necesito organizar mejor° mi rutina... pero especialmente debo prepararme mejor para los exámenes. Me falta disciplina, me molesta no tener control de mi tiempo y nunca deseo repetir los eventos de la semana pasada.

El miércoles pasé todo el día y toda la noche estudiando para el examen de biología del jueves por la mañana. Me aburre la biología y no empecé a estudiar hasta el día antes del examen. El jueves a las 8, después de no dormir en toda la noche, fui exhausto al examen. Fue difícil, pero afortunadamente° me acordé de todo el material. Esa noche me acosté temprano y dormí mucho.

Me desperté a las 7, y fue extraño° ver a mi compañero de cuarto, Andrés, preparándose para ir a dormir. Como° siempre se enferma°, tiene problemas para dormir y no hablamos mucho, no le comenté nada. Fui al baño a cepillarme los dientes

Reenviar Marcar Imprimir Redactar Bandeja entrada

para ir a clase. ¿Y Andrés? Él se acostó. "Debe estar enfermo°, ¡otra vez!", pensé.

Mi clase es a las 8, y fue necesario hacer las cosas rápido. Todo empezó a ir mal... eso pasa siempre cuando uno tiene prisa. Cuando busqué mis cosas para el baño, no las encontré. Entonces me duché sin jabón, me cepillé los dientes sin cepillo de dientes y me peiné con las manos. Tampoco encontré ropa limpia y usé la sucia. Rápido, tomé mis libros. ¿Y Andrés? Roncando°... ¡a las 7:50!

Cuando salí corriendo para la clase, la prisa no me permitió ver el campus desierto. Cuando llegué a la clase, no vi a nadie. No vi al profesor ni a los estudiantes. Por último miré mi reloj, y vi la hora. Las 8 en punto... ¡de la noche!

¡Dormí 24 horas!

Guillermo

me di cuenta *I realized* mejor *better* afortunadamente *fortunately* extraño *strange* Como *Since* se enferma *he gets sick* enfermo *sick* Roncando *Snoring*

Después de leer

Seleccionar

Selecciona la respuesta correcta.

1. ¿Quién es el/la narrador(a)?
   a. Andrés
   b. una profesora
   c. Guillermo
2. ¿Qué le molesta al narrador?
   a. Le molestan los exámenes de biología.
   b. Le molesta no tener control de su tiempo.
   c. Le molesta mucho organizar su rutina.
3. ¿Por qué está exhausto?
   a. Porque fue a una fiesta la noche anterior.
   b. Porque no le gusta la biología.
   c. Porque pasó la noche anterior estudiando.
4. ¿Por qué no hay nadie en clase?
   a. Porque es de noche.
   b. Porque todos están de vacaciones.
   c. Porque el profesor canceló la clase.
5. ¿Cómo es la relación de Guillermo y Andrés?
   a. Son buenos amigos.
   b. No hablan mucho.
   c. Tienen una buena relación.

Ordenar

Ordena los sucesos de la narración. Utiliza los números del 1 al 9.

a. Toma el examen de biología. ____
b. No encuentra sus cosas para el baño. ____
c. Andrés se duerme. ____
d. Pasa todo el día y toda la noche estudiando para un examen. ____
e. Se ducha sin jabón. ____
f. Se acuesta temprano. ____
g. Vuelve a su cuarto después de las 8 de la noche. ____
h. Se despierta a las 7 y su compañero de cuarto se prepara para dormir. ____
i. Va a clase y no hay nadie. ____

Contestar

Contesta estas preguntas.

1. ¿Cómo es tu rutina diaria? ¿Muy organizada?
2. ¿Cuándo empiezas a estudiar para los exámenes?
3. ¿Tienes compañero/a de cuarto? ¿Es tu amigo/a?
4. Para comunicarte con tus amigos/as, ¿prefieres el teléfono o el correo electrónico? ¿Por qué?

Escritura

Estrategia

Sequencing events

Paying strict attention to sequencing in a narrative will ensure that your writing flows logically from one part to the next.

Every composition should have an introduction, a body, and a conclusion. The introduction presents the subject, the setting, the situation, and the people involved. The main part, or the body, describes the events and people's reactions to these events. The conclusion brings the narrative to a close.

Adverbs and adverbial phrases are sometimes used as transitions between the introduction, the body, and the conclusion. Here is a list of commonly used adverbs in Spanish:

Adverbios	
además; también	*in addition; also*
al principio; en un principio	*at first*
antes (de)	*before*
después	*then*
después (de)	*after*
entonces; luego	*then*
más tarde	*later*
primero	*first*
pronto	*soon*
por fin; finalmente	*finally*
al final	*finally*

Tema

Escribe tu rutina

Imagina tu rutina diaria en uno de estos lugares:

- una isla desierta
- el Polo Norte
- un crucero° transatlántico
- un desierto

Escribe una composición en la que describes tu rutina diaria en uno de estos lugares o en algún otro lugar interesante que imagines°. Mientras planeas tu composición, considera cómo cambian algunos de los elementos más básicos de tu rutina diaria en el lugar que escogiste°. Por ejemplo, ¿dónde te acuestas en el Polo Norte? ¿Cómo te duchas en el desierto?

Usa el presente de los verbos reflexivos que conoces e incluye algunos de los adverbios de esta página para organizar la secuencia de tus actividades. Piensa también en la información que debes incluir en cada sección de la narración. Por ejemplo, en la introducción puedes hacer una descripción del lugar y de las personas que están allí, y en la conclusión puedes dar tus opiniones acerca del° lugar y de tu vida diaria allí.

crucero *cruise ship* que imagines *that you dream up* escogiste *you chose*
acerca del *about the*

Escuchar

Audio: Activities

Estrategia

Using background information

Once you discern the topic of a conversation, take a minute to think about what you already know about the subject. Using this background information will help you guess the meaning of unknown words or linguistic structures.

To help you practice this strategy, you will now listen to a short paragraph. Jot down the subject of the paragraph, and then use your knowledge of the subject to listen for and write down the paragraph's main points.

Preparación

Según la foto, ¿dónde están Carolina y Julián? Piensa en lo que sabes de este tipo de situación. ¿De qué van a hablar?

Ahora escucha

Ahora escucha la entrevista entre Carolina y Julián, teniendo en cuenta (*taking into account*) lo que sabes sobre este tipo de situación. Elige la información que completa correctamente cada oración.

1. Julián es _____.
   a. político
   b. deportista profesional
   c. artista de cine
2. El público de Julián quiere saber de _____.
   a. sus películas
   b. su vida
   c. su novia
3. Julián habla de _____.
   a. sus viajes y sus rutinas
   b. sus parientes y amigos
   c. sus comidas favoritas
4. Julián _____.
   a. se levanta y se acuesta a diferentes horas todos los días
   b. tiene una rutina diaria
   c. no quiere hablar de su vida

Comprensión

¿Cierto o falso?

Indica si las oraciones son **ciertas** o **falsas** según la información que Julián da en la entrevista.

1. Es difícil despertarme; generalmente duermo hasta las diez.
2. Pienso que mi vida no es más interesante que las vidas de ustedes.
3. Me gusta tener tiempo para pensar y meditar.
4. Nunca hago mucho ejercicio; no soy una persona activa.
5. Me fascinan las actividades tranquilas, como escribir y escuchar música clásica.
6. Los viajes me parecen aburridos.

Preguntas

1. ¿Qué tiene Julián en común con otras personas de su misma profesión?
2. ¿Te parece que Julián siempre fue rico? ¿Por qué?
3. ¿Qué piensas de Julián como persona?

En pantalla

En la mayor parte de Argentina, Uruguay y Paraguay, y en algunas partes de Chile, Colombia y Centroamérica, las personas tienen la costumbre° de usar **vos** en lugar de **tú** al hablar o escribir. Este uso es conocido como **el voseo** y se refleja también en la manera de conjugar los verbos. El uso de **vos** como tratamiento de respeto pasó a ser° de uso coloquial a partir del° siglo° XVI.

Vocabulario útil

rehacé	*redo* (en el voseo)
volvete	*become* (en el voseo)

Opciones

Escoge la opción correcta para cada oración.

1. El plomero (*plumber*) va a romper el ____ del chico.
   a. cepillo b. lavabo c. espejo
2. El chico y la chica ____ la primera vez que se ven (*they see each other*).
   a. bailan b. gritan c. se peinan
3. Al chico ____ conocer a la chica.
   a. le interesa b. le molesta c. le aburre
4. Al final ____ rompe el espejo.
   a. la chica b. el chico c. el plomero

La cita

En parejas, imaginen que los chicos del anuncio tienen una primera cita (*date*). Escriban una conversación entre ellos donde hablen sobre lo que les encanta y lo que les molesta. Después dramatícenla para la clase y decidan entre todos si los chicos son compatibles o no.

Anuncio de champú Sedal

Acá hay que romper°.

—Soledad.
—Mariano.

—¿Salís°?
—Sí, ¿por°?

Video: TV Clip

Practice more at **vistas.vhlcentral.com.**

costumbre *custom* pasó a ser *became* a partir del *starting in the* siglo *century*
Acá hay... *We need to break it here.* ¿Salís? ¿Sales? (en el voseo) ¿por? *why?*

En este episodio de *Flash cultura* vas a conocer unos entremeses° españoles llamados **tapas**. Hay varias teorías sobre el origen de su nombre. Una dice que viene de la costumbre antigua° de **tapar**° los vasos de vino para evitar° que insectos o polvo entren en° ellos. Otra teoría cuenta que el rey Alfonso X debía° beber un poco de vino por indicación médica y decidió acompañarlo° con algunos bocados° para tapar los efectos del alcohol. Cuando estuvo° mejor, ordenó que siempre en Castilla se sirviera° algo de comer con las bebidas° alcohólicas.

Vocabulario útil

económicas	*inexpensive*
montaditos	*bread slices with assorted toppings*
pagar propinas	*to tip*
tapar el hambre	*to take the edge off (lit. putting the lid on one's hunger)*

Preparación

En el área donde vives, ¿qué hacen las personas normalmente después del trabajo (*work*)? ¿Van a sus casas? ¿Salen con amigos? ¿Comen?

Ordenar

Ordena estos sucesos de manera lógica.

____ a. El empleado cuenta los palillos (*counts the toothpicks*) de los montaditos que Mari Carmen comió.
____ b. Mari Carmen va al barrio de la Ribera.
____ c. Un hombre en un bar explica cuándo sale a tomar tapas.
____ d. Un hombre explica la tradición de los montaditos o pinchos.
____ e. Carmen le pregunta a la chica si los montaditos son buenos para la salud.

entremeses *hors d'oeuvres* antigua *ancient* tapar *cover* evitar *avoid* entren en *would get in* debía *should* acompañarlo *accompany it* bocados *snacks* estuvo *he was* se sirviera *they should serve* bebidas *drinks* sueles *do you tend*

Tapas para todos los días

Estamos en la Plaza Cataluña, el puro centro de Barcelona.

—¿Cuándo sueles° venir a tomar tapas?
—Generalmente después del trabajo.

Estos son los montaditos, o también llamados pinchos. ¿Te gustan?

Video: *Flash cultura*

Practice more at **vistas.vhlcentral.com.**

recursos

VM pp. 303–304	vistas.vhlcentral.com Lección 7

Video: *Panorama cultural*
Interactive map

Perú

El país en cifras

- **Área:** 1.285.220 km^2 (496.224 millas^2), *un poco menos que el área de Alaska*
- **Población:** 31.197.000
- **Capital:** Lima —9.659.000
- **Ciudades principales:** Arequipa —848.000, Trujillo, Chiclayo, Callao, Iquitos

SOURCE: Population Division, UN Secretariat

Iquitos es un puerto muy importante en el río Amazonas. Desde Iquitos se envían° muchos productos a otros lugares, incluyendo goma°, nueces°, madera°, arroz°, café y tabaco. Iquitos es también un destino popular para los ecoturistas que visitan la selva°.

- **Moneda:** nuevo sol
- **Idiomas:** español (oficial); quechua, aimara y otras lenguas indígenas (oficiales en los territorios donde se usan)

Bandera de Perú

Peruanos célebres

- **Clorinda Matto de Turner,** escritora (1854–1909)
- **César Vallejo,** poeta (1892–1938)
- **Javier Pérez de Cuéllar,** diplomático (1920–)
- **Mario Vargas Llosa,** escritor (1936–)

Mario Vargas Llosa, Premio Nobel de Literatura 2010

se envían *are shipped* goma *rubber* nueces *nuts* madera *timber* arroz *rice* selva *jungle* Hace más de *More than... ago* grabó *engraved* tamaño *size*

Bailando marinera norteña en Trujillo

ECUADOR
COLOMBIA
Río Putumayo
Río Napo
Río Tigre
Río Pastaza
Río Amazonas
Iquitos
Río Marañón
Cordillera Oriental de los Andes
Río Huallaga
Calle en la ciudad de Iquitos
Chiclayo
Río Ucayali
Cordillera Central de los Andes
Trujillo
Río Urubamba
Callao
Lima
Pasaje Santa Rosa de Lima
Cordillera Occidental de los Andes
Machu Picchu
Océano Pacífico
Cuzco
Lago Titicaca
Arequipa
Mercado indígena en Cuzco
ESTADOS UNIDOS
OCÉANO ATLÁNTICO
OCÉANO PACÍFICO
AMÉRICA DEL SUR
PERÚ

recursos

WB	VM	vistas.vhlcentral.com
pp. 83–84	pp. 261–262	Lección 7

¡Increíble pero cierto!

Hace más de° dos mil años la civilización nazca de Perú grabó° más de dos mil kilómetros de líneas en el desierto. Los dibujos sólo son descifrables desde el aire. Uno de ellos es un cóndor del tamaño° de un estadio. Las Líneas de Nazca son uno de los grandes misterios de la humanidad.

Lugares • Lima

Lima es una ciudad moderna y antigua° a la vez°. La Iglesia de San Francisco es notable por su arquitectura barroca colonial. También son fascinantes las exhibiciones sobre los incas en el Museo Oro del Perú y en el Museo Nacional de Antropología y Arqueología. Barranco, el barrio° bohemio de la ciudad, es famoso por su ambiente cultural y sus bares y restaurantes.

BRASIL

Historia • Machu Picchu

A 80 kilómetros al noroeste de Cuzco está Machu Picchu, una ciudad antigua del Imperio inca. Está a una altitud de 2.350 metros (7.710 pies), entre dos cimas° de los Andes. Cuando los españoles llegaron a Perú y recorrieron la región, nunca encontraron Machu Picchu. En 1911, el arqueólogo estadounidense Hiram Bingham la descubrió. Todavía no se sabe ni cómo se construyó° una ciudad a esa altura, ni por qué los incas la abandonaron. Sin embargo°, esta ciudad situada en desniveles° naturales es el ejemplo más conocido de la arquitectura inca.

Artes • La música andina

Machu Picchu aún no existía° cuando se originó la música cautivadora° de las culturas indígenas de los Andes. Los ritmos actuales de la música andina tienen influencias españolas y africanas. Varios tipos de flauta°, entre ellos la quena y la zampoña, caracterizan esta música. En las décadas de los sesenta y los setenta se popularizó un movimiento para preservar la música andina, y hasta° Simon y Garfunkel incorporaron a su repertorio la canción *El cóndor pasa*.

BOLIVIA

Economía • Llamas y alpacas

Perú se conoce por sus llamas, alpacas, guanacos y vicuñas, todos ellos animales mamíferos° parientes del camello. Estos animales todavía tienen una enorme importancia en la economía del país. Dan lana para exportar a otros países y para hacer ropa, mantas°, bolsas y otros artículos artesanales. La llama se usa también para la carga y el transporte.

¿Qué aprendiste? Responde a las preguntas con una oración completa.

1. ¿Qué productos envía Iquitos a otros lugares?
2. ¿Cuáles son las lenguas oficiales de Perú?
3. ¿Por qué es notable la Iglesia de San Francisco en Lima?
4. ¿Qué información sobre Machu Picchu no se sabe todavía?
5. ¿Qué son la quena y la zampoña?
6. ¿Qué hacen los peruanos con la lana de sus llamas y alpacas?

Conexión Internet Investiga estos temas en **vistas.vhlcentral.com.**

1. Investiga la cultura incaica. ¿Cuáles son algunos de los aspectos interesantes de su cultura?
2. Busca información sobre dos artistas, escritores o músicos peruanos y presenta un breve informe a tu clase.

Practice more at **vistas.vhlcentral.com.**

antigua *old* a la vez *at the same time* barrio *neighborhood* cimas *summits* se construyó *was built* Sin embargo *However* desniveles *uneven pieces of land* aún no existía *didn't exist yet* cautivadora *captivating* flauta *flute* hasta *even* mamíferos *mammalian* mantas *blankets*

Los verbos reflexivos

acordarse (de) (o:ue)	*to remember*
acostarse (o:ue)	*to go to bed*
afeitarse	*to shave*
bañarse	*to bathe; to take a bath*
cepillarse el pelo	*to brush one's hair*
cepillarse los dientes	*to brush one's teeth*
despedirse (de) (e:i)	*to say goodbye (to)*
despertarse (e:ie)	*to wake up*
dormirse (o:ue)	*to go to sleep; to fall asleep*
ducharse	*to shower; to take a shower*
enojarse (con)	*to get angry (with)*
irse	*to go away; to leave*
lavarse la cara	*to wash one's face*
lavarse las manos	*to wash one's hands*
levantarse	*to get up*
llamarse	*to be called; to be named*
maquillarse	*to put on makeup*
peinarse	*to comb one's hair*
ponerse	*to put on*
ponerse (+ *adj.*)	*to become (+ adj.)*
preocuparse (por)	*to worry (about)*
probarse (o:ue)	*to try on*
quedarse	*to stay; to remain*
quitarse	*to take off*
secarse	*to dry oneself*
sentarse (e:ie)	*to sit down*
sentirse (e:ie)	*to feel*
vestirse (e:i)	*to get dressed*

Palabras de secuencia

antes (de)	*before*
después	*afterwards; then*
después (de)	*after*
durante	*during*
entonces	*then*
luego	*then*
más tarde	*later (on)*
por último	*finally*

Palabras afirmativas y negativas

algo	*something; anything*
alguien	*someone; somebody; anyone*
alguno/a(s), algún	*some; any*
jamás	*never; not ever*
nada	*nothing; not anything*
nadie	*no one; nobody; not anyone*
ni... ni	*neither... nor*
ninguno/a, ningún	*no; none; not any*
nunca	*never; not ever*
o... o	*either... or*
siempre	*always*
también	*also; too*
tampoco	*neither; not either*

En el baño

el baño, el cuarto de baño	*bathroom*
el champú	*shampoo*
la crema de afeitar	*shaving cream*
la ducha	*shower*
el espejo	*mirror*
el inodoro	*toilet*
el jabón	*soap*
el lavabo	*sink*
el maquillaje	*makeup*
la pasta de dientes	*toothpaste*
la toalla	*towel*

Verbos similares a gustar

aburrir	*to bore*
encantar	*to like very much; to love (inanimate objects)*
faltar	*to lack; to need*
fascinar	*to fascinate; to like very much*
importar	*to be important to; to matter*
interesar	*to be interesting to; to interest*
molestar	*to bother; to annoy*
quedar	*to be left over; to fit (clothing)*

Palabras adicionales

el despertador	*alarm clock*
las pantuflas	*slippers*
la rutina diaria	*daily routine*
por la mañana	*in the morning*
por la noche	*at night*
por la tarde	*in the afternoon; in the evening*

Expresiones útiles	*See page 231.*

La comida

8

Communicative Goals

You will learn how to:

- **Order food in a restaurant**
- **Talk about and describe food**

contextos

pages 262–267
- Food
- Food descriptions
- Meals

fotonovela

pages 268–271
Miguel and Maru are at one of Mexico City's best restaurants enjoying a romantic dinner... until Felipe and Juan Carlos show up.

cultura

pages 272–273
- Fruits and vegetables from the Americas
- Ferran Adrià

estructura

pages 274–289
- Preterite of stem-changing verbs
- Double object pronouns
- Comparisons
- Superlatives
- **Recapitulación**

adelante

pages 290–297
Lectura: A menu and restaurant review
Escritura: A restaurant review
Escuchar: A conversation at a restaurant
En pantalla
Flash cultura
Panorama: Guatemala

A PRIMERA VISTA

- **¿Dónde está ella?**
- **¿Qué hace?**
- **¿Es parte de su rutina diaria?**
- **¿Qué colores hay en la foto?**

La comida

Más vocabulario

el/la camarero/a	*waiter/waitress*
la comida	*food; meal*
la cuenta	*bill*
el/la dueño/a	*owner; landlord*
los entremeses	*hors d'oeuvres; appetizers*
el menú	*menu*
el plato (principal)	*(main) dish*
la propina	*tip*
la sección de (no) fumar	*(non) smoking section*
el agua (mineral)	*(mineral) water*
la bebida	*drink*
la cerveza	*beer*
la leche	*milk*
el refresco	*soft drink; soda*
el ajo	*garlic*
las arvejas	*peas*
los cereales	*cereal; grains*
los frijoles	*beans*
el melocotón	*peach*
el pollo (asado)	*(roast) chicken*
el queso	*cheese*
el sándwich	*sandwich*
el yogur	*yogurt*
el aceite	*oil*
la margarina	*margarine*
la mayonesa	*mayonnaise*
el vinagre	*vinegar*
delicioso/a	*delicious*
sabroso/a	*tasty; delicious*
saber	*to taste; to know*
saber a	*to taste like*

Variación léxica

camarones ⟷ gambas (*Esp.*)
camarero ⟷ mesero (*Amér. L.*), mesonero (*Ven.*), mozo (*Arg., Chile, Urug., Perú*)
refresco ⟷ gaseosa (*Amér. C., Amér. S.*)

Las frutas
la pera
la banana
las uvas
la naranja
el limón
Las verduras
el maíz
la cebolla
la lechuga
el champiñón
la zanahoria
el tomate

recursos

WB	LM	vistas.vhlcentral.com
pp. 85–86	p. 43	Lección 8

¡LENGUA VIVA!

You learned the verb **saber** in **Lección 6**. This verb is also used to describe food.

Use **saber** + [*adjective*] to explain how something *tastes*.

Ex: **Este plato sabe dulce/rico/amargo.**

(*This dish tastes sweet/delicious/bitter.*)

Use **saber** + **a** to say what something *tastes like*.

Ex: **Sabe a ajo.**

(*It tastes like garlic.*)

Estas langostas no saben a nada.

(*These lobsters don't taste like anything./ These lobsters don't have any flavor.*)

Práctica

1 **Escuchar** Indica si las oraciones que vas a escuchar son **ciertas** o **falsas**, según el dibujo. Después, corrige las falsas.

1. _____
2. _____
3. _____
4. _____
5. _____
6. _____
7. _____
8. _____
9. _____
10. _____

2 **Seleccionar** Paulino y Pilar van a cenar a un restaurante. Escucha la conversación y selecciona la respuesta que mejor completa cada oración.

1. Paulino le pide el _____ (menú / plato) al camarero.
2. El plato del día es (atún / salmón) _____.
3. Pilar ordena _____ (leche / agua mineral) para beber.
4. Paulino quiere un refresco de _____ (naranja / limón).
5. Paulino hoy prefiere _____ (el salmón / la chuleta).
6. Dicen que la carne en ese restaurante es muy _____ (sabrosa / mala).
7. Pilar come salmón con _____ (zanahorias / champiñones).

3 **Identificar** Identifica la palabra que no está relacionada con cada grupo.

1. champiñón • cebolla • propina • zanahoria
2. camarones • ajo • atún • salmón
3. aceite • leche • refresco • agua mineral
4. jamón • chuleta de cerdo • vinagre • carne de res
5. cerveza • lechuga • arvejas • frijoles
6. carne • pescado • mariscos • camarero
7. pollo • naranja • limón • melocotón
8. maíz • queso • tomate • champiñón

4 **Completar** Completa las oraciones con las palabras más lógicas.

1. ¡Me gusta mucho este plato! Sabe _____.
   a. mal b. delicioso c. antipático
2. Camarero, ¿puedo ver el _____, por favor?
   a. aceite b. maíz c. menú
3. Carlos y yo bebemos siempre agua _____.
   a. cómoda b. mineral c. principal
4. El plato del día es _____.
   a. pollo asado b. mayonesa c. ajo
5. Margarita es vegetariana. Ella come _____.
   a. frijoles b. chuletas c. jamón
6. Mi hermana le da _____ a su niña.
   a. ajo b. vinagre c. yogur

el desayuno

NOTA CULTURAL

En Guatemala, un desayuno típico incluye huevos, frijoles, fruta, tortillas, jugo y café.

Otros desayunos populares son:

madalenas (*muffins*) España

pan dulce (*assorted breads/pastries*) México

champurradas (*sugar cookies*) Guatemala

gallo pinto (*fried rice and beans*) Costa Rica

perico (*scrambled eggs with peppers and onions*) Venezuela

el almuerzo

Más vocabulario

escoger	*to choose*
merendar (e:ie)	*to snack*
probar (o:ue)	*to taste; to try*
recomendar (e:ie)	*to recommend*
servir (e:i)	*to serve*
el té	*tea*
el vino blanco	*white wine*

la cena

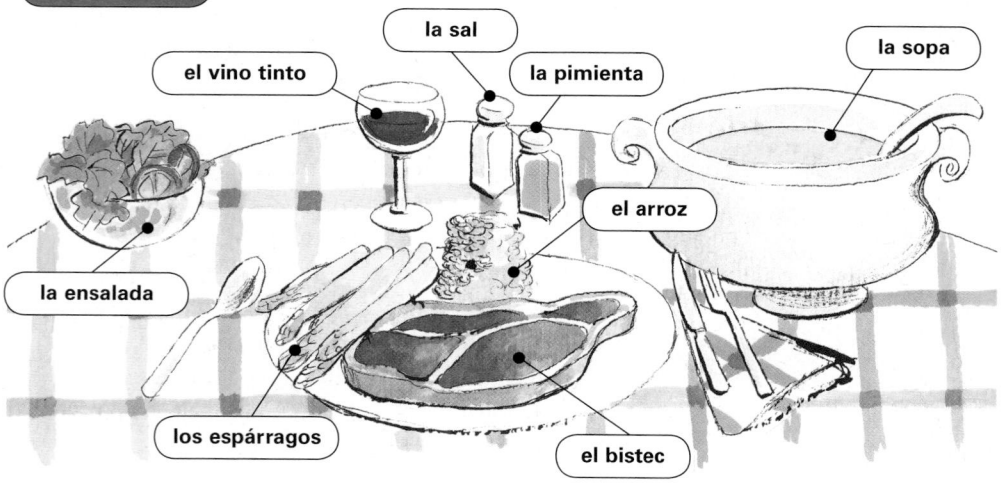

5 **Completar** Trabaja con un(a) compañero/a de clase para relacionar cada producto con el grupo alimenticio (*food group*) correcto.

modelo

La carne es del grupo uno.

el aceite	las bananas	los cereales	la leche
el arroz	el café	los espárragos	el pescado
el azúcar	la carne	los frijoles	el vino

1. _____ y el queso son del grupo cuatro.
2. _____ son del grupo ocho.
3. _____ y el pollo son del grupo tres.
4. _____ es del grupo cinco.
5. _____ es del grupo dos.
6. Las manzanas y _____ son del grupo siete.
7. _____ es del grupo seis.
8. _____ son del grupo diez.
9. _____ y los tomates son del grupo nueve.
10. El pan y _____ son del grupo diez.

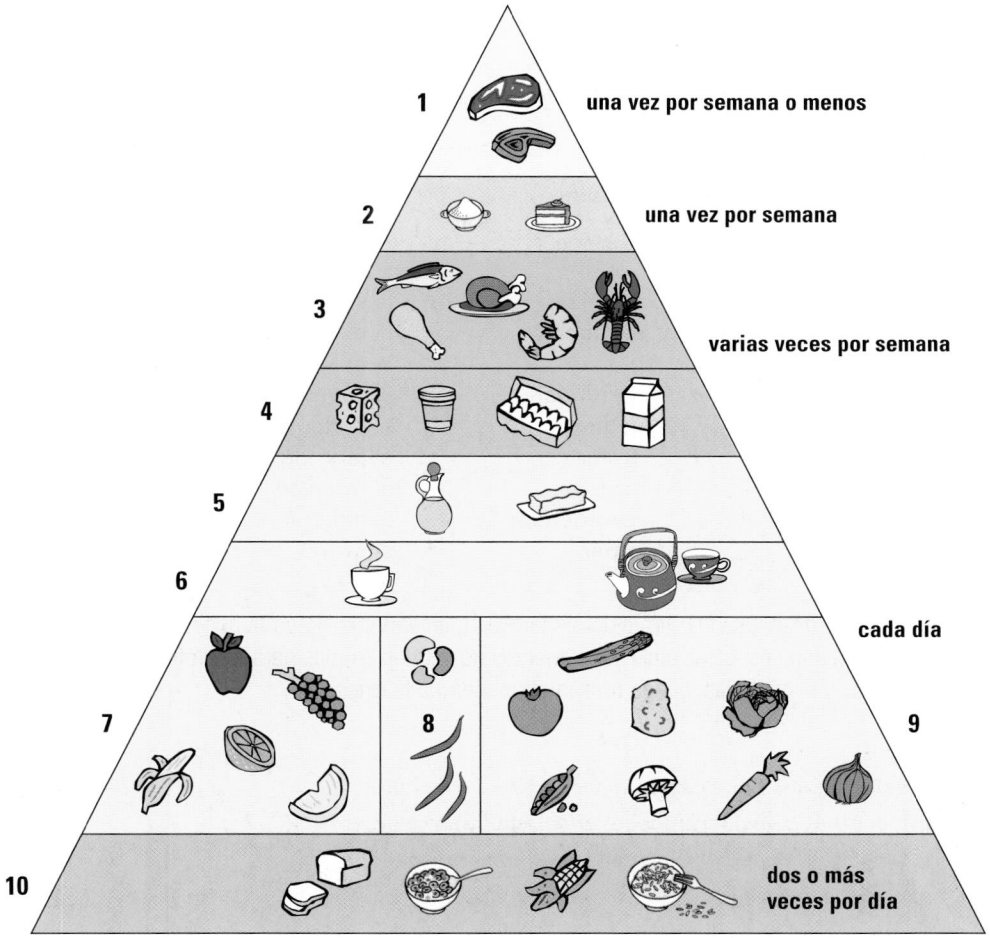

La Pirámide Alimenticia Latinoamericana

6 **¿Cierto o falso?** Consulta la Pirámide Alimenticia Latinoamericana de la página 265 e indica si lo que dice cada oración es **cierto** o **falso**. Si la oración es falsa, escribe las comidas que sí están en el grupo indicado.

modelo

El queso está en el grupo diez.

Falso. En ese grupo están el maíz, el pan, los cereales y el arroz.

1. La manzana, la banana, el limón y las arvejas están en el grupo siete.
2. En el grupo cuatro están los huevos, la leche y el aceite.
3. El azúcar está en el grupo dos.
4. En el grupo diez están el pan, el arroz y el maíz.
5. El pollo está en el grupo uno.
6. En el grupo nueve están la lechuga, el tomate, las arvejas, la naranja, la papa, los espárragos y la cebolla.
7. El café y el té están en el mismo grupo.
8. En el grupo cinco está el arroz.
9. El pescado, el yogur y el bistec están en el grupo tres.

7 **Combinar** Combina palabras de cada columna, en cualquier (*any*) orden, para formar diez oraciones lógicas sobre las comidas. Añade otras palabras si es necesario.

modelo

La camarera nos sirve la ensalada.

A	B	C
el/la camarero/a	almorzar	la sección de no fumar
el/la dueño/a	escoger	el desayuno
mi familia	gustar	la ensalada
mi novio/a	merendar	las uvas
mis amigos y yo	pedir	el restaurante
mis padres	preferir	el jugo de naranja
mi hermano/a	probar	el refresco
el/la médico/a	recomendar	el plato
yo	servir	el arroz

NOTA CULTURAL

El arroz es un alimento básico en el Caribe, Centroamérica y México, entre otros países. Aparece frecuentemente como acompañamiento del plato principal y muchas veces se sirve con frijoles. Un plato muy popular en varios países es **el arroz con pollo** *(chicken and rice casserole).*

8 **Un menú** En parejas, usen la Pirámide Alimenticia Latinoamericana de la página 265 para crear un menú para una cena especial. Incluyan alimentos de los diez grupos para los entremeses, los platos principales y las bebidas. Luego presenten el menú a la clase.

modelo

La cena especial que vamos a preparar es deliciosa. Primero, hay dos entremeses: ensalada César y sopa de langosta. El plato principal es salmón con salsa de ajo y espárragos. También vamos a servir arroz...

Comunicación

9 **Conversación** En parejas, túrnense para hacerse estas preguntas.

1. ¿Meriendas mucho durante el día? ¿Qué comes? ¿A qué hora?
2. ¿Qué te gusta cenar?
3. ¿A qué hora, dónde y con quién almuerzas?
4. ¿Cuáles son las comidas más (*most*) típicas de tu almuerzo?
5. ¿Desayunas? ¿Qué comes y bebes por la mañana?
6. ¿Qué comida te gusta más? ¿Qué comida no conoces y quieres probar?
7. ¿Comes cada día alimentos de los diferentes grupos de la pirámide alimenticia? ¿Cuáles son las comidas y bebidas más frecuentes en tu dieta?
8. ¿Qué comida recomiendas a tus amigos? ¿Por qué?
9. ¿Eres vegetariano/a? ¿Crees que ser vegetariano/a es una buena idea? ¿Por qué?
10. ¿Te gusta cocinar (*to cook*)? ¿Qué comidas preparas para tus amigos? ¿Para tu familia?

10 **Describir** Con dos compañeros/as de clase, describe las dos fotos, contestando estas preguntas.

- ¿Quiénes están en las fotos?
- ¿Dónde están?
- ¿Qué hora es?
- ¿Qué comen y qué beben?

11 **Crucigrama** Tu profesor(a) les va a dar a ti y a tu compañero/a un crucigrama (*crossword puzzle*) incompleto. Tú tienes las palabras que necesita tu compañero/a y él/ella tiene las palabras que tú necesitas. Tienen que darse pistas (*clues*) para completarlo. No pueden decir la palabra; deben utilizar definiciones, ejemplos y frases.

modelo

6 vertical: Es un condimento que normalmente viene con la sal.

12 horizontal: Es una fruta amarilla.

Una cena... romántica

Maru y Miguel quieren tener una cena romántica, pero les espera una sorpresa.

PERSONAJES **MARU** **MIGUEL**

Video: *Fotonovela*
Record and Compare

MARU No sé qué pedir. ¿Qué me recomiendas?

MIGUEL No estoy seguro. Las chuletas de cerdo se ven muy buenas.

MARU ¿Vas a pedirlas?

MIGUEL No sé.

MIGUEL ¡Qué bonitos! ¿Quién te los dio?

MARU Me los compró un chico muy guapo e inteligente.

MIGUEL ¿Es tan guapo como yo?

MARU Sí, como tú, guapísimo.

(El camarero llega a la mesa.)

CAMARERO ¿Les gustaría saber nuestras especialidades del día?

MARU Sí, por favor.

CAMARERO Para el entremés, tenemos ceviche de camarón. De plato principal ofrecemos bistec con verduras a la plancha.

MARU Voy a probar el jamón.

CAMARERO Perfecto. ¿Y para usted, caballero?

MIGUEL Pollo asado con champiñones y papas, por favor.

CAMARERO Excelente.

MIGUEL Por nosotros.

MARU Dos años.

(en otra parte del restaurante)

JUAN CARLOS Disculpe. ¿Qué me puede contar del pollo? ¿Dónde lo consiguió el chef?

CAMARERO ¡Oiga! ¿Qué está haciendo?

CAMARERO

JUAN CARLOS

FELIPE

GERENTE

FELIPE Los espárragos están sabrosísimos esta noche. Usted pidió el pollo, señor. Estos champiñones saben a mantequilla.

GERENTE ¿Qué pasa aquí, Esteban?

CAMARERO Lo siento señor. Me quitaron la comida.

GERENTE (*a Felipe*) Señor, ¿quién es usted? ¿Qué cree que está haciendo?

JUAN CARLOS Felipe y yo les servimos la comida a nuestros amigos. Pero desafortunadamente, salió todo mal.

FELIPE Soy el peor camarero del mundo. ¡Lo siento! Nosotros vamos a pagar la comida.

JUAN CARLOS ¿Nosotros?

FELIPE Todo esto fue idea tuya, Juan Carlos.

JUAN CARLOS ¿Mi idea? ¡Felipe! (*al gerente*) Señor, él es más responsable que yo.

GERENTE Tú y tú, vamos.

Expresiones útiles

Ordering food

¿Qué me recomiendas?
What do you recommend?
Las chuletas de cerdo se ven muy buenas.
The pork chops look good.
¿Les gustaría saber nuestras especialidades del día?
Would you like to hear our specials?
Para el entremés, tenemos ceviche de camarón.
For an appetizer, we have shrimp ceviche.
De plato principal ofrecemos bistec con verduras a la plancha.
For a main course, we have beef with grilled vegetables.
Voy a probar el jamón.
I am going to try the ham.

Describing people and things

¡Qué bonitos! ¿Quién te los dio?
How pretty! Who gave them to you?
Me los compró un chico muy guapo e inteligente.
A really handsome, intelligent guy bought them for me.
¿Es tan guapo como yo?
Is he as handsome as I am?
Sí, como tú, guapísimo.
Yes, like you, gorgeous.
Soy el peor camarero del mundo.
I am the worst waiter in the world.
Él es más responsable que yo.
He is more responsible than I am.

Additional vocabulary

el/la gerente *manager*
caballero *gentleman, sir*

¿Qué pasó?

1 **Escoger** Escoge la respuesta que completa mejor cada oración.

1. Miguel lleva a Maru a un restaurante para _____.
   a. almorzar b. desayunar c. cenar
2. El camarero les ofrece _____ como plato principal.
   a. ceviche de camarón b. bistec con verduras a la plancha
   c. pescado, arroz y ensalada
3. Miguel va a pedir _____.
   a. pollo asado con champiñones y papas
   b. langosta al horno c. pescado con verduras a la mantequilla
4. Felipe les lleva la comida a sus amigos y prueba _____.
   a. el jamón y los vinos b. el atún y la lechuga
   c. los espárragos y los champiñones

NOTA CULTURAL

El **ceviche** es un plato típico de varios países hispanos como México, Perú y Costa Rica. En México, se prepara con pescado o mariscos frescos, jugo de limón, jitomate, cebolla, chile y cilantro. Se puede comer como plato fuerte, pero también como entremés o botana (*snack*). Casi siempre se sirve con tostadas (*fried tortillas*) o galletas saladas (*crackers*).

2 **Identificar** Indica quién puede decir estas oraciones.

1. Qué desastre. Soy un camarero muy malo.
2. Les recomiendo el bistec con verduras a la plancha.
3. Tal vez escoja las chuletas de cerdo, creo que son muy sabrosas.
4. ¿Qué pasa aquí?
5. Dígame las especialidades del día, por favor.
6. No fue mi idea. Felipe es más responsable que yo.

FELIPE

MARU

JUAN CARLOS

CAMARERO

MIGUEL

GERENTE

3 **Preguntas** Contesta estas preguntas sobre la **Fotonovela**.

1. ¿Por qué fueron Maru y Miguel a un restaurante?
2. ¿Qué entremés es una de las especialidades del día?
3. ¿Qué pidió Maru?
4. ¿Quiénes van a pagar la cuenta?

4 **En el restaurante**

1. Prepara con un(a) compañero/a una conversación en la que le preguntas si conoce algún buen restaurante en tu comunidad. Tu compañero/a responde que él/ella sí conoce un restaurante que sirve una comida deliciosa. Lo/La invitas a cenar y tu compañero/a acepta. Determinan la hora para verse en el restaurante y se despiden.
2. Trabaja con un(a) compañero/a para representar los papeles de un(a) cliente/a y un(a) camarero/a en un restaurante. El/La camarero/a te pregunta qué te puede servir y tú preguntas cuál es la especialidad de la casa. El/La camarero/a te dice cuál es la especialidad y te recomienda algunos platos del menú. Tú pides entremeses, un plato principal y escoges una bebida. El/La camarero/a te sirve la comida y tú le das las gracias.

CONSULTA

To review indefinite words like **algún,** see **Estructura 7.2**, p. 240.

Practice more at **vistas.vhlcentral.com.**

Pronunciación

Audio: Concepts, Activities
Record & Compare

ll, ñ, c, and z

pollo **llave** **ella** **cebolla**

Most Spanish speakers pronounce the letter **ll** like the *y* in *yes*.

mañana **señor** **baño** **niña**

The letter **ñ** is pronounced much like the *ny* in *canyon*.

café **colombiano** **cuando** **rico**

Before **a**, **o**, or **u**, the Spanish **c** is pronounced like the *c* in *car*.

cereales **delicioso** **conducir** **conocer**

Before **e** or **i**, the Spanish **c** is pronounced like the *s* in *sit*. (In parts of Spain, **c** before **e** or **i** is pronounced like the *th* in *think*.)

zeta **zanahoria** **almuerzo** **cerveza**

The Spanish **z** is pronounced like the *s* in *sit*. (In parts of Spain, **z** is pronounced like the *th* in *think*.)

Práctica Lee las palabras en voz alta.

1. mantequilla
2. cuñada
3. aceite
4. manzana
5. español
6. cepillo
7. zapato
8. azúcar
9. quince
10. compañera
11. almorzar
12. calle

Oraciones Lee las oraciones en voz alta.

1. Mi compañero de cuarto se llama Toño Núñez. Su familia es de la ciudad de Guatemala y de Quetzaltenango.
2. Dice que la comida de su mamá es deliciosa, especialmente su pollo al champiñón y sus tortillas de maíz.
3. Creo que Toño tiene razón porque hoy cené en su casa y quiero volver mañana para cenar allí otra vez.

Refranes Lee los refranes en voz alta.

1 Looks can be deceiving.
2 A full belly makes a happy heart.

recursos
LM p. 44
vistas.vhlcentral.com Lección 8

EN DETALLE

Additional Reading

Frutas y verduras de América

Imagínate una pizza sin salsa° de tomate o una hamburguesa sin papas fritas. Ahora piensa que quieres ver una película, pero las palomitas de maíz° y el chocolate no existen. ¡Qué mundo° tan insípido°! Muchas de las comidas más populares del mundo tienen ingredientes esenciales que son originarios del continente llamado Nuevo Mundo. Estas frutas y verduras no fueron introducidas en Europa sino hasta° el siglo° XVI.

El tomate, por ejemplo, era° usado como planta ornamental cuando llegó por primera vez a Europa porque pensaron que era venenoso°. El maíz, por su parte, era ya la base de la comida de muchos países latinoamericanos muchos siglos antes de la llegada de los españoles.

La papa fue un alimento° básico para los incas. Incluso consiguieron deshidratarla para almacenarla° por largos períodos de tiempo. El cacao (planta con la que se hace el chocolate) fue muy importante para los aztecas y los mayas. Ellos usaban sus semillas° como moneda° y como ingrediente de diversas salsas. También las molían° para preparar una bebida, mezclándolas° con agua ¡y con chile!

El aguacate°, la guayaba°, la papaya, la piña y el maracuyá (o fruta de la pasión) son otros ejemplos de frutas originarias de América que son hoy día conocidas en todo el mundo.

Mole

¿En qué alimentos encontramos estas frutas y verduras?

Tomate: pizza, ketchup, salsa de tomate, sopa de tomate

Maíz: palomitas de maíz, tamales, tortillas, arepas (Colombia y Venezuela), pan

Papa: papas fritas, frituras de papa°, puré de papas°, sopa de papas, tortilla de patatas (España)

Cacao: mole (México), chocolatinas°, cereales, helados°, tartas°

Aguacate: guacamole (México), coctel de camarones, sopa de aguacate, nachos, enchiladas hondureñas

salsa *sauce* palomitas de maíz *popcorn* mundo *world* insípido *flavorless* hasta *until* siglo *century* era *was* venenoso *poisonous* alimento *food* almacenarla *to store it* semillas *seeds* moneda *currency* las molían *they used to grind them* mezclándolas *mixing them* aguacate *avocado* guayaba *guava* frituras de papa *chips* puré de papas *mashed potatoes* chocolatinas *chocolate bars* helados *ice cream* tartas *cakes*

ACTIVIDADES

1 **¿Cierto o falso?** Indica si lo que dicen las oraciones es cierto o falso. Corrige la información falsa.

1. El tomate se introdujo a Europa como planta ornamental.
2. Los incas sólo consiguieron almacenar las papas por poco tiempo.
3. Los aztecas y los mayas usaron las papas como moneda.
4. El maíz era una comida poco popular en Latinoamérica.
5. El aguacate era el alimento básico de los incas.
6. En México se hace una salsa con chocolate.
7. El aguacate, la guayaba, la papaya, la piña y el maracuyá son originarios de América.
8. Las arepas se hacen con cacao.
9. El aguacate es un ingrediente del cóctel de camarones.
10. En España hacen una tortilla con papas.

ASÍ SE DICE

La comida

el banano (Col.), el cambur (Ven.), el guineo (Nic.), el plátano (Amér. L., Esp.)	la banana
el choclo (Amér. S.), el elote (Méx.), el jojoto (Ven.), la mazorca (Esp.)	*corncob*
las caraotas (Ven.), los porotos (Amér. S.), las habichuelas (P. R.)	los frijoles
el durazno (Méx.)	el melocotón
el jitomate (Méx.)	el tomate

EL MUNDO HISPANO

Algunos platos típicos

- **Ceviche peruano:** Es un plato de pescado crudo° que se marina° en jugo de limón, con sal, pimienta, cebolla y ají°. Se sirve con lechuga, maíz, camote° y papa amarilla.
- **Gazpacho andaluz:** Es una sopa fría típica del sur de España. Se hace con verduras crudas y molidas°: tomate, ají, pepino° y ajo. También lleva pan, sal, aceite y vinagre.
- **Sancocho colombiano:** Es una sopa de pollo, pescado o carne con plátano, maíz, zanahoria, yuca, papas, cebolla, cilantro y ajo. Se sirve con arroz blanco.

crudo *raw* se marina *gets marinated* ají *pepper*
camote *sweet potato* molidas *mashed* pepino *cucumber*

PERFIL

Ferran Adrià: arte en la cocina°

¿Qué haces si un amigo te invita a comer croquetas líquidas o paella de *Kellogg's*? ¿Piensas que es una broma°? ¡Cuidado! Puedes estar perdiendo la oportunidad de probar los platos de uno de los chefs más innovadores del mundo°: **Ferran Adrià**.

Aire de zanahorias

Este artista de la cocina basa su éxito° en la creatividad y en la química. Adrià modifica combinaciones de ingredientes y juega con contrastes de gustos y sensaciones: frío-caliente, crudo-cocido°, dulce°-salado°... A partir de nuevas técnicas, altera° la textura° de los alimentos sin alterar su sabor°. Sus platos sorprendentes° y divertidos atraen a muchos nuevos chefs a su academia de cocina experimental. Quizás un día compraremos° en el supermercado té esférico°, carne líquida y espuma° de tomate.

cocina *kitchen* broma *joke* mundo *world* éxito *success* cocido *cooked*
dulce *sweet* salado *savory* sabor *taste* sorprendentes *surprising*
compraremos *we will buy* esférico *spheric* espuma *foam*

Conexión Internet

¿Qué platos comen los hispanos en los Estados Unidos?

Go to **vistas.vhlcentral.com** to find more cultural information related to this **Cultura** section.

ACTIVIDADES

2 **Comprensión** Empareja cada palabra con su definición.

1. fruta amarilla
2. sopa típica de Colombia
3. ingrediente del ceviche
4. chef español

a. gazpacho
b. Ferran Adrià
c. sancocho
d. guineo
e. pescado

3 **¿Qué plato especial hay en tu región?** Escribe cuatro oraciones sobre un plato típico de tu región. Explica los ingredientes que contiene y cómo se sirve.

8.1 Preterite of stem-changing verbs

ANTE TODO As you learned in **Lección 6**, **–ar** and **–er** stem-changing verbs have no stem change in the preterite. **–Ir** stem-changing verbs, however, do have a stem change. Study the following chart and observe where the stem changes occur.

CONSULTA

There are a few high-frequency irregular verbs in the preterite. You will learn more about them in **Estructura 9.1**, p. 310.

Preterite of –ir stem-changing verbs

		servir *(to serve)*	**dormir** *(to sleep)*
SINGULAR FORMS	yo	serví	dormí
	tú	serviste	dormiste
	Ud./él/ella	s**i**rvió	d**u**rmió
PLURAL FORMS	nosotros/as	servimos	dormimos
	vosotros/as	servisteis	dormisteis
	Uds./ellos/ellas	s**i**rvieron	d**u**rmieron

▶ Stem-changing **–ir** verbs, in the preterite only, have a stem change in the third-person singular and plural forms. The stem change consists of either **e** to **i** or **o** to **u**.

(e → i) pedir: p**i**dió, p**i**dieron (o → u) morir (*to die*): m**u**rió, m**u**rieron

¡INTÉNTALO! Cambia cada infinitivo al pretérito.

1. Yo *serví, dormí, pedí...*. (servir, dormir, pedir, preferir, repetir, seguir)
2. Usted _____. (morir, conseguir, pedir, sentirse, despedirse, vestirse)
3. Tú _____. (conseguir, servir, morir, pedir, dormir, repetir)
4. Ellas _____. (repetir, dormir, seguir, preferir, morir, servir)
5. Nosotros _____. (seguir, preferir, servir, vestirse, despedirse, dormirse)
6. Ustedes _____. (sentirse, vestirse, conseguir, pedir, despedirse, dormirse)
7. Él _____. (dormir, morir, preferir, repetir, seguir, pedir)

recursos

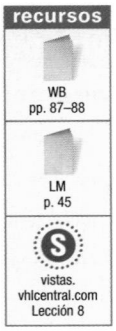

Práctica

NOTA CULTURAL

El horario de las comidas en España es distinto al de los EE.UU. El desayuno es ligero (*light*). La hora del almuerzo es entre las 2 y las 3 de la tarde. Es la comida más importante del día. Mucha gente merienda o come unas tapas por la tarde. La cena, normalmente ligera, suele (*tends*) ser entre las 9 y las 11 de la noche.

1 **Completar** Completa estas oraciones para describir lo que pasó anoche en el restaurante El Famoso.

1. Paula y Humberto Suárez llegaron al restaurante El Famoso a las ocho y _____ (seguir) al camarero a una mesa en la sección de no fumar.
2. El señor Suárez _____ (pedir) una chuleta de cerdo.
3. La señora Suárez _____ (preferir) probar los camarones.
4. De tomar, los dos _____ (pedir) vino tinto.
5. El camarero _____ (repetir) el pedido (*the order*) para confirmarlo.
6. La comida tardó mucho (*took a long time*) en llegar y los señores Suárez _____ (dormirse) esperando la comida.
7. A las nueve y media el camarero les _____ (servir) la comida.
8. Después de comer la chuleta, el señor Suárez _____ (sentirse) muy mal.
9. Pobre señor Suárez... ¿por qué no _____ (pedir) los camarones?

2 **El camarero loco** En el restaurante La Hermosa trabaja un camarero muy distraído que siempre comete muchos errores. Indica lo que los clientes pidieron y lo que el camarero les sirvió.

modelo

Armando / papas fritas

Armando pidió papas fritas, pero el camarero le sirvió maíz.

1. nosotros / jugo de naranja

2. Beatriz / queso

3. tú / arroz

4. Elena y Alejandro / atún

5. usted / agua mineral

6. yo / hamburguesa

Comunicación

3 **El almuerzo** Trabajen en parejas. Túrnense para completar las oraciones de César de una manera lógica.

modelo

Mi compañero de cuarto se despertó temprano, pero yo...
Mi compañero de cuarto se despertó temprano, pero yo me desperté tarde.

1. Yo llegué al restaurante a tiempo, pero mis amigos...
2. Beatriz pidió la ensalada de frutas, pero yo...
3. Yolanda les recomendó el bistec, pero Eva y Paco...
4. Nosotros preferimos las papas fritas, pero Yolanda...
5. El camarero sirvió la carne, pero yo...
6. Beatriz y yo pedimos café, pero Yolanda y Paco...
7. Eva se sintió enferma, pero Paco y yo...
8. Nosotros repetimos postre (*dessert*), pero Eva...
9. Ellos salieron tarde, pero yo...
10. Yo me dormí temprano, pero mi compañero de cuarto...

¡LENGUA VIVA!

In Spanish, the verb **repetir** is used to express *to have a second helping* (*of something*).

Cuando mi mamá prepara sopa de champiñones, yo siempre repito.

When my mom makes mushroom soup, I always have a second helping.

4 **Entrevista** Trabajen en parejas y túrnense para entrevistar a su compañero/a.

1. ¿Te acostaste tarde o temprano anoche? ¿A qué hora te dormiste? ¿Dormiste bien?
2. ¿A qué hora te despertaste esta mañana? Y, ¿a qué hora te levantaste?
3. ¿A qué hora vas a acostarte esta noche?
4. ¿Qué almorzaste ayer? ¿Quién te sirvió el almuerzo?
5. ¿Qué cenaste ayer?
6. ¿Cenaste en un restaurante recientemente? ¿Con quién(es)?
7. ¿Qué pediste en el restaurante? ¿Qué pidieron los demás?
8. ¿Se durmió alguien en alguna de tus clases la semana pasada? ¿En qué clase?

Síntesis

5 **Describir** En grupos, estudien la foto y las preguntas. Luego, describan la primera (¿y la última?) cita de César y Libertad.

CONSULTA

To review words commonly associated with the preterite, such as **anoche**, see **Estructura 6.3**, p. 207.

- ¿Adónde salieron a cenar?
- ¿Qué pidieron?
- ¿Les gustó la comida?
- ¿Quién prefirió una cena vegetariana? ¿Por qué?
- ¿Cómo se vistieron?
- ¿De qué hablaron? ¿Les gustó la conversación?
- ¿Van a volver a verse? ¿Por qué?

8.2 Double object pronouns

ANTE TODO In **Lecciones 5** and **6**, you learned that direct and indirect object pronouns replace nouns and that they often refer to nouns that have already been referenced. You will now learn how to use direct and indirect object pronouns together. Observe the following diagram.

Indirect Object Pronouns		+	Direct Object Pronouns	
me	nos		lo	los
te	os		la	las
le (se)	les (se)			

- When direct and indirect object pronouns are used together, the indirect object pronoun always precedes the direct object pronoun.

I.O. D.O.
La camarera **me** muestra **el menú**. → DOUBLE OBJECT PRONOUNS: La camarera **me lo** muestra.
The waitress shows me the menu. → *The waitress shows it to me.*

I.O. D.O.
Nos sirven **los platos**. → DOUBLE OBJECT PRONOUNS: **Nos los** sirven.
They serve us the dishes. → *They serve them to us.*

I.O. D.O.
Maribel **te** pidió **una hamburguesa**. → DOUBLE OBJECT PRONOUNS: Maribel **te la** pidió.
Maribel ordered a hamburger for you. → *Maribel ordered it for you.*

- In Spanish, two pronouns that begin with the letter **l** cannot be used together. Therefore, the indirect object pronouns **le** and **les** always change to **se** when they are used with **lo, los, la,** and **las.**

I.O. D.O.
Le escribí **la carta**. → DOUBLE OBJECT PRONOUNS: **Se la** escribí.
I wrote him the letter. → *I wrote it to him.*

I.O. D.O.
Les sirvió **los sándwiches**. → DOUBLE OBJECT PRONOUNS: **Se los** sirvió.
He served them the sandwiches. → *He served them to them.*

- Because **se** has multiple meanings, Spanish speakers often clarify to whom the pronoun refers by adding **a usted, a él, a ella, a ustedes, a ellos,** or **a ellas.**

¿El sombrero? Carlos **se** lo vendió **a ella.**
The hat? Carlos sold it to her.

¿Las verduras? Ellos **se** las compran **a usted.**
The vegetables? They are buying them for you.

- Double object pronouns are placed before a conjugated verb. With infinitives and present participles, they may be placed before the conjugated verb or attached to the end of the infinitive or present participle.

DOUBLE OBJECT PRONOUNS
Te lo voy a mostrar.

DOUBLE OBJECT PRONOUNS
Voy a mostrár**telo**.

DOUBLE OBJECT PRONOUNS
Nos las están comprando.

DOUBLE OBJECT PRONOUNS
Están comprándo**noslas**.

Mi abuelo **me lo** está leyendo.
Mi abuelo está leyéndo**melo**.

El camarero **se los** va a servir.
El camarero va a servír**selos**.

- As you can see above, when double object pronouns are attached to an infinitive or a present participle, an accent mark is added to maintain the original stress.

¡INTÉNTALO! Escribe el pronombre de objeto directo o indirecto que falta en cada oración.

Objeto directo

1. ¿La ensalada? El camarero nos ___la___ sirvió.
2. ¿El salmón? La dueña me _____ recomienda.
3. ¿La comida? Voy a preparárte_____.
4. ¿Las bebidas? Estamos pidiéndose_____.
5. ¿Los refrescos? Te _____ puedo traer ahora.
6. ¿Los platos de arroz? Van a servírnos_____ después.

Objeto indirecto

1. ¿Puedes traerme tu plato? No, no ___te___ lo puedo traer.
2. ¿Quieres mostrarle la carta? Sí, voy a mostrár_____la ahora.
3. ¿Les serviste la carne? No, no _____ la serví.
4. ¿Vas a leerle el menú? No, no _____ lo voy a leer.
5. ¿Me recomiendas la langosta? Sí, _____ la recomiendo.
6. ¿Cuándo vas a prepararnos la cena? _____ la voy a preparar en una hora.

recursos

WB pp. 89–90

LM p. 46

vistas.vhlcentral.com Lección 8

Práctica

1 **Responder** Imagínate que trabajas de camarero/a en un restaurante. Responde a los pedidos (*requests*) de estos clientes usando pronombres.

modelo

Sra. Gómez: Una ensalada, por favor.
Sí, señora. Enseguida (Right away) se la traigo.

AYUDA

Here are some other useful expressions:
ahora mismo
right now
inmediatamente
immediately
¡A la orden!
At your service!
¡Ya voy!
I'm on my way!

1. Sres. López: La mantequilla, por favor.
2. Srta. Rivas: Los camarones, por favor.
3. Sra. Lugones: El pollo asado, por favor.
4. Tus compañeros/as de cuarto: Café, por favor.
5. Tu profesor(a) de español: Papas fritas, por favor.
6. Dra. González: La chuleta de cerdo, por favor.
7. Tu padre: Los champiñones, por favor.
8. Dr. Torres: La cuenta, por favor.

2 **¿Quién?** La señora Cevallos está planeando una cena. Se pregunta cómo va a resolver ciertas situaciones. En parejas, túrnense para decir lo que ella está pensando. Cambien los sustantivos subrayados por pronombres de objeto directo y hagan los otros cambios necesarios.

modelo

¡No tengo carne! ¿Quién va a traerme la carne del supermercado? (mi esposo)
Mi esposo va a traérmela./Mi esposo me la va a traer.

1. ¡Las invitaciones! ¿Quién les manda las invitaciones a los invitados (*guests*)? (mi hija)
2. No tengo tiempo de ir a la bodega. ¿Quién me puede comprar el vino? (mi hijo)
3. ¡Ay! No tengo suficientes platos (*plates*). ¿Quién puede prestarme los platos que necesito? (mi mamá)
4. Nos falta mantequilla. ¿Quién nos trae la mantequilla? (mi cuñada)
5. ¡Los entremeses! ¿Quién está preparándonos los entremeses? (Silvia y Renata)
6. No hay suficientes sillas. ¿Quién nos trae las sillas que faltan? (Héctor y Lorena)
7. No tengo tiempo de pedirle el aceite a Mónica. ¿Quién puede pedirle el aceite? (mi hijo)
8. ¿Quién va a servirles la cena a los invitados? (mis hijos)
9. Quiero poner buena música de fondo (*background*). ¿Quién me va a recomendar la música? (mi esposo)
10. ¡Los postres! ¿Quién va a preparar los postres para los invitados? (Sra. Villalba)

NOTA CULTURAL

Los vinos de Chile son conocidos internacionalmente. **Concha y Toro** es el productor y exportador más grande de vinos de Chile. Las zonas más productivas de vino están al norte de Santiago, en el Valle Central.

Comunicación

3 **Contestar** Trabajen en parejas. Túrnense para hacer preguntas, usando las palabras interrogativas **¿Quién?** o **¿Cuándo?**, y para responderlas. Sigan el modelo.

modelo

nos enseña español

Estudiante 1: *¿Quién nos enseña español?*

Estudiante 2: *La profesora Camacho nos lo enseña.*

1. te puede explicar (*explain*) la tarea cuando no la entiendes
2. les vende el almuerzo a los estudiantes
3. vas a comprarme boletos (*tickets*) para un concierto
4. te escribe mensajes de texto
5. nos prepara los entremeses
6. me vas a prestar tu computadora
7. te compró esa bebida
8. nos va a recomendar el menú de la cafetería
9. le enseñó español al/a la profesor(a)
10. me vas a mostrar tu casa o apartamento

4 **Preguntas** En parejas, túrnense para hacerse estas preguntas.

modelo

Estudiante 1: *¿Les prestas tu casa a tus amigos? ¿Por qué?*

Estudiante 2: *No, no se la presto a mis amigos porque no son muy responsables.*

1. ¿Me prestas tu auto? ¿Ya le prestaste tu auto a otro/a amigo/a?
2. ¿Quién te presta dinero cuando lo necesitas?
3. ¿Les prestas dinero a tus amigos? ¿Por qué?
4. ¿Nos compras el almuerzo a mí y a los otros compañeros de clase?
5. ¿Les mandas correo electrónico a tus amigos? ¿Y a tu familia?
6. ¿Les das regalos a tus amigos? ¿Cuándo?
7. ¿Quién te va a preparar la cena esta noche?
8. ¿Quién te va a preparar el desayuno mañana?

Síntesis

5 **Regalos de Navidad** Tu profesor(a) te va a dar a ti y a un(a) compañero/a una parte de la lista de los regalos de Navidad (*Christmas gifts*) que Berta pidió y los regalos que sus parientes le compraron. Conversen para completar sus listas.

modelo

Estudiante 1: *¿Qué le pidió Berta a su mamá?*

Estudiante 2: *Le pidió una computadora. ¿Se la compró?*

Estudiante 1: *Sí, se la compró.*

NOTA CULTURAL

Las fiestas navideñas (*Christmas season*) en los países hispanos duran hasta enero. En muchos lugares celebran **la Navidad** (*Christmas*), pero no se dan los regalos hasta el seis de enero, **el Día de los Reyes Magos** (*Three Kings' Day/The Feast of the Epiphany*).

8.3 Comparisons

ANTE TODO Both Spanish and English use comparisons to indicate which of two people or things has a lesser, equal, or greater degree of a quality.

Comparisons

menos interesante	**más grande**	**tan sabroso como**
less interesting	*bigger*	*as delicious as*

Comparisons of inequality

- Comparisons of inequality are formed by placing **más** (*more*) or **menos** (*less*) before adjectives, adverbs, and nouns and **que** (*than*) after them.

más/menos + [*adjective* / *adverb* / *noun*] + **que**

- **¡Atención!** Note that while English has a comparative form for short adjectives (*tall**er***), such forms do not exist in Spanish (**más** alto).

adjectives

Los bistecs son **más caros que** el pollo.
Steaks are more expensive than chicken.

Estas uvas son **menos ricas que** esa pera.
These grapes are less tasty than that pear.

adverbs

Me acuesto **más tarde que** tú.
I go to bed later than you (do).

Luis se despierta **menos temprano que** yo.
Luis wakes up less early than I (do).

nouns

Juan prepara **más platos que** José.
Juan prepares more dishes than José (does).

Susana come **menos carne que** Enrique.
Susana eats less meat than Enrique (does).

- When the comparison involves a numerical expression, **de** is used before the number instead of **que**.

Hay más **de** cincuenta naranjas.
There are more than fifty oranges.

Llego en menos **de** diez minutos.
I'll be there in less than ten minutes.

- With verbs, this construction is used to make comparisons of inequality.

[*verb*] + **más/menos que**

Mis hermanos **comen más que** yo.
My brothers eat more than I (do).

Arturo **duerme menos que** su padre.
Arturo sleeps less than his father (does).

Comparisons of equality

- This construction is used to make comparisons of equality.

tan + [*adjective* / *adverb*] + **como**

tanto/a(s) + [*singular noun* / *plural noun*] + **como**

- **¡Atención!** Note that unlike **tan**, **tanto** acts as an adjective and therefore agrees in number and gender with the noun it modifies.

Estas uvas son **tan ricas como** aquéllas.
These grapes are as tasty as those ones (are).

Yo probé **tantos platos como** él.
I tried as many dishes as he did.

- **Tan** and **tanto** can also be used for emphasis, rather than to compare, with these meanings: **tan** *so*, **tanto** *so much*, **tantos/as** *so many*.

¡Tu almuerzo es **tan** grande!
Your lunch is so big!

¡Comes **tantas** manzanas!
You eat so many apples!

¡Comes **tanto**!
You eat so much!

¡Preparan **tantos** platos!
They prepare so many dishes!

- Comparisons of equality with verbs are formed by placing **tanto como** after the verb. Note that in this construction **tanto** does not change in number or gender.

[*verb*] + **tanto como**

Tú viajas **tanto como** mi tía.
You travel as much as my aunt (does).

Ellos hablan **tanto como** mis hermanas.
They talk as much as my sisters.

Sabemos **tanto como** ustedes.
We know as much as you (do).

No estudio **tanto como** Felipe.
I don't study as much as Felipe (does).

Irregular comparisons

▶ Some adjectives have irregular comparative forms.

Irregular comparative forms

Adjective		Comparative form	
bueno/a	*good*	**mejor**	*better*
malo/a	*bad*	**peor**	*worse*
grande	*big*	**mayor**	*bigger*
pequeño/a	*small*	**menor**	*smaller*
joven	*young*	**menor**	*younger*
viejo/a	*old*	**mayor**	*older*

CONSULTA

To review how descriptive adjectives like **bueno**, **malo**, and **grande** shorten before nouns, see **Estructura 3.1**, p. 90.

▶ When **grande** and **pequeño/a** refer to age, the irregular comparative forms, **mayor** and **menor**, are used. However, when these adjectives refer to size, the regular forms, **más grande** and **más pequeño/a**, are used.

Yo soy **menor** que tú.
I'm younger than you.

Pedí un plato **más pequeño**.
I ordered a smaller dish.

Nuestro hijo es **mayor** que el hijo de los Andrade.
Our son is older than the Andrades' son.

La ensalada de Isabel es **más grande** que ésa.
Isabel's salad is bigger than that one.

▶ The adverbs **bien** and **mal** have the same irregular comparative forms as the adjectives **bueno/a** and **malo/a**.

Julio nada **mejor** que los otros chicos.
Julio swims better than the other boys.

Ellas cantan **peor** que las otras chicas.
They sing worse than the other girls.

recursos

WB pp. 91–92

LM p. 47

vistas. vhlcentral.com Lección 8

¡INTÉNTALO! Escribe el equivalente de las palabras en inglés.

1. Ernesto mira más televisión ___que___ (*than*) Alberto.
2. Tú eres _____ (*less*) simpático que Federico.
3. La camarera sirve _____ (*as much*) carne como pescado.
4. Recibo _____ (*more*) propinas que tú.
5. No estudio _____ (*as much as*) tú.
6. ¿Sabes jugar al tenis tan bien _____ (*as*) tu hermana?
7. ¿Puedes beber _____ (*as many*) refrescos como yo?
8. Mis amigos parecen _____ (*as*) simpáticos como ustedes.

Práctica

1 **Escoger** Escoge la palabra correcta para comparar a dos hermanas muy diferentes. Haz los cambios necesarios.

1. Lucila es más alta y más bonita _____ Tita. (de, más, menos, que)
2. Tita es más delgada porque come _____ verduras que su hermana. (de, más, menos, que)
3. Lucila es más _____ que Tita porque es alegre. (listo, simpático, bajo)
4. A Tita le gusta comer en casa. Va a _____ restaurantes que su hermana. (más, menos, que) Es tímida, pero activa. Hace _____ ejercicio (*exercise*) que su hermana. (más, tanto, menos) Todos los días toma más _____ cinco vasos (*glasses*) de agua mineral. (que, tan, de)
5. Lucila come muchas papas fritas y se preocupa _____ que Tita por comer frutas. (de, más, menos) ¡Son _____ diferentes! Pero se llevan (*they get along*) muy bien. (como, tan, tanto)

2 **Emparejar** Compara a Mario y a Luis, los novios de Lucila y Tita, completando las oraciones de la columna A con las palabras o frases de la columna B.

A

1. Mario es _____ como Luis.
2. Mario viaja tanto _____ Luis.
3. Luis toma _____ clases de cocina (*cooking*) como Mario.
4. Luis habla _____ tan bien como Mario.
5. Mario tiene tantos _____ como Luis.
6. ¡Qué casualidad (*coincidence*)! Mario y Luis también son hermanos, pero no hay tanta _____ entre ellos como entre Lucila y Tita.

B

tantas
diferencia
tan interesante
amigos extranjeros
como
francés

3 **Oraciones** Combina elementos de las columnas A, B y C para hacer comparaciones. Escribe oraciones completas.

modelo

Arnold Schwarzenegger tiene tantos autos como Jennifer Aniston.
Jennifer Aniston es menos musculosa que Arnold Schwarzenegger.

A	B	C
la comida japonesa	costar	la gente de Montreal
el fútbol	saber	la música *country*
Arnold Schwarzenegger	ser	el brócoli
el pollo	tener	el presidente de los EE.UU.
la gente de Vancouver	¿?	la comida italiana
la primera dama (*lady*) de los EE.UU.		el hockey
las universidades privadas		Jennifer Aniston
las espinacas		las universidades públicas
la música rap		la carne de res

Practice more at **vistas.vhlcentral.com.**

Comunicación

4 **Intercambiar** En parejas, hagan comparaciones sobre diferentes cosas. Pueden usar las sugerencias de la lista u otras ideas.

AYUDA

You can use these adjectives in your comparisons:
bonito/a
caro/a
elegante
interesante
inteligente

modelo

Estudiante 1: Los pollos de *Pollitos del Corral* son muy ricos.
Estudiante 2: Pues yo creo que los pollos de *Rostipollos* son tan buenos como los pollos de *Pollitos del Corral.*
Estudiante 1: Ummm... no tienen tanta mantequilla como los pollos de *Pollitos del Corral.* Tienes razón. Son muy sabrosos.

restaurantes en tu ciudad/pueblo
cafés en tu comunidad
tiendas en tu ciudad/pueblo

periódicos en tu ciudad/pueblo
revistas favoritas
libros favoritos

comidas favoritas
los profesores
los cursos que toman

5 **Conversar** En grupos, túrnense para hacer comparaciones entre ustedes mismos (*yourselves*) y una persona de cada categoría de la lista.

- una persona de tu familia
- un(a) amigo/a especial
- una persona famosa

Síntesis

6 **La familia López** En grupos, túrnense para hablar de Sara, Sabrina, Cristina, Ricardo y David y hacer comparaciones entre ellos.

modelo

Estudiante 1: Sara es tan alta como Sabrina.
Estudiante 2: Sí, pero David es más alto que ellas.
Estudiante 3: En mi opinión, él es guapo también.

8.4 Superlatives Tutorial

ANTE TODO Both English and Spanish use superlatives to express the highest or lowest degree of a quality.

el/la mejor	**el/la peor**	**el/la más alto/a**
the best	*the worst*	*the tallest*

- This construction is used to form superlatives. Note that the noun is always preceded by a definite article and that **de** is equivalent to the English *in* or *of*.

el/la/los/las + [*noun*] + **más/menos** + [*adjective*] + **de**

- The noun can be omitted if the person, place, or thing referred to is clear.

¿El restaurante Las Delicias?
Es **el más elegante** de la ciudad.
The restaurant Las Delicias?
It's the most elegant (one) in the city.

Recomiendo el pollo asado.
Es **el más sabroso** del menú.
I recommend the roast chicken.
It's the most delicious on the menu.

- Here are some irregular superlative forms.

Irregular superlatives

Adjective		Superlative form	
bueno/a	*good*	**el/la mejor**	*(the) best*
malo/a	*bad*	**el/la peor**	*(the) worst*
grande	*big*	**el/la mayor**	*(the) biggest*
pequeño/a	*small*	**el/la menor**	*(the) smallest*
joven	*young*	**el/la menor**	*(the) youngest*
viejo/a	*old*	**el/la mayor**	*(the) eldest*

- The absolute superlative is equivalent to *extremely, super,* or *very*. To form the absolute superlative of most adjectives and adverbs, drop the final vowel, if there is one, and add **-ísimo/a(s).**

malo → mal- → malísimo **mucho → much- → muchísimo**

¡El bistec está **malísimo**! Comes **muchísimo**.

- Note these spelling changes.

rico → riquísimo **largo → larguísimo** **feliz → felicísimo**
fácil → facilísimo **joven → jovencísimo** **trabajador → trabajadorcísimo**

¡ATENCIÓN!
While **más** alone means *more*, after **el, la, los** or **las**, it means *most*. Likewise, **menos** can mean *less* or *least*.
Es **el café más rico del** país.
It's the most delicious coffee in the country.
Es **el menú menos caro de** todos éstos.
It is the least expensive menu of all of these.

CONSULTA
The rule you learned in **Estructura 8.3** (p. 283) regarding the use of **mayor/menor** with age, but not with size, is also true with superlative forms.

¡INTÉNTALO! Escribe el equivalente de las palabras en inglés.

1. Marisa es la más inteligente (*the most intelligent*) de todas.
2. Ricardo y Tomás son _____ (*the least boring*) de la fiesta.
3. Miguel y Antonio son _____ (*the worst*) estudiantes de la clase.
4. Mi profesor de biología es _____ (*the oldest*) de la universidad.

recursos
WB pp. 93–94
LM p. 48
vistas. vhlcentral.com Lección 8

Práctica y Comunicación

1 **El más...** Responde a las preguntas afirmativamente. Usa las palabras entre paréntesis.

modelo

El cuarto está sucísimo, ¿no? (residencia)
Sí, es el más sucio de la residencia.

1. El almacén Velasco es buenísimo, ¿no? (centro comercial)
2. La silla de tu madre es comodísima, ¿no? (casa)
3. Ángela y Julia están nerviosísimas por el examen, ¿no? (clase)
4. Jorge es jovencísimo, ¿no? (mis amigos)

2 **Completar** Tu profesor(a) te va a dar una hoja de actividades con descripciones de José Valenzuela Carranza y Ana Orozco Hoffman. Completa las oraciones con las palabras de la lista.

altísima	del	mayor	peor
atlética	guapísimo	mejor	periodista
bajo	la	menor	trabajadorcísimo
de	más	Orozco	Valenzuela

1. José tiene 22 años; es el _____ y el más _____ de su familia. Es _____ y _____. Es el mejor _____ de la ciudad y el _____ jugador de baloncesto.
2. Ana es la más _____ y _____ mejor jugadora de baloncesto del estado. Es la _____ de sus hermanos (tiene 28 años) y es _____. Estudió la profesión _____ difícil _____ todas: medicina.
3. Jorge es el _____ jugador de videojuegos de su familia.
4. Mauricio es el menor de la familia _____.
5. El abuelo es el _____ de todos los miembros de la familia Valenzuela.
6. Fifí es la perra más antipática _____ mundo.

3 **Superlativos** Trabajen en parejas para hacer comparaciones. Usen los superlativos.

modelo

Angelina Jolie, Bill Gates, Jimmy Carter
Estudiante 1: *Bill Gates es el más rico de los tres.*
Estudiante 2: *Sí, ¡es riquísimo! Y Jimmy Carter es el mayor de los tres.*

1. Guatemala, Argentina, España
2. Jaguar, Prius, Smart
3. la comida mexicana, la comida francesa, la comida árabe
4. Paris Hilton, Meryl Streep, Katie Holmes
5. Ciudad de México, Buenos Aires, Nueva York
6. *Don Quijote de la Mancha, Cien años de soledad, Como agua para chocolate*
7. el fútbol americano, el golf, el béisbol
8. las películas románticas, las películas de acción, las películas cómicas

Recapitulación

Concepts Diagnostics

Completa estas actividades para repasar los conceptos de gramática que aprendiste en esta lección.

1 **Completar** Completa la tabla con la forma correcta del pretérito. **9 pts.**

Infinitive	yo	usted	ellos
dormir			
servir			
vestirse			

2 **La cena** Completa la conversación con el pretérito de los verbos. **7 pts.**

PAULA ¡Hola, Daniel! ¿Qué tal el fin de semana?

DANIEL Muy bien. Marta y yo (1) _____ (conseguir) hacer muchas cosas, pero lo mejor fue la cena del sábado.

PAULA Ah, ¿sí? ¿Adónde fueron?

DANIEL Al restaurante Vistahermosa. Es elegante, así que (nosotros) (2) _____ (vestirse) bien.

PAULA Y, ¿qué platos (3) _____ (pedir, ustedes)?

DANIEL Yo (4) _____ (pedir) camarones y Marta (5) _____ (preferir) el pollo. Y al final, el camarero nos (6) _____ (servir) flan.

PAULA ¡Qué rico!

DANIEL Sí. Pero después de la cena Marta no (7) _____ (sentirse) bien.

3 **Camareros** Genaro y Úrsula son camareros en un restaurante. Completa la conversación que tienen con su jefe usando pronombres. **8 pts.**

JEFE Úrsula, ¿le ofreciste agua fría al cliente de la mesa 22?

ÚRSULA Sí, (1) _____ de inmediato.

JEFE Genaro, ¿los clientes de la mesa 5 te pidieron ensaladas?

GENARO Sí, (2) _____.

ÚRSULA Genaro, ¿recuerdas si ya me mostraste los vinos nuevos?

GENARO Sí, ya (3) _____.

JEFE Genaro, ¿van a pagarte la cuenta los clientes de la mesa 5?

GENARO Sí, (4) _____ ahora mismo.

RESUMEN GRAMATICAL

8.1 Preterite of stem-changing verbs *p. 274*

servir	dormir
serví	dormí
serviste	dormiste
sirvió	durmió
servimos	dormimos
servisteis	dormisteis
sirvieron	durmieron

8.2 Double object pronouns *pp. 277–278*

Indirect Object Pronouns: **me, te, le (se), nos, os, les (se)**

Direct Object Pronouns: **lo, la, los, las**

Le escribí la carta. → Se la escribí.

Nos van a servir los platos. → Nos los van a servir./ Van a servírnoslos.

8.3 Comparisons *pp. 281–283*

Comparisons of inequality

más/menos +	*adj., adv., n.*	**+ que**
verb + **más/menos + que**		

Comparisons of equality

tan +	*adj., adv.*	**+ como**
tanto/a(s) +	*noun*	**+ como**
verb + **tanto como**		

Irregular comparative forms

bueno/a	**mejor**
malo/a	**peor**
grande	**mayor**
pequeño/a	**menor**
joven	**menor**
viejo/a	**mayor**

8.4 Superlatives *p. 286*

el/la/ los/las +	*noun*	+ más/ menos +	*adjective*	+ de

► Irregular superlatives follow the same pattern as irregular comparatives.

4 **El menú** Observa el menú y sus características. Completa las oraciones basándote en los elementos dados. Usa comparativos y superlativos. 14 pts.

Ensaladas	*Precio*	*Calorías*
Ensalada de tomates	$9.00	170
Ensalada de mariscos	$12.99	325
Ensalada de zanahorias	$9.00	200
Platos principales		
Pollo con champiñones	$13.00	495
Cerdo con papas	$10.50	725
Atún con espárragos	$18.95	495

1. ensalada de mariscos / otras ensaladas / costar
   La ensalada de mariscos _____ las otras ensaladas.
2. pollo con champiñones / cerdo con papas / calorías
   El pollo con champiñones tiene _____ el cerdo con papas.
3. atún con espárragos / pollo con champiñones / calorías
   El atún con espárragos tiene _____ el pollo con champiñones.
4. ensalada de tomates / ensalada de zanahorias / caro
   La ensalada de tomates es _____ la ensalada de zanahorias.
5. cerdo con papas / platos principales / caro
   El cerdo con papas es _____ los platos principales.
6. ensalada de zanahorias / ensalada de tomates / costar
   La ensalada de zanahorias _____ la ensalada de tomates.
7. ensalada de mariscos / ensaladas / caro
   La ensalada de mariscos es _____ las ensaladas.

5 **Dos restaurantes** ¿Cuál es el mejor restaurante que conoces? ¿Y el peor? Escribe un párrafo de por lo menos (*at least*) seis oraciones donde expliques por qué piensas así. Puedes hablar de la calidad de la comida, el ambiente, los precios, el servicio, etc. 12 pts.

6 **Adivinanza** Completa la adivinanza y adivina la respuesta. ¡2 puntos EXTRA!

"En el campo yo nací°,
mis hermanos son
los _____ (*garlic, pl.*),
y aquél que llora° por mí
me está partiendo°
en pedazos°."
¿Quién soy? _____

nací *was born* llora *cries* partiendo *cutting* pedazos *pieces*

Lectura

Antes de leer

Estrategia

Reading for the main idea

As you know, you can learn a great deal about a reading selection by looking at the format and looking for cognates, titles, and subtitles. You can skim to get the gist of the reading selection and scan it for specific information. Reading for the main idea is another useful strategy; it involves locating the topic sentences of each paragraph to determine the author's purpose for writing a particular piece. Topic sentences can provide clues about the content of each paragraph, as well as the general organization of the reading. Your choice of which reading strategies to use will depend on the style and format of each reading selection.

Examinar el texto

En esta sección tenemos dos textos diferentes. ¿Qué estrategias puedes usar para leer la crítica culinaria°? ¿Cuáles son las apropiadas para familiarizarte con el menú? Utiliza las estrategias más eficaces° para cada texto. ¿Qué tienen en común? ¿Qué tipo de comida sirven en el restaurante?

Identificar la idea principal

Lee la primera frase de cada párrafo de la crítica culinaria del restaurante **La feria del maíz.** Apunta° el tema principal de cada párrafo. Luego lee todo el primer párrafo. ¿Crees que el restaurante le gustó al autor de la crítica culinaria? ¿Por qué? Ahora lee la crítica entera. En tu opinión, ¿cuál es la idea principal de la crítica? ¿Por qué la escribió el autor? Compara tus opiniones con las de un(a) compañero/a.

crítica culinaria *restaurant review* eficaces *efficient*
Apunta *Jot down*

Practice more at **vistas.vhlcentral.com.**

M E N Ú

Entremeses

Tortilla servida con
• Ajiaceite (chile, aceite) • Ajicomino (chile, comino)

Pan tostado servido con
• Queso frito a la pimienta • Salsa de ajo y mayonesa

Sopas

• Tomate • Cebolla • Verduras • Pollo y huevo
• Carne de res • Mariscos

Entradas

Tomaticán
(tomate, papas, maíz, chile, arvejas y zanahorias)

Tamales
(maíz, azúcar, ajo, cebolla)

Frijoles enchilados
(frijoles negros, carne de cerdo o de res, arroz, chile)

Chilaquil
(tortilla de maíz, queso, hierbas y chile)

Tacos
(tortillas, pollo, verduras y salsa)

Cóctel de mariscos
(camarones, langosta, vinagre, sal, pimienta, aceite)

Postres°

• Plátanos caribeños • Cóctel de frutas al ron°
• Uvate (uvas, azúcar de caña y ron) • Flan napolitano
• Helado° de piña y naranja • Pastel° de yogur

Después de leer

Preguntas

En parejas, contesten estas preguntas sobre la crítica culinaria de **La feria del maíz.**

1. ¿Quién es el dueño y chef de **La feria del maíz**?
2. ¿Qué tipo de comida se sirve en el restaurante?
3. ¿Cuál es el problema con el servicio?
4. ¿Cómo es el ambiente del restaurante?
5. ¿Qué comidas probó el autor?
6. ¿Quieren ir ustedes al restaurante **La feria del maíz**? ¿Por qué?

23F

Gastronomía

Por Eduardo Fernández

La feria del maíz

Sobresaliente°. En el nuevo restaurante **La feria del maíz** va a encontrar la perfecta combinación entre la comida tradicional y el encanto° de la vieja ciudad de Antigua. Ernesto Sandoval, antiguo jefe de cocina° del famoso restaurante **El fogón**, está teniendo mucho éxito° en su nueva aventura culinaria.

El gerente°, el experimentado José Sierra, controla a la perfección la calidad del servicio. El camarero que me atendió esa noche fue muy amable en todo momento. Sólo hay que comentar que, debido al éxito inmediato de **La feria del maíz**, se necesitan más camareros para atender a los clientes de una forma más eficaz. En esta ocasión, el mesero se tomó unos veinte minutos en traerme la bebida.

La feria del maíz
13 calle 4-41 Zona 1
La Antigua, Guatemala
2329912

lunes a sábado
10:30am-11:30pm
domingo 10:00am-10:00pm

Comida
Servicio
Ambiente
Precio

Afortunadamente, no me importó mucho la espera entre plato y plato, pues el ambiente es tan agradable que me sentí como en casa. El restaurante mantiene el estilo colonial de Antigua. Por dentro°, es elegante y rústico a la vez. Cuando el tiempo lo permite, se puede comer también en el patio, donde hay muchas flores.

El servicio de camareros y el ambiente agradable del local pasan a un segundo plano cuando llega la comida, de una calidad extraordinaria. Las tortillas de casa se sirven con un ajiaceite delicioso. La sopa de mariscos es excelente y los tamales, pues, tengo que confesar que son mejores que los de mi abuelita. También recomiendo los tacos de pollo, servidos con un mole buenísimo. De postre, don Ernesto me preparó su especialidad, unos plátanos caribeños sabrosísimos.

Los precios pueden parecer altos° para una comida tradicional, pero la calidad de los productos con que se cocinan los platos y el exquisito ambiente de **La feria del maíz** garantizan° una experiencia inolvidable°.

Bebidas

- Cerveza negra
- Chilate (bebida de maíz, chile y cacao)
- Jugos de fruta
- Agua mineral
- Té helado
- Vino tinto/blanco
- Ron

Postres *Desserts* ron *rum* Helado *Ice cream* Pastel *Cake* Sobresaliente *Outstanding* encanto *charm* jefe de cocina *head chef* éxito *success* gerente *manager* Por dentro *Inside* altos *high* garantizan *guarantee* inolvidable *unforgettable*

Un(a) guía turístico/a

Tú eres un(a) guía turístico/a en Guatemala. Estás en el restaurante **La feria del maíz** con un grupo de turistas norteamericanos. Ellos no hablan español y quieren pedir de comer, pero necesitan tu ayuda. Lee nuevamente el menú e indica qué error comete cada turista.

1. La señora Johnson es diabética y no puede comer azúcar. Pide sopa de verduras y tamales. No pide nada de postre.
2. Los señores Petit son vegeterianos y piden sopa de tomate, frijoles enchilados y plátanos caribeños.
3. El señor Smith, que es alérgico al chocolate, pide tortilla servida con ajiaceite, chilaquil y chilate para beber.
4. La adorable hija del señor Smith tiene sólo cuatro años y le gustan mucho las verduras y las frutas naturales. Su papá le pide tomaticán y un cóctel de frutas.
5. La señorita Jackson está a dieta y pide uvate, flan napolitano y helado.

Escritura

Estrategia

Expressing and supporting opinions

Written reviews are just one of the many kinds of writing which require you to state your opinions. In order to convince your reader to take your opinions seriously, it is important to support them as thoroughly as possible. Details, facts, examples, and other forms of evidence are necessary. In a restaurant review, for example, it is not enough just to rate the food, service, and atmosphere. Readers will want details about the dishes you ordered, the kind of service you received, and the type of atmosphere you encountered. If you were writing a concert or album review, what kinds of details might your readers expect to find?

It is easier to include details that support your opinions if you plan ahead. Before going to a place or event that you are planning to review, write a list of questions that your readers might ask. Decide which aspects of the experience you are going to rate and list the details that will help you decide upon a rating. You can then organize these lists into a questionnaire and a rating sheet. Bring these forms with you to help you make your opinions and to remind you of the kinds of information you need to gather in order to support those opinions. Later, these forms will help you organize your review into logical categories. They can also provide the details and other evidence you need to convince your readers of your opinions.

Tema

Escribir una crítica

Escribe una crítica culinaria° sobre un restaurante local para el periódico de la universidad. Clasifica el restaurante dándole de una a cinco estrellas° y anota tus recomendaciones para futuros clientes del restaurante. Incluye tus opiniones acerca de°:

- La comida
  ¿Qué tipo de comida es? ¿Qué tipo de ingredientes usan?
  ¿Es de buena calidad? ¿Cuál es el mejor plato? ¿Y el peor?
  ¿Quién es el/la chef?
- El servicio
  ¿Es necesario esperar mucho para conseguir una mesa?
  ¿Tienen los camareros un buen conocimiento del menú?
  ¿Atienden a los clientes con rapidez° y cortesía?
- El ambiente
  ¿Cómo es la decoración del restaurante?
  ¿Es el ambiente informal o elegante?
  ¿Hay música o algún tipo de entretenimiento°?
  ¿Hay un bar? ¿Un patio?
- Información práctica
  ¿Cómo son los precios?
  ¿Se aceptan tarjetas de crédito?
  ¿Cuál es la dirección° y el número de teléfono?
  ¿Quién es el/la dueño/a? ¿El/La gerente?

crítica culinaria *restaurant review* estrellas *stars* acerca de *about*
rapidez *speed* entretenimiento *entertainment* dirección *address*

Escuchar

Audio: Activities

Estrategia

Jotting down notes as you listen

Jotting down notes while you listen to a conversation in Spanish can help you keep track of the important points or details. It will help you to focus actively on comprehension rather than on remembering what you have heard.

To practice this strategy, you will now listen to a paragraph. Jot down the main points you hear.

Preparación

Mira la foto. ¿Dónde están estas personas y qué hacen? ¿Sobre qué crees que están hablando?

Ahora escucha

Rosa y Roberto están en un restaurante. Escucha la conversación entre ellos y la camarera y toma nota de cuáles son los especiales del día, qué pidieron y qué bebidas se mencionan.

Especiales del día

Entremeses

_____

Plato principal

_____

_____

_____

¿Qué pidieron?

Roberto

_____

Rosa

_____

Bebidas

_____

_____

Comprensión

Seleccionar

Usa tus notas para seleccionar la opción correcta para completar cada oración.

1. Dos de los mejores platos del restaurante son _____.
   a. los entremeses del día y el cerdo
   b. el salmón y el arroz con pollo
   c. la carne y el arroz con pollo
2. La camarera _____.
   a. los lleva a su mesa, les muestra el menú y les sirve el postre
   b. les habla de los especiales del día, les recomienda unos platos y ellos deciden qué van a comer
   c. les lleva unas bebidas, les recomienda unos platos y les sirve pan
3. Roberto va a comer _____ Rosa.
   a. tantos platos como
   b. más platos que
   c. menos platos que

Preguntas

En grupos de tres o cuatro, respondan a las preguntas: ¿Conocen los platos que Rosa y Roberto pidieron? ¿Conocen platos con los mismos ingredientes? ¿En qué son diferentes o similares? ¿Cuál les gusta más? ¿Por qué?

En pantalla

Los niños en los países hispanos suelen° comer algunos platos que no son muy comunes en los hogares° estadounidenses. Por ejemplo, muchos de los dulces° tradicionales de Colombia se hacen con frutas naturales. En algunas familias mexicanas se sirven pepinos° y jícamas° con limón y chile en polvo° como merienda a media tarde. Y para la comida, en muchos países, les sirven hígado o morcilla° a los niños porque son muy nutritivos. En este anuncio, vas a conocer a un niño peruano al que no le gusta el hígado.

Vocabulario útil

el cuco	*bogeyman*
fascículos	*parts*
el hígado	*liver*
nutritivo	*nutritious*
recetas	*recipes*
se los lleva...	*are taken away by...*
te dijo	*told you*

Ordenar

Pon en orden lo que ves en el anuncio de televisión. No vas a usar dos elementos.

_____ a. pescado
_____ b. periódicos
_____ c. sal y pimienta
_____ d. mamá
_____ e. cuco
_____ f. langosta
_____ g. niño
_____ h. recetas

Test

Responde a las preguntas. Después comparte tus respuestas con dos o tres compañeros/as para saber quién es el/la más osado/a (*daring*).

1. ¿Cuál es tu plato favorito?
2. ¿Cuál es el plato más exótico que has probado (*that you have tried*)? ¿Te gustó o no?
3. ¿Qué plato exótico te gustaría (*would you like*) probar?
4. ¿Qué plato no quieres probar nunca? ¿Por qué?

suelen *are in the habit of* hogares *homes* dulces *candy* pepino *cucumber* jícama *yam bean* polvo *powder* morcilla *blood sausage*

Anuncio de El Comercio

¡Grrrrrrr!

Y tú, ¿quién eres?

El cuco...

Video: TV Clip

Practice more at **vistas.vhlcentral.com.**

España y la mayoría de los países de Latinoamérica tienen una producción muy abundante de frutas y verduras. Es por esto que en los hogares° hispanos se acostumbra° cocinar° con productos frescos° más que con alimentos° que vienen en latas° o frascos°. Las salsas mexicanas, el gazpacho español y el sancocho colombiano, por ejemplo, deben prepararse con ingredientes frescos para que mantengan° su sabor° auténtico. Actualmente, en los Estados Unidos está creciendo el interés en cocinar con productos frescos y orgánicos. Cada vez hay más mercados° donde los agricultores° pueden vender sus frutas y verduras directamente° al público. Además, las personas prefieren consumir productos locales de temporada°. En este episodio de *Flash cultura* vas a ver algunas de las frutas y verduras típicas de la comida hispana.

Vocabulario útil

blanda	*soft*
cocinar	*to cook*
dura	*hard*
¿Está lista para ordenar?	*Are you ready to order?*
el plato	*dish (in a meal)*
pruébala	*try it, taste it*
las ventas	*sales*

Preparación

¿Probaste alguna vez comida latina? ¿La compraste en un supermercado o fuiste a un restaurante? ¿Qué plato(s) probaste? ¿Te gustó?

¿Cierto o falso?

Indica si cada oración es **cierta** o **falsa**.

1. En Los Ángeles hay comida de países latinoamericanos y de España.
2. Leticia explica que la tortilla del taco americano es blanda y la del taco mexicano es dura.
3. Las ventas de salsa son bajas en los Estados Unidos.
4. Leticia fue a un restaurante ecuatoriano.
5. Leticia probó Inca Kola en un supermercado.

hogares *homes* se acostumbra *they are used* cocinar *to cook* frescos *fresh* alimentos *foods* latas *cans* frascos *jars* para que mantengan *so that they keep* sabor *flavor* mercados *markets* agricultores *farmers* directamente *directly* de temporada *seasonal* mostrará *will show*

La comida latina

La mejor comida latina no sólo se encuentra en los grandes restaurantes.

Marta nos mostrará° algunos de los platos de la comida mexicana.

... hay más lugares donde podemos comprar productos hispanos.

Video: *Flash cultura*

Practice more at **vistas.vhlcentral.com.**

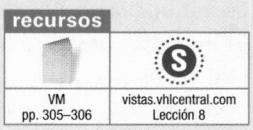

Video: *Panorama cultural*
Interactive map

Guatemala

El país en cifras

- **Área:** 108.890 km^2 (42.042 millas^2), *un poco más pequeño que Tennessee*
- **Población:** 16.227.000
- **Capital:** Ciudad de Guatemala—1.281.000
- **Ciudades principales:** Quetzaltenango, Escuintla, Mazatenango, Puerto Barrios

SOURCE: Population Division, UN Secretariat

- **Moneda:** quetzal
- **Idiomas:** español (oficial), lenguas mayas, xinca, garífuna

El español es la lengua de un 60 por ciento° de la población; el otro 40 por ciento tiene como lengua materna el xinca, el garífuna o, en su mayoría°, una de las lenguas mayas (cakchiquel, quiché y kekchícomo, entre otras). Una palabra que las lenguas mayas tienen en común es ixim, *que significa 'maíz', un cultivo° de mucha importancia en estas culturas.*

Bandera de Guatemala

Guatemaltecos célebres

- **Carlos Mérida,** pintor (1891–1984)
- **Miguel Ángel Asturias,** escritor (1899–1974)
- **Margarita Carrera,** poeta y ensayista (1929–)
- **Rigoberta Menchú Tum,** activista (1959–), premio Nobel de la Paz° en 1992

por ciento *percent* en su mayoría *most of them* cultivo *crop*
Paz *Peace* telas *fabrics* tinte *dye* aplastados *crushed*
hace... destiñan *keeps the colors from running*

Palacio Nacional de la Cultura en la Ciudad de Guatemala

MÉXICO
Sierra de Lacandón
Río Usumacinta
Lago Petén Itzá
Río de la Pasión
BELICE
Lago de Izabal
Río Motagua
Sierra de las Minas
Sierra Madre
Quetzaltenango
Lago de Atitlán
Guatemala
Antigua Guatemala
Mazatenango
Escuintla
EL SALVADOR
Océano Pacífico

Mujeres indígenas limpiando cebollas

Iglesia de la Merced en Antigua Guatemala

recursos

WB	VM	vistas.vhlcentral.com
pp. 95–96	pp. 263–264	Lección 8

¡Increíble pero cierto!

¿Qué "ingrediente" secreto se encuentra en las telas° tradicionales de Guatemala? ¡El mosquito! El excepcional tinte° de estas telas es producto de una combinación de flores y de mosquitos aplastados°. El insecto hace que los colores no se destiñan°. Quizás es por esto que los artesanos representan la figura del mosquito en muchas de sus telas.

Ciudades • Antigua Guatemala

Antigua Guatemala fue fundada en 1543. Fue una capital de gran importancia hasta 1773, cuando un terremoto° la destruyó. Sin embargo, conserva el carácter original de su arquitectura y hoy es uno de los centros turísticos del país. Su celebración de la Semana Santa° es, para muchas personas, la más importante del hemisferio.

Naturaleza • El quetzal

El quetzal simbolizó la libertad para los antiguos° mayas porque creían° que este pájaro° no podía° vivir en cautiverio°. Hoy el quetzal es el símbolo nacional. El pájaro da su nombre a la moneda nacional y aparece también en los billetes° del país. Desafortunadamente, está en peligro° de extinción. Para su protección, el gobierno mantiene una reserva ecológica especial.

Historia • Los mayas

Desde 1500 a.C. hasta 900 d.C., los mayas habitaron gran parte de lo que ahora es Guatemala. Su civilización fue muy avanzada. Los mayas fueron arquitectos y constructores de pirámides, templos y observatorios. También descubrieron° y usaron el cero antes que los europeos, e inventaron un calendario complejo° y preciso.

Artesanía • La ropa tradicional

La ropa tradicional de los guatemaltecos se llama *huipil* y muestra el amor° de la cultura maya por la naturaleza. Ellos se inspiran en las flores°, plantas y animales para crear sus diseños° de colores vivos° y formas geométricas. El diseño y los colores de cada *huipil* indican el pueblo de origen y a veces también el sexo y la edad° de la persona que lo lleva.

¿Qué aprendiste? Responde a cada pregunta con una oración completa.

1. ¿Qué significa la palabra *ixim*?
2. ¿Quién es Rigoberta Menchú?
3. ¿Qué pájaro representa a Guatemala?
4. ¿Qué simbolizó el quetzal para los mayas?
5. ¿Cuál es la moneda nacional de Guatemala?
6. ¿De qué fueron arquitectos los mayas?
7. ¿Qué celebración de la Antigua Guatemala es la más importante del hemisferio para muchas personas?
8. ¿Qué descubrieron los mayas antes que los europeos?
9. ¿Qué muestra la ropa tradicional de los guatemaltecos?
10. ¿Qué indica un *huipil* con su diseño y sus colores?

Conexión Internet Investiga estos temas en **vistas.vhlcentral.com.**

1. Busca información sobre Rigoberta Menchú. ¿De dónde es? ¿Qué libros publicó? ¿Por qué es famosa?
2. Estudia un sitio arqueológico de Guatemala para aprender más sobre los mayas y prepara un breve informe para tu clase.

Practice more at **vistas.vhlcentral.com.**

terremoto *earthquake* Semana Santa *Holy Week* antiguos *ancient* creían *they believed* pájaro *bird* no podía *couldn't* cautiverio *captivity* los billetes *bills* peligro *danger* descubrieron *they discovered* complejo *complex* amor *love* flores *flowers* diseños *designs* vivos *bright* edad *age*

Las comidas

el/la camarero/a	*waiter/waitress*
la comida	*food; meal*
la cuenta	*bill*
el/la dueño/a	*owner; landlord*
el menú	*menu*
la propina	*tip*
la sección de (no) fumar	*(non) smoking section*
el almuerzo	*lunch*
la cena	*dinner*
el desayuno	*breakfast*
los entremeses	*hors d'oeuvres; appetizers*
el plato (principal)	*(main) dish*
delicioso/a	*delicious*
rico/a	*tasty; delicious*
sabroso/a	*tasty; delicious*

Las frutas

la banana	*banana*
las frutas	*fruits*
el limón	*lemon*
la manzana	*apple*
el melocotón	*peach*
la naranja	*orange*
la pera	*pear*
la uva	*grape*

Las verduras

las arvejas	*peas*
la cebolla	*onion*
el champiñón	*mushroom*
la ensalada	*salad*
los espárragos	*asparagus*
los frijoles	*beans*
la lechuga	*lettuce*
el maíz	*corn*
las papas/patatas (fritas)	*(fried) potatoes; French fries*
el tomate	*tomato*
las verduras	*vegetables*
la zanahoria	*carrot*

La carne y el pescado

el atún	*tuna*
el bistec	*steak*
los camarones	*shrimp*
la carne	*meat*
la carne de res	*beef*
la chuleta (de cerdo)	*(pork) chop*
la hamburguesa	*hamburger*
el jamón	*ham*
la langosta	*lobster*
los mariscos	*shellfish*
el pavo	*turkey*
el pescado	*fish*
el pollo (asado)	*(roast) chicken*
la salchicha	*sausage*
el salmón	*salmon*

Otras comidas

el aceite	*oil*
el ajo	*garlic*
el arroz	*rice*
el azúcar	*sugar*
los cereales	*cereal; grains*
el huevo	*egg*
la mantequilla	*butter*
la margarina	*margarine*
la mayonesa	*mayonnaise*
el pan (tostado)	*(toasted) bread*
la pimienta	*black pepper*
el queso	*cheese*
la sal	*salt*
el sándwich	*sandwich*
la sopa	*soup*
el vinagre	*vinegar*
el yogur	*yogurt*

Las bebidas

el agua (mineral)	*(mineral) water*
la bebida	*drink*
el café	*coffee*
la cerveza	*beer*
el jugo (de fruta)	*(fruit) juice*
la leche	*milk*
el refresco	*soft drink; soda*
el té (helado)	*(iced) tea*
el vino (blanco/tinto)	*(white/red) wine*

Verbos

escoger	*to choose*
merendar (e:ie)	*to snack*
morir (o:ue)	*to die*
pedir (e:i)	*to order (food)*
probar (o:ue)	*to taste; to try*
recomendar (e:ie)	*to recommend*
saber	*to taste; to know*
saber a	*to taste like*
servir (e:i)	*to serve*

Las comparaciones

como	*like; as*
más de *(+ number)*	*more than*
más... que	*more... than*
menos de *(+ number)*	*fewer than*
menos... que	*less... than*
tan... como	*as... as*
tantos/as... como	*as many... as*
tanto... como	*as much... as*
el/la mayor	*the eldest*
el/la mejor	*the best*
el/la menor	*the youngest*
el/la peor	*the worst*
mejor	*better*
peor	*worse*

Expresiones útiles	*See page 269.*

recursos

LM p. 48	vistas.vhlcentral.com Lección 8

Audio: Vocabulary

Las fiestas

9

Communicative Goals

You will learn how to:

- **Express congratulations**
- **Express gratitude**
- **Ask for and pay the bill at a restaurant**

contextos

pages 300–303
- Parties and celebrations
- Personal relationships
- Stages of life

fotonovela

pages 304–307
The Díaz family gets ready for their annual **Día de Muertos** celebration. The whole family participates in the preparations, and even friends are invited to the main event.

cultura

pages 308–309
- **Semana Santa** celebrations
- The International Music Festival in **Viña del Mar**

estructura

pages 310–321
- Irregular preterites
- Verbs that change meaning in the preterite
- **¿Qué?** and **¿cuál?**
- Pronouns after prepositions
- **Recapitulación**

adelante

pages 322–329
Lectura: The society section of a newspaper
Escritura: An essay about celebrations
Escuchar: A conversation about an anniversary party
En pantalla
Flash cultura
Panorama: Chile

A PRIMERA VISTA

- **¿Se conocen ellos?**
- **¿Cómo se sienten, alegres o tristes?**
- **¿Está el hombre más contento que la mujer?**
- **¿De qué color es su ropa?**

Talking Picture, Tutorials & Games
Audio: Activities

Las fiestas

Más vocabulario

la alegría	*happiness*
la amistad	*friendship*
el amor	*love*
el beso	*kiss*
la sorpresa	*surprise*
el aniversario (de bodas)	*(wedding) anniversary*
la boda	*wedding*
el cumpleaños	*birthday*
el día de fiesta	*holiday*
el divorcio	*divorce*
el matrimonio	*marriage*
la Navidad	*Christmas*
la quinceañera	*young woman celebrating her fifteenth birthday*
el/la recién casado/a	*newlywed*
cambiar (de)	*to change*
celebrar	*to celebrate*
divertirse (e:ie)	*to have fun*
graduarse (de/en)	*to graduate (from/in)*
invitar	*to invite*
jubilarse	*to retire (from work)*
nacer	*to be born*
odiar	*to hate*
pasarlo bien/mal	*to have a good/bad time*
reírse (e:i)	*to laugh*
relajarse	*to relax*
sonreír (e:i)	*to smile*
sorprender	*to surprise*
juntos/as	*together*
¡Felicidades!/ ¡Felicitaciones!	*Congratulations!*

Variación léxica

pastel ⟷ torta (*Arg., Col., Venez.*)
comprometerse ⟷ prometerse (*Esp.*)

recursos

WB pp. 97–98	LM p. 49	vistas.vhlcentral.com Lección 9

la pareja
el pastel (de chocolate)
la botella de vino
el flan de caramelo
las galletas
los postres
el champán
los dulces

Práctica

1 **Escuchar** Escucha la conversación e indica si las oraciones son **ciertas** o **falsas**.

1. A Silvia no le gusta mucho el chocolate.
2. Silvia sabe que sus amigos le van a hacer una fiesta.
3. Los amigos de Silvia le compraron un pastel de chocolate.
4. Los amigos brindan por Silvia con refrescos.
5. Silvia y sus amigos van a comer helado.
6. Los amigos de Silvia le van a servir flan y galletas.

2 **Ordenar** Escucha la narración y ordena las oraciones de acuerdo con los eventos de la vida de Beatriz.

____ a. Beatriz se compromete con Roberto.
____ b. Beatriz se gradúa.
____ c. Beatriz sale con Emilio.
____ d. Sus padres le hacen una gran fiesta.
____ e. La pareja se casa.
____ f. Beatriz nace en Montevideo.

3 **Emparejar** Indica la letra de la frase que mejor completa cada oración.

a. **cambió de**	d. **nos divertimos**	g. **se llevan bien**
b. **lo pasaron mal**	e. **se casaron**	h. **sonrió**
c. **nació**	f. **se jubiló**	i. **tenemos una cita**

1. María y sus compañeras de cuarto ____. Son buenas amigas.
2. Pablo y yo ____ en la fiesta. Bailamos y comimos mucho.
3. Manuel y Felipe ____ en el cine. La película fue muy mala.
4. ¡Tengo una nueva sobrina! Ella ____ ayer por la mañana.
5. Mi madre ____ profesión. Ahora es artista.
6. Mi padre ____ el año pasado. Ahora no trabaja.
7. Jorge y yo ____ esta noche. Vamos a ir a un restaurante muy elegante.
8. Jaime y Laura ____ el septiembre pasado. La boda fue maravillosa.

4 **Definiciones** En parejas, definan las palabras y escriban una oración para cada ejemplo.

modelo

romper (con) una pareja termina la relación
Marta rompió con su novio.

1. regalar
2. helado
3. pareja
4. invitado
5. casarse
6. pasarlo bien
7. sorpresa
8. amistad

Relaciones personales

casarse (con)	*to get married (to)*
comprometerse (con)	*to get engaged (to)*
divorciarse (de)	*to get divorced (from)*
enamorarse (de)	*to fall in love (with)*
llevarse bien/mal (con)	*to get along well/ badly (with)*
romper (con)	*to break up (with)*
salir (con)	*to go out (with); to date*
separarse (de)	*to separate (from)*
tener una cita	*to have a date; to have an appointment*

Las etapas de la vida de Sergio

el nacimiento

la niñez

la adolescencia

la juventud

la madurez

la vejez

Más vocabulario

la edad	*age*
el estado civil	*marital status*
las etapas de la vida	*the stages of life*
la muerte	*death*
casado/a	*married*
divorciado/a	*divorced*
separado/a	*separated*
soltero/a	*single*
viudo/a	*widower/widow*

NOTA CULTURAL

Viña del Mar es una ciudad en la costa de Chile, situada al oeste de Santiago. Tiene playas hermosas, excelentes hoteles, casinos y buenos restaurantes. El poeta Pablo Neruda pasó muchos años allí.

5 **Las etapas de la vida** Identifica las etapas de la vida que se describen en estas oraciones.

1. Mi abuela se jubiló y se mudó (*moved*) a Viña del Mar.
2. Mi padre trabaja para una compañía grande en Santiago.
3. ¿Viste a mi nuevo sobrino en el hospital? Es precioso y ¡tan pequeño!
4. Mi abuelo murió este año.
5. Mi hermana celebró su fiesta de quince años.
6. Mi hermana pequeña juega con muñecas (*dolls*).

¡LENGUA VIVA!

The term **quinceañera** refers to a girl who is celebrating her 15th birthday. The party is called **la fiesta de quince años**.

6 **Cambiar** En parejas, imaginen que son dos hermanos/as de diferentes edades. Cada vez que el/la hermano/a menor dice algo, se equivoca. El/La hermano/a mayor lo/la corrige (*corrects him/her*), cambiando las expresiones subrayadas (*underlined*). Túrnense para ser mayor y menor, decir algo equivocado y corregir.

modelo

Estudiante 1: La niñez es cuando trabajamos mucho.
Estudiante 2: No, te equivocas (*you're wrong*). La madurez es cuando trabajamos mucho.

1. El nacimiento es el fin de la vida.
2. La juventud es la etapa cuando nos jubilamos.
3. A los sesenta y cinco años, muchas personas comienzan a trabajar.
4. Julián y nuestra prima se divorcian mañana.
5. Mamá odia a su hermana.
6. El abuelo murió, por eso la abuela es separada.
7. Cuando te gradúas de la universidad, estás en la etapa de la adolescencia.
8. Mi tío nunca se casó; es viudo.

AYUDA

Other ways to contradict someone:
No es verdad. *It's not true.*
Creo que no. *I don't think so.*
¡Claro que no! *Of course not!*
¡Qué va! *No way!*

Practice more at **vistas.vhlcentral.com.**

Comunicación

7 **Una fiesta** Trabaja con dos compañeros/as para planear una fiesta. Recuerda incluir la siguiente información.

1. ¿Qué tipo de fiesta es? ¿Dónde va a ser? ¿Cuándo va a ser?
2. ¿A quiénes van a invitar?
3. ¿Qué van a comer? ¿Quiénes van a llevar o a preparar la comida?
4. ¿Qué van a beber? ¿Quiénes van a traer las bebidas?
5. ¿Cómo planean entretener a los invitados? ¿Van a bailar o a jugar algún juego?
6. Después de la fiesta, ¿quiénes van a limpiar (*to clean*)?

8 **Encuesta** Tu profesor(a) va a darte una hoja de actividades. Haz las preguntas de la hoja a dos o tres compañeros/as de clase para saber qué actitudes tienen en sus relaciones personales. Luego comparte los resultados de la encuesta con la clase y comenta tus conclusiones.

Preguntas	Nombres	Actitudes
1. ¿Te importa la amistad? ¿Por qué?		
2. ¿Es mejor tener un(a) buen(a) amigo/a o muchos/as amigos/as?		
3. ¿Cuáles son las características que buscas en tus amigos/as?		
4. ¿Tienes novio/a? ¿A qué edad es posible enamorarse?		
5. ¿Deben las parejas hacer todo juntos? ¿Deben tener las mismas opiniones? ¿Por qué?		

¡LENGUA VIVA!

While a **buen(a) amigo/a** is a *good friend*, the term **amigo/a íntimo/a** refers to a *close friend*, or a very good friend, without any romantic overtones.

9 **Minidrama** En parejas, consulten la ilustración de la página 302 y luego, usando las palabras de la lista, preparen un minidrama para representar las etapas de la vida de Sergio. Pueden inventar más información sobre su vida.

amor	celebrar	enamorarse	romper
boda	comprometerse	graduarse	salir
cambiar	cumpleaños	jubilarse	separarse
casarse	divorciarse	nacer	tener una cita

El Día de Muertos

La familia Díaz conmemora el Día de Muertos.

PERSONAJES MARISSA JIMENA FELIPE JUAN CARLOS

Video: *Fotonovela* Record and Compare

1

MAITE FUENTES El Día de Muertos se celebra en México el primero y el segundo de noviembre. Como pueden ver, hay calaveras de azúcar, flores, música y comida por todas partes. Ésta es una fiesta única que todos deben ver por lo menos una vez en la vida.

2

MARISSA *Holy moley!* ¡Está delicioso!

TÍA ANA MARÍA Mi mamá me enseñó a prepararlo. El mole siempre fue el plato favorito de mi papá. Mi hijo Eduardo nació el día de su cumpleaños. Por eso le pusimos su nombre.

3

TÍO RAMÓN ¿Dónde están mis hermanos?

JIMENA Mi papá y Felipe están en el otro cuarto. Esos dos antipáticos no quieren decirnos qué están haciendo. Y la tía Ana María...

TÍO RAMÓN ... está en la cocina.

4

TÍA ANA MARÍA Marissa, ¿le puedes llevar esa foto que está ahí a Carolina? La necesita para el altar.

MARISSA Sí. ¿Son sus padres?

TÍA ANA MARÍA Sí, el día de su boda.

5

MARISSA ¿Cómo se conocieron?

TÍA ANA MARÍA En la fiesta de un amigo. Fue amor a primera vista.

MARISSA (*Señala la foto.*) La voy a llevar al altar.

6

TÍA ANA MARÍA Ramón, ¿cómo estás?

TÍO RAMÓN Bien, gracias. ¿Y Mateo? ¿No vino contigo?

TÍA ANA MARÍA No. Ya sabes que me casé con un doctor y, pues, trabaja muchísimo.

SRA. DÍAZ

SR. DÍAZ

TÍA ANA MARÍA

TÍO RAMÓN

TÍA NAYELI

DON DIEGO

MARTA

VALENTINA

MAITE FUENTES

SR. DÍAZ Familia Díaz, deben prepararse...

FELIPE ... ¡para la sorpresa de sus vidas!

JUAN CARLOS Gracias por invitarme.

SR. DÍAZ Juan Carlos, como eres nuestro amigo, ya eres parte de la familia.

(En el cementerio)

JIMENA Yo hice las galletas y el pastel. ¿Dónde los puse?

MARTA Postres... ¿Cuál prefiero? ¿Galletas? ¿Pastel? ¡Dulces!

VALENTINA Me gustan las galletas.

SR. DÍAZ Brindamos por ustedes, mamá y papá.

TÍO RAMÓN Todas las otras noches estamos separados. Pero esta noche estamos juntos.

TÍA ANA MARÍA Con gratitud y amor.

Expresiones útiles

Discussing family history

El mole siempre fue el plato favorito de mi papá.
Mole *was always my dad's favorite dish.*

Mi hijo Eduardo nació el día de su cumpleaños.
My son Eduardo was born on his birthday.

Por eso le pusimos su nombre.
That's why we named him after him (after my father).

¿Cómo se conocieron sus padres?
How did your parents meet?

En la fiesta de un amigo. Fue amor a primera vista.
At a friend's party. It was love at first sight.

Talking about a party/celebration

Ésta es una fiesta única que todos deben ver por lo menos una vez.
This is a unique celebration that everyone should see at least once.

Gracias por invitarme.
Thanks for inviting me.

Brindamos por ustedes.
A toast to you.

Additional vocabulary

alma *soul*
altar *altar*
ángel *angel*
calavera de azúcar *skull made out of sugar*
cementerio *cemetery*
cocina *kitchen*
disfraz *costume*

¿Qué pasó?

1 **Completar** Completa las oraciones con la información correcta, según la **Fotonovela**.

1. El Día de Muertos es una _____ única que todos deben ver.
2. La tía Ana María preparó _____ para celebrar.
3. Marissa lleva la _____ al altar.
4. Jimena hizo las _____ y el _____.
5. Marta no sabe qué _____ prefiere.

2 **Identificar** Identifica quién puede decir estas oraciones. Vas a usar un nombre dos veces.

1. Mis padres se conocieron en la fiesta de un amigo.
2. El Día de Muertos se celebra con flores, calaveras de azúcar, música y comida.
3. Gracias por invitarme a celebrar este Día de Muertos.
4. Los de la foto son mis padres el día de su boda.
5. A mí me gustan mucho las galletas.
6. ¡Qué bueno que estás aquí, Juan Carlos! Eres uno más de la familia.

SR. DÍAZ

MAITE FUENTES

JUAN CARLOS

VALENTINA

TÍA ANA MARÍA

3 **Seleccionar** Selecciona algunas de las opciones de la lista para completar las oraciones.

amor	días de fiesta	pasarlo bien	salieron
el champán	divorciarse	postres	se enamoraron
cumpleaños	flan	la quinceañera	una sorpresa

1. El Sr. Díaz y Felipe prepararon _____ para la familia.
2. Los _____, como el Día de Muertos, se celebran con la familia.
3. Eduardo, el hijo de Ana María, nació el día del _____ de su abuelo.
4. La tía Ana María siente gratitud y _____ hacia (*toward*) sus padres.
5. Los días de fiesta también son para _____ con los amigos.
6. El Día de Muertos se hacen muchos _____.
7. Los padres de la tía Ana María _____ a primera vista.

4 **Una cena** Trabajen en grupos para representar una conversación en una cena de Año Nuevo.

- Una persona brinda por el año que está por comenzar y por estar con su familia y amigos.
- Cada persona del grupo habla de cuál es su comida favorita en año nuevo.
- Después de la cena, una persona del grupo dice que es hora de (*it's time to*) comer las uvas.
- Cada persona del grupo dice qué desea para el año que empieza.
- Después, cada persona del grupo debe desear Feliz Año Nuevo a las demás.

NOTA CULTURAL

Comer doce uvas a las doce de la noche del 31 de diciembre de cada año es una costumbre que nació en España y que también se observa en varios países de Latinoamérica. Se debe comer una uva por cada una de las 12 campanadas (*strokes*) del reloj y se cree que (*it's believed that*) quien lo hace va a tener un año próspero.

Pronunciación

Audio: Concepts, Activities
Record & Compare

The letters h, j, and g

helado **hombre** **hola** **hermosa**

The Spanish **h** is always silent.

José **jubilarse** **dejar** **pareja**

The letter **j** is pronounced much like the English *h* in *his*.

agencia **general** **Gil** **Gisela**

The letter **g** can be pronounced three different ways. Before **e** or **i**, the letter **g** is pronounced much like the English *h*.

Gustavo, gracias por llamar el domingo.

At the beginning of a phrase or after the letter **n**, the Spanish **g** is pronounced like the English *g* in *girl*.

Me gradué en agosto.

In any other position, the Spanish **g** has a somewhat softer sound.

Guerra **conseguir** **guantes** **agua**

In the combinations **gue** and **gui**, the **g** has a hard sound and the **u** is silent. In the combination **gua**, the **g** has a hard sound and the **u** is pronounced like the English *w*.

Práctica Lee las palabras en voz alta, prestando atención a la **h**, la **j** y la **g**.

1. hamburguesa
2. jugar
3. oreja
4. guapa
5. geografía
6. magnífico
7. espejo
8. hago
9. seguir
10. gracias
11. hijo
12. galleta
13. Jorge
14. tengo
15. ahora
16. guantes

Oraciones Lee las oraciones en voz alta, prestando atención a la **h**, la **j** y la **g**.

1. Hola. Me llamo Gustavo Hinojosa Lugones y vivo en Santiago de Chile.
2. Tengo una familia grande; somos tres hermanos y tres hermanas.
3. Voy a graduarme en mayo.
4. Para celebrar mi graduación, mis padres van a regalarme un viaje a Egipto.
5. ¡Qué generosos son!

Refranes Lee los refranes en voz alta, prestando atención a la **h**, la **j** y la **g**.

1 Too much of a good thing.
2 The clothes don't make the man.

recursos

LM p. 50	vistas.vhlcentral.com Lección 9

EN DETALLE

Additional Reading

Semana Santa: vacaciones y tradición

¿Te imaginas pasar veinticuatro horas tocando un tambor° entre miles de personas? Así es como mucha gente celebra el Viernes Santo° en el pequeño pueblo de **Calanda**, España.

De todas las celebraciones hispanas, la Semana Santa° es una de las más espectaculares y únicas.

Procesión en Sevilla, España

Semana Santa es la semana antes de Pascua°, una celebración religiosa que conmemora la Pasión de Jesucristo. Generalmente, la gente tiene unos días de vacaciones en esta semana. Algunas personas aprovechan° estos días para viajar, pero otras prefieren participar en las tradicionales celebraciones religiosas en las calles. En **Antigua**, Guatemala, hacen alfombras° de flores° y altares; también organizan Vía Crucis° y danzas. En las famosas procesiones y desfiles° religiosos de **Sevilla**, España, los fieles° sacan a las calles imágenes religiosas. Las imágenes van encima de plataformas ricamente decoradas con abundantes flores y velas°. En la procesión, los penitentes llevan túnicas y unos sombreros cónicos que les cubren° la cara°. En sus manos llevan faroles° o velas encendidas.

Si visitas algún país hispano durante la Semana Santa, debes asistir a un desfile. Las playas y las discotecas pueden esperar hasta la semana siguiente.

Alfombra de flores en Antigua, Guatemala

Otras celebraciones famosas

Ayacucho, Perú: Además de alfombras de flores y procesiones, aquí hay una antigua tradición llamada "quema de la chamiza"°.

Iztapalapa, Ciudad de México: Es famoso el Vía Crucis del cerro° de la Estrella. Es una representación del recorrido° de Jesucristo con la cruz°.

Popayán, Colombia: En las procesiones "chiquitas" los niños llevan imágenes que son copias pequeñas de las que llevan los mayores.

tocando un tambor *playing a drum* **Viernes Santo** *Good Friday* **Semana Santa** *Holy Week* **Pascua** *Easter Sunday* **aprovechan** *take advantage of* **alfombras** *carpets* **flores** *flowers* **Vía Crucis** *Stations of the Cross* **desfiles** *parades* **fieles** *faithful* **velas** *candles* **cubren** *cover* **cara** *face* **faroles** *lamps* **quema de la chamiza** *burning of brushwood* **cerro** *hill* **recorrido** *route* **cruz** *cross*

ACTIVIDADES

1 **¿Cierto o falso?** Indica si lo que dicen las oraciones sobre Semana Santa en países hispanos es **cierto** o **falso**. Corrige las falsas.

1. La Semana Santa se celebra después de Pascua.
2. Las personas tienen días libres durante la Semana Santa.
3. Todas las personas asisten a las celebraciones religiosas.
4. En los países hispanos, las celebraciones se hacen en las calles.
5. En Antigua y en Ayacucho es típico hacer alfombras de flores.
6. En Sevilla, sacan imágenes religiosas a las calles.
7. En Sevilla, las túnicas cubren la cara.
8. En la procesión en Sevilla algunas personas llevan flores en sus manos.
9. El Vía Crucis de Iztapalapa es en el interior de una iglesia.
10. Las procesiones "chiquitas" son famosas en Sevilla, España.

ASÍ SE DICE

Fiestas y celebraciones

la despedida de soltero/a	*bachelor(ette) party*
el día feriado/festivo	**el día de fiesta**
disfrutar	*to enjoy*
festejar	**celebrar**
los fuegos artificiales	*fireworks*
pasarlo en grande	**divertirse mucho**
la vela	*candle*

EL MUNDO HISPANO

Celebraciones latinoamericanas

- **Oruro, Bolivia** Durante el carnaval de Oruro se realiza la famosa Diablada, una antigua danza° que muestra la lucha° entre el Bien y el Mal: ángeles contra° demonios.
- **Panchimalco, El Salvador** La primera semana de mayo, Panchimalco se cubre de flores y de color. También hacen el Desfile de las palmas° y bailan danzas antiguas.
- **Quito, Ecuador** El mes de agosto es el Mes de las Artes. Danza, teatro, música, cine, artesanías° y otros eventos culturales inundan la ciudad.
- **San Pedro Sula, Honduras** En junio se celebra la Feria Juniana. Hay comida típica, bailes, desfiles, conciertos, rodeos, exposiciones ganaderas° y eventos deportivos y culturales.

danza *dance* lucha *fight* contra *versus* palmas *palm leaves*
artesanías *handcrafts* exposiciones ganaderas *cattle shows*

PERFIL

Festival de Viña del Mar

En 1959 unos estudiantes de **Viña del Mar**, Chile, celebraron una fiesta en una casa de campo conocida como la Quinta Vergara donde hubo° un espectáculo° musical. En 1960 repitieron el evento. Asistió tanta gente que muchos vieron el espectáculo parados° o sentados en el suelo°. Algunos se subieron a los árboles°.

Años después, se convirtió en el **Festival Internacional de la Canción**. Este evento se celebra en febrero, en el mismo lugar donde empezó. ¡Pero ahora nadie necesita subirse a un árbol para verlo! Hay un anfiteatro con capacidad para quince mil personas.

En el festival hay concursos° musicales y conciertos de artistas famosos como Calle 13 y Nelly Furtado.

Nelly Furtado

hubo *there was* espectáculo *show*
parados *standing* suelo *floor*
se subieron a los árboles *climbed trees*
concursos *competitions*

Conexión Internet

¿Qué celebraciones hispanas hay en los Estados Unidos y Canadá?

Go to **vistas.vhlcentral.com** to find more cultural information related to this **Cultura** section.

ACTIVIDADES

2 **Comprensión** Responde a las preguntas.

1. ¿Cuántas personas por día pueden asistir al Festival de Viña del Mar?
2. ¿Qué es la Diablada?
3. ¿Qué celebran en Quito en agosto?
4. Nombra dos atracciones en la Feria Juniana de San Pedro Sula.
5. ¿Qué es la Quinta Vergara?

3 **¿Cuál es tu celebración favorita?** Escribe un pequeño párrafo sobre la celebración que más te gusta de tu comunidad. Explica cómo se llama, cuándo ocurre y cómo es.

9.1 Irregular preterites

ANTE TODO You already know that the verbs **ir** and **ser** are irregular in the preterite. You will now learn other verbs whose preterite forms are also irregular.

Preterite of tener, venir, and decir

		tener (**u**-stem)	**venir** (**i**-stem)	**decir** (**j**-stem)
SINGULAR FORMS	yo	tuv**e**	vin**e**	dij**e**
	tú	tuv**iste**	vin**iste**	dij**iste**
	Ud./él/ella	tuv**o**	vin**o**	dij**o**
PLURAL FORMS	nosotros/as	tuv**imos**	vin**imos**	dij**imos**
	vosotros/as	tuv**isteis**	vin**isteis**	dij**isteis**
	Uds./ellos/ellas	tuv**ieron**	vin**ieron**	dij**eron**

▶ **¡Atención!** The endings of these verbs are the regular preterite endings of **-er/-ir** verbs, except for the **yo** and **usted/él/ella** forms. Note that these two endings are unaccented.

▶ These verbs observe similar stem changes to **tener, venir,** and **decir**.

INFINITIVE	U-STEM	PRETERITE FORMS
poder	pud-	pude, pudiste, pudo, pudimos, pudisteis, pudieron
poner	pus-	puse, pusiste, puso, pusimos, pusisteis, pusieron
saber	sup-	supe, supiste, supo, supimos, supisteis, supieron
estar	estuv-	estuve, estuviste, estuvo, estuvimos, estuvisteis, estuvieron

INFINITIVE	I-STEM	PRETERITE FORMS
querer	quis-	quise, quisiste, quiso, quisimos, quisisteis, quisieron
hacer	hic-	hice, hiciste, hizo, hicimos, hicisteis, hicieron

INFINITIVE	J-STEM	PRETERITE FORMS
traer	traj-	traje, trajiste, trajo, trajimos, trajisteis, trajeron
conducir	conduj-	conduje, condujiste, condujo, condujimos, condujisteis, condujeron
traducir	traduj-	traduje, tradujiste, tradujo, tradujimos, tradujisteis, tradujeron

▶ **¡Atención!** Most verbs that end in **-cir** are **j**-stem verbs in the preterite. For example, **producir** → **produje, produjiste,** etc.

Produjimos un documental sobre los accidentes en la casa.
We produced a documentary about accidents in the home.

▶ Notice that the preterites with **j**-stems omit the letter **i** in the **ustedes/ellos/ellas** form.

Mis amigos **trajeron** comida a la fiesta.
My friends brought food to the party.

Ellos **dijeron** la verdad.
They told the truth.

The preterite of dar

SINGULAR FORMS		PLURAL FORMS	
yo	**di**	nosotros/as	**dimos**
tú	**diste**	vosotros/as	**disteis**
Ud./él/ella	**dio**	Uds./ellos/ellas	**dieron**

- The endings for **dar** are the same as the regular preterite endings for **-er** and **-ir** verbs, except that there are no accent marks.

La camarera me **dio** el menú.
The waitress gave me the menu.

Le **di** a Juan algunos consejos.
I gave Juan some advice.

Los invitados le **dieron** un regalo.
The guests gave him/her a gift.

Nosotros **dimos** una gran fiesta.
We gave a great party.

- The preterite of **hay** (*inf.* **haber**) is **hubo** (*there was; there were*).

CONSULTA

Note that there are other ways to say *there was* or *there were* in Spanish. See **Estructura 10.1**, p. 342.

Marissa le dio la foto a la Sra. Díaz.

Hubo una celebración en casa de los Díaz.

¡INTÉNTALO! Escribe la forma correcta del pretérito de cada verbo que está entre paréntesis.

1. (querer) tú quisiste
2. (decir) usted _____
3. (hacer) nosotras _____
4. (traer) yo _____
5. (conducir) ellas _____
6. (estar) ella _____
7. (tener) tú _____
8. (dar) ella y yo _____
9. (traducir) yo _____
10. (haber) ayer _____
11. (saber) usted _____
12. (poner) ellos _____
13. (venir) yo _____
14. (poder) tú _____
15. (querer) ustedes _____
16. (estar) nosotros _____
17. (decir) tú _____
18. (saber) ellos _____
19. (hacer) él _____
20. (poner) yo _____
21. (traer) nosotras _____
22. (tener) yo _____
23. (dar) tú _____
24. (poder) ustedes _____

recursos

WB pp. 99–100

LM p. 51

vistas. vhlcentral.com Lección 9

Práctica

1 **Completar** Completa estas oraciones con el pretérito de los verbos entre paréntesis.

1. El sábado _____ (haber) una fiesta sorpresa para Elsa en mi casa.
2. Sofía _____ (hacer) un pastel para la fiesta y Miguel _____ (traer) un flan.
3. Los amigos y parientes de Elsa _____ (venir) y _____ (traer) regalos.
4. El hermano de Elsa no _____ (venir) porque _____ (tener) que trabajar.
5. Su tía María Dolores tampoco _____ (poder) venir.
6. Cuando Elsa abrió la puerta, todos gritaron: "¡Feliz cumpleaños!" y su esposo le _____ (dar) un beso.
7. Elsa no _____ (saber) cómo reaccionar (*react*). _____ (Estar) un poco nerviosa al principio, pero pronto sus amigos _____ (poner) música y ella _____ (poder) relajarse bailando con su esposo.
8. Al final de la noche, todos _____ (decir) que se divirtieron mucho.

NOTA CULTURAL

El **flan** es un postre muy popular en los países de habla hispana. Se prepara con huevos, leche y azúcar y se sirve con salsa de caramelo. Existen variedades deliciosas como el flan de chocolate o el flan de coco.

2 **Describir** En parejas, usen verbos de la lista para describir lo que estas personas hicieron. Deben dar por lo menos dos oraciones por cada dibujo.

dar	hacer	tener	traer
estar	poner	traducir	venir

1. el señor López

2. Norma

3. anoche nosotros

4. Roberto y Elena

Comunicación

3 **Preguntas** En parejas, túrnense para hacerse y responder a estas preguntas.

1. ¿Fuiste a una fiesta de cumpleaños el año pasado? ¿De quién?
2. ¿Quiénes fueron a la fiesta?
3. ¿Quién condujo el auto?
4. ¿Cómo estuvo el ambiente de la fiesta?
5. ¿Quién llevó regalos, bebidas o comida? ¿Llevaste algo especial?
6. ¿Hubo comida? ¿Quién la hizo? ¿Hubo champán?
7. ¿Qué regalo hiciste tú? ¿Qué otros regalos trajeron los invitados?
8. ¿Cuántos invitados hubo en la fiesta?
9. ¿Qué tipo de música hubo?
10. ¿Qué te dijeron algunos invitados de la fiesta?

4 **Encuesta** Tu profesor(a) va a darte una hoja de actividades. Para cada una de las actividades de la lista, encuentra a alguien que hizo esa actividad en el tiempo indicado.

modelo

traer dulces a clase

Estudiante 1: ¿Trajiste dulces a clase?

Estudiante 2: Sí, traje galletas y helado a la fiesta del fin del semestre.

Actividades	Nombres
1. ponerse un disfraz (costume) de Halloween	
2. traer dulces a clase	
3. conducir su auto a clase	
4. estar en la biblioteca ayer	
5. dar un regalo a alguien ayer	
6. poder levantarse temprano esta mañana	
7. hacer un viaje a un país hispano en el verano	
8. tener una cita anoche	
9. ir a una fiesta el fin de semana pasado	
10. tener que trabajar el sábado pasado	

Síntesis

5 **Conversación** En parejas, preparen una conversación en la que uno/a de ustedes va a visitar a su hermano/a para explicarle por qué no fue a su fiesta de graduación y para saber cómo estuvo la fiesta. Incluyan esta información en la conversación:

- cuál fue el menú
- quiénes vinieron a la fiesta y quiénes no pudieron venir
- quiénes prepararon la comida o trajeron algo
- si él/ella tuvo que preparar algo
- lo que la gente hizo antes y después de comer
- cómo lo pasaron, bien o mal

9.2 Verbs that change meaning in the preterite

ANTE TODO The verbs **conocer, saber, poder,** and **querer** change meanings when used in the preterite. Because of this, each of them corresponds to more than one verb in English, depending on its tense.

Verbs that change meaning in the preterite

Present	Preterite
conocer	
to know; to be acquainted with **Conozco** a esa pareja. *I know that couple.*	*to meet* **Conocí** a esa pareja ayer. *I met that couple yesterday.*
saber	
to know information; to know how to do something **Sabemos** la verdad. *We know the truth.*	*to find out; to learn* **Supimos** la verdad anoche. *We found out (learned) the truth last night.*
poder	
to be able; can **Podemos** hacerlo. *We can do it.*	*to manage; to succeed (could and did)* **Pudimos** hacerlo ayer. *We managed to do it yesterday.*
querer	
to want; to love **Quiero** ir, pero tengo que trabajar. *I want to go but I have to work.*	*to try* **Quise** evitarlo, pero fue imposible. *I tried to avoid it, but it was impossible.*

¡ATENCIÓN!

In the preterite, the verbs **poder** and **querer** have different meanings, depending on whether they are used in affirmative or negative sentences.

pude *I succeeded*
no pude *I failed (to)*
quise *I tried (to)*
no quise *I refused (to)*

¡INTÉNTALO! Elige la respuesta más lógica.

1. Yo no hice lo que me pidieron mis padres. ¡Tengo mis principios!
   a. No quise hacerlo. b. No supe hacerlo.
2. Hablamos por primera vez con Nuria y Ana en la boda.
   a. Las conocimos en la boda. b. Les dijimos en la boda.
3. Por fin hablé con mi hermano después de llamarlo siete veces.
   a. No quise hablar con él. b. Pude hablar con él.
4. Josefina se acostó para relajarse. Se durmió inmediatamente.
   a. Pudo relajarse. b. No pudo relajarse.
5. Después de mucho buscar, encontraste la definición en el diccionario.
   a. No supiste la respuesta. b. Supiste la respuesta.
6. Las chicas fueron a la fiesta. Cantaron y bailaron mucho.
   a. Ellas pudieron divertirse. b. Ellas no supieron divertirse.

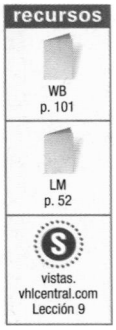

Práctica y Comunicación

1 **Carlos y Eva** Forma oraciones con los siguientes elementos. Usa el pretérito y haz todos los cambios necesarios. Al final, inventa la razón del divorcio de Carlos y Eva.

1. anoche / mi esposa y yo / saber / que / Carlos y Eva / divorciarse
2. los / conocer / viaje / isla de Pascua
3. no / poder / hablar / mucho / con / ellos / ese día
4. pero / ellos / ser / simpático / y / nosotros / hacer planes / vernos / con más / frecuencia
5. yo / poder / encontrar / su / número / teléfono / páginas / amarillo
6. (yo) querer / llamar / los / ese día / pero / no / tener / tiempo
7. cuando / los / llamar / nosotros / poder / hablar / Eva
8. nosotros / saber / razón / divorcio / después / hablar / ella
9. _____

NOTA CULTURAL

La isla de Pascua es un remoto territorio chileno situado en el océano Pacífico Sur. Sus inmensas estatuas son uno de los mayores misterios del mundo: nadie sabe cómo o por qué se crearon. Para más información, véase **Panorama**, p. 329.

2 **Completar** Completa estas frases de una manera lógica.

1. Ayer mi compañero/a de cuarto supo...
2. Esta mañana no pude...
3. Conocí a mi mejor amigo/a en...
4. Mis padres no quisieron...
5. Mi mejor amigo/a no pudo...
6. Mi novio/a y yo nos conocimos en...
7. La semana pasada supe...
8. Ayer mis amigos quisieron...

3 **Telenovela** En parejas, escriban el diálogo para una escena de una telenovela (*soap opera*). La escena trata de una situación amorosa entre tres personas: Mirta, Daniel y Raúl. Usen el pretérito de **conocer, poder, querer** y **saber** en su diálogo.

Síntesis

4 **Conversación** En una hoja de papel, escribe dos listas: las cosas que hiciste durante el fin de semana y las cosas que quisiste hacer, pero no pudiste. Luego, compara tu lista con la de un(a) compañero/a, y expliquen ambos por qué no pudieron hacer esas cosas.

9.3 ¿Qué? and ¿cuál? Tutorial

ANTE TODO You've already learned how to use interrogative words and phrases. As you know, **¿qué?** and **¿cuál?** or **¿cuáles?** mean *what?* or *which?* However, they are not interchangeable.

- **¿Qué?** is used to ask for a definition or an explanation.

  ¿**Qué** es el flan?
  What is flan?

  ¿**Qué** estudias?
  What do you study?

- **¿Cuál(es)?** is used when there is more than one possibility to choose from.

  ¿**Cuál** de los dos prefieres, el vino o el champán?
  Which of these (two) do you prefer, wine or champagne?

  ¿**Cuáles** son tus medias, las negras o las blancas?
  Which ones are your socks, the black ones or the white ones?

- **¿Cuál?** cannot be used before a noun; in this case, **¿qué?** is used.

  ¿**Qué** sorpresa te dieron tus amigos?
  What surprise did your friends give you?

  ¿**Qué** colores te gustan?
  What colors do you like?

- **¿Qué?** used before a noun has the same meaning as **¿cuál?**

  ¿**Qué regalo** te gusta?
  What (Which) gift do you like?

  ¿**Qué dulces** quieren ustedes?
  What (Which) sweets do you want?

Review of interrogative words and phrases

¿a qué hora?	*at what time?*	**¿cuántos/as?**	*how many?*
¿adónde?	*(to) where?*	**¿de dónde?**	*from where?*
¿cómo?	*how?*	**¿dónde?**	*where?*
¿cuál(es)?	*what?; which?*	**¿por qué?**	*why?*
¿cuándo?	*when?*	**¿qué?**	*what?; which?*
¿cuánto/a?	*how much?*	**¿quién(es)?**	*who?*

¡INTÉNTALO! Completa las preguntas con **¿qué?** o **¿cuál(es)?**, según el contexto.

1. ¿ Cuál de los dos te gusta más?
2. ¿ _____ es tu teléfono?
3. ¿ _____ tipo de pastel pediste?
4. ¿ _____ es una galleta?
5. ¿ _____ haces ahora?
6. ¿ _____ son tus platos favoritos?
7. ¿ _____ bebidas te gustan más?
8. ¿ _____ es esto?
9. ¿ _____ es el mejor?
10. ¿ _____ es tu opinión?
11. ¿ _____ fiestas celebras tú?
12. ¿ _____ botella de vino prefieres?
13. ¿ _____ es tu helado favorito?
14. ¿ _____ pones en la mesa?
15. ¿ _____ restaurante prefieres?
16. ¿ _____ estudiantes estudian más?
17. ¿ _____ quieres comer esta noche?
18. ¿ _____ es la sorpresa mañana?
19. ¿ _____ postre prefieres?
20. ¿ _____ opinas?

recursos
WB p. 102
LM p. 53
vistas. vhlcentral.com Lección 9

Práctica y Comunicación

1 **Completar** Tu clase de español va a crear un sitio web. Completa estas preguntas con alguna(s) palabra(s) interrogativa(s). Luego, con un(a) compañero/a, hagan y contesten las preguntas para obtener la información para el sitio web.

1. ¿_____ es la fecha de tu cumpleaños?
2. ¿_____ naciste?
3. ¿_____ es tu estado civil?
4. ¿_____ te relajas?
5. ¿_____ es tu mejor amigo/a?
6. ¿_____ cosas te hacen reír?
7. ¿_____ postres te gustan? ¿_____ te gusta más?
8. ¿_____ problemas tuviste en la primera cita con alguien?

2 **Una invitación** En parejas, lean esta invitación. Luego, túrnense para hacer y contestar preguntas con **qué** y **cuál** basadas en la información de la invitación.

modelo

Estudiante 1: ¿Cuál es el nombre del padre de la novia?
Estudiante 2: Su nombre es Fernando Sandoval Valera.

Fernando Sandoval Valera
Isabel Arzipe de Sandoval

Lorenzo Vásquez Amaral
Elena Soto de Vásquez

tienen el agrado de invitarlos
a la boda de sus hijos

María Luisa y José Antonio

La ceremonia religiosa tendrá lugar
el sábado 10 de junio a las dos de la tarde
en el Templo de Santo Domingo
(Calle Santo Domingo, 961).

Después de la ceremonia, sírvanse pasar a la recepción en el salón de baile del Hotel Metrópoli (Sotero del Río, 465).

¡LENGUA VIVA!

The word **invitar** is not always used exactly like *invite*. Sometimes, if you say **Te invito un café,** it means that you are offering to buy that person a coffee.

3 **Quinceañera** Trabaja con un(a) compañero/a. Uno/a de ustedes es el/la director(a) del salón de fiestas "Renacimiento". La otra persona es el padre/la madre de Sandra, quien quiere hacer la fiesta de quince años de su hija gastando menos de $25 por invitado. Su profesor(a) va a darles la información necesaria para confirmar la reservación.

modelo

Estudiante 1: ¿Cuánto cuestan los entremeses?
Estudiante 2: Depende. Puede escoger champiñones por 50 centavos o camarones por dos dólares.
Estudiante 1: ¡Uf! A mi hija le gustan los camarones, pero son muy caros.
Estudiante 2: Bueno, también puede escoger quesos por un dólar por invitado.

9.4 Pronouns after prepositions

Tutorial

ANTE TODO In Spanish, as in English, the object of a preposition is the noun or pronoun that follows a preposition. Observe the following diagram.

PREPOSITION	NOUN	PREPOSITION	PRONOUN
La sopa es para	Alicia	y para	él.

Prepositional pronouns

	Singular		Plural	
	mí	*me*	**nosotros/as**	*us*
	ti	*you (fam.)*	**vosotros/as**	*you (fam.)*
preposition +	**Ud.**	*you (form.)*	**Uds.**	*you (form.)*
	él	*him*	**ellos**	*them (m.)*
	ella	*her*	**ellas**	*them (f.)*

- Note that, except for **mí** and **ti,** these pronouns are the same as the subject pronouns. **¡Atención! Mí** (*me*) has an accent mark to distinguish it from the possessive adjective **mi** (*my*).
- The preposition **con** combines with **mí** and **ti** to form **conmigo** and **contigo,** respectively.

  —¿Quieres venir **conmigo** a Concepción? —Sí, gracias, me gustaría ir **contigo.**
  Do you want to come with me to Concepción? Yes, thanks, I would like to go with you.

- The preposition **entre** is followed by **tú** and **yo** instead of **ti** and **mí.**

  Papá va a sentarse **entre tú y yo**.
  Dad is going to sit between you and me.

CONSULTA
For more prepositions, refer to **Estructura 2.3,** p. 60.

¡INTÉNTALO! Completa estas oraciones con las preposiciones y los pronombres apropiados.

1. *(with him)* No quiero ir ___con él___.
2. *(for her)* Las galletas son _____.
3. *(for me)* Los mariscos son _____.
4. *(with you,* pl. form.*)* Preferimos estar _____.
5. *(with you,* sing. fam.*)* Me gusta salir _____.
6. *(with me)* ¿Por qué no quieres tener una cita _____?
7. *(for her)* La cuenta es _____.
8. *(for them,* m.*)* La habitación es muy pequeña _____.
9. *(with them,* f.*)* Anoche celebré la Navidad _____.
10. *(for you,* sing. fam.*)* Este beso es _____.
11. *(with you,* sing. fam.*)* Nunca me aburro _____.
12. *(with you,* pl. form.*)* ¡Qué bien que vamos _____!
13. *(for you,* sing. fam.*)* _____ la vida es muy fácil.
14. *(for them,* f.*)* _____ no hay sorpresas.

recursos

WB pp. 103–104

LM p. 54

vistas.vhlcentral.com Lección 9

Práctica y Comunicación

1 **Completar** David sale con sus amigos a comer. Para saber quién come qué, lee el mensaje electrónico que David le envió (*sent*) a Cecilia dos días después y completa el diálogo en el restaurante con los pronombres apropiados.

modelo

Camarero: Los camarones en salsa verde, ¿para quién son?
David: Son para ___ella___.

NOTA CULTURAL

Las **machas a la parmesana** son un plato muy típico de Chile. Se prepara con machas, un tipo de almeja (*clam*) que se encuentra en Suramérica. Las machas a la parmesana se hacen con queso parmesano, limón, sal, pimienta y mantequilla, y luego se ponen en el horno (*oven*).

Para: Cecilia | Asunto: El menú

Hola, Cecilia:
¿Recuerdas la comida del viernes? Quiero repetir el menú en mi casa el miércoles. Ahora voy a escribir lo que comimos, luego me dices si falta algún plato. Yo pedí el filete de pescado y Maribel camarones en salsa verde. Tatiana pidió un plato grandísimo de machas a la parmesana. Diana y Silvia pidieron langostas, ¿te acuerdas? Y tú, ¿qué pediste? Ah, sí, un bistec grande con papas. Héctor también pidió un bistec, pero más pequeño. Miguel pidió pollo y vino tinto para todos. Y la profesora comió ensalada verde porque está a dieta. ¿Falta algo? Espero tu mensaje. Hasta pronto. David.

CAMARERO El filete de pescado, ¿para quién es?
DAVID Es para (1)_____.
CAMARERO Aquí está. ¿Y las machas a la parmesana y las langostas?
DAVID Las machas son para (2)_____.
SILVIA Y DIANA Las langostas son para (3)_____.
CAMARERO Tengo un bistec grande...
DAVID Cecilia, es para (4)_____, ¿no es cierto? Y el bistec más pequeño es para (5)_____.
CAMARERO ¿Y la botella de vino?
MIGUEL Es para todos (6)_____, y el pollo es para (7)_____.
CAMARERO (*a la profesora*) Entonces la ensalada verde es para (8)_____.

2 **Compartir** Tu profesor(a) va a darte una hoja de actividades en la que hay un dibujo. En parejas, hagan preguntas para saber dónde está cada una de las personas en el dibujo. Ustedes tienen dos versiones diferentes de la ilustración. Al final deben saber dónde está cada persona.

modelo

Estudiante 1: *¿Quién está al lado de Óscar?*
Estudiante 2: *Alfredo está al lado de él.*

AYUDA

Here are some other useful prepositions: **al lado de, debajo de, a la derecha de, a la izquierda de, cerca de, lejos de, delante de, detrás de, entre.**

Alfredo	Dolores	Graciela	Raúl
Sra. Blanco	Enrique	Leonor	Rubén
Carlos	Sra. Gómez	Óscar	Yolanda

Concepts Diagnostics

Completa estas actividades para repasar los conceptos de gramática que aprendiste en esta lección.

1 **Completar** Completa la tabla con el pretérito de los verbos. **9 pts.**

Infinitive	yo	ella	nosotros
conducir			
hacer			
saber			

2 **Mi fiesta** Completa este mensaje electrónico con el pretérito de los verbos de la lista. Vas a usar cada verbo sólo una vez. **10 pts.**

dar	haber	tener
decir	hacer	traer
estar	poder	venir
	poner	

Hola, Omar:

Como tú no (1) _____ venir a mi fiesta de cumpleaños, quiero contarte cómo fue. El día de mi cumpleaños, muy temprano por la mañana, mis hermanos me (2) _____ una gran sorpresa: ellos (3) _____ un regalo delante de la puerta de mi habitación: ¡una bicicleta roja preciosa! Mi madre nos preparó un desayuno riquísimo. Después de desayunar, mis hermanos y yo (4) _____ que limpiar toda la casa, así que (*therefore*) no (5) _____ más celebración hasta la tarde. A las seis y media (nosotros) (6) _____ una barbacoa en el patio de la casa. Todos los invitados (7) _____ bebidas y regalos. (8) _____ todos mis amigos, excepto tú, ¡qué pena! :-(

La fiesta (9) _____ muy animada hasta las diez de la noche, cuando mis padres (10) _____ que los vecinos (*neighbors*) iban a (*were going to*) protestar y entonces todos se fueron a sus casas.

RESUMEN GRAMATICAL

9.1 Irregular preterites *pp. 310–311*

u-stem	estar poder poner saber tener	estuv- pud- pus- sup- tuv-	-e, -iste, -o, -imos, -isteis, -(i)eron
i-stem	hacer querer venir	hic- quis- vin-	
j-stem	conducir decir traducir traer	conduj- dij- traduj- traj-	

- Preterite of **dar**: **di, diste, dio, dimos, disteis, dieron**
- Preterite of **hay** (*inf.* **haber**): **hubo**

9.2 Verbs that change meaning in the preterite *p. 314*

Present	Preterite
conocer	
to know; to be acquainted with	*to meet*
saber	
to know info.; to know how to do something	*to find out; to learn*
poder	
to be able; can	*to manage; to succeed*
querer	
to want; to love	*to try*

9.3 ¿Qué? and ¿cuál? *p. 316*

- Use **¿qué?** to ask for a definition or an explanation.
- Use **¿cuál(es)?** when there is more than one possibility to choose from.
- **¿Cuál?** cannot be used before a noun; use **¿qué?** instead.
- **¿Qué?** used before a noun has the same meaning as **¿cuál?**

9.4 Pronouns after prepositions *p. 318*

Prepositional pronouns

	Singular	Plural
Preposition +	mí	nosotros/as
	ti	vosotros/as
	Ud.	Uds.
	él	ellos
	ella	ellas

► Exceptions: **conmigo, contigo, entre tú y yo**

3 **¿Presente o pretérito?** Escoge la forma correcta de los verbos en paréntesis. 6 pts.

1. Después de muchos intentos (*tries*), (podemos/pudimos) hacer una piñata.
2. —¿Conoces a Pepe?
   —Sí, lo (conozco/conocí) en tu fiesta.
3. Como no es de aquí, Cristina no (sabe/supo) mucho de las celebraciones locales.
4. Yo no (quiero/quise) ir a un restaurante grande, pero tú decides.
5. Ellos (quieren/quisieron) darme una sorpresa, pero Nina me lo dijo todo.
6. Mañana se terminan las vacaciones; por fin (podemos/pudimos) volver a la escuela.

4 **Preguntas** Escribe una pregunta para cada respuesta con los elementos dados. Empieza con **qué**, **cuál** o **cuáles** de acuerdo con el contexto y haz los cambios necesarios. 8 pts.

1. —¿? / pastel / querer —Quiero el pastel de chocolate.
2. —¿? / ser / sangría —La sangría es una bebida típica española.
3. —¿? / ser / restaurante favorito —Mis restaurantes favoritos son Dalí y Jaleo.
4. —¿? / ser / dirección electrónica —Mi dirección electrónica es paco@email.com.

5 **¿Dónde me siento?** Completa la conversación con los pronombres apropiados. 7 pts.

JUAN A ver, te voy a decir dónde te vas a sentar. Manuel, ¿ves esa silla? Es para _____. Y esa otra silla es para tu novia, que todavía no está aquí.

MANUEL Muy bien, yo la reservo para _____.

HUGO ¿Y esta silla es para _____ (*me*)?

JUAN No, Hugo. No es para _____. Es para Carmina, que viene con Julio.

HUGO No, Carmina y Julio no pueden venir. Hablé con _____ y me avisaron.

JUAN Pues ellos se lo pierden (*it's their loss*). ¡Más comida para _____ (*us*)!

CAMARERO Aquí tienen el menú. Les doy un minuto y enseguida estoy con _____.

6 **Cumpleaños feliz** Escribe cinco oraciones que describan cómo celebraste tu último cumpleaños. Usa el pretérito y los pronombres que aprendiste en esta lección. 10 pts.

7 **Poema** Completa este fragmento del poema *Elegía nocturna* de Carlos Pellicer con el pretérito de los verbos entre paréntesis. ¡2 puntos EXTRA!

"Ay de mi corazón° que nadie _____ (querer)
tomar de entre mis manos desoladas.
Tú _____ (venir) a mirar sus llamaradas°
y le miraste arder° claro° y sereno."

corazón *heart* llamaradas *flames* arder *to burn* claro *clear*

Lectura

Antes de leer

Estrategia

Recognizing word families

Recognizing root words can help you guess the meaning of words in context, ensuring better comprehension of a reading selection. Using this strategy will enrich your Spanish vocabulary as you will see below.

Examinar el texto

Familiarízate con el texto usando las estrategias de lectura más efectivas para ti. ¿Qué tipo de documento es? ¿De qué tratan° las cuatro secciones del documento? Explica tus respuestas.

Raíces°

Completa el siguiente cuadro° para ampliar tu vocabulario. Usa palabras de la lectura de esta lección y vocabulario de las lecciones anteriores. ¿Qué significan las palabras que escribiste en el cuadro?

Verbos	Sustantivos	Otras formas
1. agradecer *to thank, to be grateful for*	*agradecimiento/ gracias gratitude/thanks*	*agradecido grateful, thankful*
2. estudiar	_____	_____
3. _____	_____	celebrado
4. _____	baile	_____
5. bautizar	_____	_____

¿De qué tratan...? *What are... about?* Raíces *Roots* cuadro *chart*

Vida social

Matrimonio

Espinoza Álvarez-Reyes Salazar

El día sábado 17 de junio a las 19 horas, se celebró el matrimonio de Silvia Reyes y Carlos Espinoza en la catedral de Santiago. La ceremonia fue oficiada por el pastor Federico Salas y participaron los padres de los novios, el señor Jorge Espinoza y señora y el señor José Alfredo Reyes y señora. Después de la ceremonia, los padres de los recién casados ofrecieron una fiesta bailable en el restaurante La Misión.

Bautismo

José María recibió el bautismo el 26 de junio.

Sus padres, don Roberto Lagos Moreno y doña María Angélica Sánchez, compartieron la alegría de la fiesta con todos sus parientes y amigos. La ceremonia religiosa tuvo lugar° en la catedral de Aguas Blancas. Después de la ceremonia, padres, parientes y amigos celebraron una fiesta en la residencia de la familia Lagos.

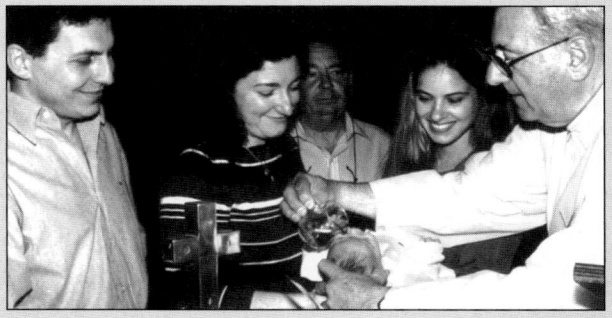

32B

Fiesta de quince años

El doctor don Amador Larenas Fernández y la señora Felisa Vera de Larenas celebraron los quince años de su hija Ana Ester junto a sus parientes y amigos. La quinceañera reside en la ciudad de Valparaíso y es estudiante del Colegio Francés. La fiesta de presentación en sociedad de la señorita Ana Ester fue el día viernes 2 de mayo a las 19 horas en el Club Español. Entre los invitados especiales asistieron el alcalde° de la ciudad, don Pedro Castedo, y su esposa. La música estuvo a cargo de la Orquesta Americana. ¡Feliz cumpleaños, le deseamos a la señorita Ana Ester en su fiesta bailable!

Expresión de gracias
Carmen Godoy Tapia

Agradecemos° sinceramente a todas las personas que nos acompañaron en el último adiós a nuestra apreciada esposa, madre, abuela y tía, la señora Carmen Godoy Tapia. El funeral tuvo lugar el día 28 de junio en la ciudad de Viña del Mar. La vida de Carmen Godoy fue un ejemplo de trabajo, amistad, alegría y amor para todos nosotros. Su esposo, hijos y familia agradecen de todo corazón° su asistencia° al funeral a todos los parientes y amigos.

tuvo lugar *took place* alcalde *mayor* Agradecemos *We thank* de todo corazón *sincerely* asistencia *attendance*

Después de leer

Corregir
Escribe estos comentarios otra vez para corregir la información errónea.

1. El alcalde y su esposa asistieron a la boda de Silvia y Carlos.
2. Todos los anuncios (*announcements*) describen eventos felices.
3. Felisa Vera de Larenas cumple quince años.
4. Roberto Lagos y María Angélica Sánchez son hermanos.
5. Carmen Godoy Tapia les dio las gracias a las personas que asistieron al funeral.

Identificar
Escribe el nombre de la(s) persona(s) descrita(s) (*described*).

1. Dejó viudo a su esposo el 28 de junio.
2. Sus padres y todos los invitados brindaron por él, pero él no entendió por qué.
3. El Club Español les presentó una cuenta considerable.
4. Unió a los novios en santo matrimonio.
5. Su fiesta de cumpleaños se celebró en Valparaíso.

Un anuncio
Trabajen en grupos pequeños para inventar un anuncio breve sobre una celebración importante. Puede ser una graduación, un matrimonio o una gran fiesta en la que ustedes participan. Incluyan la siguiente información.

1. nombres de los participantes
2. la fecha, la hora y el lugar
3. qué se celebra
4. otros detalles de interés

Escritura

Estrategia

Planning and writing a comparative analysis

Writing any kind of comparative analysis requires careful planning. Venn diagrams are useful for organizing your ideas visually before comparing and contrasting people, places, objects, events, or issues. To create a Venn diagram, draw two circles that overlap one another and label the top of each circle. List the differences between the two elements in the outer rings of the two circles, then list their similarities where the two circles overlap. Review the following example.

Diferencias y similitudes

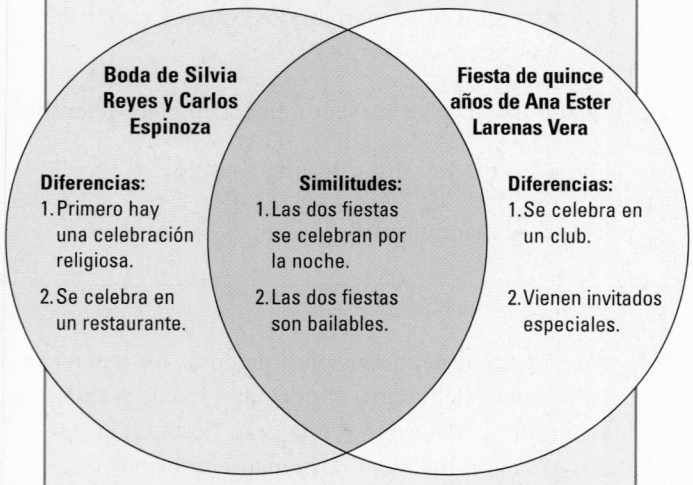

La lista de palabras y expresiones a la derecha puede ayudarte a escribir este tipo de ensayo (*essay*).

Tema

Escribir una composición

Compara una celebración familiar (como una boda, una fiesta de cumpleaños o una graduación) a la que tú asististe recientemente con otro tipo de celebración. Utiliza palabras y expresiones de esta lista.

Para expresar similitudes

además; también	*in addition; also*
al igual que	*the same as*
como	*as; like*
de la misma manera	*in the same manner (way)*
del mismo modo	*in the same manner (way)*
tan + [*adjetivo*] + como	*as +* [adjective] *+ as*
tanto/a(s) + [*sustantivo*] + como	*as many/much +* [noun] *+ as*

Para expresar diferencias

a diferencia de	*unlike*
a pesar de	*in spite of*
aunque	*although*
en cambio	*on the other hand*
más/menos... que	*more/less . . . than*
no obstante	*nevertheless; however*
por el contrario	*on the contrary*
por otro lado	*on the other hand*
sin embargo	*nevertheless; however*

Escuchar

Audio: Activities

Estrategia

Guessing the meaning of words through context

When you hear an unfamiliar word, you can often guess its meaning by listening to the words and phrases around it.

To practice this strategy, you will now listen to a paragraph. Jot down the unfamiliar words that you hear. Then listen to the paragraph again and jot down the word or words that give the most useful clues to the meaning of each unfamiliar word.

Preparación

Lee la invitación. ¿De qué crees que van a hablar Rosa y Josefina?

Margarita Robles de García
y Roberto García Olmos

Piden su presencia en la celebración
del décimo aniversario de bodas
el día 13 de marzo
con una misa en la Iglesia Virgen del Coromoto
a las 6:30

seguida por cena y baile
en el restaurante El Campanero,
Calle Principal, Las Mercedes
a las 8:30

Ahora escucha

Ahora escucha la conversación entre Josefina y Rosa. Cuando oigas una de las palabras de la columna A, usa el contexto para identificar el sinónimo o la definición en la columna B.

A	B
____ 1. festejar	a. conmemoración religiosa de una muerte
____ 2. dicha	b. tolera
____ 3. bien parecido	c. suerte
____ 4. finge (fingir)	d. celebrar
____ 5. soporta (soportar)	e. me divertí
____ 6. yo lo disfruté (disfrutar)	f. horror
	g. crea una ficción
	h. guapo

Comprensión

¿Cierto o falso?

Lee cada oración e indica si lo que dice es **cierto** o **falso**. Corrige las oraciones falsas.

1. No invitaron a mucha gente a la fiesta de Margarita y Roberto porque ellos no conocen a muchas personas.
2. Algunos fueron a la fiesta con pareja y otros fueron sin compañero/a.
3. Margarita y Roberto decidieron celebrar el décimo aniversario porque no hicieron una fiesta el día de su boda.
4. Rafael les parece interesante a Rosa y a Josefina.
5. Josefina se divirtió mucho en la fiesta porque bailó toda la noche con Rafael.

Preguntas

Responde a estas preguntas con oraciones completas.

1. ¿Son solteras Rosa y Josefina? ¿Cómo lo sabes?
2. ¿Tienen las chicas una amistad de mucho tiempo con la pareja que celebra su aniversario? ¿Cómo lo sabes?

En pantalla

Desfiles°, música, asados°, fuegos artificiales° y baile son los elementos de una buena fiesta. ¿Celebrar durante toda una semana? ¡Eso sí que es una fiesta espectacular! El 18 de septiembre Chile conmemora su independencia de España y los chilenos demuestran su orgullo° nacional durante una semana llena de celebraciones. Durante las Fiestas Patrias° casi todas las oficinas° y escuelas se cierran para que la gente se reúna° a festejar. Desfiles y rodeos representan la tradición de los vaqueros° del país, y la gente baila cueca, el baile nacional. Las familias y los amigos se reúnen para preparar y disfrutar platos tradicionales como las empanadas y asados. Otra de las tradiciones de estas fiestas es hacer volar cometas°, llamadas volantines. Mira el video para descubrir cómo se celebran otras fiestas en Chile.

Vocabulario útil

conejo	*bunny*
disfraces	*costumes*
mariscal	*traditional Chilean soup with raw seafood*
sustos	*frights*
vieja (Chi.)	*mother*

Seleccionar

Selecciona la palabra que no está relacionada con cada grupo.

1. disfraces • noviembre • arbolito • sustos
2. volantines • arbolito • regalos • diciembre
3. conejo • enero • huevitos • chocolates
4. septiembre • volantines • disfraces • asado

Fiesta

Trabajen en grupos de tres. Imaginen que van a organizar una fiesta para celebrar el 4 de julio. Escriban una invitación electrónica para invitar a sus parientes y amigos a la fiesta. Describan los planes que tienen para la fiesta y díganles a sus amigos qué tiene que traer cada uno.

Desfiles/Paradas *Parades* asados *barbecues* fuegos artificiales *fireworks* orgullo *pride* Fiestas Patrias *Independence Day celebrations* oficinas *offices* se reúna *would get together* vaqueros *cowboys* cometas/volantines *kites*

Fiestas patrias: Chilevisión

Noviembre: disfraces°, dulces...

Mayo: besito, tarjeta, tecito con la mamá...

Septiembre... Septiembre: familia, parada militar...

Video: TV Clip

Practice more at **vistas.vhlcentral.com.**

El Día de los Reyes Magos* es una celebración muy popular en muchos países hispanos. No sólo es el día en que los reyes les traen regalos a los niños, también es una fiesta llena° de tradiciones. La tarde del 5 de enero, en muchas ciudades como Barcelona, España, se hace un desfile° en que los reyes regalan dulces a los niños y reciben sus cartas° con peticiones. Esa noche, antes de irse a dormir, los niños deben dejar un zapato junto a la ventana° y un bocado° para los reyes. En Puerto Rico, por ejemplo, los niños ponen una caja con hierba° bajo su cama para alimentar a los camellos° de los reyes.

Vocabulario útil

los cabezudos	*carnival figures with large heads*
los carteles	*posters*
fiesta de pueblo	*popular celebration*
santos de palo	*wooden saints*

Preparación

¿Se celebra la Navidad en tu país? ¿Qué otras fiestas importantes se celebran? En cada caso, ¿cuántos días dura la fiesta? ¿Cuáles son las tradiciones y actividades típicas? ¿Hay alguna comida típica en esa celebración?

Elegir

Indica cuál de las dos opciones resume mejor este episodio.

a. Las Navidades puertorriqueñas son las más largas y terminan después de las fiestas de la calle San Sebastián. Esta fiesta de pueblo se celebra con baile, música y distintas expresiones artísticas típicas.

b. En la celebración de las Navidades puertorriqueñas, los cabezudos son una tradición de España y son el elemento más importante de la fiesta. A la gente le gusta bailar y hacer procesiones por la noche.

** According to the Christian tradition, the Three Wise Men were the three kings that traveled to Bethlehem after the birth of Baby Jesus, carrying with them gifts of gold, frankincense and myrrh to pay him homage.*

llena *full* desfile *parade* cartas *letters* ventana *window* bocado *snack* hierba *grass* alimentar los camellos *feed the camels*

Las fiestas

Los cabezudos son una tradición [...] de España.

Hay mucha gente y mucho arte.

Es una fiesta de pueblo... una tradición. Vengo todos los años.

Video: *Flash cultura*

Practice more at **vistas.vhlcentral.com.**

Video: *Panorama cultural*
Interactive map

Chile

El país en cifras

- **Área:** 756.950 km² (292.259 millas²), *dos veces el área de Montana*
- **Población:** 17.926.000
  Aproximadamente el 80 por ciento de la población del país es urbana.
- **Capital:** Santiago de Chile—6.237.000
- **Ciudades principales:** Valparaíso—911.000, Concepción, Viña del Mar, Temuco

SOURCE: Population Division, UN Secretariat

- **Moneda:** peso chileno
- **Idiomas:** español (oficial), mapuche

Bandera de Chile

Chilenos célebres

- **Bernardo O'Higgins,** militar° y héroe nacional (1778–1842)
- **Gabriela Mistral,** Premio Nobel de Literatura, 1945; poeta y diplomática (1889–1957)
- **Pablo Neruda,** Premio Nobel de Literatura, 1971; poeta (1904–1973)
- **Isabel Allende,** novelista (1942–)

Pablo Neruda

El puerto de Valparaíso

Torres del Paine

La costa de Viña del Mar

Edificio antiguo en Santiago

Una celebración en Temuco

recursos

WB	VM	vistas.vhlcentral.com
pp. 105–106	pp. 265–266	Lección 9

militar *soldier* terremoto *earthquake* heridas *wounded*
hogar *home* desierto *desert* el más seco *the driest* mundo *world*
han tenido *have had* ha sido usado *has been used* Marte *Mars*

¡Increíble pero cierto!

El desierto° de Atacama, en el norte de Chile, es el más seco° del mundo°. Con más de cien mil km² de superficie, algunas zonas de este desierto nunca han tenido° lluvia. Atacama ha sido usado° como escenario para representar a Marte° en películas y series de televisión.

Lugares • La isla de Pascua

La isla de Pascua° recibió ese nombre porque los exploradores holandeses° llegaron a la isla por primera vez el día de Pascua de 1722. Ahora es parte del territorio de Chile. La isla de Pascua es famosa por los *moái,* estatuas enormes que representan personas con rasgos° muy exagerados. Estas estatuas las construyeron los *rapa nui,* los antiguos habitantes de la zona. Todavía no se sabe mucho sobre los *rapa nui,* ni tampoco se sabe por qué decidieron abandonar la isla.

Deportes • Los deportes de invierno

Hay muchos lugares para practicar deportes de invierno en Chile porque las montañas nevadas de los Andes ocupan gran parte del país. El Parque Nacional Villarrica, por ejemplo, situado al pie de un volcán y junto a° un lago, es un sitio popular para el esquí y el *snowboard.* Para los que prefieren deportes más extremos, el centro de esquí Valle Nevado organiza excursiones para practicar heliesquí.

Ciencias • Astronomía

Los observatorios chilenos, situados en los Andes, son lugares excelentes para las observaciones astronómicas. Científicos° de todo el mundo van a Chile para estudiar las estrellas° y otros cuerpos celestes. Hoy día Chile está construyendo nuevos observatorios y telescopios para mejorar las imágenes del universo.

Economía • El vino

La producción de vino comenzó en Chile en el siglo° XVI. Ahora la industria del vino constituye una parte importante de la actividad agrícola del país y la exportación de sus productos está aumentando° cada vez más. Los vinos chilenos son muy apreciados internacionalmente por su gran variedad, sus ricos y complejos sabores° y su precio moderado. Los más conocidos son los vinos de Aconcagua y del valle del Maipo.

¿Qué aprendiste? Responde a cada pregunta con una oración completa.

1. ¿Qué porcentaje (*percentage*) de la población chilena es urbana?
2. ¿Qué son los *moái*? ¿Dónde están?
3. ¿Qué deporte extremo ofrece el centro de esquí Valle Nevado?
4. ¿Por qué van a Chile científicos de todo el mundo?
5. ¿Cuándo comenzó la producción de vino en Chile?
6. ¿Por qué son apreciados internacionalmente los vinos chilenos?

Conexión Internet Investiga estos temas en **vistas.vhlcentral.com.**

1. Busca información sobre Pablo Neruda e Isabel Allende. ¿Dónde y cuándo nacieron? ¿Cuáles son algunas de sus obras (*works*)? ¿Cuáles son algunos de los temas de sus obras?
2. Busca información sobre sitios donde los chilenos y los turistas practican deportes de invierno en Chile. Selecciona un sitio y descríbeselo a tu clase.

Practice more at **vistas.vhlcentral.com.**

La isla de Pascua *Easter Island* holandeses *Dutch* rasgos *features* junto a *beside* Científicos *Scientists* estrellas *stars* siglo *century* aumentando *increasing* complejos sabores *complex flavors*

Las celebraciones

el aniversario (de bodas)	*(wedding) anniversary*
la boda	*wedding*
el cumpleaños	*birthday*
el día de fiesta	*holiday*
la fiesta	*party*
el/la invitado/a	*guest*
la Navidad	*Christmas*
la quinceañera	*young woman celebrating her fifteenth birthday*
la sorpresa	*surprise*
brindar	*to toast* (drink)
celebrar	*to celebrate*
divertirse (e:ie)	*to have fun*
invitar	*to invite*
pasarlo bien/mal	*to have a good/bad time*
regalar	*to give* (a gift)
reírse (e:i)	*to laugh*
relajarse	*to relax*
sonreír (e:i)	*to smile*
sorprender	*to surprise*

Los postres y otras comidas

la botella (de vino)	*bottle (of wine)*
el champán	*champagne*
los dulces	*sweets; candy*
el flan (de caramelo)	*baked (caramel) custard*
la galleta	*cookie*
el helado	*ice cream*
el pastel (de chocolate)	*(chocolate) cake; pie*
el postre	*dessert*

Las relaciones personales

la amistad	*friendship*
el amor	*love*
el divorcio	*divorce*
el estado civil	*marital status*
el matrimonio	*marriage*
la pareja	*(married) couple; partner*
el/la recién casado/a	*newlywed*
casarse (con)	*to get married (to)*
comprometerse (con)	*to get engaged (to)*
divorciarse (de)	*to get divorced (from)*
enamorarse (de)	*to fall in love (with)*
llevarse bien/mal (con)	*to get along well/ badly (with)*
odiar	*to hate*
romper (con)	*to break up (with)*
salir (con)	*to go out (with); to date*
separarse (de)	*to separate (from)*
tener una cita	*to have a date; to have an appointment*
casado/a	*married*
divorciado/a	*divorced*
juntos/as	*together*
separado/a	*separated*
soltero/a	*single*
viudo/a	*widower/widow*

Las etapas de la vida

la adolescencia	*adolescence*
la edad	*age*
el estado civil	*marital status*
las etapas de la vida	*the stages of life*
la juventud	*youth*
la madurez	*maturity; middle age*
la muerte	*death*
el nacimiento	*birth*
la niñez	*childhood*
la vejez	*old age*
cambiar (de)	*to change*
graduarse (de/en)	*to graduate (from/in)*
jubilarse	*to retire (from work)*
nacer	*to be born*

Palabras adicionales

la alegría	*happiness*
el beso	*kiss*
conmigo	*with me*
contigo	*with you*
¡Felicidades!/ ¡Felicitaciones!	*Congratulations!*
¡Feliz cumpleaños!	*Happy birthday!*

Expresiones útiles	*See page 305.*

recursos

LM p. 54	vistas.vhlcentral.com Lección 9

Audio: Vocabulary

En el consultorio 10

Communicative Goals

You will learn how to:

- **Describe how you feel physically**
- **Talk about health and medical conditions**

contextos

pages 332–335
- Health and medical terms
- Parts of the body
- Symptoms and medical conditions
- Health professions

fotonovela

pages 336–339
While out with a friend, Jimena comes down with a bug. Despite medical remedies from friends and family, she still needs to see a doctor.

cultura

pages 340–341
- Health services in Spanish-speaking countries
- Healers and shamans

estructura

pages 342–357
- The imperfect tense
- The preterite and the imperfect
- Constructions with **se**
- Adverbs
- **Recapitulación**

adelante

pages 358–365
Lectura: An interview with Carla Baron
Escritura: A past experience
Escuchar: A phone conversation
En pantalla
Flash cultura
Panorama: Costa Rica

A PRIMERA VISTA

- **¿Están en una farmacia o en un hospital?**
- **¿El hombre es médico o dentista?**
- **¿Qué hace él, una operación o un examen médico?**
- **¿Crees que la paciente está nerviosa?**

En el consultorio

Más vocabulario

la clínica	*clinic*
el consultorio	*doctor's office*
el/la dentista	*dentist*
el examen médico	*physical exam*
la farmacia	*pharmacy*
el hospital	*hospital*
la operación	*operation*
la sala de emergencia(s)	*emergency room*
el cuerpo	*body*
el oído	*(sense of) hearing; inner ear*
el accidente	*accident*
la salud	*health*
el síntoma	*symptom*
caerse	*to fall (down)*
darse con	*to bump into; to run into*
doler (o:ue)	*to hurt*
enfermarse	*to get sick*
estar enfermo/a	*to be sick*
poner una inyección	*to give an injection*
recetar	*to prescribe*
romperse (la pierna)	*to break (one's leg)*
sacar(se) un diente	*to have a tooth removed*
sufrir una enfermedad	*to suffer an illness*
torcerse (o:ue) (el tobillo)	*to sprain (one's ankle)*
toser	*to cough*

Variación léxica

gripe	⟷	gripa (*Col., Gua., Méx.*)
resfriado	⟷	catarro (*Cuba, Esp., Gua.*)
sala de emergencia(s)	⟷	sala de urgencias (*Arg., Col., Esp., Méx.*)
romperse	⟷	quebrarse (*Arg., Gua.*)

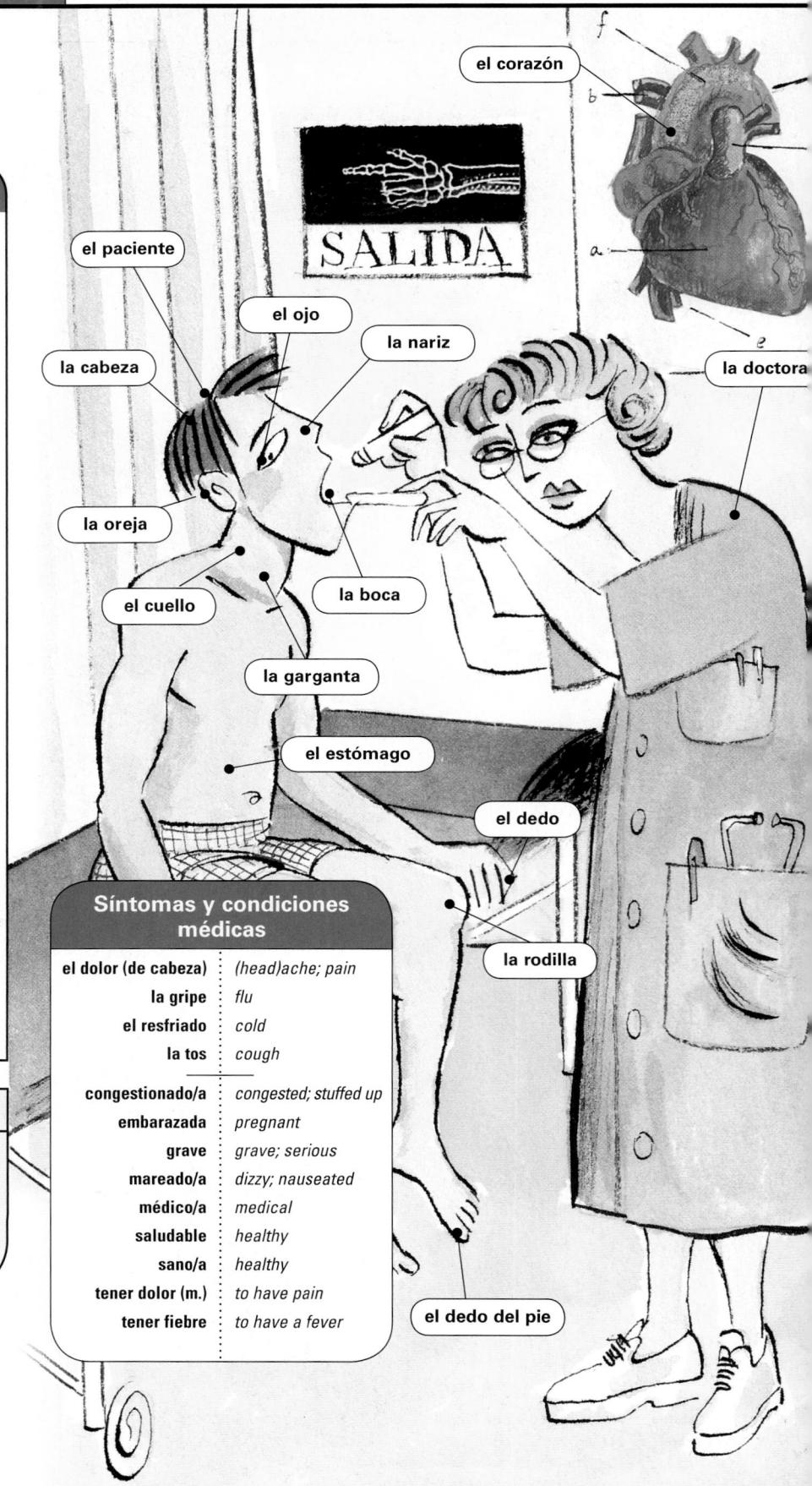

Síntomas y condiciones médicas

el dolor (de cabeza)	*(head)ache; pain*
la gripe	*flu*
el resfriado	*cold*
la tos	*cough*
congestionado/a	*congested; stuffed up*
embarazada	*pregnant*
grave	*grave; serious*
mareado/a	*dizzy; nauseated*
médico/a	*medical*
saludable	*healthy*
sano/a	*healthy*
tener dolor (m.)	*to have pain*
tener fiebre	*to have a fever*

recursos

WB	LM	vistas.vhlcentral.com
pp. 109–110	p. 55	Lección 10

Práctica

1 **Escuchar** Escucha las preguntas y selecciona la respuesta más adecuada.

a. Tengo dolor de cabeza y fiebre.
b. No fui a la clase porque estaba (*I was*) enfermo.
c. Me caí la semana pasada jugando al tenis.
d. Debes ir a la farmacia.
e. Porque tengo gripe.
f. Sí, tengo mucha tos por las noches.
g. Lo llevaron directamente a la sala de emergencia.
h. No sé. Todavía tienen que tomarme la temperatura.

1. _____ 3. _____ 5. _____ 7. _____
2. _____ 4. _____ 6. _____ 8. _____

2 **Seleccionar** Escucha la conversación entre Daniel y su doctor y selecciona la respuesta que mejor complete cada oración.

1. Daniel cree que tiene ____.
   a. gripe b. un resfriado c. la temperatura alta
2. A Daniel le duele la cabeza, estornuda, tose y ____.
   a. se cae b. tiene fiebre c. está congestionado
3. El doctor le ____.
   a. pone una inyección b. toma la temperatura
   c. mira el oído
4. A Daniel no le gustan ____.
   a. las inyecciones b. los antibióticos c. las visitas al doctor
5. El doctor dice que Daniel tiene ____.
   a. gripe b. un resfriado c. fiebre
6. Después de la consulta Daniel va a ____.
   a. la sala de emergencia b. la clínica c. la farmacia

3 **Completar** Completa las oraciones con una palabra de la misma familia de la palabra subrayada. Usa la forma correcta de cada palabra.

1. Cuando oyes algo, usas el _____.
2. Cuando te enfermas, te sientes _____ y necesitas ir al consultorio para ver a la _____.
3. ¿Alguien _____? Creo que oí un estornudo (*sneeze*).
4. No puedo arrodillarme (*kneel down*) porque me lastimé la _____ en un accidente de coche.
5. ¿Vas al _____ para consultar al médico?
6. Si te rompes un diente, vas al _____.

4 **Contestar** Mira el dibujo y contesta las preguntas.

1. ¿Qué hace la doctora?
2. ¿Qué hay en la pared (*wall*)?
3. ¿Qué hace la enfermera?
4. ¿Qué hace el paciente?
5. ¿A quién le duele la garganta?
6. ¿Qué tiene la paciente?

La medicina

el antibiótico	*antibiotic*
la aspirina	*aspirin*
la pastilla	*pill; tablet*
la receta	*prescription*

5 **Asociaciones** Trabajen en parejas para identificar las partes del cuerpo que ustedes asocian con estas actividades. Sigan el modelo.

modelo

nadar

Estudiante 1: Usamos los brazos para nadar.

Estudiante 2: Usamos las piernas también.

1. hablar por teléfono
2. tocar el piano
3. correr en el parque
4. escuchar música
5. ver una película
6. toser
7. llevar zapatos
8. comprar perfume
9. estudiar biología
10. comer pollo asado

AYUDA

Remember that in Spanish, parts of the body are usually referred to with an article and not a possessive adjective: **Me duelen los pies.** The indirect object pronoun **me** is used to express the concept of *my*.

6 **Cuestionario** Contesta el cuestionario seleccionando las respuestas que reflejen mejor tus experiencias. Suma (*Add*) los puntos de cada respuesta y anota el resultado. Después, con el resto de la clase, compara y analiza los resultados del cuestionario y comenta lo que dicen de la salud y de los hábitos de todo el grupo.

¿Tienes buena salud?

27–30 puntos	Salud y hábitos excelentes
23–26 puntos	Salud y hábitos buenos
22 puntos o menos	Salud y hábitos problemáticos

1. ¿Con qué frecuencia te enfermas? (resfriados, gripe, etc.)
Cuatro veces por año o más. (1 punto)
Dos o tres veces por año. (2 puntos)
Casi nunca. (3 puntos)

2. ¿Con qué frecuencia tienes dolores de estómago o problemas digestivos?
Con mucha frecuencia. (1 punto)
A veces. (2 puntos)
Casi nunca. (3 puntos)

3. ¿Con qué frecuencia sufres de dolores de cabeza?
Frecuentemente. (1 punto)
A veces. (2 puntos)
Casi nunca. (3 puntos)

4. ¿Comes verduras y frutas?
No, casi nunca como verduras ni frutas. (1 punto)
Sí, a veces. (2 puntos)
Sí, todos los días. (3 puntos)

5. ¿Eres alérgico/a a algo?
Sí, a muchas cosas. (1 punto)
Sí, a algunas cosas. (2 puntos)
No. (3 puntos)

6. ¿Haces ejercicios aeróbicos?
No, casi nunca hago ejercicios aeróbicos. (1 punto)
Sí, a veces. (2 puntos)
Sí, con frecuencia. (3 puntos)

7. ¿Con qué frecuencia te haces un examen médico?
Nunca o casi nunca. (1 punto)
Cada dos años. (2 puntos)
Cada año y/o antes de empezar a practicar un deporte. (3 puntos)

8. ¿Con qué frecuencia vas al dentista?
Nunca voy al dentista. (1 punto)
Sólo cuando me duele un diente. (2 puntos)
Por lo menos una vez por año. (3 puntos)

9. ¿Qué comes normalmente por la mañana?
No como nada por la mañana. (1 punto)
Tomo una bebida dietética. (2 puntos)
Como cereal y fruta. (3 puntos)

10. ¿Con qué frecuencia te sientes mareado/a?
Frecuentemente. (1 punto)
A veces. (2 puntos)
Casi nunca. (3 puntos)

Comunicación

7 **¿Qué les pasó?** Trabajen en un grupo de dos o tres personas. Hablen de lo que les pasó y de cómo se sienten las personas que aparecen en los dibujos.

1. Adela

2. Francisco

3. Pilar

4. Pedro

5. Cristina

6. Félix

8 **Un accidente** Cuéntale a la clase de un accidente o una enfermedad que tuviste. Incluye información que conteste estas preguntas.

- ✓ ¿Qué ocurrió?
- ✓ ¿Dónde ocurrió?
- ✓ ¿Cuándo ocurrió?
- ✓ ¿Cómo ocurrió?
- ✓ ¿Quién te ayudó y cómo?
- ✓ ¿Tuviste algún problema después del accidente o después de la enfermedad?
- ✓ ¿Cuánto tiempo tuviste el problema?

9 **Crucigrama** Tu profesor(a) les va a dar a ti y a un(a) compañero/a un crucigrama *(crossword)* incompleto. Tú tienes las palabras que necesita tu compañero/a y él/ella tiene las palabras que tú necesitas. Tienen que darse pistas para completarlo. No pueden decir la palabra necesaria; deben utilizar definiciones, ejemplos y frases.

modelo

10 horizontal: La usamos para hablar.
14 vertical: Es el médico que examina los dientes.

¡Qué dolor!

Jimena no se siente bien y tiene que ir al doctor.

PERSONAJES **ELENA** **JIMENA**

Video: *Fotonovela*
Record and Compare

ELENA ¿Cómo te sientes?

JIMENA Me duele un poco la garganta. Pero no tengo fiebre.

ELENA Creo que tienes un resfriado. Te voy a llevar a casa.

ELENA ¿Don Diego ya fue a la farmacia? ¿Cuánto tiempo hace que lo llamaste?

JIMENA Hace media hora. Ay, qué cosas, de niña apenas me enfermaba. No perdí ni un solo día de clases.

ELENA Yo tampoco.

ELENA Nunca tenía resfriados, pero me rompí el brazo dos veces. Mi hermana y yo estábamos paseando en bicicleta y casi me di con un señor que caminaba por la calle. Me caí y me rompí el brazo.

JIMENA ¿Qué es esto?

ELENA Es té de jengibre. Cuando me dolía el estómago, mi mamá siempre me hacía tomarlo. Se dice que es bueno para el dolor de estómago.

JIMENA Pero no me duele el estómago.

JIMENA Hola, don Diego. Gracias por venir.

DON DIEGO Fui a la farmacia. Aquí están las pastillas para el resfriado. Se debe tomar una cada seis horas con las comidas. Y no se deben tomar más de seis pastillas al día.

(*La Sra. Díaz llama a Jimena.*)

JIMENA Hola, mamá. Don Diego me trajo los medicamentos... ¿Al doctor? ¿Estás segura? Allá nos vemos. (*A Elena*) Mi mamá ya hizo una cita para mí con el Dr. Meléndez.

DON DIEGO

SRA. DÍAZ

DR. MELÉNDEZ

SRA. DÍAZ ¿Te pusiste un suéter anoche?

JIMENA No, mamá. Se me olvidó.

SRA. DÍAZ Doctor, esta jovencita salió anoche, se le olvidó ponerse un suéter y parece que le dio un resfriado.

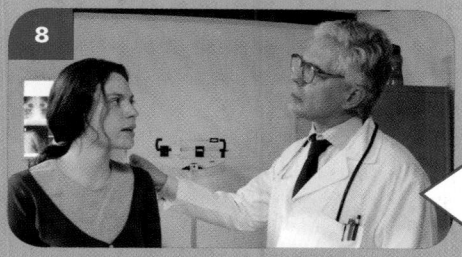

DR. MELÉNDEZ Jimena, ¿cuáles son tus síntomas?

JIMENA Toso con frecuencia y me duele la garganta.

DR. MELÉNDEZ ¿Cuánto tiempo hace que tienes estos síntomas?

JIMENA Hace dos días que me duele la garganta.

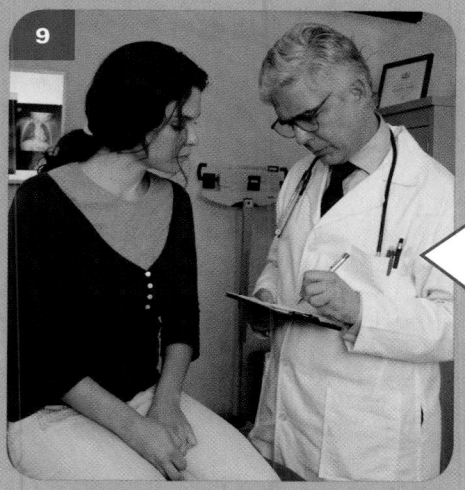

DR. MELÉNDEZ Muy bien. Aquí no tienes infección. No tienes fiebre. Te voy a mandar algo para la garganta. Puedes ir por los medicamentos inmediatamente a la farmacia.

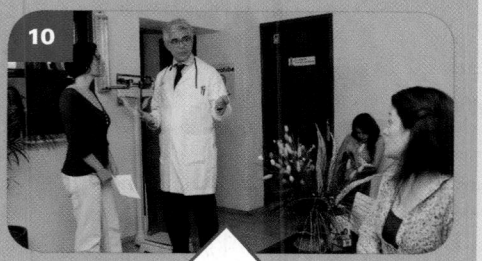

SRA. DÍAZ Doctor, ¿cómo está? ¿Es grave?

DR. MELÉNDEZ No, no es nada grave. Jimena, la próxima vez, escucha a tu mamá. ¡Tienes que usar suéter!

Expresiones útiles

Discussing medical conditions

¿Cómo te sientes?
How do you feel?
Me duele un poco la garganta.
My throat hurts a little.
No me duele el estómago.
My stomach doesn't hurt.
De niño/a apenas me enfermaba.
As a child, I rarely got sick.
¡Soy alérgico/a a chile!
I'm allergic to chili powder!

Discussing remedies

Se dice que el té de jengibre es bueno para el dolor de estómago.
They say ginger tea is good for stomach aches.
Aquí están las pastillas para el resfriado.
Here are the pills for your cold.
Se debe tomar una cada seis horas.
You should take one every six hours.

Expressions with **hacer**

Hace + [*period of time*] **que** + [*present /preterite*]
¿Cuánto tiempo hace que tienes estos síntomas?
How long have you had these symptoms?
Hace dos días que me duele la garganta.
My throat has been hurting for two days.
¿Cuánto tiempo hace que lo llamaste?
How long has it been since you called him?
Hace media hora.
It's been a half hour (since I called).

Additional vocabulary

canela *cinnamon*
miel *honey*
terco *stubborn*

recursos
VM pp. 231–232
vistas.vhlcentral.com Lección 10

¿Qué pasó?

1 **¿Cierto o falso?** Decide si lo que dicen estas oraciones sobre Jimena es **cierto** o **falso**. Corrige las oraciones falsas.

	Cierto	Falso
1. Dice que de niña apenas se enfermaba.	❍	❍
2. Tiene dolor de garganta y fiebre.	❍	❍
3. Olvidó ponerse un suéter anoche.	❍	❍
4. Hace tres días que le duele la garganta.	❍	❍
5. El doctor le dice que tiene una infección.	❍	❍

2 **Identificar** Identifica quién puede decir estas oraciones.

1. Como dice tu mamá, tienes que usar suéter.
2. Por pasear en bicicleta me rompí el brazo dos veces.
3. ¿Cuánto tiempo hace que toses y te duele la garganta?
4. Tengo cita con el Dr. Meléndez.
5. Dicen que el té de jengibre es muy bueno para los dolores de estómago.
6. Nunca perdí un día de clases porque apenas me enfermaba.

DR. MELÉNDEZ

ELENA

JIMENA

3 **Ordenar** Pon estos sucesos en el orden correcto.

a. Jimena va a ver al doctor. _____
b. El doctor le dice a la Sra. Díaz que no es nada serio. _____
c. Elena le habla a Jimena de cuando se rompió el brazo. _____
d. El doctor le receta medicamentos. _____
e. Jimena le dice a Elena que le duele la garganta. _____
f. Don Diego le trae a Jimena las pastillas para el resfriado. _____

4 **En el consultorio** Trabajen en parejas para representar los papeles de un(a) médico/a y su paciente. Usen las instrucciones como guía.

El/La médico/a	El/La paciente
Pregúntale al / a la paciente qué le pasó.	Dile que te caíste en casa. Describe tu dolor.
Pregúntale cuánto tiempo hace que se cayó.	Describe la situación. Piensas que te rompiste el dedo.
Mira el dedo. Debes recomendar un tratamiento (*treatment*) al / a la paciente.	Debes hacer preguntas al / a la médico/a sobre el tratamiento (*treatment*).

AYUDA

Here are some useful expressions:

¿Cómo se lastimó...?
¿Qué le pasó?
¿Cuánto tiempo hace que...?
Tengo...
Estoy...
¿Es usted alérgico/a a algún medicamento?
Usted debe...

Ortografía

Concepts

El acento y las sílabas fuertes

In Spanish, written accent marks are used on many words. Here is a review of some of the principles governing word stress and the use of written accents.

as-pi-ri-na **gri-pe** **to-man** **an-tes**

In Spanish, when a word ends in a vowel, **-n**, or **-s**, the spoken stress usually falls on the next-to-last syllable. Words of this type are very common and do not need a written accent.

a-sí **in-glés** **in-fec-ción** **hé-ro-e**

When a word ends in a vowel, **-n**, or **-s**, and the spoken stress does *not* fall on the next-to-last syllable, then a written accent is needed.

hos-pi-tal **na-riz** **re-ce-tar** **to-ser**

When a word ends in any consonant *other* than **-n** or **-s**, the spoken stress usually falls on the last syllable. Words of this type are very common and do not need a written accent.

lá-piz **fút-bol** **hués-ped** **sué-ter**

When a word ends in any consonant *other* than **-n** or **-s** and the spoken stress does *not* fall on the last syllable, then a written accent is needed.

far-ma-cia **bio-lo-gí-a** **su-cio** **frí-o**

Diphthongs (two weak vowels or a strong and weak vowel together) are normally pronounced as a single syllable. A written accent is needed when a diphthong is broken into two syllables.

sol **pan** **mar** **tos**

Spanish words of only one syllable do not usually carry a written accent (unless it is to distinguish meaning: **se** and **sé**.)

CONSULTA

In Spanish, **a**, **e**, and **o** are considered strong vowels while **i** and **u** are weak vowels. To review this concept, see **Lección 3**, **Pronunciación**, p. 85.

Práctica Busca las palabras que necesitan acento escrito y escribe su forma correcta.

1. sal-mon
2. ins-pec-tor
3. nu-me-ro
4. fa-cil
5. ju-go
6. a-bri-go
7. ra-pi-do
8. sa-ba-do
9. vez
10. me-nu
11. o-pe-ra-cion
12. im-per-me-a-ble
13. a-de-mas
14. re-ga-te-ar
15. an-ti-pa-ti-co
16. far-ma-cia
17. es-qui
18. pen-sion
19. pa-is
20. per-don

El ahorcado Juega al ahorcado (*hangman*) para adivinar las palabras.

1. _ l _ _ _ _ a	Vas allí cuando estás enfermo.
2. _ _ _ e _ c _ _ n	Se usa para poner una vacuna (*vaccination*).
3. _ _ d _ o _ _ _ _ _ a	Permite ver los huesos.
4. _ _ _ i _ o	Trabaja en un hospital.
5. a _ _ _ b _ _ _ _ _ _	Es una medicina.

recursos

LM p. 56	vistas.vhlcentral.com Lección 10

EN DETALLE

Additional Reading

Servicios de salud

¿Sabías que en los países hispanos no necesitas pagar por los servicios de salud? Ésta es una de las diferencias que hay entre países como los Estados Unidos y los países hispanos.

En la mayor parte de estos países, el gobierno ofrece servicios médicos muy baratos o gratuitos° a sus ciudadanos°. Los turistas y extranjeros también pueden tener acceso a los servicios médicos a bajo° costo. La Seguridad Social y organizaciones similares son las responsables de gestionar° estos servicios.

Naturalmente, esto no funciona igual° en todos los países. En Ecuador, México y Perú, la situación varía según las regiones. Los habitantes de las ciudades y pueblos grandes tienen acceso a más servicios médicos, mientras que quienes viven en pueblos remotos sólo cuentan con° pequeñas clínicas.

Por su parte, Costa Rica, Colombia, Cuba y España tienen sistemas de salud muy desarrollados°.

Cruz verde de farmacia en Madrid, España

En España, por ejemplo, todas las personas tienen acceso a ellos y en muchos casos son completamente gratuitos. Según un informe de la Organización Mundial de la Salud, el sistema de salud español ocupa el séptimo° lugar del mundo. Esto se debe no sólo al buen funcionamiento° del sistema, sino también al nivel de salud general de la población. Impresionante, ¿no?

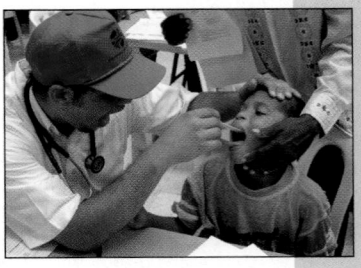

Consulta médica en la República Dominicana

Las farmacias

Farmacia de guardia: Las farmacias generalmente tienen un horario comercial. Sin embargo°, en cada barrio° hay una farmacia de guardia que abre las veinticuatro horas del día.

Productos farmacéuticos: Todavía hay muchas farmacias tradicionales que están más especializadas en medicinas y productos farmacéuticos. No venden una gran variedad de productos.

Recetas: Muchos medicamentos se venden sin receta médica. Los farmacéuticos aconsejan° a las personas sobre problemas de salud y les dan las medicinas.

Cruz° verde: En muchos países, las farmacias tienen como símbolo una cruz verde. Cuando la cruz verde está encendida°, la farmacia está abierta.

gratuitos *free (of charge)* ciudadanos *citizens* bajo *low*
gestionar *to manage* igual *in the same way* cuentan con *have*
desarrollados *developed* séptimo *seventh* funcionamiento *operation*
Sin embargo *However* barrio *neighborhood* aconsejan *advise*
Cruz *Cross* encendida *lit (up)*

ACTIVIDADES

1 **¿Cierto o falso?** Indica si lo que dicen las oraciones es **cierto** o **falso**. Corrige la información falsa.

1. En los países hispanos los gobiernos ofrecen servicios de salud accesibles a sus ciudadanos.
2. En los países hispanos los extranjeros tienen que pagar mucho dinero por los servicios médicos.
3. El sistema de salud español es uno de los mejores del mundo.
4. Las farmacias de guardia abren sólo los sábados y domingos.
5. En los países hispanos las farmacias venden una gran variedad de productos.
6. Los farmaceúticos de los países hispanos aconsejan a los enfermos y venden algunas medicinas sin necesidad de receta.
7. En México y otros países, los pueblos remotos cuentan con grandes centros médicos.
8. Muchas farmacias usan una cruz verde como símbolo.

ASÍ SE DICE

La salud

el chequeo (Esp., Méx.)	**el examen médico**
la droguería (Col.)	**la farmacia**
la herida	*injury; wound*
la píldora	**la pastilla**
los primeros auxilios	*first aid*
la sangre	*blood*

EL MUNDO HISPANO

Remedios caseros° y plantas medicinales

- **Achiote°** En Suramérica se usa para curar inflamaciones de garganta. Las hojas° de achiote se cuecen° en agua, se cuelan° y se hacen gárgaras° con esa agua.
- **Ají** En Perú se usan cataplasmas° de las semillas° de ají para aliviar los dolores reumáticos y la tortícolis°.
- **Azúcar** En Nicaragua y otros países centroamericanos se usa el azúcar para detener° la sangre en pequeñas heridas.
- **Sábila (aloe vera)** En Latinoamérica, el jugo de las hojas de sábila se usa para reducir cicatrices°. Se recomienda aplicarlo sobre la cicatriz dos veces al día, durante varios meses.

Remedios caseros *Home remedies* Achiote *Annatto* hojas *leaves* se cuecen *are cooked* se cuelan *they are drained* gárgaras *gargles* cataplasmas *pastes* semillas *seeds* tortícolis *stiff neck* detener *to stop* cicatrices *scars*

PERFILES

Curanderos° y chamanes

¿Quieres ser doctor(a), juez(a)°, político/a o psicólogo/a? En algunas sociedades de las Américas **los curanderos** y **los chamanes** no tienen que escoger entre estas profesiones porque ellos son mediadores de conflictos y dan consejos a la comunidad. Su opinión es muy respetada.

Códice Florentino, México, siglo XVI

Desde las culturas antiguas° de las Américas muchas personas piensan que la salud del cuerpo y de la mente sólo puede existir si hay un equilibrio entre el ser humano y la naturaleza. Los curanderos y los chamanes son quienes cuidan este equilibrio.

Los curanderos se especializan más en enfermedades físicas, mientras que los chamanes están más relacionados con los males° de la mente y el alma°. Ambos° usan plantas, masajes y rituales y sus conocimientos se basan en la tradición, la experiencia, la observación y la intuición.

Cuzco, Perú

Curanderos *Healers* juez(a) *judge* antiguas *ancient* males *illnesses* alma *soul* Ambos *Both*

Conexión Internet

¿Cuáles son algunos hospitales importantes del mundo hispano?

Go to **vistas.vhlcentral.com** to find more cultural information related to this **Cultura** section.

ACTIVIDADES

2 **Comprensión** Responde a las preguntas.

1. ¿Cómo se les llama a las farmacias en Colombia?
2. ¿Qué parte del achiote se usa para curar la garganta?
3. ¿Cómo se aplica la sábila para reducir cicatrices?
4. En algunas partes de las Américas, ¿quiénes mantienen el equilibrio entre el ser humano y la naturaleza?
5. ¿Qué usan los curanderos y chamanes para curar?

3 **¿Qué haces cuando tienes gripe?** Escribe cuatro oraciones sobre las cosas que haces cuando tienes gripe. Explica si vas al médico, si tomas medicamentos o si sigues alguna dieta especial. Después, comparte tu texto con un(a) compañero/a.

10.1 The imperfect tense

ANTE TODO In **Lecciones 6–9,** you learned the preterite tense. You will now learn the imperfect, which describes past activities in a different way.

The imperfect of regular verbs

		cantar	beber	escribir
SINGULAR FORMS	yo	cant**aba**	beb**ía**	escrib**ía**
	tú	cant**abas**	beb**ías**	escrib**ías**
	Ud./él/ella	cant**aba**	beb**ía**	escrib**ía**
PLURAL FORMS	nosotros/as	cant**ábamos**	beb**íamos**	escrib**íamos**
	vosotros/as	cant**abais**	beb**íais**	escrib**íais**
	Uds./ellos/ellas	cant**aban**	beb**ían**	escrib**ían**

¡ATENCIÓN! Note that the imperfect endings of **-er** and **-ir** verbs are the same. Also note that the **nosotros** form of **-ar** verbs always carries an accent mark on the first **a** of the ending. All forms of **-er** and **-ir** verbs in the imperfect carry an accent on the first **i** of the ending.

De niña apenas me enfermaba.

Cuando me dolía el estómago, mi mamá me daba té de jengibre.

- There are no stem changes in the imperfect.

entender (e:ie)	**Entendíamos** japonés. *We used to understand Japanese.*
servir (e:i)	El camarero les **servía** el café. *The waiter was serving them coffee.*
doler (o:ue)	A Javier le **dolía** el tobillo. *Javier's ankle was hurting.*

- The imperfect form of **hay** is **había** *(there was; there were; there used to be).*

AYUDA Like **hay, había** can be followed by a singular or plural noun.
Había un solo médico en la sala.
Había dos pacientes allí.

- **¡Atención! Ir, ser,** and **ver** are the only verbs that are irregular in the imperfect.

The imperfect of irregular verbs

		ir	ser	ver
SINGULAR FORMS	yo	ib**a**	er**a**	ve**ía**
	tú	ib**as**	er**as**	ve**ías**
	Ud./él/ella	ib**a**	er**a**	ve**ía**
PLURAL FORMS	nosotros/as	íb**amos**	ér**amos**	ve**íamos**
	vosotros/as	ib**ais**	er**ais**	ve**íais**
	Uds./ellos/ellas	ib**an**	er**an**	ve**ían**

CONSULTA

You will learn more about the contrast between the preterite and the imperfect in **Estructura 10.2,** pp. 346–347.

Uses of the imperfect

- As a general rule, the imperfect is used to describe actions which are seen by the speaker as incomplete or "continuing," while the preterite is used to describe actions which have been completed. The imperfect expresses what was happening at a certain time or how things used to be. The preterite, in contrast, expresses a completed action.

—¿Qué te **pasó**? *What happened to you?*	—Me **torcí** el tobillo. *I sprained my ankle.*
—¿Dónde **vivías** de niño? *Where did you live as a child?*	—**Vivía** en San José. *I lived in San José.*

- These expressions are often used with the imperfect because they express habitual or repeated actions: **de niño/a** (*as a child*), **todos los días** (*every day*), **mientras** (*while*).

Uses of the imperfect

1. Habitual or repeated actions	**Íbamos** al parque los domingos. *We used to go to the park on Sundays.*
2. Events or actions that were in progress	Yo **leía** mientras él **estudiaba**. *I was reading while he was studying.*
3. Physical characteristics	**Era** alto y guapo. *He was tall and handsome.*
4. Mental or emotional states	**Quería** mucho a su familia. *He loved his family very much.*
5. Telling time	**Eran** las tres y media. *It was 3:30.*
6. Age	Los niños **tenían** seis años. *The children were six years old.*

¡INTÉNTALO! Indica la forma correcta de cada verbo en el imperfecto.

1. Mis hermanos _____ *veían* _____ (ver) televisión todas las tardes.
2. Yo _____ (viajar) en el tren de las 3:30.
3. ¿Dónde _____ (vivir) Samuel de niño?
4. Tú _____ (hablar) con Javier.
5. Leonardo y yo _____ (correr) por el parque.
6. Ustedes _____ (ir) a la clínica.
7. Nadia _____ (bailar) merengue.
8. ¿Cuándo _____ (asistir) tú a clase de español?
9. Yo _____ (ser) muy feliz.
10. Nosotras _____ (comprender) las preguntas.

recursos

WB pp. 111–112

LM p. 57

vistas.vhlcentral.com Lección 10

Práctica

1 **Completar** Primero, completa las oraciones con el imperfecto de los verbos. Luego, pon las oraciones en orden lógico y compáralas con las de un(a) compañero/a.

a. El doctor dijo que no _____ (ser) nada grave. _____
b. El doctor _____ (querer) ver la nariz del niño. _____
c. Su mamá _____ (estar) dibujando cuando Miguelito entró llorando. _____
d. Miguelito _____ (tener) la nariz hinchada (*swollen*). Fueron al hospital. _____
e. Miguelito no _____ (ir) a jugar más. Ahora quería ir a casa a descansar. _____
f. Miguelito y sus amigos _____ (jugar) al béisbol en el patio. _____
g. _____ (Ser) las dos de la tarde. _____
h. Miguelito le dijo a la enfermera que _____ (dolerle) la nariz. _____

2 **Transformar** Forma oraciones completas para describir lo que hacían Julieta y César. Usa las formas correctas del imperfecto y añade todas las palabras necesarias.

1. Julieta y César / ser / paramédicos
2. trabajar / juntos y / llevarse / muy bien
3. cuando / haber / accidente, / siempre / analizar / situación / con cuidado
4. preocuparse / mucho / por / pacientes
5. si / paciente / tener / mucho / dolor, / ponerle / inyección

3 **En la escuela de medicina** Usa los verbos de la lista para completar las oraciones con las formas correctas del imperfecto. Algunos verbos se usan más de una vez.

caerse	enfermarse	ir	querer	tener
comprender	estornudar	pensar	sentirse	tomar
doler	hacer	poder	ser	toser

1. Cuando Javier y Victoria _____ estudiantes de medicina, siempre _____ que ir al médico.
2. Cada vez que él _____ un examen, a Javier le _____ mucho la cabeza.
3. Cuando Victoria _____ ejercicios aeróbicos, siempre _____ mareada.
4. Todas las primaveras, Javier _____ mucho porque es alérgico al polen.
5. Victoria también _____ de su bicicleta camino a la escuela.
6. Después de comer en la cafetería, a Victoria siempre le _____ el estómago.
7. Javier _____ ser médico para ayudar a los demás.
8. Pero no _____ por qué él _____ con tanta frecuencia.
9. Cuando Victoria _____ fiebre, no _____ ni leer el termómetro.
10. A Javier _____ los dientes, pero nunca _____ ir al dentista.
11. Victoria _____ mucho cuando _____ congestionada.
12. Javier y Victoria _____ que nunca _____ a graduarse.

Practice more at **vistas.vhlcentral.com.**

Comunicación

4

Entrevista Trabajen en parejas. Un(a) estudiante usa estas preguntas para entrevistar a su compañero/a. Luego compartan los resultados de la entrevista con la clase.

1. Cuando eras estudiante de primaria, ¿te gustaban tus profesores/as?
2. ¿Veías mucha televisión cuando eras niño/a?
3. Cuando tenías diez años, ¿cuál era tu programa de televisión favorito?
4. Cuando eras niño/a, ¿qué hacía tu familia durante las vacaciones?
5. ¿Cuántos años tenías en 2005?
6. Cuando estabas en el quinto año escolar, ¿qué hacías con tus amigos/as?
7. Cuando tenías once años, ¿cuál era tu grupo musical favorito?
8. Antes de tomar esta clase, ¿sabías hablar español?

5

Describir En parejas, túrnense para describir cómo eran sus vidas cuando eran niños. Pueden usar las sugerencias de la lista u otras ideas. Luego informen a la clase sobre la vida de su compañero/a.

NOTA CULTURAL

El Parque Nacional Tortuguero está en la costa del Caribe, al norte de la ciudad de Limón, en Costa Rica. Varias especies de tortuga (*turtle*) van a las playas del parque para poner (*lay*) sus huevos. Esto ocurre de noche, y hay guías que llevan pequeños grupos de turistas a observar este fenómeno biológico.

modelo

De niña, mi familia y yo siempre íbamos a Tortuguero. Tomábamos un barco desde Limón, y por las noches mirábamos las tortugas (turtles) en la playa. Algunas veces teníamos suerte, porque las tortugas venían a poner (lay) huevos. Otras veces, volvíamos al hotel sin ver ninguna tortuga.

- las vacaciones
- ocasiones especiales
- qué hacías durante el verano
- celebraciones con tus amigos/as
- celebraciones con tu familia
- cómo era tu escuela
- cómo eran tus amigos/as
- los viajes que hacías
- a qué jugabas
- qué hacías cuando te sentías enfermo/a

Síntesis

6

En el consultorio Tu profesor(a) te va a dar una lista incompleta con los pacientes que fueron al consultorio del doctor Donoso ayer. En parejas, conversen para completar sus listas y saber a qué hora llegaron las personas al consultorio y cuáles eran sus problemas.

10.2 The preterite and the imperfect

ANTE TODO Now that you have learned the forms of the preterite and the imperfect, you will learn more about how they are used. The preterite and the imperfect are not interchangeable. In Spanish, the choice between these two tenses depends on the context and on the point of view of the speaker.

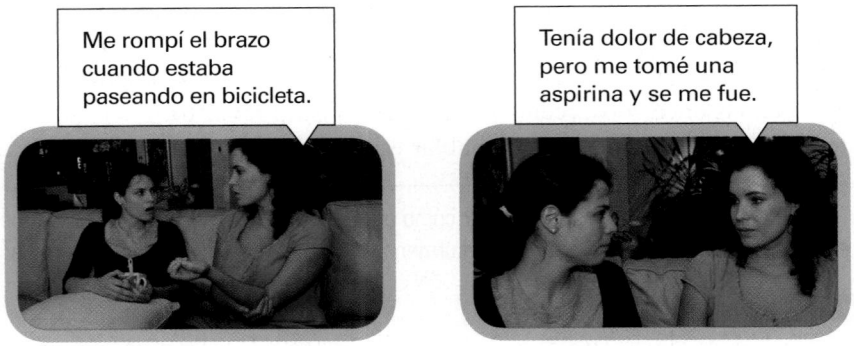

COMPARE & CONTRAST

Use the preterite to...

1. Express actions that are viewed by the speaker as completed

   Sandra **se rompió** la pierna.
   Sandra broke her leg.

   Fueron a Buenos Aires ayer.
   They went to Buenos Aires yesterday.

2. Express the beginning or end of a past action

   La película **empezó** a las nueve.
   The movie began at nine o'clock.

   Ayer **terminé** el proyecto para la clase de química.
   Yesterday I finished the project for chemistry class.

3. Narrate a series of past actions or events

   La doctora me **miró** los oídos, me **hizo** unas preguntas y **escribió** la receta.
   The doctor looked in my ears, asked me some questions, and wrote the prescription.

   Me di con la mesa, **me caí** y **me lastimé** el pie.
   I bumped into the table, I fell, and I injured my foot.

Use the imperfect to...

1. Describe an ongoing past action with no reference to its beginning or end

   Sandra **esperaba** al doctor.
   Sandra was waiting for the doctor.

   El médico **se preocupaba** por sus pacientes.
   The doctor worried about his patients.

2. Express habitual past actions and events

   Cuando **era** joven, **jugaba** al tenis.
   When I was young, I used to play tennis.

   De niño, Eduardo **se enfermaba** con mucha frecuencia.
   As a child, Eduardo used to get sick very frequently.

3. Describe physical and emotional states or characteristics

   La chica **quería** descansar. **Se sentía** mal y **tenía** dolor de cabeza.
   The girl wanted to rest. She felt ill and had a headache.

   Ellos **eran** altos y **tenían** ojos verdes.
   They were tall and had green eyes.

   Estábamos felices de ver a la familia.
   We were happy to see our family.

AYUDA

These words and expressions, as well as similar ones, commonly occur with the preterite: **ayer, anteayer, una vez, dos veces, tres veces, el año pasado, de repente.** They usually imply that an action has happened at a specific point in time. For a review, see **Estructura 6.3**, p. 207.

AYUDA

These words and expressions, as well as similar ones, commonly occur with the imperfect: **de niño/a, todos los días, mientras, siempre, con frecuencia, todas las semanas.** They usually express habitual or repeated actions in the past.

- The preterite and the imperfect often appear in the same sentence. In such cases, the imperfect describes what *was happening*, while the preterite describes the action that "interrupted" the ongoing activity.

Miraba la tele cuando **sonó** el teléfono.
I was watching TV when the phone rang.

Felicia **leía** el periódico cuando **llegó** Ramiro.
Felicia was reading the newspaper when Ramiro arrived.

- You will also see the preterite and the imperfect together in narratives such as fiction, news, and the retelling of events. The imperfect provides background information, such as time, weather, and location, while the preterite indicates the specific events that occurred.

Eran las dos de la mañana y el detective ya no **podía** mantenerse despierto. **Se bajó** lentamente del coche, **estiró** las piernas y **levantó** los brazos hacia el cielo oscuro.
It was two in the morning, and the detective could no longer stay awake. He slowly stepped out of the car, stretched his legs, and raised his arms toward the dark sky.

La luna **estaba** llena y no **había** en el cielo ni una sola nube. De repente, el detective **escuchó** un grito espeluznante proveniente del parque.
The moon was full and there wasn't a single cloud in the sky. Suddenly, the detective heard a piercing scream coming from the park.

Un médico colombiano desarrolló una vacuna contra la malaria

En 1986, el doctor colombiano Manuel Elkin Patarroyo creó la primera vacuna sintética para combatir la malaria. Esta enfermedad parecía haberse erradicado hacía décadas en muchas partes del mundo. Sin embargo, justo cuando Patarroyo terminó de elaborar la inmunización, los casos de malaria empezaban a aumentar de nuevo. En mayo de 1993, el doctor colombiano cedió la patente de la vacuna a la Organización Mundial de la Salud en nombre de Colombia. Los grandes laboratorios farmacéuticos presionaron a la OMS porque querían la vacuna. Las presiones no tuvieron éxito y, en 1995, el doctor Patarroyo y la OMS pactaron continuar con el acuerdo incial: la vacuna seguía siendo propiedad de la OMS.

¡INTÉNTALO! Elige el pretérito o el imperfecto para completar la historia. Explica por qué se usa ese tiempo verbal en cada ocasión.

1. Eran (Fueron/Eran) las doce.
2. _____ (Hubo/Había) mucha gente en la calle.
3. A las doce y media, Tomás y yo _____ (entramos/entrábamos) en el restaurante Tárcoles.
4. Todos los días yo _____ (almorcé/almorzaba) con Tomás al mediodía.
5. El camarero _____ (llegó/llegaba) inmediatamente con el menú.
6. Nosotros _____ (empezamos/empezábamos) a leerlo.
7. Yo _____ (pedí/pedía) el pescado.
8. De repente, el camarero _____ (volvió/volvía) a nuestra mesa.
9. Y nos _____ (dio/daba) una mala noticia.
10. Desafortunadamente, no _____ (tuvieron/tenían) más pescado.
11. Por eso Tomás y yo _____ (decidimos/decidíamos) comer en otro lugar.
12. _____ (Llovió/Llovía) mucho cuando _____ (salimos/salíamos) del restaurante.
13. Así que _____ (regresamos/regresábamos) al restaurante Tárcoles.
14. Esta vez, _____ (pedí/pedía) arroz con pollo.

recursos
WB pp. 113–116
LM p. 58
vistas. vhlcentral.com Lección 10

Práctica

1 **En el periódico** Completa esta noticia con las formas correctas del pretérito o el imperfecto.

Un accidente trágico

Ayer temprano por la mañana (1)_____ (haber) un trágico accidente en el centro de San José cuando el conductor de un autobús no (2)_____ (ver) venir un carro. La mujer que (3)_____ (manejar) el carro (4)_____ (morir) al instante y los paramédicos (5)_____ (tener) que llevar al pasajero al hospital porque (6)_____ (sufrir) varias fracturas. El conductor del autobús (7)_____ (decir) que no (8)_____ (ver) el carro hasta el último momento porque (9)_____ (estar) muy nublado y (10)_____ (llover). Él (11)_____ (intentar) (*to attempt*) dar un viraje brusco (*to swerve*), pero (12)_____ (perder) el control del autobús y no (13)_____ (poder) evitar (*to avoid*) el accidente. Según nos informaron, no (14)_____ (lastimarse) ningún pasajero del autobús.

AYUDA

Reading Spanish-language newspapers is a good way to practice verb tenses. You will find that both the imperfect and the preterite occur with great regularity. Many newsstands carry international papers, and many Spanish-language newspapers (such as Spain's ***El País***, Mexico's ***Reforma***, and Argentina's ***Clarín***) are on the Web.

2 **Seleccionar** Utiliza el tiempo verbal adecuado, según el contexto.

1. La semana pasada, Manolo y Aurora _____ (querer) dar una fiesta. _____ (Decidir) invitar a seis amigos y servirles mucha comida.
2. Manolo y Aurora _____ (estar) preparando la comida cuando Elena _____ (llamar). Como siempre, _____ (tener) que estudiar para un examen.
3. A las seis, _____ (volver) a sonar el teléfono. Su amigo Francisco tampoco _____ (poder) ir a la fiesta, porque _____ (tener) fiebre. Manolo y Aurora _____ (sentirse) muy tristes, pero _____ (tener) que preparar la comida.
4. Después de otros quince minutos, _____ (sonar) el teléfono. Sus amigos, los señores Vega, _____ (estar) en camino (*en route*) al hospital: a su hijo le _____ (doler) mucho el estómago. Sólo dos de los amigos _____ (poder) ir a la cena.
5. Por supuesto, _____ (ir) a tener demasiada comida. Finalmente, cinco minutos antes de las ocho, _____ (llamar) Ramón y Javier. Ellos _____ (pensar) que la fiesta _____ (ser) la próxima semana.
6. Tristes, Manolo y Aurora _____ (sentarse) a comer solos. Mientras _____ (comer), pronto _____ (llegar) a la conclusión de que _____ (ser) mejor estar solos: ¡La comida _____ (estar) malísima!

3 **Completar** Completa las frases de una manera lógica. Usa el pretérito o el imperfecto. En parejas, comparen sus respuestas.

1. De niño/a, yo...
2. Yo conducía el auto mientras...
3. Anoche mi novio/a...
4. Ayer el/la profesor(a)...
5. La semana pasada un(a) amigo/a...
6. Con frecuencia mis padres...
7. Esta mañana en la cafetería...
8. Hablábamos con el doctor cuando...

Practice more at **vistas.vhlcentral.com.**

Comunicación

4 **Entrevista** Usa estas preguntas para entrevistar a un(a) compañero/a acerca de su primer(a) novio/a. Si quieres, puedes añadir otras preguntas.

1. ¿Quién fue tu primer(a) novio/a?
2. ¿Cuántos años tenías cuando lo/la conociste?
3. ¿Cómo era él/ella?
4. ¿Qué le gustaba hacer? ¿Tenían ustedes los mismos pasatiempos?
5. ¿Por cuánto tiempo salieron ustedes?
6. ¿Adónde iban cuando salían?
7. ¿Pensaban casarse?
8. ¿Cuándo y por qué rompieron?

5 **La sala de emergencias** En parejas, miren la lista e inventen qué les pasó a estas personas que están en la sala de emergencias.

modelo

Eran las tres de la tarde. Como todos los días, Pablo jugaba al fútbol con sus amigos. Estaba muy contento. De repente, se cayó y se rompió el brazo. Entonces fue a la sala de emergencias.

Paciente	Edad	Hora	Estado
1. Pablo Romero	9 años	15:20	hueso roto (el brazo)
2. Estela Rodríguez	45 años	15:25	tobillo torcido
3. Lupe Quintana	29 años	15:37	embarazada, dolores
4. Manuel López	52 años	15:45	infección de garganta
5. Marta Díaz	3 años	16:00	congestión, fiebre
6. Roberto Salazar	32 años	16:06	dolor de oído
7. Marco Brito	18 años	16:18	daño en el cuello, posible fractura
8. Ana María Ortiz	66 años	16:29	reacción alérgica a un medicamento

6 **Situación** Anoche alguien robó (*stole*) el examen de la **Lección 10** de la oficina de tu profesor(a) y tú tienes que averiguar quién lo hizo. Pregúntales a tres compañeros dónde estaban, con quién estaban y qué hicieron entre las ocho y las doce de la noche.

Síntesis

7 **La primera vez** En grupos, cuéntense cómo fue la primera vez que les pusieron una inyección, se rompieron un hueso, pasaron la noche en un hospital, estuvieron mareados/as, etc. Incluyan estos datos en su conversación: una descripción del tiempo que hacía, sus edades, qué pasó y cómo se sentían.

10.3 Constructions with se Tutorial

ANTE TODO In **Lección 7,** you learned how to use **se** as the third person reflexive pronoun (**Él se despierta. Ellos se visten. Ella se baña.**). **Se** can also be used to form constructions in which the person performing the action is not expressed or is de-emphasized.

Impersonal constructions with se

- In Spanish, verbs that are not reflexive can be used with **se** to form impersonal constructions. These are statements in which the person performing the action is not defined.

  Se habla español en Costa Rica.
  Spanish is spoken in Costa Rica.

  Se puede leer en la sala de espera.
  You can read in the waiting room.

  Se hacen operaciones aquí.
  They perform operations here.

  Se necesitan medicinas enseguida.
  They need medicine right away.

AYUDA
In English, the passive voice or indefinite subjects (*you, they, one*) are used where Spanish uses impersonal constructions with **se**.

- **¡Atención!** Note that the third person singular verb form is used with singular nouns and the third person plural form is used with plural nouns.

  Se vende ropa. **Se venden** camisas.

- You often see the impersonal **se** in signs, advertisements, and directions.

SE PROHÍBE NADAR

Se entra por la izquierda

Se for unplanned events

- **Se** also describes accidental or unplanned events. In this construction, the person who performs the action is de-emphasized, implying that the accident or unplanned event is not his or her direct responsibility. Note this construction.

se + [INDIRECT OBJECT PRONOUN] + [VERB] + [SUBJECT]

Se me cayó la pluma.

- In this type of construction, what would normally be the direct object of the sentence becomes the subject, and it agrees with the verb, not with the indirect object pronoun.

	I.O. PRONOUN	VERB		SUBJECT
Se	me, te, le, nos, os, les	quedó cayó dañó	SINGULAR	la receta. la taza. el radio.
		rompieron olvidaron perdieron	PLURAL	las botellas. las pastillas. las llaves.

- These verbs are the ones most frequently used with **se** to describe unplanned events.

Verbs commonly used with se

caer	*to fall; to drop*	**perder (e:ie)**	*to lose*
dañar	*to damage; to break down*	**quedar**	*to be left behind*
olvidar	*to forget*	**romper**	*to break*

Se me perdió el teléfono de la farmacia.
I lost the pharmacy's phone number.

Se nos olvidaron los pasajes.
We forgot the tickets.

- **¡Atención!** While Spanish has a verb for *to fall* (**caer**), there is no direct translation for *to drop*. **Dejar caer** (*To let fall*) or a **se** construction is often used to mean *to drop*.

El médico **dejó caer** la aspirina.
The doctor dropped the aspirin.

A mí **se me cayeron** los cuadernos.
I dropped the notebooks.

CONSULTA
For an explanation of prepositional pronouns, refer to **Estructura 9.4**, p. 318.

- To clarify or emphasize who the person involved in the action is, this construction commonly begins with the preposition **a** + [*noun*] or **a** + [*prepositional pronoun*].

Al paciente se le perdió la receta.
The patient lost his prescription.

A ustedes se les quedaron los libros en casa.
You left the books at home.

¡INTÉNTALO! Completa las oraciones con **se** impersonal y los verbos en presente.

A

1. Se enseñan (enseñar) cinco lenguas en esta universidad.
2. _____ (comer) muy bien en Las Delicias.
3. _____ (vender) muchas camisetas allí.
4. _____ (servir) platos exquisitos cada noche.

Completa las oraciones con **se** y los verbos en pretérito.

B

1. Se me rompieron (*I broke*) las gafas.
2. _____ (*You* (fam., sing.) *dropped*) las pastillas.
3. _____ (*They lost*) la receta.
4. _____ (*You* (form., sing.) *left*) aquí la radiografía.

recursos
WB pp. 117–118
LM p. 59
vistas.vhlcentral.com Lección 10

Práctica

1 **¿Cierto o falso?** Lee estas oraciones sobre la vida en 1901. Indica si lo que dice cada oración es **cierto** o **falso**. Luego corrige las oraciones falsas.

1. Se veía mucha televisión.
2. Se escribían muchos libros.
3. Se viajaba mucho en tren.
4. Se montaba a caballo.
5. Se mandaba correo electrónico.
6. Se preparaban comidas en casa.
7. Se llevaban minifaldas.
8. Se pasaba mucho tiempo con la familia.

2 **Traducir** Traduce estos letreros (*signs*) y anuncios al español.

1. Nurses needed
2. Eating and drinking prohibited
3. Programmers sought
4. English is spoken
5. Computers sold
6. No talking
7. Teacher needed
8. Books sold
9. Do not enter
10. Spanish is spoken

3 **¿Qué pasó?** Mira los dibujos e indica lo que pasó en cada uno.

1. camarero / pastel

2. Sr. Álvarez / espejo

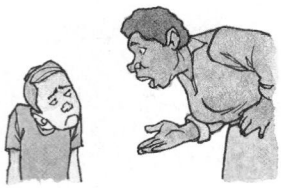

3. Arturo / tarea

4. Sra. Domínguez / llaves

5. Carla y Lupe / botellas de vino

6. Juana / platos

Comunicación

4 **¿Distraído/a yo?** Trabajen en parejas y usen estas preguntas para averiguar cuál de los/las dos es más distraído/a (*absentminded*).

¿Alguna vez...

1. se te olvidó invitar a alguien a una fiesta o comida? ¿A quién?
2. se te quedó algo importante en la casa? ¿Qué?
3. se te perdió algo importante durante un viaje? ¿Qué?
4. se te rompió algo muy caro? ¿Qué?

¿Sabes...

5. si se permite el ingreso (*admission*) de perros al parque cercano a la universidad?
6. si en el supermercado se aceptan cheques?
7. dónde se arreglan zapatos y botas?
8. qué se sirve en la cafetería de la universidad los lunes?

5 **Opiniones** En parejas, terminen cada oración con ideas originales. Después, comparen los resultados con la clase para ver qué pareja tuvo las mejores ideas.

1. No se tiene que dejar propina cuando...
2. Antes de viajar, se debe...
3. Si se come bien, ...
4. Para tener una vida sana, se debe...
5. Se sirve la mejor comida en...
6. Se hablan muchas lenguas en...

Síntesis

6 **Anuncios** En grupos, preparen dos anuncios de televisión para presentar a la clase. Usen el imperfecto y por lo menos dos construcciones con **se** en cada uno.

modelo

Se me cayeron unos libros en el pie y me dolía mucho. Pero ahora no, gracias a SuperAspirina 500. ¡Dos pastillas y se me fue el dolor! Se puede comprar SuperAspirina 500 en todas las farmacias Recetamax.

10.4 Adverbs Tutorial

ANTE TODO Adverbs are words that describe how, when, and where actions take place. They can modify verbs, adjectives, and even other adverbs. In previous lessons, you have already learned many Spanish adverbs, such as the ones below.

aquí	hoy	nunca
ayer	mal	siempre
bien	muy	temprano

- The most common adverbs end in **-mente**, equivalent to the English ending *-ly*.

  verdaderamente *truly, really* **generalmente** *generally* **simplemente** *simply*

- To form these adverbs, add **-mente** to the feminine form of the adjective. If the adjective does not have a special feminine form, just add **-mente** to the standard form.
  ¡Atención! Adjectives do not lose their accents when adding **-mente**.

ADJECTIVE	FEMININE FORM	SUFFIX	ADVERB
seguro	segura	-mente	seguramente
fabuloso	fabulosa	-mente	fabulosamente
enorme		-mente	enormemente
fácil		-mente	fácilmente

- Adverbs that end in **-mente** generally follow the verb, while adverbs that modify an adjective or another adverb precede the word they modify.

  Maira dibuja **maravillosamente**.
  Maira draws wonderfully.

  Sergio está **casi siempre** ocupado.
  Sergio is almost always busy.

¡ATENCIÓN!
When a sentence contains two or more adverbs in sequence, the suffix **-mente** is dropped from all but the last adverb.
Ex: **El médico nos habló simple y abiertamente.** *The doctor spoke to us simply and openly.*

Common adverbs and adverbial expressions

a menudo	*often*	**así**	*like this; so*	**menos**	*less*
a tiempo	*on time*	**bastante**	*enough; rather*	**muchas veces**	*a lot; many times*
a veces	*sometimes*	**casi**	*almost*	**poco**	*little*
además (de)	*furthermore; besides*	**con frecuencia**	*frequently*	**por lo menos**	*at least*
apenas	*hardly; scarcely*	**de vez en cuando**	*from time to time*	**pronto**	*soon*
		despacio	*slowly*	**rápido**	*quickly*

¡ATENCIÓN!
Rápido functions as an adjective (**Ella tiene una computadora rápida.**) as well as an adverb (**Ellas corren rápido.**). Note that as an adverb, **rápido** does not need to agree with any other word in the sentence. You can also use the adverb **rápidamente** (**Ella corre rápidamente.**).

¡INTÉNTALO! Transforma los adjetivos en adverbios.

1. alegre alegremente
2. constante _____
3. gradual _____
4. perfecto _____
5. real _____
6. frecuente _____
7. tranquilo _____
8. regular _____
9. maravilloso _____
10. normal _____
11. básico _____
12. afortunado _____

recursos
WB pp. 119–120
LM p. 60
vistas.vhlcentral.com Lección 10

Práctica

1 **Escoger** Completa la historia con los adverbios adecuados.

1. La cita era a las dos, pero llegamos _____. (mientras, nunca, tarde)
2. El problema fue que _____ se nos dañó el despertador. (aquí, ayer, despacio)
3. La recepcionista no se enojó porque sabe que normalmente llego _____. (a veces, a tiempo, poco)
4. _____ el doctor estaba listo. (Por lo menos, Muchas veces, Casi)
5. _____ tuvimos que esperar cinco minutos. (Así, Además, Apenas)
6. El doctor dijo que nuestra hija Irene necesitaba cambiar su rutina diaria _____. (temprano, menos, inmediatamente)
7. El doctor nos explicó _____ las recomendaciones del Cirujano General (*Surgeon General*) sobre la salud de los jóvenes. (de vez en cuando, bien, apenas)
8. _____ nos dijo que Irene estaba bien, pero tenía que hacer más ejercicio y comer mejor. (Bastante, Afortunadamente, A menudo)

NOTA CULTURAL

La doctora Antonia Novello, de Puerto Rico, fue la primera mujer y la primera hispana en tomar el cargo de **Cirujana General** de los Estados Unidos (1990–1993).

Comunicación

2 **Aspirina** Lee el anuncio y responde a las preguntas con un(a) compañero/a.

1. ¿Cuáles son los adverbios que aparecen en el anuncio?
2. Según el anuncio, ¿cuáles son las ventajas (*advantages*) de este tipo de aspirina?
3. ¿Tienen ustedes dolores de cabeza? ¿Qué toman para curarlos?
4. ¿Qué medicamentos ven con frecuencia en los anuncios de televisión? Escriban descripciones de varios de estos anuncios. Usen adverbios en sus descripciones.

Practice more at **vistas.vhlcentral.com.**

Recapitulación

Concepts Diagnostics

Completa estas actividades para repasar los conceptos de gramática que aprendiste en esta lección.

1 **Completar** Completa el cuadro con la forma correcta del imperfecto. 12 pts.

yo/Ud./él/ella	tú	nosotros	Uds./ellos/ellas
era			
	cantabas		
		veníamos	
			querían

2 **Adverbios** Escoge el adverbio correcto de la lista para completar estas oraciones. Lee con cuidado las oraciones; los adverbios sólo se usan una vez. No vas a usar uno de los adverbios. 8 pts.

a menudo	apenas	fácilmente
a tiempo	casi	maravillosamente
además	despacio	por lo menos

1. Pablito se cae _____; un promedio (*average*) de cuatro veces por semana.
2. No me duele nada y no sufro de ninguna enfermedad; me siento _____ bien.
3. —Doctor, ¿cómo supo que tuve una operación de garganta? —Muy _____, lo leí en su historial médico.
4. ¿Le duele mucho la espalda (*back*)? Entonces tiene que levantarse _____.
5. Ya te sientes mucho mejor, ¿verdad? Mañana puedes volver al trabajo; tu temperatura es _____ normal.
6. Es importante hacer ejercicio con regularidad, _____ tres veces a la semana.
7. El examen médico no comenzó ni tarde ni temprano. Comenzó _____, a las tres de la tarde.
8. Parece que ya te estás curando del resfriado. _____ estás congestionada.

RESUMEN GRAMATICAL

10.1 The imperfect tense *pp. 342–343*

The imperfect of regular verbs

cantar	beber	escribir
cantaba	bebía	escribía
cantabas	bebías	escribías
cantaba	bebía	escribía
cantábamos	bebíamos	escribíamos
cantabais	bebíais	escribíais
cantaban	bebían	escribían

- There are no stem changes in the imperfect: **entender (e:ie) → entendía; servir (e:i) → servía; doler (o:ue) → dolía**
- The imperfect of **hay** is **había**.
- Only three verbs are irregular in the imperfect.
  ir: **iba, ibas, iba, íbamos, ibais, iban**
  ser: **era, eras, era, éramos, erais, eran**
  ver: **veía, veías, veía, veíamos, veíais, veían**

10.2 The preterite and the imperfect *pp. 346–347*

Preterite	Imperfect
1. Completed actions **Fueron a Buenos Aires ayer.**	1. Ongoing past action **De niño, usted jugaba al fútbol.**
2. Beginning or end of past action **La película empezó a las nueve.**	2. Habitual past actions **Todos los domingos yo visitaba a mi abuela.**
3. Series of past actions or events **Me caí y me lastimé el pie.**	3. Description of states or characteristics **Ella era alta. Quería descansar.**

10.3 Constructions with se *pp. 350–351*

Impersonal constructions with se

Se	prohíbe fumar.
	habla español.
	hablan varios idiomas.

Se for unplanned events		
Se	me, te, le, nos, os, les	cayó la taza.
		dañó el radio.
		rompieron las botellas.
		olvidaron las llaves.

10.4 Adverbs *p. 354*

Formation of adverbs		
fácil	→	fácilmente
seguro	→	seguramente
verdadero	→	verdaderamente

3 **Un accidente** Escoge el imperfecto o el pretérito según el contexto para completar esta conversación. 10 pts.

NURIA Hola, Felipe. ¿Estás bien? ¿Qué es eso? ¿(1) (Te lastimaste/Te lastimabas) el pie?

FELIPE Ayer (2) (tuve/tenía) un pequeño accidente.

NURIA Cuéntame. ¿Cómo (3) (pasó/pasaba)?

FELIPE Bueno, (4) (fueron/eran) las cinco de la tarde y (5) (llovió/llovía) mucho cuando (6) (salí/salía) de la casa en mi bicicleta. No (7) (vi/veía) a una chica que (8) (caminó/caminaba) en mi dirección, y los dos (9) (nos caímos/nos caíamos) al suelo (*ground*).

NURIA Y la chica, ¿está bien ella?

FELIPE Sí. Cuando llegamos al hospital, ella sólo (10) (tuvo/tenía) dolor de cabeza.

4 **Oraciones** Escribe oraciones con **se** a partir de los elementos dados (*given*). Usa el tiempo especificado entre paréntesis y añade pronombres cuando sea necesario. 10 pts.

modelo

Carlos / quedar / la tarea en casa (pretérito)
A Carlos se le quedó la tarea en casa.

1. en la farmacia / vender / medicamentos (presente)
2. ¿(tú) / olvidar / las llaves / otra vez? (pretérito)
3. (yo) / dañar / la computadora (pretérito)
4. en esta clase / prohibir / hablar inglés (presente)
5. ellos / romper / las gafas / en el accidente (pretérito)

5 **En la consulta** Escribe al menos cinco oraciones sobre tu última visita al médico. Incluye cinco verbos en pretérito y cinco en imperfecto. Habla de qué te pasó, cómo te sentías, cómo era el/la doctor(a), qué te dijo, etc. Usa tu imaginación. 10 pts.

6 **Refrán** Completa el refrán con las palabras que faltan. ¡2 puntos EXTRA!

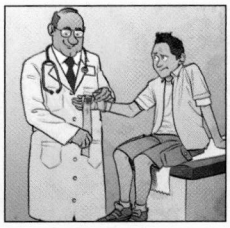

"Lo que _____ (*well*) se aprende, nunca _____ pierde."

Lectura

Antes de leer

Estrategia

Activating background knowledge

Using what you already know about a particular subject will often help you better understand a reading selection. For example, if you read an article about a recent medical discovery, you might think about what you already know about health in order to understand unfamiliar words or concepts.

Examinar el texto

Utiliza las estrategias de lectura que tú consideras más efectivas para hacer algunas observaciones preliminares acerca del texto. Después trabajen en parejas para comparar sus observaciones acerca del texto. Luego contesten estas preguntas:

- Analicen el formato del texto: ¿Qué tipo de texto es? ¿Dónde creen que se publicó este artículo?
- ¿Quiénes son Carla Baron y Tomás Monterrey?
- Miren la foto del libro. ¿Qué sugiere el título del libro sobre su contenido?

Conocimiento previo

Ahora piensen en su conocimiento previo° sobre el cuidado de la salud en los viajes. Consideren estas preguntas:

- ¿Viajaron alguna vez a otro estado o a otro país?
- ¿Tuvieron problemas durante sus viajes con el agua, la comida o el clima del lugar?
- ¿Olvidaron poner en su maleta algún medicamento que después necesitaron?
- Imaginen que su compañero/a se va de viaje. Díganle por lo menos cinco cosas que debe hacer para prevenir cualquier problema de salud.

conocimiento previo *background knowledge*

Libro de la semana

Después de leer

Correspondencias

Busca las correspondencias entre los problemas y las recomendaciones.

Problemas

1. el agua _____
2. el sol _____
3. la comida _____
4. la identificación _____
5. el clima _____

Recomendaciones

a. Hay que adaptarse a los ingredientes desconocidos (*unknown*).
b. Toma sólo productos purificados (*purified*).
c. Es importante llevar ropa adecuada cuando viajas.
d. Lleva loción o crema con alta protección solar.
e. Lleva tu pasaporte.

Entrevista a Carla Baron

por Tomás Monterrey

Tomás: ¿Por qué escribió su libro *Cómo hacer un viaje saludable y feliz*?

Carla: Me encanta viajar, conocer otras culturas y escribir. Mi primer viaje lo hice cuando era estudiante universitaria. Todavía recuerdo el día en que llegamos a San Juan, Puerto Rico. Era el panorama ideal para unas vacaciones maravillosas, pero al llegar a la habitación del hotel, bebí mucha agua de la llave° y luego pedí un jugo de frutas con mucho hielo°. El clima en San Juan es tropical y yo tenía mucha sed y calor. Los síntomas llegaron en menos de media hora: pasé dos días con dolor de estómago y corriendo al cuarto de baño cada diez minutos. Desde entonces, siempre que viajo sólo bebo agua mineral y llevo un pequeño bolso con medicinas necesarias, como pastillas para el dolor y también bloqueador solar, una crema repelente de mosquitos y un desinfectante.

Tomás: ¿Son reales° las situaciones que se narran en su libro?

Carla: Sí, son reales y son mis propias° historias°. A menudo los autores crean caricaturas divertidas de un turista en dificultades. ¡En mi libro la turista en dificultades soy yo!

Tomás: ¿Qué recomendaciones puede encontrar el lector en su libro?

Carla: Bueno, mi libro es anecdótico y humorístico, pero el tema de la salud se trata° de manera seria. En general, se dan recomendaciones sobre ropa adecuada para cada sitio, consejos para protegerse del sol, y comidas y bebidas adecuadas para el turista que viaja al Caribe o Suramérica.

Tomás: ¿Tiene algún consejo para las personas que se enferman cuando viajan?

Carla: Muchas veces los turistas toman el avión sin saber nada acerca del país que van a visitar. Ponen toda su ropa en la maleta, toman el pasaporte, la cámara fotográfica y ¡a volar°! Es necesario tomar precauciones porque nuestro cuerpo necesita adaptarse al clima, al sol, a la humedad, al agua y a la comida. Se trata de° viajar, admirar las maravillas del mundo y regresar a casa con hermosos recuerdos. En resumen, el secreto es "prevenir en vez de° curar".

llave *faucet* **hielo** *ice* **reales** *true* **propias** *own* **historias** *stories* **se trata** *is treated* **¡a volar!** *Off they go!* **Se trata de** *It's a question of* **en vez de** *instead of*

Seleccionar

Selecciona la respuesta correcta.

1. El tema principal de este libro es _____.
   a. Puerto Rico b. la salud y el agua c. otras culturas
   d. el cuidado de la salud en los viajes
2. Las situaciones narradas en el libro son _____.
   a. autobiográficas b. inventadas c. ficticias
   d. imaginarias
3. ¿Qué recomendaciones no vas a encontrar en este libro? _____
   a. cómo vestirse adecuadamente
   b. cómo prevenir las quemaduras solares
   c. consejos sobre la comida y la bebida
   d. cómo dar propina en los países del Caribe o de Suramérica
4. En opinión de la señorita Baron, _____.
   a. es bueno tomar agua de la llave y beber jugo de frutas con mucho hielo
   b. es mejor tomar solamente agua embotellada (*bottled*)
   c. los minerales son buenos para el dolor abdominal
   d. es importante visitar el cuarto de baño cada diez minutos
5. ¿Cuál de estos productos no lleva la autora cuando viaja a otros países? _____
   a. desinfectante
   b. crema repelente
   c. detergente
   d. pastillas medicinales

Escritura

Estrategia

Mastering the simple past tenses

In Spanish, when you write about events that occurred in the past you will need to know when to use the preterite and when to use the imperfect tense. A good understanding of the uses of each tense will make it much easier to determine which one to use as you write.

Look at the summary of the uses of the preterite and the imperfect and write your own example sentence for each of the rules described.

Preterite vs. imperfect

Preterite

1. Completed actions
   _____
   _____
2. Beginning or end of past actions
   _____
   _____
3. Series of past actions
   _____
   _____

Imperfect

1. Ongoing past actions
   _____
   _____
2. Habitual past actions
   _____
   _____
3. Mental, physical, and emotional states and characteristics in the past
   _____
   _____

Get together with a few classmates to compare your example sentences. Then use these sentences and the chart as a guide to help you decide which tense to use as you are writing a story or other type of narration about the past.

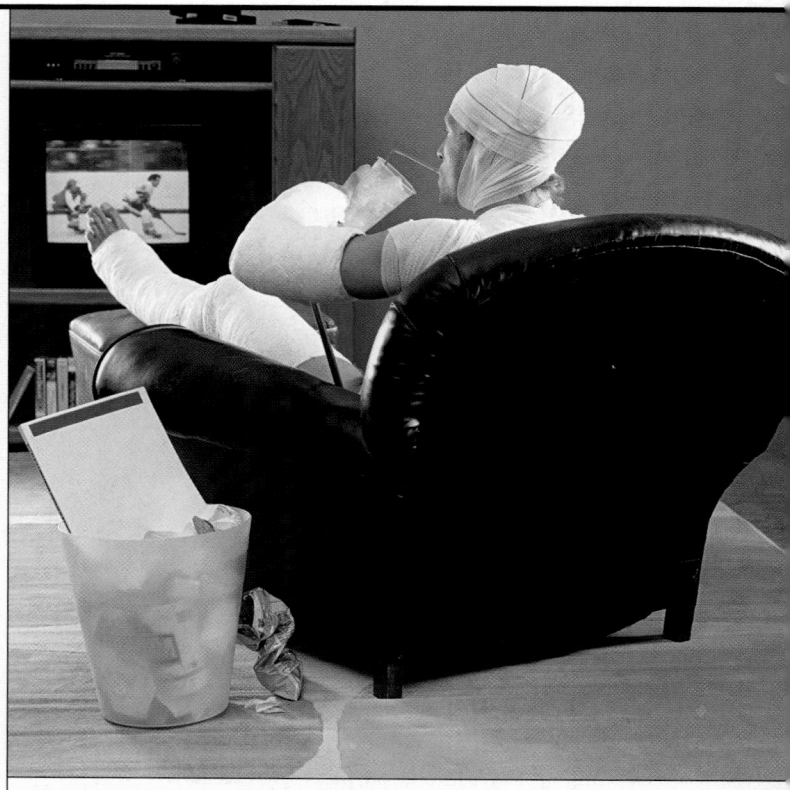

Tema

Escribir una historia

Escribe una historia acerca de una experiencia tuya° (o de otra persona) con una enfermedad, accidente o problema médico. Tu historia puede ser real o imaginaria y puede tratarse de un incidente divertido, humorístico o desastroso. Incluye todos los detalles relevantes. Consulta la lista de sugerencias° con detalles que puedes incluir.

- Descripción del/de la paciente
  nombre y apellidos
  edad
  características físicas
  historial médico°
- Descripción de los síntomas
  enfermedades
  accidente
  problemas médicos
- Descripción del tratamiento°
  tratamientos
  recetas
  operaciones

tuya *of yours* sugerencias *suggestions* historial médico *medical history* tratamiento *treatment*

Escuchar

Audio: Activities

Estrategia

Listening for specific information

You can listen for specific information effectively once you identify the subject of a conversation and use your background knowledge to predict what kinds of information you might hear.

To practice this strategy, you will listen to a paragraph from a letter Marta wrote to a friend about her fifteenth birthday celebration. Before you listen to the paragraph, use what you know about this type of party to predict the content of the letter. What kinds of details might Marta include in her description of the celebration? Now listen to the paragraph and jot down the specific information Marta relates. Then compare these details to the predictions you made about the letter.

Preparación

Mira la foto. ¿Con quién crees que está conversando Carlos Peña? ¿De qué están hablando?

Ahora escucha

Ahora escucha la conversación de la señorita Méndez y Carlos Peña. Marca las frases donde se mencionan los síntomas de Carlos.

1. ____ Tiene infección en los ojos.
2. ____ Se lastimó el dedo.
3. ____ No puede dormir.
4. ____ Siente dolor en los huesos.
5. ____ Está mareado.
6. ____ Está congestionado.
7. ____ Le duele el estómago.
8. ____ Le duele la cabeza.
9. ____ Es alérgico a la aspirina.
10. ____ Tiene tos.
11. ____ Le duele la garganta.
12. ____ Se rompió la pierna.
13. ____ Tiene dolor de oído.
14. ____ Tiene frío.

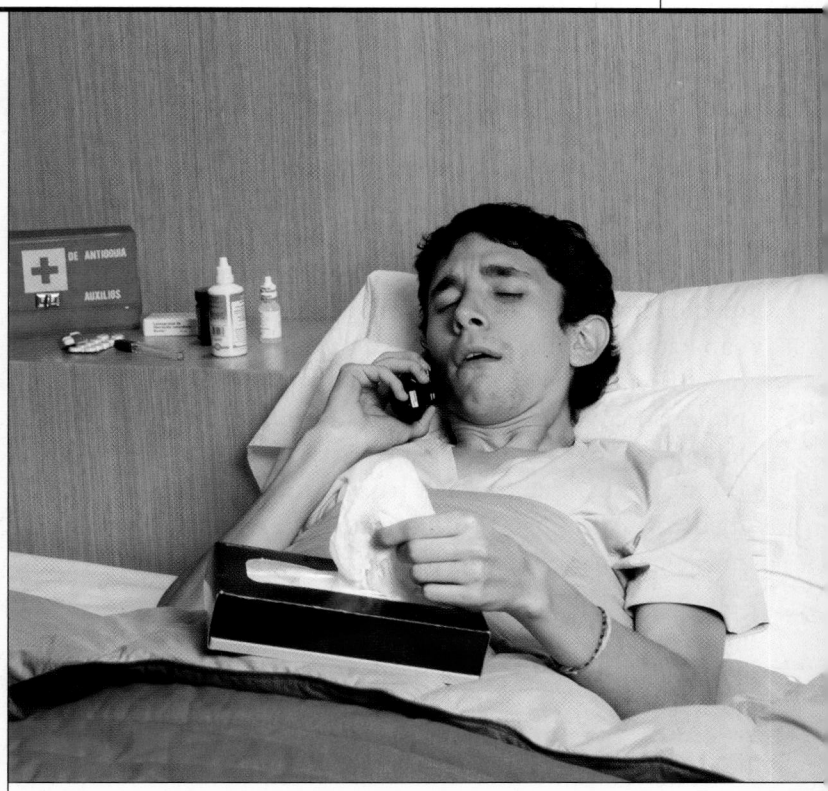

Comprensión

Preguntas

1. ¿Tiene fiebre Carlos?
2. ¿Cuánto tiempo hace que le duele la garganta a Carlos?
3. ¿Qué tiene que hacer el médico antes de recetarle algo a Carlos?
4. ¿A qué hora es su cita con el médico?
5. Después de darle una cita con el médico, ¿qué otra información le pide a Carlos la señorita del consultorio?
6. En tu opinión, ¿qué tiene Carlos? ¿Gripe? ¿Un resfriado? ¿Alergias? Explica tu opinión.

Diálogo

Con un(a) compañero/a, escribe el diálogo entre el Dr. Aguilar y Carlos Peña en el consultorio del médico. Usa la información del diálogo telefónico para pensar en lo que dice el médico mientras examina a Carlos. Imagina cómo responde Carlos y qué preguntas le hace al médico. ¿Cuál es el diagnóstico del médico?

En pantalla

Si tienes dolor de estómago, un calambre° u otra dolencia° simple y no quieres ir al médico, puedes ir a la farmacia. En muchos países hispanos, no necesitas una receta para comprar algunas medicinas y, además, los farmacéuticos están capacitados° para recetar medicamentos en casos de enfermedades leves°. Mucha gente los visita pidiendo consejos para aliviar sus males°. Antes, los boticarios° eran una especie de artesanos° de las medicinas que ejercían bajo la tutela° de los médicos. Ahora, su profesión tiene un carácter más científico e incluso forma parte de la oferta educativa de muchas universidades.

Vocabulario útil

el bondi	*bus (Arg.)*
la cancha	*stadium (Arg.)*
los hinchas	*sports fans (usually soccer; Arg.)*
se hace el duro	*acts tough*
tirarse	*to jump, to dive*
trepar	*to climb*

Preparación

¿Conoces alguna persona temeraria (*reckless*) a quien le gusten las situaciones de riesgo (*risky*)? Comparte alguna de sus anécdotas con la clase.

¿Cierto o falso?

Indica si lo que dice cada oración es **cierto** o **falso**. Corrige las oraciones falsas.

1. Bailaba en la bañadera y se cayó.
2. Se cayó del techo (*roof*) cuando quiso arreglar una ventana.
3. Se bajó del (*got off of*) tren en movimiento.
4. Saltó del escenario temerariamente.

Un chico travieso

Sin duda, Miguel era un niño muy travieso (*mischievous*). En parejas, imaginen cómo fue su niñez: describan lo que hacía en su casa, en la escuela y con sus amigos. Usen el imperfecto.

calambre *cramp* dolencia *ailment* capacitados *qualified* leves *mild* males *illnesses* boticarios *pharmacists* artesanos *craftsmen* ejercían... *practiced under the guidance*

Anuncio de Anaflex

—Voy a treparme a arreglar la antena.
—¡Sí, Miguel!

... bailo en la cancha la *Macarena*...

Cualquiera se hace el duro cuando tiene con qué.

Video: TV Clip

Practice more at **vistas.vhlcentral.com.**

Argentina tiene una gran tradición médica influenciada desde el siglo XIX por la medicina francesa. Tres de los cinco premios Nobel de esta nación están relacionados con investigaciones médicas que han hecho° grandes aportes° al avance de las ciencias de la salud. Además, existen otros adelantos° de médicos argentinos que han hecho historia. Entre ellos se cuentan el *bypass* coronario, desarrollado° por el cirujano° René Favaloro en 1967, y la técnica de cirugía cardiovascular sin circulación extracorpórea° desarrollada en 1978 por Federico Benetti, quien es considerado uno de los padres de la cirugía cardíaca moderna.

Vocabulario útil

la cita previa	*previous appointment*
la guardia	*emergency room*
Me di un golpe.	*I got hit.*
la práctica	*rotation (hands-on medical experience)*

Preparación

¿Qué haces si tienes un pequeño accidente o quieres hacer una consulta? ¿Visitas a tu médico general o vas al hospital? ¿Debes pedir un turno (*appointment*)?

¿Cierto o falso?

Indica si las oraciones son **ciertas** o **falsas**.

1. Silvina tuvo un accidente en su automóvil.
2. Silvina fue a la guardia del hospital.
3. La guardia del hospital está abierta sólo durante el día y es necesario tener cita previa.
4. Los entrevistados (*interviewees*) tienen enfermedades graves.
5. En Argentina, los médicos reciben la certificación cuando terminan la práctica.

amplia *ample* han hecho *have done* aportes *contributions*
adelantos *advances* desarrollado *developed* cirujano *surgeon*
extracorpórea *out-of-body* podría *could*

La salud

¿Le podría° pedir que me explique qué es la guardia?

Nuestro hospital público es gratuito para todas las personas.

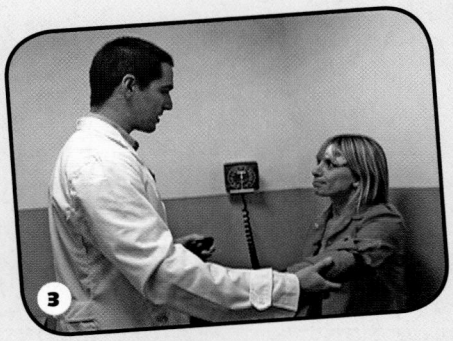

... la carrera de medicina comienza con el primer año de la universidad.

Video: *Flash cultura*

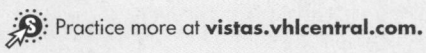
Practice more at **vistas.vhlcentral.com.**

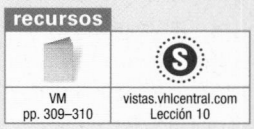
recursos

VM pp. 309–310	vistas.vhlcentral.com Lección 10

Video: *Panorama cultural*
Interactive map

Costa Rica

El país en cifras

- **Área:** 51.100 km^2 (19.730 millas^2), *aproximadamente el área de Virginia Occidental°*
- **Población:** 4.957.000

Costa Rica es el país de Centroamérica con la población más homogénea. El 94% de sus habitantes es blanco y mestizo°. Más del 50% de la población es de ascendencia° española y un alto porcentaje tiene sus orígenes en otros países europeos.

- **Capital:** San José —1.655.000
- **Ciudades principales:** Alajuela, Cartago, Puntarenas, Heredia

SOURCE: Population Division, UN Secretariat

- **Moneda:** colón costarricense
- **Idioma:** español (oficial)

Bandera de Costa Rica

Costarricenses célebres

- **Carmen Lyra,** escritora (1888–1949)
- **Chavela Vargas,** cantante (1919–)
- **Óscar Arias Sánchez,** ex presidente de Costa Rica (1941–)
- **Claudia Poll,** nadadora° olímpica (1941–)

Óscar Arias recibió el Premio Nobel de la Paz en 1987.

Virginia Occidental *West Virginia* mestizo *of indigenous and white parentage* ascendencia *descent* nadadora *swimmer* ejército *army* gastos *expenditures* invertir *to invest* cuartel *barracks*

Mercado Central en San José

Vista del volcán Arenal

Edificio Metálico en San José

Océano Pacífico

Basílica de Nuestra Señora de los Ángeles en Cartago

recursos

WB	VM	vistas.vhlcentral.com
pp. 121–122	pp. 267–268	Lección 10

¡Increíble pero cierto!

Costa Rica es el único país latinoamericano que no tiene ejército°. Sin gastos° militares, el gobierno puede invertir° más dinero en la educación y las artes. En la foto aparece el Museo Nacional de Costa Rica, antiguo cuartel° del ejército.

Lugares • Los parques nacionales

El sistema de parques nacionales de Costa Rica ocupa aproximadamente el 12% de su territorio y fue establecido° para la protección de su biodiversidad. En los parques, los ecoturistas pueden admirar montañas, cataratas° y una gran variedad de plantas exóticas. Algunos ofrecen también la oportunidad de ver quetzales°, monos°, jaguares, armadillos y mariposas° en su hábitat natural.

Economía • Las plantaciones de café

Costa Rica fue el primer país centroamericano en desarrollar° la industria del café. En el siglo° XIX, los costarricenses empezaron a exportar esta semilla a Inglaterra°, lo que significó una contribución importante a la economía de la nación. Actualmente, más de 50.000 costarricenses trabajan en el cultivo del café. Este producto representa cerca del 15% de sus exportaciones anuales.

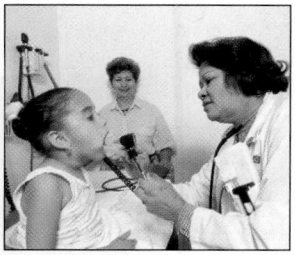

Sociedad • Una nación progresista

Costa Rica es un país progresista. Tiene un nivel de alfabetización° del 96%, uno de los más altos de Latinoamérica. En 1870, esta nación centroamericana abolió la pena de muerte° y en 1948 eliminó el ejército e hizo obligatoria y gratuita° la educación para todos sus ciudadanos.

Mar Caribe

Limón

nanca

PANAMÁ

Parque Morazán en San José

¿Qué aprendiste? Responde a las preguntas con oraciones completas.

1. ¿Cómo se llama la capital de Costa Rica?
2. ¿Quién es Claudia Poll?
3. ¿Qué porcentaje del territorio de Costa Rica ocupan los parques nacionales?
4. ¿Para qué se establecieron los parques nacionales?
5. ¿Qué pueden ver los turistas en los parques nacionales?
6. ¿Cuántos costarricenses trabajan en las plantaciones de café hoy día?
7. ¿Cuándo eliminó Costa Rica la pena de muerte?

Conexión Internet Investiga estos temas en **vistas.vhlcentral.com.**

Practice more at **vistas.vhlcentral.com.**

1. Busca información sobre Óscar Arias Sánchez. ¿Quién es? ¿Por qué se le considera (*is he considered*) un costarricense célebre?
2. Busca información sobre los artistas de Costa Rica. ¿Qué artista, escritor o cantante te interesa más? ¿Por qué?

establecido *established* cataratas *waterfalls* quetzales *type of tropical bird* monos *monkeys* mariposas *butterflies* en desarrollar *to develop* siglo *century* Inglaterra *England* nivel de alfabetización *literacy rate* pena de muerte *death penalty* gratuita *free*

El cuerpo

la boca	*mouth*
el brazo	*arm*
la cabeza	*head*
el corazón	*heart*
el cuello	*neck*
el cuerpo	*body*
el dedo	*finger*
el dedo del pie	*toe*
el estómago	*stomach*
la garganta	*throat*
el hueso	*bone*
la nariz	*nose*
el oído	*(sense of) hearing; inner ear*
el ojo	*eye*
la oreja	*(outer) ear*
el pie	*foot*
la pierna	*leg*
la rodilla	*knee*
el tobillo	*ankle*

La salud

el accidente	*accident*
el antibiótico	*antibiotic*
la aspirina	*aspirin*
la clínica	*clinic*
el consultorio	*doctor's office*
el/la dentista	*dentist*
el/la doctor(a)	*doctor*
el dolor (de cabeza)	*(head)ache; pain*
el/la enfermero/a	*nurse*
el examen médico	*physical exam*
la farmacia	*pharmacy*
la gripe	*flu*
el hospital	*hospital*
la infección	*infection*
el medicamento	*medication*
la medicina	*medicine*
la operación	*operation*
el/la paciente	*patient*
la pastilla	*pill; tablet*
la radiografía	*X-ray*
la receta	*prescription*
el resfriado	*cold (illness)*
la sala de emergencia(s)	*emergency room*
la salud	*health*
el síntoma	*symptom*
la tos	*cough*

Verbos

caerse	*to fall (down)*
dañar	*to damage; to break down*
darse con	*to bump into; to run into*
doler (o:ue)	*to hurt*
enfermarse	*to get sick*
estar enfermo/a	*to be sick*
estornudar	*to sneeze*
lastimarse (el pie)	*to injure (one's foot)*
olvidar	*to forget*
poner una inyección	*to give an injection*
prohibir	*to prohibit*
recetar	*to prescribe*
romper	*to break*
romperse (la pierna)	*to break (one's leg)*
sacar(se) un diente	*to have a tooth removed*
ser alérgico/a (a)	*to be allergic (to)*
sufrir una enfermedad	*to suffer an illness*
tener dolor *(m.)*	*to have a pain*
tener fiebre	*to have a fever*
tomar la temperatura	*to take someone's temperature*
torcerse (o:ue) (el tobillo)	*to sprain (one's ankle)*
toser	*to cough*

Adjetivos

congestionado/a	*congested; stuffed-up*
embarazada	*pregnant*
grave	*grave; serious*
mareado/a	*dizzy; nauseated*
médico/a	*medical*
saludable	*healthy*
sano/a	*healthy*

Audio: Vocabulary

recursos	
LM p. 60	vistas.vhlcentral.com Lección 10

Adverbios

a menudo	*often*
a tiempo	*on time*
a veces	*sometimes*
además (de)	*furthermore; besides*
apenas	*hardly; scarcely*
así	*like this; so*
bastante	*enough; rather*
casi	*almost*
con frecuencia	*frequently*
de niño/a	*as a child*
de vez en cuando	*from time to time*
despacio	*slowly*
menos	*less*
mientras	*while*
muchas veces	*a lot; many times*
poco	*little*
por lo menos	*at least*
pronto	*soon*
rápido	*quickly*
todos los días	*every day*

Expresiones útiles	*See page 337.*

La tecnología 11

Communicative Goals

You will learn how to:

- **Talk about using technology and electronics**
- **Use common expressions on the telephone**
- **Talk about car trouble**

contextos

pages 368–371

- Home electronics
- Computers and the Internet
- The car and its accessories

fotonovela

pages 372–375

Miguel's car has broken down again, and he has to take it to a mechanic. In the meantime, Maru has a similar streak of bad luck with her computer. Can their problems with technology be resolved?

cultura

pages 376–377

- Cell phones in the Spanish-speaking world
- Cybercafés in Latin America

estructura

pages 378–393

- Familiar commands
- **Por** and **para**
- Reciprocal reflexives
- Stressed possessive adjectives and pronouns
- **Recapitulación**

adelante

pages 394–401

Lectura: A comic strip
Escritura: A personal ad
Escuchar: A commercial about computers
En pantalla
Flash cultura
Panorama: Argentina

A PRIMERA VISTA

- **¿Qué hace la chica?**
- **¿Crees que usa su computadora con frecuencia?**
- **¿Es una chica saludable?**
- **¿Qué partes del cuerpo se ven en la foto?**

Talking Picture, Tutorials & Games
Audio: Activities

La tecnología

Más vocabulario

la cámara digital/de video	*digital/video camera*
el canal	*(TV) channel*
el correo de voz	*voice mail*
el estéreo	*stereo*
el *fax*	*fax (machine)*
la pantalla táctil	*touch screen*
el reproductor de CD	*CD player*
la televisión por cable	*cable television*
el video	*video*
el archivo	*file*
la arroba	*@ symbol*
el blog	*blog*
la conexión inalámbrica	*wireless connection*
la dirección electrónica	*e-mail address*
Internet	*Internet*
el mensaje de texto	*text message*
la página principal	*home page*
el programa de computación	*software*
la red	*network; Web*
el sitio web	*website*
apagar	*to turn off*
borrar	*to erase*
descargar	*to download*
escanear	*to scan*
funcionar	*to work*
grabar	*to record*
guardar	*to save*
imprimir	*to print*
llamar	*to call*
navegar (en Internet)	*to surf (the Internet)*
poner, prender	*to turn on*
sonar (o:ue)	*to ring*
descompuesto/a	*not working; out of order*
lento/a	*slow*
lleno/a	*full*

el televisor
la pantalla
el reproductor de DVD
la impresora
la computadora (portátil)
el monitor
el (teléfono) celular
el ratón
el teclado
el cederrón

Variación léxica

computadora ⟷ ordenador (*Esp.*), computador (*Col.*)
descargar ⟷ bajar (*Arg., Col., Esp., Ven.*)

recursos

WB	LM	vistas.vhlcentral.com
pp. 123–124	p. 61	Lección 11

Práctica

1

Escuchar Escucha la conversación entre dos amigas. Después completa las oraciones.

1. María y Ana están en _____.
   a. una tienda b. un cibercafé c. un restaurante
2. A María le encantan _____.
   a. los celulares b. las cámaras digitales c. los cibercafés
3. Ana prefiere guardar las fotos en _____.
   a. la pantalla b. un archivo c. un cederrón
4. María quiere tomar un café y _____.
   a. poner la computadora b. sacar fotos digitales
   c. navegar en Internet
5. Ana paga por el café y _____.
   a. el uso de Internet b. la impresora c. el cederrón

2

¿Cierto o falso? Escucha las oraciones e indica si lo que dice cada una es **cierto** o **falso**, según el dibujo.

1. _____ 5. _____
2. _____ 6. _____
3. _____ 7. _____
4. _____ 8. _____

3

Oraciones Escribe oraciones usando estos elementos. Usa el pretérito y añade las palabras necesarias.

1. yo / descargar / fotos / Internet
2. tú / apagar / televisor / diez / noche
3. Daniel y su esposa / comprar / computadora portátil / ayer
4. Sara y yo / ir / cibercafé / para / navegar en Internet
5. Jaime / decidir / comprar / reproductor de MP3
6. teléfono celular / sonar / pero / yo / no contestar

4

Preguntas Mira el dibujo y contesta las preguntas.

1. ¿Qué tipo de café es?
2. ¿Cuántas impresoras hay? ¿Cuántos ratones?
3. ¿Por qué vinieron estas personas al café?
4. ¿Qué hace el camarero?
5. ¿Qué hace la mujer en la computadora? ¿Y el hombre?
6. ¿Qué máquinas están cerca del televisor?
7. ¿Dónde hay un cibercafé en tu comunidad?
8. ¿Por qué puedes tú necesitar un cibercafé?

En la gasolinera

Más vocabulario

la autopista, la carretera	*highway*
la calle	*street*
la circulación, el tráfico	*traffic*
el garaje, el taller (mecánico)	*(mechanic's) garage; repair shop*
la licencia de conducir	*driver's license*
el/la mecánico/a	*mechanic*
la policía	*police (force)*
la velocidad máxima	*speed limit*
arrancar	*to start*
arreglar	*to fix; to arrange*
bajar(se) de	*to get off of/out of (a vehicle)*
conducir, manejar	*to drive*
estacionar	*to park*
parar	*to stop*
subir(se) a	*to get on/into (a vehicle)*

5 **Completar** Completa estas oraciones con las palabras correctas.

1. Para poder conducir legalmente, necesitas...
2. Puedes poner las maletas en...
3. Si tu carro no funciona, debes llevarlo a...
4. Para llenar el tanque de tu coche, necesitas ir a...
5. Antes de un viaje largo, es importante revisar...
6. Otra palabra para autopista es...
7. Mientras hablas por teléfono celular, no es buena idea...
8. Otra palabra para coche es...

¡LENGUA VIVA!

Aunque **carro** es el término que se usa en la mayoría de países hispanos, no es el único. En España, por ejemplo, se dice **coche**, y en Argentina, Chile y Uruguay se dice **auto**.

6 **Conversación** Completa la conversación con las palabras de la lista.

el aceite	la gasolina	llenar	el parabrisas	el taller
el baúl	las llantas	manejar	revisar	el volante

EMPLEADO Bienvenido al (1)_____ mecánico *Óscar*. ¿En qué le puedo servir?

JUAN Buenos días. Quiero (2)_____ el tanque y revisar (3)_____, por favor.

EMPLEADO Con mucho gusto. Si quiere, también le limpio (4)_____.

JUAN Sí, gracias. Está un poquito sucio. La próxima semana tengo que (5)_____ hasta Buenos Aires. ¿Puede cambiar (6)_____? Están gastadas (*worn*).

EMPLEADO Claro que sí, pero voy a tardar (*it will take me*) un par de horas.

JUAN Mejor regreso mañana. Ahora no tengo tiempo. ¿Cuánto le debo por (7)_____?

EMPLEADO Sesenta pesos. Y veinticinco por (8)_____ y cambiar el aceite.

CONSULTA

For more information about **Buenos Aires**, see **Panorama**, p. 400.

Comunicación

7 **Preguntas** Trabajen en grupos y túrnense para contestar estas preguntas. Después compartan sus respuestas con la clase.

1. a. ¿Tienes un teléfono celular? ¿Para qué lo usas?
   b. ¿Qué utilizas más: el teléfono o el correo electrónico? ¿Por qué?
   c. En tu opinión, ¿cuáles son las ventajas (*advantages*) y desventajas de los diferentes modos de comunicación?
2. a. ¿Con qué frecuencia usas la computadora?
   b. ¿Para qué usas Internet?
   c. ¿Tienes tu propio blog? ¿Cómo es?
3. a. ¿Miras la televisión con frecuencia? ¿Qué programas ves?
   b. ¿Dónde miras tus programas favoritos, en la tele o en la computadora?
   c. ¿Ves películas en la computadora? ¿Cuál es tu película favorita de todos los tiempos (*of all time*)?
   d. ¿A través de (*By*) qué medio escuchas música? ¿Radio, estéreo, reproductor de MP3 o computadora?
4. a. ¿Tienes licencia de conducir?
   b. ¿Cuánto tiempo hace que la conseguiste?
   c. ¿Tienes carro? Descríbelo.
   d. ¿Llevas tu carro al taller? ¿Para qué?

NOTA CULTURAL

Algunos sitios web utilizan códigos para identificar su país de origen. Éstos son los códigos para algunos países hispanohablantes:

Argentina .ar
Colombia .co
España .es
México .mx
Venezuela .ve

CONSULTA

To review expressions like **hace... que**, see **Lección 10, Expresiones útiles**, p. 337.

8 **Postal** En parejas, lean la tarjeta postal. Después contesten las preguntas.

19 julio de 1979

Hola, Paco:

¡Saludos! Estamos de viaje por unas semanas. La Costa del Sol es muy bonita. No hemos encontrado (we haven't found) a tus amigos porque nunca están en casa cuando llamamos. El teléfono suena y suena y nadie contesta. Vamos a seguir llamando.

Sacamos muchas fotos muy divertidas. Cuando regresemos y las revelemos (get them developed), te las voy a enseñar. Las playas son preciosas. Hasta ahora el único problema fue que la oficina en la cual reservamos un carro perdió nuestros papeles y tuvimos que esperar mucho tiempo.

También tuvimos un pequeño problema con el hotel. La agencia de viajes nos reservó una habitación en un hotel que está muy lejos de todo. No podemos cambiarla, pero no me importa mucho. A pesar de eso, estamos contentos.

Tu hermana, Gabriela

Francisco Jiménez
San Lorenzo 3250
Rosario, Argentina 2000

1. ¿Cuáles son los problemas que ocurren en el viaje de Gabriela?
2. Con la tecnología de hoy, ¿existen los mismos problemas cuando se viaja? ¿Por qué?
3. Hagan una comparación entre la tecnología de los años 70 y 80 y la de hoy.
4. Imaginen que la hija de Gabriela escribe un correo electrónico sobre el mismo tema con fecha de hoy. Escriban ese correo, incorporando la tecnología actual (teléfonos celulares, Internet, cámaras digitales, etc.). Inventen nuevos problemas.

En el taller

El coche de Miguel está descompuesto y Maru tiene problemas con su computadora.

PERSONAJES

MIGUEL

JORGE

Video: *Fotonovela*
Record and Compare

MIGUEL ¿Cómo lo ves?

JORGE Creo que puedo arreglarlo. ¿Me pasas la llave?

JORGE ¿Y dónde está Maru?

MIGUEL Acaba de enviarme un mensaje de texto: "Última noticia sobre la computadora portátil: todavía está descompuesta. Moni intenta arreglarla. Voy para allá".

MARU Buenos días, Jorge.

JORGE ¡Qué gusto verte, Maru! ¿Cómo está la computadora?

MARU Mi amiga Mónica recuperó muchos archivos, pero muchos otros se borraron.

JORGE ¿Está descompuesta tu computadora?

MIGUEL No, la mía no, la suya. Una amiga la está ayudando.

JORGE Un mal día para la tecnología, ¿no?

MARU Estamos en una triste situación. Yo necesito una computadora nueva, y Miguel necesita otro coche.

JORGE Y un televisor nuevo para mí, por favor.

MIGUEL Ella está preparando un proyecto para ver si puede hacer sus prácticas profesionales en el Museo de Antropología.

JORGE ¿Y todo está en la computadora?

MIGUEL Y claro.

MARU

MARU ¿Qué vamos a hacer, Miguel?

MIGUEL Tranquila, cariño. Por eso tenemos amigos como Jorge y Mónica. Nos ayudamos los unos a los otros.

JORGE ¿No te sientes afortunada, Maru? No te preocupes. Sube.

MIGUEL ¡Por fin!

MARU Gracias, Jorge. Eres el mejor mecánico de la ciudad.

MIGUEL ¿Cuánto te debo por el trabajo?

JORGE Hombre, no es nada. Guárdalo para el coche nuevo. Eso sí, recomiéndame con tus amigos.

MIGUEL Gracias, Jorge.

JORGE No manejes en carretera. Revisa el aceite cada 1.500 kilómetros y asegúrate de llenarle el tanque... No manejes con el cofre abierto. Nos vemos.

Expresiones útiles

Giving instructions to a friend

¿Me pasas la llave?
Can you pass me the wrench?
No lo manejes en carretera.
Don't drive it on the highway.
Revisa el aceite cada 1.500 kilómetros.
Check the oil every 1,500 kilometers.
Asegúrate de llenar el tanque.
Make sure to fill up the tank.
No manejes con el cofre abierto.
Don't drive with the hood open.
Recomiéndame con tus amigos.
Recommend me to your friends.

Taking a phone call

Aló./Bueno./Diga.
Hello.
¿Quién habla?/ ¿De parte de quién?
Who is speaking/calling?
Con él/ella habla.
Speaking.
¿Puedo dejar un recado?
May I leave a message?

Reassuring someone

Tranquilo/a, cariño.
Relax, sweetie.
Nos ayudamos los unos a los otros.
We help each other out.
No te preocupes.
Don't worry.

Additional vocabulary

entregar *to hand in*
el intento *attempt*
la noticia *news*
el proyecto *project*
recuperar *to recover*

recursos

VM pp. 233–234

vistas.vhlcentral.com Lección 11

¿Qué pasó?

1 **Seleccionar** Selecciona las respuestas que completan correctamente estas oraciones.

1. Jorge intenta arreglar ____.
   a. la computadora de Maru b. el coche de Miguel c. el teléfono celular de Felipe
2. Maru dice que se borraron muchos ____ de su computadora.
   a. archivos b. sitios web c. mensajes de texto
3. Jorge dice que necesita un ____.
   a. navegador GPS b. reproductor de DVD c. televisor
4. Maru dice que Jorge es el mejor ____.
   a. mecánico de la ciudad b. amigo del mundo c. compañero de la clase
5. Jorge le dice a Miguel que no maneje su coche en ____.
   a. el tráfico b. el centro de la ciudad c. la carretera

2 **Identificar** Identifica quién puede decir estas oraciones.

1. Cómprate un coche nuevo y recomiéndame con tus amigos.
2. El mensaje de texto de Maru dice que su computadora todavía está descompuesta.
3. Mi amiga Mónica me ayudó a recuperar muchos archivos, pero necesito una computadora nueva.
4. No conduzcas con el cofre abierto y recuerda que el tanque debe estar lleno.
5. Muchos de los archivos de mi computadora se borraron.

MARU

MIGUEL

JORGE

3 **Problema mecánico** Trabajen en parejas para representar los papeles de un(a) mecánico/a y un(a) cliente/a que está llamando al taller porque su carro está descompuesto. Usen las instrucciones como guía.

Mecánico/a	Cliente/a
Contesta el teléfono con un saludo y el nombre del taller. →	Saluda y explica que tu carro está descompuesto.
Pregunta qué tipo de problema tiene exactamente. →	Explica que tu carro no arranca cuando hace frío.
Di que debe traer el carro al taller. →	Pregunta cuándo puedes llevarlo.
Ofrece una hora para revisar el carro. →	Acepta la hora que ofrece el/la mecánico/a.
Da las gracias y despídete. →	Despídete y cuelga (*hang up*) el teléfono.

Ahora cambien los papeles y representen otra conversación. Ustedes son un(a) técnico/a y un(a) cliente/a. Usen estas ideas:

el celular no guarda mensajes	la impresora imprime muy lentamente
la computadora no descarga fotos	el reproductor de DVD está descompuesto

Practice more at **vistas.vhlcentral.com.**

Ortografía

Concepts

La acentuación de palabras similares

Although accent marks usually indicate which syllable in a word is stressed, they are also used to distinguish between words that have the same or similar spellings.

Él maneja el coche. **Sí, voy si quieres.**

Although one-syllable words do not usually carry written accents, some *do* have accent marks to distinguish them from words that have the same spelling but different meanings.

Sé cocinar. **Se baña.** **¿Tomas té?** **Te duermes.**

Sé (*I know*) and **té** (*tea*) have accent marks to distinguish them from the pronouns **se** and **te**.

para mí **mi cámara** **Tú lees.** **tu estéreo**

Mí (*Me*) and **tú** (*you*) have accent marks to distinguish them from the possessive adjectives **mi** and **tu**.

¿Por qué vas? **Voy porque quiero.**

Several words of more than one syllable also have accent marks to distinguish them from words that have the same or similar spellings.

Éste es rápido. **Este tren es rápido.**

Demonstrative pronouns have accent marks to distinguish them from demonstrative adjectives.

¿Cuándo fuiste? **Fui cuando me llamó.**
¿Dónde trabajas? **Voy al taller donde trabajo.**

Adverbs have accent marks when they are used to convey a question.

Práctica Marca los acentos en las palabras que los necesitan.

ANA Alo, soy Ana. ¿Que tal?
JUAN Hola, pero... ¿por que me llamas tan tarde?
ANA Porque mañana tienes que llevarme a la universidad. Mi auto esta dañado.
JUAN ¿Como se daño?
ANA Se daño el sabado. Un vecino (*neighbor*) choco con (*crashed into*) el.

Crucigrama Utiliza las siguientes pistas (*clues*) para completar el crucigrama. ¡Ojo con los acentos!

Horizontales

1. Él _____ levanta.
4. No voy _____ no puedo.
7. Tú _____ acuestas.
9. ¿_____ es el examen?
10. Quiero este video y _____.

Verticales

2. ¿Cómo _____ usted?
3. Eres _____ mi hermano.
5. ¿_____ tal?
6. Me gusta _____ suéter.
8. Navego _____ la red.

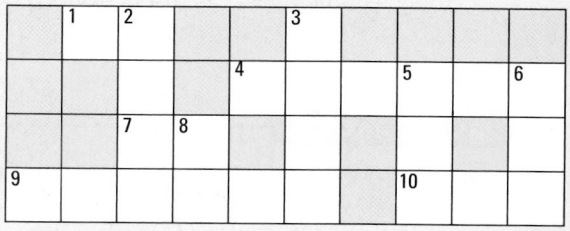

recursos

LM p. 62	vistas.vhlcentral.com Lección 11

EN DETALLE

Additional Reading

El teléfono celular

¿Cómo te comunicas con tus amigos y familia? En algunos países hispanos, el servicio de teléfono común° es bastante caro, por lo que el teléfono celular, más accesible y barato, es el favorito de mucha gente.

El servicio más popular entre los jóvenes es el sistema de tarjetas prepagadas°, porque no requiere de un contrato ni de cuotas° extras. En muchos países, puedes encontrar estas tarjetas en cualquier° tienda o recargar el saldo° de tu celular por Internet.

Los celulares de los años 80, grandes e incómodos, eran un símbolo de estatus y estaban limitados al uso de la voz°. Las funciones que entonces° sólo existían en la ciencia ficción, ahora son una realidad. Los celulares de hoy tienen muchas funciones: cámara de fotos o de video, agenda electrónica°, navegador GPS, juegos, conexión a Internet, reproductor de MP3… Con los teléfonos actuales se puede interactuar en las redes sociales° de Internet y, gracias a la tecnología táctil, acceder a sus aplicaciones de forma diferente y rápida.

Con la evolución de los celulares, muchas personas han dejado de usar ciertos aparatos°: ¿para qué una cámara, un reproductor de música y un celular separados si puedes tener todo en uno°?

El uso de los celulares

- En el mundo se intercambian cerca de 500 mil millones de mensajes de texto al año.
- En los EE.UU., el 53% de los hispanos con celular lo usan para conectarse a Internet y el 84% de los hispanos menores de 30 años tiene un celular.
- América Latina tiene 179 millones de usuarios de teléfonos celulares. De ellos, el 73% utiliza programas de mensajería instantánea, el 82% navega por Internet y el 55% transfiere datos como videos y fotos.

común *ordinary* prepagadas *prepaid* cuotas *fees* cualquier *any* recargar el saldo *to buy more minutes* voz *voice* en ese entonces *back then* agenda electrónica *PDA* redes sociales *social Networks* aparatos *appliances* todo en uno *all in one*

ACTIVIDADES

1 **¿Cierto o falso?** Indica si lo que dicen estas oraciones es **cierto** o **falso**. Corrige la información falsa.

1. El teléfono común es un servicio caro en algunos países.
2. Muchas personas usan más el teléfono celular que el teléfono común.
3. Es difícil encontrar tarjetas prepagadas en los países hispanos.
4. En los años 80 los celulares eran un símbolo de estatus.
5. Los primeros teléfonos celulares eran muy cómodos y pequeños.
6. Hoy en día muy pocas personas usan el celular para sacar fotos y oír música.
7. En los EE.UU., el 12% de los hispanos usa el celular para conectarse a Internet.

ASÍ SE DICE

La tecnología

los audífonos (Méx., Col.), los auriculares (Arg.), los cascos (Esp.)	*headset; earphones*
el móvil (Esp.)	**el celular**
el manos libres (Amér. S.)	*hands-free system*
la memoria	*memory*
mensajear (Méx.)	**enviar y recibir mensajes de texto**

EL MUNDO HISPANO

Las bicimotos

- **Argentina** El *ciclomotor* se usa mayormente° para repartir a domicilio° comidas y medicinas.
- **Perú** La *motito* se usa mucho para el reparto a domicilio de pan fresco todos los días.
- **México** La *Vespa* se usa para evitar° el tráfico en grandes ciudades.
- **España** La población usa el *Vespino* para ir y volver al trabajo cada día.
- **Puerto Rico** Una *scooter* es el medio de transporte favorito en las zonas rurales.
- **República Dominicana** Las *moto-taxis* son el medio de transporte más económico, ¡pero no olvides el casco°!

mayormente *mainly* repartir a domicilio *home delivery of* evitar *to avoid* casco *helmet*

PERFIL

Los mensajes de texto

¿Qué tienen en común un **mensaje de texto** y un telegrama?: la necesidad de decir lo máximo en el menor espacio posible —y rápidamente—. Así como los abuelos se las arreglaron° para hacer más baratos sus telegramas, que se cobraban° por número de palabras, ahora los jóvenes buscan ahorrar° espacio, tiempo y dinero, en sus mensajes de texto. Esta economía del lenguaje dio origen al **lenguaje chat**, una forma de escritura muy creativa y compacta. Olvídate de la gramática, la puntuación y la ortografía: es tan flexible que evoluciona° todos los días con el uso que cada quien° le da, aunque° hay muchas palabras y expresiones ya establecidas°. Fácilmente encontrarás° abreviaturas (**xq?**, "¿Por qué?"; **tkm**, "Te quiero mucho."), sustitución de sonidos por números (**a2**, "Adiós."; **5mntrios**, "Sin comentarios."), símbolos (**ad+**, "además") y omisión de vocales y acentos (**tb**, "también"; **k tl?**, "¿Qué tal?"). Ahora que lo sabes, si un amigo te envía: **cont xfa, m dbs $!**°, puedes responderle: **ntp, ns vms + trd**°.

se las arreglaron *they managed to* se cobraban *were charged* ahorrar *to save* evoluciona *evolves* cada quien *each person* aunque *although* establecidas *fixed* encontrarás *you will find* cont xfa, m dbs $! Contesta, por favor, ¡me debes dinero! ntp, ns vms +trd No te preocupes, nos vemos más tarde.

Conexión Internet

¿Qué sitios web son populares entre los jóvenes hispanos?

Go to **vistas.vhlcentral.com** to find more cultural information related to this **Cultura** section.

ACTIVIDADES

2 **Comprensión** Responde a las preguntas.

1. ¿Cuáles son tres formas de decir *headset*?
2. ¿Para qué se usan las bicimotos en Argentina?
3. ¿Qué dio origen al "lenguaje chat"?
4. ¿Es importante escribir los acentos en los mensajes de texto?

3 **¿Cómo te comunicas?** Escribe un párrafo breve en donde expliques qué utilizas para comunicarte con tus amigos/as (correo electrónico, redes sociales, teléfono, etc.) y de qué hablan cuando se llaman por teléfono.

11.1 Familiar commands

ANTE TODO In Spanish, the command forms are used to give orders or advice. You use **tú** commands (**mandatos familiares**) when you want to give an order or advice to someone you normally address with the familiar **tú**.

Affirmative tú commands

Infinitive	Present tense él/ella form	Affirmative tú command
hablar	habla	**habla** (tú)
guardar	guarda	**guarda** (tú)
prender	prende	**prende** (tú)
volver	vuelve	**vuelve** (tú)
pedir	pide	**pide** (tú)
imprimir	imprime	**imprime** (tú)

- Affirmative **tú** commands usually have the same form as the **él/ella** form of the present indicative.

Guarda el documento antes de cerrarlo.
Save the document before closing it.

Imprime tu tarea para la clase de inglés.
Print your homework for English class.

- There are eight irregular affirmative **tú** commands.

Irregular affirmative tú commands

decir	**di**	salir	**sal**
hacer	**haz**	ser	**sé**
ir	**ve**	tener	**ten**
poner	**pon**	venir	**ven**

¡**Sal** ahora mismo!
Leave at once!

Haz los ejercicios.
Do the exercises.

- Since **ir** and **ver** have the same **tú** command (**ve**), context will determine the meaning.

Ve al cibercafé con Yolanda.
Go to the cybercafé with Yolanda.

Ve ese programa... es muy interesante.
See that program... it's very interesting.

- The negative **tú** commands are formed by dropping the final **-o** of the **yo** form of the present tense. For **-ar** verbs, add **-es**. For **-er** and **-ir** verbs, add **-as**.

Negative tú commands

Infinitive	Present tense yo form	Negative tú command
hablar	hablo	**no hables** (tú)
guardar	guardo	**no guardes** (tú)
prender	prendo	**no prendas** (tú)
volver	vuelvo	**no vuelvas** (tú)
pedir	pido	**no pidas** (tú)

Héctor, **no pares** el carro aquí.
Héctor, don't stop the car here.

No prendas la computadora todavía.
Don't turn on the computer yet.

¡ATENCIÓN!

In affirmative commands, reflexive, indirect, and direct object pronouns are always attached to the end of the verb. In negative commands, these pronouns always precede the verb.

Bórralos./No los borres.
Escríbeles un correo electrónico./**No les escribas** un correo electrónico.

• • •

When a pronoun is attached to an affirmative command that has two or more syllables, an accent mark is added to maintain the original stress:
borra → bórralos
prende → préndela
imprime → imprímelo

- Verbs with irregular **yo** forms maintain the same irregularity in their negative **tú** commands. These verbs include **conducir, conocer, decir, hacer, ofrecer, oír, poner, salir, tener, traducir, traer, venir,** and **ver**.

No pongas el cederrón en la computadora.
Don't put the CD-ROM in the computer.

No conduzcas tan rápido.
Don't drive so fast.

- Note also that stem-changing verbs keep their stem changes in negative **tú** commands.

No p**ie**rdas tu celular.
Don't lose your cell phone.

No v**ue**lvas a esa gasolinera.
Don't go back to that gas station.

No rep**i**tas las instrucciones.
Don't repeat the instructions.

- Verbs ending in **-car**, **-gar**, and **-zar** have a spelling change in the negative **tú** commands.

sa**car**	**c → qu**	no sa**qu**es
apa**gar**	**g → gu**	no apa**gu**es
almor**zar**	**z → c**	no almuer**c**es

- The following verbs have irregular negative **tú** commands.

Irregular negative tú commands

dar	**no des**
estar	**no estés**
ir	**no vayas**
saber	**no sepas**
ser	**no seas**

recursos

WB pp. 125–126

LM p. 63

vistas. vhlcentral.com Lección 11

¡INTÉNTALO! Indica los mandatos familiares afirmativos y negativos de estos verbos.

1. correr	*Corre* más rápido.	No *corras* más rápido.
2. llenar	_____ el tanque.	No _____ el tanque.
3. salir	_____ ahora.	No _____ ahora.
4. descargar	_____ ese documento.	No _____ ese documento.
5. levantarse	_____ temprano.	No _____ temprano.
6. hacerlo	_____ ya.	No _____ ahora.

Práctica

1 **Completar** Tu mejor amigo no entiende nada de tecnología y te pide ayuda. Completa los comentarios de tu amigo con el mandato de cada verbo.

1. No _____ en una hora. _____ ahora mismo. (venir)
2. _____ tu tarea después. No la _____ ahora. (hacer)
3. No _____ a la tienda a comprar papel para la impresora. _____ a la cafetería a comprarme algo de comer. (ir)
4. No _____ que no puedes abrir un archivo. _____ que el programa de computación funciona sin problemas. (decirme)
5. _____ generoso con tu tiempo y no _____ antipático si no entiendo fácilmente. (ser)
6. _____ mucha paciencia y no _____ prisa. (tener)
7. _____ tu teléfono celular, pero no _____ la computadora. (apagar)

2 **Cambiar** Pedro y Marina no pueden ponerse de acuerdo (*agree*) cuando viajan en su carro. Cuando Pedro dice que algo es necesario, Marina expresa una opinión diferente. Usa la información entre paréntesis para formar las órdenes que Marina le da a Pedro.

modelo

Pedro: Necesito revisar el aceite del carro. (seguir hasta el próximo pueblo)
Marina: *No revises el aceite del carro. Sigue hasta el próximo pueblo.*

1. Necesito conducir más rápido. (parar el carro)
2. Necesito poner el radio. (hablarme)
3. Necesito almorzar ahora. (comer más tarde)
4. Necesito sacar los discos compactos. (manejar con cuidado)
5. Necesito estacionar el carro en esta calle. (pensar en otra opción)
6. Necesito volver a esa gasolinera. (arreglar el carro en un taller)
7. Necesito leer el mapa. (pedirle ayuda a aquella señora)
8. Necesito dormir en el carro. (acostarse en una cama)

3 **Problemas** Tú y tu compañero/a trabajan en el centro de computadoras de la universidad. Muchos estudiantes están llamando con problemas. Denles órdenes para ayudarlos a resolverlos.

modelo

Problema: *No veo nada en la pantalla.*
Tu respuesta: *Prende la pantalla de tu computadora.*

apagar...	descargar...	grabar...	imprimir...	prender...
borrar...	funcionar...	guardar...	navegar...	volver...

1. No me gusta este programa de computación.
2. Tengo miedo de perder mi documento.
3. Prefiero leer este sitio web en papel.
4. Mi correo electrónico funciona muy lentamente.
5. Busco información sobre los gauchos de Argentina.
6. Tengo demasiados archivos en mi computadora.
7. Mi computadora se congeló (*froze*).
8. Quiero ver las fotos del cumpleaños de mi hermana.

NOTA CULTURAL

Los gauchos (*nomadic cowboys*), conocidos por su habilidad (*skill*) para montar a caballo y utilizar el lazo, viven en la Región Pampeana, una llanura muy extensa ubicada en el centro de Argentina y dedicada a la agricultura (*agriculture*).

Comunicación

4 **Órdenes** Circula por la clase e intercambia mandatos negativos y afirmativos con tus compañeros/as. Debes seguir las órdenes que ellos te dan o reaccionar apropiadamente.

modelo

Estudiante 1: *Dame todo tu dinero.*
Estudiante 2: *No, no quiero dártelo. Muéstrame tu cuaderno.*
Estudiante 1: *Aquí está.*
Estudiante 3: *Ve a la pizarra y escribe tu nombre.*
Estudiante 4: *No quiero. Hazlo tú.*

5 **Anuncios** Miren este anuncio. Luego, en grupos pequeños, preparen tres anuncios adicionales para tres escuelas que compiten (*compete*) con ésta.

Síntesis

6 **¡Tanto que hacer!** Tu profesor(a) te va a dar una lista de diligencias (*errands*). Algunas las hiciste tú y algunas las hizo tu compañero/a. Las diligencias que ya hicieron tienen esta marca ✔. Pero quedan cuatro diligencias por hacer. Dale órdenes a tu compañero/a y él/ella responde para confirmar si hay que hacerla o si ya la hizo.

modelo

Estudiante 1: *Llena el tanque.*
Estudiante 2: *Ya llené el tanque. / ¡Ay, no! Tenemos que llenar el tanque.*

11.2 Por and para 

ANTE TODO Unlike English, Spanish has two words that mean *for*: **por** and **para.** These two prepositions are not interchangeable. Study the following charts to see how they are used.

▶ **Por** and **para** are most commonly used to describe aspects of movement, time, and action, but in different circumstances.

Por	Para
Movement	
Through or by a place La excursión nos llevó **por** el centro. *The tour took us through downtown.*	**Towards a destination** Mis amigos van **para** el estadio. *My friends are going to the stadium.*
Time	
Duration of an event Ana navegó la red **por** dos horas. *Ana surfed the net for two hours.*	**Action deadline** Tengo que escribir un ensayo **para** mañana. *I have to write an essay by tomorrow.*
Action	
Reason or motive for an action or circumstance Llegué a casa tarde **por** el tráfico. *I got home late because of the traffic.*	**Indication of for whom something is intended or done** Estoy preparando una sorpresa **para** Eduardo. *I'm preparing a sorprise for Eduardo.*

▶ Here is a complete list of all of the uses of **por** and **para**.

Por is used to indicate...	
1. **Movement: Motion or a general location** . . . *(around, through, along, by)*	Pasamos **por** el parque y **por** el río. *We passed by the park and along the river.*
2. **Time: Duration of an action** . . . . . . *(for, during, in)*	Estuve en la Patagonia **por** un mes. *I was in Patagonia for a month.*
3. **Action: Reason or motive for an action** . . *(because of, on account of, on behalf of)*	Lo hizo **por** su familia. *She did it on behalf of her family.*
4. **Object of a search** . . . . . . *(for, in search of)*	Vengo **por** ti a las ocho. *I'm coming for you at eight.* Manuel fue **por** su cámara digital. *Manuel went in search of his digital camera.*
5. **Means by which something is done** . . . *(by, by way of, by means of)*	Ellos viajan **por** la autopista. *They travel by (by way of) the highway.*
6. **Exchange or substitution** . . . . . . *(for, in exchange for)*	Le di dinero **por** el reproductor de MP3. *I gave him money for the MP3 player.*
7. **Unit of measure** . . . . . . *(per, by)*	José manejaba a 120 kilómetros **por** hora. *José was driving 120 kilometers per hour.*

¡ATENCIÓN!

Por is also used in several idiomatic expressions, including:

por aquí *around here*

por ejemplo *for example*

por eso *that's why; therefore*

por fin *finally*

AYUDA

Remember that when giving an exact time, **de** is used instead of **por** before **la mañana, la tarde,** or **la noche**.

La clase empieza a las nueve **de** la mañana.

• • •

In addition to **por**, **durante** is also commonly used to mean *for* when referring to time.

Esperé al mecánico **durante** cincuenta minutos.

Para is used to indicate...

1. Movement: Destination ..... (*toward, in the direction of*)	Salimos **para** Córdoba el sábado. *We are leaving for Córdoba on Saturday.*
2. Time: Deadline or a specific time in the future ..... (*by, for*)	Él va a arreglar el carro **para** el viernes. *He will fix the car by Friday.*
3. Action: Purpose or goal + [*infinitive*]. . . . (*in order to*)	Juan estudia **para** (ser) mecánico. *Juan is studying to be a mechanic.*
4. Purpose + [*noun*] ..... (*for, used for*)	Es una llanta **para** el carro. *It's a tire for the car.*
5. The recipient of something ..... (*for*)	Compré una impresora **para** mi hijo. *I bought a printer for my son.*
6. Comparison with others or an opinion. . (*for, considering*)	**Para** un joven, es demasiado serio. *For a young person, he is too serious.* **Para** mí, esta lección no es difícil. *For me, this lesson isn't difficult.*
7. In the employment of ..... (*for*)	Sara trabaja **para** Telecom Argentina. *Sara works for Telecom Argentina.*

▶ In many cases it is grammatically correct to use either **por** or **para** in a sentence. The meaning of the sentence is different, however, depending on which preposition is used.

Caminé **por** el parque. *I walked through the park.*	Caminé **para** el parque. *I walked to (toward) the park.*
Trabajó **por** su padre. *He worked for (in place of) his father.*	Trabajó **para** su padre. *He worked for his father('s company).*

¡INTÉNTALO! Completa estas oraciones con las preposiciones **por** o **para.**

1. Fuimos al cibercafé ___por___ la tarde.
2. Necesitas un navegador GPS _____ encontrar la casa de Luis.
3. Entraron _____ la puerta.
4. Quiero un pasaje _____ Buenos Aires.
5. _____ arrancar el carro, necesito la llave.
6. Arreglé el televisor _____ mi amigo.
7. Estuvieron nerviosos _____ el examen.
8. ¿No hay una gasolinera _____ aquí?
9. El reproductor de MP3 es _____ usted.
10. Juan está enfermo. Tengo que trabajar _____ él.
11. Estuvimos en Canadá _____ dos meses.
12. _____ mí, el español es fácil.
13. Tengo que estudiar la lección _____ el lunes.
14. Voy a ir _____ la carretera.
15. Compré dulces _____ mi novia.
16. Compramos el auto _____ un buen precio.

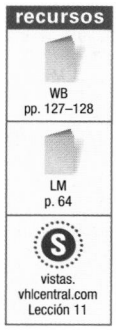

Práctica

1 **Completar** Completa este párrafo con las preposiciones **por** o **para.**

El mes pasado mi esposo y yo hicimos un viaje a Buenos Aires y sólo pagamos dos mil dólares (1)_____ los pasajes. Estuvimos en Buenos Aires (2)_____ una semana y paseamos por toda la ciudad. Durante el día caminamos (3)_____ la plaza San Martín, el microcentro y el barrio de La Boca, donde viven muchos artistas. (4)_____ la noche fuimos a una tanguería, que es una especie de teatro, (5)_____ mirar a la gente bailar tango. Dos días después decidimos hacer una excursión (6)_____ las pampas (7)_____ ver el paisaje y un rodeo con gauchos. Alquilamos (*We rented*) un carro y manejamos (8)_____ todas partes y pasamos unos días muy agradables. El último día que estuvimos en Buenos Aires fuimos a Galerías Pacífico (9)_____ comprar recuerdos (*souvenirs*) (10)_____ nuestros hijos y nietos. Compramos tantos regalos que tuvimos que pagar impuestos (*duties*) en la aduana al regresar.

2 **Oraciones** Crea oraciones originales con los elementos de las columnas. Une los elementos usando **por** o **para.**

modelo

Fuimos a Mar del Plata por razones de salud para visitar a un especialista.

(no) fue al mercado	por/para	comprar frutas	por/para	¿?
(no) fuimos a las montañas	por/para	tres días	por/para	¿?
(no) fuiste a Mar del Plata	por/para	razones de salud	por/para	¿?
(no) fueron a Buenos Aires	por/para	tomar el sol	por/para	¿?

NOTA CULTURAL

Mar del Plata es un centro turístico en la costa de Argentina. La ciudad es conocida como "la perla del Atlántico" y todos los años muchos turistas visitan sus playas y casinos.

3 **Describir** Usa **por** o **para** y el tiempo presente para describir estos dibujos.

1. _____

2. _____

3. _____

4. _____

5. _____

6. _____

Comunicación

4 **Descripciones** Usa **por** o **para** y completa estas frases de manera lógica. Luego, compara tus respuestas con las de un(a) compañero/a.

1. En casa, hablo con mis amigos...
2. Mi padre/madre trabaja...
3. Ayer fui al taller...
4. Los miércoles tengo clases...
5. A veces voy a la biblioteca...
6. Esta noche tengo que estudiar...
7. Necesito... dólares...
8. Compré un regalo...
9. Mi mejor amigo/a estudia...
10. Necesito hacer la tarea...

5 **Situación** En parejas, dramaticen esta situación. Utilicen muchos ejemplos de **por** y **para.**

Hijo/a	Padre/Madre
Pídele dinero a tu padre/madre.	Pregúntale a tu hijo/a para qué lo necesita.
Dile que quieres comprar un carro.	Pregúntale por qué necesita un carro.
Explica tres razones por las que necesitas un carro.	Explica por qué sus razones son buenas o malas.
Dile que por no tener un carro tu vida es muy difícil.	Decide si vas a darle el dinero y explica por qué.

Síntesis

6 **Una subasta (*auction*)** Cada estudiante debe traer a la clase un objeto o una foto del objeto para vender. En grupos, túrnense para ser el/la vendedor(a) y los postores (*bidders*). Para empezar, el/la vendedor(a) describe el objeto y explica para qué se usa y por qué alguien debe comprarlo.

modelo

Vendedora: Aquí tengo un reproductor de CD. Pueden usarlo para disfrutar su música favorita o para escuchar canciones en español. Sólo hace un año que lo compré y todavía funciona perfectamente. ¿Quién ofrece $ 1.500 para empezar?

Postor(a) 1: Pero los reproductores de CD son anticuados. Te doy $ 20.

Vendedora: Ah, pero éste es muy especial porque viene con el CD que grabé cuando quería ser cantante de ópera.

Postor(a) 2: Ah, ¡entonces te doy $ 100!

11.3 Reciprocal reflexives

ANTE TODO In **Lección 7**, you learned that reflexive verbs indicate that the subject of a sentence does the action to itself. Reciprocal reflexives, on the other hand, express a shared or reciprocal action between two or more people or things. In this context, the pronoun means *(to) each other* or *(to) one another.*

Luis y Marta **se** miran en el espejo.
Luis and Marta look at themselves in the mirror.

Luis y Marta **se** miran.
Luis and Marta look at each other.

▶ Only the plural forms of the reflexive pronouns (**nos, os, se**) are used to express reciprocal actions because the action must involve more than one person or thing.

Cuando **nos vimos** en la calle, **nos abrazamos**.
When we saw each other on the street, we hugged (one another).

Ustedes **se** van a **encontrar** en el cibercafé, ¿no?
You are meeting (each other) at the cybercafé, right?

Nos ayudamos cuando usamos la computadora.
We help each other when we use the computer.

Las amigas **se saludaron** y **se besaron**.
The friends greeted each other and kissed (one another).

¡ATENCIÓN!

Here is a list of common verbs that can express reciprocal actions:

abrazar(se) *to hug; to embrace (each other)*
ayudar(se) *to help (each other)*
besar(se) *to kiss (each other)*
encontrar(se) *to meet (each other); to run into (each other)*
saludar(se) *to greet (each other)*

¡INTÉNTALO! Indica el reflexivo recíproco adecuado de estos verbos en el presente o el pretérito.

presente

1. (escribir) Los novios se escriben.
   Nosotros _____.
   Ana y Ernesto _____.
2. (escuchar) Mis tíos _____.
   Nosotros _____.
   Ellos _____.
3. (ver) Nosotros _____.
   Fernando y Tomás _____.
   Ustedes _____.
4. (llamar) Ellas _____.
   Mis hermanos _____.
   Pepa y yo _____.

pretérito

1. (saludar) Nicolás y tú se saludaron.
   Nuestros vecinos _____.
   Nosotros _____.
2. (hablar) Los amigos _____.
   Elena y yo _____.
   Ustedes _____.
3. (conocer) Alberto y yo _____.
   Ustedes _____.
   Ellos _____.
4. (encontrar) Ana y Javier _____.
   Los primos _____.
   Mi hermana y yo _____.

recursos

WB pp. 129–130

LM p. 65

vistas.vhlcentral.com Lección 11

Práctica y Comunicación

1 **Un amor recíproco** Describe a Laura y a Elián usando los verbos recíprocos.

modelo

Laura veía a Elián todos los días. Elián veía a Laura todos los días.
Laura y Elián *se veían todos los días.*

1. Laura conocía bien a Elián. Elián conocía bien a Laura.
2. Laura miraba a Elián con amor. Elián la miraba con amor también.
3. Laura entendía bien a Elián. Elián entendía bien a Laura.
4. Laura hablaba con Elián todas las noches por teléfono. Elián hablaba con Laura todas las noches por teléfono.
5. Laura ayudaba a Elián con sus problemas. Elián la ayudaba también con sus problemas.

2 **Describir** Mira los dibujos y describe lo que estas personas hicieron.

1. Las hermanas _____.

2. Ellos _____.

3. Gilberto y Mercedes _____ / _____ / _____.

4. Tú y yo _____ / _____.

3 **Preguntas** En parejas, túrnense para hacerse estas preguntas.

1. ¿Se vieron tú y tu mejor amigo/a ayer? ¿Cuándo se ven ustedes normalmente?
2. ¿Dónde se encuentran tú y tus amigos?
3. ¿Se ayudan tú y tu mejor amigo/a con sus problemas?
4. ¿Se entienden bien tus compañeros de clase?
5. ¿Dónde se conocieron tú y tu mejor amigo/a? ¿Cuánto tiempo hace que se conocen ustedes?
6. ¿Cuándo se dan regalos tú y tu novio/a?
7. ¿Se escriben tú y tus amigos mensajes de texto o prefieren llamarse por teléfono?
8. ¿Siempre se llevan bien tú y tu compañero/a de cuarto? Explica.

Practice more at **vistas.vhlcentral.com.**

11.4 Stressed possessive adjectives and pronouns

S Tutorial

ANTE TODO Spanish has two types of possessive adjectives: the unstressed (or short) forms you learned in **Lección 3** and the stressed (or long) forms. The stressed forms are used for emphasis or to express *of mine, of yours,* and so on.

Stressed possessive adjectives

Masculine singular	Feminine singular	Masculine plural	Feminine plural	
mío	**mía**	**míos**	**mías**	*my; (of) mine*
tuyo	**tuya**	**tuyos**	**tuyas**	*your; (of) yours* (fam.)
suyo	**suya**	**suyos**	**suyas**	*your; (of) yours* (form.); *his; (of) his; her; (of) hers; its*
nuestro	**nuestra**	**nuestros**	**nuestras**	*our; (of) ours*
vuestro	**vuestra**	**vuestros**	**vuestras**	*your; (of) yours* (fam.)
suyo	**suya**	**suyos**	**suyas**	*your; (of) yours* (form.); *their; (of) theirs*

- **¡Atención!** Used with **un/una**, these possessives are similar in meaning to the English expression *of mine/yours/*etc.

  Juancho es **un** amigo **mío.**
  Juancho is a friend of mine.

  Ella es **una** compañera **nuestra**.
  She is a classmate of ours.

- Stressed possessive adjectives agree in gender and number with the nouns they modify. While unstressed possessive adjectives are placed before the noun, stressed possessive adjectives are placed after the noun they modify.

  su impresora
  her printer

  nuestros televisores
  our television sets

  la impresora **suya**
  her printer

  los televisores **nuestros**
  our television sets

- A definite article, an indefinite article, or a demonstrative adjective usually precedes a noun modified by a stressed possessive adjective.

  Me encantan
  - **unos** discos compactos **tuyos**. *I love some of your CDs.*
  - **los** discos compactos **tuyos**. *I love your CDs.*
  - **estos** discos compactos **tuyos**. *I love these CDs of yours.*

- Since **suyo, suya, suyos,** and **suyas** have more than one meaning, you can avoid confusion by using the construction: [*article*] + [*noun*] + **de** + [*subject pronoun*].

  el teclado **suyo**

  el teclado **de él/ella/usted** *his/her keyboard*
  el teclado **de ustedes/ellos/ellas** *your keyboard*

CONSULTA

This is the same construction you learned in **Lección 3** for clarifying **su** and **sus**. To review unstressed possessive adjectives, see **Estructura 3.2**, p. 93.

Possessive pronouns

- Possessive pronouns are used to replace a noun + [*possessive adjective*]. In Spanish, the possessive pronouns have the same forms as the stressed possessive adjectives, but they are preceded by a definite article.

la cámara **nuestra**	▶	**la nuestra**
el navegador GPS **tuyo**		**el tuyo**
los archivos **suyos**		**los suyos**

- A possessive pronoun agrees in number and gender with the noun it replaces.

—Aquí está **mi coche**. ¿Dónde está **el tuyo**?
Here's my car. Where is yours?

—**El mío** está en el taller de mi hermano.
Mine is at my brother's garage.

—¿Tienes **las revistas** de Carlos?
Do you have Carlos' magazines?

—No, pero tengo **las nuestras.**
No, but I have ours.

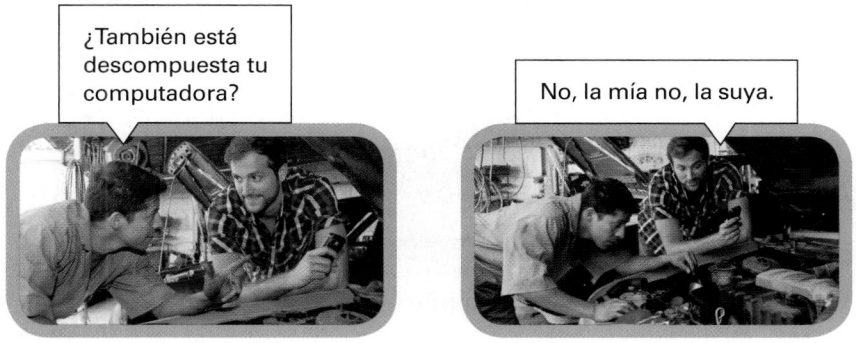

¡INTÉNTALO! Indica las formas tónicas (*stressed*) de estos adjetivos posesivos y los pronombres posesivos correspondientes.

	adjetivos	pronombres
1. su cámara digital	la cámara digital suya	la suya
2. mi televisor		
3. nuestros discos compactos		
4. tus calculadoras		
5. su monitor		
6. mis videos		
7. nuestra impresora		
8. tu estéreo		
9. nuestro cederrón		
10. mi computadora		

recursos
WB pp. 131–132
LM p. 66
vistas. vhlcentral.com Lección 11

Práctica

1 **Oraciones** Forma oraciones con estas palabras. Usa el presente y haz los cambios necesarios.

1. un / amiga / suyo / vivir / Mendoza
2. ¿me / prestar / calculadora / tuyo?
3. el / coche / suyo / nunca / funcionar / bien
4. no / nos / interesar / problemas / suyo
5. yo / querer / cámara digital / mío / ahora mismo
6. un / amigos / nuestro / manejar / como / loco

2 **¿Es suyo?** Un policía ha capturado (*has captured*) al hombre que robó (*robbed*) en tu casa. Ahora quiere saber qué cosas son tuyas. Túrnate con un(a) compañero/a para hacer el papel del policía y usa las pistas (*clues*) para contestar las preguntas.

modelo

no/viejo

Policía: Esta impresora, ¿es suya?

Estudiante: No, no es mía. La mía era más vieja.

1. sí

2. no/pequeño

3. sí

4. sí

5. no/grande

6. no/caro

3 **Conversaciones** Completa estas conversaciones con las formas adecuadas de los pronombres posesivos.

1. —La casa de ellos estaba en la Avenida Alvear. ¿Dónde estaba la casa de ustedes?
   —_____ estaba en la calle Bolívar.
2. —A Carmen le encanta su monitor nuevo.
   —¿Sí? A José no le gusta _____.
3. —Puse mis discos aquí. ¿Dónde pusiste _____, Alfonso?
   —Puse _____ en el escritorio.
4. —Se me olvidó traer mis llaves. ¿Trajeron ustedes _____?
   —No, dejamos _____ en casa.
5. —Yo compré mi computadora en una tienda y Marta compró _____ en Internet. Y _____, ¿dónde la compraste?
   —_____ es de Cíbermax.

Practice more at **vistas.vhlcentral.com.**

Comunicación

4 **Vendedores competitivos** Trabajen en grupos de tres. Uno/a de ustedes va a una tienda a comprar un aparato tecnológico (reproductor de MP3, computadora portátil, monitor, etc.). Los/as otros/as dos son empleados/as de dos marcas rivales y compiten para convencer al/a la cliente/a de que compre su producto. Usen los adjetivos posesivos y túrnense para comprar y vender. ¿Quién es el/la mejor vendedor/a?

modelo

Estudiante 1: *Buenos días, quiero comprar un reproductor de MP3.*
Estudiante 2: *Tengo lo que necesita. El mío, tiene capacidad para 500 canciones.*
Estudiante 3: *El tuyo es muy viejo, con el mío también puedes ver videos...*

5 **Comparar** Trabajen en parejas. Intenta (*Try to*) convencer a tu compañero/a de que algo que tú tienes es mejor que lo que él/ella tiene. Pueden hablar de sus carros, reproductores de MP3, teléfonos celulares, clases, horarios o trabajos.

modelo

Estudiante 1: *Mi computadora tiene una pantalla de quince pulgadas (inches). ¿Y la tuya?*
Estudiante 2: *La mía es mejor porque tiene una pantalla de diecisiete pulgadas.*
Estudiante 1: *Pues la mía...*

Síntesis

6 **Inventos locos** En grupos pequeños, imaginen que construyeron un aparato tecnológico revolucionario. Dibujen su invento y descríbanlo contestando estas preguntas. Incluyan todos los detalles que crean (*that you believe*) necesarios. Luego, compártanlo con la clase. Utilicen los posesivos, **por** y **para** y el vocabulario de **Contextos**.

modelo

Nuestro aparato se usa para cocinar huevos y funciona de una manera muy fácil...

- ¿Para qué se usa?
- ¿Cómo es?
- ¿Cuánto cuesta?
- ¿Qué personas van a comprar este aparato?

Recapitulación

Concepts Diagnostics

Completa estas actividades para repasar los conceptos de gramática que aprendiste en esta lección.

1 **Completar** Completa la tabla con las formas de los mandatos familiares. 8 pts.

Infinitivo	Mandato	
	Afirmativo	Negativo
comer	come	no comas
hacer		
sacar		
venir		
ir		

2 **Por y para** Completa el diálogo con **por** o **para.** 10 pts.

MARIO Hola, yo trabajo (1) _____ el periódico de la universidad. ¿Puedo hacerte unas preguntas?

INÉS Sí, claro.

MARIO ¿Navegas mucho (2) _____ la red?

INÉS Sí, todos los días me conecto a Internet (3) _____ leer mi correo y navego (4) _____ una hora. También me gusta hablar (5) _____ *Skype* con mis amigos. Es muy bueno y, (6) _____ mí, es divertido.

MARIO ¿Y qué piensas sobre hacer la tarea en la computadora?

INÉS En general, me parece bien, pero (7) _____ ejemplo, anoche hice unos ejercicios (8) _____ la clase de álgebra y al final me dolieron los ojos. (9) _____ eso a veces prefiero hacer la tarea a mano.

MARIO Muy bien. Muchas gracias (10) _____ tu tiempo.

3 **Posesivos** Completa las oraciones y confirma de quién son las cosas. 6 pts.

1. —¿Éste es mi bolígrafo? —Sí, es el _____ (*fam.*).
2. —¿Ésta es la cámara de tu papá? —Sí, es la _____.
3. —¿Ese teléfono es de Pilar? —Sí, es el _____.
4. —¿Éstos son los cederrones de ustedes? —No, no son _____.
5. —¿Ésta es tu computadora portátil? —No, no es _____.
6. —¿Ésas son mis fotos? —Sí, son las _____ (*form.*).

RESUMEN GRAMATICAL

11.1 Familiar commands *pp. 378–379*

tú commands		
Infinitive	Affirmative	Negative
guardar	**guarda**	**no guardes**
volver	**vuelve**	**no vuelvas**
imprimir	**imprime**	**no imprimas**

► Irregular **tú** command forms

dar → **no des**
decir → **di**
estar → **no estés**
hacer → **haz**
ir → **ve, no vayas**
poner → **pon**
saber → **no sepas**
salir → **sal**
ser → **sé, no seas**
tener → **ten**
venir → **ven**

► Verbs ending in **-car, -gar, -zar** have a spelling change in the negative **tú** commands:

sacar → no saques
apagar → no apagues
almorzar → no almuerces

11.2 Por and para *pp. 382–383*

► Uses of **por**:

motion or general location; duration; reason or motive; object of a search; means by which something is done; exchange or substitution; unit of measure

► Uses of **para**:

destination; deadline; purpose or goal; recipient of something; comparison or opinion; in the employment of.

11.3 Reciprocal reflexives *p. 386*

► Reciprocal reflexives express a shared or reciprocal action between two or more people or things. Only the plural forms (**nos, os, se**) are used.

Cuando **nos vimos** en la calle, **nos abrazamos.**

► Common verbs that can express reciprocal actions:

abrazar(se), ayudar(se), besar(se), conocer(se), encontrar(se), escribir(se), escuchar(se), hablar(se), llamar(se), mirar(se), saludar(se), ver(se)

11.4 Stressed possessive adjectives and pronouns

pp. 388–389

Stressed possessive adjectives	
Masculine	**Feminine**
mío(s)	mía(s)
tuyo(s)	tuya(s)
suyo(s)	suya(s)
nuestro(s)	nuestra(s)
vuestro(s)	vuestra(s)
suyo(s)	suya(s)

la impresora **suya** → **la suya**

las llaves **mías** → **las mías**

4 **Ángel y diablito** A Juan le gusta pedir consejos a su ángel y a su diablito imaginarios. Completa las respuestas con mandatos familiares desde las dos perspectivas. **8 pts.**

1. Estoy manejando. ¿Voy más rápido?
   Á No, no _____ más rápido.
   D Sí, _____ más rápido.
2. Es el reproductor de música de mi hermana. ¿Lo pongo en mi mochila?
   Á No, no _____ en tu mochila.
   D Sí, _____ en tu mochila.
3. Necesito estirar (*to stretch*) las piernas. ¿Doy un paseo?
   Á Sí, _____ un paseo.
   D No, no _____ un paseo.
4. Mi amigo necesita imprimir algo. ¿Apago la impresora?
   Á No, no _____ la impresora.
   D Sí, _____ la impresora.

5 **Oraciones** Forma oraciones para expresar acciones recíprocas con el tiempo indicado. **6 pts.**

modelo

tú y yo / conocer / bien (presente) *Tú y yo nos conocemos bien.*

1. José y Paco / llamar / una vez por semana (imperfecto)
2. mi novia y yo / ver / todos los días (presente)
3. los compañeros de clase / ayudar / con la tarea (pretérito)
4. tú y tu mamá / escribir / por correo electrónico / cada semana (imperfecto)
5. mis hermanas y yo / entender / perfectamente (presente)
6. los profesores / saludar / con mucho respeto (pretérito)

6 **La tecnología** Escribe al menos seis oraciones diciéndole a un(a) amigo/a qué hacer para tener "una buena relación" con la tecnología. Usa mandatos familiares afirmativos y negativos. **12 pts.**

7 **Saber compartir** Completa la expresión con los dos pronombres posesivos que faltan. **¡2 puntos EXTRA!**

"Lo que° es _____
es _____."

Lo que *What*

Practice more at **vistas.vhlcentral.com.**

Lectura

Antes de leer

Estrategia

Recognizing borrowed words

One way languages grow is by borrowing words from each other. English words that relate to technology often are borrowed by Spanish and other languages throughout the world. Sometimes the words are modified slightly to fit the sounds of the languages that borrow them. When reading in Spanish, you can often increase your understanding by looking for words borrowed from English or other languages you know.

Examinar el texto

Observa la tira cómica°. ¿De qué trata°? ¿Cómo lo sabes?

Buscar

Esta lectura contiene una palabra tomada° del inglés. Trabaja con un(a) compañero/a para encontrarla.

_____

Repasa° las palabras nuevas relacionadas con la tecnología que aprendiste en **Contextos** y expande la lista de palabras tomadas del inglés.

_____ _____
_____ _____
_____ _____

Sobre el autor

Juan Matías Loiseau (1974). Más conocido como Tute, este artista nació en Buenos Aires, Argentina. Estudió diseño gráfico, humorismo y cine. Sus tiras cómicas se publican en Estados Unidos, Francia y toda Latinoamérica.

tira cómica *comic strip* ¿De qué trata? *What is it about?*
tomada *taken* Repasa *Review*

Después de leer

Comprensión

Indica si las oraciones son **ciertas** o **falsas**. Corrige las falsas.

Cierto	Falso	
____	____	1. Hay tres personajes en la tira cómica: un usuario de teléfono, un amigo y un empleado de la empresa (*company*) telefónica.
____	____	2. El nuevo servicio de teléfono incluye las llamadas telefónicas únicamente.
____	____	3. El empleado duerme en su casa.
____	____	4. El contrato de teléfono dura (*lasts*) un año.
____	____	5. El usuario y el amigo están trabajando (*working*).

Preguntas

Responde a estas preguntas con oraciones completas. Usa el pretérito y el imperfecto.

1. ¿Al usuario le gustaba usar el teléfono celular todo el tiempo?
   _____
2. ¿Por qué el usuario decidió tirar el teléfono al mar?
   _____
3. Según el amigo, ¿para qué tenía el usuario que tirar el teléfono celular al mar?
   _____
4. ¿Qué ocurrió cuando el usuario tiró el teléfono?
   _____
5. ¿Qué le dijo el empleado al usuario cuando salió del mar?
   _____

Conversar

En grupos pequeños, hablen de estos temas.

1. ¿Se sienten identificados/as con el usuario de teléfono de la tira cómica? ¿Por qué?
2. ¿Cuáles son los aspectos positivos y los negativos de tener teléfono celular?
3. ¿Cuál es para ustedes el límite que debe tener la tecnología en nuestras vidas?

te viene *comes with* **tipo** *guy, dude* **te avisa** *alerts you* **escuchás** *listen (Arg.)* **distraídos** *careless* **piso** *floor* **bolsa de dormir** *sleeping bag* **darle de baja** *to suspend* **harto** *fed up* **revolear** *throw it away with energy (S. America)* **bien hecho** *well done* **llamada perdida** *missed call*

Escritura

Estrategia

Listing key words

Once you have determined the purpose for a piece of writing and identified your audience, it is helpful to make a list of key words you can use while writing. If you were to write a description of your campus, for example, you would probably need a list of prepositions that describe location, such as **en frente de, al lado de,** and **detrás de.** Likewise, a list of descriptive adjectives would be useful to you if you were writing about the people and places of your childhood.

By preparing a list of potential words ahead of time, you will find it easier to avoid using the dictionary while writing your first draft. You will probably also learn a few new words in Spanish while preparing your list of key words.

Listing useful vocabulary is also a valuable organizational strategy, since the act of brainstorming key words will help you to form ideas about your topic. In addition, a list of key words can help you avoid redundancy when you write.

If you were going to help someone write a personal ad, what words would be most helpful to you? Jot a few of them down and compare your list with a partner's. Did you choose the same words? Would you choose any different or additional words, based on what your partner wrote?

1. _____
2. _____
3. _____
4. _____
5. _____
6. _____

Tema

Escribir instrucciones

Un(a) amigo/a tuyo/a quiere escribir un anuncio personal en un sitio web para citas románticas. Tú tienes experiencia con esto y vas a decirle qué debe y no debe decir en su perfil°.

Escríbele un correo en el que le explicas claramente° cómo hacerlo.

Cuando escribas tu correo, considera esta información:

- el nombre del sitio web
- mandatos afirmativos que describen en detalle lo que tu amigo/a debe escribir
- una descripción física, sus pasatiempos, sus actividades favoritas y otras cosas originales como el tipo de carro que tiene o su signo del zodiaco
- su dirección electrónica, su número de teléfono celular, etc.
- mandatos negativos sobre cosas que tu amigo/a no debe escribir en el anuncio

perfil *profile* claramente *clearly*

Escuchar

Audio: Activities

Estrategia

Recognizing the genre of spoken discourse

You will encounter many different genres of spoken discourse in Spanish. For example, you may hear a political speech, a radio interview, a commercial, a voicemail message, or a news broadcast. Try to identify the genre of what you hear so that you can activate your background knowledge about that type of discourse and identify the speakers' motives and intentions.

To practice this strategy, you will now listen to two short selections. Identify the genre of each one.

Preparación

Mira la foto de Ricardo Moreno. ¿Puedes imaginarte qué tipo de discurso vas a oír?

Ahora escucha

Mientras escuchas a Ricardo Moreno, responde a las preguntas.

1. ¿Qué tipo de discurso es?
   a. las noticias° por radio o televisión
   b. una conversación entre amigos
   c. un anuncio comercial
   d. una reseña° de una película
2. ¿De qué habla?
   a. del tiempo
   b. de su vida
   c. de un producto o servicio
   d. de algo que oyó o vio
3. ¿Cuál es el propósito°?
   a. informar
   b. vender
   c. relacionarse con alguien
   d. dar opiniones

noticias *news* reseña *review* propósito *purpose*

Comprensión

Identificar

Indica si esta información está incluida en el discurso; si está incluida, escribe los detalles que escuchaste.

	Sí	No
1. El anuncio describe un servicio. _____	❍	❍
2. Explica cómo está de salud. _____	❍	❍
3. Informa sobre la variedad de productos. _____	❍	❍
4. Pide tu opinión. _____	❍	❍
5. Explica por qué es la mejor tienda. _____	❍	❍
6. Informa sobre el tiempo para mañana. _____	❍	❍
7. Informa dónde se puede conseguir el servicio. _____	❍	❍
8. Informa sobre las noticias del mundo. _____	❍	❍

Haz un anuncio

Con tres o cuatro compañeros, hagan un anuncio comercial de algún producto. No se olviden de dar toda la información necesaria. Después presenten su anuncio a la clase. Entre todos, decidan cuál es el mejor anuncio.

En pantalla

No sólo del fútbol y el béisbol viven los aficionados hispanos; también del automovilismo°. En Argentina es el segundo deporte más popular después del fútbol. En la Fórmula 1, la leyenda del argentino Juan Manuel Fangio aún sigue viva. España tiene circuitos importantes, como Jerez y Montmeló, y pilotos reconocidos como Fernando Alonso y Pedro de la Rosa. En México encontramos la tradicional Copa Turmex y las *NASCAR Corona Series*, y pilotos como Adrián Fernández y Esteban Gutiérrez. En NASCAR, el colombiano Juan Pablo Montoya y el cubano-americano Aric Almirola han hecho un buen papel°.

Vocabulario útil

¿Cómo quedó?	*How does it look?*
cuénteme	*tell me*
la llama	*flame; llama (the animal)*
malinterpretar	*misunderstand*
veamos	*let's see*

Preparación

¿Alguna vez le pediste a alguien que hiciera algo y te malinterpretó o se lo pediste a la persona equivocada?

Ordenar

Ordena cronológicamente estas oraciones.

a. El dueño del taller malinterpretó el pedido.
b. El cliente se sorprendió cuando lo vio y se le cayó el casco (*helmet*).
c. Pensó que el cliente no se refería a (*didn't refer to*) las llamas de fuego sino a los animales.
d. El cliente pidió que pintaran (*painted*) su carro con llamas.
e. El dueño estaba muy orgulloso (*proud*) cuando le mostró al cliente cómo quedó el carro.

¿Cómo terminó?

En parejas, imaginen el final de la historia. ¿Cómo se sentían el cliente y el dueño del taller? ¿Qué ocurrió después? ¿Encontraron una solución? Usen el pretérito y el imperfecto.

automovilismo *car racing* han hecho un buen papel *have done a good job*

Anuncio de Davivienda

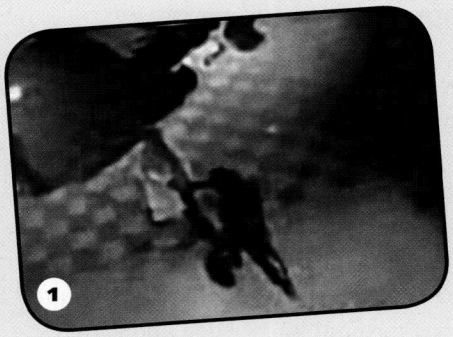

Don Álex, lo estábamos esperando.

Cuénteme. ¿Cómo quedó mi carro?

Quedó espectacular [...] Llamas por arriba, por los lados...

Video: TV Clip

Practice more at **vistas.vhlcentral.com.**

Hoy día, en cualquier ciudad grande latinoamericana puedes encontrar **un cibercafé.** Allí uno puede disfrutar de° un refresco o un café mientras navega en Internet, escribe correo electrónico o chatea°. De hecho°, el negocio° del cibercafé está mucho más desarrollado° en Latinoamérica que en los Estados Unidos. En una ciudad hispana, es común ver varios en una misma cuadra°. Los cibercafés ofrecen servicios especializados que permiten su coexistencia. Por ejemplo, mientras que el cibercafé Videomax atrae° a los niños con videojuegos, el Conécta-T ofrece servicio de chat con cámara para jóvenes, y el Mundo° Ejecutivo atrae a profesionales, todos en la misma calle.

Vocabulario útil

chateando	*chatting*
comunidad indígena	*indigenous community*
localizados	*located*
usuarios	*users*

Preparación

¿Con qué frecuencia navegas en Internet? ¿Dónde lo haces, en tu casa o en un lugar público?

Elegir

Indica cuál de las dos opciones resume mejor este episodio.

a. En Cuzco, Internet es un elemento importante para las comunidades indígenas que quieren vender sus productos en otros países. Con Internet inalámbrica, estas comunidades chatean con clientes en otros países.

b. En Cuzco, la comunidad y los turistas usan la tecnología de los celulares e Internet para comunicarse con sus familias o vender productos. Para navegar en Internet, se pueden visitar las cabinas de Internet o ir a la Plaza de Armas con una computadora portátil.

disfrutar de *enjoy* chatea *chat (from the English verb* to chat*)* De hecho *In fact* negocio *business* desarrollado *developed* cuadra *(city) block* atrae *attracts* Mundo *World*

Maravillas de la tecnología

... los cibercafés se conocen comúnmente como "cabinas de Internet" y están localizados por todo el país.

... el primer *hotspot* de Cuzco [...] permite a los usuarios navegar de manera inalámbrica...

Puedo usar Internet en medio de la plaza y nadie me molesta.

Video: *Flash cultura*

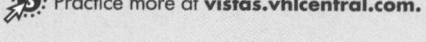
Practice more at **vistas.vhlcentral.com.**

recursos	
VM pp. 311–312	vistas.vhlcentral.com Lección 11

Video: *Panorama cultural*
Interactive map

Argentina

El país en cifras

- **Área:** 2.780.400 km^2 (1.074.000 millas^2)
  Argentina es el país de habla española más grande del mundo. Su territorio es dos veces el tamaño° de Alaska.
- **Población:** 42.548.000
- **Capital:** Buenos Aires (y su área metropolitana) —13.401.000
  En el gran Buenos Aires vive más del treinta por ciento de la población total del país. La ciudad es conocida° como el "París de Suramérica" por su estilo parisino°.

Buenos Aires

- **Ciudades principales:** Córdoba —1.552.000, Rosario —1.280.000, Mendoza —956.000

SOURCE: Population Division, UN Secretariat

- **Moneda:** peso argentino
- **Idiomas:** español (oficial), lenguas indígenas

Bandera de Argentina

Argentinos célebres

- **Jorge Luis Borges,** escritor (1899–1986)
- **María Eva Duarte de Perón ("Evita"),** primera dama° (1919–1952)
- **Mercedes Sosa,** cantante (1935–2009)
- **Leandro "Gato" Barbieri,** saxofonista (1932–)

tamaño *size* conocida *known* parisino *Parisian* primera dama *First Lady*
ancha *wide* mide *it measures* campo *field*

Gaucho de las pampas

BOLIVIA
PARAGUAY
Las catara del Iguaz
San Miguel de Tucumán
La Cordillera de los Andes
Córdoba
URUGUAY
Aconcagua
Rosario
Río Paraná
Mendoza
CHILE
Buenos Aires
La Pampa
Mar del Plata
Océano Atlántico
San Carlos de Bariloche
Monte Fitz Roy (Chaltén)
Patagonia
Vista de San Carlos de Bariloche
Tierra del Fuego

recursos		
WB pp. 133–134	VM pp. 269–270	vistas.vhlcentral.com Lección 11

¡Increíble pero cierto!

La Avenida 9 de Julio en Buenos Aires es la calle más ancha° del mundo. De lado a lado mide° cerca de 140 metros, lo que es equivalente a un campo° y medio de fútbol. Su nombre conmemora el Día de la Independencia de Argentina.

BRASIL

Historia • Inmigración europea

Se dice que Argentina es el país más "europeo" de toda Latinoamérica. Después del año 1880, inmigrantes italianos, alemanes, españoles e ingleses llegaron para establecerse en esta nación. Esta diversidad cultural ha dejado° una profunda huella° en la música, el cine y la arquitectura argentinos.

Artes • El tango

El tango es uno de los símbolos culturales más importantes de Argentina. Este género° musical es una mezcla de ritmos de origen africano, italiano y español, y se originó a finales del siglo XIX entre los porteños°. Poco después se hizo popular entre el resto de los argentinos y su fama llegó hasta París. Como baile, el tango en un principio° era provocativo y violento, pero se hizo más romántico durante los años 30. Hoy día, este estilo musical tiene adeptos° en muchas partes del mundo°.

Lugares • Las cataratas del Iguazú

Las famosas cataratas° del Iguazú se encuentran entre las fronteras de Argentina, Paraguay y Brasil, al norte de Buenos Aires. Cerca de ellas confluyen° los ríos Iguazú y Paraná. Estas extensas caídas de agua tienen hasta 80 metros (262 pies) de altura° y en época° de lluvias llegan a medir 4 kilómetros (2,5 millas) de ancho. Situadas en el Parque Nacional Iguazú, las cataratas son un destino° turístico muy visitado.

¿Qué aprendiste? Responde a cada pregunta con una oración completa.

1. ¿Qué porcentaje de la población de Argentina vive en el gran Buenos Aires?
2. ¿Quién era Mercedes Sosa?
3. Se dice que Argentina es el país más europeo de Latinoamérica. ¿Por qué?
4. ¿Qué tipo de baile es uno de los símbolos culturales más importantes de Argentina?
5. ¿Dónde y cuándo se originó el tango?
6. ¿Cómo era el baile del tango originalmente?
7. ¿En qué parque nacional están las cataratas del Iguazú?

Artesano en Buenos Aires

Conexión Internet Investiga estos temas en **vistas.vhlcentral.com.**

1. Busca información sobre el tango. ¿Te gustan los ritmos y sonidos del tango? ¿Por qué? ¿Se baila el tango en tu comunidad?
2. ¿Quiénes fueron Juan y Eva Perón y qué importancia tienen en la historia de Argentina?

Practice more at **vistas.vhlcentral.com.**

ha dejado *has left* huella *mark* género *genre* porteños *people of Buenos Aires* en un principio *at first* adeptos *followers* mundo *world* cataratas *waterfalls* confluyen *converge* altura *height* época *season* destino *destination*

La tecnología

la cámara digital/ de video	*digital/video camera*
el canal	*(TV) channel*
el cibercafé	*cybercafé*
el control remoto	*remote control*
el correo de voz	*voice mail*
el disco compacto	*CD*
el estéreo	*stereo*
el fax	*fax (machine)*
la pantalla táctil	*touch screen*
el radio	*radio (set)*
el reproductor de CD	*CD player*
el reproductor de MP3	*MP3 player*
el (teléfono) celular	*(cell) phone*
la televisión por cable	*cable television*
el televisor	*televison set*
el video	*video*
apagar	*to turn off*
funcionar	*to work*
llamar	*to call*
poner, prender	*to turn on*
sonar (o:ue)	*to ring*
descompuesto/a	*not working; out of order*
lento/a	*slow*
lleno/a	*full*

Verbos

abrazar(se)	*to hug; to embrace (each other)*
ayudar(se)	*to help (each other)*
besar(se)	*to kiss (each other)*
encontrar(se) (o:ue)	*to meet (each other); to run into (each other)*
saludar(se)	*to greet (each other)*

La computadora

el archivo	*file*
la arroba	*@ symbol*
el blog	*blog*
el cederrón	*CD-ROM*
la computadora (portátil)	*(portable) computer; (laptop)*
la conexión inalámbrica	*wireless (connection)*
la dirección electrónica	*e-mail address*
el disco compacto	*CD*
la impresora	*printer*
Internet	*Internet*
el mensaje de texto	*text message*
el monitor	*(computer) monitor*
la página principal	*home page*
la pantalla	*screen*
el programa de computación	*software*
el ratón	*mouse*
la red	*network; Web*
el reproductor de DVD	*DVD player*
el sitio web	*website*
el teclado	*keyboard*
borrar	*to erase*
descargar	*to download*
escanear	*to scan*
grabar	*to record*
guardar	*to save*
imprimir	*to print*
navegar (en Internet)	*to surf (the Internet)*

El carro

la autopista, la carretera	*highway*
el baúl	*trunk*
la calle	*street*
el capó, el cofre	*hood*
el carro, el coche	*car*
la circulación, el tráfico	*traffic*
el garaje, el taller (mecánico)	*garage; (mechanic's) repair shop*
la gasolina	*gasoline*
la gasolinera	*gas station*
la licencia de conducir	*driver's license*
la llanta	*tire*
el/la mecánico/a	*mechanic*
el navegador GPS	*GPS*
el parabrisas	*windshield*
la policía	*police (force)*
la velocidad máxima	*speed limit*
el volante	*steering wheel*
arrancar	*to start*
arreglar	*to fix; to arrange*
bajar(se) de	*to get off of/out of (a vehicle)*
conducir, manejar	*to drive*
estacionar	*to park*
llenar (el tanque)	*to fill (the tank)*
parar	*to stop*
revisar (el aceite)	*to check (the oil)*
subir(se) a	*to get on/into (a vehicle)*

Otras palabras y expresiones

por aquí	*around here*
por ejemplo	*for example*
por eso	*that's why; therefore*
por fin	*finally*

Por and **para**	*See pages 382–383.*
Stressed possessive adjectives and pronouns	*See pages 388–389.*
Expresiones útiles	*See page 373.*

recursos

LM p. 66	vistas.vhlcentral.com Lección 11

Audio: Vocabulary

La vivienda

12

Communicative Goals

You will learn how to:

- **Welcome people to your home**
- **Describe your house or apartment**
- **Talk about household chores**
- **Give instructions**

contextos

pages 404–407
- Parts of a house
- Household chores
- Table settings

fotonovela

pages 408–411
Felipe and Jimena have promised to clean the apartment in exchange for permission to take a trip to the Yucatan Peninsula. Can Marissa and Juan Carlos help them finish on time?

cultura

pages 412–413
- The central patio
- The floating islands of Lake Titicaca

estructura

pages 414–431
- Relative pronouns
- Formal (**usted/ustedes**) commands
- The present subjunctive
- Subjunctive with verbs of will and influence
- **Recapitulación**

adelante

pages 432–439
Lectura: El Palacio de las Garzas
Escritura: A rental agreement
Escuchar: A conversation about finding a home
En pantalla
Flash cultura
Panorama: Panamá

A PRIMERA VISTA

- ¿Están los chicos en casa?
- ¿Viven en una casa o en un apartamento?
- ¿Ya comieron o van a comer?
- ¿Están de buen humor o de mal humor?

Talking Picture, Tutorials & Games
Audio: Activities

La vivienda

Más vocabulario

las afueras	*suburbs; outskirts*
el alquiler	*rent (payment)*
el ama (*m., f.*) de casa	*housekeeper; caretaker*
el barrio	*neighborhood*
el edificio de apartamentos	*apartment building*
el/la vecino/a	*neighbor*
la vivienda	*housing*
el balcón	*balcony*
la entrada	*entrance*
la escalera	*stairs; stairway*
el garaje	*garage*
el jardín	*garden; yard*
el patio	*patio; yard*
el sótano	*basement; cellar*
la cafetera	*coffee maker*
el electrodoméstico	*electrical appliance*
el horno (de microondas)	*(microwave) oven*
la lavadora	*washing machine*
la luz	*light; electricity*
la secadora	*clothes dryer*
la tostadora	*toaster*
el cartel	*poster*
la mesita de noche	*night stand*
los muebles	*furniture*
alquilar	*to rent*
mudarse	*to move (from one house to another)*

Variación léxica

dormitorio ⟷ aposento (*Rep. Dom.*); recámara (*Méx.*)

apartamento ⟷ departamento (*Arg., Chile, Méx.*); piso (*Esp.*)

lavar los platos ⟷ lavar/fregar los trastes (*Amér. C., Rep. Dom.*)

el altillo

el dormitorio

la cómoda

el armario

el cuadro/ la pintura

Hace la cama. (hacer)

la almohada

la manta

Los quehaceres domésticos

arreglar	*to neaten; to straighten up*
barrer el suelo	*to sweep the floor*
cocinar	*to cook*
ensuciar	*to get (something) dirty*
hacer quehaceres domésticos	*to do household chores*
lavar (el suelo, los platos)	*to wash (the floor, the dishes)*
limpiar la casa	*to clean the house*
planchar la ropa	*to iron the clothes*
quitar la mesa	*to clear the table*
quitar el polvo	*to dust*

la sala

las cortinas

la lámpara

la mesita

el sofá

Pasa la aspiradora. (pasar)

la alfombra

recursos

WB	LM	vistas.vhlcentral.com
pp. 135–136	p. 67	Lección 12

Práctica

1 **Escuchar** Escucha la conversación y completa las oraciones.

1. Pedro va a limpiar primero _____.
2. Paula va a comenzar en _____.
3. Pedro va a _____ en el sótano.
4. Pedro también va a limpiar _____.
5. Ellos están limpiando la casa porque _____.

2 **Respuestas** Escucha las preguntas y selecciona la respuesta más adecuada. Una respuesta no se va a usar.

____ a. Sí, la alfombra estaba muy sucia.
____ b. No, porque todavía se están mudando.
____ c. Sí, sacudí la mesa y el estante.
____ d. Sí, puse el pollo en el horno.
____ e. Hice la cama, pero no limpié los muebles.
____ f. Sí, después de sacarla de la secadora.

3 **Escoger** Escoge la letra de la respuesta correcta.

1. Cuando quieres tener una lámpara y un despertador cerca de tu cama, puedes ponerlos en _____.
   a. el barrio b. el cuadro c. la mesita de noche
2. Si no quieres vivir en el centro de la ciudad, puedes mudarte _____.
   a. al alquiler b. a las afueras c. a la vivienda
3. Guardamos (*We keep*) los pantalones, las camisas y los zapatos en _____.
   a. la secadora b. el armario c. el patio
4. Para subir de la planta baja al primer piso, usas _____.
   a. la entrada b. el cartel c. la escalera
5. Ponemos cuadros y pinturas en _____.
   a. las paredes b. los quehaceres c. los jardines

4 **Definiciones** En parejas, identifiquen cada cosa que se describe. Luego inventen sus propias descripciones de algunas palabras y expresiones de **Contextos**.

modelo
Estudiante 1: *Es donde pones los libros.*
Estudiante 2: *el estante*

1. Es donde pones la cabeza cuando duermes.
2. Es el quehacer doméstico que haces después de comer.
3. Algunos de ellos son las cómodas y los sillones.
4. Son las personas que viven en tu barrio.
5. _____
6. _____

5 **Completar** Completa estas frases con las palabras más adecuadas.

1. Para tomar vino necesitas...
2. Para comer una ensalada necesitas...
3. Para tomar café necesitas...
4. Para poner la comida en la mesa necesitas...
5. Para limpiarte la boca después de comer necesitas...
6. Para cortar (*to cut*) un bistec necesitas...
7. Para tomar agua necesitas...
8. Para tomar sopa necesitas...

6 **Los quehaceres** Trabajen en grupos para indicar quién hace estos quehaceres domésticos en sus casas. Luego contesten las preguntas.

barrer el suelo	lavar los platos	planchar la ropa
cocinar	lavar la ropa	sacar la basura
hacer las camas	pasar la aspiradora	sacudir los muebles

modelo

Estudiante 1: ¿Quién pasa la aspiradora en tu casa?
Estudiante 2: Mi hermano y yo pasamos la aspiradora.

1. ¿Quién hace más quehaceres, tú o tus compañeros/as?
2. ¿Quiénes hacen la mayoría de los quehaceres, los hombres o las mujeres?
3. ¿Piensas que debes hacer más quehaceres? ¿Por qué?

Practice more at **vistas.vhlcentral.com.**

Comunicación

7 **La vida doméstica** En parejas, describan las habitaciones que ven en estas fotos. Identifiquen y describan cinco muebles o adornos (*accessories*) de cada foto y digan dos quehaceres que se pueden hacer en cada habitación.

8 **Mi apartamento** Dibuja el plano (*floor plan*) de un apartamento amueblado (*furnished*) imaginario y escribe los nombres de las habitaciones y de los muebles. En parejas, siéntense espalda contra espalda (*sit back to back*). Uno/a de ustedes describe su apartamento mientras su compañero/a lo dibuja según la descripción. Cuando terminen, miren el segundo dibujo. ¿Es similar al dibujo original? Hablen de los cambios que se necesitan hacer para mejorar el dibujo. Repitan la actividad intercambiando papeles.

CONSULTA

To review bathroom-related vocabulary, see **Lección 7, Contextos,** p. 226.

9 **¡Corre, corre!** Tu profesor(a) va a darte una serie incompleta de dibujos que forman una historia. Tú y tu compañero/a tienen dos series diferentes. Descríbanse los dibujos para completar la historia.

modelo

Estudiante 1: Marta quita la mesa.
Estudiante 2: Francisco...

Los quehaceres

Jimena y Felipe deben limpiar el apartamento para poder ir de viaje con Marissa.

PERSONAJES **JIMENA** **FELIPE**

Video: *Fotonovela* Record and Compare

SR. DÍAZ Quieren ir a Yucatán con Marissa, ¿verdad?

SRA. DÍAZ Entonces, les sugiero que arreglen este apartamento. Regresamos más tarde.

SR. DÍAZ Les aconsejo que preparen la cena para las 8:30.

MARISSA ¿Qué pasa?

JIMENA Nuestros papás quieren que Felipe y yo arreglemos toda la casa.

FELIPE Y que, además, preparemos la cena.

MARISSA ¡Pues, yo les ayudo!

MARISSA Mis padres siempre quieren que mis hermanos y yo ayudemos con los quehaceres. No me molesta ayudar. Pero odio limpiar el baño.

JIMENA Lo que más odio yo es sacar la basura.

JUAN CARLOS Hola, Jimena. ¿Está Felipe? (*a Felipe*) Te olvidaste del partido de fútbol.

FELIPE Juan Carlos, ¿verdad que mi papá te considera como de la familia?

JUAN CARLOS Sí.

(Don Diego llega a ayudar a los chicos.)

FELIPE Tenemos que limpiar la casa hoy.

JIMENA ¿Nos ayuda, don Diego?

DON DIEGO Claro. Recomiendo que se organicen en equipos para limpiar.

MARISSA Yo lleno el lavaplatos... después de vaciarlo.

DON DIEGO Juan Carlos, ¿por qué no terminas de pasar la aspiradora? Y Felipe, tú limpia el polvo. ¡Ya casi acaban!

SRA. DÍAZ

SR. DÍAZ

MARISSA

JUAN CARLOS

DON DIEGO

7

(Los chicos preparan la cena y ponen la mesa.)

JUAN CARLOS ¿Dónde están los tenedores?

JIMENA Allá.

JUAN CARLOS ¿Y las servilletas?

MARISSA Aquí están.

8

FELIPE La sala está tan limpia. Le pasamos la aspiradora al sillón y a las cortinas. ¡Y también a las almohadas!

JIMENA Yucatán, ¡ya casi llegamos!

9

(Papá y mamá regresan a casa.)

SRA. DÍAZ ¡Qué bonita está la casa!

SR. DÍAZ Buen trabajo, muchachos. ¿Qué hay para cenar?

JIMENA Quesadillas. Vengan.

10

SRA. DÍAZ Don Diego, quédese a cenar con nosotros. Venga.

SR. DÍAZ Sí, don Diego. Pase.

DON DIEGO Gracias.

Expresiones útiles

Making recommendations

Le(s) sugiero que arregle(n) este apartamento.
I suggest you tidy up this apartment.
Le(s) aconsejo que prepare(n) la cena para las ocho y media.
I recommend that you have dinner ready for eight thirty.

Organizing work

Recomiendo que se organicen en equipos para limpiar.
I recommend that you divide yourselves into teams to clean.
Yo lleno el lavaplatos... después de vaciarlo.
I'll fill the dishwasher... after I empty it.
¿Por qué no terminas de pasar la aspiradora?
Why don't you finish vacuuming?
¡Ya casi acaban!
You're almost finished!
Felipe, tú quita el polvo.
Felipe, you dust.

Making polite requests

Don Diego, quédese a cenar con nosotros.
Don Diego, stay and have dinner with us.
Venga.
Come on.
Don Diego, pase.
Don Diego, come in.

Additional vocabulary

el plumero *duster*

recursos

VM pp. 235–236

vistas.vhlcentral.com Lección 12

¿Qué pasó?

1 **¿Cierto o falso?** Indica si lo que dicen estas oraciones es **cierto** o **falso**. Corrige las oraciones falsas.

	Cierto	Falso
1. Felipe y Jimena tienen que preparar el desayuno.	❍	❍
2. Don Diego ayuda a los chicos organizando los quehaceres domésticos.	❍	❍
3. Jimena le dice a Juan Carlos dónde están los tenedores.	❍	❍
4. A Marissa no le molesta limpiar el baño.	❍	❍
5. Juan Carlos termina de lavar los platos.	❍	❍

2 **Identificar** Identifica quién puede decir estas oraciones.

1. Yo les ayudo, no me molesta hacer quehaceres domésticos.
2. No me gusta sacar la basura, pero es necesario hacerlo.
3. Es importante que termines de pasar la aspiradora, Juan Carlos.
4. ¡La casa está muy limpia! ¡Qué bueno que pasamos la aspiradora!
5. ¡Buen trabajo, chicos! ¿Qué vamos a cenar?

JIMENA

DON DIEGO

FELIPE

SR. DÍAZ

MARISSA

3 **Completar** Los chicos y don Diego están haciendo los quehaceres. Adivina en qué cuarto está cada uno de ellos.

1. Jimena limpia el congelador. Jimena está en _____.
2. Don Diego limpia el escritorio. Don Diego está en _____.
3. Felipe pasa la aspiradora debajo de la mesa y las sillas. Felipe está en _____.
4. Juan Carlos sacude el sillón. Juan Carlos está en _____.
5. Marissa hace la cama. Marissa está en _____.

4 **Mi casa** Dibuja el plano de una casa o de un apartamento. Puede ser el plano de la casa o del apartamento donde vives o de donde te gustaría (*you would like*) vivir. Después, trabajen en parejas y describan lo que se hace en cuatro de las habitaciones. Para terminar, pídanse (*ask for*) ayuda para hacer dos quehaceres domésticos. Pueden usar estas frases en su conversación.

Quiero mostrarte...	Al fondo hay...
Ésta es (la cocina).	Quiero que me ayudes a (sacar la basura).
Allí yo (preparo la comida).	Por favor, ayúdame con...

Practice more at **vistas.vhlcentral.com.**

Ortografía Concepts

Mayúsculas y minúsculas

Here are some of the rules that govern the use of capital letters (**mayúsculas**) and lowercase letters (**minúsculas**) in Spanish.

Los estudiantes llegaron al aeropuerto a las dos. Luego fueron al hotel.

In both Spanish and English, the first letter of every sentence is capitalized.

Rubén Blades **Panamá** **Colón** **los Andes**

The first letter of all proper nouns (names of people, countries, cities, geographical features, etc.) is capitalized.

Cien años de soledad ***Don Quijote de la Mancha***
El País ***Muy Interesante***

The first letter of the first word in titles of books, films, and works of art is generally capitalized, as well as the first letter of any proper names. In newspaper and magazine titles, as well as other short titles, the initial letter of each word is often capitalized.

la señora Ramos **don Francisco**
el presidente **Sra. Vives**

Titles associated with people are *not* capitalized unless they appear as the first word in a sentence. Note, however, that the first letter of an abbreviated title is capitalized.

Último **Álex** **MENÚ** **PERDÓN**

Accent marks should be retained on capital letters. In practice, however, this rule is often ignored.

lunes **viernes** **marzo** **primavera**

The first letter of days, months, and seasons is not capitalized.

español **estadounidense** **japonés** **panameños**

The first letter of nationalities and languages is not capitalized.

Práctica Corrige las mayúsculas y minúsculas incorrectas.

1. soy lourdes romero. Soy Colombiana.
2. éste Es mi Hermano álex.
3. somos De panamá.
4. ¿es ud. La sra. benavides?
5. ud. Llegó el Lunes, ¿no?

Palabras desordenadas Lee el diálogo de las serpientes. Ordena las letras para saber de qué palabras se trata. Después escribe las letras indicadas para descubrir por qué llora Pepito.

m n a a P á _ _ _ _ _ _
s t e m r a _ _ _ _ _ _
i g s l é n _ _ _ _ _ _
y a U r u g u _ _ _ _ _ _ _
r o ñ e s a _ _ _ _ _ _

¡ _ orque _ e acabo de morder° la _ en _ u _ !

venenosas *venomous* morder *to bite*

Respuestas: Panamá, martes, inglés, Uruguay, señora.
¡Porque me acabo de morder la lengua!

recursos	
LM p. 68	vistas.vhlcentral.com Lección 12

EN DETALLE

Additional Reading

El patio central

En las tardes cálidas° de Oaxaca, México; Córdoba, España, o Popayán, Colombia, es un placer sentarse en **el patio central** de una casa y tomar un refresco disfrutando de° una buena conversación. De influencia árabe, esta característica arquitectónica° fue traída° a las Américas por los españoles. En la época° colonial, se construyeron casas, palacios, monasterios, hospitales y escuelas con patio central. Éste es un espacio privado e íntimo en donde se puede disfrutar del sol y de la brisa° estando aislado° de la calle.

El centro del patio es un espacio abierto. Alrededor de° él, separado por columnas, hay un pasillo cubierto°. Así, en el patio hay zonas de sol y de sombra°. El patio es una parte importante de la vivienda familiar y su decoración se cuida° mucho. En el centro del patio muchas veces hay una fuente°, plantas e incluso árboles°. El agua es un elemento muy importante en la cultura islámica porque

simboliza la purificación del cuerpo y del alma°. Por esta razón y para disminuir° la temperatura, el agua en estas construcciones es muy importante. El agua y la vegetación ayudan a mantener la temperatura fresca y el patio proporciona° luz y ventilación a todas las habitaciones.

La distribución

Las casas con patio central eran usualmente las viviendas de familias adineradas°. Son casas de dos o tres pisos. Los cuartos de la planta baja son las áreas comunes: cocina, comedor, sala, etc., y tienen puertas al patio. En los pisos superiores están las habitaciones privadas de la familia.

cálidas *hot* disfrutando de *enjoying* arquitectónica *architectural* traída *brought* época *era* brisa *breeze* aislado *isolated* Alrededor de *Surrounding* cubierto *covered* sombra *shade* se cuida *is looked after* fuente *fountain* árboles *trees* alma *soul* disminuir *lower* proporciona *provides* adineradas *wealthy*

ACTIVIDADES

1 **¿Cierto o falso?** Indica si lo que dicen las oraciones es **cierto** o **falso**. Corrige las falsas.

1. Los patios centrales de Latinoamérica tienen su origen en la tradición indígena.
2. Los españoles llevaron a América el concepto del patio.
3. En la época colonial las casas eran las únicas construcciones con patio central.
4. El patio es una parte importante en estas construcciones, y es por eso que se le presta atención a su decoración.
5. El patio central es un lugar de descanso que da luz y ventilación a las habitaciones.
6. Las fuentes en los patios tienen importancia por razones culturales y porque bajan la temperatura.
7. En la cultura española el agua simboliza salud y bienestar del cuerpo y del alma.
8. Las casas con patio central eran para personas adineradas.
9. Los cuartos de la planta baja son privados.
10. Las alcobas están en los pisos superiores.

ASÍ SE DICE

La vivienda

el ático, el desván	el altillo
la cobija (Col., Méx.), la frazada (Arg., Cuba, Ven.)	la manta
el escaparate (Cuba, Ven.), el ropero (Méx.)	el armario
el fregadero	*kitchen sink*
el frigidaire (Perú); el frigorífico (Esp.), la nevera	el refrigerador
el lavavajillas (Arg., Esp., Méx.)	el lavaplatos

EL MUNDO HISPANO

Los muebles

- **Mecedora°** La mecedora es un mueble típico de Latinoamérica, especialmente de la zona del Caribe. A las personas les gusta relajarse mientras se mecen° en el patio.
- **Mesa camilla** Era un mueble popular en España hasta hace algunos años. Es una mesa con un bastidor° en la parte inferior° para poner un brasero°. En invierno, las personas se sentaban alrededor de la mesa camilla para conversar, jugar a las cartas o tomar café.

- **Hamaca** Se cree que los taínos hicieron las primeras hamacas con fibras vegetales. Su uso es muy popular en toda Latinoamérica para dormir y descansar.

Mecedora *Rocking chair* se mecen *they rock themselves* bastidor *frame* inferior *bottom* brasero *container for hot coals*

PERFIL

Las islas flotantes del lago Titicaca

Bolivia y Perú comparten **el lago Titicaca**, donde viven **los uros**, uno de los pueblos indígenas más antiguos de América. Hace muchos años, los uros fueron a vivir al lago escapando de **los incas**. Hoy en día, siguen viviendo allí en cuarenta **islas flotantes** que ellos mismos hacen con unos juncos° llamados **totora**. Primero tejen° grandes plataformas. Luego, con el mismo material, construyen sus casas sobre las plataformas. La totora es resistente, pero con el tiempo el agua la pudre°. Los habitantes de las islas necesitan renovar continuamente las plataformas y las casas. Sus muebles y sus barcos también están hechos° de juncos. Los uros viven de la pesca y del turismo; en las islas hay unas tiendas donde venden artesanías° hechas con totora.

juncos *reeds* tejen *they weave* la pudre *rots it* hechos *made* artesanías *handcrafts*

Conexión Internet

¿Cómo son las casas modernas en los países hispanos?

Go to **vistas.vhlcentral.com** to find more cultural information related to this **Cultura** section.

ACTIVIDADES

2 **Comprensión** Responde a las preguntas.

1. Tu amigo mexicano te dice: "La **cobija** azul está en el **ropero**". ¿Qué quiere decir?
2. ¿Quiénes hicieron las primeras hamacas? ¿Qué material usaron?
3. ¿Qué grupo indígena vive en el lago Titicaca?
4. ¿Qué pueden comprar los turistas en las islas flotantes del lago Titicaca?

3 **Viviendas tradicionales** Escribe cuatro oraciones sobre una vivienda tradicional que conoces. Explica en qué lugar se encuentra, de qué materiales está hecha y cómo es.

12.1 Relative pronouns  Tutorial

ANTE TODO In both English and Spanish, relative pronouns are used to combine two sentences or clauses that share a common element, such as a noun or pronoun. Study this diagram.

Mis padres me regalaron **la aspiradora**.
My parents gave me the vacuum cleaner.

La aspiradora funciona muy bien.
The vacuum cleaner works really well.

La aspiradora **que** me regalaron mis padres funciona muy bien.
The vacuum cleaner that my parents gave me works really well.

Lourdes es muy inteligente.
Lourdes is very intelligent.

Lourdes estudia español.
Lourdes is studying Spanish.

Lourdes, **quien** estudia español, es muy inteligente.
Lourdes, who studies Spanish, is very intelligent.

- Spanish has three frequently-used relative pronouns. **¡Atención!** Even though interrogative words (**qué**, **quién**, etc.) always carry an accent, relative pronouns never carry a written accent.

que	*that; which; who*
quien(es)	*who; whom; that*
lo que	*that which; what*

- **Que** is the most frequently used relative pronoun. It can refer to things or to people. Unlike its English counterpart, *that*, **que** is never omitted.

¿Dónde está la cafetera **que** compré?
Where is the coffee maker (that) I bought?

El hombre **que** limpia es Pedro.
The man who is cleaning is Pedro.

- The relative pronoun **quien** refers only to people, and is often used after a preposition or the personal **a. Quien** has only two forms: **quien** (singular) and **quienes** (plural).

¿Son las chicas **de quienes** me hablaste la semana pasada?
Are they the girls (that) you told me about last week?

Eva, **a quien** conocí anoche, es mi nueva vecina.
Eva, whom I met last night, is my new neighbor.

¡LENGUA VIVA!

In English, it is generally recommended that *who(m)* be used to refer to people, and that *that* and *which* be used to refer to things. In Spanish, however, it is perfectly acceptable to use **que** when referring to people.

- **Quien(es)** is occasionally used instead of **que** in clauses set off by commas.

Lola, **quien** es cubana, es médica.
Lola, who is Cuban, is a doctor.

Su tía, **que** es alemana, ya llegó.
His aunt, who is German, already arrived.

- Unlike **que** and **quien(es), lo que** doesn't refer to a specific noun. It refers to an idea, a situation, or a past event and means *what, that which,* or *the thing that.*

Lo que me molesta es el calor.
What bothers me is the heat.

Lo que quiero es una casa.
What I want is a house.

Este supermercado tiene todo **lo que** necesito.

A Samuel no le gustó **lo que** le dijo Violeta.

¡INTÉNTALO! Completa estas oraciones con pronombres relativos.

1. Voy a utilizar los platos ___que___ me regaló mi abuela.
2. Ana comparte un apartamento con la chica a _____ conocimos en la fiesta de Jorge.
3. Esta oficina tiene todo _____ necesitamos.
4. Puedes estudiar en el dormitorio _____ está a la derecha de la cocina.
5. Los señores _____ viven en esa casa acaban de llegar de Centroamérica.
6. Los niños a _____ viste en nuestro jardín son mis sobrinos.
7. La piscina _____ ves desde la ventana es la piscina de mis vecinos.
8. Fue Úrsula _____ ayudó a mamá a limpiar el refrigerador.
9. Ya te dije que fue mi padre _____ alquiló el apartamento.
10. _____ te dijo Pablo no es cierto.
11. Tengo que sacudir los muebles _____ están en el altillo una vez al mes.
12. No entiendo por qué no lavaste los vasos _____ te dije.
13. La mujer a _____ saludaste vive en las afueras.
14. ¿Sabes _____ necesita este dormitorio? ¡Unas cortinas!
15. No quiero volver a hacer _____ hice ayer.
16. No me gusta vivir con personas a _____ no conozco.

recursos

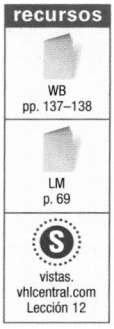

WB pp. 137–138

LM p. 69

vistas. vhlcentral.com Lección 12

Práctica

1 **Combinar** Combina elementos de la columna A y la columna B para formar oraciones lógicas.

A	B
1. Ése es el hombre _____.	a. con quien bailaba es mi vecina
2. Rubén Blades, _____.	b. que te compró Cecilia
3. No traje _____.	c. quien es de Panamá, es un cantante muy bueno
4. ¿Te gusta la manta _____?	d. que arregló mi lavadora
5. ¿Cómo se llama el programa _____?	e. lo que necesito para la clase de matemáticas
6. La mujer _____.	f. que comiste en el restaurante
	g. que escuchaste en la radio anoche

NOTA CULTURAL

Rubén Blades es un cantante, compositor y actor panameño muy famoso. Este versátil abogado fue también Ministro de Turismo en su país (2004-2009) y fue nombrado Embajador contra el racismo por las Naciones Unidas en el 2000.

2 **Completar** Completa la historia sobre la casa que Jaime y Tina quieren comprar, usando los pronombres relativos **que, quien, quienes** o **lo que**.

1. Jaime y Tina son los chicos a _____ conocí la semana pasada.
2. Quieren comprar una casa _____ está en las afueras de la ciudad.
3. Es una casa _____ era de una artista famosa.
4. La artista, a _____ yo conocía, murió el año pasado y no tenía hijos.
5. Ahora se vende la casa con todos los muebles _____ ella tenía.
6. La sala tiene una alfombra _____ ella trajo de Kuwait.
7. La casa tiene muchos estantes, _____ a Tina le encanta.

3 **Oraciones** Javier y Ana acaban de casarse y han comprado (*they have bought*) una casa y muchas otras cosas. Combina sus declaraciones para formar una sola oración con los pronombres relativos **que, quien(es)** y **lo que**.

modelo

Vamos a usar los vasos nuevos mañana. Los pusimos en el comedor.

Mañana vamos a usar los vasos nuevos que pusimos en el comedor.

1. Tenemos una cafetera nueva. Mi prima nos la regaló.
2. Tenemos una cómoda nueva. Es bueno porque no hay espacio en el armario.
3. Esos platos no nos costaron mucho. Están encima del horno.
4. Esas copas me las regaló mi amiga Amalia. Ella viene a visitarme mañana.
5. La lavadora está casi nueva. Nos la regalaron mis suegros.
6. La vecina nos dio una manta de lana. Ella la compró en México.

Comunicación

4 **Entrevista** En parejas, túrnense para hacerse estas preguntas.

1. ¿Qué es lo que más te gusta de vivir en las afueras o en la ciudad?
2. ¿Cómo son las personas que viven en tu barrio?
3. ¿Cuál es el quehacer doméstico que pagarías (*you would pay*) por no hacer?
4. ¿Quién es la persona que hace los quehaceres domésticos en tu casa?
5. ¿Hay vecinos que te caen bien? ¿Quiénes?
6. ¿De qué vecino es el coche que más te gusta?
7. ¿Cuál es el barrio de tu ciudad que más te gusta y por qué?
8. ¿Quién es la persona a quien le pedirías (*you would ask*) que te ayude con los quehaceres?
9. ¿Cuál es el lugar de la casa donde te sientes más cómodo/a? ¿Por qué?
10. ¿Qué es lo que más te gusta de tu barrio?
11. ¿Qué hace el vecino que más llama la atención?
12. ¿Qué es lo que menos te gusta de tu barrio?

5 **Adivinanza** En grupos, túrnense para describir distintas partes de una vivienda usando pronombres relativos. Los demás compañeros tienen que hacer preguntas hasta que adivinen (*they guess*) la palabra.

modelo

Estudiante 1: Es lo que tenemos en el dormitorio.
Estudiante 2: ¿Es el mueble que usamos para dormir?
Estudiante 1: No. Es lo que usamos para guardar la ropa.
Estudiante 3: Lo sé. Es la cómoda.

Síntesis

6 **Definir** En parejas, definan las palabras. Usen los pronombres relativos **que, quien(es)** y **lo que.** Luego compartan sus definiciones con la clase.

alquiler	flan	patio	tenedor
amigos	guantes	postre	termómetro
aspiradora	jabón	sillón	vaso
enfermera	manta	sótano	vecino

modelo

lavadora Es lo que se usa para lavar la ropa.
pastel Es un postre que comes en tu cumpleaños.

AYUDA

Remember that **de,** followed by the name of a material, means *made of.*

Es de algodón.
It's made of cotton.

• • •

Es un tipo de means *It's a kind/sort of...*

Es un tipo de flor.
It's a kind of flower.

12.2 Formal (usted/ustedes) commands Tutorial

ANTE TODO As you learned in **Lección 11**, the command forms are used to give orders or advice. Formal commands are used with people you address as **usted** or **ustedes.** Observe these examples, then study the chart.

Hable con ellos, don Francisco.
Talk with them, Don Francisco.

Laven los platos ahora mismo.
Wash the dishes right now.

Coma frutas y verduras.
Eat fruits and vegetables.

Beban menos té y café.
Drink less tea and coffee.

AYUDA

By learning formal commands, it will be easier for you to learn the subjunctive forms that are presented in **Estructura 12.3**, p. 422.

Formal commands (Ud. and Uds.)

Infinitive	Present tense yo form	Ud. command	Uds. command
limpiar	limpi**o**	limpi**e**	limpi**en**
barrer	barr**o**	barr**a**	barr**an**
sacudir	sacud**o**	sacud**a**	sacud**an**
decir (e:i)	dig**o**	dig**a**	dig**an**
pensar (e:ie)	piens**o**	piens**e**	piens**en**
volver (o:ue)	vuelv**o**	vuelv**a**	vuelv**an**
servir (e:i)	sirv**o**	sirv**a**	sirv**an**

- The **usted** and **ustedes** commands, like the negative **tú** commands, are formed by dropping the final **-o** of the **yo** form of the present tense. For **-ar** verbs, add **-e** or **-en**. For **-er** and **-ir** verbs, add **-a** or **-an**.

- Verbs with irregular **yo** forms maintain the same irregularity in their formal commands. These verbs include **conducir, conocer, decir, hacer, ofrecer, oír, poner, salir, tener, traducir, traer, venir,** and **ver.**

Oiga, don Manolo...
Listen, Don Manolo...

Ponga la mesa, por favor.
Set the table, please.

¡Salga inmediatamente!
Leave immediately!

Hagan la cama antes de salir.
Make the bed before leaving.

- Note also that verbs maintain their stem changes in **usted** and **ustedes** commands.

e:ie	o:ue	e:i
No **pierda** la llave.	**Vuelva** temprano, joven.	**Sirva** la sopa, por favor.
Cierren la puerta.	**Duerman** bien, chicos.	**Repitan** las frases.

AYUDA

These spelling changes are necessary to ensure that the words are pronounced correctly. See **Lección 8, Pronunciación,** p. 271, and **Lección 9, Pronunciación,** p. 307.

• • •

It may help you to study the following five series of syllables. Note that, within each series, the consonant sound doesn't change.

ca que qui co cu
za ce ci zo zu
ga gue gui go gu
ja ge gi jo ju

- Verbs ending in **-car, -gar,** and **-zar** have a spelling change in the command forms.

sa**car**	**c → qu**	sa**qu**e, sa**qu**en
ju**gar**	**g → gu**	jue**gu**e, jue**gu**en
almor**zar**	**z → c**	almuer**c**e, almuer**c**en

- These verbs have irregular formal commands.

Infinitive	Ud. command	Uds. command
dar	**dé**	**den**
estar	**esté**	**estén**
ir	**vaya**	**vayan**
saber	**sepa**	**sepan**
ser	**sea**	**sean**

- To make a formal command negative, simply place **no** before the verb.

No ponga las maletas en la cama.
Don't put the suitcases on the bed.

No ensucien los sillones.
Don't dirty the armchairs.

- In affirmative commands, reflexive, indirect and direct object pronouns are always attached to the end of the verb.

Siénten**se**, por favor.
Sígam**e,** Laura.

Acuésten**se** ahora.
Pónganl**as** en el suelo, por favor.

- **¡Atención!** When a pronoun is attached to an affirmative command that has two or more syllables, an accent mark is added to maintain the original stress.

limpie → límpielo
diga → dígamelo

lean → léanlo
sacudan → sacúdanlos

- In negative commands, these pronouns always precede the verb.

No **se** preocupe.
No **me lo** dé.

No **los** ensucien.
No **nos las** traigan.

- **Usted** and **ustedes** can be used with the command forms to strike a more formal tone. In such instances, they follow the command form.

Muéstrele usted la foto a su amigo.
Show the photo to your friend.

Tomen ustedes esta mesa.
Take this table.

recursos

WB pp. 139–140

LM p. 70

vistas. vhlcentral.com Lección 12

¡INTÉNTALO! Indica los mandatos (*commands*) afirmativos y negativos correspondientes.

1. escucharlo (Ud.) Escúchelo. No lo escuche.
2. decírmelo (Uds.) _____. _____.
3. salir (Ud.) _____. _____.
4. servírnoslo (Uds.) _____. _____.
5. barrerla (Ud.) _____. _____.
6. hacerlo (Ud.) _____. _____.

Práctica

1 **Completar** La señora González quiere mudarse de casa. Ayúdala a organizarse. Indica el mandato formal de cada verbo.

1. _____ los anuncios del periódico y _____. (Leer, guardarlos)
2. _____ personalmente y _____ las casas usted misma. (Ir, ver)
3. Decida qué casa quiere y _____ al agente. _____ un contrato de alquiler. (llamar, Pedirle)
4. _____ un camión *(truck)* para ese día y _____ la hora exacta de llegada. (Contratar, preguntarles)
5. El día de la mudanza *(On moving day)* _____ tranquila. _____ a revisar su lista para completar todo lo que tiene que hacer. (estar, Volver)
6. Primero, _____ a todos en casa que usted va a estar ocupada. No _____ que usted va a hacerlo todo. (decirles, decirles)
7. _____ tiempo para hacer las maletas tranquilamente. No _____ las maletas a los niños más grandes. (Sacar, hacerles)
8. No _____. _____ que todo va a salir bien. (preocuparse, Saber)

2 **¿Qué dicen?** Mira los dibujos y escribe un mandato lógico para cada uno. Usa palabras que aprendiste en **Contextos**.

1. _____

2. _____

3. _____

4. _____

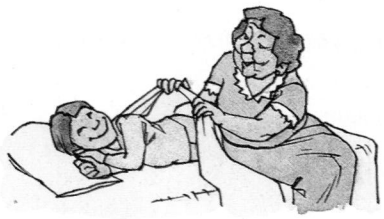

5. _____

6. _____

Comunicación

3 **Solucionar** Trabajen en parejas. Un(a) estudiante presenta los problemas de la columna A y el/la otro/a los de la columna B. Usen mandatos formales y túrnense para ofrecer soluciones.

modelo

Estudiante 1: Vilma se torció un tobillo jugando al tenis. Es la tercera vez.
Estudiante 2: *No juegue más al tenis. / Vaya a ver a un especialista.*

A

1. Se me perdió el libro de español con todas mis notas.
2. A Vicente se le cayó la botella de vino para la cena.
3. ¿Cómo? ¿Se le olvidó traer el traje de baño a la playa?
4. Se nos quedaron los boletos en la casa. El avión sale en una hora.

B

1. Mis hijas no se levantan temprano. Siempre llegan tarde a la escuela.
2. A mi abuela le robaron (*stole*) las maletas. Era su primer día de vacaciones.
3. Nuestra casa es demasiado pequeña para nuestra familia.
4. Me preocupo constantemente por Roberto. Trabaja demasiado.

4 **Conversaciones** En parejas, escojan dos situaciones y preparen conversaciones para presentar a la clase. Usen mandatos formales.

modelo

Lupita: Señor Ramírez, siento mucho llegar tan tarde. Mi niño se enfermó. ¿Qué debo hacer?
Sr. Ramírez: *No se preocupe. Siéntese y descanse un poco.*

SITUACIÓN 1 Profesor Rosado, no vine la semana pasada porque el equipo jugaba en Boquete. ¿Qué debo hacer para ponerme al día *(catch up)*?

SITUACIÓN 2 Los invitados de la boda llegan a las cuatro de la tarde, las mesas están sin poner y el champán sin servir. Son las tres de la tarde y los camareros apenas están llegando. ¿Qué deben hacer los camareros?

SITUACIÓN 3 Mi novio es un poco aburrido. No le gustan ni el cine, ni los deportes, ni salir a comer. Tampoco habla mucho. ¿Qué puedo hacer?

▶ **SITUACIÓN 4** Tengo que preparar una presentación para mañana sobre el Canal de Panamá. ¿Por dónde comienzo?

NOTA CULTURAL

El 31 de diciembre de 1999, los Estados Unidos cedió el control del **Canal de Panamá** al gobierno de Panamá, terminando así con casi cien años de administración estadounidense.

Síntesis

5 **Presentar** En grupos, preparen un anuncio de televisión para presentar a la clase. El anuncio debe tratar de un detergente, un electrodoméstico o una agencia inmobiliaria (*real estate agency*). Usen mandatos, los pronombres relativos (**que, quien(es)** o **lo que**) y el **se** impersonal.

modelo

Compre el lavaplatos Destellos. Tiene todo lo que usted desea. Es el lavaplatos que mejor funciona. Venga a verlo ahora mismo... No pierda ni un minuto más. Se aceptan tarjetas de crédito.

12.3 The present subjunctive

ANTE TODO With the exception of commands, all the verb forms you have been using have been in the indicative mood. The indicative is used to state facts and to express actions or states that the speaker considers to be real and definite. In contrast, the subjunctive mood expresses the speaker's attitudes toward events, as well as actions or states the speaker views as uncertain or hypothetical.

- The present subjunctive is formed very much like **usted**, **ustedes** and *negative* **tú** commands. From the **yo** form of the present indicative, drop the **-o** ending, and replace it with the subjunctive endings.

INFINITIVE	PRESENT INDICATIVE	VERB STEM	PRESENT SUBJUNCTIVE
hablar	**hablo**	**habl-**	**hable**
comer	**como**	**com-**	**coma**
escribir	**escribo**	**escrib-**	**escriba**

- The present subjunctive endings are:

-ar verbs		-er and -ir verbs	
-e	**-emos**	**-a**	**-amos**
-es	**-éis**	**-as**	**-áis**
-e	**-en**	**-a**	**-an**

Present subjunctive of regular verbs

		hablar	comer	escribir
SINGULAR FORMS	yo	habl**e**	com**a**	escrib**a**
	tú	habl**es**	com**as**	escrib**as**
	Ud./él/ella	habl**e**	com**a**	escrib**a**
PLURAL FORMS	nosotros/as	habl**emos**	com**amos**	escrib**amos**
	vosotros/as	habl**éis**	com**áis**	escrib**áis**
	Uds./ellos/ellas	habl**en**	com**an**	escrib**an**

AYUDA

Note that, in the present subjunctive, **-ar** verbs use endings normally associated with present tense **-er** and **-ir** verbs. Likewise, **-er** and **-ir** verbs in the present subjunctive use endings normally associated with **-ar** verbs in the present tense. Note also that, in the present subjunctive, the **yo** form is the same as the **Ud./él/ella** form.

¡LENGUA VIVA!

You may think that English has no subjunctive, but it does! While once common, it now survives mostly in set expressions such as *If I were you...* and *Be that as it may...*

- Verbs with irregular **yo** forms show the same irregularity in all forms of the present subjunctive.

Infinitive	Present indicative	Verb stem	Present subjunctive
conducir	conduzco	**conduzc-**	**conduzca**
conocer	conozco	**conozc-**	**conozca**
decir	digo	**dig-**	**diga**
hacer	hago	**hag-**	**haga**
ofrecer	ofrezco	**ofrezc-**	**ofrezca**
oír	oigo	**oig-**	**oiga**
parecer	parezco	**parezc-**	**parezca**
poner	pongo	**pong-**	**ponga**
tener	tengo	**teng-**	**tenga**
traducir	traduzco	**traduzc-**	**traduzca**
traer	traigo	**traig-**	**traiga**
venir	vengo	**veng-**	**venga**
ver	veo	**ve-**	**vea**

- To maintain the **-c, -g,** and **-z** sounds, verbs ending in **-car, -gar,** and **-zar** have a spelling change in all forms of the present subjunctive.

sacar: sa**qu**e, sa**qu**es, sa**qu**e, sa**qu**emos, sa**qu**éis, sa**qu**en
jugar: jue**gu**e, jue**gu**es, jue**gu**e, ju**gu**emos, ju**gu**éis, jue**gu**en
almorzar: almuer**c**e, almuer**c**es, almuer**c**e, almor**c**emos, almor**c**éis, almuer**c**en

Present subjunctive of stem-changing verbs

AYUDA

Note that stem-changing verbs and verbs that have a spelling change have the same ending as regular verbs in the present subjunctive.

- **-Ar** and **-er** stem-changing verbs have the same stem changes in the subjunctive as they do in the present indicative.

pensar (e:ie): p**ie**nse, p**ie**nses, p**ie**nse, pensemos, penséis, p**ie**nsen
mostrar (o:ue): m**ue**stre, m**ue**stres, m**ue**stre, mostremos, mostréis, m**ue**stren
entender (e:ie): ent**ie**nda, ent**ie**ndas, ent**ie**nda, entendamos, entendáis, ent**ie**ndan
volver (o:ue): v**ue**lva, v**ue**lvas, v**ue**lva, volvamos, volváis, v**ue**lvan

- **-Ir** stem-changing verbs have the same stem changes in the subjunctive as they do in the present indicative, but in addition, the **nosotros/as** and **vosotros/as** forms undergo a stem change. The unstressed **e** changes to **i,** while the unstressed **o** changes to **u.**

pedir (e:i): p**i**da, p**i**das, p**i**da, p**i**damos, p**i**dáis, p**i**dan
sentir (e:ie): s**ie**nta, s**ie**ntas, s**ie**nta, s**i**ntamos, s**i**ntáis, s**ie**ntan
dormir (o:ue): d**ue**rma, d**ue**rmas, d**ue**rma, d**u**rmamos, d**u**rmáis, d**ue**rman

Irregular verbs in the present subjunctive

- These five verbs are irregular in the present subjunctive.

Irregular verbs in the present subjunctive

		dar	estar	ir	saber	ser
SINGULAR FORMS	yo	**dé**	**esté**	**vaya**	**sepa**	**sea**
	tú	**des**	**estés**	**vayas**	**sepas**	**seas**
	Ud./él/ella	**dé**	**esté**	**vaya**	**sepa**	**sea**
PLURAL FORMS	nosotros/as	**demos**	**estemos**	**vayamos**	**sepamos**	**seamos**
	vosotros/as	**deis**	**estéis**	**vayáis**	**sepáis**	**seáis**
	Uds./ellos/ellas	**den**	**estén**	**vayan**	**sepan**	**sean**

- **¡Atención!** The subjunctive form of **hay** (*there is, there are*) is also irregular: **haya**.

General uses of the subjunctive

- The subjunctive is mainly used to express: 1) will and influence, 2) emotion, 3) doubt, disbelief, and denial, and 4) indefiniteness and nonexistence.

- The subjunctive is most often used in sentences that consist of a main clause and a subordinate clause. The main clause contains a verb or expression that triggers the use of the subjunctive. The conjunction **que** connects the subordinate clause to the main clause.

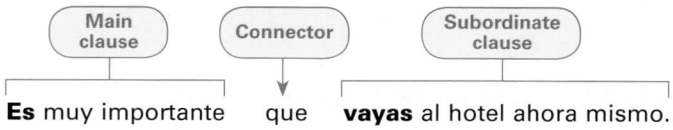

- These impersonal expressions are always followed by clauses in the subjunctive:

Es bueno que... *It's good that...*	**Es mejor que...** *It's better that...*	**Es malo que...** *It's bad that...*
Es importante que... *It's important that...*	**Es necesario que...** *It's necessary that...*	**Es urgente que...** *It's urgent that...*

¡INTÉNTALO! Indica el presente de subjuntivo de estos verbos.

1. (alquilar, beber, vivir) que yo alquile, beba, viva
2. (estudiar, aprender, asistir) que tú _____
3. (encontrar, poder, tener) que él _____
4. (hacer, pedir, dormir) que nosotras _____
5. (dar, hablar, escribir) que ellos _____
6. (pagar, empezar, buscar) que ustedes _____
7. (ser, ir, saber) que yo _____
8. (estar, dar, oír) que tú _____

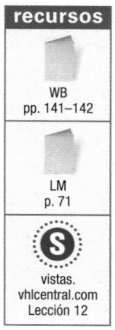

Práctica y Comunicación

1 **Completar** Completa las oraciones con el presente de subjuntivo de los verbos entre paréntesis. Luego empareja las oraciones del primer grupo con las del segundo grupo.

NOTA CULTURAL

Las casas colgadas (*hanging*) de Cuenca, España, son muy famosas. Situadas en un acantilado (*cliff*), forman parte del paisaje de la ciudad.

A

1. Es mejor que _____ en casa. (nosotros, cenar) ____
2. Es importante que _____ las casas colgadas de Cuenca. (tú, visitar) ____
3. Señora, es urgente que le _____ el diente. Tiene una infección. (yo, sacar) ____
4. Es malo que Ana les _____ tantos dulces a los niños. (dar) ____
5. Es necesario que _____ a la una de la tarde. (ustedes, llegar) ____
6. Es importante que _____ temprano. (nosotros, acostarse) ____

B

a. Es importante que _____ más verduras. (ellos, comer)
b. No, es mejor que _____ a comer. (nosotros, salir)
c. Y yo creo que es bueno que _____ a Madrid después. (yo, ir)
d. En mi opinión, no es necesario que _____ tanto. (nosotros, dormir)
e. ¿Ah, sí? ¿Es necesario que me _____ un antibiótico también? (yo, tomar)
f. Para llegar a tiempo, es necesario que _____ temprano. (nosotros, almorzar)

2 **Minidiálogos** En parejas, completen los minidiálogos con expresiones impersonales de una manera lógica.

modelo

Miguelito: Mamá, no quiero arreglar mi cuarto.
Sra. Casas: *Es necesario que lo arregles. Y es importante que sacudas los muebles también.*

1. **MIGUELITO** Mamá, no quiero estudiar. Quiero salir a jugar con mis amigos.
   SRA. CASAS _____
2. **MIGUELITO** Mamá, es que no me gustan las verduras. Prefiero comer pasteles.
   SRA. CASAS _____
3. **MIGUELITO** ¿Tengo que poner la mesa, mamá?
   SRA. CASAS _____
4. **MIGUELITO** No me siento bien, mamá. Me duele todo el cuerpo y tengo fiebre.
   SRA. CASAS _____

3 **Entrevista** Trabajen en parejas. Entrevístense usando estas preguntas. Expliquen sus respuestas.

1. ¿Es importante que las personas sepan una segunda lengua? ¿Por qué?
2. ¿Es urgente que los norteamericanos aprendan otras lenguas?
3. Si un(a) norteamericano/a quiere aprender francés, ¿es mejor que lo aprenda en Francia?
4. ¿Es necesario que una persona sepa decir "te amo" en la lengua nativa de su pareja?
5. ¿Es importante que un cantante de ópera entienda italiano?

Practice more at **vistas.vhlcentral.com.**

12.4 Subjunctive with verbs of will and influence

ANTE TODO You will now learn how to use the subjunctive with verbs and expressions of will and influence.

- Verbs of will and influence are often used when someone wants to affect the actions or behavior of other people.

  Enrique **quiere** que salgamos a cenar.
  Enrique wants us to go out to dinner.

  Paola **prefiere** que cenemos en casa.
  Paola prefers that we have dinner at home.

- Here is a list of widely used verbs of will and influence.

Verbs of will and influence

aconsejar	*to advise*	**pedir** (e:i)	*to ask (for)*
desear	*to wish; to desire*	**preferir** (e:ie)	*to prefer*
importar	*to be important; to matter*	**prohibir**	*to prohibit*
		querer (e:ie)	*to want*
insistir (en)	*to insist (on)*	**recomendar** (e:ie)	*to recommend*
mandar	*to order*	**rogar** (o:ue)	*to beg; to plead*
necesitar	*to need*	**sugerir** (e:ie)	*to suggest*

- Some impersonal expressions, such as **es necesario que, es importante que, es mejor que,** and **es urgente que,** are considered expressions of will or influence.

- When the main clause contains an expression of will or influence, the subjunctive is required in the subordinate clause, provided that the two clauses have different subjects.

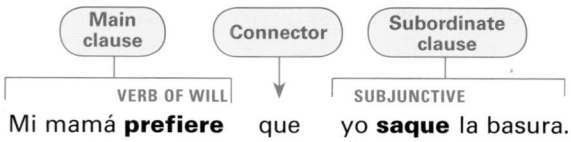

¡ATENCIÓN!

In English, verbs or expressions of will and influence often use a construction with an infinitive, such as *I want you to go.* This is not the case in Spanish, where the subjunctive would be used in a subordinate clause.

- Indirect object pronouns are often used with the verbs **aconsejar, importar, mandar, pedir, prohibir, recomendar, rogar,** and **sugerir.**

Te aconsejo que estudies.
I advise you to study.

Le sugiero que vaya a casa.
I suggest that he go home.

Les recomiendo que barran el suelo.
I recommend that you sweep the floor.

Le ruego que no venga.
I'm begging you not to come.

- Note that all the forms of **prohibir** in the present tense carry a written accent, except for the **nosotros/as** form: **prohíbo, prohíbes, prohíbe, prohibimos, prohibís, prohíben.**

Ella les **prohíbe** que miren la televisión.
She prohibits them from watching TV.

Nos **prohíben** que nademos en la piscina.
They prohibit that we swim in the swimming pool.

- The infinitive is used with words or expressions of will and influence if there is no change of subject in the sentence.

No quiero **sacudir** los muebles.
I don't want to dust the furniture.

Paco prefiere **descansar.**
Paco prefers to rest.

Es importante **sacar** la basura.
It's important to take out the trash.

No es necesario **quitar** la mesa.
It's not necessary to clear the table.

¡INTÉNTALO! Completa cada oración con la forma correcta del verbo entre paréntesis.

1. Te sugiero que vayas (ir) con ella al supermercado.
2. Él necesita que yo le _____ (prestar) dinero.
3. No queremos que tú _____ (hacer) nada especial para nosotros.
4. Mis papás quieren que yo _____ (limpiar) mi cuarto.
5. Nos piden que la _____ (ayudar) a preparar la comida.
6. Quieren que tú _____ (sacar) la basura todos los días.
7. Quiero _____ (descansar) esta noche.
8. Es importante que ustedes _____ (limpiar) los estantes.
9. Su tía les manda que _____ (poner) la mesa.
10. Te aconsejo que no _____ (salir) con él.
11. Mi tío insiste en que mi prima _____ (hacer) la cama.
12. Prefiero _____ (ir) al cine.
13. Es necesario _____ (estudiar).
14. Recomiendo que ustedes _____ (pasar) la aspiradora.

recursos
WB pp. 143–144
LM p. 72
vistas. vhlcentral.com Lección 12

Práctica

1 **Completar** Completa el diálogo con verbos de la lista.

cocina	haga	quiere	sea
comas	ponga	saber	ser
diga	prohíbe	sé	vaya

IRENE Tengo problemas con Vilma. Sé que debo hablar con ella. ¿Qué me recomiendas que le (1)_____?

JULIA Pues, necesito (2)_____ más antes de darte consejos.

IRENE Bueno, para empezar me (3)_____ que traiga dulces a la casa.

JULIA Pero chica, tiene razón. Es mejor que tú no (4)_____ cosas dulces.

IRENE Sí, ya lo sé. Pero quiero que (5)_____ más flexible. Además, insiste en que yo (6)_____ todo en la casa.

JULIA Yo (7)_____ que Vilma (8)_____ y hace los quehaceres todos los días.

IRENE Sí, pero siempre que hay fiesta me pide que (9)_____ los cubiertos y las copas en la mesa y que (10)_____ al sótano por las servilletas y los platos. ¡Es lo que más odio: ir al sótano!

JULIA Mujer, ¡Vilma sólo (11)_____ que ayudes en la casa!

2 **Aconsejar** En parejas, lean lo que dice cada persona. Luego den consejos lógicos usando verbos como **aconsejar, recomendar** y **prohibir**. Sus consejos deben ser diferentes de lo que la persona quiere hacer.

modelo

Isabel: Quiero conseguir un comedor con los muebles más caros del mundo.

Consejo: *Te aconsejamos que consigas unos muebles menos caros.*

1. **DAVID** Pienso poner el cuadro del lago de Maracaibo en la cocina.
2. **SARA** Voy en bicicleta a comprar unas copas de cristal.
3. **SR. ALARCÓN** Insisto en comenzar a arreglar el jardín en marzo.
4. **SRA. VILLA** Quiero ver las tazas y los platos de la tienda El Ama de Casa Feliz.
5. **DOLORES** Voy a poner servilletas de tela (*cloth*) para los cuarenta invitados.
6. **SR. PARDO** Pienso poner todos mis muebles nuevos en el altillo.
7. **SRA. GONZÁLEZ** Hay una fiesta en casa esta noche, pero no quiero limpiarla.
8. **CARLITOS** Hoy no tengo ganas de hacer las camas ni de quitar la mesa.

NOTA CULTURAL

En el **lago de Maracaibo**, en Venezuela, hay casas suspendidas sobre el agua que se llaman **palafitos**. Este tipo de construcciones les recordó a los conquistadores la ciudad de Venecia, Italia, de donde viene el nombre "Venezuela", que significa "pequeña Venecia".

3 **Preguntas** En parejas, túrnense para contestar las preguntas. Usen el subjuntivo.

1. ¿Te dan consejos tus amigos/as? ¿Qué te aconsejan? ¿Aceptas sus consejos? ¿Por qué?
2. ¿Qué te sugieren tus profesores que hagas antes de terminar los cursos que tomas?
3. ¿Insisten tus amigos/as en que salgas mucho con ellos?
4. ¿Qué quieres que te regalen tu familia y tus amigos/as en tu cumpleaños?
5. ¿Qué le recomiendas tú a un(a) amigo/a que no quiere salir los sábados con su novio/a?
6. ¿Qué les aconsejas a los nuevos estudiantes de tu universidad?

Practice more at **vistas.vhlcentral.com.**

Comunicación

4 **Inventar** En parejas, preparen una lista de seis personas famosas. Un(a) estudiante da el nombre de una persona famosa y el/la otro/a le da un consejo.

modelo

Estudiante 1: Judge Judy.
Estudiante 2: Le recomiendo que sea más simpática con la gente.
Estudiante 2: Orlando Bloom.
Estudiante 1: Le aconsejo que haga más películas.

5 **Hablar** En parejas, miren la ilustración. Imaginen que Gerardo es su hermano y necesita ayuda para arreglar su casa y resolver sus problemas románticos y económicos. Usen expresiones impersonales y verbos como **aconsejar, sugerir** y **recomendar**.

modelo

Es mejor que arregles el apartamento más a menudo.
Te aconsejo que no dejes para mañana lo que puedes hacer hoy.

Síntesis

6 **La doctora Salvamórez** Hernán tiene problemas con su novia y le escribe a la doctora Salvamórez, columnista del periódico *Panamá y su gente*. Ella responde a las cartas de personas con problemas románticos. En parejas, lean el mensaje de Hernán y después usen el subjuntivo para escribir los consejos de la doctora.

Estimada doctora Salvamórez:

Mi novia nunca quiere que yo salga de casa. No le molesta que vengan mis amigos a visitarme. Pero insiste en que nosotros sólo miremos los programas de televisión que ella quiere. Necesita saber dónde estoy en cada momento, y yo necesito que ella me dé un poco de independencia. ¿Qué hago?

Hernán

Recapitulación

Concepts Diagnostics

Completa estas actividades para repasar los conceptos de gramática que aprendiste en esta lección.

1 **Completar** Completa el cuadro con la forma correspondiente del presente de subjuntivo. 12 pts.

yo/él/ella	tú	nosotros/as	Uds./ellos/ellas
limpie			
	vengas		
		queramos	
			ofrezcan

2 **El apartamento ideal** Completa este folleto (*brochure*) informativo con la forma correcta del presente de subjuntivo. 8 pts.

¿Eres joven y buscas tu primera vivienda? Te ofrezco estos consejos:

- Te sugiero que primero (tú) (1) _____ (escribir) una lista de las cosas que quieres en un apartamento.
- Quiero que después (2) _____ (pensar) muy bien cuáles son tus prioridades. Es necesario que cada persona (3) _____ (tener) sus prioridades claras, porque el hogar (*home*) perfecto no existe.
- Antes de decidir en qué área quieren vivir, les aconsejo a ti y a tu futuro/a compañero/a de apartamento que (4) _____ (salir) a ver la ciudad y que (5) _____ (conocer) los distintos barrios y las afueras.
- Pidan que el agente les (6) _____ (mostrar) todas las partes de cada casa.
- Finalmente, como consumidores, es importante que nosotros (7) _____ (saber) bien nuestros derechos (*rights*); por eso, deben insistir en que todos los puntos del contrato (8) _____ (estar) muy claros antes de firmarlo (*signing it*).

¡Buena suerte!

RESUMEN GRAMATICAL

12.1 Relative pronouns *pp. 414–415*

Relative pronouns	
que	*that; which; who*
quien(es)	*who; whom; that*
lo que	*that which; what*

12.2 Formal commands *pp. 418–419*

Formal commands (Ud. and Uds.)		
Infinitive	Present tense yo form	Ud(s). command
limpiar	limpio	limpie(n)
barrer	barro	barra(n)
sacudir	sacudo	sacuda(n)

► Verbs with stem changes or irregular **yo** forms maintain the same irregularity in the formal commands:

hacer: yo **hago** → **Hagan** la cama.

Irregular formal commands	
dar	**dé (Ud.); den (Uds.)**
estar	**esté(n)**
ir	**vaya(n)**
saber	**sepa(n)**
ser	**sea(n)**

12.3 The present subjunctive *pp. 422–424*

Present subjunctive of regular verbs		
hablar	comer	escribir
hable	coma	escriba
hables	comas	escribas
hable	coma	escriba
hablemos	comamos	escribamos
hablés	comáis	escribáis
hablen	coman	escriban

Irregular verbs in the present subjunctive		
dar		dé, des, dé, demos, deis, den
estar	est- +	-é, -és, -é, -emos, -éis, -én
ir	vay- +	-a, -as, -a, -amos, -áis, -an
saber	sep- +	
ser	se- +	

12.4 Subjunctive with verbs of will and influence

pp. 426–427

► Verbs of will and influence: **aconsejar, desear, importar, insistir (en), mandar, necesitar, pedir** (e:i), **preferir** (e:ie), **prohibir, querer** (e:ie), **recomendar** (e:ie), **rogar** (o:ue), **sugerir** (e:ie)

3 **Relativos** Completa las oraciones con **lo que**, **que** o **quien**. 8 pts.

1. Me encanta la alfombra _____ está en el comedor.
2. Mi amiga Tere, con _____ trabajo, me regaló ese cuadro.
3. Todas las cosas _____ tenemos vienen de la casa de mis abuelos.
4. Hija, no compres más cosas. _____ debes hacer ahora es organizarlo todo.
5. La agencia de decoración de _____ le hablé se llama Casabella.
6. Esas flores las dejaron en la puerta mis nuevos vecinos, a _____ aún (*yet*) no conozco.
7. Leonor no compró nada, porque _____ le gustaba era muy caro.
8. Mi amigo Aldo, a _____ visité ayer, es un cocinero excelente.

4 **Preparando la casa** Martín y Ángela van a hacer un curso de verano en Costa Rica y una vecina va a cuidarles (*take care of*) la casa mientras ellos no están. Completa las instrucciones de la vecina con mandatos formales. Usa cada verbo una sola vez y agrega pronombres de objeto directo o indirecto si es necesario. 10 pts.

arreglar	dejar	hacer	pedir	sacudir
barrer	ensuciar	limpiar	poner	tener

Primero, (1) _____ ustedes las maletas. Las cosas que no se llevan a Costa Rica, (2) _____ en el altillo. Ángela, (3) _____ las habitaciones y Martín, (4) _____ usted la cocina y el baño. Después, los dos (5) _____ el suelo y (6) _____ los muebles de toda la casa. Ángela, no (7) _____ sus joyas (*jewelry*) en el apartamento. (8) _____ cuidado ¡y no (9) _____ nada antes de irse! Por último, (10) _____ a alguien que recoja (*pick up*) su correo.

5 **Los quehaceres** A tu compañero/a de cuarto no le gusta ayudar con los quehaceres. Escribe al menos seis oraciones dándole consejos para hacer más divertidos los quehaceres. 12 pts.

modelo

Te sugiero que pongas música mientras lavas los platos...

6 **El circo** Completa esta famosa frase que tiene su origen en el circo (*circus*). ¡2 puntos EXTRA!

"¡_____ (Pasar) ustedes y _____ (ver)! El espectáculo va a comenzar."

Practice more at **vistas.vhlcentral.com.**

Lectura

Antes de leer

Estrategia

Locating the main parts of a sentence

Did you know that a text written in Spanish is an average of 15% longer than the same text written in English? Since the Spanish language tends to use more words to express ideas, you will often encounter long sentences when reading in Spanish. Of course, the length of sentences varies with genre and with authors' individual styles. To help you understand long sentences, identify the main parts of the sentence before trying to read it in its entirety. First locate the main verb of the sentence, along with its subject, ignoring any words or phrases set off by commas. Then reread the sentence, adding details like direct and indirect objects, transitional words, and prepositional phrases.

Examinar el texto

Mira el formato de la lectura. ¿Qué tipo de documento es? ¿Qué cognados encuentras en la lectura? ¿Qué te dicen sobre el tema de la selección?

¿Probable o improbable?

Mira brevemente el texto e indica si estas oraciones son probables o improbables.

1. Este folleto° es de interés turístico.
2. Describe un edificio moderno cubano.
3. Incluye algunas explicaciones de arquitectura.
4. Espera atraer° a visitantes al lugar.

Oraciones largas

Mira el texto y busca algunas oraciones largas. Con un(a) compañero/a, identifiquen las partes principales de la oración y después examinen las descripciones adicionales. ¿Qué significan las oraciones?

folleto *brochure* atraer *to attract* épocas *time periods*

Bienvenidos al Palacio de las Garzas

El palacio está abierto de martes a domingo.
Para más información,
llame al teléfono 507-226-7000.
También puede solicitar° un folleto
a la casilla° 3467,
Ciudad de Panamá, Panamá.

Después de leer

Ordenar

Pon estos eventos en el orden cronológico adecuado.

____ El palacio se convirtió en residencia presidencial.

____ Durante diferentes épocas°, maestros, médicos y banqueros ejercieron su profesión en el palacio.

____ El Dr. Belisario Porras ocupó el palacio por primera vez.

____ Los españoles construyeron el palacio.

____ Se renovó el palacio.

____ Los turistas pueden visitar el palacio de martes a domingo.

El Palacio de las Garzas° es la residencia oficial del Presidente de Panamá desde 1903. Fue construido en 1673 para ser la casa de un gobernador español. Con el paso de los años fue almacén, escuela, hospital, aduana, banco y por último, palacio presidencial.

En la actualidad el edificio tiene tres pisos, pero los planos originales muestran una construcción de un piso con un gran patio en el centro. La restauración del palacio comenzó en el año 1922 y los trabajos fueron realizados por el arquitecto Villanueva-Myers y el pintor Roberto Lewis. El palacio, un monumento al estilo colonial, todavía conserva su elegancia y buen gusto, y es una de las principales atracciones turísticas del barrio Casco Viejo°.

Planta baja

El Patio de las Garzas

Una antigua puerta de hierro° recibe a los visitantes. El patio interior todavía conserva los elementos originales de la construcción: piso de mármol°, columnas cubiertas° de nácar° y una magnífica fuente° de agua en el centro. Aquí están las nueve garzas que le dan el nombre al palacio y que representan las nueve provincias de Panamá.

Primer piso

El Salón Amarillo

Aquí el turista puede visitar una galería de cuarenta y un retratos° de gobernadores y personajes ilustres de Panamá. La principal atracción de este salón es el sillón presidencial, que se usa especialmente cuando hay cambio de presidente. Otros atractivos de esta área son el comedor Los Tamarindos, que se destaca° por la elegancia de sus muebles y sus lámparas de cristal, y el Patio Andaluz, con sus coloridos mosaicos que representan la unión de la cultura indígena y la española.

El Salón Dr. Belisario Porras

Este elegante y majestuoso salón es uno de los lugares más importantes del Palacio de las Garzas. Lleva su nombre en honor al Dr. Belisario Porras, quien fue tres veces presidente de Panamá (1912–1916, 1918–1920 y 1920–1924).

Segundo piso

Es el área residencial del palacio y el visitante no tiene acceso a ella. Los armarios, las cómodas y los espejos de la alcoba fueron comprados en Italia y Francia por el presidente Porras, mientras que las alfombras, cortinas y frazadas° son originarias de España.

solicitar *request* **casilla** *post office box* **Garzas** *Herons* **Casco Viejo** *Old Quarter* **hierro** *iron* **mármol** *marble* **cubiertas** *covered* **nácar** *mother-of-pearl* **fuente** *fountain* **retratos** *portraits* **se destaca** *stands out* **frazadas** *blankets*

Preguntas

Contesta las preguntas.

1. ¿Qué sala es notable por sus muebles elegantes y sus lámparas de cristal?
2. ¿En qué parte del palacio se encuentra la residencia del presidente?
3. ¿Dónde empiezan los turistas su visita al palacio?
4. ¿En qué lugar se representa artísticamente la rica herencia cultural de Panamá?
5. ¿Qué salón honra la memoria de un gran panameño?
6. ¿Qué partes del palacio te gustaría (*would you like*) visitar? ¿Por qué? Explica tu respuesta.

Conversación

En grupos de tres o cuatro estudiantes, hablen sobre lo siguiente:

1. ¿Qué tiene en común el Palacio de las Garzas con otras residencias presidenciales u otras casas muy grandes?
2. ¿Te gustaría vivir en el Palacio de las Garzas? ¿Por qué?
3. Imagina que puedes diseñar tu palacio ideal. Describe los planos para cada piso del palacio.

Escritura

Estrategia

Using linking words

You can make your writing sound more sophisticated by using linking words to connect simple sentences or ideas and create more complex sentences. Consider these passages, which illustrate this effect:

Without linking words

En la actualidad el edificio tiene tres pisos. Los planos originales muestran una construcción de un piso con un gran patio en el centro. La restauración del palacio comenzó en el año 1922. Los trabajos fueron realizados por el arquitecto Villanueva-Myers y el pintor Roberto Lewis.

With linking words

En la actualidad el edificio tiene tres pisos, pero los planos originales muestran una construcción de un piso con un gran patio en el centro. La restauración del palacio comenzó en el año 1922 y los trabajos fueron realizados por el arquitecto Villanueva-Myers y el pintor Roberto Lewis.

Linking words

cuando	*when*
mientras	*while*
o	*or*
pero	*but*
porque	*because*
pues	*since*
que	*that; who; which*
quien(es)	*who*
sino	*but (rather)*
y	*and*

Tema

Escribir un contrato de arrendamiento°

Eres el/la administrador(a)° de un edificio de apartamentos. Prepara un contrato de arrendamiento para los nuevos inquilinos°. El contrato debe incluir estos detalles:

- la dirección° del apartamento y del/de la administrador(a)
- las fechas del contrato
- el precio del alquiler y el día que se debe pagar
- el precio del depósito
- información y reglas° acerca de:
  - la basura
  - el correo
  - los animales domésticos
  - el ruido°
  - los servicios de electricidad y agua
  - el uso de electrodomésticos
- otros aspectos importantes de la vida comunitaria

contrato de arrendamiento *lease* **administrador(a)** *manager* **inquilinos** *tenants* **dirección** *address* **reglas** *rules* **ruido** *noise*

Escuchar

Audio: Activities

Estrategia

Using visual cues

Visual cues like illustrations and headings provide useful clues about what you will hear.

To practice this strategy, you will listen to a passage related to the following photo. Jot down the clues the photo gives you as you listen.

Preparación

Mira el dibujo. ¿Qué pistas te da para comprender la conversación que vas a escuchar? ¿Qué significa *bienes raíces*?

Ahora escucha

Mira los anuncios de esta página y escucha la conversación entre el señor Núñez, Adriana y Felipe. Luego indica si cada descripción se refiere a la casa ideal de Adriana y Felipe, a la casa del anuncio o al apartamento del anuncio.

Frases	La casa ideal	La casa del anuncio	El apartamento del anuncio
Es barato.	___	___	___
Tiene cuatro alcobas.	___	___	___
Tiene una oficina.	___	___	___
Tiene un balcón.	___	___	___
Tiene una cocina moderna.	___	___	___
Tiene un jardín muy grande.	___	___	___
Tiene un patio.	___	___	___

18G

Bienes raíces

Se vende.
4 alcobas, 3 baños, cocina moderna, jardín con árboles frutales.
B/. 225.000

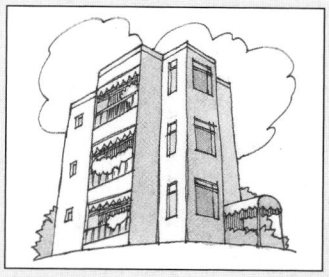

Se alquila.
2 alcobas, 1 baño.
Balcón.
Urbanización Las Brisas. B/. 525

Comprensión

Preguntas

1. ¿Cuál es la relación entre el señor Núñez, Adriana y Felipe? ¿Cómo lo sabes?
2. ¿Qué diferencia de opinión hay entre Adriana y Felipe sobre dónde quieren vivir?
3. Usa la información de los dibujos y la conversación para entender lo que dice Adriana al final. ¿Qué significa "todo a su debido tiempo"?

Conversación

En parejas, túrnense para hacer y responder a las preguntas.

1. ¿Qué tienen en común el apartamento y la casa del anuncio con el lugar donde tú vives?
2. ¿Qué piensas de la recomendación del señor Núñez?
3. ¿Qué tipo de sugerencias te da tu familia sobre dónde vivir?
4. ¿Dónde prefieres vivir tú, en un apartamento o en una casa? Explica por qué.

Practice more at **vistas.vhlcentral.com.**

En pantalla

En los países hispanos el costo del servicio de electricidad y de los electrodomésticos es muy caro. Es por eso que no es muy común tener muchos electrodomésticos. Por ejemplo, en los lugares donde hace mucho calor, mucha gente no tiene aire acondicionado°; utiliza los ventiladores°, que usan menos electricidad. Muchas personas lavan la ropa a mano o barren el piso en vez de usar una lavadora o una aspiradora.

Vocabulario útil

mascota	*pet*
un poco asustado	*a bit scared*
suavizante	*(fabric) softener*
suavizar	*to soften*

Preparación

¿Lavas tu ropa, cocinas, barres? ¿Te piden que hagas algunos quehaceres domésticos en casa?

Preguntas

Contesta estas preguntas.

1. ¿Qué le encanta al osito (*little bear*)*Softy*?
2. ¿Por qué se lastimó cuando se cayó sobre las toallas?
3. Según el anuncio, ¿qué es lo que un suavizante barato no puede hacer?
4. ¿Cómo se siente *Softy* cuando llega el médico: tranquilo o asustado?
5. ¿Qué le recomienda el médico a la mujer?

Consejos

Cuando la mujer visita a *Softy* en el hospital, el médico le da consejos y órdenes sobre cómo tratar a su mascota. En parejas, preparen una lista de los consejos y órdenes que el médico le da. Usen el subjuntivo y el imperativo.

Anuncio de Comfort

¡Hola! Soy *Softy* y me encanta la ropa suave.

¡Ay, mi brazo!

Si usted quiere a su mascota, tiene que usar siempre Comfort.

Video: TV Clip

Practice more at **vistas.vhlcentral.com.**

aire acondicionado *air conditioning* ventiladores *fans*

En el sur de la Ciudad de México hay una construcción que fusiona° el funcionalismo con elementos de la cultura mexicana. Es la casa y estudio° en que el muralista Diego Rivera y su esposa, Frida Kahlo, vivieron hasta 1934. El creador fue el destacado° arquitecto y pintor mexicano Juan O'Gorman, amigo de la pareja. Como Frida y Diego necesitaban cada uno un lugar tranquilo para trabajar, O'Gorman hizo dos casas, cada una con un taller°, conectadas por un puente° en la parte superior°. En 1981, años después de la muerte de los artistas, se creó ahí el Museo Casa Estudio Diego Rivera y Frida Kahlo. Este museo busca conservar, investigar y difundir° la obra° de estos dos mexicanos, como lo hace el Museo Casa de Frida Kahlo, que vas a ver a continuación.

Vocabulario útil

jardinero	*gardener*
muros	*walls*
la silla de ruedas	*wheelchair*
las valiosas obras	*valuable works*

Preparación

Imagina que eres un(a) artista, ¿cómo sería (*would be*) tu casa? ¿Sería muy diferente de la casa en donde vives ahora?

¿Cierto o falso?

Indica si lo que dicen estas oraciones es **cierto** o **falso**.

1. La casa de Frida Kahlo está en el centro de México, D.F.
2. La casa de Frida se transformó en un museo en los años 50.
3. Frida Kahlo vivió sola en su casa.
4. Entre las obras que se exhiben está el cuadro (*painting*) *Las dos Fridas*.
5. El jardinero actual (*current*) jamás conoció ni a Frida ni a Diego.
6. En el museo se exhiben la silla de ruedas y los aparatos ortopédicos de Frida.

fusiona *fuse* estudio *studio* destacado *prominent* taller *art studio* puente *bridge* parte superior *top* difundir *to spread* obra *work*

La casa de Frida

El hogar en que nació la pintora Frida Kahlo en 1907 se caracteriza por su arquitectura típicamente mexicana...

Esta casa tiene varios detalles que revelan el amor de esta mexicana por la cultura de su país, por ejemplo, la cocina.

Uno de los espacios más atractivos de esta casa es este estudio que Diego instaló...

Video: *Flash cultura*

Practice more at **vistas.vhlcentral.com.**

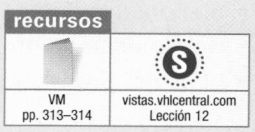

Video: *Panorama cultural*
Interactive map

Panamá

El país en cifras

- **Área:** 78.200 km^2 (30.193 millas^2), *aproximadamente el área de Carolina del Sur*
- **Población:** 3.773.000
- **Capital:** La Ciudad de Panamá —1.527.000
- **Ciudades principales:** Colón, David

SOURCE: Population Division, UN Secretariat

- **Moneda:** balboa; es equivalente al dólar estadounidense.

En Panamá circulan los billetes de dólar estadounidense. El país centroamericano, sin embargo, acuña° su propia moneda. "El peso" es una moneda grande equivalente a cincuenta centavos°. La moneda de cinco centavos es llamada frecuentemente "real".

- **Idiomas:** español (oficial), lenguas indígenas, inglés

Muchos panameños son bilingües. La lengua materna del 14% de los panameños es el inglés.

Bandera de Panamá

Panameños célebres

- **Mariano Rivera,** beisbolista (1969–)
- **Mireya Moscoso,** política (1946–)
- **Rubén Blades,** músico y político (1948–)

Mujer kuna lavando una mola

Un turista disfruta del bosque tropical colgado de un cable.

Ruinas de un fuerte panameño

acuña *mints* centavos *cents*
peaje *toll* promedio *average*

recursos

WB	VM	vistas.vhlcentral.com
pp. 145–146	pp. 271–272	Lección 12

¡Increíble pero cierto!

¿Conocías estos datos sobre el Canal de Panamá?

- Gracias al Canal de Panamá, el viaje en barco de Nueva York a Tokio es 3.000 millas más corto.
- Su construcción costó 639 millones de dólares.
- Hoy lo usan en promedio 39 barcos al día.
- El peaje° promedio° cuesta 54.000 dólares.

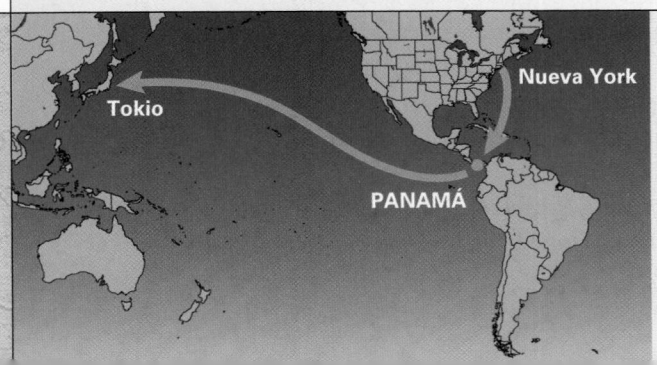

Lugares • El Canal de Panamá

El Canal de Panamá conecta el océano Pacífico con el océano Atlántico. La construcción de este cauce° artificial empezó en 1903 y concluyó diez años después. Es una de las principales fuentes° de ingresos° del país, gracias al dinero que aportan los más de 14.000 buques° que transitan anualmente por esta ruta y a las actividades comerciales que se han desarrollado° en torno a° ella.

Artes • La mola

La mola es una forma de arte textil de los kunas, una tribu indígena que vive principalmente en las islas San Blas. Esta pieza artesanal se confecciona con fragmentos de tela° de colores vivos. Algunos de sus diseños son abstractos, inspirados en las formas del coral, y otros son geométricos, como en las molas más tradicionales. Antiguamente, estos tejidos se usaban sólo como ropa, pero hoy día también sirven para decorar las casas.

Naturaleza • El mar

Panamá, cuyo° nombre significa "lugar de muchos peces°", es un país muy frecuentado por los aficionados del buceo y la pesca. El territorio panameño cuenta con una gran variedad de playas en los dos lados del istmo°, con el mar Caribe a un lado y el océano Pacífico al otro. Algunas zonas costeras están destinadas al turismo. Otras están protegidas por la diversidad de su fauna marina, en la que abundan los arrecifes° de coral, como el Parque Nacional Marino Isla Bastimentos.

COLOMBIA

Vista de la Ciudad de Panamá

¿Qué aprendiste? Responde a cada pregunta con una oración completa.

1. ¿Cuál es la lengua materna del catorce por ciento de los panameños?
2. ¿A qué unidad monetaria (*monetary unit*) es equivalente el balboa?
3. ¿Qué océanos une el Canal de Panamá?
4. ¿Quién es Mariano Rivera?
5. ¿Qué son las molas?
6. ¿Cómo son los diseños de las molas?
7. ¿Para qué se usan las molas?
8. ¿Cómo son las playas de Panamá?
9. ¿Qué significa "Panamá"?

Conexión Internet Investiga estos temas en **vistas.vhlcentral.com.**

1. Investiga la historia de las relaciones entre Panamá y los Estados Unidos y la decisión de devolver (*give back*) el Canal de Panamá. ¿Estás de acuerdo con la decisión? Explica tu opinión.
2. Investiga sobre los kunas u otro grupo indígena de Panamá. ¿En qué partes del país viven? ¿Qué lenguas hablan? ¿Cómo es su cultura?

Practice more at **vistas.vhlcentral.com.**

cauce *channel* fuentes *sources* ingresos *income* buques *ships* han desarrollado *have developed* en torno a *around* tela *fabric* cuyo *whose* peces *fish* istmo *isthmus* arrecifes *reefs*

Las viviendas

las afueras	*suburbs; outskirts*
el alquiler	*rent (payment)*
el ama (*m., f.*) de casa	*housekeeper; caretaker*
el barrio	*neighborhood*
el edificio de apartamentos	*apartment building*
el/la vecino/a	*neighbor*
la vivienda	*housing*
alquilar	*to rent*
mudarse	*to move (from one house to another)*

Los cuartos y otros lugares

el altillo	*attic*
el balcón	*balcony*
la cocina	*kitchen*
el comedor	*dining room*
el dormitorio	*bedroom*
la entrada	*entrance*
la escalera	*stairs; stairway*
el garaje	*garage*
el jardín	*garden; yard*
la oficina	*office*
el pasillo	*hallway*
el patio	*patio; yard*
la sala	*living room*
el sótano	*basement; cellar*

Los muebles y otras cosas

la alfombra	*carpet; rug*
la almohada	*pillow*
el armario	*closet*
el cartel	*poster*
la cómoda	*chest of drawers*
las cortinas	*curtains*
el cuadro	*picture*
el estante	*bookcase; bookshelves*
la lámpara	*lamp*
la luz	*light; electricity*
la manta	*blanket*
la mesita	*end table*
la mesita de noche	*night stand*
los muebles	*furniture*
la pared	*wall*
la pintura	*painting; picture*
el sillón	*armchair*
el sofá	*couch; sofa*

Los electrodomésticos

la cafetera	*coffee maker*
la cocina, la estufa	*stove*
el congelador	*freezer*
el electrodoméstico	*electric appliance*
el horno (de microondas)	*(microwave) oven*
la lavadora	*washing machine*
el lavaplatos	*dishwasher*
el refrigerador	*refrigerator*
la secadora	*clothes dryer*
la tostadora	*toaster*

La mesa

la copa	*wineglass; goblet*
la cuchara	*(table or large) spoon*
el cuchillo	*knife*
el plato	*plate*
la servilleta	*napkin*
la taza	*cup*
el tenedor	*fork*
el vaso	*glass*

Los quehaceres domésticos

arreglar	*to neaten; to straighten up*
barrer el suelo	*to sweep the floor*
cocinar	*to cook*
ensuciar	*to get (something) dirty*
hacer la cama	*to make the bed*
hacer quehaceres domésticos	*to do household chores*
lavar (el suelo, los platos)	*to wash (the floor, the dishes)*
limpiar la casa	*to clean the house*
pasar la aspiradora	*to vacuum*
planchar la ropa	*to iron the clothes*
poner la mesa	*to set the table*
quitar la mesa	*to clear the table*
quitar el polvo	*to dust*
sacar la basura	*to take out the trash*
sacudir los muebles	*to dust the furniture*

Verbos y expresiones verbales

aconsejar	*to advise*
insistir (en)	*to insist (on)*
mandar	*to order*
recomendar (e:ie)	*to recommend*
rogar (o:ue)	*to beg; to plead*
sugerir (e:ie)	*to suggest*
Es bueno que...	*It's good that...*
Es importante que...	*It's important that...*
Es malo que...	*It's bad that...*
Es mejor que...	*It's better that...*
Es necesario que...	*It's necessary that...*
Es urgente que...	*It's urgent that...*

Relative pronouns	*See page 414.*
Expresiones útiles	*See page 409.*

recursos

LM p. 72	vistas.vhlcentral.com Lección 12

Audio: Vocabulary

La naturaleza 13

Communicative Goals

You will learn how to:

- **Talk about and discuss the environment**
- **Express your beliefs and opinions about issues**

contextos

pages 442–445
- Nature
- The environment
- Recycling and conservation

fotonovela

pages 446–449
Jimena, Felipe, Juan Carlos, and Marissa take a trip to the Yucatan Peninsula. While Marissa and Jimena visit a turtle sanctuary and the Mayan ruins of Tulum, the boys take a trip to the jungle.

cultura

pages 450–451
- Andes mountain range
- Santa Marta mountain range

estructura

pages 452–465
- The subjunctive with verbs of emotion
- The subjunctive with doubt, disbelief, and denial
- The subjunctive with conjunctions
- **Recapitulación**

adelante

pages 466–473
Lectura: Two fables
Escritura: A letter or an article
Escuchar: A speech about the environment
En pantalla
Flash cultura
Panorama: Colombia

A PRIMERA VISTA

- ¿Son estas personas excursionistas?
- ¿Es importante que usen ropa cómoda?
- ¿Se llevan bien o mal?
- ¿Les interesa la naturaleza?

La naturaleza

Más vocabulario

el bosque (tropical)	*(tropical; rain) forest*
el desierto	*desert*
la naturaleza	*nature*
la planta	*plant*
la selva, la jungla	*jungle*
la tierra	*land; soil*
el cielo	*sky*
la estrella	*star*
la luna	*moon*
el calentamiento global	*global warming*
el cambio climático	*climate change*
la conservación	*conservation*
la contaminación (del aire; del agua)	*(air; water) pollution*
la deforestación	*deforestation*
la ecología	*ecology*
el/la ecologista	*ecologist*
el ecoturismo	*ecotourism*
la energía (nuclear; solar)	*(nuclear; solar) energy*
la extinción	*extinction*
la fábrica	*factory*
el medio ambiente	*environment*
el peligro	*danger*
el recurso natural	*natural resource*
la solución	*solution*
el gobierno	*government*
la ley	*law*
la (sobre)población	*(over)population*
ecologista	*ecological*
puro/a	*pure*
renovable	*renewable*

Variación léxica

hierba ⟷ pasto (*Perú*); grama (*Venez., Col.*); zacate (*Méx.*)

recursos

WB	LM	vistas.vhlcentral.com
pp. 149–150	p. 73	Lección 13

Más vocabulario

el animal	*animal*
la ballena	*whale*
el mono	*monkey*
la tortuga (marina)	*(sea) turtle*

Práctica

1 **Escuchar** Mientras escuchas estas oraciones, anota los sustantivos (*nouns*) que se refieren a las plantas, los animales, la tierra y el cielo.

Plantas	Animales	Tierra	Cielo
_____	_____	_____	_____
_____	_____	_____	_____
_____	_____	_____	_____

2 **¿Cierto o falso?** Escucha las oraciones e indica si lo que dice cada una es **cierto** o **falso**, según el dibujo.

1. _____
2. _____
3. _____
4. _____
5. _____
6. _____

3 **Seleccionar** Selecciona la palabra que no está relacionada.

1. estrella • gobierno • luna • sol
2. lago • río • mar • peligro
3. vaca • ballena • pájaro • población
4. cielo • cráter • aire • nube
5. desierto • solución • selva • bosque
6. flor • hierba • renovable • árbol

4 **Definir** Trabaja con un(a) compañero/a para definir o describir cada palabra. Sigue el modelo.

modelo

Estudiante 1: *¿Qué es el cielo?*
Estudiante 2: *El cielo está sobre la tierra y tiene nubes.*

1. la población
2. un mono
3. el calentamiento global
4. la naturaleza
5. un desierto
6. la extinción
7. la ecología
8. un sendero

5 **Describir** Trabajen en parejas para describir estas fotos.

El reciclaje

6 **Completar** Selecciona la palabra o la expresión adecuada para completar cada oración.

contaminar	destruyen	reciclamos
controlan	están afectadas	recoger
cuidan	mejoramos	resolver
descubrir	proteger	se desarrollaron

1. Si vemos basura en las calles, la debemos _____.
2. Los científicos trabajan para _____ nuevas soluciones.
3. Es necesario que todos trabajemos juntos para _____ los problemas del medio ambiente.
4. Debemos _____ el medio ambiente porque hoy día está en peligro.
5. Muchas leyes nuevas _____ el nivel de emisiones que producen las fábricas.
6. Las primeras civilizaciones _____ cerca de los ríos y los mares.
7. Todas las personas _____ por la contaminación.
8. Los turistas deben tener cuidado de no _____ los lugares que visitan.
9. Podemos conservar los recursos si _____ el aluminio, el vidrio y el plástico.
10. La contaminación y la deforestación _____ el medio ambiente.

Más vocabulario

cazar	*to hunt*
conservar	*to conserve*
contaminar	*to pollute*
controlar	*to control*
cuidar	*to take care of*
dejar de (+ *inf.*)	*to stop (doing something)*
desarrollar	*to develop*
descubrir	*to discover*
destruir	*to destroy*
estar afectado/a (por)	*to be affected (by)*
estar contaminado/a	*to be polluted*
evitar	*to avoid*
mejorar	*to improve*
proteger	*to protect*
reducir	*to reduce*
resolver (o:ue)	*to resolve; to solve*
respirar	*to breathe*

Practice more at **vistas.vhlcentral.com.**

Comunicación

7 **¿Es importante?** En parejas, lean este párrafo y contesten las preguntas.

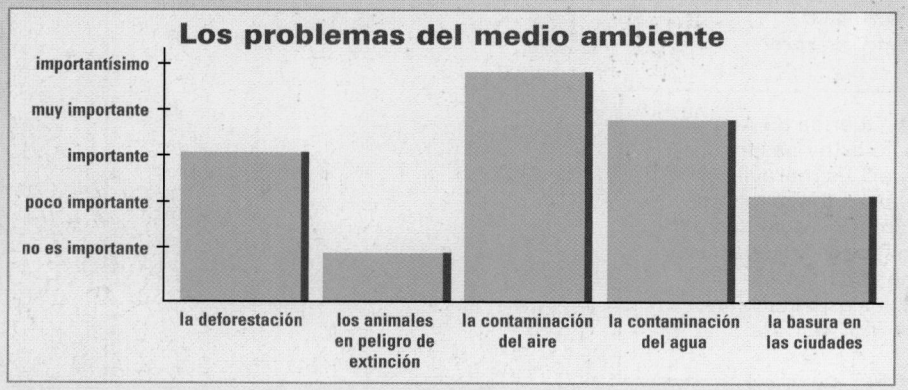

Para celebrar El día de la Tierra, una estación de radio colombiana hizo una pequeña encuesta entre estudiantes universitarios, donde les preguntaron sobre los problemas del medio ambiente. Se les preguntó cuáles creían que eran los cinco problemas más importantes del medio ambiente. Ellos también tenían que decidir el orden de importancia de estos problemas, del uno al cinco.

Los resultados probaron (*proved*) que la mayoría de los estudiantes están preocupados por la contaminación del aire. Muchos mencionaron que no hay aire puro en las ciudades. El problema número dos para los estudiantes es que los ríos y los lagos están afectados por la contaminación. La deforestación quedó como el problema número tres, la basura en las ciudades como el número cuatro y los animales en peligro de extinción como el cinco.

1. ¿Según la encuesta, qué problema consideran más grave? ¿Qué problema consideran menos grave?
2. ¿Cómo creen ustedes que se puede evitar o resolver el problema más importante?
3. ¿Es necesario resolver el problema menos importante? ¿Por qué?
4. ¿Consideran ustedes que existen los mismos problemas en su comunidad? Den algunos ejemplos.

8 **Situaciones** Trabajen en grupos pequeños para representar estas situaciones.

1. Unos/as representantes de una agencia ambiental (*environmental*) hablan con el/la presidente/a de una fábrica que está contaminando el aire o el río de la zona.
2. Un(a) guía de ecoturismo habla con un grupo sobre cómo disfrutar (*enjoy*) de la naturaleza y conservar el medio ambiente.
3. Un(a) representante de la universidad habla con un grupo de nuevos estudiantes sobre la campaña (*campaign*) ambiental de la universidad y trata de reclutar (*tries to recruit*) miembros para un club que trabaja para la protección del medio ambiente.

9 **Escribir una carta** Trabajen en parejas para escribir una carta a una fábrica real o imaginaria que esté contaminando el medio ambiente. Expliquen las consecuencias que sus acciones van a tener para el medio ambiente. Sugiéranle algunas ideas para que solucione el problema. Utilicen por lo menos diez palabras de **Contextos**.

Aventuras en la naturaleza

Las chicas visitan un santuario de tortugas, mientras los chicos pasean por la selva.

PERSONAJES

MARISSA

JIMENA

Video: *Fotonovela*
Record and Compare

MARISSA Querida tía Ana María, lo estoy pasando muy bien. Es maravilloso que México tenga tantos programas estupendos para proteger a las tortugas. Hoy estamos en Tulum, y ¡el paisaje es espectacular! Con cariño, Marissa.

MARISSA Estoy tan feliz de que estés aquí conmigo.

JIMENA Es mucho más divertido cuando se viaja con amigos.

(*Llegan Felipe y Juan Carlos*)

JIMENA ¿Qué pasó?

JUAN CARLOS No lo van a creer.

GUÍA A menos que protejamos a los animales de la contaminación y la deforestación, muchos van a estar en peligro de extinción. Por favor, síganme y eviten pisar las plantas.

FELIPE Nos retrasamos sólo cinco minutos... Qué extraño. Estaban aquí hace unos minutos.

JUAN CARLOS ¿Adónde se fueron?

FELIPE No creo que puedan ir muy lejos.

(*Se separan para buscar al grupo.*)

FELIPE Juan Carlos encontró al grupo. ¡Yo esperaba encontrarlos también! ¡Pero nunca vinieron por mí! Yo estaba asustado. Regresé al lugar de donde salimos y esperé. Me perdí todo el recorrido.

FELIPE Decidí seguir un río y...

MARISSA No es posible que un guía continúe el recorrido cuando hay dos personas perdidas.

JIMENA Vamos a ver, chicos, ¿qué pasó? Dígannos la verdad.

JUAN CARLOS

FELIPE

GUÍA

7

JUAN CARLOS Felipe se cayó. Él no quería contarles.

JIMENA ¡Lo sabía!

8

FELIPE Y ustedes, ¿qué hicieron hoy?

JIMENA Marissa y yo fuimos al santuario de las tortugas.

9

MARISSA Aprendimos sobre las normas que existen para proteger a las tortugas marinas.

JIMENA Pero no cabe duda de que necesitamos aprobar más leyes para protegerlas.

MARISSA Fue muy divertido verlas tan cerca.

10

JUAN CARLOS Entonces se divirtieron. ¡Qué bien!

JIMENA Gracias, y tú, pobrecito, pasaste todo el día con mi hermano. Siempre te mete en problemas.

Expresiones útiles

Talking about the environment

Aprendimos sobre las normas que existen para proteger a las tortugas marinas.
We learned about the regulations that exist to protect sea turtles.

Afortunadamente, ahora la población está aumentando.
Fortunately, the population is now growing.

No cabe duda de que necesitamos aprobar más leyes para protegerlas.
There is no doubt that we need to pass more laws to protect them.

Es maravilloso que México tenga tantos programas estupendos para proteger a las tortugas.
It's marvelous that Mexico has so many wonderful programs to protect the turtles.

A menos que protejamos a los animales de la contaminación y la deforestación, muchos van a estar en peligro de extinción.
Unless we protect animals from pollution and habitat loss, many of them will become endangered.

Additional vocabulary

aumentar
to grow; to get bigger

meterse en problemas
to get into trouble

perdido/a
lost

el recorrido
tour

sobre todo
above all

recursos

VM pp. 237–238	vistas.vhlcentral.com Lección 13

¿Qué pasó?

1 **Seleccionar** Selecciona la respuesta más lógica para completar cada oración.

1. México tiene muchos programas para _____ a las tortugas.
   a. destruir b. reciclar c. proteger
2. Según la guía, muchos animales van a estar en peligro de _____ si no los protegemos.
   a. reciclaje b. extinción c. deforestación
3. La guía les pide a los visitantes que eviten pisar _____.
   a. las plantas b. las piedras c. la tierra
4. Felipe no quería contarles a las chicas que se _____.
   a. divirtió b. alegró c. cayó
5. Jimena dice que debe haber más _____ para proteger a las tortugas.
   a. playas b. leyes c. gobiernos

2 **Identificar** Identifica quién puede decir estas oraciones. Puedes usar algunos nombres más de una vez.

1. Fue divertido ver a las tortugas y aprender las normas para protegerlas.
2. Tenemos que evitar la contaminación y la deforestación.
3. Estoy feliz de estar aquí, Tulum es maravilloso.
4. Es una lástima que me pierda el recorrido.
5. No es posible que esa historia que nos dices sea verdad.
6. No van a creer lo que le sucedió a Felipe.
7. Tenemos que cuidar las plantas y los animales.
8. Ojalá que mi hermano no se meta en más problemas.

FELIPE

MARISSA

JIMENA

GUÍA

JUAN CARLOS

NOTA CULTURAL

Tulum es una importante zona arqueológica que se localiza en la costa del estado de Quintana Roo, México. La ciudad amurallada (*walled*), construida (*built*) por los mayas, es famosa por su ubicación (*location*) dramática en un acantilado (*cliff*) frente al mar.

3 **Preguntas** Responde a estas preguntas usando la información de **Fotonovela**.

1. ¿Qué lugar visitan Marissa y Jimena?
2. ¿Adónde fueron Juan Carlos y Felipe?
3. Según la guía, ¿por qué muchos animales están en peligro de extinción?
4. ¿Por qué Jimena y Marissa no creen la historia de Felipe?
5. ¿Qué esperaba Felipe cuando se perdió?

4 **El medio ambiente** En parejas, discutan algunos problemas ambientales y sus posibles soluciones. Usen estas preguntas y frases en su conversación.

- ¿Hay problemas de contaminación donde vives?
- Tenemos un problema muy grave de contaminación de...
- ¿Cómo podemos resolver los problemas de la contaminación?

Ortografía

Concepts

Los signos de puntuación

In Spanish, as in English, punctuation marks are important because they help you express your ideas in a clear, organized way.

No podía ver las llaves. Las buscó por los estantes, las mesas, las sillas, el suelo; minutos después, decidió mirar por la ventana. Allí estaban...

The **punto y coma (;)**, the **tres puntos (...)**, and the **punto (.)** are used in very similar ways in Spanish and English.

Argentina, Brasil, Paraguay y Uruguay son miembros de Mercosur.

In Spanish, the **coma (,)** is not used before **y** or **o** in a series.

13,5% **29,2°** **3.000.000** **$2.999,99**

In numbers, Spanish uses a **coma** where English uses a decimal point and a **punto** where English uses a comma.

¿Cómo te llamas? **¿Dónde está?** **¡Ven aquí!** **¡Hola!**

Questions in Spanish are preceded and followed by **signos de interrogación (¿ ?)**, and exclamations are preceded and followed by **signos de exclamación (¡ !)**.

Práctica Lee el párrafo e indica los signos de puntuación necesarios.

Ayer recibí la invitación de boda de Marta mi amiga colombiana inmediatamente empecé a pensar en un posible regalo fui al almacén donde Marta y su novio tenían una lista de regalos había de todo copas cafeteras tostadoras finalmente decidí regalarles un perro ya sé que es un regalo extraño pero espero que les guste a los dos

¿Palabras de amor? El siguiente diálogo tiene diferentes significados (*meanings*) dependiendo de los signos de puntuación que utilices y el lugar donde los pongas. Intenta encontrar los diferentes significados.

JULIÁN me quieres
MARISOL no puedo vivir sin ti
JULIÁN me quieres dejar
MARISOL no me parece mala idea
JULIÁN no eres feliz conmigo
MARISOL no soy feliz

recursos

LM p. 74	vistas.vhlcentral.com Lección 13

EN DETALLE

Additional Reading

¡Los Andes se mueven!

Los Andes, la cadena° de montañas más extensa de América, son conocidos como "la espina dorsal° de Suramérica". Sus 7.240 kilómetros (4.500 millas) van desde el norte° de la región entre Venezuela y Colombia, hasta el extremo sur°, entre Argentina y Chile, y pasan por casi todos los países suramericanos. La cordillera° de los Andes, formada hace 27 millones de años, es la segunda más alta del mundo, después de la del Himalaya (aunque° esta última es mucho más "joven", ya que se formó hace apenas cinco millones de años).

Para poder atravesar° de un lado a otro de los Andes, existen varios pasos o puertos° de montaña. Situados a grandes alturas°, son generalmente estrechos° y peligrosos. En algunos de ellos hay, también, vías ferroviarias°.

De acuerdo con° varias instituciones científicas, la cordillera de los Andes se eleva° y se hace más angosta° cada año. La capital de Chile se acerca° a la capital de Argentina a un ritmo° de 19,4 milímetros por año. Si ese ritmo se mantiene°, Santiago y Buenos Aires podrían unirse° en unos... 63 millones de años, ¡casi el mismo tiempo que ha transcurrido° desde la extinción de los dinosaurios!

Arequipa, Perú

Los Andes en números

3 Cordilleras que forman los Andes: Las cordilleras Central, Occidental y Oriental

900 (A.C.°) Año aproximado en que empezó el desarrollo° de la cultura chavín, en los Andes peruanos

600 Número aproximado de volcanes que hay en los Andes

6.960 Metros (**22.835** pies) de altura del Aconcagua (Argentina), el pico° más alto de los Andes

cadena *range* espina dorsal *spine* norte *north* sur *south* cordillera *mountain range* aunque *although* atravesar *to cross* puertos *passes* alturas *heights* estrechos *narrow* vías ferroviarias *railroad tracks* De acuerdo con *According to* se eleva *rises* angosta *narrow* se acerca *gets closer* ritmo *rate* se mantiene *keeps going* podrían unirse *could join together* ha transcurrido *has gone by* A.C. *Before Christ* desarrollo *development* pico *peak*

ACTIVIDADES

1 **Escoger** Escoge la opción que completa mejor cada oración.

1. Los Andes son la cadena montañosa más extensa del...
   a. mundo. b. continente americano. c. hemisferio norte.
2. "La espina dorsal de Suramérica" es...
   a. los Andes. b. el Himalaya. c. el Aconcagua.
3. La cordillera de los Andes se extiende...
   a. de este a oeste. b. de sur a oeste. c. de norte a sur.
4. El Himalaya y los Andes tienen...
   a. diferente altura. b. la misma altura. c. el mismo color.
5. Es posible atravesar los Andes por medio de...
   a. montañas b. puertos c. aviones
6. En algunos de los puertos de montaña de los Andes hay...
   a. puertas. b. vías ferroviarias. c. cordilleras.
7. En 63 millones de años, Buenos Aires y Santiago podrían...
   a. separarse. b. desarrollarse. c. unirse.
8. El Aconcagua es...
   a. una montaña. b. un grupo indígena. c. un volcán.

ASÍ SE DICE

La naturaleza

el arco iris	*rainbow*
la cascada; la catarata	*waterfall*
el cerro; la colina; la loma	*hill, hillock*
la cima; la cumbre; el tope (Col.)	*summit; mountain top*
la maleza; los rastrojos (Col.); la yerba mala (Cuba); los hierbajos (Méx.); los yuyos (Arg.)	*weeds*
la niebla	*fog*

EL MUNDO HISPANO

Cuerpos° de agua

- **Lago de Maracaibo** es el lago natural más grande de Suramérica y tiene una conexión directa y natural con el mar.
- **Lago Titicaca** es el lago navegable más alto del mundo. Se encuentra a más de 3.800 metros de altitud.
- **Bahía Mosquito** es una bahía bioluminiscente. En sus aguas viven unos microorganismos que emiten luz° cuando sienten que algo agita° el agua.

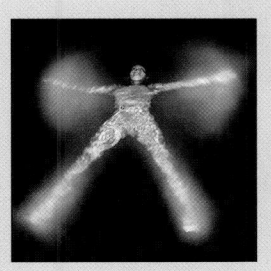

Cuerpos *Bodies* emiten luz *emit light* agita *shakes*

PERFIL

La Sierra Nevada de Santa Marta

La Sierra Nevada de Santa Marta es una cadena de montañas en la costa norte de Colombia. Se eleva abruptamente desde las costas del mar Caribe y en apenas 42 kilómetros llega a una altura de 5.775 metros (18.947 pies) en sus picos nevados°. Tiene las montañas más altas de Colombia y es la formación montañosa costera° más alta del mundo.

Los pueblos indígenas que habitan allí lograron° mantener los frágiles ecosistemas de estas montañas a través de° un sofisticado sistema de terrazas° y senderos empedrados° que permitieron° el control de las aguas en una región de muchas lluvias, evitando° así la erosión de la tierra. La Sierra fue nombrada Reserva de la Biosfera por la UNESCO en 1979.

nevados *snowcapped* costera *coastal* lograron *managed*
a través de *by means of* terrazas *terraces* empedrados *cobblestone*
permitieron *allowed* evitando *avoiding*

Conexión Internet

¿Dónde se puede hacer ecoturismo en Latinoamérica?

Go to **vistas.vhlcentral.com** to find more cultural information related to this **Cultura** section.

ACTIVIDADES

2 **Comprensión** Indica si lo que dice cada oración es **cierto** o **falso**. Corrige la información falsa.

1. En Colombia, *weeds* se dice **hierbajos**.
2. El lago Titicaca es el más grande del mundo.
3. La Sierra Nevada de Santa Marta es la formación montañosa costera más alta del mundo.
4. Los indígenas destruyeron el ecosistema de Santa Marta.

3 **Maravillas de la naturaleza** Escribe un párrafo breve donde describas alguna maravilla de la naturaleza que has (*you have*) visitado y que te impresionó. Puede ser cualquier (*any*) sitio natural: un río, una montaña, una selva, etc.

13.1 The subjunctive with verbs of emotion

ANTE TODO In the previous lesson, you learned how to use the subjunctive with expressions of will and influence. You will now learn how to use the subjunctive with verbs and expressions of emotion.

Main clause		Subordinate clause
Marta **espera**	que	yo **vaya** al lago este fin de semana.

▶ When the verb in the main clause of a sentence expresses an emotion or feeling, such as hope, fear, joy, pity, surprise, etc., the subjunctive is required in the subordinate clause.

Nos alegramos de que te **gusten** las flores.
We are happy that you like the flowers.

Temo que Ana no **pueda** ir mañana con nosotros.
I'm afraid that Ana won't be able to go with us tomorrow.

Siento que tú no **puedas** venir mañana.
I'm sorry that you can't come tomorrow.

Le **sorprende** que Juan **sea** tan joven.
It surprises him that Juan is so young.

Common verbs and expressions of emotion

alegrarse (de)	*to be happy*	**tener miedo (de)**	*to be afraid (of)*
esperar	*to hope; to wish*	**es extraño**	*it's strange*
gustar	*to be pleasing; to like*	**es una lástima**	*it's a shame*
molestar	*to bother*	**es ridículo**	*it's ridiculous*
sentir (e:ie)	*to be sorry; to regret*	**es terrible**	*it's terrible*
sorprender	*to surprise*	**es triste**	*it's sad*
temer	*to be afraid; to fear*	**ojalá (que)**	*I hope (that); I wish (that)*

CONSULTA
Certain verbs of emotion, like **gustar, molestar,** and **sorprender,** require indirect object pronouns. For more examples, see **Estructura 7.4,** pp. 246–247.

Me molesta que la gente no **recicle** el plástico.
It bothers me that people don't recycle plastic.

Es triste que **tengamos** problemas como el cambio climático.
It's sad that we have problems like climate change.

- As with expressions of will and influence, the infinitive, not the subjunctive, is used after an expression of emotion when there is no change of subject from the main clause to the subordinate clause. Compare these sentences.

Temo **llegar** tarde. *I'm afraid I'll arrive late.*	Temo que mi novio **llegue** tarde. *I'm afraid my boyfriend will arrive late.*

- The expression **ojalá (que)** means *I hope* or *I wish,* and it is always followed by the subjunctive. Note that the use of **que** with this expression is optional.

Ojalá (que) se conserven nuestros recursos naturales. *I hope (that) our natural resources will be conserved.*	**Ojalá (que) recojan** la basura hoy. *I hope (that) they collect the garbage today.*

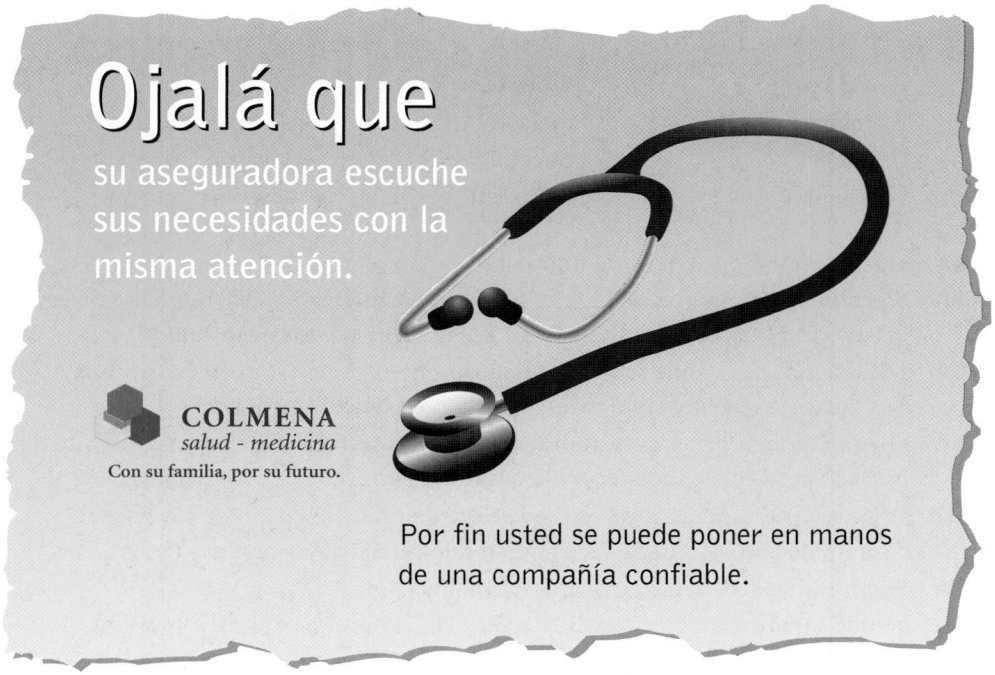

¡INTÉNTALO! Completa las oraciones con las formas correctas de los verbos.

1. Ojalá que ellos descubran (descubrir) nuevas formas de energía.
2. Espero que Ana nos _____ (ayudar) a recoger la basura en la carretera.
3. Es una lástima que la gente no _____ (reciclar) más.
4. Esperamos _____ (proteger) a las tortugas marinas que llegan a esta playa.
5. Me alegro de que mis amigos _____ (querer) conservar la naturaleza.
6. Espero que tú _____ (venir) a la reunión (*meeting*) del Club de Ecología.
7. Es malo _____ (contaminar) el medio ambiente.
8. A mis padres les gusta que nosotros _____ (participar) en la reunión.
9. Es terrible que nuestras ciudades _____ (estar) afectadas por la contaminación.
10. Ojalá que yo _____ (poder) hacer algo para reducir el calentamiento global.

recursos

WB pp. 151–152

LM p. 75

vistas. vhlcentral.com Lección 13

Práctica

1 **Completar** Completa el diálogo con palabras de la lista. Compara tus respuestas con las de un(a) compañero/a.

Bogotá, Colombia

alegro	molesta	salga
encuentren	ojalá	tengo miedo de
estén	puedan	vayan
lleguen	reduzcan	visitar

OLGA Me alegro de que Adriana y Raquel (1)_____ a Colombia. ¿Van a estudiar?

SARA Sí. Es una lástima que (2)_____ una semana tarde. Ojalá que la universidad las ayude a buscar casa. (3)_____ que no consigan dónde vivir.

OLGA Me (4)_____ que seas tan pesimista, pero sí, yo también espero que (5)_____ gente simpática y que hablen mucho español.

SARA Sí, ojalá. Van a hacer un estudio sobre la deforestación en las costas. Es triste que en tantos países los recursos naturales (6)_____ en peligro.

OLGA Pues, me (7)_____ de que no se queden mucho en la capital por la contaminación. (8)_____ tengan tiempo de viajar por el país.

SARA Sí, espero que (9)_____ ir a Medellín. Sé que también quieren (10)_____ la Catedral de Sal de Zipaquirá.

NOTA CULTURAL

Los principales factores que determinan la temperatura de **Bogotá, Colombia,** son su proximidad al ecuador y su altitud, 2.640 metros (8.660 pies) sobre el nivel (*level*) del mar. Con un promedio (*average*) de 13° C (56° F), Bogotá disfruta de un clima templado (*mild*) durante la mayor parte del año. Hay, sin embargo, variaciones considerables entre el día (18° C) y la noche (7° C).

2 **Transformar** Transforma estos elementos en oraciones completas para formar un diálogo entre Juan y la madre de Raquel. Añade palabras si es necesario. Luego, con un(a) compañero/a, presenta el diálogo a la clase.

1. Juan, / esperar / (tú) escribirle / Raquel. / Ser / tu / novia. / Ojalá / no / sentirse / sola
2. molestarme / (usted) decirme / lo que / tener / hacer. / Ahora / mismo / le / estar / escribiendo
3. alegrarme / oírte / decir / eso. / Ser / terrible / estar / lejos / cuando / nadie / recordarte
4. señora, / ¡yo / tener / miedo de / (ella) no recordarme / mí! / Ser / triste / estar / sin / novia
5. ser / ridículo / (tú) sentirte / así. / Tú / saber / ella / querer / casarse / contigo
6. ridículo / o / no, / sorprenderme / (todos) preocuparse / ella / y / (nadie) acordarse de / mí

Practice more at **vistas.vhlcentral.com.**

Comunicación

3 **Comentar** En parejas, túrnense para formar oraciones sobre su comunidad, sus clases, su gobierno o algún otro tema, usando expresiones como **me alegro de que, temo que** y **es extraño que.** Luego, reaccionen a los comentarios de su compañero/a.

modelo

Estudiante 1: *Me alegro de que vayan a limpiar el río.*
Estudiante 2: *Yo también. Me preocupa que el agua del río esté tan sucia.*

4 **Contestar** Lee el mensaje electrónico que Raquel le escribió a su novio, Juan. Luego, en parejas, contesten el mensaje usando expresiones como **me sorprende que, me molesta que** y **es una lástima que.**

De: Raquel
Para: Juan
Asunto: ¡Hola!

Hola, Juan:

Mi amor, siento no escribirte más frecuentemente. La verdad es que estoy muy ocupada todo el tiempo. No sabes cuánto me estoy divirtiendo en Colombia. Me sorprende haber podido adaptarme tan bien. Es bueno tener tanto trabajo. Aprendo mucho más aquí que en el laboratorio de la universidad. Me encanta que me den responsabilidades y que compartan sus muchos conocimientos conmigo. Ay, pero pienso mucho en ti. Qué triste es que no podamos estar juntos por tanto tiempo. Ojalá que los días pasen rápido. Bueno, querido, es todo por ahora. Escríbeme pronto.

Te quiero y te extraño mucho,

Raquel

AYUDA

Echar de menos (a alguien) and **extrañar (a alguien)** are two ways of saying *to miss* (*someone*).

Síntesis

5 **No te preocupes** Estás muy preocupado/a por los problemas del medio ambiente y le comentas a tu compañero/a todas tus preocupaciones. Él/Ella va a darte la solución adecuada para tus preocupaciones. Su profesor(a) les va a dar una hoja distinta a cada uno/a con la información necesaria para completar la actividad.

modelo

Estudiante 1: *Me molesta que las personas tiren basura en las calles.*
Estudiante 2: *Por eso es muy importante que los políticos hagan leyes para conservar las ciudades limpias.*

13.2 The subjunctive with doubt, disbelief, and denial

ANTE TODO Just as the subjunctive is required with expressions of emotion, influence, and will, it is also used with expressions of doubt, disbelief, and denial.

Main clause		Subordinate clause
Dudan	que	su hijo les **diga** la verdad.

- The subjunctive is always used in a subordinate clause when there is a change of subject and the expression in the main clause implies negation or uncertainty.

- Here is a list of some common expressions of doubt, disbelief, or denial.

Expressions of doubt, disbelief, or denial

dudar	*to doubt*	**no es seguro**	*it's not certain*
negar (e:ie)	*to deny*	**no es verdad**	*it's not true*
no creer	*not to believe*	**es imposible**	*it's impossible*
no estar seguro/a (de)	*not to be sure*	**es improbable**	*it's improbable*
no es cierto	*it's not true; it's not certain*	**(no) es posible**	*it's (not) possible*
		(no) es probable	*it's (not) probable*

El gobierno **niega** que el agua **esté** contaminada.
The government denies that the water is contaminated.

Dudo que el gobierno **resuelva** el problema.
I doubt that the government will solve the problem.

Es probable que **haya** menos bosques y selvas en el futuro.
It's probable that there will be fewer forests and jungles in the future.

No es verdad que mi hermano **estudie** ecología.
It's not true that my brother studies ecology.

¡LENGUA VIVA!

In English, the expression *it is probable* indicates a fairly high degree of certainty. In Spanish, however, **es probable** implies uncertainty and therefore triggers the subjunctive in the subordinate clause: **Es probable que venga Elena (pero quizás no puede).**

- The indicative is used in a subordinate clause when there is no doubt or uncertainty in the main clause. Here is a list of some expressions of certainty.

Expressions of certainty

no dudar	*not to doubt*	**estar seguro/a (de)**	*to be sure*
no cabe duda de	*there is no doubt*	**es cierto**	*it's true; it's certain*
no hay duda de	*there is no doubt*	**es seguro**	*it's certain*
no negar (e:ie)	*not to deny*	**es verdad**	*it's true*
creer	*to believe*	**es obvio**	*it's obvious*

No negamos que **hay** demasiados carros en las carreteras.
We don't deny that there are too many cars on the highways.

No hay duda de que el Amazonas **es** uno de los ríos más largos.
There is no doubt that the Amazon is one of the longest rivers.

Es verdad que Colombia **es** un país bonito.
It's true that Colombia is a beautiful country.

Es obvio que las ballenas **están** en peligro de extinción.
It's obvious that whales are in danger of extinction.

- In affirmative sentences, the verb **creer** expresses belief or certainty, so it is followed by the indicative. In negative sentences, however, when doubt is implied, **creer** is followed by the subjunctive.

Creo que **debemos** usar exclusivamente la energía solar.
I believe we should use solar energy exclusively.

No creo que **haya** vida en el planeta Marte.
I don't believe that there is life on the planet Mars.

- The expressions **quizás** and **tal vez** are usually followed by the subjunctive because they imply doubt about something.

Quizás haga sol mañana.
Perhaps it will be sunny tomorrow.

Tal vez veamos la luna esta noche.
Perhaps we will see the moon tonight.

¡INTÉNTALO! Completa estas oraciones con la forma correcta del verbo.

1. Dudo que ellos trabajen (trabajar).
2. Es cierto que él _____ (comer) mucho.
3. Es imposible que ellos _____ (salir).
4. Es probable que ustedes _____ (ganar).
5. No creo que ella _____ (volver).
6. Es posible que nosotros _____ (ir).
7. Dudamos que tú _____ (reciclar).
8. Creo que ellos _____ (jugar) al fútbol.
9. No niego que ustedes _____ (estudiar).
10. Es posible que ella no _____ (venir) a casa.
11. Es probable que Lucio y Carmen _____ (dormir).
12. Es posible que mi prima Marta _____ (llamar).
13. Tal vez Juan no nos _____ (oír).
14. No es cierto que Paco y Daniel nos _____ (ayudar).

recursos
WB pp. 153–154
LM p. 76
vistas.vhlcentral.com Lección 13

Práctica

1 **Escoger** Escoge las respuestas correctas para completar el diálogo. Luego dramatiza el diálogo con un(a) compañero/a.

RAÚL Ustedes dudan que yo realmente (1)_____ (estudio/estudie). No niego que a veces me (2)_____ (divierto/divierta) demasiado, pero no cabe duda de que (3)_____ (tomo/tome) mis estudios en serio. Estoy seguro de que cuando me vean graduarme van a pensar de manera diferente. Creo que no (4)_____ (tienen/tengan) razón con sus críticas.

PAPÁ Es posible que tu mamá y yo no (5)_____ (tenemos/tengamos) razón. Es cierto que a veces (6)_____ (dudamos/dudemos) de ti. Pero no hay duda de que te (7)_____ (pasas/pases) toda la noche en Internet y oyendo música. No es nada seguro que (8)_____ (estás/estés) estudiando.

RAÚL Es verdad que (9)_____ (uso/use) mucho la computadora pero, ¡piensen! ¿No es posible que (10)_____ (es/sea) para buscar información para mis clases? ¡No hay duda de que Internet (11)_____ (es/sea) el mejor recurso del mundo! Es obvio que ustedes (12)_____ (piensan/piensen) que no hago nada, pero no es cierto.

PAPÁ No dudo que esta conversación nos (13)_____ (va/vaya) a ayudar. Pero tal vez esta noche (14)_____ (puedes/puedas) trabajar sin música. ¿Está bien?

2 **Dudas** Carolina es una chica que siempre miente. Expresa tus dudas sobre lo que Carolina está diciendo ahora. Usa las expresiones entre paréntesis para tus respuestas.

modelo

El próximo año Marta y yo vamos de vacaciones por diez meses. (dudar)
¡Ja! Dudo que vayan de vacaciones por ese tiempo. ¡Ustedes no son ricas!

1. Estoy escribiendo una novela en español. (no creer)
2. Mi tía es la directora de PETA. (no ser verdad)
3. Dos profesores míos juegan para los Osos *(Bears)* de Chicago. (ser imposible)
4. Mi mejor amiga conoce al chef Bobby Flay. (no ser cierto)
5. Mi padre es dueño del Centro Rockefeller. (no ser posible)
6. Yo ya tengo un doctorado *(doctorate)* en lenguas. (ser improbable)

AYUDA

Here are some useful expressions to say that you don't believe someone.
¡Qué va!
¡Imposible!
¡No te creo!
¡Es mentira!

Comunicación

3 **Entrevista** En parejas, imaginen que trabajan para un periódico y que tienen que hacerle una entrevista a la ecologista Mary Axtmann, quien colaboró en la fundación de la organización Ciudadanos Pro Bosque San Patricio, en Puerto Rico. Escriban seis preguntas para la entrevista después de leer las declaraciones de Mary Axtmann. Al final, inventen las respuestas de Axtmann.

NOTA CULTURAL

La asociación de **Mary Axtmann** trabaja para la conservación del Bosque San Patricio. También ofrece conferencias sobre temas ambientales, hace un censo anual de pájaros y tiene un grupo de guías voluntarios. La comunidad hace todo el trabajo; la asociación no recibe ninguna ayuda del gobierno.

Declaraciones de Mary Axtmann:

"... que el bosque es un recurso ecológico educativo para la comunidad."

"El Bosque San Patricio es un pulmón (*lung*) que produce oxígeno para la ciudad."

"El Bosque San Patricio está en medio de la ciudad de San Juan. Por eso digo que este bosque es una esmeralda (*emerald*) en un mar de concreto."

"El bosque pertenece (*belongs*) a la comunidad."

"Nosotros salvamos este bosque mediante la propuesta (*proposal*) y no la protesta."

4 **Adivinar** Escribe cinco oraciones sobre tu vida presente y futura. Cuatro deben ser falsas y sólo una debe ser cierta. Presenta tus oraciones al grupo. El grupo adivina cuál es la oración cierta y expresa sus dudas sobre las oraciones falsas.

AYUDA

Here are some useful verbs for talking about plans.
esperar → *to hope*
querer → *to want*
pretender → *to intend*
pensar → *to plan*
Note that **pretender** and *pretend* are false cognates. To express *to pretend*, use the verb **fingir**.

modelo

Estudiante 1: *Quiero irme un año a la selva a trabajar.*
Estudiante 2: *Dudo que te guste vivir en la selva.*
Estudiante 3: *En cinco años voy a ser presidente de los Estados Unidos.*
Estudiante 2: *No creo que seas presidente de los Estados Unidos en cinco años. ¡Tal vez en treinta!*

Síntesis

5 **Intercambiar** En grupos, escriban un párrafo sobre los problemas del medio ambiente en su estado o en su comunidad. Compartan su párrafo con otro grupo, que va a ofrecer opiniones y soluciones. Luego presenten su párrafo, con las opiniones y soluciones del otro grupo, a la clase.

13.3 The subjunctive with conjunctions

ANTE TODO Conjunctions are words or phrases that connect other words and clauses in sentences. Certain conjunctions commonly introduce adverbial clauses, which describe *how, why, when,* and *where* an action takes place.

Main clause	Conjunction	Adverbial clause
Vamos a visitar a Carlos	**antes de que**	**regrese** a California.

- With certain conjunctions, the subjunctive is used to express a hypothetical situation, uncertainty as to whether an action or event will take place, or a condition that may or may not be fulfilled.

Voy a dejar un recado **en caso de que Gustavo me llame.**
I'm going to leave a message in case Gustavo calls me.

Voy al supermercado **para que tengas** algo de comer.
I'm going to the store so that you'll have something to eat.

- Here is a list of the conjunctions that always require the subjunctive.

Conjunctions that require the subjunctive

a menos que	*unless*	**en caso (de) que**	*in case (that)*
antes (de) que	*before*	**para que**	*so that*
con tal (de) que	*provided that*	**sin que**	*without*

Algunos animales van a morir **a menos que** haya leyes para protegerlos.
Some animals are going to die unless there are laws to protect them.

Ellos nos llevan a la selva **para que** veamos las plantas tropicales.
They are taking us to the jungle so that we may see the tropical plants.

- The infinitive, not **que** + [*subjunctive*], is used after the prepositions **antes de, para,** and **sin** when there is no change of subject. **¡Atención!** While you may use a present participle with the English equivalent of these conjunctions, in Spanish you cannot.

Te llamamos **antes de salir** de la casa.
We will call you before leaving the house.

Te llamamos mañana **antes de que salgas.**
We will call you tomorrow before you leave.

Conjunctions with subjunctive or indicative

Conjunctions used with subjunctive or indicative

cuando	*when*	**hasta que**	*until*
después de que	*after*	**tan pronto como**	*as soon as*
en cuanto	*as soon as*		

- With the conjunctions above, use the subjunctive in the subordinate clause if the main clause expresses a future action or command.

Vamos a resolver el problema **cuando desarrollemos** nuevas tecnologías.
We are going to solve the problem when we develop new technologies.

Después de que ustedes **tomen** sus refrescos, reciclen las botellas.
After you drink your soft drinks, recycle the bottles.

- With these conjunctions, the indicative is used in the subordinate clause if the verb in the main clause expresses an action that habitually happens, or that happened in the past.

Contaminan los ríos **cuando construyen** nuevos edificios.
They pollute the rivers when they build new buildings.

Contaminaron el río **cuando construyeron** ese edificio.
They polluted the river when they built that building.

¡INTÉNTALO! Completa las oraciones con las formas correctas de los verbos.

1. Voy a estudiar ecología cuando ___vuelva___ (volver) a la universidad.
2. No podemos evitar el cambio climático, a menos que todos _____ (trabajar) juntos.
3. No podemos conducir sin _____ (contaminar) el aire.
4. Siempre recogemos mucha basura cuando _____ (ir) al parque.
5. Elisa habló con el presidente del Club de Ecología después de que _____ (terminar) la reunión.
6. Vamos de excursión para _____ (observar) los animales y las plantas.
7. La contaminación va a ser un problema muy serio hasta que nosotros _____ (cambiar) nuestros sistemas de producción y transporte.
8. El gobierno debe crear más parques nacionales antes de que los bosques y ríos _____ (estar) completamente contaminados.
9. La gente recicla con tal de que no _____ (ser) díficil.

recursos

WB pp. 155–156

LM p. 77

vistas.vhlcentral.com Lección 13

Práctica

1 **Completar** La señora Montero habla de una excursión que quiere hacer con su familia. Completa las oraciones con la forma correcta de cada verbo.

1. Voy a llevar a mis hijos al parque para que _____ (aprender) sobre la naturaleza.
2. Voy a pasar todo el día allí a menos que _____ (hacer) mucho frío.
3. Podemos explorar el parque en bicicleta sin _____ (caminar) demasiado.
4. Vamos a bajar al cráter con tal de que no se _____ (prohibir).
5. Siempre llevamos al perro cuando _____ (ir) al parque.
6. No pensamos ir muy lejos en caso de que _____ (llover).
7. Vamos a almorzar a la orilla (*shore*) del río cuando nosotros _____ (terminar) de preparar la comida.
8. Mis hijos van a dejar todo limpio antes de _____ (salir) del parque.

2 **Frases** Completa estas frases de una manera lógica.

1. No podemos controlar la contaminación del aire a menos que...
2. Voy a reciclar los productos de papel y de vidrio en cuanto...
3. Debemos comprar coches eléctricos tan pronto como...
4. Protegemos los animales en peligro de extinción para que...
5. Mis amigos y yo vamos a recoger la basura de la universidad después de que...
6. No podemos desarrollar nuevas fuentes *(sources)* de energía sin...
7. Hay que eliminar la contaminación del agua para...
8. No podemos proteger la naturaleza sin que...

3 **Organizaciones colombianas** En parejas, lean las descripciones de las organizaciones de conservación. Luego expresen en sus propias *(own)* palabras las opiniones de cada organización.

Organización:
Fundación Río Orinoco

Problema:
La destrucción de los ríos

Solución:
Programa para limpiar las orillas de los ríos y reducir la erosión y así proteger los ríos

Organización:
Oficina de Turismo Internacional

Problema:
Necesidad de mejorar la imagen del país en el mercado turístico internacional

Solución:
Plan para promover el ecoturismo en los 54 parques nacionales, usando agencias de publicidad e implementando un plan agresivo de conservación

Organización:
Asociación Nabusimake-Pico Colón

Problema:
Un lugar turístico popular en la Sierra Nevada de Santa Marta necesita mejor mantenimiento

Solución:
Programa de voluntarios para limpiar y mejorar los senderos

AYUDA

Here are some expressions you can use as you complete **Actividad 3.**

Se puede evitar... con tal de que...
Es necesario... para que...
Debemos prohibir... antes de que...
No es posible... sin que...
Vamos a... tan pronto como...
A menos que... no vamos a...

Comunicación

4 **Preguntas** En parejas, túrnense para hacerse estas preguntas.

1. ¿Qué haces cada noche antes de acostarte?
2. ¿Qué haces después de salir de la universidad?
3. ¿Qué hace tu familia para que puedas asistir a la universidad?
4. ¿Qué piensas hacer tan pronto como te gradúes?
5. ¿Qué quieres hacer mañana, a menos que haga mal tiempo?
6. ¿Qué haces en tus clases sin que los profesores lo sepan?

5 **Comparar** En parejas, comparen una actividad rutinaria que ustedes hacen con algo que van a hacer en el futuro. Usen palabras de la lista.

antes de	después de que	hasta que	sin (que)
antes de que	en caso de que	para (que)	tan pronto como

modelo

Estudiante 1: *El sábado vamos al lago. Tan pronto como volvamos, vamos a estudiar para el examen.*
Estudiante 2: *Todos los sábados llevo a mi primo al parque para que juegue. Pero el sábado que viene, con tal de que no llueva, lo voy a llevar a las montañas.*

Síntesis

6 **Tres en raya *(Tic-Tac-Toe)*** Formen dos equipos. Con el vocabulario de esta lección, una persona comienza una frase y otra persona de su equipo la termina usando palabras de la gráfica. El primer equipo que forme tres oraciones seguidas *(in a row)* gana el tres en raya. Hay que usar la conjunción o la preposición y el verbo correctamente. Si no, ¡no cuenta!

¡LENGUA VIVA!

Tic-Tac-Toe has various names in the Spanish-speaking world, including **tres en raya, tres en línea, ta-te-ti, gato, la vieja,** and **triqui-triqui**.

modelo

Equipo 1
Estudiante 1: *Dudo que podamos eliminar la deforestación...*
Estudiante 2: *sin que nos ayude el gobierno.*
Equipo 2
Estudiante 1: *Creo que podemos conservar nuestros recursos naturales...*
Estudiante 2: *con tal de que todos hagamos algo para ayudar.*

cuando	con tal de que	para que
antes de que	para	sin que
hasta que	en caso de que	antes de

Recapitulación

Concepts Diagnostics

Completa estas actividades para repasar los conceptos de gramática que aprendiste en esta lección.

1 **Subjuntivo con conjunciones** Escoge la forma correcta del verbo para completar las oraciones. 8 pts.

1. En cuanto (empiecen/empiezan) las vacaciones, vamos a viajar.
2. Por favor, llámeme a las siete y media en caso de que no (me despierto/me despierte).
3. Toni va a usar su bicicleta hasta que los coches híbridos (cuesten/cuestan) menos dinero.
4. Tan pronto como supe la noticia (*news*) (te llamé/te llame).
5. Debemos conservar el agua antes de que no (queda/quede) nada para beber.
6. ¿Siempre recoges la basura después de que (terminas/termines) de comer en un picnic?
7. Siempre quiero vender mi camioneta (*SUV*) cuando (yo) (piense/pienso) en la contaminación.
8. Estudiantes, pueden entrar al parque natural con tal de que no (tocan/toquen) las plantas.

2 **Creer o no creer** Completa estos diálogos con la forma correcta del presente de indicativo o de subjuntivo, según el contexto. 8 pts.

CAROLA Creo que (1) _____ (nosotras, deber) escribir nuestra presentación sobre el reciclaje.

MÓNICA Hmm, no estoy segura de que el reciclaje (2) _____ (ser) un buen tema. No hay duda de que la gente ya (3) _____ (saber) reciclar.

CAROLA Sí, pero dudo que todos lo (4) _____ (practicar).

• • •

PACO ¿Sabes, Néstor? El sábado voy a ir a limpiar el río con un grupo de voluntarios. ¿Quieres venir?

NÉSTOR No es seguro que (5) _____ (yo, poder) ir. El lunes hay un examen y tengo que estudiar.

PACO ¿Estás seguro de que no (6) _____ (tener) tiempo? Es imposible que (7) _____ (ir) a estudiar todo el fin de semana.

NÉSTOR Pues sí, pero es muy probable que (8) _____ (llover).

RESUMEN GRAMATICAL

13.1 The subjunctive with verbs of emotion

pp. 452–453

Verbs and expressions of emotion	
alegrarse (de)	tener miedo (de)
esperar	es extraño
gustar	es una lástima
molestar	es ridículo
sentir (e:ie)	es terrible
sorprender	es triste
temer	ojalá (que)

Main clause		Subordinate clause
Marta **espera**	que	yo **vaya** al lago mañana.
Ojalá		**comamos** en casa.

13.2 The subjunctive with doubt, disbelief, and denial

pp. 456–457

Expressions of doubt, disbelief, or denial (used with subjunctive)	
dudar	no es verdad
negar (e:ie)	es imposible
no creer	es improbable
no estar seguro/a (de)	(no) es posible
no es cierto	(no) es probable
no es seguro	

Expressions of certainty (used with indicative)	
no dudar	estar seguro/a (de)
no cabe duda de	es cierto
no hay duda de	es seguro
no negar (e:ie)	es verdad
creer	es obvio

► The infinitive is used after these expressions when there is no change of subject.

13.3 The subjunctive with conjunctions

pp. 460–461

Conjunctions that require the subjunctive	
a menos que	en caso (de) que
antes (de) que	para que
con tal (de) que	sin que

► The infinitive is used after the prepositions **antes de**, **para**, and **sin** when there is no change of subject.

Te llamamos **antes de salir** de casa.

Te llamamos mañana **antes de que salgas.**

Conjunctions used with subjunctive or indicative	
cuando después de que en cuanto	hasta que tan pronto como

3 **Reacciones** Reacciona a estas oraciones según las pistas (*clues*). Sigue el modelo. 10 pts.

modelo

Tú casi nunca reciclas nada.
(yo, molestar)
A mí me molesta que tú casi nunca recicles nada.

1. La Ciudad de México tiene un problema grave de contaminación. (ser una lástima)
2. En ese safari permiten tocar a los animales. (ser extraño)
3. Julia y Víctor no pueden ir a las montañas. (yo, sentir)
4. El nuevo programa de reciclaje es un éxito. (nosotros, esperar)
5. A María no le gustan los perros. (ser una lástima)
6. Existen leyes ecologistas en este país. (Juan, alegrarse de)
7. El gobierno no busca soluciones. (ellos, temer)
8. La mayoría de la población no cuida el medio ambiente. (ser triste)
9. Muchas personas cazan animales en esta región. (yo, sorprender)
10. La situación mejora día a día. (ojalá que)

4 **Oraciones** Forma oraciones con estos elementos. Usa el subjuntivo cuando sea necesario. 10 pts.

1. ser ridículo / los coches / contaminar tanto
2. no caber duda de / tú y yo / poder / hacer mucho más
3. los ecologistas / temer / los recursos naturales / desaparecer / poco a poco
4. yo / alegrarse de / en mi ciudad / reciclarse / el plástico, el vidrio y el aluminio
5. todos (nosotros) / ir a respirar / mejor / cuando / (nosotros) llegar / a la montaña

5 **Escribir** Escribe un diálogo de al menos siete oraciones en el que un(a) amigo/a hace comentarios pesimistas sobre la situación del medio ambiente en tu región y tú respondes con comentarios optimistas. Usa verbos y expresiones de esta lección. 14 pts.

6 **Canción** Completa estos versos de una canción de Juan Luis Guerra. ¡2 puntos EXTRA!

"Ojalá que _____ (llover)
café en el campo.
Pa'° que todos los niños
_____ (cantar) en el campo."

Pa' *short for* Para

Practice more at **vistas.vhlcentral.com.**

Lectura

Antes de leer

Estrategia

Recognizing the purpose of a text

When you are faced with an unfamiliar text, it is important to determine the writer's purpose. If you are reading an editorial in a newspaper, for example, you know that the journalist's objective is to persuade you of his or her point of view. Identifying the purpose of a text will help you better comprehend its meaning.

Examinar los textos

Primero, utiliza la estrategia de lectura para familiarizarte con los textos. Después contesta estas preguntas y compara tus respuestas con las de un(a) compañero/a.

- ¿De qué tratan los textos?°
- ¿Son fábulas°, poemas, artículos de periódico...?
- ¿Cómo lo sabes?

Predicciones

Lee estas predicciones sobre la lectura e indica si estás de acuerdo° con ellas. Después compara tus opiniones con las de un(a) compañero/a.

1. Los textos son del género° de ficción.
2. Los personajes son animales.
3. La acción de los textos tiene lugar en un zoológico.
4. Hay alguna moraleja°.

Determinar el propósito

Con un(a) compañero/a, hablen de los posibles propósitos° de los textos. Consideren estas preguntas:

- ¿Qué te dice el género de los textos sobre los posibles propósitos de los textos?
- ¿Piensas que los textos pueden tener más de un propósito? ¿Por qué?

¿De qué tratan los textos? *What are the texts about?*
fábulas *fables* estás de acuerdo *you agree*
género *genre* moraleja *moral* propósitos *purposes*

Practice more at **vistas.vhlcentral.com.**

Sobre los autores

Félix María Samaniego (1745–1801) nació en España y escribió las *Fábulas morales* que ilustran de manera humorística el carácter humano. Los protagonistas de muchas de sus fábulas son animales que hablan.

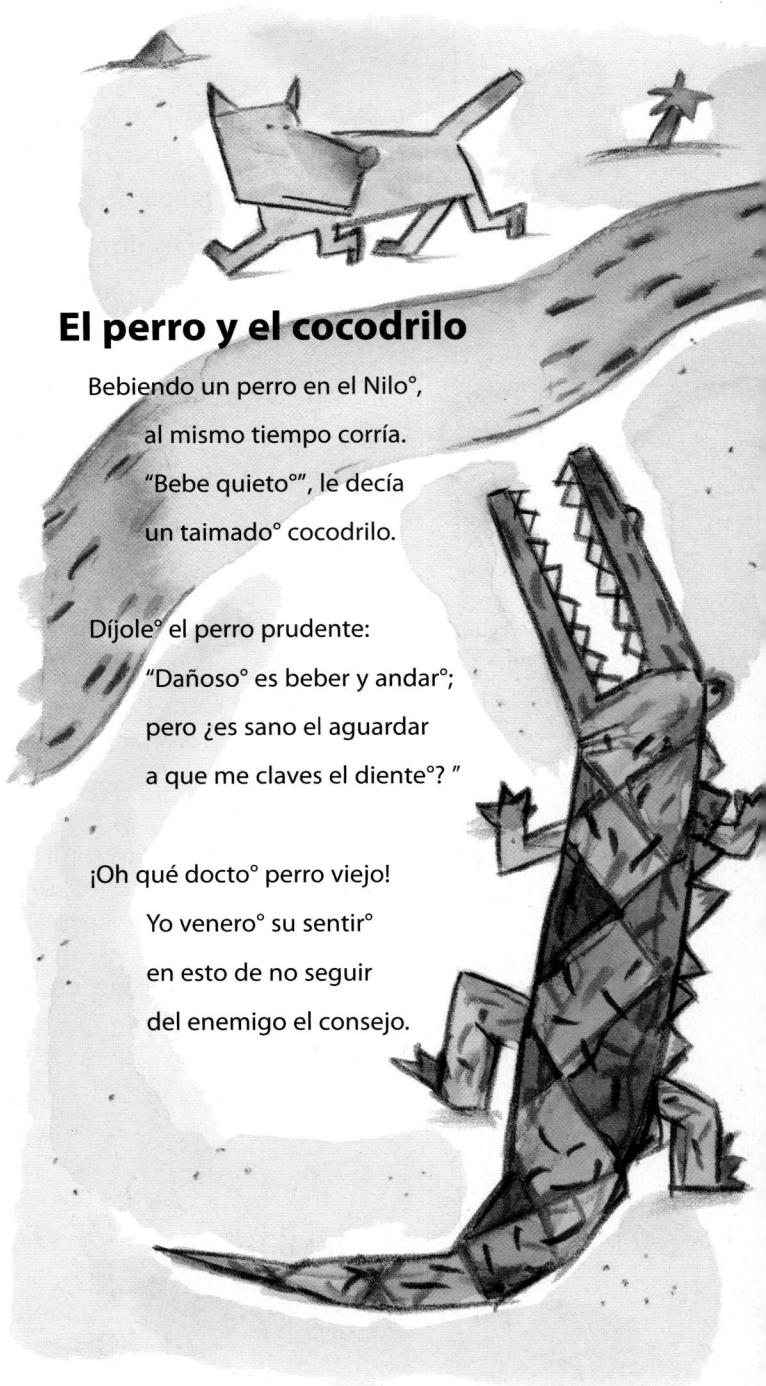

El perro y el cocodrilo

Bebiendo un perro en el Nilo°,
al mismo tiempo corría.
"Bebe quieto°", le decía
un taimado° cocodrilo.

Díjole° el perro prudente:
"Dañoso° es beber y andar°;
pero ¿es sano el aguardar
a que me claves el diente°? "

¡Oh qué docto° perro viejo!
Yo venero° su sentir°
en esto de no seguir
del enemigo el consejo.

Tomás de Iriarte (1750–1791) nació en las islas Canarias y tuvo gran éxito° con su libro *Fábulas literarias*. Su tendencia a representar la lógica a través de° símbolos de la naturaleza fue de gran influencia para muchos autores de su época°.

El pato° y la serpiente

A orillas° de un estanque°,
diciendo estaba un pato:
"¿A qué animal dio el cielo°
los dones que me ha dado°?

"Soy de agua, tierra y aire:
cuando de andar me canso°,
si se me antoja, vuelo°;
si se me antoja, nado".

Una serpiente astuta
que le estaba escuchando,
le llamó con un silbo°,
y le dijo "¡Seo° guapo!

"No hay que echar tantas plantas°;
pues ni anda como el gamo°,
ni vuela como el sacre°,
ni nada como el barbo°;

"y así tenga sabido
que lo importante y raro°
no es entender de todo,
sino ser diestro° en algo".

Nilo *Nile* quieto *in peace* taimado *sly* Díjole *Said to him* Dañoso *Harmful* andar *to walk* ¿es sano... diente? *Is it good for me to wait for you to sink your teeth into me?* docto *wise* venero *revere* sentir *wisdom* éxito *success* a través de *through* época *time* pato *duck* orillas *banks* estanque *pond* cielo *heaven* los dones... dado *the gifts that it has given me* me canso *I get tired* si se... vuelo *if I feel like it, I fly* silbo *hiss* Seo *Señor* No hay... plantas *There's no reason to boast* gamo *deer* sacre *falcon* barbo *barbel (a type of fish)* raro *rare* diestro *skillful*

Después de leer

Comprensión

Escoge la mejor opción para completar cada oración.

1. El cocodrilo _____ perro.
   a. está preocupado por el b. quiere comerse al
   c. tiene miedo del
2. El perro _____ cocodrilo.
   a. tiene miedo del b. es amigo del
   c. quiere quedarse con el
3. El pato cree que es un animal _____.
   a. muy famoso b. muy hermoso
   c. de muchos talentos
4. La serpiente cree que el pato es _____.
   a. muy inteligente b. muy tonto c. muy feo

Preguntas

Responde a las preguntas.

1. ¿Qué representa el cocodrilo?
   _____
2. ¿Qué representa el pato?
   _____
3. ¿Cuál es la moraleja (*moral*) de "El perro y el cocodrilo"?
   _____
4. ¿Cuál es la moraleja de "El pato y la serpiente"?
   _____

Coméntalo

En parejas, túrnense para hacerse estas preguntas. ¿Estás de acuerdo con las moralejas de estas fábulas? ¿Por qué? ¿Cuál de estas fábulas te gusta más? ¿Por qué? ¿Conoces otras fábulas? ¿Cuál es su propósito?

Escribir

Escribe una fábula para compartir con la clase. Puedes escoger algunos animales de la lista o escoger otros. ¿Qué características deben tener estos animales?

- una abeja (*bee*)
- un gato
- un mono
- un burro
- un perro
- una tortuga
- un águila (*eagle*)
- un pavo real (*peacock*)

Escritura

Estrategia

Considering audience and purpose

Writing always has a specific purpose. During the planning stages, a writer must determine to whom he or she is addressing the piece, and what he or she wants to express to the reader. Once you have defined both your audience and your purpose, you will be able to decide which genre, vocabulary, and grammatical structures will best serve your literary composition.

Let's say you want to share your thoughts on local traffic problems. Your audience can be either the local government or the community. You could choose to write a newspaper article, a letter to the editor, or a letter to the city's governing board. But first you should ask yourself these questions:

1. Are you going to comment on traffic problems in general, or are you going to point out several specific problems?
2. Are you simply intending to register a complaint?
3. Are you simply intending to inform others and increase public awareness of the problems?
4. Are you hoping to persuade others to adopt your point of view?
5. Are you hoping to inspire others to take concrete actions?

The answers to these questions will help you establish the purpose of your writing and determine your audience. Of course, your writing can have more than one purpose. For example, you may intend for your writing to both inform others of a problem and inspire them to take action.

Tema

Escribir una carta o un artículo

Escoge uno de estos temas. Luego decide si vas a escribir una carta a un(a) amigo/a, una carta a un periódico, un artículo de periódico o de revista, etc.

1. Escribe sobre los programas que existen para proteger la naturaleza en tu comunidad. ¿Funcionan bien? ¿Participan todos los vecinos de tu comunidad en los programas? ¿Tienes dudas sobre la eficacia° de estos programas?
2. Describe uno de los atractivos naturales de tu región. ¿Te sientes optimista sobre el futuro del medio ambiente en tu región? ¿Qué están haciendo el gobierno y los ciudadanos° de tu región para proteger la naturaleza? ¿Es necesario hacer más?
3. Escribe sobre algún programa de protección del medio ambiente a nivel° nacional. ¿Es un programa del gobierno o de una empresa° privada°? ¿Cómo funciona? ¿Quiénes participan? ¿Tienes dudas sobre el programa? ¿Crees que debe cambiarse o mejorarse? ¿Cómo?

eficacia *effectiveness* **ciudadanos** *citizens* **nivel** *level* **empresa** *company* **privada** *private*

Escuchar

Audio: Activities

Estrategia

Using background knowledge/ Guessing meaning from context

Listening for the general idea, or gist, can help you follow what someone is saying even if you can't hear or understand some of the words. When you listen for the gist, you simply try to capture the essence of what you hear without focusing on individual words.

To practice these strategies, you will listen to a paragraph written by Jaime Urbinas, an urban planner. Before listening to the paragraph, write down what you think it will be about, based on Jaime Urbinas' profession. As you listen to the paragraph, jot down any words or expressions you don't know and use context clues to guess their meanings.

Preparación

Mira el dibujo. ¿Qué pistas° te da sobre el tema del discurso° de Soledad Morales?

Ahora escucha

Vas a escuchar un discurso de Soledad Morales, una activista preocupada por el medio ambiente. Antes de escuchar, marca las palabras y frases que tú crees que ella va a usar en su discurso. Después marca las palabras y frases que escuchaste.

Palabras	Antes de escuchar	Después de escuchar
el futuro	_____	_____
el cine	_____	_____
los recursos naturales	_____	_____
el aire	_____	_____
los ríos	_____	_____
la contaminación	_____	_____
las diversiones	_____	_____
el reciclaje	_____	_____

pistas *clues* discurso *speech* Subraya *Underline*

Comprensión

Escoger

Subraya° el equivalente correcto de cada palabra.

1. patrimonio (fatherland, heritage, acrimony)
2. ancianos (elderly, ancient, antiques)
3. entrelazadas (destined, interrupted, intertwined)
4. aguantar (to hold back, to destroy, to pollute)
5. apreciar (to value, to imitate, to consider)
6. tala (planting, cutting, watering)

Ahora ustedes

Trabaja con un(a) compañero/a. Escriban seis recomendaciones que creen que la señora Morales va a darle al gobierno colombiano para mejorar los problemas del medio ambiente.

1. _____
2. _____
3. _____
4. _____
5. _____
6. _____

En pantalla

En 1990, el periodista argentino Víctor Sueiro vio "un túnel oscuro°, una luz blanca intensa que se hizo más fuerte°" y sintió "una paz° total". Durante cuarenta segundos, una muerte clínica° causada por un paro cardíaco° lo llevó a tener esa famosa visión. Después de "volver de la muerte", se dedicó° a escribir sobre el fin de la vida, los ángeles y misterios similares, y sus libros tuvieron gran éxito. A continuación vas a ver a Sueiro en un anuncio que, con humor, nos hace una invitación ecológica.

Vocabulario útil

derrochando	*wasting*
energía eléctrica	*electric energy*
el más allá	*the afterlife*
una luz blanca	*a white light*

Preparación

¿Conoces a alguien a quien le ocurrió algo que parecía sobrenatural (*supernatural*)? Explica qué ocurrió (*what happened*), si es posible...

Preguntas

Contesta las preguntas con oraciones completas.

1. ¿Qué vio Víctor Sueiro cuando fue al más allá?
2. ¿Qué le piden que haga? ¿Por qué?
3. ¿Por qué es importante que apague la luz?
4. ¿Qué hace Víctor Sueiro cuando despierta?

Creencias

Víctor Sueiro estuvo clínicamente muerto por 40 segundos. Luego escribió un libro que decía que no debíamos tener miedo del más allá porque hay una luz hermosa al final. ¿Qué opinas de su historia? Usa el subjuntivo en tus respuestas.

modelo

Dudo que estuviera muerto. No creo que recuerde lo que vio...

oscuro *dark* más fuerte *stronger* paz *peace* muerte clínica *clinical death*
paro cardíaco *cardiac arrest* se dedicó *he devoted himself*

Anuncio de Edenor

Tenemos información de que usted fue al más allá y volvió. ¿Es correcto?

¿Qué me está pidiendo?

¿Qué hacemos?

Video: TV Clip

Practice more at **vistas.vhlcentral.com.**

Centroamérica es una región con un gran crecimiento° en el turismo, especialmente ecológico, y no por pocas razones°. Con solamente el uno por ciento° de la superficie terrestre°, esta zona tiene el ocho por ciento de las reservas naturales del planeta. Algunas de estas maravillas son la isla Coiba en Panamá, la Reserva de la Biosfera Maya en Guatemala, el volcán Mombacho en Nicaragua, el parque El Imposible en El Salvador y Pico Bonito en Honduras. En este episodio de Flash cultura vas a conocer más tesoros° naturales en un país ecológico por tradición: Costa Rica.

Vocabulario útil

aguas termales	*hot springs*
hace erupción	*erupts*
los poderes curativos	*healing powers*
rocas incandescentes	*incandescent rocks*

Preparación

¿Qué sabes de los volcanes de Costa Rica? ¿Y de sus aguas termales? Si no sabes nada, escribe tres predicciones sobre cada tema.

¿Cierto o falso?

Indica si estas oraciones son **ciertas** o **falsas**.

1. Centroamérica es una zona de pocos volcanes.
2. El volcán Arenal está en un parque nacional.
3. El volcán Arenal hace erupción pocas veces.
4. Las aguas termales cerca del volcán vienen del mar.
5. Cuando Alberto sale del agua, tiene calor.
6. Se pueden ver las rocas incandescentes desde algunos hoteles.

crecimiento *growth* razones *reasons* por ciento *per cent*
superficie terrestre *earth's surface* tesoros *treasures* rugido *roar*

Naturaleza en Costa Rica

Aquí existen más de cien volcanes. Hoy visitaremos el Parque Nacional Volcán Arenal.

En los alrededores del volcán [...] nacen aguas termales de origen volcánico...

Puedes escuchar cada rugido° del volcán Arenal...

Video: *Flash cultura*

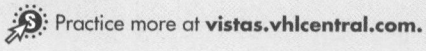
Practice more at **vistas.vhlcentral.com.**

recursos	
VM pp. 315–316	vistas.vhlcentral.com Lección 13

Video: *Panorama cultural*
Interactive map

Colombia

El país en cifras

- **Área:** 1.138.910 km^2 (439.734 millas^2), *tres veces el área de Montana*
- **Población:** 49.385.000

De todos los países de habla hispana, sólo México tiene más habitantes que Colombia. Casi toda la población colombiana vive en las áreas montañosas y la costa occidental° del país. Aproximadamente el 55% de la superficie° del país está sin poblar°.

- **Capital:** Bogotá —9.521.000
- **Ciudades principales:** Medellín —4.019.000, Cali —2.627.000, Barranquilla —2.015.000, Cartagena —1.076.000

SOURCE: Population Division, UN Secretariat

Medellín

- **Moneda:** peso colombiano
- **Idiomas:** español (oficial); lenguas indígenas, criollas y gitanas

Bandera de Colombia

Colombianos célebres

- **Edgar Negret,** escultor°, pintor (1920–)
- **Juan Pablo Montoya,** automovilista (1975–)
- **Fernando Botero,** pintor, escultor (1932–)
- **Shakira,** cantante (1977–)

occidental *western* superficie *surface* sin poblar *unpopulated* escultor *sculptor* dioses *gods* arrojaban *threw* oro *gold* cacique *chief* llevó *led*

Baile típico de Cartagena

Palacio de San Francisco, Bogotá

Barranquilla
Cartagena
Sierra Nevada de Santa Marta
Mar Caribe
PANAMÁ
VENEZUELA
Cordillera Occidental de los Andes
Río Magdalena
Medellín
Río Meta
Cordillera Central de los Andes
Volcán Nevado del Huila
Bogotá
Cali
Cordillera Oriental de los Andes
Océano Pacífico
ECUADOR
PERÚ

Cultivo de caña de azúcar cerca de Cali

recursos

WB	VM	vistas.vhlcentral.com
pp. 157–158	pp. 273–274	Lección 13

¡Increíble pero cierto!

En el siglo XVI los exploradores españoles oyeron la leyenda de El Dorado. Esta leyenda cuenta que los indios, como parte de un ritual en honor a los dioses°, arrojaban° oro° a la laguna de Guatavita y el cacique° se sumergía en sus aguas cubierto de oro. Aunque esto era cierto, muy pronto la exageración llevó° al mito de una ciudad de oro.

Laguna de Guatavita

Lugares • El Museo del Oro

El famoso Museo del Oro del Banco de la República fue fundado° en Bogotá en 1939 para preservar las piezas de orfebrería° de la época precolombina. Tiene más de 30.000 piezas de oro y otros materiales; en él se pueden ver joyas°, ornamentos religiosos y figuras que representaban ídolos. El cuidado con el que se hicieron los objetos de oro refleja la creencia° de las tribus indígenas de que el oro era la expresión física de la energía creadora° de los dioses.

Literatura • Gabriel García Márquez (1928–)

Gabriel García Márquez, ganador del Premio Nobel de Literatura en 1982, es uno de los escritores contemporáneos más importantes del mundo. García Márquez publicó su primer cuento° en 1947, cuando era estudiante universitario. Su libro más conocido, *Cien años de soledad,* está escrito en el estilo° literario llamado "realismo mágico", un estilo que mezcla° la realidad con lo irreal y lo mítico°.

Historia • Cartagena de Indias

Los españoles fundaron la ciudad de Cartagena de Indias en 1533 y construyeron a su lado la fortaleza° más grande de las Américas, el Castillo de San Felipe de Barajas. En la ciudad de Cartagena se conservan muchos edificios de la época colonial, como iglesias, monasterios, palacios y mansiones. Cartagena es conocida también por el Festival Internacional de Música y su prestigioso Festival Internacional de Cine.

Costumbres • El Carnaval

Durante el Carnaval de Barranquilla, la ciudad vive casi exclusivamente para esta fiesta. Este festival es una fusión de las culturas que han llegado° a las costas caribeñas de Colombia y de sus grupos autóctonos°. El evento más importante es la Batalla° de las Flores, un desfile° de carrozas° decoradas con flores. En 2003, la UNESCO declaró este carnaval como Patrimonio de la Humanidad°.

BRASIL

¿Qué aprendiste? Responde a cada pregunta con una oración completa.

1. ¿Cuáles son las principales ciudades de Colombia?
2. ¿Qué país de habla hispana tiene más habitantes que Colombia?
3. ¿Quién es Edgar Negret?
4. ¿Cuándo oyeron los españoles la leyenda de El Dorado?
5. ¿Para qué fue fundado el Museo del Oro?
6. ¿Quién ganó el Premio Nobel de Literatura en 1982?
7. ¿Qué construyeron los españoles al lado de la ciudad de Cartagena de Indias?
8. ¿Cuál es el evento más importante del Carnaval de Barranquilla?

Conexión Internet Investiga estos temas en **vistas.vhlcentral.com.**

Practice more at **vistas.vhlcentral.com.**

1. Busca información sobre las ciudades más grandes de Colombia. ¿Qué lugares de interés hay en estas ciudades? ¿Qué puede hacer un(a) turista en estas ciudades?
2. Busca información sobre pintores y escultores colombianos como Edgar Negret, Débora Arango o Fernando Botero. ¿Cuáles son algunas de sus obras más conocidas? ¿Cuáles son sus temas?

fundado *founded* orfebrería *goldsmithing* joyas *jewels* creencia *belief* creadora *creative* cuento *story* estilo *style* mezcla *mixes* mítico *mythical* fortaleza *fortress* han llegado *have arrived* autóctonos *indigenous* Batalla *Battle* desfile *parade* carrozas *floats* Patrimonio de la Humanidad *World Heritage*

La naturaleza

el árbol	*tree*
el bosque (tropical)	*(tropical; rain) forest*
el cielo	*sky*
el cráter	*crater*
el desierto	*desert*
la estrella	*star*
la flor	*flower*
la hierba	*grass*
el lago	*lake*
la luna	*moon*
la naturaleza	*nature*
la nube	*cloud*
la piedra	*stone*
la planta	*plant*
el río	*river*
la selva, la jungla	*jungle*
el sendero	*trail; path*
el sol	*sun*
la tierra	*land; soil*
el valle	*valley*
el volcán	*volcano*

Los animales

el animal	*animal*
el ave, el pájaro	*bird*
la ballena	*whale*
el gato	*cat*
el mono	*monkey*
el perro	*dog*
el pez (sing.), los peces (pl.)	*fish*
la tortuga (marina)	*(sea) turtle*
la vaca	*cow*

Audio: Vocabulary

recursos	
LM p. 77	vistas.vhlcentral.com Lección 13

El medio ambiente

el calentamiento global	*global warming*
el cambio climático	*climate change*
la conservación	*conservation*
la contaminación (del aire; del agua)	*(air; water) pollution*
la deforestación	*deforestation*
la ecología	*ecology*
el/la ecologista	*ecologist*
el ecoturismo	*ecotourism*
la energía (nuclear, solar)	*(nuclear, solar) energy*
el envase	*container*
la extinción	*extinction*
la fábrica	*factory*
el gobierno	*government*
la lata	*(tin) can*
la ley	*law*
el medio ambiente	*environment*
el peligro	*danger*
la (sobre)población	*(over)population*
el reciclaje	*recycling*
el recurso natural	*natural resource*
la solución	*solution*
cazar	*to hunt*
conservar	*to conserve*
contaminar	*to pollute*
controlar	*to control*
cuidar	*to take care of*
dejar de (+ *inf.*)	*to stop (doing something)*
desarrollar	*to develop*
descubrir	*to discover*
destruir	*to destroy*
estar afectado/a (por)	*to be affected (by)*
estar contaminado/a	*to be polluted*
evitar	*to avoid*
mejorar	*to improve*
proteger	*to protect*
reciclar	*to recycle*
recoger	*to pick up*
reducir	*to reduce*
resolver (o:ue)	*to resolve; to solve*
respirar	*to breathe*
de aluminio	*(made) of aluminum*
de plástico	*(made) of plastic*
de vidrio	*(made) of glass*
ecologista	*ecological*
puro/a	*pure*
renovable	*renewable*

Las emociones

alegrarse (de)	*to be happy*
esperar	*to hope; to wish*
sentir (e:ie)	*to be sorry; to regret*
temer	*to fear*
es extraño	*it's strange*
es una lástima	*it's a shame*
es ridículo	*it's ridiculous*
es terrible	*it's terrible*
es triste	*it's sad*
ojalá (que)	*I hope (that); I wish (that)*

Las dudas y certezas

(no) creer	*(not) to believe*
(no) dudar	*(not) to doubt*
(no) negar (e:ie)	*(not) to deny*
es imposible	*it's impossible*
es improbable	*it's improbable*
es obvio	*it's obvious*
No cabe duda de	*There is no doubt that...*
No hay duda de	*There is no doubt that...*
(no) es cierto	*it's (not) certain*
(no) es posible	*it's (not) possible*
(no) es probable	*it's (not) probable*
(no) es seguro	*it's (not) certain*
(no) es verdad	*it's (not) true*

Conjunciones

a menos que	*unless*
antes (de) que	*before*
con tal (de) que	*provided (that)*
cuando	*when*
después de que	*after*
en caso (de) que	*in case (that)*
en cuanto	*as soon as*
hasta que	*until*
para que	*so that*
sin que	*without*
tan pronto como	*as soon as*

Expresiones útiles	*See page 447.*

En la ciudad 14

Communicative Goals

You will learn how to:

- **Give advice to others**
- **Give and receive directions**
- **Discuss daily errands and city life**

contextos

pages 476–479

- City life
- Daily chores
- Money and banking
- At a post office

fotonovela

pages 480–483

Maru is racing against the clock to turn in her application for an internship at the **Museo de Antropología**. Between a car that won't start and long lines all over town, she'll need some help if she wants to meet her deadline.

cultura

pages 484–485

- City transportation
- Luis Barragán

estructura

pages 486–497

- The subjunctive in adjective clauses
- **Nosotros/as** commands
- Past participles used as adjectives
- **Recapitulación**

adelante

pages 498–505

Lectura: A short story
Escritura: An e-mail message to a friend
Escuchar: A conversation about getting to a department store
En pantalla
Flash cultura
Panorama: Venezuela

A PRIMERA VISTA

- **¿Viven estas personas en un bosque, un pueblo o una ciudad?**
- **¿Dónde están, en una calle o en un sendero?**
- **¿Es posible que estén afectadas por la contaminación? ¿Por qué?**
- **¿Está limpio o sucio el lugar donde están?**

En la ciudad

Más vocabulario

la frutería	*fruit store*
la heladería	*ice cream shop*
la pastelería	*pastry shop*
la pescadería	*fish market*
la cuadra	*(city) block*
la dirección	*address*
la esquina	*corner*
el estacionamiento	*parking lot*
derecho	*straight (ahead)*
enfrente de	*opposite; facing*
hacia	*toward*
cruzar	*to cross*
doblar	*to turn*
hacer diligencias	*to run errands*
quedar	*to be located*
el cheque (de viajero)	*(traveler's) check*
la cuenta corriente	*checking account*
la cuenta de ahorros	*savings account*
ahorrar	*to save (money)*
cobrar	*to cash (a check)*
depositar	*to deposit*
firmar	*to sign*
llenar (un formulario)	*to fill out (a form)*
pagar a plazos	*to pay in installments*
pagar al contado/ en efectivo	*to pay in cash*
pedir prestado/a	*to borrow*
pedir un préstamo	*to apply for a loan*
ser gratis	*to be free of charge*

Variación léxica

cuadra ⟷ manzana (*Esp.*)
estacionamiento ⟷ aparcamiento (*Esp.*)
doblar ⟷ girar; virar; dar vuelta
hacer diligencias ⟷ hacer mandados

la peluquería, el salón de belleza
Peluquería LA GUAIRA
el banco
MERCANTIL
JOYERÍA CARACAS
PANADERÍA PARACAINA
supermercado
el supermercado
la panadería
la joyería
el cajero automático
Indica cómo llegar. (indicar)
Está perdida. (estar)

recursos

WB	LM	vistas.vhlcentral.com
pp. 159–160	p. 79	Lección 14

Práctica

1 **Escuchar** Mira el dibujo. Luego escucha las oraciones e indica si lo que dice cada una es **cierto** o **falso**.

	Cierto	Falso		Cierto	Falso
1.	❍	❍	6.	❍	❍
2.	❍	❍	7.	❍	❍
3.	❍	❍	8.	❍	❍
4.	❍	❍	9.	❍	❍
5.	❍	❍	10.	❍	❍

2 **¿Quién la hizo?** Escucha la conversación entre Telma y Armando. Escribe el nombre de la persona que hizo cada diligencia o una X si nadie la hizo. Una diligencia la hicieron los dos.

1. abrir una cuenta corriente
2. abrir una cuenta de ahorros
3. ir al banco
4. ir a la panadería
5. ir a la peluquería
6. ir al supermercado

3 **Seleccionar** Indica dónde haces estas diligencias.

banco	joyería	pescadería
carnicería	lavandería	salón de belleza
frutería	pastelería	zapatería

1. comprar galletas
2. comprar manzanas
3. lavar la ropa
4. comprar mariscos
5. comprar pollo
6. comprar sandalias

4 **Completar** Completa las oraciones con las palabras más adecuadas.

1. El banco me regaló un reloj. Fue _____.
2. Me gusta _____ dinero, pero no me molesta gastarlo.
3. La cajera me dijo que tenía que _____ el cheque en el dorso (*on the back*) para cobrarlo.
4. Para pagar con un cheque, necesito tener dinero en mi _____.
5. Mi madre va a un _____ para obtener dinero en efectivo cuando el banco está cerrado.
6. Cada viernes, Julio lleva su cheque al banco y lo _____ para tener dinero en efectivo.
7. Ana _____ su cheque en su cuenta de ahorros.
8. Cuando viajas, es buena idea llevar cheques _____.

En el correo

¡LENGUA VIVA!

Note that **correo** can mean either *mail* or *post office*. Other ways to say *post office* are **la oficina de correos** and **correos**.

5 **Conversación** Completa la conversación entre Juanita y el cartero con las palabras más adecuadas.

CARTERO Buenas tardes, ¿es usted la señorita Ramírez? Le traigo un (1) _____.

JUANITA Sí, soy yo. ¿Quién lo envía?

CARTERO La señora Brito. Y también tiene dos (2) _____.

JUANITA Ay, pero ¡ninguna es de mi novio! ¿No llegó nada de Manuel Fuentes?

CARTERO Sí, pero él echó la carta al (3) _____ sin poner un (4) _____ en el sobre.

JUANITA Entonces, ¿qué recomienda usted que haga?

CARTERO Sugiero que vaya al (5) _____. Con tal de que pague el costo del sello, se le puede dar la carta sin ningún problema.

JUANITA Uy, otra diligencia, y no tengo mucho tiempo esta tarde para (6) _____ cola en el correo, pero voy enseguida. ¡Ojalá que sea una carta de amor!

¡LENGUA VIVA!

In Spanish, **Soy yo** means *That's me or It's me.* **¿Eres tú?/ ¿Es usted?** means *Is that you?*

6 **En el banco** Tú eres un(a) empleado/a de banco y tu compañero/a es un(a) estudiante universitario/a que necesita abrir una cuenta corriente. En parejas, hagan una lista de las palabras que pueden necesitar para la conversación. Después lean estas situaciones y modifiquen su lista original según la situación.

- una pareja de recién casados quiere pedir un préstamo para comprar una casa
- una persona quiere información de los servicios que ofrece el banco
- un(a) estudiante va a estudiar al extranjero (*abroad*) y quiere saber qué tiene que hacer para llevar su dinero de una forma segura
- una persona acaba de ganar 50 millones de dólares en la lotería y quiere saber cómo invertirlos (*invest them*)

Ahora, escojan una de las cuatro situaciones y represéntenla para la clase.

Practice more at **vistas.vhlcentral.com.**

Comunicación

7 **Diligencias** En parejas, decidan quién va a hacer cada diligencia y cuál es la manera más rápida de llegar a los diferentes lugares desde el campus.

AYUDA

Note these different meanings:
quedar *to be located; to be left over; to fit*
quedarse *to stay, to remain*

modelo

cobrar unos cheques
Estudiante 1: *Yo voy a cobrar unos cheques. ¿Cómo llego al banco?*
Estudiante 2: *Conduce hacia el norte hasta cruzar la calle Oak. El banco queda en la esquina a la izquierda.*

1. enviar un paquete
2. comprar botas nuevas
3. comprar un pastel de cumpleaños
4. lavar unas camisas
5. comprar helado
6. cortarse (*to cut*) el pelo

8 **El Hatillo** Trabajen en parejas para representar los papeles de un(a) turista que está perdido/a en El Hatillo y de un(a) residente de la ciudad que quiere ayudarlo/la.

NOTA CULTURAL

El Hatillo es un municipio del área metropolitana de Caracas. Forma parte del Patrimonio Cultural de Venezuela y es muy popular por su arquitectura pintoresca, sus restaurantes y sus tiendas de artesanía.

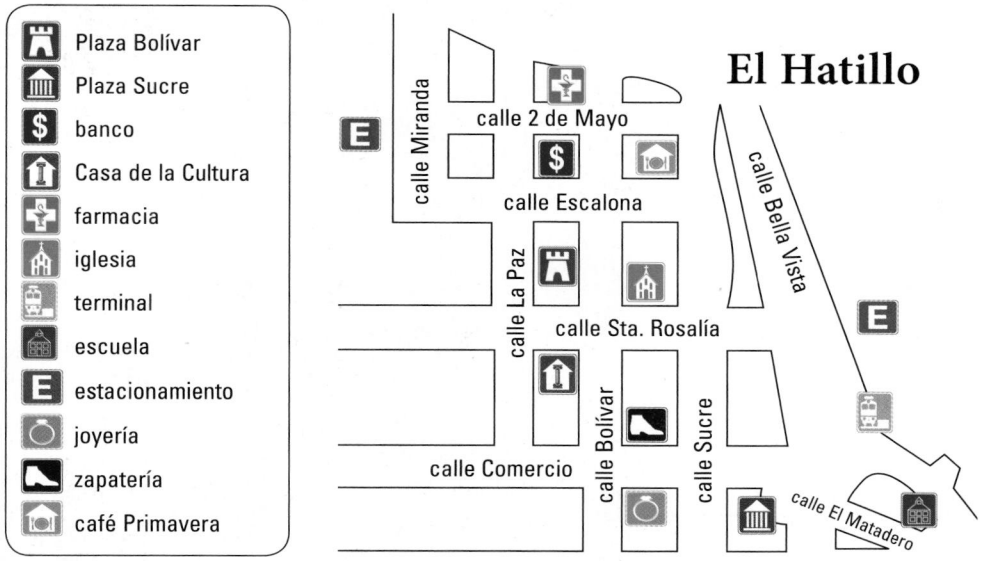

modelo

Plaza Sucre, café Primavera
Estudiante 1: *Perdón, ¿por dónde queda la Plaza Sucre?*
Estudiante 2: *Del café Primavera, camine derecho por la calle Sucre hasta cruzar la calle Comercio...*

1. Plaza Bolívar, farmacia
2. Casa de la Cultura, Plaza Sucre
3. banco, terminal
4. estacionamiento (este), escuela
5. Plaza Sucre, estacionamiento (oeste)
6. joyería, banco
7. farmacia, joyería
8. zapatería, iglesia

9 **Cómo llegar** En grupos, escriban un minidrama en el que unos/as turistas están preguntando cómo llegar a diferentes sitios de la comunidad en la que ustedes viven.

Corriendo por la ciudad

Maru necesita entregar unos documentos en el Museo de Antropología.

PERSONAJES **MARU** **MIGUEL**

Video: *Fotonovela*
Record and Compare

MARU Miguel, ¿estás seguro de que tu coche está estacionado en la calle de Independencia? Estoy en la esquina de Zaragoza y Francisco Sosa. OK. Estoy enfrente del salón de belleza.

MIGUEL Dobla a la avenida Hidalgo. Luego cruza la calle Independencia y dobla a la derecha. El coche está enfrente de la pastelería.

MARU ¡Ahí está! Gracias, cariño. Hablamos luego.

MARU Vamos, arranca. Pensé que podías aguantar unos kilómetros más. Necesito un coche que funcione bien. (*en el teléfono*) Miguel, tu coche está descompuesto. Voy a pasar al banco porque necesito dinero, y luego me voy en taxi al museo.

MARU Hola, Moni. Lo siento, tengo que ir a entregar un paquete y todavía tengo que ir a un cajero.

MÓNICA ¡Uf! Y la cola está súper larga.

MARU ¿Me puedes prestar algo de dinero?

MÓNICA Déjame ver cuánto tengo. Estoy haciendo diligencias, y me gasté casi todo el efectivo en la carnicería y en la panadería y en la frutería.

MÓNICA ¿Estás bien? Te ves pálida. Sentémonos un minuto.

MARU ¡No tengo tiempo! Tengo que llegar al Museo de Antropología. Necesito entregar...

MÓNICA ¡Ah, sí, tu proyecto!

MÓNICA

MÓNICA ¿Puedes mandarlo por correo? El correo está muy cerca de aquí.

MARU El plazo para mandarlo por correo se venció la semana pasada. Tengo que entregarlo personalmente.

MARU ¿Me podrías prestar tu coche?

MÓNICA Estás muy nerviosa para manejar con este tráfico. Te acompaño. ¡No!, mejor, yo te llevo. Mi coche está en el estacionamiento de la calle Constitución.

MARU En esta esquina dobla a la derecha. En el semáforo, a la izquierda y sigue derecho.

MÓNICA Hay demasiado tráfico. No sé si podemos...

MARU Hola, Miguel. No, no hubo más problemas. Lo entregué justo a tiempo. Nos vemos más tarde. (*a Mónica*) ¡Vamos a celebrar!

recursos

VM	vistas.vhlcentral.com
pp. 239–240	Lección 14

Expresiones útiles

Getting/giving directions

Estoy en la esquina de Zaragoza y Francisco Sosa.
I'm at the corner of Zaragoza and Francisco Sosa.
Dobla a la avenida Hidalgo.
Turn on Hidalgo Avenue.
Luego cruza la calle Independencia y dobla a la derecha.
Then cross Independencia Street and turn right.
El coche está enfrente de la pastelería.
The car is in front of the bakery.
En el semáforo, a la izquierda y sigue derecho.
Left at the light, then straight ahead.

Talking about errands

Voy a pasar al banco porque necesito dinero.
I'm going to the bank because I need money.
No tengo tiempo.
I don't have time.
Estoy haciendo diligencias, y me gasté casi todo el efectivo.
I'm running errands, and I spent most of my cash.

Asking for a favor

¿Me puedes prestar algo de dinero?
Could you lend me some money?
¿Me podrías prestar tu coche?
Could I borrow your car?

Talking about deadlines

Tengo que entregar mi proyecto.
I have to turn in my project.
El plazo para mandarlo por correo se venció la semana pasada.
The deadline to mail it in passed last week.

Additional vocabulary

acompañar *to accompany*
aguantar *to endure, to hold up*
ándale *come on*
pálido/a *pale*
¿Qué onda? *What's up?*

¿Qué pasó?

1 **¿Cierto o falso?** Decide si lo que dicen estas oraciones es **cierto** o **falso**. Corrige las oraciones falsas.

	Cierto	Falso
1. Miguel dice que su coche está estacionado enfrente de la carnicería.	❍	❍
2. Maru necesita pasar al banco porque necesita dinero.	❍	❍
3. Mónica gastó el efectivo en la joyería y el supermercado.	❍	❍
4. Maru puede mandar el paquete por correo.	❍	❍

CONSULTA

To review the use of verbs like **necesitar**, see **Estructura 12.4**, p. 426.

2 **Ordenar** Pon los sucesos de la **Fotonovela** en el orden correcto.

a. Maru le pide dinero prestado a Mónica. _____
b. Maru entregó el paquete justo a tiempo (*just in time*). _____
c. Mónica dice que hay una cola súper larga en el banco. _____
d. Mónica lleva a Maru en su coche. _____
e. Maru dice que se va a ir en taxi al museo. _____
f. Maru le dice a Mónica que doble a la derecha en la esquina. _____

3 **Otras diligencias** En parejas, hagan una lista de las diligencias que Miguel, Maru y Mónica necesitan hacer para completar estas actividades.

1. enviar un paquete por correo
2. pedir una beca (*scholarship*)
3. visitar una nueva ciudad
4. abrir una cuenta corriente
5. celebrar el cumpleaños de Mónica
6. comprar una nueva computadora portátil

4 **Conversación** Un(a) compañero/a y tú son vecinos/as. Uno/a de ustedes acaba de mudarse y necesita ayuda porque no conoce la ciudad. Los/Las dos tienen que hacer algunas diligencias y deciden hacerlas juntos/as. Preparen una conversación breve incluyendo planes para ir a estos lugares.

modelo

Estudiante 1: Necesito lavar mi ropa. ¿Sabes dónde queda una lavandería?
Estudiante 2: Sí. Aquí a dos cuadras hay una. También tengo que lavar mi ropa. ¿Qué te parece si vamos juntos?

- un banco
- una lavandería
- un supermercado
- una heladería
- una panadería

AYUDA

primero *first*
luego *then*
¿Sabes dónde queda...? *Do you know where...is?*
¿Qué te parece? *What do you think?*
¡Cómo no! *But of course!*

Ortografía Concepts

Las abreviaturas

In Spanish, as in English, abbreviations are often used in order to save space and time while writing. Here are some of the most commonly used abbreviations in Spanish.

usted → **Ud.** **ustedes** → **Uds.**

As you have already learned, the subject pronouns **usted** and **ustedes** are often abbreviated.

don → **D.** **doña** → **Dña.** **doctor(a)** → **Dr(a).**
señor → **Sr.** **señora** → **Sra.** **señorita** → **Srta.**

These titles are frequently abbreviated.

centímetro → **cm** **metro** → **m** **kilómetro** → **km**
litro → **l** **gramo** → **g, gr** **kilogramo** → **kg**

The abbreviations for these units of measurement are often used, but without periods.

por ejemplo → **p. ej.** **página(s)** → **pág(s).**

These abbreviations are often seen in books.

derecha → **dcha.** **izquierda** → **izq., izqda.**
código postal → **C.P.** **número** → **n.º**

These abbreviations are often used in mailing addresses.

Banco → **Bco.** **Compañía** → **Cía.**
cuenta corriente → **c/c.** **Sociedad Anónima (*Inc.*)** → **S.A.**

These abbreviations are frequently used in the business world.

Práctica Escribe otra vez esta información usando las abreviaturas adecuadas.

1. doña María
2. señora Pérez
3. Compañía Mexicana de Inversiones
4. usted
5. Banco de Santander
6. doctor Medina
7. Código Postal 03697
8. cuenta corriente número 20-453

Emparejar En la tabla hay nueve abreviaturas. Empareja los cuadros necesarios para formarlas.

S.	c.	C.	c	co.	U
B	c/	Sr	A.	D	dc
ta.	P.	ña.	ha.	m	d.

recursos

LM p. 80	vistas.vhlcentral.com Lección 14

EN DETALLE

Additional Reading

Paseando en metro

Hoy es el primer día de Teresa en la Ciudad de México. Debe tomar el metro para ir del centro de la ciudad a Coyoacán, en el sur. Llega a la estación Zócalo y compra un pasaje por el equivalente a veintitrés centavos° de dólar, ¡qué ganga! Con este pasaje puede ir a cualquier° parte de la ciudad o del área metropolitana.

No sólo en México, sino también en ciudades de Venezuela, Chile, Argentina y España, hay sistemas de transporte público eficientes y muy económicos. También suele haber° varios tipos de transporte: autobús, metro, tranvía°, microbús y tren. Generalmente se pueden comprar abonos° de uno o varios días para un determinado tipo de transporte. En algunas ciudades también existen abonos de transporte combinados que permiten usar, por ejemplo, el metro y el autobús o el autobús y el tren. En estas ciudades, los metros, autobuses y trenes pasan con mucha frecuencia. Las paradas° y estaciones están bien señalizadas°.

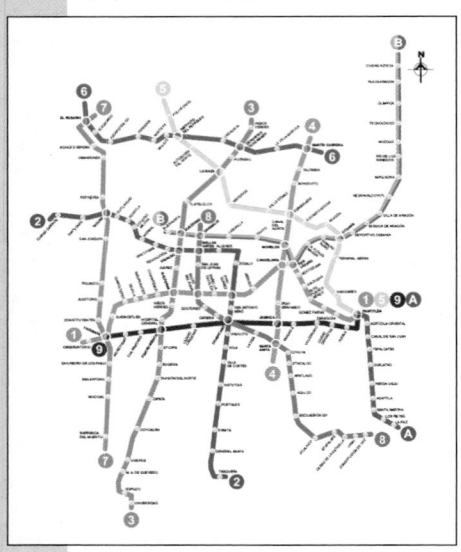

Vaya°, Teresa ya está llegando a Coyoacán. Con lo que ahorró en el pasaje del metro, puede comprarse un helado de mango y unos esquites° en el jardín Centenario.

El metro

El primer metro de Suramérica que se abrió al público fue el de Buenos Aires, Argentina (1° de diciembre de 1913); el último, el de Valparaíso, Chile (23 de noviembre de 2005).

Ciudad	Pasajeros/Día (aprox.)
México D.F., México	4.500.000
Madrid, España	2.500.000
Santiago, Chile	2.500.000
Buenos Aires, Argentina	1.700.000
Caracas, Venezuela	1.650.000
Medellín, Colombia	500.000
Guadalajara, México	165.000

centavos *cents* cualquier *any* suele haber *there usually are* tranvía *streetcar* abonos *passes* paradas *stops* señalizadas *labeled* Vaya *Well* esquites *toasted corn kernels*

ACTIVIDADES

1 **¿Cierto o falso?** Indica si lo que dice cada oración es **cierto** o **falso**. Corrige la información falsa.

1. En la Ciudad de México, el pasaje de metro cuesta 23 dólares.
2. En México, un pasaje se puede usar sólo para ir al centro de la ciudad.
3. En Chile hay varios tipos de transporte público.
4. En ningún caso los abonos de transporte sirven para más de un tipo de transporte.
5. Los trenes, autobuses y metros pasan con mucha frecuencia.
6. Hay pocos letreros en las paradas y estaciones.
7. Los servicios de metro de México y España son los que mayor cantidad de viajeros transporta cada día.
8. La ciudad de Buenos Aires tiene el sistema de metro más viejo de Latinoamérica.
9. El metro que lleva menos tiempo en servicio es el de la ciudad de Medellín, Colombia.

ASÍ SE DICE

En la ciudad

el parqueadero (Col., Pan.)	**el estacionamiento**
el parqueo (Bol., Cuba, Amér. C.)	
dar un aventón (Méx.); dar botella (Cuba)	*to give (someone) a ride*
el subterráneo, el subte (Arg.)	**el metro**

EL MUNDO HISPANO

Apodos de ciudades

Así como Nueva York es la Gran Manzana, muchas ciudades hispanas tienen un apodo°.

- **La tacita de plata°** A Cádiz, España, se le llama así por sus edificios blancos de estilo árabe.
- **Ciudad de la eterna primavera** Arica, Chile; Cuernavaca, México, y Medellín, Colombia, llevan este sobrenombre por su clima templado° durante todo el año.
- **La docta°** Así se conoce a la ciudad argentina de Córdoba por su gran tradición universitaria.
- **La ciudad de los reyes** Así se conoce Lima, Perú, porque fue la capital del Virreinato° del Perú y allí vivían los virreyes°.
- **La arenosa** Barranquilla, Colombia, se le llama así por sus orillas del río cubiertas° de arena.

apodo *nickname* plata *silver* templado *mild* docta *erudite* Virreinato *Viceroyalty* virreyes *viceroys* cubiertas *covered*

PERFIL

Luis Barragán: arquitectura y emoción

Para el arquitecto mexicano **Luis Barragán** (1902–1988) los sentimientos° y emociones que despiertan sus diseños eran muy importantes. Afirmaba° que la arquitectura tiene una dimensión espiritual. Para él, era belleza, inspiración, magia°, serenidad, misterio, silencio, privacidad, asombro°...

Casa Barragán, Ciudad de México, 1947-1948

Las obras de Barragán muestran un suave° equilibrio entre la naturaleza y la creación humana. Su estilo también combina la arquitectura tradicional mexicana con conceptos modernos. Una característica de sus casas son las paredes envolventes° de diferentes colores con muy pocas ventanas.

En 1980, Barragán obtuvo° el Premio Pritzker, algo así como el Premio Nobel de Arquitectura. Está claro que este artista logró° que sus casas transmitieran sentimientos especiales.

sentimientos *feelings* Afirmaba *He stated* magia *magic* asombro *amazement* suave *smooth* envolventes *enveloping* obtuvo *received* logró *managed*

Conexión Internet

¿Qué otros arquitectos combinan las construcciones con la naturaleza?

Go to **vistas.vhlcentral.com** to find more cultural information related to this **Cultura** section.

ACTIVIDADES

2 **Comprensión** Responde a las preguntas.

1. ¿En qué país estás si te dicen "Dame botella al parqueo"?
2. ¿Qué ciudades tienen clima templado todo el año?
3. ¿Qué es más importante en los diseños de Barragán: la naturaleza o la creación humana?
4. ¿Qué premio obtuvo Barragán y cuándo?

3 **¿Qué ciudad te gusta?** Escribe un párrafo breve sobre el sentimiento que despiertan las construcciones que hay en una ciudad o un pueblo que te guste mucho. Explica cómo es y cómo te sientes cuando estás allí. Inventa un apodo para este lugar.

14.1 The subjunctive in adjective clauses

ANTE TODO In **Lección 13**, you learned that the subjunctive is used in adverbial clauses after certain conjunctions. You will now learn how the subjunctive can be used in adjective clauses to express that the existence of someone or something is uncertain or indefinite.

- The subjunctive is used in an adjective (or subordinate) clause that refers to a person, place, thing, or idea that either does not exist or whose existence is uncertain or indefinite. In the examples below, compare the differences in meaning between the statements using the indicative and those using the subjunctive.

Indicative	Subjunctive
Necesito **el libro** que **tiene** información sobre Venezuela. *I need **the book** that has information about Venezuela.*	Necesito **un libro** que **tenga** información sobre Venezuela. *I need **a book** that has information about Venezuela.*
Quiero vivir en **esta casa** que **tiene** jardín. *I want to live in **this house** that has a garden.*	Quiero vivir en **una casa** que **tenga** jardín. *I want to live in **a house** that has a garden.*
En mi barrio, hay **una heladería** que **vende** helado de mango. *In my neighborhood, **there's an ice cream shop** that sells mango ice cream.*	En mi barrio no hay **ninguna heladería** que **venda** helado de mango. *In my neighborhood, **there is no ice cream shop** that sells mango ice cream.*

¡ATENCIÓN!
Adjective clauses are subordinate clauses that modify a noun or pronoun in the main clause of a sentence. That noun or pronoun is called the *antecedent*.

- When the adjective clause refers to a person, place, thing, or idea that is clearly known, certain, or definite, the indicative is used.

Quiero ir **al supermercado** que **vende** productos venezolanos.
I want to go to the supermarket that sells Venezuelan products.

Busco **al profesor** que **enseña** japonés.
I'm looking for the professor who teaches Japanese.

Conozco **a alguien** que **va** a esa peluquería.
I know someone who goes to that beauty salon.

Tengo **un amigo** que **vive** cerca de mi casa.
I have a friend who lives near my house.

¡ATENCIÓN!
Observe the important role that the indefinite article vs. the definite article plays in determining the use of the subjunctive in adjective clauses. Read the following sentences and notice why they are different:
¿Conoces *un* restaurante italiano que *esté* cerca de mi casa?
¿Conoces *el* restaurante italiano que *está* cerca de mi casa?

- The personal **a** is not used with direct objects that are hypothetical people. However, as you learned in **Lección 7**, **alguien** and **nadie** are always preceded by the personal **a** when they function as direct objects.

Necesitamos **un empleado** que **sepa** usar computadoras.
We need an employee who knows how to use computers.

Necesitamos **al empleado** que **sabe** usar computadoras.
We need the employee who knows how to use computers.

Buscamos **a alguien** que **pueda** cocinar.
We're looking for someone who can cook.

No conocemos **a nadie** que **pueda** cocinar.
We don't know anyone who can cook.

- The subjunctive is commonly used in questions with adjective clauses when the speaker is trying to find out information about which he or she is uncertain. However, if the person who responds to the question knows the information, the indicative is used.

—¿Hay un parque que **esté** cerca de nuestro hotel?
Is there a park that's near our hotel?

—Sí, hay un parque que **está** muy cerca del hotel.
Yes, there's a park that's very near the hotel.

- **¡Atención!** Here are some verbs which are commonly followed by adjective clauses in the subjunctive:

Verbs commonly used with subjunctive

buscar	**haber**
conocer	**necesitar**
encontrar	**querer**

¡INTÉNTALO! Escoge entre el subjuntivo y el indicativo para completar cada oración.

1. Necesito una persona que ___pueda___ (puede/pueda) cantar bien.
2. Buscamos a alguien que _____ (tiene/tenga) paciencia.
3. ¿Hay restaurantes aquí que _____ (sirven/sirvan) comida japonesa?
4. Tengo una amiga que _____ (saca/saque) fotografías muy bonitas.
5. Hay una carnicería que _____ (está/esté) cerca de aquí.
6. No vemos ningún apartamento que nos _____ (interesa/interese).
7. Conozco a un estudiante que _____ (come/coma) hamburguesas todos los días.
8. ¿Hay alguien que _____ (dice/diga) la verdad?

recursos

WB pp. 161–162

LM p. 81

vistas. vhlcentral.com Lección 14

Práctica

1 **Completar** Completa estas oraciones con la forma correcta del indicativo o del subjuntivo de los verbos entre paréntesis.

1. Buscamos un hotel que _____ (tener) piscina.
2. ¿Sabe usted dónde _____ (quedar) el Correo Central?
3. ¿Hay algún buzón por aquí donde yo _____ (poder) echar una carta?
4. Ana quiere ir a la carnicería que _____ (estar) en la avenida Lecuna.
5. Encontramos un restaurante que _____ (servir) comida típica venezolana.
6. ¿Conoces a alguien que _____ (saber) mandar un *fax* por computadora?
7. Llamas al empleado que _____ (entender) este nuevo programa de computación.
8. No hay nada en este mundo que _____ (ser) gratis.

2 **Oraciones** Marta está haciendo diligencias en Caracas con una amiga. Forma oraciones con estos elementos, usando el presente de indicativo o de subjuntivo. Haz los cambios que sean necesarios.

1. yo / conocer / un / panadería / que / vender / pan / cubano
2. ¿hay / alguien / que / saber / dirección / de / un / buen / carnicería?
3. yo / querer / comprarle / mi / hija / un / zapatos / que / gustar
4. ella / no / encontrar / nada / que / gustar / en / ese / zapatería
5. ¿tener / dependientas / algo / que / ser / más / barato?
6. ¿conocer / tú / alguno / banco / que / ofrecer / cuentas / corrientes / gratis?
7. nosotras / no / conocer / nadie / que / hacer / tanto / diligencias / como / nosotras
8. nosotras / necesitar / un / línea / de / metro / que / nos / llevar / a / casa

NOTA CULTURAL

El **metro** de Caracas empezó a funcionar en 1983, después de varios años de intensa publicidad para promoverlo (*promote it*). El arte fue un recurso importante en la promoción del metro. En las estaciones se pueden admirar obras (*works*) de famosos escultores venezolanos como Carlos Cruz-Diez y Jesús Rafael Soto.

3 **Anuncios clasificados** En parejas, lean estos anuncios y luego describan el tipo de persona u objeto que se busca.

CLASIFICADOS

VENDEDOR(A) Se necesita persona dinámica y responsable con buena presencia. Experiencia mínima de un año. Horario de trabajo flexible. Llamar a Joyería Aurora de 10 a 13h y de 16 a 18h. Tel: 263-7553

PELUQUERÍA UNISEX Se busca persona con experiencia en peluquería y maquillaje para trabajar tiempo completo. Llamar de 9 a 13: 30h. Tel: 261-3548

COMPARTIR APARTAMENTO Se necesita compañera para compartir apartamento de 2 alcobas en el Chaco. Alquiler $500 por mes. No fumar. Llamar al 951-3642 entre 19 y 22h.

CLASES DE INGLÉS Profesor de Inglaterra con diez años de experiencia ofrece clases para grupos o instrucción privada para individuos. Llamar al 933-4110 de 16:30 a 18:30.

SE BUSCA CONDOMINIO Se busca condominio en Sabana Grande con 3 alcobas, 2 baños, sala, comedor y aire acondicionado. Tel: 977-2018.

EJECUTIVO DE CUENTAS Se requiere joven profesional con al menos dos años de experiencia en el sector financiero. Se ofrecen beneficios excelentes. Enviar currículum vitae al Banco Unión, Avda. Urdaneta 263, Caracas.

Comunicación

4 **Subjuntivo** Completa estas frases de una manera lógica. Luego, con un(a) compañero/a, túrnense para comparar sus respuestas.

modelo

Estudiante 1: *Tengo una novia que sabe bailar tango. ¿Y tú?*
Estudiante 2: *Yo tengo un novio que habla alemán.*

1. Deseo un trabajo (*job*) que...
2. Algún día espero tener un apartamento/una casa que...
3. Mis padres buscan un carro que..., pero yo quiero un carro que...
4. Tengo un(a) novio/a que...
5. Un(a) consejero/a (*advisor*) debe ser una persona que...
6. Me gustaría (*I would like*) conocer a alguien que...
7. En esta clase no hay nadie que...
8. No tengo ningún profesor que...

5 **Encuesta** Tu profesor(a) va a darte una hoja de actividades. Circula por la clase y pregúntales a tus compañeros/as si conocen a alguien que haga cada actividad de la lista. Si responden que sí, pregúntales quién es y anota sus respuestas. Luego informa a la clase de los resultados de tu encuesta.

6 **¿Compatibles?** Vas a mudarte a un apartamento con dos dormitorios. Como no quieres pagar la renta tú solo/a, estás buscando a un(a) compañero/a para que viva contigo. Escribe un anuncio buscando a alguien con cuatro características que consideres importantes y pégalo en la pared de la clase. Puedes usar algunas de estas opciones u otras en tu anuncio y no olvides usar el subjuntivo.

- cocinar
- escuchar hip-hop
- estar informado/a
- gustarle la política/el arte/los deportes
- llevarse bien con los animales
- ser vegetariano/a / limpio/a / optimista
- tener paciencia

modelo

Busco a alguien a quien no le guste el fútbol, que sea vegetariano, juegue videojuegos y le fascine la ciencia ficción.

Luego lee los anuncios de tus compañeros/as. ¿Con quién(es) podrías compartir tu apartamento? Busca tres candidatos/as y entrevístalos/las en dos minutos. Túrnate para entrevistar y ser entrevistado. ¿Encontraste a la persona ideal para que viva contigo?

Síntesis

7 **Busca los cuatro** Tu profesor(a) te va a dar una hoja con ocho anuncios clasificados y a tu compañero/a otra hoja con ocho anuncios distintos a los tuyos. Háganse preguntas para encontrar los cuatro anuncios de cada hoja que tienen su respuesta en la otra.

Practice more at **vistas.vhlcentral.com.**

14.2 Nosotros/as commands

ANTE TODO You have already learned familiar (**tú**) commands and formal (**usted/ustedes**) commands. You will now learn **nosotros/as** commands, which are used to give orders or suggestions that include yourself and other people.

- **Nosotros/as** commands correspond to the English *Let's*.

- Both affirmative and negative **nosotros/as** commands are generally formed by using the first-person plural form of the present subjunctive.

  Crucemos la calle.
  Let's cross the street.

  No crucemos la calle.
  Let's not cross the street.

- The affirmative *Let's* + [*verb*] command may also be expressed with **vamos a** + [*infinitive*]. However, remember that **vamos a** + [*infinitive*] can also mean *we are going to (do something)*. Context and tone of voice determine which meaning is being expressed.

  Vamos a cruzar la calle.
  Let's cross the street.

  Vamos a trabajar mucho.
  We're going to work a lot.

- To express *Let's go*, the present indicative form of **ir** (**vamos**) is used, not the subjunctive. For the negative command, however, the subjunctive is used.

  Vamos a la pescadería.

  No **vayamos** a la pescadería.

- Object pronouns are always attached to affirmative **nosotros/as** commands. A written accent is added to maintain the original stress.

  Firmemos el cheque.
  Firmémoslo.

  Escribamos a Ana y Raúl.
  Escribámosles.

- Object pronouns are placed in front of negative **nosotros/as** commands.

  No **les paguemos** el préstamo.

  No **se lo digamos** a ellos.

CONSULTA

Remember that stem-changing **–ir** verbs have an additional stem change in the **nosotros/as** and **vosotros/as** forms of the present subjunctive. To review these forms, see **Estructura 12.3**, p. 423.

¡ATENCIÓN!

When **nos** or **se** is attached to an affirmative **nosotros/as** command, the final **–s** is dropped from the verb ending.

Sentémonos allí.
Démoselo a ella.
Mandémoselo a ellos.

• • •

The **nosotros/as** command form of **irse** is **vámonos**. Its negative form is **no nos vayamos**.

recursos

WB pp. 163–164

LM p. 82

vistas. vhlcentral.com Lección 14

¡INTÉNTALO! Indica los mandatos afirmativos y negativos de la primera persona del plural (**nosotros/as**) de estos verbos.

1. estudiar *estudiemos, no estudiemos*
2. cenar _____
3. leer _____
4. decidir _____
5. decir _____
6. cerrar _____
7. levantarse _____
8. irse _____

Práctica

1 **Completar** Completa esta conversación con mandatos de **nosotros/as.** Luego, representa la conversación con un(a) compañero/a.

MARÍA Sergio, ¿quieres hacer diligencias ahora o por la tarde?
SERGIO No (1)_____ (dejarlas) para más tarde. (2)_____ (Hacerlas) ahora. ¿Qué tenemos que hacer?
MARÍA Necesito comprar sellos.
SERGIO Yo también. (3)_____ (Ir) al correo.
MARÍA Pues, antes de ir al correo, necesito sacar dinero de mi cuenta corriente.
SERGIO Bueno, (4)_____ (buscar) un cajero automático.
MARÍA ¿Tienes hambre?
SERGIO Sí. (5)_____ (Cruzar) la calle y (6)_____ (entrar) en ese café.
MARÍA Buena idea.
SERGIO ¿Nos sentamos aquí?
MARÍA No, no (7)_____ (sentarse) aquí; (8)_____ (sentarse) enfrente de la ventana.
SERGIO ¿Qué pedimos?
MARÍA (9)_____ (Pedir) café y pan dulce.

2 **Responder** Responde a cada mandato de **nosotros/as** según las indicaciones entre paréntesis. Sustituye los sustantivos por los objetos directos e indirectos.

modelo
Vamos a vender el carro.
Sí, vendámoslo./No, no lo vendamos.

1. Vamos a levantarnos a las seis. (sí)
2. Vamos a enviar los paquetes. (no)
3. Vamos a depositar el cheque. (sí)
4. Vamos al supermercado. (no)
5. Vamos a mandar esta postal a nuestros amigos. (no)
6. Vamos a limpiar la habitación. (sí)
7. Vamos a mirar la televisión. (no)
8. Vamos a bailar. (sí)
9. Vamos a pintar la sala. (no)
10. Vamos a comprar estampillas. (sí)

Practice more at **vistas.vhlcentral.com.**

Comunicación

3 **Preguntar** Tú y tu compañero/a están de vacaciones en Caracas y se hacen sugerencias para resolver las situaciones que se presentan. Inventen mandatos afirmativos o negativos de **nosotros/as.**

modelo

Se nos olvidaron las tarjetas de crédito.
Paguemos en efectivo./No compremos más regalos.

A

1. El museo está a sólo una cuadra de aquí.
2. Tenemos hambre.
3. Hay mucha cola en el cine.

B

1. Tenemos muchos cheques de viajero.
2. Tenemos prisa para llegar al cine.
3. Estamos cansados y queremos dormir.

4 **Decisiones** Trabajen en grupos pequeños. Ustedes están en Caracas por dos días. Lean esta página de una guía turística sobre la ciudad y decidan qué van a hacer hoy por la mañana, por la tarde y por la noche. Hagan oraciones con mandatos afirmativos o negativos de **nosotros/as.**

modelo

Visitemos el Museo de Arte Contemporáneo Sofía Imber esta tarde. Quiero ver las esculturas de Jesús Rafael Soto.

GUÍA DE Caracas

MUSEOS

- **Museo de Arte Colonial** Avenida Panteón
- **Museo de Arte Contemporáneo Sofía Imber** Parque Central. Esculturas de Jesús Rafael Soto y pinturas de Miró, Chagall y Picasso.
- **Galería de Arte Nacional** Parque Central. Colección de más de 4.000 obras de arte venezolano.

SITIOS DE INTERÉS

- **Plaza Bolívar**
- **Jardín Botánico** Avenida Interna UCV. De 8:00 a 5:00.
- **Parque del Este** Avenida Francisco de Miranda. Parque más grande de la ciudad con terrario.
- **Casa Natal de Simón Bolívar** Esquina de Sociedad de la avenida Universitaria. Casa colonial donde nació El Libertador.

RESTAURANTES

- **El Barquero** Avenida Luis Roche
- **Restaurante El Coyuco** Avenida Urdaneta
- **Restaurante Sorrento** Avenida Francisco Solano
- **Café Tonino** Avenida Andrés Bello

NOTA CULTURAL

Jesús Rafael Soto (1923–2005) fue un escultor y pintor venezolano. Sus obras cinéticas (*kinetic works*) frecuentemente incluyen formas que brillan (*shimmer*) y vibran. En muchas de ellas el espectador se puede integrar a la obra.

Síntesis

5 **Situación** Tú y un(a) compañero/a viven juntos/as en un apartamento y tienen problemas económicos. Describan los problemas y sugieran algunas soluciones. Hagan oraciones con mandatos afirmativos o negativos de **nosotros/as.**

modelo

Hagamos un presupuesto (budget).
Es importante que no gastemos tanto dinero.

14.3 Past participles used as adjectives

ANTE TODO In **Lección 5**, you learned about present participles (**estudiando**). Both Spanish and English have past participles. The past participles of English verbs often end in **-ed** (*to turn* → *turned*), but many are also irregular (*to buy* → *bought; to drive* → *driven*).

- In Spanish, regular **-ar** verbs form the past participle with **-ado.** Regular **-er** and **-ir** verbs form the past participle with **-ido.**

INFINITIVE	STEM	PAST PARTICIPLE
bailar	bail-	**bailado**
comer	com-	**comido**
vivir	viv-	**vivido**

- **¡Atención!** The past participles of **-er** and **-ir** verbs whose stems end in **-a, -e,** or **-o** carry a written accent mark on the **i** of the **-ido** ending.

caer	**caído**	reír	**reído**
creer	**creído**	sonreír	**sonreído**
leer	**leído**	traer	**traído**
oír	**oído**		

Irregular past participles

abrir	**abierto**	morir	**muerto**
decir	**dicho**	poner	**puesto**
describir	**descrito**	resolver	**resuelto**
descubrir	**descubierto**	romper	**roto**
escribir	**escrito**	ver	**visto**
hacer	**hecho**	volver	**vuelto**

AYUDA

You already know several past participles used as adjectives: **aburrido, interesado, nublado, perdido,** etc.

• • •

Note that all irregular past participles except **dicho** and **hecho** end in **-to.**

- In Spanish, as in English, past participles can be used as adjectives. They are often used with the verb **estar** to describe a condition or state that results from an action. Like other Spanish adjectives, they must agree in gender and number with the nouns they modify.

En la entrada hay algunos letreros **escritos** en español.
In the entrance, there are some signs written in Spanish.

Tenemos la mesa **puesta** y la cena **hecha.**
We have the table set and dinner made.

recursos

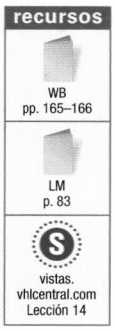

¡INTÉNTALO! Indica la forma correcta del participio pasado de estos verbos.

1. hablar hablado
2. beber _____
3. decidir _____
4. romper _____
5. escribir _____
6. cantar _____
7. oír _____
8. traer _____
9. correr _____
10. leer _____
11. ver _____
12. hacer _____

Práctica

1 **Completar** Completa las oraciones con la forma adecuada del participio pasado del verbo que está entre paréntesis.

1. Hoy mi peluquería favorita está _____ (cerrar).
2. Por eso, voy a otro salón de belleza que está _____ (abrir) todos los días.
3. Queda en la Plaza Bolívar, una plaza muy _____ (conocer).
4. Todos los productos y servicios de esta tienda están _____ (describir) en un catálogo.
5. El nombre del salón está _____ (escribir) en el letrero y en la acera (*sidewalk*).
6. Cuando la tarea esté _____ (hacer), necesito pasar por el banco.

NOTA CULTURAL

Simón Bolívar (1783–1830) es considerado el "libertador" de cinco países de Suramérica: Venezuela, Perú, Bolivia, Colombia y Ecuador. Su apellido se ve en nombres como Bolivia, Ciudad Bolívar, la Universidad Simón Bolívar, el bolívar (la moneda venezolana) y en los nombres de muchas plazas y calles.

2 **Preparativos** Tú y tu compañero/a van a hacer un viaje. Túrnense para hacerse estas preguntas sobre los preparativos *(preparations)*. Respondan afirmativamente y usen el participio pasado en sus respuestas.

modelo

Estudiante 1: *¿Firmaste el cheque de viajero?*
Estudiante 2: *Sí, el cheque de viajero ya está firmado.*

1. ¿Compraste los pasajes para el avión?
2. ¿Confirmaste las reservaciones para el hotel?
3. ¿Firmaste tu pasaporte?
4. ¿Lavaste la ropa?
5. ¿Resolviste el problema con el banco?
6. ¿Pagaste todas las cuentas?
7. ¿Hiciste todas las diligencias?
8. ¿Hiciste las maletas?

3 **El estudiante competitivo** En parejas, túrnense para hacer el papel de un(a) estudiante que es muy competitivo/a y siempre quiere ser mejor que los demás. Usen los participios pasados de los verbos subrayados.

modelo

Estudiante 1: *A veces se me daña la computadora.*
Estudiante 2: *Yo sé mucho de computadoras. Mi computadora nunca está dañada.*

1. Yo no hago la cama todos los días.
2. Casi nunca resuelvo mis problemas.
3. Nunca guardo mis documentos importantes.
4. Es difícil para mí terminar mis tareas.
5. Siempre se me olvida firmar mis tarjetas de crédito.
6. Nunca pongo la mesa cuando ceno.
7. No quiero escribir la composición para mañana.
8. Casi nunca lavo mi carro.

Comunicación

4 **Preguntas** En parejas, túrnense para hacerse estas preguntas.

1. ¿Dejas alguna luz prendida en tu casa por la noche?
2. ¿Está ordenado tu cuarto?
3. ¿Prefieres comprar libros usados o nuevos? ¿Por qué?
4. ¿Tienes mucho dinero ahorrado?
5. ¿Necesitas pedirles dinero prestado a tus padres?
6. ¿Estás preocupado/a por el medio ambiente?
7. ¿Qué haces cuando no estás preparado/a para una clase?
8. ¿Qué haces cuando estás perdido/a en una ciudad?

5 **Describir** Tú y un(a) compañero/a son agentes de policía y tienen que investigar un crimen. Miren el dibujo y describan lo que encontraron en la habitación del señor Villalonga. Usen el participio pasado en la descripción. Luego, comparen su descripción con la de otra pareja.

modelo

La puerta del baño no estaba cerrada.

AYUDA

You may want to use the past participles of these verbs to describe the illustration: **abrir, desordenar, hacer, poner, tirar** (*to throw*)

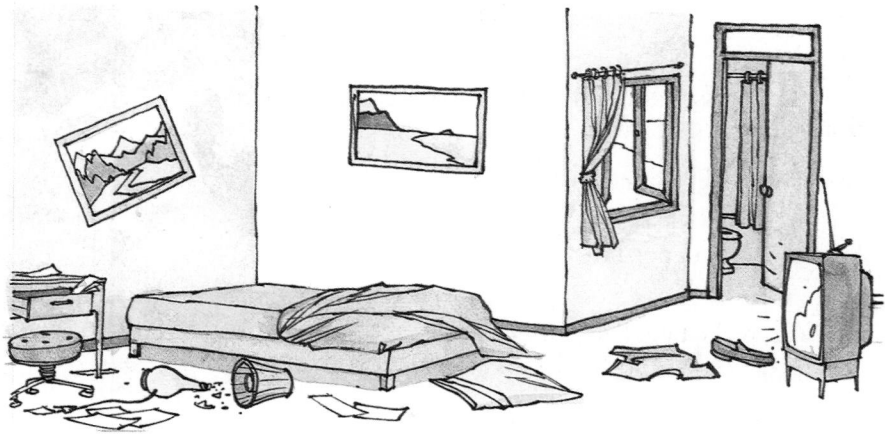

Síntesis

6 **Entre líneas** En parejas, representen una conversación entre un empleado de banco y una clienta. Usen las primeras dos líneas del diálogo para empezar y la última para terminar, pero inventen las líneas del medio *(middle)*. Usen participios pasados.

EMPLEADO Buenos días, señora Ibáñez. ¿En qué la puedo ayudar?

CLIENTA Tengo un problema con este banco. ¡Todavía no está resuelto!

...

CLIENTA ¡No vuelvo nunca a este banco!

Recapitulación

Concepts Diagnostics

Completa estas actividades para repasar los conceptos de gramática que aprendiste en esta lección.

1 **Completar** Completa la tabla con la forma correcta de los verbos. 8 pts.

Infinitivo	Participio	Infinitivo	Participio
completar	completada	hacer	
corregir		pagar	pagado
cubrir		pedir	
decir		perder	
escribir		poner	

2 **Los novios** Completa este diálogo entre dos novios con mandatos en la forma de **nosotros/as**. 10 pts.

SIMÓN ¿Quieres ir al cine mañana?

CARLA Sí, ¡qué buena idea! (1) _____ (Comprar) los boletos (*tickets*) por Internet.

SIMÓN No, mejor (2) _____ (pedírselos) a mi prima, quien trabaja en el cine y los consigue gratis.

CARLA ¡Fantástico!

SIMÓN Y también quiero visitar la nueva galería de arte el fin de semana que viene.

CARLA ¿Por qué esperar? (3) _____ (Visitarla) esta tarde.

SIMÓN Bueno, pero primero tengo que limpiar mi apartamento.

CARLA No hay problema. (4) _____ (Limpiarlo) juntos.

SIMÓN Muy bien. ¿Y tú no tienes que hacer diligencias hoy? (5) _____ (Hacerlas) también.

CARLA Sí, tengo que ir al correo y al banco. (6) _____ (Ir) al banco hoy, pero no (7) _____ (ir) al correo todavía. Antes tengo que escribir una carta.

SIMÓN ¿Una carta misteriosa? (8) _____ (Escribirla) ahora.

CARLA No, mejor no (9) _____ (escribirla) hasta que regresemos de la galería donde venden un papel reciclado muy lindo (*cute*).

SIMÓN ¿Papel lindo? Pues, ¿para quién es la carta?

CARLA No importa. (10) _____ (Empezar) a limpiar.

RESUMEN GRAMATICAL

14.1 The subjunctive in adjective clauses

pp. 486–487

- When adjective clauses refer to something that is known, certain, or definite, the indicative is used.

Necesito **el libro** que **tiene** fotos.

- When adjective clauses refer to something that is uncertain or indefinite, the subjunctive is used.

Necesito **un libro** que **tenga** fotos.

14.2 Nosotros/as commands

p. 490

- Same as **nosotros/as** form of present subjunctive.

Affirmative	Negative
Démosle un libro a Lola.	No le demos un libro a Lola.
Démoselo.	No se lo demos.

- While the subjunctive form of the verb **ir** is used for the negative **nosotros/as** command, the indicative is used for the affirmative command.

No **vayamos** a la plaza. **Vamos** a la plaza.

14.3 Past participles used as adjectives

p. 493

Past participles

Infinitive	Stem	Past participle
bailar	bail-	**bailado**
comer	com-	**comido**
vivir	viv-	**vivido**

Irregular past participles

abrir	**abierto**	morir	**muerto**
decir	**dicho**	poner	**puesto**
describir	**descrito**	resolver	**resuelto**
descubrir	**descubierto**	romper	**roto**
escribir	**escrito**	ver	**visto**
hacer	**hecho**	volver	**vuelto**

- Like common adjectives, past participles must agree with the noun they modify.

Hay unos letreros **escritos** en español.

3 **Verbos** Escribe los verbos en el presente de indicativo o de subjuntivo. 10 pts.

1. —¿Sabes dónde hay un restaurante donde nosotros (1) _____ (poder) comer paella valenciana? —No, no conozco ninguno que (2) _____ (servir) paella, pero conozco uno que (3) _____ (especializarse) en tapas españolas.
2. Busco vendedores que (4) _____ (ser) bilingües. No estoy seguro de conocer a alguien que (5) _____ (tener) esa característica. Pero ahora que lo pienso, ¡sí! Tengo dos amigos que (6) _____ (trabajar) en el almacén Excelencia. Los voy a llamar. Debo decirles que necesitamos que (ellos) (7) _____ (saber) hablar inglés.
3. Se busca apartamento que (8) _____ (estar) bien situado, que (9) _____ (costar) menos de $800 al mes y que (10) _____ (permitir) tener perros.

4 **La mamá de Pedro** Completa las respuestas de Pedro a las preguntas de su mamá. 10 pts.

modelo

MAMÁ: ¿Te ayudo a guardar la ropa?
PEDRO: La ropa ya *está guardada.*

1. **MAMÁ** ¿Cuándo se van a vestir tú y tu hermano para la fiesta?
   PEDRO Nosotros ya _____ _____.
2. **MAMÁ** Hijo, ¿puedes ordenar tu habitación?
   PEDRO La habitación ya _____ _____.
3. **MAMÁ** ¿Ya se murieron tus peces?
   PEDRO No, todavía no _____ _____.
4. **MAMÁ** ¿Te ayudo a hacer tus diligencias?
   PEDRO Gracias, mamá, pero las diligencias ya _____ _____.
5. **MAMÁ** ¿Cuándo terminas tu proyecto?
   PEDRO El proyecto ya _____ _____.

5 **La ciudad ideal** Escribe un párrafo de al menos seis oraciones describiendo cómo es la comunidad ideal donde te gustaría (*you would like*) vivir en el futuro y compárala con la comunidad donde vives ahora. Usa cláusulas adjetivas y el vocabulario de esta lección. 12 pts.

6 **Adivinanza** Completa la adivinanza y adivina la respuesta. ¡2 puntos EXTRA!

"Me llegan las cartas
y no sé _____ (*to read*)
y, aunque° me las como,
no mancho° el papel."
¿Quién soy? _____

aunque *although* no mancho *I don't stain*

Practice more at **vistas.vhlcentral.com.**

Lectura

Antes de leer

Estrategia

Identifying point of view

You can understand a narrative more completely if you identify the point of view of the narrator. You can do this by simply asking yourself from whose perspective the story is being told. Some stories are narrated in the first person. That is, the narrator is a character in the story, and everything you read is filtered through that person's thoughts, emotions, and opinions. Other stories have an omniscient narrator who is not one of the story's characters and who reports the thoughts and actions of all the characters.

Examinar el texto

Lee brevemente este cuento escrito por Marco Denevi. ¿Crees que se narra en primera persona o tiene un narrador omnisciente? ¿Cómo lo sabes?

_____

_____

Punto de vista

Éstos son fragmentos de *Esquina peligrosa* en los que se cambió el punto de vista° a primera persona. Completa cada oración de manera lógica.

1. Le _____ a mi chofer que me condujese hasta aquel barrio...
2. Al doblar la esquina _____ el almacén, el mismo viejo y sombrío almacén donde _____ había trabajado como dependiente...
3. El recuerdo de _____ niñez me puso nostálgico. Se _____ humedecieron los ojos.
4. Yo _____ la canasta de mimbre, _____ llenándola con paquetes [...] y _____ a hacer el reparto.

punto de vista *point of view*

Marco Denevi (1922–1998) fue un escritor y dramaturgo argentino. Estudió derecho y más tarde se convirtió en escritor. Algunas de sus obras, como *Rosaura a las diez*, han sido° llevadas al cine. Denevi se caracteriza por su gran creatividad e ingenio, que jamás dejan de sorprender al lector°.

Esquina peligrosa

Marco Denevi

El señor Epidídimus, el magnate de las finanzas°, uno de los hombres más ricos del mundo, sintió un día el vehemente deseo de visitar el barrio donde había vivido cuando era niño y trabajaba como dependiente de almacén.

Le ordenó a su chofer que lo condujese hasta aquel barrio humilde° y remoto. Pero el barrio estaba tan cambiado que el señor Epidídimus no lo reconoció. En lugar de calles de tierra había bulevares asfaltados°, y las míseras casitas de antaño° habían sido reemplazadas por torres de departamentos°.

Al doblar una esquina vio el almacén, el mismo viejo y sombrío° almacén donde él había trabajado como dependiente cuando tenía doce años.

—Deténgase aquí—le dijo al chofer. Descendió del automóvil y entró en el almacén. Todo se conservaba igual que en la época de su infancia: las estanterías, la anticuada caja registradora°, la balanza de pesas° y, alrededor, el mudo asedio° de la mercadería.

El señor Epidídimus percibió el mismo olor de sesenta años atrás: un olor picante y agridulce a jabón han sido *have been* lector *reader* finanzas *finance* humilde *humble, modest* asfaltados *paved with asphalt* antaño *yesteryear* torres de departamentos *apartment buildings* sombrío *somber* anticuada caja registradora *old-fashioned cash register* balanza de pesas *scale* mudo asedio *silent siege* aserrín *sawdust* acaroína *pesticide* penumbra del fondo *half-light from the back* reparto *delivery* lodazal *bog*

amarillo, a aserrín° húmedo, a vinagre, a aceitunas, a acaroína°. El recuerdo de su niñez lo puso nostálgico. Se le humedecieron los ojos. Le pareció que retrocedía en el tiempo.

Desde la penumbra del fondo° le llegó la voz ruda del patrón:

—¿Estas son horas de venir? Te quedaste dormido, como siempre.

El señor Epidídimus tomó la canasta de mimbre, fue llenándola con paquetes de azúcar, de yerba y de fideos, y salió a hacer el reparto°.

La noche anterior había llovido y las calles de tierra estaban convertidas en un lodazal°.

(1974)

© Denevi, Marco, Cartas peligrosas y otros cuentos. Obras Completas, Tomo 5, Buenos Aires, Corregidor, L999, págs. L92-L93.

Después de leer

Comprensión

Indica si las oraciones son **ciertas** o **falsas**. Corrige las falsas.

Cierto	Falso	
____	____	1. El señor Epidídimus tiene una tienda con la que gana poco dinero.
____	____	2. Epidídimus vivía en un barrio humilde cuando era pequeño.
____	____	3. Epidídimus le ordenó al chofer que lo llevara a un barrio de gente con poco dinero.
____	____	4. Cuando Epidídimus entró al almacén se acordó de experiencias pasadas.
____	____	5. Epidídimus les dio órdenes a los empleados del almacén.

Interpretación

Responde a estas preguntas con oraciones completas.

1. ¿Es rico o pobre Epidídimus? ¿Cómo lo sabes?

   _____

2. ¿Por qué Epidídimus va al almacén?

   _____

3. ¿De quién es la voz "ruda" que Epidídimus escucha? ¿Qué orden crees que le dio a Epidídimus?

   _____

4. ¿Qué hace Epidídimus al final?

   _____

Coméntalo

En parejas, hablen de sus impresiones y conclusiones. Tomen como guía estas preguntas.

- ¿Te sorprendió el final de este cuento? ¿Por qué?
- ¿Qué va a hacer Epidídimus el resto del día?
- ¿Crees que Epidídimus niño estaba soñando o Epidídimus adulto estaba recordando?
- ¿Por qué crees que el cuento se llama *Esquina peligrosa*?

Escritura

Estrategia

Avoiding redundancies

Redundancy is the needless repetition of words or ideas. To avoid redundancy with verbs and nouns, consult a Spanish language thesaurus (**Diccionario de sinónimos**). You can also avoid redundancy by using object pronouns, possessive adjectives, demonstrative adjectives and pronouns, and relative pronouns. Remember that, in Spanish, subject pronouns are generally used only for clarification, emphasis, or contrast. Study the example below:

Redundant:

Susana quería visitar a su amiga. Susana estaba en la ciudad. Susana tomó el tren y perdió el mapa de la ciudad. Susana estaba perdida en la ciudad. Susana estaba nerviosa. Por fin, la amiga de Susana la llamó a Susana y le indicó cómo llegar.

Improved:

Susana, quien estaba en la ciudad, quería visitar a su amiga. Tomó el tren y perdió el mapa. Estaba perdida y nerviosa. Por fin, su amiga la llamó y le indicó cómo llegar.

Tema

Escribir un correo electrónico

Vas a visitar a un(a) amigo/a que vive en una ciudad que no conoces. Vas a pasar allí una semana y tienes que hacer también un trabajo para tu clase de literatura. Tienes planes de alquilar un carro, pero no sabes cómo llegar del aeropuerto a la casa de tu amigo/a.

Escríbele a tu amigo/a un mensaje electrónico describiendo lo que te interesa hacer allí y dale sugerencias de actividades que pueden hacer juntos/as. Menciona lo que necesitas para hacer tu trabajo. Puedes basarte en una visita real o imaginaria.

Considera esta lista de datos que puedes incluir:

- El nombre de la ciudad que vas a visitar
- Los lugares que más te interesa visitar
- Lo que necesitas para hacer tu trabajo:
  - acceso a Internet
  - saber cómo llegar a la biblioteca pública
  - tiempo para estar solo/a
  - libros para consultar
- Mandatos para las actividades que van a compartir

Escuchar

Audio: Activities

Estrategia

Listening for specific information/ Listening for linguistic cues

As you already know, you don't have to hear or understand every word when listening to Spanish. You can often get the facts you need by listening for specific pieces of information. You should also be aware of the linguistic structures you hear. For example, by listening for verb endings, you can ascertain whether the verbs describe past, present, or future actions, and they can also indicate who is performing the action.

To practice these strategies, you will listen to a short paragraph about an environmental issue. What environmental problem is being discussed? What is the cause of the problem? Has the problem been solved, or is the solution under development?

Preparación

Describe la foto. Según la foto, ¿qué información específica piensas que vas a oír en el diálogo?

Ahora escucha

Lee estas frases y luego escucha la conversación entre Alberto y Eduardo. Indica si cada verbo se refiere a algo en el pasado, en el presente o en el futuro.

Acciones

1. Demetrio / comprar en Macro _____
2. Alberto / comprar en Macro _____
3. Alberto / estudiar psicología _____
4. carro / tener frenos malos _____
5. Eduardo / comprar un anillo para Rebeca _____
6. Eduardo / estudiar _____

Comprensión

Descripciones

Marca las frases que describen correctamente a Alberto.

1. _____ Es organizado en sus estudios.
2. _____ Compró unas flores para su novia.
3. _____ No le gusta tomar el metro.
4. _____ No conoce bien la zona de Sabana Grande y Chacaíto.
5. _____ No tiene buen sentido de la orientación°.
6. _____ Le gusta ir a los lugares que están de moda.

Preguntas

1. ¿Por qué Alberto prefiere ir en metro a Macro?
2. ¿Crees que Alberto y Eduardo viven en una ciudad grande o en un pueblo? ¿Cómo lo sabes?
3. ¿Va Eduardo a acompañar a Alberto? ¿Por qué?

Conversación

En grupos pequeños, hablen de sus tiendas favoritas y de cómo llegar a ellas desde la universidad. ¿En qué lugares tienen la última moda? ¿Los mejores precios? ¿Hay buenas tiendas cerca de la universidad?

sentido de la orientación *sense of direction*

En pantalla

Son muchos los íconos de Buenos Aires. En La Boca, se viven dos pasiones: el tango y el fútbol. En los Bosques de Palermo, pasean los enamorados. En San Telmo, se compran antigüedades° y también se respira tango. En el cementerio de La Recoleta, turistas y cientos de gatos recorren las adornadas° tumbas y los elegantes mausoleos. Pero quizá el símbolo más famoso sea el Obelisco de Buenos Aires, ubicado en la intersección de las Avenidas Corrientes y 9 de Julio. Y ésta última° es el escenario del video que vas a ver a continuación°.

Vocabulario útil

avanzar	*to move forward*
caminante	*walker*
detenerse	*to stop*
en el medio	*in the middle*
hombrecito blanco/rojo	*little white/red man*
peatones	*pedestrians*
plazoleta (Arg.)	*traffic island*
semáforo	*traffic lights*

Preparación

Imagina que vas a cruzar la avenida más ancha del mundo. ¿Qué instrucciones se necesitan?

Ordenar

Ordena los pasos (*steps*) para cruzar la avenida.

a. Avancemos cuando el hombrecito blanco nos protege.
b. Primero, detengámonos. Miremos las señales y los semáforos.
c. Dejemos pasar los autos.
d. Detengámonos en el medio cuando el hombrecito blanco nos abandona.
e. Ya llegamos, ¡corramos felices!

Instrucciones

En parejas, describan los siete pasos para hacer una de estas cuatro tareas. Utilicen mandatos con **tú**.

a. preparar una ensalada
b. ver una película en el cine
c. dormirse
d. llegar a la universidad

antigüedades *antiques* adornadas *decorated* última *last one* a continuación *next*

Cruzar 9 de Julio

Para ello necesitaremos: semáforos, dos pares...

El hombrecito blanco significa: Vé tranquilo caminante.

¡Debemos detenernos!

Video: TV Clip

Practice more at **vistas.vhlcentral.com.**

En una ciudad tan grande como el D.F., la vida es más fácil gracias al Sistema de Transporte Colectivo Metro y los viajes muchas veces pueden ser interesantes: en el metro se promueve° la cultura. Allí se construyó el primer museo del mundo en un transporte colectivo. También hay programas de préstamo° de libros para motivar a los usuarios a leer en el tiempo muerto° que pasan dentro° del sistema. ¿Quieres saber más? Descubre qué hace tan especial al Metro del D.F. en este episodio de *Flash cultura*.

Vocabulario útil

concurrido	*busy, crowded*
se esconde	*is hidden*
transbordo	*transfer, change*
tranvía	*streetcar*

Preparación

Imagina que estás en México, D.F., una de las ciudades más grandes del mundo. ¿Qué transporte usas para ir de un lugar a otro? ¿Por qué?

Seleccionar

Selecciona la respuesta correcta.

1. El Bosque de Chapultepec es uno de los lugares más (solitarios/concurridos) de la ciudad.
2. En las estaciones (de transbordo/subterráneas) los pasajeros pueden cambiar de trenes para llegar fácilmente a su destino.
3. Algunas líneas del Metro no son subterráneas, sino superficiales, es decir, (paran/circulan) al nivel de la calle.
4. Dentro de algunas estaciones hay (danzas indígenas/exposiciones de arte).

El Metro del D.F.

Viajando en el Metro... puedes conocer más acerca de la cultura de este país.

Para la gente... mayor de 60 años, es el transporte totalmente gratuito.

... el Metro [...] está conectado con los demás sistemas de transporte...

Video: *Flash cultura*

Practice more at **vistas.vhlcentral.com.**

recursos	
VM pp. 317–318	vistas.vhlcentral.com Lección 14

se promueve *is stimulated* préstamo *loan* tiempo muerto *down time* dentro *inside*

Video: *Panorama cultural*
Interactive map

Venezuela

El país en cifras

- **Área:** 912.050 km^2 (352.144 millas^2), *aproximadamente dos veces el área de California*
- **Población:** 31.292.000
- **Capital:** Caracas —3.292.000
- **Ciudades principales:** Maracaibo —2.357.000, Valencia —1.905.000, Barquisimeto —1.273.000, Maracay —1.138.000

SOURCE: Population Division, UN Secretariat

- **Moneda:** bolívar
- **Idiomas:** español (oficial), lenguas indígenas (oficiales)

El yanomami es uno de los idiomas indígenas que se habla en Venezuela. La cultura de los yanomami tiene su centro en el sur de Venezuela, en el bosque tropical. Son cazadores° y agricultores y viven en comunidades de hasta 400 miembros.

Bandera de Venezuela

Venezolanos célebres

- **Teresa Carreño,** compositora y pianista (1853–1917)
- **Rómulo Gallegos,** escritor y político (1884–1969)
- **Andrés Eloy Blanco,** poeta (1897–1955)
- **Baruj Benacerraf,** científico (1920–2011)

En 1980, Baruj Benacerraf, junto con dos de sus colegas, recibió el Premio Nobel por sus investigaciones en el campo° de la inmunología y las enfermedades autoinmunes. Nacido en Caracas, Benacerraf también vivió en París y los Estados Unidos.

cazadores *hunters* campo *field* caída *drop* Salto Ángel *Angel Falls* catarata *waterfall* la dio a conocer *made it known*

Isla Margarita

Vista de Caracas

Una piragua

recursos

WB	VM	vistas.vhlcentral.com
pp. 167–168	pp. 275–276	Lección 14

¡Increíble pero cierto!

Con una caída° de 979 metros (3.212 pies) desde la meseta de Auyan Tepuy, Salto Ángel°, en Venezuela, es la catarata° más alta del mundo, ¡diecisiete veces más alta que las cataratas del Niágara! James C. Angel la dio a conocer° en 1935. Los indígenas de la zona la denominan "Kerepakupai Merú".

Economía • El petróleo

La industria petrolera° es muy importante para la economía venezolana. La mayor concentración de petróleo del país se encuentra debajo del lago Maracaibo. En 1976 se nacionalizaron las empresas° petroleras y pasaron a ser propiedad° del estado con el nombre de *Petróleos de Venezuela*. Este producto representa más del 70% de las exportaciones del país, siendo los Estados Unidos su principal comprador°.

Actualidades • Caracas

El *boom* petrolero de los años cincuenta transformó a Caracas en una ciudad cosmopolita. Sus rascacielos° y excelentes sistemas de transporte la hacen una de las ciudades más modernas de Latinoamérica. El metro, construido en 1983, es uno de los más modernos del mundo y sus extensas carreteras y autopistas conectan la ciudad con el interior del país. El corazón de la capital es el Parque Central, una zona de centros comerciales, tiendas, restaurantes y clubes.

Historia • Simón Bolívar (1783–1830)

A principios del siglo° XIX, el territorio de la actual Venezuela, al igual que gran parte de América, todavía estaba bajo el dominio de la Corona° española. El general Simón Bolívar, nacido en Caracas, es llamado "El Libertador" porque fue el líder del movimiento independentista suramericano en el área que hoy es Venezuela, Colombia, Ecuador, Perú y Bolivia.

¿Qué aprendiste? Responde a cada pregunta con una oración completa.

1. ¿Cuál es la moneda de Venezuela?
2. ¿Quién fue Rómulo Gallegos?
3. ¿Cuándo se dio a conocer el Salto Ángel?
4. ¿Cuál es el producto más exportado de Venezuela?
5. ¿Qué ocurrió en 1976 con las empresas petroleras?
6. ¿Cómo se llama la capital de Venezuela?
7. ¿Qué hay en el Parque Central de Caracas?
8. ¿Por qué es conocido Simón Bolívar como "El Libertador"?

Sombreros y hamacas en Ciudad Bolívar

Conexión Internet Investiga estos temas en **vistas.vhlcentral.com.**

1. Busca información sobre Simón Bolívar. ¿Cuáles son algunos de los episodios más importantes de su vida? ¿Crees que Bolívar fue un estadista (*statesman*) de primera categoría? ¿Por qué?
2. Prepara un plan para un viaje de ecoturismo por el Orinoco. ¿Qué quieres ver y hacer durante la excursión?

Practice more at **vistas.vhlcentral.com.**

industria petrolera *oil industry* empresas *companies* propiedad *property* comprador *buyer* rascacielos *skyscrapers* siglo *century* Corona *Crown*

En la ciudad

el banco	*bank*
la carnicería	*butcher shop*
el correo	*post office*
el estacionamiento	*parking lot*
la frutería	*fruit store*
la heladería	*ice cream shop*
la joyería	*jewelry store*
la lavandería	*laundromat*
la panadería	*bakery*
la pastelería	*pastry shop*
la peluquería, el salón de belleza	*beauty salon*
la pescadería	*fish market*
el supermercado	*supermarket*
la zapatería	*shoe store*
hacer cola	*to stand in line*
hacer diligencias	*to run errands*

En el banco

el cajero automático	*ATM*
el cheque (de viajero)	*(traveler's) check*
la cuenta corriente	*checking account*
la cuenta de ahorros	*savings account*
ahorrar	*to save (money)*
cobrar	*to cash (a check)*
depositar	*to deposit*
firmar	*to sign*
llenar (un formulario)	*to fill out (a form)*
pagar a plazos	*to pay in installments*
pagar al contado/ en efectivo	*to pay in cash*
pedir prestado/a	*to borrow*
pedir un préstamo	*to apply for a loan*
ser gratis	*to be free of charge*

Cómo llegar

la cuadra	*(city) block*
la dirección	*address*
la esquina	*corner*
el letrero	*sign*
cruzar	*to cross*
doblar	*to turn*
estar perdido/a	*to be lost*
indicar cómo llegar	*to give directions*
quedar	*to be located*
(al) este	*(to the) east*
(al) norte	*(to the) north*
(al) oeste	*(to the) west*
(al) sur	*(to the) south*
derecho	*straight (ahead)*
enfrente de	*opposite; facing*
hacia	*toward*

Past participles used as adjectives	*See page 493.*
Expresiones útiles	*See page 481.*

En el correo

el cartero	*mail carrier*
el correo	*mail/post office*
la estampilla, el sello	*stamp*
el paquete	*package*
el sobre	*envelope*
echar (una carta) al buzón	*to put (a letter) in the mailbox; to mail*
enviar, mandar	*to send; to mail*

Audio: Vocabulary

El bienestar

15

Communicative Goals

You will learn how to:

- **Talk about health, well-being, and nutrition**
- **Talk about physical activities**

contextos

pages 508–511
- Health and well-being
- Exercise and physical activity
- Nutrition

fotonovela

pages 512–515
Marissa, Felipe, Jimena, and Juan Carlos visit the famous ruins of Chichén Itzá. After exploring the archeological site, they visit a spa to escape the sun and unwind.

cultura

pages 516–517
- Natural spas
- Fruits and health

estructura

pages 518–529
- The present perfect
- The past perfect
- The present perfect subjunctive
- **Recapitulación**

adelante

pages 530–537
Lectura: A short story
Escritura: A personal wellness plan
Escuchar: A radio program about exercise
En pantalla
Flash cultura
Panorama: Bolivia

A PRIMERA VISTA

- **¿Está la chica en un gimnasio o en un lugar al aire libre?**
- **¿Practica ella deportes frecuentemente?**
- **¿Es activa o sedentaria?**
- **¿Es probable que le importe su salud?**

El bienestar

Más vocabulario

adelgazar	*to lose weight; to slim down*
aliviar el estrés	*to reduce stress*
aliviar la tensión	*to reduce tension*
apurarse, darse prisa	*to hurry; to rush*
aumentar de peso, engordar	*to gain weight*
calentarse (e:ie)	*to warm up*
disfrutar (de)	*to enjoy; to reap the benefits (of)*
entrenarse	*to practice; to train*
estar a dieta	*to be on a diet*
estar en buena forma	*to be in good shape*
hacer gimnasia	*to work out*
llevar una vida sana	*to lead a healthy lifestyle*
mantenerse en forma	*to stay in shape*
sufrir muchas presiones	*to be under a lot of pressure*
tratar de (+ *inf.*)	*to try (to do something)*
la droga	*drug*
el/la drogadicto/a	*drug addict*
activo/a	*active*
débil	*weak*
en exceso	*in excess; too much*
flexible	*flexible*
fuerte	*strong*
sedentario/a	*sedentary; related to sitting*
tranquilo/a	*calm; quiet*
el bienestar	*well-being*

Variación léxica

hacer ejercicios aeróbicos ⟷ hacer aeróbic *(Esp.)*

el/la entrenador(a) ⟷ el/la monitor(a)

recursos

WB	LM	vistas.vhlcentral.com
pp. 169–170	p. 85	Lección 15

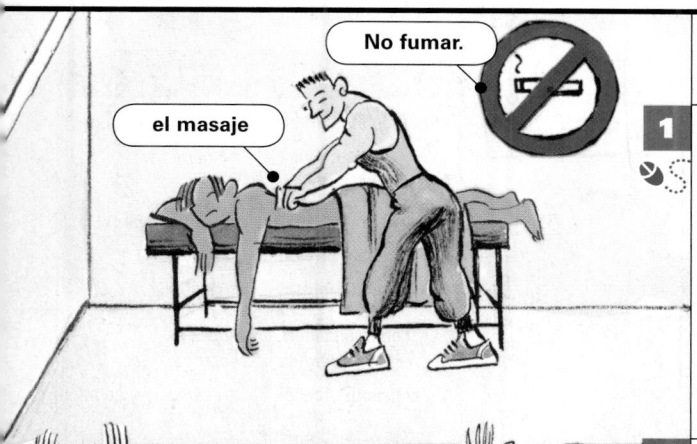

Práctica

1

Escuchar Mira el dibujo. Luego escucha las oraciones e indica si lo que se dice en cada oración es **cierto** o **falso**.

	Cierto	Falso		Cierto	Falso
1.	❍	❍	6.	❍	❍
2.	❍	❍	7.	❍	❍
3.	❍	❍	8.	❍	❍
4.	❍	❍	9.	❍	❍
5.	❍	❍	10.	❍	❍

2

Seleccionar Escucha el anuncio del gimnasio Sucre. Marca con una **X** los servicios que se ofrecen.

_____ 1. dietas para adelgazar
_____ 2. programa para aumentar de peso
_____ 3. clases de gimnasia
_____ 4. entrenador personal
_____ 5. masajes
_____ 6. programa para dejar de fumar

3

Identificar Identifica el antónimo (*antonym*) de cada palabra.

apurarse	fuerte
disfrutar	mantenerse en forma
engordar	sedentario
estar enfermo	sufrir muchas presiones
flexible	tranquilo

1. activo
2. adelgazar
3. aliviar el estrés
4. débil
5. ir despacio
6. estar sano
7. nervioso
8. ser teleadicto

4

Combinar Combina elementos de cada columna para formar ocho oraciones lógicas sobre el bienestar.

1. David levanta pesas
2. Estás en buena forma
3. Felipe se lastimó
4. José y Rafael
5. Mi hermano
6. Sara hace ejercicios de
7. Mis primas están a dieta
8. Para llevar una vida sana,

a. aumentó de peso.
b. estiramiento.
c. porque quieren adelgazar.
d. porque haces ejercicio.
e. sudan mucho en el gimnasio.
f. un músculo de la pierna.
g. no se debe fumar.
h. y corre mucho.

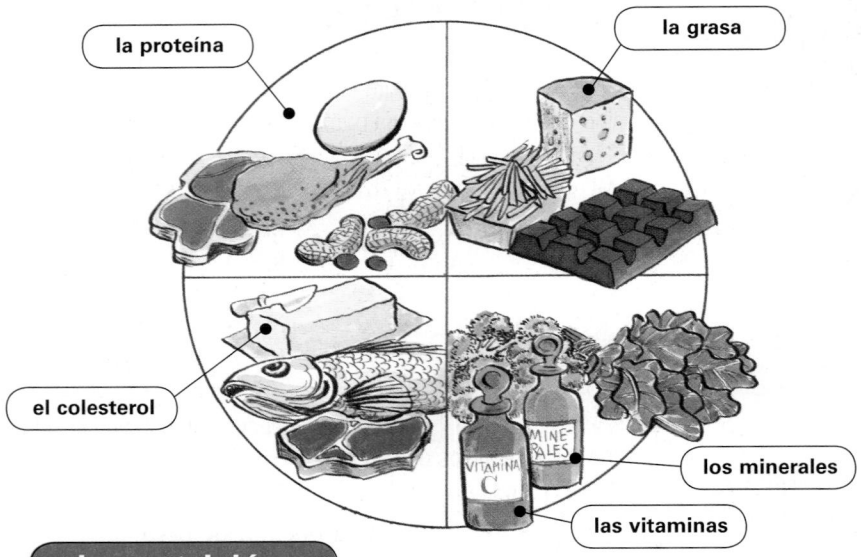

La nutrición

Más vocabulario

la bebida alcohólica	*alcoholic beverage*
la cafeína	*caffeine*
la caloría	*calorie*
la merienda	*afternoon snack*
la nutrición	*nutrition*
el/la nutricionista	*nutritionist*
comer una dieta equilibrada	*to eat a balanced diet*
consumir alcohol	*to consume alcohol*
descafeinado/a	*decaffeinated*

5 **Completar** Completa cada oración con la palabra adecuada.

1. Después de hacer ejercicio, como pollo o bistec porque contienen _____.
   a. drogas b. proteínas c. grasa
2. Para _____, es necesario consumir comidas de todos los grupos alimenticios (*nutrition groups*).
   a. aliviar el estrés b. correr c. comer una dieta equilibrada
3. Mis primas _____ una buena comida.
   a. disfrutan de b. tratan de c. sudan
4. Mi entrenador no come queso ni papas fritas porque contienen _____.
   a. dietas b. vitaminas c. mucha grasa
5. Mi padre no come mantequilla porque él necesita reducir _____.
   a. la nutrición b. el colesterol c. el bienestar
6. Mi novio cuenta _____ porque está a dieta.
   a. las pesas b. los músculos c. las calorías

CONSULTA

To review what you have learned about nutrition and food groups, see **Contextos, Lección 8**, pp. 262–265.

6 **La nutrición** En parejas, hablen de los tipos de comida que comen y las consecuencias que tienen para su salud. Luego compartan la información con la clase.

1. ¿Cuántas comidas con mucha grasa comes regularmente? ¿Piensas que debes comer menos comidas de este tipo? ¿Por qué?
2. ¿Compras comidas con muchos minerales y vitaminas? ¿Necesitas consumir más comidas que los contienen? ¿Por qué?
3. ¿Algún miembro de tu familia tiene problemas con el colesterol? ¿Qué haces para evitar problemas con el colesterol?
4. ¿Eres vegetariano/a? ¿Conoces a alguien que sea vegetariano/a? ¿Qué piensas de la idea de no comer carne u otros productos animales? ¿Es posible comer una dieta equilibrada sin comer carne? Explica.
5. ¿Tomas cafeína en exceso? ¿Qué ventajas (*advantages*) y desventajas tiene la cafeína? Da ejemplos de productos que contienen cafeína y de productos descafeinados.
6. ¿Llevas una vida sana? ¿Y tus amigos? ¿Crees que, en general, los estudiantes llevan una vida sana? ¿Por qué?

AYUDA

Some useful words:
sano = saludable
en general = por lo general
estricto
normalmente
muchas veces
a veces
de vez en cuando

Comunicación

7 **Un anuncio** En grupos de cuatro, imaginen que son dueños/as de un gimnasio con un equipo (*equipment*) moderno, entrenadores cualificados y un(a) nutricionista. Preparen y presenten un anuncio para la televisión que hable del gimnasio y atraiga (*attracts*) a una gran variedad de nuevos clientes. No se olviden de presentar esta información:

- las ventajas de estar en buena forma
- el equipo que tienen
- los servicios y clases que ofrecen
- las características únicas
- la dirección y el teléfono
- el precio para los socios (*members*)

8 **Recomendaciones para la salud** En parejas, imaginen que están preocupados/as por los malos hábitos de un(a) amigo/a que no está bien últimamente (*lately*). Escriban y representen una conversación en la cual hablen de lo que está pasando en la vida de su amigo/a y los cambios que necesita hacer para llevar una vida sana.

9 **El teleadicto** Con un(a) compañero/a, representen los papeles de un(a) nutricionista y un(a) teleadicto/a. La persona sedentaria habla de sus malos hábitos para la comida y de que no hace ejercicio. También dice que toma demasiado café y que siente mucho estrés. El/La nutricionista le sugiere una dieta equilibrada con bebidas descafeinadas y una rutina para mantenerse en buena forma. El/La teleadicto/a le da las gracias por su ayuda.

10 **El gimnasio perfecto** Tú y tu compañero/a quieren encontrar el gimnasio perfecto. Su profesor(a) les va a dar a cada uno/a de ustedes el anuncio de un gimnasio. Túrnense para hacerse preguntas sobre las actividades que se ofrecen en cada uno. Al final, decidan cuál es el mejor gimnasio y compartan su decisión con la clase.

11 **¿Quién es?** Trabajen en grupos. Cada uno/a de ustedes va a elegir a una persona famosa por temas de salud y bienestar. Los demás miembros del grupo deben hacer preguntas hasta descubrir a quién eligió cada quien. Recuerden usar el vocabulario de la lección.

modelo

Estudiante 1: ¿Haces ejercicio todos los días?
Estudiante 2: Sí, sobre todo hago ejercicios aeróbicos. ¡Me encanta la música!
Estudiante 3: ¿Comes una dieta equilibrada?
Estudiante 2: Sí, y hace más de 40 años que perdí más de 100 libras (*pounds*) de peso.
Estudiante 1: ¡Ya sé! ¡Eres Richard Simmons!

Chichén Itzá

Los chicos exploran Chichén Itzá y se relajan en un spa.

PERSONAJES

MARISSA

FELIPE

Video: *Fotonovela*
Record and Compare

1

MARISSA ¡Chichén Itzá es impresionante! Qué lástima que Maru y Miguel no hayan podido venir. Sobre todo Maru.

FELIPE Ha estado bajo mucha presión.

2

MARISSA ¿Ustedes ya habían venido antes?

FELIPE Sí. Nuestros papás nos trajeron cuando éramos niños.

3

(*en otro lugar de las ruinas*)

JUAN CARLOS ¡Hace calor!

JIMENA ¡Sí! Hay que estar en buena forma para recorrer las ruinas.

4

JUAN CARLOS Siempre había llevado una vida sana antes de entrar a la universidad.

JIMENA Tienes razón. La universidad hace que seamos muy sedentarios.

JUAN CARLOS ¡Busquemos a Felipe y a Marissa!

5

FELIPE El otro día le gané a Juan Carlos en el parque.

JUAN CARLOS Estaba mirando hacia otro lado, cuando me di cuenta, Felipe ya había empezado a correr.

6

FELIPE ¡Gané!

JIMENA Qué calor. Tengo una idea. Vamos.

JUAN CARLOS

JIMENA

EMPLEADA

EMPLEADA Ofrecemos varios servicios para aliviar el estrés: masajes, saunas...

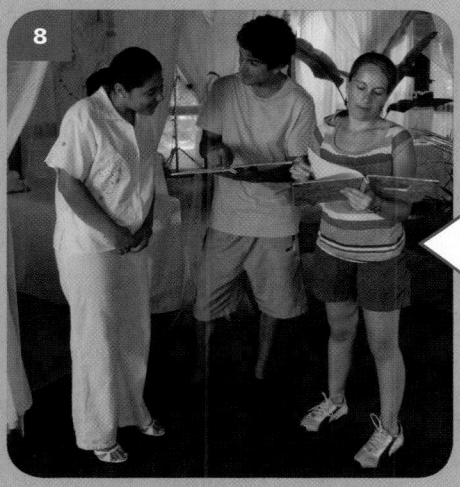

FELIPE Me gustaría un masaje.

MARISSA Yo prefiero un baño mineral.

JUAN CARLOS ¿Crees que tienes un poco de tiempo libre la semana que viene? Me gustaría invitarte a salir.

JIMENA ¿Sin Felipe?

JUAN CARLOS Sin Felipe.

EMPLEADA ¿Ya tomaron una decisión?

JIMENA Sí.

Expresiones útiles

Wishing a friend were with you

Qué lástima que no hayan podido venir.
What a shame that they were not able to come.
Sobre todo Maru.
Especially Maru.
Él/Ella ha estado bajo mucha presión.
He/She has been under a lot of pressure.
Creo que ellos ya habían venido antes.
I think they had already come (here) before.

Talking about trips

¿Ustedes ya habían venido antes?
Had you been (here) before?
Sí. He querido regresar desde que leí el *Chilam Balam*.
Yes. I have wanted to come back ever since I read the Chilam Balam.
¿Recuerdas cuando nos trajo papá?
Remember when Dad brought us?
Al llegar a la cima, comenzaste a llorar.
When we got to the top, you started to cry.

Talking about well-being

Siempre había llevado una vida sana antes de entrar a la universidad.
I had always maintained a healthy lifestyle before starting college.
Ofrecemos varios servicios para aliviar el estrés.
We offer many services to relieve stress.
Me gustaría un masaje.
I would like a massage.

Additional vocabulary

la cima *top, peak*
el escalón *step*
el muro *wall*
tomar una decisión *to make a decision*

¿Qué pasó?

1 **Seleccionar** Selecciona la respuesta que completa mejor cada oración.

1. Felipe y Marissa piensan que Maru _____.
   a. debe hacer ejercicio b. aumentó de peso c. ha estado bajo mucha presión
2. Felipe y Jimena visitaron Chichén Itzá _____.
   a. para aliviar el estrés b. cuando eran niños c. para llevar una vida sana
3. Jimena dice que la universidad hace a los estudiantes _____.
   a. comer una dieta equilibrada b. ser sedentarios c. levantar pesas
4. En el spa ofrecen servicios para _____.
   a. sudar b. aliviar el estrés c. ser flexibles
5. Felipe elige que le den un _____.
   a. baño mineral b. almuerzo c. masaje

2 **Identificar** Identifica quién puede decir estas oraciones.

1. No me di cuenta (*I didn't realize*) de que habías empezado a correr, por eso ganaste.
2. Miguel y Maru no visitaron Chichén Itzá, ¡qué lástima que no hayan podido venir!
3. Se necesita estar en buena forma para visitar este tipo de lugares.
4. Los masajes, saunas y baños minerales que ofrecemos alivian la tensión.
5. Si salimos, no invites a Felipe.
6. Yo corro más rápido que Juan Carlos.

MARISSA

FELIPE

JIMENA

JUAN CARLOS

EMPLEADA

3 **Inventar** En parejas, hagan descripciones de los personajes de la **Fotonovela**. Utilicen las oraciones, la lista de palabras y otras expresiones que sepan.

aliviar el estrés	hacer ejercicios de estiramiento	masaje
bienestar	llevar una vida sana	teleadicto/a
grasa	mantenerse en forma	vitamina

modelo

Estudiante 1: Felipe es activo, flexible y fuerte.
Estudiante 2: Marissa siempre hace ejercicios de estiramiento. Está en buena forma y lleva una vida muy sana...

1. A Juan Carlos le duelen los músculos después de hacer gimnasia.
2. Maru a veces sufre presiones y estrés en la universidad.
3. A Jimena le encanta salir con amigos o leer un buen libro.
4. Felipe trata de comer una dieta equilibrada.
5. Juan Carlos no es muy flexible.

Practice more at **vistas.vhlcentral.com.**

Ortografía Concepts

Las letras b y v

Since there is no difference in pronunciation between the Spanish letters **b** and **v**, spelling words that contain these letters can be tricky. Here are some tips.

nombre **blusa** **absoluto** **descubrir**

The letter **b** is always used before consonants.

bonita **botella** **buscar** **bienestar**

At the beginning of words, the letter **b** is usually used when it is followed by the letter combinations **-on, -or, -ot, -u, -ur, -us, -ien,** and **-ene.**

adelgazaba **disfrutaban** **ibas** **íbamos**

The letter **b** is used in the verb endings of the imperfect tense for **-ar** verbs and the verb **ir.**

voy **vamos** **estuvo** **tuvieron**

The letter **v** is used in the present tense forms of **ir** and in the preterite forms of **estar** and **tener.**

octavo **huevo** **activa** **grave**

The letter **v** is used in these noun and adjective endings: **-avo/a, -evo/a, -ivo/a, -ave, -eve.**

Práctica Completa las palabras con las letras **b** o **v.**

1. Una __ez me lastimé el __razo cuando esta__a __uceando.
2. Manuela se ol__idó sus li__ros en el auto__ús.
3. Ernesto tomó el __orrador y se puso todo __lanco de tiza.
4. Para tener una __ida sana y saluda__le, necesitas tomar __itaminas.
5. En mi pue__lo hay un __ule__ar que tiene muchos ár__oles.

El ahorcado (*Hangman*) Juega al ahorcado para adivinar las palabras.

1. __ u __ __ s — Están en el cielo.
2. __ u __ __ n — Relacionado con el correo
3. __ o __ e __ __ a — Está llena de líquido.
4. __ i __ __ e — Fenómeno meteorológico
5. __ e __ __ __ __ __ s — Los "ojos" de la casa

recursos

LM p. 86	vistas.vhlcentral.com Lección 15

EN DETALLE

Additional Reading

Spas naturales

¿Hay algo mejor que un buen baño° para descansar y aliviar la tensión? Y si el baño se toma en una terma°, el beneficio° es mayor. Los tratamientos con agua y lodo° para mejorar la salud y el bienestar son populares en las Américas desde hace muchos siglos°. Las termas son manantiales° naturales de agua caliente. La temperatura facilita la absorción de minerales y otros elementos que contiene el agua y que son buenos para la salud. El agua de las termas se usa en piscinas, baños y duchas o en el sitio natural en el que surge°: pozas°, estanques° o cuevas°.

Volcán de lodo El Totumo, Colombia

En Baños de San Vicente, en Ecuador, son muy populares los tratamientos° con lodo volcánico.

El lodo caliente se extiende por el cuerpo; así la piel° absorbe los minerales beneficiosos para la salud; también se usa para dar masajes. La lodoterapia es útil para tratar varias enfermedades, además hace que la piel se vea radiante.

Ecotermales en Arenal, Costa Rica

En Costa Rica, la actividad volcánica también ha dado° origen a fuentes° y pozas termales. Si te gusta cuidarte y amas la naturaleza, recuerda estos nombres: Las Hornillas y Las Pailas. Son pozas naturales de aguas termales que están cerca del volcán Rincón de la Vieja. Un baño termal en medio de un paisaje tan hermoso es una experiencia única.

baño *bath* terma *hot spring* beneficio *benefit* lodo *mud* siglos *centuries* manantiales *springs* surge *springs forth* pozas *small pools* estanques *ponds* cuevas *caves* tratamientos *treatments* piel *skin* ha dado *has given* fuentes *springs* balnearios *spas* cascadas *waterfalls* algas *seaweed* temazcales *steam and medicinal herb baths*

Otros balnearios°

Todos ofrecen piscinas, baños, pozas y duchas de aguas termales y además...

Lugar	Servicios
El Edén y Yanasara, Curgos (Perú)	cascadas° de aguas termales
Montbrió del Camp, Tarragona (España)	baños de algas°
Puyuhuapi (Chile)	duchas de agua de mar; baños de algas
Termas de Río Hondo, Santiago del Estero (Argentina)	baños de lodo
Tepoztlán, Morelos (México)	temazcales° aztecas
Uyuni, Potosí (Bolivia)	baños de sal

ACTIVIDADES

1 **¿Cierto o falso?** Indica si lo que dicen las oraciones es **cierto** o **falso**. Corrige la información falsa.

1. Las aguas termales son beneficiosas para algunas enfermedades, incluido el estrés.
2. Los tratamientos con agua y lodo se conocen sólo desde hace pocos años.
3. Las termas son manantiales naturales de agua caliente.
4. La lodoterapia es un tratamiento con barro.
5. La temperatura de las aguas termales no afecta la absorción de los minerales.
6. Mucha gente va a Baños de San Vicente, Ecuador, por sus playas.
7. Las Hornillas son pozas de aguas termales en Costa Rica.
8. Montbrió del Camp ofrece baños de sal.
9. Es posible ver aguas termales en forma de cascadas.
10. Tepoztlán ofrece temazcales aztecas.

ASÍ SE DICE

El ejercicio

los abdominales	*sit-ups*
la bicicleta estática	*stationary bicycle*
el calambre muscular	*(muscular) cramp*
el (fisi)culturismo; la musculación (Esp.)	*bodybuilding*
las flexiones de pecho; las lagartijas (Méx.; Col.); las planchas (Esp.)	*push-ups*
la cinta (trotadora) (Arg.; Chile)	**la cinta caminadora**

EL MUNDO HISPANO

Creencias° sobre la salud

- **Colombia** Como algunos suelos son de baldosas°, se cree que si uno anda descalzo° se enfrían° los pies y esto puede causar un resfriado o artritis.
- **Cuba** Por la mañana, muchas madres sacan a sus bebés a los patios y a las puertas de las casas. La creencia es que unos cinco minutos de sol ayudan a fijar° el calcio en los huesos y aumentan la inmunidad contra las enfermedades.
- **México** Muchas personas tienen la costumbre de tomar a diario un vaso de jugo del cactus conocido como "nopal". Se dice que es bueno para reducir el colesterol y el azúcar en la sangre y que ayuda a adelgazar.

Creencias *Beliefs* baldosas *tiles* anda descalzo *walks barefoot* se enfrían *get cold* fijar *to set*

PERFIL

Las frutas y la salud

Desde hace muchos años se conocen las propiedades de la papaya para tratar problemas digestivos. Esta fruta originaria de las Américas contiene una enzima, la papaína, que actúa de forma semejante° a como lo hacen los jugos gástricos. Una porción de papaya o un vaso de jugo de esta fruta ayuda a la digestión. La papaya también es rica en vitaminas A y C.

La piña° también es una fruta natural de las Américas que es buena para la digestión. La piña contiene bromelina, una enzima que, como la papaína, ayuda a digerir° las proteínas. Esta deliciosa fruta contiene también ácido cítrico, vitaminas y minerales. Además, tiene efectos diuréticos y antiinflamatorios que pueden aliviar las enfermedades reumáticas. La piña ofrece una ayuda fácil y sabrosa para perder peso por su contenido en fibra y su efecto diurético. Una rodaja° o un vaso de jugo de piña fresca antes de comer puede ayudar en cualquier° dieta para adelgazar.

semejante *similar* piña *pineapple* digerir *to digest* rodaja *slice* cualquier *any*

Conexión Internet

¿Qué sistemas de ejercicio son más populares entre los hispanos?

Go to **vistas.vhlcentral.com** to find more cultural information related to this **Cultura** section.

ACTIVIDADES

2 **Comprensión** Responde a las preguntas.

1. Una argentina te dice: "Voy a usar la cinta." ¿Qué va a hacer?
2. Según los colombianos, ¿qué efectos negativos tiene el no usar zapatos en casa?
3. ¿Cómo se llama la enzima de la papaya que ayuda a la digestión?
4. ¿Cómo se aconseja consumir la piña en dietas de adelgazamiento?

3 **Para sentirte mejor** Entrevista a un(a) compañero/a sobre las cosas que hace todos los días y las cosas que hace al menos una o dos veces a la semana para sentirse mejor. Hablen sobre actividades deportivas, la alimentación y lo que hacen en sus ratos libres.

15.1 The present perfect

ANTE TODO In **Lección 14**, you learned how to form past participles. You will now learn how to form the present perfect indicative (**el pretérito perfecto de indicativo**), a compound tense that uses the past participle. The present perfect is used to talk about what someone *has done*. In Spanish, it is formed with the present tense of the auxiliary verb **haber** and a past participle.

NOTA CULTURAL

El Chilam Balam es un grupo de libros sobre la civilización maya. Hablan sobre historia, rituales, medicina, astronomía y literatura, entre otros temas. Fueron escritos en diferentes épocas (*times*) por autores anónimos y en lengua maya.

Present indicative of haber

Singular forms		Plural forms	
yo	**he**	nosotros/as	**hemos**
tú	**has**	vosotros/as	**habéis**
Ud./él/ella	**ha**	Uds./ellos/ellas	**han**

Tú no **has aumentado** de peso.
You haven't gained weight.

Yo ya **he leído** esos libros.
I've already read those books.

¿**Ha asistido** Juan a la clase de yoga?
Has Juan attended the yoga class?

Hemos conocido al entrenador.
We have met the trainer.

CONSULTA

To review what you have learned about past participles, see **Estructura 14.3**, p. 493.

- The past participle does not change in form when it is part of the present perfect tense; it only changes in form when it is used as an adjective.

Clara **ha abierto** las ventanas.
Clara has opened the windows.

Las ventanas están **abiertas.**
The windows are open.

Yo **he cerrado** la puerta del gimnasio.
I've closed the door to the gym.

La puerta del gimnasio está **cerrada.**
The door to the gym is closed.

- In Spanish, the present perfect indicative generally is used just as in English: to talk about what someone has done or what has occurred. It usually refers to the recent past.

He trabajado cuarenta horas esta semana.
I have worked forty hours this week.

¿Cuál es el último libro que **has leído**?
What is the last book that you have read?

CONSULTA

Remember that the Spanish equivalent of the English *to have just (done something)* is **acabar de** + [*infinitive*]. Do not use the present perfect to express that English structure.

Juan acaba de llegar.
Juan has just arrived.

See **Estructura 6.3**, p. 207.

- In English, the auxiliary verb and the past participle are often separated. In Spanish, however, these two elements—**haber** and the past participle—cannot be separated by any word.

Siempre **hemos vivido** en Bolivia.
We have always lived in Bolivia.

Usted nunca **ha venido** a mi oficina.
You have never come to my office.

- The word **no** and any object or reflexive pronouns are placed immediately before **haber.**

Yo **no he comido** la merienda.
I haven't eaten the snack.

¿Por qué **no la has comido**?
Why haven't you eaten it?

Susana ya **se ha entrenado**.
Susana has already practiced.

Ellos **no lo han terminado**.
They haven't finished it.

- Note that *to have* can be either a main verb or an auxiliary verb in English. As a main verb, it corresponds to **tener,** while as an auxiliary, it corresponds to **haber.**

Tengo muchos amigos.
I have a lot of friends.

He tenido mucho éxito.
I have had a lot of success.

- To form the present perfect of **hay,** use the third-person singular of **haber (ha) + habido.**

Ha habido muchos problemas con el nuevo profesor.
There have been a lot of problems with the new professor.

Ha habido un accidente en la calle Central.
There has been an accident on Central Street.

¡INTÉNTALO! Indica el pretérito perfecto de indicativo de estos verbos.

1. (disfrutar, comer, vivir) yo he disfrutado, he comido, he vivido
2. (traer, adelgazar, compartir) tú _____
3. (venir, estar, correr) usted _____
4. (leer, resolver, poner) ella _____
5. (decir, romper, hacer) ellos _____
6. (mantenerse, dormirse) nosotros _____
7. (estar, escribir, ver) yo _____
8. (vivir, correr, morir) él _____

recursos

WB pp. 171–172

LM p. 87

vistas. vhlcentral.com Lección 15

Práctica

1 **Completar** Estas oraciones describen cómo es la vida de unos estudiantes. Completa las oraciones con el pretérito perfecto de indicativo de los verbos de la lista.

adelgazar	comer	llevar
aumentar	hacer	sufrir

1. Luisa _____ muchas presiones este año.
2. Juan y Raúl _____ de peso porque no hacen ejercicio.
3. Pero María y yo _____ porque trabajamos en exceso y nos olvidamos de comer.
4. Desde siempre, yo _____ una vida muy sana.
5. Pero tú y yo no _____ gimnasia este semestre.

2 **¿Qué has hecho?** Indica si has hecho lo siguiente.

modelo

escalar una montaña

Sí, he escalado varias montañas./No, no he escalado nunca una montaña.

1. jugar al baloncesto
2. viajar a Bolivia
3. conocer a una persona famosa
4. levantar pesas
5. comer un insecto
6. recibir un masaje
7. aprender varios idiomas
8. bailar salsa
9. ver una película en español
10. escuchar música latina
11. estar despierto/a 24 horas
12. bucear

AYUDA

You may use some of these expressions in your answers:

una vez *once*
un par de veces *a couple of times*
algunas veces *a few times*
varias veces *several times*
muchas veces *many times, often*

3 **La vida sana** En parejas, túrnense para hacer preguntas sobre el tema de la vida sana. Sean creativos.

modelo

encontrar un gimnasio

Estudiante 1: *¿Has encontrado un buen gimnasio cerca de tu casa?*

Estudiante 2: *Yo no he encontrado un gimnasio, pero sé que debo buscar uno.*

1. tratar de estar en forma
2. estar a dieta los últimos dos meses
3. dejar de tomar refrescos
4. hacerse una prueba del colesterol
5. entrenarse cinco días a la semana
6. cambiar de una vida sedentaria a una vida activa
7. tomar vitaminas por las noches y por las mañanas
8. hacer ejercicio para aliviar la tensión
9. consumir mucha proteína
10. dejar de fumar

Practice more at **vistas.vhlcentral.com.**

Comunicación

4 **Descripción** En parejas, describan lo que han hecho y no han hecho estas personas. Usen la imaginación.

1. Jorge y Raúl

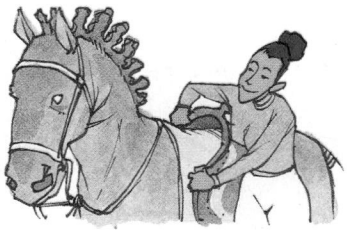

2. Luisa

3. Jacobo

4. Natalia y Diego

5. Ricardo

6. Carmen

5 **Describir** En parejas, identifiquen a una persona que lleva una vida muy sana. Puede ser una persona que conocen o un personaje que aparece en una película o programa de televisión. Entre los dos, escriban una descripción de lo que esta persona ha hecho para llevar una vida sana.

NOTA CULTURAL

Nacido en San Diego e hijo de padres mexicanos, el actor **Mario López** se mantiene en forma haciendo ejercicio todos los días.

modelo

Mario López siempre ha hecho todo lo posible para mantenerse en forma. Él...

Síntesis

6 **Situación** Trabajen en parejas para representar una conversación entre un(a) enfermero/a de la clínica de la universidad y un(a) estudiante.

- El/La estudiante no se siente nada bien.
- El/La enfermero/a debe averiguar de dónde viene el problema e investigar los hábitos del/de la estudiante.
- El/La estudiante le explica lo que ha hecho en los últimos meses y cómo se ha sentido.
- Luego el/la enfermero/a le da recomendaciones de cómo llevar una vida más sana.

15.2 The past perfect Tutorial

ANTE TODO The past perfect indicative (**el pretérito pluscuamperfecto de indicativo**) is used to talk about what someone *had done* or what *had occurred* before another past action, event, or state. Like the present perfect, the past perfect uses a form of **haber**—in this case, the imperfect—plus the past participle.

Past perfect indicative

		cerrar	perder	asistir
SINGULAR FORMS	yo	**había** cerrado	**había** perdido	**había** asistido
	tú	**habías** cerrado	**habías** perdido	**habías** asistido
	Ud./él/ella	**había** cerrado	**había** perdido	**había** asistido
PLURAL FORMS	nosotros/as	**habíamos** cerrado	**habíamos** perdido	**habíamos** asistido
	vosotros/as	**habíais** cerrado	**habíais** perdido	**habíais** asistido
	Uds./ellos/ellas	**habían** cerrado	**habían** perdido	**habían** asistido

Antes de 2010, **había vivido** en La Paz.
Before 2010, I had lived in La Paz.

Cuando llegamos, Luis ya **había salido.**
When we arrived, Luis had already left.

- The past perfect is often used with the word **ya** (*already*) to indicate that an action, event, or state had already occurred before another. Remember that, unlike its English equivalent, **ya** cannot be placed between **haber** and the past participle.

Ella **ya había salido** cuando llamaron.
She had already left when they called.

Cuando llegué, Raúl **ya se había acostado.**
When I arrived, Raúl had already gone to bed.

- **¡Atención!** The past perfect is often used in conjunction with **antes de** + [*noun*] or **antes de** + [*infinitive*] to describe when the action(s) occurred.

Antes de este año, nunca **había estudiado español.**
Before this year, I had never studied Spanish.

Luis **me había llamado antes de venir.**
Luis had called me before he came.

¡INTÉNTALO! Indica el pretérito pluscuamperfecto de indicativo de cada verbo.

1. Nosotros ya habíamos cenado (cenar) cuando nos llamaron.
2. Antes de tomar esta clase, yo no _____ (estudiar) nunca el español.
3. Antes de ir a México, ellos nunca _____ (ir) a otro país.
4. Eduardo nunca _____ (entrenarse) tanto en invierno.
5. Tú siempre _____ (llevar) una vida sana antes del año pasado.
6. Antes de conocerte, yo ya te _____ (ver) muchas veces.

recursos
WB pp. 173–174
LM p. 88
vistas.vhlcentral.com Lección 15

Práctica

1 **Completar** Completa los minidiálogos con las formas correctas del pretérito pluscuamperfecto de indicativo.

NOTA CULTURAL

El mate, una bebida similar al té, es muy popular en Argentina, Uruguay y Paraguay. Se dice que controla el estrés y la obesidad, y que estimula el sistema inmunológico.

1. **SARA** Antes de cumplir los 15 años, ¿_____ (estudiar) tú otra lengua?
   JOSÉ Sí, _____ (tomar) clases de inglés y de italiano.
2. **DOLORES** Antes de ir a Argentina, ¿_____ (probar) tú y tu familia el mate?
   TOMÁS Sí, ya _____ (tomar) mate muchas veces.
3. **ANTONIO** Antes de este año, ¿_____ (correr) usted en un maratón?
   SRA. VERA No, nunca lo _____ (hacer).
4. **SOFÍA** Antes de su enfermedad, ¿_____ (sufrir) muchas presiones tu tío?
   IRENE Sí... y él nunca _____ (mantenerse) en buena forma.

2 **Quehaceres** Indica lo que ya había hecho cada miembro de la familia antes de la llegada de la madre, la señora Ferrer.

3 **Tu vida** Indica si ya habías hecho estas cosas antes de cumplir los dieciséis años.

1. hacer un viaje en avión
2. escalar una montaña
3. escribir un poema
4. filmar un video
5. enamorarte
6. tomar clases de aeróbicos
7. montar a caballo
8. ir de pesca
9. manejar un carro
10. cantar frente a 50 o más personas

Practice more at **vistas.vhlcentral.com.**

Comunicación

4

Lo dudo Tu profesor(a) va a darte una hoja de actividades. Escribe cinco oraciones, algunas ciertas y algunas falsas, de cosas que habías hecho antes de venir a la universidad. Luego, en grupos, túrnense para leer sus oraciones. Cada miembro del grupo debe decir "es cierto" o "lo dudo" después de cada una. Escribe la reacción de cada compañero/a en la columna apropiada. ¿Quién obtuvo más respuestas ciertas?

Oraciones	Miguel	Ana	Beatriz
1. Cuando tenía 10 años, ya había manejado el carro de mi papá.	Lo dudo.	Es cierto.	Lo dudo.
2.			
3.			
4.			
5.			

Síntesis

5

Gimnasio Olímpico En parejas, lean el anuncio y contesten las preguntas.

1. Identifiquen los elementos del pretérito pluscuamperfecto de indicativo en el anuncio.
2. ¿Cómo era la vida del hombre cuando llevaba una vida sedentaria? ¿Cómo es ahora?
3. ¿Se identifican ustedes con algunos de los hábitos, presentes o pasados, de este hombre? ¿Con cuáles?
4. ¿Qué les recomienda el hombre del anuncio a los lectores? ¿Creen que les da buenos consejos?

15.3 The present perfect subjunctive

ANTE TODO The present perfect subjunctive (**el pretérito perfecto de subjuntivo**), like the present perfect indicative, is used to talk about what *has happened*. The present perfect subjunctive is formed using the present subjunctive of the auxiliary verb **haber** and a past participle.

Present perfect indicative

	PRESENT INDICATIVE OF **HABER**	PAST PARTICIPLE
yo	**he**	**hablado**

Present perfect subjunctive

	PRESENT SUBJUNCTIVE OF **HABER**	PAST PARTICIPLE
yo	**haya**	**hablado**

Present perfect subjunctive

		cerrar	**perder**	**asistir**
SINGULAR FORMS	yo	**haya** cerrado	**haya** perdido	**haya** asistido
	tú	**hayas** cerrado	**hayas** perdido	**hayas** asistido
	Ud./él/ella	**haya** cerrado	**haya** perdido	**haya** asistido
PLURAL FORMS	nosotros/as	**hayamos** cerrado	**hayamos** perdido	**hayamos** asistido
	vosotros/as	**hayáis** cerrado	**hayáis** perdido	**hayáis** asistido
	Uds./ellos/ellas	**hayan** cerrado	**hayan** perdido	**hayan** asistido

¡ATENCIÓN!

In Spanish the present perfect subjunctive is used to express a recent action.

No creo que lo **hayas dicho** bien.
I don't think that you have said it right.

Espero que él **haya llegado**.
I hope that he has arrived.

- The same conditions which trigger the use of the present subjunctive apply to the present perfect subjunctive.

Present subjunctive

Espero que **duermas** bien.
I hope that you sleep well.

No creo que **aumente** de peso.
I don't think he will gain weight.

Present perfect subjunctive

Espero que **hayas dormido** bien.
I hope that you have slept well.

No creo que **haya aumentado** de peso.
I don't think he has gained weight.

- The action expressed by the present perfect subjunctive is seen as occurring before the action expressed in the main clause.

Me alegro de que ustedes **se hayan reído** tanto esta tarde.
I'm glad that you have laughed so much this afternoon.

Dudo que tú **te hayas divertido** mucho con tu suegra.
I doubt that you have enjoyed yourself much with your mother-in-law.

recursos

WB pp. 175–176

LM p. 89

vistas. vhlcentral.com Lección 15

¡INTÉNTALO! Indica el pretérito perfecto de subjuntivo de los verbos entre paréntesis.

1. Me gusta que ustedes ___hayan dicho___ (decir) la verdad.
2. No creo que tú _____ (comer) tanto.
3. Es imposible que usted _____ (poder) hacer tal (*such a*) cosa.
4. Me alegro de que tú y yo _____ (merendar) juntas.
5. Es posible que yo _____ (adelgazar) un poco esta semana.
6. Espero que ellas _____ (sentirse) mejor después de la clase.

Práctica

1 **Completar** Laura está preocupada por su familia y sus amigos/as. Completa las oraciones con la forma correcta del pretérito perfecto de subjuntivo de los verbos entre paréntesis.

1. ¡Qué lástima que Julio _____ (sentirse) tan mal en la competencia! Dudo que _____ (entrenarse) lo suficiente.
2. No creo que Lourdes y su amiga _____ (irse) de ese trabajo donde siempre tienen tantos problemas. Espero que Lourdes _____ (aprender) a aliviar el estrés.
3. Es triste que Nuria y yo _____ (perder) el partido. Esperamos que los entrenadores del gimnasio nos _____ (preparar) un buen programa para ponernos en forma.
4. No estoy segura de que Samuel _____ (llevar) una vida sana. Es bueno que él _____ (decidir) mejorar su dieta.
5. Me preocupa mucho que Ana y Rosa _____ (fumar) tanto de jóvenes. Es increíble que ellas no _____ (enfermarse).
6. Me alegro de que mi abuela _____ (disfrutar) de buena salud toda su vida. Es maravilloso que ella _____ (cumplir) noventa años.

2 **Describir** Usa el pretérito perfecto de subjuntivo para hacer dos comentarios sobre cada dibujo. Usa expresiones como **no creo que, dudo que, es probable que, me alegro de que, espero que** y **siento que**.

modelo

Es probable que Javier haya levantado pesas durante muchos años.

Me alegro de que Javier se haya mantenido en forma.

Javier

1. Rosa y Sandra

2. Roberto

3. Mariela

4. Lorena y su amigo

5. la señora Matos

6. Sonia y René

CONSULTA

To review verbs of will and influence, see **Estructura 12.4,** p. 426.
To review expressions of doubt, disbelief, and denial, see **Estructura 13.2,** p. 456.

Comunicación

3 **¿Sí o no?** En parejas, comenten estas afirmaciones (*statements*) usando las expresiones de la lista.

Dudo que...	Es imposible que...	Me alegro de que (no)...
Es bueno que (no)...	Espero que (no)...	No creo que...

modelo

Estudiante 1: Ya llegó el fin del año escolar.
Estudiante 2: Es imposible que haya llegado el fin del año escolar.

1. Recibí una A en la clase de español.
2. Tu mejor amigo/a aumentó de peso recientemente.
3. Lady Gaga dio un concierto ayer con Andrea Bocelli.
4. Mis padres ganaron un millón de dólares.
5. He aprendido a hablar japonés.
6. Nuestro/a profesor(a) nació en Bolivia.
7. Salí anoche con...
8. El año pasado mi familia y yo fuimos de excursión a...

4 **Viaje por Bolivia** Imaginen que sus amigos, Luis y Julia, están viajando por Bolivia y que les han mandado postales a ustedes. En grupos, lean las postales y conversen de lo que les han escrito Luis y Julia. Usen expresiones como **dudo que, espero que, me alegro de que, temo que, siento que** y **es posible que.**

NOTA CULTURAL

El **aimará** es una de las lenguas oficiales de Bolivia, como el español y el quechua. Aproximadamente la mitad (*half*) de la población del país habla lenguas indígenas.

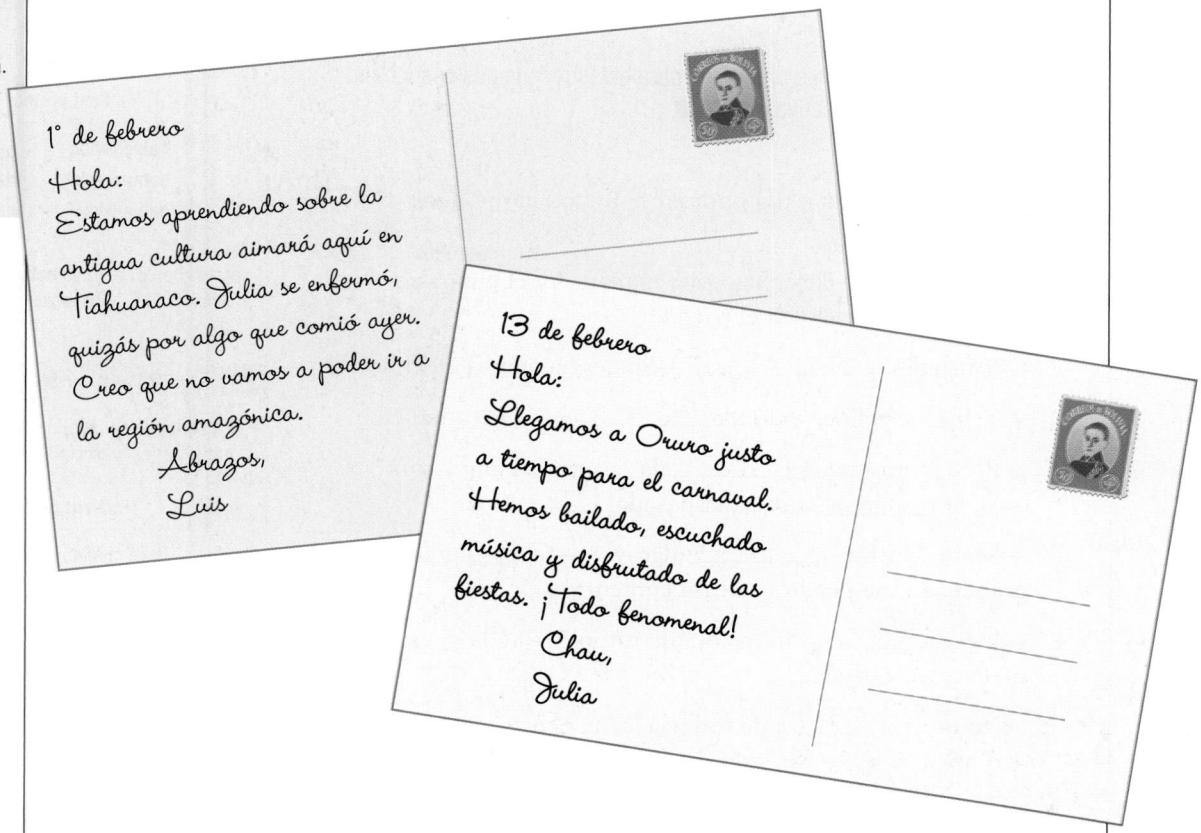

Recapitulación

Concepts Diagnostics

Completa estas actividades para repasar los conceptos de gramática que aprendiste en esta lección.

1 **Completar** Completa cada tabla con el pretérito pluscuamperfecto de indicativo y el pretérito perfecto de subjuntivo de los verbos. 12 pts.

PRETÉRITO PLUSCUAMPERFECTO

Infinitivo	tú	nosotros	ustedes
disfrutar			
apurarse			

PRETÉRITO PERFECTO DE SUBJUNTIVO

Infinitivo	yo	él	ellas
tratar			
entrenarse			

2 **Preguntas** Completa las preguntas para estas respuestas usando el pretérito perfecto de indicativo. 8 pts.

modelo

—¿Has llamado a tus padres? —Sí, los llamé ayer.

1. —¿Tú _____ ejercicio esta mañana en el gimnasio? —No, hice ejercicio en el parque.
2. —Y ustedes, ¿_____ ya? —Sí, desayunamos en el hotel.
3. —Y Juan y Felipe, ¿adónde _____ ? —Fueron al cine.
4. —Paco, ¿(nosotros) _____ la cuenta del gimnasio? —Sí, la recibimos la semana pasada.
5. —Señor Martín, ¿_____ algo ya? —Sí, pesqué uno grande. Ya me puedo ir a casa contento.
6. —Inés, ¿_____ mi pelota de fútbol? —Sí, la vi esta mañana en el coche.
7. —Yo no _____ café todavía. ¿Alguien quiere acompañarme? —No, gracias. Yo ya tomé mi café en casa.
8. —¿Ya te _____ el doctor que puedes comer chocolate? —Sí, me lo dijo ayer.

RESUMEN GRAMATICAL

15.1 The present perfect *pp. 518–519*

Present indicative of **haber**	
he	hemos
has	habéis
ha	han

Present perfect: present tense of **haber** + past participle

Present perfect indicative	
he empezado	**hemos** empezado
has empezado	**habéis** empezado
ha empezado	**han** empezado

He empezado a ir al gimnasio con regularidad.
*I **have begun** to go to the gym regularly.*

15.2 The past perfect *p. 522*

Past perfect: imperfect tense of **haber** + past participle

Past perfect indicative	
había vivido	**habíamos** vivido
habías vivido	**habíais** vivido
había vivido	**habían** vivido

Antes de 2011, yo ya **había vivido** en tres países diferentes.
*Before 2011, I **had** already **lived** in three different countries.*

15.3 The present perfect subjunctive *p. 525*

Present perfect subjunctive: present subjunctive of **haber** + past participle

Present perfect subjunctive	
haya comido	**hayamos** comido
hayas comido	**hayáis** comido
haya comido	**hayan** comido

Espero que **hayas comido** bien.
*I hope that **you have eaten** well.*

3 **Oraciones** Forma oraciones completas con los elementos dados. Usa el pretérito pluscuamperfecto de indicativo y haz todos los cambios necesarios. Sigue el modelo. 8 pts.

modelo

yo / ya / conocer / muchos amigos *Yo ya había conocido a muchos amigos.*

1. tú / todavía no / aprender / mantenerse en forma
2. los hermanos Falcón / todavía no / perder / partido de vóleibol
3. Elías / ya / entrenarse / para / maratón
4. nosotros / siempre / sufrir / muchas presiones

4 **Una carta** Completa esta carta con el pretérito perfecto de indicativo o de subjuntivo. 12 pts.

Queridos papá y mamá:

¿Cómo (1) _____ (estar)? Mamá, espero que no (2) _____ (tú, enfermarse) otra vez. Yo sé que (3) _____ (tú, seguir) los consejos del doctor, pero estoy preocupada.

Y en mi vida, ¿qué (4) _____ (pasar) últimamente (lately)? Pues, nada nuevo, sólo trabajo. Los problemas en la compañía, yo los (5) _____ (resolver) casi todos. Pero estoy bien. Es verdad que (6) _____ (yo, adelgazar) un poco, pero no creo que (7) _____ (ser) a causa del estrés. Espero que no (8) _____ (ustedes, sentirse) mal porque no pude visitarlos. Es extraño que no (9) _____ (recibir) mis cartas. Tengo miedo de que (10) _____ (las cartas, perderse).

Me alegro de que papá (11) _____ (tomar) vacaciones para venir a visitarme. ¡Es increíble que nosotros no (12) _____ (verse) en casi un año!

Un abrazo y hasta muy pronto,

Belén

5 **Manteniéndote en forma** Escribe al menos cinco oraciones para describir cómo te has mantenido en forma este semestre. Di qué cosas han cambiado este semestre en relación con el año pasado. Usa las formas verbales que aprendiste en esta lección. 10 pts.

6 **Poema** Completa este fragmento de un poema de Nezahualcóyotl con el pretérito perfecto de indicativo de los verbos. ¡2 puntos EXTRA!

"_____ (Llegar) aquí,
soy Yoyontzin.
Sólo busco las flores
sobre la tierra, _____ (venir)
a cortarlas."

Lectura

Antes de leer

Estrategia

Making inferences

For dramatic effect and to achieve a smoother writing style, authors often do not explicitly supply the reader with all the details of a story or poem. Clues in the text can help you infer those things the writer chooses not to state in a direct manner. You simply "read between the lines" to fill in the missing information and draw conclusions. To practice making inferences, read these statements:

A Liliana le encanta ir al gimnasio. Hace años que empezó a levantar pesas.

Based on this statement alone, what inferences can you draw about Liliana?

El autor

Ve a la página 473 de tu libro y lee la biografía de Gabriel García Márquez.

El título

Sin leer el texto del cuento (*story*), lee el título. Escribe cinco oraciones que empiecen con la frase "Un día de éstos".

El cuento

Éstas son algunas palabras que vas a encontrar al leer *Un día de éstos*. Busca su significado en el diccionario. Según estas palabras, ¿de qué piensas que trata (*is about*) el cuento?

alcalde	lágrimas
dentadura postiza	muela
displicente	pañuelo
enjuto	rencor
guerrera	teniente

Un día de éstos

Gabriel García Márquez

El lunes amaneció tibio° y sin lluvia. Don Aurelio Escovar, dentista sin título y buen madrugador°, abrió su gabinete° a las seis. Sacó de la vidriera° una dentadura postiza° montada aún° en el molde de yeso° y puso sobre la mesa un puñado° de instrumentos que ordenó de mayor a menor, como en una exposición. Llevaba una camisa a rayas, sin cuello, cerrada arriba con un botón dorado°, y los pantalones sostenidos con cargadores° elásticos. Era rígido, enjuto, con una mirada que raras veces correspondía a la situación, como la mirada de los sordos°.

Cuando tuvo las cosas dispuestas sobre la mesa rodó la fresa° hacia el sillón de resortes y se sentó a pulir° la dentadura postiza. Parecía no pensar en lo que hacía, pero trabajaba con obstinación, pedaleando en la fresa incluso cuando no se servía de ella.

Después de las ocho hizo una pausa para mirar el cielo por la ventana y vio dos gallinazos° pensativos que se secaban al sol en el caballete° de la casa vecina. Siguió trabajando con la idea de que antes del almuerzo volvería a llover°. La voz destemplada° de su hijo de once años lo sacó de su abstracción.

—Papá.

—Qué.

—Dice el alcalde que si le sacas una muela.

—Dile que no estoy aquí.

Estaba puliendo un diente de oro°. Lo retiró a la distancia del brazo y lo examinó con los ojos a medio cerrar. En la salita de espera volvió a gritar su hijo.

—Dice que sí estás porque te está oyendo.

El dentista siguió examinando el diente. Sólo cuando lo puso en la mesa con los trabajos terminados, dijo:

amaneció tibio *dawn broke warm* **madrugador** *early riser* **gabinete** *office* **vidriera** *glass cabinet* **dentadura postiza** *dentures* **montada aún** *still set* **yeso** *plaster* **puñado** *handful* **dorado** *gold* **sostenidos con cargadores** *held by suspenders* **sordos** *deaf* **rodó la fresa** *he turned the drill* **pulir** *to polish* **gallinazos** *vultures* **caballete** *ridge* **volvería a llover** *it would rain again* **voz destemplada** *harsh voice* **oro** *gold* **cajita de cartón** *small cardboard box* **puente** *bridge* **te pega un tiro** *he will shoot you* **Sin apresurarse** *Without haste* **gaveta** *drawer* **Hizo girar** *He turned* **apoyada** *resting* **umbral** *threshold* **mejilla** *cheek* **hinchada** *swollen* **barba** *beard* **marchitos** *faded* **hervían** *were boiling* **pomos de loza** *china bottles* **cancel de tela** *cloth screen* **se acercaba** *was approaching* **talones** *heels* **mandíbula** *jaw* **cautelosa** *cautious* **cacerola** *saucepan* **pinzas** *pliers* **escupidera** *spittoon* **aguamanil** *washstand* **cordal** *wisdom tooth* **gatillo** *pliers* **se aferró** *clung* **barras** *arms* **descargó** *unloaded* **vacío helado** *icy hollowness* **riñones** *kidneys* **no soltó un suspiro** *he didn't let out a sigh* **muñeca** *wrist* **amarga ternura** *bitter tenderness* **teniente** *lieutenant* **crujido** *crunch* **a través de** *through* **sudoroso** *sweaty* **jadeante** *panting* **se desabotonó** *he unbuttoned* **a tientas** *blindly* **bolsillo** *pocket* **trapo** *cloth* **cielorraso desfondado** *ceiling with the paint sagging* **telaraña polvorienta** *dusty spiderweb* **haga buches de** *rinse your mouth out with* **vaina** *thing*

—Mejor.

Volvió a operar la fresa. De una cajita de cartón° donde guardaba las cosas por hacer, sacó un puente° de varias piezas y empezó a pulir el oro.

—Papá.

—Qué.

Aún no había cambiado de expresión.

—Dice que si no le sacas la muela te pega un tiro°.

Sin apresurarse°, con un movimiento extremadamente tranquilo, dejó de pedalear en la fresa, la retiró del sillón y abrió por completo la gaveta° inferior de la mesa. Allí estaba el revólver.

—Bueno —dijo—. Dile que venga a pegármelo.

Hizo girar° el sillón hasta quedar de frente a la puerta, la mano apoyada° en el borde de la gaveta. El alcalde apareció en el umbral°. Se había afeitado la mejilla° izquierda, pero en la otra, hinchada° y dolorida, tenía una barba° de cinco días. El dentista vio en sus ojos marchitos° muchas noches de desesperación. Cerró la gaveta con la punta de los dedos y dijo suavemente:

—Siéntese.

—Buenos días —dijo el alcalde.

—Buenos —dijo el dentista.

Mientras hervían° los instrumentos, el alcalde apoyó el cráneo en el cabezal de la silla y se sintió mejor. Respiraba un olor glacial. Era un gabinete pobre: una vieja silla de madera, la fresa de pedal y una vidriera con pomos de loza°. Frente a la silla, una ventana con un cancel de tela° hasta la altura de un hombre. Cuando sintió que el dentista se acercaba°, el alcalde afirmó los talones° y abrió la boca.

Don Aurelio Escovar le movió la cabeza hacia la luz. Después de observar la muela dañada, ajustó la mandíbula° con una presión cautelosa° de los dedos.

—Tiene que ser sin anestesia —dijo.

—¿Por qué?

—Porque tiene un absceso.

El alcalde lo miró en los ojos.

—Está bien —dijo, y trató de sonreír. El dentista no le correspondió. Llevó a la mesa de trabajo la cacerola° con los instrumentos hervidos y los sacó del agua con unas pinzas° frías, todavía sin apresurarse. Después rodó la escupidera° con la punta del zapato y fue a lavarse las manos en el aguamanil°. Hizo todo sin mirar al alcalde. Pero el alcalde no lo perdió de vista.

Era una cordal° inferior. El dentista abrió las piernas y apretó la muela con el gatillo° caliente. El alcalde se aferró° a las barras° de la silla, descargó° toda su fuerza en los pies y sintió un vacío helado° en los riñones°, pero no soltó un suspiro°. El dentista sólo movió la muñeca°. Sin rencor, más bien con una amarga ternura°, dijo:

—Aquí nos paga veinte muertos, teniente°.

El alcalde sintió un crujido° de huesos en la mandíbula y sus ojos se llenaron de lágrimas. Pero no suspiró hasta que no sintió salir la muela. Entonces la vio a través de° las lágrimas. Le pareció tan extraña a su dolor, que no pudo entender la tortura de sus cinco noches anteriores. Inclinado sobre la escupidera, sudoroso°, jadeante°, se desabotonó° la guerrera y buscó a tientas° el pañuelo en el bolsillo° del pantalón. El dentista le dio un trapo° limpio.

—Séquese las lágrimas —dijo.

El alcalde lo hizo. Estaba temblando. Mientras el dentista se lavaba las manos, vio el cielorraso desfondado° y una telaraña polvorienta° con huevos de araña e insectos muertos. El dentista regresó secándose. "Acuéstese —dijo— y haga buches de° agua de sal." El alcalde se puso de pie, se despidió con un displicente saludo militar, y se dirigió a la puerta estirando las piernas, sin abotonarse la guerrera.

—Me pasa la cuenta —dijo.

—¿A usted o al municipio?

El alcalde no lo miró. Cerró la puerta, y dijo, a través de la red metálica:

—Es la misma vaina°.

Después de leer

Comprensión

Completa las oraciones con la palabra o expresión correcta.

1. Don Aurelio Escovar es _____ sin título.
2. Al alcalde le duele _____.
3. Aurelio Escovar y el alcalde se llevan _____.
4. El alcalde amenaza (*threatens*) al dentista con pegarle un _____.
5. Finalmente, Aurelio Escovar _____ la muela al alcalde.
6. El alcalde llevaba varias noches sin _____.

Interpretación

En parejas, respondan a estas preguntas. Luego comparen sus respuestas con las de otra pareja.

1. ¿Cómo reacciona don Aurelio cuando escucha que el alcalde amenaza con pegarle un tiro? ¿Qué les dice esta actitud sobre las personalidades del dentista y del alcalde?
2. ¿Por qué creen que don Aurelio y el alcalde no se llevan bien?
3. ¿Creen que era realmente necesario no usar anestesia?
4. ¿Qué piensan que significa el comentario "aquí nos paga veinte muertos, teniente"? ¿Qué les dice esto del alcalde y su autoridad en el pueblo?
5. ¿Cómo se puede interpretar el saludo militar y la frase final del alcalde "es la misma vaina"?

Escritura

Estrategia

Organizing information logically

Many times a written piece may require you to include a great deal of information. You might want to organize your information in one of three different ways:

- chronologically (e.g., events in the history of a country)
- sequentially (e.g., steps in a recipe)
- in order of importance

Organizing your information beforehand will make both your writing and your message clearer to your readers. If you were writing a piece on weight reduction, for example, you would need to organize your ideas about two general areas: eating right and exercise. You would need to decide which of the two is more important according to your purpose in writing the piece. If your main idea is that eating right is the key to losing weight, you might want to start your piece with a discussion of good eating habits. You might want to discuss the following aspects of eating right in order of their importance:

- quantities of food
- selecting appropriate foods from the food pyramid
- healthy recipes
- percentage of fat in each meal
- calorie count
- percentage of carbohydrates in each meal
- frequency of meals

You would then complete the piece by following the same process to discuss the various aspects of the importance of getting exercise.

Tema

Escribir un plan personal de bienestar

Desarrolla un plan personal para mejorar tu bienestar, tanto físico como emocional. Tu plan debe describir:

1. lo que has hecho para mejorar tu bienestar y llevar una vida sana
2. lo que no has podido hacer todavía
3. las actividades que debes hacer en los próximos meses

Considera también estas preguntas:

La nutrición

- ¿Comes una dieta equilibrada?
- ¿Consumes suficientes vitaminas y minerales?
- ¿Consumes demasiada grasa?
- ¿Quieres aumentar de peso o adelgazar?
- ¿Qué puedes hacer para mejorar tu dieta?

El ejercicio

- ¿Haces ejercicio? ¿Con qué frecuencia?
- ¿Vas al gimnasio? ¿Qué tipo de ejercicios haces allí?
- ¿Practicas algún deporte?
- ¿Qué puedes hacer para mejorar tu bienestar físico?

El estrés

- ¿Sufres muchas presiones?
- ¿Qué actividades o problemas te causan estrés?
- ¿Qué haces (o debes hacer) para aliviar el estrés y sentirte más tranquilo/a?
- ¿Qué puedes hacer para mejorar tu bienestar emocional?

Escuchar

Audio: Activities

Estrategia

Listening for the gist/
Listening for cognates

Combining these two strategies is an easy way to get a good sense of what you hear. When you listen for the gist, you get the general idea of what you're hearing, which allows you to interpret cognates and other words in a meaningful context. Similarly, the cognates give you information about the details of the story that you might not have understood when listening for the gist.

To practice these strategies, you will listen to a short paragraph. Write down the gist of what you hear and jot down a few cognates. Based on the gist and the cognates, what conclusions can you draw about what you heard?

Preparación

Mira la foto. ¿Qué pistas° te da de lo que vas a oír?

Ahora escucha

Escucha lo que dice Ofelia Cortez de Bauer. Anota algunos de los cognados que escuchas y también la idea general del discurso°.

_____

_____

_____

_____

Idea general: _____

Ahora contesta las siguientes preguntas.

1. ¿Cuál es el género° del discurso?
2. ¿Cuál es el tema?
3. ¿Cuál es el propósito°?

pistas *clues* discurso *speech* género *genre* propósito *purpose*
público *audience* debía haber incluido *should have included*

Practice more at **vistas.vhlcentral.com.**

Comprensión

¿Cierto o falso?

Indica si lo que dicen estas oraciones es **cierto** o **falso**. Corrige las oraciones falsas.

	Cierto	Falso
1. La señora Bauer habla de la importancia de estar en buena forma y de hacer ejercicio.	❍	❍
2. Según ella, lo más importante es que lleves el programa sugerido por los expertos.	❍	❍
3. La señora Bauer participa en actividades individuales y de grupo.	❍	❍
4. El único objetivo del tipo de programa que ella sugiere es adelgazar.	❍	❍

Preguntas

Responde a las preguntas.

1. Imagina que el programa de radio sigue. Según las pistas que ella dio, ¿qué vas a oír en la segunda parte?
2. ¿A qué tipo de público° le interesa el tema del que habla la señora Bauer?
3. ¿Sigues los consejos de la señora Bauer? Explica tu respuesta.
4. ¿Qué piensas de los consejos que ella da? ¿Hay otra información que ella debía haber incluido°?

En pantalla

Para Iker, cada persona se parece a un animal. Por ejemplo, su papá es un oso°. A Iker le habría gustado° ser un oso también, pero él es otro animal. Y eso es algo que nadie sabe en la escuela. Iker ha conseguido mantenerlo así gracias a algunos trucos°, pero tiene miedo de que los demás lo sepan. ¿Qué podría° pasar si° sus compañeros descubren el secreto de Iker?

Preparación

¿Cierto o falso?

Lee la lista de **Expresiones útiles** e indica si lo que dice cada oración es **cierto** o **falso**. Corrige las oraciones falsas.

_____ 1. Me prestaste tu balón (*ball*) y yo te lo tengo que devolver.

_____ 2. Si (*If*) quiero disimular algo, se lo digo a todos.

_____ 3. Es común que una hija salga igual a su madre.

_____ 4. Para hacerme un peinado especial, voy al salón de belleza.

_____ 5. Para cocinar el pan, lo meto en el congelador.

_____ 6. Si no hago ejercicios de estiramiento, me siento tieso.

Rasgos de familia

En parejas, túrnense para hacerse estas preguntas.

1. ¿Tienes rasgos particulares? ¿Cuáles son de tu apariencia física (*physical appearance*)? ¿Cuáles son de tu personalidad?
2. ¿Cuáles de tus rasgos son buenos? ¿Cuáles son malos? ¿Cómo determinas que son buenos o malos?
3. ¿Cuáles de tus rasgos particulares, buenos y malos, te hacen una persona única?
4. ¿Es común alguno de esos rasgos en tu familia? ¿Ha pasado de generación en generación?
5. ¿Tienes compañeros que comparten tus mismos rasgos? ¿Qué tienen en común ustedes?
6. ¿Qué animal crees que serías (*you would be*) según (*according to*) tus rasgos? Explica tu respuesta.

Expresiones útiles

devolver	*to return, to give back*
disimular	*to hide, to disguise*
me hubiera gustado	*I would have liked*
meter	*to put (something) in, to introduce*
el peinado	*hairstyle*
salir (igual) a	*to take after*
si supieran	*if they knew*
tieso/a	*stiff*

Para hablar del corto

burlarse (de)	*to make fun (of)*
esconder(se)	*to hide (onself)*
la fuerza	*strength*
orgulloso/a	*proud*
pelear(se)	*to fight (with one another)*
el rasgo	*feature, characteristic*
sentirse cohibido/a	*to feel self-conscious*

oso *bear* le habría gustado *he would have liked*
trucos *tricks* podría *could* si *if*

Video: Short Film

Escenas: Iker pelos tiesos

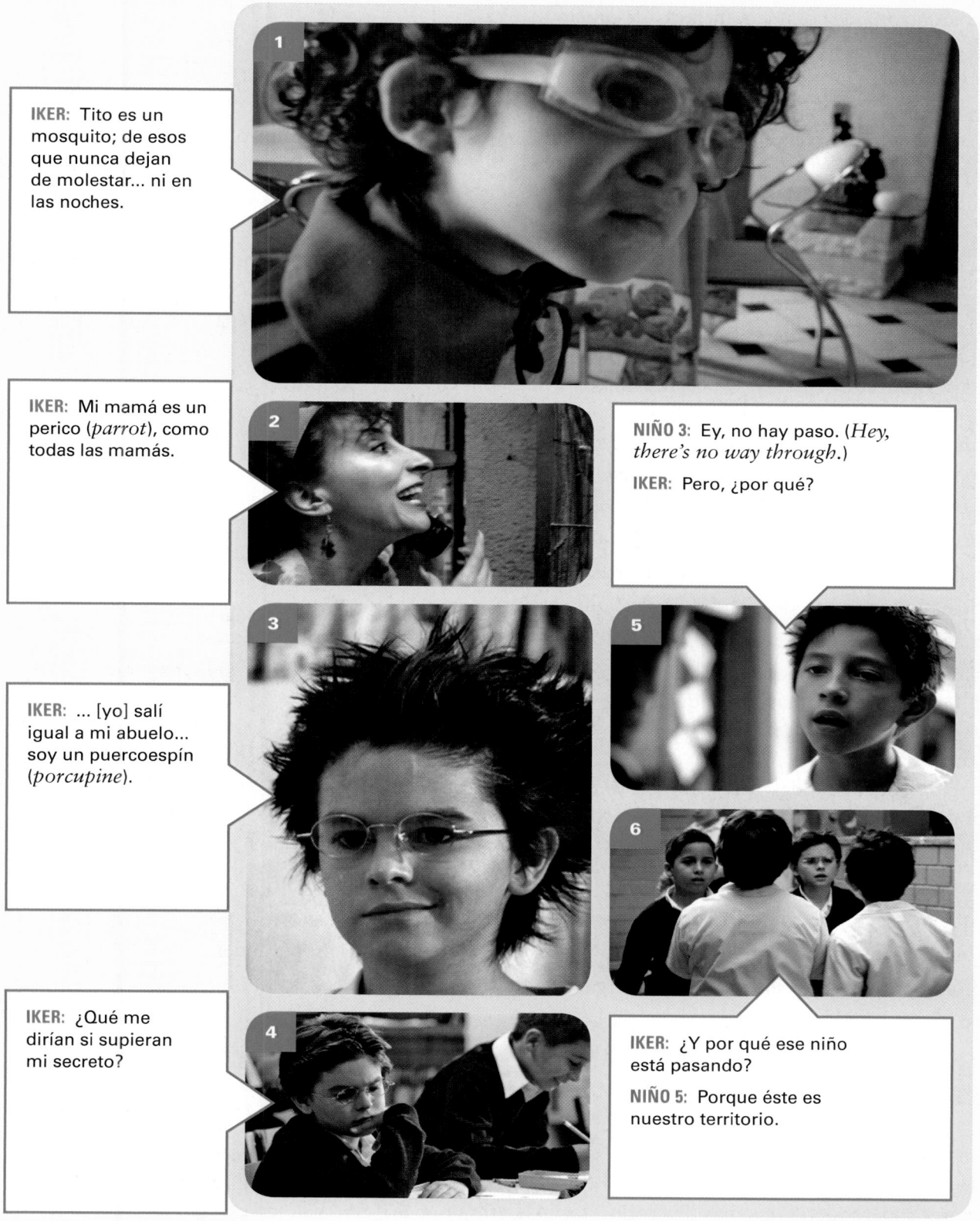

Comprensión

Escoger

Escoge la opción que completa mejor cada oración.

1. Iker siempre ____ su pelo tieso.
   a. muestra b. corta c. disimula
2. En la familia de Iker, ____ el mismo rasgo.
   a. no hay dos personas con b. él y su abuelo comparten c. el abuelo y Tito tienen
3. Para Iker, su ____ es un perico.
   a. hermana b. mamá c. maestra (*teacher*)
4. Para Iker, es probable que sus compañeros ____ si saben su secreto.
   a. lo acepten b. se burlen de él c. se escondan
5. Iker se sintió ____ cuando su compañero le dijo que le gustaba su peinado.
   a. aliviado (*relieved*) b. cohibido c. enojado
6. Al final, Iker estaba ____ de mostrar su peinado natural.
   a. avergonzado b. nervioso c. orgulloso

Preguntas

En parejas, respondan a estas preguntas con oraciones completas.

1. ¿En qué situaciones se le pone el pelo tieso a Iker?
2. ¿Por qué esconde Iker su peinado natural?
3. ¿Cómo se sintió Iker después de pelearse con los niños en el patio?
4. ¿Se han sentido ustedes cohibidos/as alguna vez?
5. ¿Cuáles son las consecuencias positivas de presentarse ante el mundo tal y como son?
6. ¿Creen que la percepción que tienen de ustedes mismos/as influye en (*influences*) la manera en que ven a los demás? Expliquen su respuesta.

Superhéroes

A. Imagina que un día descubres que tienes un superpoder (*superpower*). Escribe un parrafo donde describas tu experiencia. No te olvides de presentar esta información:

- cuál es tu superpoder
- cómo y cuándo lo descubriste
- quién, además de ti, sabe que tienes ese superpoder
- qué características positivas y negativas implica (*involves*) tener ese superpoder
- cómo has usado tu superpoder para ayudar a otros
- si has decidido usar tu superpoder para mejorar el mundo
- cuál es tu nombre de superhéroe/superheroína

modelo

Puedo saltar (leap) muros de hasta cinco metros de alto. Lo supe un día que mi gato quedó atrapado en el techo de un edificio...

B. En grupos pequeños, compartan sus párrafos. Conversen para decidir quiénes tienen los mejores superpoderes, los más divertidos, los más útiles (*useful*), etc., y quién escogió el mejor nombre de superhéroe/superheroína.

¿Cómo sobrevivir° en la selva de concreto de una gran ciudad hispana? Sin duda, los parques públicos son la respuesta cuando se busca un oasis. Los Bosques de Palermo en Buenos Aires, el Bosque de Chapultepec en la Ciudad de México, el Parque Quinta Vergara en Viña del Mar o la Casa de Campo en Madrid son vitales para la salud física y mental de sus habitantes. Unos tienen museos, lagos y zoológicos, otros hasta parques de diversiones° y jardines. En ellos siempre vas a ver gente haciendo ejercicio, relajándose o reunida con familiares y amigos. A continuación conocerás uno de los muchos parques de Madrid, El Retiro, y vas a ver cómo se relajan los madrileños.

Vocabulario útil

árabe	*Moorish, Arab*
el bullicio	*hustle and bustle*
combatir el estrés	*to fight stress*
el ruido	*noise*

Preparación

¿Sufres de estrés? ¿Qué situaciones te producen estrés? ¿Qué haces para combatirlo?

¿Cierto o falso?

Indica si las oraciones son **ciertas** o **falsas**.

1. Madrid es la segunda ciudad más grande de España, después de Barcelona.
2. Madrid es una ciudad muy poco congestionada (*congested*) gracias a los policías de tráfico.
3. Un turista estadounidense intenta saltearse la cola (*cut the line*) para conseguir unos boletos para un espectáculo.
4. En el Parque del Retiro, puedes descansar, hacer gimnasia, etc.
5. Los baños termales Medina Mayrit son de influencia cristiana.
6. En Medina Mayrit es posible bañarse en aguas termales, tomar el té y hasta comer.

sobrevivir *to survive* parques de diversiones *amusement parks*

¿Estrés? ¿Qué estrés?

El tráfico, el ruido de las calles... Todos quieren llegar al trabajo a tiempo.

... es un lugar donde la gente viene a "retirarse", a escapar del estrés y el bullicio de la ciudad.

... en pleno centro de Madrid, encontramos los Baños Árabes [...]

Video: *Flash cultura*

Practice more at **vistas.vhlcentral.com.**

Video: *Panorama cultural*
Interactive map

Bolivia

El país en cifras

- **Área:** 1.098.580 km^2 (424.162 millas^2), *equivalente al área total de Francia y España*
- **Población:** 10.854.000

Los indígenas quechua y aimará constituyen más de la mitad° de la población de Bolivia. Estos grupos indígenas han mantenido sus culturas y lenguas tradicionales. Las personas de ascendencia° indígena y europea representan la tercera parte de la población. Los demás son de ascendencia europea nacida en Latinoamérica. Una gran mayoría de los bolivianos, más o menos el 70%, vive en el altiplano°.

- **Capital:** La Paz, sede° del gobierno, capital administrativa—1.840.000; Sucre, sede del Tribunal Supremo, capital constitucional y judicial
- **Ciudades principales:** Santa Cruz de la Sierra—1.916.000, Cochabamba, Oruro, Potosí

SOURCE: Population Division, UN Secretariat

- **Moneda:** peso boliviano
- **Idiomas:** español (oficial), aimará (oficial), quechua (oficial)

Bandera de Bolivia

Bolivianos célebres

- **Jesús Lara,** escritor (1898–1980)
- **Víctor Paz Estenssoro,** político y presidente (1907–2001)
- **María Luisa Pacheco,** pintora (1919–1982)
- **Matilde Casazola,** poeta (1942–)

mitad *half* ascendencia *descent* altiplano *high plateau* sede *seat* paraguas *umbrella* cascada *waterfall*

Plaza 14 de Septiembre

Vista de la ciudad de Sucre

Vista de la ciudad de Oruro

recursos

WB	VM	vistas.vhlcentral.com
pp. 177–178	pp. 277–278	Lección 15

¡Increíble pero cierto!

La Paz es la capital más alta del mundo. Su aeropuerto está situado a una altitud de 4.061 metros (13.325 pies). Ah, y si viajas en carro hasta La Paz, ¡no te olvides del paraguas°! En la carretera, que cruza 9.000 metros de densa selva, te encontrarás con una cascada°.

Lugares • El lago Titicaca

Titicaca, situado en los Andes de Bolivia y Perú, es el lago navegable más alto del mundo, a una altitud de 3.810 metros (12.500 pies). Con un área de más de 8.300 kilómetros^2 (3.200 millas^2), también es el segundo lago más grande de Suramérica, después del lago de Maracaibo (Venezuela). La mitología inca cuenta que los hijos del dios° Sol emergieron de las profundas aguas del lago Titicaca para fundar su imperio°.

Artes • La música andina

La música andina, compartida por Bolivia, Perú, Ecuador, Chile y Argentina, es el aspecto más conocido de su folclore. Hay muchos conjuntos° profesionales que dan a conocer° esta música popular, de origen indígena, alrededor° del mundo. Algunos de los grupos más importantes y que llevan más de treinta años actuando en escenarios internacionales son Los Kjarkas (Bolivia), Inti Illimani (Chile), Los Chaskis (Argentina) e Illapu (Chile).

Historia • Tiahuanaco

Tiahuanaco, que significa "Ciudad de los dioses", es un sitio arqueológico de ruinas preincaicas situado cerca de La Paz y del lago Titicaca. Se piensa que los antepasados° de los indígenas aimará fundaron este centro ceremonial hace unos 15.000 años. En el año 1100, la ciudad tenía unos 60.000 habitantes. En este sitio se pueden ver el Templo de Kalasasaya, el Monolito Ponce, el Templete Subterráneo, la Puerta del Sol y la Puerta de la Luna. La Puerta del Sol es un impresionante monumento que tiene tres metros de alto y cuatro de ancho° y que pesa unas 10 toneladas.

¿Qué aprendiste? Responde a las preguntas con una oración completa.

1. ¿Qué idiomas se hablan en Bolivia?
2. ¿Dónde vive la mayoría de los bolivianos?
3. ¿Cuál es la capital administrativa de Bolivia?
4. Según la mitología inca, ¿qué ocurrió en el lago Titicaca?
5. ¿De qué países es la música andina?
6. ¿Qué origen tiene esta música?
7. ¿Cómo se llama el sitio arqueológico situado cerca de La Paz y el lago Titicaca?
8. ¿Qué es la Puerta del Sol?

Conexión Internet Investiga estos temas en **vistas.vhlcentral.com.**

Practice more at **vistas.vhlcentral.com.**

1. Busca información sobre un(a) boliviano/a célebre. ¿Cuáles son algunos de los episodios más importantes de su vida? ¿Qué ha hecho esta persona? ¿Por qué es célebre?
2. Busca información sobre Tiahuanaco u otro sitio arqueológico en Bolivia. ¿Qué han descubierto los arqueólogos en ese sitio?

dios *god* imperio *empire* conjuntos *groups* dan a conocer *make known* alrededor *around* antepasados *ancestors* ancho *wide*

El bienestar

el bienestar	*well-being*
la droga	*drug*
el/la drogadicto/a	*drug addict*
el masaje	*massage*
el/la teleadicto/a	*couch potato*
adelgazar	*to lose weight; to slim down*
aliviar el estrés	*to reduce stress*
aliviar la tensión	*to reduce tension*
apurarse, darse prisa	*to hurry; to rush*
aumentar de peso, engordar	*to gain weight*
disfrutar (de)	*to enjoy; to reap the benefits (of)*
estar a dieta	*to be on a diet*
(no) fumar	*(not) to smoke*
llevar una vida sana	*to lead a healthy lifestyle*
sufrir muchas presiones	*to be under a lot of pressure*
tratar de (+ *inf.*)	*to try (to do something)*
activo/a	*active*
débil	*weak*
en exceso	*in excess; too much*
flexible	*flexible*
fuerte	*strong*
sedentario/a	*sedentary; related to sitting*
tranquilo/a	*calm; quiet*

En el gimnasio

la cinta caminadora	*treadmill*
la clase de ejercicios aeróbicos	*aerobics class*
el/la entrenador(a)	*trainer*
el músculo	*muscle*
calentarse (e:ie)	*to warm up*
entrenarse	*to practice; to train*
estar en buena forma	*to be in good shape*
hacer ejercicio	*to exercise*
hacer ejercicios aeróbicos	*to do aerobics*
hacer ejercicios de estiramiento	*to do stretching exercises*
hacer gimnasia	*to work out*
levantar pesas	*to lift weights*
mantenerse en forma	*to stay in shape*
sudar	*to sweat*

La nutrición

la bebida alcohólica	*alcoholic beverage*
la cafeína	*caffeine*
la caloría	*calorie*
el colesterol	*cholesterol*
la grasa	*fat*
la merienda	*afternoon snack*
el mineral	*mineral*
la nutrición	*nutrition*
el/la nutricionista	*nutritionist*
la proteína	*protein*
la vitamina	*vitamin*
comer una dieta equilibrada	*to eat a balanced diet*
consumir alcohol	*to consume alcohol*
descafeinado/a	*decaffeinated*

Expresiones útiles	*See page 513.*

El mundo del trabajo 16

Communicative Goals

You will learn how to:

- **Talk about your future plans**
- **Talk about and discuss work**
- **Interview for a job**
- **Express agreement and disagreement**

contextos

pages 542–545

- Professions and occupations
- The workplace
- Job interviews

fotonovela

pages 546–549

As Marissa prepares to go back to the States, the friends reflect on their plans for the future. In the meantime, Sra. Díaz helps Miguel with a mock job interview, and Maru gets some good news.

cultura

pages 550–551

- Work benefits
- César Chávez

estructura

pages 552–563

- The future
- The future perfect
- The past subjunctive
- **Recapitulación**

adelante

pages 564–575

Lectura: A poem
Escritura: An essay about your plans for the future
Escuchar: A job interview
En pantalla
Flash cultura
Panorama: Nicaragua y la República Dominicana

A PRIMERA VISTA

- **¿Están trabajando las personas en la foto?**
- **¿Dibujan algo?**
- **¿Llevan ropa profesional?**
- **¿Están descansando o están ocupados?**

Talking Picture, Tutorials & Games
Audio: Activities

El mundo del trabajo

Más vocabulario

el/la abogado/a	*lawyer*
el actor, la actriz	*actor*
el/la consejero/a	*counselor; advisor*
el/la contador(a)	*accountant*
el/la corredor(a) de bolsa	*stockbroker*
el/la diseñador(a)	*designer*
el/la electricista	*electrician*
el/la gerente	*manager*
el hombre/la mujer de negocios	*businessperson*
el/la jefe/a	*boss*
el/la maestro/a	*teacher*
el/la político/a	*politician*
el/la psicólogo/a	*psychologist*
el/la secretario/a	*secretary*
el/la técnico/a	*technician*
el ascenso	*promotion*
el aumento de sueldo	*raise*
la carrera	*career*
la compañía, la empresa	*company; firm*
el empleo	*job; employment*
los negocios	*business; commerce*
la ocupación	*occupation*
el oficio	*trade*
la profesión	*profession*
la reunión	*meeting*
el teletrabajo	*telecommuting*
el trabajo	*job; work*
la videoconferencia	*videoconference*
dejar	*to quit; to leave behind*
despedir (e:i)	*to fire*
invertir (e:ie)	*to invest*
renunciar (a)	*to resign (from)*
tener éxito	*to be successful*
comercial	*commercial; business-related*

el carpintero
el pintor
el arquitecto
el peluquero
la arqueóloga
el científico

Variación léxica

abogado/a ⟷ licenciado/a (*Amér. C.*)
contador(a) ⟷ contable (*Esp.*)

recursos

WB	LM	vistas.vhlcentral.com
pp. 181–182	p. 91	Lección 16

Práctica

1 **Escuchar** Escucha la descripción que hace Juan Figueres de su profesión y luego completa las oraciones con las palabras adecuadas.

1. Juan Figueres es _____.
   a. actor b. hombre de negocios c. pintor
2. El Sr. Figueres es el _____ de una compañía multinacional.
   a. secretario b. técnico c. gerente
3. El Sr. Figueres quería _____ en la cual pudiera (*he could*) trabajar en otros países.
   a. una carrera b. un ascenso c. un aumento de sueldo
4. El Sr. Figueres viaja mucho porque _____.
   a. tiene reuniones en otros países b. es político
   c. toma muchas vacaciones

2 **¿Cierto o falso?** Escucha las descripciones de las profesiones de Ana y Marco. Indica si lo que dice cada oración es **cierto** o **falso**.

1. Ana es maestra de inglés.
2. Ana asiste a muchas reuniones.
3. Ana recibió un aumento de sueldo.
4. Marco hace muchos viajes.
5. Marco quiere dejar su empresa.
6. El jefe de Marco es cocinero.

3 **Escoger** Escoge la ocupación que corresponda a cada descripción.

la arquitecta	**el científico**	**la electricista**
el bombero	**el corredor de bolsa**	**el maestro**
la carpintera	**el diseñador**	**la técnica**

1. Desarrolla teorías de biología, química, física, etc.
2. Nos ayuda a iluminar nuestras casas.
3. Combate los incendios (*fires*) que destruyen edificios.
4. Ayuda a la gente a invertir su dinero.
5. Enseña a los niños.
6. Diseña ropa.
7. Arregla las computadoras.
8. Diseña edificios.

4 **Asociaciones** ¿Qué profesiones asocias con estas palabras?

modelo
emociones *psicólogo/a*

1. pinturas
2. consejos
3. elecciones
4. comida
5. leyes
6. teatro
7. pirámide
8. periódico
9. pelo

5 **Conversación** Completa la entrevista con el nuevo vocabulario que se ofrece en la lista de la derecha.

ENTREVISTADOR Recibí la (1)_____ que usted llenó y vi que tiene mucha experiencia.

ASPIRANTE Por eso decidí mandar una copia de mi (2)_____ cuando vi su (3)_____ en el periódico.

ENTREVISTADOR Me alegro de que lo haya hecho. Pero dígame, ¿por qué dejó usted su (4)_____ anterior?

ASPIRANTE Lo dejé porque quiero un mejor (5)_____.

ENTREVISTADOR ¿Y cuánto quiere (6)_____ usted?

ASPIRANTE Pues, eso depende de los (7)_____ que me puedan ofrecer.

ENTREVISTADOR Muy bien. Pues, creo que usted tiene la experiencia necesaria, pero tengo que (8)_____ a dos aspirantes más. Le vamos a llamar la semana que viene.

ASPIRANTE Hasta pronto, y gracias por la (9)_____.

Más vocabulario

el anuncio	*advertisement*
el/la aspirante	*candidate; applicant*
los beneficios	*benefits*
el currículum	*résumé*
la entrevista	*interview*
el/la entrevistador(a)	*interviewer*
el puesto	*position; job*
el salario, el sueldo	*salary*
la solicitud (de trabajo)	*(job) application*
contratar	*to hire*
entrevistar	*to interview*
ganar	*to earn*
obtener	*to obtain; to get*
solicitar	*to apply (for a job)*

6 **Completar** Escoge la respuesta que completa cada oración.

1. Voy a _____ mi empleo.
   a. tener éxito b. renunciar a c. entrevistar
2. Quiero dejar mi _____ porque no me llevo bien con mi jefe.
   a. anuncio b. gerente c. puesto
3. Por eso, fui a una _____ con una consejera de carreras.
   a. profesión b. reunión c. ocupación
4. Ella me dijo que necesito revisar mi _____.
   a. currículum b. compañía c. aspirante
5. ¿Cuándo obtuviste _____ más reciente?, me preguntó.
   a. la reunión b. la videoconferencia c. el aumento de sueldo
6. Le dije que deseo trabajar en una empresa con excelentes _____.
   a. beneficios b. entrevistas c. solicitudes de trabajo
7. Y quiero tener la oportunidad de _____ en la nueva empresa.
   a. invertir b. obtener c. perder

¡LENGUA VIVA!

Trabajo, **empleo**, and **puesto** all can translate as *job*, but each has additional meanings: **trabajo** means *work*, **empleo** means *employment*, and **puesto** means *position*.

7 **Preguntas** Responde a cada pregunta con una respuesta breve.

1. ¿Te gusta tu especialización?
2. ¿Lees los anuncios de empleo en el periódico o en Internet con regularidad?
3. ¿Piensas que una carrera que beneficia a otros es más importante que un empleo con un salario muy bueno? Explica tu respuesta.
4. ¿Obtienes siempre los puestos que quieres?
5. ¿Te preparas bien para las entrevistas?
6. ¿Crees que una persona debe renunciar a un puesto si no le ofrecen ascensos?
7. ¿Te gustaría (*Would you like*) más un teletrabajo o un trabajo tradicional en una oficina?
8. ¿Piensas que los jefes siempre tienen razón?
9. ¿Quieres crear tu propia empresa? ¿Por qué?
10. ¿Cuál es tu carrera ideal?

Comunicación

8 **Una entrevista** Trabaja con un(a) compañero/a para representar los papeles de un(a) aspirante a un puesto y un(a) entrevistador(a).

El/La entrevistador(a) debe describir...
- el puesto,
- las responsabilidades,
- el salario y
- los beneficios.

El/La aspirante debe...
- presentar su experiencia y
- obtener más información sobre el puesto.

Entonces...
- el/la entrevistador(a) debe decidir si va a contratar al/a la aspirante y
- el/la aspirante debe decidir si va a aceptar el puesto.

9 **Un(a) consejero/a de carreras** En parejas, representen los papeles de un(a) consejero/a de carreras y una persona que quiere saber cuál es la mejor ocupación para él/ella. El/La consejero/a debe hacerle preguntas sobre su educación, su experiencia y sus intereses y debe sugerir dos o tres profesiones posibles. Después, intercambien los papeles.

10 **Una feria de trabajo** La clase va a celebrar una feria (*fair*) de trabajo. Unos estudiantes van a ser representantes de compañías que buscan empleados y otros van a estar buscando empleo.

- Los representantes deben preparar carteles con el nombre de su compañía y los puestos que ofrecen.
- Los que buscan empleo deben circular por la clase y hablar con tres representantes sobre sus experiencias de trabajo y el tipo de trabajo que están buscando.
- Los entrevistadores deben describir los puestos y conseguir los nombres y las referencias de los solicitantes.

La entrevista de trabajo

Los chicos hablan de sus planes para el futuro. Y la Sra. Díaz prepara a Miguel para unas entrevistas de trabajo.

PERSONAJES **MARISSA** **FELIPE**

Video: *Fotonovela*
Record and Compare

MARISSA En menos de dos meses, ya habré regresado a mi casa en Wisconsin.

FELIPE No pensé que el año terminara tan pronto.

JIMENA ¡Todavía no se ha acabado! Tengo que escribir tres ensayos.

MARISSA ¿Qué piensas hacer después de graduarte, Felipe?

JUAN CARLOS Vamos a crear una compañía de asesores de negocios.

FELIPE Les enseñaremos a las empresas a disminuir la cantidad de contaminación que producen.

MARISSA Estoy segura de que tendrán mucho éxito.

FELIPE También me gustaría viajar. Me muero por ir a visitarte a los Estados Unidos.

JIMENA Pues date prisa. Pronto estará lejos trabajando como arqueóloga.

MARISSA No sé cómo vaya a ser mi vida a los 30 años. Probablemente me habré ido de Wisconsin y seré arqueóloga en un país exótico.

JUAN CARLOS (*a Jimena*) Para entonces ya serás doctora.

(*Mientras tanto, en la oficina de la Sra. Díaz*)

MIGUEL Gracias por recibirme hoy.

SRA. DÍAZ De nada, Miguel. Estoy muy feliz de poder ayudarte con las entrevistas de trabajo.

SRA. DÍAZ Durante la entrevista, tienes que convencer al entrevistador de que tú eres el mejor candidato. ¿Estás listo para comenzar?

MIGUEL Sí.

JIMENA

JUAN CARLOS

MIGUEL

SRA. DÍAZ

MIGUEL Mucho gusto. Soy Miguel Ángel Lagasca Martínez.

SRA. DÍAZ Encantada, Miguel. Veamos. Hábleme sobre su trabajo en el Museo Guggenheim de Bilbao.

MIGUEL Estuve allí seis meses en una práctica.

SRA. DÍAZ ¿Cuáles son sus planes para el futuro?

MIGUEL Seguir estudiando historia del arte, especialmente la española y la latinoamericana. Me encanta el arte moderno. En el futuro, quiero trabajar en un museo y ser un pintor famoso.

SRA. DÍAZ ¿Qué te hace especial, Miguel?

MIGUEL ¿Especial?

SRA. DÍAZ Bueno. Paremos un momento. Necesitas relajarte. Vamos a caminar.

MIGUEL Estamos esperando noticias del museo. (*al teléfono*) Hola. ¿Maru? ¡Genial! (*a la Sra. Díaz*) ¡La aceptaron!

SRA. DÍAZ Felicidades. Ahora quiero que tomes ese mismo entusiasmo y lo lleves a la entrevista.

Expresiones útiles

Talking about future plans

En menos de dos meses, ya habré regresado a mi casa en Wisconsin.
In less than two months, I'll have gone back home to Wisconsin.
¿Qué piensas hacer después de graduarte?
What do you think you'll be doing after graduation?
Vamos a crear una compañía de asesores de negocios.
We're going to open a consulting firm.
Les enseñaremos a las empresas a disminuir la cantidad de contaminación que producen.
We'll teach businesses how to reduce the amount of pollution they produce.
No sé cómo vaya a ser mi vida a los treinta años.
I don't know what my life will be like when I am thirty.
Probablemente me habré ido de Wisconsin.
I'll probably have left Wisconsin.
Seré arqueóloga de un país exótico.
I'll be an archeologist in some exotic country.

Reactions

Estoy seguro/a de que tendrán mucho éxito.
I'm sure you'll be very successful.
¡Genial!
Great!

Additional Vocabulary

ejercer *to practice/exercise (a degree/profession)*
enterarse *to find out*
establecer *to establish*
extrañar *to miss*
por el porvenir *for/to the future*
el título *title*

recursos
VM pp. 243–244
vistas.vhlcentral.com Lección 16

¿Qué pasó?

1 **¿Cierto o falso?** Indica si lo que dicen estas oraciones es **cierto** o **falso**. Corrige las oraciones falsas.

	Cierto	Falso
1. Juan Carlos y Felipe quieren crear su propia empresa.	❍	❍
2. En el futuro, Marissa va a viajar porque va a ser psicóloga.	❍	❍
3. La Sra. Díaz ayuda a Miguel con su currículum.	❍	❍
4. Miguel quiere seguir estudiando historia del arte.	❍	❍

2 **Identificar** Identifica quién puede decir estas oraciones.

1. Nosotros vamos a ayudar a que se reduzca la contaminación.
2. Me gustan los hospitales, por eso quiero ser doctora.
3. No imagino cómo será mi vida en el futuro.
4. Quiero ser un pintor famoso, como Salvador Dalí.
5. Lleva ese entusiasmo a la entrevista y serás el mejor candidato.

NOTA CULTURAL

El pintor español **Salvador Dalí** es uno de los máximos representantes del **surrealismo**, tendencia estética que refleja el subconsciente (*subconscious*) del artista. Las obras de Dalí están llenas de símbolos e imágenes fantásticas que muestran sus sueños y su interpretación de la realidad.

3 **Profesiones** Los protagonistas de la **Fotonovela** mencionan estas profesiones. En parejas, túrnense para definir cada profesión.

1. arqueólogo/a
2. doctor(a)
3. administrador(a) de empresas
4. artista
5. hombre/mujer de negocios
6. abogado/a
7. pintor(a)
8. profesor(a)

4 **Mis planes** En grupos, hablen de sus planes para el futuro. Utilicen estas preguntas y frases.

- ¿Qué piensas hacer después de graduarte?
- ¿Quieres saber cuáles son mis planes para el futuro?
- ¿Cuáles son tus planes?
- ¿Dónde trabajarás?
- El próximo año/verano, voy a...
- Seré...
- Trabajaré en...

AYUDA

Remember that the indefinite article is not used with professions, unless they are modified by an adjective.

José es **pintor**.

José es **un buen pintor**.

Ortografía Concepts

Las letras y, ll y h

The letters **ll** and **y** were not pronounced alike in Old Spanish. Nowadays, however, **ll** and **y** have the same or similar pronunciations in many parts of the Spanish-speaking world. This results in frequent misspellings. The letter **h**, as you already know, is silent in Spanish, and it is often difficult to know whether words should be written with or without it. Here are some of the word groups that are spelled with each letter.

talla **sello** **botella** **amarillo**

The letter **ll** is used in these endings: **-allo/a, -ello/a, -illo/a**.

llave **llega** **llorar** **lluvia**

The letter **ll** is used at the beginning of words in these combinations: **lla-, lle-, llo-, llu-**.

cayendo **leyeron** **oye** **incluye**

The letter **y** is used in some forms of the verbs **caer**, **leer**, and **oír** and in verbs ending in **-uir**.

hiperactivo **hospital** **hipopótamo** **humor**

The letter **h** is used at the beginning of words in these combinations: **hiper-**, **hosp-**, **hidr-**, **hipo-**, **hum-**.

hiato **hierba** **hueso** **huir**

The letter **h** is also used in words that begin with these combinations: **hia-, hie-, hue-, hui-**.

Práctica Llena los espacios con **h, ll** o **y**. Después escribe una frase con cada una de las palabras.

1. cuchi___o
2. ___ielo
3. cue___o
4. estampi___a
5. estre___a
6. ___uésped
7. destru___ó
8. pla___a

Adivinanza Aquí tienes una adivinanza (*riddle*). Intenta descubrir de qué se trata.

[1] El huevo

recursos	
LM p. 92	vistas.vhlcentral.com Lección 16

EN DETALLE

Additional Reading

Beneficios en los empleos

¿Qué piensas si te ofrecen un trabajo que te da treinta días de vacaciones pagadas? Los beneficios laborales° en los Estados Unidos, España e Hispanoamérica son diferentes en varios sentidos°. En España, por ejemplo, todos los empleados, por ley, tienen treinta días de vacaciones pagadas al año. Otro ejemplo lo hallamos en las licencias por maternidad°. En los Estados Unidos se otorgan° doce semanas, dependiendo de la empresa si esos días son pagados o no. En muchos países hispanoamericanos, sin embargo, las leyes dictan que esta licencia sea pagada. Países como Chile y Venezuela ofrecen a las madres trabajadoras° dieciocho semanas de licencia pagada.

Otra diferencia está en los sistemas de jubilación° de los países hispanoamericanos. Hasta la década de 1990, la mayoría de los países de Centroamérica y Suramérica tenía un sistema de jubilación público. Es decir, las personas no tenían que pagar directamente por su jubilación, sino que el Estado la administraba. Sin embargo, en los últimos años las cosas han cambiado en Hispanoamérica: desde hace más de una década, casi todos los países han incorporado el sistema privado° de jubilación, y en muchos países podemos encontrar los dos sistemas (público y privado) funcionando al mismo tiempo, como en Colombia, Perú o Costa Rica.

El currículum vitae

- El currículum vitae contiene información personal y es fundamental que sea muy detallado°. En ocasiones, mientras más páginas tenga, mejor.
- Normalmente incluye° la educación completa del aspirante, todos los trabajos que ha tenido e incluso sus gustos personales y pasatiempos.
- Puede también incluir detalles que no se suelen incluir en los Estados Unidos: una foto del aspirante, su estado civil e incluso si tiene auto y de qué tipo.

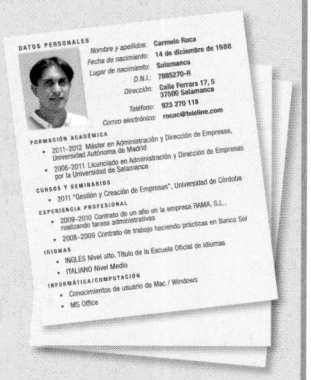

DATOS PERSONALES

Nombre y apellidos: **Carmelo Roca**
Fecha de nacimiento: **14 de diciembre de 1988**
Lugar de nacimiento: **Salamanca**
D.N.I.: **7988270-R**
Dirección: **Calle Ferrara 17, 5 37500 Salamanca**
Teléfono: **923 270 118**
Correo electrónico: **rocac@telefino.com**

FORMACIÓN ACADÉMICA
- 2011-2012 Máster en Administración y Dirección de Empresas, Universidad Autónoma de Madrid
- 2006-2011 Licenciado en Administración y Dirección de Empresas por la Universidad de Salamanca

CURSOS Y SEMINARIOS
- 2011 "Gestión y Creación de Empresas". Universidad de Córdoba

EXPERIENCIA PROFESIONAL
- 2008-2010 Contrato de un año en la empresa NAMA, S.L., realizando tareas administrativas
- 2008-2009 Contrato de trabajo haciendo prácticas en Banco Sol

IDIOMAS
- INGLÉS Nivel alto. Título de la Escuela Oficial de Idiomas
- ITALIANO Nivel Medio

INFORMÁTICA/COMPUTACIÓN
- Conocimientos de usuario de Mac / Windows
- MS Office

beneficios laborales *job benefits* varios sentidos *many ways*
licencias por maternidad *maternity leave* se otorga *is given* ley *law*
madres trabajadoras *working mothers* jubilación *retirement* privado *private*
detallado *detailed* incluye *includes*

ACTIVIDADES

1 **¿Cierto o falso?** Indica si lo que dicen estas oraciones es **cierto** o **falso**. Corrige la información falsa.

1. Los trabajadores de los Estados Unidos y los de España tienen beneficios laborales diferentes.
2. La licencia por maternidad es igual en Hispanoamérica y los Estados Unidos.
3. En Venezuela, la licencia por maternidad es de cuatro meses y medio.
4. En España, los empleados tienen treinta días de vacaciones al año.
5. Hasta 1990, muchos países hispanoamericanos tenían un sistema de jubilación privado.
6. En Perú sólo tienen sistema de jubilación privado.
7. En general, el currículum vitae hispano y el estadounidense tienen contenido distinto.
8. En Hispanoamérica, es importante que el currículum vitae tenga pocas páginas.

ASÍ SE DICE

El trabajo

la chamba (Méx.); el curro (Esp.); el laburo (Arg.); la pega (Chi.)	**el trabajo**
el/la cirujano/a	*surgeon*
la huelga	*strike*
el/la niñero/a	*babysitter*
el impuesto	*tax*

EL MUNDO HISPANO

Igualdad° laboral

- **United Fruit Company** fue, por casi cien años, la mayor corporación estadounidense. Monopolizó las exportaciones de frutas de Hispanoamérica, e influenció enormemente la economía y la política de la región hasta 1970.
- **Fair Trade Coffee** trabaja para proteger a los agricultores° de café de los abusos de las grandes compañías multinacionales. Ahora, en lugares como Centroamérica, los agricultores pueden obtener mayores ganancias° a través del comercio directo y los precios justos°.
- **Oxfam International** trabaja en países como Guatemala, Ecuador, Nicaragua y Perú para concientizar a la opinión pública° de que la igualdad entre las personas es tan importante como el crecimiento° económico de las naciones.

Igualdad *Equality* **agricultores** *farmers* **ganancias** *profits* **justos** *fair* **concientizar a la opinión pública** *to make public opinion aware* **crecimiento** *growth*

PERFIL

César Chávez

César Estrada Chávez (1927–1993) nació cerca de Yuma, Arizona. De padres mexicanos, empezó a trabajar en el campo a los diez años de edad. Comenzó a luchar contra la discriminación en los años 40, mientras estaba en la Marina°. Fue en esos tiempos cuando se sentó en la sección para blancos en un cine segregacionista y se negó° a moverse.

Junto a su esposa, Helen Fabela, fundó° en 1962 la Asociación Nacional de Trabajadores del Campo° que después se convertiría en la coalición Trabajadores del Campo Unidos. Participó y organizó muchas huelgas en grandes compañías para lograr mejores condiciones laborales° y salarios más altos y justos para los trabajadores. Es considerado un héroe del movimiento laboral estadounidense. Desde el año 2000, la fecha de su cumpleaños es un día festivo pagado° en California y otros estados.

Marina *Navy* **se negó** *he refused* **fundó** *he established* **Trabajadores del Campo** *Farm Workers* **condiciones laborales** *working conditions* **día festivo pagado** *paid holiday*

Conexión Internet

¿Qué industrias importantes hay en los países hispanos?

Go to **vistas.vhlcentral.com** to find more cultural information related to this **Cultura** section.

ACTIVIDADES

2 **Comprensión** Responde a las preguntas.

1. ¿Cómo dice un argentino "perdí mi trabajo"?
2. ¿Cuál es el principio fundamental del Fair Trade Coffee?
3. ¿Para qué César Chávez organizó huelgas contra grandes compañías?
4. ¿Qué día es un día festivo pagado en California?

3 **Sus ambiciones laborales** En parejas, hagan una lista con al menos tres ideas sobre las expectativas que tienen sobre su futuro como trabajadores/as. Pueden describir las ideas y ambiciones sobre el trabajo que quieren tener. ¿Conocen bien las reglas que deben seguir para conseguir un trabajo? ¿Les gustan? ¿Les disgustan? Luego van a exponer sus ideas ante la clase para un debate.

Practice more at **vistas.vhlcentral.com.**

16.1 The future  Tutorial

ANTE TODO You have already learned ways of expressing the near future in Spanish. You will now learn how to form and use the future tense. Compare the different ways of expressing the future in Spanish and English.

Present indicative

Voy al cine mañana.
I'm going to the movies tomorrow.

Present subjunctive

Ojalá **vaya al cine** mañana.
I hope I will go to the movies tomorrow.

ir a + [*infinitive*]

Voy a ir al cine.
I'm going to go to the movies.

Future

Iré al cine.
I will go to the movies.

CONSULTA
To review **ir a** + [*infinitive*], see **Estructura 4.1**, p. 126.

- In Spanish, the future is a simple tense that consists of one word, whereas in English it is made up of the auxiliary verb *will* or *shall*, and the main verb.

Future tense

		estudiar	aprender	recibir
SINGULAR FORMS	yo	estudiar**é**	aprender**é**	recibir**é**
	tú	estudiar**ás**	aprender**ás**	recibir**ás**
	Ud./él/ella	estudiar**á**	aprender**á**	recibir**á**
PLURAL FORMS	nosotros/as	estudiar**emos**	aprender**emos**	recibir**emos**
	vosotros/as	estudiar**éis**	aprender**éis**	recibir**éis**
	Uds./ellos/ellas	estudiar**án**	aprender**án**	recibir**án**

- **¡Atención!** Note that all of the future endings have a written accent except the **nosotros/as** form.

¿Cuándo **recibirás** el ascenso?
*When **will you receive** the promotion?*

Mañana **aprenderemos** más.
*Tomorrow **we will learn** more.*

- The future endings are the same for regular and irregular verbs. For regular verbs, simply add the endings to the infinitive. For irregular verbs, add the endings to the irregular stem.

Irregular verbs in the future

INFINITIVE	STEM	FUTURE FORMS
decir	dir-	dir**é**
hacer	har-	har**é**
poder	podr-	podr**é**
poner	pondr-	pondr**é**
querer	querr-	querr**é**
saber	sabr-	sabr**é**
salir	saldr-	saldr**é**
tener	tendr-	tendr**é**
venir	vendr-	vendr**é**

- The future of **hay** (*inf.* **haber**) is **habrá** *(there will be)*.

La próxima semana **habrá** dos reuniones.
Next week there will be two meetings.

Habrá muchos gerentes en la videoconferencia.
There will be many managers at the videoconference.

- Although the English word *will* can refer to future time, it also refers to someone's willingness to do something. In this case, Spanish uses **querer** + [*infinitive*], not the future tense.

¿Quieres llamarme, por favor?
Will you please call me?

¿Quieren ustedes escucharnos, por favor?
Will you please listen to us?

COMPARE & CONTRAST

In Spanish, the future tense has an additional use: expressing conjecture or probability. English sentences involving expressions such as *I wonder, I bet, must be, may, might,* and *probably* are often translated into Spanish using the *future of probability*.

—¿Dónde **estarán** mis llaves?
I wonder where my keys are.

—¿Qué hora **será**?
What time can it be? (I wonder what time it is.)

—**Estarán** en la cocina.
They're probably in the kitchen.

—**Serán** las once o las doce.
It must be (It's probably) eleven or twelve.

Note that although the future tense is used, these verbs express conjecture about *present* conditions, events, or actions.

CONSULTA

To review these conjunctions of time, see **Estructura 13.3**, p. 461.

- The future may also be used in the main clause of sentences in which the present subjunctive follows a conjunction of time such as **cuando, después (de) que, en cuanto, hasta que,** and **tan pronto como.**

Cuando llegues a la oficina, **hablaremos**.
When you arrive at the office, we will talk.

Saldremos tan pronto como termine su trabajo.
We will leave as soon as you finish your work.

¡INTÉNTALO! Conjuga en futuro los verbos entre paréntesis.

1. (dejar, correr, invertir) yo *dejaré, correré, invertiré*
2. (renunciar, beber, vivir) tú _____
3. (hacer, poner, venir) Lola _____
4. (tener, decir, querer) nosotros _____
5. (ir, ser, estar) ustedes _____
6. (solicitar, comer, repetir) usted _____
7. (saber, salir, poder) yo _____
8. (encontrar, jugar, servir) tú _____

recursos

WB pp. 183–184

LM p. 93

vistas. vhlcentral.com Lección 16

Práctica

1 **Planes** Celia está hablando de sus planes. Repite lo que dice, usando el tiempo futuro.

modelo

Voy a consultar el índice de Empresas 500 en la biblioteca.
Consultaré el índice de Empresas 500 en la biblioteca.

1. Álvaro y yo nos vamos a casar pronto.
2. Julián me va a decir dónde puedo buscar trabajo.
3. Voy a buscar un puesto con un buen sueldo.
4. Voy a leer los anuncios clasificados todos los días.
5. Voy a obtener un puesto en mi especialización.
6. Mis amigos van a estar contentos por mí.

2 **La predicción inolvidable** Completa el párrafo con el futuro de los verbos.

asustarse	conseguir	estar	olvidar	tener
casarse	escribir	hacerse	ser	terminar

Nunca (1) _____ lo que me dijo la vidente (*clairvoyant*) antes de que se quedara sin batería mi teléfono celular: "En cinco años (2) _____ realidad todos tus deseos. (3) _____ tus estudios, (4) _____ un empleo rápidamente y tu éxito (5) _____ asombroso. (6) _____ con un hombre bueno y hermoso, del que (7) _____ enamorada. Pero en realidad (8) _____ una vida muy triste porque un día, cuando menos lo esperes..."

3 **Preguntas** Imaginen que han aceptado uno de los puestos de los anuncios. En parejas, túrnense para hablar sobre los detalles (*details*) del puesto. Usen las preguntas como guía y hagan también sus propias preguntas.

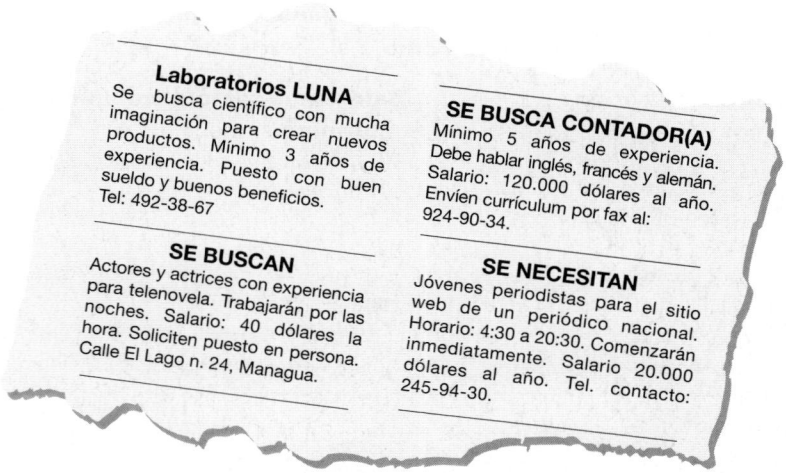

Laboratorios LUNA
Se busca científico con mucha imaginación para crear nuevos productos. Mínimo 3 años de experiencia. Puesto con buen sueldo y buenos beneficios.
Tel: 492-38-67

SE BUSCA CONTADOR(A)
Mínimo 5 años de experiencia. Debe hablar inglés, francés y alemán. Salario: 120.000 dólares al año. Envíen currículum por fax al: 924-90-34.

SE BUSCAN
Actores y actrices con experiencia para telenovela. Trabajarán por las noches. Salario: 40 dólares la hora. Soliciten puesto en persona. Calle El Lago n. 24, Managua.

SE NECESITAN
Jóvenes periodistas para el sitio web de un periódico nacional. Horario: 4:30 a 20:30. Comenzarán inmediatamente. Salario 20.000 dólares al año. Tel. contacto: 245-94-30.

1. ¿Cuál será el trabajo?
2. ¿Qué harás?
3. ¿Cuánto te pagarán?
4. ¿Sabes si te ofrecerán beneficios?
5. ¿Sabes el horario que tendrás? ¿Es importante saberlo?
6. ¿Crees que te gustará? ¿Por qué?
7. ¿Cuándo comenzarás a trabajar?
8. ¿Qué crees que aprenderás?

Practice more at **vistas.vhlcentral.com.**

Comunicación

4 **Conversar** Tú y tu compañero/a viajarán a la República Dominicana por siete días. Indiquen lo que harán y no harán. Digan dónde, cómo, con quién o en qué fechas lo harán, usando el anuncio como guía. Pueden usar sus propias ideas también.

modelo

Estudiante 1: ¿Qué haremos el martes?
Estudiante 2: Visitaremos el Jardín Botánico.
Estudiante 1: Pues, tú visitarás el Jardín Botánico y yo caminaré por el Mercado Modelo.

¡Bienvenido a la República Dominicana!

Se divertirá desde el momento en que llegue al **Aeropuerto Internacional de las Américas**.

- Visite la ciudad colonial de **Santo Domingo** con su interesante arquitectura.
- Vaya al **Jardín Botánico** y disfrute de nuestra abundante naturaleza.
- En el **Mercado Modelo** no va a poder resistir la tentación de comprar artesanías.
- No deje de escalar el **Pico Duarte** (se recomiendan 3 días).
- ¿Le gusta bucear? **Cabarete** tiene todo el equipo que usted necesita.
- ¿Desea nadar? **Punta Cana** le ofrece hermosas playas.

NOTA CULTURAL

En la **República Dominicana** están el punto más alto y el más bajo de las Antillas. El Pico Duarte mide (*measures*) 3.175 metros y el lago Enriquillo está a 45 metros bajo el nivel del mar (*sea level*).

5 **Planear** En grupos pequeños, hagan planes para formar una empresa privada. Usen las preguntas como guía. Después presenten su plan a la clase.

1. ¿Cómo se llamará y qué tipo de empresa será?
2. ¿Cuántos empleados tendrá y cuáles serán sus oficios o profesiones?
3. ¿Qué tipo de beneficios se ofrecerán?
4. ¿Quién será el/la gerente y quién será el jefe/la jefa? ¿Por qué?
5. ¿Permitirá su empresa el teletrabajo? ¿Por qué?
6. ¿Dónde pondrán anuncios para conseguir empleados?

Síntesis

6 **El futuro de Cristina** Tu profesor(a) va a darte una serie incompleta de dibujos sobre el futuro de Cristina. Tú y tu compañero/a tienen dos series diferentes. Háganse preguntas y respondan de acuerdo a los dibujos para completar la historia.

modelo

Estudiante 1: ¿Qué hará Cristina en el año 2020?
Estudiante 2: Ella se graduará en el año 2020.

16.2 The future perfect

ANTE TODO Like other compound tenses you have learned, the future perfect (**el futuro perfecto**) is formed with a form of **haber** and the past participle. It is used to talk about what will have happened by some future point in time.

Future perfect

	hablar	comer	vivir
SINGULAR FORMS			
yo	**habré** hablado	**habré** comido	**habré** vivido
tú	**habrás** hablado	**habrás** comido	**habrás** vivido
Ud./él/ella	**habrá** hablado	**habrá** comido	**habrá** vivido
PLURAL FORMS			
nosotros/as	**habremos** hablado	**habremos** comido	**habremos** vivido
vosotros/as	**habréis** hablado	**habréis** comido	**habréis** vivido
Uds./ellos/ellas	**habrán** hablado	**habrán** comido	**habrán** vivido

¡ATENCIÓN! As with other compound tenses, the past participle never varies in the future perfect; it always ends in **-o**.

▶ The phrases **para** + [*time expression*] and **dentro de** + [*time expression*] are used with the future perfect to talk about what will have happened by some future point in time.

Para el lunes, habré hecho todas las preparaciones.
By Monday, I will have made all the preparations.

Dentro de un año, habré renunciado a mi trabajo.
Within a year, I will have resigned from my job.

¡INTÉNTALO! Indica la forma apropiada del futuro perfecto.

1. Para el sábado, nosotros habremos obtenido (obtener) el dinero.
2. Yo _____ (terminar) el trabajo para cuando lleguen mis amigos.
3. Silvia _____ (hacer) todos los planes para el próximo fin de semana.
4. Para el cinco de junio, ustedes _____ (llegar) a Quito.
5. Para esa fecha, Ernesto y tú _____ (recibir) muchas ofertas.
6. Para el ocho de octubre, nosotros ya _____ (llegar) a Colombia.
7. Para entonces, yo _____ (volver) de la República Dominicana.
8. Para cuando yo te llame, ¿tú _____ (decidir) lo que vamos a hacer?
9. Para las nueve, mi hermana _____ (salir).
10. Para las ocho, tú y yo _____ (limpiar) el piso.

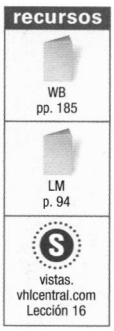

Práctica y Comunicación

1 **¿Qué habrá pasado?** Forma oraciones lógicas combinando ambas (*both*) columnas.

A	B
1. Para el año 2050, la población del mundo	a. me habré jubilado.
2. Para la semana que viene, el profesor	b. habrá corregido los exámenes.
3. Antes de cumplir los 40 años, yo	c. habrá aumentado un 47%.
4. Dentro de una semana, ellos	d. habrán destruido su casa.
5. Para cuando se dé cuenta, el científico	e. habrán atravesado el océano Pacífico.
6. Para fin de año, las termitas	f. habré escrito un libro, plantado un árbol y tenido tres hijos.
	g. habrá hecho un gran daño a la humanidad.

2 **Escoger** Juan Luis habla de lo que habrá ocurrido en ciertos momentos del futuro. Escoge los verbos que mejor completen cada oración y ponlos en el futuro perfecto.

casarse	leer	solicitar
comprar	romperse	tomar
graduarse	ser	viajar

1. Para mañana por la tarde, yo ya _____ mi examen de economía.
2. Para la semana que viene, el profesor _____ nuestros exámenes.
3. Dentro de tres meses, Juan y Marisa _____ en Las Vegas.
4. Dentro de cinco meses, tú y yo _____ de la universidad.
5. Para finales (*end*) de mayo, yo _____ un trabajo en un banco.
6. Dentro de un año, tú _____ una casa nueva.
7. Antes de cumplir los 50 años, usted _____ a Europa.
8. Dentro de 25 años, Emilia ya _____ presidenta de los EE.UU.

3 **Encuesta** Tu profesor(a) te va a dar una hoja de actividades. Pregúntales a tres compañeros/as para cuándo habrán hecho las cosas relacionadas con sus futuras carreras que se mencionan en la lista. Toma nota de las respuestas y luego comparte con la clase la información que obtuviste.

Síntesis

4 **Competir** En parejas, preparen una conversación hipotética (8 líneas o más) que ocurra en una fiesta. Una persona dice lo que habrá hecho para algún momento del futuro; la otra responde, diciendo cada vez algo más exagerado. Prepárense para representar la conversación delante de la clase.

modelo

Estudiante 1: *Cuando tenga 30 años, habré ganado un millón de dólares.*
Estudiante 2: *Y yo habré llegado a ser multimillonaria.*
Estudiante 1: *Para el 2020, me habrán escogido como la mejor escritora (writer) del país.*
Estudiante 2: *Pues, yo habré ganado el Premio Nobel de Literatura.*

Practice more at **vistas.vhlcentral.com.**

16.3 The past subjunctive

ANTE TODO You will now learn how to form and use the past subjunctive (**el pretérito imperfecto de subjuntivo**), also called the imperfect subjunctive. Like the present subjunctive, the past subjunctive is used mainly in multiple-clause sentences which express states and conditions such as will, influence, emotion, commands, indefiniteness, and non-existence.

The past subjunctive

		estudiar	aprender	recibir
SINGULAR FORMS	yo	estudia**ra**	aprendie**ra**	recibie**ra**
	tú	estudia**ras**	aprendie**ras**	recibie**ras**
	Ud./él/ella	estudia**ra**	aprendie**ra**	recibie**ra**
PLURAL FORMS	nosotros/as	estudiá**ramos**	aprendié**ramos**	recibié**ramos**
	vosotros/as	estudia**rais**	aprendie**rais**	recibie**rais**
	Uds./ellos/ellas	estudia**ran**	aprendie**ran**	recibie**ran**

¡ATENCIÓN! Note that the **nosotros/as** form of the past subjunctive always has a written accent.

- The past subjunctive endings are the same for all verbs.

-ra	**-ramos**
-ras	**-rais**
-ra	**-ran**

¡LENGUA VIVA! The past subjunctive has another set of endings:

-se	**-semos**
-ses	**-seis**
-se	**-sen**

It's a good idea to learn to recognize these endings because they are sometimes used in literary and formal contexts.

Deseaba que mi esposo recibiese un ascenso.

- The past subjunctive is formed using the **Uds./ellos/ellas** form of the preterite. By dropping the **-ron** ending from this preterite form, you establish the stem of all the past subjunctive forms. To this stem you then add the past subjunctive endings.

INFINITIVE	PRETERITE FORM	PAST SUBJUNCTIVE
hablar	ellos **habla~~ron~~**	habla**ra**, habla**ras**, habl**áramos**
beber	ellos **bebie~~ron~~**	bebie**ra**, bebie**ras**, bebi**éramos**
escribir	ellos **escribie~~ron~~**	escribie**ra**, escribie**ras**, escribi**éramos**

- For verbs with irregular preterites, add the past subjunctive endings to the irregular stem.

INFINITIVE	PRETERITE FORM	PAST SUBJUNCTIVE
dar	**die~~ron~~**	die**ra**, die**ras**, dié**ramos**
decir	**dije~~ron~~**	dije**ra**, dije**ras**, dijé**ramos**
estar	**estuvie~~ron~~**	estuvie**ra**, estuvie**ras**, estuvié**ramos**
hacer	**hicie~~ron~~**	hicie**ra**, hicie**ras**, hicié**ramos**
ir/ser	**fue~~ron~~**	fue**ra**, fue**ras**, fué**ramos**
poder	**pudie~~ron~~**	pudie**ra**, pudie**ras**, pudié**ramos**
poner	**pusie~~ron~~**	pusie**ra**, pusie**ras**, pusié**ramos**
querer	**quisie~~ron~~**	quisie**ra**, quisie**ras**, quisié**ramos**
saber	**supie~~ron~~**	supie**ra**, supie**ras**, supié**ramos**
tener	**tuvie~~ron~~**	tuvie**ra**, tuvie**ras**, tuvié**ramos**
venir	**vinie~~ron~~**	vinie**ra**, vinie**ras**, vinié**ramos**

¡LENGUA VIVA! **Quisiera**, the past subjunctive form of **querer**, is often used to make polite requests.

Quisiera hablar con Marco, por favor.
I would like to speak to Marco, please.

¿Quisieran ustedes algo más?
Would you like anything else?

▶ **-Ir** stem-changing verbs and other verbs with spelling changes follow a similar process to form the past subjunctive.

INFINITIVE	PRETERITE FORM	PAST SUBJUNCTIVE
preferir	**prefirie~~ron~~**	prefiriera, prefirieras, prefiriéramos
repetir	**repitie~~ron~~**	repitiera, repitieras, repitiéramos
dormir	**durmie~~ron~~**	durmiera, durmieras, durmiéramos
conducir	**condujeron**	condujera, condujeras, condujéramos
creer	**creyeron**	creyera, creyeras, creyéramos
destruir	**destruyeron**	destruyera, destruyeras, destruyéramos
oír	**oyeron**	oyera, oyeras, oyéramos

AYUDA

When a situation that triggers the subjunctive is involved, most cases follow these patterns:
main verb in present indicative → subordinate verb in present subjunctive
Espero que María **venga** a la reunión.
main verb in past indicative → subordinate verb in past subjunctive
Esperaba que María **viniera** a la reunión.

▶ The past subjunctive is used in the same contexts and situations as the present subjunctive and the present perfect subjunctive, except that it generally describes actions, events, or conditions that have already happened.

Me pidieron que no **llegara** tarde.
They asked me not to arrive late.

Me sorprendió que ustedes no **vinieran** a la cena.
It surprised me that you didn't come to the dinner.

Salió antes de que yo **pudiera** hablar contigo.
He left before I could talk to you.

Ellos querían que yo **escribiera** una novela romántica.
They wanted me to write a romantic novel.

¡INTÉNTALO! Indica la forma apropiada del pretérito imperfecto de subjuntivo de los verbos entre paréntesis.

1. Quería que tú vinieras (venir) más temprano.
2. Esperábamos que ustedes _____ (hablar) mucho más en la reunión.
3. No creían que yo _____ (poder) hacerlo.
4. Se opuso a que nosotros _____ (invertir) el dinero.
5. Sentí mucho que ustedes no _____ (estar) con nosotros anoche.
6. No era necesario que ellas _____ (hacer) todo.
7. Me pareció increíble que tú _____ (saber) dónde encontrarlo.
8. No había nadie que _____ (creer) tu historia.
9. Mis padres insistieron en que yo _____ (ir) a la universidad.
10. Queríamos salir antes de que ustedes _____ (llegar).

recursos

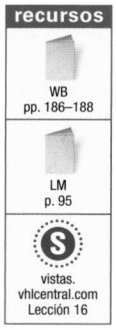

Práctica

1 **Diálogos** Completa los diálogos con el pretérito imperfecto de subjuntivo de los verbos entre paréntesis. Después representa los diálogos con un(a) compañero/a.

1. —¿Qué le dijo el consejero a Andrés? Quisiera saberlo.
   —Le aconsejó que _____ (dejar) los estudios de arte y que _____ (estudiar) una carrera que _____ (pagar) mejor.
   —Siempre el dinero. ¿No se enojó Andrés de que le _____ (aconsejar) eso?
   —Sí, y le dijo que no creía que ninguna otra carrera le _____ (ir) a gustar más.
2. —Qué lástima que ellos no te _____ (ofrecer) el puesto de gerente.
   —Querían a alguien que _____ (tener) experiencia en el sector público.
   —Pero, ¿cómo? ¿Y tu maestría? ¿No te molestó que te _____ (decir) eso?
   —No, no tengo experiencia en esa área, pero les gustó mucho mi currículum. Me pidieron que _____ (volver) en un año y _____ (solicitar) el puesto otra vez. Para entonces habré obtenido la experiencia que necesito y podré conseguir el puesto que quiera.
3. —Cuánto me alegré de que tus hijas _____ (venir) ayer a visitarte. ¿Cuándo se van?
   —Bueno, yo esperaba que se _____ (quedar) dos semanas, pero no pueden. Ojalá _____ (poder). Hace mucho que no las veo.

2 **Año nuevo, vida nueva** El año pasado, Marta y Alberto querían cambiar de vida. Aquí tienen las listas con sus propósitos para el Año Nuevo (*New Year's resolutions*). Ellos no consiguieron hacer realidad ninguno. En parejas, lean las listas y escriban por qué creen que no los consiguieron. Usen el pretérito imperfecto de subjuntivo.

modelo

obtener un mejor puesto de trabajo

Era difícil que Alberto consiguiera un mejor puesto porque su novia le pidió que no cambiara de empleo.

AYUDA

Puedes usar estas expresiones:
No era verdad que...
Era difícil que...
Era imposible que...
No era cierto que...
Su novio/a no quería que...

Alberto

pedir un aumento de sueldo
tener una vida más sana
visitar más a su familia
dejar de fumar

Marta

querer mejorar su relación de pareja
terminar los estudios con buenas notas
cambiar de casa
ahorrar más

Comunicación

3 **Reaccionar** Manuel acaba de llegar de Nicaragua. Reacciona a lo que te dice usando el pretérito imperfecto de subjuntivo. Escribe las oraciones y luego compáralas con las de un(a) compañero/a.

modelo

El día que llegué, me esperaban mi abuela y tres primos.
¡Qué bien! Me alegré de que vieras a tu familia después de tantos años.

1. Fuimos al volcán Masaya. ¡Y vimos la lava del volcán!
2. Visitamos la Catedral de Managua, que fue dañada por el terremoto (*earthquake*) de 1972.
3. No tuvimos tiempo de ir a la playa, pero pasamos unos días en el Hotel Dariense en Granada.
4. Fui a conocer el nuevo museo de arte y también fui al Teatro Rubén Darío.
5. Nos divertimos haciendo compras en Metrocentro.
6. Eché monedas (*I threw coins*) en la fuente (*fountain*) de la Plaza de la República y pedí un deseo.

NOTA CULTURAL

El nicaragüense **Rubén Darío** (1867–1916) es uno de los poetas más famosos de Latinoamérica. *Cantos de vida y esperanza* es una de sus obras.

Catedral de Managua, Nicaragua

4 **Oraciones** Escribe cinco oraciones sobre lo que otros esperaban de ti en el pasado y cinco más sobre lo que tú esperabas de ellos. Luego, en grupos, túrnense para compartir sus propias oraciones y para transformar las oraciones de sus compañeros/as. Sigan el modelo.

modelo

Estudiante 1: *Mi profesora quería que yo fuera a Granada para estudiar español.*
Estudiante 2: *Su profesora quería que Mark fuera a Granada para estudiar español.*
Estudiante 3: *Yo deseaba que mis padres me enviaran a España.*
Estudiante 4: *Cecilia deseaba que sus padres la enviaran a España.*

Síntesis

5 **¡Vaya fiesta!** Dos amigos/as fueron a una fiesta y se enojaron. Uno/a quería irse temprano, pero el/la otro/a quería irse más tarde porque estaba hablando con el/la chico/a que le gustaba a su amigo/a. En parejas, inventen una conversación en la que esos/as amigos/as intentan arreglar todos los malentendidos (*misunderstandings*) que tuvieron en la fiesta. Usen el pretérito imperfecto de subjuntivo y después representen la conversación delante de la clase.

modelo

Estudiante 1: *¡Yo no pensaba que fueras tan aburrido/a!*
Estudiante 2: *Yo no soy aburrido/a, sólo quería que nos fuéramos temprano.*

Recapitulación

Concepts Diagnostics

Completa estas actividades para repasar los conceptos de gramática que aprendiste en esta lección.

1 **Completar** Completa el cuadro con el futuro. 6 pts.

Infinitivo	yo	ella	nosotros
decir	diré		
poner			pondremos
salir		saldrá	

2 **Verbos** Completa el cuadro con el pretérito imperfecto de subjuntivo. 6 pts.

Infinitivo	tú	nosotras	ustedes
dar			dieran
saber		supiéramos	
ir	fueras		

3 **La oficina de empleo** La nueva oficina de empleo está un poco desorganizada. Completa los diálogos con expresiones de probabilidad, utilizando el futuro perfecto de los verbos. 10 pts.

SR. PÉREZ No encuentro el currículum de Mario Gómez.
SRA. MARÍN (1) _____ (Tomarlo) la secretaria.

LAURA ¿De dónde vienen estas ofertas de trabajo?
ROMÁN No estoy seguro. (2) _____ (Salir) en el periódico de hoy.

ROMÁN ¿Has visto la lista nueva de aspirantes?
LAURA No, (3) _____ (tú, ponerla) en el archivo.

SR. PÉREZ José Osorio todavía no ha recibido el informe.
LAURA (4) _____ (Nosotros, olvidarse) de enviarlo por correo.

SRA. MARÍN ¿Sabes dónde están las solicitudes de los aspirantes?
ROMÁN (5) _____ (Yo, dejarlas) en mi carro.

RESUMEN GRAMATICAL

16.1 The future *pp. 552–553*

Future tense of **estudiar***	
estudiaré	estudiaremos
estudiarás	estudiaréis
estudiará	estudiarán

*Same endings for **-ar, -er,** and **-ir** verbs.

Irregular verbs in the future		
Infinitive	**Stem**	**Future forms**
decir	dir-	diré
hacer	har-	haré
poder	podr-	podré
poner	pondr-	pondré
querer	querr-	querré
saber	sabr-	sabré
salir	saldr-	saldré
tener	tendr-	tendré
venir	vendr-	vendré

- The future of **hay** is **habrá** (*there will be*).
- The future can also express conjecture or probability.

16.2 The future perfect *p. 556*

Future perfect of **vivir**	
habré vivido	**habremos** vivido
habrás vivido	**habréis** vivido
habrá vivido	**habrán** vivido

- The future perfect can also express probability in the past.

16.3 The past subjunctive *pp. 558–559*

Past subjunctive of **aprender***	
aprendiera	aprendiéramos
aprendieras	aprendierais
aprendiera	aprendieran

*Same endings for **-ar, -er,** and **-ir** verbs.

Verbs with irregular preterites

Infinitive	Preterite form	Past subjunctive
dar	die~~ron~~	diera
decir	dije~~ron~~	dijera
estar	estuvie~~ron~~	estuviera
hacer	hicie~~ron~~	hiciera
ir/ser	fue~~ron~~	fuera
poder	pudie~~ron~~	pudiera
poner	pusie~~ron~~	pusiera
querer	quisie~~ron~~	quisiera
saber	supie~~ron~~	supiera
tener	tuvie~~ron~~	tuviera
venir	vinie~~ron~~	viniera

4 **Una decisión difícil** Completa el párrafo con el pretérito imperfecto de subjuntivo de los verbos. 8 pts.

aceptar	estudiar	ir
contratar	graduarse	poder
dejar	invertir	trabajar

Cuando yo tenía doce años, me gustaba mucho pintar y mi profesor de dibujo me aconsejó que (1) _____ a una escuela de arte cuando (2) _____ de la escuela secundaria. Mis padres, por el contrario, siempre quisieron que sus hijos (3) _____ en la empresa familiar, y me dijeron que (4) _____ el arte y que (5) _____ una carrera con más futuro. Ellos no querían que yo (6) _____ mi tiempo y mi juventud en el arte. Mi madre en particular nos sugirió a mi hermana y a mí la carrera de administración de empresas, para que los dos (7) _____ ayudarlos con los negocios en el futuro. No fue fácil que mis padres (8) _____ mi decisión de dedicarme a la pintura, pero están muy felices de tener mis obras en su sala de reuniones.

5 **La semana de Rita** Con el futuro de los verbos, completa la descripción que hace Rita de lo que hará la semana próxima. 10 pts.

El lunes por la mañana (1) _____ (llegar) el traje que pedí por Internet y por la tarde Luis (2) _____ (invitar, a mí) a ir al cine. El martes mi consejero y yo (3) _____ (comer) en La Delicia y a las cuatro (yo) (4) _____ (tener) una entrevista de trabajo en Industrias Levonox. El miércoles por la mañana (5) _____ (ir) a mi clase de inglés y por la tarde (6) _____ (visitar) a Luis. El jueves por la mañana, los gerentes de Levonox (7) _____ (llamar, a mí) por teléfono para decirme si conseguí el puesto. Por la tarde (yo) (8) _____ (cuidar) a mi sobrino Héctor. El viernes Ana y Luis (9) _____ (venir) a casa para trabajar conmigo y el sábado por fin (yo) (10) _____ (descansar).

6 **El futuro** Escribe al menos cinco oraciones describiendo cómo será la vida de varias personas cercanas a ti dentro de diez años. Usa tu imaginación y verbos en futuro y en futuro perfecto. 10 pts.

7 **Canción** Escribe las palabras que faltan para completar este fragmento de la canción *Lo que pidas* de Julieta Venegas. ¡2 puntos EXTRA!

daré	fuera	quisiera	saldré

"Lo que más (1) _____ pedirte
es que te quedes conmigo,
niño te (2) _____ lo que pidas
sólo no te vayas nunca."

Lectura

Antes de leer

Estrategia

Recognizing similes and metaphors

Similes and metaphors are figures of speech that are often used in literature to make descriptions more colorful and vivid.

In English, a simile (**símil**) makes a comparison using the words *as* or *like*. In Spanish, the words **como** and **parece** are most often used. Example: **Estoy tan feliz como un niño con zapatos nuevos.**

A metaphor (**metáfora**) is a figure of speech that identifies one thing with the attributes and qualities of another. Whereas a simile says one thing is like another, a metaphor says that one thing *is* another. In Spanish, **ser** is most often used in metaphors. Example: **La vida es sueño.** (*Life is a dream.*)

Examinar el texto

Lee el texto una vez usando las estrategias de lectura de las lecciones anteriores. ¿Qué te indican sobre el contenido de la lectura? Toma nota de las metáforas y los símiles que encuentres. ¿Qué significan? ¿Qué te dicen sobre el tema de la lectura?

¿Cómo son?

En parejas, hablen sobre las diferencias entre el **yo interior** de una persona y su **yo social**. ¿Hay muchas diferencias entre su forma de ser "privada" y su forma de ser cuando están con otras personas?

***Las dos Fridas*, de Frida Kahlo**

A Julia de Burgos

Julia de Burgos

Julia de Burgos nació en 1914 en Carolina, Puerto Rico. Vivió también en La Habana, en Washington DC y en Nueva York, donde murió en 1953. Su poesía refleja temas como la muerte, la naturaleza, el amor y la patria°. Sus tres poemarios más conocidos se titulan *Poema en veinte surcos* (1938), *Canción de la verdad sencilla* (1939) y *El mar y tú* (publicado póstumamente).

Después de leer

Comprensión

Responde a las preguntas.

1. ¿Quiénes son las dos "Julias" presentes en el poema?
2. ¿Qué características tiene cada una?
3. ¿Quién es la que habla de las dos?
4. ¿Qué piensas que ella siente por la otra Julia?
5. ¿Qué diferencias hay en el aspecto físico de una y otra mujer? ¿Qué simboliza esto?
6. ¿Cuáles son los temas más importantes del poema?

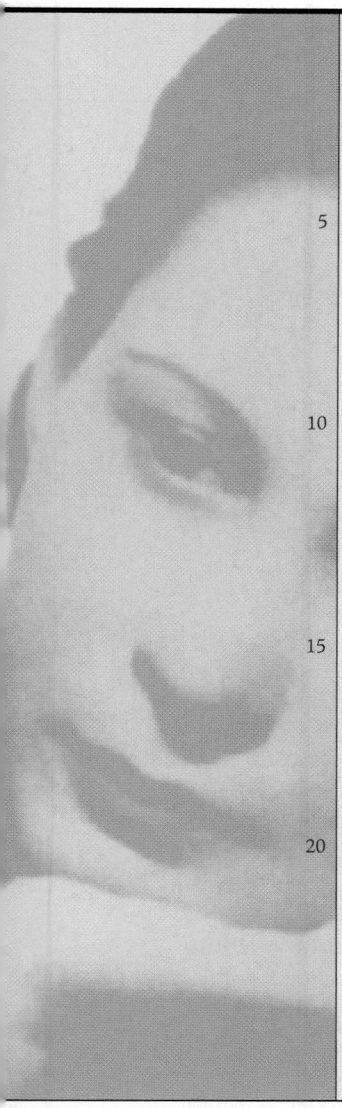

Ya las gentes murmuran que yo soy tu enemiga
porque dicen que en verso doy al mundo tu yo.

Mienten°, Julia de Burgos. Mienten, Julia de Burgos.
La que se alza° en mis versos no es tu voz°: es mi voz;
porque tú eres ropaje° y la esencia soy yo;
y el más profundo abismo se tiende° entre las dos.

Tú eres fría muñeca° de mentira social,
y yo, viril destello° de la humana verdad.

Tú, miel° de cortesanas hipocresías; yo no;
que en todos mis poemas desnudo° el corazón.

Tú eres como tu mundo, egoísta; yo no;
que en todo me lo juego° a ser lo que soy yo.

Tú eres sólo la grave señora señorona°;
yo no; yo soy la vida, la fuerza°, la mujer.

Tú eres de tu marido, de tu amo°; yo no;
yo de nadie, o de todos, porque a todos, a todos,
en mi limpio sentir y en mi pensar me doy.

Tú te rizas° el pelo y te pintas°; yo no;
a mí me riza el viento; a mí me pinta el sol.

Tú eres dama casera°, resignada, sumisa,
atada° a los prejuicios de los hombres; yo no;
que yo soy Rocinante* corriendo desbocado°
olfateando° horizontes de justicia de Dios.

* **Rocinante:** El caballo de don Quijote, personaje literario de fama universal que se relaciona con el idealismo y el poder de la imaginación frente a la realidad.

Tú en ti misma no mandas°; a ti todos te mandan;
en ti mandan tu esposo, tus padres, tus parientes,
el cura°, la modista°, el teatro, el casino,
el auto, las alhajas°, el banquete, el champán,
el cielo y el infierno, y el qué dirán social°.

En mí no, que en mí manda mi solo corazón,
mi solo pensamiento; quien manda en mí soy yo.

Tú, flor de aristocracia; y yo la flor del pueblo.
Tú en ti lo tienes todo y a todos se lo debes,
mientras que yo, mi nada a nadie se la debo.

Tú, clavada° al estático dividendo ancestral°,
y yo, un uno en la cifra° del divisor social,
somos el duelo a muerte° que se acerca° fatal.

Cuando las multitudes corran alborotadas°
dejando atrás cenizas° de injusticias quemadas,
y cuando con la tea° de las siete virtudes,
tras los siete pecados°, corran las multitudes,
contra ti, y contra todo lo injusto y lo inhumano,
yo iré en medio de ellas con la tea en la mano.

patria *homeland* **Mienten** *They are lying* **se alza** *rises up* **voz** *voice* **ropaje** *apparel* **se tiende** *lays* **muñeca** *doll* **destello** *sparkle* **miel** *honey* **desnudo** *I uncover* **me lo juego** *I risk* **señorona** *matronly* **fuerza** *strength* **amo** *master* **te rizas** *curl* **te pintas** *put on makeup* **dama casera** *home-loving lady* **atada** *tied* **desbocado** *wildly* **olfateando** *sniffing* **no mandas** *are not the boss* **cura** *priest* **modista** *dressmaker* **alhajas** *jewelry* **el qué dirán social** *what society would say* **clavada** *stuck* **ancestral** *ancient* **cifra** *number* **duelo a muerte** *duel to the death* **se acerca** *approaches* **alborotadas** *rowdy* **cenizas** *ashes* **tea** *torch* **pecados** *sins*

Interpretación

Responde a las preguntas.

1. ¿Qué te resulta llamativo en el título de este poema?
2. ¿Por qué crees que se repite el "tú" y el "yo" en el poema? ¿Qué función tiene este desdoblamiento?
3. ¿Cómo interpretas los versos "tú eres fría muñeca de mentira social / y yo, viril destello de la humana verdad"? ¿Qué sustantivos (*nouns*) se contraponen en estos dos versos?
4. ¿Es positivo o negativo el comentario sobre la vida social: "miel de cortesanas hipocresías"?
5. Comenta la oposición entre "señorona" y "mujer" que aparece en los versos trece y catorce. ¿Podrías decir qué personas son las que dominan a la "señorona" y qué caracteriza, en cambio, a la mujer?

Monólogo

Imagina que eres un personaje famoso de la historia, la literatura o la vida actual. Escribe un monólogo breve para presentar en clase. Debes escribirlo en segunda persona. Para la representación necesitarás un espejo. Tus compañeros/as deben adivinar quién eres. Sigue el modelo.

modelo

Eres una mujer que vivió hace más de 150 años. La gente piensa que eres una gran poetisa. Te gustaba escribir y pasar tiempo con tu familia y, además de poesías, escribías muchas cartas. Me gusta tu poesía porque es muy íntima y personal. (Emily Dickinson)

Escribe sobre estos temas:

- cómo lo/la ven las otras personas
- lo que te gusta y lo que no te gusta de él/ella
- lo que quieres o esperas que haga

Escritura

Estrategia

Using note cards

Note cards serve as valuable study aids in many different contexts. When you write, note cards can help you organize and sequence the information you wish to present.

Let's say you are going to write a personal narrative about a trip you took. You would jot down notes about each part of the trip on a different note card. Then you could easily arrange them in chronological order or use a different organization, such as the best parts and the worst parts, traveling and staying, before and after, etc.

Here are some helpful techniques for using note cards to prepare for your writing:

- Label the top of each card with a general subject, such as **el avión** or **el hotel.**
- Number the cards in each subject category in the upper right corner to help you organize them.
- Use only the front side of each note card so that you can easily flip through them to find information.

Study the following example of a note card used to prepare a composition:

3

En el aeropuerto de Santo Domingo

Cuando llegamos al aeropuerto de Santo Domingo, después de siete horas de viaje, estábamos cansados pero felices. Hacía sol y viento.

Tema

Escribir una composición

Escribe una composición sobre tus planes profesionales y personales para el futuro. Utiliza el tiempo futuro. No te olvides de hacer planes para estas áreas de tu vida:

Lugar

- ¿Dónde vivirás?
- ¿Vivirás en la misma ciudad siempre? ¿Te mudarás mucho?

Familia

- ¿Te casarás? ¿Con quién?
- ¿Tendrás hijos? ¿Cuántos?

Empleo

- ¿En qué profesión trabajarás?
- ¿Tendrás tu propia empresa?

Finanzas

- ¿Ganarás mucho dinero?
- ¿Ahorrarás mucho? ¿Lo invertirás?

Termina tu composición con una lista de metas profesionales, utilizando el futuro perfecto.

Por ejemplo: **Para el año 2020, habré empezado mi propio negocio. Para el año 2030, habré ganado más dinero que Bill Gates.**

Escuchar

Audio: Activities

Estrategia

Using background knowledge/ Listening for specific information

If you know the subject of something you are going to hear, your background knowledge will help you anticipate words and phrases you're going to hear, and will help you identify important information that you should listen for.

To practice these strategies, you will listen to a radio advertisement for the **Hotel El Retiro**. Before you listen, write down a list of the things you expect the advertisement to contain. Then make another list of important information you would listen for if you were a tourist considering staying at the hotel. After listening to the advertisement, look at your lists again. Did they help you anticipate the content of the advertisement and focus on key information? Explain your answer.

Preparación

Mira la foto. ¿De qué crees que van a hablar? Haz una lista de la información que esperas oír en este tipo de situación.

Ahora escucha

Ahora vas a oír una entrevista entre la señora Sánchez y Rafael Ventura Romero. Antes de escuchar la entrevista, haz una lista de la información que esperas oír según tu conocimiento previo° del tema.

1. _____
2. _____
3. _____
4. _____

Mientras escuchas la entrevista, llena el formulario con la información necesaria. Si no oyes un dato° que necesitas, escribe *Buscar en el currículum*. ¿Oíste toda la información que habías anotado en tu lista?

Comprensión

Puesto solicitado _____

Nombre y apellidos del solicitante _____

Dirección _____ **Tel.** _____

Educación _____

Experiencia profesional: Puesto _____

Empresa _____

¿Cuánto tiempo? _____

Referencias:

Nombre _____

Dirección _____ Tel. _____

Nombre _____

Dirección _____ Tel. _____

Preguntas

1. ¿Cuántos años hace que Rafael Ventura trabaja para Dulces González?
2. ¿Cuántas referencias tiene Rafael?
3. ¿Cuándo se gradúa Rafael?
4. ¿Cuál es la profesión de Armando Carreño?
5. ¿Cómo sabes si los resultados de la entrevista han sido positivos para Rafael Ventura?

conocimiento previo *prior knowledge* dato *fact; piece of information*

En pantalla

Ésta es la historia de un espantapájaros que trabaja en un campo de trigo°. Es un trabajo fácil, aunque muy solitario, y los días se le hacen muy largos. Para entretenerse°, mira a los pájaros, que parecen tenerle miedo. Pero, ¿por qué, si él es inofensivo° y amigable°? Sin embargo, un día algo cambia en la vida del espantapájaros. Él tomará entonces una decisión que lo llevará a un final inesperado°.

Preparación

Completar

Completa cada oración con la palabra correcta de **Expresiones útiles**. Haz los cambios necesarios.

1. Me pongo una _____ cuando estoy enfermo.
2. Como dijo Shakespeare, el amor es _____.
3. En un incendio (*fire*), todo se _____ y sólo quedan las _____.
4. El trabajo de un espantapájaros es _____ a las aves.
5. El _____ es un pájaro muy hábil (*skillful*) para _____.

¿Son buenos o son malos?

En grupos pequeños, escojan una de estas ocupaciones y conversen sobre los puntos positivos y negativos de esa área de trabajo.

modelo

árbitro (*referee*)

Estudiante 1: *Puede conocer a jugadores famosos.*

Estudiante 2: *Y es quien hace que las reglas del juego se obedezcan (be obeyed).*

Estudiante 3: *Sí, pero si hace algo mal, todos lo odian.*

- agente funerario (*mortician*)
- dentista
- ingeniero/a nuclear
- leñador(a) (*logger*)
- oficial de seguridad en un aeropuerto
- policía de tránsito (*traffic*)
- político/a
- recaudador(a) de impuestos (*tax collector*)

campo de trigo *wheat field* entretenerse *to amuse oneself* inofensivo *harmless* amigable *friendly* inesperado *unexpected*

Expresiones útiles

asustar	*to scare*
la bufanda	*scarf*
las cenizas	*ashes*
ciego	*blind*
el cuervo	*crow*
érase una vez	*once upon a time*
el espantapájaros	*scarecrow*
quemar	*to burn*
salvar	*to save*
solitario/a	*lonely*
volar	*to fly*

Para hablar del corto

la calabaza	*pumpkin*
el estereotipo	*stereotype*
incomprendido/a	*misunderstood*
la leyenda	*legend*
el luto	*mourning*
el molino	*windmill*
prejuzgar	*to prejudge*

Video: Short Film

Escenas: La leyenda del espantapájaros

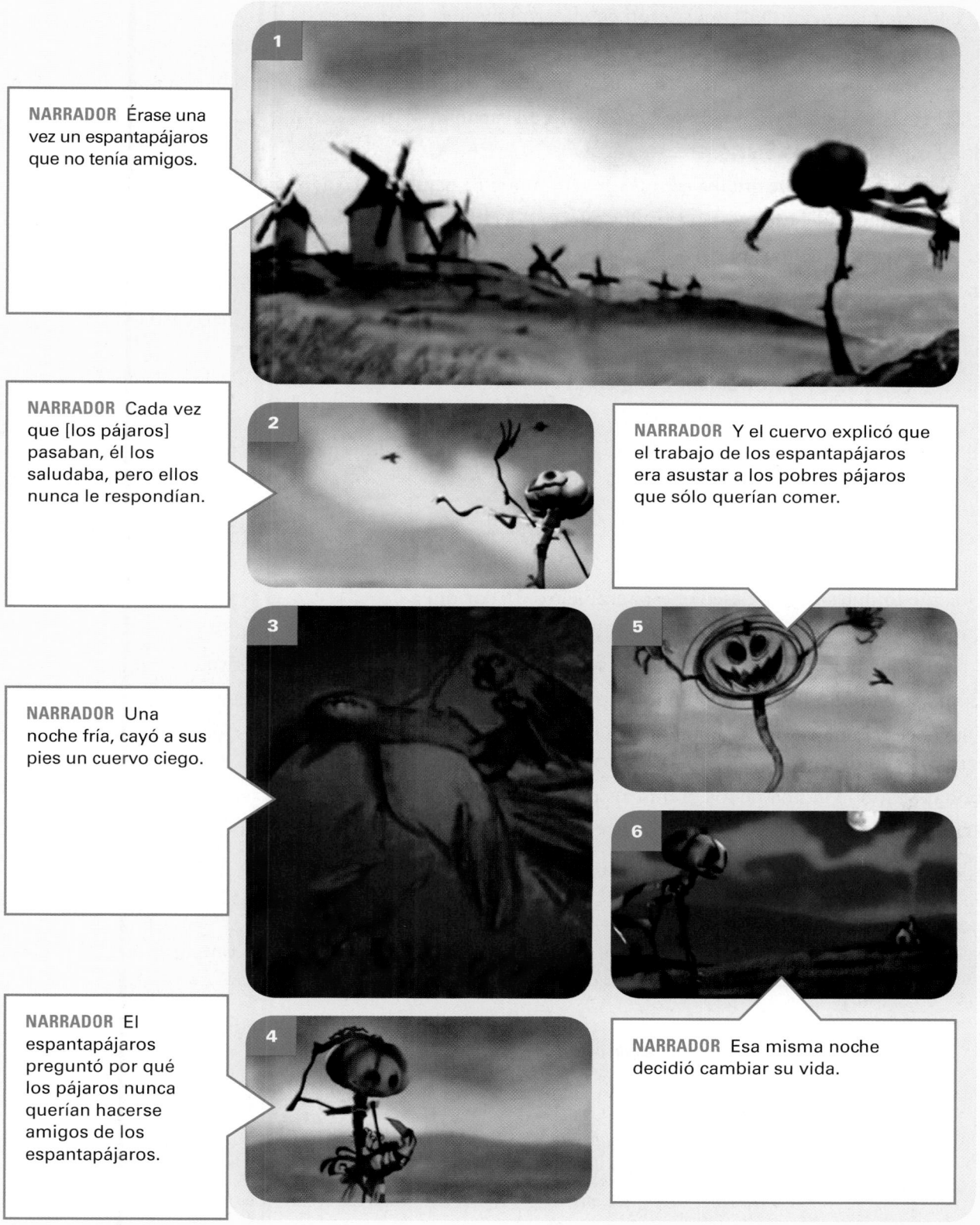

Comprensión

Ordenar

Ordena las oraciones según (*as*) ocurrieron en el cortometraje.

____ a. Los cuervos esparcieron (*scattered*) las cenizas del espantapájaros por toda la comarca (*region*).
____ b. El amo (*owner*) se aterrorizó (*became terrified*) al ver que su espantapájaros hablaba.
____ c. El cuervo ciego supo que lo había salvado un espantapájaros.
____ d. El espantapájaros murió.
____ e. Un cuervo ciego que tiritaba (*was shivering*) y moría de hambre cayó a los pies del espantapájaros.
____ f. En memoria del espantapájaros, los cuervos decidieron vestirse de luto.
____ g. Los vecinos quemaron el lugar donde estaba el espantapájaros.
____ h. El amo pensó que si el espantapájaros podía hablar, era obra del diablo (*devil*).
____ i. El espantapájaros quiso darle semillas (*seeds*) a un pájaro, pero éste no le hizo caso (*didn't pay attention to him*).
____ j. Los cuervos quisieron salvar al espantapájaros.
____ k. El espantapájaros se escondió (*hid*).
____ l. El espantapájaros decidió que ya no quería trabajar asustando pájaros.

Preguntas

En parejas, respondan a estas preguntas con oraciones completas. Luego, compartan sus respuestas con la clase.

1. ¿Qué fue lo que siempre deseó el espantapájaros? ¿Por qué?
2. ¿Qué hizo el cuervo ciego al escuchar la confesión del espantapájaros? ¿Por qué?
3. Al final, ¿qué pensaron los cuervos del espantapájaros? ¿Qué cambió en su actitud (*attitude*)? ¿Por qué?
4. ¿Cómo se cumplió (*came true*) finalmente el eterno deseo (*wish*) del espantapájaros?
5. ¿Qué haces si una responsabilidad de tu trabajo va en contra de lo que tú eres, de tus principios (*principles*) o de tus deseos?
6. ¿Te has sentido víctima de los prejuicios de los demás? ¿Cómo manejas esas situaciones?
7. ¿Alguna vez has juzgado a alguien sin conocerlo/a y después descubriste que estabas equivocado/a?
8. ¿Qué haces cuando eres injusto/a con alguien? ¿Admites tu error o no le dices nada?

Un final diferente

En parejas, escriban un final diferente para la historia del espantapájaros. Luego, compártanlo con la clase.

Vocabulario útil

acercarse (a)	*to approach*	**la esperanza**	*hope*
las alas	*wings*	**el incendio**	*fire*
el amanecer	*dawn*	**llamar la atención**	*to call atention*
apagar (el fuego)	*to put out (the fire)*	**el monstruo**	*monster*
la armonía	*harmony*	**las plumas**	*feathers*
disfrazarse	*to disguise oneself*	**razonar**	*to reason*
escapar(se)	*to escape*	**transformarse (en)**	*to turn (into)*

Viernes en la tarde, llega el esperado fin de semana... y si el lunes es día festivo°, ¡mejor aún!° En varios países hispanos, además de tener entre quince y treinta días de vacaciones pagadas, hay bastantes días festivos. Por ejemplo, Puerto Rico tiene veintiún feriados°, Colombia tiene dieciocho y Argentina, México y Chile tienen más de trece. Aunque parece que se trabaja menos, no siempre es el caso: las jornadas laborales° suelen ser más largas en Latinoamérica. Así que la gente aprovecha° los **puentes**° para descansar e incluso para hacer viajes cortos.

Vocabulario útil

el desarrollo	*development*
el horario	*schedule*
promover	*to promote*
las ventas	*sales*

Preparación

¿Trabajas? ¿Cuáles son tus metas (*goals*) profesionales?

Escoger

Escoge la opción correcta de cada par de afirmaciones.

1. a. Todos los ecuatorianos son muy felices en su trabajo.
   b. En Ecuador, como en todos los países del mundo, hay personas que aman su trabajo y hay otras que lo odian.
2. a. El objetivo principal de la agencia Klein Tours es mostrar al mundo las maravillas de Ecuador.
   b. La agencia de viajes Klein Tours quiere mostrar al mundo que tiene los empleados más fieles y profesionales de toda Latinoamérica.

día festivo *holiday* ¡mejor aún! *even better!* feriados *holidays* jornadas laborales *working days* aprovecha *make the most of* puentes *long weekends*

El mundo del trabajo

Gabriela, ¿qué es lo más difícil de ser una mujer policía?

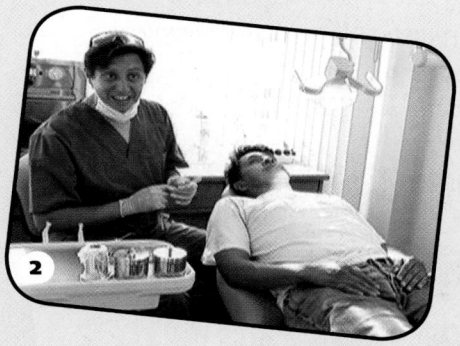

Amo mi trabajo. Imagínate, tengo la sonrisa del mundo entre mis manos.

Nuestra principal estrategia de ventas es promover nuestra naturaleza...

Video: *Flash cultura*

Practice more at **vistas.vhlcentral.com.**

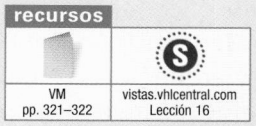

Video: *Panorama cultural*
Interactive map

Nicaragua

El país en cifras

▶ **Área:** 129.494 km^2 (49.998 millas^2), *aproximadamente el área de Nueva York. Nicaragua es el país más grande de Centroamérica. Su terreno es muy variado e incluye bosques tropicales, montañas, sabanas° y marismas°, además de unos 40 volcanes.*

▶ **Población:** 6.265.000

▶ **Capital:** Managua—1.015.000

Managua está en una región de una notable inestabilidad geográfica, con muchos volcanes y terremotos°. En décadas recientes, los nicaragüenses han decidido que no vale la pena° construir rascacielos° porque no resisten los terremotos.

▶ **Ciudades principales:** León, Masaya, Granada

SOURCE: Population Division, UN Secretariat

▶ **Moneda:** córdoba

▶ **Idiomas:** español (oficial); lenguas indígenas y criollas (oficiales); inglés

Bandera de Nicaragua

Nicaragüenses célebres

▶ **Rubén Darío,** poeta (1867–1916)

▶ **Violeta Barrios de Chamorro,** política y ex-presidenta (1929–)

▶ **Daniel Ortega,** político y presidente (1945–)

▶ **Gioconda Belli,** poeta (1948–)

Iglesia en León

Teatro Nacional Rubén Darío en Managua

Calle en Granada

Violeta Barrios de Chamorro

recursos

WB	VM	vistas.vhlcentral.com
p. 189	pp. 279–280	Lección 16

sabanas *grasslands* marismas *marshes* terremotos *earthquakes*
no vale la pena *it's not worthwhile* rascacielos *skyscrapers*
agua dulce *fresh water* Surgió *Emerged* maravillas *wonders*

¡Increíble pero cierto!

Ometepe, que en náhuatl significa "dos montañas", es la isla más grande del mundo en un lago de agua dulce°. Surgió° en el Lago de Nicaragua por la actividad de los volcanes Maderas y Concepción. Por su valor natural y arqueológico, fue nominada para las siete nuevas maravillas° del mundo en 2009.

Historia • Las huellas° de Acahualinca

La región de Managua se caracteriza por tener un gran número de sitios prehistóricos. Las huellas de Acahualinca son uno de los restos° más famosos y antiguos°. Se formaron hace más de 6.000 años, a orillas° del lago de Managua. Las huellas, tanto de humanos como de animales, se dirigen° hacia una misma dirección, lo que ha hecho pensar a los expertos que éstos corrían hacia el lago para escapar de una erupción volcánica.

Artes • Ernesto Cardenal (1925–)

Ernesto Cardenal, poeta, escultor y sacerdote° católico, es uno de los escritores más famosos de Nicaragua, país conocido por sus grandes poetas. Ha escrito más de 35 libros y es considerado uno de los principales autores de Latinoamérica. Desde joven creyó en el poder de la poesía para mejorar la sociedad y trabajó por establecer la igualdad° y la justicia en su país. En los años 60, Cardenal estableció la comunidad artística del archipiélago de Solentiname en el lago de Nicaragua. Fue ministro de cultura del país desde 1979 hasta 1988 y participó en la fundación de Casa de los Tres Mundos, una organización creada para el intercambio cultural internacional.

Naturaleza • El lago de Nicaragua

El lago de Nicaragua, con un área de más de 8.000 km^2 (3.100 millas^2), es el lago más grande de Centroamérica. Tiene más de 400 islas e islotes° de origen volcánico, entre ellas la isla Zapatera. Allí se han encontrado numerosos objetos de cerámica y estatuas prehispánicos. Se cree que la isla era un centro ceremonial indígena.

¿Qué aprendiste? Responde a cada pregunta con una oración completa.

1. ¿Por qué no hay muchos rascacielos en Managua?
2. Nombra dos poetas de Nicaragua.
3. ¿Qué significa Ometepe en náhuatl?
4. ¿Cuál es una de las teorías sobre la formación de las huellas de Acahualinca?
5. ¿Por qué es famoso el archipiélago de Solentiname?
6. ¿Qué cree Ernesto Cardenal acerca de la poesía?
7. ¿Cómo se formaron las islas del lago de Nicaragua?
8. ¿Qué hay de interés arqueológico en la isla Zapatera?

Conexión Internet Investiga estos temas en **vistas.vhlcentral.com.**

1. ¿Dónde se habla inglés en Nicaragua y por qué?
2. ¿Qué información hay ahora sobre la economía y/o los derechos humanos en Nicaragua?

Practice more at **vistas.vhlcentral.com.**

huellas *footprints* restos *remains* antiguos *ancient* orillas *shores* se dirigen *are headed* sacerdote *priest* igualdad *equality* islotes *islets*

La República Dominicana

El país en cifras

- **Área:** 48.730 km^2 (18.815 millas^2), *el área combinada de New Hampshire y Vermont*
- **Población:** 10.867.000

La isla La Española, llamada así tras° el primer viaje de Cristóbal Colón, estuvo bajo el completo dominio de la corona° española hasta 1697, cuando la parte oeste de la isla pasó a ser propiedad° francesa. Hoy día está dividida políticamente en dos países, la República Dominicana en la zona este y Haití en el oeste.

SOURCE: Population Division, UN Secretariat

- **Capital:** Santo Domingo—2.381.000
- **Ciudades principales:** Santiago de los Caballeros, La Vega, Puerto Plata, San Pedro de Macorís
- **Moneda:** peso dominicano
- **Idiomas:** español (oficial), criollo haitiano

Bandera de la República Dominicana

Dominicanos célebres

- **Juan Pablo Duarte,** político y padre de la patria° (1813–1876)
- **Celeste Woss y Gil,** pintora (1891–1985)
- **Juan Luis Guerra,** compositor y cantante de merengue (1957–)

Hombres tocando los palos en una misa en Nochebuena

Catedral de Santa María la Menor

Trabajadores del campo recogen la cosecha de ajos

recursos

WB	VM	vistas.vhlcentral.com
p. 190	pp. 281–282	Lección 16

tras *after* corona *crown* propiedad *property*
padre de la patria *founding father* restos *remains*
tumbas *graves* navegante *sailor* reemplazó *replaced*

¡Increíble pero cierto!

Los restos° de Cristóbal Colón pasaron por varias ciudades desde su muerte en el siglo XVI hasta el siglo XIX. Por esto, se conocen dos tumbas° de este navegante°: una en la Catedral de Sevilla, España y otra en el Museo Faro a Colón en Santo Domingo, que reemplazó° la tumba inicial en la catedral de la capital dominicana.

Ciudades • Santo Domingo

La zona colonial de Santo Domingo, ciudad fundada en 1496, posee° algunas de las construcciones más antiguas del hemisferio. Gracias a las restauraciones°, la arquitectura de la ciudad es famosa no sólo por su belleza sino también por el buen estado de sus edificios. Entre sus sitios más visitados se cuentan° la Calle de las Damas, llamada así porque allí paseaban las señoras de la corte del Virrey; el Alcázar de Colón, un palacio construido entre 1510 y 1514 por Diego Colón, hijo de Cristóbal; y la Fortaleza Ozama, la más vieja de las Américas, construida entre 1502 y 1508.

Deportes • El béisbol

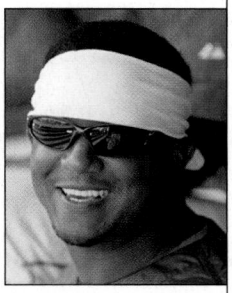

El béisbol es un deporte muy practicado en el Caribe. Los primeros países hispanos en tener una liga fueron Cuba y México, donde se empezó a jugar al béisbol en el siglo° XIX. Hoy día este deporte es una afición° nacional en la República Dominicana. Pedro Martínez (foto, derecha) y David Ortiz son sólo dos de los muchísimos beisbolistas dominicanos que han alcanzado° enorme éxito e inmensa popularidad entre los aficionados.

Artes • El merengue

El merengue, un ritmo originario de la República Dominicana, tiene sus raíces° en el campo. Tradicionalmente las canciones hablaban de los problemas sociales de los campesinos°. Sus instrumentos eran la guitarra, el acordeón, el guayano° y la tambora, un tambor° característico del lugar. Entre 1930 y 1960, el merengue se popularizó en las ciudades; adoptó un tono más urbano, en el que se incorporaron instrumentos como el saxofón y el bajo°, y empezaron a formarse grandes orquestas. Uno de los cantantes y compositores de merengue más famosos es Juan Luis Guerra.

¿Qué aprendiste? Responde a cada pregunta con una oración completa.

1. ¿Quién es Juan Luis Guerra?
2. ¿Cuándo se fundó la ciudad de Santo Domingo?
3. ¿Qué es el Alcázar de Colón?
4. Nombra dos beisbolistas famosos de la República Dominicana.
5. ¿De qué hablaban las canciones de merengue tradicionales?
6. ¿Qué instrumentos se utilizaban para tocar (*play*) el merengue?
7. ¿Cuándo se transformó el merengue en un estilo urbano?
8. ¿Qué cantante ha ayudado a internacionalizar el merengue?

Conexión Internet Investiga estos temas en **vistas.vhlcentral.com.**

Practice more at **vistas.vhlcentral.com.**

1. Busca más información sobre la isla La Española. ¿Cómo son las relaciones entre la República Dominicana y Haití?
2. Busca más información sobre la zona colonial de Santo Domingo: la Catedral de Santa María, la Casa de Bastidas o el Panteón Nacional. ¿Cómo son estos edificios? ¿Te gustan? Explica tus respuestas.

posee *possesses* restauraciones *restorations* se cuentan *are included* siglo *century* afición *pastime* han alcanzado *have reached* raíces *roots* campesinos *rural people* guayano *metal scraper* tambor *drum* bajo *bass*

Las ocupaciones

el/la abogado/a	*lawyer*
el actor, la actriz	*actor*
el/la arqueólogo/a	*archaeologist*
el/la arquitecto/a	*architect*
el/la bombero/a	*firefighter*
el/la carpintero/a	*carpenter*
el/la científico/a	*scientist*
el/la cocinero/a	*cook; chef*
el/la consejero/a	*counselor; advisor*
el/la contador(a)	*accountant*
el/la corredor(a) de bolsa	*stockbroker*
el/la diseñador(a)	*designer*
el/la electricista	*electrician*
el hombre/la mujer de negocios	*businessperson*
el/la maestro/a	*teacher*
el/la peluquero/a	*hairdresser*
el/la pintor(a)	*painter*
el/la político/a	*politician*
el/la psicólogo/a	*psychologist*
el/la reportero/a	*reporter; journalist*
el/la secretario/a	*secretary*
el/la técnico/a	*technician*

La entrevista

el anuncio	*advertisement*
el/la aspirante	*candidate; applicant*
los beneficios	*benefits*
el currículum	*résumé*
la entrevista	*interview*
el/la entrevistador(a)	*interviewer*
el puesto	*position; job*
el salario, el sueldo	*salary*
la solicitud (de trabajo)	*(job) application*
contratar	*to hire*
entrevistar	*to interview*
ganar	*to earn*
obtener	*to obtain; to get*
solicitar	*to apply (for a job)*

El mundo del trabajo

el ascenso	*promotion*
el aumento de sueldo	*raise*
la carrera	*career*
la compañía, la empresa	*company; firm*
el empleo	*job; employment*
el/la gerente	*manager*
el/la jefe/a	*boss*
los negocios	*business; commerce*
la ocupación	*occupation*
el oficio	*trade*
la profesión	*profession*
la reunión	*meeting*
el teletrabajo	*telecommuting*
el trabajo	*job; work*
la videoconferencia	*videoconference*
dejar	*to quit; to leave behind*
despedir (e:i)	*to fire*
invertir (e:ie)	*to invest*
renunciar (a)	*to resign (from)*
tener éxito	*to be successful*
comercial	*commercial; business-related*

Palabras adicionales

dentro de (diez años)	*within (ten years)*
en el futuro	*in the future*
el porvenir	*the future*
próximo/a	*next*

Expresiones útiles	*See page 547.*

recursos

LM p. 95	vistas.vhlcentral.com Lección 16

Audio: Vocabulary

Un festival de arte 17

Communicative Goals

You will learn how to:

- **Talk about and discuss the arts**
- **Express what you would like to do**
- **Express hesitation**

contextos

pages 578–581
- The arts
- Movies
- Television

fotonovela

pages 582–585
Jimena and Juan Carlos have their first date, and Felipe tries to accept the new romance. Meanwhile, Miguel has a surprise planned for Maru.

cultura

pages 586–587
- **Museo de Arte Contemporáneo de Caracas**
- Fernando Botero

estructura

pages 588–599
- The conditional
- The conditional perfect
- The past perfect subjunctive
- **Recapitulación**

adelante

pages 600–609
Lectura: Three poems
Escritura: Your favorite famous people
Escuchar: A movie review
En pantalla
Flash cultura
Panorama: El Salvador y Honduras

A PRIMERA VISTA

- **¿Estará trabajando el hombre de la foto?**
- **¿Es artista o arquitecto?**
- **¿Tendrá un oficio?**
- **¿Será una persona creativa o no?**

Talking Picture, Tutorials & Games
Audio: Activities

Un festival de arte

Más vocabulario

el/la compositor(a)	*composer*
el/la director(a)	*director; (musical) conductor*
el/la dramaturgo/a	*playwright*
el/la escritor(a)	*writer*
el personaje (principal)	*(main) character*
las bellas artes	*(fine) arts*
el boleto	*ticket*
la canción	*song*
la comedia	*comedy; play*
el cuento	*short story*
la cultura	*culture*
el drama	*drama; play*
el espectáculo	*show*
el festival	*festival*
la historia	*history; story*
la obra	*work (of art, music, etc.)*
la obra maestra	*masterpiece*
la ópera	*opera*
la orquesta	*orchestra*
aburrirse	*to get bored*
dirigir	*to direct*
presentar	*to present; to put on (a performance)*
publicar	*to publish*
artístico/a	*artistic*
clásico/a	*classical*
dramático/a	*dramatic*
extranjero/a	*foreign*
folclórico/a	*folk*
moderno/a	*modern*
musical	*musical*
romántico/a	*romantic*
talentoso/a	*talented*

Variación léxica

banda ⟷ grupo musical (*Esp.*)
boleto ⟷ entrada (*Esp.*)

recursos

WB	LM	vistas.vhlcentral.com
pp. 191–192	p. 97	Lección 17

Hace el papel de Romeo. (hacer)
La Tragedia de Romeo y Julieta
el público
El Teatro
el tejido
la estatua
Esculpe. (esculpir)
La Artesanía
el escultor
La Escultura
Aprecia. (apreciar)
la bailarina
el bailarín
Aplaude. (aplaudir)
La Danza

Práctica

1

Escuchar Escucha la conversación y contesta las preguntas.

1. ¿Adónde fueron Ricardo y Juanita?
2. ¿Cuál fue el espectáculo que más le gustó a Ricardo?
3. ¿Qué le gustó más a Juanita?
4. ¿Qué dijo Ricardo del actor?
5. ¿Qué dijo Juanita del actor?
6. ¿Qué compró Juanita en el festival?
7. ¿Qué compró Ricardo?
8. ¿Qué poetas le interesaron a Ricardo?

2

Artes Escucha las oraciones y escribe el número de cada oración debajo del arte correspondiente.

teatro	artesanía	poesía

música	danza

3

¿Cierto o falso? Indica si lo que dice cada oración es **cierto** o **falso.**

	Cierto	Falso
1. Las bellas artes incluyen la pintura, la escultura, la música, el baile y el drama.	❍	❍
2. Un boleto es un tipo de instrumento musical que se usa mucho en las óperas.	❍	❍
3. El tejido es un tipo de música.	❍	❍
4. Un cuento es una narración corta que puede ser oral o escrita.	❍	❍
5. Un compositor es el personaje principal de una obra de teatro.	❍	❍
6. Publicar es la acción de hablar en público a grandes grupos.	❍	❍

4

Artistas Indica la profesión de cada uno de estos artistas.

1. Javier Bardem
2. Frida Kahlo
3. Gloria Estefan
4. Octavio Paz
5. William Shakespeare
6. Miguel de Cervantes
7. Joan Miró
8. Leonard Bernstein
9. Toni Morrison
10. Fred Astaire

5 **Los favoritos** En parejas, túrnense para preguntarse cuál es su película o programa favorito de cada categoría.

modelo
película musical
Mi película musical favorita es *Dreamgirls*.

1. película de ciencia ficción _____
2. programa de entrevistas _____
3. telenovela _____
4. película de horror _____
5. película de acción _____
6. concurso _____
7. programa de realidad _____
8. película de aventuras _____
9. documental _____
10. programa de dibujos animados _____

El cine y la televisión

el canal	*channel*
el concurso	*game show; contest*
los dibujos animados	*cartoons*
el documental	*documentary*
la estrella (*m., f.*) de cine	*movie star*
el premio	*prize; award*
el programa de entrevistas/realidad	*talk/reality show*
la telenovela	*soap opera*
...de acción	*action*
...de aventuras	*adventure*
...de ciencia ficción	*science fiction*
...de horror	*horror*
...de vaqueros	*western*

6 **Completar** Completa las frases con las palabras adecuadas.

aburrirse	canal	estrella	musical
aplauden	de vaqueros	extranjera	romántica
artística	director	folclórica	talentosa

1. Una película que fue hecha en otro país es una película...
2. Si las personas que asisten a un espectáculo lo aprecian, ellos...
3. Una persona que puede hacer algo muy bien es una persona...
4. Una película que trata del amor y de las emociones es una película...
5. Una persona que pinta, esculpe y/o hace artesanía es una persona...
6. La música que refleja la cultura de una región o de un país es música...
7. Si la acción tiene lugar en el oeste de los EE.UU. durante el siglo XIX, probablemente es una película...
8. Una obra en la cual los actores presentan la historia por medio de (*by means of*) canciones y bailes es un drama...
9. Cuando una película no tiene una buena historia, el público empieza a...
10. Si quieres ver otro programa de televisión, es necesario que cambies de...

¡ATENCIÓN!

Apreciar means *to appreciate* only in the sense of evaluating what something is worth. Use **agradecer** to express the idea *to be thankful for.*

Ella sabe **apreciar** la buena música.
She appreciates good music.

Le **agradezco** mucho su ayuda.
I thank you for your help.

7 **Analogías** En parejas, completen las analogías con las palabras adecuadas. Después, preparen una conversación utilizando al menos seis de las palabras que han encontrado.

1. alegre ⟷ triste ⊜ comedia ⟷
2. escultor ⟷ escultora ⊜ bailarín ⟷
3. drama ⟷ dramaturgo ⊜ pintura ⟷
4. *Los Simpson* ⟷ dibujos animados ⊜ *Jeopardy* ⟷
5. de entrevistas ⟷ programa ⊜ de vaqueros ⟷
6. aplaudir ⟷ público ⊜ hacer el papel ⟷
7. poema ⟷ literatura ⊜ tejido ⟷
8. músico ⟷ tocar ⊜ cantante ⟷

¡LENGUA VIVA!

Remember that, in Spanish, last names do not have a plural form, although **los** may be used with a family name.

Los Simpson
The Simpsons

Practice more at **vistas.vhlcentral.com.**

Comunicación

8 **Crucigrama** Su profesor(a) les va a dar un crucigrama (*crossword puzzle*) incompleto. Tú tienes las palabras que necesita tu compañero/a y él/ella tiene las palabras que tú necesitas. Sin revelar las palabras, utilicen pistas (*clues*) que les permitan adivinar las respuestas.

modelo

1 horizontal: *Fiesta popular que generalmente tiene lugar en las calles de las ciudades.*

2 vertical: *Novelas que puedes ver en la televisión.*

9 **Preguntas** Contesta estas preguntas sobre el arte en tu vida. Comparte tus respuestas con un(a) compañero/a de clase.

La música

1. ¿Qué tipo de música prefieres? ¿Por qué?
2. ¿Tocas un instrumento? ¿Cuál?
3. ¿Hay algún instrumento que quisieras aprender a tocar?

El cine

4. ¿Con qué frecuencia vas al cine?
5. ¿Qué tipos de películas prefieres?

Las bellas artes

6. ¿Qué haces que se puede considerar artístico? ¿Pintas, dibujas, esculpes, haces artesanías, actúas en dramas, tocas un instrumento, cantas o escribes poemas?
7. ¿Con qué frecuencia vas a un museo de arte o asistes a conciertos, al teatro o a lecturas públicas de poesía?
8. ¿Es el arte una parte importante de tu vida? ¿Por qué?

10 **Programa** Trabajen en grupos pequeños para crear un programa de televisión o un corto (*short film*) para el canal de televisión de la universidad.

AYUDA

el género *genre*
el propósito *purpose*

- Primero decidan el género y el propósito del programa o del corto. Cada grupo debe escoger un género distinto. Algunos de los géneros posibles: documental, concurso, programa de realidad, película de acción.
- Después, escriban el programa o el corto y preséntenlo a la clase.

Una sorpresa para Maru

PERSONAJES JUAN CARLOS JIMENA

Miguel y Maru hacen una visita muy especial al Museo de Arte Popular. Por otra parte, Jimena y Juan Carlos hablan sobre arte.

Video: *Fotonovela* Record and Compare

1

JUAN CARLOS Cuando era niño, iba con frecuencia a espectáculos culturales con mi mamá. A ella le gustan el teatro, los conciertos, la poesía y especialmente la danza.

2

JIMENA Mi mamá hubiera querido que tocara algún instrumento. Pero la verdad es que no tengo nada de talento musical, y Felipe tampoco.

3

JIMENA Aunque no tengamos talento artístico, mi mamá nos enseñó a apreciar la música.

JUAN CARLOS Creo que tu mamá y la mía se llevarían bien. Tal vez algún día lleguen a conocerse.

4

(*Mientras tanto, en el Museo de Arte Popular*)

MARU Siempre había querido venir aquí. Me encantan las artesanías de cerámica y sus tejidos. El arte folclórico nos cuenta la historia de su gente y su país.

5

MARU ¿Todo bien, Miguel? ¿Qué tienes allí?

MIGUEL ¿Podría pedirte algo?

MARU Claro.

6

MIGUEL María Eugenia Castaño Ricaurte, ¿me harías el honor de casarte conmigo?

MIGUEL

MARU

FELIPE

(Juan Carlos y Jimena hablan de los espectáculos que les gustan.)

JUAN CARLOS ¿Qué clase de espectáculos te gustan?

JIMENA Me gusta la música en vivo y el teatro. Además, me encantan las películas.

JIMENA ¿Cuáles son tus películas favoritas?

JUAN CARLOS Las de ciencia ficción y las de terror.

JUAN CARLOS ¿Te gustan las películas de acción?

JIMENA Sí, me fascinan, y también los documentales.

JUAN CARLOS Bueno, podríamos ir a verlos juntos.

(Y... en el museo)

MARU Sí. ¡Sí acepto casarme contigo! Qué anillo tan hermoso.

Expresiones útiles

Talking about the arts

Mi mamá hubiera querido que tocara algún instrumento.
My mother would have wanted me to play some instrument.
Pero la verdad es que no tengo nada de talento musical.
But the truth is I don't have any musical talent.
Me encantan las artesanías de cerámica y los tejidos.
I love ceramic crafts and weavings.
El arte folclórico nos cuenta la historia de su gente y su país.
Folkloric art tells us the history of its people and its country.

Getting engaged

¿Podría pedirte algo?
Could I ask you for something?
¿Me harías el honor de casarte conmigo?
Would you do me the honor of marrying me?
Sí. ¡Sí acepto casarme contigo!
Yes. Yes, I'll marry you!
Qué anillo tan hermoso.
What a beautiful ring.

Additional vocabulary

(No) Estoy de acuerdo.
I (dis)agree.

recursos

VM	vistas.vhlcentral.com
pp. 245–246	Lección 17

¿Qué pasó?

1 **Seleccionar** Selecciona la respuesta correcta.

1. Cuando era niño, Juan Carlos iba a los _____ culturales.
   a. premios b. espectáculos c. boletos
2. Jimena dice que no tiene talento _____.
   a. musical b. moderno c. folclórico
3. A Maru le encanta ver las _____ en cerámica y los tejidos.
   a. bailarinas b. artesanías c. bellas artes
4. A Jimena le gusta escuchar música en vivo e ir al _____.
   a. cine b. festival c. teatro
5. A Juan Carlos le gustan las películas de _____.
   a. acción y de vaqueros b. aventuras y de drama c. ciencia ficción y de terror

2 **Identificar** Identifica quién puede decir estas oraciones.

1. A mí mamá le gusta mucho la danza, pero también el teatro.
2. ¡Qué bonito es el arte folclórico que hay en este museo!
3. Me gustan mucho las películas.
4. Te voy a invitar a ver documentales, a mí también me gustan.
5. Nunca pude aprender a tocar un instrumento musical.
6. Me haces el hombre más feliz por querer casarte conmigo.

MARU

JIMENA

MIGUEL

JUAN CARLOS

3 **Correspondencias** ¿A qué eventos culturales asistirán juntos Jimena y Juan Carlos?

una exposición de cerámica precolombina	un concierto	una ópera
una exposición de pintura española	una telenovela	una tragedia

1. Escucharán música clásica y conocerán a un director muy famoso.
2. El público aplaudirá mucho a la señora que es soprano.
3. Como a Marissa le gusta la historia, la llevarán a ver esto.
4. Como a Miguel le gustaría ver arte, entonces irán con él.

4 **El fin de semana** Vas a asistir a dos eventos culturales el próximo fin de semana con un(a) compañero/a de clase. Comenten entre ustedes por qué les gustan o les disgustan algunas de las actividades que van sugiriendo. Escojan al final dos actividades que puedan realizar juntos/as. Usen estas frases y expresiones en su conversación.

- ¿Qué te gustaría ver/hacer este fin de semana?
- ¿Te gustaría asistir a...?
- ¡Me encanta(n)... !
- Odio..., ¿qué tal si...?

Ortografía Concepts

Las trampas ortográficas

Some of the most common spelling mistakes in Spanish occur when two or more words have very similar spellings. This section reviews some of those words.

compro **compró** **hablo** **habló**

There is no accent mark in the **yo** form of **–ar** verbs in the present tense. There is, however, an accent mark in the **Ud./él/ella** form of **–ar** verbs in the preterite.

este (adjective) **éste** (pronoun) **esté** (verb)

The demonstrative adjectives **esta** and **este** do not have an accent mark. The demonstrative pronouns **ésta** and **éste** have an accent mark on the first syllable. The verb forms **está** (*present indicative*) and **esté** (*present subjunctive*) have an accent mark on the last syllable.

jo-ven **jó-ve-nes** **bai-la-rín** **bai-la-ri-na**

The location of the stressed syllable in a word determines whether or not a written accent mark is needed. When a plural or feminine form has more syllables than the singular or masculine form, an accent mark must sometimes be added or deleted to maintain the correct stress.

No me gusta la ópera, sino el teatro.
No quiero ir al festival si no vienes conmigo.

The conjunction **sino** (*but rather*) should not be confused with **si no** (*if not*). Note also the difference between **mediodía** (*noon*) and **medio día** (*half a day*) and between **por qué** (*why*) and **porque** (*because*).

Práctica Completa las frases con las palabras adecuadas para cada ocasión.

1. Javier me explicó que _____ lo invitabas, él no iba a venir. (sino/si no)
2. Me gustan mucho las _____ folclóricas. (canciones/canciónes)
3. Marina _____su espectáculo en El Salvador. (presento/presentó)
4. Yo prefiero _____. (éste/esté)

Palabras desordenadas Ordena las letras para descubrir las palabras correctas. Después, ordena las letras indicadas para descubrir la respuesta a la pregunta.

¿Adónde va Manuel?

y u n a s e d ó _ _ _ _ _ _ _ _ _

q u e r o p _ _ _ _ _ _

z o g a d e l a _ _ _ _ _ _ _ _ _

á s e t _ _ _ _

h a i t e s a b o n c i _ _ _ _ _ _ _ _ _ _ _ _ _

Manuel va _ _ _ _ _ _ _ _ _.[1]

recursos	
LM p. 98	vistas.vhlcentral.com Lección 17

[1] Manuel va al teatro.

Respuestas: desayuno, porque, adelgaza, está, habitaciones

EN DETALLE

Additional Reading

Museo de Arte Contemporáneo de Caracas

Una visita al Museo de Arte Contemporáneo de Caracas Sofía Imbert (MACCSI) es una experiencia única. Su colección permanente incluye unas 3.000 obras de artistas de todo el mundo. Además, el museo organiza exposiciones temporales° de escultura, dibujo, pintura, fotografía, cine y video. En sus salas se pueden admirar obras de artistas como Matisse, Miró, Picasso, Chagall, Tàpies y Botero.

Exposición Cuerpo plural, MACCSI

En 2004 el museo tuvo que cerrar a causa de un incendio°. Entonces, su valiosa° colección fue trasladada al Museo de Bellas Artes, también en Caracas. Además se realizaron exposiciones en otros lugares, incluso al aire libre, en parques y bulevares.

***La lección de esquí,* de Joan Miró**

Cuando el MACCSI reabrió° sus puertas, un año después, lo hizo con nuevos conceptos e ideas. Se dio más atención a las cerámicas y fotografías de la colección. También se creó una sala multimedia dedicada a las últimas tendencias° como video-arte y *performance*.

El MACCSI es un importante centro cultural. Además de las salas de exposición, cuenta con° un jardín de esculturas, un auditorio y una biblioteca especializada en arte. También organiza talleres° y recibe a grupos escolares. Un viaje a Caracas no puede estar completo sin una visita a este maravilloso museo.

Otros museos importantes

Museo del Jade (San José, Costa Rica): Tiene la colección de piezas de jade más grande del mundo. La colección tiene un gran valor° y una gran importancia histórica. Incluye muchas joyas° precolombinas.

Museo de Instrumentos Musicales (La Paz, Bolivia): Muestra más de 2.500 instrumentos musicales bolivianos y de otras partes del mundo. Tiene un taller de construcción de instrumentos musicales.

Museo de Culturas Populares (México, D.F., México): El museo investiga y difunde° las diferentes manifestaciones culturales de México, realiza exposiciones y organiza seminarios, cursos y talleres.

Museo del Cine Pablo Ducrós Hicken (Buenos Aires, Argentina): Dedicado a la historia del cine argentino, expone películas, libros, revistas, guiones°, carteles, fotografías, cámaras y proyectores antiguos.

exposiciones temporales *temporary exhibitions* incendio *fire* valiosa *valuable* reabrió *reopened* tendencias *trends* cuenta con *it has* talleres *workshops* valor *value* joyas *jewelry* difunde *spreads* guiones *scripts*

ACTIVIDADES

1 **¿Cierto o falso?** Indica si lo que dice cada oración es **cierto** o **falso**. Corrige la información falsa.

1. La colección permanente del MACCSI tiene sólo obras de artistas venezolanos.
2. Durante el tiempo que el museo cerró a causa de un incendio, se realizaron exposiciones al aire libre.
3. Cuando el museo reabrió, se dio más atención a la pintura.
4. En el jardín del museo también pueden admirarse obras de arte.
5. La importancia del Museo del Jade se debe a las joyas europeas que se exponen en él.
6. En el Museo de Instrumentos Musicales de La Paz también se hacen instrumentos musicales.
7. En Buenos Aires hay un museo dedicado a la historia del cine de Hollywood.

ASÍ SE DICE

Arte y espectáculos

las caricaturas (Col., El Salv., Méx.); los dibujitos (Arg.); los muñequitos (Cuba)	**los dibujos animados**
el coro	*choir*
el escenario	*stage*
el estreno	*debut, premiere*
el/la guionista	*scriptwriter*

EL MUNDO HISPANO

Artistas hispanos

- **Myrna Báez** (Santurce, Puerto Rico, 1931) Innovó las técnicas de la pintura y el grabado° en Latinoamérica. En 2001, el Museo de Arte de Puerto Rico le rindió homenaje° a sus cuarenta años de carrera artística.
- **Joaquín Cortés** (Córdoba, España, 1969) Bailarín y coreógrafo. En sus espectáculos une° sus raíces gitanas° a influencias musicales de todo el mundo.
- **Tania León** (La Habana, Cuba, 1943) Compositora y directora de orquesta. Ha sido cofundadora° y directora musical del *Dance Theater of Harlem*, y ha compuesto numerosas obras.
- **Rafael Murillo Selva** (Tegucigalpa, Honduras, 1936) Dramaturgo. En su obra refleja preocupaciones sociales y la cultura hondureña.

grabado *engraving* rindió homenaje *paid homage* une *combines* raíces gitanas *gypsy roots* cofundadora *co-founder*

PERFIL

Fernando Botero: un estilo único

El dibujante°, pintor y escultor **Fernando Botero** es un colombiano de fama internacional. Ha expuesto sus obras en galerías y museos de las Américas, Europa y Asia.

La pintura siempre ha sido su pasión. Su estilo se caracteriza por un cierto aire ingenuo° y unas proporciones exageradas. Mucha gente dice que Botero "pinta gordos", pero esto no es correcto. En su obra no sólo las personas son exageradas; los animales y los objetos también. Botero dice que empezó a pintar personas y cosas voluminosas por intuición. Luego, estudiando la pintura de los maestros italianos, se reafirmó su interés por el volumen y comenzó a usarlo conscientemente° en sus pinturas y esculturas, muchas de las cuales se exhiben en ciudades de todo el mundo. Botero es un trabajador incansable° y es que, para él, lo más divertido del mundo es pintar y crear.

***El alguacil,* de Fernando Botero**

dibujante *drawer* ingenuo *naive* conscientemente *consciously* incansable *tireless*

Conexión Internet

¿Qué otros artistas de origen hispano son famosos?

Go to **vistas.vhlcentral.com** to find more cultural information related to this **Cultura** section.

ACTIVIDADES

2 **Comprensión** Responde a las preguntas.

1. ¿Cómo se dice en español "*The scriptwriter is on stage*"?
2. ¿Cuál fue la contribución de Myrna Báez al arte latinoamericano?
3. ¿En qué actividades artísticas trabaja Tania León?
4. ¿Qué tipo de obras realiza Fernando Botero?
5. ¿Cuáles son dos características del estilo de Botero?

3 **Sus artistas favoritos** En grupos pequeños, hablen sobre sus artistas favoritos (de cualquier disciplina artística). Hablen de la obra que más les gusta de estos artistas y expliquen por qué.

Practice more at **vistas.vhlcentral.com.**

17.1 The conditional

ANTE TODO The conditional tense in Spanish expresses what you *would do* or what *would happen* under certain circumstances.

The conditional tense

		visitar	comer	aplaudir
SINGULAR FORMS	yo	visitar**ía**	comer**ía**	aplaudir**ía**
	tú	visitar**ías**	comer**ías**	aplaudir**ías**
	Ud./él/ella	visitar**ía**	comer**ía**	aplaudir**ía**
PLURAL FORMS	nosotros/as	visitar**íamos**	comer**íamos**	aplaudir**íamos**
	vosotros/as	visitar**íais**	comer**íais**	aplaudir**íais**
	Uds./ellos/ellas	visitar**ían**	comer**ían**	aplaudir**ían**

¡ATENCIÓN! The polite expressions **Me gustaría...** (*I would like...*) and **Te gustaría...** (*You would like...*) are other examples of the conditional.

- The conditional tense is formed much like the future tense. The endings are the same for all verbs, both regular and irregular. For regular verbs, you simply add the appropriate endings to the infinitive. **¡Atención!** All forms of the conditional have an accent mark.

- For irregular verbs, add the conditional endings to the irregular stems.

INFINITIVE	STEM	CONDITIONAL
decir	dir-	dir**ía**
hacer	har-	har**ía**
poder	podr-	podr**ía**
poner	pondr-	pondr**ía**
haber	habr-	habr**ía**

INFINITIVE	STEM	CONDITIONAL
querer	querr-	querr**ía**
saber	sabr-	sabr**ía**
salir	saldr-	saldr**ía**
tener	tendr-	tendr**ía**
venir	vendr-	vendr**ía**

AYUDA The infinitive of **hay** is **haber**, so its conditional form is **habría**.

- While in English the conditional is a compound verb form made up of the auxiliary verb *would* and a main verb, in Spanish it is a simple verb form that consists of one word.

Yo no me **pondría** ese vestido.
I would not wear that dress.

¿**Vivirían** ustedes en otro país?
Would you live in another country?

- The conditional is commonly used to make polite requests.

¿**Podrías** abrir la ventana, por favor?
Would you open the window, please?

¿**Sería** tan amable de venir a mi oficina?
Would you be so kind as to come to my office?

AYUDA

Keep in mind the two parallel combinations shown in the example sentences:

1) present tense in main clause → future tense in subordinate clause
2) past tense in main clause → conditional tense in subordinate clause

- In Spanish, as in English, the conditional expresses the future in relation to a past action or state of being. In other words, the future indicates what *will happen* whereas the conditional indicates what *would happen.*

Creo que mañana **hará** sol.
I think it will be sunny tomorrow.

Creía que hoy **haría** sol.
I thought it would be sunny today.

- The English *would* is often used with a verb to express the conditional, but it can also mean *used to,* in the sense of past habitual action. To express past habitual actions, Spanish uses the imperfect, not the conditional.

Íbamos al parque los sábados.
We would go to the park on Saturdays.

De adolescentes, **comíamos** mucho.
As teenagers, we used to eat a lot.

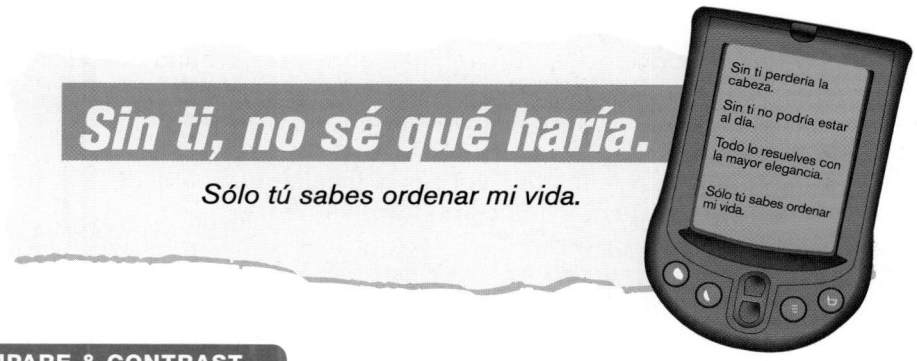

COMPARE & CONTRAST

In **Lección 16**, you learned the *future of probability.* Spanish also has the *conditional of probability,* which expresses conjecture or probability about a past condition, event, or action. Compare these Spanish and English sentences.

Serían las once de la noche cuando Elvira me llamó.
It must have been (It was probably) 11 p.m. when Elvira called me.

Sonó el teléfono. ¿**Llamaría** Emilio para cancelar nuestra cita?
The phone rang. I wondered if it was Emilio calling to cancel our date.

Note that English conveys conjecture or probability with phrases such as *I wondered if, probably,* and *must have been.* In contrast, Spanish gets these same ideas across with conditional forms.

¡INTÉNTALO! Indica la forma apropiada del condicional de los verbos.

1. Yo escucharía, leería, esculpiría (escuchar, leer, esculpir)
2. Tú _____ (apreciar, comprender, compartir)
3. Marcos _____ (poner, venir, querer)
4. Nosotras _____ (ser, saber, ir)
5. Ustedes _____ (presentar, deber, aplaudir)
6. Ella _____ (salir, poder, hacer)
7. Yo _____ (tener, tocar, aburrirse)
8. Tú _____ (decir, ver, publicar)

recursos

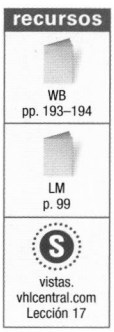

Práctica

1 **De viaje** A un grupo de artistas le gustaría hacer un viaje a Honduras. En estas oraciones nos cuentan sus planes de viaje. Complétalas con el condicional del verbo entre paréntesis.

1. Me _____ (gustar) llevar algunos libros de poesía de Leticia de Oyuela.
2. Ana _____ (querer) ir primero a Copán para conocer las ruinas mayas.
3. Yo _____ (decir) que fuéramos a Tegucigalpa primero.
4. Nosotras _____ (preferir) ver una obra del Grupo Dramático de Tegucigalpa. Luego _____ (poder) tomarnos un café.
5. Y nosotros _____ (ver) los cuadros del pintor José Antonio Velásquez. Y tú, Luisa, ¿qué _____ (hacer)?
6. Yo _____ (tener) interés en ver o comprar cerámica de José Arturo Machado. Y a ti, Carlos, ¿te _____ (interesar) ver la arquitectura colonial?

NOTA CULTURAL

Leticia de Oyuela (1935–2008) fue una escritora hondureña. En sus obras, Oyuela combinaba la historia con la ficción y, a través de sus personajes, cuestionaba y desafiaba (*used to challenge*) las normas sociales.

2 **¿Qué harías?** En parejas, pregúntense qué harían en estas situaciones.

Estás en un concierto de tu banda favorita y la persona que está sentada delante no te deja ver.

Un amigo actor te invita a ver una película que acaba de hacer, y no te gusta nada cómo hace su papel.

Estás invitado/a a los Premios Ariel. Es posible que te vayan a dar un premio, pero ese día estás muy enfermo/a.

Te invitan, pagándote mucho dinero, a un programa de televisión para hablar de tu vida privada y pelearte (*to fight*) con tu novio/a durante el programa.

NOTA CULTURAL

Los Premios Ariel de México son el equivalente a los Premios Oscar en los Estados Unidos. Cada año los entrega la Academia Mexicana de Ciencias y Artes Cinematográficas. Algunas películas que han ganado un premio Ariel son *Amores perros* y *El laberinto del fauno*.

3 **Sugerencias** Matilde busca trabajo. Dile ocho cosas que tú harías si fueras ella. Usa el condicional. Luego compara tus sugerencias con las de un(a) compañero/a.

modelo

Si yo fuera tú, buscaría trabajo en el periódico.

AYUDA

Here are two ways of saying *If I were you:*

Si yo fuera tú...

Yo en tu lugar...

Comunicación

4 **Conversaciones** Tu profesor(a) te dará una hoja de actividades. En ella se presentan dos listas con diferentes problemas que supuestamente tienen los estudiantes. En parejas, túrnense para explicar los problemas de su lista; uno/a cuenta lo que le pasa y el/la otro/a dice lo que haría en esa situación usando la frase "Yo en tu lugar...".

modelo

Estudiante 1: ¡Qué problema! Mi novio no me habla desde el domingo.
Estudiante 2: Yo en tu lugar, no le diría nada por unos días para ver qué pasa.

5 **Luces, cámara y acción** En grupos pequeños, elijan una película que les guste y después escriban una lista con las cosas que habrían hecho de manera diferente si hubieran sido los directores. Después, uno del grupo tiene que leer su lista, y el resto de la clase tiene que adivinar de qué película se trata.

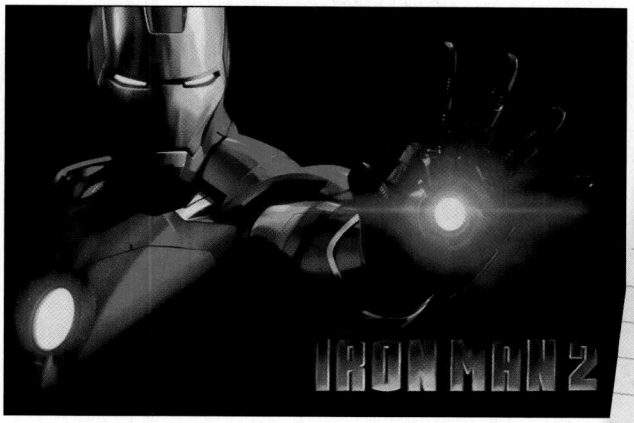

Yo no contrataría a Robert Downey Jr. para ese papel.

Ni tampoco haría muchas películas sobre el mismo tema.

Tony Sparks y Pepper Potts se casarían y tendrían hijos.

Yo cambiaría el final de la historia.

Síntesis

6 **Encuesta** Tu profesor(a) te dará una hoja de actividades. Circula por la clase y pregúntales a tres compañeros/as qué actividad(es) de las que se describen les gustaría realizar. Usa el condicional de los verbos. Anota las respuestas e informa a la clase los resultados de la encuesta.

modelo

Estudiante 1: ¿Harías el papel de un loco en una obra de teatro?
Estudiante 2: Sí, lo haría. Sería un papel muy interesante.

17.2 The conditional perfect

ANTE TODO Like other compound tenses you have learned—the present perfect, the past perfect, and the future perfect—the conditional perfect (**el condicional perfecto**) is formed with **haber** + [*past participle*].

The conditional perfect

		pintar	comer	vivir
SINGULAR FORMS	yo	**habría** pintado	**habría** comido	**habría** vivido
	tú	**habrías** pintado	**habrías** comido	**habrías** vivido
	Ud./él/ella	**habría** pintado	**habría** comido	**habría** vivido
PLURAL FORMS	nosotros/as	**habríamos** pintado	**habríamos** comido	**habríamos** vivido
	vosotros/as	**habríais** pintado	**habríais** comido	**habríais** vivido
	Uds./ellos/ellas	**habrían** pintado	**habrían** comido	**habrían** vivido

▶ The conditional perfect is used to express an action that would have occurred, but didn't.

¿No fuiste al espectáculo?
¡Te **habrías divertido**!
You didn't go to the show?
You would have had a good time!

Sandra **habría preferido** ir a la ópera, pero Omar prefirió ir al cine.
Sandra would have preferred to go to the opera, but Omar preferred to see a movie.

¡INTÉNTALO! Indica las formas apropiadas del condicional perfecto de los verbos.

1. Nosotros habríamos hecho (hacer) todos los quehaceres.
2. Tú _____ (apreciar) mi poesía.
3. Ellos _____ (pintar) un mural.
4. Usted _____ (tocar) el piano.
5. Ellas _____ (poner) la mesa.
6. Tú y yo _____ (resolver) los problemas.
7. Silvia y Alberto _____ (esculpir) una estatua.
8. Yo _____ (presentar) el informe.
9. Ustedes _____ (vivir) en el campo.
10. Tú _____ (abrir) la puerta.

recursos
WB p. 195
LM p. 100
vistas.vhlcentral.com Lección 17

Práctica

1

Completar Completa los diálogos con la forma apropiada del condicional perfecto de los verbos de la lista. Luego, en parejas, representen los diálogos.

divertirse	presentar	sentir	tocar
hacer	querer	tener	venir

1. —Tú _____ el papel de Aída mejor que ella. ¡Qué lástima!
   —Sí, mis padres _____ desde California sólo para oírme cantar.
2. —Olga, yo esperaba algo más. Con un poco de dedicación y práctica la orquesta _____ mejor y los músicos _____ más éxito.
   —Menos mal que la compositora no los escuchó. Se _____ avergonzada.
3. —Tania _____ la comedia pero no pudo porque cerraron el teatro.
   —¡Qué lástima! Mi esposa y yo _____ ir a la presentación de la obra. Siempre veo tragedias y sé que _____.

¡LENGUA VIVA!

The expression **Menos mal que...** means *It's a good thing that...* or *It's just as well that...* It is followed by a verb in the indicative.

2

Combinar En parejas, imaginen qué harían estas personas en las situaciones presentadas. Combina elementos de cada una de las tres columnas para formar ocho oraciones usando el condicional perfecto.

A	B	C
con talento artístico	yo	estudiar...
con más tiempo libre	tú	pintar...
en otro país	la gente	esculpir...
con más aprecio de las artes	mis compañeros y yo	viajar...
con más dinero	los artistas	escribir...
en otra película	Alejandro González Iñárritu	publicar...

NOTA CULTURAL

El director de cine **Alejandro González Iñárritu** forma parte de la nueva generación de directores mexicanos. Su película *Amores perros* fue nominada para el Oscar a la mejor película extranjera en 2001.

3

¿Qué habrías hecho? Estos dibujos muestran situaciones poco comunes. No sabemos qué hicieron estas personas, pero tú, ¿qué habrías hecho? Comparte tus respuestas con un(a) compañero/a.

AYUDA

Here are some suggestions:
Habría llevado el dinero a...
Yo habría atacado al oso (*bear*) **con...**
Yo habría...

1. 
2. 
3. 
4. 

Practice more at **vistas.vhlcentral.com.**

Comunicación

4 **Preguntas** En parejas, imaginen que tienen cincuenta años y están hablando de sus años de juventud. ¿Qué habrían hecho de manera diferente? Túrnense para hacerse y contestar las preguntas.

modelo

¿Te (interesar) aprender a tocar un instrumento?
Estudiante 1: ¿Te habría interesado aprender a tocar un instrumento?
Estudiante 2: Sí, habría aprendido a tocar el piano.

1. ¿Te (gustar) viajar por Latinoamérica?
2. ¿A qué escritores (leer)?
3. ¿Qué clases (tomar)?
4. ¿Qué tipo de música (escuchar)?
5. ¿Qué tipo de amigos/as (tener)?
6. ¿A qué fiestas o viajes no (ir)?
7. ¿Con qué tipo de persona (salir)?
8. ¿Qué tipo de ropa (llevar)?

5 **Pobre Mario** En parejas, lean la carta que Mario le escribió a Enrique. Digan qué cosas Mario habría hecho de una manera diferente, de haber tenido la oportunidad.

modelo

Mario no habría hecho este musical.

Enrique:

Ya llegó el último día del musical. Yo creía que nunca iba a acabar. En general, los cantantes y actores eran bastante malos, pero no tuve tiempo de buscar otros, y además los buenos ya tenían trabajo en otras obras. Ayer todo salió muy mal. Como era la última noche, yo había invitado a unos críticos a ver la obra, pero no pudieron verla. El primer problema fue la cantante principal. Ella estaba enojada conmigo porque no quise pagarle todo el dinero que quería. Dijo que tenía problemas de garganta, y no salió a cantar. Conseguí otra cantante, pero los músicos de la orquesta todavía no habían llegado. Tenían que venir todos en un autobús no muy caro que yo había alquilado, pero el autobús salió a una hora equivocada. Entonces, el bailarín se enojó conmigo porque todo iba a empezar tarde.
Quizás tenía razón mi padre. Seguramente soy mejor contador que director teatral.

Escríbeme,
Mario

¡LENGUA VIVA!

The useful expression **de haber tenido la oportunidad** means *if I/he/you/etc. had had the opportunity.* You can use this construction in similar instances, such as **De haberlo sabido ayer, te habría llamado.**

Síntesis

6 **Yo en tu lugar** Primero, cada estudiante hace una lista con tres errores que ha cometido o tres problemas que ha tenido en su vida. Después, en parejas, túrnense para decirse qué habrían hecho en esas situaciones.

modelo

Estudiante 1: El año pasado saqué una mala nota en el examen de biología.
Estudiante 2: Yo no habría sacado una mala nota. Habría estudiado más.

17.3 The past perfect subjunctive

CONSULTA

To review the past perfect indicative, see **Estructura 15.2**, p. 522.
To review the present perfect subjunctive, see **Estructura 15.3**, p. 525.

ANTE TODO The past perfect subjunctive (**el pluscuamperfecto de subjuntivo**), also called the pluperfect subjunctive, is formed with the past subjunctive of **haber** + [*past participle*]. Compare the following subjunctive forms.

Present subjunctive	Present perfect subjunctive
yo trabaje	yo haya trabajado
Past subjunctive	**Past perfect subjunctive**
yo trabajara	yo hubiera trabajado

Past perfect subjunctive

		pintar	comer	vivir
SINGULAR FORMS	yo	**hubiera** pintado	**hubiera** comido	**hubiera** vivido
	tú	**hubieras** pintado	**hubieras** comido	**hubieras** vivido
	Ud./él/ella	**hubiera** pintado	**hubiera** comido	**hubiera** vivido
PLURAL FORMS	nosotros/as	**hubiéramos** pintado	**hubiéramos** comido	**hubiéramos** vivido
	vosotros/as	**hubierais** pintado	**hubierais** comido	**hubierais** vivido
	Uds./ellos/ellas	**hubieran** pintado	**hubieran** comido	**hubieran** vivido

▶ The past perfect subjunctive is used in subordinate clauses under the same conditions that you have learned for other subjunctive forms, and in the same way the past perfect is used in English (*I had talked, you had spoken,* etc.). It refers to actions or conditions that had taken place before another action or condition in the past.

No había nadie que **hubiera dormido**.
There wasn't anyone who had slept.

Esperaba que Juan **hubiera ganado** el partido.
I hoped that Juan had won the game.

Dudaba que ellos **hubieran llegado**.
I doubted that they had arrived.

Llegué antes de que la clase **hubiera comenzado**.
I arrived before the class had begun.

¡INTÉNTALO! Indica la forma apropiada del pluscuamperfecto de subjuntivo de cada verbo.

1. Esperaba que ustedes hubieran hecho (hacer) las reservaciones.
2. Dudaba que tú _____ (decir) eso.
3. No estaba seguro de que ellos _____ (ir).
4. No creían que nosotros _____ (hablar) con Ricardo.
5. No había nadie que _____ (poder) comer tanto como él.
6. No había nadie que _____ (ver) el espectáculo.
7. Me molestó que tú no me _____ (llamar) antes.
8. ¿Había alguien que no _____ (apreciar) esa película?
9. No creían que nosotras _____ (bailar) en el festival.
10. No era cierto que yo _____ (ir) con él al concierto.

recursos

WB pp. 196–198

LM p. 101

vistas.vhlcentral.com Lección 17

Práctica

1 **Completar** Completa las oraciones con el pluscuamperfecto de subjuntivo de los verbos.

1. Me alegré de que mi familia _____ (irse) de viaje.
2. Me molestaba que Carlos y Miguel no _____ (venir) a visitarme.
3. Dudaba que la música que yo escuchaba _____ (ser) la misma que escuchaban mis padres.
4. No creían que nosotros _____ (poder) aprender español en un año.
5. Los músicos se alegraban de que su programa le _____ (gustar) tanto al público.
6. La profesora se sorprendió de que nosotros _____ (hacer) la tarea antes de venir a clase.

2 **Transformar** María está hablando de las emociones que ha sentido ante ciertos acontecimientos (*events*). Transforma sus oraciones según el modelo.

modelo

Me alegro de que hayan venido los padres de Micaela.
Me alegré de que hubieran venido los padres de Micaela.

1. Es muy triste que haya muerto la tía de Miguel.
2. Dudo que Guillermo haya comprado una casa tan grande.
3. No puedo creer que nuestro equipo haya perdido el partido.
4. Me alegro de que mi novio me haya llamado.
5. Me molesta que el periódico no haya llegado.
6. Dudo que hayan cerrado el Museo de Arte.

¡LENGUA VIVA!

Both the preterite and the imperfect can be used to describe past thoughts or emotions. In general, the imperfect describes a particular action or mental state without reference to its beginning or end; the preterite refers to the occurrence of an action, thought, or emotion at a specific moment in time.

Pensaba que mi vida era aburrida.

Pensé que había dicho algo malo.

3 **El regreso** Durante 30 años, el astronauta Emilio Hernández estuvo en el espacio sin tener noticias de la Tierra. Usa el pluscuamperfecto de subjuntivo para indicar lo que Emilio esperaba que hubiera pasado.

modelo

su esposa / no casarse con otro hombre
Esperaba que su esposa no se hubiera casado con otro hombre.

1. su hija Diana / conseguir ser una pintora famosa
2. los políticos / acabar con todas las guerras (*wars*)
3. su suegra / irse a vivir a El Salvador
4. su hermano Ramón / tener un empleo más de dos meses
5. todos los países / resolver sus problemas económicos
6. su esposa / ya pagar el préstamo de la casa

Comunicación

4 **El robo** La semana pasada desaparecieron varias obras del museo. El detective sospechaba que los empleados del museo le estaban mintiendo. En parejas, siguiendo el modelo, digan qué era lo que pensaba el detective. Después, intenten descubrir qué pasó realmente. Presenten su teoría del robo a la clase.

modelo

El vigilante (*security guard*) le dijo que alguien había abierto las ventanas de la sala.

El detective dudaba (no creía, pensaba que no era cierto, etc.) que alguien hubiera abierto las ventanas de la sala.

1. El carpintero le dijo que ese día no había encontrado nada extraño en el museo.
2. La abogada le dijo que ella no había estado en el museo esa tarde.
3. El técnico le dijo que había comprado una casa porque había ganado la lotería.
4. La directora del museo le dijo que había visto al vigilante hablando con la abogada.
5. El vigilante dijo que la directora había dicho que esa noche no tenían que trabajar.
6. El carpintero se acordó de que la directora y el vigilante habían sido novios.

5 **Reacciones** Imagina que estos acontecimientos (*events*) ocurrieron la semana pasada. Indica cómo reaccionaste ante cada uno. Comparte tu reacción con un(a) compañero/a.

modelo

Vino a visitarte tu tía de El Salvador.

Me alegré de que hubiera venido a visitarme.

1. Perdiste tu mochila con tus tarjetas de crédito y tus documentos.
2. Tu ex novio/a se casó con tu mejor amigo/a.
3. Encontraste cincuenta mil dólares cerca del banco.
4. Tus amigos/as te hicieron una fiesta sorpresa.

Síntesis

6 **Noticias** En grupos, lean estos titulares (*headlines*) e indiquen cuáles habrían sido sus reacciones si esto les hubiera ocurrido a ustedes. Luego escriban tres titulares más y compártanlos con los demás grupos. Utilicen el pluscuamperfecto de subjuntivo.

Un grupo de turistas se encuentra con Elvis en una gasolinera.
El cantante los saludó, les cantó unas canciones y después se marchó hacia las montañas, caminando tranquilamente.

Tres jóvenes estudiantes se perdieron en un bosque de Maine.
Después de estar tres horas perdidos, aparecieron en una gasolinera de un desierto de Australia.

Ayer, una joven hondureña, después de pasar tres años en coma, se despertó y descubrió que podía entender el lenguaje de los animales.
La joven, de momento, no quiere hablar con la prensa, pero una amiga suya nos dice que está deseando ir al zoológico.

Recapitulación

Concepts Diagnostics

Completa estas actividades para repasar los conceptos de gramática que aprendiste en esta lección.

1 **Completar** Completa el cuadro con la forma correcta de los verbos. 12 pts.

Infinitivo	tú	nosotros	ellas
pintar			
			querrían
		podríamos	
	habrías		

2 **Diálogo** Completa el diálogo con la forma adecuada del condicional de los verbos de la lista. 8 pts.

dejar	gustar	llover	sorprender
encantar	ir	poder	volver

OMAR ¿Sabes? El concierto al aire libre fue un éxito. Yo creía que (1) _____, pero hizo sol.

NIDIA Ah, me alegro. Te dije que Jaime y yo (2) _____, pero tuvimos un imprevisto (*something came up*) y no pudimos. Y a Laura, ¿la viste allí?

OMAR Sí, ella fue. Al contrario que tú, al principio me dijo que ella y su marido no (3) _____ ir, pero al final aparecieron. Necesitaba relajarse un poco; está muy estresada con su trabajo.

NIDIA A mí no me (4) _____ que lo dejara. Yo, en su lugar, (5) _____ esa compañía y (6) _____ a escribir poesía. En realidad no necesita el dinero.

OMAR Estoy de acuerdo. Oye, esta noche voy a ir al teatro. ¿(7) _____ ir conmigo? Jaime también puede acompañarnos. Es una comedia familiar.

NIDIA A nosotros (8) _____ ir. ¿A qué hora es?

OMAR A las siete y media.

RESUMEN GRAMATICAL

17.1 The conditional *pp. 588–589*

The conditional tense* of **aplaudir**	
aplaudiría	aplaudiríamos
aplaudirías	aplaudiríais
aplaudiría	aplaudirían

*Same endings for **-ar**, **-er**, and **-ir** verbs.

Irregular verbs

Infinitive	Stem	Conditional
decir	dir-	diría
hacer	har-	haría
poder	podr-	podría
poner	pondr-	pondría
haber	habr-	habría
querer	querr-	querría
saber	sabr-	sabría
salir	saldr-	saldría
tener	tendr-	tendría
venir	vendr-	vendría

17.2 The conditional perfect *p. 592*

pintar	
habría pintado	habríamos pintado
habrías pintado	habríais pintado
habría pintado	habrían pintado

17.3 The past perfect subjunctive *p. 595*

cantar	
hubiera cantado	hubiéramos cantado
hubieras cantado	hubierais cantado
hubiera cantado	hubieran cantado

- To form the past perfect subjunctive, take the **Uds./ellos/ellas** form of the preterite of **haber**, drop the ending (**-ron**), and add the past subjunctive endings (**-ra, -ras, -ra, -ramos, -rais, -ran**).
- Note that the **nosotros/as** form takes an accent.

3 **Fin de curso** El espectáculo de fin de curso de la escuela se canceló por falta de interés y ahora todos se arrepienten (*regrets it*). Completa las oraciones con el condicional perfecto. 8 pts.

1. La profesora de danza _____ (convencer) a los mejores bailarines de que participaran.
2. Tú no _____ (escribir) en el periódico que el comité organizador era incompetente.
3. Los profesores _____ (animar) a todos a participar.
4. Nosotros _____ (invitar) a nuestros amigos y familiares.
5. Tú _____ (publicar) un artículo muy positivo sobre el espectáculo.
6. Los padres de los estudiantes _____ (dar) más dinero y apoyo.
7. Mis compañeros de drama y yo _____ (presentar) una comedia muy divertida.
8. El director _____ (hacer) del espectáculo su máxima prioridad.

4 **El arte** Estos estudiantes están decepcionados (*disappointed*) con sus estudios de arte. Escribe oraciones a partir de los elementos dados. Usa el imperfecto de indicativo y el pluscuamperfecto de subjuntivo. Sigue el modelo. 12 pts.

modelo

yo / esperar / la universidad / poner / más énfasis en el arte

Yo esperaba que la universidad hubiera puesto más énfasis en el arte.

1. Sonia / querer / el departamento de arte / ofrecer / más clases
2. no haber nadie / oír / de ningún ex alumno / con éxito en el mundo artístico
3. nosotros / desear / haber / más exhibiciones de trabajos de estudiantes
4. ser una lástima / los profesores / no ser / más exigentes
5. Juanjo / dudar / nosotros / poder / escoger una universidad con menos recursos
6. ser increíble / la universidad / no construir / un museo más grande

5 **Una vida diferente** Piensa en un(a) artista famoso/a (pintor(a), cantante, actor/actriz, bailarín/bailarina, etc.) y escribe al menos cinco oraciones que describan cómo sería tu vida ahora si fueras esa persona. Usa las tres formas verbales que aprendiste en esta lección ¡y también tu imaginación! 10 pts.

6 **Adivinanza** Completa la adivinanza con la forma correcta del condicional del verbo **ser** y adivina la respuesta. ¡2 puntos EXTRA!

"Me puedes ver en tu piso,
y también en tu nariz;
sin mí no habría ricos
y nadie _____ (ser) feliz.
¿Quién soy?"

_____

Lectura

Antes de leer

Estrategia

Identifying stylistic devices

There are several stylistic devices (**recursos estilísticos**) that can be used for effect in poetic or literary narratives. *Anaphora* consists of successive clauses or sentences that start with the same word(s). *Parallelism* uses successive clauses or sentences with a similar structure. *Repetition* consists of words or phrases repeated throughout the text. *Enumeration* uses the accumulation of words to describe something. Identifying these devices can help you to focus on topics or ideas that the author chose to emphasize.

Contestar

1. ¿Cuál es tu instrumento musical favorito? ¿Sabes tocarlo? ¿Puedes describir su forma?
2. Compara el sonido de ese instrumento con algunos sonidos de la naturaleza. (Por ejemplo: El piano suena como la lluvia.)
3. ¿Qué instrumento es el "protagonista" de estos poemas de García Lorca?
4. Localiza en estos tres poemas algunos ejemplos de los recursos estilísticos que aparecen en la **Estrategia**. ¿Qué elementos o temas se enfatizan mediante esos recursos?

Resumen

Completa el párrafo con palabras de la lista.

artesanía	música	poeta
dramaturgo	poemas	talento

Los _____ se titulan *La guitarra, Las seis cuerdas* y *Danza*. Son obras del _____ Federico García Lorca. Estos textos reflejan la importancia de la _____ en la poesía de este escritor. Lorca es conocido por su _____.

Federico García Lorca

El escritor español Federico García Lorca nació en 1898 en Fuente Vaqueros, Granada. En 1919 se mudó a Madrid y allí vivió en una residencia estudiantil donde se hizo° amigo del pintor Salvador Dalí y del cineasta° Luis Buñuel. En 1920 estrenó° su primera obra teatral, El maleficio° de la mariposa°. *En 1929 viajó a los Estados Unidos, donde asistió a clases en la Universidad de Columbia. Al volver a España, dirigió la compañía de teatro universitario "La Barraca", un proyecto promovido° por el gobierno de la República para llevar el teatro clásico a los pueblos españoles. Fue asesinado en agosto de 1936 en Víznar, Granada, durante la dictadura° militar de Francisco Franco. Entre sus obras más conocidas están* Poema del cante jondo *(1931) y* Bodas de sangre *(1933). El amor, la muerte y la marginación son algunos de los temas presentes en su obra.*

Danza

EN EL HUERTO° DE LA PETENERA°

En la noche del huerto,
seis gitanas°,
vestidas de blanco
bailan.

En la noche del huerto,
coronadas°,
con rosas de papel
y biznagas°.

En la noche del huerto,
sus dientes de nácar°,
escriben la sombra°
quemada.

Y en la noche del huerto,
sus sombras se alargan°,
y llegan hasta el cielo
moradas.

Las seis cuerdas

La guitarra,
hace llorar° a los sueños°.
El sollozo° de las almas°
perdidas,
se escapa por su boca
redonda°.
Y como la tarántula
teje° una gran estrella
para cazar suspiros°,
que flotan en su negro
aljibe° de madera°.

La guitarra

Empieza el llanto°
de la guitarra.
Se rompen las copas
de la madrugada°.
Empieza el llanto
de la guitarra.
Es inútil
callarla°.
Es imposible
callarla.
Llora monótona
como llora el agua,
como llora el viento
sobre la nevada°.
Es imposible
callarla.
Llora por cosas
lejanas°.
Arena° del Sur caliente
que pide camelias blancas.
Llora flecha sin blanco°,
la tarde sin mañana,
y el primer pájaro muerto
sobre la rama°.
¡Oh guitarra!
Corazón malherido°
por cinco espadas°.

Después de leer

Comprensión

Completa cada oración con la opción correcta.

1. En el poema *La guitarra* se habla del "llanto" de la guitarra. La palabra "llanto" se relaciona con el verbo _____.
   a. llover b. cantar c. llorar
2. El llanto de la guitarra en *La guitarra* se compara con _____.
   a. el viento b. la nieve c. el tornado
3. En el poema *Las seis cuerdas* se personifica a la guitarra como _____.
   a. una tarántula b. un pájaro c. una estrella
4. En *Danza*, las gitanas bailan en el _____.
   a. teatro b. huerto c. patio

Interpretación

En grupos pequeños, respondan a las preguntas.

1. En los poemas *La guitarra* y *Las seis cuerdas* se personifica a la guitarra. Analicen esa personificación. ¿Qué cosas humanas puede hacer la guitarra? ¿En qué se parece a una persona?
2. ¿Creen que la música de *La guitarra* y *Las seis cuerdas* es alegre o triste? ¿En qué tipo de música te hace pensar?
3. ¿Puede existir alguna relación entre las seis cuerdas de la guitarra y las seis gitanas bailando en el huerto en el poema *Danza*? ¿Cuál?

Conversación

Primero, comenta con un(a) compañero/a tus gustos musicales (instrumentos favoritos, grupos, estilo de música, cantantes). Después, intercambien las experiencias más intensas o importantes que hayan tenido con la música (un concierto, un recuerdo asociado a una canción, etc.).

se hizo *he became* **cineasta** *filmmaker* **estrenó** *premiered* **maleficio** *curse; spell* **mariposa** *butterfly* **promovido** *promoted* **dictadura** *dictatorship* **huerto** *orchard* **petenera** *Andalusian song* **gitanas** *gypsies* **coronadas** *crowned* **biznagas** *type of plant* **nácar** *mother-of-pearl* **sombra** *shadow* **se alargan** *get longer* **llorar** *to cry* **sueños** *dreams* **sollozo** *sobbing* **almas** *souls* **redonda** *round* **teje** *spins* **suspiros** *sighs* **aljibe** *well* **madera** *wood* **llanto** *crying* **madrugada** *dawn* **inútil callarla** *useless to silence her* **nevada** *snowfall* **lejanas** *far-off* **Arena** *Sand* **flecha sin blanco** *arrow without a target* **rama** *branch* **malherido** *wounded* **espadas** *swords*

Escritura

Estrategia

Finding biographical information

Biographical information can be useful for a great variety of writing topics. Whether you are writing about a famous person, a period in history, or even a particular career or industry, you will be able to make your writing both more accurate and more interesting when you provide detailed information about the people who are related to your topic.

To research biographical information, you may wish to start with general reference sources, such as encyclopedias and periodicals. Additional background information on people can be found in biographies or in nonfiction books about the person's field or industry. For example, if you wanted to write about Sonia Sotomayor, you could find background information from periodicals, including magazine interviews. You might also find information in books or articles related to contemporary politics and Law.

Biographical information may also be available on the Internet, and depending on your writing topic, you may even be able to conduct interviews to get the information you need. Make sure to confirm the reliability of your sources whenever your writing includes information about other people.

You might want to look for the following kinds of information:

- date of birth
- date of death
- childhood experiences
- education
- family life
- place of residence
- life-changing events
- personal and professional accomplishments

Tema

¿A quién te gustaría conocer?

Si pudieras invitar a cinco personas famosas a cenar en tu casa, ¿a quiénes invitarías? Pueden ser de cualquier (*any*) época de la historia y de cualquier profesión. Algunas posibilidades son:

- el arte
- la música
- el cine
- las ciencias
- la religión
- la política

Escribe una composición breve sobre la cena. Explica por qué invitarías a estas personas y describe lo que harías, lo que preguntarías y lo que dirías si tuvieras la oportunidad de conocerlas. Utiliza el condicional.

Escuchar

Audio: Activities

Estrategia

Listening for key words/ Using the context

The comprehension of key words is vital to understanding spoken Spanish. Use your background knowledge of the subject to help you anticipate what the key words might be. When you hear unfamiliar words, remember that you can use context to figure out their meaning.

To practice these strategies, you will now listen to a paragraph from a letter sent to a job applicant. Jot down key words, as well as any other words you figured out from the context.

Preparación

Basándote en el dibujo, ¿qué palabras crees que usaría un crítico en una reseña (*review*) de esta película?

Ahora escucha

Ahora vas a escuchar la reseña de la película. Mientras escuches al crítico, recuerda que las críticas de cine son principalmente descriptivas. La primera vez que la escuches, identifica las palabras clave (*key*) y escríbelas en la columna A. Luego, escucha otra vez la reseña e identifica el significado de las palabras en la columna B mediante el contexto.

A	B
1. _____	1. estrenar
2. _____	2. a pesar de
3. _____	3. con reservas
4. _____	4. supuestamente
5. _____	5. la trama
6. _____	6. conocimiento

Comprensión

Cierto o falso

	Cierto	Falso
1. *El fantasma del lago Enriquillo* es una película de ciencia ficción.	❍	❍
2. Los efectos especiales son espectaculares.	❍	❍
3. Generalmente se ha visto a Jorge Verdoso en comedias románticas.	❍	❍
4. Jaime Rebelde es un actor espectacular.	❍	❍

Preguntas

1. ¿Qué aspectos de la película le gustaron al crítico?
2. ¿Qué no le gustó al crítico de la película?
3. ¿Irías a ver esta película? ¿Por qué?
4. Para ti, ¿cuáles son los aspectos más importantes de una película? Explica tu respuesta.

Ahora ustedes

Trabajen en grupos. Escojan una película con actores muy famosos que no fue lo que esperaban. Escriban una reseña que describa el papel de los actores, la trama, los efectos especiales, la cinematografía u otros aspectos importantes de la película.

En pantalla

Lo que me prende° es un programa del canal mexicano Once TV que muestra lo que a los jóvenes les apasiona° desde su perspectiva, es decir°, como ellos lo ven. Los episodios muestran desde el gusto de un chico por el grafiti o la afición° de una chica por la natación, hasta la pasión de una joven por el piano, historia que te presentamos a continuación°. Montserrat es una mexicana que ama° tocar este instrumento. Aunque comenzó sus lecciones a los nueve años, la música ha estado dentro de ella desde antes de nacer y es ahora su estilo de vida°.

Vocabulario útil

el detonante	*trigger*
majestuoso	*majestic*
la pieza	*piece*
la prepa(ratoria)	*high-school (Mex.)*
propedéutico	*preparatory (course)*
rebasa	*exceeds*

Indicar

Indica las expresiones que escuches en el anuncio.

___ 1. A mí lo que me prende es tocar el piano.
___ 2. La música siempre me gustó.
___ 3. Su papá y yo le prohibimos escuchar música clásica.
___ 4. Estuve en el instrumento correcto.
___ 5. Siempre tuve tiempo para ir a fiestas.
___ 6. Tomé un año de puro (*of only*) piano.

Las preguntas

En grupos de tres, imaginen que son reporteros y van a entrevistar a Montserrat. Escriban cinco preguntas para ella y luego compártanlas con la clase.

Lo que me prende *What rocks my world* les apasiona *have a passion for*
es decir *that is* afición *love; liking* a continuación *next* ama *loves*
estilo de vida *lifestyle* inquieta *lively* dedicarle *to devote to it*
no me di por vencida *I didn't give up*

Lo que me prende: Piano

Montse fue una niña muy inquieta° siempre.

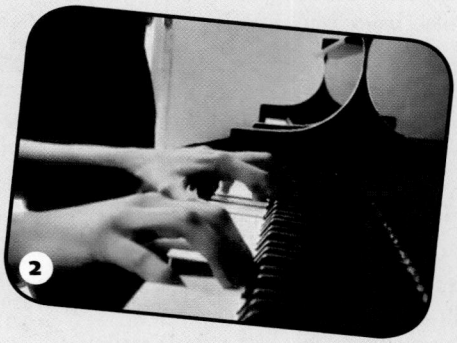

Tenía muy poco tiempo para dedicarle° [al piano].

... pero no me di por vencida°.

Video: TV Clip

Practice more at **vistas.vhlcentral.com.**

Todos los países hispanos cuentan con una gran variedad de museos, desde arte clásico o contemporáneo, hasta los que se especializan en la rica historia local que puede venir desde las antiguas° culturas prehispánicas. El Museo de Arte Popular, en la Ciudad de México, que viste en el episodio de ***Fotonovela***, tiene como misión difundir°, preservar y continuar las técnicas tradicionales de elaborar artesanías mexicanas. Algunas de ellas son la cerámica, la joyería°, los textiles y el papel maché. A continuación vas a ver otro tipo de museos en España.

Vocabulario útil

el lienzo	*canvas*
la muestra	*exhibit*
la obra maestra	*masterpiece*
el primer plano	*foreground*

Preparación

¿Te interesa el arte? Cuando viajas, ¿visitas los museos del lugar al que vas? ¿Cuál es, de entre todas las artes, la que más te gusta o emociona?

¿Cierto o falso?

Indica si las oraciones son **ciertas** o **falsas**.

1. En Madrid, la oferta de arte es muy limitada.
2. En el Triángulo dorado de los museos hay tres museos muy importantes de Madrid.
3. En la obra *Las Meninas* de Velázquez, la perspectiva es muy real.
4. El Museo Reina Sofía está dedicado al arte contemporáneo y antiguo.
5. El lienzo *Guernica* de Picasso es pequeño.
6. La colección del Museo Thyssen era privada y luego fue donada (*donated*) al estado español.
7. El Greco era español.

Palacios del arte

... una ciudad [...] con una riquísima y selecta oferta de hoteles, restaurantes [...] y especialmente... ¡arte!

El edificio fue [...] un hospital. Hoy en día, está dedicado al arte contemporáneo.

Muchos aseguran° que es el primer surrealista.

Video: ***Flash cultura***

Practice more at **vistas.vhlcentral.com.**

recursos	
VM pp. 323–324	vistas.vhlcentral.com Lección 17

antiguas *ancient* difundir *to spread* joyería *jewelry* aseguran *assure*

Video: *Panorama cultural*
Interactive map

El Salvador

El país en cifras

- **Área:** 21.040 km^2 (8.124 millas^2), *el tamaño° de Massachusetts*
- **Población:** 6.383.000

El Salvador es el país centroamericano más pequeño y el más densamente poblado. Su población, al igual que la de Honduras, es muy homogénea: casi el 90 por ciento es mestiza.

- **Capital:** San Salvador—1.691.000
- **Ciudades principales:** Soyapango, Santa Ana, San Miguel, Mejicanos

SOURCE: Population Division, UN Secretariat

- **Moneda:** dólar estadounidense
- **Idiomas:** español (oficial), náhuatl, lenca

Bandera de El Salvador

Salvadoreños célebres

- **Óscar Romero,** arzobispo° y activista por los derechos humanos° (1917–1980)
- **Claribel Alegría,** poeta, novelista y cuentista (1924–)
- **Roque Dalton,** poeta, ensayista y novelista (1935–1975)
- **María Eugenia Brizuela,** política (1956–)

Óscar Romero

tamaño *size* arzobispo *archbishop* derechos humanos *human rights* laguna *lagoon* sirena *mermaid*

Ruinas de Tazumal

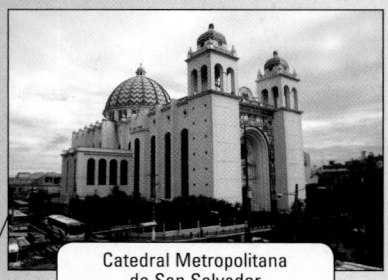

Catedral Metropolitana de San Salvador

Chorros de la Calera en Juayúa

recursos

WB	VM	vistas.vhlcentral.com
p. 199	pp. 283–284	Lección 17

¡Increíble pero cierto!

El rico folclor salvadoreño se basa sobre todo en sus extraordinarios recursos naturales. Por ejemplo, según una leyenda, las muertes que se producen en la laguna° de Alegría tienen su explicación en la existencia de una sirena° solitaria que vive en el lago y captura a los jóvenes atractivos.

Deportes • El surfing

El Salvador es uno de los destinos favoritos en Latinoamérica para la práctica del surfing. Cuenta con 300 kilómetros de costa a lo largo del océano Pacífico y sus olas° altas son ideales para quienes practican este deporte. De sus playas, La Libertad es la más visitada por surfistas de todo el mundo, gracias a que está muy cerca de la capital salvadoreña. Sin embargo, los fines de semana muchos visitantes prefieren viajar a la Costa del Bálsamo, donde se concentra menos gente.

Naturaleza • El Parque Nacional Montecristo

El Parque Nacional Montecristo se encuentra en la región norte del país. Se le conoce también como El Trifinio porque se ubica° en el punto donde se unen las fronteras de Guatemala, Honduras y El Salvador. Este bosque reúne a muchas especies vegetales y animales, como orquídeas, monos araña°, pumas, quetzales y tucanes. Además, las copas° de sus enormes árboles forman una bóveda° que impide° el paso de la luz solar. Este espacio natural se encuentra a una altitud de 2.400 metros (7.900 pies) sobre el nivel del mar y recibe 200 centímetros (80 pulgadas°) de lluvia al año.

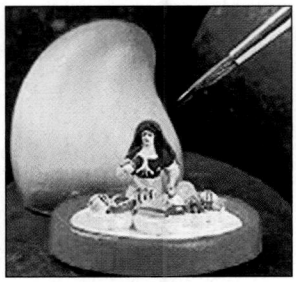

Artes • La artesanía de Ilobasco

Ilobasco es un pueblo conocido por sus artesanías. En él se elaboran objetos con arcilla° y cerámica pintada a mano, como juguetes°, adornos° y utensilios de cocina. Además, son famosas sus "sorpresas", que son pequeñas piezas° de cerámica en cuyo interior se representan escenas de la vida diaria. Los turistas realizan excursiones para ver la elaboración, paso a paso°, de estos productos.

¿Qué aprendiste? Responde a cada pregunta con una oración completa.

1. ¿Qué tienen en común las poblaciones de El Salvador y Honduras?
2. ¿Qué es el náhuatl?
3. ¿Quién es María Eugenia Brizuela?
4. Hay muchos lugares ideales para el surfing en El Salvador. ¿Por qué?
5. ¿A qué altitud se encuentra el Parque Nacional Montecristo?
6. ¿Cuáles son algunos de los animales y las plantas que viven en este parque?
7. ¿Por qué se le llama El Trifinio al Parque Nacional Montecristo?
8. ¿Por qué es famoso el pueblo de Ilobasco?
9. ¿Qué se puede ver en un viaje a Ilobasco?
10. ¿Qué son las "sorpresas" de Ilobasco?

Conexión Internet Investiga estos temas en **vistas.vhlcentral.com.**

1. El Parque Nacional Montecristo es una reserva natural; busca información sobre otros parques o zonas protegidas en El Salvador. ¿Cómo son estos lugares? ¿Qué tipos de plantas y animales se encuentran allí?
2. Busca información sobre museos u otros lugares turísticos en San Salvador (u otra ciudad de El Salvador).

Practice more at **vistas.vhlcentral.com.**

olas *waves* se ubica *it is located* monos araña *spider monkeys* copas *tops* bóveda *cap* impide *blocks* pulgadas *inches* arcilla *clay* juguetes *toys* adornos *ornaments* piezas *pieces* paso a paso *step by step*

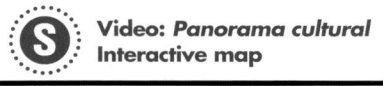

Honduras

El país en cifras

- **Área:** 112.492 km^2 (43.870 millas^2), *un poco más grande que Tennessee*
- **Población:** 8.386.000

Cerca del 90 por ciento de la población de Honduras es mestiza. Todavía hay pequeños grupos indígenas como los jicaque, los misquito y los paya, que han mantenido su cultura sin influencias exteriores y que no hablan español.

- **Capital:** Tegucigalpa—1.181.000

Tegucigalpa

- **Ciudades principales:** San Pedro Sula, El Progreso, La Ceiba

SOURCE: Population Division, UN Secretariat

- **Moneda:** lempira
- **Idiomas:** español (oficial), lenguas indígenas, inglés

Bandera de Honduras

Hondureños célebres

- **José Antonio Velásquez,** pintor (1906–1983)
- **Argentina Díaz Lozano,** escritora (1912–1999)
- **Carlos Roberto Reina,** juez° y presidente del país (1926–2003)
- **Roberto Sosa,** escritor (1930–)

juez *judge* presos *prisoners* madera *wood* hamacas *hammocks*

Guacamayo

Artículos de paja en un mercado de artesanías

Baile tradicional

recursos

WB	VM	vistas.vhlcentral.com
p. 200	pp. 285–286	Lección 17

¡Increíble pero cierto!

¿Irías de compras a una prisión? Hace un tiempo, cuando la Penitenciaría Central de Tegucigalpa aún funcionaba, los presos° hacían objetos de madera°, hamacas° y hasta instrumentos musicales y los vendían en una tienda dentro de la prisión. Allí, los turistas podían regatear con este especial grupo de artesanos.

Lugares • Copán

Copán es una zona arqueológica muy importante de Honduras. Fue construida por los mayas y se calcula que en el año 400 d. C. albergaba° a una ciudad con más de 150 edificios y una gran cantidad de plazas, patios, templos y canchas° para el juego de pelota°. Las ruinas más famosas del lugar son los edificios adornados con esculturas pintadas a mano, los cetros° ceremoniales de piedra y el templo Rosalila.

Economía • Las plantaciones de bananas

Desde hace más de cien años, las bananas son la exportación principal de Honduras y han tenido un papel fundamental en su historia. En 1899, la Standard Fruit Company empezó a exportar bananas del país centroamericano hacia Nueva Orleans. Esta fruta resultó tan popular en los Estados Unidos que generó grandes beneficios° para esta compañía y para la United Fruit Company, otra empresa norteamericana. Estas trasnacionales intervinieron muchas veces en la política hondureña debido° al enorme poder° económico que alcanzaron en la nación.

San Antonio de Oriente, 1957, José Antonio Velásquez

Artes • José Antonio Velásquez (1906–1983)

José Antonio Velásquez fue un famoso pintor hondureño. Es catalogado como primitivista° porque sus obras representan aspectos de la vida cotidiana. En la pintura de Velásquez es notorio el énfasis en los detalles°, la falta casi total de los juegos de perspectiva y la pureza en el uso del color. Por todo ello, el artista ha sido comparado con importantes pintores europeos del mismo género° como Paul Gauguin o Emil Nolde.

¿Qué aprendiste? Responde a cada pregunta con una oración completa.

1. ¿Qué es el lempira?
2. ¿Por qué es famoso Copán?
3. ¿Dónde está el templo Rosalila?
4. ¿Cuál es la exportación principal de Honduras?
5. ¿Qué fue la Standard Fruit Company?
6. ¿Cómo es el estilo de José Antonio Velásquez?
7. ¿Qué temas trataba Velásquez en su pintura?

Conexión Internet Investiga estos temas en **vistas.vhlcentral.com.**

1. ¿Cuáles son algunas de las exportaciones principales de Honduras, además de las bananas? ¿A qué países exporta Honduras sus productos?
2. Busca información sobre Copán u otro sitio arqueológico en Honduras. En tu opinión, ¿cuáles son los aspectos más interesantes del sitio?

Practice more at **vistas.vhlcentral.com.**

albergaba *housed* canchas *courts* juego de pelota *pre-Columbian ceremonial ball game* cetros *scepters* beneficios *profits* debido a *due to* poder *power* primitivista *primitivist* detalles *details* género *genre*

Las bellas artes

el baile, la danza	*dance*
la banda	*band*
las bellas artes	*(fine) arts*
el boleto	*ticket*
la canción	*song*
la comedia	*comedy; play*
el concierto	*concert*
el cuento	*short story*
la cultura	*culture*
el drama	*drama; play*
la escultura	*sculpture*
el espectáculo	*show*
la estatua	*statue*
el festival	*festival*
la historia	*history; story*
la música	*music*
la obra	*work (of art, music, etc.)*
la obra maestra	*masterpiece*
la ópera	*opera*
la orquesta	*orchestra*
el personaje (principal)	*(main) character*
la pintura	*painting*
el poema	*poem*
la poesía	*poetry*
el público	*audience*
el teatro	*theater*
la tragedia	*tragedy*
aburrirse	*to get bored*
aplaudir	*to applaud*
apreciar	*to appreciate*
dirigir	*to direct*
esculpir	*to sculpt*
hacer el papel (de)	*to play the role (of)*
pintar	*to paint*
presentar	*to present; to put on (a performance)*
publicar	*to publish*
tocar (un instrumento musical)	*to touch; to play (a musical instrument)*
artístico/a	*artistic*
clásico/a	*classical*
dramático/a	*dramatic*
extranjero/a	*foreign*
folclórico/a	*folk*
moderno/a	*modern*
musical	*musical*
romántico/a	*romantic*
talentoso/a	*talented*

Los artistas

el bailarín, la bailarina	*dancer*
el/la cantante	*singer*
el/la compositor(a)	*composer*
el/la director(a)	*director; (musical) conductor*
el/la dramaturgo/a	*playwright*
el/la escritor(a)	*writer*
el/la escultor(a)	*sculptor*
la estrella (*m., f.*) de cine	*movie star*
el/la músico/a	*musician*
el/la poeta	*poet*

El cine y la televisión

el canal	*channel*
el concurso	*game show; contest*
los dibujos animados	*cartoons*
el documental	*documentary*
el premio	*prize; award*
el programa de entrevistas/realidad	*talk/reality show*
la telenovela	*soap opera*
... de acción	*action*
... de aventuras	*adventure*
... de ciencia ficción	*science fiction*
... de horror	*horror*
... de vaqueros	*western*

La artesanía

la artesanía	*craftsmanship; crafts*
la cerámica	*pottery*
el tejido	*weaving*

Expresiones útiles	*See page 583.*

Audio: Vocabulary

recursos

LM p. 101	vistas.vhlcentral.com Lección 17

Las actualidades 18

Communicative Goals

You will learn how to:

- **Discuss current events and issues**
- **Talk about and discuss the media**
- **Reflect on experiences, such as travel**

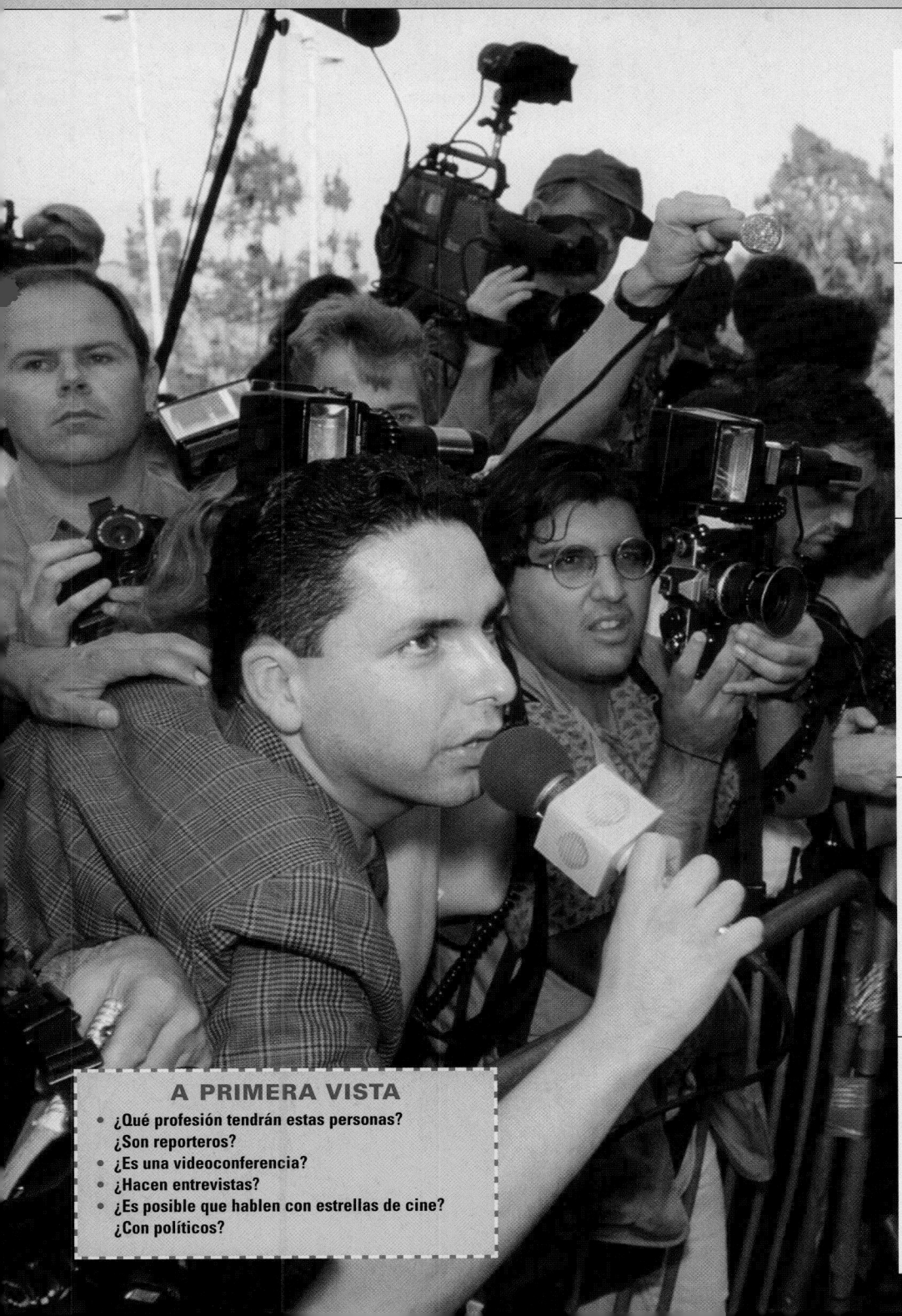

contextos

pages 612–615
- Current events and politics
- The media
- Natural disasters

fotonovela

pages 616–619
It's time for Marissa to return to the U.S. Her friends have one last surprise for her, and plan to see each other again in the near future.

cultura

pages 620–621
- Protests and strikes
- Michelle Bachelet and Evo Morales

estructura

pages 622–631
- **Si** clauses
- Summary of the uses of the subjunctive
- **Recapitulación**

adelante

pages 632–641
Lectura: An excerpt from *Don Quijote de la Mancha*
Escritura: How you would change the world
Escuchar: A news brief from Uruguay
En pantalla
Flash cultura
Panorama: Paraguay y Uruguay

A PRIMERA VISTA

- **¿Qué profesión tendrán estas personas? ¿Son reporteros?**
- **¿Es una videoconferencia?**
- **¿Hacen entrevistas?**
- **¿Es posible que hablen con estrellas de cine? ¿Con políticos?**

Las actualidades

Más vocabulario

el acontecimiento	*event*
las actualidades	*news; current events*
el artículo	*article*
la encuesta	*poll; survey*
el informe	*report; paper (written work)*
los medios de comunicación	*media; means of communication*
las noticias	*news*
la prensa	*press*
el reportaje	*report*
el desastre (natural)	*(natural) disaster*
el huracán	*hurricane*
la inundación	*flood*
el terremoto	*earthquake*
el desempleo	*unemployment*
la (des)igualdad	*(in)equality*
la discriminación	*discrimination*
la guerra	*war*
la libertad	*liberty; freedom*
la paz	*peace*
el racismo	*racism*
el sexismo	*sexism*
el SIDA	*AIDS*
anunciar	*to announce; to advertise*
comunicarse (con)	*to communicate (with)*
durar	*to last*
informar	*to inform*
luchar (por/contra)	*to fight; to struggle (for/against)*
transmitir, emitir	*to broadcast*
(inter)nacional	*(inter)national*
peligroso/a	*dangerous*

Variación léxica

informe ⟷ trabajo (*Esp.*)
noticiero ⟷ informativo (*Esp.*)

recursos

WB	LM	vistas.vhlcentral.com
pp. 201–202	p. 103	Lección 18

La política

el/la ciudadano/a	*citizen*
el deber	*responsibility; obligation*
los derechos	*rights*
la dictadura	*dictatorship*
las elecciones	*election*
el impuesto	*tax*
la política	*politics*
el/la representante	*representative*
declarar	*to declare; to say*
elegir (e:i)	*to elect*
obedecer	*to obey*
votar	*to vote*
político/a	*political*

Práctica

1

Escuchar Escucha las noticias y selecciona la frase que mejor completa las oraciones.

1. Los ciudadanos creen que ____.
   a. hay un huracán en el Caribe
   b. hay discriminación en la imposición de los impuestos
   c. hay una encuesta en el Caribe
2. Los ciudadanos creen que los candidatos tienen ____.
   a. el deber de asegurar la igualdad en los impuestos
   b. el deber de hacer las encuestas
   c. los impuestos
3. La encuesta muestra que los ciudadanos ____.
   a. quieren desigualdad en las elecciones
   b. quieren hacer otra encuesta
   c. quieren igualdad en los impuestos
4. Hay ____ en el Caribe.
   a. un incendio grande b. una tormenta peligrosa c. un tornado
5. Los servicios de Puerto Rico predijeron anoche que ____ podrían destruir edificios y playas.
   a. los vientos b. los terremotos c. las inundaciones

2

¿Cierto o falso? Escucha las oraciones e indica si lo que dice cada una es **cierto** o **falso**, según el dibujo.

1. _____ 3. _____ 5. _____
2. _____ 4. _____ 6. _____

3

Categorías Mira la lista e indica la categoría de cada uno de estos términos. Las categorías son: **desastres naturales, política** y **medios de comunicación.**

1. reportaje
2. inundación
3. incendio
4. candidato/a
5. encuesta
6. noticiero
7. prensa
8. elecciones
9. terremoto

4

Definir Trabaja con un(a) compañero/a para definir estas palabras.

1. guerra
2. crimen
3. ejército
4. desempleo
5. discurso
6. acontecimiento
7. sexismo
8. SIDA
9. huelga
10. racismo
11. locutor(a)
12. libertad

5 **Completar** Completa la noticia con los verbos adecuados para cada oración. Conjuga los verbos en el tiempo verbal correspondiente.

1. El grupo _____ a todos los medios de comunicación que iba a organizar una huelga general de los trabajadores.
   a. durar b. votar c. anunciar
2. Los representantes les pidieron a los ciudadanos que _____ al presidente.
   a. comer b. obedecer c. aburrir
3. La oposición, por otro lado, _____ a un líder para promover la huelga.
   a. publicar b. emitir c. elegir
4. El líder de la oposición dijo que si el gobierno ignoraba sus opiniones, la huelga iba a _____ mucho tiempo.
   a. transmitir b. obedecer c. durar
5. Hoy día, el líder de la oposición declaró que los ciudadanos estaban listos para _____ por sus derechos.
   a. informar b. comunicarse c. luchar

6 **Conversación** Completa esta conversación con las palabras adecuadas.

artículo	**derechos**	**peligrosa**
choque	**dictaduras**	**transmitir**
declarar	**paz**	**violencia**

RAÚL Oye, Agustín, ¿leíste el (1)_____ del diario *El País*?
AGUSTÍN ¿Cuál? ¿El del (2)_____ entre dos autobuses?
RAÚL No, el otro sobre...
AGUSTÍN ¿Sobre la tormenta (3)_____ que viene mañana?
RAÚL No, hombre, el artículo sobre política...
AGUSTÍN ¡Ay, claro! Un análisis de las peores (4)_____ de la historia.
RAÚL ¡Agustín! Deja de interrumpir. Te quería hablar del artículo sobre la organización que lucha por los (5)_____ humanos y la (6)_____.
AGUSTÍN Ah, no lo leí.
RAÚL Parece que te interesan más las noticias sobre la (7)_____, ¿eh?

7 **La vida civil** ¿Estás de acuerdo con estas afirmaciones? Comparte tus respuestas con la clase.

1. Los medios de comunicación nos informan bien de las noticias.
2. Los medios de comunicación nos dan una visión global del mundo.
3. Los candidatos para las elecciones deben aparecer en todos los medios de comunicación.
4. Nosotros y nuestros representantes nos comunicamos bien.
5. Es importante que todos obedezcamos las leyes.
6. Es importante leer el diario todos los días.
7. Es importante mirar o escuchar un noticiero todos los días.
8. Es importante votar.

AYUDA
You may want to use these expressions:
En mi opinión...
Está claro que...
(No) Estoy de acuerdo.
Según mis padres...
Sería ideal que...

Comunicación

8 **Las actualidades** En parejas, describan lo que ven en las fotos. Luego, escriban una historia para explicar qué pasó en cada foto.

9 **Un noticiero** En grupos, trabajen para presentar un noticiero de la tarde. Presenten por lo menos tres reportajes sobre espectáculos, política, crimen y temas sociales.

¡LENGUA VIVA!

Here are four ways to say *to happen:*

acontecer
ocurrir
pasar
suceder

10 **Las elecciones** Trabajen en parejas para representar una entrevista entre un(a) reportero/a de la televisión y un(a) político/a que va a ser candidato/a en las próximas elecciones.

- Antes de la entrevista, hagan una lista de los temas de los que el/la candidato/a va a hablar y de las preguntas que el/la reportero/a le va a hacer.
- Durante la entrevista, la clase va a hacer el papel del público.
- Después de la entrevista, el/la reportero/a va a hacerle preguntas y pedirle comentarios al público.

Hasta pronto, Marissa

Marissa debe regresar a Wisconsin y quiere despedirse de sus amigos.

PERSONAJES

MARISSA

SR. DÍAZ

Video: *Fotonovela*
Record and Compare

MARISSA ¡Hola, don Roberto! ¿Dónde están todos?

SR. DÍAZ Todos me dijeron que te pidiera una disculpa de su parte.

MARISSA (*triste*) Ah. No hay problema. ¿Puedo poner la tele?

SR. DÍAZ Claro.

MAITE FUENTES Un incendio en el centro ha ocasionado daños en tres edificios. Los representantes de la policía nos informan que no hay heridos. Aunque las elecciones son en pocas semanas, las encuestas no muestran un líder definido.

MARISSA Si hubiera sabido que ellos no iban a estar aquí, me habría despedido anoche.

SR. DÍAZ ¡Ánimo! No es un adiós, Marissa. Vamos a seguir en contacto. Pero, creo que tenemos algo de tiempo antes de que te vayas. Te llevo a comer tu última comida mexicana.

EMPLEADO Buenos días, señor Díaz. ¡Qué gusto verlo!

SR. DÍAZ Igualmente. Ella es Marissa. Pasó el año con nosotros. Quería que su última comida en México fuera la mejor de todas.

EMPLEADO Muy amable de su parte, señor. Su mesa está lista. Síganme, por favor.

(*La familia Díaz y sus amigos sorprenden a Marissa en el restaurante.*)

MARISSA No tenía ni idea. (*a Jimena*) Tu papá me hizo creer que no podría despedirme de ustedes.

SR. DÍAZ Chicos, me dicen que se van a casar. Felicidades.

MIGUEL Nos casamos aquí en México el año que viene. Ojalá usted y su esposa puedan ir. (*a Marissa*) Si tú no estás harta de nosotros, nos encantaría que también vinieras.

MAITE FUENTES

DON DIEGO

EMPLEADO

SRA. DÍAZ

JIMENA

MIGUEL

FELIPE

MARU

JUAN CARLOS

SRA. DÍAZ Marissa, ¿cuál fue tu experiencia favorita en México?

MARISSA Bueno, si tuviera que elegir una sola experiencia, tendría que ser el Día de Muertos. Chichén Itzá fue muy emocionante también. No puedo decidirme. ¡La he pasado de película!

SR. DÍAZ Mi hermana Ana María me pidió que te diera esto.

MARISSA *No way!*

JUAN CARLOS ¿Qué es?

MARISSA La receta del mole de la tía.

FELIPE Nosotros también tenemos algo para ti.

MARISSA ¡Mi diccionario! Lo dejo contigo, Felipe. Tenías razón. No lo necesito.

SR. DÍAZ Si queremos llegar a tiempo al aeropuerto, tenemos que irnos ya.

MARU Te veremos en nuestra boda.

MARISSA ¡Sí, seguro!

SR. DÍAZ Bueno, vámonos.

MARISSA (*a todos*) Cuídense. Gracias por todo.

Expresiones útiles

Expressing delight and surprise

¡Qué gusto verlo/la!
How nice to see you! (form.)
¡Qué gusto verte!
How nice to see you! (fam.)
¡No tenía ni idea!
I had no idea!
¡Felicidades!
Congratulations!

Playing a joke on someone

Todos me dijeron que te pidiera una disculpa de su parte.
They all told me to ask you to excuse them / forgive them.
Tu papá me hizo creer que no podría despedirme de ustedes.
Your dad made me think I wouldn't be able to say goodbye to you.

Talking about past and future trips

Si tuviera que elegir una sola experiencia, tendría que ser el Día de Muertos.
If I had to pick just one experience, it would have to be the Day of the Dead.
¡La he pasado de película!
I've had an awesome time!
Ojalá que usted y su esposa pueden ir.
I hope you and your wife can come.
Si tú no estás harta de nosotros, nos encantaría que también vinieras.
If you aren't sick of us, we'd love you to come, too.
Si queremos llegar a tiempo al aeropuerto, tenemos que irnos ya.
If we want to get to the airport on time, we should go now.

recursos

VM pp. 247–248	vistas.vhlcentral.com Lección 18

¿Qué pasó?

1 **¿Cierto o falso?** Decide si lo que se afirma en las oraciones es **cierto** o **falso.** Corrige las oraciones falsas.

	Cierto	Falso
1. Según la reportera, las elecciones son la próxima semana.	❍	❍
2. Marissa dice que una de sus experiencias favoritas en México fue el Día de Muertos.	❍	❍
3. La reportera dice que hay una inundación en el centro.	❍	❍
4. La Sra. Díaz le envía la receta de los tacos a Marissa.	❍	❍
5. Marissa le deja su diccionario a Jimena.	❍	❍

2 **Identificar** Identifica quién puede hacer estas afirmaciones.

1. Espero que disfrutes tu última comida en México.
2. Los voy a extrañar mucho, ¡lo he pasado maravillosamente!
3. El presidente habló sobre los candidatos en estas elecciones.
4. ¿Qué fue lo que más te gustó de México?
5. No faltes a nuestra boda, nos dará mucho gusto verte de nuevo.

3 **Preguntas** Responde a las preguntas.

1. ¿Dónde y cuándo se casarán Miguel y Maru?
2. ¿Por qué Marissa no imaginaba que vería a sus amigos en el restaurante?
3. Según lo que dice Maite Fuentes, ¿qué ha ocasionado el incendio en el centro?
4. ¿Por qué el Sr. Díaz le dice a Marissa que tienen que irse ya?
5. ¿Qué dice Marissa sobre la experiencia que vivió en Chichén Itzá?

4 **Las experiencias de Marissa** Trabajen en parejas para representar una conversación en español entre Marissa y un(a) amigo/a con quien se encuentra cuando ella acaba de regresar de México. Hablen de las experiencias buenas y malas que tuvieron durante ese tiempo. Utilicen estas frases y expresiones en la conversación:

- ¡Qué gusto volver a verte!
- Gusto de verte.
- Lo pasé de película/maravillosamente/muy bien.
- Me divertí mucho.
- Lo mejor fue...
- Lo peor fue...

Ortografía Concepts

Neologismos y anglicismos

As societies develop and interact, new words are needed to refer to inventions and discoveries, as well as to objects and ideas introduced by other cultures. In Spanish, many new terms have been invented to refer to such developments, and additional words have been "borrowed" from other languages.

bajar un programa *download* **borrar** *to delete* **correo basura** *junk mail*
en línea *online* **enlace** *link* **herramienta** *tool*
navegador *browser* **pirata** *hacker* **sistema operativo** *operating system*

Many Spanish neologisms, or "new words," refer to computers and technology. Due to the newness of these words, more than one term may be considered acceptable.

cederrón, CD-ROM **escáner** **fax** **zoom**

In Spanish, many anglicisms, or words borrowed from English, refer to computers and technology. Note that the spelling of these words is often adapted to the sounds of the Spanish language.

jazz, yaz **rap** **rock** **walkman**

Music and music technology are another common source of anglicisms.

gángster **hippy, jipi** **póquer** **whisky, güisqui**

Other borrowed words refer to people or things that are strongly associated with another culture.

chárter **esnob** **estrés** **flirtear**
gol **hall** **hobby** **iceberg**
jersey **júnior** **récord** **yogur**

There are many other sources of borrowed words. Over time, some anglicisms are replaced by new terms in Spanish, while others are accepted as standard usage.

Práctica Completa el diálogo usando las palabras de la lista.

borrar	correo basura	esnob
chárter	en línea	estrés

GUSTAVO Voy a leer el correo electrónico.
REBECA Bah, yo sólo recibo _____. Lo único que hago con la computadora es _____ mensajes.
GUSTAVO Mira, cariño, hay un anuncio en Internet; un viaje barato a Punta del Este. Es un vuelo _____.
REBECA Últimamente tengo tanto _____. Sería buena idea que fuéramos de vacaciones. Pero busca un hotel muy bueno.
GUSTAVO Rebeca, no seas _____, lo importante es ir y disfrutar. Voy a comprar los boletos ahora mismo _____.

Dibujo Describe el dibujo utilizando por lo menos cinco anglicismos.

recursos	
LM p. 104	vistas.vhlcentral.com Lección 18

EN DETALLE

Additional Reading

Protestas sociales

¿Cómo reaccionas ante° una situación injusta? ¿Protestas? Las huelgas y manifestaciones° son expresiones de protesta. Mucha gente asocia las huelgas con "no trabajar", pero no siempre es así. Hay huelgas donde los empleados del gobierno aplican las regulaciones escrupulosamente, demorando° los procesos administrativos; en otras, los trabajadores aumentan la producción. En países como España, las huelgas muchas veces se anuncian con anticipación° y, en los lugares que van a ser afectados, se ponen carteles con información como: "Esta oficina cerrará el día 14 con motivo de la huelga. Disculpen las molestias°".

Las manifestaciones son otra forma de protesta: la gente sale a la calle llevando carteles con frases y eslóganes. Una forma original de manifestación son los "cacerolazos", en los cuales la gente golpea° cacerolas y sartenes°. Los primeros cacerolazos tuvieron lugar en Chile y más tarde pasaron a otros países. Otras veces, el buen humor ayuda a confrontar temas serios y los manifestantes° marchan bailando, cantando eslóganes y tocando silbatos° y tambores°.

Actualmente° se puede protestar sin salir de casa. Lo único que necesitas es tener una computadora con conexión a Internet para poder participar en manifestaciones virtuales. Y no sólo de tu país, sino de todo el mundo.

Los eslóganes

El pueblo unido jamás será vencido°. Es el primer verso° de una canción que popularizó el grupo chileno Quilapayún.

Basta ya°. Se ha usado en el País Vasco en España durante manifestaciones en contra del terrorismo.

Agua para todos. Se ha gritado en manifestaciones contra la privatización del agua en varios países hispanos.

Ni guerra que nos mate°, ni paz que nos oprima°. Surgió° en la **Movilización Nacional de Mujeres contra la Guerra**, en Colombia (2002) para expresar un no rotundo° a la guerra.

Ni un paso° atrás. Ha sido usado en muchos países, como en Argentina por las Madres de la Plaza de Mayo*.

* Las Madres de la Plaza de Mayo es un grupo de mujeres que tiene hijos o familiares que desaparecieron durante la dictadura militar en Argentina (1976–1983).

ante *in the presence of* **manifestaciones** *demonstrations* **demorando** *delaying* **con anticipación** *in advance* **Disculpen las molestias.** *We apologize for any inconvenience.* **golpea** *bang* **cacerolas y sartenes** *pots and pans* **manifestantes** *demonstrators* **silbatos** *whistles* **tambores** *drums* **Actualmente** *Currently* **vencido** *defeated* **verso** *line* **Basta ya.** *Enough.* **mate** *kills* **oprima** *oppresses* **Surgió** *It arose* **rotundo** *absolute* **paso** *step*

ACTIVIDADES

1 **¿Cierto o falso?** Indica si lo que dice cada oración es cierto o falso. Corrige la información falsa.

1. En algunas huelgas las personas trabajan más de lo normal.
2. En España, las huelgas se hacen sin notificación previa.
3. En las manifestaciones virtuales se puede protestar sin salir de casa.
4. En algunas manifestaciones la gente canta y baila.
5. "Basta ya" es un eslogan que se ha usado en España en manifestaciones contra el terrorismo.
6. En el año 2002 se llevó a cabo la Movilización Nacional de Mujeres contra la Guerra en Argentina.
7. Los primeros "cacerolazos" se hicieron en Venezuela.
8. "Agua para todos" es un eslogan del grupo Quilapayún.

ASÍ SE DICE

Periodismo y política

la campaña	*campaign*
el encabezado	*headline*
la prensa amarilla	*tabloid press*
el sindicato	*(labor) union*
el suceso, el hecho	**el acontecimiento**

EL MUNDO HISPANO

Hispanos en la historia

- **Sonia Sotomayor** (Nueva York, EE.UU., 1954–) Doctora en Derecho de ascendencia puertorriqueña. Es la primera mujer hispana en ocupar el cargo de Jueza Asociada en la Corte Suprema de los Estados Unidos.
- **Che Guevara** (Rosario, Argentina, 1928–La Higuera, Bolivia, 1967) Ernesto "Che" Guevara es una de las figuras más controversiales del siglo° XX. Médico de profesión, fue uno de los líderes de la revolución cubana y participó en las revoluciones de otros países.
- **Rigoberta Menchú Tum** (Laj Chimel, Guatemala, 1959–) De origen maya, desde niña sufrió la pobreza y la represión, lo que la llevó muy pronto a luchar por los derechos humanos. En 1992 recibió el Premio Nobel de la Paz.
- **José Martí** (La Habana, Cuba, 1853–Dos Ríos, Cuba, 1895) Fue periodista, filósofo, poeta, diplomático e independentista°. Desde su juventud se opuso al régimen colonialista español. Murió luchando por la independencia de Cuba.

siglo *century* independentista *supporter of independence*

PERFILES

Dos nuevos líderes en Latinoamérica

En 2006, la chilena **Michelle Bachelet Jeria** y el boliviano **Juan Evo Morales Ayma** fueron proclamados presidentes de sus respectivos países. Para algunos, estos nombramientos fueron una sorpresa.

Michelle Bachelet estudió Medicina y se especializó en pediatría y salud pública. Fue víctima de la represión de Augusto Pinochet, quien gobernó el país de 1973 a 1990, y vivió varios años exiliada. Regresó a Chile y en 2000 fue nombrada Ministra de Salud. En 2002 fue Ministra de Defensa Nacional. Y en 2006 se convirtió en la primera mujer presidente de Chile, cargo que ocupó hasta 2010.

Evo Morales es un indígena del altiplano andino°. Su lengua materna es el aimará. De niño, trabajó como pastor° de llamas. Luego, se trasladó a Cochabamba donde participó en asociaciones campesinas°. Morales reivindicó la forma tradicional de vida y los derechos de los campesinos indígenas. En 2006 ascendió a la presidencia de Bolivia. En 2009, la ONU lo nombró "Héroe Mundial de la Madre Tierra".

altiplano andino *Andean high plateau* pastor *shepherd* campesinas *farmers'*

Conexión Internet

¿Quiénes son otros líderes y pioneros hispanos?

Go to **vistas.vhlcentral.com** to find more cultural information related to this **Cultura** section.

ACTIVIDADES

2 **Comprensión** Responde a las preguntas.

1. ¿Cuáles son los sinónimos de **acontecimiento**?
2. ¿En qué es pionera Sonia Sotomayor?
3. ¿Qué cargos políticos ocupó Michelle Bachelet antes de ser presidenta?
4. ¿Por qué luchó Evo Morales en varias asociaciones campesinas?

3 **Líderes** ¿Quién es el/la líder de tu comunidad o región que más admiras? Primero, escribe un breve párrafo explicando quién es, qué hace y por qué lo/la admiras. Luego, lee tu texto a la clase.

18.1 Si clauses

Tutorial

ANTE TODO **Si** (*If*) clauses describe a condition or event upon which another condition or event depends. Sentences with **si** clauses consist of a **si** clause and a main (or result) clause.

- **Si** clauses can speculate or hypothesize about a current event or condition. They express what *would happen* if an event or condition *were to occur.* This is called a contrary-to-fact situation. In such instances, the verb in the **si** clause is in the past subjunctive while the verb in the main clause is in the conditional.

  Si **cambiaras** de empleo, **serías** más feliz.
  If you changed jobs, you would be happier.

  Iría de viaje a Suramérica si **tuviera** dinero.
  I would travel to South America if I had money.

- **Si** clauses can also describe a contrary-to-fact situation in the past. They can express what *would have happened* if an event or condition *had occurred.* In these sentences, the verb in the **si** clause is in the past perfect subjunctive while the verb in the main clause is in the conditional perfect.

  Si **hubiera sido** estrella de cine, **habría sido** rico.
  If I had been a movie star, I would have been rich.

  No **habrías tenido** hambre si **hubieras desayunado.**
  You wouldn't have been hungry if you had eaten breakfast.

- **Si** clauses can also express conditions or events that are possible or likely to occur. In such instances, the **si** clause is in the present indicative while the main clause uses a present, near future, future, or command form.

  Si **puedes** venir, **llámame.**
  If you can come, call me.

  Si **puedo** venir, **te llamo.**
  If I can come, I'll call you.

  Si **terminas** la tarea, **tendrás** tiempo para mirar la televisión.
  If you finish your homework, you will have time to watch TV.

  Si **terminas** la tarea, **vas a tener** tiempo para mirar la televisión.
  If you finish your homework, you are going to have time to watch TV.

¡ATENCIÓN!
Remember the difference between **si** (*if*) and **sí** (*yes*).

¡LENGUA VIVA!
Note that in Spanish the conditional is never used immediately following **si**.

- When the **si** clause expresses habitual past conditions or events, *not* a contrary-to-fact situation, the imperfect is used in both the **si** clause and the main (or result) clause.

Si Alicia me **invitaba** a una fiesta, yo siempre **iba**.
If (Whenever) Alicia invited me to a party, I would (used to) go.

Mis padres siempre **iban** a la playa si **hacía** buen tiempo.
My parents always went to the beach if the weather was good.

- The **si** clause may be the first or second clause in a sentence. Note that a comma is used only when the **si** clause comes first.

Si tuviera tiempo, iría contigo.
If I had time, I would go with you.

Iría contigo **si tuviera tiempo.**
I would go with you if I had time.

Summary of si clause sequences

Condition	Si clause	Main clause
Possible or likely	**Si** + present	Present
Possible or likely	**Si** + present	Near future (**ir a** + infinitive)
Possible or likely	**Si** + present	Future
Possible or likely	**Si** + present	Command
Habitual in the past	**Si** + imperfect	Imperfect
Contrary-to-fact (present)	**Si** + past (imperfect) subjunctive	Conditional
Contrary-to-fact (past)	**Si** + past perfect (pluperfect) subjunctive	Conditional perfect

¡INTÉNTALO! Cambia los tiempos y modos de los verbos que aparecen entre paréntesis para practicar todos los tipos de oraciones con **si** que se muestran en la tabla anterior.

1. Si usted va (ir) a la playa, tenga cuidado con el sol.
2. Si tú _____ (querer), te preparo la merienda.
3. Si _____ (hacer) buen tiempo, voy a ir al parque.
4. Si mis amigos _____ (ir) de viaje, sacaban muchas fotos.
5. Si ella me _____ (llamar), yo la invitaría a la fiesta.
6. Si nosotros _____ (querer) ir al teatro, compraríamos los boletos antes.
7. Si tú _____ (levantarse) temprano, desayunarías antes de ir a clase.
8. Si ellos _____ (tener) tiempo, te llamarían.
9. Si yo _____ (ser) astronauta, habría ido a la Luna.
10. Si él _____ (ganar) un millón de dólares, habría comprado una mansión.
11. Si ustedes me _____ (decir) la verdad, no habríamos tenido este problema.
12. Si ellos _____ (trabajar) más, habrían tenido más éxito.

recursos
WB pp. 203–204
LM p. 105
vistas.vhlcentral.com Lección 18

Práctica

1 **Emparejar** Empareja frases de la columna A con las de la columna B para crear oraciones lógicas.

A	B
1. Si aquí hubiera terremotos, ____	a. ¿se lo muestras al director?
2. Si me informo bien, ____	b. habrían muerto muchos más.
3. Si te doy el informe, ____	c. muchos van a pasar hambre.
4. Si la guerra hubiera continuado, ____	d. podré explicar el desempleo.
5. Si la huelga dura más de un mes, ____	e. no permitiríamos edificios altos.

AYUDA

Remember these forms of **haber**:
(si) hubiera *(if) there were*
habría *there would be*

2 **Minidiálogos** Completa los minidiálogos entre Teresa y Anita.

TERESA ¿Qué (1)_____ hecho tú si tu papá te (2)_____ regalado un carro?
ANITA Me (3)_____ muerto de la felicidad.

ANITA Si (4)_____ a Paraguay, ¿qué vas a hacer?
TERESA (5)_____ a visitar a mis parientes.

TERESA Si tú y tu familia (6)_____ un millón de dólares, ¿qué comprarían?
ANITA Si nosotros tuviéramos un millón de dólares, (7)_____ tres casas nuevas.

ANITA Si tú (8)_____ tiempo, ¿irías al cine con más frecuencia?
TERESA Sí, yo (9)_____ con más frecuencia si tuviera tiempo.

¡LENGUA VIVA!

Paraguay es conocido como "El Corazón de América" porque está en el centro de Suramérica. Sus lugares más visitados son la capital Asunción, que está situada a orillas (*on the banks*) del río Paraguay y la ciudad de Itauguá, en donde se producen muchos textiles.

3 **Completar** En parejas, túrnense para completar las frases de una manera lógica. Luego lean sus oraciones a la clase.

1. Si tuviera un accidente de carro...
2. Me volvería loco/a (*I would go crazy*) si mi familia...
3. Me habría ido al Cuerpo de Paz (*Peace Corps*) si...
4. No volveré a ver las noticias en ese canal si...
5. Habría menos problemas si los medios de comunicación...
6. Si mis padres hubieran insistido en que fuera al ejército...
7. Si me ofrecen un viaje a la Luna...
8. Me habría enojado mucho si...
9. Si hubiera un desastre natural en mi ciudad...
10. Yo habría votado en las elecciones pasadas si...

Comunicación

4 **Situaciones** Trabajen en grupos para contestar las preguntas. Después deben comunicar sus respuestas a la clase.

1. ¿Qué harían si fueran de vacaciones a Uruguay y al llegar no hubiera habitaciones en ningún hotel?
2. ¿Qué hacen si encuentran dinero en la calle?
3. Imaginen que estuvieron en Montevideo por tres semanas. ¿Qué habrían hecho si hubieran visto un crimen allí?
4. ¿Qué harían si fueran de viaje y las líneas aéreas estuvieran en huelga?
5. ¿Qué hacen si están en la calle y alguien les pide dinero?
6. ¿Qué harían si estuvieran en un país extranjero y un reportero los confundiera *(confused)* con unos actores o unas actrices de Hollywood?
7. ¿Qué dirían sus padres si los/las vieran ahora mismo?
8. ¿Qué haría cada uno/a de ustedes si fuera presidente/a o primer(a) ministro/a de este país?

5 **¿Qué harían?** En parejas, túrnense para hablar de lo que hacen, harían o habrían hecho en estas circunstancias.

1. si ves a tu novio/a con otro/a en el cine
2. si hubieras ganado un viaje a Uruguay
3. si mañana tuvieras el día libre
4. si te casaras y tuvieras ocho hijos
5. si tuvieras que cuidar a tus padres cuando sean mayores
6. si no tuvieras que preocuparte por el dinero
7. si te acusaran de cometer un crimen
8. si hubieras vivido bajo una dictadura

Síntesis

6 **Entrevista** En grupos, preparen cinco preguntas para hacerle a un(a) candidato/a a la presidencia de su país. Luego, túrnense para hacer el papel de entrevistador(a) y de candidato/a. El/La entrevistador(a) reacciona a cada una de las respuestas del/de la candidato/a.

modelo

Entrevistador(a): ¿Qué haría usted en cuanto a la obesidad infantil?
Candidato/a: Pues, dudo que podamos decirles a los padres cómo alimentar a sus hijos. Creo que ellos deben preocuparse por darles comida saludable.
Entrevistador(a): ¿Entonces usted no haría nada para combatir la obesidad infantil?
Candidato/a: Si yo fuera presidente/a...

18.2 Summary of the uses of the subjunctive

ANTE TODO Since **Lección 12**, you have been learning about subjunctive verb forms and practicing their uses. The following chart summarizes the subjunctive forms you have studied. The chart on the next page summarizes the uses of the subjunctive you have seen and contrasts them with uses of the indicative and the infinitive. These charts will help you review and synthesize what you have learned about the subjunctive in this book.

Summary of subjunctive forms

-ar verbs		-er verbs		-ir verbs	
PRESENT SUBJUNCTIVE	PAST SUBJUNCTIVE	PRESENT SUBJUNCTIVE	PAST SUBJUNCTIVE	PRESENT SUBJUNCTIVE	PAST SUBJUNCTIVE
hable	hablara	beba	bebiera	viva	viviera
hables	hablaras	bebas	bebieras	vivas	vivieras
hable	hablara	beba	bebiera	viva	viviera
hablemos	habláramos	bebamos	bebiéramos	vivamos	viviéramos
habléis	hablarais	bebáis	bebierais	viváis	vivierais
hablen	hablaran	beban	bebieran	vivan	vivieran
PRESENT PERFECT SUBJUNCTIVE		PRESENT PERFECT SUBJUNCTIVE		PRESENT PERFECT SUBJUNCTIVE	
haya hablado		haya bebido		haya vivido	
hayas hablado		hayas bebido		hayas vivido	
haya hablado		haya bebido		haya vivido	
hayamos hablado		hayamos bebido		hayamos vivido	
hayáis hablado		hayáis bebido		hayáis vivido	
hayan hablado		hayan bebido		hayan vivido	
PAST PERFECT SUBJUNCTIVE		PAST PERFECT SUBJUNCTIVE		PAST PERFECT SUBJUNCTIVE	
hubiera hablado		hubiera bebido		hubiera vivido	
hubieras hablado		hubieras bebido		hubieras vivido	
hubiera hablado		hubiera bebido		hubiera vivido	
hubiéramos hablado		hubiéramos bebido		hubiéramos vivido	
hubierais hablado		hubierais bebido		hubierais vivido	
hubieran hablado		hubieran bebido		hubieran vivido	

CONSULTA

To review the subjunctive, refer to these sections:

Present subjunctive, **Estructura 12.3,** pp. 422–424.

Present perfect subjunctive, **Estructura 15.3,** p. 525.

Past subjunctive, **Estructura 16.3,** pp. 558–559.

Past perfect subjunctive, **Estructura 17.3,** p. 595.

The subjunctive is used...

1. After verbs and/or expressions of will and influence, when the subject of the subordinate clause is different from the subject of the main clause	Los ciudadanos **desean** que el candidato presidencial los **escuche.**
2. After verbs and/or expressions of emotion, when the subject of the subordinate clause is different from the subject of the main clause	Alejandra **se alegró** mucho de que le **dieran** el trabajo.
3. After verbs and/or expressions of doubt, disbelief, and denial	**Dudo** que **vaya** a tener problemas para encontrar su maleta.
4. After the conjunctions **a menos que, antes (de) que, con tal (de) que, en caso (de) que, para que,** and **sin que**	Cierra las ventanas **antes de que empiece** la tormenta.
5. After **cuando, después (de) que, en cuanto, hasta que,** and **tan pronto como** when they refer to future actions	**Tan pronto como haga** la tarea, podrá salir con sus amigos.
6. To refer to an indefinite or nonexistent antecedent mentioned in the main clause	Busco **un** empleado que **haya estudiado** computación.
7. After **si** to express something impossible, improbable, or contrary to fact	**Si hubieras escuchado** el noticiero, te habrías informado sobre el terremoto.

The indicative is used...

1. After verbs and/or expressions of certainty and belief	**Es cierto** que Uruguay **tiene** unas playas espectaculares.
2. After the conjunctions **cuando, después (de) que, en cuanto, hasta que,** and **tan pronto como** when they do not refer to future actions	Hay más violencia **cuando hay** desigualdad social.
3. To refer to a definite or specific antecedent mentioned in the main clause	Busco a **la** señora que me **informó** del crimen que ocurrió ayer.
4. After **si** to express something possible, probable, or not contrary to fact	Pronto habrá más igualdad **si luchamos** contra la discriminación.

The infinitive is used...

1. After expressions of will and influence when there is no change of subject from the main clause to the subordinate clause	Martín **desea ir** a Montevideo este año.
2. After expressions of emotion when there is no change of subject from the main clause to the subordinate clause	**Me alegro de conocer** a tu esposo.

recursos
WB pp. 205–208
LM p. 106
vistas. vhlcentral.com Lección 18

Práctica

1 **Conversación** Completa la conversación con los tiempos verbales adecuados.

EMA Busco al reportero que (1)_____ (publicar) el libro sobre la dictadura de Stroessner.

ROSA Ah, usted busca a Miguel Pérez. Ha salido.

EMA Le había dicho que yo vendría a verlo el martes, pero él me dijo que (2)_____ (venir) hoy.

ROSA No creo que a Miguel se le (3)_____ (olvidar) la cita. Si usted le (4)_____ (pedir) una cita, él me lo habría mencionado.

EMA Pues no, no pedí cita, pero si él me hubiera dicho que era necesario yo lo (5)_____ (hacer).

ROSA Creo que Miguel (6)_____ (ir) a cubrir un incendio hace media hora. No pensaba que nadie (7)_____ (ir) a venir esta tarde. Si quiere, le digo que la (8)_____ (llamar) tan pronto como (9)_____ (llegar). A menos que usted (10)_____ (querer) dejar un recado... *(Entra Miguel.)*

EMA ¡Miguel! Amor, si hubieras llegado cinco minutos más tarde, no me (11)_____ (encontrar) aquí.

MIGUEL ¡Ema! ¿Qué haces aquí?

EMA Me dijiste que viniera hoy para que (12)_____ (poder) pasar más tiempo juntos.

ROSA *(En voz baja)* ¿Cómo? ¿Serán novios?

NOTA CULTURAL

El general **Alfredo Stroessner** es el dictador que más tiempo ha durado en el poder en un país de Suramérica. Stroessner se hizo presidente de Paraguay en 1954 y el 3 de febrero de 1989 fue derrocado (*overthrown*) en un golpe militar (*coup*). Después de esto, Stroessner se exilió a Brasil donde murió en 2006.

2 **Escribir** Escribe uno o dos párrafos sobre tu participación en las próximas elecciones. Usa por lo menos cuatro de estas frases.

- Votaré por... con tal de que...
- Quisiera saber...
- Si gana mi candidato/a...
- Espero que la economía...
- Estoy seguro/a de que...
- A menos que...
- Mis padres siempre me dijeron que...
- Si a la gente realmente le importara la familia...
- No habría escogido a ese/a candidato/a si...
- Si le preocuparan más los impuestos...
- Dudo que el/la otro/a candidato/a...
- En las próximas elecciones espero que...

3 **Explicar** En parejas, escriban una conversación breve sobre cada tema de la lista. Usen por lo menos un verbo en subjuntivo y otro en indicativo o en infinitivo. Sigan el modelo.

unas elecciones	una huelga	una inundación	la prensa
una guerra	un incendio	la libertad	un terremoto

AYUDA

Some useful expressions:
Espero que...
Ojalá que...
Es posible que...
Es terrible que...
Es importante que...

modelo

un tornado
Estudiante 1: *Temo que este año haya tornados por nuestra zona.*
Estudiante 2: *No te preocupes. Creo que este año no va a haber muchos tornados.*

Comunicación

4 **Preguntas** En parejas, túrnense para hacerse estas preguntas.

1. ¿Te irías a vivir a un lugar donde pudiera ocurrir un desastre natural? ¿Por qué?
2. ¿Te gustaría que tu vida fuera como la de tus padres? ¿Por qué? Y tus hijos, ¿preferirías que tuvieran experiencias diferentes a las tuyas? ¿Cuáles?
3. ¿Te parece importante que elijamos a una mujer como presidenta? ¿Por qué?
4. Si hubiera una guerra y te llamaran para entrar en el ejército, ¿obedecerías? ¿Lo considerarías tu deber? ¿Qué sentirías? ¿Qué pensarías?
5. Si sólo pudieras recibir noticias de un medio de comunicación, ¿cuál escogerías y por qué? Y si pudieras trabajar en un medio de comunicación, ¿escogerías el mismo?

5 **Consejos** En parejas, lean esta guía turística. Luego túrnense para representar los papeles de un(a) cliente/a y de un(a) agente de viajes. El/La agente le da consejos al/a la cliente/a sobre los lugares que debe visitar y el/la cliente/a da su opinión sobre los consejos.

NOTA CULTURAL

Uruguay tiene uno de los climas más moderados del mundo: la temperatura media es de 22° C (72° F) en el verano y de 13° C (55° F) en el invierno. La mayoría de los días son soleados, cuando llueve, lo hace moderadamente y nunca nieva.

¡Conozca Uruguay!

La **Plaza Independencia** en **Montevideo**, con su **Puerta de la Ciudadela**, forma el límite entre la ciudad antigua y la nueva. Si le interesan las compras, desde este lugar puede comenzar su paseo por la **Avenida 18 de Julio**, la principal arteria comercial de la capital.

No deje de ir a **Punta del Este**. Conocerá uno de los lugares turísticos más fascinantes del mundo. No se pierda las maravillosas playas, el **Museo de Arte Americano** y la **Catedral de Maldonado** (1895) con su famoso altar, obra del escultor **Antonio Veiga**.

Sin duda, querrá conocer la famosa ciudad vacacional de **Piriápolis**, con su puerto que atrae cruceros, y disfrutar de sus playas y lindos paseos.

Tampoco se debe perder la **Costa de Oro**, junto al **Río de la Plata**. Para aquéllos interesados en la historia, dos lugares favoritos son la conocida iglesia **Nuestra Señora de Lourdes** y el chalet de **Pablo Neruda**.

Síntesis

6 **Dos artículos** Tu profesor(a) les va a dar a ti y a tu compañero/a dos artículos. Trabajando en parejas, cada uno escoge y lee un artículo. Luego, háganse preguntas sobre los artículos.

Recapitulación

Concepts Diagnostics

Completa estas actividades para repasar los conceptos de gramática que aprendiste en esta lección.

1 **Condicionales** Empareja las frases de la columna A con las de la columna B para crear oraciones lógicas. **8 pts.**

A	B
____ 1. Todos estaríamos mejor informados	a. cambia el canal.
____ 2. ¿Te sentirás mejor	b. ya los habrían despedido.
____ 3. Si esos locutores no tuvieran tanta experiencia,	c. si leyéramos el periódico todos los días.
____ 4. ¿Votarías por un candidato como él	d. la gente no podrá salir a protestar.
____ 5. Si no te gusta este noticiero,	e. si no tienen nada más que decir.
____ 6. El candidato Díaz habría ganado las elecciones	f. si te digo que ya terminó la huelga?
____ 7. Si la tormenta no se va pronto,	g. Leopoldo fue a votar.
____ 8. Ustedes se pueden ir	h. si supieras que no ha obedecido las leyes?
	i. si hubiera hecho más entrevistas para la televisión.

2 **Escoger** Escoge la opción correcta para completar cada oración. **10 pts.**

1. Ojalá que aquí (hubiera/hay) un canal independiente.
2. Susana dudaba que (hubieras estudiado/estudias) medicina.
3. En cuanto (termine/terminé) mis estudios, buscaré trabajo.
4. Miguel me dijo que su familia nunca (veía/viera) los noticieros en la televisión.
5. Para estar bien informados, yo les recomiendo que (leen/lean) el diario *El Sol*.
6. Es terrible que en los últimos meses (haya habido/ha habido) tres desastres naturales.
7. Cuando (termine/terminé) mis estudios, encontré trabajo en un diario local.
8. El presidente no quiso (declarar/que declarara) la guerra.
9. Todos dudaban que la noticia (fuera/era) real.
10. Me sorprende que en el mundo todavía (exista/existe) la censura.

RESUMEN GRAMATICAL

18.1 Si clauses *pp. 618–619*

Summary of **si** clause sequences		
Possible or likely	**Si** + present	+ present + **ir a** + infinitive + future + command
Habitual in the past	**Si** + imperfect	+ imperfect
Contrary-to-fact (present)	**Si** + past subjunctive	+ conditional
Contrary-to-fact (past)	**Si** + past perfect subjunctive	+ conditional perfect

18.2 Summary of the uses of the subjunctive *pp. 622–623*

Summary of subjunctive forms

- **Present: (-ar)** hable, **(-er)** beba, **(-ir)** viva
- **Past: (-ar)** hablara, **(-er)** bebiera, **(-ir)** viviera
- **Present perfect: haya** + past participle
- **Past perfect: hubiera** + past participle

The subjunctive is used...

1. After verbs and/or expressions of:
   - Will and influence (when subject changes)
   - Emotion (when subject changes)
   - Doubt, disbelief, denial
2. After **a menos que, antes (de) que, con tal (de) que, en caso (de) que, para que, sin que**
3. After **cuando, después (de) que, en cuanto, hasta que, tan pronto como** when they refer to future actions
4. To refer to an indefinite or nonexistent antecedent
5. After **si** to express something impossible, improbable, or contrary to fact

NOTA CULTURAL

En algunos países hispanos, las votaciones (*voting*) se realizan los fines de semana porque los gobiernos tratan de promover (*to promote*) la participación de la población rural. Las personas que viven en el campo generalmente van al mercado y a la iglesia los domingos. Por eso es un buen momento para ejercer (*exercise*) su derecho al voto.

3 **Las elecciones** Completa el diálogo con la forma correcta del verbo entre paréntesis eligiendo entre el subjuntivo, el indicativo y el infinitivo, según el contexto. 12 pts.

SERGIO ¿Ya has decidido por cuál candidato vas a votar en las elecciones del sábado?

MARINA No, todavía no. Es posible que no (1) _____ (yo, votar). Para mí es muy difícil (2) _____ (decidir) quién será el mejor representante. Y tú, ¿ya has tomado una decisión?

SERGIO Sí. Mi amigo Julio nos aconsejó que (3) _____ (leer) la entrevista que le hicieron al candidato Rodríguez en el diario *Tribuna*. En cuanto la (4) _____ (yo, leer), decidí votar por él.

MARINA ¿Hablas en serio? Espero que ya lo (5) _____ (tú, pensar) muy bien. El diario *Tribuna* no siempre es objetivo. Dudo que (6) _____ (ser) una fuente fiable (*reliable source*). No vas a tener una idea clara de las habilidades de cada candidato a menos que (7) _____ (tú, comparar) información de distintas fuentes.

SERGIO Tienes razón, hoy día no hay ningún medio de comunicación que (8) _____ (decir) toda la verdad de forma independiente.

MARINA Tengo una idea. Sugiero que (9) _____ (nosotros, ir) esta noche a mi casa para (10) _____ (ver) juntos el debate de los candidatos por televisión. ¿Qué te parece?

SERGIO Es una buena idea, pero no creo que (11) _____ (yo, tener) tiempo.

MARINA No te preocupes. Voy a grabarlo para que (12) _____ (tú, poder) verlo.

4 **Escribir** Hoy día, cada vez más personas se mantienen informadas a través de Internet. Piensa cómo cambiaría tu vida diaria si no existiera este medio de comunicación. ¿Cómo te informarías de las actualidades del mundo y de las noticias locales? ¿Cómo te llegarían noticias de tus amigos si no existiera el correo electrónico ni las redes sociales en línea (*social networking websites*)? Escribe al menos siete oraciones con **si**. 20 pts.

5 **Canción** Completa estos versos de una canción de Juan Luis Guerra con el pretérito imperfecto de subjuntivo de los verbos en la forma **nosotros/as**. ¡2 puntos EXTRA!

"Y si aquí,
_____ (luchar) juntos
por la sociedad
y _____ (hablar) menos
resolviendo más."

Lectura

Antes de leer

Estrategia

Recognizing chronological order

Recognizing the chronological order of events in a narrative is key to understanding the cause and effect relationship between them. When you are able to establish the chronological chain of events, you will easily be able to follow the plot. In order to be more aware of the order of events in a narrative, you may find it helpful to prepare a numbered list of the events as you read.

Examinar el texto

Lee el texto usando las estrategias de lectura que has aprendido.

- ¿Ves palabras nuevas o cognados? ¿Cuáles son?
- ¿Qué te dice el dibujo sobre el contenido?
- ¿Tienes algún conocimiento previo° sobre don Quijote?
- ¿Cuál es el propósito° del texto?
- ¿De qué trata° la lectura?

Ordenar

Lee el texto otra vez para establecer el orden cronológico de los eventos. Luego ordena estos eventos según la historia.

_____ Don Quijote lucha contra los molinos de viento pensando que son gigantes.

_____ Don Quijote y Sancho toman el camino hacia Puerto Lápice.

_____ Don Quijote y Sancho descubren unos molinos de viento en un campo.

_____ El primer molino da un mal golpe a don Quijote, a su lanza y a su caballo.

_____ Don Quijote y Sancho Panza salen de su pueblo en busca de aventuras.

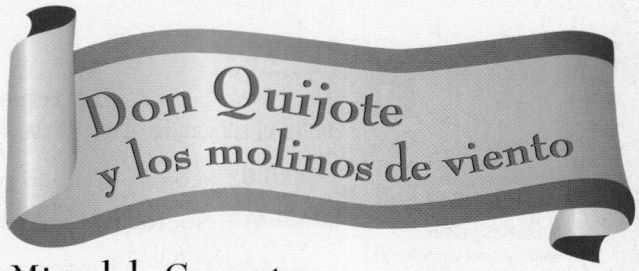

Miguel de Cervantes

Fragmento adaptado de
El ingenioso hidalgo don Quijote de la Mancha

Miguel de Cervantes Saavedra, el escritor más universal de la literatura española, nació en Alcalá de Henares en 1547 y murió en Madrid en 1616, tras° haber vivido una vida llena de momentos difíciles, llegando a estar en la cárcel° más de una vez. Su obra, sin embargo, ha disfrutado a través de los siglos de todo el éxito que se merece. Don Quijote representa no sólo la locura° sino también la búsqueda° del ideal. En esta ocasión presentamos el famoso episodio de los molinos de viento°.

Entonces descubrieron treinta o cuarenta molinos de viento que había en aquel campo°. Cuando don Quijote los vio, dijo a su escudero°:

—La fortuna va guiando nuestras cosas mejor de lo que deseamos; porque allí, amigo Sancho Panza, se ven treinta, o pocos más, enormes gigantes con los que pienso hacer batalla y quitarles a todos las vidas, y comenzaremos a ser ricos; que ésta es buena guerra, y es gran servicio de Dios quitar tan malos seres° de la tierra.

—¿Qué gigantes?

—Aquéllos que ves allí —respondió su amo°— de los brazos largos, que algunos normalmente los tienen de casi dos leguas°.

Después de leer

¿Realidad o fantasía?

Indica si las afirmaciones sobre la lectura pertenecen a la realidad o la fantasía.

1. Don Quijote desea matar° a los enemigos.
2. Su escudero no ve a ningún ser sobrenatural.
3. El caballero ataca a unas criaturas cobardes y viles.
4. Don Quijote no ganó la batalla porque los gigantes fueron transformados en molinos de viento.
5. El sabio Frestón transformó los gigantes en molinos de viento.

conocimiento previo *prior knowledge* propósito *purpose*
¿De qué trata...? *What is... about?* matar *to kill*

—Mire usted —respondió Sancho— que aquéllos que allí están no son gigantes, sino molinos de viento, y lo que parecen brazos son las aspas°, que movidas por el viento, hacen andar la piedra del molino.

—Bien veo —respondió don Quijote— que no estás acostumbrado a las aventuras: ellos son gigantes; y si tienes miedo, quítate de ahí y reza° mientras yo voy a combatir con ellos en fiera° batalla.

Y diciendo esto, dio de espuelas° a su caballo Rocinante, sin oír las voces que su escudero Sancho le daba, diciéndole que, sin duda alguna, eran molinos de viento, y no gigantes, aquéllos que iba a atacar. Pero él iba tan convencido de que eran gigantes, que ni oía las voces de su escudero Sancho, ni se daba cuenta, aunque estaba ya muy cerca, de lo que eran; antes iba diciendo en voz alta:

—No huyáis°, cobardes° y viles criaturas, que sólo os ataca un caballero°.

Se levantó entonces un poco de viento, y las grandes aspas comenzaron a moverse, y cuando don Quijote vio esto, dijo:

—Pues aunque mováis más brazos que los del gigante Briareo, me lo vais a pagar.

Y diciendo esto, y encomendándose de todo corazón° a su señora Dulcinea, pidiéndole que le ayudase en esta difícil situación, bien cubierto de su rodela°, con la lanza en posición de ataque, fue a todo el galope de Rocinante y embistió° el primer molino que estaba delante: y dándole con la lanza en el aspa, el viento la giró con tanta furia, que la rompió en pequeños fragmentos, llevándose con ella al caballo y al caballero, que fue dando vueltas por el campo. Fue rápidamente Sancho Panza a ayudarle, todo lo rápido que podía correr su asno°, y cuando llegó encontró que no se podía mover: tan grande fue el golpe° que se dio con Rocinante.

—¡Por Dios! —dijo Sancho—. ¿No le dije yo que mirase bien lo que hacía, que sólo eran molinos de viento, y la única persona que podía equivocarse era alguien que tuviese otros molinos en la cabeza?

—Calla°, amigo Sancho —respondió don Quijote—, que las cosas de la guerra, más que otras, cambian continuamente; estoy pensando que aquel sabio° Frestón, que me robó el estudio y los libros, ha convertido estos gigantes en molinos por quitarme la gloria de su vencimiento°: tan grande es la enemistad que me tiene; pero al final, sus malas artes no van a poder nada contra la bondad de mi espada°.

—Dios lo haga como pueda —respondió Sancho Panza.

Y ayudándole a levantarse, volvió a subir sobre Rocinante, que medio despaldado estaba°. Y hablando de la pasada aventura, siguieron el camino del Puerto Lápice.

tras *after* **cárcel** *jail* **locura** *insanity* **búsqueda** *search* **molinos de viento** *windmills* **campo** *field* **escudero** *squire* **seres** *beings* **amo** *master* **leguas** *leagues (measure of distance)* **aspas** *sails* **reza** *pray* **fiera** *vicious* **dio de espuelas** *he spurred* **No huyáis** *Do not flee* **cobardes** *cowards* **caballero** *knight* **encomendándose de todo corazón** *entrusting himself with all his heart* **rodela** *round shield* **embistió** *charged* **asno** *donkey* **golpe** *blow (knock into)* **Calla** *Be quiet* **sabio** *magician* **vencimiento** *defeat* **espada** *sword* **que medio despaldado estaba** *whose back was half-broken*

Personajes

1. En este fragmento, se mencionan estos personajes. ¿Quiénes son?
   - don Quijote
   - Rocinante
   - Dulcinea
   - Sancho Panza
   - los gigantes
   - Frestón
2. ¿Qué puedes deducir de los personajes según la información que se da en este episodio?
3. ¿Quiénes son los personajes principales?
4. ¿Cuáles son las diferencias entre don Quijote y Sancho Panza? ¿Qué tienen en común?

¿Un loco o un héroe?

En un párrafo da tu opinión del personaje de don Quijote, basándote en la aventura de los molinos de viento. Ten en cuenta las acciones, los motivos y los sentimientos de don Quijote en su batalla contra los molinos de viento.

Una entrevista

Trabajen en grupos de tres para preparar una entrevista sobre los acontecimientos de este fragmento de la novela de Cervantes. Un(a) estudiante representará el papel del/de la entrevistador(a) y los otros dos asumirán los papeles de don Quijote y de Sancho Panza, quienes comentarán el episodio desde su punto de vista.

Escritura

Estrategia

Writing strong introductions and conclusions

Introductions and conclusions serve a similar purpose: both are intended to focus the reader's attention on the topic being covered. The introduction presents a brief preview of the topic. In addition, it informs your reader of the important points that will be covered in the body of your writing. The conclusion reaffirms those points and concisely sums up the information that has been provided. A compelling fact or statistic, a humorous anecdote, or a question directed to the reader are all interesting ways to begin or end your writing.

For example, if you were writing a biographical report on Miguel de Cervantes, you might begin your essay with the fact that his most famous work, *Don Quijote de la Mancha,* is the second most widely published book ever. The rest of your introductory paragraph would outline the areas you would cover in the body of your paper, such as Cervantes' life, his works, and the impact of *Don Quijote* on world literature. In your conclusion, you would sum up the most important information in the report and tie this information together in a way that would make your reader want to learn even more about the topic. You could write, for example: "Cervantes, with his wit and profound understanding of human nature, is without peer in the history of world literature."

Introducciones y conclusiones

Trabajen en parejas para escribir una oración de introducción y otra de conclusión sobre estos temas.

1. el episodio de los molinos de viento de *Don Quijote de la Mancha*
2. la definición de la locura
3. la realidad y la fantasía en la literatura

Tema

Escribir una composición

Si tuvieras la oportunidad, ¿qué harías para mejorar el mundo? Escribe una composición sobre los cambios que harías en el mundo si tuvieras el poder° y los recursos necesarios. Piensa en lo que puedes hacer ahora y en lo que podrás hacer en el futuro. Considera estas preguntas:

- ¿Pondrías fin a todas las guerras? ¿Cómo?
- ¿Protegerías el medio ambiente? ¿Cómo?
- ¿Promoverías° la igualdad y eliminarías el sexismo y el racismo? ¿Cómo?
- ¿Eliminarías la corrupción en la política? ¿Cómo?
- ¿Eliminarías la escasez de viviendas° y el hambre?
- ¿Educarías a los demás sobre el SIDA? ¿Cómo?
- ¿Promoverías el fin de la violencia entre seres humanos?
- ¿Promoverías tu causa en los medios de comunicación? ¿Cómo?
- ¿Te dedicarías a alguna causa específica dentro de tu comunidad? ¿Cuál?
- ¿Te dedicarías a solucionar problemas nacionales o internacionales? ¿Cuáles?

poder *power* Promoverías *Would you promote* escasez de viviendas *homelessness*

Escuchar

Audio: Activities

Estrategia

Recognizing genre/
Taking notes as you listen

If you know the genre or type of discourse you are going to encounter, you can use your background knowledge to write down a few notes about what you expect to hear. You can then make additions and changes to your notes as you listen.

To practice these strategies, you will now listen to a short toothpaste commercial. Before listening to the commercial, write down the information you expect it to contain. Then update your notes as you listen.

Preparación

Basándote en la foto, anticipa lo que vas a escuchar en el siguiente fragmento. Haz una lista y anota los diferentes tipos de información que crees que vas a oír.

Ahora escucha

Revisa la lista que hiciste para **Preparación.** Luego escucha el noticiero presentado por Sonia Hernández. Mientras escuchas, apunta los tipos de información que anticipaste y los que no anticipaste.

Tipos de información que anticipaste

1. _____
2. _____
3. _____

Tipos de información que no anticipaste

1. _____
2. _____
3. _____

Comprensión

Preguntas

1. ¿Dónde está Sonia Hernández?
   _____
2. ¿Quién es Jaime Pantufla?
   _____
3. ¿Dónde hubo una tormenta?
   _____
4. ¿Qué tipo de música toca el grupo Dictadura de Metal?
   _____
5. ¿Qué tipo de artista es Ugo Nespolo?
   _____
6. Además de lo que Sonia menciona, ¿de qué piensas que va a hablar en la próxima sección del programa?
   _____

Ahora ustedes

En parejas, usen la presentación de Sonia Hernández como modelo para escribir un breve noticiero para la comunidad donde viven. Incluyan noticias locales, nacionales e internacionales. Luego compartan el papel de locutor(a) y presenten el noticiero a la clase. Pueden grabar el noticiero si quieren.

En pantalla

Este anuncio forma parte de una campaña para motivar a los jóvenes a participar en las elecciones de 2006 en México. Estas elecciones fueron las más reñidas hasta ese momento. Ésta fue apenas la segunda elección después de más de setenta años de un gobierno federal encabezado° por un sólo partido. Los votantes mexicanos, cada vez más involucrados y mejor informados, tuvieron que decidir entre los cinco candidatos contendientes, cuatro hombres y una mujer. A diferencia de los Estados Unidos, en México como en muchos países de Latinoamérica es muy común que haya cinco, seis o más candidatos a la presidencia.

Vocabulario útil

mitad	*half*
reñidas	*hard-fought*
cállate	*be quiet*
te quejas	*you complain*
concientizar	*to raise awareness*
campaña	*campaign*

Preguntas

En grupos de tres, respondan a las preguntas.

1. ¿Qué piensan que promueve (*promotes*) este anuncio?
2. ¿A qué público está dirigido? ¿Cómo lo saben?
3. ¿A qué se refieren cuando dicen "cállate"?
4. ¿Creen que es un anuncio efectivo? ¿Por qué?
5. ¿Qué anuncios conocen que promuevan el mismo mensaje?

Anuncio

En grupos pequeños, imaginen que tienen que crear un anuncio para televisión sobre un problema social o político que les preocupe. Escriban un párrafo donde digan de qué quieren hablar en el anuncio y por qué, qué celebridades quieren que aparezcan en él y dónde les gustaría filmarlo.

Anuncio sobre elecciones

A ti no te gustaría que te dijeran...

... con quién tienes que andar°...

... cuál disco vas a comprar...

Video: TV Clip

Practice more at **vistas.vhlcentral.com.**

encabezado *lead* andar *to go out with (Mex.)*

En los años veinte, menos de 5.000 puertorriqueños vivían en Nueva York. Para el 2007 eran casi 800.000. Además de Nueva York, ciudades como Chicago, Philadelphia, Newark y Providence tienen grandes comunidades puertorriqueñas. Ahora son un poco más de 4.000.000 los que viven en todos los estados, principalmente en el noreste° del país y en el centro de Florida. Los boricuas° en los EE.UU. han creado nuevas manifestaciones de su cultura, como la música salsa en la ciudad de Nueva York y los multitudinarios° desfiles° que se realizan cada año en todo el país, una gran muestra del orgullo° y la identidad de los puertorriqueños.

Vocabulario útil

la estadidad	*statehood*
la patria	*homeland*
las relaciones exteriores	*foreign policy*
la soberanía	*sovereignty*

Preparación

¿Qué sabes de Puerto Rico? ¿Sabes qué territorios estadounidenses tienen un estatus especial? ¿En qué se diferencian de un estado normal?

¿Cierto o falso?

Indica si las oraciones son **ciertas** o **falsas**.

1. Los puertorriqueños sirven en el ejército de los EE.UU.
2. Puerto Rico es territorio de los EE.UU., pero el congreso estadounidense no tiene autoridad en la isla.
3. En Puerto Rico se usa la misma (*same*) moneda que en los EE.UU.
4. En la isla se pagan sólo impuestos locales.
5. El comercio de la isla está a cargo del gobernador de Puerto Rico.
6. La mayoría de los puertorriqueños quieren que la isla sea una nación independiente.

noreste *northeast* boricuas *people from Puerto Rico*
multitudinarios *with mass participation* desfiles *parades* orgullo *pride*

Puerto Rico: ¿nación o estado?

Cuando estás aquí no sabes si estás en un país latinoamericano o si estás en los EE.UU.

... todo lo relacionado a la defensa, las relaciones exteriores [...] está a cargo del gobierno federal de los EE.UU.

—¿Cuál es su preferencia política?
—Yo quiero la estadidad...

Video: *Flash cultura*

Practice more at **vistas.vhlcentral.com.**

recursos

VM pp. 325–326	vistas.vhlcentral.com Lección 18

Video: *Panorama cultural*
Interactive map

Paraguay

El país en cifras

- **Área:** 406.750 km^2 (157.046 millas^2), *el tamaño° de California*
- **Población:** 7.007.000
- **Capital:** Asunción—2.277.000
- **Ciudades principales:** Ciudad del Este, San Lorenzo, Lambaré, Fernando de la Mora

SOURCE: Population Division, UN Secretariat

- **Moneda:** guaraní
- **Idiomas:** español (oficial), guaraní (oficial)

Las tribus indígenas que habitaban la zona antes de la llegada de los españoles hablaban guaraní. Ahora el 90 por ciento de los paraguayos habla esta lengua, que se usa con frecuencia en canciones, poemas, periódicos y libros. Varios institutos y asociaciones, como el Teatro Guaraní, se dedican a preservar la cultura y la lengua guaraníes.

Bandera de Paraguay

Paraguayos célebres

- **Agustín Barrios,** guitarrista y compositor (1885–1944)
- **Josefina Plá,** escritora y ceramista (1909–1999)
- **Augusto Roa Bastos,** escritor (1917–2005)
- **Olga Blinder,** pintora (1921–2008)

Paraguayo con alfombras típicas del país

BOLIVIA

BRASIL

ARGENTINA

Río Verde
Río Negro
Río Paraguay
Concepción
Río Paraná
Asunción
Fernando de la Mora
Ciudad del Este
Río Iguazú
San Lorenzo
Lambaré
Cordillera de Caaguazú
Río Tebicuary
Río Paraná

Agricultor indígena de la tribu maca

Itapúa

recursos

WB	VM	vistas.vhlcentral.com
p. 209	pp. 287–288	Lección 18

tamaño *size* multara *fined*

¡Increíble pero cierto!

¿Te imaginas qué pasaría si el gobierno multara° a los ciudadanos que no van a votar? En Paraguay es una obligación. Ésta es una ley nacional, que otros países también tienen, para obligar a los ciudadanos a participar en las elecciones. En Paraguay los ciudadanos que no van a votar tienen que pagar una multa al gobierno.

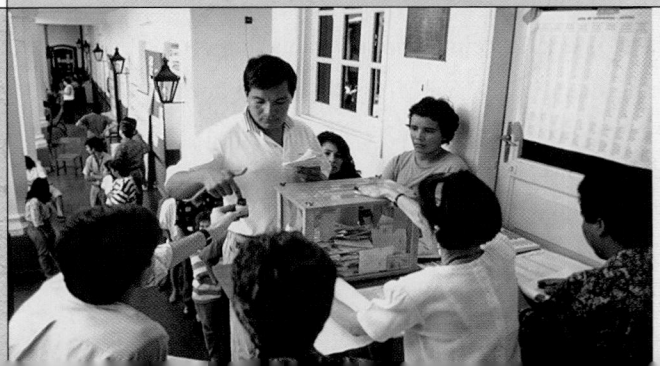

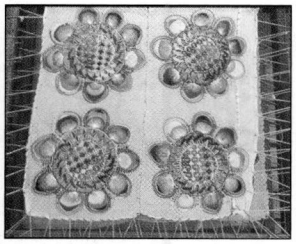

Artesanía • El ñandutí

La artesanía más famosa de Paraguay se llama ñandutí y es un encaje° hecho a mano originario de Itauguá. En guaraní, la palabra ñandutí significa telaraña° y esta pieza recibe ese nombre porque imita el trazado° que crean los arácnidos. Estos encajes suelen ser° blancos, pero también los hay de colores, con formas geométricas o florales.

Ciencias • La represa Itaipú

La represa° Itaipú es una instalación hidroeléctrica que se encuentra en la frontera entre Paraguay y Brasil. Su construcción inició en 1974 y duró 8 años. La cantidad de concreto que se utilizó durante los primeros cinco años de esta obra fue similar a la que se necesita para construir un edificio de 350 pisos. Cien mil trabajadores paraguayos participaron en el proyecto. En 1984 se puso en funcionamiento la Central Hidroeléctrica de Itaipú y gracias a su cercanía con las famosas Cataratas de Iguazú, muchos turistas la visitan diariamente.

Naturaleza • Los ríos Paraguay y Paraná

Los ríos Paraguay y Paraná sirven de frontera natural entre Argentina y Paraguay, y son las principales rutas de transporte de este último país. El Paraná tiene unos 3.200 kilómetros navegables, y por esta ruta pasan barcos de más de 5.000 toneladas, los cuales viajan desde el estuario° del Río de la Plata hasta la ciudad de Asunción. El río Paraguay divide el Gran Chaco de la meseta° Paraná, donde vive la mayoría de los paraguayos.

¿Qué aprendiste? Responde a cada pregunta con una oración completa.

1. ¿Quién fue Augusto Roa Bastos?
2. ¿Cómo se llama la moneda de Paraguay?
3. ¿Qué es el ñandutí?
4. ¿De dónde es originario el ñandutí?
5. ¿Qué forma imita el ñandutí?
6. En total, ¿cuántos años tomó la construcción de la represa Itaipú?
7. ¿A cuántos paraguayos dio trabajo la construcción de la represa?
8. ¿Qué países separan los ríos Paraguay y Paraná?
9. ¿Qué distancia se puede navegar por el Paraná?

Conexión Internet Investiga estos temas en **vistas.vhlcentral.com.**

1. Busca información sobre Alfredo Stroessner, el ex presidente de Paraguay. ¿Por qué se le considera un dictador?
2. Busca información sobre la historia de Paraguay. En tu opinión, ¿cuáles fueron los episodios decisivos en su historia?

Practice more at **vistas.vhlcentral.com.**

encaje *lace* telaraña *spiderweb* trazado *outline; design* suelen ser *are usually* represa *dam* estuario *estuary* meseta *plateau*

Uruguay

El país en cifras

- **Área:** 176.220 km^2 (68.039 millas^2), *el tamaño° del estado de Washington*
- **Población:** 3.430.000
- **Capital:** Montevideo—1.644.000

Casi la mitad° de la población de Uruguay vive en Montevideo. Situada en la desembocadura° del famoso Río de la Plata, esta ciudad cosmopolita e intelectual es también un destino popular para las vacaciones, debido a sus numerosas playas de arena° blanca que se extienden hasta la ciudad de Punta del Este.

- **Ciudades principales:** Salto, Paysandú, Las Piedras, Rivera

SOURCE: Population Division, UN Secretariat

- **Moneda:** peso uruguayo
- **Idiomas:** español (oficial)

Bandera de Uruguay

Uruguayos célebres

- **Horacio Quiroga,** escritor (1878–1937)
- **Juana de Ibarbourou,** escritora (1892–1979)
- **Mario Benedetti,** escritor (1920–2009)
- **Cristina Peri Rossi,** escritora y profesora (1941–)

tamaño *size* mitad *half* desembocadura *mouth* arena *sand*
avestruz *ostrich* no voladora *flightless* medir *measure* cotizado *valued*

Gaucho uruguayo

Río Arapey
Rivera
BRASIL
Salto
Cuchilla de Haedo
Río Uruguay
Paysandú
Río Negro
Embalse del Río Negro
Río Negro
Cuchilla Grande
Laguna Merín
Río Yí
Cuchilla Grande Inferior
Colonia
Río de la Plata
Las Piedras
Punta del Este
Montevideo

Entrada a la Ciudad Vieja, Colonia del Sacramento

recursos

WB	VM	vistas.vhlcentral.com
p. 210	pp. 289–290	Lección 18

¡Increíble pero cierto!

En Uruguay hay muchos animales curiosos, entre ellos el ñandú. De la misma familia del avestruz°, el ñandú es el ave no voladora° más grande del hemisferio occidental. Puede llegar a medir° dos metros. Normalmente, va en grupos de veinte o treinta y vive en el campo. Es muy cotizado° por su carne, sus plumas y sus huevos.

Costumbres • La carne y el mate

En Uruguay y Argentina, la carne es un elemento esencial de la dieta diaria. Algunos platillos representativos de estas naciones son el asado°, la parrillada° y el chivito°. El mate, una infusión similar al té, también es típico de la región. Esta bebida de origen indígena está muy presente en la vida social y familiar de estos países aunque, curiosamente, no se puede consumir en bares o restaurantes.

Deportes • El fútbol

El fútbol es el deporte nacional de Uruguay. El primer equipo de balompié uruguayo se formó en 1891 y en 1930 el país suramericano fue la sede° de la primera Copa Mundial de esta disciplina. El equipo nacional ha conseguido grandes éxitos a lo largo de los años: dos campeonatos olímpicos, en 1923 y 1928, y dos campeonatos mundiales, en 1930 y 1950. De hecho, Uruguay y Argentina han presentado su candidatura binacional para que la Copa Mundial de Fútbol de 2030 se celebre en sus países.

Costumbres • El Carnaval

El Carnaval de Montevideo es el de mayor duración en el mundo. A lo largo de 40 días, los uruguayos disfrutan de los desfiles° y la música que inundan las calles de su capital. La celebración más conocida es el Desfile de las Llamadas, en el que participan bailarines al ritmo del candombe, una danza de tradición africana.

Edificio del Parlamento en Montevideo

¿Qué aprendiste? Responde a cada pregunta con una oración completa.

1. ¿Qué tienen en común los uruguayos célebres mencionados en la página anterior (*previous*)?
2. ¿Cuál es el elemento esencial de la dieta uruguaya?
3. ¿Qué es el ñandú?
4. ¿Qué es el mate?
5. ¿Cuándo se formó el primer equipo uruguayo de fútbol?
6. ¿Cuándo se celebró la primera Copa Mundial de fútbol?
7. ¿Cómo se llama la celebración más conocida del Carnaval de Montevideo?
8. ¿Cuántos días dura el Carnaval de Montevideo?

Conexión Internet Investiga estos temas en **vistas.vhlcentral.com.**

1. Uruguay es conocido como un país de muchos escritores. Busca información sobre uno de ellos y escribe una biografía.
2. Investiga cuáles son las comidas y bebidas favoritas de los uruguayos. Descríbelas e indica cuáles te gustaría probar y por qué.

Practice more at **vistas.vhlcentral.com.**

asado *barbecued beef* **parrillada** *barbecue* **chivito** *goat* **sede** *site* **desfiles** *parades*

Los medios de comunicación

el acontecimiento	*event*
las actualidades	*news; current events*
el artículo	*article*
el diario	*newspaper*
el informe	*report; paper (written work)*
el/la locutor(a)	*(TV or radio) announcer*
los medios de comunicación	*media; means of communication*
las noticias	*news*
el noticiero	*newscast*
la prensa	*press*
el reportaje	*report*
anunciar	*to announce; to advertise*
comunicarse (con)	*to communicate (with)*
durar	*to last*
informar	*to inform*
ocurrir	*to occur; to happen*
transmitir, emitir	*to broadcast*
(inter)nacional	*(inter)national*
peligroso/a	*dangerous*

Las noticias

el choque	*collision*
el crimen	*crime; murder*
el desastre (natural)	*(natural) disaster*
el desempleo	*unemployment*
la (des)igualdad	*(in)equality*
la discriminación	*discrimination*
el ejército	*army*
la experiencia	*experience*
la guerra	*war*
la huelga	*strike*
el huracán	*hurricane*
el incendio	*fire*
la inundación	*flood*
la libertad	*liberty; freedom*
la paz	*peace*
el racismo	*racism*
el sexismo	*sexism*
el SIDA	*AIDS*
el/la soldado	*soldier*
el terremoto	*earthquake*
la tormenta	*storm*
el tornado	*tornado*
la violencia	*violence*

La política

el/la candidato/a	*candidate*
el/la ciudadano/a	*citizen*
el deber	*responsibility; obligation*
los derechos	*rights*
la dictadura	*dictatorship*
el discurso	*speech*
las elecciones	*election*
la encuesta	*poll; survey*
el impuesto	*tax*
la política	*politics*
el/la representante	*representative*
declarar	*to declare; to say*
elegir (e:i)	*to elect*
luchar (por/contra)	*to fight; to struggle (for/against)*
obedecer	*to obey*
votar	*to vote*
político/a	*political*

Expresiones útiles	*See page 617.*

recursos

LM p. 106	vistas.vhlcentral.com Lección 18

Audio: Vocabulary

Apéndice A

Plan de escritura — page A-2

Apéndice B

Spanish Terms for Direction Lines and Classroom Use — pages A-3–4

Apéndice C

Glossary of Grammatical Terms — pages A-5–8

Apéndice D

Verb Conjugation Tables — pages A-9–18

Vocabulario

Spanish–English — pages A-19–34
English–Spanish — pages A-35–50

Índice — pages A-51–55

Credits — pages A-56–57

Bios

About the Authors — page A-58

About the Illustrators — page A-58

Maps — pages A-59–62

Plan de escritura

1 **Ideas y organización**

Begin by organizing your writing materials. If you prefer to write by hand, you may want to have a few spare pens and pencils on hand, as well as an eraser or correction fluid. If you prefer to use a word-processing program, make sure you know how to type Spanish accent marks, the **tilde**, and Spanish punctuation marks. Then make a list of the resources you can consult while writing. Finally, make a list of the basic ideas you want to cover. Beside each idea, jot down a few Spanish words and phrases you may want to use while writing.

2 **Primer borrador**

Write your first draft, using the resources and ideas you gathered in **Ideas y organización.**

3 **Comentario**

Exchange papers with a classmate and comment on each other's work, using these questions as a guide. Begin by mentioning what you like about your classmate's writing.

a. How can your classmate make his or her writing clearer, more logical, or more organized?
b. What suggestions do you have for making the writing more interesting or complete?
c. Do you see any spelling or grammatical errors?

4 **Redacción**

Revise your first draft, keeping in mind your classmate's comments. Also, incorporate any new information you may have. Before handing in the final version, review your work using these guidelines:

a. Make sure each verb agrees with its subject. Then check the gender and number of each article, noun, and adjective.
b. Check your spelling and punctuation.
c. Consult your **Anotaciones para mejorar la escritura** (see description below) to avoid repetition of previous errors.

5 **Evaluación y progreso**

You may want to share what you've written with a classmate, a small group, or the entire class. After your instructor has returned your paper, review the comments and corrections. On a separate sheet of paper, write the heading **Anotaciones para mejorar** (*Notes for improving*) **la escritura** and list your most common errors. Place this list and your corrected document in your writing portfolio (**Carpeta de trabajos**) and consult it from time to time to gauge your progress.

Spanish Terms for Direction Lines and Classroom Use

Below is a list of useful terms that you might hear your instructor say in class. It also includes Spanish terms that appear in the direction lines of your textbook.

En las instrucciones *In direction lines*

Cambia/Cambien...	*Change...*
Camina/Caminen por la clase.	*Walk around the classroom.*
Ciertas o falsas	*True or false*
Cierto o falso	*True or false*
Circula/Circulen por la clase.	*Walk around the classroom.*
Completa las oraciones de una manera lógica.	*Complete the sentences logically.*
Con un(a) compañero/a...	*With a classmate...*
Contesta las preguntas.	*Answer the questions.*
Corrige las oraciones falsas.	*Correct the false statements.*
Cuenta/Cuenten...	*Tell...*
Di/Digan...	*Say...*
Discute/Discutan...	*Discuss...*
En grupos...	*In groups...*
En parejas...	*In pairs...*
Entrevista...	*Interview...*
Escúchala	*Listen to it*
Forma oraciones completas.	*Create/Make complete sentences.*
Háganse preguntas.	*Ask each other questions.*
Haz el papel de...	*Play the role of...*
Haz los cambios necesarios.	*Make the necessary changes.*
Indica/Indiquen si las oraciones...	*Indicate if the sentences...*
Intercambia/Intercambien...	*Exchange...*
Lee/Lean en voz alta.	*Read aloud.*
Pon/Pongan...	*Put...*
... que mejor completa...	*...that best completes...*
Reúnete...	*Get together...*
... se da/dan como ejemplo.	*...is/are given as a model.*
Toma nota...	*Take note...*
Tomen apuntes.	*Take notes.*
Túrnense...	*Take turns...*

Palabras útiles *Useful words*

la adivinanza	*riddle*
el anuncio	*advertisement/ad*
los apuntes	*notes*
el borrador	*draft*
la canción	*song*
la concordancia	*agreement*
el contenido	*contents*
el cortometraje	*short film*
eficaz	*efficient*
la encuesta	*survey*
el equipo	*team*
el esquema	*outline*
el folleto	*brochure*
las frases	*statements*
la hoja de actividades	*activity sheet/handout*
la hoja de papel	*piece of paper*
la información errónea	*incorrect information*
el/la lector(a)	*reader*
la lectura	*reading*
las oraciones	*sentences*
la ortografía	*spelling*
el papel	*role*
el párrafo	*paragraph*
el paso	*step*
la(s) persona(s) descrita(s)	*the person (people) described*
la pista	*clue*
por ejemplo	*for example*
el próposito	*purpose*
los recursos	*resources*
el reportaje	*report*
los resultados	*results*
según	*according to*
siguiente	*following*
la sugerencia	*suggestion*
el sustantivo	*noun*
el tema	*topic*
último	*last*
el último recurso	*last resort*

Verbos útiles *Useful verbs*

adivinar	*to guess*
anotar	*to jot down*
añadir	*to add*
apoyar	*to support*
averiguar	*to find out*
cambiar	*to change*
combinar	*to combine*
compartir	*to share*
comprobar (o:ue)	*to check*
corregir (e:i)	*to correct*
crear	*to create*
devolver (o:ue)	*to return*
doblar	*to fold*
dramatizar	*to act out*
elegir (e:i)	*to choose/select*
emparejar	*to match*
entrevistar	*to interview*
escoger	*to choose*
identificar	*to identify*
incluir	*to include*
informar	*to report*
intentar	*to try*
intercambiar	*to exchange*
investigar	*to research*
marcar	*to mark*
preguntar	*to ask*
recordar (o:ue)	*to remember*
responder	*to answer*
revisar	*to revise*
seguir (e:i)	*to follow*
seleccionar	*to select*
subrayar	*to underline*
traducir	*to translate*
tratar de	*to be about*

Expresiones útiles *Useful expressions*

Ahora mismo.	*Right away.*
¿Cómo no?	*But of course.*
¿Cómo se dice _____ en español?	*How do you say _____ in Spanish?*
¿Cómo se escribe _____?	*How do you spell _____?*
¿Comprende(n)?	*Do you understand?*
Con gusto.	*With pleasure.*
Con permiso.	*Excuse me.*
De acuerdo.	*Okay.*
De nada.	*You're welcome.*
¿De veras?	*Really?*
¿En qué página estamos?	*What page are we on?*
¿En serio?	*Seriously?*
Enseguida.	*Right away.*
hoy día	*nowadays*
Más despacio, por favor.	*Slower, please.*
Muchas gracias.	*Thanks a lot.*
No entiendo.	*I don't understand.*
No hay de qué.	*Don't mention it.*
No importa.	*No problem./It doesn't matter.*
¡No me digas!	*You don't say!*
No sé.	*I don't know.*
¡Ojalá!	*Hopefully!*
Perdone.	*Pardon me.*
Por favor.	*Please.*
Por supuesto.	*Of course.*
¡Qué bien!	*Great!*
¡Qué gracioso!	*How funny!*
¡Qué pena!	*What a shame/pity!*
¿Qué significa _____?	*What does _____ mean?*
Repite, por favor.	*Please repeat.*
Tengo una pregunta.	*I have a question.*
¿Tiene(n) alguna pregunta?	*Do you have any questions?*
Vaya(n) a la página dos.	*Go to page 2.*

Glossary of Grammatical Terms

ADJECTIVE A word that modifies, or describes, a noun or pronoun.

muchos libros
many books

un hombre **rico**
*a **rich** man*

las mujeres **altas**
*the **tall** women*

Demonstrative adjective An adjective that specifies which noun a speaker is referring to.

esta fiesta
this party

ese chico
that boy

aquellas flores
those flowers

Possessive adjective An adjective that indicates ownership or possession.

mi mejor vestido
my best dress

Éste es **mi** hermano.
*This is **my** brother.*

Stressed possessive adjective A possessive adjective that emphasizes the owner or possessor.

Es un libro **mío**.
*It's **my book**./It's a book **of mine**.*

Es amiga **tuya**; yo no la conozco.
*She's a friend **of yours**; I don't know her.*

ADVERB A word that modifies, or describes, a verb, adjective, or other adverb.

Pancho escribe **rápidamente**.
*Pancho writes **quickly**.*

Este cuadro es **muy** bonito.
*This picture is **very** pretty.*

ARTICLE A word that points out a noun in either a specific or a non-specific way.

Definite article An article that points out a noun in a specific way.

el libro
the book

la maleta
the suitcase

los diccionarios
the dictionaries

las palabras
the words

Indefinite article An article that points out a noun in a general, non-specific way.

un lápiz
a pencil

una computadora
a computer

unos pájaros
some birds

unas escuelas
some schools

CLAUSE A group of words that contains both a conjugated verb and a subject, either expressed or implied.

Main (or Independent) clause A clause that can stand alone as a complete sentence.

Pienso ir a cenar pronto.
I plan to go to dinner soon.

Subordinate (or Dependent) clause A clause that does not express a complete thought and therefore cannot stand alone as a sentence.

Trabajo en la cafetería **porque necesito dinero para la escuela.**
*I work in the cafeteria **because I need money for school.***

COMPARATIVE A construction used with an adjective or adverb to express a comparison between two people, places, or things.

Este programa es **más interesante que** el otro.
*This program is **more interesting than** the other one.*

Tomás no es **tan alto como** Alberto.
*Tomás is not **as tall as** Alberto.*

CONJUGATION A set of the forms of a verb for a specific tense or mood or the process by which these verb forms are presented.

Preterite conjugation of **cantar:**

canté	cantamos
cantaste	cantasteis
cantó	cantaron

CONJUNCTION A word used to connect words, clauses, or phrases.

Susana es de Cuba **y** Pedro es de España.
*Susana is from Cuba **and** Pedro is from Spain.*

No quiero estudiar **pero** tengo que hacerlo.
*I don't want to study, **but** I have to.*

CONTRACTION The joining of two words into one. The only contractions in Spanish are **al** and **del**.

Mi hermano fue **al** concierto ayer.
*My brother went **to the** concert yesterday.*

Saqué dinero **del** banco.
*I took money **from the** bank.*

DIRECT OBJECT A noun or pronoun that directly receives the action of the verb.

Tomás lee **el libro**.
*Tomás reads **the book**.*

La pagó ayer.
*She paid **it** yesterday.*

GENDER The grammatical categorizing of certain kinds of words, such as nouns and pronouns, as masculine, feminine, or neuter.

Masculine
articles **el, un**
pronouns **él, lo, mío, éste, ése, aquél**
adjective **simpático**

Feminine
articles **la, una**
pronouns **ella, la, mía, ésta, ésa, aquélla**
adjective **simpática**

IMPERSONAL EXPRESSION A third-person expression with no expressed or specific subject.

Es muy importante.
It's very important.

Llueve mucho.
***It's raining** hard.*

Aquí **se habla** español.
*Spanish **is spoken** here.*

INDIRECT OBJECT A noun or pronoun that receives the action of the verb indirectly; the object, often a living being, to or for whom an action is performed.

Eduardo **le** dio un libro **a Linda**.
*Eduardo gave a book **to Linda**.*

La profesora **me** puso una C en el examen.
*The professor gave **me** a C on the test.*

INFINITIVE The basic form of a verb. Infinitives in Spanish end in **-ar**, **-er**, or **-ir**.

hablar	**correr**	**abrir**
to speak	***to run***	***to open***

INTERROGATIVE An adjective or pronoun used to ask a question.

¿Quién habla?
***Who** is speaking?*

¿Cuántos compraste?
***How many** did you buy?*

¿Qué piensas hacer hoy?
***What** do you plan to do today?*

INVERSION Changing the word order of a sentence, often to form a question.

Statement: Elena pagó la cuenta del restaurante.

Inversion: ¿Pagó Elena la cuenta del restaurante?

MOOD A grammatical distinction of verbs that indicates whether the verb is intended to make a statement or command or to express a doubt, emotion, or condition contrary to fact.

Imperative mood Verb forms used to make commands.

Di la verdad.
***Tell** the truth.*

Caminen ustedes conmigo.
***Walk** with me.*

¡Comamos ahora!
***Let's eat** now!*

Indicative mood Verb forms used to state facts, actions, and states considered to be real.

Sé que **tienes** el dinero.
*I **know** that **you have** the money.*

Subjunctive mood Verb forms used principally in subordinate (dependent) clauses to express wishes, desires, emotions, doubts, and certain conditions, such as contrary-to-fact situations.

Prefieren que **hables** en español.
*They prefer that **you speak** in Spanish.*

Dudo que Luis **tenga** el dinero necesario.
*I doubt that Luis **has** the necessary money.*

NOUN A word that identifies people, animals, places, things, and ideas.

hombre	**gato**
man	***cat***
México	**casa**
Mexico	***house***
libertad	**libro**
freedom	***book***

NUMBER A grammatical term that refers to singular or plural. Nouns in Spanish and English have number. Other parts of a sentence, such as adjectives, articles, and verbs, can also have number.

Singular	Plural
una cosa *a thing*	**unas** cosas *some things*
el profesor *the professor*	**los** profesores *the professors*

NUMBERS Words that represent amounts.

Cardinal numbers Words that show specific amounts.

cinco minutos
five minutes

el año **dos mil veintitrés**
the year 2023

Ordinal numbers Words that indicate the order of a noun in a series.

el **cuarto** jugador *the **fourth** player*	la **décima** hora *the **tenth** hour*

PAST PARTICIPLE A past form of the verb used in compound tenses. The past participle may also be used as an adjective, but it must then agree in number and gender with the word it modifies.

Han **buscado** por todas partes.
*They have **searched** everywhere.*

Yo no había **estudiado** para el examen.
*I hadn't **studied** for the exam.*

Hay una **ventana abierta** en la sala.
*There is an **open window** in the living room.*

PERSON The form of the verb or pronoun that indicates the speaker, the one spoken to, or the one spoken about. In Spanish, as in English, there are three persons: first, second, and third.

Person	Singular	Plural
1st	**yo** *I*	**nosotros/as** *we*
2nd	**tú, Ud.** *you*	**vosotros/as, Uds.** *you*
3rd	**él, ella** *he, she*	**ellos, ellas** *they*

PREPOSITION A word or words that describe(s) the relationship, most often in time or space, between two other words.

Anita es **de** California.
*Anita is **from** California.*

La chaqueta está **en** el carro.
*The jacket is **in** the car.*

Marta se peinó **antes de** salir.
*Marta combed her hair **before** going out.*

PRESENT PARTICIPLE In English, a verb form that ends in *-ing*. In Spanish, the present participle ends in **-ndo**, and is often used with **estar** to form a progressive tense.

Mi hermana está **hablando** por teléfono ahora mismo.
*My sister is **talking** on the phone right now.*

PRONOUN A word that takes the place of a noun or nouns.

Demonstrative pronoun A pronoun that takes the place of a specific noun.

Quiero **ésta**.
*I want **this one**.*

¿Vas a comprar **ése**?
*Are you going to buy **that one**?*

Juan prefirió **aquéllos**.
*Juan preferred **those** (over there).*

Object pronoun A pronoun that functions as a direct or indirect object of the verb.

Te digo la verdad.
*I'm telling **you** the truth.*

Me lo trajo Juan.
*Juan brought **it** to **me**.*

Reflexive pronoun A pronoun that indicates that the action of a verb is performed by the subject on itself. These pronouns are often expressed in English with *-self: myself, yourself*, etc.

Yo **me bañé** antes de salir.
*I **bathed (myself)** before going out.*

Elena **se acostó** a las once y media.
*Elena **went to bed** at eleven-thirty.*

Relative pronoun A pronoun that connects a subordinate clause to a main clause.

El chico **que** nos escribió viene de visita mañana.
*The boy **who** wrote us is coming to visit tomorrow.*

Ya sé **lo que** tenemos que hacer.
*I already know **what** we have to do.*

Subject pronoun A pronoun that replaces the name or title of a person or thing, and acts as the subject of a verb.

Tú debes estudiar más.
***You** should study more.*

Él llegó primero.
***He** arrived first.*

SUBJECT A noun or pronoun that performs the action of a verb and is often implied by the verb.

María va al supermercado.
***María** goes to the supermarket.*

(**Ellos**) Trabajan mucho.
***They** work hard.*

Esos **libros** son muy caros.
*Those **books** are very expensive.*

SUPERLATIVE A word or construction used with an adjective or adverb to express the highest or lowest degree of a specific quality among three or more people, places, or things.

De todas mis clases, ésta es la **más interesante**.
*Of all my classes, this is the **most interesting**.*

Raúl es el **menos simpático** de los chicos.
*Raúl is the **least pleasant** of the boys.*

TENSE A set of verb forms that indicates the time of an action or state: past, present, or future.

Compound tense A two-word tense made up of an auxiliary verb and a present or past participle. In Spanish, there are two auxiliary verbs: **estar** and **haber**.

En este momento, **estoy estudiando**.
*At this time, **I am studying**.*

El paquete no **ha llegado** todavía.
*The package **has** not **arrived** yet.*

Simple tense A tense expressed by a single verb form.

María **estaba** enferma anoche.
*María **was** sick last night.*

Juana **hablará** con su mamá mañana.
*Juana **will speak** with her mom tomorrow.*

VERB A word that expresses actions or states-of-being.

Auxiliary verb A verb used with a present or past participle to form a compound tense. **Haber** is the most commonly used auxiliary verb in Spanish.

Los chicos **han** visto los elefantes.
*The children **have** seen the elephants.*

Espero que **hayas** comido.
*I hope you **have** eaten.*

Reflexive verb A verb that describes an action performed by the subject on itself and is always used with a reflexive pronoun.

Me compré un carro nuevo.
*I **bought myself** a new car.*

Pedro y Adela **se levantan** muy temprano.
*Pedro and Adela **get (themselves) up** very early.*

Spelling change verb A verb that undergoes a predictable change in spelling, in order to reflect its actual pronunciation in the various conjugations.

practicar	c→qu	practico	practiqué
dirigir	g→j	dirigí	dirijo
almorzar	z→c	almorzó	almorcé

Stem-changing verb A verb whose stem vowel undergoes one or more predictable changes in the various conjugations.

entender (e:ie)	entiendo
pedir (e:i)	piden
dormir (o:ue, u)	duermo, durmieron

Verb Conjugation Tables

The verb lists

The list of verbs below, and the model-verb tables that start on page A-11 show you how to conjugate every verb taught in **VISTAS**. Each verb in the list is followed by a model verb conjugated according to the same pattern. The number in parentheses indicates where in the verb tables you can find the conjugated forms of the model verb. If you want to find out how to conjugate **divertirse**, for example, look up number 33, **sentir**, the model for verbs that follow the **e:ie** stem-change pattern.

How to use the verb tables

In the tables you will find the infinitive, present and past participles, and all the simple forms of each model verb. The formation of the compound tenses of any verb can be inferred from the table of compound tenses, pages A-11–12, either by combining the past participle of the verb with a conjugated form of **haber** or by combining the present participle with a conjugated form of **estar**.

abrazar (z:c) like cruzar (37)
abrir like vivir (3) *except* past participle is **abierto**
aburrir(se) like vivir (3)
acabar de like hablar (1)
acampar like hablar (1)
acompañar like hablar (1)
aconsejar like hablar (1)
acordarse (o:ue) like contar (24)
acostarse (o:ue) like contar (24)
adelgazar (z:c) like cruzar (37)
afeitarse like hablar (1)
ahorrar like hablar (1)
alegrarse like hablar (1)
aliviar like hablar (1)
almorzar (o:ue) like contar (24) *except* (z:c)
alquilar like hablar (1)
andar like hablar (1) *except* preterite stem is **anduv-**
anunciar like hablar (1)
apagar (g:gu) like llegar (41)
aplaudir like vivir (3)
apreciar like hablar (1)
aprender like comer (2)
apurarse like hablar (1)
arrancar (c:qu) like tocar (43)
arreglar like hablar (1)
asistir like vivir (3)
aumentar like hablar (1)
ayudar(se) like hablar (1)
bailar like hablar (1)
bajar(se) like hablar (1)
bañarse like hablar (1)
barrer like comer (2)
beber like comer (2)
besar(se) like hablar (1)
borrar like hablar (1)
brindar like hablar (1)
bucear like hablar (1)
buscar (c:qu) like tocar (43)
caber (4)
caer(se) (5)
calentarse (e:ie) like pensar (30)
calzar (z:c) like cruzar (37)
cambiar like hablar (1)
caminar like hablar (1)
cantar like hablar (1)
casarse like hablar (1)
cazar (z:c) like cruzar (37)
celebrar like hablar (1)
cenar like hablar (1)
cepillarse like hablar (1)
cerrar (e:ie) like pensar (30)
cobrar like hablar (1)
cocinar like hablar (1)
comenzar (e:ie) (z:c) like empezar (26)
comer (2)
compartir like vivir (3)
comprar like hablar (1)
comprender like comer (2)
comprometerse like comer (2)
comunicarse (c:qu) like tocar (43)
conducir (c:zc) (6)
confirmar like hablar (1)
conocer (c:zc) (35)
conseguir (e:i) (g:gu) like seguir (32)
conservar like hablar (1)
consumir like vivir (3)
contaminar like hablar (1)
contar (o:ue) (24)
contratar like hablar (1)
contestar like hablar (1)
conversar like hablar (1)
controlar like hablar (1)
correr like comer (2)
costar (o:ue) like contar (24)
creer (y) (36)
cruzar (z:c) (37)
cuidar like hablar (1)
cumplir like vivir (3)
dañar like hablar (1)
dar (7)
deber like comer (2)
decidir like vivir (3)
decir (e:i) (8)
declarar like hablar (1)
dejar like hablar (1)
depositar like hablar (1)
desarrollar like hablar (1)
desayunar like hablar (1)
descansar like hablar (1)
descargar like llegar (41)
describir like vivir (3) *except* past participle is **descrito**
descubrir like vivir (3) *except* past participle is **descubierto**
desear like hablar (1)
despedirse (e:i) like pedir (29)
despertarse (e:ie) like pensar (30)
destruir (y) (38)
dibujar like hablar (1)
dirigir (g:j) like vivir (3) *except* (g:j)
disfrutar like hablar (1)
divertirse (e:ie) like sentir (33)
divorciarse like hablar (1)
doblar like hablar (1)
doler (o:ue) like volver (34) *except* past participle is regular
dormir(se) (o:ue, u) (25)
ducharse like hablar (1)
dudar like hablar (1)
durar like hablar (1)
echar like hablar (1)
elegir (e:i) like pedir (29) *except* (g:j)

emitir like vivir (3)
empezar (e:ie) (z:c) (26)
enamorarse like hablar (1)
encantar like hablar (1)
encontrar(se) (o:ue) like contar (24)
enfermarse like hablar (1)
engordar like hablar (1)
enojarse like hablar (1)
enseñar like hablar (1)
ensuciar like hablar (1)
entender (e:ie) (27)
entrenarse like hablar (1)
entrevistar like hablar (1)
enviar (envío) (39)
escalar like hablar (1)
escanear like hablar (1)
escoger (g:j) like proteger (42)
escribir like vivir (3) *except* past participle is **escrito**
escuchar like hablar (1)
esculpir like vivir (3)
esperar like hablar (1)
esquiar (esquío) like enviar (39)
establecer (c:zc) like conocer (35)
estacionar like hablar (1)
estar (9)
estornudar like hablar (1)
estudiar like hablar (1)
evitar like hablar (1)
explicar (c:qu) like tocar (43)
faltar like hablar (1)
fascinar like hablar (1)
firmar like hablar (1)
fumar like hablar (1)
funcionar like hablar (1)
ganar like hablar (1)
gastar like hablar (1)
grabar like hablar (1)
graduarse (gradúo) (40)
guardar like hablar (1)
gustar like hablar (1)
haber (hay) (10)
hablar (1)
hacer (11)
importar like hablar (1)
imprimir like vivir (3)
indicar (c:qu) like tocar (43)
informar like hablar (1)
insistir like vivir (3)
interesar like hablar (1)
invertir (e:ie) like sentir (33)
invitar like hablar (1)
ir(se) (12)
jubilarse like hablar (1)
jugar (u:ue) (g:gu) (28)
lastimarse like hablar (1)
lavar(se) like hablar (1)
leer (y) like creer (36)
levantar(se) like hablar (1)
limpiar like hablar (1)
llamar(se) like hablar (1)
llegar (g:gu) (41)
llenar like hablar (1)
llevar(se) like hablar (1)
llover (o:ue) like volver (34) *except* past participle is regular
luchar like hablar (1)
mandar like hablar (1)
manejar like hablar (1)
mantener(se) (e:ie) like tener (20)
maquillarse like hablar (1)
mejorar like hablar (1)
merendar (e:ie) like pensar (30)
mirar like hablar (1)
molestar like hablar (1)
montar like hablar (1)
morir (o:ue) like dormir (25) *except* past participle is **muerto**
mostrar (o:ue) like contar (24)
mudarse like hablar (1)
nacer (c:zc) like conocer (35)
nadar like hablar (1)
navegar (g:gu) like llegar (41)
necesitar like hablar (1)
negar (e:ie) like pensar (30) *except* (g:gu)
nevar (e:ie) like pensar (30)
obedecer (c:zc) like conocer (35)
obtener (e:ie) like tener (20)
ocurrir like vivir (3)
odiar like hablar (1)
ofrecer (c:zc) like conocer (35)
oír (13)
olvidar like hablar (1)
pagar (g:gu) like llegar (41)
parar like hablar (1)
parecer (c:zc) like conocer (35)
pasar like hablar (1)
pasear like hablar (1)
patinar like hablar (1)
pedir (e:i) (29)
peinarse like hablar (1)
pensar (e:ie) (30)
perder (e:ie) like entender (27)
pescar (c:qu) like tocar (43)
pintar like hablar (1)
planchar like hablar (1)
poder (o:ue) (14)
poner(se) (15)
practicar (c:qu) like tocar (43)
preferir (e:ie) like sentir (33)
preguntar like hablar (1)
prender like comer (2)
preocuparse like hablar (1)
preparar like hablar (1)
presentar like hablar (1)
prestar like hablar (1)
probar(se) (o:ue) like contar (24)
prohibir like vivir (3)
proteger (g:j) (42)
publicar (c:qu) like tocar (43)
quedar(se) like hablar (1)
querer (e:ie) (16)
quitar(se) like hablar (1)
recetar like hablar (1)
recibir like vivir (3)
reciclar like hablar (1)
recoger (g:j) like proteger (42)
recomendar (e:ie) like pensar (30)
recordar (o:ue) like contar (24)
reducir (c:zc) like conducir (6)
regalar like hablar (1)
regatear like hablar (1)
regresar like hablar (1)
reír(se) (e:i) (31)
relajarse like hablar (1)
renunciar like hablar (1)
repetir (e:i) like pedir (29)
resolver (o:ue) like volver (34)
respirar like hablar (1)
revisar like hablar (1)
rogar (o:ue) like contar (24) *except* (g:gu)
romper(se) like comer (2) *except* past participle is **roto**
saber (17)
sacar (c:qu) like tocar (43)
sacudir like vivir (3)
salir (18)
saludar(se) like hablar (1)
secar(se) (c:qu) like tocar (43)
seguir (e:i) (32)
sentarse (e:ie) like pensar (30)
sentir(se) (e:ie) (33)
separarse like hablar (1)
ser (19)
servir (e:i) like pedir (29)
solicitar like hablar (1)
sonar (o:ue) like contar (24)
sonreír (e:i) like reír(se) (31)
sorprender like comer (2)
subir like vivir (3)
sudar like hablar (1)
sufrir like vivir (3)
sugerir (e:ie) like sentir (33)
suponer like poner (15)
temer like comer (2)
tener (e:ie) (20)
terminar like hablar (1)
tocar (c:qu) (43)
tomar like hablar (1)
torcerse (o:ue) like volver (34) *except* (c:z) and past participle is regular; e.g., **yo tuerzo**
toser like comer (2)
trabajar like hablar (1)
traducir (c:zc) like conducir (6)
traer (21)
transmitir like vivir (3)
tratar like hablar (1)
usar like hablar (1)
vender like comer (2)
venir (e:ie, i) (22)
ver (23)
vestirse (e:i) like pedir (29)
viajar like hablar (1)
visitar like hablar (1)
vivir (3)
volver (o:ue) (34)
votar like hablar (1)

Regular verbs: simple tenses

	Infinitive	INDICATIVE					SUBJUNCTIVE		IMPERATIVE
		Present	Imperfect	Preterite	Future	Conditional	Present	Past	
1	hablar	hablo	hablaba	hablé	hablaré	hablaría	hable	hablara	
		hablas	hablabas	hablaste	hablarás	hablarías	hables	hablaras	habla tú (no hables)
	Participles:	habla	hablaba	habló	hablará	hablaría	hable	hablara	hable Ud.
	hablando	hablamos	hablábamos	hablamos	hablaremos	hablaríamos	hablemos	habláramos	hablemos
	hablado	habláis	hablabais	hablasteis	hablaréis	hablaríais	habléis	hablarais	hablad (no habléis)
		hablan	hablaban	hablaron	hablarán	hablarían	hablen	hablaran	hablen Uds.
2	comer	como	comía	comí	comeré	comería	coma	comiera	
		comes	comías	comiste	comerás	comerías	comas	comieras	come tú (no comas)
	Participles:	come	comía	comió	comerá	comería	coma	comiera	coma Ud.
	comiendo	comemos	comíamos	comimos	comeremos	comeríamos	comamos	comiéramos	comamos
	comido	coméis	comíais	comisteis	comeréis	comeríais	comáis	comierais	comed (no comáis)
		comen	comían	comieron	comerán	comerían	coman	comieran	coman Uds.
3	vivir	vivo	vivía	viví	viviré	viviría	viva	viviera	
		vives	vivías	viviste	vivirás	vivirías	vivas	vivieras	vive tú (no vivas)
	Participles:	vive	vivía	vivió	vivirá	viviría	viva	viviera	viva Ud.
	viviendo	vivimos	vivíamos	vivimos	viviremos	viviríamos	vivamos	viviéramos	vivamos
	vivido	vivís	vivíais	vivisteis	viviréis	viviríais	viváis	vivierais	vivid (no viváis)
		viven	vivían	vivieron	vivirán	vivirían	vivan	vivieran	vivan Uds.

All verbs: compound tenses

PERFECT TENSES					
INDICATIVE				SUBJUNCTIVE	
Present Perfect	Past Perfect	Future Perfect	Conditional Perfect	Present Perfect	Past Perfect
he	había	habré	habría	haya	hubiera
has	habías	habrás	habrías	hayas	hubieras
ha	había	habrá	habría	haya	hubiera
hemos	habíamos	habremos	habríamos	hayamos	hubiéramos
habéis	habíais	habréis	habríais	hayáis	hubierais
han	habían	habrán	habrían	hayan	hubieran
hablado	hablado	hablado	hablado	hablado	hablado
comido	comido	comido	comido	comido	comido
vivido	vivido	vivido	vivido	vivido	vivido

PROGRESSIVE TENSES					
INDICATIVE				SUBJUNCTIVE	
Present Progressive	Past Progressive	Future Progressive	Conditional Progressive	Present Progressive	Past Progressive
estoy estás está estamos estáis están hablando comiendo viviendo	estaba estabas estaba estábamos estabais estaban hablando comiendo viviendo	estaré estarás estará estaremos estaréis estarán hablando comiendo viviendo	estaría estarías estaría estaríamos estaríais estarían hablando comiendo viviendo	esté estés esté estemos estéis estén hablando comiendo viviendo	estuviera estuvieras estuviera estuviéramos estuvierais estuvieran hablando comiendo viviendo

Irregular verbs

		INDICATIVE					SUBJUNCTIVE		IMPERATIVE
	Infinitive	Present	Imperfect	Preterite	Future	Conditional	Present	Past	
4	caber	**quepo**	cabía	**cupe**	**cabré**	**cabría**	**quepa**	**cupiera**	
		cabes	cabías	**cupiste**	**cabrás**	**cabrías**	**quepas**	**cupieras**	cabe tú (no **quepas**)
	Participles:	cabe	cabía	**cupo**	**cabrá**	**cabría**	**quepa**	**cupiera**	**quepa** Ud.
	cabiendo	cabemos	cabíamos	**cupimos**	**cabremos**	**cabríamos**	**quepamos**	**cupiéramos**	**quepamos**
	cabido	cabéis	cabíais	**cupisteis**	**cabréis**	**cabríais**	**quepáis**	**cupierais**	cabed (no **quepáis**)
		caben	cabían	**cupieron**	**cabrán**	**cabrían**	**quepan**	**cupieran**	**quepan** Uds.
5	caer(se)	**caigo**	caía	caí	caeré	caería	**caiga**	**cayera**	
		caes	caías	**caíste**	caerás	caerías	**caigas**	**cayeras**	cae tú (no **caigas**)
	Participles:	cae	caía	**cayó**	caerá	caería	**caiga**	**cayera**	**caiga** Ud.
	cayendo	caemos	caíamos	**caímos**	caeremos	caeríamos	**caigamos**	**cayéramos**	**caigamos**
	caído	caéis	caíais	**caísteis**	caeréis	caeríais	**caigáis**	**cayerais**	caed (no **caigáis**)
		caen	caían	**cayeron**	caerán	caerían	**caigan**	**cayeran**	**caigan** Uds.
6	conducir	**conduzco**	conducía	**conduje**	conduciré	conduciría	**conduzca**	**condujera**	
	(c:zc)	conduces	conducías	**condujiste**	conducirás	conducirías	**conduzcas**	**condujeras**	conduce tú (no **conduzcas**)
		conduce	conducía	**condujo**	conducirá	conduciría	**conduzca**	**condujera**	**conduzca** Ud.
	Participles:	conducimos	conducíamos	**condujimos**	conduciremos	conduciríamos	**conduzcamos**	**condujéramos**	**conduzcamos**
	conduciendo	conducís	conducíais	**condujisteis**	conduciréis	conduciríais	**conduzcáis**	**condujerais**	conducid (no **conduzcáis**)
	conducido	conducen	conducían	**condujeron**	conducirán	conducirían	**conduzcan**	**condujeran**	**conduzcan** Uds.

	INDICATIVE					SUBJUNCTIVE		IMPERATIVE
Infinitive	Present	Imperfect	Preterite	Future	Conditional	Present	Past	
7 dar	**doy**	daba	**di**	daré	daría	**dé**	**diera**	
	das	dabas	**diste**	darás	darías	**des**	**dieras**	da tú (no des)
Participles:	da	daba	**dio**	dará	daría	**dé**	**diera**	**dé** Ud.
dando	damos	dábamos	**dimos**	daremos	daríamos	**demos**	**diéramos**	**demos**
dado	dais	dabais	**disteis**	daréis	daríais	**deis**	**dierais**	dad (no **deis**)
	dan	daban	**dieron**	darán	darían	**den**	**dieran**	**den** Uds.
8 decir (e:i)	**digo**	decía	**dije**	**diré**	**diría**	**diga**	**dijera**	
	dices	decías	**dijiste**	**dirás**	**dirías**	**digas**	**dijeras**	**di** tú (no **digas**)
Participles:	**dice**	decía	**dijo**	**dirá**	**diría**	**diga**	**dijera**	**diga** Ud.
diciendo	decimos	decíamos	**dijimos**	**diremos**	**diríamos**	**digamos**	**dijéramos**	**digamos**
dicho	decís	decíais	**dijisteis**	**diréis**	**diríais**	**digáis**	**dijerais**	decid (no **digáis**)
	dicen	decían	**dijeron**	**dirán**	**dirían**	**digan**	**dijeran**	**digan** Uds.
9 estar	**estoy**	estaba	**estuve**	estaré	estaría	esté	**estuviera**	
	estás	estabas	**estuviste**	estarás	estarías	estés	**estuvieras**	está tú (no estés)
Participles:	está	estaba	**estuvo**	estará	estaría	esté	**estuviera**	esté Ud.
estando	estamos	estábamos	**estuvimos**	estaremos	estaríamos	estemos	**estuviéramos**	estemos
estado	estáis	estabais	**estuvisteis**	estaréis	estaríais	estéis	**estuvierais**	estad (no estéis)
	están	estaban	**estuvieron**	estarán	estarían	estén	**estuvieran**	estén Uds.
10 haber	**he**	había	**hube**	**habré**	**habría**	**haya**	**hubiera**	
	has	habías	**hubiste**	**habrás**	**habrías**	**hayas**	**hubieras**	
Participles:	**ha**	había	**hubo**	**habrá**	**habría**	**haya**	**hubiera**	
habiendo	**hemos**	habíamos	**hubimos**	**habremos**	**habríamos**	**hayamos**	**hubiéramos**	
habido	**habéis**	habíais	**hubisteis**	**habréis**	**habríais**	**hayáis**	**hubierais**	
	han	habían	**hubieron**	**habrán**	**habrían**	**hayan**	**hubieran**	
11 hacer	**hago**	hacía	**hice**	**haré**	**haría**	**haga**	**hiciera**	
	haces	hacías	**hiciste**	**harás**	**harías**	**hagas**	**hicieras**	**haz** tú (no **hagas**)
Participles:	hace	hacía	**hizo**	**hará**	**haría**	**haga**	**hiciera**	**haga** Ud.
haciendo	hacemos	hacíamos	**hicimos**	**haremos**	**haríamos**	**hagamos**	**hiciéramos**	**hagamos**
hecho	hacéis	hacíais	**hicisteis**	**haréis**	**haríais**	**hagáis**	**hicierais**	haced (no **hagáis**)
	hacen	hacían	**hicieron**	**harán**	**harían**	**hagan**	**hicieran**	**hagan** Uds.
12 ir	**voy**	**iba**	**fui**	iré	iría	**vaya**	**fuera**	
	vas	**ibas**	**fuiste**	irás	irías	**vayas**	**fueras**	**ve** tú (no **vayas**)
Participles:	**va**	**iba**	**fue**	irá	iría	**vaya**	**fuera**	**vaya** Ud.
yendo	**vamos**	**íbamos**	**fuimos**	iremos	iríamos	**vayamos**	**fuéramos**	**vamos**
ido	**vais**	**ibais**	**fuisteis**	iréis	iríais	**vayáis**	**fuerais**	id (no **vayáis**)
	van	**iban**	**fueron**	irán	irían	**vayan**	**fueran**	**vayan** Uds.
13 oír (y)	**oigo**	oía	**oí**	oiré	oiría	**oiga**	**oyera**	
	oyes	oías	**oíste**	oirás	oirías	**oigas**	**oyeras**	**oye** tú (no **oigas**)
Participles:	**oye**	oía	**oyó**	oirá	oiría	**oiga**	**oyera**	**oiga** Ud.
oyendo	**oímos**	oíamos	**oímos**	oiremos	oiríamos	**oigamos**	**oyéramos**	**oigamos**
oído	**oís**	oíais	**oísteis**	oiréis	oiríais	**oigáis**	**oyerais**	oíd (no **oigáis**)
	oyen	oían	**oyeron**	oirán	oirían	**oigan**	**oyeran**	**oigan** Uds.

	Infinitive	INDICATIVE					SUBJUNCTIVE		IMPERATIVE
		Present	Imperfect	Preterite	Future	Conditional	Present	Past	
14	poder (o:ue)	**puedo**	podía	**pude**	**podré**	**podría**	**pueda**	**pudiera**	
		puedes	podías	**pudiste**	**podrás**	**podrías**	**puedas**	**pudieras**	**puede** tú (no **puedas**)
	Participles:	**puede**	podía	**pudo**	**podrá**	**podría**	**pueda**	**pudiera**	**pueda** Ud.
	pudiendo	podemos	podíamos	**pudimos**	**podremos**	**podríamos**	podamos	**pudiéramos**	podamos
	podido	podéis	podíais	**pudisteis**	**podréis**	**podríais**	podáis	**pudierais**	poded (no podáis)
		pueden	podían	**pudieron**	**podrán**	**podrían**	**puedan**	**pudieran**	**puedan** Uds.
15	poner	**pongo**	ponía	**puse**	**pondré**	**pondría**	**ponga**	**pusiera**	
		pones	ponías	**pusiste**	**pondrás**	**pondrías**	**pongas**	**pusieras**	**pon** tú (no **pongas**)
	Participles:	pone	ponía	**puso**	**pondrá**	**pondría**	**ponga**	**pusiera**	**ponga** Ud.
	poniendo	ponemos	poníamos	**pusimos**	**pondremos**	**pondríamos**	**pongamos**	**pusiéramos**	**pongamos**
	puesto	ponéis	poníais	**pusisteis**	**pondréis**	**pondríais**	**pongáis**	**pusierais**	poned (no **pongáis**)
		ponen	ponían	**pusieron**	**pondrán**	**pondrían**	**pongan**	**pusieran**	**pongan** Uds.
16	querer (e:ie)	**quiero**	quería	**quise**	**querré**	**querría**	**quiera**	**quisiera**	
		quieres	querías	**quisiste**	**querrás**	**querrías**	**quieras**	**quisieras**	**quiere** tú (no **quieras**)
	Participles:	**quiere**	quería	**quiso**	**querrá**	**querría**	**quiera**	**quisiera**	**quiera** Ud.
	queriendo	queremos	queríamos	**quisimos**	**querremos**	**querríamos**	queramos	**quisiéramos**	**queramos**
	querido	queréis	queríais	**quisisteis**	**querréis**	**querríais**	queráis	**quisierais**	quered (no queráis)
		quieren	querían	**quisieron**	**querrán**	**querrían**	**quieran**	**quisieran**	**quieran** Uds.
17	saber	**sé**	sabía	**supe**	**sabré**	**sabría**	**sepa**	**supiera**	
		sabes	sabías	**supiste**	**sabrás**	**sabrías**	**sepas**	**supieras**	sabe tú (no **sepas**)
	Participles:	sabe	sabía	**supo**	**sabrá**	**sabría**	**sepa**	**supiera**	**sepa** Ud.
	sabiendo	sabemos	sabíamos	**supimos**	**sabremos**	**sabríamos**	**sepamos**	**supiéramos**	**sepamos**
	sabido	sabéis	sabíais	**supisteis**	**sabréis**	**sabríais**	**sepáis**	**supierais**	sabed (no **sepáis**)
		saben	sabían	**supieron**	**sabrán**	**sabrían**	**sepan**	**supieran**	**sepan** Uds.
18	salir	**salgo**	salía	salí	**saldré**	**saldría**	**salga**	saliera	
		sales	salías	saliste	**saldrás**	**saldrías**	**salgas**	salieras	**sal** tú (no **salgas**)
	Participles:	sale	salía	salió	**saldrá**	**saldría**	**salga**	saliera	**salga** Ud.
	saliendo	salimos	salíamos	salimos	**saldremos**	**saldríamos**	**salgamos**	saliéramos	**salgamos**
	salido	salís	salíais	salisteis	**saldréis**	**saldríais**	**salgáis**	salierais	salid (no **salgáis**)
		salen	salían	salieron	**saldrán**	**saldrían**	**salgan**	salieran	**salgan** Uds.
19	ser	**soy**	**era**	**fui**	seré	sería	**sea**	**fuera**	
		eres	**eras**	**fuiste**	serás	serías	**seas**	**fueras**	**sé** tú (no **seas**)
	Participles:	**es**	**era**	**fue**	será	sería	**sea**	**fuera**	**sea** Ud.
	siendo	**somos**	**éramos**	**fuimos**	seremos	seríamos	**seamos**	**fuéramos**	**seamos**
	sido	**sois**	**erais**	**fuisteis**	seréis	seríais	**seáis**	**fuerais**	sed (no **seáis**)
		son	**eran**	**fueron**	serán	serían	**sean**	**fueran**	**sean** Uds.
20	tener (e:ie)	**tengo**	**tenía**	**tuve**	**tendré**	**tendría**	**tenga**	**tuviera**	
		tienes	**tenías**	**tuviste**	**tendrás**	**tendrías**	**tengas**	**tuvieras**	**ten** tú (no **tengas**)
	Participles:	**tiene**	**tenía**	**tuvo**	**tendrá**	**tendría**	**tenga**	**tuviera**	**tenga** Ud.
	teniendo	tenemos	**teníamos**	**tuvimos**	**tendremos**	**tendríamos**	**tengamos**	**tuviéramos**	**tengamos**
	tenido	tenéis	**teníais**	**tuvisteis**	**tendréis**	**tendríais**	**tengáis**	**tuvierais**	tened (no **tengáis**)
		tienen	**tenían**	**tuvieron**	**tendrán**	**tendrían**	**tengan**	**tuvieran**	**tengan** Uds.

		INDICATIVE					SUBJUNCTIVE		IMPERATIVE
	Infinitive	Present	Imperfect	Preterite	Future	Conditional	Present	Past	
21	traer	**traigo**	traía	**traje**	traeré	traería	**traiga**	**trajera**	
		traes	traías	**trajiste**	traerás	traerías	**traigas**	**trajeras**	trae tú (no **traigas**)
	Participles:	trae	traía	**trajo**	traerá	traería	**traiga**	**trajera**	**traiga** Ud.
	trayendo	traemos	traíamos	**trajimos**	traeremos	traeríamos	**traigamos**	**trajéramos**	**traigamos**
	traído	traéis	traíais	**trajisteis**	traeréis	traeríais	**traigáis**	**trajerais**	traed (no **traigáis**)
		traen	traían	**trajeron**	traerán	traerían	**traigan**	**trajeran**	**traigan** Uds.
22	venir (e:ie)	**vengo**	venía	**vine**	**vendré**	**vendría**	**venga**	**viniera**	
		vienes	venías	**viniste**	**vendrás**	**vendrías**	**vengas**	**vinieras**	**ven** tú (no **vengas**)
	Participles:	**viene**	venía	**vino**	**vendrá**	**vendría**	**venga**	**viniera**	**venga** Ud.
	viniendo	venimos	veníamos	**vinimos**	**vendremos**	**vendríamos**	**vengamos**	**viniéramos**	**vengamos**
	venido	venís	veníais	**vinisteis**	**vendréis**	**vendríais**	**vengáis**	**vinierais**	venid (no **vengáis**)
		vienen	venían	**vinieron**	**vendrán**	**vendrían**	**vengan**	**vinieran**	**vengan** Uds.
23	ver	**veo**	**veía**	**vi**	veré	vería	**vea**	**viera**	
		ves	**veías**	**viste**	verás	verías	**veas**	**vieras**	**ve** tú (no **veas**)
	Participles:	ve	**veía**	**vio**	verá	vería	**vea**	**viera**	**vea** Ud.
	viendo	vemos	**veíamos**	**vimos**	veremos	veríamos	**veamos**	**viéramos**	**veamos**
	visto	veis	**veíais**	**visteis**	veréis	veríais	**veáis**	**vierais**	ved (no **veáis**)
		ven	**veían**	**vieron**	verán	verían	**vean**	**vieran**	**vean** Uds.

Stem-changing verbs

		INDICATIVE					SUBJUNCTIVE		IMPERATIVE
	Infinitive	Present	Imperfect	Preterite	Future	Conditional	Present	Past	
24	contar (o:ue)	**cuento**	contaba	conté	contaré	contaría	**cuente**	contara	
		cuentas	contabas	contaste	contarás	contarías	**cuentes**	contaras	**cuenta** tú (no **cuentes**)
	Participles:	**cuenta**	contaba	contó	contará	contaría	**cuente**	contara	**cuente** Ud.
	contando	contamos	contábamos	contamos	contaremos	contaríamos	contemos	contáramos	contemos
	contado	contáis	contabais	contasteis	contaréis	contaríais	contéis	contarais	contad (no contéis)
		cuentan	contaban	contaron	contarán	contarían	**cuenten**	contaran	**cuenten** Uds.
25	dormir (o:ue)	**duermo**	dormía	dormí	dormiré	dormiría	**duerma**	**durmiera**	
		duermes	dormías	dormiste	dormirás	dormirías	**duermas**	**durmieras**	**duerme** tú (no **duermas**)
	Participles:	**duerme**	dormía	**durmió**	dormirá	dormiría	**duerma**	**durmiera**	**duerma** Ud.
	durmiendo	dormimos	dormíamos	dormimos	dormiremos	dormiríamos	**durmamos**	**durmiéramos**	**durmamos**
	dormido	dormís	dormíais	dormisteis	dormiréis	dormiríais	**durmáis**	**durmierais**	dormid (no **durmáis**)
		duermen	dormían	**durmieron**	dormirán	dormirían	**duerman**	**durmieran**	**duerman** Uds.
26	empezar	**empiezo**	empezaba	**empecé**	empezaré	empezaría	**empiece**	empezara	
	(e:ie) (z:c)	**empiezas**	empezabas	empezaste	empezarás	empezarías	**empieces**	empezaras	**empieza** tú (no **empieces**)
		empieza	empezaba	empezó	empezará	empezaría	**empiece**	empezara	**empiece** Ud.
	Participles:	empezamos	empezábamos	empezamos	empezaremos	empezaríamos	**empecemos**	empezáramos	**empecemos**
	empezando	empezáis	empezabais	empezasteis	empezaréis	empezaríais	**empecéis**	empezarais	empezad (no **empecéis**)
	empezado	**empiezan**	empezaban	empezaron	empezarán	empezarían	**empiecen**	empezaran	**empiecen** Uds.

		INDICATIVE					SUBJUNCTIVE		IMPERATIVE
	Infinitive	Present	Imperfect	Preterite	Future	Conditional	Present	Past	
27	entender (e:ie) **Participles:** entendiendo entendido	**entiendo** **entiendes** **entiende** entendemos entendéis **entienden**	entendía entendías entendía entendíamos entendíais entendían	entendí entendiste entendió entendimos entendisteis entendieron	entenderé entenderás entenderá entenderemos entenderéis entenderán	entendería entenderías entendería entenderíamos entenderíais entenderían	**entienda** **entiendas** **entienda** entendamos entendáis **entiendan**	entendiera entendieras entendiera entendiéramos entendierais entendieran	**entiende** tú (no **entiendas**) **entienda** Ud. entendamos entended (no entendáis) **entiendan** Uds.
28	jugar (u:ue) (g:gu) **Participles:** jugando jugado	**juego** **juegas** **juega** jugamos jugáis **juegan**	jugaba jugabas jugaba jugábamos jugabais jugaban	**jugué** jugaste jugó jugamos jugasteis jugaron	jugaré jugarás jugará jugaremos jugaréis jugarán	jugaría jugarías jugaría jugaríamos jugaríais jugarían	**juegue** **juegues** **juegue** juguemos juguéis **jueguen**	jugara jugaras jugara jugáramos jugarais jugaran	**juega** tú (no **juegues**) **juegue** Ud. juguemos jugad (no juguéis) **jueguen** Uds.
29	pedir (e:i) **Participles:** **pidiendo** pedido	**pido** **pides** **pide** pedimos pedís **piden**	pedía pedías pedía pedíamos pedíais pedían	pedí pediste **pidió** pedimos pedisteis **pidieron**	pediré pedirás pedirá pediremos pediréis pedirán	pediría pedirías pediría pediríamos pediríais pedirían	**pida** **pidas** **pida** **pidamos** **pidáis** **pidan**	**pidiera** **pidieras** **pidiera** **pidiéramos** **pidierais** **pidieran**	**pide** tú (no **pidas**) **pida** Ud. **pidamos** pedid (no **pidáis**) **pidan** Uds.
30	pensar (e:ie) **Participles:** pensando pensado	**pienso** **piensas** **piensa** pensamos pensáis **piensan**	pensaba pensabas pensaba pensábamos pensabais pensaban	pensé pensaste pensó pensamos pensasteis pensaron	pensaré pensarás pensará pensaremos pensaréis pensarán	pensaría pensarías pensaría pensaríamos pensaríais pensarían	**piense** **pienses** **piense** pensemos penséis **piensen**	pensara pensaras pensara pensáramos pensarais pensaran	**piensa** tú (no **pienses**) **piense** Ud. pensemos pensad (no penséis) **piensen** Uds.
31	reír(se) (e:i) **Participles:** **riendo** **reído**	**río** **ríes** **ríe** **reímos** **reís** **ríen**	reía reías reía reíamos reíais reían	**reí** **reíste** **rió** **reímos** **reísteis** **rieron**	reiré reirás reirá reiremos reiréis reirán	reiría reirías reiría reiríamos reiríais reirían	**ría** **rías** **ría** **riamos** **riáis** **rían**	**riera** **rieras** **riera** **riéramos** **rierais** **rieran**	**ríe** tú (no **rías**) **ría** Ud. **riamos** reíd (no **riáis**) **rían** Uds.
32	seguir (e:i) (gu:g) **Participles:** **siguiendo** seguido	**sigo** **sigues** **sigue** seguimos seguís **siguen**	seguía seguías seguía seguíamos seguíais seguían	seguí seguiste **siguió** seguimos seguisteis **siguieron**	seguiré seguirás seguirá seguiremos seguiréis seguirán	seguiría seguirías seguiría seguiríamos seguiríais seguirían	**siga** **sigas** **siga** **sigamos** **sigáis** **sigan**	**siguiera** **siguieras** **siguiera** **siguiéramos** **siguierais** **siguieran**	**sigue** tú (no **sigas**) **siga** Ud. **sigamos** seguid (no **sigáis**) **sigan** Uds.
33	sentir (e:ie) **Participles:** **sintiendo** sentido	**siento** **sientes** **siente** sentimos sentís **sienten**	sentía sentías sentía sentíamos sentíais sentían	sentí sentiste **sintió** sentimos sentisteis **sintieron**	sentiré sentirás sentirá sentiremos sentiréis sentirán	sentiría sentirías sentiría sentiríamos sentiríais sentirían	**sienta** **sientas** **sienta** **sintamos** **sintáis** **sientan**	**sintiera** **sintieras** **sintiera** **sintiéramos** **sintierais** **sintieran**	**siente** tú (no **sientas**) **sienta** Ud. **sintamos** sentid (no **sintáis**) **sientan** Uds.

	INDICATIVE					SUBJUNCTIVE		IMPERATIVE
Infinitive	Present	Imperfect	Preterite	Future	Conditional	Present	Past	
34 volver (o:ue)	**vuelvo**	volvía	volví	volveré	volvería	**vuelva**	volviera	
	vuelves	volvías	volviste	volverás	volverías	**vuelvas**	volvieras	**vuelve** tú (no **vuelvas**)
Participles:	**vuelve**	volvía	volvió	volverá	volvería	**vuelva**	volviera	**vuelva** Ud.
volviendo	volvemos	volvíamos	volvimos	volveremos	volveríamos	volvamos	volviéramos	volvamos
vuelto	volvéis	volvíais	volvisteis	volveréis	volveríais	volváis	volvierais	volved (no volváis)
	vuelven	volvían	volvieron	volverán	volverían	**vuelvan**	volvieran	**vuelvan** Uds.

Verbs with spelling changes only

	INDICATIVE					SUBJUNCTIVE		IMPERATIVE
Infinitive	Present	Imperfect	Preterite	Future	Conditional	Present	Past	
35 conocer	**conozco**	conocía	conocí	conoceré	conocería	**conozca**	conociera	
(c:zc)	conoces	conocías	conociste	conocerás	conocerías	**conozcas**	conocieras	conoce tú (no **conozcas**)
	conoce	conocía	conoció	conocerá	conocería	**conozca**	conociera	**conozca** Ud.
Participles:	conocemos	conocíamos	conocimos	conoceremos	conoceríamos	**conozcamos**	conociéramos	**conozcamos**
conociendo	conocéis	conocíais	conocisteis	conoceréis	conoceríais	**conozcáis**	conocierais	conoced (no **conozcáis**)
conocido	conocen	conocían	conocieron	conocerán	conocerían	**conozcan**	conocieran	**conozcan** Uds.
36 creer (y)	creo	creía	**creí**	creeré	creería	crea	**creyera**	
	crees	creías	**creíste**	creerás	creerías	creas	**creyeras**	cree tú (no creas)
Participles:	cree	creía	**creyó**	creerá	creería	crea	**creyera**	crea Ud.
creyendo	creemos	creíamos	**creímos**	creeremos	creeríamos	creamos	**creyéramos**	creamos
creído	creéis	creíais	**creísteis**	creeréis	creeríais	creáis	**creyerais**	creed (no creáis)
	creen	creían	**creyeron**	creerán	creerían	crean	**creyeran**	crean Uds.
37 cruzar (z:c)	cruzo	cruzaba	**crucé**	cruzaré	cruzaría	**cruce**	cruzara	
	cruzas	cruzabas	cruzaste	cruzarás	cruzarías	**cruces**	cruzaras	cruza tú (no **cruces**)
Participles:	cruza	cruzaba	cruzó	cruzará	cruzaría	**cruce**	cruzara	**cruce** Ud.
cruzando	cruzamos	cruzábamos	cruzamos	cruzaremos	cruzaríamos	**crucemos**	cruzáramos	**crucemos**
cruzado	cruzáis	cruzabais	cruzasteis	cruzaréis	cruzaríais	**crucéis**	cruzarais	cruzad (no **crucéis**)
	cruzan	cruzaban	cruzaron	cruzarán	cruzarían	**crucen**	cruzaran	**crucen** Uds.
38 destruir (y)	**destruyo**	destruía	destruí	destruiré	destruiría	**destruya**	**destruyera**	
	destruyes	destruías	destruiste	destruirás	destruirías	**destruyas**	**destruyeras**	**destruye** tú (no **destruyas**)
Participles:	**destruye**	destruía	**destruyó**	destruirá	destruiría	**destruya**	**destruyera**	**destruya** Ud.
destruyendo	destruimos	destruíamos	destruimos	destruiremos	destruiríamos	**destruyamos**	**destruyéramos**	**destruyamos**
destruido	destruís	destruíais	destruisteis	destruiréis	destruiríais	**destruyáis**	**destruyerais**	destruid (no **destruyáis**)
	destruyen	destruían	**destruyeron**	destruirán	destruirían	**destruyan**	**destruyeran**	**destruyan** Uds.
39 enviar	**envío**	enviaba	envié	enviaré	enviaría	**envíe**	enviara	
(envío)	**envías**	enviabas	enviaste	enviarás	enviarías	**envíes**	enviaras	**envía** tú (no **envíes**)
	envía	enviaba	envió	enviará	enviaría	**envíe**	enviara	**envíe** Ud.
Participles:	enviamos	enviábamos	enviamos	enviaremos	enviaríamos	**enviemos**	enviáramos	enviemos
enviando	enviáis	enviabais	enviasteis	enviaréis	enviaríais	**enviéis**	enviarais	enviad (no **enviéis**)
enviado	**envían**	enviaban	enviaron	enviarán	enviarían	**envíen**	enviaran	**envíen** Uds.

		INDICATIVE					SUBJUNCTIVE		IMPERATIVE
	Infinitive	Present	Imperfect	Preterite	Future	Conditional	Present	Past	
40	graduarse	**gradúo**	graduaba	gradué	graduaré	graduaría	**gradúe**	graduara	
	(gradúo)	**gradúas**	graduabas	graduaste	graduarás	graduarías	**gradúes**	graduaras	**gradúa** tú (no **gradúes**)
		gradúa	graduaba	graduó	graduará	graduaría	**gradúe**	graduara	**gradúe** Ud.
	Participles:	graduamos	graduábamos	graduamos	graduaremos	graduaríamos	graduemos	graduáramos	graduemos
	graduando	graduáis	graduabais	graduasteis	graduaréis	graduaríais	graduéis	graduarais	graduad (no graduéis)
	graduado	**gradúan**	graduaban	graduaron	graduarán	graduarían	**gradúen**	graduaran	**gradúen** Uds.
41	llegar (g:gu)	llego	llegaba	**llegué**	llegaré	llegaría	**llegue**	llegara	
		llegas	llegabas	llegaste	llegarás	llegarías	**llegues**	llegaras	llega tú (no **llegues**)
	Participles:	llega	llegaba	llegó	llegará	llegaría	**llegue**	llegara	**llegue** Ud.
	llegando	llegamos	llegábamos	llegamos	llegaremos	llegaríamos	**lleguemos**	llegáramos	**lleguemos**
	llegado	llegáis	llegabais	llegasteis	llegaréis	llegaríais	**lleguéis**	llegarais	llegad (no **lleguéis**)
		llegan	llegaban	llegaron	llegarán	llegarían	**lleguen**	llegaran	**lleguen** Uds.
42	proteger (g:j)	**protejo**	protegía	protegí	protegeré	protegería	**proteja**	protegiera	
		proteges	protegías	protegiste	protegerás	protegerías	**protejas**	protegieras	protege tú (no **protejas**)
	Participles:	protege	protegía	protegió	protegerá	protegería	**proteja**	protegiera	**proteja** Ud.
	protegiendo	protegemos	protegíamos	protegimos	protegeremos	protegeríamos	**protejamos**	protegiéramos	**protejamos**
	protegido	protegéis	protegíais	protegisteis	protegeréis	protegeríais	**protejáis**	protegierais	proteged (no **protejáis**)
		protegen	protegían	protegieron	protegerán	protegerían	**protejan**	protegieran	**protejan** Uds.
43	tocar (c:qu)	toco	tocaba	**toqué**	tocaré	tocaría	**toque**	tocara	
		tocas	tocabas	tocaste	tocarás	tocarías	**toques**	tocaras	toca tú (no **toques**)
	Participles:	toca	tocaba	tocó	tocará	tocaría	**toque**	tocara	**toque** Ud.
	tocando	tocamos	tocábamos	tocamos	tocaremos	tocaríamos	**toquemos**	tocáramos	**toquemos**
	tocado	tocáis	tocabais	tocasteis	tocaréis	tocaríais	**toquéis**	tocarais	tocad (no **toquéis**)
		tocan	tocaban	tocaron	tocarán	tocarían	**toquen**	tocaran	**toquen** Uds.

Guide to Vocabulary

Note on alphabetization

For purposes of alphabetization, **ch** and **ll** are not treated as separate letters, but **ñ** follows **n**. Therefore, in this glossary you will find that **año**, for example, appears after **anuncio**.

Abbreviations used in this glossary

adj.	adjective	*form.*	formal	*pl.*	plural
adv.	adverb	*indef.*	indefinite	*poss.*	possessive
art.	article	*interj.*	interjection	*prep.*	preposition
conj.	conjunction	*i.o.*	indirect object	*pron.*	pronoun
def.	definite	*m.*	masculine	*ref.*	reflexive
d.o.	direct object	*n.*	noun	*sing.*	singular
f.	feminine	*obj.*	object	*sub.*	subject
fam.	familiar	*p.p.*	past participle	*v.*	verb

Spanish-English

A

a *prep.* at; to 1
  ¿A qué hora...? At what time...? 1
  a bordo aboard 1
  a dieta on a diet 15
  a la derecha to the right 2
  a la izquierda to the left 2
  a la plancha grilled 8
  a la(s) + *time* at + *time* 1
  a menos que unless 13
  a menudo *adv.* often 10
  a nombre de in the name of 5
  a plazos in installments 14
  A sus órdenes. At your service. 11
  a tiempo *adv.* on time 10
  a veces *adv.* sometimes 10
  a ver let's see
¡Abajo! *adv.* Down! 15
abeja *f.* bee
abierto/a *adj.* open 5, 14
abogado/a *m., f.* lawyer 16
abrazar(se) *v.* to hug; to embrace (each other) 11
abrazo *m.* hug
abrigo *m.* coat 6
abril *m.* April 5
abrir *v.* to open 3
abuelo/a *m., f.* grandfather; grandmother 3
abuelos *pl.* grandparents 3
aburrido/a *adj.* bored; boring 5
aburrir *v.* to bore 7
aburrirse *v.* to get bored 17
acabar de (+ *inf.*) *v.* to have just done something 6
acampar *v.* to camp 5
accidente *m.* accident 10
acción *f.* action 17
  de acción action (genre) 17
aceite *m.* oil 8
aceptar: ¡Acepto casarme contigo! I'll marry you! 17
ácido/a *adj.* acid 13
acompañar *v.* to accompany 14
aconsejar *v.* to advise 12
acontecimiento *m.* event 18
acordarse (de) (o:ue) *v.* to remember 7
acostarse (o:ue) *v.* to go to bed 7
activo/a *adj.* active 15
actor *m.* actor 16
actriz *f.* actor 16
actualidades *f., pl.* news; current events 18
acuático/a *adj.* aquatic 4
adelgazar *v.* to lose weight; to slim down 15
además (de) *adv.* furthermore; besides 10
adicional *adj.* additional
adiós *m.* good-bye 1
adjetivo *m.* adjective
administración de empresas *f.* business administration 2
adolescencia *f.* adolescence 9
¿adónde? *adv.* where (to)? (destination) 2
aduana *f.* customs 5
aeróbico/a *adj.* aerobic 15
aeropuerto *m.* airport 5
afectado/a *adj.* affected 13
afeitarse *v.* to shave 7
aficionado/a *adj.* fan 4
afirmativo/a *adj.* affirmative
afuera *adv.* outside 5
afueras *f., pl.* suburbs; outskirts 12
agencia de viajes *f.* travel agency 5
agente de viajes *m., f.* travel agent 5
agosto *m.* August 5
agradable *adj.* pleasant 5
agua *f.* water 8
  agua mineral mineral water 8
aguantar *v.* to endure, to hold up 14
ahora *adv.* now 2
  ahora mismo right now 5
ahorrar *v.* to save (money) 14
ahorros *m.* savings 14
aire *m.* air 5
ajo *m.* garlic 8
al (*contraction of* a + el) 2
  al aire libre open-air 6
  al contado in cash 14
  (al) este (to the) east 14
  al fondo (de) at the end (of) 12
  al lado de beside 2
  (al) norte (to the) north 14
  (al) oeste (to the) west 14
  (al) sur (to the) south 14
alcoba *f.* bedroom 12
alcohol *m.* alcohol 15
alcohólico/a *adj.* alcoholic 15
alegrarse (de) *v.* to be happy 13
alegre *adj.* happy; joyful 5
alegría *f.* happiness 9
alemán, alemana *adj.* German 3
alérgico/a *adj.* allergic 10
alfombra *f.* carpet; rug 12
algo *pron.* something; anything 7
algodón *m.* cotton 6
alguien *pron.* someone; somebody; anyone 7
algún, alguno/a(s) *adj.* any; some 7
alimento *m.* food
  alimentación *f.* diet
aliviar *v.* to reduce 15
  aliviar el estrés/la tensión to reduce stress/tension 15
allá *adv.* over there 2
allí *adv.* there 2
  allí mismo right there 14
alma *f.* soul 9
almacén *m.* department store 6

almohada *f.* pillow 12
almorzar (o:ue) *v.* to have lunch 4
almuerzo *m.* lunch 4, 8
aló *interj.* hello (*on the telephone*) 11
alquilar *v.* to rent 12
alquiler *m.* rent (payment) 12
altar *m.* altar 9
altillo *m.* attic 12
alto/a *adj.* tall 3
aluminio *m.* aluminum 13
ama de casa *m., f.* housekeeper; caretaker 12
amable *adj.* nice; friendly 5
amarillo/a *adj.* yellow 6
amigo/a *m., f.* friend 3
amistad *f.* friendship 9
amor *m.* love 9
  amor a primera vista love at first sight 9
anaranjado/a *adj.* orange 6
ándale *interj.* come on 14
andar *v.* **en patineta** to skateboard 4
ángel *m.* angel 9
anillo *m.* ring 17
animal *m.* animal 13
aniversario (de bodas) *m.* (wedding) anniversary 9
anoche *adv.* last night 6
anteayer *adv.* the day before yesterday 6
antes *adv.* before 7
  antes (de) que *conj.* before 13
  antes de *prep.* before 7
antibiótico *m.* antibiotic 10
antipático/a *adj.* unpleasant 3
anunciar *v.* to announce; to advertise 18
anuncio *m.* advertisement 16
año *m.* year 5
  año pasado last year 6
apagar *v.* to turn off 11
aparato *m.* appliance
apartamento *m.* apartment 12
apellido *m.* last name 3
apenas *adv.* hardly; scarcely 10
aplaudir *v.* to applaud 17
apreciar *v.* to appreciate 17
aprender (a + *inf.*) *v.* to learn 3
apurarse *v.* to hurry; to rush 15
aquel, aquella *adj.* that; those (over there) 6
aquél, aquélla *pron.* that; those (over there) 6
aquello *neuter, pron.* that; that thing; that fact 6
aquellos/as *pl. adj.* those (over there) 6
aquéllos/as *pl. pron.* those (ones) (over there) 6
aquí *adv.* here 1
  Aquí está(n)... Here is/are... 5
  aquí mismo right here 11
árbol *m.* tree 13
archivo *m.* file 11
arete *m.* earing 6
Argentina *f.* Argentina 1
argentino/a *adj.* Argentine 3
armario *m.* closet 12
arqueología *f.* archaeology 2
arqueólogo/a *m., f.* archaeologist 16
arquitecto/a *m., f.* architect 16
arrancar *v.* to start (*a car*) 11
arreglar *v.* to fix; to arrange 11; to neaten; to straighten up 12
arreglarse *v.* to get ready 7; to fix oneself (*clothes, hair, etc. to go out*) 7
arriba: hasta arriba to the top 15
arroba *f.* @ symbol 11
arroz *m.* rice 8
arte *m.* art 2
artes *f., pl.* arts 17
artesanía *f.* craftsmanship; crafts 17
artículo *m.* article 18
artista *m., f.* artist 3
artístico/a *adj.* artistic 17
arveja *m.* pea 8
asado/a *adj.* roast 8
ascenso *m.* promotion 16
ascensor *m.* elevator 5
así *adv.* like this; so (*in such a way*) 10
asistir (a) *v.* to attend 3
aspiradora *f.* vacuum cleaner 12
aspirante *m., f.* candidate; applicant 16
aspirina *f.* aspirin 10
atún *m.* tuna 8
aumentar *v.* to grow; to get bigger 13
aumentar *v.* **de peso** to gain weight 15
aumento *m.* increase 16
  aumento de sueldo pay raise 16
aunque although
autobús *m.* bus 1
automático/a *adj.* automatic
auto(móvil) *m.* auto(mobile) 5
autopista *f.* highway 11
ave *f.* bird 13
avenida *f.* avenue
aventura *f.* adventure 17
  de aventura adventure (genre) 17
avergonzado/a *adj.* embarrassed 5
avión *m.* airplane 5
¡Ay! *interj.* Oh!
  ¡Ay, qué dolor! Oh, what pain!
ayer *adv.* yesterday 6
ayudar(se) *v.* to help (each other) 11, 12
azúcar *m.* sugar 8
azul *adj. m., f.* blue 6

B

bailar *v.* to dance 2
bailarín/bailarina *m., f.* dancer 17
baile *m.* dance 17
bajar(se) de *v.* to get off of/out of (a vehicle) 11
bajo/a *adj.* short (*in height*) 3
bajo control under control 7
balcón *m.* balcony 12
balde *m.* bucket 5
ballena *f.* whale 13
baloncesto *m.* basketball 4
banana *f.* banana 8
banco *m.* bank 14
banda *f.* band 17
bandera *f.* flag
bañarse *v.* to bathe; to take a bath 7
baño *m.* bathroom 7
barato/a *adj.* cheap 6
barco *m.* boat 5
barrer *v.* to sweep 12
  barrer el suelo *v.* to sweep the floor 12
barrio *m.* neighborhood 12
bastante *adv.* enough; rather 10; pretty 13
basura *f.* trash 12
baúl *m.* trunk 11
beber *v.* to drink 3
bebida *f.* drink 8
  bebida alcohólica *f.* alcoholic beverage 15
béisbol *m.* baseball 4
bellas artes *f., pl.* fine arts 17
belleza *f.* beauty 14
beneficio *m.* benefit 16
besar(se) *v.* to kiss (each other) 11
beso *m.* kiss 9
biblioteca *f.* library 2
bicicleta *f.* bicycle 4
bien *adj.* well 1
bienestar *m.* well-being 15
bienvenido(s)/a(s) *adj.* welcome 12
billete *m.* paper money; ticket
billón *m.* trillion
biología *f.* biology 2
bisabuelo/a *m., f.* great-grandfather/great-grandmother 3
bistec *m.* steak 8
bizcocho *m.* biscuit
blanco/a *adj.* white 6
blog *m.* blog 11
(blue)jeans *m., pl.* jeans 6
blusa *f.* blouse 6
boca *f.* mouth 10
boda *f.* wedding 9
boleto *m.* ticket 2, 17
bolsa *f.* purse, bag 6
bombero/a *m., f.* firefighter 16
bonito/a *adj.* pretty 3
borrador *m.* eraser 2
borrar *v.* to erase 11

bosque *m.* forest 13
  bosque tropical tropical forest; rainforest 13
bota *f.* boot 6
botella *f.* bottle 9
  botella de vino bottle of wine 9
botones *m., f. sing.* bellhop 5
brazo *m.* arm 10
brindar *v.* to toast (*drink*) 9
bucear *v.* to scuba dive 4
bueno *adv.* well
buen, bueno/a *adj.* good 3, 6
  buena forma good shape (*physical*) 15
  Buena idea. Good idea.
  Buenas noches. Good evening; Good night. 1
  Buenas tardes. Good afternoon. 1
  buenísimo/a extremely good
  Bueno. Hello. (*on telephone*) 11
  Buenos días. Good morning. 1
bulevar *m.* boulevard
buscar *v.* to look for 2
buzón *m.* mailbox 14

C

caballero *m.* gentleman, sir 8
caballo *m.* horse 5
cabe: no cabe duda de there's no doubt 13
cabeza *f.* head 10
cada *adj. m., f.* each 6
caerse *v.* to fall (down) 10
café *m.* café 4; *adj. m., f.* brown 6; *m.* coffee 8
cafeína *f.* caffeine 14
cafetera *f.* coffee maker 12
cafetería *f.* cafeteria 2
caído/a *p.p.* fallen 14
caja *f.* cash register 6
cajero/a *m., f.* cashier 14
  cajero automático *m.* ATM 14
calavera de azúcar *f.* skull made out of sugar 9
calcetín (calcetines) *m.* sock(s) 6
calculadora *f.* calculator 2
caldo *m.* soup
calentamiento global *m.* global warming 13
calentarse (e:ie) *v.* to warm up 15
calidad *f.* quality 6
calle *f.* street 11
calor *m.* heat 4
caloría *f.* calorie 15
calzar *v.* to take size... shoes 6
cama *f.* bed 5
cámara digital *f.* digital camera 11
cámara de video *f.* video camera 11
camarero/a *m., f.* waiter/waitress 8
camarón *m.* shrimp 8
cambiar (de) *v.* to change 9
cambio: de cambio in change 2
cambio *m.* **climático** climate change 13
cambio *m.* **de moneda** currency exchange
caminar *v.* to walk 2
camino *m.* road
camión *m.* truck; bus
camisa *f.* shirt 6
camiseta *f.* t-shirt 6
campo *m.* countryside 5
canadiense *adj.* Canadian 3
canal *m.* (TV) channel 11; 17
canción *f.* song 17
candidato/a *m., f.* candidate 18
canela *f.* cinnamon 10
cansado/a *adj.* tired 5
cantante *m., f.* singer 17
cantar *v.* to sing 2
capital *f.* capital city 1
capó *m.* hood 11
cara *f.* face 7
caramelo *m.* caramel 9
carne *f.* meat 8
  carne de res *f.* beef 8
carnicería *f.* butcher shop 14
caro/a *adj.* expensive 6
carpintero/a *m., f.* carpenter 16
carrera *f.* career 16
carretera *f.* highway 11
carro *m.* car; automobile 11
carta *f.* letter 4; (playing) card 5
cartel *m.* poster 12
cartera *f.* wallet 4, 6
cartero *m.* mail carrier 14
casa *f.* house; home 2
casado/a *adj.* married 9
casarse (con) *v.* to get married (to) 9
casi *adv.* almost 10
catorce *adj.* fourteen 1
cazar *v.* to hunt 13
cebolla *f.* onion 8
cederrón *m.* CD-ROM 11
celebrar *v.* to celebrate 9
cementerio *m.* cemetery 9
cena *f.* dinner 8
cenar *v.* to have dinner 2
centro *m.* downtown 4
  centro comercial shopping mall 6
cepillarse los dientes/el pelo *v.* to brush one's teeth/one's hair 7
cerámica *f.* pottery 17
cerca de *prep.* near 2
cerdo *m.* pork 8
cereales *m., pl.* cereal; grains 8
cero *m.* zero 1
cerrado/a *adj.* closed 5, 14
cerrar (e:ie) *v.* to close 4
cerveza *f.* beer 8
césped *m.* grass
ceviche *m.* marinated fish dish 8
  ceviche de camarón *m.* lemon-marinated shrimp 8
chaleco *m.* vest
champán *m.* champagne 9
champiñón *m.* mushroom 8
champú *m.* shampoo 7
chaqueta *f.* jacket 6
chau *fam. interj.* bye 1
cheque *m.* (bank) check 14
  cheque (de viajero) *m.* (traveler's) check 14
chévere *adj., fam.* terrific
chico/a *m., f.* boy/girl 1
chino/a *adj.* Chinese 3
chocar (con) *v.* to run into
chocolate *m.* chocolate 9
choque *m.* collision 18
chuleta *f.* chop (*food*) 8
  chuleta de cerdo *f.* pork chop 8
cibercafé *m.* cybercafé
ciclismo *m.* cycling 4
cielo *m.* sky 13
cien(to) one hundred 2
ciencia *f.* science 2
  ciencias ambientales environmental sciences 2
  de ciencia ficción *f.* science fiction (genre) 17
científico/a *m., f.* scientist 16
cierto *m.* certain 13
  es cierto it's certain 13
  no es cierto it's not certain 13
cima *f.* top, peak 15
cinco five 1
cincuenta fifty 2
cine *m.* movie theater 4
cinta *f.* (audio)tape
cinta caminadora *f.* treadmill 15
cinturón *m.* belt 6
circulación *f.* traffic 11
cita *f.* date; appointment 9
ciudad *f.* city 4
ciudadano/a *m., f.* citizen 18
Claro (que sí). *fam.* Of course.
clase *f.* class 2
  clase de ejercicios aeróbicos *f.* aerobics class 15
clásico/a *adj.* classical 17
cliente/a *m., f.* customer 6
clínica *f.* clinic 10
cobrar *v.* to cash (a check) 14
coche *m.* car; automobile 11
cocina *f.* kitchen; stove 9, 12
cocinar *v.* to cook 12
cocinero/a *m., f.* cook, chef 16
cofre *m.* hood 14
cola *f.* line 14
colesterol *m.* cholesterol 15
color *m.* color 6
comedia *f.* comedy; play 17
comedor *m.* dining room 12
comenzar (e:ie) *v.* to begin 4
comer *v.* to eat 3
comercial *adj.* commercial; business-related 16
comida *f.* food; meal 4, 8
como like; as 8
¿cómo? what?; how? 1

¿Cómo es...? What's... like? 3
¿Cómo está usted? *form.* How are you? 1
¿Cómo estás? *fam.* How are you? 1
¿Cómo les fue...? *pl.* How did ... go for you? 15
¿Cómo se llama usted? *(form.)* What's your name? 1
¿Cómo te llamas? *fam.* What's your name? 1
cómoda *f.* chest of drawers 12
cómodo/a *adj.* comfortable 5
compañero/a de clase *m., f.* classmate 2
compañero/a de cuarto *m., f.* roommate 2
compañía *f.* company; firm 16
compartir *v.* to share 3
completamente *adv.* completely 5, 16
compositor(a) *m., f.* composer 17
comprar *v.* to buy 2
compras *f., pl.* purchases 5
ir de compras go shopping 5
comprender *v.* to understand 3
comprobar *v.* to check
comprometerse (con) *v.* to get engaged (to) 9
computación *f.* computer science 2
computadora *f.* computer 1
computadora portátil *f.* portable computer; laptop 11
comunicación *f.* communication 18
comunicarse (con) *v.* to communicate (with) 18
comunidad *f.* community 1
con *prep.* with 2
Con él/ella habla. Speaking./ This is he/she. (*on telephone*) 11
con frecuencia *adv.* frequently 10
Con permiso. Pardon me; Excuse me. 1
con tal (de) que provided (that) 13
concierto *m.* concert 17
concordar *v.* to agree
concurso *m.* game show; contest 17
conducir *v.* to drive 6, 11
conductor(a) *m., f.* driver 1
conexión *f.* **inalámbrica** wireless (connection) 11
confirmar *v.* to confirm 5
confirmar *v.* **una reservación** *f.* to confirm a reservation 5
confundido/a *adj.* confused 5
congelador *m.* freezer 12
congestionado/a *adj.* congested; stuffed-up 10
conmigo *pron.* with me 4, 9
conocer *v.* to know; to be acquainted with 6
conocido *adj.; p.p.* known
conseguir (e:i) *v.* to get; to obtain 4
consejero/a *m., f.* counselor; advisor 16
consejo *m.* advice
conservación *f.* conservation 13
conservar *v.* to conserve 13
construir *v.* to build
consultorio *m.* doctor's office 10
consumir *v.* to consume 15
contabilidad *f.* accounting 2
contador(a) *m., f.* accountant 16
contaminación *f.* pollution 13
contaminación del aire/del agua air/water pollution 13
contaminado/a *adj.* polluted 13
contaminar *v.* to pollute 13
contar (o:ue) *v.* to count; to tell 4
contar (con) *v.* to count (on) 12
contento/a *adj.* happy; content 5
contestadora *f.* answering machine 11
contestar *v.* to answer 2
contigo *fam. pron.* with you 5, 9
contratar *v.* to hire 16
control *m.* control 7
control remoto remote control 11
controlar *v.* to control 13
conversación *f.* conversation 1
conversar *v.* to converse, to chat 2
copa *f.* wineglass; goblet 12
corazón *m.* heart 10
corbata *f.* tie 6
corredor(a) *m., f.* **de bolsa** stockbroker 16
correo *m.* mail; post office 14
correo electrónico *m.* e-mail 4
correo de voz *m.* voice mail 11
correr *v.* to run 3
cortesía *f.* courtesy
cortinas *f., pl.* curtains 12
corto/a *adj.* short (*in length*) 6
cosa *f.* thing 1
Costa Rica *f.* Costa Rica 1
costar (o:ue) *f.* to cost 6
costarricense *adj.* Costa Rican 3
cráter *m.* crater 13
creer *v.* to believe 13
creer (en) *v.* to believe (in) 3
no creer (en) *v.* not to believe (in) 13
creído/a *adj., p.p.* believed 14
crema de afeitar *f.* shaving cream 5, 7
crimen *m.* crime; murder 18
cruzar *v.* to cross 14
cuaderno *m.* notebook 1
cuadra *f.* (city) block 14
¿cuál(es)? which?; which one(s)? 2
¿Cuál es la fecha de hoy? What is today's date? 5
cuadro *m.* picture 12
cuadros *m., pl.* plaid 6
cuando when 7; 13
¿cuándo? when? 2
¿cuánto(s)/a(s)? how much/how many? 1
¿Cuánto cuesta...? How much does... cost? 6
¿Cuántos años tienes? How old are you? 3
cuarenta forty 2
cuarto de baño *m.* bathroom 7
cuarto *m.* room 2; 7
cuarto/a *adj.* fourth 5
menos cuarto quarter to (time)
y cuarto quarter after (time) 1
cuatro four 1
cuatrocientos/as four hundred 2
Cuba *f.* Cuba 1
cubano/a *adj.* Cuban 3
cubiertos *m., pl.* silverware
cubierto/a *p.p.* covered
cubrir *v.* to cover
cuchara *f.* (table or large) spoon 12
cuchillo *m.* knife 12
cuello *m.* neck 10
cuenta *f.* bill 8; account 14
cuenta corriente *f.* checking account 14
cuenta de ahorros *f.* savings account 14
cuento *m.* short story 17
cuerpo *m.* body 10
cuidado *m.* care 3
cuidar *v.* to take care of 13
¡Cuídense! Take care! 14
cultura *f.* culture 2, 17
cumpleaños *m., sing.* birthday 9
cumplir años *v.* to have a birthday 9
cuñado/a *m., f.* brother-in-law; sister-in-law 3
currículum *m.* résumé 16
curso *m.* course 2

D

danza *f.* dance 17
dañar *v.* to damage; to break down 10
dar *v.* to give 6, 9
dar un consejo *v.* to give advice
darse con *v.* to bump into; to run into (something) 10
darse prisa *v.* to hurry; to rush 15
de *prep.* of; from 1
¿De dónde eres? *fam.* Where are you from? 1
¿De dónde es usted? *form.* Where are you from? 1
¿De parte de quién? Who is speaking/calling? (*on telephone*) 11
¿de quién...? whose...? (*sing.*) 1
¿de quiénes...? whose...? (*pl.*) 1
de algodón (made) of cotton 6
de aluminio (made) of aluminum 13
de buen humor in a good mood 5
de compras shopping 5
de cuadros plaid 6

de excursión hiking 4
de hecho in fact
de ida y vuelta roundtrip 5
de la mañana in the morning; A.M. 1
de la noche in the evening; at night; P.M. 1
de la tarde in the afternoon; in the early evening; P.M. 1
de lana (made) of wool 6
de lunares polka-dotted 6
de mal humor in a bad mood 5
de mi vida of my life 15
de moda in fashion 6
De nada. You're welcome. 1
de niño/a as a child 10
de parte de on behalf of 11
de plástico (made) of plastic 13
de rayas striped 6
de repente suddenly 6
de seda (made) of silk 6
de vaqueros western (genre) 17
de vez en cuando from time to time 10
de vidrio (made) of glass 13
debajo de *prep.* below; under 2
deber (+ *inf.*) *v.* should; must; ought to 3
Debe ser... It must be... 6
deber *m.* responsibility; obligation 18
debido a due to (the fact that)
débil *adj.* weak 15
decidido/a *adj.* decided 14
decidir (+ *inf.*) *v.* to decide 3
décimo/a *adj.* tenth 5
decir (e:i) *v.* **(que)** to say (that); to tell (that) 4, 9
decir la respuesta to say the answer 4
decir la verdad to tell the truth 4
decir mentiras to tell lies 4
declarar *v.* to declare; to say 18
dedo *m.* finger 10
dedo del pie *m.* toe 10
deforestación *f.* deforestation 13
dejar *v.* to let 12; to quit; to leave behind 16
dejar de *(+ inf.)* *v.* to stop (*doing something*) 13
dejar una propina *v.* to leave a tip 9
del (*contraction of* **de + el**) of the; from the
delante de *prep.* in front of 2
delgado/a *adj.* thin; slender 3
delicioso/a *adj.* delicious 8
demás *adj.* the rest
demasiado *adj., adv.* too much 6
dentista *m., f.* dentist 10
dentro de (diez años) within (ten years) 16; inside
dependiente/a *m., f.* clerk 6
deporte *m.* sport 4
deportista *m.* sports person
deportivo/a *adj.* sports-related 4
depositar *v.* to deposit 14
derecha *f.* right 2
derecho *adj.* straight (ahead) 14
a la derecha de to the right of 2
derechos *m., pl.* rights 18
desarrollar *v.* to develop 13
desastre (natural) *m.* (natural) disaster 18
desayunar *v.* to have breakfast 2
desayuno *m.* breakfast 8
descafeinado/a *adj.* decaffeinated 15
descansar *v.* to rest 2
descargar *v.* to download 11
descompuesto/a *adj.* not working; out of order 11
describir *v.* to describe 3
descrito/a *p.p.* described 14
descubierto/a *p.p.* discovered 14
descubrir *v.* to discover 13
desde *prep.* from 6
desear *v.* to wish; to desire 2
desempleo *m.* unemployment 18
desierto *m.* desert 13
desigualdad *f.* inequality 18
desordenado/a *adj.* disorderly 5
despacio *adv.* slowly 10
despedida *f.* farewell; good-bye
despedir (e:i) *v.* to fire 16
despedirse (de) (e:i) *v.* to say goodbye (to) 7
despejado/a *adj.* clear (*weather*)
despertador *m.* alarm clock 7
despertarse (e:ie) *v.* to wake up 7
después *adv.* afterwards; then 7
después de after 7
después de que *conj.* after 13
destruir *v.* to destroy 13
detrás de *prep.* behind 2
día *m.* day 1
día de fiesta holiday 9
diario *m.* diary 1; newspaper 18
diario/a *adj.* daily 7
dibujar *v.* to draw 2
dibujo *m.* drawing 17
dibujos animados *m., pl.* cartoons 17
diccionario *m.* dictionary 1
dicho/a *p.p.* said 14
diciembre *m.* December 5
dictadura *f.* dictatorship 18
diecinueve nineteen 1
dieciocho eighteen 1
dieciséis sixteen 1
diecisiete seventeen 1
diente *m.* tooth 7
dieta *f.* diet 15
comer una dieta equilibrada to eat a balanced diet 15
diez ten 1
difícil *adj.* difficult; hard 3
Diga. Hello. (*on telephone*) 11
diligencia *f.* errand 14
dinero *m.* money 6
dirección *f.* address 14
dirección electrónica *f.* e-mail address 11
director(a) *m., f.* director; (*musical*) conductor 17
dirigir *v.* to direct 17
disco compacto compact disc (CD) 11
discriminación *f.* discrimination 18
discurso *m.* speech 18
diseñador(a) *m., f.* designer 16
diseño *m.* design
disfraz *m.* costume
disfrutar (de) *v.* to enjoy; to reap the benefits (of) 15
disminuir *v.* to reduce 16
diversión *f.* fun activity; entertainment; recreation 4
divertido/a *adj.* fun 7
divertirse (e:ie) *v.* to have fun 9
divorciado/a *adj.* divorced 9
divorciarse (de) *v.* to get divorced (from) 9
divorcio *m.* divorce 9
doblar *v.* to turn 14
doble *adj.* double
doce twelve 1
doctor(a) *m., f.* doctor 3; 10
documental *m.* documentary 17
documentos de viaje *m., pl.* travel documents
doler (o:ue) *v.* to hurt 10
dolor *m.* ache; pain 10
dolor de cabeza *m.* head ache 10
doméstico/a *adj.* domestic 12
domingo *m.* Sunday 2
don *m.* Mr.; sir 1
doña *f.* Mrs.; ma'am 1
donde *prep.* where
¿Dónde está...? Where is...? 2
¿dónde? where? 1
dormir (o:ue) *v.* to sleep 4
dormirse (o:ue) *v.* to go to sleep; to fall asleep 7
dormitorio *m.* bedroom 12
dos two 1
dos veces *f.* twice; two times 6
doscientos/as two hundred 2
drama *m.* drama; play 17
dramático/a *adj.* dramatic 17
dramaturgo/a *m., f.* playwright 17
droga *f.* drug 15
drogadicto/a *adj.* drug addict 15
ducha *f.* shower 7
ducharse *v.* to shower; to take a shower 7
duda *f.* doubt 13
dudar *v.* to doubt 13
no dudar *v.* not to doubt 13
dueño/a *m., f.* owner; landlord 8
dulces *m., pl.* sweets; candy 9
durante *prep.* during 7
durar *v.* to last 18

E

e *conj. (used instead of* **y** *before words beginning with* **i** *and* **hi***)* and 4
echar *v.* to throw
  echar (una carta) al buzón *v.* to put (a letter) in the mailbox 14; to mail 14
ecología *f.* ecology 13
ecologista *m., f.* ecologist 13; *adj.* ecological 13
economía *f.* economics 2
ecoturismo *m.* ecotourism 13
Ecuador *m.* Ecuador 1
ecuatoriano/a *adj.* Ecuadorian 3
edad *f.* age 9
edificio *m.* building 12
  edificio de apartamentos apartment building 12
(en) efectivo *m.* cash 6
ejercer *v.* to practice/exercise (a degree/profession) 16
ejercicio *m.* exercise 15
  ejercicios aeróbicos aerobic exercises 15
  ejercicios de estiramiento stretching exercises 15
ejército *m.* army 18
el *m., sing., def. art.* the 1
él *sub. pron.* he 1; *adj. pron.* him
elecciones *f., pl.* election 18
electricista *m., f.* electrician 16
electrodoméstico *m.* electric appliance 12
elegante *adj. m., f.* elegant 6
elegir (e:i) *v.* to elect 18
ella *sub. pron.* she 1; *obj. pron.* her
ellos/as *sub. pron.* they 1; them 1
embarazada *adj.* pregnant 10
emergencia *f.* emergency 10
emitir *v.* to broadcast 18
emocionante *adj. m., f.* exciting
empezar (e:ie) *v.* to begin 4
empleado/a *m., f.* employee 5
empleo *m.* job; employment 16
empresa *f.* company; firm 16
en *prep.* in; on; at 2
  en casa at home 7
  en caso (de) que in case (that) 13
  en cuanto as soon as 13
  en efectivo in cash 14
  en exceso in excess; too much 15
  en línea in-line 4
  ¡En marcha! Let's get going! 15
  en mi nombre in my name
  en punto on the dot; exactly; sharp (*time*) 1
  en qué in what; how 2
  ¿En qué puedo servirles? How can I help you? 5
  en vivo live 7
enamorado/a (de) *adj.* in love (with) 5
enamorarse (de) *v.* to fall in love (with) 9
encantado/a *adj.* delighted; pleased to meet you 1
encantar *v.* to like very much; to love (*inanimate objects*) 7
  ¡Me encantó! I loved it! 15
encima de *prep.* on top of 2
encontrar (o:ue) *v.* to find 4
encontrar(se) (o:ue) *v.* to meet (each other); to run into (each other) 11
  encontrarse con to meet up with 7
encuesta *f.* poll; survey 18
energía *f.* energy 13
  energía nuclear nuclear energy 13
  energía solar solar energy 13
enero *m.* January 5
enfermarse *v.* to get sick 10
enfermedad *f.* illness 10
enfermero/a *m., f.* nurse 10
enfermo/a *adj.* sick 10
enfrente de *adv.* opposite; facing 14
engordar *v.* to gain weight 15
enojado/a *adj.* mad; angry 5
enojarse (con) *v.* to get angry (with) 7
ensalada *f.* salad 8
ensayo *m.* essay 3
enseguida *adv.* right away
enseñar *v.* to teach 2
ensuciar *v.* to get (something) dirty 12
entender (e:ie) *v.* to understand 4
enterarse *v.* to find out 16
entonces *adv.* so, then 5, 7
entrada *f.* entrance 12; ticket 17
entre *prep.* between; among 2
entregar *v.* to hand in 11
entremeses *m., pl.* hors d'oeuvres; appetizers 8
entrenador(a) *m., f.* trainer 15
entrenarse *v.* to practice; to train 15
entrevista *f.* interview 16
entrevistador(a) *m., f.* interviewer 16
entrevistar *v.* to interview 16
envase *m.* container 13
enviar *v.* to send; to mail 14
equilibrado/a *adj.* balanced 15
equipado/a *adj.* equipped 15
equipaje *m.* luggage 5
equipo *m.* team 4
equivocado/a *adj.* wrong 5
eres *fam.* you are 1
es he/she/it is 1
  Es bueno que... It's good that... 12
  Es de... He/She is from... 1
  es extraño it's strange 13
  es igual it's the same 5
  Es importante que... It's important that... 12
  es imposible it's impossible 13
  es improbable it's improbable 13
  Es malo que... It's bad that... 12
  Es mejor que... It's better that... 12
  Es necesario que... It's necessary that... 12
  es obvio it's obvious 13
  es ridículo it's ridiculous 13
  es seguro it's sure 13
  es terrible it's terrible 13
  es triste it's sad 13
  Es urgente que... It's urgent that... 12
  Es la una. It's one o'clock. 1
  es una lástima it's a shame 13
  es verdad it's true 13
esa(s) *f., adj.* that; those 6
ésa(s) *f., pron.* that (one); those (ones) 6
escalar *v.* to climb 4
  escalar montañas *v.* to climb mountains 4
escalera *f.* stairs; stairway 12
escalón *m.* step 15
escanear *v.* to scan 11
escoger *v.* to choose 8
escribir *v.* to write 3
  escribir un mensaje electrónico to write an e-mail message 4
  escribir una postal to write a postcard 4
  escribir una carta to write a letter 4
escrito/a *p.p.* written 14
escritor(a) *m., f.* writer 17
escritorio *m.* desk 2
escuchar *v.* to listen to
  escuchar la radio to listen (to) the radio 2
  escuchar música to listen (to) music 2
escuela *f.* school 1
esculpir *v.* to sculpt 17
escultor(a) *m., f.* sculptor 17
escultura *f.* sculpture 17
ese *m., sing., adj.* that 6
ése *m., sing., pron.* that one 6
eso *neuter, pron.* that; that thing 6
esos *m., pl., adj.* those 6
ésos *m., pl., pron.* those (ones) 6
España *f.* Spain 1
español *m.* Spanish (*language*) 2
español(a) *adj. m., f.* Spanish 3
espárragos *m., pl.* asparagus 8
especialidad: las especialidades del día today's specials 8
especialización *f.* major 2
espectacular *adj.* spectacular 15
espectáculo *m.* show 17
espejo *m.* mirror 7
esperar *v.* to hope; to wish 13
  esperar (+ *infin.*) *v.* to wait (for); to hope 2
esposo/a *m., f.* husband/wife; spouse 3
esquí (acuático) *m.* (water) skiing 4

esquiar *v.* to ski 4
esquina *m.* corner 14
está he/she/it is, you are
Está (muy) despejado. It's (very) clear. (*weather*)
Está lloviendo. It's raining. 5
Está nevando. It's snowing. 5
Está (muy) nublado. It's (very) cloudy. (*weather*) 5
Está bien. That's fine. 11
esta(s) *f., adj.* this; these 6
esta noche tonight 4
ésta(s) *f., pron.* this (one); these (ones) 6
Ésta es... *f.* This is... (*introducing someone*) 1
establecer *v.* to establish 16
estación *f.* station; season 5
estación de autobuses bus station 5
estación del metro subway station 5
estación de tren train station 5
estacionamiento *m.* parking lot 14
estacionar *v.* to park 11
estadio *m.* stadium 2
estado civil *m.* marital status 9
Estados Unidos *m., pl.* (EE.UU.; E.U.) United States 1
estadounidense *adj. m., f.* from the United States 3
estampado/a *adj.* print
estampilla *f.* stamp 14
estante *m.* bookcase; bookshelves 12
estar *v.* to be 2
estar a (veinte kilómetros) de aquí to be (20 kilometers) from here 11
estar a dieta to be on a diet 15
estar aburrido/a to be bored 5
estar afectado/a (por) to be affected (by) 13
estar bajo control to be under control 7
estar cansado/a to be tired 5
estar contaminado/a to be polluted 13
estar de acuerdo to agree 17
Estoy de acuerdo. I agree. 17
No estoy de acuerdo. I don't agree. 17
estar de moda to be in fashion 6
estar de vacaciones *f., pl.* to be on vacation 5
estar en buena forma to be in good shape 15
estar enfermo/a to be sick 10
estar harto/a de... to be sick of... 18
estar listo/a to be ready 15
estar perdido/a to be lost 14
estar roto/a to be broken 10
estar seguro/a to be sure 5
estar torcido/a to be twisted; to be sprained 10
No está nada mal. It's not bad at all. 5
estatua *f.* statue 17
este *m.* east 14
este *m., sing., adj.* this 6
éste *m., sing., pron.* this (one) 6
Éste es... *m.* This is... (*introducing someone*) 1
estéreo *m.* stereo 11
estilo *m.* style
estiramiento *m.* stretching 15
esto *neuter pron.* this; this thing 6
estómago *m.* stomach 10
estornudar *v.* to sneeze 10
estos *m., pl., adj.* these 6
éstos *m., pl., pron.* these (ones) 6
estrella *f.* star 13
estrella de cine *m., f.* movie star 17
estrés *m.* stress 15
estudiante *m., f.* student 1, 2
estudiantil *adj. m., f.* student 2
estudiar *v.* to study 2
estufa *f.* stove 12
estupendo/a *adj.* stupendous 5
etapa *f.* stage 9
evitar *v.* to avoid 13
examen *m.* test; exam 2
examen médico physical exam 10
excelente *adj. m., f.* excellent 5
exceso *m.* excess; too much 15
excursión *f.* hike; tour; excursion 4
excursionista *m., f.* hiker
éxito *m.* success 16
experiencia *f.* experience 18
explicar *v.* to explain 2
explorar *v.* to explore
expresión *f.* expression
extinción *f.* extinction 13
extranjero/a *adj.* foreign 17
extrañar *v.* to miss 16
extraño/a *adj.* strange 13

F

fábrica *f.* factory 13
fabuloso/a *adj* fabulous 5
fácil *adj.* easy 3
falda *f.* skirt 6
faltar *v.* to lack; to need 7
familia *f.* family 3
famoso/a *adj.* famous 16
farmacia *f.* pharmacy 10
fascinar *v.* to fascinate 7
favorito/a *adj.* favorite 4
fax *m.* fax (machine) 11
febrero *m.* February 5
fecha *f.* date 5
feliz *adj.* happy 5
¡Felicidades! Congratulations! 9
¡Felicitaciones! Congratulations! 9
¡Feliz cumpleaños! Happy birthday! 9
fenomenal *adj.* great, phenomenal 5
feo/a *adj.* ugly 3
festival *m.* festival 17
fiebre *f.* fever 10
fiesta *f.* party 9
fijo/a *adj.* fixed, set 6
fin *m.* end 4
fin de semana weekend 4
finalmente *adv.* finally 15
firmar *v.* to sign (*a document*) 14
física *f.* physics 2
flan (de caramelo) *m.* baked (caramel) custard 9
flexible *adj.* flexible 15
flor *f.* flower 13
folclórico/a *adj.* folk; folkloric 17
folleto *m.* brochure
fondo *m.* end 12
forma *f.* shape 15
formulario *m.* form 14
foto(grafía) *f.* photograph 1
francés, francesa *adj. m., f.* French 3
frecuentemente *adv.* frequently 10
frenos *m., pl.* brakes
frente (frío) *m.* (cold) front 5
fresco/a *adj.* cool 5
frijoles *m., pl.* beans 8
frío/a *adj.* cold 5
frito/a *adj.* fried 8
fruta *f.* fruit 8
frutería *f.* fruit store 14
frutilla *f.* strawberry 8
fuera *adv.* outside
fuerte *adj. m., f.* strong 15
fumar *v.* to smoke 15
(no) fumar *v.* (not) to smoke 15
funcionar *v.* to work 11; to function
fútbol *m.* soccer 4
fútbol americano *m.* football 4
futuro/a *adj.* future 16
en el futuro in the future 16

G

gafas (de sol) *f., pl.* (sun)glasses 6
gafas (oscuras) *f., pl.* (sun)glasses
galleta *f.* cookie 9
ganar *v.* to win 4; to earn (money) 16
ganga *f.* bargain 6
garaje *m.* garage; (mechanic's) repair shop 11; garage (*in a house*) 12
garganta *f.* throat 10
gasolina *f.* gasoline 11
gasolinera *f.* gas station 11
gastar *v.* to spend (*money*) 6

gato *m.* cat 13
gemelo/a *m., f.* twin 3
genial *adj.* great 16
gente *f.* people 3
geografía *f.* geography 2
gerente *m., f.* manager 8, 16
gimnasio *m.* gymnasium 4
gobierno *m.* government 13
golf *m.* golf 4
gordo/a *adj.* fat 3
grabar *v.* to record 11
gracias *f., pl.* thank you; thanks 1
Gracias por invitarme. Thanks for having me. 9
graduarse (de/en) *v.* to graduate (from/in) 9
gran, grande *adj.* big; large 3
grasa *f.* fat 15
gratis *adj. m., f.* free of charge 14
grave *adj.* grave; serious 10
gravísimo/a *adj.* extremely serious 13
grillo *m.* cricket
gripe *f.* flu 10
gris *adj. m., f.* gray 6
gritar *v.* to scream, to shout 7
grito *m.* scream 5
guantes *m., pl.* gloves 6
guapo/a *adj.* handsome; good-looking 3
guardar *v.* to save (on a computer) 11
guerra *f.* war 18
guía *m., f.* guide
gustar *v.* to be pleasing to; to like 2
Me gustaría... I would like...
gusto *m.* pleasure 1
El gusto es mío. The pleasure is mine. 1
Gusto de verlo/la. *(form.)* It's nice to see you.
Gusto de verte. *(fam.)* It's nice to see you.
Mucho gusto. Pleased to meet you. 1
¡Qué gusto verlo/la! *(form.) How nice to see you!* 18
¡Qué gusto verte! *(fam.) How nice to see you!* 18

H

haber *(auxiliar) v.* to have (done something) 15
Ha sido un placer. It's been a pleasure. 15
habitación *f.* room 5
habitación doble double room 5
habitación individual single room 5
hablar *v.* to talk; to speak 2
hacer *v.* to do; to make 4
Hace buen tiempo. The weather is good. 5
Hace (mucho) calor. It's (very) hot. *(weather)* 5
Hace fresco. It's cool. *(weather)* 5
Hace (mucho) frío. It's (very) cold. *(weather)* 5
Hace mal tiempo. The weather is bad. 5
Hace (mucho) sol. It's (very) sunny. *(weather)* 5
Hace (mucho) viento. It's (very) windy. *(weather)* 5
hacer cola to stand in line 14
hacer diligencias to run errands 14
hacer ejercicio to exercise 15
hacer ejercicios aeróbicos to do aerobics 15
hacer ejercicios de estiramiento to do stretching exercises 15
hacer el papel (de) to play the role (of) 17
hacer gimnasia to work out 15
hacer juego (con) to match (with) 6
hacer la cama to make the bed 12
hacer las maletas to pack (one's) suitcases 5
hacer quehaceres domésticos to do household chores 12
hacer (wind)surf to (wind)surf 5
hacer turismo to go sightseeing
hacer un viaje to take a trip 5
¿Me harías el honor de casarte conmigo? Would you do me the honor of marrying me? 17
hacia *prep.* toward 14
hambre *f.* hunger 3
hamburguesa *f.* hamburger 8
hasta *prep.* until 6; toward
Hasta la vista. See you later. 1
Hasta luego. See you later. 1
Hasta mañana. See you tomorrow. 1
hasta que until 13
Hasta pronto. See you soon. 1
hay there is; there are 1
Hay (mucha) contaminación. It's (very) smoggy.
Hay (mucha) niebla. It's (very) foggy.
Hay que It is necessary that 14
No hay duda de There's no doubt 13
No hay de qué. You're welcome. 1
hecho/a *p.p.* done 14
heladería *f.* ice cream shop 14
helado/a *adj.* iced 8
helado *m.* ice cream 9
hermanastro/a *m., f.* stepbrother/stepsister 3
hermano/a *m., f.* brother/sister 3
hermano/a mayor/menor *m., f.* older/younger brother/sister 3
hermanos *m., pl.* siblings (brothers and sisters) 3
hermoso/a *adj.* beautiful 6
hierba *f.* grass 13
hijastro/a *m., f.* stepson/stepdaughter 3
hijo/a *m., f.* son/daughter 3
hijo/a único/a *m., f.* only child 3
hijos *m., pl.* children 3
híjole *interj.* wow 6
historia *f.* history 2; story 17
hockey *m.* hockey 4
hola *interj.* hello; hi 1
hombre *m.* man 1
hombre de negocios *m.* businessman 16
hora *f.* hour 1; the time
horario *m.* schedule 2
horno *m.* oven 12
horno de microondas *m.* microwave oven 12
horror *m.* horror 17
de horror horror (genre) 17
hospital *m.* hospital 10
hotel *m.* hotel 5
hoy *adv.* today 2
hoy día *adv.* nowadays
Hoy es... Today is... 2
hueco *m.* hole 4
huelga *f.* strike *(labor)* 18
hueso *m.* bone 10
huésped *m., f.* guest 5
huevo *m.* egg 8
humanidades *f., pl.* humanities 2
huracán *m.* hurricane 18

I

ida *f.* one way *(travel)*
idea *f.* idea 4
iglesia *f.* church 4
igualdad *f.* equality 18
igualmente *adv.* likewise 1
impermeable *m.* raincoat 6
importante *adj. m., f.* important 3
importar *v.* to be important to; to matter 7
imposible *adj. m., f.* impossible 13
impresora *f.* printer 11
imprimir *v.* to print 11
improbable *adj. m., f.* improbable 13
impuesto *m.* tax 18
incendio *m.* fire 18
increíble *adj. m., f.* incredible 5
indicar cómo llegar *v.* to give directions 14
individual *adj.* private *(room)* 5
infección *f.* infection 10
informar *v.* to inform 18
informe *m.* report; paper *(written work)* 18
ingeniero/a *m., f.* engineer 3

inglés *m.* English (*language*) 2
inglés, inglesa *adj.* English 3
inodoro *m.* toilet 7
insistir (en) *v.* to insist (on) 12
inspector(a) de aduanas *m., f.* customs inspector 5
inteligente *adj. m., f.* intelligent 3
intento *m.* attempt 11
intercambiar *v.* to exchange
interesante *adj. m., f.* interesting 3
interesar *v.* to be interesting to; to interest 7
internacional *adj. m., f.* international 18
Internet Internet 11
inundación *f.* flood 18
invertir (e:ie) *v.* to invest 16
invierno *m.* winter 5
invitado/a *m., f.* guest 9
  invitar *v.* to invite 9
inyección *f.* injection 10
ir *v.* to go 4
  ir a (+ *inf.*) to be going to do something 4
  ir de compras to go shopping 5
  ir de excursión (a las montañas) to go on a hike (in the mountains) 4
  ir de pesca to go fishing
  ir de vacaciones to go on vacation 5
  ir en autobús to go by bus 5
  ir en auto(móvil) to go by auto(mobile); to go by car 5
  ir en avión to go by plane 5
  ir en barco to go by boat 5
  ir en metro to go by subway
  ir en motocicleta to go by motorcycle 5
  ir en taxi to go by taxi 5
  ir en tren to go by train
irse *v.* to go away; to leave 7
italiano/a *adj.* Italian 3
izquierdo/a *adj.* left 2
  a la izquierda de to the left of 2

J

jabón *m.* soap 7
jamás *adv.* never; not ever 7
jamón *m.* ham 8
japonés, japonesa *adj.* Japanese 3
jardín *m.* garden; yard 12
jefe, jefa *m., f.* boss 16
jengibre *m.* ginger 10
joven *adj. m., f., sing.* (**jóvenes** *pl.*) young 3
  joven *m., f., sing.* (**jóvenes** *pl.*) youth; young person 1
joyería *f.* jewelry store 14
jubilarse *v.* to retire (*from work*) 9
juego *m.* game
jueves *m., sing.* Thursday 2
jugador(a) *m., f.* player 4
jugar (u:ue) *v.* to play 4
  jugar a las cartas *f., pl.* to play cards 5
jugo *m.* juice 8
  jugo de fruta *m.* fruit juice 8
julio *m.* July 5
jungla *f.* jungle 13
junio *m.* June 5
juntos/as *adj.* together 9
juventud *f.* youth 9

K

kilómetro *m.* kilometer 1

L

la *f., sing., def. art.* the 1
  la *f., sing., d.o. pron.* her, it, *form.* you 5
laboratorio *m.* laboratory 2
lago *m.* lake 13
lámpara *f.* lamp 12
lana *f.* wool 6
langosta *f.* lobster 8
lápiz *m.* pencil 1
largo/a *adj.* long 6
las *f., pl., def. art.* the 1
  las *f., pl., d.o. pron.* them; *form.* you 5
lástima *f.* shame 13
lastimarse *v.* to injure oneself 10
  lastimarse el pie to injure one's foot 10
lata *f.* (*tin*) can 13
lavabo *m.* sink 7
lavadora *f.* washing machine 12
lavandería *f.* laundromat 14
lavaplatos *m., sing.* dishwasher 12
lavar *v.* to wash 12
  lavar (el suelo, los platos) to wash (the floor, the dishes) 12
lavarse *v.* to wash oneself 7
  lavarse la cara to wash one's face 7
  lavarse las manos to wash one's hands 7
le *sing., i.o. pron.* to/for him, her, *form.* you 6
  Le presento a... *form.* I would like to introduce you to (name). 1
lección *f.* lesson 1
leche *f.* milk 8
lechuga *f.* lettuce 8
leer *v.* to read 3
  leer correo electrónico to read e-mail 4
  leer un periódico to read a newspaper 4
  leer una revista to read a magazine 4
leído/a *p.p.* read 14
lejos de *prep.* far from 2
lengua *f.* language 2
  lenguas extranjeras *f., pl.* foreign languages 2
lentes de contacto *m., pl.* contact lenses
  lentes (de sol) (sun)glasses
lento/a *adj.* slow 11
les *pl., i.o. pron.* to/for them, *form.* you 6
letrero *m.* sign 14
levantar *v.* to lift 15
  levantar pesas to lift weights 15
levantarse *v.* to get up 7
ley *f.* law 13
libertad *f.* liberty; freedom 18
libre *adj. m., f.* free 4
librería *f.* bookstore 2
libro *m.* book 2
licencia de conducir *f.* driver's license 11
limón *m.* lemon 8
limpiar *v.* to clean 12
limpiar la casa *v.* to clean the house 12
limpio/a *adj.* clean 5
línea *f.* line 4
listo/a *adj.* ready; smart 5
literatura *f.* literature 2
llamar *v.* to call 11
  llamar por teléfono to call on the phone
llamarse *v.* to be called; to be named 7
llanta *f.* tire 11
llave *f.* key 5; wrench 11
llegada *f.* arrival 5
llegar *v.* to arrive 2
llenar *v.* to fill 11, 14
  llenar el tanque to fill the tank 11
  llenar (un formulario) to fill out (a form) 14
lleno/a *adj.* full 11
llevar *v.* to carry 2; *v.* to wear; to take 6
  llevar una vida sana to lead a healthy lifestyle 15
  llevarse bien/mal (con) to get along well/badly (with) 9
llorar *v.* to cry 15
llover (o:ue) *v.* to rain 5
  Llueve. It's raining. 5
lluvia *f.* rain
lo *m., sing. d.o. pron.* him, it, *form.* you 5
  ¡Lo he pasado de película! I've had a fantastic time! 18
  lo mejor the best (thing) 18
  lo que that which; what 12
  Lo siento. I'm sorry. 1
loco/a *adj.* crazy 6
locutor(a) *m., f.* (TV or radio) announcer 18
lodo *m.* mud
los *m., pl., def. art.* the 1

los *m. pl., d.o. pron.* them, *form.* you 5
luchar (contra/por) *v.* to fight; to struggle (against/for) 18
luego *adv.* then 7; *adv.* later 1
lugar *m.* place 2, 4
luna *f.* moon 13
lunares *m.* polka dots 6
lunes *m., sing.* Monday 2
luz *f.* light; electricity 12

M

madrastra *f.* stepmother 3
madre *f.* mother 3
madurez *f.* maturity; middle age 9
maestro/a *m., f.* teacher 16
magnífico/a *adj.* magnificent 5
maíz *m.* corn 8
mal, malo/a *adj.* bad 3
maleta *f.* suitcase 1
mamá *f.* mom 3
mandar *v.* to order 12; to send; to mail 14
manejar *v.* to drive 11
manera *f.* way 16
mano *f.* hand 1
manta *f.* blanket 12
mantener (e:ie) *v.* to maintain 15
mantenerse en forma to stay in shape 15
mantequilla *f.* butter 8
manzana *f.* apple 8
mañana *f.* morning, a.m. 1; tomorrow 1
mapa *m.* map 2
maquillaje *m.* makeup 7
maquillarse *v.* to put on makeup 7
mar *m.* sea 5
maravilloso/a *adj.* marvelous 5
mareado/a *adj.* dizzy; nauseated 10
margarina *f.* margarine 8
mariscos *m., pl.* shellfish 8
marrón *adj. m., f.* brown 6
martes *m., sing.* Tuesday 2
marzo *m.* March 5
más *pron.* more 2
más de (+ *number*) more than 8
más tarde later (on) 7
más... que more... than 8
masaje *m.* massage 15
matemáticas *f., pl.* mathematics 2
materia *f.* course 2
matrimonio *m.* marriage 9
máximo/a *adj.* maximum 11
mayo *m.* May 5
mayonesa *f.* mayonnaise 8
mayor *adj.* older 3
el/la mayor *adj.* eldest 8; oldest
me *sing., d.o. pron.* me 5; *sing. i.o. pron.* to/for me 6
Me duele mucho. It hurts me a lot. 10
Me gusta... I like... 2
No me gustan nada. I don't like them at all. 2
Me gustaría(n)... I would like... 17
Me llamo... My name is... 1
Me muero por... I'm dying to (for)...
mecánico/a *m., f.* mechanic 11
mediano/a *adj.* medium
medianoche *f.* midnight 1
medias *f., pl.* pantyhose, stockings 6
medicamento *m.* medication 10
medicina *f.* medicine 10
médico/a *m., f.* doctor 3; *adj.* medical 10
medio/a *adj.* half 3
medio ambiente *m.* environment 13
medio/a hermano/a *m., f.* half-brother/half-sister 3
mediodía *m.* noon 1
medios de comunicación *m., pl.* means of communication; media 18
y media thirty minutes past the hour (time) 1
mejor *adj.* better 8
el/la mejor *m., f.* the best 8
mejorar *v.* to improve 13
melocotón *m.* peach 8
menor *adj.* younger 3
el/la menor *m., f.* youngest 8
menos *adv.* less 10
menos cuarto..., menos quince... quarter to... (*time*) 1
menos de (+ *number*) fewer than 8
menos... que less... than 8
mensaje *m.* **de texto** text message 11
mensaje electrónico *m.* e-mail message 4
mentira *f.* lie 4
menú *m.* menu 8
mercado *m.* market 6
mercado al aire libre open-air market 6
merendar (e:ie) *v.* to snack 8; to have an afternoon snack
merienda *f.* afternoon snack 15
mes *m.* month 5
mesa *f.* table 2
mesita *f.* end table 12
mesita de noche night stand 12
meterse en problemas *v.* to get into trouble 13
metro *m.* subway 5
mexicano/a *adj.* Mexican 3
México *m.* Mexico 1
mí *pron., obj. of prep.* me 8
mi(s) *poss. adj.* my 3
microonda *f.* microwave 12
horno de microondas *m.* microwave oven 12
miedo *m.* fear 3
miel *f.* honey 10
mientras *adv.* while 10
miércoles *m., sing.* Wednesday 2
mil *m.* one thousand 2
mil millones billion
milla *f.* mile 11
millón *m.* million 2
millones (de) *m.* millions (of)
mineral *m.* mineral 15
minuto *m.* minute 1
mío(s)/a(s) *poss.* my; (of) mine 11
mirar *v.* to look (at); to watch 2
mirar (la) televisión to watch television 2
mismo/a *adj.* same 3
mochila *f.* backpack 2
moda *f.* fashion 6
módem *m.* modem
moderno/a *adj.* modern 17
molestar *v.* to bother; to annoy 7
monitor *m.* (computer) monitor 11
monitor(a) *m., f.* trainer
mono *m.* monkey 13
montaña *f.* mountain 4
montar *v.* **a caballo** to ride a horse 5
montón: un montón de a lot of 4
monumento *m.* monument 4
morado/a *adj.* purple 6
moreno/a *adj.* brunet(te) 3
morir (o:ue) *v.* to die 8
mostrar (o:ue) *v.* to show 4
motocicleta *f.* motorcycle 5
motor *m.* motor
muchacho/a *m., f.* boy; girl 3
mucho/a *adj., adv.* a lot of; much 2; many 3
(Muchas) gracias. Thank you (very much); Thanks (a lot). 1
muchas veces *adv.* a lot; many times 10
Muchísimas gracias. Thank you very, very much. 9
Mucho gusto. Pleased to meet you. 1
muchísimo very much 2
mudarse *v.* to move (from one house to another) 12
muebles *m., pl.* furniture 12
muela *f.* tooth
muerte *f.* death 9
muerto/a *p.p.* died 14
mujer *f.* woman 1
mujer de negocios *f.* business woman 16
mujer policía *f.* female police officer
multa *f.* fine
mundial *adj. m., f.* worldwide
mundo *m.* world 8, 13
muro *m.* wall 15
músculo *m.* muscle 15
museo *m.* museum 4
música *f.* music 2, 17
musical *adj. m., f.* musical 17

músico/a *m., f.* musician 17
muy *adv.* very 1
Muy amable. That's very kind of you. 5
(Muy) bien, gracias. (Very) well, thanks. 1

N

nacer *v.* to be born 9
nacimiento *m.* birth 9
nacional *adj. m., f.* national 18
nacionalidad *f.* nationality 1
nada nothing 1; not anything 7
nada mal not bad at all 5
nadar *v.* to swim 4
nadie *pron.* no one, nobody, not anyone 7
naranja *f.* orange 8
nariz *f.* nose 10
natación *f.* swimming 4
natural *adj. m., f.* natural 13
naturaleza *f.* nature 13
navegador *m.* **GPS** GPS 11
navegar (en Internet) *v.* to surf (the Internet) 11
Navidad *f.* Christmas 9
necesario/a *adj.* necessary 12
necesitar (+ *inf.*) *v.* to need 2
negar (e:ie) *v.* to deny 13
no negar (e:ie) *v.* not to deny 13
negocios *m., pl.* business; commerce 16
negro/a *adj.* black 6
nervioso/a *adj.* nervous 5
nevar (e:ie) *v.* to snow 5
Nieva. It's snowing. 5
ni...ni neither... nor 7
niebla *f.* fog
nieto/a *m., f.* grandson/granddaughter 3
nieve *f.* snow
ningún, ninguno/a(s) *adj.* no; none; not any 7
niñez *f.* childhood 9
niño/a *m., f.* child 3
no no; not 1
¿no? right? 1
No cabe duda de... There is no doubt... 13
No es para tanto. It's not a big deal. 12
no es seguro it's not sure 13
no es verdad it's not true 13
No está nada mal. It's not bad at all. 5
no estar de acuerdo to disagree
No estoy seguro. I'm not sure.
no hay there is not; there are not 1
No hay de qué. You're welcome. 1
No hay duda de... There is no doubt... 13
No hay problema. No problem. 7
¡No me diga(s)! You don't say!
No me gustan nada. I don't like them at all. 2
no muy bien not very well 1
No quiero. I don't want to. 4
No sé. I don't know.
No se preocupe. (*form.*) Don't worry. 7
No te preocupes. (*fam.*) Don't worry. 7
no tener razón to be wrong 3
noche *f.* night 1
nombre *m.* name 1
norte *m.* north 14
norteamericano/a *adj.* (North) American 3
nos *pl., d.o. pron.* us 5; *pl., i.o. pron.* to/for us 6
Nos vemos. See you. 1
nosotros/as *sub. pron.* we 1; *ob. pron.* us
noticia *f.* news 11
noticias *f., pl.* news 18
noticiero *m.* newscast 18
novecientos/as nine hundred 2
noveno/a *adj.* ninth 5
noventa ninety 2
noviembre *m.* November 5
novio/a *m., f.* boyfriend/girlfriend 3
nube *f.* cloud 13
nublado/a *adj.* cloudy 5
Está (muy) nublado. It's very cloudy. 5
nuclear *adj. m. f.* nuclear 13
nuera *f.* daughter-in-law 3
nuestro(s)/a(s) *poss. adj.* our 3; (of ours) 11
nueve nine 1
nuevo/a *adj.* new 6
número *m.* number 1; (shoe) size 6
nunca *adj.* never; not ever 7
nutrición *f.* nutrition 15
nutricionista *m., f.* nutritionist 15

O

o or 7
o... o; either... or 7
obedecer *v.* to obey 18
obra *f.* work (*of art, literature, music, etc.*) 17
obra maestra *f.* masterpiece 17
obtener *v.* to obtain; to get 16
obvio/a *adj.* obvious 13
océano *m.* ocean
ochenta eighty 2
ocho eight 1
ochocientos/as eight hundred 2
octavo/a *adj.* eighth 5
octubre *m.* October 5
ocupación *f.* occupation 16
ocupado/a *adj.* busy 5
ocurrir *v.* to occur; to happen 18
odiar *v.* to hate 9
oeste *m.* west 14
oferta *f.* offer 12
oficina *f.* office 12
oficio *m.* trade 16
ofrecer *v.* to offer 6
oído *m.* (sense of) hearing; inner ear 10
oído/a *p.p.* heard 14
oír *v.* to hear 4
Oiga/Oigan. *form., sing./pl.* Listen. (*in conversation*) 1
Oye. *fam., sing.* Listen. (*in conversation*) 1
ojalá (que) *interj.* I hope (that); I wish (that) 13
ojo *m.* eye 10
olvidar *v.* to forget 10
once eleven 1
ópera *f.* opera 17
operación *f.* operation 10
ordenado/a *adj.* orderly 5
ordinal *adj.* ordinal (*number*)
oreja *f.* (outer) ear 10
organizarse *v.* to organize oneself 12
orquesta *f.* orchestra 17
ortografía *f.* spelling
ortográfico/a *adj.* spelling
os *fam., pl. d.o. pron.* you 5; *fam., pl. i.o. pron.* to/for you 6
otoño *m.* autumn 5
otro/a *adj.* other; another 6
otra vez again

P

paciente *m., f.* patient 10
padrastro *m.* stepfather 3
padre *m.* father 3
padres *m., pl.* parents 3
pagar *v.* to pay 6, 9
pagar a plazos to pay in installments 14
pagar al contado to pay in cash 14
pagar en efectivo to pay in cash 14
pagar la cuenta to pay the bill 9
página *f.* page 11
página principal *f.* home page 11
país *m.* country 1
paisaje *m.* landscape 5
pájaro *m.* bird 13
palabra *f.* word 1
paleta helada *f.* popsicle 4
pálido/a *adj.* pale 14
pan *m.* bread 8
pan tostado *m.* toasted bread 8
panadería *f.* bakery 14

pantalla *f.* screen 11
pantalla táctil *f.* touch screen 11
pantalones *m., pl.* pants 6
pantalones cortos *m., pl.* shorts 6
pantuflas *f.* slippers 7
papa *f.* potato 8
papas fritas *f., pl.* fried potatoes; French fries 8
papá *m.* dad 3
papás *m., pl.* parents 3
papel *m.* paper 2; role 17
papelera *f.* wastebasket 2
paquete *m.* package 14
par *m.* pair 6
par de zapatos pair of shoes 6
para *prep.* for; in order to; by; used for; considering 11
para que so that 13
parabrisas *m., sing.* windshield 11
parar *v.* to stop 11
parecer *v.* to seem 6
pared *f.* wall 12
pareja *f.* (married) couple; partner 9
parientes *m., pl.* relatives 3
parque *m.* park 4
párrafo *m.* paragraph
parte: de parte de on behalf of 11
partido *m.* game; match (*sports*) 4
pasado/a *adj.* last; past 6
pasado *p.p.* passed
pasaje *m.* ticket 5
pasaje de ida y vuelta *m.* roundtrip ticket 5
pasajero/a *m., f.* passenger 1
pasaporte *m.* passport 5
pasar *v.* to go through 5
pasar la aspiradora to vacuum 12
pasar por el banco to go by the bank 14
pasar por la aduana to go through customs
pasar tiempo to spend time
pasarlo bien/mal to have a good/bad time 9
pasatiempo *m.* pastime; hobby 4
pasear *v.* to take a walk; to stroll 4
pasear en bicicleta to ride a bicycle 4
pasear por to walk around 4
pasillo *m.* hallway 12
pasta *f.* **de dientes** toothpaste 7
pastel *m.* cake; pie 9
pastel de chocolate *m.* chocolate cake 9
pastel de cumpleaños *m.* birthday cake
pastelería *f.* pastry shop 14
pastilla *f.* pill; tablet 10
patata *f.* potato; 8
patatas fritas *f., pl.* fried potatoes; French fries 8
patinar (en línea) *v.* to (inline) skate 4
patineta *f.* skateboard 4
patio *m.* patio; yard 12
pavo *m.* turkey 8
paz *f.* peace 18
pedir (e:i) *v.* to ask for; to request 4; to order (*food*) 8
pedir prestado *v.* to borrow 14
pedir un préstamo *v.* to apply for a loan 14
Todos me dijeron que te pidiera disculpas de su parte. They all told me to ask you to excuse them/forgive them. 18
peinarse *v.* to comb one's hair 7
película *f.* movie 4
peligro *m.* danger 13
peligroso/a *adj.* dangerous 18
pelirrojo/a *adj.* red-haired 3
pelo *m.* hair 7
pelota *f.* ball 4
peluquería *f.* beauty salon 14
peluquero/a *m., f.* hairdresser 16
penicilina *f.* penicillin 10
pensar (e:ie) *v.* to think 4
pensar (+ *inf.*) *v.* to intend to; to plan to (*do something*) 4
pensar en *v.* to think about 4
pensión *f.* boardinghouse
peor *adj.* worse 8
el/la peor *adj.* the worst 8
pequeño/a *adj.* small 3
pera *f.* pear 8
perder (e:ie) *v.* to lose; to miss 4
perdido/a *adj.* lost 13, 14
Perdón. Pardon me.; Excuse me. 1
perezoso/a *adj.* lazy
perfecto/a *adj.* perfect 5
periódico *m.* newspaper 4
periodismo *m.* journalism 2
periodista *m., f.* journalist 3
permiso *m.* permission
pero *conj.* but 2
perro *m.* dog 13
persona *f.* person 3
personaje *m.* character 17
personaje principal *m.* main character 17
pesas *f. pl.* weights 15
pesca *f.* fishing
pescadería *f.* fish market 14
pescado *m.* fish (*cooked*) 8
pescar *v.* to fish 5
peso *m.* weight 15
pez *m., sing.* (**peces** *pl.*) fish (*live*) 13
pie *m.* foot 10
piedra *f.* stone 13
pierna *f.* leg 10
pimienta *f.* black pepper 8
pintar *v.* to paint 17
pintor(a) *m., f.* painter 16
pintura *f.* painting; picture 12, 17
piña *f.* pineapple 8
piscina *f.* swimming pool 4
piso *m.* floor (*of a building*) 5
pizarra *f.* blackboard 2
placer *m.* pleasure 15
Ha sido un placer. It's been a pleasure. 15
planchar la ropa *v.* to iron the clothes 12
planes *m., pl.* plans 4
planta *f.* plant 13
planta baja *f.* ground floor 5
plástico *m.* plastic 13
plato *m.* dish (*in a meal*) 8; *m.* plate 12
plato principal *m.* main dish 8
playa *f.* beach 5
plaza *f.* city or town square 4
plazos *m., pl.* periods; time 14
pluma *f.* pen 2
plumero *m.* duster 12
población *f.* population 13
pobre *adj. m., f.* poor 6
pobrecito/a *adj.* poor thing 3
pobreza *f.* poverty
poco/a *adj.* little; few 5; 10
poder (o:ue) *v.* to be able to; can 4
¿Podría pedirte algo? Could I ask you something? 17
¿Puedo dejar un recado? May I leave a message? 11
poema *m.* poem 17
poesía *f.* poetry 17
poeta *m., f.* poet 17
policía *f.* police (force) 11
política *f.* politics 18
político/a *m., f.* politician 16; *adj.* political 18
pollo *m.* chicken 8
pollo asado *m.* roast chicken 8
ponchar *v.* to go flat
poner *v.* to put; to place 4; *v.* to turn on (*electrical appliances*) 11
poner la mesa *v.* to set the table 12
poner una inyección *v.* to give an injection 10
ponerse (+ *adj.*) *v.* to become (+ *adj.*) 7; to put on 7
ponerle el nombre to name someone/something 9
por *prep.* in exchange for; for; by; in; through; around; along; during; because of; on account of; on behalf of; in search of; by way of; by means of 11
por aquí around here 11
por avión by plane
por ejemplo for example 11
por eso that's why; therefore 11
por favor please 1
por fin finally 11
por la mañana in the morning 7
por la noche at night 7
por la tarde in the afternoon 7
por lo menos *adv.* at least 10
¿por qué? why? 2
Por supuesto. Of course.
por teléfono by phone; on the phone

por último finally 7
porque *conj.* because 2
portátil *m.* portable 11
portero/a *m., f.* doorman/doorwoman 1
porvenir *m.* future 16
¡Por el porvenir! Here's to the future! 16
posesivo/a *adj.* possessive 3
posible *adj.* possible 13
es posible it's possible 13
no es posible it's not possible 13
postal *f.* postcard 4
postre *m.* dessert 9
practicar *v.* to practice 2
practicar deportes *m., pl.* to play sports 4
precio (fijo) *m.* (fixed; set) price 6
preferir (e:ie) *v.* to prefer 4
pregunta *f.* question
preguntar *v.* to ask (*a question*) 2
premio *m.* prize; award 17
prender *v.* to turn on 11
prensa *f.* press 18
preocupado/a (por) *adj.* worried (about) 5
preocuparse (por) *v.* to worry (about) 7
preparar *v.* to prepare 2
preposición *f.* preposition
presentación *f.* introduction
presentar *v.* to introduce; to present 17; to put on (*a performance*) 17
Le presento a... I would like to introduce you to (name). (*form.*) 1
Te presento a... I would like to introduce you to (name). (*fam.*) 1
presiones *f., pl.* pressures 15
prestado/a *adj.* borrowed
préstamo *m.* loan 14
prestar *v.* to lend; to loan 6
primavera *f.* spring 5
primer, primero/a *adj.* first 2, 5
primo/a *m., f.* cousin 3
principal *adj. m., f.* main 8
prisa *f.* haste 3
darse prisa *v.* to hurry; to rush 15
probable *adj. m., f.* probable 13
es probable it's probable 13
no es probable it's not probable 13
probar (o:ue) *v.* to taste; to try 8
probarse (o:ue) *v.* to try on 7
problema *m.* problem 1
profesión *f.* profession 3; 16
profesor(a) *m., f.* teacher 1, 2
programa *m.* 1
programa de computación *m.* software 11
programa de entrevistas *m.* talk show 17
programa de realidad *m.* reality show 17
programador(a) *m., f.* computer programmer 3
prohibir *v.* to prohibit 10; to forbid
pronombre *m.* pronoun
pronto *adv.* soon 10
propina *f.* tip 8
propio/a *adj.* own 16
proteger *v.* to protect 13
proteína *f.* protein 15
próximo/a *adj.* next 3, 16
proyecto *m.* project 11
prueba *f.* test; quiz 2
psicología *f.* psychology 2
psicólogo/a *m., f.* psychologist 16
publicar *v.* to publish 17
público *m.* audience 17
pueblo *m.* town 4
puerta *f.* door 2
Puerto Rico *m.* Puerto Rico 1
puertorriqueño/a *adj.* Puerto Rican 3
pues *conj.* well
puesto *m.* position; job 16
puesto/a *p.p.* put 14
puro/a *adj.* pure 13

Q

que *pron.* that; which; who 12
¿En qué...? In which...? 2
¡Qué...! How...!
¡Qué dolor! What pain!
¡Qué ropa más bonita! What pretty clothes! 6
¡Qué sorpresa! What a surprise!
¿qué? what? 1
¿Qué día es hoy? What day is it? 2
¿Qué hay de nuevo? What's new? 1
¿Qué hora es? What time is it? 1
¿Qué les parece? What do you (*pl.*) think?
Qué onda? What's up? 14
¿Qué pasa? What's happening? What's going on? 1
¿Qué pasó? What happened? 11
¿Qué precio tiene? What is the price?
¿Qué tal...? How are you?; How is it going? 1; How is/are...? 2
¿Qué talla lleva/usa? What size do you wear? 6
¿Qué tiempo hace? How's the weather? 5
quedar *v.* to be left over; to fit (*clothing*) 7; to be left behind; to be located 14
quedarse *v.* to stay; to remain 7
quehaceres domésticos *m., pl.* household chores 12
quemado/a *adj.* burned (out) 11
quemar (un CD/DVD) *v.* to burn (a CD/DVD)
querer (e:ie) *v.* to want; to love 4
queso *m.* cheese 8
quien(es) *pron.* who; whom; that 12
¿quién(es)? who?; whom? 1
¿Quién es...? Who is...? 1
¿Quién habla? Who is speaking/calling? (*telephone*) 11
química *f.* chemistry 2
quince fifteen 1
menos quince quarter to (time) 1
y quince quarter after (time) 1
quinceañera *f.* young woman celebrating her fifteenth birthday 9
quinientos/as *adj.* five hundred 2
quinto/a *adj.* fifth 5
quisiera *v.* I would like 17
quitar el polvo *v.* to dust 12
quitar la mesa *v.* to clear the table 12
quitarse *v.* to take off 7
quizás *adv.* maybe 5

R

racismo *m.* racism 18
radio *f.* radio (*medium*) 2; *m.* radio (set) 2
radiografía *f.* X-ray 10
rápido/a *adv.* quickly 10
ratón *m.* mouse 11
ratos libres *m., pl.* spare (free) time 4
raya *f.* stripe 6
razón *f.* reason 3
rebaja *f.* sale 6
receta *f.* prescription 10
recetar *v.* to prescribe 10
recibir *v.* to receive 3
reciclaje *m.* recycling 13
reciclar *v.* to recycle 13
recién casado/a *m., f.* newly-wed 9
recoger *v.* to pick up 13
recomendar (e:ie) *v.* to recommend 8, 12
recordar (o:ue) *v.* to remember 4
recorrer *v.* to tour an area
recorrido *m.* tour 13
recuperar *v.* to recover 11
recurso *m.* resource 13
recurso natural *m.* natural resource 13
red *f.* network; Web 11
reducir *v.* to reduce 13
refresco *m.* soft drink 8
refrigerador *m.* refrigerator 12
regalar *v.* to give (a gift) 9
regalo *m.* gift 6
regatear *v.* to bargain 6
región *f.* region; area 13
regresar *v.* to return 2
regular *adv.* so-so.; OK 1

reído *p.p.* laughed 14
reírse (e:i) *v.* to laugh 9
relaciones *f., pl.* relationships
relajarse *v.* to relax 9
reloj *m.* clock; watch 2
renovable *adj.* renewable 13
renunciar (a) *v.* to resign (from) 16
repetir (e:i) *v.* to repeat 4
reportaje *m.* report 18
reportero/a *m., f.* reporter; journalist 16
representante *m., f.* representative 18
reproductor de CD *m.* CD player 11
reproductor de DVD *m.* DVD player 11
reproductor de MP3 *m.* MP3 player 11
resfriado *m.* cold (*illness*) 10
residencia estudiantil *f.* dormitory 2
resolver (o:ue) *v.* to resolve; to solve 13
respirar *v.* to breathe 13
responsable *adj.* responsible 8
respuesta *f.* answer
restaurante *m.* restaurant 4
resuelto/a *p.p.* resolved 14
reunión *f.* meeting 16
revisar *v.* to check 11
  revisar el aceite *v.* to check the oil 11
revista *f.* magazine 4
rico/a *adj.* rich 6; *adj.* tasty; delicious 8
ridículo/a *adj.* ridiculous 13
río *m.* river 13
riquísimo/a *adj.* extremely delicious 8
rodilla *f.* knee 10
rogar (o:ue) *v.* to beg; to plead 12
rojo/a *adj.* red 6
romántico/a *adj.* romantic 17
romper *v.* to break 10
  romperse la pierna *v.* to break one's leg 10
romper (con) *v.* to break up (with) 9
ropa *f.* clothing; clothes 6
  ropa interior *f.* underwear 6
rosado/a *adj.* pink 6
roto/a *adj.* broken 10, 14
rubio/a *adj.* blond(e) 3
ruso/a *adj.* Russian 3
rutina *f.* routine 7
  rutina diaria *f.* daily routine 7

S

sábado *m.* Saturday 2
saber *v.* to know; to know how 6; to taste 8
  saber a to taste like 8
sabrosísimo/a *adj.* extremely delicious 8
sabroso/a *adj.* tasty; delicious 8
sacar *v.* to take out
  sacar buenas notas to get good grades 2
  sacar fotos to take photos 5
  sacar la basura to take out the trash 12
  sacar(se) un diente to have a tooth removed 10
sacudir *v.* to dust 12
  sacudir los muebles to dust the furniture 12
sal *f.* salt 8
sala *f.* living room 12; room
  sala de emergencia(s) emergency room 10
salario *m.* salary 16
salchicha *f.* sausage 8
salida *f.* departure; exit 5
salir *v.* to leave 4; to go out
  salir (con) to go out (with); to date 9
  salir de to leave from
  salir para to leave for (*a place*)
salmón *m.* salmon 8
salón de belleza *m.* beauty salon 14
salud *f.* health 10
saludable *adj.* healthy 10
saludar(se) *v.* to greet (each other) 11
saludo *m.* greeting 1
  saludos a... greetings to... 1
sandalia *f.* sandal 6
sandía *f.* watermelon
sándwich *m.* sandwich 8
sano/a *adj.* healthy 10
se *ref. pron.* himself, herself, itself, *form.* yourself, themselves, yourselves 7
se *impersonal* one 10
  Se nos dañó... The... broke down. 11
  Se hizo... He/she/it became...
  Se nos pinchó una llanta. We had a flat tire. 11
secadora *f.* clothes dryer 12
secarse *v.* to dry oneself 7
sección de (no) fumar *f.* (non) smoking section 8
secretario/a *m., f.* secretary 16
secuencia *f.* sequence
sed *f.* thirst 3
seda *f.* silk 6
sedentario/a *adj.* sedentary; related to sitting 15
seguir (e:i) *v.* to follow; to continue 4
según according to
segundo/a *adj.* second 5
seguro/a *adj.* sure; safe 5
seis six 1
seiscientos/as six hundred 2
sello *m.* stamp 14
selva *f.* jungle 13
semáforo *m.* traffic light 14
semana *f.* week 2
  fin *m.* **de semana** weekend 4
  semana *f.* **pasada** last week 6
semestre *m.* semester 2
sendero *m.* trail; trailhead 13
sentarse (e:ie) *v.* to sit down 7
sentir(se) (e:ie) *v.* to feel 7; to be sorry; to regret 13
señor (Sr.); don *m.* Mr.; sir 1
señora (Sra.); doña *f.* Mrs.; ma'am 1
señorita (Srta.) *f.* Miss 1
separado/a *adj.* separated 9
separarse (de) *v.* to separate (from) 9
septiembre *m.* September 5
séptimo/a *adj.* seventh 5
ser *v.* to be 1
  ser aficionado/a (a) to be a fan (of) 4
  ser alérgico/a (a) to be allergic (to) 10
  ser gratis to be free of charge 14
serio/a *adj.* serious
servicio *m.* service 15
servilleta *f.* napkin 12
servir (e:i) *v.* to serve 8; to help 5
sesenta sixty 2
setecientos/as *adj.* seven hundred 2
setenta seventy 2
sexismo *m.* sexism 18
sexto/a *adj.* sixth 5
sí *adv.* yes 1
si *conj.* if 4
SIDA *m.* AIDS 18
sido *p.p.* been 15
siempre *adv.* always 7
siete seven 1
silla *f.* seat 2
sillón *m.* armchair 12
similar *adj. m., f.* similar
simpático/a *adj.* nice; likeable 3
sin *prep.* without 2, 13
  sin duda without a doubt
  sin embargo however
  sin que *conj.* without 13
sino but (rather) 7
síntoma *m.* symptom 10
sitio *m.* place 3
sitio *m.* **web;** website 11
situado/a *p.p.* located
sobre *m.* envelope 14; *prep.* on; over 2
  sobre todo above all 13
(sobre)población *f.* (over)population 13
sobrino/a *m., f.* nephew; niece 3
sociología *f.* sociology 2
sofá *m.* couch; sofa 12
sol *m.* sun 4; 5; 13
solar *adj. m., f.* solar 13
soldado *m., f.* soldier 18
soleado/a *adj.* sunny
solicitar *v.* to apply (*for a job*) 16
solicitud (de trabajo) *f.* (job) application 16
sólo *adv.* only 3
solo/a *adj.* alone
soltero/a *adj.* single 9
solución *f.* solution 13

sombrero *m.* hat 6
Son las dos. It's two o'clock. 1
sonar (o:ue) *v.* to ring 11
sonreído *p.p.* smiled 14
sonreír (e:i) *v.* to smile 9
sopa *f.* soup 8
sorprender *v.* to surprise 9
sorpresa *f.* surprise 9
sótano *m.* basement; cellar 12
soy I am 1
  Soy de... I'm from... 1
  Soy yo. That's me.
su(s) *poss. adj.* his; her; its; *form.* your; their 3
subir(se) a *v.* to get on/into (*a vehicle*) 11
sucio/a *adj.* dirty 5
sudar *v.* to sweat 15
suegro/a *m., f.* father-in-law; mother-in-law 3
sueldo *m.* salary 16
suelo *m.* floor 12
sueño *m.* sleep 3
suerte *f.* luck 3
suéter *m.* sweater 6
sufrir *v.* to suffer 10
  sufrir muchas presiones to be under a lot of pressure 15
  sufrir una enfermedad to suffer an illness 10
sugerir (e:ie) *v.* to suggest 12
supermercado *m.* supermarket 14
suponer *v.* to suppose 4
sur *m.* south 14
sustantivo *m.* noun
suyo(s)/a(s) *poss.* (of) his/her; (of) hers; (of) its; (of) *form.* your, (of) yours, (of) their 11

T

tabla de (wind)surf *f.* surf board/sailboard 3
tal vez *adv.* maybe 5
talentoso/a *adj.* talented 17
talla *f.* size 6
  talla grande *f.* large
taller *m.* **mecánico** garage; mechanic's repairshop 11
también *adv.* also; too 2; 7
tampoco *adv.* neither; not either 7
tan *adv.* so 5
  tan... como as... as 8
  tan pronto como *conj.* as soon as 13
tanque *m.* tank 11
tanto *adv.* so much
  tanto... como as much... as 8
  tantos/as... como as many... as 8
tarde *adv.* late 7; *f.* afternoon; evening; P.M. 1
tarea *f.* homework 2
tarjeta *f.* (post) card
tarjeta de crédito *f.* credit card 6
tarjeta postal *f.* postcard 4
taxi *m.* taxi 5
taza *f.* cup 12
te *sing., fam., d.o. pron.* you 5; *sing., fam., i.o. pron.* to/for you 6
  Te presento a... *fam.* I would like to introduce you to (name). 1
  ¿Te gustaría? Would you like to? 17
  ¿Te gusta(n)...? Do you like...? 2
té *m.* tea 8
  té helado *m.* iced tea 8
teatro *m.* theater 17
teclado *m.* keyboard 11
técnico/a *m., f.* technician 16
tejido *m.* weaving 17
teleadicto/a *m., f.* couch potato 15
(teléfono) celular *m.* (cell) phone 11
telenovela *f.* soap opera 17
teletrabajo *m.* telecommuting 16
televisión *f.* television 2; 11
televisión por cable *f.* cable television 11
televisor *m.* television set 11
temer *v.* to fear 13
temperatura *f.* temperature 10
temporada *f.* period of time 5
temprano *adv.* early 7
tenedor *m.* fork 12
tener *v.* to have 3
  tener... años to be... years old 3
  Tengo... años. I'm... years old. 3
  tener (mucho) calor to be (very) hot 3
  tener (mucho) cuidado to be (very) careful 3
  tener dolor to have a pain 10
  tener éxito to be successful 16
  tener fiebre to have a fever 10
  tener (mucho) frío to be (very) cold 3
  tener ganas de (+ *inf.*) to feel like (*doing something*) 3
  tener (mucha) hambre *f.* to be (very) hungry 3
  tener (mucho) miedo (de) to be (very) afraid (of); to be (very) scared (of) 3
  tener miedo (de) que to be afraid that
  tener planes *m., pl.* to have plans 4
  tener (mucha) prisa to be in a (big) hurry 3
  tener que (+ *inf.*) *v.* to have to (*do something*) 3
  tener razón *f.* to be right 3
  tener (mucha) sed *f.* to be (very) thirsty 3
  tener (mucho) sueño to be (very) sleepy 3
  tener (mucha) suerte to be (very) lucky 3
  tener tiempo to have time 4
  tener una cita to have a date; to have an appointment 9
tenis *m.* tennis 4
tensión *f.* tension 15
tercer, tercero/a *adj.* third 5
terco/a *adj.* stubborn 10
terminar *v.* to end; to finish 2
  terminar de (+ *inf.*) *v.* to finish (*doing something*) 4
terremoto *m.* earthquake 18
terrible *adj. m., f.* terrible 13
ti *prep., obj. of prep., fam.* you
tiempo *m.* time 4; weather 5
  tiempo libre free time
tienda *f.* shop; store 6
tierra *f.* land; soil 13
tinto/a *adj.* red (wine) 8
tío/a *m., f.* uncle; aunt 3
tíos *m., pl.* aunts and uncles 3
título *m.* title 16
tiza *f.* chalk 2
toalla *f.* towel 7
tobillo *m.* ankle 10
tocar *v.* to play (*a musical instrument*) 17; to touch 13
todavía *adv.* yet; still 3, 5
todo *m.* everything 5
  en todo el mundo throughout the world 13
  Todo está bajo control. Everything is under control. 7
  todo derecho straight (ahead) 14
todo(s)/a(s) *adj.* all 4; whole
todos *m., pl.* all of us; *m., pl.* everybody; everyone
todos los días *adv.* every day 10
tomar *v.* to take; to drink 2
  tomar clases *f., pl.* to take classes 2
  tomar el sol to sunbathe 4
  tomar en cuenta to take into account
  tomar fotos *f., pl.* to take photos 5
  tomar la temperatura to take someone's temperature 10
  tomar una decisión to make a decision 15
tomate *m.* tomato 8
tonto/a *adj.* silly; foolish 3
torcerse (o:ue) (el tobillo) *v.* to sprain (one's ankle) 10
torcido/a *adj.* twisted; sprained 10
tormenta *f.* storm 18
tornado *m.* tornado 18
tortilla *f.* tortilla 8
  tortilla de maíz corn tortilla 8
tortuga (marina) *f.* (sea) turtle 13
tos *f., sing.* cough 10
toser *v.* to cough 10
tostado/a *adj.* toasted 8
tostadora *f.* toaster 12
trabajador(a) *adj.* hard-working 3
trabajar *v.* to work 2
trabajo *m.* job; work 16

traducir *v.* to translate 6
traer *v.* to bring 4
tráfico *m.* traffic 11
tragedia *f.* tragedy 17
traído/a *p.p.* brought 14
traje *m.* suit 6
  traje (de baño) *m.* (bathing) suit 6
trajinera *f.* type of barge 3
tranquilo/a *adj.* calm; quiet 15
  Tranquilo. Don't worry.; Be cool. 7
  Tranquilo/a, cariño. Relax, sweetie. 11
transmitir *v.* to broadcast 18
tratar de (+ *inf.*) *v.* to try (*to do something*) 15
trece thirteen 1
treinta thirty 1, 2
  y treinta thirty minutes past the hour (time) 1
tren *m.* train 5
tres three 1
trescientos/as *adj.* three hundred 2
trimestre *m.* trimester; quarter 2
triste *adj.* sad 5
tú *fam. sub. pron.* you 1
  Tú eres... You are... 1
tu(s) *fam. poss. adj.* your 3
turismo *m.* tourism 5
turista *m., f.* tourist 1
turístico/a *adj.* touristic
tuyo(s)/a(s) *fam. poss. pron.* your; (of) yours 11

U

Ud. *form. sing.* you 1
Uds. *form., pl.* you 1
último/a *adj.* last 7
  la última vez the last time 7
un, uno/a *indef. art.* a; one 1
  uno/a *m., f., sing. pron.* one 1
    a la una at one o'clock 1
  una vez once; one time 6
  una vez más one more time 9
único/a *adj.* only 3; unique 9
universidad *f.* university; college 2
unos/as *m., f., pl. indef. art.* some 1
  los unos a los otros each other 11
  unos/as *pron.* some 1
urgente *adj.* urgent 12
usar *v.* to wear; to use 6
usted (Ud.) *form. sing.* you 1
  ustedes (Uds.) *form., pl.* you 1
útil *adj.* useful
uva *f.* grape 8

V

vaca *f.* cow 13
vacaciones *f. pl.* vacation 5
valle *m.* valley 13
vamos let's go 4
vaquero *m.* cowboy 17
  de vaqueros *m., pl.* western (genre) 17
varios/as *adj. m. f., pl.* various; several 8
vaso *m.* glass 12
veces *f., pl.* times 6
vecino/a *m., f.* neighbor 12
veinte twenty 1
veinticinco twenty-five 1
veinticuatro twenty-four 1
veintidós twenty-two 1
veintinueve twenty-nine 1
veintiocho twenty-eight 1
veintiséis twenty-six 1
veintisiete twenty-seven 1
veintitrés twenty-three 1
veintiún, veintiuno/a twenty-one 1
vejez *f.* old age 9
velocidad *f.* speed 11
  velocidad máxima *f.* speed limit 11
vencer *v.* to expire 14
vendedor(a) *m., f.* salesperson 6
vender *v.* to sell 6
venir *v.* to come 3
ventana *f.* window 2
ver *v.* to see 4
  a ver *v.* let's see 2
  ver películas *f., pl.* to see movies 4
verano *m.* summer 5
verbo *m.* verb
verdad *f.* truth
  ¿verdad? right? 1
verde *adj., m. f.* green 6
verduras *pl., f.* vegetables 8
vestido *m.* dress 6
vestirse (e:i) *v.* to get dressed 7
vez *f.* time 6
viajar *v.* to travel 2
viaje *m.* trip 5
viajero/a *m., f.* traveler 5
vida *f.* life 9
video *m.* video 1, 11
videoconferencia *f.* videoconference 16
videojuego *m.* video game 4
vidrio *m.* glass 13
viejo/a *adj.* old 3
viento *m.* wind 5
viernes *m., sing.* Friday 2
vinagre *m.* vinegar 8
vino *m.* wine 8
  vino blanco *m.* white wine 8
  vino tinto *m.* red wine 8
violencia *f.* violence 18
visitar *v.* to visit 4
  visitar monumentos *m., pl.* to visit monuments 4
visto/a *p.p.* seen 14
vitamina *f.* vitamin 15
viudo/a *adj.* widower/widow 9
vivienda *f.* housing 12
vivir *v.* to live 3
vivo/a *adj.* bright; lively; living
volante *m.* steering wheel 11
volcán *m.* volcano 13
vóleibol *m.* volleyball 4
volver (o:ue) *v.* to return 4
volver a ver(te, lo, la) *v.* to see (you, him, her) again 18
vos *pron.* you
vosotros/as *form., pl.* you 1
votar *v.* to vote 18
vuelta *f.* return trip
vuelto/a *p.p.* returned 14
vuestro(s)/a(s) *poss. adj.* your 3; (of) yours *fam.* 11

W

walkman *m.* walkman

Y

y *conj.* and 1
  y cuarto quarter after (time) 1
  y media half-past (time) 1
  y quince quarter after (time) 1
  y treinta thirty (minutes past the hour) 1
  ¿Y tú? *fam.* And you? 1
  ¿Y usted? *form.* And you? 1
ya *adv.* already 6
yerno *m.* son-in-law 3
yo *sub. pron.* I 1
  Yo soy... I'm... 1
yogur *m.* yogurt 8

Z

zanahoria *f.* carrot 8
zapatería *f.* shoe store 14
zapatos de tenis *m., pl.* tennis shoes, sneakers 6

English-Spanish

A

a **un/a** *m., f., sing.; indef. art.* 1
@ (*symbol*) **arroba** *f.* 11
A.M. **mañana** *f.* 1
able: be able to **poder (o:ue)** *v.* 4
aboard **a bordo** 1
above all **sobre todo** 13
accident **accidente** *m.* 10
accompany **acompañar** *v.* 14
account **cuenta** *f.* 14
on account of **por** *prep.* 11
accountant **contador(a)** *m., f.* 16
accounting **contabilidad** *f.* 2
ache **dolor** *m.* 10
acquainted: be acquainted with **conocer** *v.* 6
action (genre) **de acción** *f.* 17
active **activo/a** *adj.* 15
actor **actor** *m.*, **actriz** *f.* 16
addict (*drug*) **drogadicto/a** *adj.* 15
additional **adicional** *adj.*
address **dirección** *f.* 14
adjective **adjetivo** *m.*
adolescence **adolescencia** *f.* 9
adventure (genre) **de aventura** *f.* 17
advertise **anunciar** *v.* 18
advertisement **anuncio** *m.* 16
advice **consejo** *m.* 6
give advice **dar consejos** 6
advise **aconsejar** *v.* 12
advisor **consejero/a** *m., f.* 16
aerobic **aeróbico/a** *adj.* 15
aerobics class **clase de ejercicios aeróbicos** 15
to do aerobics **hacer ejercicios aeróbicos** 15
affected **afectado/a** *adj.* 13
be affected (by) **estar** *v.* **afectado/a (por)** 13
affirmative **afirmativo/a** *adj.*
afraid: be (very) afraid (of) **tener (mucho) miedo (de)** 3
be afraid that **tener miedo (de) que**
after **después de** *prep.* 7; **después de que** *conj.* 13
afternoon **tarde** *f.* 1
afterward **después** *adv.* 7
again **otra vez**
age **edad** *f.* 9
agree **concordar** *v.*
agree **estar** *v.* **de acuerdo** 17
I agree. **Estoy de acuerdo.** 17
I don't agree. **No estoy de acuerdo.** 17
agreement **acuerdo** *m.* 16
AIDS **SIDA** *m.* 18
air **aire** *m.* 13
air pollution **contaminación del aire** 13
airplane **avión** *m.* 5
airport **aeropuerto** *m.* 5
alarm clock **despertador** *m.* 7
alcohol **alcohol** *m.* 15
to consume alcohol **consumir alcohol** 15
alcoholic **alcohólico/a** *adj.* 15
all **todo(s)/a(s)** *adj.* 4
all of us **todos** 1
all over the world **en todo el mundo**
allergic **alérgico/a** *adj.* 10
be allergic (to) **ser alérgico/a (a)** 10
alleviate **aliviar** *v.*
almost **casi** *adv.* 10
alone **solo/a** *adj.*
along **por** *prep.* 11
already **ya** *adv.* 6
also **también** *adv.* 2; 7
altar **altar** *m.* 9
aluminum **aluminio** *m.* 13
(made) of aluminum **de aluminio** 13
always **siempre** *adv.* 7
American (*North*) **norteamericano/a** *adj.* 3
among **entre** *prep.* 2
amusement **diversión** *f.*
and **y** 1, **e** (*before words beginning with* ***i*** *or* ***hi***) 4
And you? **¿Y tú?** *fam.* 1; **¿Y usted?** *form.* 1
angel **ángel** *m.* 9
angry **enojado/a** *adj.* 5
get angry (with) **enojarse** *v.* **(con)** 7
animal **animal** *m.* 13
ankle **tobillo** *m.* 10
anniversary **aniversario** *m.* 9
(wedding) anniversary **aniversario** *m.* **(de bodas)** 9
announce **anunciar** *v.* 18
announcer (*TV/radio*) **locutor(a)** *m., f.* 18
annoy **molestar** *v.* 7
another **otro/a** *adj.* 6
answer **contestar** *v.* 2; **respuesta** *f.*
answering machine **contestadora** *f.*
antibiotic **antibiótico** *m.* 10
any **algún, alguno/a(s)** *adj.* 7
anyone **alguien** *pron.* 7
anything **algo** *pron.* 7
apartment **apartamento** *m.* 12
apartment building **edificio de apartamentos** 12
appear **parecer** *v.*
appetizers **entremeses** *m., pl.* 8
applaud **aplaudir** *v.* 17
apple **manzana** *f.* 8
appliance (electric) **electrodoméstico** *m.* 12
applicant **aspirante** *m., f.* 16
application **solicitud** *f.* 16
job application **solicitud de trabajo** 16
apply (*for a job*) **solicitar** *v.* 16
apply for a loan **pedir (e:ie)** *v.* **un préstamo** 14
appointment **cita** *f.* 9
have an appointment **tener** *v.* **una cita** 9
appreciate **apreciar** *v.* 17
April **abril** *m.* 5
aquatic **acuático/a** *adj.*
archaeologist **arqueólogo/a** *m., f.* 16
archaeology **arqueología** *f.* 2
architect **arquitecto/a** *m., f.* 16
area **región** *f.* 13
Argentina **Argentina** *f.* 1
Argentine **argentino/a** *adj.* 3
arm **brazo** *m.* 10
armchair **sillón** *m.* 12
army **ejército** *m.* 18
around **por** *prep.* 11
around here **por aquí** 11
arrange **arreglar** *v.* 11
arrival **llegada** *f.* 5
arrive **llegar** *v.* 2
art **arte** *m.* 2
(fine) arts **bellas artes** *f., pl.* 17
article *m.* **artículo** 18
artist **artista** *m., f.* 3
artistic **artístico/a** *adj.* 17
arts **artes** *f., pl.* 17
as **como** 8
as a child **de niño/a** 10
as... as **tan... como** 8
as many... as **tantos/as... como** 8
as much... as **tanto... como** 8
as soon as **en cuanto** *conj.* 13; **tan pronto como** *conj.* 13
ask (*a question*) **preguntar** *v.* 2
ask for **pedir (e:i)** *v.* 4
asparagus **espárragos** *m., pl.* 8
aspirin **aspirina** *f.* 10
at **a** *prep.* 1; **en** *prep.* 2
at + *time* **a la(s)** + *time* 1
at home **en casa** 7
at least **por lo menos** 10
at night **por la noche** 7
at the end (of) **al fondo (de)** 12
At what time...? **¿A qué hora...?** 1
At your service. **A sus órdenes.** 11
ATM **cajero automático** *m.* 14
attempt **intento** *m.* **11**
attend **asistir (a)** *v.* 3
attic **altillo** *m.* 12
attract **atraer** *v.* 4
audience **público** *m.* 17
August **agosto** *m.* 5
aunt **tía** *f.* 3
aunts and uncles **tíos** *m., pl.* 3
automobile **automóvil** *m.* 5; **carro** *m.*; **coche** *m.* 11
autumn **otoño** *m.* 5
avenue **avenida** *f.*
avoid **evitar** *v.* 13
award **premio** *m.* 17

B

backpack **mochila** *f.* 2
bad **mal, malo/a** *adj.* 3
It's bad that... **Es malo que...** 12

It's not at all bad. **No está nada mal.** 5
bag **bolsa** *f.* 6
bakery **panadería** *f.* 14
balanced **equilibrado/a** *adj.* 15
to eat a balanced diet **comer una dieta equilibrada** 15
balcony **balcón** *m.* 12
ball **pelota** *f.* 4
banana **banana** *f.* 8
band **banda** *f.* 17
bank **banco** *m.* 14
bargain **ganga** *f.* 6; **regatear** *v.* 6
baseball (*game*) **béisbol** *m.* 4
basement **sótano** *m.* 12
basketball (*game*) **baloncesto** *m.* 4
bathe **bañarse** *v.* 7
bathing suit **traje** *m.* **de baño** 6
bathroom **baño** *m.* 7; **cuarto de baño** *m.* 7
be **ser** *v.* 1; **estar** *v.* 2
be... years old **tener... años** 3
be sick of... **estar harto/a de...** 18
beach **playa** *f.* 5
beans **frijoles** *m., pl.* 8
beautiful **hermoso/a** *adj.* 6
beauty **belleza** *f.* 14
beauty salon **peluquería** *f.* 14; **salón** *m.* **de belleza** 14
because **porque** *conj.* 2
because of **por** *prep.* 11
become (+ *adj.*) **ponerse (+ *adj.*)** 7; **convertirse** *v.*
bed **cama** *f.* 5
go to bed **acostarse (o:ue)** *v.* 7
bedroom **alcoba** *f.*; **dormitorio** *m.* 12; **recámara** *f.*
beef **carne de res** *f.* 8
been **sido** *p.p.* 15
beer **cerveza** *f.* 8
before **antes** *adv.* 7; **antes de** *prep.* 7; **antes (de) que** *conj.* 13
beg **rogar (o:ue)** *v.* 12
begin **comenzar (e:ie)** *v.* 4; **empezar (e:ie)** *v.* 4
behalf: on behalf of **de parte de** 11
behind **detrás de** *prep.* 2
believe (in) **creer** *v.* **(en)** 3; **creer** *v.* 13
not to believe **no creer** 13
believed **creído/a** *p.p.* 14
bellhop **botones** *m., f. sing.* 5
below **debajo de** *prep.* 2
belt **cinturón** *m.* 6
benefit **beneficio** *m.* 16
beside **al lado de** *prep.* 2
besides **además (de)** *adv.* 10
best **mejor** *adj.*
the best **el/la mejor** *m., f.* 8; **lo mejor** *neuter* 18
better **mejor** *adj.* 8
It's better that... **Es mejor que...** 12
between **entre** *prep.* 2
beverage **bebida** *f.*
alcoholic beverage **bebida alcohólica** *f.* 15
bicycle **bicicleta** *f.* 4
big **gran, grande** *adj.* 3
bill **cuenta** *f.* 9
billion **mil millones**
biology **biología** *f.* 2
bird **ave** *f.* 13; **pájaro** *m.* 13
birth **nacimiento** *m.* 9
birthday **cumpleaños** *m., sing.* 9
have a birthday **cumplir** *v.* **años** 9
black **negro/a** *adj.* 6
blackboard **pizarra** *f.* 2
blanket **manta** *f.* 12
block (city) **cuadra** *f.* 14
blog **blog** *m.* 11
blond(e) **rubio/a** *adj.* 3
blouse **blusa** *f.* 6
blue **azul** *adj. m., f.* 6
boarding house **pensión** *f.*
boat **barco** *m.* 5
body **cuerpo** *m.* 10
bone **hueso** *m.* 10
book **libro** *m.* 2
bookcase **estante** *m.* 12
bookshelves **estante** *m.* 12
bookstore **librería** *f.* 2
boot **bota** *f.* 6
bore **aburrir** *v.* 7
bored **aburrido/a** *adj.* 5
be bored **estar** *v.* **aburrido/a** 5
get bored **aburrirse** *v.* 17
boring **aburrido/a** *adj.* 5
born: be born **nacer** *v.* 9
borrow **pedir (e:ie)** *v.* **prestado** 14
borrowed **prestado/a** *adj.*
boss **jefe** *m.*, **jefa** *f.* 16
bother **molestar** *v.* 7
bottle **botella** *f.* 9
bottle of wine **botella de vino** 9
bottom **fondo** *m.*
boulevard **bulevar** *m.*
boy **chico** *m.* 1; **muchacho** *m.* 3
boyfriend **novio** *m.* 3
brakes **frenos** *m., pl.*
bread **pan** *m.* 8
break **romper** *v.* 10
break (one's leg) **romperse (la pierna)** 10
break down **dañar** *v.* 10
The... broke down. **Se nos dañó el/la...** 11
break up (with) **romper** *v.* **(con)** 9
breakfast **desayuno** *m.* 2, 8
have breakfast **desayunar** *v.* 2
breathe **respirar** *v.* 13
bring **traer** *v.* 4
broadcast **transmitir** *v.* 18; **emitir** *v.* 18
brochure **folleto** *m.*
broken **roto/a** *adj.* 10, 14
be broken **estar roto/a** 10
brother **hermano** *m.* 3
brother-in-law **cuñado** *m., f.* 3
brothers and sisters **hermanos** *m., pl.* 3
brought **traído/a** *p.p.* 14
brown **café** *adj.* 6; **marrón** *adj.* 6
brunet(te) **moreno/a** *adj.* 3
brush **cepillar** *v.* 7
brush one's hair **cepillarse el pelo** 7
brush one's teeth **cepillarse los dientes** 7
bucket **balde** *m.* 5
build **construir** *v.* 4
building **edificio** *m.* 12
bump into (*something accidentally*) **darse con** 10; (*someone*) **encontrarse** *v.* 11
burn (a CD/DVD) **quemar** *v.* **(un CD/DVD)**
burned (out) **quemado/a** *adj.* 11
bus **autobús** *m.* 1
bus station **estación** *f.* **de autobuses** 5
business **negocios** *m. pl.* 16
business administration **administración** *f.* **de empresas** 2
business-related **comercial** *adj.* 16
businessperson **hombre** *m.* / **mujer** *f.* **de negocios** 16
busy **ocupado/a** *adj.* 5
but **pero** *conj.* 2; (rather) **sino** *conj.* (*in negative sentences*) 7
butcher shop **carnicería** *f.* 14
butter **mantequilla** *f.* 8
buy **comprar** *v.* 2
by **por** *prep.* 11; **para** *prep.* 11
by means of **por** *prep.* 11
by phone **por teléfono** 11
by plane **en avión** 5
by way of **por** *prep.* 11
bye **chau** *interj. fam.* 1

C

cable television **televisión** *f.* **por cable** *m.* 11
café **café** *m.* 4
cafeteria **cafetería** *f.* 2
caffeine **cafeína** *f.* 15
cake **pastel** *m.* 9
chocolate cake **pastel de chocolate** *m.* 9
calculator **calculadora** *f.* 2
call **llamar** *v.* 11
be called **llamarse** *v.* 7
call on the phone **llamar por teléfono**
calm **tranquilo/a** *adj.* 15
calorie **caloría** *f.* 15
camera **cámara** *f.* 11
camp **acampar** *v.* 5
can (*tin*) **lata** *f.* 13
can **poder (o:ue)** *v.* 4

Could I ask you something? **¿Podría pedirte algo?** 17
Canadian **canadiense** *adj.* 3
candidate **aspirante** *m., f.* 16; candidate **candidato/a** *m., f.* 18
candy **dulces** *m., pl.* 9
capital city **capital** *f.* 1
car **coche** *m.* 11; **carro** *m.* 11; **auto(móvil)** *m.* 5
caramel **caramelo** *m.* 9
card **tarjeta** *f.*; (*playing*) **carta** *f.* 5
care **cuidado** *m.* 3
Take care! **¡Cuídense!** *v.* 15
take care of **cuidar** *v.* 13
career **carrera** *f.* 16
careful: be (very) careful **tener** *v.* **(mucho) cuidado** 3
caretaker **ama** *m., f.* **de casa** 12
carpenter **carpintero/a** *m., f.* 16
carpet **alfombra** *f.* 12
carrot **zanahoria** *f.* 8
carry **llevar** *v.* 2
cartoons **dibujos** *m, pl.* **animados** 17
case: in case (that) **en caso (de) que** 13
cash (a check) **cobrar** *v.* 14; cash **(en) efectivo** 6
cash register **caja** *f.* 6
pay in cash **pagar** *v.* **al contado** 14; **pagar en efectivo** 14
cashier **cajero/a** *m., f.*
cat **gato** *m.* 13
CD **disco compacto** *m.* 11
CD player **reproductor de CD** *m.* 11
CD-ROM **cederrón** *m.* 11
celebrate **celebrar** *v.* 9
celebration **celebración** *f.*
young woman's fifteenth birthday celebration **quinceañera** *f.* 9
cellar **sótano** *m.* 12
(cell) phone **(teléfono) celular** *m.* 11
cemetery **cementerio** *m.* 9
cereal **cereales** *m., pl.* 8
certain **cierto** *m.*; **seguro** *m.* 13
it's (not) certain **(no) es cierto/seguro** 13
chalk **tiza** *f.* 2
champagne **champán** *m.* 9
change: in change **de cambio** 2
change **cambiar** *v.* **(de)** 9
channel (*TV*) **canal** *m.* 11; 17
character (*fictional*) **personaje** *m.* 11, 17
(main) character *m.* **personaje (principal)** 17
chat **conversar** *v.* 2
chauffeur **conductor(a)** *m., f.* 1
cheap **barato/a** *adj.* 6
check **comprobar (o:ue)** *v.*; **revisar** *v.* 11; (*bank*) **cheque** *m.* 14
check the oil **revisar el aceite** 11
checking account **cuenta** *f.* **corriente** 14
cheese **queso** *m.* 8
chef **cocinero/a** *m., f.* 16
chemistry **química** *f.* 2
chest of drawers **cómoda** *f.* 12
chicken **pollo** *m.* 8
child **niño/a** *m., f.* 3
childhood **niñez** *f.* 9
children **hijos** *m., pl.* 3
Chinese **chino/a** *adj.* 3
chocolate **chocolate** *m.* 9
chocolate cake **pastel** *m.* **de chocolate** 9
cholesterol **colesterol** *m.* 15
choose **escoger** *v.* 8
chop (*food*) **chuleta** *f.* 8
Christmas **Navidad** *f.* 9
church **iglesia** *f.* 4
cinnamon **canela** *f.* 10
citizen **ciudadano/a** *adj.* 18
city **ciudad** *f.* 4
class **clase** *f.* 2
take classes **tomar clases** 2
classical **clásico/a** *adj.* 17
classmate **compañero/a** *m., f.* **de clase** 2
clean **limpio/a** *adj.* 5; **limpiar** *v.* 12
clean the house *v.* **limpiar la casa** 12
clear (*weather*) **despejado/a** *adj.*
clear the table **quitar la mesa** 12
It's (very) clear. (*weather*) **Está (muy) despejado.**
clerk **dependiente/a** *m., f.* 6
climate change **cambio climático** *m.* 13
climb **escalar** *v.* 4
climb mountains **escalar montañas** 4
clinic **clínica** *f.* 10
clock **reloj** *m.* 2
close **cerrar (e:ie)** *v.* 4
closed **cerrado/a** *adj.* 5
closet **armario** *m.* 12
clothes **ropa** *f.* 6
clothes dryer **secadora** *f.* 12
clothing **ropa** *f.* 6
cloud **nube** *f.* 13
cloudy **nublado/a** *adj.* 5
It's (very) cloudy. **Está (muy) nublado.** 5
coat **abrigo** *m.* 6
coffee **café** *m.* 8
coffee maker **cafetera** *f.* 12
cold **frío** *m.* 5; (*illness*) **resfriado** *m.* 10
be (*feel*) (very) cold **tener (mucho) frío** 3
It's (very) cold. (*weather*) **Hace (mucho) frío.** 5
college **universidad** *f.* 2
collision **choque** *m.* 18
color **color** *m.* 6
comb one's hair **peinarse** *v.* 7
come **venir** *v.* 3
come on **ándale** *interj.* 14
comedy **comedia** *f.* 17
comfortable **cómodo/a** *adj.* 5
commerce **negocios** *m., pl.* 16
commercial **comercial** *adj.* 16
communicate (with) **comunicarse** *v.* **(con)** 18
communication **comunicación** *f.* 18
means of communication **medios** *m. pl.* **de comunicación** 18
community **comunidad** *f.* 1
company **compañía** *f.* 16; **empresa** *f.* 16
comparison **comparación** *f.*
completely **completamente** *adv.* 16
composer **compositor(a)** *m., f.* 17
computer **computadora** *f.* 1
computer disc **disco** *m.*
computer monitor **monitor** *m.* 11
computer programmer **programador(a)** *m., f.* 3
computer science **computación** *f.* 2
concert **concierto** *m.* 17
conductor (*musical*) **director(a)** *m., f.* 17
confirm **confirmar** *v.* 5
confirm a reservation **confirmar una reservación** 5
confused **confundido/a** *adj.* 5
congested **congestionado/a** *adj.* 10
Congratulations! **¡Felicidades!**; **¡Felicitaciones!** *f., pl.* 9
conservation **conservación** *f.* 13
conserve **conservar** *v.* 13
considering **para** *prep.* 11
consume **consumir** *v.* 15
container **envase** *m.* 13
contamination **contaminación** *f.*
content **contento/a** *adj.* 5
contest **concurso** *m.* 17
continue **seguir (e:i)** *v.* 4
control **control** *m.*; **controlar** *v.* 13
be under control **estar bajo control** 7
conversation **conversación** *f.* 1
converse **conversar** *v.* 2
cook **cocinar** *v.* 12; **cocinero/a** *m., f.* 16
cookie **galleta** *f.* 9
cool **fresco/a** *adj.* 5
Be cool. **Tranquilo.** 7
It's cool. (*weather*) **Hace fresco.** 5
corn **maíz** *m.* 8
corner **esquina** *f.* 14
cost **costar (o:ue)** *v.* 6
Costa Rica **Costa Rica** *f.* 1
Costa Rican **costarricense** *adj.* 3
costume **disfraz** *m.*
cotton **algodón** *f.* 6
(made of) cotton **de algodón** 6
couch **sofá** *m.* 12
couch potato **teleadicto/a** *m., f.* 15
cough **tos** *f.* 10; **toser** *v.* 10
counselor **consejero/a** *m., f.* 16

count (on) **contar (o:ue)** *v.* **(con)** 4, 12
country (*nation*) **país** *m.* 1
countryside **campo** *m.* 5
(married) couple **pareja** *f.* 9
course **curso** *m.* 2; **materia** *f.* 2
courtesy **cortesía** *f.*
cousin **primo/a** *m., f.* 3
cover **cubrir** *v.*
covered **cubierto/a** *p.p.*
cow **vaca** *f.* 13
crafts **artesanía** *f.* 17
craftsmanship **artesanía** *f.* 17
crater **cráter** *m.* 13
crazy **loco/a** *adj.* 6
create **crear** *v.*
credit **crédito** *m.* 6
  credit card **tarjeta** *f.* **de crédito** 6
crime **crimen** *m.* 18
cross **cruzar** *v.* 14
cry **llorar** *v.* 15
Cuba **Cuba** *f.* 1
Cuban **cubano/a** *adj.* 3
culture **cultura** *f.* 2, 17
cup **taza** *f.* 12
currency exchange **cambio** *m.* **de moneda**
current events **actualidades** *f., pl.* 18
curtains **cortinas** *f., pl.* 12
custard (*baked*) **flan** *m.* 9
custom **costumbre** *f.* 1
customer **cliente/a** *m., f.* 6
customs **aduana** *f.* 5
  customs inspector **inspector(a)** *m., f.* **de aduanas** 5
cybercafé **cibercafé** *m.* 11
cycling **ciclismo** *m.* 4

D

dad **papá** *m.* 3
daily **diario/a** *adj.* 7
  daily routine **rutina** *f.* **diaria** 7
damage **dañar** *v.* 10
dance **bailar** *v.* 2; **danza** *f.* 17; **baile** *m.* 17
dancer **bailarín/bailarina** *m., f.* 17
danger **peligro** *m.* 13
dangerous **peligroso/a** *adj.* 18
date (*appointment*) **cita** *f.* 9; (*calendar*) **fecha** *f.* 5; (*someone*) **salir** *v.* **con (alguien)** 9
  have a date **tener una cita** 9
daughter **hija** *f.* 3
daughter-in-law **nuera** *f.* 3
day **día** *m.* 1
  day before yesterday **anteayer** *adv.* 6
deal: It's not a big deal. **No es para tanto.** 12
death **muerte** *f.* 9
decaffeinated **descafeinado/a** *adj.* 15
December **diciembre** *m.* 5
decide **decidir** *v.* **(+ *inf.*)** 3
decided **decidido/a** *adj. p.p.* 14
declare **declarar** *v.* 18
deforestation **deforestación** *f.* 13
delicious **delicioso/a** *adj.* 8; **rico/a** *adj.* 8; **sabroso/a** *adj.* 8
delighted **encantado/a** *adj.* 1
dentist **dentista** *m., f.* 10
deny **negar (e:ie)** *v.* 13
  not to deny **no dudar** 13
department store **almacén** *m.* 6
departure **salida** *f.* 5
deposit **depositar** *v.* 14
describe **describir** *v.* 3
described **descrito/a** *p.p.* 14
desert **desierto** *m.* 13
design **diseño** *m.*
designer **diseñador(a)** *m., f.* 16
desire **desear** *v.* 2
desk **escritorio** *m.* 2
dessert **postre** *m.* 9
destroy **destruir** *v.* 13
develop **desarrollar** *v.* 13
diary **diario** *m.* 1
dictatorship **dictadura** *f.* 18
dictionary **diccionario** *m.* 1
die **morir (o:ue)** *v.* 8
died **muerto/a** *p.p.* 14
diet **dieta** *f.* 15; **alimentación**
  balanced diet **dieta equilibrada** 15
  be on a diet **estar a dieta** 15
difficult **difícil** *adj. m., f.* 3
digital camera **cámara** *f.* **digital** 11
dining room **comedor** *m.* 12
dinner **cena** *f.* 2, 8
  have dinner **cenar** *v.* 2
direct **dirigir** *v.* 17
director **director(a)** *m., f.* 17
dirty **ensuciar** *v.*; **sucio/a** *adj.* 5
  get (something) dirty **ensuciar** *v.* 12
disagree **no estar de acuerdo**
disaster **desastre** *m.* 18
discover **descubrir** *v.* 13
discovered **descubierto/a** *p.p.* 14
discrimination **discriminación** *f.* 18
dish **plato** *m.* 8, 12
  main dish *m.* **plato principal** 8
dishwasher **lavaplatos** *m., sing.* 12
disk **disco** *m.*
disorderly **desordenado/a** *adj.* 5
dive **bucear** *v.* 4
divorce **divorcio** *m.* 9
divorced **divorciado/a** *adj.* 9
  get divorced (from) **divorciarse** *v.* **(de)** 9
dizzy **mareado/a** *adj.* 10
do **hacer** *v.* 4
  do aerobics **hacer ejercicios aeróbicos** 15
  do household chores **hacer quehaceres domésticos** 12
  do stretching exercises **hacer ejercicios de estiramiento** 15
  (I) don't want to. **No quiero.** 4
doctor **doctor(a)** *m., f.* 3; 10; **médico/a** *m., f.* 3
documentary (*film*) **documental** *m.* 17
dog **perro** *m.* 13
domestic **doméstico/a** *adj.*
  domestic appliance **electrodoméstico** *m.*
done **hecho/a** *p.p.* 14
door **puerta** *f.* 2
doorman/doorwoman **portero/a** *m., f.* 1
dormitory **residencia** *f.* **estudiantil** 2
double **doble** *adj.* 5
  double room **habitación** *f.* **doble** 5
doubt **duda** *f.* 13; **dudar** *v.* 13
  not to doubt 13
  There is no doubt that... **No cabe duda de** 13; **No hay duda de** 13
Down with...! **¡Abajo el/la...!**
download **descargar** *v.* 11
downtown **centro** *m.* 4
drama **drama** *m.* 17
dramatic **dramático/a** *adj.* 17
draw **dibujar** *v.* 2
drawing **dibujo** *m.* 17
dress **vestido** *m.* 6
  get dressed **vestirse (e:i)** *v.* 7
drink **beber** *v.* 3; **bebida** *f.* 8; **tomar** *v.* 2
drive **conducir** *v.* 6; **manejar** *v.* 11
driver **conductor(a)** *m., f.* 1
drug **droga** *f.* 15
  drug addict **drogadicto/a** *adj.* 15
dry oneself **secarse** *v.* 7
during **durante** *prep.* 7; **por** *prep.* 11
dust **sacudir** *v.* 12; **quitar** *v.* **el polvo** 12
dust the furniture **sacudir los muebles** 12
duster **plumero** *m.* 12
DVD player **reproductor** *m.* **de DVD** 11

E

each **cada** *adj.* 6
each other **los unos a los otros** 11
eagle **águila** *f.*
ear (outer) **oreja** *f.* 10
earing **arete** *m.* 6
early **temprano** *adv.* 7
earn **ganar** *v.* 16
earthquake **terremoto** *m.* 18
ease **aliviar** *v.*
east **este** *m.* 14
  to the east **al este** 14
easy **fácil** *adj. m., f.* 3
eat **comer** *v.* 3
ecological **ecologista** *adj. m., f.* 13
ecologist **ecologista** *m., f.* 13

ecology **ecología** *f.* 13
economics **economía** *f.* 2
ecotourism **ecoturismo** *m.* 13
Ecuador **Ecuador** *m.* 1
Ecuadorian **ecuatoriano/a** *adj.* 3
effective **eficaz** *adj. m., f.*
egg **huevo** *m.* 8
eight **ocho** 1
eight hundred **ochocientos/as** 2
eighteen **dieciocho** 1
eighth **octavo/a** 5
eighty **ochenta** 2
either... or **o... o** *conj.* 7
eldest **el/la mayor** 8
elect **elegir** *v.* 18
election **elecciones** *f. pl.* 18
electric appliance **electrodoméstico** *m.* 12
electrician **electricista** *m., f.* 16
electricity **luz** *f.* 12
elegant **elegante** *adj. m., f.* 6
elevator **ascensor** *m.* 5
eleven **once** 1
e-mail **correo** *m.* **electrónico** 4
e-mail address **dirrección** *f.* **electrónica** 11
e-mail message **mensaje** *m.* **electrónico** 4
read e-mail **leer** *v.* **el correo electrónico** 4
embarrassed **avergonzado/a** *adj.* 5 embrace (each other) **abrazar(se)** *v.* 11
emergency **emergencia** *f.* 10
emergency room **sala** *f.* **de emergencia** 10
employee **empleado/a** *m., f.* 5
employment **empleo** *m.* 16
end **fin** *m.* 4; **terminar** *v.* 2
end table **mesita** *f.* 12
endure **aguantar** *v.* 14
energy **energía** *f.* 13
engaged: get engaged (to) **comprometerse** *v.* **(con)** 9
engineer **ingeniero/a** *m., f.* 3
English (*language*) **inglés** *m.* 2; **inglés, inglesa** *adj.* 3
enjoy **disfrutar** *v.* **(de)** 15
enough **bastante** *adv.* 10
entertainment **diversión** *f.* 4
entrance **entrada** *f.* 12
envelope **sobre** *m.* 14
environment **medio ambiente** *m.* 13
environmental sciences **ciencias ambientales** 2
equality **igualdad** *f.* 18
equipped **equipado/a** *adj.* 15
erase **borrar** *v.* 11
eraser **borrador** *m.* 2
errand **diligencia** *f.* 14
essay **ensayo** *m.* 3
evening **tarde** *f.* 1
event **acontecimiento** *m.* 18
every day **todos los días** 10
everything **todo** *m.* 5
Everything is under control. **Todo está bajo control.** 7
exactly **en punto** 1
exam **examen** *m.* 2
excellent **excelente** *adj.* 5
excess **exceso** *m.* 15
in excess **en exceso** 15
exchange **intercambiar** *v.*
in exchange for **por** 11
exciting **emocionante** *adj. m., f.*
excursion **excursión** *f.*
excuse **disculpar** *v.*
Excuse me. (*May I?*) **Con permiso.** 1; (*I beg your pardon.*) **Perdón.** 1
exercise **ejercicio** *m.* 15; **hacer** *v.* **ejercicio** 15; (a degree/profession) **ejercer** *v.* 16
exit **salida** *f.* 5
expensive **caro/a** *adj.* 6
experience **experiencia** *f.* 18
expire **vencer** *v.* 14
explain **explicar** *v.* 2
explore **explorar** *v.*
expression **expresión** *f.*
extinction **extinción** *f.* 13
extremely delicious **riquísimo/a** *adj.* 8
extremely serious **gravísimo** *adj.* 13
eye **ojo** *m.* 10

F

fabulous **fabuloso/a** *adj.* 5
face **cara** *f.* 7
facing **enfrente de** *prep.* 14
fact: in fact **de hecho**
factory **fábrica** *f.* 13
fall (down) **caerse** *v.* 10
fall asleep **dormirse (o:ue)** *v.* 7
fall in love (with) **enamorarse** *v.* **(de)** 9
fall (season) **otoño** *m.* 5
fallen **caído/a** *p.p.* 14
family **familia** *f.* 3
famous **famoso/a** *adj.* 16
fan **aficionado/a** *adj.* 4
be a fan (of) **ser aficionado/a (a)** 4
far from **lejos de** *prep.* 2
farewell **despedida** *f.*
fascinate **fascinar** *v.* 7
fashion **moda** *f.* 6
be in fashion **estar de moda** 6
fast **rápido/a** *adj.*
fat **gordo/a** *adj.* 3; **grasa** *f.* 15
father **padre** *m.* 3
father-in-law **suegro** *m.* 3
favorite **favorito/a** *adj.* 4
fax (machine) ***fax*** *m.* 11
fear **miedo** *m.* 3; **temer** *v.* 13
February **febrero** *m.* 5
feel **sentir(se) (e:ie)** *v.* 7
feel like (*doing something*) **tener ganas de (+ *inf.*)** 3
festival **festival** *m.* 17
fever **fiebre** *f.* 10
have a fever **tener** *v.* **fiebre** 10
few **pocos/as** *adj. pl.*
fewer than **menos de** (+ *number*) 8
field: major field of study **especialización** *f.*
fifteen **quince** 1
fifteen-year-old girl **quinceañera** *f.* young woman celebrating her fifteenth birthday **quinceañera** *f.* 9
fifth **quinto/a** 5
fifty **cincuenta** 2
fight (for/against) **luchar** *v.* **(por/contra)** 18
figure (*number*) **cifra** *f.*
file **archivo** *m.* 11
fill **llenar** *v.* 11
fill out (a form) **llenar (un formulario)** 14
fill the tank **llenar el tanque** 11
finally **finalmente** *adv.* 15; **por último** 7; **por fin** 11
find **encontrar (o:ue)** *v.* 4
find (each other) **encontrar(se)**
find out **enterarse** *v.* 16
fine **multa** *f.*
That's fine. **Está bien.** 11
(fine) arts **bellas artes** *f., pl.* 17
finger **dedo** *m.* 10
finish **terminar** *v.* 2
finish (*doing something*) **terminar** *v.* **de (+ *inf.*)** 4
fire **incendio** *m.* 18; **despedir (e:i)** *v.* 16
firefighter **bombero/a** *m., f.* 16
firm **compañía** *f.* 16; **empresa** *f.* 16
first **primer, primero/a** 2, 5
fish (*food*) **pescado** *m.* 8; **pescar** *v.* 5; (*live*) **pez** *m., sing.* (**peces** *pl.*) 13
fish market **pescadería** *f.* 14
fishing **pesca** *f.* 5
fit (*clothing*) **quedar** *v.* 7
five **cinco** 1
five hundred **quinientos/as** 2
fix (*put in working order*) **arreglar** *v.* 11; (*clothes, hair, etc. to go out*) **arreglarse** 7
fixed **fijo/a** *adj.* 6
flag **bandera** *f.*
flank steak **lomo** *m.* 8
flat tire: We had a flat tire. **Se nos pinchó una llanta.** 11
flexible **flexible** *adj.* 15
flood **inundación** *f.* 18
floor (*of a building*) **piso** *m.* 5; **suelo** *m.* 12
ground floor **planta baja** *f.* 5
top floor **planta** *f.* **alta**
flower **flor** *f.* 13
flu **gripe** *f.* 10
fog **niebla** *f.*
folk **folclórico/a** *adj.* 17

follow **seguir (e:i)** *v.* 4
food **comida** *f.* 4, 8
foolish **tonto/a** *adj.* 3
foot **pie** *m.* 10
football **fútbol** *m.* **americano** 4
for **para** *prep.* 11; **por** *prep.* 11
for example **por ejemplo** 11
for me **para mí** 8
forbid **prohibir** *v.*
foreign **extranjero/a** *adj.* 17
foreign languages **lenguas** *f., pl.* **extranjeras** 2
forest **bosque** *m.* 13
forget **olvidar** *v.* 10
fork **tenedor** *m.* 12
form **formulario** *m.* 14
forty **cuarenta** *m.* 2
four **cuatro** 1
four hundred **cuatrocientos/as** 2
fourteen **catorce** 1
fourth **cuarto/a** *m., f.* 5
free **libre** *adj. m., f.* 4
be free (of charge) **ser gratis** 14
free time **tiempo libre**; spare (free) time **ratos libres** 4
freedom **libertad** *f.* 18
freezer **congelador** *m.* 12
French **francés, francesa** *adj.* 3
French fries **papas** *f., pl.* **fritas** 8; **patatas** *f., pl.* **fritas** 8
frequently **frecuentemente** *adv.* 10; **con frecuencia** *adv.* 10
Friday **viernes** *m., sing.* 2
fried **frito/a** *adj.* 8
fried potatoes **papas** *f., pl.* **fritas** 8; **patatas** *f., pl.* **fritas** 8
friend **amigo/a** *m., f.* 3
friendly **amable** *adj. m., f.* 5
friendship **amistad** *f.* 9
from **de** *prep.* 1; **desde** *prep.* 6
from the United States **estadounidense** *m., f. adj.* 3
from time to time **de vez en cuando** 10
He/She/It is from... **Es de...**; I'm from... **Soy de...** 1
front: (cold) front **frente (frío)** *m.* 5
fruit **fruta** *f.* 8
fruit juice **jugo** *m.* **de fruta** 8
fruit store **frutería** *f.* 14
full **lleno/a** *adj.* 11
fun **divertido/a** *adj.* 7
fun activity **diversión** *f.* 4
have fun **divertirse (e:ie)** *v.* 9
function **funcionar** *v.*
furniture **muebles** *m., pl.* 12
furthermore **además (de)** *adv.* 10
future **futuro** *adj.* 16; **porvenir** *m.* 16
Here's to the future! **¡Por el porvenir!** 16
in the future **en el futuro** 16

G

gain weight **aumentar** *v.* **de peso** 15; **engordar** *v.* 15
game **juego** *m.*; (*match*) **partido** *m.* 4
game show **concurso** *m.* 17
garage (*in a house*) **garaje** *m.* 12; **garaje** *m.* 11; **taller (mecánico)** 11
garden **jardín** *m.* 12
garlic **ajo** *m.* 8
gas station **gasolinera** *f.* 11
gasoline **gasolina** *f.* 11
gentleman **caballero** *m.* 8
geography **geografía** *f.* 2
German **alemán, alemana** *adj.* 3
get **conseguir (e:i)** *v.* 4; **obtener** *v.* 16
get along well/badly (with) **llevarse bien/mal (con)** 9
get bigger **aumentar** *v.* 13
get bored **aburrirse** *v.* 17
get good grades **sacar buenas notas** 2
get into trouble **meterse en problemas** *v.* 13
get off of (a vehicle) **bajar(se)** *v.* **de** 11
get on/into (a vehicle) **subir(se)** *v.* **a** 11
get out of (a vehicle) **bajar(se)** *v.* **de** 11
get ready **arreglarse** *v.* 7
get up **levantarse** *v.* 7
gift **regalo** *m.* 6
ginger **jengibre** *m.* 10
girl **chica** *f.* 1; **muchacha** *f.* 3
girlfriend **novia** *f.* 3
give **dar** *v.* 6, 9; (*as a gift*) **regalar** 9
give directions **indicar cómo llegar** 14
glass (*drinking*) **vaso** *m.* 12; **vidrio** *m.* 13
(made) of glass **de vidrio** 13
glasses **gafas** *f., pl.* 6
sunglasses **gafas** *f., pl.* **de sol** 6
global warming **calentamiento global** *m.* 13
gloves **guantes** *m., pl.* 6
go **ir** *v.* 4
go away **irse** 7
go by boat **ir en barco** 5
go by bus **ir en autobús** 5
go by car **ir en auto(móvil)** 5
go by motorcycle **ir en motocicleta** 5
go by taxi **ir en taxi** 5
go by the bank **pasar por el banco** 14
go down **bajar(se)** *v.*
go on a hike (in the mountains) **ir de excursión (a las montañas)** 4
go out **salir** *v.* 9
go out (with) **salir** *v.* **(con)** 9
go up **subir** *v.*
Let's go. **Vamos.** 4
goblet **copa** *f.* 12
going to: be going to (*do something*) **ir a (+ *inf.*)** 4
golf **golf** *m.* 4
good **buen, bueno/a** *adj.* 3, 6
Good afternoon. **Buenas tardes.** 1
Good evening. **Buenas noches.** 1
Good idea. **Buena idea.** 4
Good morning. **Buenos días.** 1
Good night. **Buenas noches.** 1
It's good that... **Es bueno que...** 12
goodbye **adiós** *m.* 1
say goodbye (to) **despedirse** *v.* **(de) (e:i)** 7
good-looking **guapo/a** *adj.* 3
government **gobierno** *m.* 13
GPS **navegador GPS** *m.* 11
graduate (from/in) **graduarse** *v.* **(de/en)** 9
grains **cereales** *m., pl.* 8
granddaughter **nieta** *f.* 3
grandfather **abuelo** *m.* 3
grandmother **abuela** *f.* 3
grandparents **abuelos** *m., pl.* 3
grandson **nieto** *m.* 3
grape **uva** *f.* 8
grass **hierba** *f.* 13
grave **grave** *adj.* 10
gray **gris** *adj. m., f.* 6
great **fenomenal** *adj. m., f.* 5; **genial** *adj.* 16
great-grandfather **bisabuelo** *m.* 3
great-grandmother **bisabuela** *f.* 3
green **verde** *adj. m., f.* 6
greet (each other) **saludar(se)** *v.* 11
greeting **saludo** *m.* 1
Greetings to... **Saludos a...** 1
grilled **a la plancha** 8
ground floor **planta baja** *f.* 5
grow **aumentar** *v.* 13
guest (*at a house/hotel*) **huésped** *m., f.* 5 (*invited to a function*) **invitado/a** *m., f.* 9
guide **guía** *m., f.* 13
gymnasium **gimnasio** *m.* 4

H

hair **pelo** *m.* 7
hairdresser **peluquero/a** *m., f.* 16
half **medio/a** *adj.* 3
half-brother **medio hermano** 3
half-sister **media hermana** 3
half-past... (*time*) **...y media** 1
hallway **pasillo** *m.* 12
ham **jamón** *m.* 8
hamburger **hamburguesa** *f.* 8

hand **mano** *f.* 1
hand in **entregar** *v.* 11
handsome **guapo/a** *adj.* 3
happen **ocurrir** *v.* 18
happiness **alegría** *v.* 9
Happy birthday!
¡Feliz cumpleaños! 9
happy **alegre** *adj.* 5; **contento/a** *adj.* 5; **feliz** *adj. m., f.* 5
be happy **alegrarse** *v.* **(de)** 13
hard **difícil** *adj. m., f.* 3
hard-working **trabajador(a)** *adj.* 3
hardly **apenas** *adv.* 10
haste **prisa** *f.* 3
hat **sombrero** *m.* 6
hate **odiar** *v.* 9
have **tener** *v.* 3
have time **tener tiempo** 4
have to (*do something*) **tener que (+ *inf.*)** 3; **deber (+ *inf.*)**
have a tooth removed **sacar(se) un diente** 10
he **él** 1
head **cabeza** *f.* 10
headache **dolor** *m.* **de cabeza** 10
health **salud** *f.* 10
healthy **saludable** *adj. m., f.* 10; **sano/a** *adj.* 10
lead a healthy lifestyle **llevar** *v.* **una vida sana** 15
hear **oír** *v.* 4
heard **oído/a** *p.p.* 14
hearing: sense of hearing **oído** *m.* 10
heart **corazón** *m.* 10
heat **calor** *m.* 5
Hello. **Hola.** 1; (*on the telephone*) **Aló.** 11; **Bueno.** 11; **Diga.** 11
help **ayudar** *v.* 12; **servir (e:i)** *v.* 5
help each other **ayudarse** *v.* 11
her **su(s)** *poss. adj.* 3; (of) hers **suyo(s)/a(s)** *poss.* 11
her **la** *f., sing., d.o. pron.* 5
to/for her **le** *f., sing., i.o. pron.* 6
here **aquí** *adv.* 1
Here is/are... **Aquí está(n)...** 5
Hi. **Hola.** 1
highway **autopista** *f.* 11; **carretera** *f.* 11
hike **excursión** *f.* 4
go on a hike **hacer una excursión** 5; **ir de excursión** 4
hiker **excursionista** *m., f.*
hiking **de excursión** 4
him: to/for him **le** *m., sing., i.o. pron.* 6
hire **contratar** *v.* 16
his **su(s)** *poss. adj.* 3; (of) his **suyo(s)/a(s)** *poss. pron.* 11
his **lo** *m., sing., d.o. pron.* 5
history **historia** *f.* 2; 17
hobby **pasatiempo** *m.* 4
hockey **hockey** *m.* 4
hold up **aguantar** *v.* 14
hole **hueco** *m.* 4
holiday **día** *m.* **de fiesta** 9
home **casa** *f.* 2
home page **página** *f.* **principal** 11
homework **tarea** *f.* 2
honey **miel** *f.* 10
hood **capó** *m.* 11; **cofre** *m.* 11
hope **esperar** *v.* **(+ *inf.*)** 2; **esperar** *v.* 13
I hope (that) **ojalá (que)** 13
horror (genre) **de horror** *m.* 17
hors d'oeuvres **entremeses** *m., pl.* 8
horse **caballo** *m.* 5
hospital **hospital** *m.* 10
hot: be (*feel*) (very) hot **tener (mucho) calor** 3
It's (very) hot. **Hace (mucho) calor.** 5
hotel **hotel** *m.* 5
hour **hora** *f.* 1
house **casa** *f.* 2
household chores **quehaceres** *m. pl.* **domésticos** 12
housekeeper **ama** *m., f.* **de casa** 12
housing **vivienda** *f.* 12
How...! **¡Qué...!**
how **¿cómo?** *adv.* 1
How are you? **¿Qué tal?** 1
How are you?**¿Cómo estás?** *fam.* 1
How are you?**¿Cómo está usted?** *form.* 1
How can I help you? **¿En qué puedo servirles?** 5
How did it go for you...? **¿Cómo le/les fue...?** 15
How is it going? **¿Qué tal?** 1
How is/are...? **¿Qué tal...?** 2
How is the weather? **¿Qué tiempo hace?** 15
How much/many? **¿Cuánto(s)/a(s)?** 1
How much does... cost? **¿Cuánto cuesta...?** 6
How old are you? **¿Cuántos años tienes?** *fam.* 3
however **sin embargo**
hug (each other) **abrazar(se)** *v.* 11
humanities **humanidades** *f., pl.* 2
hundred **cien, ciento** 2
hunger **hambre** *f.* 3
hungry: be (very) hungry **tener** *v.* **(mucha) hambre** 3
hunt **cazar** *v.* 13
hurricane **huracán** *m.* 18
hurry **apurarse** *v.* 15; **darse prisa** *v.* 15
be in a (big) hurry **tener** *v.* **(mucha) prisa** 3
hurt **doler (o:ue)** *v.* 10
It hurts me a lot... **Me duele mucho...** 10
husband **esposo** *m.* 3

I

I **yo** 1
I am... **Yo soy...** 1
I hope (that) **Ojalá (que)** *interj.* 13
I wish (that) **Ojalá (que)** *interj.* 13
ice cream **helado** *m.* 9
ice cream shop **heladería** *f.* 14
iced **helado/a** *adj.* 8
iced tea **té** *m.* **helado** 8
idea **idea** *f.* 4
if **si** *conj.* 4
illness **enfermedad** *f.* 10
important **importante** *adj.* 3
be important to **importar** *v.* 7
It's important that... **Es importante que...** 12
impossible **imposible** *adj.* 13
it's impossible **es imposible** 13
improbable **improbable** *adj.* 13
it's improbable **es improbable** 13
improve **mejorar** *v.* 13
in **en** *prep.* 2; **por** *prep.* 11
in the afternoon **de la tarde** 1; **por la tarde** 7
in a bad mood **de mal humor** 5
in the direction of **para** *prep.* 1;
in the early evening **de la tarde** 1
in the evening **de la noche** 1; **por la tarde** 7
in a good mood **de buen humor** 5
in the morning **de la mañana** 1; **por la mañana** 7
in love (with) **enamorado/a (de)** 5
in search of **por** *prep.* 11
in front of **delante de** *prep.* 2
increase **aumento** *m.* 16
incredible **increíble** *adj.* 5
inequality **desigualdad** *f.* 18
infection **infección** *f.* 10
inform **informar** *v.* 18
injection **inyección** *f.* 10
give an injection *v.* **poner una inyección** 10
injure (oneself) **lastimarse** 10
injure (one's foot) **lastimarse** *v.* **(el pie)** 10
inner ear **oído** *m.* 10
inside **dentro** *adv.*
insist (on) **insistir** *v.* **(en)** 12
installments: pay in installments **pagar** *v.* **a plazos** 14
intelligent **inteligente** *adj.* 3
intend to **pensar** *v.* **(+ *inf.*)** 4
interest **interesar** *v.* 7
interesting **interesante** *adj.* 3
be interesting to **interesar** *v.* 7
international **internacional** *adj. m., f.* 18
Internet **Internet** 11

interview **entrevista** *f.* 16;
interview **entrevistar** *v.* 16
interviewer **entrevistador(a)** *m., f.* 16
introduction **presentación** *f.*
I would like to introduce you to (name). **Le presento a...** *form.* 1; **Te presento a...** *fam.* 1
invest **invertir (e:ie)** *v.* 16
invite **invitar** *v.* 9
iron (clothes) **planchar** *v.* **la ropa** 12
it **lo/la** *sing., d.o., pron.* 5
Italian **italiano/a** *adj.* 3
its **su(s)** *poss. adj.* 3;
suyo(s)/a(s) *poss. pron.* 11
It's me. **Soy yo.**
it's the same **es igual** 5

J

jacket **chaqueta** *f.* 6
January **enero** *m.* 5
Japanese **japonés, japonesa** *adj.* 3
jeans **(blue)jeans** *m., pl.* 6
jewelry store **joyería** *f.* 14
job **empleo** *m.* 16; **puesto** *m.* 16; **trabajo** *m.* 16
job application **solicitud** *f.* **de trabajo** 16
jog **correr** *v.*
journalism **periodismo** *m.* 2
journalist **periodista** *m., f.* 3;
reportero/a *m., f.* 16
joy **alegría** *f.* 9
give joy **dar** *v.* **alegría** 9
joyful **alegre** *adj.* 5
juice **jugo** *m.* 8
July **julio** *m.* 5
June **junio** *m.* 5
jungle **selva, jungla** *f.* 13
just **apenas** *adv.*
have just done something **acabar de (+ *inf.*)** 6

K

key **llave** *f.* 5
keyboard **teclado** *m.* 11
kilometer **kilómetro** *m.* 11
kind: That's very kind of you. **Muy amable.** 5
kiss **beso** *m.* 9
kiss each other **besarse** *v.* 11
kitchen **cocina** *f.* 9, 12
knee **rodilla** *f.* 10
knife **cuchillo** *m.* 12
know **saber** *v.* 6; **conocer** *v.* 6
know how **saber** *v.* 6

L

laboratory **laboratorio** *m.* 2
lack **faltar** *v.* 7
lake **lago** *m.* 13
lamp **lámpara** *f.* 12
land **tierra** *f.* 13
landlord **dueño/a** *m., f.* 8
landscape **paisaje** *m.* 5
language **lengua** *f.* 2
laptop (computer) **computadora** *f.* **portátil** 11
large **grande** *adj.* 3
large (*clothing size*) **talla grande**
last **durar** *v.* 18; **pasado/a** *adj.* 6; **último/a** *adj.* 7
last name **apellido** *m.* 3
last night **anoche** *adv.* 6
last week **semana** *f.* **pasada** 6
last year **año** *m.* **pasado** 6
the last time **la última vez** 7
late **tarde** *adv.* 7
later (on) **más tarde** 7
See you later. **Hasta la vista.** 1; **Hasta luego.** 1
laugh **reírse (e:i)** *v.* 9
laughed **reído** *p.p.* 14
laundromat **lavandería** *f.* 14
law **ley** *f.* 13
lawyer **abogado/a** *m., f.* 16
lazy **perezoso/a** *adj.*
learn **aprender** *v.* **(a + *inf.*)** 3
least, at **por lo menos** *adv.* 10
leave **salir** *v.* 4; **irse** *v.* 7
leave a tip **dejar una propina** 9
leave behind **dejar** *v.* 16
leave for (*a place*) **salir para**
leave from **salir de**
left **izquierdo/a** *adj.* 2
be left over **quedar** *v.* 7
to the left of **a la izquierda de** 2
leg **pierna** *f.* 10
lemon **limón** *m.* 8
lend **prestar** *v.* 6
less **menos** *adv.* 10
less... than **menos... que** 8
less than **menos de (+ *number*)**
lesson **lección** *f.* 1
let **dejar** *v.* 12
let's see **a ver** 2
letter **carta** *f.* 4, 14
lettuce **lechuga** *f.* 8
liberty **libertad** *f.* 18
library **biblioteca** *f.* 2
license (*driver's*) **licencia** *f.* **de conducir** 11
lie **mentira** *f.* 4
life **vida** *f.* 9
of my life **de mi vida** 15
lifestyle: lead a healthy lifestyle **llevar una vida sana** 15
lift **levantar** *v.* 15
lift weights **levantar pesas** 15
light **luz** *f.* 12
like **como** *prep.* 8; **gustar** *v.* 2
I don't like them at all. **No me gustan nada.** 2
I like... **Me gusta(n)...** 2
like this **así** *adv.* 10
like very much **encantar** *v.*; **fascinar** *v.* 7
Do you like...? **¿Te gusta(n)...?** 2
likeable **simpático/a** *adj.* 3
likewise **igualmente** *adv.* 1
line **línea** *f.* 4; **cola** (*queue*) *f.* 14
listen (to) **escuchar** *v.* 2
Listen! (*command*) **¡Oye!** *fam., sing.* 1; **¡Oiga/Oigan!** *form., sing./pl.* 1
listen to music **escuchar música** 2
listen (to) the radio **escuchar la radio** 2
literature **literatura** *f.* 2
little (*quantity*) **poco/a** *adj.* 5; **poco** *adv.* 10
live **vivir** *v.* 3; **en vivo** *adj.* 7
living room **sala** *f.* 12
loan **préstamo** *m.* 14; **prestar** *v.* 6, 14
lobster **langosta** *f.* 8
located **situado/a** *adj.*
be located **quedar** *v.* 14
long **largo/a** *adj.* 6
look (at) **mirar** *v.* 2
look for **buscar** *v.* 2
lose **perder (e:ie)** *v.* 4
lose weight **adelgazar** *v.* 15
lost **perdido/a** *adj.* 13, 14
be lost **estar perdido/a** 14
lot, a **muchas veces** *adv.* 10
lot of, a **mucho/a** *adj.* 2, 3; **un montón de** 4
love (*another person*) **querer (e:ie)** *v.* 4; (*inanimate objects*) **encantar** *v.* 7; **amor** *m.* 9
in love **enamorado/a** *adj.* 5
I loved it! **¡Me encantó!** 15
love at first sight **amor a primera vista** 9
luck **suerte** *f.* 3
lucky: be (very) lucky **tener (mucha) suerte** 3
luggage **equipaje** *m.* 5
lunch **almuerzo** *m.* 4, 8
have lunch **almorzar (o:ue)** *v.* 4

M

ma'am **señora (Sra.); doña** *f.* 1
mad **enojado/a** *adj.* 5
magazine **revista** *f.* 4
magnificent **magnífico/a** *adj.* 5
mail **correo** *m.* 14; **enviar** *v.*, **mandar** *v.* 14; **echar (una carta) al buzón** 14
mail **correo** *m.* 14; **enviar** *v.*, **mandar** *v.* 14
mail carrier **cartero** *m.* 14
mailbox **buzón** *m.* 14
main **principal** *adj. m., f.* 8
maintain **mantener** *v.* 15
major **especialización** *f.* 2

make **hacer** *v.* 4
make a decision **tomar una decisión** 15
make the bed **hacer la cama** 12
makeup **maquillaje** *m.* 7
put on makeup **maquillarse** *v.* 7
man **hombre** *m.* 1
manager **gerente** *m., f.* 8, 16
many **mucho/a** *adj.* 3
many times **muchas veces** 10
map **mapa** *m.* 2
March **marzo** *m.* 5
margarine **margarina** *f.* 8
marinated fish **ceviche** *m.* 8
lemon-marinated shrimp **ceviche** *m.* **de camarón** 8
marital status **estado** *m.* **civil** 9
market **mercado** *m.* 6
open-air market **mercado al aire libre** 6
marriage **matrimonio** *m.* 9
married **casado/a** *adj.* 9
get married (to) **casarse** *v.* **(con)** 9
I'll marry you! **¡Acepto casarme contigo!** 17
marvelous **maravilloso/a** *adj.* 5
massage **masaje** *m.* 15
masterpiece **obra maestra** *f.* 17
match (*sports*) **partido** *m.* 4
match (with) **hacer** *v.* **juego (con)** 6
mathematics **matemáticas** *f., pl.* 2
matter **importar** *v.* 7
maturity **madurez** *f.* 9
maximum **máximo/a** *adj.* 11
May **mayo** *m.* 5
May I leave a message? **¿Puedo dejar un recado?** 11
maybe **tal vez** 5; **quizás** 5
mayonnaise **mayonesa** *f.* 8
me **me** *sing., d.o. pron.* 5
to/for me **me** *sing., i.o. pron.* 6
meal **comida** *f.* 4, 8
means of communication **medios** *m., pl.* **de comunicación** 18
meat **carne** *f.* 8
mechanic **mecánico/a** *m., f.* 11
mechanic's repair shop **taller mecánico** 11
media **medios** *m., pl.* **de comunicación** 18
medical **médico/a** *adj.* 10
medication **medicamento** *m.* 10
medicine **medicina** *f.* 10
medium **mediano/a** *adj.*
meet (each other) **encontrar(se)** *v.* 11; **conocerse(se)** *v.* 8
meet up with **encontrarse con** 7
meeting **reunión** *f.* 16
menu **menú** *m.* 8
message **mensaje** *m.*
Mexican **mexicano/a** *adj.* 3
Mexico **México** *m.* 1
microwave **microonda** *f.* 12
microwave oven **horno** *m.***de microondas** 12
middle age **madurez** *f.* 9
midnight **medianoche** *f.* 1
mile **milla** *f.* 11
milk **leche** *f.* 8
million **millón** *m.* 2
million of **millón de** 2
mine **mío(s)/a(s)** *poss.* 11
mineral **mineral** *m.* 15
mineral water **agua** *f.* **mineral** 8
minute **minuto** *m.* 1
mirror **espejo** *m.* 7
Miss **señorita (Srta.)** *f.* 1
miss **perder (e:ie)** *v.* 4; **extrañar** *v.* 16
mistaken **equivocado/a** *adj.*
modem **módem** *m.*
modern **moderno/a** *adj.* 17
mom **mamá** *f.* 3
Monday **lunes** *m., sing.* 2
money **dinero** *m.* 6
monitor **monitor** *m.* 11
monkey **mono** *m.* 13
month **mes** *m.* 5
monument **monumento** *m.* 4
moon **luna** *f.* 13
more **más** 2
more... than **más... que** 8
more than **más de (+ *number*)** 8
morning **mañana** *f.* 1
mother **madre** *f.* 3
mother-in-law **suegra** *f.* 3
motor **motor** *m.*
motorcycle **motocicleta** *f.* 5
mountain **montaña** *f.* 4
mouse **ratón** *m.* 11
mouth **boca** *f.* 10
move (*from one house to another*) **mudarse** *v.* 12
movie **película** *f.* 4
movie star **estrella** *f.* **de cine** 17
movie theater **cine** *m.* 4
MP3 player **reproductor** *m.* **de MP3** 11
Mr. **señor (Sr.)**; **don** *m.* 1
Mrs. **señora (Sra.)**; **doña** *f.* 1
much **mucho/a** *adj.* 2, 3
very much **muchísimo/a** *adj.* 2
mud **lodo** *m.*
murder **crimen** *m.* 18
muscle **músculo** *m.* 15
museum **museo** *m.* 4
mushroom **champiñón** *m.* 8
music **música** *f.* 2, 17
musical **musical** *adj., m., f.* 17
musician **músico/a** *m., f.* 17
must **deber** *v.* **(+ *inf.*)** 3
It must be... **Debe ser...** 6
my **mi(s)** *poss. adj.* 3; **mío(s)/a(s)** *poss. pron.* 11

N

name **nombre** *m.* 1
be named **llamarse** *v.* 7
in the name of **a nombre de** 5
last name **apellido** *m.*
My name is... **Me llamo...** 1
name someone/something **ponerle el nombre** 9
napkin **servilleta** *f.* 12
national **nacional** *adj. m., f.* 18
nationality **nacionalidad** *f.* 1
natural **natural** *adj. m., f.* 13
natural disaster **desastre** *m.* **natural** 18
natural resource **recurso** *m.* **natural** 13
nature **naturaleza** *f.* 13
nauseated **mareado/a** *adj.* 10
near **cerca de** *prep.* 2
neaten **arreglar** *v.* 12
necessary **necesario/a** *adj.* 12
It is necessary that... **Hay que...** 12, 14
neck **cuello** *m.* 10
need **faltar** *v.* 7; **necesitar** *v.* **(+ *inf.*)** 2
neighbor **vecino/a** *m., f.* 12
neighborhood **barrio** *m.* 12
neither **tampoco** *adv.* 7
neither... nor **ni... ni** *conj.* 7
nephew **sobrino** *m.* 3
nervous **nervioso/a** *adj.* 5
network **red** *f.* 11
never **nunca** *adj.* 7; **jamás** 7
new **nuevo/a** *adj.* 6
newlywed **recién casado/a** *m., f.* 9
news **noticias** *f., pl.* 18; **actualidades** *f., pl.* 18; **noticia** *f.* 11
newscast **noticiero** *m.* 18
newspaper **periódico** 4; **diario** *m.* 18
next **próximo/a** *adj.* 3, 16
next to **al lado de** *prep.* 2
nice **simpático/a** *adj.* 3; **amable** *adj. m., f.* 5
niece **sobrina** *f.* 3
night **noche** *f.* 1
night stand **mesita** *f.* **de noche** 12
nine **nueve** 1
nine hundred **novecientos/as** 2
nineteen **diecinueve** 1
ninety **noventa** 2
ninth **noveno/a** 5
no **no** 1; **ningún, ninguno/a(s)** *adj.* 7
no one **nadie** *pron.* 7
No problem. **No hay problema.**
nobody **nadie** 7
none **ningún, ninguno/a(s)** *adj.* 7

noon **mediodía** *m.* 1
nor **ni** *conj.* 7
north **norte** *m.* 14
to the north **al norte** 14
nose **nariz** *f.* 10
not **no** 1
not any **ningún, ninguno/a(s)** *adj.* 7
not anyone **nadie** *pron.* 7
not anything **nada** *pron.* 7
not bad at all **nada mal** 5
not either **tampoco** *adv.* 7
not ever **nunca** *adv.* 7; **jamás** *adv.* 7
not very well **no muy bien** 1
not working **descompuesto/a** *adj.* 11
outside **afuera** *adv.* 5
notebook **cuaderno** *m.* 1
nothing **nada** 1; 7
noun **sustantivo** *m.*
November **noviembre** *m.* 5
now **ahora** *adv.* 2
nowadays **hoy día** *adv.*
nuclear **nuclear** *adj. m., f.* 13
nuclear energy **energía nuclear** 13
number **número** *m.* 1
nurse **enfermero/a** *m., f.* 10
nutrition **nutrición** *f.* 15
nutritionist **nutricionista** *m., f.* 15

O

o'clock: It's... o'clock **Son las...** 1
It's one o'clock. **Es la una.** 1
obey **obedecer** *v.* 18
obligation **deber** *m.* 18
obtain **conseguir (e:i)** *v.* 4; **obtener** *v.* 16
obvious **obvio/a** *adj.* 13
it's obvious **es obvio** 13
occupation **ocupación** *f.* 16
occur **ocurrir** *v.* 18
October **octubre** *m.* 5
of **de** *prep.* 1
Of course. **Claro que sí.; Por supuesto.**
offer **oferta** *f.* 12; **ofrecer (c:zc)** *v.* 6
office **oficina** *f.* 12
doctor's office **consultorio** *m.* 10
often **a menudo** *adv.* 10
Oh! **¡Ay!**
oil **aceite** *m.* 8
OK **regular** *adj.* 1
It's okay. **Está bien.**
old **viejo/a** *adj.* 3
old age **vejez** *f.* 9
older **mayor** *adj. m., f.* 3
older brother, sister **hermano/a mayor** *m., f.* 3
oldest **el/la mayor** 8
on **en** *prep.* 2; **sobre** *prep.* 2
on behalf of **por** *prep.* 11
on the dot **en punto** 1
on time **a tiempo** 10
on top of **encima de** 2
once **una vez** 6
one **un, uno/a** *m., f., sing. pron.* 1
one hundred **cien(to)** 2
one million **un millón** *m.* 2
one more time **una vez más** 9
one thousand **mil** 2
one time **una vez** 6
onion **cebolla** *f.* 8
only **sólo** *adv.* 3; **único/a** *adj.* 3
only child **hijo/a único/a** *m., f.* 3
open **abierto/a** *adj.* 5, 14; **abrir** *v.* 3
open-air **al aire libre** 6
opera **ópera** *f.* 17
operation **operación** *f.* 10
opposite **enfrente de** *prep.* 14
or **o** *conj.* 7
orange **anaranjado/a** *adj.* 6; **naranja** *f.* 8
orchestra **orquesta** *f.* 17
order **mandar** 12; (*food*) **pedir (e:i)** *v.* 8
in order to **para** *prep.* 11
orderly **ordenado/a** *adj.* 5
ordinal (*numbers*) **ordinal** *adj.*
organize oneself **organizarse** *v.* 12
other **otro/a** *adj.* 6
ought to **deber** *v.* **(+ *inf.*)** *adj.* 3
our **nuestro(s)/a(s)** *poss. adj.* 3; *poss. pron.* 11
out of order **descompuesto/a** *adj.* 11
outside **afuera** *adv.* 5
outskirts **afueras** *f., pl.* 12
oven **horno** *m.* 12
over **sobre** *prep.* 2
(over)population **(sobre)población** *f.* 13
over there **allá** *adv.* 2
own **propio/a** *adj.* 16
owner **dueño/a** *m., f.* 8

P

p.m. **tarde** *f.* 1

pack (one's suitcases) **hacer** *v.* **las maletas** 5
package **paquete** *m.* 14
page **página** *f.* 11
pain **dolor** *m.* 10
have a pain **tener** *v.* **dolor** 10
paint **pintar** *v.* 17
painter **pintor(a)** *m., f.* 16
painting **pintura** *f.* 12, 17
pair **par** *m.* 6
pair of shoes **par** *m.* **de zapatos** 6
pale **pálido/a** *adj.* 14
pants **pantalones** *m., pl.* 6
pantyhose **medias** *f., pl.* 6
paper **papel** *m.* 2; (*report*) **informe** *m.* 18
Pardon me. (*May I?*) **Con permiso.** 1; (*Excuse me.*) Pardon me. **Perdón.** 1
parents **padres** *m., pl.* 3; **papás** *m., pl.* 3
park **estacionar** *v.* 11; **parque** *m.* 4
parking lot **estacionamiento** *m.* 14
partner (*one of a married couple*) **pareja** *f.* 9
party **fiesta** *f.* 9
passed **pasado/a** *p.p.*
passenger **pasajero/a** *m., f.* 1
passport **pasaporte** *m.* 5
past **pasado/a** *adj.* 6
pastime **pasatiempo** *m.* 4
pastry shop **pastelería** *f.* 14
patient **paciente** *m., f.* 10
patio **patio** *m.* 12
pay **pagar** *v.* 6
pay in cash **pagar** *v.* **al contado; pagar en efectivo** 14
pay in installments **pagar** *v.* **a plazos** 14
pay the bill **pagar la cuenta** 9
pea **arveja** *m.* 8
peace **paz** *f.* 18
peach **melocotón** *m.* 8
peak **cima** *f.* 15
pear **pera** *f.* 8
pen **pluma** *f.* 2
pencil **lápiz** *m.* 1
penicillin **penicilina** *f.* 10
people **gente** *f.* 3
pepper (*black*) **pimienta** *f.* 8
per **por** *prep.* 11
perfect **perfecto/a** *adj.* 5
period of time **temporada** *f.* 5
person **persona** *f.* 3
pharmacy **farmacia** *f.* 10
phenomenal **fenomenal** *adj.* 5
photograph **foto(grafía)** *f.* 1
physical (exam) **examen** *m.* **médico** 10
physician **doctor(a), médico/a** *m., f.* 3
physics **física** *f. sing.* 2
pick up **recoger** *v.* 13
picture **cuadro** *m.* 12; **pintura** *f.* 12
pie **pastel** *m.* 9
pill (tablet) **pastilla** *f.* 10
pillow **almohada** *f.* 12
pineapple **piña** *f.* 8
pink **rosado/a** *adj.* 6
place **lugar** *m.* 2, 4; **sitio** *m.* 3; **poner** *v.* 4
plaid **de cuadros** 6
plans **planes** *m., pl.* 4
have plans **tener planes** 4
plant **planta** *f.* 13
plastic **plástico** *m.* 13
(made) of plastic **de plástico** 13

plate **plato** *m.* 12
play **drama** *m.* 17; **comedia** *f.* 17
jugar (u:ue) *v.* 4; (*a musical instrument*) **tocar** *v.* 17; (*a role*) **hacer el papel de** 17; (*cards*) **jugar a (las cartas)** 5; (*sports*) **practicar deportes** 4
player **jugador(a)** *m., f.* 4
playwright **dramaturgo/a** *m., f.* 17
plead **rogar (o:ue)** *v.* 12
pleasant **agradable** *adj.* 5
please **por favor** 1
Pleased to meet you. **Mucho gusto.** 1; **Encantado/a.** *adj.* 1
pleasing: be pleasing to **gustar** *v.* 7
pleasure **gusto** *m.* 1; **placer** *m.* 15
It's a pleasure to... **Gusto de** *(+ inf.)* 18
It's been a pleasure. **Ha sido un placer.** 15
The pleasure is mine. **El gusto es mío.** 1
poem **poema** *m.* 17
poet **poeta** *m., f.* 17
poetry **poesía** *f.* 17
police (force) **policía** *f.* 11
political **político/a** *adj.* 18
politician **político/a** *m., f.* 16
politics **política** *f.* 18
polka-dotted **de lunares** 6
poll **encuesta** *f.* 18
pollute **contaminar** *v.* 13
polluted **contaminado/a** *m., f.* 13
be polluted **estar contaminado/a** 13
pollution **contaminación** *f.* 13
pool **piscina** *f.* 4
poor **pobre** *adj., m., f.* 6
poor thing **pobrecito/a** *adj.* 3
popsicle **paleta helada** *f.* 4
population **población** *f.* 13
pork **cerdo** *m.* 8
pork chop **chuleta** *f.* **de cerdo** 8
portable **portátil** *adj.* 11
portable computer **computadora** *f.* **portátil** 11
position **puesto** *m.* 16
possessive **posesivo/a** *adj.* 3
possible **posible** *adj.* 13
it's (not) possible **(no) es posible** 13
post office **correo** *m.* 14
postcard **postal** *f.* 4
poster **cartel** *m.* 12
potato **papa** *f.* 8; **patata** *f.* 8
pottery **cerámica** *f.* 17
practice **entrenarse** *v.* 15; **practicar** *v.* 2; (a degree/profession) **ejercer** *v.* 16
prefer **preferir (e:ie)** *v.* 4
pregnant **embarazada** *adj. f.* 10
prepare **preparar** *v.* 2
preposition **preposición** *f.*
prescribe (*medicine*) **recetar** *v.* 10
prescription **receta** *f.* 10
present **regalo** *m.*; **presentar** *v.* 17
press **prensa** *f.* 18
pressure **presión** *f.*
be under a lot of pressure **sufrir muchas presiones** 15
pretty **bonito/a** *adj.* 3; **bastante** *adv.* 13
price **precio** *m.* 6
(fixed, set) price **precio** *m.* **fijo** 6
print **estampado/a** *adj.*; **imprimir** *v.* 11
printer **impresora** *f.* 11
private (*room*) **individual** *adj.*
prize **premio** *m.* 17
probable **probable** *adj.* 13
it's (not) probable **(no) es probable** 13
problem **problema** *m.* 1
profession **profesión** *f.* 3; 16
professor **profesor(a)** *m., f.*
program **programa** *m.* 1
programmer **programador(a)** *m., f.* 3
prohibit **prohibir** *v.* 10
project **proyecto** *m.* 11
promotion (*career*) **ascenso** *m.* 16
pronoun **pronombre** *m.*
protect **proteger** *v.* 13
protein **proteína** *f.* 15
provided (that) **con tal (de) que** *conj.* 13
psychologist **psicólogo/a** *m., f.* 16
psychology **psicología** *f.* 2
publish **publicar** *v.* 17
Puerto Rican **puertorriqueño/a** *adj.* 3
Puerto Rico **Puerto Rico** *m.* 1
pull a tooth **sacar una muela**
purchases **compras** *f., pl.* 5
pure **puro/a** *adj.* 13
purple **morado/a** *adj.* 6
purse **bolsa** *f.* 6
put **poner** *v.* 4; **puesto/a** *p.p.* 14
put (a letter) in the mailbox **echar (una carta) al buzón** 14
put on (*a performance*) **presentar** *v.* 17
put on (*clothing*) **ponerse** *v.* 7
put on makeup **maquillarse** *v.* 7

Q

quality **calidad** *f.* 6
quarter (*academic*) **trimestre** *m.* 2
quarter after (*time*) **y cuarto** 1; **y quince** 1
quarter to (*time*) **menos cuarto** 1; **menos quince** 1
question **pregunta** *f.* 2
quickly **rápido** *adv.* 10
quiet **tranquilo/a** *adj.* 15
quit **dejar** *v.* 16
quiz **prueba** *f.* 2

R

racism **racismo** *m.* 18
radio (*medium*) **radio** *f.* 2
radio (set) **radio** *m.* 11
rain **llover (o:ue)** *v.* 5; **lluvia** *f.* 13
It's raining. **Llueve.** 5; **Está lloviendo.** 5
raincoat **impermeable** *m.* 6
rainforest **bosque** *m.* **tropical** 13
raise (*salary*) **aumento de sueldo** 16
rather **bastante** *adv.* 10
reality show **programa de realidad** *m.* 17
read **leer** *v.* 3; **leído/a** *p.p.* 14
read e-mail **leer correo electrónico** 4
read a magazine **leer una revista** 4
read a newspaper **leer un periódico** 4
ready **listo/a** *adj.* 5
(Are you) ready? **¿(Están) listos?** 15
reap the benefits (of) *v.* **disfrutar** *v.* **(de)** 15
receive **recibir** *v.* 3
recommend **recomendar (e:ie)** *v.* 8; 12
record **grabar** *v.* 11
recover **recuperar** *v.* 11
recreation **diversión** *f.* 4
recycle **reciclar** *v.* 13
recycling **reciclaje** *m.* 13
red **rojo/a** *adj.* 6
red-haired **pelirrojo/a** *adj.* 3
reduce **reducir** *v.* 13; **disminuir** *v.* 16
reduce stress/tension **aliviar el estrés/la tensión** 15
refrigerator **refrigerador** *m.* 12
region **región** *f.* 13
regret **sentir (e:ie)** *v.* 13
related to sitting **sedentario/a** *adj.* 15
relatives **parientes** *m., pl.* 3
relax **relajarse** *v.* 9
Relax, sweetie. **Tranquilo/a, cariño.** 11
remain **quedarse** *v.* 7
remember **acordarse (o:ue)** *v.* **(de)** 7; **recordar (o:ue)** *v.* 4
remote control **control remoto** *m.* 11
renewable **renovable** *adj.* 13
rent **alquilar** *v.* 12; (payment) **alquiler** *m.* 12
repeat **repetir (e:i)** *v.* 4
report **informe** *m.* 18; **reportaje** *m.* 18
reporter **reportero/a** *m., f.* 16
representative **representante** *m., f.* 18
request **pedir (e:i)** *v.* 4
reservation **reservación** *f.* 5

resign (from) **renunciar (a)** *v.* 16
resolve **resolver (o:ue)** *v.* 13
resolved **resuelto/a** *p.p.* 14
resource **recurso** *m.* 13
responsibility **deber** *m.* 18
  responsabilidad *f.*
responsible **responsable** *adj.* 8
rest **descansar** *v.* 2
restaurant **restaurante** *m.* 4
résumé **currículum** *m.* 16
retire (from work) **jubilarse** *v.* 9
return **regresar** *v.* 2; **volver (o:ue)** *v.* 4
returned **vuelto/a** *p.p.* 14
rice **arroz** *m.* 8
rich **rico/a** *adj.* 6
ride a bicycle **pasear** *v.* **en bicicleta** 4
ride a horse **montar** *v.* **a caballo** 5
ridiculous **ridículo/a** *adj.* 13
  it's ridiculous **es ridículo** 13
right **derecha** *f.* 2
  be right **tener razón** 3
  right? (*question tag*) **¿no?** 1; **¿verdad?** 1
  right away **enseguida** *adv.*
  right here **aquí mismo** 11
  right now **ahora mismo** 5
  right there **allí mismo** 14
  to the right of **a la derecha de** 2
rights **derechos** *m.* 18
ring **anillo** *m.* 17
ring (*a doorbell*) **sonar (o:ue)** *v.* 11
river **río** *m.* 13
road **camino** *m.*
roast **asado/a** *adj.* 8
roast chicken **pollo** *m.* **asado** 8
rollerblade **patinar en línea** *v.*
romantic **romántico/a** *adj.* 17
room **habitación** *f.* 5; **cuarto** *m.* 2; 7
  living room **sala** *f.* 12
roommate **compañero/a** *m., f.* **de cuarto** 2
roundtrip **de ida y vuelta** 5
  roundtrip ticket **pasaje** *m.* **de ida y vuelta** 5
routine **rutina** *f.* 7
rug **alfombra** *f.* 12
run **correr** *v.* 3
  run errands **hacer diligencias** 14
  run into (*have an accident*) **chocar (con)** *v.*; (*meet accidentally*) **encontrar(se) (o:ue)** *v.* 11; (*run into something*) **darse (con)** 10
  run into (each other) **encontrar(se) (o:ue)** *v.* 11
rush **apurarse, darse prisa** *v.* 15
Russian **ruso/a** *adj.* 3

S

sad **triste** *adj.* 5; 13
  it's sad **es triste** 13
safe **seguro/a** *adj.* 5
said **dicho/a** *p.p.* 14
sailboard **tabla de windsurf** *f.* 5
salad **ensalada** *f.* 8
salary **salario** *m.* 16; **sueldo** *m.* 16
sale **rebaja** *f.* 6
salesperson **vendedor(a)** *m., f.* 6
salmon **salmón** *m.* 8
salt **sal** *f.* 8
same **mismo/a** *adj.* 3
sandal **sandalia** *f.* 6
sandwich **sándwich** *m.* 8
Saturday **sábado** *m.* 2
sausage **salchicha** *f.* 8
save (*on a computer*) **guardar** *v.* 11; save (money) **ahorrar** *v.* 14
savings **ahorros** *m.* 14
  savings account **cuenta** *f.* **de ahorros** 14
say **decir** *v.* 4; **declarar** *v.* 18
say (that) **decir (que)** *v.* 4, 9
  say the answer **decir la respuesta** 4
scan **escanear** *v.* 11
scarcely **apenas** *adv.* 10
scared: be (very) scared (of) **tener (mucho) miedo (de)** 3
schedule **horario** *m.* 2
school **escuela** *f.* 1
science *f.* **ciencia** 2
  science fiction **ciencia ficción** *f.* 17
scientist **científico/a** *m., f.* 16
scream **grito** *m.* 5; **gritar** *v.* 7
screen **pantalla** *f.* 11
scuba dive **bucear** *v.* 4
sculpt **esculpir** *v.* 17
sculptor **escultor(a)** *m., f.* 17
sculpture **escultura** *f.* 17
sea **mar** *m.* 5
  (sea) turtle **tortuga (marina)** *f.* 13
season **estación** *f.* 5
seat **silla** *f.* 2
second **segundo/a** 5
secretary **secretario/a** *m., f.* 16
sedentary **sedentario/a** *adj.* 15
see **ver** *v.* 4
  see (you, him, her) again **volver a ver(te, lo, la)** 18
  see movies **ver películas** 4
  See you. **Nos vemos.** 1
  See you later. **Hasta la vista.** 1; **Hasta luego.** 1
  See you soon. **Hasta pronto.** 1
  See you tomorrow. **Hasta mañana.** 1
seem **parecer** *v.* 6
seen **visto/a** *p.p.* 14
sell **vender** *v.* 6
semester **semestre** *m.* 2
send **enviar; mandar** *v.* 14
separate (from) **separarse** *v.* **(de)** 9
separated **separado/a** *adj.* 9
September **septiembre** *m.* 5
sequence **secuencia** *f.*
serious **grave** *adj.* 10
serve **servir (e:i)** *v.* 8
service **servicio** *m.* 15
set (*fixed*) **fijo** *adj.* 6
  set the table **poner la mesa** 12
seven **siete** 1
seven hundred **setecientos/as** 2
seventeen **diecisiete** 1
seventh **séptimo/a** 5
seventy **setenta** 2
several **varios/as** *adj. pl.* 8
sexism **sexismo** *m.* 18
shame **lástima** *f.* 13
  it's a shame **es una lástima** 13
shampoo **champú** *m.* 7
shape **forma** *f.* 15
  be in good shape **estar en buena forma** 15
  stay in shape **mantenerse en forma** 15
share **compartir** *v.* 3
sharp (*time*) **en punto** 1
shave **afeitarse** *v.* 7
shaving cream **crema** *f.* **de afeitar** 5, 7
she **ella** 1
shellfish **mariscos** *m., pl.* 8
ship **barco** *m.*
shirt **camisa** *f.* 6
shoe **zapato** *m.* 6
  shoe size **número** *m.* 6
  shoe store **zapatería** *f.* 14
  tennis shoes **zapatos** *m., pl.* **de tenis** 6
shop **tienda** *f.* 6
shopping, to go **ir de compras** 5
  shopping mall **centro comercial** *m.* 6
short (*in height*) **bajo/a** *adj.* 3; (*in length*) **corto/a** *adj.* 6
short story **cuento** *m.* 17
shorts **pantalones cortos** *m., pl.* 6
should (*do something*) **deber** *v.* **(+ *inf.*)** 3
shout **gritar** *v.* 7
show **espectáculo** *m.* 17; **mostrar (o:ue)** *v.* 4
  game show **concurso** *m.* 17
shower **ducha** *f.* 7; **ducharse** *v.* 7
shrimp **camarón** *m.* 8
siblings **hermanos/as** *pl.* 3
sick **enfermo/a** *adj.* 10
  be sick **estar enfermo/a** 10
  get sick **enfermarse** *v.* 10
sign **firmar** *v.* 14; **letrero** *m.* 14
silk **seda** *f.* 6
  (made of) **de seda** 6
silly **tonto/a** *adj.* 3
since **desde** *prep.*
sing **cantar** *v.* 2
singer **cantante** *m., f.* 17
single **soltero/a** *adj.* 9
  single room **habitación** *f.* **individual** 5
sink **lavabo** *m.* 7

sir **señor (Sr.), don** *m.* 1; **caballero** *m.* 8
sister **hermana** *f.* 3
sister-in-law **cuñada** *f.* 3
sit down **sentarse (e:ie)** *v.* 7
six **seis** 1
six hundred **seiscientos/as** 2
sixteen **dieciséis** 1
sixth **sexto/a** 5
sixty **sesenta** 2
size **talla** *f.* 6
shoe size *m.* **número** 6
(in-line) skate **patinar (en línea)** 4
skateboard **andar en patineta** *v.* 4
ski **esquiar** *v.* 4
skiing **esquí** *m.* 4
water-skiing **esquí** *m.* **acuático** 4
skirt **falda** *f.* 6
skull made out of sugar **calavera de azúcar** *f.* 9
sky **cielo** *m.* 13
sleep **dormir (o:ue)** *v.* 4; **sueño** *m.* 3
go to sleep **dormirse (o:ue)** *v.* 7
sleepy: be (very) sleepy **tener (mucho) sueño** 3
slender **delgado/a** *adj.* 3
slim down **adelgazar** *v.* 15
slippers **pantuflas** *f.* 7
slow **lento/a** *adj.* 11
slowly **despacio** *adv.* 10
small **pequeño/a** *adj.* 3
smart **listo/a** *adj.* 5
smile **sonreír (e:i)** *v.* 9
smiled **sonreído** *p.p.* 14
smoggy: It's (very) smoggy. **Hay (mucha) contaminación.** 4
smoke **fumar** *v.* 8; 15
(not) to smoke **(no) fumar** 15
smoking section **sección** *f.* **de fumar** 8
(non) smoking section *f.* **sección de (no) fumar** 8
snack **merendar** *v.* 8; 15;
afternoon snack **merienda** *f.* 15
have a snack **merendar** *v.*
sneakers **los zapatos de tenis** 6
sneeze **estornudar** *v.* 10
snow **nevar (e:ie)** *v.* 5; **nieve** *f.*
snowing: It's snowing. **Nieva.** 5; **Está nevando.** 5
so (*in such a way*) **así** *adv.* 10; **tan** *adv.* 5; **tan** *adv.* 5, 7
so much **tanto** *adv.*
so-so **regular** 1
so that **para que** *conj.* 13
soap **jabón** *m.* 7
soap opera **telenovela** *f.* 17
soccer **fútbol** *m.* 4
sociology **sociología** *f.* 2
sock(s) **calcetín (calcetines)** *m.* 6
sofa **sofá** *m.* 12
soft drink **refresco** *m.* 8
software **programa** *m.* **de computación** 11
soil **tierra** *f.* 13
solar **solar** *adj., m., f.* 13
solar energy **energía solar** 13
soldier **soldado** *m., f.* 18
solution **solución** *f.* 13
solve **resolver (o:ue)** *v.* 13
some **algún, alguno/a(s)** *adj.* 7; **unos/as** *pron./ m., f., pl; indef. art.* 1
somebody **alguien** *pron.* 7
someone **alguien** *pron.* 7
something **algo** *pron.* 7
sometimes **a veces** *adv.* 10
son **hijo** *m.* 3
song **canción** *f.* 17
son-in-law **yerno** *m.* 3
soon **pronto** *adv.* 10
See you soon. **Hasta pronto.** 1
sorry: be sorry **sentir (e:ie)** *v.* 13
I'm sorry. **Lo siento.** 1
soul **alma** *f.* 9
soup **caldo** *m.* **sopa** *f.*
south **sur** *m.* 14
to the south **al sur** 14
Spain **España** *f.* 1
Spanish (*language*) **español** *m.* 2; **español(a)** *adj.* 3
spare (free) time **ratos libres** 4
speak **hablar** *v.* 2
Speaking. (*on the telephone*) **Con él/ella habla.** 11
special: today's specials **las especialidades del día** 8
spectacular **espectacular** *adj. m., f.* 15
speech **discurso** *m.* 18
speed **velocidad** *f.* 11
speed limit **velocidad** *f.* **máxima** 11
spelling **ortografía** *f.*, **ortográfico/a** *adj.*
spend (*money*) **gastar** *v.* 6
spoon (*table or large*) **cuchara** *f.* 12
sport **deporte** *m.* 4
sports-related **deportivo/a** *adj.* 4
spouse **esposo/a** *m., f.* 3
sprain (one's ankle) **torcerse (o:ue)** *v.* **(el tobillo)** 10
sprained **torcido/a** *adj.* 10
be sprained **estar torcido/a** 10
spring **primavera** *f.* 5
(city or town) square **plaza** *f.* 4
stadium **estadio** *m.* 2
stage **etapa** *f.* 9
stairs **escalera** *f.* 12
stairway **escalera** *f.* 12
stamp **estampilla** *f.* 14; **sello** *m.* 14
stand in line **hacer** *v.* **cola** 14
star **estrella** *f.* 13
start (*a vehicle*) **arrancar** *v.* 11
station **estación** *f.* 5
statue **estatua** *f.* 17
status: marital status **estado** *m.* **civil** 9
stay **quedarse** *v.* 7
stay in shape **mantenerse en forma** 15
steak **bistec** *m.* 8
steering wheel **volante** *m.* 11
step **escalón** *m.* 15
stepbrother **hermanastro** *m.* 3
stepdaughter **hijastra** *f.* 3
stepfather **padrastro** *m.* 3
stepmother **madrastra** *f.* 3
stepsister **hermanastra** *f.* 3
stepson **hijastro** *m.* 3
stereo **estéreo** *m.* 11
still **todavía** *adv.* 5
stockbroker **corredor(a)** *m., f.* **de bolsa** 16
stockings **medias** *f., pl.* 6
stomach **estómago** *m.* 10
stone **piedra** *f.* 13
stop **parar** *v.* 11
stop (*doing something*) **dejar de (+ *inf.*)** 13
store **tienda** *f.* 6
storm **tormenta** *f.* 18
story **cuento** *m.* 17; **historia** *f.* 17
stove **cocina, estufa** *f.* 9, 12
straight **derecho** *adj.* 14
straight (ahead) **derecho** 14
straighten up **arreglar** *v.* 12
strange **extraño/a** *adj.* 13
it's strange **es extraño** 13
strawberry **frutilla** *f.* 8, **fresa**
street **calle** *f.* 11
stress **estrés** *m.* 15
stretching **estiramiento** *m.* 15
do stretching exercises **hacer ejercicios**; *m. pl.* **de estiramiento** 15
strike (*labor*) **huelga** *f.* 18
stripe **raya** *f.* 6
striped **de rayas** 6
stroll **pasear** *v.* 4
strong **fuerte** *adj. m. f.* 15
struggle (for/against) **luchar** *v.* **(por/contra)** 18
student **estudiante** *m., f.* 1; 2; **estudiantil** *adj.* 2
study **estudiar** *v.* 2
stuffed-up (*sinuses*) **congestionado/a** *adj.* 10
stupendous **estupendo/a** *adj.* 5
style **estilo** *m.*
suburbs **afueras** *f., pl.* 12
subway **metro** *m.* 5
subway station **estación** *f.* **del metro** 5
success **éxito** *m.* 16
successful: be successful **tener éxito** 16
such as **tales como**
suddenly **de repente** *adv.* 6
suffer **sufrir** *v.* 10
suffer an illness **sufrir una enfermedad** 10
sugar **azúcar** *m.* 8
suggest **sugerir (e:ie)** *v.* 12
suit **traje** *m.* 6
suitcase **maleta** *f.* 1
summer **verano** *m.* 5
sun **sol** *m.* 5; 13

sunbathe **tomar** *v.* **el sol** 4
Sunday **domingo** *m.* 2
(sun)glasses **gafas** *f., pl.* **(oscuras/de sol)** 6; **lentes** *m. pl.* **(de sol)** 6
sunny: It's (very) sunny. **Hace (mucho) sol.** 5
supermarket **supermercado** *m.* 14
suppose **suponer** *v.* 4
sure **seguro/a** *adj.* 5
be sure **estar seguro/a** 5
surf (*the Internet*) **navegar** *v.* **(en Internet)** 11
surfboard **tabla de surf** *f.* 5
surprise **sorprender** *v.* 9; **sorpresa** *f.* 9
survey **encuesta** *f.* 18
sweat **sudar** *v.* 15
sweater **suéter** *m.* 6
sweep the floor **barrer el suelo** 12
sweets **dulces** *m., pl.* 9
swim **nadar** *v.* 4
swimming **natación** *f.* 4
swimming pool **piscina** *f.* 4
symptom **síntoma** *m.* 10

T

table **mesa** *f.* 2
tablespoon **cuchara** *f.* 12
tablet (*pill*) **pastilla** *f.* 10
take **tomar** *v.* 2; **llevar** *v.* 6;
take care of **cuidar** *v.* 13
take someone's temperature **tomar** *v.* **la temperatura** 10
take (*wear*) a shoe size **calzar** *v.* 6
take a bath **bañarse** *v.* 7
take a shower **ducharse** *v.* 7
take off **quitarse** *v.* 7
take out the trash *v.* **sacar la basura** 12
take photos **tomar** *v.* **fotos** 5; **sacar** *v.* **fotos** 5
talented **talentoso/a** *adj.* 17
talk **hablar** *v.* 2
talk show **programa** *m.* **de entrevistas** 17
tall **alto/a** *adj.* 3
tank **tanque** *m.* 11
taste **probar (o:ue)** *v.* 8; **saber** *v.* 8
taste like **saber a** 8
tasty **rico/a** *adj.* 8; **sabroso/a** *adj.* 8
tax **impuesto** *m.* 18
taxi **taxi** *m.* 5
tea **té** *m.* 8
teach **enseñar** *v.* 2
teacher **profesor(a)** *m., f.* 1, 2; **maestro/a** *m., f.* 16
team **equipo** *m.* 4
technician **técnico/a** *m., f.* 16
telecommuting **teletrabajo** *m.* 16
telephone **teléfono** 11
(cell) phone **(teléfono)** *m.* **celular** 11
television **televisión** *f.* 2; 11
television set **televisor** *m.* 11
tell **contar** *v.* 4; **decir** *v.* 4
tell (that) **decir** *v.* **(que)** 4, 9
tell lies **decir mentiras** 4
tell the truth **decir la verdad** 4
temperature **temperatura** *f.* 10
ten **diez** 1
tennis **tenis** *m.* 4
tennis shoes **zapatos** *m., pl.* **de tenis** 6
tension **tensión** *f.* 15
tent **tienda** *f.* **de campaña**
tenth **décimo/a** 5
terrible **terrible** *adj. m., f.* 13
it's terrible **es terrible** 13
terrific **chévere** *adj.*
test **prueba** *f.* 2; **examen** *m.* 2
text message **mensaje** *m.* **de texto** 11
Thank you. **Gracias.** *f., pl.* 1
Thank you (very much). **(Muchas) gracias.** 1
Thank you very, very much. **Muchísimas gracias.** 9
Thanks (a lot). **(Muchas) gracias.** 1
Thanks for having me. **Gracias por invitarme.** 9
that **que, quien(es), lo que** *pron.* 12
that (one) **ése, ésa, eso** *pron.* 6; **ese, esa,** *adj.* 6
that (*over there*) **aquél, aquélla, aquello** *pron.* 6; **aquel, aquella** *adj.* 6
that which **lo que** *conj.* 12
that's me **soy yo**
that's why **por eso** 11
the **el** *m.*, **la** *f. sing.*, **los** *m.*, **las** *f., pl.* 1
theater **teatro** *m.* 17
their **su(s)** *poss. adj.* 3; **suyo(s)/a(s)** *poss. pron.* 11
them **los/las** *pl., d.o. pron.* 5
to/for them **les** *pl., i.o. pron.* 6
then (*afterward*) **después** *adv.* 7; (*as a result*) **entonces** *adv.* 5, 7; (*next*) **luego** *adv.* 7; **pues** *adv.* 15
there **allí** *adv.* 2
There is/are... **Hay...** 1;
There is/are not... **No hay...** 1
therefore **por eso** 11
these **éstos, éstas** *pron.* 6; **estos, estas** *adj.* 6
they **ellos** *m.*, **ellas** *f. pron.*
They all told me to ask you to excuse them/forgive them. **Todos me dijeron que te pidiera disculpas de su parte.** 18
thin **delgado/a** *adj.* 3
thing **cosa** *f.* 1
think **pensar (e:ie)** *v.* 4; (believe) **creer** *v.*
think about **pensar en** *v.* 4
third **tercero/a** 5
thirst **sed** *f.* 3
thirsty: be (very) thirsty **tener (mucha) sed** 3
thirteen **trece** 1
thirty **treinta** 1, 2; thirty (*minutes past the hour*) **y treinta; y media** 1
this **este, esta** *adj.*; **éste, ésta, esto** *pron.* 6
This is... (*introduction*) **Éste/a es...** 1
This is he/she. (*on telephone*) **Con él/ella habla.** 11
those **ésos, ésas** *pron.* 6; **esos, esas** *adj.* 6
those (over there) **aquéllos, aquéllas** *pron.* 6; **aquellos, aquellas** *adj.* 6
thousand **mil** *m.* 6
three **tres** 1
three hundred **trescientos/as** 2
throat **garganta** *f.* 10
through **por** *prep.* 11
throughout: throughout the world **en todo el mundo** 13
Thursday **jueves** *m., sing.* 2
thus (*in such a way*) **así** *adj.*
ticket **boleto** *m.* 2, 17; **pasaje** *m.* 5
tie **corbata** *f.* 6
time **vez** *f.* 6; **tiempo** *m.* 4
have a good/bad time **pasarlo bien/mal** 9
I've had a fantastic time. **Lo he pasado de película.** 18
What time is it? **¿Qué hora es?** 1
(At) What time...? **¿A qué hora...?** 1
times **veces** *f., pl.* 6
many times **muchas veces** 10
two times **dos veces** 6
tip **propina** *f.* 9
tire **llanta** *f.* 11
tired **cansado/a** *adj.* 5
be tired **estar cansado/a** 5
to **a** *prep.* 1
toast (*drink*) **brindar** *v.* 9
toast **pan** *m.* **tostado**
toasted **tostado/a** *adj.* 8
toasted bread **pan tostado** *m.* 8
toaster **tostadora** *f.* 12
today **hoy** *adv.* 2
Today is... **Hoy es...** 2
toe **dedo** *m.* **del pie** 10
together **juntos/as** *adj.* 9
toilet **inodoro** *m.* 7
tomato **tomate** *m.* 8
tomorrow **mañana** *f.* 1
See you tomorrow. **Hasta mañana.** 1
tonight **esta noche** *adv.* 4
too **también** *adv.* 2; 7
too much **demasiado** *adv.* 6; **en exceso** 15
tooth **diente** *m.* 7
toothpaste **pasta** *f.* **de dientes** 7
top **cima** *f.* 15
to the top **hasta arriba** 15
tornado **tornado** *m.* 18
tortilla **tortilla** *f.* 8
touch **tocar** *v.* 13; 17
touch screen **pantalla táctil** *f.* 11
tour **excursión** *f.* 4; **recorrido** *m.* 13
tour an area **recorrer** *v.*
tourism **turismo** *m.* 5

tourist **turista** *m., f.* 1; **turístico/a** *adj.*
toward **hacia** *prep.* 14; **para** *prep.* 11
towel **toalla** *f.* 7
town **pueblo** *m.* 4
trade **oficio** *m.* 16
traffic **circulación** *f.* 11; **tráfico** *m.* 11
traffic light **semáforo** *m.* 14
tragedy **tragedia** *f.* 17
trail **sendero** *m.* 13
trailhead **sendero** *m.* 13
train **entrenarse** *v.* 15; **tren** *m.* 5
train station **estación** *f.* **(de) tren** *m.* 5
trainer **entrenador(a)** *m., f.* 15
translate **traducir** *v.* 6
trash **basura** *f.* 12
travel **viajar** *v.* 2
travel agent **agente** *m., f.* **de viajes** 5
traveler **viajero/a** *m., f.* 5
(traveler's) check **cheque (de viajero)** 14
treadmill **cinta caminadora** *f.* 15
tree **árbol** *m.* 13
trillion **billón** *m.*
trimester **trimestre** *m.* 2
trip **viaje** *m.* 5
take a trip **hacer un viaje** 5
tropical forest **bosque** *m.* **tropical** 13
true **verdad** *adj.* 13
it's (not) true **(no) es verdad** 13
trunk **baúl** *m.* 11
truth **verdad** *f.*
try **intentar** *v.*; **probar (o:ue)** *v.* 8
try (*to do something*) **tratar de (+ *inf.*)** 15
try on **probarse (o:ue)** *v.* 7
t-shirt **camiseta** *f.* 6
Tuesday **martes** *m., sing.* 2
tuna **atún** *m.* 8
turkey **pavo** *m.* 8
turn **doblar** *v.* 14
turn off (*electricity/appliance*) **apagar** *v.* 11
turn on (*electricity/appliance*) **poner** *v.* 11; **prender** *v.* 11
twelve **doce** 1
twenty **veinte** 1
twenty-eight **veintiocho** 1
twenty-five **veinticinco** 1
twenty-four **veinticuatro** 1
twenty-nine **veintinueve** 1
twenty-one **veintiún, veintiuno/a** 1
twenty-seven **veintisiete** 1
twenty-six **veintiséis** 1
twenty-three **veintitrés** 1
twenty-two **veintidós** 1
twice **dos veces** 6
twin **gemelo/a** *m., f.* 3
twisted **torcido/a** *adj.* 10
be twisted **estar torcido/a** 10
two **dos** 1
two hundred **doscientos/as** 2
two times **dos veces** 6

U

ugly **feo/a** *adj.* 3
uncle **tío** *m.* 3
under **bajo** *adv.* 7; **debajo de** *prep.* 2
understand **comprender** *v.* 3; **entender (e:ie)** *v.* 4
underwear **ropa interior** 6
unemployment **desempleo** *m.* 18
unique **único/a** *adj.* 9
United States **Estados Unidos (EE.UU.)** *m. pl.* 1
university **universidad** *f.* 2
unless **a menos que** *adv.* 13
unmarried **soltero/a** *adj.*
unpleasant **antipático/a** *adj.* 3
until **hasta** *prep.* 6; **hasta que** *conj.* 13
up **arriba** *adv.* 15
urgent **urgente** *adj.* 12
It's urgent that... **Es urgente que...** 12
us **nos** *pl., d.o. pron.* 5
to/for us **nos** *pl., i.o. pron.* 6
use **usar** *v.* 6
used for **para** *prep.* 11
useful **útil** *adj. m., f.*

V

vacation **vacaciones** *f., pl.* 5
be on vacation **estar de vacaciones** 5
go on vacation **ir de vacaciones** 5
vacuum **pasar** *v.* **la aspiradora** 12
vacuum cleaner **aspiradora** *f.* 12
valley **valle** *m.* 13
various **varios/as** *adj. m., f. pl.* 8
vegetables **verduras** *pl., f.* 8
verb **verbo** *m.*
very **muy** *adv.* 1
very much **muchísimo** *adv.* 2
(Very) well, thank you. **(Muy) bien, gracias.** 1
video **video** *m.* 1, 11
video camera **cámara** *f.* **de video** 11
videoconference **videoconferencia** *f.* 16
video game **videojuego** *m.* 4
vinegar **vinagre** *m.* 8
violence **violencia** *f.* 18
visit **visitar** *v.* 4
visit monuments **visitar monumentos** 4
vitamin **vitamina** *f.* 15
voice mail **correo de voz** *m.* 11
volcano **volcán** *m.* 13
volleyball **vóleibol** *m.* 4
vote **votar** *v.* 18

W

wait (for) **esperar** *v.* **(+ *inf.*)** 2
waiter/waitress **camarero/a** *m., f.* 8
wake up **despertarse (e:ie)** *v.* 7
walk **caminar** *v.* 2
take a walk **pasear** *v.* 4;
walk around **pasear por** 4
walkman ***walkman*** *m.*
wall **pared** *f.* 12; **muro** *m.* 15
wallet **cartera** *f.* 4, 6
want **querer (e:ie)** *v.* 4
war **guerra** *f.* 18
warm (oneself) up **calentarse (e:ie)** *v.* 15
wash **lavar** *v.* 12
wash one's face/hands **lavarse la cara/las manos** 7
wash (the floor, the dishes) **lavar (el suelo, los platos)** 12
wash oneself **lavarse** *v.* 7
washing machine **lavadora** *f.* 12
wastebasket **papelera** *f.* 2
watch **mirar** *v.* 2; **reloj** *m.* 2
watch television **mirar (la) televisión** 2
water **agua** *f.* 8
water pollution **contaminación del agua** 13
water-skiing **esquí** *m.* **acuático** 4
way **manera** *f.* 16
we **nosotros(as)** *m., f.* 1
weak **débil** *adj. m., f.* 15
wear **llevar** *v.* 6; **usar** *v.* 6
weather **tiempo** *m.*
The weather is bad. **Hace mal tiempo.** 5
The weather is good. **Hace buen tiempo.** 5
weaving **tejido** *m.* 17
Web **red** *f.* 11
website **sitio** *m.* **web** 11
wedding **boda** *f.* 9
Wednesday **miércoles** *m., sing.* 2
week **semana** *f.* 2
weekend **fin** *m.* **de semana** 4
weight **peso** *m.* 15
lift weights **levantar** *v.* **pesas** *f., pl.* 15
welcome **bienvenido(s)/a(s)** *adj.* 12
well: (Very) well, thanks. **(Muy) bien, gracias.** 1
well-being **bienestar** *m.* 15
well organized **ordenado/a** *adj.*
west **oeste** *m.* 14
to the west **al oeste** 14
western (*genre*) **de vaqueros** 17
whale **ballena** *f.* 13
what **lo que** *pron.* 12
what? **¿qué?** 1
At what time...? **¿A qué hora...?** 1

What a pleasure to...! **¡Qué gusto (+ *inf.*)...!** 18
What day is it? **¿Qué día es hoy?** 2
What do you guys think? **¿Qué les parece?** 9
What happened? **¿Qué pasó?** 11
What is today's date? **¿Cuál es la fecha de hoy?** 5
What nice clothes! **¡Qué ropa más bonita!** 6
What size do you take? **¿Qué talla lleva (usa)?** 6
What time is it? **¿Qué hora es?** 1
What's going on? **¿Qué pasa?** 1
What's happening? **¿Qué pasa?** 1
What's... like? **¿Cómo es...?** 3
What's new? **¿Qué hay de nuevo?** 1
What's the weather like? **¿Qué tiempo hace?** 5
What's up? **¿Qué onda?** 14
What's wrong? **¿Qué pasó?** 11
What's your name? **¿Cómo se llama usted?** *form.* 1
What's your name? **¿Cómo te llamas (tú)?** *fam.* 1
when **cuando** *conj.* 7; 13
When? **¿Cuándo?** 2
where **donde**
where (to)? (*destination*) **¿adónde?** 2; (*location*) **¿dónde?** 1
Where are you from? **¿De dónde eres (tú)?** (*fam.*) 1; **¿De dónde es (usted)?** (*form.*) 1
Where is...? **¿Dónde está...?** 2
(to) where? **¿adónde?** 2
which **que** *pron.*, **lo que** *pron.* 12
which? **¿cuál?** 2; **¿qué?** 2
In which...? **¿En qué...?** 2
which one(s)? **¿cuál(es)?** 2
while **mientras** *adv.* 10
white **blanco/a** *adj.* 6
white wine **vino blanco** 8
who **que** *pron.* 12; **quien(es)** *pron.* 12
who? **¿quién(es)?** 1
Who is...? **¿Quién es...?** 1
Who is speaking/calling? (*on telephone*) **¿De parte de quién?** 11
Who is speaking? (*on telephone*) **¿Quién habla?** 11
whole **todo/a** *adj.*
whom **quien(es)** *pron.* 12
whose? **¿de quién(es)?** 1
why? **¿por qué?** 2
widower/widow **viudo/a** *adj.* 9
wife **esposa** *f.* 3
win **ganar** *v.* 4
wind **viento** *m.* 5
window **ventana** *f.* 2
windshield **parabrisas** *m., sing.* 11
windy: It's (very) windy. **Hace (mucho) viento.** 5
wine **vino** *m.* 8
red wine **vino tinto** 8
white wine **vino blanco** 8
wineglass **copa** *f.* 12
winter **invierno** *m.* 5
wireless (connection) **conexión inalámbrica** *f.* 11
wish **desear** *v.* 2; **esperar** *v.* 13
I wish (that) **ojalá (que)** 13
with **con** *prep.* 2
with me **conmigo** 4; 9
with you **contigo** *fam.* 5, 9
within (ten years) **dentro de (diez años)** *prep.* 16
without **sin** *prep.* 2; 13; 15; **sin que** *conj.* 13
woman **mujer** *f.* 1
wool **lana** *f.* 6
(made of) wool **de lana** 6
word **palabra** *f.* 1
work **trabajar** *v.* 2; **funcionar** *v.* 11; **trabajo** *m.* 16
work (*of art, literature, music, etc.*) **obra** *f.* 17
work out **hacer gimnasia** 15
world **mundo** *m.* 8, 13
worldwide **mundial** *adj. m., f.*
worried (about) **preocupado/a (por)** *adj.* 5
worry (about) **preocuparse** *v.* **(por)** 7
Don't worry. **No se preocupe.** *form.* 7; **Tranquilo.; No te preocupes.** *fam.* 7
worse **peor** *adj. m., f.* 8
worst **el/la peor** 8
Would you like to...? **¿Te gustaría...?** *fam.* 4
Would you do me the honor of marrying me? **¿Me harías el honor de casarte conmigo?** 17
wow **híjole** *interj.* 6
wrench **llave** *f.* 11
write **escribir** *v.* 3
write a letter/post card/e-mail message **escribir una carta/postal/mensaje electrónico** 4
writer **escritor(a)** *m., f* 17
written **escrito/a** *p.p.* 14
wrong **equivocado/a** *adj.* 5
be wrong **no tener razón** 3

X

X-ray **radiografía** *f.* 10

Y

yard **jardín** *m.* 12; **patio** *m.* 12
year **año** *m.* 5
be... years old **tener... años** 3
yellow **amarillo/a** *adj.* 6
yes **sí** *interj.* 1
yesterday **ayer** *adv.* 6
yet **todavía** *adv.* 5
yogurt **yogur** *m.* 8
You **tú** *fam.* **usted (Ud.)** *form. sing.* **vosotros/as** *m., f. fam.* **ustedes (Uds.)** *form.* 1; (to, for) you *fam. sing.* **te** *pl.* **os** 6; *form. sing.* **le** *pl.* **les** 6
you **te** *fam., sing.*, **lo/la** *form., sing.*, **os** *fam., pl.*, **los/las** *form., pl, d.o. pron.* 5
You don't say! **¡No me digas!** *fam.*; **¡No me diga!** *form.* 11
You are... **Tú eres...** 1
You're welcome. **De nada.** 1; **No hay de qué.** 1
young **joven** *adj., sing.* (**jóvenes** *pl.*) 3
young person **joven** *m., f., sing.* (**jóvenes** *pl.*) 1
young woman **señorita (Srta.)** *f.*
younger **menor** *adj. m., f.* 3
younger: younger brother, sister *m., f.* **hermano/a menor** 3
youngest **el/la menor** *m., f.* 8
your **su(s)** *poss. adj. form.* 3
your **tu(s)** *poss. adj. fam. sing.* 3
your **vuestro/a(s)** *poss. adj. form. pl.* 3
your(s) *form.* **suyo(s)/a(s)** *poss. pron. form.* 11
your(s) **tuyo(s)/a(s)** *poss. fam. sing.* 11
your(s) **vuestro(s)/a(s)** *poss. fam.* 11
youth *f.* **juventud** 9

Z

zero **cero** *m.* 1

A

abbreviations (14) **483**
absolute superlatives (8) **286**
acabar de + *infinitive* (6) **207**
academic courses (2) **40, 41, 76**
accents (4), (10), (11) **123, 339, 375**
  on homonyms (11) **375**
accidental occurrences with **se** (10) **350**
adjectives
  demonstrative (6) **210**
  descriptive (3), (6) **88, 114, 192, 224**
  nationality (3) **89, 114**
  past participles used as (14) **493**
  position (3) **90**
  possessive (3) **93**
  ser with adjectives (3) **88**
  stressed possessive (11) **388**
adverbs (10) **354**
age questions (3) **83, 101**
al (contraction) (4) **126**
alphabet, Spanish (1) **9**
anglicisms, frequently used (18) **619**
animals (13) **442, 474**
appliances, household (12) **404, 440**
art terms (17) **578, 610**
articles, definite and indefinite (1) **14**
artisans (17) **578, 610**
artists (17) **578, 610**

B

b (5), (15) **161, 515**
bank terms (14) **476, 506**
bathroom objects (7) **226, 260**
birthdays (9) **300, 330**
body parts (7), (10) **226, 260, 332, 366**
buildings
  campus (2) **40, 76**
  general (4) **118, 150**

C

c (8) **271**
campus buildings (2) **40, 76**
capitalization (12) **411**
car terms (11) **370, 402**
celebrations (9) **300, 330**
chores
  daily (14) **476, 506**
  household (12) **404, 440**
city life (14) **476, 506**
classroom objects and people (2) **40, 76**
clothing (6) **190, 224**
colors (6) **192, 224**
commands
  familiar (**tú**) (11) **378**
  formal (**Ud.** and **Uds.**) (12) **418**
  with **nosotros** (14) **490**
comparisons (8) **281**
computer terms (11), (18) **368, 402, 619**
conditional (17) **588**
conditional perfect (17) **592**
conducir
  present tense (6) **200**
  preterite tense (9) **310**
conjunctions
  requiring subjunctive (13) **460**
  requiring subjunctive or indicative (13) **461**
conocer and **saber** (6) **200**
courses (academic) (2) **40, 76**
courtesy expressions (1) **2, 7, 38**
Cultura
  ¡Los Andes se mueven! (13) **450**
  Beneficios en los empleos (16) **550**
  Carolina Herrera (6) **199**
  Las Cataratas del Iguazú (5) **162**
  César Chávez (16) **551**
  ¿Cómo te llamas? (3) **86**
  Curanderos y chamanes (10) **341**
  Dos nuevos líderes en Latinoamérica (18) **621**
  La elección de una carrera universitaria (2) **48**
  La familia real española (3) **87**
  Fernando Botero: un estilo único (17) **587**
  Ferrán Adrià: arte en la cocina (8) **273**
  Festival de Viña del Mar (9) **309**
  Las frutas y la salud (15) **517**
  Frutas y verduras de América (8) **272**
  Las islas flotantes del lago Titicaca (12) **413**
  Lionel Messi y Lorena Ochoa (4) **125**
  Luis Barragán: arquitectura y emoción (14) **485**
  El mate (7) **235**
  Los mensajes de texto (11) **377**
  Los mercados al aire libre (6) **198**
  Museo de Arte Contemporáneo de Caracas (17) **586**
  Paseando en metro (14) **484**
  El patio central (12) **412**
  La plaza principal (1) **11**
  Protestas sociales (18) **620**
  Punta del Este (5) **163**
  Real Madrid y Barça: rivalidad total (4) **124**
  Saludos y besos en los países hispanos (1) **10**
  Semana Santa: vacaciones y tradición (9) **308**
  Servicios de salud (10) **340**
  La Sierra Nevada de Santa Marta (13) **451**
  La siesta (7) **234**
  Spas naturales (15) **516**
  El teléfono celular (11) **376**
  La Universidad de Salamanca (2) **49**
current events (18) **612, 642**

D

d (6) **197**
daily schedules (7) **226, 260**
dar
  expressions (6) **203**
  present tense (6) **203**
  preterite tense (9) **311**
dates (months) (5) **154**

days of the week (2) **42, 76**
decir
expressions (4) **136**
present tense (4) **133**
preterite tense (9) **310**
definite articles (1) **14**
del (contraction) (1) **20**
demonstrative adjectives and pronouns (6) **210**
describing clothes (6) **190, 195, 224**
describing routines (7) **226, 260**
descriptive adjectives (3) (6) **88, 114, 192, 224**
diphthongs and linking (3) **85**
direct objects: nouns and pronouns (5) **174**
directions, getting and giving (14) **481**
diversions, related verbs (9) **300, 330**
double object pronouns (8) **277**
downtown shops (14) **476**

E

ecology terms (13) **442, 474**
emergencies, health-related (10) **332, 366**
entertainment, related verbs (9), (17) **300, 330, 578, 610**
environmental terms (13) **442, 444, 474**
estar
comparing **ser** and **estar** (5) **170**
present tense (2) **59**
preterite tense (9) **310**
with conditions (5) **164**
with emotions (5) **164**
with health conditions (2) **59**
with location (2) **59**
exercise terms (15) **508, 540**

F

familiar (**tú**) commands (11) **378**
family members and relatives (3) **78, 114**
farewells (1) **2, 38**
fitness terms (15) **508, 540**
food and drink (8) **262, 264, 298**
parties, related foods (9) **300, 330**
formal (**Ud.** and **Uds.**) commands (12) **418**
forming questions (2) **55**
furniture (12) **404, 440**
future perfect (16) **556**
future (16) **552**

G

g (9) **307**
greetings and introductions (1) **2, 38**
grooming, personal (7) **226, 260**
gusta(n), me/te (2) **45, 52**
gustar (2) **52**
verbs like **gustar** (7) **246**

H

h (9), (16) **307, 549**
hacer
present tense (4) **136**
preterite tense (9) **310**
with time expressions (10) **337**
hay (1) **16**
health
conditions (10) **332, 366**
conditions with **estar** (5) **164**
emergencies (10) **332, 366**
fitness terms (15) **508, 540**
questions (1) **2, 38**
stress terms (15) **508, 540**
hotels (5) **152, 188**
housing
appliances (12) **404, 440**
chores (12) **404, 440**
electronics (11), (18) **368, 615**
furniture (12) **404, 440**
general terms (12) **404, 440**
rooms (12) **404–406, 440**
table settings (12) **406, 440**
types (12) **404, 440**
hygiene, personal (7) **226, 260**

I

if clauses (18) **622**
imperfect and preterite contrasted (10) **346**
imperfect (*past*) subjunctive (16) **558**
imperfect tense, regular and irregular verbs (10) **342**
impersonal constructions with **se** (10) **350**
indefinite articles (1) **14**
indefinite words (7) **240**
indirect object pronouns (6) **202**
information questions (2) **55**
Internet terms (11), (18) **368, 619**
interrogative words (2) **56**
interview terms (16) **544, 576**
intonation, question (2) **55**
introductions (1) **2, 38**
ir
present tense (4) **126**
preterite tense (7) **244**
ir a + *infinitive* (4) **126**
irregular verbs
imperfect tense (10) **342**
preterite tense (9) **310**

J

j (9) **307**
job terms (16) **544, 576**

L

life's stages (9) **302, 330**
linking (3) **85**
ll (8), (16) **271, 549**
location with **estar** (2) **59**

M

mail terms (14) **478, 506**
meals (8) **264, 298**
media (18) **612, 642**
medical terms (10) **332, 366**
months of the year (5) **154**
movies (17) **580, 610**
music (17) **578, 610**

N

names of Spanish-speaking countries (1) **38**
natural disasters (18) **612, 642**
nature terms (13) **442, 474**
negation with **no** (2) **51**
negative words (7) **240**
neologisms (18) **619**
news topics (18) **612, 642**
nosotros/as commands (14) **490**
nouns (1) **12**
numbers
  0-30 (1) **16**
  31 and higher (2) **63**
  ordinal (5) **155, 188**
nutrition (15) **510, 540**

Ñ

ñ (8) **271**

O

object pronouns
  direct (5) **174**
  double (8) **277**
  indirect (6) **202**
  prepositional (9) **318**
  reflexive (7) **236**
occupations (3), (16) **78, 114, 542, 576**
ofrecer, present tense (6) **200**
oír, present tense (4) **137**
ordinal numbers (5) **155, 188**

P

Panorama
  Argentina (11) **400**
  Bolivia (15) **538**
  Canadá (1) **36**
  Chile (9) **328**
  Colombia (13) **472**
  Costa Rica (10) **364**
  Cuba (6) **222**
  Ecuador (3) **112**
  El Salvador (17) **606**
  España (2) **74**
  Estados Unidos, los (1) **36**
  Guatemala (8) **296**
  Honduras (17) **608**
  México (4) **148**
  Nicaragua (16) **572**
  Panamá (12) **438**
  Paraguay (18) **638**
  Perú (7) **258**
  Puerto Rico (5) **186**
  República Dominicana (16) **574**
  Uruguay (18) **640**
  Venezuela (14) **504**
para and **por,** uses (11) **382**
participles
  past used as adjectives (14) **493**
  present with progressive tenses (5) **166**
parties, related people, items, foods (9) **300, 330**
parts of the body (7), (10) **226, 260, 332, 366**
past participles as adjectives (14) **493**
past perfect (*pluperfect*) subjunctive (17) **595**
past perfect tense (15) **522**
past (*imperfect*) subjunctive (16) **558**
pastimes (4) **116, 150**
perfect tenses
  conditional perfect (17) **592**
  future perfect (16) **556**
  past perfect (15) **522**
  past perfect subjunctive (17) **595**
  present perfect (15) **518**
  present perfect subjunctive (15) **525**
pero vs. **sino** (7) **241**
personal **a** (5) **174**
place settings (12) **406, 440**
pluperfect (*past perfect*) subjunctive (17) **595**
pluralization of nouns (1) **13**
poder
  present tense (4) **130**
  preterite tense (9) **310**
politics (18) **612, 642**
poner
  present tense (4) **136**
  preterite tense (9) **310**
por and **para,** uses (11) **382**
position of adjectives (3) **90**
possessive adjectives (3) **93**
possessive pronouns (11) **388**
post office terms (14) **478, 506**
prepositional object pronouns (9) **318**
prepositions often used with **estar** (2) **60**
present perfect subjunctive (15) **525**
present perfect tense (15) **518**
present subjunctive (12) **422**
preterite and imperfect contrasted (10) **346**
preterite tense
  irregular verbs (9) **310**
  regular verbs (6) **206**
  verbs that change meaning (9) **314**
professions (3), (16) **78, 114, 542, 576**
progressive tense
  present (5) **166**
pronouns
  demonstrative (6) **210**
  direct object (5) **174**
  double object (8) **277**

indirect object (6) **202**
possessive (11) **388**
prepositional object (9) **318**
reflexive (7) **236**
relative (12) **414**
subject (1) **19**
use and omission of subject (2) **52**
punctuation (13) **449**

Q

querer, preterite tense (9) **310**
questions, forming (2) **55**
age (3) **83**
information questions (2) **55**
intonation for questions (2) **55, 56**
¿Qué? and **¿Cuál?** (9) **316**
question words (2) **56**
tag questions (2) **55**

R

r and **rr** (7) **233**
reciprocal reflexives (11) **386**
reflexive verbs (7) **236**
regular verbs
present tense
-ar verbs (2) **50**
-er and **-ir** verbs (3) **96**
preterite (6) **206**
relative pronouns (12) **414**
restaurants (8) **269**
routines (7) **226, 260**

S

saber
and **conocer** (6) **200**
preterite tense (9) **310**
salir, present tense (4) **136**
se constructions
accidental occurrences (10) **350**
impersonal expressions (10) **350**
reciprocal reflexives (11) **386**
reflexive verbs (7) **236**
unplanned occurrences (10) **350**
seasons of the year (5) **154**
sequencing actions, words for (7) **226, 260**
ser
comparing **ser** and **estar** (5) **170**
present tense (1) **20**
preterite tense (7) **244**
to show identification (1) **20**
to show origin (1) **21**
to show possession (1) **20**
with adjectives (3) **88**
with nationalities (3) **89**
with professions (1) **21**
shape, staying in (15) **508, 540**
shopping (6) **190, 224**
shops downtown (14) **476, 477, 506**
si clauses (18) **622**
sickness vocabulary (10) **332, 366**
Spanish alphabet (1) **9**
Spanish-speaking countries, names of (1) **38**
spelling traps (17) **585**
sports and leisure activities (4) **116, 150**
stages of life (9) **302, 330**
stem-changing verbs
present tense (4) **129, 133**
preterite tense (8) **274**
stress and accent marks (4) **123**
stress (tension) terms (15) **508, 540**
stressed possessive adjectives (11) **388**
subject pronouns (1) **19**
use and omission (2) **52**
subjunctive
in adjective clauses (14) **486**
past (*imperfect*) (16) **558**
past perfect (17) **595**
present (12) **422**
present perfect (15) **525**
summary of uses (18) **626**
to express indefiniteness and non-existence (14) **486**
with conjunctions (13) **460, 461**
with expressions of will and influence (12) **426**
with expressions of emotion (13) **452**
with expressions of doubt, disbelief, and denial (13) **456**
superlatives (8) **286**
absolute superlatives (8) **286**

T

t (6) **197**
table settings (12) **406, 440**
tag questions (2) **55**
technology terms (11) **368, 402**
telephone, talking on (11) **373**
television terms (17) **580, 610**
telling time (1) **24**
tener
expressions with (3) **101**
present tense (3) **100**
preterite tense (9) **310**
time expressions with **hacer** (10) **337**
topics in the news (18) **612, 642**
town places (4) **118, 150**
traducir
present tense (6) **200**
preterite tense (9) **310**
traer
present tense (4) **136**
preterite tense (9) **310**
travel terms (5) **152, 188**

U

unplanned occurrences with **se** (10) **350**
university vocabulary (2) **40, 76**

V

v (5), (15) **161, 515**
vacation vocabulary (5) **152, 188**
venir
present tense (3) **100**
preterite tense (9) **310**
ver
present tense (4) **137**
verbs describing routines and personal grooming (7) **226, 260**
verbs like **gustar** (7) **246**
verbs that change meaning in the preterite (9) **314**
verbs with irregular **yo** forms (**hacer, oír, poner, salir, traer,** and **ver**) (4) **136, 137**
vowels (2) **47**

W

weather expressions (5) **154**
work-related terms (3), (11), (16) **78, 114, 368, 402, 542, 544, 576**
written accents (10), (11) **339, 375**

Y

y (16) **549**
years (e.g. 2007) (2) **64**

Z

z (8) **271**

Text Credits

31 © Joaquín Salvador Lavado (QUINO). *Toda Mafalda* – Ediciones de La Flor, 1993.
394–395 © Juan Matías Loiseau "Tute", *El celular*, reprinted by permission of the author.
498–499 © Denevi, Marco, *Cartas peligrosas y otros cuentos. Obras completas, Tomo 5*, Buenos Aires, Corregidor, 1999, págs. 192–193.
530–531 © Gabriel García Márquez, *Un día de éstos*, reprinted by permission of Carmen Balcells.
564–565 © Julia de Burgos, "A Julia de Burgos" from *Song of the Simple Truth: The Complete Poems of Julia de Burgos*, 1996. Published by Curbstone Press. Distributed by Consortium.
600–601 © Federico García Lorca, *Danza*, *Las seis cuerdas*, *La guitarra*. Reprinted by permission of Herederos de Federico García Lorca.

Photography Credits

All images © Vista Higher Learning unless otherwise noted.

Cover: © Jean-Dominique Dallet/Getty Images

Frontmatter: iii (l) © Andresr/Shutterstock; **xxviii** (tl, tml, ml, tr, tmr, mr, ml, bl) Carolina Zapata; **xxix** (tl, tr, b) Carolina Zapata.

All Fotonovela photos taken by Carolina Zapata.

Lesson One: 1 (full pg) Paula Díez; **2** © John Henley/Corbis; **3** Martín Bernetti; **4** Martín Bernetti; **10** (l) Rachel Distler; (r) Ali Burafi; **11** (l) © Mark Mainz/Getty Images; (m) Paola Rios-Schaaf; (r) © Hans Georg Roth/Corbis; **12** (l) Janet Dracksdorf; (r) © Tom Grill/Corbis; **16** (l) © José Girarte/iStockphoto; (r) © Blend Images/Alamy; **19** (m) Anne Loubet; (r) © Getty Images/Digital Vision; **31** (ml) Ana Cabezas Martín; (mml) Martín Bernetti; (mmr) © Serban Enache/Dreamstime; (mr) Vanessa Bertozzi; (bl) © Corey Hochachka/Design Pics/Corbis; (br) Ramiro Isaza © Fotocolombia.com; **32** Carolina Zapata; **33** Paula Diez; **36** (t) © Robert Holmes/Corbis; (m) © Jon Arnold Images Ltd./Alamy; (b) © Andresr/Shutterstock; **37** (tl) © PhotoDisc; (tr) © Tony Arruza/Corbis; (ml) © Schwarz Shaul/Corbis SYGMA; (br) Marta Mesa.

Lesson Two: 39 (full pg) Paula Diez; **42** Martín Bernetti; **48** (r) © Pablo Corral V/Corbis; **49** (t) © Murle/Dreamstime; (b) © Paul Almasy/Corbis; **57** © Stephen Coburn/Shutterstock; **59** (l) Paola Rios-Schaaf; (r) © Image Source/Corbis; **67** (l) © Rick Gomez/Corbis; (r) © Hola Images/Workbook.com; **68** José Blanco; **69** (r) Pascal Pernix; **70** (b) Martín Bernetti; **71** Nora y Susana © Fotocolombia.com; **74** (tl) Sarah Kenney; (tr) José Blanco; (m) © Elke Stolzenberg/Corbis; (b) © Reuters/Corbis; **75** (tl) © Washington Post/Getty Images; (tmr) José Blanco; (ml) Diego Velázquez. *Las meninas*. 1656. Derechos reservados © Museo Nacional del Prado, Madrid. © Erich Lessing/Art Resource; (bl) © Iconotec/Fotosearch; (mbr) © Owen Franken/Corbis.

Lesson Three: 77 (full pg) © Ronnie Kaufman/Corbis; **79** Martín Bernetti; **80** (tl) Anne Loubet; (tr) © Blend Images/Alamy; (tml) Ana Cabezas Martín; (bml, br) Martín Bernetti; (bl) © Ariel Skelley/Corbis; **86** (tl) © David Cantor/AP Wide World Photos; (tr) © Rafael Perez/Reuters/Corbis; (b) © Martial Trezzini/epa./Corbis; **87** (t) © Dani Cardona/Reuters/Corbis; (b) © Ballesteros/epa/Corbis; **90** (l, r) Martín Bernetti; **92** © Andres Rodriguez/Alamy; **97** (l) © Warren Morgan/Corbis; (r) Martín Bernetti; **98** Martín Bernetti; **106** (t, m, b) Martín Bernetti; **107** (t) Nora y Susana © Fotocolombia.com; (m) © Chuck Savage/Corbis; (b) Martín Bernetti; **108** © Tom & Dee Ann McCarthy/Corbis; **109** Martín Bernetti; **112** (tr, tl, ml, b) Martín Bernetti; (mr) Lauren Krolick; **113** (tl, ml, bl) Martín Bernetti; (tr) Oswaldo Guayasamín. *Madre y niño en azul*. 1986. Cortesía Fundación Guayasamín. Quito, Ecuador.; (br) © Gerardo Mora.

Lesson Four: 115 (full pg) © Digital Vision/Getty Images; **117** © George Shelley/Corbis; **119** © Nora y Susana/fotocolombia.com; **124** (l) © Javier Soriano/AFP/Getty Images; (r) © Alberto Estévez/EFE/Corbis; **125** (t) © sportgraphic/Shutterstock; (b) © Aurora Photos/Alamy; **135** © Twentieth Century-Fox Film Corporation/The Kobal Collection/The Picture-desk; **139** Anne Loubet; **141** © Images.com/Corbis; **142** Martín Bernetti; **143** © Fernando Llano/AP Wide World Photos; **144** Martín Bernetti; **145** © Rick Gomez/Corbis; **148** (tl) © Randy Miramontez/Shutterstock; (tr) Frida Kahlo. *Autorretrato con mono*. 1938. Oil on masonite, overall 16 x 12" (40.64 x 30.48 cms.). Albright-Knox Art Gallery, Buffalo, New York. Bequest of A Conger Goodyear, 1966. © Albright-Knox Art Gallery/Corbis; (ml) Ruben Varela; (mr) Isabelle Alouane; (b) © Henry Romero/Reuters/Corbis; **149** (tl) © Radius Images/Alamy; (tr) © Bettmann/Corbis; (b) © David R. Frazier Photolibrary, Inc./Alamy.

Lesson Five: 151 (full pg) © Gavin Hellier/Getty Images; **162** © Gary Cook/Alamy; **163** (t) © AFP/Getty Images; (b) © Mark A. Johnson/Corbis; **180** Carlos Gaudier; **181** (tr, m, b) Carlos Gaudier; **182** Carolina Zapata; **186** (tl) © Nanniqui/Dreamstime; (tr) José Blanco; (ml) Carlos Gaudier; (mr) © Capricornis Photographic Inc./Shutterstock; (b) © Dave G. Houser/Corbis; **187** (tl, bl) Carlos Gaudier; (tr) © Lawrence Manning/Corbis; (br) © StockTrek/Getty Images.

Lesson Six: 189 (full pg) © Asiapix Royalty-Free/Inmagine; **198** (l) © Robert Frerck/Odyssey; (b) Janet Dracksdorf; **199** (t) © Carlos Alvarez/Getty Images; (bl) © Guiseppe Carace/Getty Images; (br) © Mark Mainz/Getty Images; **204** (tl, tm, tr, bl, bm, br) Pascal Pernix; **209** (tl, tr, ml, mr) Martín Bernetti; **210** (t, b) Paula Díez; **211** Paula Díez; **216** Paula Díez; **217** Paula Díez; **218** © Noam/fotolia; **222** (t, mtl, mtr, mb) Pascal Pernix; (b) © PhotoDisk/Getty Images; **223** (tl) © Don Emmert/AFP/Getty Images; (tr, bl) Pascal Pernix; (br) © Road Movie Prods/The Kobal Collection/The Picture-desk.

Lesson Seven: 225 (full pg) © Flying Colours Ltd/Getty Images; **234** © Stewart Cohen/Blend Images/Corbis; **235** (t) Ali Burafi; (b) Janet Dracksdorf; **237** (l, r) Martín Bernetti; **239** (l) Martín Bernetti; (r) © Ariel Skelley/Corbis; **242** José Blanco; **243** (b) Martín Bernetti; **252-253** © DIDEM HIZAR/fotolia; **254** © i love images/Alamy; **255** Martín Bernetti; **256** © Kevin Dodge/Masterfile; **258** (t, mtr) Martín Bernetti; (mbl) © RICHARD SMITH/CORBIS SYGMA; (mbr) © Charles & Josette Lenars/Corbis; (b) © Yan Arthus-Peleaz Inc./Corbis; **259** (tr) © Mick Roessler/Corbis; (bl) © Jeremy Horner/Corbis; (br) © Marshall Bruce/iStockphoto.

Lesson Eight: 261 (full pg) © Mark Leibowitz/Masterfile; **267** (r) Anne Loubet; **272** (t) Rachel Distler; (b) © Greg Elms/Lonely Planet Images; **273** (t, m) © Carlos Cazalis/Corbis; (b) © Studio Bonisolli/Stockfood; **276** Paula Díez; **278** (l) © Pixtal/Age Fotostock; (r) José Blanco; **282** (r) José Blanco; **283** (l) José Blanco; **292** Vanessa Bertozzi; **293** © Jack Hollingsworth/Getty Images; **296** (t) © Henryk Sadura/Shutterstock; (ml, b) © Dave G. Houser/Corbis; (mr) © Henryk Sadura/Shutterstock; **297** (tl) © Jenkedco/Shutterstock; (tr) © Michael & Patricia Fogden/Corbis; (bl) © Vladimir Korostyshevskiy/Shutterstock; (br) © Paul W. Liebhardt/Corbis.

Lesson Nine: 299 (full pg) © Susana/Fotocolombia.com; **308** (l) © Sylwia Blaszczyszyn/Dreamstime; (r) © PictureNet/Corbis; **309** (t) © Simon Cruz/AP Wide World Photos; (b) © Rune Hellestad/Corbis; **322** (t) © Katrina Brown/123RF; (b) Esteban Corbo; **323** Armando Brito; **324** © Blend Images/Alamy; **328** (tl, tr, mtr) Lauren Krolick; (mtl) Kathryn Alena Korf; (mbl) © Bettmann/Corbis; (mbr) © MACARENA MINGUELL/AFP/Getty Images; (b) Bruce R. Korf; **329** (tl) Lars Rosen Gunnilstam; (tr, br) Lauren Krolick; (bl) © Nikolay Starchenko/Shutterstock.

Lesson Ten: 331 (full pg) © Steve Cole/iStockphoto; **340** (t) Ali Burafi; (b) © Ricardo Figueroa/AP Wide World Photos; **341** (t) © The Art Archive/Templo Mayor Library Mexico/Dagli Orti/The Picture-desk; (m) © face to face Bildagentur GmbH/Alamy; (b) © AFP/Getty Images; **345** © ISO K° - photography/fotolia; **349** Oscar Artavia Solano; **350** (l) © LisaInGlasses/iStockphoto; (r) © Krek/Dreamstime; **359** © mlstock@mountainlight.com; **360** © Anthony Redpath/Masterfile; **361** Paula Díez; **365** (tl, tr, mm, mr) Oscar Artavia Solano; (ml) © Bill Gentile/Corbis; (b) © Bob Winsett/Corbis; **366** (tl) © Frank Burek/Corbis; (mr) © Martin Rogers/Corbis; (ml) © Jacques M. Chenet/Corbis; (b) Oscar Artavia Solano.

Lesson Eleven: 367 (full pg) Paula Díez; **376** (l) © Ariel Skelley/Getty Images; (r) Paula Díez; **377** (t) © Zsolt Nyulaszi/Shutterstock; (b) © Gabrielle Wallace; **381** © LdF/iStockphoto; **385** Katie Wade; **386** (l, r) Paula Díez; **390** (t) © gmnicholas/iStockphoto; (ml, bm) Martín Bernetti; (mm) © Auris/iStockphoto; (tr[1]) © NickyBlade/iStockphoto; (tr[2], tm) © LdF/iStockphoto; (br) © Art Directors & TRIP/Alamy; **396** © Chad Johnston/Masterfile; **397** © morchella/fotolia; **400** (t, b) Ali Burafi; (ml) María Eugenia Corbo; (mm) © Galen Rowell/Corbis; (mr) Lauren Krolick; **401** (tl) María Eugenia Corbo; (tr, b) Ali Burafi; (m) © Michael Hieber/Shutterstock.

Lesson Twelve: 403 (full pg) © Rolf Bruderer/Corbis; **407** (t) © TerryJ/iStockphoto; (b) © Harry Neave/fotolia; **412** (l) © Dusko Despotovic/Corbis; (r) Martín Bernetti; **413** (l) Maribel Garcia; (r) © Michele Falzone/Alamy; **415** (l) © Monkeybusinessimages/Dreamstime; (r) Anne Loubet; **416** © Blend Images/Alamy; **432** © Danny Lehman/Corbis; **434** Martín Bernetti; **438** (tl) © Kevin Schafer/Corbis; (tr) © Danny Lehman/Corbis; (m) © Hernan H. Hernandez A./Shutterstock; **439** (tl, tr) © Danny Lehman/Corbis; (b) © Claudio Lovo/Shutterstock.

Lesson Thirteen: 441 (full pg) © Gabriela Medina/Getty Images; **443** (tl) © gaccworship/Big Stock Photo; (tr) © GOODSHOOT/Alamy; (bl) © National Geographic Singles 65/Inmagine; (br) © Les Cunliffe/123RF; **450** (t) Lauren Krolick; (b) © Digital Vision/Fotosearch; **451** (t) © Cédric Hunt; (bl) Doug Myerscough; (br) © David South/Alamy; **459** (t, b) Mary Axtmann; **468** © Ric Ergenbright/Corbis; **472** (tr) © Cédric Hunt; (b) © Adam Woolfitt/Corbis; **473** (tl) Mónica María González; (tr) © Reuters/Corbis; (br) © Jeremy Horner/Corbis.

Lesson Fourteen: 475 (full pg) © David R. Frazier/Danita Delimont; **484** (l) www.metro.df.gob.mx; (r) Ali Burafi; **485** (t, b) D.R. ® LUIS BARRAGAN/BARRAGAN FOUNDATION/PROLITTERIS/SOMAAP/MEXICO/2011; **491** Paula Díez; **499** © Radius Images/Alamy; **501** Paula Díez; **504** (t) © Janne Hämäläinen/Shutterstock; (mt) © Alexander Chaikin/Shutterstock; (mb) © Buddy Mays/Corbis; (b) © Vladimir Melnik/Shutterstock; **505** (tl) © Reuters/Corbis; (tr) © Royalty Free/Corbis; (bl) © Pablo Corral V./Corbis; (br) © Mireille Vautier/Alamy.

Lesson Fifteen: 507 (full pg) © Thinkstock/Getty Images; **511** © Javier Larrea/Age Fotostock; **516** (l) © Krysztof Dydynski/Getty Images; (r) Oscar Artavia Solano; **517** (t, b) Oscar Artavia Solano; **524** © diego_cervo/iStockphoto; **530–531** © Tom Grill/Corbis; **532** Martín Bernetti; **533** © Javier Larrea/Age Fotostock; **538** (tr) © SIME/eStock Photo; (m) © INTERFOTO/Alamy; **539** (t) © Daniel Wiedemann/Shutterstock; (m) © Anders Ryman/Alamy; (b) Martín Bernetti.

Lesson Sixteen: 541 (full pg) © Peter Beck/Corbis; **545** (t) © Orange Line Media/Shutterstock; (b) Paula Díez; **550** (l) © PhotoAlto/Alamy; **551** (t) © 2002 USPS; (b) © Galen Rowell/Corbis; **560** © pezography/Big Stock Photo; **561** © rj lerich/Big Stock Photo; **564** (b) Frida Kahlo. *Las dos Fridas*. 1939. Oil on Canvas. 5'8.5" x 5'8.5" © Banco de México Trust. © Schalkwijk/Art Resource; **566** Martín Bernetti; **567** Paula Díez; **572** (tl) © Holger Mette/Shutterstock; (tr) © rj lerich/Shutterstock; (mt) © tobe_dw/Shutterstock; (mb) © Bill Gentile/Corbis; (b) © Scott B. Rosen/Alamy; **573** (t) © Grigory Kubatyan/Shutterstock; (m) © Claudia Daut/Reuters/Corbis; (b) © holdeneye/Shutterstock; **574** (tr) © Reinhard Eisele/Corbis; (m) © Richard Bickel/Corbis; (b) Columbus, Christopher (Italian Cristoforo Colombo). Navigator, discoverer of America. Genoa 1451-Valladolid 20.5.1506. Portrait. Painting by Ridolfo Ghirlandaio (1483–1561). © akg-images/The Image Works; **575** (t) © Jeremy Horner/Corbis; (m) © Reuters/Corbis; (b) © Lawrence Manning/Corbis.

Lesson Seventeen: 577 (full pg) © Index Stock Imagery Inc.; **581** © Andres Rodriguez/Fotolia; **586** (l) © Exposicion Cuerpo Plural, Museo de Arte Contemporaneo, Caracas, Venezuala, octubre 2005 (Sala 1). Fotografia Morella Munoz-Tebar. Archivo MAC.; (r) Joan Miró. *La lección de esquí*. © Art Resource, NY; **587** (t) © Raul Benegas; (b) Fernando Botero. *El alguacil*. 20th Century © Fernando Botero © Christie's Images/Corbis; **591** © Marvel Productions/The Kobal Collection/The Picture-desk; **602** Martín Bernetti; **606** (tl) © José F. Poblete/Corbis; (tr) © L. Kragt Bakker/Shutterstock; (ml) © Leif Skoogfors/Corbis; (mr) © Andre Nantel/Shutterstock; (b) © Royalty Free/Corbis; **607** (t) © Guy Motil/Corbis; (m) © Royalty Free/Corbis; (b) © Romeo A. Escobar, *La Sala de La Miniatura*, San Salvador. www.ilobasco.net.; **608** (tl) © Stuart Westmorland/Corbis; (tr) © ImageState/Alamy; (ml) © Sandra A. Dunlap/Shutterstock; (mr) © ImageState/Alamy; **609** (t) © Holger Mette/Shutterstock; (m) © Elmer Martinez/AFP/Getty Images; (b) José Antonio Velásquez. *San Antonio de Oriente*. 1957. Colección: Art Museum of the Americas, Organization of American States, Washington, D.C. © Coleccion: Art of the Americas, Organization of American States. Washington D.C.

Lesson Eighteen: 611 (full pg) © Douglas Kirkland/Corbis; **615** (t) © robert paul van beets/Shutterstock; (b) Janet Dracksdorf; **620** (l) José Blancoe; (r) © Homer Sykes/Alamy; **621** © Alex Ibanez, HO/AP Wide World Photos; **624** Anne Loubet; **629** (l) © Dave G. Houser/Corbis; **634** © Joel Nito/AFP/Getty Images; **635** © John Lund/Corbis; **638** (t) © Peter Guttman/Corbis; (ml) © Paul Almasy/Corbis; (b) © Carlos Carrion/Corbis; **639** (t) © Chris R. Sharp/DDB Stock; (m) © Joel Creed; Ecoscene/Corbis; (b) © Francis E. Caldwell/DDB Stock; **640** (tl) © Bettmann/Corbis; (tr) © Reuters/Corbis; (m, b) María Eugenia Corbo; **641** (tl) Janet Dracksdorf; (tr) © Simon Bruty/SI; (m) © Andres Stapff/Reuters/Corbis; (b) © Wolfgang Kaehler/Corbis.

About the Authors

José A. Blanco founded Vista Higher Learning in 1998. A native of Barranquilla, Colombia, Mr. Blanco holds a B.A. in Literature from the University of California, Santa Cruz, and a M.A. in Hispanic Studies from Brown University. He has worked as a writer, editor, and translator for Houghton Mifflin and D.C. Heath and Company and has taught Spanish at the secondary and university levels. Mr. Blanco is also the co-author of several other Vista Higher Learning programs: **Panorama, Aventuras,** and **¡Viva!** at the introductory level, **Ventanas, Facetas, Enfoques, Imagina,** and **Sueña** at the intermediate level, and **Revista** at the advanced conversation level.

Philip Redwine Donley received his M.A. in Hispanic Literature from the University of Texas at Austin in 1986 and his Ph.D. in Foreign Language Education from the University of Texas at Austin in 1997. Dr. Donley taught Spanish at Austin Community College, Southwestern University, and the University of Texas at Austin. He published articles and conducted workshops about language anxiety management, and the development of critical thinking skills, and was involved in research about teaching languages to the visually impaired. Dr. Donley was also the co-author of **Aventuras** and **Panorama,** two other introductory college Spanish textbook programs published by Vista Higher Learning.

About the Illustrators

Yayo, an internationally acclaimed illustrator, was born in Colombia. He has illustrated children's books, newspapers, and magazines, and has been exhibited around the world. He currently lives in Montreal, Canada.

Pere Virgili lives and works in Barcelona, Spain. His illustrations have appeared in textbooks, newspapers, and magazines throughout Spain and Europe.

Born in Caracas, Venezuela, **Hermann Mejía** studied illustration at the *Instituto de Diseño de Caracas.* Hermann currently lives and works in the United States.

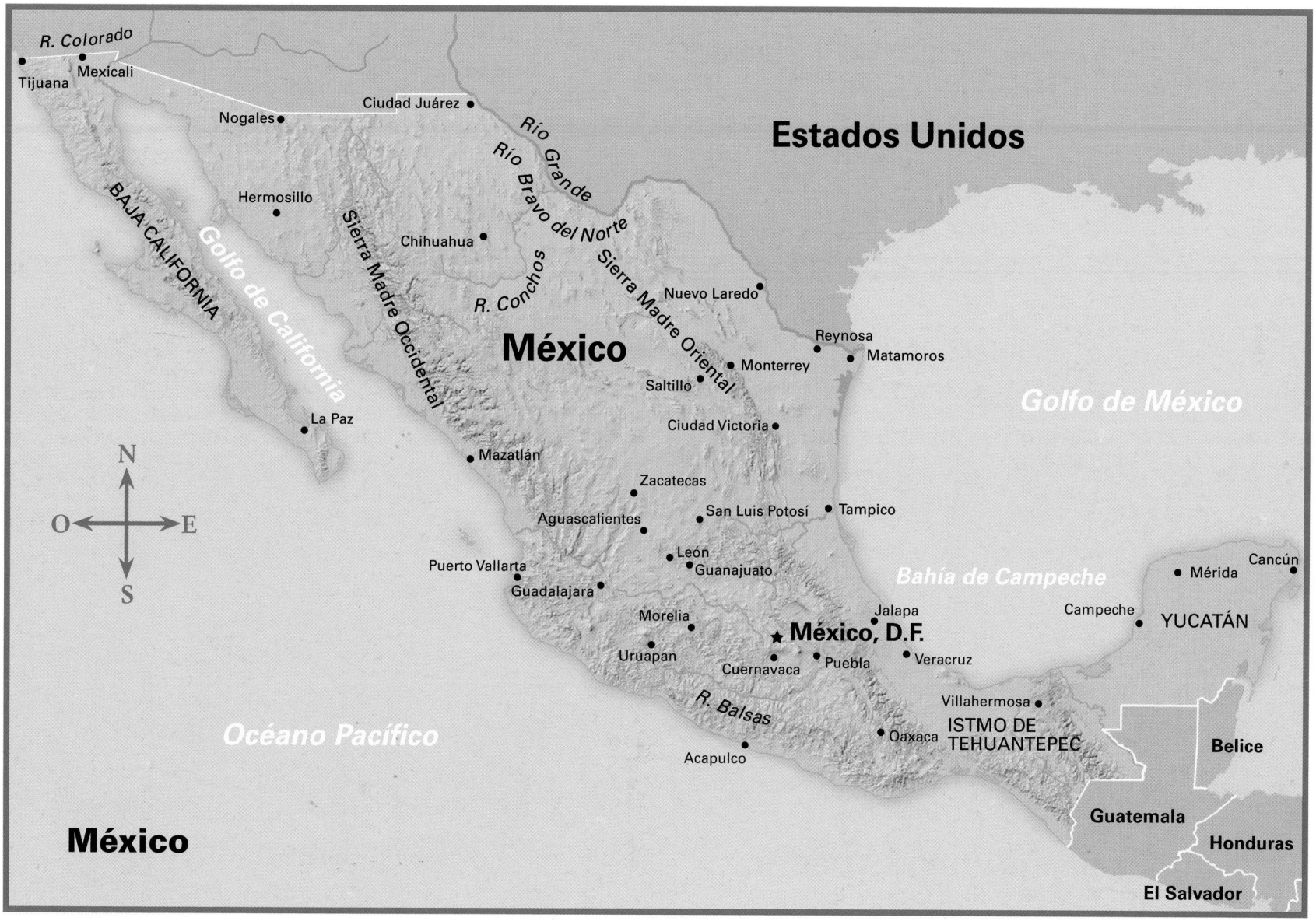
Estados Unidos
R. Colorado
Tijuana
Mexicali
Ciudad Juárez
Nogales
Río Grande
Río Bravo del Norte
Hermosillo
BAJA CALIFORNIA
Golfo de California
Sierra Madre Occidental
Chihuahua
R. Conchos
Sierra Madre Oriental
Nuevo Laredo
Reynosa
Matamoros
Monterrey
Saltillo
México
Golfo de México
La Paz
Ciudad Victoria
Mazatlán
N
O
E
S
Zacatecas
Aguascalientes
San Luis Potosí
Tampico
León
Guanajuato
Puerto Vallarta
Guadalajara
Bahía de Campeche
Mérida
Cancún
Campeche
YUCATÁN
Morelia
Jalapa
México, D.F.
Uruapan
Cuernavaca
Puebla
Veracruz
R. Balsas
Villahermosa
ISTMO DE TEHUANTEPEC
Oaxaca
Acapulco
Océano Pacífico
Belice
Guatemala
Honduras
El Salvador
México

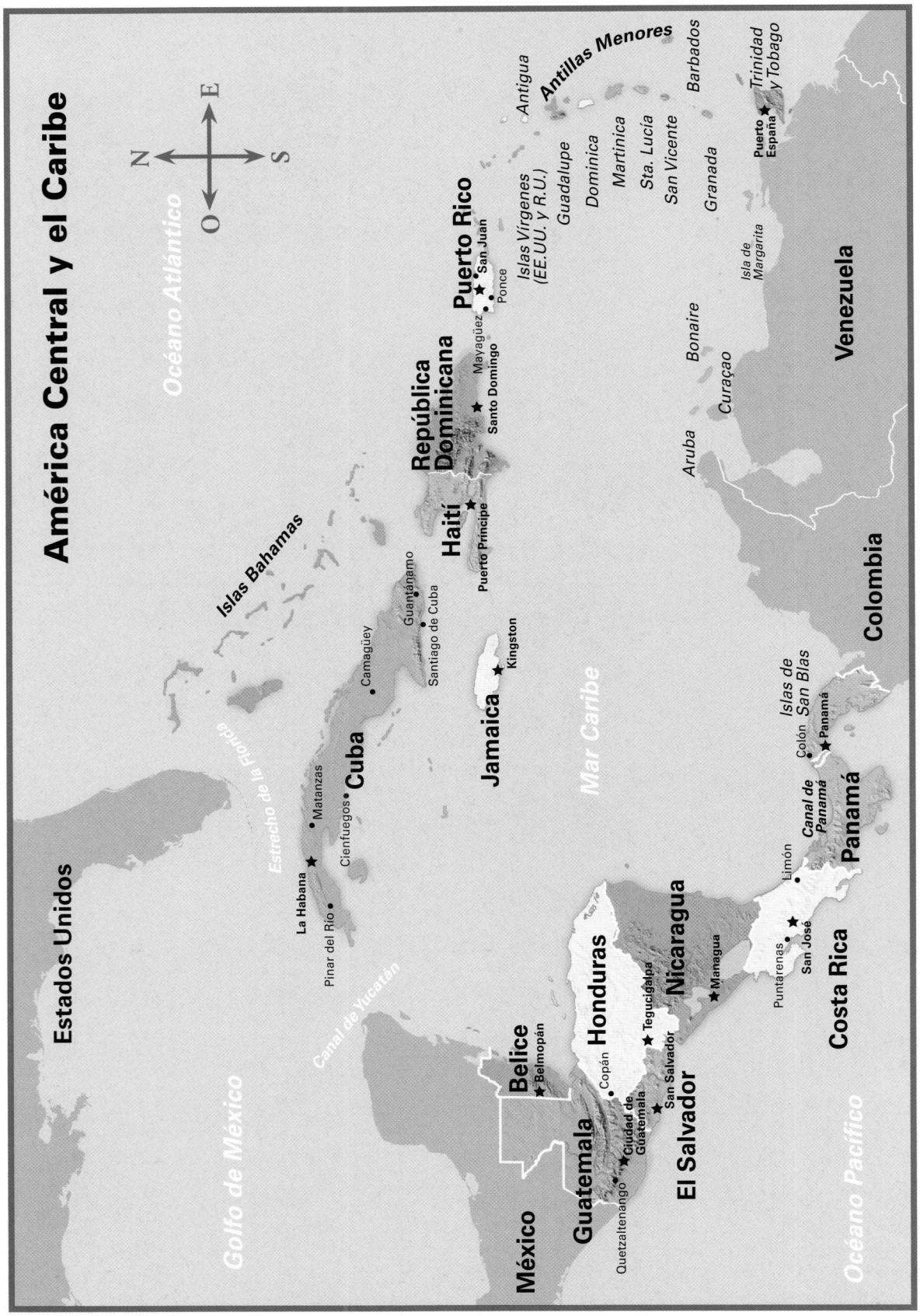
América Central y el Caribe
N
O
E
S
Océano Atlántico
Islas Bahamas
Estados Unidos
Estrecho de la Florida
Golfo de México
Canal de Yucatán
La Habana
Pinar del Río
Matanzas
Cienfuegos
Cuba
Camagüey
Guantánamo
Santiago de Cuba
Haití
Puerto Príncipe
República Dominicana
Santo Domingo
Mayagüez
Ponce
Puerto Rico
San Juan
Islas Vírgenes (EE.UU. y R.U.)
Antigua
Antillas Menores
Guadalupe
Dominica
Martinica
Sta. Lucía
San Vicente
Barbados
Granada
Trinidad y Tobago
Puerto España
Isla de Margarita
Venezuela
Bonaire
Curaçao
Aruba
Colombia
Jamaica
Kingston
Mar Caribe
Islas de San Blas
Colón
Panamá
Canal de Panamá
Panamá
Limón
Puntarenas
San José
Costa Rica
Nicaragua
Managua
Honduras
Tegucigalpa
San Salvador
El Salvador
Copán
Ciudad de Guatemala
Quetzaltenango
Guatemala
Belice
Belmopán
México
Océano Pacífico

Mar Caribe
Barranquilla
Maracaibo
Caracas
Puerto España
Trinidad y Tobago
Venezuela
Colombia
Medellín
Bogotá
Cali
R. Orinoco
Georgetown
Guyana
Paramaribo
Surinam
Cayena
Guayana Francesa
Pasto
Quito
Ecuador
Guayaquil
R. Negro
R. Amazonas
Belém
Manaus
Iquitos
Perú
R. Madeira
Cordillera de los Andes
Recife
Lima
Cuzco
Salvador
Lago Titicaca
Brasil
Brasilia
Arequipa
La Paz
Bolivia
Arica
Sucre
R. Paraguay
Océano Pacífico
Iquique
R. Paraná
Belo Horizonte
Antofagasta
Paraguay
São Paulo
Río de Janeiro
Santos
Salta
Asunción
Chile
R. Uruguay
R. Paraná
Córdoba
Porto Alegre
Valparaíso
Mendoza
Rosario
Santiago
Uruguay
Buenos Aires
Montevideo
Concepción
Argentina
Océano Atlántico
Bahía Blanca
Puerto Montt
Cordillera de los Andes
N
O
E
S
Estrecho de Magallanes
Islas Malvinas
Punta Arenas
Tierra del Fuego
América del Sur
Islas Galápagos
Océano Pacífico
Isla Pinta
Isla Marchena
Isla Genovesa
Isla Isabela
Línea Ecuatorial
ECUADOR
Volcán Darwin
Isla Santiago (San Salvador)
Isla Fernandina
Puerto Ayora
Isla Santa Cruz
Isla San Cristóbal
Santo Tomás
Puerto Barquerizo Moreno
Isla Santa María
Isla Española

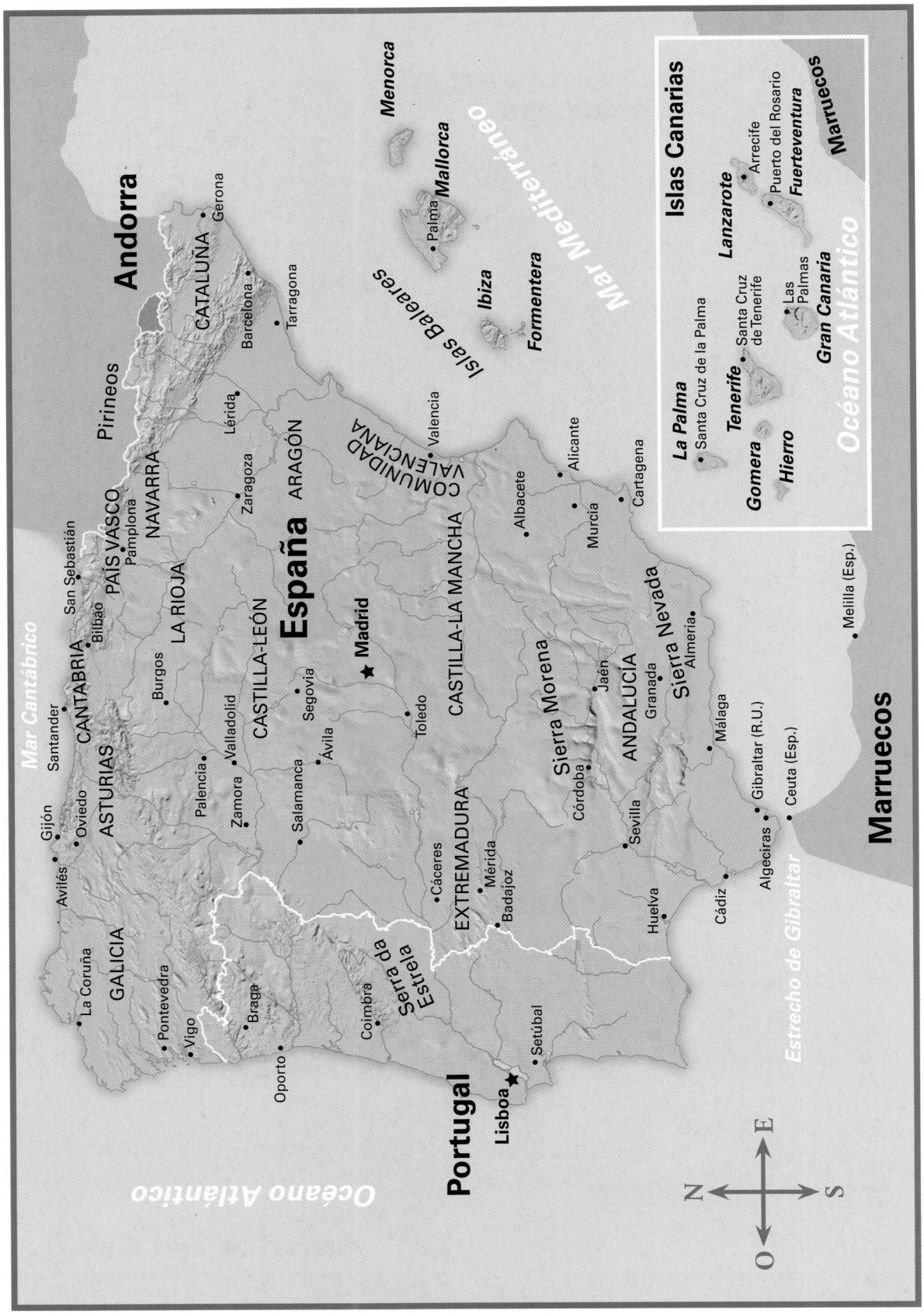
Mar Cantábrico
Andorra
Pirineos
CATALUÑA
Gerona
Barcelona
Tarragona
Islas Baleares
Menorca
Mallorca
Palma
Ibiza
Formentera
Mar Mediterráneo
Lérida
Zaragoza
ARAGÓN
COMUNIDAD VALENCIANA
Valencia
Alicante
Cartagena
Murcia
Albacete
NAVARRA
Pamplona
PAÍS VASCO
San Sebastián
Bilbao
LA RIOJA
España
Madrid
CASTILLA-LA MANCHA
Toledo
Burgos
CASTILLA-LEÓN
Segovia
Ávila
Valladolid
Palencia
Zamora
Salamanca
CANTABRIA
Santander
ASTURIAS
Gijón
Oviedo
Avilés
GALICIA
La Coruña
Pontevedra
Vigo
Braga
Oporto
Coimbra
Serra da Estrela
Portugal
Lisboa
Setúbal
Cáceres
EXTREMADURA
Mérida
Badajoz
Huelva
Sevilla
Córdoba
Sierra Morena
Jaén
ANDALUCÍA
Granada
Sierra Nevada
Almería
Málaga
Cádiz
Algeciras
Gibraltar (R.U.)
Ceuta (Esp.)
Melilla (Esp.)
Marruecos
Estrecho de Gibraltar
Océano Atlántico
Islas Canarias
La Palma
Santa Cruz de la Palma
Tenerife
Santa Cruz de Tenerife
Gomera
Hierro
Lanzarote
Arrecife
Puerto del Rosario
Fuerteventura
Las Palmas
Gran Canaria
Océano Atlántico
Marruecos
N
O
E
S